續々群書類従　第一

續々群書類從

緒言

一本編は塙檢校保己一の輯めたる正續二編の後を承けて其遺漏を拾ひ、且其未だ取るに及ばざりし近世(江戸幕府時代)の典册を收む。されば正續既收の書は固より此に採らずといへども、彼に收めたるは零本にして後に完本の世に出でたる類は、重複を避けずして收載せるもあり。

一本編の編輯に就ては、前輯二篇の外なほ正續史籍集覽・存採叢書・帝國文庫等に入りて刊行を經たる者も、概ね之を避けたり。

一本編は本會第一期の刊行に於て、合二十册約二萬頁の目算を以て之を集めたり。しかも古今の奇籍寶典紙數の制限の爲に收め得ざるもの又甚多し。そは將に三續四續に竢ちて之を補はんとす。

一本編の類從部門は正續のそれと頗異同あり。是れ其採集の書に古代近世の變遷あると、今日文運の需要如何に省慮して改補を加へたる爲めなり。今異同を對照すること左の如し。

新部門、十二	舊部門、二十五
神祇	神祇
史傳	帝王　補任　傳　合戰
系譜	系譜

- 法制
  - 官職
  - 律令
  - 公事
  - 裝束
  - 武家
- 記錄
  - （帝王）
  - 雜
- 地理
  - 紀行
  - （雜）
- 敎育
  - 消息
  - （雜）
- 宗敎
  - 釋敎

- 詩文……文筆
- 歌文……和歌・連歌・物語・日記
- 産業……(雑)
- 雑……管絃・蹴鞠・鷹・遊戯・飲食・(雑)

一正續編は一部三巻以下の書に限り、其以上に渉る者は概ね之を採らざりき。本編は必しも此例に拘泥せず、ほゞ十巻内外に及ぼせる者あり。

一本編毎部門の編輯選擇は各專門の大家に依托せり。故に其類從の範圍時代等に就ては各部門或は小異なきを保せず。然りと雖其大綱は諸門を通じて一貫し、二十の大册首尾連絡して紊るゝ所なきを信ず。

明治三十九年五月

國書刊行會

例言

一神祇の書群書類從正編に收めたるもの七十種、續編に收めたるもの百六十六種に及べり。本編に於ては其の遺れるを拾ひ漏れたるを補ひ、左の三十五種を收めて此の部を構成す。抑我が國は古來神國と稱し神祇の事蹟極めて多く隨ひて之に關する著書頗る多しと雖も、本編出版に際し各部の權衡上紙數に制限あるを以て、正續の二編と對照比較して神祇及び神社の全體に亘るもの十一部、伊勢以下諸國の大社に關するもの十三部、其の他度會延佳・吉川惟足等神道家の著書十部を收むることゝなしぬ。正編及び續編に於ては主として三卷以下のものを收め、四卷以上に涉るものは必要缺ぐべからざるものと雖も悉く之を除けるが如し。故に本編に於ては、正編及び續編に收むべくして卷數のために制限せられて省かれたりと思考せらるゝものは勉めて之を收載し、以てその缺點を補ふことを期せり。

一類聚神祇本源及び神風和記は文學博士井上賴圀氏の藏本を以て底本とし、圖書寮本・黑川眞道氏本を以て校正し、舊事本紀玄義は佐伯氏の藏本を以て底本とし、井上氏の藏本を以て校正す。瑚璉集は井上氏の藏本なるが、類本なきを以て、引用の文句は各其原據の書に溯りて校正せり。以下類本なきもの皆同じ。

一神皇系圖・神皇實錄・天口事書の三部は疑はしき書なれど、御鎭座傳記・御鎭座次第記・御鎭座本紀・倭姬命世記・寶基本紀の五部書は既に續群書類從に收めたるにより、その例に倣ひてこゝに收む。この三書を合せて神宮八部の書と稱すればなり。神皇系圖は眞福寺本を以て底本とし、井上氏校本を以て校正す。神皇實錄・天口事書は佐伯氏藏本を以て底本とし井上氏本を以て校正す。

一神祇靈應記はもと鈴木眞年氏藏本にて今佐伯氏の所藏に歸せる古寫本を以て底本とし、本朝諸社一覽・神社便覽は流布本を以て底本とす。この二書は板本なれども出版以後歲月を經ること久しく、世間に流布の書極めて稀なるを以て、特に之を收載す。二十二社略記は黑川氏藏本を以て底本とす。

一皇太神宮殿舍考證・豐受皇太神宮殿舍考證・外宮神領目錄・石上神宮御事抄は黑川氏藏本を以て、賀茂注進雜記・賀茂祭再興記は、內閣の藏本を以て、月能桂は平田家藏本を以て、氏經日次記・神宮祕傳問答・東照大權現緣起・出雲大社記は佐伯氏の藏本を以て底本とし、宇佐八幡宮緣起は黑川氏本を以て、東照宮大權現緣起は故內藤恥叟氏藏本を以て、出雲大社記は佐伯氏所藏の一本を以て校正す。右のうち外宮神領目錄は元所々闕文ありしを伴信友翁是を外宮神領給人引付により對校して補ひたるものにて、其補文は今括弧を以て區別せり。又賀茂注進雜記は後に至り黑川氏所藏の本を得て是を對校するに所々頗る文に異同あり、又彼に詳しくて是に略せる點を發見せるも、時既に發行の機に迫り爲めに悉く是を注する能はず。然れども猶是によりて所々事實誤謬の廉を發見し、是を訂正するを得たり。

一陽復記は流布本を以て底本とす。この書は度會延佳の著にて、以てその本領を窺ふに足る。土德編・未生土之傳・神學承傳記・土津靈神正學記・會津神社之訓詞・病後手習・八重垣大明神由祝詞・同碑銘・神道辨草は何れも佐伯氏所藏の本を以て底本とす。所謂俗神道家の著書は頗る多く、現に佐伯氏所藏に係る者のみにても百部以上に上れる由なるも、悉く之を收載し難きを以て本書には僅にその一二を收むることゝなしぬ。土德編と未生土之傳とは吉川惟足學說の一班を、神學承傳記はその閱歷の大要を知るに足るべく、土津靈神正學記と會津神社之訓詞とは土津靈神卽ち保科正之の神學に志深かりしを知るに足べく、病後手習・八重垣大明神由祝詞・同碑銘・神道辨草は跡部光海・伴部安崇等の學識の一班と閲歷の大要とを知るに足るを以て何れも之を收むることとせり。

一本書は其大部寫本なるを以て、誤字脫字等多く、讀下し難き所少からずと雖、是を校正するに當り務めて原形保存に意を用ひ、其一見誤寫に出づる者なること判然たるもの丶外は漫に改めず、或は横傍を施して疑を存し、或は傍注若しくは割注によりて今按を加へ置くこと丶せり。

二本書は文學博士井上頼圀及び佐伯有義兩氏の監修に成り、特に後者は親しく材料選擇の勞を執られたり。茲に一言其勞を謝す。

續々群書類從第一神祇部

目録

續々群書類從第一神祇部目錄終

續々群書類從卷一

神祇部

類聚神祇本源並序

天照豐受皇太神宮禰宜正四位上度會神主家行撰

神祇之起邈哉遠矣杳冥恍惚混沌未レ形堪然凝寂陰陽莫レ測出二於物外一超二於意表一煒々燁々虚徹靈通彼天之狹霧國之狹霧卽是本地風光也天御中主國常立尊寧非二大元至妙一哉至レ如下以二一心一分二三界一以二一質一配中七代上化レ陰化レ陽風雲之感不レ窮爲レ魂爲レ魄變通之理無レ盡者歟爰澆薄之世魯鈍之士披レ文不レ通レ義着レ相不（娃イ）レ辨レ性僅趁二降迹之一轍一偏暗二威音之玄妙一謬起二邪見一還成二狐疑一若明二乎天眞靈知一本二乎海滴卽定一於二神道一盍二透得一仍爲レ備二後昆之規矩一略抽二本書之樞要一名曰二類聚神祇本源一矣抑歷代之官文傳來之社記意言同者採レ一而捨レ餘義趣異者相並以共勘此外古典不二廣尋一新編有二遺漏一後之見者羨加二裨補一于時元應二年初陽中旬陪二瑞籬之神館一述二管見之畜懷一而已

類聚神祇本源卷一

天地開闢篇

漢家

古今帝王年代曆曰昔者天地未レ形謂二之太易一元氣始萌謂二之太初一形氣始端謂二之太始一形變有レ質謂二之太素一質形已具謂二之太極一五氣運通而天地之二靈清以陽發升而爲レ天濁以陰凝降而爲レ地形別謂二之二儀一人生二其間一謂二之三才一

新端分門纂圖博聞錄曰

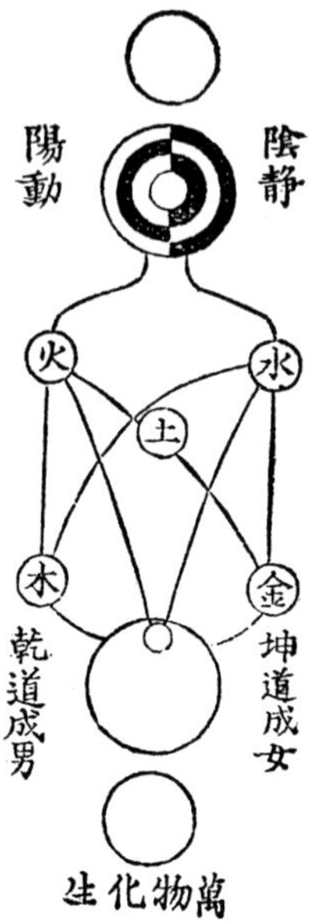

周子通書曰○極而太極太極動而生レ陽動極而靜々而生レ陰靜復動一動一靜互爲二其根一分レ陰分レ陽兩儀立焉陽變陰合而生二水火木金土一五氣順布四時行焉五行一陰陽也陰陽一太極也太極本無極也五行之生各一二其性一无極之眞二五精妙合而凝乾道成レ男坤道成レ女二氣交感化二生萬物一萬物生々變化無レ窮焉

老子道經曰有レ物混成先二天地一生 謂三道无レ形混沌而成二萬物一乃在二天地之前一 寂兮寥兮獨立而不レ改 寂者無二音聲一寥者空無レ形獨立者無二匹雙一不レ改者化有レ常也 周而不レ殆 道通二行天地一无レ所レ不レ入在レ陽不レ焦託レ陰不レ腐无レ不二貫穿一不レ危 可三以爲二天下母一 道育二養萬物一精氣如二母之養一レ子也 吾不レ知二其名一字レ之曰レ道 我不レ見二道之形容一不レ知二當何以名一レ之見二萬物皆從レ道之所レ生故字レ之曰道也 强爲二之名一曰レ大 不レ知二其名一强曰レ大大者高而无レ上羅而无レ所レ不二苞容一故曰レ大

博聞錄曰

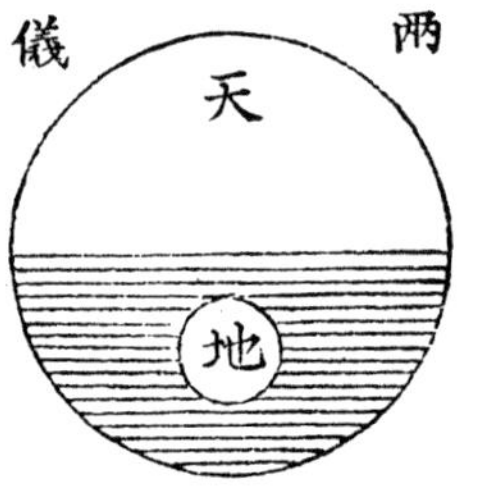

繫辭曰有二太極一是生二兩儀一

孔穎達疏云太極謂二天地未レ分之前元氣混而爲レ一一氣既分之後陽氣居レ上爲レ天陰氣居レ下爲レ地居レ上者輕清居レ下者重濁如二止水一於レ是天地位焉乃謂二兩儀一

三才

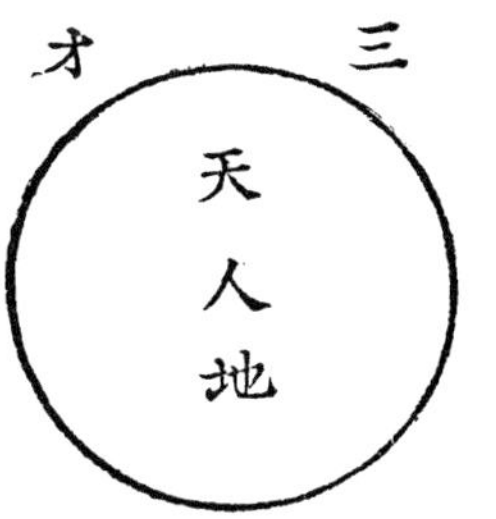

列子曰清輕者上爲天濁重者下爲地仲和者爲人謂之三才易曰有天地然後有萬物有萬物然後有男女有男女然後有夫婦有夫婦然後有父子然後有君臣有君臣然後有上下律暦志曰太極元氣凾三爲一孟康曰元氣始起於子未分之時天地人混合爲一故子數獨一也師古曰凾讀與含同極中也元始也周易曰闔戸謂之坤韓曰坤道包物也闢戸謂之乾韓曰乾道施生之也壹闔壹闢謂之變王曰乾坤交合或否或泰也往來不窮謂之道見乃謂之象王曰謂在天成象也萬物運動於下而懸象見兆於上故曰見之乃謂之象也韓曰兆見曰象也形乃謂之器王曰在地成形形者爲器用也故曰形乃謂之器韓曰成形曰器也制而用之謂之法王曰取天之象昏明之理取地之宜形器之利各制而用之故謂之法也利用出入民咸用之謂之神王曰物莫不由無以通神也者萬物之所由故曰利用出入民咸用也謝曰闔闢相推故乾坤之化行焉往來無窮故神道之功通焉能爲群生之戸牖則出入皆利民也是故易有太極王曰太極即神也是生兩儀王曰兩儀天地也韓曰有夫必始无故太極生兩儀也太極者无稱之稱不可得名取其之有所極況之太極兩儀生四象王曰象四時四象生八卦韓曰卦以象之也八卦定吉凶韓曰八卦既立則吉凶可定也吉凶生大業王曰物有動用而吉凶先生吉凶既生而是非乃定是然後聖人立道教以定大業也謝曰太極易之極也踰兩儀則入於窮矣是故謂之太極四象四時之象也徙也從二儀至乎大業則天下之能事畢矣萬物之情見矣

老子經曰報大象天下往報守也象道也

博聞錄曰

河圖

易大傳曰河出圖洛出書聖人則之孔安國云河圖者伏羲王天下龍馬出河遂則其文以畫八卦洛書者禹治水時神龜負文而列於背禹遂因而第之以成九類關子明云河圖之文七前六後八左九右洛書之文九前一後三左七右四前左二前右八後左六右後御子曰圓者星也歷紀之數其肇於此乎方者土也畫州井池之法其倣於此乎蓋圓者河圖之數方者洛書之文易繫辭曰天一地二天三地四天五地六天七地八天九地十天數五地數五二位相得而各有合天數二十有五地數三十凡天地之數五十有五此所以成變化而行鬼神也注曰此夫子所以發明河圖之數至於洛書雖夫子之所未言焉

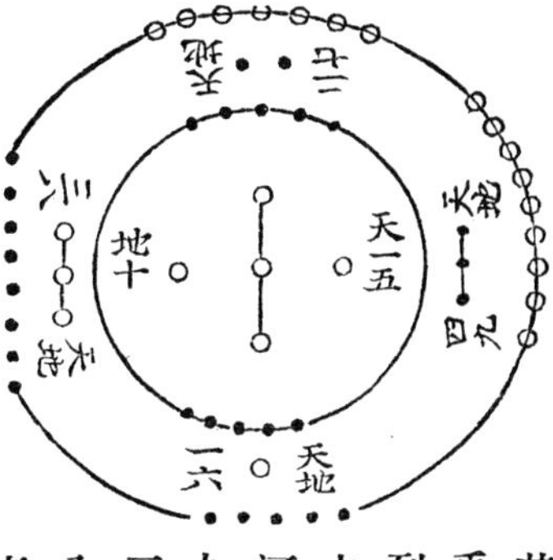

洛書

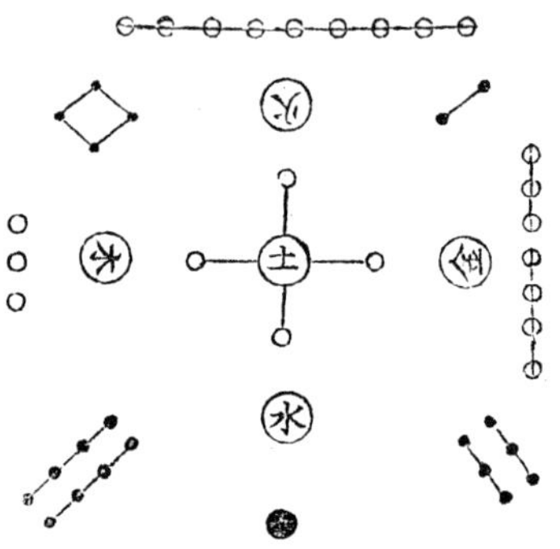

四正

東方　西方
南方　北方

卦音風節相配圖

八卦　八音　八風　八節

	八卦		八音	八風	八節
東方	震	☳	竹	明庶	春分
東南	巽	☴	木	清明	立夏
南方	離	☲	絲	景風	夏至
西南	坤	☷	土	涼風	立秋
西方	兌	☱	金	閶闔	秋分
西北	乾	☰	石	不周	立冬
北方	坎	☵	革	廣莫	冬至
東北	艮	☶	匏	條	立春

四維

東南　西南
東北　西北

左傳隱公五年疏八節之風亦與二八卦八音一相配

五行大義曰凡萬物之始莫レ不下始二於无一而復有上是故易有二太極一是生二兩儀一兩儀生二四序一四序生之所レ生也有

レ物孳繁然復萬物生成也皆由二陰陽二氣一鼓舞陶鑄互相交感孤陽不レ能二獨生一單陰不レ能二獨成一必須二配合一鑪冶爾乃萬物化通

三五歷紀曰未レ有二天地一之時混沌狀如二雞子一溟涬始牙濛鴻滋萠

又曰淸輕者上爲レ天濁重者下爲レ地冲和氣者爲レ人故天地含レ精萬物化生

老子道經曰無名天地之始無名謂レ道道無レ形故不レ可レ名也始者道吐レ氣布化出二於虛無一爲二天地之本始一也有名萬物之母有名謂二天地一天地有二形位一有二陰陽一有二柔剛一是其名也萬物母者天地含レ氣生二萬物一長大成熟如二母之養一レ子也又曰玄牝之門是謂二天地之根一根元也言鼻口門是乃天地之元氣所二從往來一也

老子述義曰有二太易一有二太初一有二太始一有二太素一氣形質具曰二渾淪一淸爲レ天濁爲レ地和爲レ人天地含レ精萬物化生又曰易緯及列子曰太易者未レ見レ氣太初者氣之始太始者形之始太素者質之始氣形質具而未二相離一曰二渾淪一渾淪者言三萬物相渾淪而未二相離一也言虛則精氣氣則有レ形々則有レ質者也

又曰視レ之不レ見聽レ之不レ聞循レ之不レ得此言氣形實具至妙至微者也

老子德經曰道生レ一道始所レ生者一也一生レ二一生二陰與一レ陽也二生レ三陰陽生二和淸濁三氣一分爲二天地人一也三生二萬物一天地人共生二萬物一也

又曰昔之得レ一者昔往也一元氣也道之子(ハジメ)也天得レ一以淸言天得レ一故能垂レ象淸明也地得レ一以寧言地得レ一故能安靜不二動搖一也神得レ一以靈言神得レ一故能變化無形也

述義曰經曰道生レ一道則經二太易一也一卽渾淪也一生レ二一陰陽也二生レ三天地人也然後三生二萬物一

又曰萬物本二於三一三本二於二一二本二於一一一生二於道一故經曰天下之物生二於有一有二天下一也又曰有生二於無一無道也一在二有無之間一對レ道爲レ有對二天地一爲レ無卽德也惟道德之寥郭人物之有待形雖二生滅一神固常在故列子等說混沌未レ離卽稱二萬物已備一則萬物之性照二於混沌之前一不レ可三萬物之生始二於開闢之後一理必然矣

又曰一形道之應道爲二一之本一矣

淮南子曰天地之襲精爲二陰陽一陰陽之轉精爲二四時一四時散精爲二萬物一積陰之寒氣反者爲レ水積陽之勢氣反者爲レ火水雖二陰物一陽在二其內一故水體內明火雖二陽物一陰在二其內一故火體內暗木爲二少陽一其體亦含二陰氣一故內空虛外有二花葉敷榮一可レ觀金爲二少陰一其體剛利敬性在レ外內亦光明可レ照土苞二四德一故其體能兼二虛實一

五行大義曰天生レ一始二於北方水一地生レ二始二於南方火一人生レ三始二於東方木一時生レ四始二於西方金一五行

生レ五始二於中央土一又云天始生レ一者因レ一而生天非レ生レ一故云一生レ二二生レ三三生二萬物一地生レ二者亦因レ二而生レ地因レ三生レ人因レ四生レ時五行皆由レ一而生數至二於五一土最在レ後得レ五而生二五行一也五行同出而異レ時者出二離其親一有レ所二配偶一譬如人生亦同二元氣一而生各出二一家一配爲二夫妻一化二生子息一故五行皆相須而成也五行同胎而異居有二前後一耳夫五行皆資二陰陽氣一而生故云濡氣生レ水溫氣生レ火强氣生レ木剛氣生レ金和氣生レ土故知五行同時而起詑義相生傳曰五行並起各以レ名別然五行既以レ名別而更互用レ事

元命苞曰水之爲レ言準也陰化淖流旋潛行也故立レ字兩人交一以中出者爲レ水一者數之始兩人譬男女陰陽交以起レ一也水者五行始焉元氣之湊液也

上繫辭曰神無レ方而易無レ體一陰一陽之謂レ道繼レ之者善也成レ之者性也に者見レ之謂二之仁一智者見レ之謂二之智一百姓日用而不レ知也故君子之道鮮矣

注曰韓曰方體者皆係二於器一者神則陰陽不レ測易則唯變所レ適不レ可レ以二一方一一方一體明也謝曰言神道之不レ係二於一方一不レ滯二於陰陽一也韓曰道者何无之稱也無不レ通也无不レ由也況レ之曰レ道寂然無レ體不レ可レ爲レ象必有之用極而无之功顯故至二乎神無レ方而易無レ體而道可レ見矣故窮レ變以盡レ神因レ神以明レ道也陰陽雖レ殊无一以待レ之在レ陰爲二無陰一陰以レ之生在レ陽爲二無陽一陽々以レ之成故曰一陰一陽也王曰一陰一陽者或謂二之陰一或謂二之陽一不レ可レ定レ名也夫爲レ陰則不レ能レ爲レ陽爲レ柔則不レ能レ爲レ剛唯不陰不陽者然後爲二陰陽之宗一不柔不剛然後爲二剛柔之主（本ノマヽ）一是故上言神無レ方易無レ體下言一陰一陽之謂レ道更互相明二無方無體非陰非陽一故謂二之神一故謂二之道一也繼猶レ繫也性者自然之所體也能繼二神道一成二變化一者是體二善與レ性者也神道無體不レ可レ爲レ名故仁智各是見三其所二感通一而名レ之焉而不レ知二其所レ由故曰仁者見レ之謂二之仁一智者見レ之謂二之知一百姓日用而不レ智也然則無者有之宗少者多之元故體無者苞レ衆有者也執レ一者通二万事一者也故曰君子之道尠矣也少猶可二以濟レ多而况於レ無乎此寄レ少以明二道神一者也謝曰斯言易之爲レ道無二幽而不レ備也仁者得レ仁智者得レ智百姓日用而不レ知二其由一也故知二其由一者得不レ鮮乎韓曰君子體レ道以爲レ用者也仁智則滯二於所レ見百姓則日用而不レ知體二斯道一者不二亦鮮一乎故常无欲以觀二其妙一始可二以語一至而言極者也

正義曰凡无方无體各有二二儀一一者神則不レ見二其處一
所三云爲一是無方也二則周遊運動不三常在二一處一亦是
无方也無體者一是自然而變而不レ知二變之所レ由是無
也二則隨レ變而往無三定在二一體一亦是無體也云必有之
用極而无之功顯者猶若二風雨一是有之所用當二用レ之時一
以无レ爲以二風雨既極之後万物賴二此風雨一而得二生育一
是生育之功由二風雨無心一而成是有之用極而无之功
顯是神之發作動用以生二萬物一其功成就乃在二於无形一
應レ機變化雖レ有二功用一本二其用之所以一亦在二於无一也」
周易曰陰陽不レ測之謂レ神注曰王曰測レ陰非レ陰測レ陽
非レ陽故曰陰陽不レ測亦一陰一陽之義也謝曰夫神者何
爲者耶妙二萬物一而爲レ言者也夫絕二天象一者晈昧不レ能
レ圖二其狀一窮二變化一者陰陽不レ能レ測二其量一故聖人後二
天地一而生而知二天地之始一先二天地一而沒而知二天地之
終一韓曰神也變化之極妙二萬物一而爲レ言不レ可二以レ形語一
者也故曰二陰陽不測一嘗試論レ之曰原夫兩儀之運萬物之
動豈有レ使二之然一哉莫レ不下獨二化於太虛一欻尒而自造上
矣造レ之非レ我理自レ玄應レ化レ之無レ主數自レ冥運故不
レ知レ所三以然一而況二之神一是以明二兩儀一以二太極一爲レ始
言二變化一稱二乎神一也夫唯知二天之所レ爲者窮レ理體レ化

坐忘遺照至虛而善應時則以レ道爲レ稱不レ思而玄覽則以
レ神爲レ名蓋資レ道而同二乎道一由レ神而冥二於神一者也」
亦曰神以知レ來智以藏レ往注曰韓曰往來之用相成猶二
神智一也
亦曰子曰知二變化之道一者其知二神之所レ爲乎
注曰王曰能盡二變化一者體レ神者也故知二變化一則知二神
之所レ爲也謝曰言唯體レ神者能知二變化之道一也韓曰夫
變化之道不爲而自然故知二變化一者則知二神之所レ爲
也」
老子述義曰神者生之本也形者生之具也
又曰夫原二我性命一受二化於心一心受二之於意一意受二之
於精一精受二之於神一形體消而神不レ毀性命旣而神不レ
終形體易而神不レ變性命化而神常然
又曰夫天地之間有二眞氣一太和之氣是也有二正氣一陰陽
之氣是也有二邪氣一錯亂之氣是也人之行各有レ所レ感感二
眞氣一者爲二聖人一感二正氣一者爲二賢人一感二邪氣一者爲二
小人一感應之差千殊萬端異方之心面安有二紀量一哉
老子道經曰天下神器不レ可レ爲（器物也人乃天下神物也神物好二安靜一不レ可下以二有爲一
治上也）執者失レ之（强執教レ之則失二其情一實生二詐譌一）或呴或吹（呴溫也吹寒也）或强或羸
（有レ所二强大一有レ所二羸弱一）必或載或隳（載安隳危）

易序卦曰有二天地一然後有二萬物一有二萬物一然後有二男女一有二男女一然後有二夫婦一有二夫婦一然後有二父子一有二父子一然後有二君臣一

莊子曰不レ明二於道一者悲夫何謂レ道有二天道一有二人道一無爲而尊者天道也有爲而累者人道也主者天道也臣者人道也天道之與二人道一也相去遠矣不レ可レ不レ察也又曰萬物各復二其根一各復二其根一而不レ知不レ知而復乃眞復耳々々々々渾々沌々終レ身不レ離渾沌無知任二其自復一乃能終レ身不レ離二其本一耳又曰純素之道唯神是守守而勿レ失與レ神爲レ一常以二純素一守二至寂一而不レ蕩二於外一則冥矣一之精通合二于天倫一精者物之眞者也野語有レ之曰衆人重レ利廉士重レ名賢士尚レ志聖人貴レ精故素也者謂二其無レ所二與雜一也純也者謂三其不レ顧二其神一也能體二純素一謂二之眞人一三又曰古之人在二混苞之中一與二壹世一而得二澹漠一爲當二是時一也陰陽和靜鬼神不レ擾四時得レ節萬物不レ傷群生不レ夭人雖レ有レ知無レ所レ用レ之任二其自然一而已此之謂二至一一

本朝

官家

府祕 神皇實錄曰謂太易者虛無也因レ動爲二有之初一故曰二太初一有レ氣爲二形之始一故曰二太始一氣形相分生二天地人一也

先代舊事本紀曰古者元氣渾沌天地未レ剖猶二雞卵子溟涬含一レ牙其後清氣漸登薄靡爲レ天濁氣重沈淹滯爲レ地所レ謂洲壤浮漂開闢判割是也譬猶三游魚之浮二水上一于レ時天先成而地後定

日本書紀曰古天地未レ剖陰陽不レ分渾沌如二鷄子一溟涬而含レ牙及下其清陽者薄靡而爲レ天重濁者淹滯而爲上レ地精妙之合摶易重濁之凝場難故天先成而地後定然後神聖生二其中一焉故曰開闢之初洲壤浮漂譬猶三游魚之浮二水上一也

亦曰古國稚地稚之時譬猶二浮膏一而漂蕩

亦曰天地未レ生之時譬猶下海上浮雲無上所二根係

國史者同二于日本書紀一仍不レ注レ之

神皇系圖曰古天地未レ割陰陽不レ分渾沌如二雞子一溟涬而含レ牙及二清陽者薄靡而爲レ天重濁者淹滯而爲レ地後定二天地一

天地麗氣府錄曰蓋聞壞劫後過二廿空劫一已一切有情業增上レ力故空中漸有二微細風一是世間將レ成前相也是風漸增成二世界一最初第三禪器世界成次第二禪及初禪六欲天四大洲次第皆成也凡成劫之時雖レ無レ有二一有情一第四禪天人壽業盡故從レ彼沒已生二第三禪一如

レ是次第三禪天沒生二第二禪一第二禪有二一有情一壽業
盡故從レ彼沒生二初禪一梵世中爲二大梵王一而唯獨一位
壞不レ悅卽作レ是念時第二禪天壽盡故生二初禪中一如
レ是展轉六天宮殿及四大洲悉生也

論云刧盡燒壞時一切皆空故生二福德因緣力一故十方風至相觸能持二大水一水上有二一千頭人二千手足一名爲二葦網一是人齊中出二千葉金色妙法蓮華一其光大明如二万日俱照一花中有レ人結跏趺坐此人復有二無量光明一名曰二梵天王一此梵天王心生二八子一八子生二天地人民一也

今案稱二八子一者天八下靈神　天三下靈神　天合靈神　天八百日靈神　天八十万魂神（已上五種者五大魂已下三代有二父子之道一）
高皇產靈神　神皇產靈神　津速產靈神八柱也

神皇系圖曰

都八柱神者天御中主神寶座之內獨化神也明二百億須彌而億日月百億四天下一而爲二天地人民化生元祖一者也云々以二葦網一曰天御中主之條滄然者也

社家

豐受皇太神御鎭座本紀曰天地初發之時大海之中有二一物一浮形如二葦牙一其中神人化生名號二天御中主神一故號二豐葦原中國一亦因以曰二豐受皇太神一也與二天照大日靈尊一擧此以二八坂瓊之曲玉八咫鏡及草薙劍三種之神財一而授二賜皇孫一爲二天璽一視二此寶鏡一當レ猶レ視レ吾可下與同レ床共レ殿以爲中齋鏡上寶祚之隆當下與二天壤一無上レ窮宣焉

寶基御靈形文圖曰天地開闢基在二大光明一其中有二精氣一名曰レ神亦名レ心爾時爲二萬物應化神一假名號二廣大慈悲大御神一也掛畏以二天津神策一用抱レ一而天地與二陰陽一同レ節同レ和合レ敬合レ愛顯二五常文圖一悟二八子一給修二應化身一照二神道一可也

釋家

大和葛寶山記　行基菩薩奉　詔撰

蓋聞天地成意水氣變而爲二天地一十方風至相對相觸能持二大水一水上神聖化生有二千頭二千手足一名二常住慈悲神王一爲二葦網一是人神齊中出二千葉金色妙寶蓮華一其光大明如二萬日俱照一華中有二人神一結跏趺坐此人神復有二無量光明一名曰二梵天王一此梵天王心生二八子一八子生二天地人民一也此名曰二天神一亦稱二天帝之祖神一也

亦曰夫水則爲二道源流萬物父母一故長二養森羅萬象一當レ知天地開闢嘗水變爲二天地一以降高天海原在二獨化靈

物一其狀如二葦牙一不レ知二其名一爾時靈物乃中四理志出神聖化生名レ之曰二天神一亦曰二大梵天王一亦稱二尸棄大梵天王一逮二于天帝代一名二靈物一稱二天瓊玉戈一亦名二金剛寶杵一爲二神人之財一至二地神代一謂二之天御量柱國御量柱一因レ茲輿二于大日本洲中央一名爲二常住慈悲心王柱一此則正覺正智寶坐也故名二心柱一也

天地靈覺書曰古天地未レ分萬物未レ形代湛然凝寂本莫レ有二一物一於二虛空之中一生二大意之象一虛徹靈通是爲二萬物之本源一謂二之諸佛之本地一本是非レ有非レ無杳冥恍惚莫レ測二涯際一本是无二所住一無二相貌一而有レ物混成先二天地一生名二元氣一化レ陰化レ陽爲レ魂爲レ魄名曰二精靈一有レ陽不レ焦託レ陰不レ腐天法レ道而精氣自成焉地法レ天而萬物生長矣惣道始無二形狀一而能爲二萬物一設二形象一者也故曰道生二陰陽一陰陽生二和清濁一三氣分爲二天地人一天地人生二萬物一若下道散爲レ神明流爲二日月一分爲二五行一萬物之撲散則爲中器用上也夫無名天地之始有名萬物之母故常無欲以三觀二其妙一常有欲三以觀二其徼（本ノマヽ）一以二大道一制二情欲一不レ害二精神一治レ身正時形一神明千萬共湊二己身一也能不レ知三道之所二常行一妄作二巧詐一精散已故發狂失二神明一故凶者也君臣上下能守二五性一去二六情一節二滋味一淸二五藏一則天降二神明一往二來於レ己大道（大道也天大地亦大也布氣天地大王（大人カ）无レ所レ不レ通也）自歸レ己乎

長阿含經曰水變爲二天地一

祕藏寶鑰曰夫虛寥廓含二萬像一越二大氣一大氣巨嗀泳澄孕二千品一受二一水一誠知一爲二百千母一

圓悟心要曰天地未レ形生佛未レ分湛然凝寂爲二萬物之本一

圓覺經序曰元亨利貞乾之德也始二於一氣一常樂我佛之德也本二乎一心一專二一氣一致レ柔修二一心一而成レ道

或曰雙圓性海談四曼事相重如月殿述二三密自樂一　但可レ有二口訣一也

類聚神祇本源

　奏覽本懸二朱勾一所々略之

後宇多院御代以二中御門中納言之奉書一被レ仰二祭主隆實卿一被レ召レ之先皇御代以二六條中納言一被レ召レ之仍勾當內侍以二假字御敎書一叡感之趣被二仰下一

六條施行

類聚神祇本源卷二

本朝造化篇

先代舊事本紀曰天祖詔二伊弉諾伊弉冊二柱尊一曰有二豐葦原千五百秋瑞穗之地一宜三汝往修二之則賜二天瓊戈一而詔寄賜也伊弉諾伊弉冊二尊奉レ詔立二天浮橋之上一共計謂有レ物若二浮膏一其中蓋有レ國乎廼以二天瓊矛一而探レ之獲二是滄海一則投二下其矛一而因畫二滄溟一而引上之時自二矛末一落垂滴瀝之潮凝結而爲レ嶋名曰二磤馭盧嶋一矣則以二天瓊矛一指二立於磤馭盧嶋之上一以爲二國中之天柱一也伊弉諾伊弉冊二尊天二降其嶋一則化二竪八尋殿一共住二同宮一矣伊弉諾尊問二伊弉冊尊一曰汝身有二何成一耶伊弉冊尊對曰吾身成成而有下不二成合一處一處上耶伊弉諾尊詔曰吾身者成成而有二成餘處一處一耶故以二我身成餘處一刺下塞汝身不二成合一處上以三爲產二國土一如何

伊弉冊尊對曰然善矣

伊弉諾尊詔曰吾與レ汝矣廻二天御柱一而行逢遘合如レ此約束曰汝者自レ左吾者自レ右廻逢約竟分二巡天柱一同會二一面一矣伊弉冊尊先唱曰憙哉遇二可美少男一焉伊弉諾尊次對曰憙哉遇二可美少女一焉

伊弉諾尊告二伊弉冊尊一曰吾是男子理當二先唱一而婦人先唱事既不レ祥雖レ然共爲二夫婦一而生レ子因陰陽始遘合爲二夫婦一產生之兒卽是水蛭子此子入二葦船一而流也次生二淡州一亦是不レ入二子例一也伊弉諾伊弉冊二尊議曰今吾所レ生之子不レ良宜下還復上二詣於天一具奏中聞此狀上則共還復上二詣於天一而奏聞也天祖詔以二太占一而卜合之詔曰先舉二婦言一是不レ良乎宜二更亦改降一乃卜二定時日一而降矣伊弉諾尊詔曰吾與レ汝矣改往巡レ柱吾矣自レ左汝矣自レ右巡レ柱相逢而爲二御戶婚毘一如レ此約束竟矣

伊弉諾尊先唱姸哉可愛少女歟

伊弉冊尊復和曰姸哉可愛少男歟

伊弉諾尊問二伊弉冊尊一曰汝身有二何成一耶

伊弉諾尊詔曰吾身具成而有二成餘雄元之處一耶

伊弉冊尊對曰吾身具成而有下不二成合一雌元之處上耶

伊弉諾尊詔曰思丁欲以二吾身成餘處雄元處一刺下塞汝身不二成合一雌元之處上以爲丙產乙生國土甲如何

伊弉冊尊對曰宣然善矣

於レ是雌雄初會欲三將交合產二生於國土一而不レ知二其
術一于レ時鶺鴒鴿來搖二其首尾一二神見而學レ之而得二交
通之術一矣
先產二生淡路洲一爲レ胞意所レ不レ快故曰二淡道洲一卽謂二
吾恥一也
次生二伊豫二名洲一　次生二筑紫洲一
次生二壹岐洲一　次生二對馬洲一
次生二隱岐洲一　次生二佐渡洲一
次生二大日本豐秋津洲一
因レ斯以二先所レ生謂二大八洲一
然後還坐之時生二吉備兒島一
次生二小豆島一　次生二大島一
次生二姬島一　次生二血鹿島一
次生二兩兒島一合六嶋矣
凡產二生十四嶋一其處々小嶋皆是水沫潮凝而成者也
先生二大八洲一
兄生二淡路洲一謂二淡道之穗之狹別嶋一也
次伊豫二名島謂此島者身一而有二面四一每レ面有レ名
伊豫國謂二愛上比賣一　西南角
讚岐國謂二飯依比賣一　西北角

阿波國謂二大宜都比賣一　東北角
土佐國謂二速依別一　南東角
次隱岐之三子島謂二天之忍許呂別一
次筑紫島身一而有二面四一每レ面有レ名
筑紫國謂二白日別一
豐國謂二豐日別一
肥國謂二建日別一
日向國謂二豐久士比泥別一
次熊襲國謂二建日別一一云佐渡島
次伊岐嶋謂二天比登都柱一
次津嶋謂二天之狹手依比賣一
次大倭豐秋津嶋謂二天御虛空豐秋津根別一
次生二六小島一
兄吉備兒嶋謂二建日方別一
次小豆嶋謂二大野手上比賣一
次大嶋謂二天多麻上流別一
次女嶋謂二天一根一
次血鹿嶋謂二天之忍男一
次兩兒島謂二天兩屋一
惣產二生大八洲次六小嶋合十四箇嶋一其處々小嶋皆是

水沫潮凝而成者也

日本書紀曰伊弉諾尊伊弉冊尊立二於天浮橋之上一共計曰底下豈无レ國歟廼以二天之瓊（瓊玉也此云レ奴）矛一指下而探之是獲二滄溟一其矛鋒滴瀝之潮凝成二一嶋一名レ之曰二磤馭盧嶋一二神於レ是降二居彼嶋一因欲下共爲二夫婦一產中生洲國上便以二磤馭盧嶋一爲二國中之柱一（柱此云二美簸旨羅一）而陽神左旋陰神右旋分二巡國柱一同會二一面一時陰神先唱曰憙哉遇二可美少男一（少女此云二烏等孤一）焉陽神不レ悅曰吾是男子理當二先唱一如何婦人反先言乎事既不祥宜二以改旋一於レ是二神却更相遇是行也陽神先唱曰憙哉遇二可美少女一焉（少女此云二烏等咩一）因問二陰神一曰汝身有二何成一耶對曰吾身有二一雌元之處一陽神曰吾身亦有二雄元之處一思下欲以二吾身元處一合中汝身元處上於レ是陰陽始遘合爲二夫婦一及レ至二產時一先以二淡路洲一爲レ胞意所レ不レ快故名レ之曰二淡路洲一迺生二大日本（日本此云二耶麻騰一下皆效レ此）豐秋津洲一次生二伊豫二名洲一次生二筑紫洲一次雙二生隱岐洲與二佐度洲一世人或有二雙生一者象レ此也次生二越洲一次生二大洲一次生二吉備子洲一由レ是始起二大八洲國之號一焉卽對馬島壹岐島及處々小島皆是潮沫凝成者矣亦曰二水沫凝而成一也

一書曰天神謂二伊弉諾尊伊弉冊尊一曰有二豐葦原千五百秋瑞穗之地一宜二汝往脩レ之廼賜二天瓊戈一於レ是二神立二於天上浮橋一投レ戈求レ地自畫二滄海一而引擧之卽戈鋒垂落之潮結而爲レ島名曰二磤馭盧嶋一二神降二居彼嶋一化二作八尋之殿一又化二竪天柱一陽神問二陰神一曰汝身有二何成一耶對曰吾身具成而有下稱二陰元一者一處上陽神曰吾身亦具成而有下稱二陽元一者一處上思下欲以二吾身陽元一合中汝身之陰元上云レ爾卽將レ巡二天柱一約束曰妹自レ左巡吾當二右巡一既而分巡相遇陰神乃先唱曰姸哉可愛少男歟陽神後和之曰姸哉可愛少女歟遂爲二夫婦一先生二蛭兒一便載二葦船一而流之次生二淡洲一此亦不三以充二兒數一故還復上二詣於天一具奏二其狀一時天神以二太占一而卜定之乃敎曰婦人之辭其已先揚乎宜二更還去一乃卜二定時日一而降之故二神改復巡レ柱陽神自レ左陰神自レ右既遇之時陽神先唱曰姸哉可愛少女歟陰神後和之曰姸哉可愛少男歟然後同レ宮共住而生レ兒號二大日本豐秋津洲一次淡路洲次伊豫二名洲次筑紫洲次隱岐三子洲次佐度洲次越洲次吉備子嶋由レ此謂二之大八洲國一矣瑞此云二彌圖一姸哉此云二阿那而惠夜一可愛此云レ哀太占此云二布刀磨爾一

一書曰伊弉諾尊伊弉冊尊二神立二于天霧之中一曰吾欲

レ得レ國乃以二天瓊矛一指垂而探之得二磤馭盧嶋一則拔レ矛而喜之曰善乎國之在矣

一書曰伊弉諾伊弉冊二神坐二于高天原一曰當レ有レ國耶乃以二天瓊矛一畫二成磤馭盧島一

一書曰伊弉諾伊弉冊二神相語曰有レ物若二浮膏一其中蓋有レ國乎乃以二天瓊矛一探二成一嶋一名曰二磤馭盧嶋一

一書曰陰神先唱曰美哉善少男時以二陰神先一レ言故爲二不祥一更復改巡則陽神先唱曰美哉善少女遂將二合交一而不レ知二其術一時有二鶺鴒一飛來搖二其首尾一二神見而學レ之卽得二交道一

一書曰二神合爲二夫婦一先以二淡路洲淡洲一爲レ胞生二大日本豐秋津洲一次伊豫洲次筑紫洲次雙三生億岐洲與二佐渡洲一次越洲次大洲次子洲

一書曰先生二淡路洲一次大日本豐秋津洲次伊豫二名洲次億岐洲次佐渡洲次筑紫洲次壹岐洲次對馬洲

一書曰以二磤馭盧嶋一爲レ胞生二淡路洲一次大日本豐秋津洲次伊豫二名洲次筑紫洲次吉備子洲次雙三生億岐洲與二佐渡洲一次越洲

一書曰以二淡路洲一爲レ胞生二大日本豐秋津洲一次淡洲次伊豫二名洲次億岐三子洲次佐渡洲次筑紫洲次吉備子洲次大洲

一書曰陰神先唱曰姸哉可愛少男乎便握二陽神之手一遂爲二夫婦一生二淡路洲次蛭兒一

古事記曰於レ是天神諸命以詔二伊邪那岐命伊邪那美命二柱神一修二理固三成是多陀用幣流之國一賜二天沼矛一而言依賜也故二柱神立二訓レ立云二多々志一天浮橋一而投二下其沼矛一以畫者鹽許々袁々呂々邇此七字以レ音畫鳴訓レ鳴云二那志一而引上時自二其矛末一垂落鹽之累積成レ島是淤能基呂嶋自レ淤以下四字以レ音於二其嶋一天降坐而見二立天之御柱一立二八尋殿一於レ是問二其妹伊邪那美命一曰汝身者如何成答曰吾身者成々不二成合一處一處在爾伊邪那岐命詔我身者成々而成餘處一處在故以二此吾身成餘處一刺下塞汝身不二成合一處上而以爲〇古訓本作レ爲生二成國土一奈何訓レ生云二宇牟一下效レ此伊邪那美命答曰然善爾伊邪那岐命詔然者吾與レ汝行二廻一逢是天之御柱一而爲二美斗能麻具波比一此七字以レ音如之此期乃汝者自レ右廻逢我者自レ左廻逢竟以廻時伊邪那美命先言阿那邇夜志愛上袁登古袁此十字以レ音下效レ此後伊邪那岐命言阿那邇夜志愛上袁登賣袁各言竟之後告二其妹一因二女人先言一不レ良雖レ然久美度邇此四字以レ音與而生二子水蛭子一此子者入二葦船而流去次生二淡嶋一是亦

不レ入二子之例一於レ是二柱神議云今吾所レ生之子不レ良猶宜レ白二天神之御所一卽共參上請二天神之命一爾天神之命以布登麻邇爾上（此五字以レ音）卜相而詔之因二女先言一而不レ良亦還降改言故爾返降更往二廻其天之御柱一如レ先於レ是伊耶那岐命先言阿那邇夜志愛袁登賣袁後妹伊耶那美命言阿那邇夜志愛袁登古袁如レ此言竟而御合生二子淡道之穗之使（作レ狹）○古訓本別島（訓レ別云二和氣一下效レ此）次生二伊豫之二名嶋一此島者身一而面有レ四每レ面有レ名故伊豫國謂二愛上比賣（此三字以レ音下效レ此也）讚岐國謂二飯依比古一粟國謂二大宜都比賣一（此四字以レ音）土佐國謂二建依別一次生二隱岐之三子島一亦名天之忍許呂別（訓二許呂二字一以レ音）次生二筑紫嶋一此嶋亦身一而有二面四一每レ面有レ名故筑紫國謂二白日別一豐國謂二豐日別一肥國謂二建日向豐久士比泥別一（自レ久至レ泥以レ音）熊曾國謂二建日別一（曾字以レ音）次生二伊岐嶋一亦名謂二天比登都柱一（自レ比至レ都以レ音訓レ天如レ天）次生二津嶋一亦名謂二天之狹手依比賣一次生二佐度島一次生二大倭豐秋津嶋一亦名謂二天御虛空豐秋津根別一故因二此八嶋先所一レ生謂二大八嶋國一然後還坐之時生二吉備兒嶋一亦名謂二建日方命一次生二小豆島一亦名謂二大野手上比賣一次生二大嶋一亦名謂二大多麻上流別一（自レ多至レ流以レ音）次生二女島一亦名謂二天一根一（訓レ天如レ天）次生二知訶嶋一亦名謂二天之忍男一次生二兩兒島一亦名謂二天兩屋一（自二吉備兒島一至二天兩屋島一幷六島）

和漢春秋曰日本國

史記夏本紀正義云括地志云和國武皇后政曰二日本國一在二百濟南一隔レ海依レ嶋而居

日本私記曰日本國從二大唐一東方万餘里日出二東方一昇二于扶桑一故云二日本一

或書曰日本國者自二大唐一而新名也斯國自二大唐一東方萬餘里居二于東極一日出二東方一昇二于扶桑一已近二日所レ出故曰二日本一也仍又號二扶桑國一也

切韻曰和者東海中國也

天地麗氣府錄曰于レ時爲レ下二化衆生一天王如來天御中主尊詔二伊弉諾伊弉冊二尊一曰有二豐葦原千五百秋瑞穗中津地一宜二汝往修一レ之賜二天瓊矛一而詔寄賜也二柱尊奉レ詔立二於天浮雲之上一共計謂有二一物一若二浮膏一其圓中有レ國乎廼以二天瓊矛一（天獨予）探レ之獲二八葉滄海圖形一則投二下其矛一而因畫二滄溟一而引上之時自二矛末一落垂滴瀝之潮凝爲レ島（卯明本元）名曰二磤馭盧島一矣（娑婆世界）則以二天瓊矛一指二下於磤馭盧島之上一以爲二國中之天柱一也天瓊桙謂二眞如界一變二成金剛寶杵一々々變二成風

氣々々轉成神神變成生々轉成魂魄々々轉成八體故八葉蓮臺座自在安樂也是如意亦玉德也元神用化也伊弉諾伊弉册二尊天降其島則化竪八尋殿共住同宮矣號曰大日本高見國（大日本者三光殿本名）瑞柏鎭守仙宮祕文曰天神天御中主神詔伊弉諾伊弉册（本名伊舍那天伊舍天妃亦名自在天是也）有葦原千五百秋瑞穗之地宜汝往修之賜天之瓊矛而詔寄賜也爾時二柱尊奉詔命立於天浮橋之上共計謂有物若浮膏其中蓋有國乎廼以天之瓊矛而探之獲是滄海投下其矛而因畫滄海而引上時自戈落垂滴瀝之（如意寶珠表形）潮凝結爲島名曰磤馭盧島矣（神明降跡國萬寶聚取歸之地也因以爲恪也）則以天之瓊戈（金剛智劔亦名天御量柱是也）指立磤馭盧嶋上以爲國中之天之柱國之柱也（此云心御柱是起也是諸尊能生之本源萬法所歸之惣體也）

天地靈覺祕書曰大日本國者大八洲也惟大日孁貴治國也亦八葉花臺也卽金剛胎藏諸會大日宮世界國土也凡世界自本本覺也自本无明也本又法界也本是衆生本佛也本者法然道理也

或云磤馭盧嶋　唵呼嚧呼嚧神明召請之國也

豐受皇太神繼文曰南閻浮提[梵字]（アシハラ）葦原

日本書紀曰神武天皇卅有一年夏四月乙酉朔皇輿巡幸因登腋上嗛間丘而廻望國狀曰妍哉乎國之獲矣雖內木綿之眞迮國猶如蜻蛉之臀呫焉由是始有秋津之號也

一云日本者浦安國亦曰細矛千足國亦曰磯輪上秀眞國亦曰玉墻內國

又曰舊說云古者今謂之倭國倭義取稱我之音漢人取名之字也此國之人昔到彼國而彼國問云汝國之名稱如何答曰和奴國耶和奴猶言吾也自後謂之倭奴國也通云山跡山謂之耶麻跡謂之之土音登戸反夫天地剖判泥濕未燥是以栖山往來國多蹤故曰耶麻土又古語居住爲土言止住據於山也

類聚神祇本源

類聚神祇本源卷三

天神所化篇

官家

天地麗氣府錄曰論云劫盡燒壞時一切皆空故生福德因緣力故十方風至相對相觸能持大水水上有一千頭人二千手足名爲葦綱是人臍中出千葉金色妙法蓮華（華中）其光大明如萬日俱照有人結跏趺坐此人復有無量光明各曰梵天王此梵天王心生八子八子生天地人民也爾時上方五百萬億國土諸天梵王皆悉自覩所止宮殿光明威曜昔所未有歡喜踊躍生希有心卽各相詣共議此事以何因緣我等宮殿有斯光明而彼衆中有一大梵天王名曰尸棄是一大三千世界主一切諸神大祖也（私記法華化城喩品文）

亦曰常住毗尊一須彌建立其厚十六萬瑜膳那云云觀相九山與八海中有大威神无上極尊世界大導師爲神通自在如水球如火珠萬德施萬用

先代舊事本記曰于時天先成而地後定然後於高天原化生一神號曰天讓日天狹霧國禪月國狹霧尊自厥以降獨化外俱生二代耦生五代所謂神世七代是也

神代系紀

天祖天讓日天狹霧國禪月國狹霧尊

一代俱生天神

天御中主尊（亦云天常立尊）

可美葦牙彥舅尊

一水　二代俱生天神

國常立尊（亦云國狹立尊亦云國狹槌尊亦云葉木國尊）

豐國主尊（亦云豐斟淳尊亦云豐香節野尊亦云浮經野豐買尊亦云豐齧別尊）

一地二火　三代耦生天神

別天八下尊（獨化天神第一世之神也）

角樴尊（亦云角龍魂尊）

妹活樴尊

二水三木　四代耦生天神

別天三降尊（獨化天神第二世之神也）

泥土煑尊（亦云泥土根尊）

妹妙土煑尊（亦云沙土根尊）

三火四金　五代耦生天神

別天合尊（亦云天鏡尊獨化天神第三世之神也）

大苫彦尊亦云二大戸之道一亦云二大富道一亦云二大戸摩彦一
妹大苫邊尊亦云二大戸之邊一亦云二大富邊一亦云二大戸摩姫一
別天八百日尊獨化天神第四世之神也

四風五土

六代耦生天神
青橿城根尊亦云二沫蕩尊一亦云二面足尊一
妹吾屋橿城根尊亦云二惶根尊一亦云二蚊雁姫尊一
別天八十萬魂尊獨化天神第五世之神也

五空

七代耦生天神
伊弉諾尊天降陽神
伊弉冊尊天降陰神
別高皇彦靈尊亦名高魂尊亦名高木命獨化天神第六世之神也

亦曰伊弉諾伊弉冊二尊俱議曰吾已生二大八州及山川草木一何不レ生二天下之主者一歟先生二日神一曰二大日孁貴一亦云二天照太神一亦云二大日孁尊一此子光華明彩照二徹於六合之內一故二神喜曰吾息雖レ多未レ有二若レ此異靈之兒一不レ宜三久留二此國一自當下早送二于天一而授以中天上之事上是時天地相去未レ遠故以二天柱一擧二於天上一矣

次生二月神一號曰二月讀尊一亦云二月夜見亦月弓一其光彩亞レ日可二以配レ日而治一故亦奉レ送二于天一矣

次生二素戔嗚尊一此尊可レ治二天下一而此神勇悍以忍安且常以二哭泣一爲レ行　以下異之

次生二蛭兒一雖二已三歲一而脚尚不レ立初二神巡レ柱之時陰神先發二喜言一旣違二陰陽之理一所以初終生二此兒一矣

次生二鳥磐橡樟船一卽以二此船一乃載二蛭兒一流放棄矣

伊弉冊尊者葬下於出雲國與二伯耆國一堺比婆之山上也伊弉冊尊者葬二於紀伊國熊野之有馬村一焉土俗祭二此神之魂一者花時以レ花祭復用二鼓吹幡旗一歌舞而祭矣

亦曰伊弉諾尊親見二泉國一此旣不祥也還乃追二悔之一曰吾前到二於不須也凶目汚穢處一故當四滌二去濯三除吾身之觸穢一則往見二粟門及速吸名門一然此二門潮旣太急故還二向於日向橘之小戸檍原一而祓除焉遂將レ盪二滌身之所汚一乃興言詔曰陽神爲レ禊二泉穢一到二日向橘之小門檍原一而祓二禊御身一時所レ成神十二柱神號略之伊弉諾尊詔上瀨者速下瀨者弱而初於二中瀨一潛滌之時所レ成之神二柱神名八十禍津日神次大禍津日神復爲レ直二其禍一而所レ成神三柱神名神直日神次大直日神次伊豆能賣神

此外神號略之

伊弉諾尊滌二御身一之時所レ生之神三柱
洗二左御目一時所レ成之神名二天照太御神一

洗二右御目一時所レ成之神名二月讀命一
並座二五十鈴川上一謂二伊勢齋大神一
洗二御鼻一之時所レ成之神名二速素戔烏尊一
座二出雲國熊野杵築神宮一矣
伊弉諾尊大歡喜詔曰吾生之子而於二生終時一得二三貴子一
召二其御頸珠之玉緒一母由良爾取由良迦斯而賜詔其
御頸珠名謂二御倉板擧神一
伊弉諾尊詔二天照太神一云汝命者所二知高天原一矣詔寄賜矣
次詔二月讀命一汝命者所二知夜之食國一矣詔寄賜矣
次詔二素戔烏尊一云汝命者所二知海原一矣詔寄賜矣
亦曰伊弉諾尊詔曰吾欲レ生二御宙之珍子一即化出之神三柱矣左手持二白銅鏡一（號邊都鏡）則有二化出之神一是謂二大日孁尊一右手持二白銅鏡一（號島津鏡）則有二化出之神一是謂二月弓尊廻首顧盼之間則有二化出之神一是謂二素戔烏尊一即大日孁尊及月弓尊並是質性明麗故使レ照二臨天地一素戔烏尊是性好二殘害一故令三下治二根國一矣
伊弉諾尊勅二任三子一曰
天照太神者可三以御二治高天之原一也月讀尊者可三以治二滄海原之潮八百重一也後配レ日而知二天事一所二知夜之食國一也素戔烏尊者可三以治二天下復滄海之原一也素戔烏尊年已長矣復生二八握鬚一雖レ然不レ治二所寄天下一常以啼泣恚恨
伊弉諾尊功既至矣德亦大矣神功既畢當下登二于天一報命上留二宅於日之少宮一復靈運當遷是以搆二幽宮於淡路之洲一寂然長隱亦坐二淡海之多賀一者矣
亦曰天照太神詔二素戔烏尊一曰汝猶有二黑心一不レ欲二與レ汝相見一乃入二于天窟一閉二磐戶一而幽居焉故高天原皆闇亦葦原中國六合之內常闇不レ知二晝夜之殊一故萬神之聲如二狹蠅一鳴萬妖悉發往二常世國一故群神憂迷手足罔レ厝凡厥庶事燎レ燭而辨矣于レ時八百萬神於二天八湍河原一神會集而議下計其可レ奉二祈謝一之方上矣高皇產靈尊兒思兼神有二思慮之智一深謀遠慮議曰聚二常世長鳴之鳥一遞使二長鳴一遂聚令レ鳴矣復宜下圖二造日神御像一奉中招祈禱上矣復鏡作祖石凝姥命爲二治工一則採二天八湍河之川上之堅石一
復全二剝眞名鹿皮一以作二天之羽鞴一矣
復採二天香山之銅一令レ鑄二造日矛一此鏡少不レ合レ意則紀伊國所レ坐日前神是也

復使鏡作祖天糠戸神（即石凝姥命之子也）採天香山之銅使圖造日像之鏡其狀美麗矣而觸窟戸有小瑕其瑕於今猶存即是伊勢崇祕太神所謂八咫鏡亦名眞經津鏡是也

已上就舊事本紀抄之

日本書紀曰開闢之初洲壤浮漂譬猶游魚之浮水上也于時天地之中生一物狀如葦牙便化爲神號國常立尊次國狹槌尊次豐斟渟尊凡三神矣乾道獨化所以成此純男

次有神埿土煮尊　沙土煑尊　次有神大戸之道尊　大苫邊尊　次有神面足尊　惶根尊　次有神伊弉諾尊　伊弉冊尊　凡八神矣乾坤之道相交而化所以成此男女自國常立尊迄伊弉諾尊伊弉冊尊是謂神世七代矣

一書曰天地初判一物在於虚中狀貌難言其中自有化生之神號國常立尊（亦國底立尊　亦可美葦牙彦舅尊　亦天常立尊）

次國狹槌尊（亦國狹立尊）

次豐斟渟尊（亦豐組野尊　亦豐香節野尊　亦浮經野豐買尊　亦豐國野尊　亦豐齧野尊　亦葉木國野尊　亦見野尊）

凡三神乾道獨化所以成此純男

次埿土煑尊（埿土此云于毗尼）

沙土煮（沙土此云須毗尼　沙土土根尊）（亦曰埿土根尊）

次大戸之道尊　一云大戸之邊

大苫邊尊（亦曰大戸摩彦尊　大戸摩姫尊　亦曰大富道尊　大富邊尊）

次面足尊（亦曰吾屋惶根尊）

惶根尊（亦曰忌橿城尊　亦曰吾屋橿城尊　亦曰青橿城根尊）

次伊弉諾　伊弉冊尊（一書曰此二神青城橿根尊之子也　一書曰國常立尊生天鏡尊天鏡尊生天萬尊天萬尊生沫蕩尊沫蕩尊生伊弉諾伊弉冊沫蕩此云阿和那伎）

一書曰男女耦生之神先有泥土煮尊沙土煮尊次有角樴尊活樴尊次有面足尊惶根尊

次有伊弉諾尊伊弉冊尊

亦曰高天原所成神名天御中主尊　次高皇産靈尊

次神皇産靈尊　皇産靈此云美武須毗

已上神號異說等就日本書紀（一）抄之

古事記曰天地初發之時於高天原成神名天之御中主神（訓高下天云阿麻下效此）次（二）高御産巢日神次（三）神産巢日神此三柱神並者獨神成坐而隱身也次國稚如浮脂而久羅下那洲多陀用幣流之時（流字以上十字以音）如葦牙因萌騰之物而成神名（四）宇麻志阿斯訶備比古遲神（此神名以音）（五）次天之常立神（訓常云登許訓立云多知）此二柱神亦獨神成坐而隱身也

上件五柱神者別天神

次成神名國（一）之常立神（訓ニ常立一亦如レ上）次豐雲（二）野神此二柱神亦獨成坐而隱レ身也次成神名宇比地邇（上）神次妹須比智邇（去）神（此二神名以音）次角杙（四）神次妹活杙神（二柱）次意富（五）斗能地神次妹大斗乃辨神（此二神名皆以レ音）次於（六）母陀琉神次妹阿夜（上）訶志古泥神（此二神名亦以レ音）次伊邪那岐神次妹伊邪那美神（此二神名亦以レ音如レ上）

上件自ニ國之常立神一以下伊邪那美神以前幷稱ニ神世七代一（上二柱獨神各云ニ一代一次雙十神各合ニ二神一云ニ一代一也）

古語拾遺曰又地剖判之初天中所生神名曰ニ天御中主神一其子有ニ三男一長男高皇產靈神次津速產靈神次神皇產靈神其高皇產靈神所生之女子名曰ニ栲幡千々姬命一天祖天津彥尊之母也

神皇系圖曰天先成而地後定然後神聖生ニ其中一焉號ニ國常立尊一矣亦名ニ無上極尊一亦名曰ニ常住毗尊一謂ニ惟三世常住妙心法界體相大智一也故天神地祇本妙大千世界大導師是尊也所レ形名曰ニ天御中主神一名曰ニ尸棄大梵天王一故則爲ニ大千世界主一矣

天御中主尊（神風伊勢百船度會山田原之大神座）

元氣所化水德變成爲レ因爲レ果而所レ露名ニ天御水雲神一住ニ水德一亦名ニ御氣都神一是水珠所成卽月珠是也亦號ニ大葦原中津國主豐受皇神一也凡以ニ一心一分ニ大千形體一顯レ言爲レ陰爲レ陽矣盖從ニ虛無一則到ニ化變天月地水感應道一交故在ニ名字相一云云

地大天八下靈神

水大天三下靈神

火大天合靈神

風大天八百日靈神

空大天八十萬魂神

前五柱神者生化五大尊座也

高皇產靈神（皇祖神座）

神皇產靈神（大神主祖神也）

津速產靈神（天兒屋命祖神也）

都八柱神者天御中主神變座之內獨化神也明ニ百億須彌百億日月百億四天下一而爲ニ天地人民化生元祖一者也

水 國狹槌尊

火 豐斟渟尊

木 泥土煮尊　沙土煮尊

金 大戶之道尊　大苫邊尊

土面足尊　惶根尊
右八柱神者俱生之神陰陽與ニ耦生一之神也故乾坤之
道相參而化所以成ニ此男女形一矣
伊弉諾尊　伊弉冊尊
右從ニ國常立尊一迄レ生ニ伊弉諾伊弉冊尊一謂ニ天神七
代一矣粤蒙ニ天祖天御中主高皇産靈尊之宣命一天以ニ
天瓊矛一而諾尊立ニ於天浮橋之上一二神共議曰底下
豈無レ國歟廼以ニ天瓊矛一指下而探レ之獲ニ滄溟一其矛
鋒滴瀝之潮凝成ニ一嶋一名ニ之磤馭盧島一二神於是降ニ
居彼島一與ニ八尋殿一（社記曰大日本日高見國神祇寶山今此所也云々）
因欲下共爲ニ夫婦一産中生洲國及山川草木神等上後生ニ
一女（日神）三男一（月神蛭子素戔烏尊）或爲レ日爲レ月永懸而不レ落或爲
レ神爲ニ皇帝一存而以無レ窮矣
蓋聞伊弉諾尊則東方善持藏受ニ護善通由賀神一梵
所名ニ之伊舍那天一也伊弉冊尊則南方妙法藏愛ニ鬘
行犧神一亦名ニ之伊舍那后一也凡從ニ自性淨妙藏一乃
至ニ邪蚰地一爲下ニ化衆生一隨ニ順方便一故假所レ化義
與ニ生滅形一依ニ無爲行滿一卽得ニ正果一是大慈大悲神
慮也
大日靈貴天照皇神（五十鈴川上座 神風伊勢國玉㧾）

諾尊持ニ左手金鏡（贏都鏡）一陰生持ニ右手銀鏡（邊都鏡）一陽生因以日神
月神所ニ化生一也謂ニ火珠（月神）水珠一二果曲玉（日神）變ニ成三昧
世界一建ニ立日月一是座凡上座時名ニ之尸棄大梵光明
大梵一下座時名ニ之尸棄光天女天照太神遍照智光一
法陰法陽兩部不二平等一心同殿同床二神卽一所座
矣
尸棄大梵　尸棄光天女
杵獨大王
正哉吾勝々速日天忍穗耳尊（天照太神太子 飢霧之化生）
天津彦々火瓊々杵尊（正哉吾勝尊太子亦名ニ皇孫一杵獨王也）
彦火々出見尊（天津彦々火瓊々杵尊第二子）
彦波瀲鸕鷀草葺不合尊（彦火々出見尊太子）
右天津彦尊率ニ諸部神一降ニ到於筑紫日向槵日高千
穗之峯一治ニ天下一以來迄レ至ニ葺不合尊一三主治合一
百七十九萬二千四百七十六歲也
神皇實錄曰以代元氣渾沌天地未レ剖猶ニ鷄卵一溟涬含
レ牙其後淸氣漸登薄靡爲レ天浮濁重沉淹滯爲レ地所レ謂
洲壤浮漂開闢判剖是也譬猶ニ游魚之浮ニ水上一于レ時天
先成而地後定然後於ニ高天原一化生一神號曰ニ天讓日
（陽神日神）國禪月（陰神月姫）皇神一亦名ニ天御中主尊一也天地俱生神

坐是諸天降靈之本致一切國王之大宗也德被二百王一惠
齊二四海一歷代帝王崇二尊祖一萬方人夫敬二神祇一故世質
時素無爲而治不肅而化云レ爾
大元 謂無名之名無狀之狀呈稱二氣神一萬物靈臺日月星氣是天大地大人亦大故大象二人形座一也無者元至也
天神一國常立尊 無名無狀神此蒼精之君本宮之臣自レ古以來著レ德立二功名一者也所化神名曰二天御中主神一也
謂大易者虛无也因レ動爲二有之始一故曰二大初一有レ氣
爲二形之始一故曰二太始一氣形相分生二天地人一也大方
道德者虛无之神天地沒而道常在矣原二性命一受二化
於心一々受二之意一々受二之精一精受二之神一形體消而
神不レ毀性命旣而神不レ終形體易而神不レ變性命化
而神常然因以名二國常立尊一以レ初爲二常義一者也
天地耦生神 謂耦生天地對耕萬物生故八天五行佐二天地生物一五行自レ水始火次レ之木次レ之金次レ之土爲レ從レ木（本イ）生數三成數八但言レ八者擧二其成數一矣是天地象二四時王相神座一也配レ用有レ德故於二明堂一以祭二五神一而已
天神二國狹槌尊水藏戸　同　二豐斟渟尊火藏戸
同　四泥土煮尊木藏戸　沙土煮尊耦生荒魂
同　五天戸之道尊金藏戸　大苫邊尊耦生荒魂
同　六面足尊土藏戸　惶根尊對耕荒魂
件五代八柱天神光胤坐也雖レ有二名相一未レ現二形體一
五大府中坐故名二天地耦生神一也應化神名曰二天御
中主神一未二顯露一名二國常立尊一亦稱二國底立尊一天
地之間稟氣之靈蒙二一大五種之神力一受二天地父母
之生氣一作レ身 ○氣一本 以二言語一授二世人一也依レ之得二一切
智心一利二益萬物生化一也
天神首 名稱二天地俱生神一代一謂天文地理日月星辰狀此時明現神聖出レ世天口成レ事
天御中主神
天地開闢之始含二精氣一而應化之元神故初禪梵宮居
焉視二天下一而式二時候一授二諸天子一照二臨天地之間一
而以二一水之德一利二万品之命一故亦名曰二御氣津神一
也神語曰御義理也古語天津御氣國津御氣亦天狹霧
國狹霧是水氣易レ形因以天氣下降地氣上騰天地和
同草木萠動惟水道德矣
地大　天八下靈神 府中五魂座五靈五常名二五大神一也作二萬生質一也
水大　天三降靈神
火大　天合靈神
風大　天八百日靈神
空大　天八十萬魂神
件五柱神則受二天地之精氣一而氣形質具而未二相離一
名稱二五大魂一是中府藏坐神也故謂神者生之本形者
生之具也古語謂稱二獨化神一也
高皇產靈神 皇祖神故亦名二高貴神一天御中主神長男也

栲幡豐秋津姫命皇孫尊母也高貴女神
思金命智性靈坐二相殿一姫神天手力雄神石戸開神坐二相殿一神
神皇產靈神八咫烏并伊勢朝臣祖神也
津速產靈神中臣朝臣上祖
件三柱靈神者天御中主所化神名爲レ子父子道今
時露現矣
天鏡尊獨化神天神水鏡神三坐是神鏡始元三光面目明白此時也(私記神代三面御鏡是也)
天萬尊獨化神天鏡尊次生也伊弉諾靈明座
沫蕩尊獨化神天萬尊次生也伊弉册靈明座
件三柱神者天御中主神出現之時三魂鬼荒魂坐續
命神坐云云亦名稱二三諦明神一也
耦生天神一代天神第七代陰陽定位萬物形也
伊弉諾尊天降陽神名二日子一也亦稱二大自在天子一
妹伊弉册尊天降陰神名二月子一也亦稱二大自在天子一
從二國常立尊一至二惶根尊一天神六代之間則有二名字一
未レ現二尊形一五位神座其後轉變而合二陰陽一有二男女
形一應化相生而專二心珠一神以二淸淨一爲レ先神態與
レ焉伊弉諾伊弉册二尊承二天御中主神詔一卽以二天瓊
戈一指二立於磤馭盧島之上一以爲二國中之天柱一則化二
竪八尋殿一共住生二大八洲次大小島合拾四箇島一其

後處々小島皆是水沫潮凝而成者也伊弉諾伊弉册二
尊俱議曰吾已生二大八洲及山川草木一何不レ生二天下
之主者一歟
先生二日神一號曰二大日孁貴一亦云二天照太神一亦曰二
大日孁尊一此子光華明彩明二徹於六合之內一故二神
喜曰吾息雖レ多未レ有二如レ此異靈之兒一不レ宜三久留二
此國一自當下早送二于天一而授以中天上之事上是時天地
相去未レ遠故以二天柱一擧二於天上一矣
地神五代番レ(番一本作レ播)地五行傳神位坐道德極而生化德表也
天照太神奉レ擧二天上一故曰二大日孁尊一也
正哉吾勝々速日天忍穗耳尊
私云自二八坂瓊曲玉一出化神也曲玉者火珠也
天津彥々火瓊々杵尊大八洲主坐也(治二天下一卅一萬八千五百卅二年)
私云皇御孫以二或十種神財或三種天璽一率二三十二
神一降坐
彥火々出見尊天津彥火瓊々杵尊第二子也(治二天下一六十五萬七千八百九十二年)
彥波瀲武鸕鷀草葺不合尊彥火々出見尊太子也(治二天下一八十三萬六千三年)
社家
寶基本紀曰天地開闢基在二大光明一其中有二精氣一名
曰レ神亦曰レ心爾時爲二萬物應化神一假名號二廣大慈悲

大御神也掛畏以天津神策用抱一而天地與陰陽同節同和合敬合愛顯五常文圖悟八子給修應化身照神道可也

大田命傳曰豐受皇太神一座

天地開闢初於高天原成神也一記曰伊弉諾伊弉册尊（古語曰伊舍那天　伊舍那天姫）先生大八洲次生海神次生河神次生風神等以降雖經廻一萬餘歲（時代相隔義也）水德未顯（志天）天下飢餓于時二柱神天之御量事乎以天瑞八坂瓊之曲玉乎捧九宮所化神名號止由氣皇太神支千變萬化受一水之德生續命之術故名曰御饌都神也古語曰大海之中有一物浮形如葦牙其中神人化生號天御中主神故號豐葦原中國亦因以曰止由氣皇神也故天地開闢之初神寶日出之時御饌都神天御中主尊與大日孁貴天照太神二柱御太神豫結幽契永治天下免或爲日爲月永懸而不落或爲神爲皇常以無窮矣光華明彩照徹於六合之內矣

神祇譜傳圖記曰

伊弉諾尊　伊弉册尊

大日本豐秋津洲

海神

水戸神

速秋津比賣神

風神

山神

野神

木神

豐受皇太神（亦名倉稻魂神　亦天御中主神）　亦曰御饌都神

天下飢餓于時伊弉諾伊弉册二柱尊以瑞八坂瓊曲玉捧九宮所化神名號御饌都神亦名豐宇介皇太神也是質性明麗故照臨天地利萬物天文地利是時明千變万化此時存乃依清淨之願力垂愛愍慈悲現化（加之誤歟）護之姿同和光之塵天機普張與天地齊德元氣流行而與陰陽合明鬼神同吉凶或現三光天子耀德用於万方或示八大龍王灑恩波於四海有請必致有所必應而快一期之榮樂而施一世之利益耳（或書曰伊弉諾伊弉册以天鏡捧九宮所化神名號天御中主神是止由氣太神靈鏡也）夫天照太神與豐受太神則無上之宗神而尊無與二故異於天下諸社是則天地精明之本源也無相無爲之大祖也故不起佛見法見以無相鏡假表妙體也和其

光一同二其塵一現二五濁國一隨二順群生一扶二持萬物一使レ終二其性命一誰撓二其神一豈于二其慮一乎

一日神（謂二大日孁貴一此云二於保比屢咩能武智一孁音力丁反亦曰二天照太神一亦號二天照大日孁貴一）

伊弉諾尊曰吾欲レ生二御宙之珍子一乃以二左手一持二白銅鏡一則有二化出之神一是謂二大日孁貴一神代上曰伊弉諾尊伊弉冊尊共議曰吾已生二大八洲國及山川草木一何不レ生二天下之主者一歟於レ是共生二日神一號二大日孁貴一此子光華明彩照二徹於六合之內一故二神喜曰吾息雖レ多未レ有レ若二此靈異之兒一不レ宜三久留二此國一自當下早送二于天一而授以中天上之事上是時天地相去未レ遠故以二天柱一舉二於天上一也

豐受皇太神御鎭坐本紀曰天地初發之時大海之中有二一物一浮形如二葦牙一其中神人化生名號二天御中主神一故號二豐葦原中國一亦因以曰二豐受皇太神一也與二天照大日孁貴尊一與此以二八坂瓊之曲玉八咫鏡及草薙劔三種之神財一而授二賜皇孫命一爲二天璽一

神風伊勢寶基珍圖天口事書曰天地開闢以降神寶日出之代高天原神留坐（天御中主神語曰天讓日國禪月皇神也天照天神語曰大日孁貴照皇天也是水火二靈也）皇親神魯伎（天照太神天御中主）神魯美命（天御中主神長男高貴高皇產靈神也）以弖皇御孫之命乎天津高御座爾座弖天津璽乃釼鏡乎捧持賜弖言壽宣

（古語天神壽解之詞）皇我宇都（珍圖大像）御子皇御孫之尊若二天津瓊玉戈一曲妙爾天津高御座坐弖天津日嗣乎萬千秋乃長秋（神嘗此其緣也）大八洲乃豐葦原瑞穗之國（古語云瑞穗者豐穗也）安國（古語浦安）平久所知食言寄奉賜弖此以二天津御量一（神語曰久須志伊知比古登）事問志磐根木立草乃垣葉母乎言止弖天降賜

釋家

大和葛城寶山記曰

天神上首

天御中主尊（無宗無上而獨能化故曰二天帝之神一亦號二天宗廟一到二天下一則以二三身卽一無相寶鏡一崇二神體一祭二伊勢止由氣宮一也）

極天祖神

高皇產靈皇帝（此名二上常一是高皇產靈尊者極天之祖皇帝坐也故爲二皇王祖神一也）

大日本洲造化神

伊弉諾尊　伊弉冊尊

此二柱尊者第六天宮主大自在天王坐爾レ時任二皇天宣一受二天瓊戈一以二呪術力一加二持山川草木一能現二種種未曾有事一往昔大悲願故而作二日神月神一照二四天下一矣昔於二中天一度二衆生一今所（タルカ ○謂字落）日本金剛山

地神六合大宗

大日孁貴尊

此名日神也日則大毗盧遮那如來智惠日光之應變也
梵音毗盧遮那是日之別名卽除暗遍照之義也
日者天子常住之日光與世間之日光於法性體
有相似義故名大日孁貴天照太神也以八尺流
大鏡祕崇伊勢太神之正體是也
傳曰劫初在神聖名常住慈悲神主（法語曰尸棄大梵天王 神語名天御中主尊）
大梵天宮居焉爲衆生等以廣大慈悲誠心故作百
億日月及百億梵天而度無量群品故爲諸子天之大
宗三千大千世界之本主也亦曰五星者經津主磐筒男
神等應變也云云
伊勢太神宮瑞柏鎭守仙宮祕文曰圓仁（慈覺大師）撰 大八洲中
神風伊勢國天照座二所乃皇太神者是天地開闢之元神
故一大三千界主座也
尸棄大梵天皇（此云天御中主神亦名曰伊勢 國天照座豐受皇太神宮是也）
光朋大梵天皇（此云大日孁貴亦名號伊 勢國天照座皇太神宮是也）
天地初發之時於高天原成神名天御中主神也記曰大
海初出之故天御義利擧之八重雲以天於坐而成神天御
中主神亦名天讓日國禪月天狹霧國狹霧尊也故天地與
俱生神是也
亦曰星者日氣所生故其字日與生爲星也五星者經
津主磐筒男神等應變也
降臨次第記曰
國常立尊（漢言大毗盧遮那如來）
國狹槌尊（漢言毗盧舍那佛）
國豐斟渟尊（漢言盧舍那佛）
泥土煑尊（漢言勾留尊佛）
大戸之道尊（漢言勾那舍（倉イ）牟尼如來）
吾屋惶根尊（漢言毗婆尸佛）
伊弉諾尊（漢言天皷音電佛）
尸棄大梵天王（漢言水珠所成王）
水珠者月珠月珠者玉玉者𑖀字𑖀字者金剛界大日根
本大毗盧遮那如來是也天上大梵天王虛空無垢大光
明遍照如來過去威音王佛是也三十三天中皆是大梵
天王是名尸棄大梵天王是名天御中主尊亦名豐受皇
太神
泥土瓊本尊（漢言寶藏摩尼佛）
大苫邊尊（漢言龍尊王佛）
吾屋惶根本尊（漢言毗棄羅如來）
伊弉册尊（漢言開敷花王佛）
光明大梵天王（漢言火珠所成王）

火珠者日珠日珠者玉玉者丸字丸字者如意寶珠寶珠者蓮華理々者胎藏界毗盧舍那遍照如來丸字本不生不可得義萬法皆空無自性門是也過去花開王佛是也三十三天中皆是名大梵天王是名光明大梵天王名天御中主尊亦名天照皇大神他化自在天化躰大毗盧舍那如來是名摩醯首羅天王亦名大自在天王昔爲威光菩薩住日宮殿阿修羅王難今居日域成天照太神增金輪聖王福三千大千世界所有有情初於善男善女醜陋頑愚盲聾瘖瘂四重八重七逆越誓謗方等經一闡提等无量重罪現在生中頻斷無明皆是神誓大乘善根成就形相有頂天上及無間極亡塵浮塵性相常住無邊異相皆是神躰皆是本覺皆是佛身永離生死常利衆生无有間斷十方如來同入三昧三世諸佛皆與授記自受法樂自在神力兩宮修行功德深甚本來自性本妙形像念念不動卽入阿字若觀一念定勝三世入无量定修習妙觀若有衆聞此功德不至信者當知是人定墮无間能摧佛種諸佛无救何況餘人

官書天地麗氣曰天神七葉者過去七佛轉星天七星地神五葉者現在四佛加增舍那爲五佛化生地五行神供奉十六葉大神大小尊神賢劫十六尊也云云

官書天地麗氣府錄曰

國常立尊亦名常住毗尊也無上極尊所化神云云

惟是三世常住妙法身天神地祇本妙元神也以一身分七代形體顯言爲陰爲陽化生日神月神說法利生不可思議不可思議

國狹立尊毗盧舍那　國狹槌尊

豐斟渟尊盧舍那佛　豐香節野尊

朱注云已上三身卽一妙神也

埿土煮尊是名勾留尊也　沙土煮尊名寶藏摩尼尊也

大戸之道尊名勾那舍也亦龍尊王　大苫邊尊名勾那含牟尼如來

面足尊名毗婁尸佛也　惶根尊名毗棄羅如來

朱注云已上天地分陰陽化生死迷悟祖元也

伊弉諾尊亦名天鼓音雷佛　伊弉冊尊亦名開敷花王佛

伊弉諾尊是東方善持藏愛護善通本地阿閦過去五十三佛音王是尊也

伊弉冊尊是南方妙法藏愛鬘行織神五十三佛內神〇神一本作伊氣佛是也

大日靈神　元祖大毗應遮那如來常住三昧修行三界建立尊座也

府錄曰國常立尊亦名常住毘尊無上尊所化神惟是三世常住妙法身天神地祇本妙元神也以二一身一分二七代一形體顯言爲レ陰爲レ陽化二生日神月神一

吾聞神是天然不動之理卽法性身也通是元壅不思議慧卽報身也力是幹用自在卽應身也夫神一之妙孕レ氣含レ精至レ虛至レ一應二群變一而常寂生二萬物一而無心不レ爲レ事

凡一切有情有形有心爲二形陰一爲二心陽一雖レ爲二兩陰陽身色心色一心不レ二故從二色法一濯二心法一從二心法一濯二識法一陰陽一故化有レ形有レ心心宿レ骨骨人主亦木木大圓鏡智三昧耶形亦大圓鏡智

能斷智體亦毗盧本身亦法身三昧耶形亦獨古獨古卽心御柱心御柱卽一切衆生心量也亦大日本國異名亦國璽境柱亦名國心柱亦國主主卽人人神主（謂非心不明故以レ心爲レ主）神人神神卽生生卽凡夫凡夫卽五穀性五穀性卽心上妙法蓮華是開時如覺大無主時始天乳死時終地乳故迷悟在レ心云云

釋曰一心有二二轉一一者向レ上隨順二者向レ下隨順向レ上隨順者從レ信乃至二金剛能一爲二善提果一隨順方便故（始覺二成道成佛外迹二非二眞正覺一）向レ下隨順者自性淨妙藏乃至二第一念能一爲レ邪邪地隨順方便故（實無覺無成者本覺本初元神也元神者自而本分無心作也）

天照皇太神（下轉神變向レ下隨順遍照尊天珠向津媛命幡萩穗出神是也）

御氣都神與二尸棄光天女天王如來一上化下化名但上在時大梵天王功德無二上下一化時尸棄光天女功德無等八洲降化現二大日孁貴天照皇太神一念力熾盛端嚴美麗形也

下化有想文義云伊弉諾伊弉冊尊持二左手金鏡一陰生持二右手銀鏡一陽生名曰二日天子月天子一是一切衆生俱生二眼目一坐也故一切火氣變成レ日一切水氣變成レ月三界建立日月是也于レ時以二羸都鏡邊都鏡一爲二國璽靈一而日神月神自送二于天宮一而照二六合一給矣

正哉吾勝々速日天忍穗耳尊

天照太神捧二八坂瓊曲玉於九宮一化生神也是名火珠所成神也常懷二腋下一化生故名二腋子一也

天津彥々火瓊々杵尊（亦名杵獨王　亦名示法神　亦名相殿神　亦名愛護神　亦名左右神　亦名皇孫尊）

天照太神太子正哉吾勝々速日天忍穗耳尊娶二天皇天御中主神太子高皇產靈皇帝女栲幡豊秋津姬命一生二天津彥彥火瓊々杵尊一

謂高皇產靈尊者極天之祖皇帝也能令二造化一表二於無形一元尊自謀立二天津彥々火瓊々杵尊一爲二葦原中

津國王一也
於下所レ載ニ于右一之天地麗氣同府錄等上者雖レ爲ニ
官書內一與レ所レ述ニ于釋門一其義相同之間以レ次一
所鈔レ之

大日靈貴

神寶日出祕府曰日翻曰ニ毗盧一云云大者摩訶也所
謂摩訶毗盧遮那靈貴歟

類聚神祇本源卷三

（此奧書井上翁藏本）
寬文十二壬子年三月廿日藤光吉以本而書寫之畢
權禰宜度會神主

（元敎部省藏本奧書）
于時應安第五曆三春下旬候扉ニ門第他手一校隱士
自力而已雖レ學ニ梵文一寧捨ニ和子設一信ニ佛說一盍
仰ニ神語一矣
沙門信瑜

類聚神祇本源卷四

天宮篇

欲界

第六天 他化自在天

大和寶山記曰伊弉諾伊弉冊尊此二柱尊者第六天大自在天王坐爾レ時任ニ皇天宣一受ニ天瓊牙一以ニ呪術力一加ニ持山川草木一能現ニ種々未曾有事一往昔大悲願故而作ニ日神月神一照ニ四天下一矣

神皇實錄曰

伊弉諾尊天降陽神名ニ日子一也亦稱ニ大自在天子一

妹伊弉冊尊天降陰神名ニ月子一也亦稱ニ大自在天子一

太田命傳曰神記

伊弉諾尊亦名伊舍那天

伊弉冊尊亦名伊舍那天妃

或曰伊弉那天者智摩醯首羅化身

神皇系圖曰

伊弉諾尊則東方善持藏愛護善通由賀神梵所レ名ニ之伊舍那天一也

伊弉冊則南方妙法藏愛鬘行識神亦名ニ之伊舍那后一也

續別祕文曰天照皇太神者爲レ鎮ニ第六天魔王一在ニ於欲界一他化自在天宮說種々色心不二法超越諸天善神

色界

初禪 祕府 梵衆天　梵輔天　大梵天

神皇實錄曰天之御中主尊天地開闢之始含ニ精氣一而應化之元神故初禪梵宮居

中臣秡訓解曰高天原 色界初禪南瞻浮樹下 梵衆天也 高庫藏是也 亦三光天

東仙宮祕文曰愛地神五代未豊受太神從ニ初禪一飛レ空而下々來々以現ニ種々形一度ニ衆生一與ニ日神ニ一所雙坐也蓋如ニ涅槃經所說一小イ 思レ之思レ之

二禪 ○光天　無量光天　極光天　亦光晉天

伊勢太神宮祕文曰伊勢二所兩宮則周遍法界之妙理本覺本初之元神也所レ狀奉レ名ニ大日遍照尊一故名ニ照皇天一起樹ニ于寶基於天津磐境一 謂三光天居處也 或入无色界中

四禪 色究竟天　亦名有項天

兩宮降臨次第記曰色界頂色究竟天二天王大梵天王由形大空無相妙體是曰ニ常住慈悲神王一亦名本有常住神亦名無上極尊已上名本覺眞如神

伊勢太神宮祕文曰（第二神）天狹霧國狹變成名天御中主尊國常立尊高天原之日小宮居此天人者無有欲性但有色欲（○欲一本作愛）故名色界天也次天御中主尊（大元開宗）國常立尊（實法常住靈神表也故名俱生神）化八子生天地人民而下々來々名之號大日靈貴止由氣皇神是也（我國宗廟）

無色界非々想天飛空自在天

豊受皇太神繼文曰天照豊受皇太神者非々想天能斷智體下々來々於欲界他化自在天王宮中爲大毘盧遮那佛於大日本國是名大日靈貴豊受皇太神是也不來不去神本覺不生元神也一切衆生慈父常住不變妙理也竪越方便門橫成覺智

伊勢太神宮祕文曰夫以天地之起在水氣之用其清陽爲天其重濁爲地從上高天海至下根底而同時成立也爾時水氣高天海初出之故謂之名天讓日國禪月天狹霧國狹霧尊（亦元氣諸神（利）性亦眞氣懷氣也）是无有身形但有心性故曰無色界（高天原最上也）

太宗祕府曰威音大通智勝日月燈明等過去七佛以前之往過去之佛從前神名之天讓日國禪月皇太神故或爲大千界主一切衆生靈父也

神皇系圖曰天御中主尊所露名天御水雲神任水德亦名御氣都神是水珠所成卽月珠是也亦號大葦原中津國主豊受皇神也凡以一心分大千

瑞相仙宮祕文曰授以天上事日神留宅於日小宮遍照十方而令利衆生能除諸闇焉大方神是天然不動之理卽法性身也謂之名實相也未來世一切衆生發淨業正因爲歸大乘故顯本妙之象曉了卽心是佛或欲示無相之觀解令忌有相之權敎也慧日照世間除生死雲是威神之恩德也方便之利益也不可思議々々々々正念生化之本妙則在皇天也皇則大空無相之名號天地清淨之妙理是法身之儀也故一氣玄玄之元神名之號皇神也故萬物之化大道變成以用爲心意一一歸自位也故眞如界裏堪然常住也當知伊勢內外兩宮則大千世界本主八百萬神之最貴也

太宗祕府曰天宮與靈山分一線路互爲佛神之賓主令盡天地人居無爲無事大閑之場起生出死名之清淨是大悲用也

類聚神祇本源

（和學詣讀所本奥書）

正平八年癸巳正月三日書寫畢

類聚神祇本源卷五

內宮遷座篇

舊事本紀曰天照太神詔曰豊葦原之千秋長五百秋長之瑞穗國者吾御子正哉吾勝々速日天押穗耳尊可㆑知之國言寄詔賜而天降之時高皇產靈尊兒思兼神妹萬幡豊秋津師姬栲幡千々姬命爲㆑妃誕㆓生天照國照彥天火明櫛玉饒速日尊㆒之時正哉吾勝々速日天押穗耳尊奏曰僕欲㆓將降㆒裝束之間所生之兒以㆑此可㆑降矣詔而許之天神御祖詔授㆓天璽瑞寶十種㆒謂嬴都鏡一邊都鏡一八握劒一生玉一死返玉一足玉一道反玉一蛇比禮一蜂比禮一品物比禮一是也天神御祖敎詔曰若有㆓痛處㆒者令㆓玆十寶㆒謂㆓一二三四五六七八九十㆒而布瑠部由良由良止布瑠部如㆑是爲㆑之者死人反生矣是則所㆑謂布瑠之言本矣高皇產靈尊勅曰若有㆘葦原中國之敵拒㆓神人㆒而待戰者㆖能爲㆓方便㆒誘欺防拒而令㆓治平㆒令㆓三十二人㆒並爲㆓防衞㆒天降供奉矣

麗氣曰

三十二神事

天香鼻山命　天鈿賣語命　天太玉命
天兒屋命　天櫛玉命　天道根命
天神玉命　天椹野命　天糠戸命
天明玉命　天村雲命　天皆男命
天御陰命　天造日女命　天世手命
天斗麻彌命　天背斗女命　天玉櫛彥命
天湯津彥命　天神魂命　天三降命
天日神命　天乳速命　天八板彥命
天活玉命　天小彥根命　天湯彥命
天表春命　天下春命　天月神命
天伊佐布魂命　天伊岐志邇保命

神皇系圖曰夫水氣者淸淨海水卽本祖元神性也陽氣者濁世生類不淸實執也故淸淨神氣祭則人魂陽氣鎭也故有㆓鎭魂㆒也陽者氣也亦光明也故名曰㆑魂凡一氣化現名㆓號神靈㆒是生化魂也故陽氣散亡爲㆑死卽佛本居也善哉々々皇天壽曰而布留部由良由良止布留部云々惟是皇天无極大神咒也

府錄曰爾時八十諸神達曰中國初業天下無㆑主非㆑應㆑命者不㆑能㆑治㆑之能王㆑之者其在㆓誰神㆒乎諸神議曰皇

孫杵獨王也尊以爲レ然曰中國初定萬物有レ靈所以草樹稱㆓宮魔神㆒競扇今以レ杵就レ之爲㆓中國王㆒賜㆓玄龍車追眞床之緣錦衾八尺流火鏡赤玉寶鈴薙草八握劒㆒而壽之曰嗟呼汝杵敬承㆓吾壽㆒乎抱㆓流鈴㆒以御无窮无念爾祖吾在㆓鏡中㆒矣

爾時御祖天王如來天御中主神極天高皇產靈皇神詔授㆓天璽寶十種於杵獨大王㆒給矣

羸都鏡一面邊都鏡一面八握劒一柄生玉一死玉一足玉一道反玉一蛇比禮一枚蜂比禮一枚品物比禮一枚

天祖教詔曰若有㆓痛處㆒者令㆓茲十寶㆒謂㆓一二三四五六七八九十㆒而布瑠部由良々々止布瑠部如レ此之者死人反生是則所謂布瑠之言本也

天照皇太神持㆓寶鏡㆒而祝之宣久吾兒視㆓此寶鏡㆒當レ猶レ視レ吾可㆘與同レ床共レ殿以爲㆗齋鏡㆖寶祚之隆當㆘與㆓天壤㆒无㆖レ窮矣則授㆓八坂瓊曲玉及八咫鏡草薙劒三種寶物㆒永爲㆓天璽㆒矛玉自從矣盟言如㆓八咫瓊之勾㆒以㆓曲妙㆒治㆓天下㆒且如㆓白銅鏡㆒以照㆓兩眼㆒者看㆓行山川海原㆒乃提㆓是靈劒㆒平㆓天下惡事㆒矣以㆓兒屋命㆒爲㆓掌レ禱大將軍神王㆒太玉命爲㆓掌レ幣神㆒天鈿女爲㆓納侏神㆒石凝姥爲㆓納鏡神㆒玉屋爲㆓納玉神㆒乃使レ陪㆓皇孫㆒而降レ之是大己貴歸化上天皇帝以レ禮還レ之是寶上天之祖含靈之本故追㆓上尊號㆒曰㆓高皇產靈无上極天大祖尊皇帝㆒矣

日本書紀曰于レ時高皇產靈尊以㆓眞床追衾㆒覆㆓於皇孫天津彥々火瓊々杵尊㆒使レ降之皇孫乃離㆓天磐座㆒（天磐座此云㆓阿麻能以簸矩羅㆒）且排㆓分天八重雲㆒稜威之道別道別而天㆓降於日向襲之高千穗峯㆒矣既而皇孫遊行之狀者

一書曰天照太神乃賜㆓天津彥々火瓊々杵尊八坂瓊曲玉及八咫鏡草薙劒三種寶物㆒又以㆓中臣上祖天兒屋命忌部上祖太玉命猿女上祖天鈿女命鏡作上祖石凝姥命玉作上祖玉屋命凡五部神㆒使㆓配侍㆒焉因勅㆓皇孫㆒曰葦原千五百秋之瑞穗國是吾子孫可レ王之地也宜爾皇孫就而治焉行矣寶祚之隆當㆘與㆓天壤㆒无㆖レ窮者矣

一書曰高皇產靈尊以㆓眞床覆衾㆒褁㆓天津彥國光彥火瓊々杵尊㆒則引㆓開天磐戶㆒排㆓分天八重雲㆒以奉降之于レ時大伴連遠祖天忍日命帥㆓來目部遠祖天槵津大來目㆒背負㆓天磐靫㆒臂著㆓稜威高鞆㆒手捉㆓天梔弓天羽々矢㆒及副㆓持八目鳴鏑㆒又帶㆓頭槌劒㆒而立㆓天孫之前㆒遊行降來到㆓於日向襲之高千穗槵日二上峯天浮橋㆒而

立ニ於浮渚在之平地一
麗氣曰凡天照太神天地大冥之時現ニ日月星辰像一照ニ虛空一之代神足履レ地而興ニ于天瓊戈於豊葦原中國一上去下來而鑒ニ六合一治ニ天原一耀ニ天紘一皇孫杵獨天人壽八萬歲時筑紫日向高千穗之峯天降坐以降迄レ至ニ彥波瀲武鸕鷀草葺不合尊終年治百七十九萬二千四百七十六歲也
御鎭座本紀曰天地初發之時大海之中有ニ一物一浮形如ニ葦牙一其中神人化生名號ニ天御中主神一故號ニ豊葦原中國一亦因以曰ニ豊受皇太神一也與ニ天照大日孁尊一擧此以ニ八坂瓊之曲玉八咫鏡及草薙劒三種之神財一而授ニ賜皇孫一爲ニ天璽一視ニ此寶鏡一當レ猶レ視レ吾可下與同レ床共レ殿以爲中齋鏡上寶祚之隆當下與ニ天壤一無上レ窮宣焉
皇孫天津彥火瓊々杵尊伴神天兒屋命以ニ天津諄辭之太祝詞一介レ掌ニ解除一太玉命捧ニ大幣一天村雲命取ニ太玉串一奉レ仕天神地祇前後爾相從互闢ニ天關一岐披ニ雲路一介駈仙蹕比天之八重雲乎伊頭之千別爾千別天筑紫日向高千穗槵觸之峯爾天降到居焉經ニ營宮室一而恢ニ弘大業一光ニ臨六合一司ニ牧人神一能世闡ニ玄功一時流ニ至德一以鎭ニ元々一上則答ニ乾靈授レ國之德一下則崇ニ神祇養レ正之心一撥レ災反レ正德侔ニ覆燾一道協ニ造化一是以普天人民稟氣懷靈何非レ得レ處故與ニ天地一而無レ窮將ニ金石一而不レ朽焉實人民自然之德合レ古便レ今也
倭姬命世記曰于レ時以ニ八坂瓊之曲玉八咫鏡及草薙劒三種之神財一互授ニ賜皇孫一永爲ニ天璽一互之視ニ此寶鏡一古止當レ猶レ視レ吾可下與ニ同レ床共レ殿互之以爲中齋鏡上志寶祚之隆當下與ニ天壤一無上レ窮止志宣比岐即天津彥火瓊々杵尊止伴神天兒屋命掌ニ解除一宣久謹請再拜諸神等各念倍此時天地清淨止諸法如ニ影形像一奈利清淨無ニ假穢一志取レ說不レ可レ得須皆從レ因生レ業止勢利諄辭勢利太玉命捧ニ青和幣白和幣一天牟羅雲命取ニ太玉串一天三十二神前後仁相副從天各闢ニ天關一岐披ニ露路一互介駈仙蹕比天之八重雲乎伊頭之千別爾千別天筑紫日向高千穗槵觸之峯爾天降到給比互治ニ天下一卅一萬八千五百卅三年是時天地未レ遠故以ニ天柱一擧ニ於天上一矣
神天上地下麗氣記曰
天照皇太神女
正哉吾勝々速日天忍穗耳尊男
此二神一向主ニ地底一無二無別也
天津彥々火瓊々杵尊男

治二天下一三十一萬八千五百四十二歲陵在日向國愛山也
彥火々出見尊女
治二天下一六十三萬七千八百九十二歲陵在二日向國高屋山一
彥波瀲武鸕鷀草葺不合尊男
治二天下一八十三萬六千四十二年陵在二日向國一
此三柱尊共二天八重雲一皆吉里中坐也
神日本磐余彥天皇大倭國橿原宮號二神武一人皇始
元年甲寅歲冬十月發二向日本國一也東征是也
卽位八年建二都橿原一經二營帝宅一天四方國乎安國止
平久知食須天津璽乃劔鏡乎捧持賜天稱辭竟治二天下一
七十六年
倭姬命世記曰凡神倭伊波禮彥天皇已下稚日本根子彥
大日々天皇以往九帝歷レ年六百卅餘歲當二此時一帝與
レ神其際未レ遠同レ殿共レ床以レ此爲レ常故神物官物亦
未二分別一焉
麗氣記曰故神物官物未二分別一然靈應冥感稍滂流仍
奉レ崇二三種神光神璽一者本有二常住佛種一也大空三昧
表文法界躰身量也
御間城入彥五十瓊殖天皇大倭國磯城瑞籬宮
卽位六年己丑秋九月倭國笠縫邑立二磯城神籬一奉レ遷二天

照太神及草薙劔一令下皇女豐鋤入姬奉上齋以往雖二同
レ殿共レ床漸畏二神靈一共住不レ安志天則興二神籬一天後石
凝姥神裔天目一箇裔二氏更鑄二造鏡劔一以爲護身璽焉
踐祚日所レ獻之神璽鏡劍也
世記曰奉レ遷二天照太神及草薙劔一令下皇女豐鋤入姬
命奉上齋焉其遷祭之夕宮人皆參終夜宴樂歌舞然後隨二
大神之敎一國々處々爾大宮處乎求給倍利
三十九年壬戌三月三日遷ヨ幸但波之吉佐宮一雲聳現二榎
下一坐秋八月十八日作二瑞籬一積二四年一奉レ齋矣
私記今歲豐宇介神天降合レ明齊レ德一レ所雙坐事委
旨見二于外宮御遷座篇一也
四十三年丙寅九月九日遷二倭國伊豆加志本宮一現レ劔坐
八年奉レ齋
五十一年甲戌四月八日遷二木キ乃國奈久佐濱宮一河底岩上
余瑠璃鉢坐三年奉レ齋
世記曰于時紀伊國造進二舍人紀麻呂良地口御田一
五十四年丁丑遷二吉備國名方濱宮一神崎岩上殘水御壺坐
四年奉レ齋
世記曰于時吉備國造進二采女吉備都比賣又地口御
田一

五十八年辛巳遷二倭彌和乃御室嶺上宮一留二於杜中圓輪
鏡一坐二二年奉レ齋
世記曰是時豐鋤入姬命吾日足止白支爾時姪倭比賣
命事依奉利御杖代止定弖從レ此倭姬命奉レ戴二天照太
神一而行幸（相殿神天兒屋命太玉命御戶開闢神天手力男神栲幡姬命御門神豐石窓櫛石窓命等五部伴神相副奉レ仕矣）
儀式帳曰內宮美和乃御諸原爾造二齋宮一出奉天齋始奉
支爾時倭姬內親王太神乎頂奉弖願給國求奉時爾從二
美和乃御諸宮一發弖令レ出坐支尓時御送驛使阿倍武渟
川別命和珥彥國葺命中臣大鹿嶋命十千根命大伴武
日命合五杜命等爲レ使弖令レ入坐支彼時宇太乃阿貴宮
坐
六十年癸未二月十五日遷二于大和宇多秋志野宮一曰座
上居二靈鏡一四年奉レ齋
世記曰于時倭國造進二采女香刀比賣地口御田一倭姬
命乃御夢爾高天之原坐而吾見之國仁吾乎坐奉止悟敎
給比岐從レ此東向乞宇氣比弖給久我思刺弖往處吉有奈
良波未レ嫁レ夫童女相止祈禱幸行爾時佐々波多我門
爾童女參相則問給久汝誰答曰奴吾波天見通命孫爾
八佐加支刀部（一名伊己呂比命。）我兒宇太乃大采禰奈止白支亦
詔曰御共從仕奉哉答曰仕奉卽御共從奉レ仕件童女於
大物忌止定給比弖天磐戶乃鑰預賜利弖無二黑心一志弖
以二丹心一天淸潔久齋愼美在物於不レ移レ右須右物於不
レ移レ左志弖左レ左右レ右左返右廻事毛萬事違事奈久志弖太
神爾奉レ仕元レ元本レ本故也又弟大荒命同奉レ仕從二
宇多秋宮一幸行而佐々波多宮坐焉
六十四年丁亥霜月廿八日遷二幸伊賀國隱市守宮一雲霞中
靈鏡坐二年奉レ齋
六十六年己丑冬十二月一日遷二幸于同國穴穗宮一稻倉上
居二靈鏡一四年奉レ齋
世記曰爾時伊賀國造進二箆山葛山戶并地口御田細
鱗魚取淵梁作瀨等一朝御氣夕御氣供進矣
麗氣曰崇神天皇治二天下一六十八年（陵在二大和國城上郡山邊勾一）
活目入彥五十狹茅天皇（纏向珠城宮）
卽位元年癸巳夏四月四日遷二于伊賀敢都美惠宮一八重
雲聳圓滿靈鏡坐二年春レ齋
四年乙未夏六月晦遷二淡海甲可日雲宮一雲成二屛風一其上
亦雲帶二靈鏡一坐四年奉レ齋
世記曰淡海國造進二地口御田一
八年己亥秋七月七日遷二于同國坂田宮一千木高廣敷板上
現二靈鏡一坐二年奉レ齋

世記曰于レ時坂田君等進二地口御田一
十年辛丑秋八月一日遷二幸于美濃國伊久良河宮一御船形上案二樓臺一神靈坐四年奉レ齋
次遷二于尾張國中嶋宮一聳レ雲垂二錦蓋一現二神靈一坐兩鹿守護之香島香取兩社也三箇月奉レ齋
世記曰倭姬命國保伎給于レ時美濃國造等進二舍人市主地口御田一幷御船一隻進支同美濃縣主角鏑之作而進二御船二隻一捧船者天之曾己立抱船者天之御都張止白而進支釆女忍比賣又進二地口御田一故忍比賣之子繼天平瓮八十枚作進
十四年乙巳秋九月一日遷二幸于伊勢國桑名野代宮一椋樹三株中現二神靈一坐四年奉レ齋
伊勢國風土記曰天日別命奉レ勅入レ東數百里其邑有レ神名二伊勢津彥一天日別命問曰汝國獻二於天孫一哉答曰吾覓二此國一居住日久不下敢聞上命矣天日別命發レ兵欲レ戮二其神一于レ時畏伏啓云吾國悉獻二天孫一吾不二敢居一矣天日別命令レ問曰汝之去時何以爲レ驗啓云以二今夜一起二八風一吹二海水一乘二波浪一將二東入一此則吾之却由也天日別命整レ兵窺レ之比レ及二中夜一大風四起扇二擧波瀾一光曜如レ日陸海共朗遂乘レ海而去レ東焉故古語曰二神風伊勢常世浪寄國一者盖此謂之也
次鈴鹿奈具波志忍山爾神宮造奉天遷二神靈一給六箇月奉レ齋
世記曰于レ時國造大若子命一名大幡主命參相御共仕奉國內風俗令レ白支又國造建日方命參相支汝國名何問給白久神風伊勢國止白進二舍人弟伊爾方命又地口御田幷神戶二又大若子命進二舍人弟乙若子命一次川俣縣造祖大比古命參相支汝國名何問賜白久味酒鈴鹿國奈具波志忍山(鈴鹿小山宮儀式)白支然神宮奉レ造奉レ令二幸行一又神田幷神戶進支次阿野(今安濃)縣造祖眞桑枝大命爾汝國名何問賜白久草陰阿野國白弖進二神田幷神戶一次市師(今一志也)縣造祖建呰古命爾汝國名何問賜白久宍往(シヽユキ)阿佐賀國白進二神戶幷御田一
十八年己酉夏四月十六日遷二坐于阿佐加藤方片樋宮一葛藤卷纏中舛形上現二神靈一坐四年奉レ齋
世記曰是時爾阿佐加乃彌子爾坐而伊豆速布留神百往人者五十人取死卌往人卅人取死如レ此伊豆速布留時爾倭比賣命於二朝廷一大若子乎進上而彼神事乎申之者種々大御手津物彼神進屋波志志豆目平奉止

詔遣下給支于㆑時其神乎阿射加乃山嶺社作定而其神
乎夜波志志都米上奉天勞祀支尓時宇禮志止詔天其處
名天宇禮志止號然度坐時爾阿佐加加多爾多氣連等
祖宇加乃日子之子吉志比女次吉彥二人參相支此問
給久汝等我阿佐留物者奈尓曾止問給支答白久皇太神
之御贄之林奉上伎佐宇阿佐留止白支于㆑時白事恐止
詔而其伎佐乎令㆑進㆓太神御贄㆒而佐々牟乃木枝乎割
取而生比伎宇氣比伎良世給時爾其火伎理出而采女
忍比賣我作之天平瓮八十枚持而伊波比戸爾仕奉支
爾時吉志比女地口御田幷御麻園進
註曰一書曰天照太神自㆓美濃國㆒廻到㆓安濃藤方片
樋宮㆒坐于㆑時安佐賀山有㆓荒神㆒百往人者亡㆓五十
人㆒卌往者亡㆓廿人㆒因㆑茲倭姬命不㆑入㆓坐度會郡宇
遲村五十鈴川上之宮㆒奉㆑齋㆓藤方片樋宮㆒于㆑時安
佐賀荒惡神爲行乎倭姬命遣㆓中臣大鹿島命伊勢大
若子命忌部玉櫛命㆒奏㆓聞天皇㆒天皇詔其國者大若
子命先祖天日別命所㆑平山也大若子命祭㆓平其神㆒
令㆘倭姬命奉㆗入五十鈴宮㆖卽賜㆓種々幣㆒而返㆓遣大
若子命㆒祭㆓其神㆒已保平立定イ卽社㆓於安佐鴐㆒以祭者
矣而後復イ倭姬命卽得㆓入坐㆒但於㆓其渡物㆒者敢不㆓

返取㆒
二十二年癸丑冬十二月廿八日遷㆓飯野高宮㆒奉㆑齋編㆓懸
障泥形屋㆒四箇年
世記曰于㆑時飯高縣造祖乙加豆知命爾汝國名何問
賜白久意須比飯高國止白而進㆓神田幷神戸㆒倭姬命
飯高志止白事貴止悅賜支次佐奈縣造祖彌志呂宿禰命
爾汝國名何問賜白久許母理國志多備之國眞久佐牟
毛久佐向國白弖進㆓神田神戸㆒又大若子命爾汝國名
何問賜白久百張蘇我乃國千五百枝刺竹田之國止白支
其處爾御櫛落給支其處乎櫛田止號給櫛田社定賜支
從㆓其處㆒志弖御船乘給弖幸行其河後江爾到坐于㆑時魚
自然集出天御船參乘支爾時倭姬命見悅給弖其處爾魚
見社定給支從㆑其幸行奈留御饗奉神參相支汝國名何
問給白久白濱眞名胡國申其所眞名胡神社定賜支又
乙若子命以㆓麻神葛靈等㆒進㆓倭姬命㆒而令㆓祓解㆒及㆓
陪從之人㆒留㆓弓劍兵㆒共入㆓座飯野高丘宮㆒遂得
㆑向㆓五十鈴宮㆒自㆑爾以來天皇之太子齋宮如及㆓驛使
國司人等㆒到㆓此等川㆒爲㆓解除㆒止㆓鈴聲㆒之此其儀
也從㆑其幸行弖佐々牟江御船泊給比其處爾佐々牟江
宮造令㆑坐給支大若子命白鳥之眞野國止國保伎白支

其處爾佐々牟江社定給支從二其處一幸行間爾無二風
浪一弖志海鹽大與度爾與度美弖御船令二幸行一其時倭姬
命悅給弖其濱爾大與社定給支
廿五年丙辰春三月從二飯野高宮一遷二幸于伊蘇宮一令レ坐支
于レ時倭姬命南山末二見給止天御宮處覓爾奉レ戴二天照太
神一天宇久留士仁志天御船爾乘奉天過二狹田坂手一天寒河
爾御船留天過二相鹿瀨瀧原和比野久求園相目弖野積
良山澤路一天向田仁天奉二于御船一天小濱仁志天御水御饗
奉天二見濱見津爾御船留天山末河內見廻給弖鹿乃見
與利家田田上宮仁遷幸支爾時大田命參弖五十鈴之川
上宮處仁禮祭倍志止申勢利郎彼處爾往給天甚喜給
日本書紀曰活目入彥五十狹茅天皇垂仁天皇廿五年三月
丁亥朔丙申離二天照太神於豐耜姬命一託二于倭姬命一爰
倭姬命求下鎭二坐太神一之處上而詣二菟田筱幡一筱此云佐佐
更還之入二近江國一東廻二美濃一到二伊勢國一時天照太
神誨二倭姬命一曰是神風伊勢國則常世之浪重浪歸國
也傍國可怜國也欲レ居二是國一故隨二大神敎一其祠立二
於伊勢國一因興二齋宮于五十鈴川上一是謂二磯宮一則
天照太神始自レ天降之處也　一云天皇以二倭姬命一
爲二御杖一貢二奉於天照太神一是以倭姬命以二天照太

神一鎭二坐於磯城嚴橿之本一而祠之然後隨二神誨一取二
丁巳年冬十月甲子一遷二于伊勢國渡遇宮一
世記曰從二飯野高宮一遷二幸于伊蘇宮一令レ坐支于レ時
大若子命問給久汝此國名何白久百船度會國玉掇伊
蘇國止白天御鹽濱幷林定奉支此宮坐天供奉御水在所
波御井國止號支于レ時倭姬命詔久南山末二見給一波吉宮
處可レ有見由止詔天御宮處覓爾大若子命乎遣支倭姬命波
皇太神乎奉レ戴天小船乘給御船仁雜神財幷忌楯桙等
乎留置天從二小河一幸行支從二其河一志天御船後立支爾時驛
使等御船宇久留土白支其處乎宇久留止號支從二其處一
幸行速河彥詣相支汝國名何問給白久畔廣之狹田國
止白弖佐々上神田進支其處速河狹田社定給支從二其
處一幸行高水神參相支汝國名何問給白久岳高田深坂
手國止白弖田上御田進支其處坂手社定給支從二其處一
幸行河盡支其河之水寒有支則寒河止號支其處御船留
給弖卽其處仁御船神社定給支從二其處一幸行時御笠服
給支其處乎加佐伎止號支御河瀨渡給止爲爾鹿完流相
支是惡詔天不二度坐一其瀨乎相鹿瀨號支從二其處一指二河
上一弖幸行波砂流速瀨有支爾時眞奈胡神參相度奉支
其瀨眞奈胡御瀨號弖御瀨社定給支從二其處一幸行美

地到給奴眞奈胡神爾國名何問給支大河之瀧原之國止
白支其處乎宇太之大宇禰奈乎爲天荒草令㆓苅掃㆒天宮
造令㆑坐支此地波皇太神之欲給地爾波不㆑有悟給支其
時自㆓大河南道㆒宮處覔爾幸行爾美野爾到給弖宮處覔
侘賜比天其處乎和比野止號支從㆓其處㆒幸行爾久求都彥
參相支汝國名何問給支白久久求小野白支倭姬命詔久
御宮處乎久求小野止號給支其處爾久求社定賜于㆑時
久求都彥白久吉大宮處有白支其處幸行志天園作神
參相天園〔御イ〕地進支其處悅給園相社定給支從㆓其處㆒幸
行爾美小野有支倭姬命目弖給天郎其處乎目弖野止號
支又其處爾圓奈留有㆓小山㆒支其處乎都不良止號支從㆓
此處㆒幸行澤道野有支其處乎澤道小野號支
其時大若子命從㆓大河㆒御船牽御向湌相支于時倭姬
命大悅給天大若子問給久吉宮處在哉白久佐古久志
呂宇遲之五十鈴川上爾吉御宮處在白支亦悅給天問
給久此國名何白久御船向田國白支從㆓其處㆒御船乘給
幸行支其忌楯桙種々神寶物留置所名波忌楯小野號
支從㆓其處㆒幸行波有㆓小濱㆒其處取㆑鷲老在支于㆑時
倭姬命御水飮止詔久爾老爾何處吉水在問給支其老
以㆓寒御水㆒御饗奉支于㆑時讃給水門爾水饗神社定賜

支其濱名鷲取小濱號支然而二見濱御船坐于㆑時大若
子命仁國名何問給白久速兩〔雨イ〕二見國止白支爾時其濱
御船留給天坐時佐見都日女參相支汝國名何問給支
御詔不㆑聞御答毛不㆑白弖以㆓堅鹽㆒多御饗奉支倭姬
命慈給堅多社定給支于時大若子命其濱乎御鹽幷御
鹽山定奉支從㆓其處㆒幸行弖五十鈴河後之江入坐支
時佐美留日子湌相支問給此河名何白久五十鈴河後
白支其處爾江社定給支又荒崎姬參相國名問給白久
皇太神御前荒崎白支恐志止詔神前社定給此其江上
幸行御船泊志處名號㆓御津浦㆒支從㆓其上㆒幸行小島
在支其島坐弖山末河內見廻給弖如㆓大屋門前㆒在㆑地
支其處上坐天其處名號㆓大屋門㆒支從㆓其處㆒幸行神淵
河原坐波苗草戴着女參相支問給汝何爲着女白久我
取㆓苗草㆒女名宇遲都日女止白支又問給久奈止加加
久爲着女白久此國波鹿乃見哉毛爲止白支其處乎鹿乃
見止號支何是問給爾止可賣白支其處乎止鹿乃淵號支
從㆑其矢田宮幸行支次家田田上宮遷幸支其宮坐時度
會大幡主命皇太神乃朝御氣夕御氣處乃御田定奉支
宇遲田田上爾在名㆓拔穗田㆒是也從㆑其幸㆓行奈尾之
根宮㆒座給于㆑時出雲神子吉雲建子命一名伊勢都彥神一名櫛玉命

并其子大歳神子櫻大刀自命山神大山罪命子朝熊水神等五十鈴川後江爾天奉㆓御饗㆒支于㆑時猿田彥神裔宇治土公祖大田命參相支汝國名何問給爾佐古久志呂宇遲之國止白弖御止代神田進支倭姬命問給久有㆓吉宮處㆒哉答白久佐古久志呂宇遲之五十鈴之河上者是大日本國之中爾殊勝靈地侍奈利其中翁卅八萬歲之間仁毛未㆓視知㆒留有㆓靈物㆒照耀如㆓日月㆒奈利惟少縁オボロゲ之物不㆑在志定主出現御座爾時可㆑進止念比弖彼處爾禮祭止申勢利卽彼處仁往到給天御覽波介禮惟昔天神誓願給比天豐葦原瑞穗國之內仁伊勢加佐波夜之國波有㆓美宮處㆒利止見定給比從㆓天上㆒志天投降坐比志天之逆太刀逆鉾金鈴等是也甚喜㆓於懷㆒比弖言上給比支

神記曰天之逆太刀天逆鉾大小之金鈴五十口日之小宮之圖形文形等是也

廿六年丁巳冬十月甲子奉㆑遷㆓于天照太神於度遇五十鈴川上㆒留今年倭姬命詔㆓大幡主命物部八十友緒八等㆒五十鈴原乃荒草木根苅掃比大石小石造平弖遠山近山乃大峽小峽爾立並木乎齋部之齋斧乎以天伐採天本末乎波山祇爾奉㆑祭弖中間乎持出來天齋鉏乎以天齋柱立一名天御柱一名心御柱高天原爾千木高知利下都磐根爾大宮柱廣敷立天天照太神并荒魂宮和魂宮止奉㆓鎭坐㆒于㆑時美船神朝熊水神等御船仁乘奉利天五十鈴之河上仁遷幸于㆑時河際仁志天倭姬命御裳裔計加禮侍介留於洗給倍利從㆑其以降號㆓御裳須曾河㆒也采女忍比賣造㆓天平賀八十枚㆒令㆘天富命孫作㆓神寶鏡大刀小刀矛楯弓箭木綿等㆒備㆗神寶大幣㆖矣

爾時皇太神倭姬命乃御夢喩給久我高天原爾坐琵戶押張原如見々志眞伎志國宮處波是也鎭理定理給止覺給支于㆑時倭姬命並御送驛使安部武渟河別命和珥彥國葺命中臣國摩大鹿島命物部十千根命天伴武日命并度會大幡主命等仁御夢狀具令㆓教知㆒給支于㆑時大幡主命悅白久神風伊勢國百船度會縣佐古久志呂宇治五十鈴河上鎭理定理坐皇太神止國保伎奉支終夜宴樂舞歌如㆓日小宮之儀㆒志爰倭姬命朝日來向國夕日來向國浪音不㆑聞國風音不㆑聞國弓矢鞆音不㆑聞國打摩伎志賣留國敷浪七保國之吉國神風伊勢國之百傳度會縣之佐許久志呂五十鈴宮仁鎭理定理給止國保伎給支于㆑時送驛使朝廷還詣止倭姬命御夢狀細返事白支

爾時天皇聞食互即大鹿島命祭官定給支大幡主命神國造兼大神主定賜支神館造立物部八十友諸人等率雜神事取心捧天太玉串供奉因與二齋宮于宇治縣五十鈴河上大宮際一令二倭姬命居一焉即建二八尋機屋一令二天棚機姬神孫八千千姬命一令レ織二太神御衣一譬猶下在二天下一之儀上焉

（井上翁藏本奥書）

正平八年癸巳正月六日書寫畢

校點了

類聚神祇本源

類聚神祇本源卷六

外宮遷座篇

麗氣記曰豐受皇太神子㆑時大日本國天㆓降淡路三上嶽㆒縡㆓三十二大眷屬㆒從㆓庚申年㆒迄㆓春秋㆒古止五十五萬五千五百五十五年

亦曰

天潛尾命　水潛尾命　地潛尾命
木潛尾命　火潛尾命　土潛尾命
石潛尾命　金潛尾命　天日尾命
天月尾命　天子尾命　地子尾命
天破塔命　天破法命　天破仁命
天破神命　國加利命　國加富命
國加國命　國加賀命　愛髮尾命
愛護尾命　解法尾命　學耳尾命
上法神尊　下法神尊　中言神尊
天鏡神尊　地鏡神尊　百百神尊
千千神尊　萬萬神尊

已上三十二神也

遷㆓布倉宮㆒自㆓丙申㆒迄㆓年月㆒五十六萬六千六百六十六年

八輪島宮遷戊申年積年五十七萬七千七百七十七年

八國嶽遷庚申歲五十八萬八千八百八十八年

丹波乃國與謝之郡比沼山頂麻井原遷壬申歲五十九萬九千九百九十九年

與佐宮遷庚申六十一萬千八百十年

私勘已上六箇所御遷坐都盧二百九十萬六千百七季歟

神記曰御間城入彥五十瓊殖天皇卅九歲壬戌天照太神遷幸但波乃吉佐宮積四年奉㆑齋

今歲止由氣之皇神天降坐天合㆑明齊㆑德給如㆓天小宮之義㆒志天一處雙座須于㆑時和久產巢日神子豐宇氣姬命稻靈神也奉㆑備㆓御神酒㆒

注云今世謂丹後國竹野郡奈具社座豐宇賀能賣神是也亦元是天昇女姮娥謂從㆓日天之紫微宮㆒天降坐天女是也

亦丹波道主貴素盞烏尊孫粟御子神是也奉㆑備朝大御饗夕大御氣奉㆑仕矣其功已辭竟天止由氣太神復上㆓高天原㆒支此處志仁天

以白銅寶鏡弖道主貴八小男童天日別命崇祭奉焉

上代本紀曰御間城入彦五十瓊殖天皇卅九歳壬戌天照太神遷幸但波乃吉佐宮

今歳止由氣之皇太神結幽契天降居大御食津臣命速御食命（中臣祖也）屋船命（草木靈今爲度相郡座淸野井庭神社也）宇賀之御魂稻女神（今號小俣神社也）宇須乃女命（五穀靈子宇須野祖也）須摩留賣命（今號須麻留賣社是也）宇賀乃大土御祖神（素盞烏尊子也度相山田原地護神）若雷神（今世號北御門大明神是也）彦國見賀岐建與來命（號度相國見神社也）天日起命（伊勢太神主祖神也）振魂命（玉串大內人祖也）相從以戾止矣爾時天照皇太神與止由氣皇太神合明齊德居焉如天上之儀一處雙座焉和久產巢日賣神子豐宇可能賣命（屋船稻靈神也）生五穀而善釀酒奉御饗御炊神氷沼道主（素盞烏尊孫也名粟御子神今世號御炊其緣也）率四九三十六竈神而朝大御氣夕大御氣於炊備天奉御饗留丹波道主貴（大日々天皇之子彦座王子也今世號大物忌子此緣也）爲御杖代志天品物備貯之百机而奉神嘗焉諸神所作祭神之物五穀既成百姓（御財）饒矣其功已辭竟天天照太神伊勢國爾向幸給止由氣太神復昇高天原天日之小宮座于時以吾天津水影乃寶鏡留居吉佐宮給

註云天地開闢之降雖萬物已備而莫照於混沌之元因茲萬物之化若存若亡而下々來々自不尊于時國常立尊所化神汎形於天津水影以天御量事眞經津寶鏡二面鑄表寔是自然之靈物天地感應當此時神明之道明而天文地理以自存者也故鏡作神名號天鏡神其緣也

郎起樹天津神籬於魚井原祕藏黃金樋代天道主貴八小童天日起命豐宇賀能賣命備御饌奉齋焉于時高貴太神勅宣以皇孫命靈宜崇大祖止由氣皇太神乃前社云々仍爲相殿神座

註云靈形鏡坐也皇孫命金鏡也

神記曰泊瀨朝倉宮御宇天皇廿一年丁丑冬十月一日倭姬命夢敎覺給久皇太神吾如天之小宮坐仁天下（仁志天毛）一所雙坐爪御饌毛安不聞爪丹波國與佐之小見比沼之魚井之原坐道主子八乎止女乃齋奉御饌都神止由氣皇太神乎我坐國欲度誨覺給支爾時大若子命差使弖朝廷爾御夢之狀乎令言給支郎天皇勅大若子使罷往天布理奉宣支故率手置帆負彦狹知二神之裔以齋斧齋鉏等始採山材構立寶殿弖明年戊午秋七月七日以大佐佐命（弟乙若子命子爾佐布命子彦和志理命子阿波良波命）從丹波國余佐郡魚井原之弖奉迎止由氣皇太神度遇之山田原乃下都磐根（如五十鈴宮地太田命奉敷之）大宮柱（號忌柱亦名御量柱亦曰心御柱是則皇帝之命國家之固神明之德也故龍神

土神各一座為二守護神一廣敷立天高天原爾千木高知且鎮理定理座止稱辭竟奉支亦撿二納神寶一卜二兵器一爲二神幣一矣更定二神地神戸二一所皇太神宮乃朝大御氣夕大御氣乎日別爾齋敬供進之亦隨二天神之訓一以二土師之物忌一造二平瓮一乎丹波道主命今物忌職奉レ仕御飯炊供進之

皇太神重託宣吾祭奉レ仕之時先須レ祭二止由氣太神宮一也然後我宮祭事可二勤仕一也故則諸祭事以二止由氣宮一爲レ先也

御鎮座本紀曰泊瀬朝倉宮御宇天皇廿一年丁巳十月朔倭姫命夢敎覺給久皇太神吾如二天之小宮座一爾天下毛且一所耳坐波爪御饌毛安不レ聞爪丹波國與佐之小見比沼之魚井之原坐道主子八乎止女乃奉レ齋御饌都神

註曰是止由氣太神者水氣元神坐千變萬化受二一水之德一生二續命之術一故名二御饌都神一也亦古語水道曰二御饌都神一也亦天照太神與二止由氣太神一一所雙御座之時陪從諸神等奉二御饗一其緣也

止由氣皇太神乎我坐國欲度誨覺給支爾時大若子命乎一名大幡主命御間神社是也差使且朝廷爾御夢之狀乎令レ言給支卽天皇祥御夢則天皇今日相夢矣汝大若子使二罷往一天布理奉宣支今歲物部八十氏之人等率二手置帆負彥狹知二神之裔一以二齋斧齋鉏等一始採二山材一天隨二神敎一度相山田原乃地形廣大亦麗於二是地一大田命以二金石一天下津底根爾敷立天構二立寶殿一且

明年戊午秋七月七日以二大佐々命一奉二布理一留共從神中臣祖大御食津命座二度相郡一號二御食社一小和志理命事代命佐部支命御倉命屋和古命野古命乙乃古命河上命建御倉命與魂命各前後左右爾相副從奉レ仕大佐々命小和志理命奉レ戴二正體一與魂命道主貴奉レ戴二相殿神一駈仙蹕比錦蓋覆日繩曳天御翳日御翳屛奉二行幸一爾時若雷神天之八重雲乎四方爾薄靡天爲二御垣一天從二但波國吉佐宮一遷二幸倭國宇太乃宮一御一宿坐

次伊賀國穴穗宮御二一宿坐于レ時朝夕御饌箕造竹原幷箕藤黑葛生所三百六十町亦年魚取淵梁作瀨一處亦御栗栖三町國造等貢進仍二所皇太神之朝大御氣夕大御氣之料所爾定給支

次伊勢國鈴鹿神戸御一宿

次山邊行宮御一宿今號二壹志郡新家村一是也

次遷二幸渡相沼木平尾一與二于行宮一天三箇月坐焉號二今處一天名二離宮一也夜々天人降臨而供二神樂一今世號二豐明一其緣也來目命裔屯倉神男女小男童神宴焉

戊午秋九月望從離宮遷幸山田原之新殿奉鎭御船代御樋代之內以天衣奉餝之如日小宮儀也

注云樋代則天之小宮之日座儀也故謂天御蔭日御蔭登隱坐祝言緣也船代則謂天材木屋船之靈故瑞舍名號屋船緣也天御翳日御翳隱坐古語也

中臣祖大食津臣命稱辭竟神善奉祝詞言佐久度遇乃山田乃原乃下都盤根爾大宮柱廣敷立弖高天原爾千木高知弖皇御廟乃命乃稱辭定奉留天照坐須止由居乃皇太神乃廣前爾恐美恐美毛申給波久天照皇太神神魯岐神魯美命爾言寄任天天之小宮之寶殿於此靈處爾奉移造利天以今日奉移鎭利御坐須狀於平久安久令知食度申給登言壽鎭居白久宮人皆參終夜宴樂

猿女祖天鈿女裔歌女舞姬來目命裔屯倉小男童笛生琴生簫生箏箜諸命等一時起歌舞其絲竹音鏗鏘而滿六合天神地祇受和氣而隨實用天上榮樂海內太平焉

凡神樂起在昔素盞嗚神奉爲日神行甚無狀種々陵侮于時天照太神赫怒入天石窟閉磐戶而幽居焉爾乃六合常闇晝夜不分群神愁迷手足罔厝凡厥庶事燈燭而式辨天御中主神止由氣皇太神是也太子高皇產靈神命宣天會八十萬神於天八湍河原雲漢是也深思遠慮於天石窟戶前擧庭火畢作俳優猿女君祖天鈿女命採天香山竹其節間雕風孔通和氣今世號笛類是也亦天香弓與並叩絃今世謂和琴其緣也木木合合而備安樂之聲移和風顯八音即猿女神伸手抗聲或歌或舞顯淸淨之妙音供神樂曲調當此時歘解神怒妖氣旣明无復有風塵以來風雨時若日月全度一陰一陽萬物之始也一音一聲萬聲之基也神道之奧顯天地之靈粹絲竹之要八音之曲已以爲貴故依舊氏之權猿女氏率來目命孫屯倉男女轉神代之遺迹而今供三節祭永爲後例也

天皇倭姬命詔宣久男弓弭之物大刀小刀弓矢楯桙鹿皮角猪皮忌鍬忌鋤類是女手末之物麻桶綿柱天機具荒妙衣和妙衣荷前御調類是都合天地生長之土毛式備宗廟之祭惟仁恩之忠孝以信爲德故神明饗德與信不求備物焉仍撿納神寶卜兵器爲神財亦更定神地神戶二所太神宮乃朝大御氣夕大御氣乎日別爾齋敬供奉亦隨天神之訓以土師氏爲物忌職造天平瓮諸土器類天供進

亦開化天皇孫子丹波道主貴苗裔八小童女寶殿御鑰賜天奉開寶殿亦素盞嗚尊子氷沼道主率御竈神火神

嚴香來雷水戸神嚴罔象女薪神嚴山雷而御飯炊滿供
奉（今號御炊物忌父子其緣也舂女炊女是）
亦度相河邊有一人漁人名號天忍海人（今謂之掃守氏）取年
魚蓄神膳食矣
天照皇太神重託宣久吾祭奉仕之時先須祭止由氣
皇太神宮也然後我宮祭事可勤仕也故則諸祭事以
止由氣宮爲先也
亦止由氣太神一處御鎭坐乃今卜筮事天皇勅曰宜本
已宗神之績以高皇產靈神苗裔大佐々命兼行二所
皇太神之大神主職奉仕矣
神寶日出祕府曰古語曰天戸開義八百萬神等顯淸淨
妙音歎解太神乃怒爾時人長者猿女君祖天鈿女命
也依高貴尊勅命負沖天氣字卽時八百萬神等集會
坐故手持物名之沖也（古語婆娑羅）沖者道法也故沖中也匿
名藏譽其用在中也（表空圓象也）御笛神天細女命大祖善龍王
探天香山金竹其空節間離風孔融通和氣抗安樂
聲矣（天籟地籟人籟三才三籟德用一氣始也名笛也）御歌神本聲曲天兒屋根命未
音曲太玉命金玉聲各明也御琴神金鵄命長白羽命用
天香弓六張叩絃供五音卽高幡上金鵄居因以象也
故名之鵄琴也今世名和琴是也（亦號倭琴）八百萬神等或
歌詠或遊舞故名之神樂也　次天孫杵獨王日向宮天
基之治馭天天位乃日宴樂如天上乃儀也人長神天鈿
女命御笛神善龍王分身大己貴命御歌神天兒屋命太玉
命御琴神鵄命裔孫長白羽命也大宮賣命大來目命等
歌舞天上緣也亦金色靈鵄飛來止于弓弭其鵄晲狀
如流電由是作其尾形也乃有手置大小及音聲巨
細妙音古之遺式乃天表也　亦今世號鳥名子則金鷄
長鳴緣也（金鷄者无名鳥明一道化鳥也故亦名天鳥也）
倭姬命世記曰爰皇神託宣久其造宮之制者柱則高太
板則廣厚禮是皇天之昌運國家之洪啓（古止波）宜助神器
之大造（奈利）卽承皇天之嚴命天移日小宮之寶基
造伊勢兩宮焉
麗氣記曰山田原造宮之間沼木高河原離宮木丸殿御座
天衆降居奏妙音樂
與佐宮御出時地主明神詠曰
奈具身爾奈具我宮伊豆間今波照出御明給
一說云安賀奴美爾阿賀奴小宮平伊豆流萬爾今者外爾
出々照覽悟也
亦山田原迎接時天照太神拍手忍手御詠曰增鏡雲位合（セテ）
御覽（コランセヨ）尊千代千年重重（ネ）（ネテ）

（井上翁藏本奥書）

正平八年癸巳正月十一日

於繼橋郷吹上村書寫畢

于時寛文十二年壬子四月廿九日書寫之

數返令校合畢　權神主度會

類聚神祇本源卷七

寶基篇

日本書紀曰神代上素戔嗚尊曰韓鄉之嶋是有金銀若使吾兒所御之國不有浮寶者未是佳也乃拔鬚髯散之卽成杉又拔散胸毛是成檜尻毛是成柀眉毛成櫲樟已而定其當用乃稱之曰杉及櫲樟此兩樹者可以爲浮寶檜可以爲瑞宮之材柀可以爲顯見蒼生奧津棄戸將臥之具夫須噉八十木種皆能播生

日本書紀曰神代下高皇產靈尊乃還遣二神勅大己貴神曰今者聞汝所言深有其理故更條々而勅之夫汝所治顯露之事宜是吾孫治之汝則可以治神事又汝應住天日隅宮者今當供造卽以千尋栲繩結爲百八十紐其造宮之制者柱則高太板則廣厚

倭姬命世記曰爰皇神託宣久其造宮之制者柱則高太板則高厚禮是皇天之昌運國家之洪啓古止波宜助神器之大造奈利卽承皇天之嚴命天移日小宮之寶基造伊勢兩宮焉

府錄亦曰造宮義則大梵天女大和姬命承皇天之敎移飛宮天寶基而興神籬於神風伊勢五十鈴原矣

天照皇太神鎭座麗氣曰

內鳥居 金剛時春天 金剛時雨天 外鳥居 金剛時秋天 金剛時冬天

內者授祕密灑水神表沐浴懺悔也

外者解捨祓神除穢惡不淨也

天口事書曰二所太神宮在右東西寶殿前後不同儀內宮者陰神外宮陽神坐也是春夏象陽長萬物於前秋冬象陰藏萬物於後所謂天地之位聖人之法在前在後象四時治天下以事理此其儀式也

千木片掞者陰陽之表也

堅魚木者星象坐其數十者大日靈尊照十方撰也九者五大成身尊光濟八洲郡生光明表也八者八心德明表也七者七星頂坐守護願也六者六根明也五者中府五魂齊也四者四德表三者天地人三才表也一說云十者十地之位表也九者極上之位表也天四德地五行爲九也九者五方羅九州因九之故爲九々八十一數極也

兩宮形文深釋曰智義者五智成道開白阿字本覺理也亦鏤門生身振舞卽證大覺位智

亦鰹木者陰陽重如月輪十八界如々

亦內十睺廿天外九睺六大十二天也五風表德勝相應義

亦正殿板敷下內宮者八輻金輪外宮者羯磨轉輪是一葉一世界表德

亦御殿皆一面扉開高欄桙木正直事

正殿正理表義也

眉間亦越十八界空表成菩提義

亦一方一面扉二開四方一建レ門東西日月行途南北南斗北斗涉入

亦廿年遷宮東西宮造兩部甲乙曼陀羅牙岳表示也

寶基本紀曰千木者智義也搏風也義者則仁也如レ天智則靈也如レ神風者氣也夫天地之間非レ風則不レ行不レ動故神聖乘二風雲一而往行冷然善乍有二風竅一是則虛空之中無レ聲而獨能聞知焉無形之中能露レ心矣實有之所レ歸衆之所レ集至德一大道之竅也

千木片挨者水火之起天地之象也故則曰天之智義也片挨者仰天以天開レ口久斯受二月天之一水一利二萬品一緣也任二水德一豐受皇太神乎波號二御氣都神一也向レ上天神開レ口也向レ下地神合レ口是陰陽化德也

堅魚木者衆星形也奄二守天下一比二於列星一也八氣昇レ天爲レ星善氣則爲二善星一惡氣則爲二客星一能善元客非惡起也

鞭懸者天神地祇之風光衆人之壽命國之權衡民之轡策者也故式爲レ名矣

御門鳥居八洲中四方中以二西方一爲二智門一也故以二西方一號二鳥住一也大智清淨心緣也謂二陰陽之始一乃遂二於大明之上一出二入於窈冥之門一而君臣上下令レ道二遙清淨之宮殿一焉

瑞垣玉垣荒垣者天四德地五行萬象大位五官皆備矣惣而天地與二人形一人體與二寶舍一雖レ異二其名一而其源一也

天地麗氣府錄曰令レ開二敷八葉蓮華一故大空無相月輪座其中有二實相眞如日輪一是爲二如々安樂地一亦名二花藏世界密嚴淨土一是名二大光明心殿一亦名法性心殿亦名伊勢二所兩宮正殿也自性大三昧形大梵宮殿表也

類聚神祇本源卷八

形文篇

寶基御靈形文圖曰大和姫皇女承二皇天嚴命一移二高天原之梵宮一而造二神風伊勢內外兩宮社一顯二御形於棟梁一用作二生化之龜鏡一與二心柱於金石一以治二國家之福壽一天神地祇頓首再拜天下幸甚

五十鈴宮御靈形者天瓊玉桙象表也是天地初發萬象根本也所謂玉卷須賀利大刀子小刀子此其緣形也惟能摧二破諸災患一而神心不レ亂三神一體靈智神財是也故亦名稱二金剛正杵一亦名二天逆戈逆太刀一也白銅鏡八面者大八州靈神居座也部類三十二神居也

山田原宮御靈形者五位圓形座也是則五常圓滿智光表理也一輪中含二萬象一五常百行悉皆一圓常住應化元神座也金鏡十四面座部類神五十二座

伊勢兩宮忝現二美麗之威儀一顯二御形之珍圖一給是大元之靈明也是禀氣之靈大智也

蓋百千尊號天津御量之功名也故聖神曰內外不二常一體天神地神皆一露矣

天口事書曰凡經緯法者君臣上下天地父母大宗形表也於レ是現二大傳珍圖一以通二明神之德一以照二萬物之情一乃成レ之神近レ悟諸不レ遠也

天照珍圖者心神華臺之中天地八尊圓鏡坐豐受珍圖者天地父母二儀之中五大尊光照金鏡坐俗常以二金鏡一喩二明道一也

天神皇珍圖狀者天之位象二四時之行一治二天下一四時之行有レ寒有レ暑聖人之法故有レ文有レ武天地之位有レ前有レ後有レ左有レ右聖人之法以建二經緯一春生二於左一秋殺二於右一夏表二於前一冬藏二於後一生長之事文也收藏之事武也故文事在レ左武事在レ右

豐受太神御鎭座本紀曰

寶宮棟梁天表御形文

天照太神宮御形象二日天尊位一坐也

止由氣太神宮御形象二月天尊位一坐也

唯天神地祇明元二八州一利二物形體一故皇天久坐而配二日月一照二宇內之昏衢一國家合二天地一而寶曆長久天眞之明道鬼神之變通人民式以幸甚々々

瑞柏鎭守仙宮祕文曰天照坐皇太神則胎藏界地曼荼羅

御形文圖五行中火輪卽獨貼形坐也豐受皇太神則金剛界天曼荼羅御形文圖五行中水輪五智位故有二五月輪一也

天皇御宇大和姫皇女承二皇天嚴命一移二大梵王宮一而造二伊勢內外兩宮一焉顯二御形於棟梁之上一而示二本妙一與二心柱於金剛座一而治二國家一焉

寶基本紀曰　皇太神宮者日天圖形六合之心體獨存任二天眞一故明白也五行中火性五色中白色故以二白銅一奉レ飾レ之

豐受宮者月天形八州之中平等圓滿之心體緣五行中水性五色中赤色故以二金銅一奉レ餝レ之（黃金種智圓明義也）

類聚神祇本源卷九

心御柱篇

豐受皇太神御鎮座本紀曰

心御柱（一名天御柱亦名曰二忌柱一 亦天御量柱）

謂應二天四德地五行一徑四寸長五尺御柱坐以二五色絁一奉レ纒レ之以二八重榊一奉レ餝レ之是則伊弉諾伊弉冊尊鎮府陰陽變通之本基諸神化生之心臺也都合二天心一而興二木德一歸二皇化一而助二國家一故皇帝之曆數天下之固常磐堅磐無レ動三十六禽十二神王八大龍神常住守護坐依二損失一有二天下危一

天口事書曰八坂瓊戈形

天地開闢初浮二高天海原一神寶是也神語破者古語云天逆桙 天逆大刀俗云 天乃魔返之桙亦名天乃登保言此名二天璽一也

天御量柱者天瓊戈異名同體坐也以二一基一分二天地一而爲二內外心御柱一也故大人者與二天地一合二其德一而利二万物一者也

太宗祕府曰夫天瓊玉戈 亦名天逆矛 亦名金剛寶劔 亦名天御量柱 亦心御柱也 惟是天地開闢之圖形天御中主神寶獨貼變形座也諸佛菩薩一切群靈心識之根本一切國王之父母也心御柱咒字明々上則金星慧星輪星鬼星火星水星風星南斗北斗五鎮大星一切國王星三公星百官星如レ是謂星名應護坐變成形勝奥義是也（亦名白木堅魚木也爲レ正）

形文深釋云心御柱者天瓊戈表物也獨古形三部五部一體不二妙體萬法所生心體也故本覺常住之心々蓮臺之上觀一大三千界妙理也惣八葉蓮華上有二日輪一是蓮花理也理則智也智則大圓鏡智平等性智妙觀察智成所作智柱者獨一法身妙體一切衆生根源也居二磐石一而盟者示二長遠之不祥一者也是不動之所表也故所レ現八大龍王十二神王常住守護坐也

亦曰心御柱者一氣始一心妙法萬化種子也

仙宮祕文曰吾聞以代承二皇天天御中主詔命一天皇孫尊天降居之時平二鬼神一治二天下一靈異物有二三百六十種之神寶一所謂天之八坂瓊曲玉戈玉裳比禮天衣白銅鏡神劔類是三百六十種之中用以二天瓊玉戈一爲二最長一而立二國御量柱一也惟是初禪梵王應化之種法界體性智

所二顯露來一也稱二獨古一是形也故名號二心御柱一卽是三
千界大惣相妙體也所謂心性不生不滅一切諸法唯是一
心故現二心相一名二神至一也
心王大日遍照尊也心數恒沙諸佛如來常住妙法心蓮
臺還我頂禮心諸佛迷八識衆生也悟五智五佛也
天八坂瓊曲玉者皇天之心珠覺王之寶珠也天瓊戈者
（亦名天逆戈天神降靈之本致也）大日覺王之獨貼變成也所謂獨古者一切
諸法果德一切諸法之父母也故法界率都婆是五輪之妙
體也仸スてひ辶此五字者大空無相智性也出外用方便
之理門度隨類萬差之化變不レ可レ得レ妙也
大和寶山記曰夫水則爲二道源流萬物父母一故長二養森
羅萬像一當レ知天地開闢肯水變爲二天地一以降高天海原
在二獨化靈物一其形如二葦牙一不レ知二其名一當時靈物乃
中四理志出神聖化生名レ之曰二天神一亦曰二大梵天王一
亦稱二尸棄大梵天王一逮二于天帝代一名二靈物一稱二天瓊
玉戈一亦名二金剛寶杵一爲二神人之財一至二于地神代一謂二
之天御量柱國御量柱一因興二于大日本洲中央一名爲二
常住慈悲心王柱一此則正覺正智寶坐也故名二心柱一也
天地人民東西南北日月星辰山川艸木惟是天瓊玉戈乃
應變不二平等妙體也法起王宣久心柱是獨古三昧耶形

金剛寶杵所謂獨一法身智劍也故大悲德海水氣變化獨
古形獨古變化二栗柄一々々現二明王一明王化二八大龍神一
而心柱守護十二時將常住不退是不動本尊緣也故龍神
所化八咫烏者諸天三寶爲二三前荒振神使一也
亦云以昔日子伊弉諾尊月子伊弉冊尊從二皇天一勅宣久
受二天瓊玉戈一立二山跡中央一爲二國家心柱一造二八尋
殿一（神祇峯是也）二柱神捧二持眞經津鏡一化二生日神月神一以
來治二天下一以二無相鏡一崇二神象一磯城嚴櫃之本祠レ之
名二金剛峯一亦日神所化之故稱二大日本高見國一也天帝
耀二慧日一除二癡闇一象二清淨心一爲二世福田一不レ假二權
敎一唯樂二正道一之故號二大葦原千五百秋瑞穗中國一矣
故聖曰智柱立留瑞穗安國此常住不二心柱義也云々法
起菩薩曰大千世界常住一心
亦曰獨古變形神術（此寶杵則常世宮殿內奉レ納俗云五百鈴川龍祭靈地底津寶宮是也是名龍宮城也亦號二仙宮一）
也　神語神寶形大八洲入二法性海中一用二天瓊玉戈一而
降二伏從前妄想一到二穩密淸淨本地一故一心不レ亂萬法
無レ咎只切忌二不淨猛利人一耶夫天瓊玉戈亦天逆矛亦魔
返戈亦名金剛寶劍亦名天御量柱國御量柱亦名常住心
柱亦名忌柱也
惟是天地開闢之圖形天御中主神寶獨貼變形神佛神通

群靈心識正覺正智金剛坐也亦名心蓮也
亦曰凡八百萬神下㆔座南閻浮提㆒釋迦尊爲㆑父爲㆑母爲
㆑君爲㆑臣生々世々無㆔不從之世㆒人無㆓孝順心㆒犯㆓輕
垢罪㆒墮㆓地獄㆒故曰神盧舍那佛等説㆓大乘心地㆒而已
熒惑守心祕要右筆記之耳于時己卯沙門行基奉
㆑勅撰㆓鈔之㆒
天平十一年己卯伊勢太神宮政印一面始鑄造之瑞柏
一百枚奉㆑上㆓二所太神宮㆒矣
天地麗氣府錄曰　夫心柱者元初皇帝御靈也興㆓于阿字
心地㆒上㆓鑁字正覺㆒定　惠不二一心不㆑亂常住不㆑去不
㆑來妙法坐伊弉諾伊弉冊二尊天㆓降其嶋㆒則化㆓竪八尋
殿㆒共住㆓同宮㆒矣號曰㆓大日本日高見國㆒（大日本者三光殿本名）亦
曰此杵者我身三昧形故二所皇太神宮者以㆓伐折羅㆒爲
㆑宗伐折羅者獨貼々　々者心肝玉玉者神々々者正覺理也
理者法界一如々々者眞正覺々々々者心柱々々者心王
々々者大日々々今兩宮是也
神者心御柱柱則衆生成佛因緣法界緣起是也伐折羅卽
是金剛杵陀羅執持義也

類聚神祇本源卷十

內宮別宮篇

荒祭宮事

神祇式曰荒祭宮一坐（太神荒魂去太神宮北二十四丈　祈年月次神衣等祭供之）

儀式帳曰荒祭宮稱太神荒御蒐御性形鏡坐

舊事本紀曰伊弉諾尊日向橘小戸檍原祓除時所成神名八十枉津日神次大禍津日神後直其禍所成神名神直日神次大直日神

日本書紀曰伊弉諾尊濯去吾身之濁穢則往至筑紫日向小戸橘檍原祓除時所成神號曰八十枉津日神次將矯其枉而生神號曰神直日神次大直日神

倭姬命世記曰荒祭宮一座（皇太神荒魂）伊弉那岐神所生神名八十禍津日神御性形鏡坐

舊事本紀曰伊弉諾尊滌去其身之時所生神三柱洗左御目時所生之神名天照太御神洗右御眼所生之神名月讀命並坐五十鈴河上謂伊勢濟太神素戔烏尊事畧之

日本書紀曰然後洗左目因以生神號曰天照太神洗右眼因以生神號曰月讀尊

大田命傳神記曰荒祭宮一座皇太神荒御蒐神也伊弉諾尊到筑紫日向小戸橘檍之原而祓除之時洗左目因以生日天子大日靈貴也天下化生名曰天照太神荒魂荒祭宮也

多賀宮一座（止由氣太神荒御魂也）伊弉諾尊到筑紫日向小戸之橘檍原而祓除時洗右眼因以生月天子天御中主靈貴也天下化而名止由氣皇太神之荒魂多賀宮是也

阿波良波命傳神記曰荒祭宮一座（天照大日靈貴荒魂靈御形鏡坐）伊弉諾尊洗左目因以生號曰天照荒魂亦名瀨織比咩神

今案橘小戸祓除之時洗左目以所生神稱荒祭宮濯右眼以所生神稱多賀宮之條分明也荒祭宮者八十枉津日神大禍津日神多賀宮者神直日神大直日神也

天照皇太神五十鈴河上御鎮坐之時荒祭宮多賀宮爲攝社同時御鎮坐也依之以洗左御目時所生神濯右御眼所生神並坐五十鈴河上之由舊事本紀載之歟不可成疑惑者哉

伊弉奈岐宮事

神祇式曰伊弉奈岐宮二座（去太神宮三里中村鄉在）伊弉諾尊一座伊弉冊尊一座

倭姬命世記曰伊弉諾尊靈御形鏡坐左方

伊弉冊尊靈御形鏡坐右方

社記曰伊佐奈岐宮二座（去本宮北三里）伊弉諾尊一座伊弉冊尊一座貞觀九年八月丁亥朔二日戊辰勅伊勢國伊佐奈岐神伊佐奈彌神改社稱宮預月次祭幷置內人一員貞觀十年造替遷宮仁壽二年八月廿八日依洪水神殿流損同十月一日任官司伊度人注申造立彼宮

齊衡二年九月廿日奉遷伊佐奈岐宮月讀宮同前云々凡月夜見伊佐奈岐兩社正殿顚倒之間色々御裝束種々御神寶重々御垣御門鳥居雜舍等皆悉流失已畢仍宮司伊度人本宮禰宜相共急造假殿奉鎭兩宮御體畢

兩宮御體奉戴事神主私兩氏內人供奉之例也而私氏內人依不參會以大內人神主正見所令奉頂御體也仍私氏內人蒙不忠之咎永被罷職掌畢

月讀宮事

神祇式曰月讀宮二座去太神宮北三里

月夜見命一座荒御魂命一座

倭姬命世記曰月夜見命二座（形馬乘男形也）

一書曰御形白馬乘男形紫御裝束金作太刀佩也

荒御魂命左方形鏡坐（飛鳥宮御宇丙寅十一月十一日遷魚見社也）

太神宮禰宜最世社記曰月讀宮一座荒御魂命一座

寶龜三年八月甲寅幸難波內親王第是日異常風雨拔樹發屋也卜之伊勢月讀神爲祟於是每年九月准荒祭神奉馬亦荒御玉命伊佐奈岐命伊佐奈彌命入於宮社

貞觀九年八月丁亥改社號稱宮預月次祭幷置內人一員同十年廿年一度造替遷宮次被增作寶殿奉遷於神靈也卷向宮御代豐玉姬命承神託而刻木馬顯天童形奉獻太神財是也（各一匹左右坐）

飛鳥宮御代丙寅歲十一月十一日月讀命亦荒御魂命靈奉遷于魚見社是神託也云々

荒魂命靈元是鏡坐依神宣奉遷魚見社以後宮號之時以木馬爲神靈者也月夜見命靈豐玉姬命所作木馬天童荒魂命靈豐玉姬命所作木馬座也

從御大神寶殿遷宮次奉渡于月夜見宮也于時
禰宜德雄奉遷行事宮司有範供奉

瀧原宮事

神祇式曰瀧原宮一座（太神宮遙宮在伊勢與志摩境山中去太神宮西九十里）瀧原並宮
一座太神宮遙宮在瀧原宮地內並宮同宮

儀式帳曰瀧原宮（伊勢志摩兩國堺大山中在太神宮以西相去九十二里）稱天照太神遙
宮御形鏡坐

並宮

倭姬命世記曰廿五年丙辰春三月從飯野高宮遷幸
于伊蘇宮眞奈胡神爾國名何問給支大河乃瀧原乃國
止白支其所乎宇太之大宇禰奈乎爲天荒草令苅掃天
宮造令坐支此地波皇太神之欲給地爾波不有悟給支其
時自大河南道宮所覓爾幸行

倭姬命世記曰瀧原宮一座（靈御形鏡坐水戸神名速秋津日子神是也）

大田傳記曰伊弉諾伊弉册尊所生河神名水戸神

倭姬世記曰並宮一座（靈形鏡坐速秋津日子神妹速秋津比賣神此二神因河海持別而生神八柱）

神寶日出祕府曰瀧原神鏡（倭姬命御宇龍奉獻寶鏡坐猿田彥所生乃以靈石爲正躰也三尊坐也）

（是龍神應變也朱注曰白龍上石是也云々）

伊雜宮事

神祇式曰伊雜宮一座（太神宮遙宮在志摩國答志郡去太神宮南八十三里）右諸別宮祈
年月次神嘗等祭供之就中瀧原並宮伊雜宮不預
月次其宮別宮各內人二人（其一人用八位已上并蔭子孫內人一人）物忌父各
一人但月讀宮加御巫內人一人御形鏡坐

儀式帳曰伊雜宮（在志摩國答志郡伊雜村太神宮相去八十三里）稱天照太神遙
宮

倭姬命世記曰伊雜宮一座（天牟羅雲命裔天日別命子玉柱屋姬命是也御形鏡坐）大歲神
一座（國津神子御形石坐）

同世記曰廿七年戊午秋九月鳥鳴聲高聞豆晝夜不止
囂此異止宣豆大幡主命舍人紀麻良止差使遣令見
彼鳥鳴處罷行見波嶋國伊雜方上葦原中在稻一基
生本波一基爾爲豆末千穗茂也彼稻白眞名鶴咋持廻
乍鳴支此見顯其鳥鳴聲止支返事申支爾時倭姬命宣久
恐志事不問奴鳥須良田作皇太神奉物乎止詔豆物忌
始給豆彼稻伊佐波登美神乎爲豆拔穗爾令拔豆皇太
神御前懸久眞爾懸奉始支則其稻大幡主女子乙姬爾
清酒令作御饌奉始支千稅奉始事因茲也彼稻生地
千田號支在島國伊雜方上其所伊佐波登美之神宮
造奉皇太神爲攝宮伊雜宮此也彼鶴眞鳥乎號稱
大歲神同所祝定奉也
又其神皇太神之坐朝熊河後之葦原中石志豆坐

彼神小朝熊山嶺社造奉祝定合レ坐大歳神稱是也

已上內宮六所別宮是也但加二風宮一七所別宮也

風宮

神祇譜天圖曰風宮一座 謂志那都比古神 廣瀨龍田同神

神代上曰一書曰伊弉諾尊與二伊弉册尊一共生二大八洲國一然後伊弉諾尊曰我所レ生之國唯有二朝霧一而薫滿之哉乃吹撥之氣化爲神號曰二級長戸邊命一亦曰二級長津彥命一是風神也

社記正應六年三月廿日官府改二社號一奉レ授二宮號一預二官幣一二宮同前也依二異國降伏之御祈禱一也

嘉元正遷宮之時被レ增二作寶殿一畢

倭姬命世記曰興玉神 無二神殿一衢神猿田彥大神是也 一書曰衢神孫大田命是土公氏遠祖神五十鈴原地主神也

古語拾遺曰 私云天孫御臨降之時也 先驅還白有二一神一居二天八達之衢一其鼻長七咫背長七尺口尻明曜眼如二八咫鏡一即遣二從神一借二問其名一八十萬神皆不レ能二相見一於レ是天鈿女命奉レ勅而往乃露二其胸乳一抑二下裳帶於臍下一而向立咲噱是時衢神問曰汝何故爲レ然耶天鈿女命反問曰天孫所幸之路居之者誰也衢神對曰聞二天孫應レ降故奉レ迎相待吾名是猿田彥大神時天鈿女命復問曰汝應二先行一將吾應二先行一耶對曰吾先啓行天鈿女命復問曰汝應レ到二何處一將天孫應レ到二何處一耶對曰天孫當レ到二筑紫日向高千穗槵觸之峯一吾應レ到二伊勢之狹長田五十鈴河上一因曰發二顯吾一者汝也可二送レ吾而致一レ之矣天鈿女命還報天孫降臨果皆如レ期天鈿女命隨レ乞侍送焉

大田命傳記曰今歳猿田彥大神柰乃言壽覺白久南大峯有二美宮處一佐古久志呂宇遲之五十鈴之河上者大八洲之內珍圖之靈地也隨翁之出現二百八萬餘歲之前爾毛未現知留在二靈物一利照耀如二大日輪一也惟小緣之物爾不レ在須定主出現御座耶念木

亦曰天之逆大刀天之逆鉾大小之金鈴五十口日之小宮之圖形文形等是也

大田傳記曰纒向珠城宮皇女倭姬命伊勢國渡遇之宇遲乃五十鈴河上之邊立二礒宮一御坐之時爾狹長田之猿田彥大神 宇遲土公氏人遠祖神 齋內親王神主部 天村雲命之孫大若子弟若子命等也 物忌等 天見通命之尊孫宇多大宇禰奈大阿禮命等也 訓悟白久凡天地開闢之事聖人所レ述也爰伊勢天照皇太神五十鈴乃河上爾御鎭坐之製 本ノママ 作未レ露二紙墨一故元始綿邈其理難レ言志願爾諸聞給倍吾是天下之土君也故號二國底立神一也吾

是應ㇾ時從ㇾ機比化生出現之故號二氣神一吾亦根國底國與里龜備踈備來物爾相率守護神之故名二鬼神一吾復爲二生氣一仁授二與壽福一之故名二大田神一吾能反二魂魄一之故號二興玉神一悉皆自然之名也物皆有二効驗一我將ㇾ辭訖遂隱去矣

又曰興玉神言壽竟于ㇾ時倭姬命皇太神座二正宮之西北角大地輪之中臺一祝祭也

倭姬命世記曰瀧祭神無二寶殿一在二下津底一水神也一名澤女神亦名美都波神

天地麗氣府錄曰天瓊矛者獨古變成也天逆戈者大梵天王矛也天逆太刀者大梵王天矛也

件神寶藏二瀧祭仙宮一者也亦號二常世鄕一是龍宮也

神祇寶山記曰夫水則爲二道源流萬物父母一故長二養森羅萬像一當ㇾ知天地開闢嘗水變爲二天地一以降高天海原在二獨化靈物一其形如二葦牙一不ㇾ知二其名一爾時靈物乃中四理志出神聖化生名ㇾ之曰二天神一亦名二大梵天王一亦稱二尸棄大梵天王一逮二于天帝代一名二靈物一稱二天瓊玉戈一亦名二金剛寶杵一爲二神人之財一至二于地神代一謂二之天御量柱國御量柱一因與二于大日本洲中央一名爲二常住慈悲心王柱一此則正覺正智寶坐也故名二心柱一也天地人民東西南北日月星辰山川草木惟是天瓊玉戈乃應變不ㇾ二平等妙體也法起王宣久心柱是獨古三昧耶形金剛寶杵所謂獨一法身智劒也故大悲德海水氣變化獨古形獨古變二化栗柄一栗柄現二明王一明王化二八大龍神一而心柱守護十二時將常住不退是不動本尊緣也故龍神所化八咫烏者諸天三寶爲二三前一荒振神使也

亦曰此寶杵則常世宮殿內奉ㇾ納俗云五百鈴河瀧祭靈地底津寶宮是也是名二龍宮城一也亦號二仙宮一也

二所太神宮麗氣曰金剛寶柱長一丈六尺徑八寸廻二尺四寸亦曰心柱五尺五寸或曰瀧祭神與二廣瀨龍田神一則同神異名水氣神也故廣瀨龍田神名號二天御柱國御柱一是天逆戈守護緣也彼神名神祇式祝詞具也云々

大田傳記曰

朝熊神社六座倭姬命崇祭之神社是也

櫛玉命一座倭姬命御代瑞玉奉ㇾ造之亦曰珼尻御靈石坐

穗落保於止志神一座倭姬命御代崇祭之神社也眞名鶴所化御靈石坐也懸稅靈神

櫻大刀神二座靈花木座也大八洲櫻樹始從二天上一降居也因以爲二華開姬命一坐一大山祇雙坐也

苔虫神一座櫻大刀子神與ㇾ合ㇾ力大刀子小刀子鉾類等造二進之一靈石坐也

大山祇一座寶鏡鑄造功神也櫻神與並坐也

朝熊水神社一座寶鏡鑄造功神也靈石坐也
件神社之寶鏡二面是則日天月天之所化白銅神鏡
依二神託一倭姬命御制作也凡天照太神御入座之時
大年神大山津見山祇朝熊水神等奉レ饗二此之所一
故神社定給也
倭姬命世記曰酒殿一座天逆大刀逆鉾金鈴藏納也
大田命傳記曰神靈器座　御倉神專女也
同記曰素盞烏尊子宇賀之御魂神亦專女三狐神
御戶開闢神天手力男神左栲幡千千姬命右
御門神　豐石窓神　櫛石窓神
四至神三十〇三十一本作レ卌　四前宮中祭レ之
大田命傳記曰夜叉神大將石座也
社記曰但與二神祇式一符合式文不レ付二在所一此七字イ二大文字也
諸社三十座　太神宮所レ攝二十四座式內
朝熊社在二宇治郡一前社　園相社在二沼木郷積良村一前社
鴨社在二城田郷山上村一前社在二同所狩田村一　田乃家社在二同郷矢野村一前社
蚊野社在二田邊郷蚊野村一前在　湯田社在二湯田村一
大土御祖社在二楠部村一　國津御祖社在二宇治郷一
朽羅社在二田邊郷原村一　伊佐奈彌社長寬檢錄文云無二寶殿數地一
津長社在二宇治郷一　大水社在二同郷一

大國玉比賣社長寬檢錄文云無二寶殿數地一　江神社在二二見郷一
神前社在二宇治郷下松下一　粟皇子社在二伊介島一
久具都比賣社在二城田郷久具村一前社　奈良波良社在二同郷宮子村一前社
榛原社在二田邊郷一前社　御船社在二有爾郷二羽村一前社
坂手國生社在二田邊郷氏社北岡一　狹田國生社在二湯田郷佐田村一前社
多伎原社在二三瀨村一　河原社在二沼木郷佐八村一
度會宮所レ攝十六座者外宮別宮篇載レ之
儀式帳二十五所內
瀧祭神社無二寶殿一久麻良比社宇治山田社已上四社雖レ載二儀式帳一不レ載二神祇式一
堅田社
儀式帳曰雜例云朽羅社伊佐奈彌社已上件二社雖レ載二于延喜式一不レ載二于儀式帳一也
度會郡社　合四十所之中官帳社二十五所末官帳社十五所
瀧祭社在二太神宮北河邊一無二御殿一
小朝熊社　稱二神櫛玉命兒大歲兒櫻大刀自一形石坐
又苔虫神形石坐又大山罪命子朝熊水神形石坐倭
姬內親王御世定祝
薗相社　稱二大水上兒曾奈比々古命一形石坐倭姬命
內親王定祝
鴨社　稱二大水上兒石己呂和居命一形石坐倭姬內親
王定祝

田邊社　稱二太神御滄浪河神一形鏡坐大長谷天皇御宇定祀

蚊野社　稱二大神御蔭河神一形鏡座大長谷天皇御宇定祀

湯田社　稱二鳴震雷一又大歳御祖命形無同御宇定祀

已上六箇所社造神宮使造作奉也

大土社　稱二國生神兒大國玉命一次水佐々良彥命次佐々良比賣命形石坐倭姬內親王定祀

國津御祖社　稱二國生神兒宇治比賣命一形石坐又村田比賣命形無倭姬內親王御世定祀

宇治山田社　稱二大水神兒山田姬命一形無　同御世定祀

津長大水社　稱二大水上兒栖比女命一形石座　同御世定祀

堅田社　稱二東方堅田社一形石座　倭姬內親王御世定祀

大水社　稱二大山罪乃御祖命一形無　倭姬內親王御世定祀

江神社　稱二天須婆留女命兒長口命一形在レ水又大歲御祖命形無又宇賀乃御玉倭姬內親王御世定祀

神前神社　稱二國生神兒筑前比賣命一形石坐同御世定祀

粟御子社　稱二須佐分手（○分手一本作二介平一）命御玉道主命一形石坐　同御世定祀

河原社　稱二月讀神御玉一形無　同御世定祀

久具社　稱二大水上神御子久々都比女命一（又久々都比古命）形石坐同御世定祀

楢原社　稱二大水上兒那良原比賣命一形石坐　同御世定祀

榛原社　稱二天須婆留女命御玉一形無奈良朝廷御代定祀

御船社　稱二大神御蔭河神一形無　倭姬內親王代定祀

坂手社　稱二大水上兒高水上一形石坐　倭姬內親王御代定祀

狹田社　稱二須麻留女神兒速川比古速川比女山末御玉三柱一形無　倭姬內親王御代定祀

久麻良比社　稱二大歲神兒千依比賣命一形石坐　同御代定祀

瀧原社　稱二麻奈胡神一形石坐　同御代定祀

以上十七箇所神國津社

末入官帳田社事鴨下社大水上兒石己呂居鴨比古賣命形無

右神社太神宮造奉使造奉而定祝

津布良神社　大水上神兒津布良比古津布良比賣命形無

葭原神社　大歲神兒佐々津比古命形石坐又宇賀乃御玉御祖命形無又伊加利比女形無

小杜神社　大水上兒高水上命形石坐

許母利神社　粟嶋神御玉形無

新河神社　大水上神兒新川比賣命形石坐

宇治乃奴鬼神社　大水上神兒高水上形石坐

加奴彌社　大歲神兒稻依比女命形石坐

河相社　大水神御子兒細河水神形石坐

熊淵社　大水神御子多支大刀自形無

荒前社　國生神兒荒前比賣命形石坐

那自賣社　大水上御祖命形石坐又同御玉御裳乃須蘇比賣命形石坐

葦立弖社　宇治都比女命兒玉移良比女命形石坐

牟彌乃社　大水上兒寒河比古寒河比女命形石坐

右神社倭比賣乃御時仁祝幷御刀代田宛奉也

田邊氏社　荒木田氏神社天御中主尊二十世孫天見通命是也

內宮相殿神二座

外宮相殿神三座

延喜十一年正月二十八日官府預四度案上幣畢

類聚神祇本源內宮別宮篇

正平七壬辰二月廿日書寫畢

權禰宜度會神主實相五十六

類聚神祇本源卷十一

外宮別宮篇

神祇式曰多賀宮一座　豐受太神荒魂去㆓神宮㆒南六十丈

　祈年月次神嘗等祭供㆑之

凡二所太神宮禰宜大小內人物忌諸別宮內人物忌

　等並任㆓度會郡人㆒　但伊雜宮內人二人物忌父等任㆓志摩國神戶人㆒

大田命傳神記曰伊吹戶主神　祓戶神　天照太神第一攝

社也依㆓神誨㆒奉㆑傍㆓止由氣宮㆒也

神祇譜天圖曰件神天下四方國人夫等諸事漏落事悉神

　直日命大直日命聞直見直給安久平久所知食也

私記元者荒祭宮一所並坐東方多賀宮西方荒祭宮　此故至㆓于今㆒荒

　祭宮東西遷宮違㆓本宮遷座例㆒也

御靈形事見㆓他卷㆒也　神直日大直日神事見㆓于荒祭宮

　段㆒也

土宮　在㆘神宮與㆓高宮㆒中㆖東向座

大田命傳神記曰山田原地主大土御祖神二座大歲神子大

　國魂玉イ神子宇賀之御魂神一座素戔烏尊子土乃御祖神

　一座亦衢神大田命神寶石寶形一面座是神財也

倭姬命世記曰宇賀之御魂神土乃御祖神形鏡坐寶瓶坐

二所大神宮御鎮座本紀曰素戔烏尊孫大土祖一座衢神

大田命一座宇賀御魂大歲神一座　山田原地護神定

祝祭也

注曰　大土祖靈鏡坐　大田命靈銘石坐　宇賀魂靈

　瑠璃臺坐也

豐受皇太神宮御鎮座次第　麗氣曰攝社大土祖神亦名五道

　大神　雙五所大明神坐也　山田原地主神也　亦號㆓鎮護神㆒

大歲神子大國玉神子宇賀神一座大土御祖一座　御

體瑠璃壺一口　靈鏡二面華形坐云々在㆓神寶㆒名石

　一面日象扇一枚

社記曰大治三年六月五日宮號宣下爲㆓度會河堤守護㆒

也長承二年仰㆓造宮使㆒被㆑增㆓作寶殿㆒畢預㆓祈年神

　嘗月次等祭幣㆒神宮始祭

月讀宮在㆓神宮北㆒四面堀百二十二丈四至去㆓瑞垣㆒東西南北二十二丈　御靈形鏡坐

　准㆓　土宮嘉例㆒依㆑申㆓子細㆒承元四年五月二十二日

　被㆑下㆓依㆑請宣旨㆒被㆑授㆓宮號㆒了

　建曆元年辛未造宮使增㆓作神殿㆒准㆓內宮㆒加㆓作小殿

以下㆒同十二月十八日奉㆑成㆓遷宮㆒畢

已上三所別宮是也但風宮々號之後四所別宮也

風宮（在神宮南土宮東但南向坐 裏書廣瀨龍田同體神風日神）
御靈八咫鏡坐

降臨次第 麗氣記曰水火風空四智御靈鏡水圓滿（土宮）火三角形（角社）風半月形（風宮）空團圓形（高宮一本作多加宮）

社記曰正應六年三月二十日官符改社號奉授宮號預官幣依異國降伏之御祈也

嘉元正遷宮之時被增作寶殿畢

北御門社（裏書賀茂若雷神）金剛界辨財天女毘沙門天形刻也

倭姬命世記曰（一名曰若雷神賀茂社同神也 形駆坐）

調御倉神

大田命傳（神記）曰宇賀能美多麻神座是伊弉諾伊弉冊尊二柱尊所生神也亦號大宜都比賣神亦名保食神神祇官社內坐御膳神是也亦神服機殿祝祭三狐神同座神也故亦名專女神也齋王專女此緣也亦稻靈宇賀能美多麻神坐也乾方敬拜祭也尊形（○按倭姬世記尊作罇）坐各一座也

二所太神宮御鎭座本紀曰稻靈豐宇賀能賣命宇賀能美多麻神保食神尊形一床座以白龍爲守護神也

凡王子八柱同座給也

酒殿神（裏書台藏界辨才天女形）

大田命傳曰（神記）謂伊弉諾伊弉冊所生和久產巢日神兒豐宇賀能賣神亦名姮娥亦名昇女從月天降坐善釀酒飮一盃吉除萬病也其一坏之直千金財積車送之今號神酒驛家使及齋宮節會賜酒立女（布）此之緣也

亦曰丹波國與謝郡比治山頂有井其名號麻那井此所居神則竹野郡奈具神是也故豐宇賀能賣神靈石坐也亦酒造天之瓱一口大神靈器也以敬拜祭也古語吉祥甕腹滿甘露酒名號神酒獻三節祭也

丹後國風土記曰丹後國丹波郡郡家西北隅方有比治里此里（古事記 裏書）比沼山頂有井其名云麻奈井今既成沼此井天女八人降來浴水于時有老夫婦其名曰和奈佐老夫和奈佐老婦此老等至此井而竊取藏天女一人衣裳（之古）即有衣裳者皆天飛上（干時本）但無衣裳女娘一人留即身隱水而獨懷愧居爰老夫謂天女曰吾無兒請天女娘汝爲兒天女答曰妾獨留人間何敢不從請許衣裳老夫曰天女娘何存（在本）欺心天女云（日本）凡天人之志以信爲本何多疑心不許衣裳老夫答曰多疑無信率土之常故以此

心一爲レ不レ許耳遂許郎相副而往レ宅相住十餘歲爰天女善爲二釀酒一飮二一盃一吉萬病除也其一盃之直千金財積レ車送レ之于レ時其家豐土形富故云二土形里一此自二中間一至二于今時一便云二比沼里一後老夫婦等謂二天女一曰汝非二吾兒一暫借住耳宜二早出去一於レ是天女仰レ天哭慟俯レ地哀吟郎謂二老夫婦等一曰妾非下以二私意一來上是老夫等所レ願何發二厭惡之心一忽存二出去之痛一老夫增發レ瞋願レ去天女流レ淚微退二門外一謂二鄕人一曰久沉二人間一不レ得レ還レ天復無二親故一不レ知二由所一吾々何々哉々拭レ淚嗟歎仰レ天歌曰

阿麻能波良布理佐氣美禮婆賀須美太智伊幣治麻土（アマノハラフリサケミレバカスミタチイヘヂマド）
比天由久幣志良受母（ヒテユクヘシラズモ）

遂退去而至二荒鹽村一郎謂二村人等一云思二老夫老婦之意一我心無レ異二荒鹽一者仍云二比治（沼イ）里荒鹽村一亦至二丹波里哭木村一據二槻木一而哭故云二哭木村一復至二竹野郡船木里奈具村一郎謂二村人等一云此所我心奈久志久（古事平善者曰二奈具志一）乃留二居此村一斯所レ謂竹野郡奈具社坐豐宇賀能賣命也

二所太神宮御鎭座本紀曰亦名二姮娥昇女一稻靈電光所變也五穀種所レ化神保食神分身善釀レ酒靈形石坐甕名二賀多普器一軍陀利夜叉神所化也亦以二大土祖宇賀魂神一爲二根倉甕星神一供二神酒一今號二根倉甕一是也

御井社

大田命傳記曰（神記）御井水天孫降臨以來天村雲命理二治于虎珀之鉢一（金剛夜叉神所化也徑一尺八寸）天降居留也（爲二守護一七星十二神羅列座光明如二明星一坐也）皇太神皇孫之命天降坐時爾天村雲命乎御前立天天降仕奉于レ時皇孫之命天村雲命乎召詔久食國之水波未レ熟荒水爾在介利故御祖天御中主神之御許爾參上此由言天來止詔郎天村雲命參登弖天孫之御祖之天照太神天御中主神之御前爾皇御孫之申止宣事乎子細申上時爾御祖天照皇太神天御中主皇太神正哉吾勝尊神魯岐神魯美尊神議詔久雜爾奉牟政者行奉下弖在度母水取政道於波遺天天下復飢餓久在介利何神乎加奉レ下牟度思間爾勇乎志弖參登來度詔天天忍石乃長井乃水乎取八盛天誨給久此水持下天皇太神乃御饌爾八盛獻天遺水波天忍石乃長井乃水止術（マシナイ）云天食國乃水爾灌和天朝夕御饌爾奉レ獻禮郎時日向高千穗宮乃御井定崇居焉奉レ仕矣自レ爾以降但波（タンハ）眞井原爾鎭移居水戶神奉レ仕岐其後從二眞井原一遷二于止由氣宮乃御井一居上焉

二所太神乃朝大御氣夕大御氣度八盛移居毎レ日二時供進矣凡此御井水者專不レ干恒出異怪之事不レ過ニ於是社ニ亦他用更不レ可レ用レ之亦道主裔大物忌父御井掃淨奉亦御井與ニ御炊殿ニ往還間道一百二十丈橋一十五丈黑木丸橋此月毎修理掃淨雜人等不レ通志天愼敬仕奉

二所太神宮御鎭座本紀曰天忍水止云天食國乃水爾灌和天獻物亦御伴爾天降奉レ仕五伴神三十二神八十支乃諸人爾毛令レ飲詔天下奉支

大同本紀曰皇御孫命詔久何道與利會參上之止問給申久大橋波皇太神井皇御孫命乃天降坐乎恐美後乃小橋與利奈母參上之止申時爾皇御孫命詔久後爾毛恐奉レ仕事勇止詔天天村雲命二登命後小橋命止云三名負給支彼朝夕供奉御膳乃御井止由氣宮坤方岡片頬爾御井堀天汲供奉其水大旱魃年母不レ涸其下二丈許下天底仁有ニ水田ニ其田波旱魃損須禮止母此御井乃水波專不レ干恒出異怪之事不レ過ニ於是ニ又他用更不レ用レ之

神祇式曰度會宮所攝十六座

月夜見社　草名伎社　大間國生社　度會國御神社　度會大國玉比賣社　田上大水社　志等美社　大河內社　清野井庭社　高河原社　河原大社　河原淵社　山末社　宇須乃野社　小俣社　御饗社

右諸社竝預ニ祈年神嘗祭ー

社記注付在所

月夜見社坐ニ沼木鄕山田村ニ承元宮號

草名伎社坐ニ同村大間社西ニ標劔伏本ノマヽ

大間國生社坐ニ大間東ニ同玉垣之內坐大若子乙若子命

度會國御神社坐ニ沼木鄕山田村ニ天日別命子彥國見賀岐建與來見イ命

度會大國玉比賣社坐ニ繼橋鄕宇宮崎高神山南尾崎ニ大巳貴命佐々良比賣命

田上大水社東田上西大水二座坐ニ同鄕宇宮崎同玉垣之內ニ也在ニ前社ニ大神主小事

志等美社一名葦野井庭社木神也坐ニ沼木鄕山幡村ニ東大河內中志等美西打懸同玉垣也

大河內社坐ニ同村ニ大山祇神大山罪乃神

清野井庭社坐ニ同鄕山田村ニ大間社東野草野姬命裏書屋船命

高河原社坐ニ同鄕山田村ニ月讀宮東同玉垣內神名式云西川原坐國生神社月夜見神社御玉

河原大社坐ニ箕曲鄕勾村字三津ニ社也河神水神

河原淵社坐ニ箕曲鄕勾村ニ河原社南宇鹽坪向也澤姬神

山末社坐ニ繼橋鄕宇宮山ニ御田口社南也小梨谷山祇大山津姬命

宇須乃野社坐ニ高向鄕高向村ニ五穀靈神二社同玉垣內

小俣社坐ニ湯田鄕小俣村ニ宇賀神一名稻女大明神

御饗社坐ニ箕曲鄕大口村ニ一名水戶神御饗都速秋津日子神

儀式帳曰雜例云式云右諸社並預二祈年神寳神嘗祭一
度會郡神社二十肆處載二官帳一名社十六所未レ載二官帳一名社八所
月讀神社　草奈支神社　大間國生神社
右三所神社造宮使造奉
度會之國都御神社　度會大國玉姫神社　田上神社
蔀野井庭社　大河内社　淸野井庭社　高河原社
河原社　河原淵社此社原本ニナシ儀式帳ニ依テ補フ　山末社　宇須野
乃社　水戸御食都神社　小俣社
右十六社官幣帛宛奉但十三社者國宛料令二造奉一
伊我理神社　縣神社　井中社　打懸社　志等美社
毛理社　大津社　土賣屋社
右八社未レ載二官帳一勘付式云右八社未レ載二官帳一但社无レ料祝造奉但年中三度祭者禰宜內人等率二祝
等供奉
長德三年八月田社三十三所外宮
土御祖社宮號在二大宮前一　伊加利社在二大國玉比賣社南邊一　御田口社在二井足北
從レ道西一　風社宮號在二高宮道捧本一　天日別命五世孫速日丹方命　高神社在二政所禰宜前山一
客神社諏訪明神在二同禰宜前山一　石根社在二上宇治大沼東一　若雷社在二宮北御門一
打懸社從四位下立石大明神在二山幡大河內社東一　法道社在二箕曲物部近末居住乾方一　神計社在二高向薗社一

箕曲氏社在二箕曲鄕和泉椽居住西一　東御門社在二沼木乃社邊一　縣社在二高神
村社　高向神主氏社在二鹽屋一　上御井社在二卽御井一　下御井前イ
社在二高宮後一　林社在二繼橋鄕蒜田村　河原饗社　杜社在二三社副一　赤崎
社在二智久和島一　鵜倉神戶大歲社　中津山田饗社坐二國生社南一
慥柄神戶社　湯田宇羽西津社在二宇羽御舘西一　拍木社在二大歲社
中松原一　神落萓社在二尾上寺前一　阿佐賀社　薗行嶋社　尾上
社在二泉寺西一　湯田淸階社在二三村橋一　大水社坐二三乃々中島畠一
長德檢錄田社三十三前外式外社
水取社坐二內宮月讀宮北一　鹽屋社坐二箕曲鄕大湊以西一　野依河田社　河
田社　伊賀戶社坐二內宮月讀宮北一　野依中社　別雷當イ社坐二離宮坤方一
槐本御社坐二高向村加毛淵巽方一　根倉御社　礒神社　雷社　宇
須野女社坐二高向村一　落合社　薗御社
已上十四前御竈木帳四十九前神社內也
物忌御社　中松原御社　野依片嶋社
小部御社但神宮御竈木帳之內尾上社同名歟　三津橋河原社
右件五社云○今按云字衍歟　長德檢錄文云御竈木帳未レ載
レ之宮
司盛房諸神社等修理沙汰之時未レ詳歟
私記
造宮使造替六社者所謂

月讀　草奈岐　大間　佐奈　櫛田　須麻留賣
　但月讀社宮號之後者加二高河原社一德治元年造宮使造二替之一
御竈木帳四十七前神社元者四十九前月讀風宮宮號之間兩社除レ之
宇須野社　草奈岐社　大間國生社　國見社　大國玉社　田上大水社　大河內社　志土見社　淸野井庭社高河原社　河原淵社　河原社　小俣社　水饗社　宮崎氏社　北御門社　上御井社　下御井社
伊蘇社　御田口社　根倉社　佐奈社　須麻留賣社
伊賀利社　野依河田社　赤崎社　撫懸社　櫛田社
雷社　伊賀戸社　箕曲氏社　山末社　鹽屋社　水取社　高神社　客神社　薗社　宇須野女社　野依中社　寶答社　尾上社　落合社　別雷當イ社　大水社
河田社　槐本社　高向社　各有レ祝預二請物一

一大中少社差別事
大政官符神祇官并五畿七道諸國司
應三早定二置天下諸社大中少神殿雜舍瑞垣珠垣鳥居并四至內地町數一事
　正一位正三位以上爲二大社一
　從三位從四位以上爲二中社一
　正五位從五位以上爲二少社一

一大社四至限二九町一三間檜皮葺正殿一宇高一丈二尺在二板敷戶本一　堅魚木八丸長五尺徑九寸千木四支長一丈三尺瑞垣一重方二丈高七尺珠垣二重方各五丈六尺高八尺內外鳥居二基內一本高九尺口徑八寸外一本高一丈口徑九寸三間檜皮葺幣殿一宇高一丈一尺在二板敷戶一本一五間草葺拜殿一宇高八尺五間板葺舞殿一宇高八尺五間板葺直會屋二宇高八尺萱葺板倉二宇　三間草葺盛屋二宇在二戶二本一左右板葺廊二宇各高七尺五間外舍二宇高八尺五間馬屋二宇

一中社四至限二八町一　三間檜皮葺正殿一宇高一丈一尺在二板敷戶一本一堅魚木六丸長四尺徑七寸千木四支長一丈瑞垣一重方二丈五尺高七尺玉垣一重方三丈五尺高八尺內外鳥居二基高八尺徑七寸三間板葺幣殿一宇高七尺戶一本三間板葺拜殿一宇高七尺五間同舞殿一宇同尺三間同直會屋二宇高七尺五間外舍二宇

一少社四至限二四町一三間板葺正殿一宇高七尺在二板敷戶一本一堅魚木四丸長四尺徑七寸千木四支長八尺瑞垣一重方二丈高五尺鳥居一基高六尺經六寸三間草葺拜殿一宇高七尺三間板葺舞殿一宇高七尺五間雜舍二宇同尺
右被二左大臣宣一偁奉レ勅諸國神社正殿雜舍并四至町數所レ定如レ件宜下仰二在國司一以二正稅物一數一令中造進上自今以後不レ可二違失一若有二破損一者

應ㇾ令ニ社司修造一無ニ其勤一者科ニ大祓一解ニ却見任一
官宜ニ承知一依ㇾ宣行ㇾ之符到奉行
正四位上行大辨兼右兵衛督藤原朝臣百河
右大史外正六位上阿倍志斐連東人
寶龜二年二月十三日

一志止見打懸大河内社增位事
件三箇社爲ㇾ防ニ河堤守護一可ㇾ被ㇾ增ニ進位階一之由
次第上奏之所被ㇾ進ニ勅書一
勅正五位下志止見名神
今奉授從四位下
大治三年六月十日
勅正五位下打懸名神
今奉授從四位下
大治三年六月十日
勅正五位下大河内名神
今奉授從四位下
大治三年六月十日
宣進文可ㇾ止ㇾ之

一諸社勞事
廳定置　諸社記
月讀社 祝得松三大夫　大間社 祝安眞一大夫
大河内社 祝末永二大夫　田上社 祝有常五大夫
草奈岐社 祝有清二大夫　水饗社 祝今世六大夫
河原大社 祝有清一大夫　高河原社 祝則董四大夫
淵社 祝得吉三大夫　國生社 祝安松五大夫
大國玉社 祝福安六大夫　伊蘇社 祝伊蘇近一大夫
山末社 祝正武四大夫　淸野社 祝助世一大夫
宇治野社 祝重枝一大夫　雷社 祝弘忠一大夫
小俣社 祝則安一大夫　志止見社 祝春末二大夫
右依ㇾ例以ニ每年二月之内一爲ㇾ令ㇾ勤ニ仕於神態一所ニ定置一如ㇾ件諸社祝等宜ニ承知致一所攝神田者勞主并祝等可ニ進退一也於ニ恒例之勤一者不ㇾ可ニ懈怠一之狀如ㇾ件
天喜三年三月廿一日
禰宜度會神主常親　禰宜度會神主通雅
禰宜度會神主康雄　禰宜度會神主常季
禰宜度會神主連賴　禰宜度會神主賴元
禰宜勞社等
一大夫常季
高河原社　山末社　櫛田社

二大夫頼元
度會大國玉比賣社　御饗社　佐奈社
三大夫頼房
草奈岐社　須波漏女社　河原大社
四大夫康政
田上大水社　度會國見社（御神イ）　河原淵社（河原イ）
五大夫廣雅
大間國生社　志士見社　宇須野社
六大（少イ）夫雅行
小俣社　清野井庭社　大河内社
延久四年十二月十一日
七大夫　保延元年六月八日加任
以二伊賀戸神社一爲二勞社一歟
康房承久三年三月廿六日任
八員跡九十員無二勞社一（己上是マデ官進文可レ止レ之）
一宮崎氏神社（坐二度會郡宮崎一度會主神氏社）
右度會神主氏遠祖天牟羅雲命（一名天二上命一名後小橋命）天御中主尊十二世孫也天照皇太神天孫二柱神天降坐時御前立天奉レ仕

類聚神祇本源（内宮別宮篇外宮別宮篇）

類聚神祇本源卷十二

神宣篇　付神寶十種三種事

先代舊事本紀曰天神御祖詔授二天璽瑞寶十種一謂羸都鏡一邊都鏡一八握劔一生玉一死反玉一足玉一道反玉一蛇比禮一蜂比禮一品物比禮一是也天神御祖敎詔曰若有二痛處一者令二茲十寶一謂二一二三四五六七八九十一而布瑠部由良由良止布瑠部如レ此爲之者死人反生矣是則所謂布瑠之言本矣高皇產靈尊勅曰若有下葦原中國之敵拒二神人一而待戰者上能爲二方便一誘欺防拒而令二治平一令二三十二人一並爲二防衞一天降供奉矣

天照太神手持二寶鏡一授二天忍穗耳尊一而祝之曰吾兒視二此寶鏡一當レ猶レ視レ吾可三與同レ床共レ殿以爲二齋鏡一寶祚之隆當下與二天壤一无上レ窮矣則授二八坂瓊曲玉及八咫鏡草薙劔三種寶物一永爲二天璽一矛玉自從矣詔二天兒屋命天太玉命一曰惟爾二神亦同侍二殿內一善爲二防護一焉」詔二常世思金神手力雄命天石門別命一云此鏡者專爲二我御魂一如レ拜二吾前一奉レ齋矣

日本書紀曰於レ是二神誅二諸不順鬼神等一果以復命于レ時高產靈尊以二眞床追衾一覆二於皇孫天津彥火瓊々杵尊一使レ降之皇孫乃離二天磐座一且排二分天八重雲一稜威之道別道別而天二降於日向襲之高千穗峯一矣

天照太神勅曰若然者方當レ降二吾兒一矣且將レ降間皇孫已生號曰二天津彥火瓊々杵尊一時有レ奏曰欲下以二此皇孫一代降上故天照太神乃賜二天津彥火瓊々杵尊八坂瓊曲玉及八咫鏡草薙劔三種寶物一勅二皇孫一曰葦原千五百秋之瑞穗國是吾子孫可レ王之地也宜爾皇孫就而治焉行矣寶祚之隆當下與二天壤一無上レ窮者矣

神皇系圖曰天照皇神誓曰吾日太子如二八(須彌山)尺瓊之勾一以二曲妙一御宇且如二白銅鏡一以二分明一看二行山川海原一乃提二神劔一平二天下一焉肆以名二之三種神璽一也汝敬承二吾壽一手抱二流鈴一以御二无窮无念一爾祖吾在二鏡中一矣式臨二寶位一以鎭二元元一上則答二乾(天神)靈授レ國之德一下則弘二皇孫養レ正之心一然後兼二六合一以開レ都掩二八紘一而爲二帝宅一詔給矣

亦曰皇天壽曰而布留部由良由良止布瑠部云々惟是皇天无極大神呪也

倭姬命世記曰件童女於大物忌止定給比弖天磐戸乃鑰領

賜利亘無二黑心一天志以二丹心一天清潔久齋愼美左物於不レ移レ右須右物於不レ移レ左志亘左左右右左返廻事毛萬事違事奈久志天大神奉仕元元本本故也

伊勢二所皇大神御鎮座傳記曰狹長田之猿田彥大神齋內親王神主部物忌等訓悟白久凡天地開闢之事聖人所レ述也爰伊勢天照皇大神五十鈴乃河上爾御鎮坐之制作未レ露二紙墨一故元始綿邈其理難レ言志願爾諸聞給倍吾是天下之土君也故號二國底立神一也吾是應レ時從レ機比化生出現之故號二氣神一吾亦根國底國與利麁備踈備來物仁相率守護之故名二鬼神一吾復爲二生氣一仁授二與壽福一之故名二大田命一吾能反二魂魄一之故號二興玉神一悉皆シカシナガラ自然之名也物皆有二効驗一我將二辭訖テ遂隱去矣

今歲(垂仁天皇廿五年春三月)猿田彥大神參乃言壽覺白久南大峯有二美宮處一佐古久志呂宇遲之五十鈴之河上者大八洲之內珍圖之靈地也隨二翁之出現一三百八萬餘歲之前爾毛未二現知一留在二靈物一利照耀如二大日輪一也惟小緣之物爾不レ在須定主出現御座耶念木倭姬命曰理實灼然惟久代天地之大祖天照皇太神天御中主神并神魯岐神魯美命誓宣亘豐葦原瑞穗國之內乎伊勢加佐波夜之國波有二美宮處一利度見ミ定ソナハシ給比天自二天上一志天投降居給布天之逆太刀天之逆鉾大小之金鈴五十口日之小宮之圖形文形等是也亘度天之平手乎拍給甚喜ヨロコヒタマフコトカギリナシ二於懷一給此處仁遷二造日小宮一給大宮柱太二敷立於下津磐根一大田命以二地輪精金一底津磐根奉レ敷レ之岐チキ三崎博二風於高天之原一

亦曰(雄畧天皇廿二年)皇太神重託宣吾祭奉仕之時先須レ祭二止由氣太神宮一也然後我宮事可二勤仕一也故則諸祭事以二止由氣宮一爲レ先也

亦曰凡神代靈物之義ヨソホヒ猿田彥神謹啓白久夫天地開闢之後雖二萬物已備一而莫レ照スアカサ二於混沌之前一因レ茲萬物之化若レ存若レ亡而下下來來志天自不レ尊○尊一本作レ專子レ時國常立尊所化神以二天津御量事一地輪之精金白銅撰集地大水大火大風大神變通和合給比天三才相應之三面眞經津寶鏡乎鑄造表給倍利故此鑄顯神名曰二天鏡尊一爾時神明之道明現天文地理以存矣亦劔者大刀子小刀子土精金龍神所レ造也弓箭者輪王所レ造陰陽義故名二天之香子弓地之羽羽矢一也玉者日天月天之光精也笏者天之四德地之五行自然德也物皆爲二神靈一敢誰無二私邪一焉

高貴神託宣久又詔布神主部物忌職掌人等諸祭齋日仁不レ觸二諸穢惡事一不レ見不レ聞不レ弔不レ言佛法言忌亦不レ食レ宍迄二神嘗會日一爾不レ食二新飯一齋レ身謐レ心愼攝

レ掌以敬拜祭矣
大田命白久二面者天鏡尊子天萬尊傳持之次沫蕩尊次伊弉諾伊弉册尊傳持天神賀吉詞白賜亙日神月神所化乃眞經津鏡是也天地開闢之明鏡也三才所顯之寶鏡也當下受レ之以二清淨一而求レ之以二神心一視レ之以中无相無住上因以爲二神明之正體一也
興玉神託宣久天照坐皇太神則大日靈貴故號二日天子一以二虛空一爲二正體一焉故曰二天照太神一亦止由氣皇神則月天子也故曰二金剛神一亦名二天御中主神一以二水德一利二萬器（品イ）一故亦名（日イ）二御饌都神一惟諸神福田生化壽命也汝等受二天地之麗氣一而種二神明之光胤一誰撓二其神心一誰干二其慮一耶謹請再拜言壽竟
倭姬命儀宮坐冬十一月雄略天皇卽位廿二年新甞祭之夜深天雜八等退出之後神主部物忌等宣久吾今夜承二皇太神幷止由氣皇太神勅一所二託宣一汝正明聞給倍人乃天下之神物也莫レ傷二心神一神垂以二祈禱一爲レ先冥加以二正直一爲レ本任二其本心一皆令レ得二大道一故神人守二混沌之始一屛二佛法之氣一崇二神祇一散齋致齋內外潔齋之日不レ得二弔レ喪問レ疾食ヒ宍不レ判二刑殺一不レ決ロ罰罪人一不レ作二音樂一不レ預二穢惡事一不レ散二失其正一致二其精明之德一左物不レ移レ右兵器无レ用不レ聞二鞆音一口不レ言二穢惡一目不レ見二不淨一鎭專（守イ）二謹愼之誠一宜レ致二如在之禮一矣于レ時大神主阿波良波命承レ宣記レ之○今按本書此處中略歟神主部物忌等承二神宣一以爲二訓傳一各齋持不二顯露一深藏以神祕焉
豐受皇大神御鎭座本紀曰雄略天皇卽位廿二年戊午秋九月皇天倭姬內親王託宣久各念天地大冥之時日月星神像現二於虛空一之代神足履レ地而與二于天御量於中國一而上去下來而來見二六合一天照大神悉治二天原一耀二天紘一皇孫尊專治二葦原中國一受二日嗣一聖朝之所レ覃莫レ不二砥屬一宗廟社稷之靈得一无貳之盟百王之鎭護孔照是以從人本二天地一續レ命祀二皇祖一標（禄イ）レ德深二其源根一○一本作根源恭二宗祖神一令下朝二四方之國一以觀中天位之貴上弘二大業一明二天下一夫逆レ天則無レ道逆レ地則無レ德而外走二本居一沒ロ落根國一齊二情於天地一乘二想於風雲一者爲レ從レ道之本一爲レ守レ神之要一將下除二萬言之雜說一而擧中一心之定準上卽配二天命一而甞二神氣一理實炳（灼イ）然故祭レ神淸淨爲レ先我鎭以レ得一爲レ念也神主部物忌等諸祭齋日不レ觸二諸惡事一不レ行二佛法言一不レ食レ宍迄レ至二神甞會日一不レ食二新飯一常謐レ心愼攝レ掌敬拜齋仕矣

蓋聞天地未レ割陰陽不レ分以前是名二混沌一萬物靈是封名二虛空神一亦曰二大元神一亦名二國常立神一亦名二俱生神一希夷視聽之外氤氳氣象之中虛而有レ靈一而无レ體故發二廣大慈悲一於二自在神力一現二種々形一隨二種々心行一爲二方便利益一所レ表名曰二大日孁貴一亦曰二天照太神一爲二萬物本體一度二萬品一世間人兒如レ宿二母胎一也亦止由氣皇太神月天尊天地之間氣形質未二相離一是名二混淪(蒙冊イ)一所レ顯尊形是名二金剛神一生化本性萬物惣體也金剛(冊イ)水不レ朽火不レ燒本性精明故亦名曰二神明一亦名二大神一也任二大慈本誓一每レ人隨レ思雨レ寶如二龍王寶珠一利二萬品一如二水德一故亦名二御氣都神一也金玉則衆物中功用甚勝不レ朽不レ燒不レ壞不レ黑故爲レ名无二內外表裏一故爲二本性一謂人乃受二金神之性一須レ守二混沌之始一故則敬レ神態以二清淨一爲レ先從レ正式爲二清淨一隨レ惡以爲二不淨一惡者不淨之物鬼神所レ惡也

太田命傳神記曰秋九月(雄略天皇卽位二十二年)種々事忌定給內七言佛稱二中子一經稱二染紙一塔稱二阿良々岐一寺稱二瓦葺一僧稱二髮長一尼稱二女髮長一齋稱二片膳一外七言死稱二奈保留一病稱二夜須美一哭稱二鹽垂一血稱二阿世一打稱レ撫宍稱レ菌墓稱レ壤亦優婆塞稱二角波須一秡法定給

亦曰泊瀨朝倉宮(雄略天皇)大泊瀨稚武天皇卽位廿三年乙未二月倭姬命召二集於宮人及物部八十氏等一宣久神主部物忌等諸聞吾久代二太神一託宣(摩志万)(志木)心神則天地之本基身體則五行之化生奈利肆元元入二元初一本本任二本心一與

又屛二佛法息一奉レ再二拜神祇一日月廻二四洲一雖レ照二六合一須レ照二正直頂一止詔命明矣

天地麗氣府錄曰誓曰手抱二流鈴一以御二無窮一無レ念二爾祖一吾在二鏡中一其貌如レ日其心如レ海其慧(恵カ)如レ天其穗(德カ)如レ地修二善道一攝レ心爲レ先精進爲レ行正念爲レ本夫一切法自性空『依遍照如來相』當知空體爲レ體无相爲レ相无性爲レ性无得爲レ得爲レ利二益衆生一『如來作二異相一是故諸佛應化菩薩万行五通行相十界差別皆是如來方便其實歸二空一理一不着諸相爲二不可得一々々々卽如來正覺般若修行之要道其至極旣以如レ是』

故天女曰伊勢兩宮無始无終大元宗神亦一念不生神羅列万法心故絞二結万像體一嗚呼爲レ法无レ因レ利爲レ神无レ緣守无二無窮妙體邊際一无利生二力用一休息屛二佛法息一諸神影无邊法界心量故捧二兩部合掌蘂一備二法性隨緣机一薰二一切无作香一燒二平等无際鹽一不レ供供不レ受受給矣天王如來曰亦曰一字含二千理一卽身證法如レ是

而布瑠之言本也故杵獨王受ニ之言ヿ大八洲傳レ之持ニ明鏡ヿ照ニ心月ヿ是妙法寂頂梵王眞言也无爲事不言　敎是人眞心也

神語而布瑠部由良由良止布瑠部

皇天大神咒

明聞諸法性　自空無所依　非實亦非虛
皆從因緣生　今崇祭神體　是天地精靈
廣利諸衆生　天下應護座

神代屬ニ五常無心ヿ以ニ陰陽ヿ治レ事別無ニ佛法ヿ但神明以ニ威光ヿ攝政仁聖廣用レ德道通威勢化成ニ大神ヿ變成ニ大道ヿ契（タノシキカナヤ）　引神世現レ神佛世爲ニ成佛ヿ也陰神曰無ニ天不ニ降種子ヿ无ニ地不ニ戯孕ヿ天地和合有レ體有レ心身體有レ言有レ語契ハ始メ分レハ終ル慈悲先後河也无ニ生死ヿ无ニ常涯ヿ無終一切无始万物都不レ可レ測ニ涯際ヿ權（カリソメニ）初起ニ虛无ヿ幻化跡ニ四相ヿ幻野尋一度是非迷一度是非願神明加護諸佛擁護天皇寶位無レ動久如ニ湯津磐邑ヿ久常磐堅磐爾三世常住四海无爲再拜々々

神勅雖レ多抽レ要鈔レ之

類聚神祇本源

類聚神祇本源卷十三

禁誡篇

六色禁忌事

御鎭座傳記曰雄略天皇卽位廿二年倭姬命礒宮坐冬十一月新嘗祭之夜深天雜人等退出之後神主部物忌等宣久吾今夜承二皇太神並止由氣皇太神勅一所二詫宣一汝正明聞給倍人乃天下之神物也莫レ傷二心神一神垂以二祈禱一爲レ先冥加以二正直一爲レ本任二其本心一皆令レ得二大道一故神人守二混沌之始一屛二佛法之息一崇二神祇一散齋致齋內外潔齋之日不レ得二弔レ喪問レ疾食レ宍不レ判二刑殺一不レ決二罰罪人一不レ作二音樂一不レ預二穢惡事一不レ散二失其正一致二其精明之德一左物不レ移レ右兵器無レ用不レ聞二輌音一口不レ言二穢惡一目不レ見二不淨一鎭專二謹愼之誠一宜レ致二如在之禮一矣

神祇令第三曰凡散齋之內諸司理レ事如レ舊不レ得二弔レ喪問レ病（謂有二重親褻病一者不レ在二預レ祭之限一）食レ宍亦不レ判二刑殺一不レ決二罰罪人一不レ作二音樂一（謂不レ作二絲竹歌舞之類一也）不レ預二穢惡之事一（謂穢惡者不淨之物鬼神所レ惡）致齋唯祭祀事得レ行自餘悉斷其致齋前後兼爲二散齋一

上卷
格第一曰（裏書云兼日前後精神）改二仰齋日一事 右據二令條一凡祭祀所司預申レ官散齋日平旦頒二告諸司一其散齋之內不レ得二弔レ喪問レ疾食レ宍不レ判二刑殺一不レ決二罰罪人一不レ作二音樂一不レ預二穢惡之事一今被二右大臣宣一偁奉レ勅散齋之日頒二告諸司一諸司未レ承レ事之前或有下犯二禁忌一之徒上宜下改二令條一散齋之前一日頒中告諸司上自レ今以後永爲二恒例一

下卷
亦曰定下准レ犯科レ祓例上事

一大祓料物廿八種事 色目略レ之

右闕二怠大嘗祭事一及同祭齋日內弔レ喪問レ疾判二署刑殺文書一決レ罰食レ宍預二穢惡之事一者宜レ科二大祓一所レ輸雜物具如レ前官人有レ犯兼解二見任一

一上祓料物廿六種 色目略レ之

右闕二怠新嘗祭鎭魂祭神嘗祭祈年祭月次祭神衣祭等事一毆二伊勢太神宮禰宜內人一及穢二御膳物一井新嘗等諸祭齋日犯二弔レ喪問レ疾等六色禁忌一者宜レ科二上祓一輸物如レ右

禮記註疏曰致二齋於內一散二齋於外一齋之日思二其居處一

思其笑語思其志意思其所樂思其所嗜齋三日乃見其所爲齋者（致齋思此五者散齋七日不御不樂不弔目見其所爲齋者思之熟也所嗜素所欲飲食春秋傳曰屈到嗜芰）

禮記曰齋者不樂不弔（爲其哀樂則失正散其思）

今案六色禁忌者淨六根之內外精進也所以者何不弔喪問病（制意般若）不食宍（制鼻精進）不判刑殺（制口禪定）不決罰罪人（制身布施）不作音樂（制耳忍辱）不預穢惡事（制眼持戒）潔齋人如知而不知神不享非禮專可愼者歟依釋門者布施持戒忍辱精進禪定般若是也

內七言外七言事

大田命傳神記曰雄畧天皇廿一年秋九月種々事忌定給內七言佛稱中子經稱染紙塔稱阿良々伎寺稱瓦葺僧稱髮長尼稱女髮長齋稱片膳外七言死稱奈保留病稱夜須美哭稱鹽垂血稱阿世打稱撫宍稱菌墓稱壤亦優婆塞稱角婆須

神祇式第五曰　齋宮　凡忌詞內七言佛稱中子經稱染紙塔稱阿良々伎寺稱瓦葺僧稱髮長尼稱女髮長齋稱片膳外七言死稱奈保留病稱夜須美哭稱鹽垂血稱阿世打稱撫完稱菌墓稱壤亦別忌詞堂稱香燃優婆塞稱角筈

禮記曰　凡祭宗廟之禮牛曰一元太武豕曰剛鬣豚曰腯肥羊曰柔毛雞曰翰音犬曰羹獻雉曰疏趾兎曰明視脯曰尹祭槀魚曰商祭鮮魚曰脡祭水曰清滌酒曰清酌黍曰薌合粱曰薌萁稷曰明粢稻曰嘉蔬韭曰豐本鹽曰鹹鹺玉曰嘉玉幣曰量幣（今河東云幣帛也）

祭宗廟之時改常言漢家日域其例如斯熊野山參詣之時亦改常言者歟

忌佛法事

御鎭座傳記（雄略天皇卽位廿二年大土祖衞等告覺曰）曰高貴神詫宣久又詔布神主部物忌職掌人等諸祭齋日爾不觸諸穢事不見不聞不弔不言佛法言忌亦不食宍迄神甞會日爾不食新飯齊身謐心愼攝掌以敬拜祭矣

亦曰神人守混沌之始屛佛法之息（氣イ）（委見六色禁忌篇又倭姫命世記同之）

豐受皇太神御鎭座本紀曰諸祭齋日不觸諸穢惡不行佛法言

尼僧忌事

神祇式第三曰　祈年賀茂月次神甞新甞等祭前後散齋之日僧尼及重服奪情從公事之輩不得參入內裏雖輕服人致齋並散齊之日不得參入自餘諸祭

日皆同二此例一
被レ行二神事一之內裏猶以不レ被レ入二僧尼一何況伊
勢太神宮者宗廟中之太廟也神宣勅語不レ可レ不
レ忌爭僧尼致二內院參入一哉僧尼則着二釋尊服一之
故也云々此外猶有二深義一哉
神祇式第四曰禰宜大內人雜色物忌父小內人遭二親喪一
不二敢觸穢一及著二素服一卅九日之後祓淸復任其服闋之
間侍二候外院一不レ預レ供二祭物一亦不レ參二入內院一（傍親服中亦同）
但物忌父死者其子解任子死者父亦解任並非二復任之
限一
或人難云及二人皇卅代欽明天皇御宇一百濟國始獻二
佛像經論一歟然者夫以往忌二佛法一神宮記如何頗可
レ謂二未來記一哉
答曰佛西天入滅之後經二一千四百八十年一後漢明帝
永平七年乙丑夢見二金人一佛法傳來以降至二于本朝
欽明（人皇卅代）壬申一四百六十年歟漢土典籍者人皇十六代應（自應神至欽明帝第十五代）
神天皇御宇（廿一代）令レ渡之上者佛法僧之名字豈不二聞及一哉
神宮記者雄略天皇御宇神宣也縱雖レ爲二未來記一非
レ無二先蹤一和漢例多就レ中彼忌詞等非二神主之私記一
三世了達之尊神御詫宣也或倭姫命或衢神等正蒙二
神宣一傳神主部嚴重異レ他誰成二不信一哉

類聚神祇本源
（井上翁藏本奥書）
貞治六年丁未四月十三日書之　通俊（詮改）

類聚神祇本源卷十四

神鏡篇

萬鏡本緣神靈瑞器麗氣記曰

大梵天宮天體靈光

外宮
一面大自在天王心肝靈鏡

靈鏡變成二精光一々々中有二五輪一各々移二五色一

成二五智一々々變坐二平等天照一名二豐受皇太神一是

曰二天御中主尊一也

一輪中有二五輪一是天御中主尊寶鏡

麗氣府錄曰一面飛空自在天同聽發言精氣所化靈鏡也

一輪中有二五輪一是天御中主尊寶鏡
私日本書雖レ異靈鏡同也

瑞器記曰
神代三面鏡是也

三面天鏡尊心月輪鏡

一面尸棄大梵天王寶鏡私云以レ朱埋レ文形已見在也

一面光明大梵天王寶鏡

一面世界建立金剛日輪鏡

內宮
一面八咫鏡八葉中有二方圓五位象一是天照皇太神御靈

鏡坐也

日前宮
一面紀伊國那草日前宮神靈內侍所前神坐也

件二面者八百萬神達執二天金山精金一奉レ鑄二日像

鏡一也

左外相殿皇御孫
二面无緣圓輪靈鏡　鳳龍

右外宮同相殿天兒屋根
二面切金方笏靈鏡

件鏡四面以二天香山金一葺不合尊制作也謂攝津國

與二播磨國一合堺乃世爾志天奉レ鑄レ之云云

東大寺
二面聖武天皇寶鏡是大梵天王兩眼化爲二明鏡一故佛父

佛母兩眼大日頂輪大佛開眼明鏡是也

南山大師靈
三面化現金鏡豐受皇太神別宮多賀宮坂下底津岩根爾

藏置也

小朝熊
二面大和姬命朝熊海水上爾志天奉レ鑄白銅鏡也

禁裏御座
內侍所神鏡崇神天皇御宇奉レ鑄也以レ爲二神璽一也

豐受皇太神鎮座麗氣曰

外宮
豐受皇太神

五大月輪　五智圓滿寶鏡

實相眞如五輪中臺常住三世淨妙法身

大毗盧遮那佛亦名法性自覺尊　亦名熾盛大日輪也

神體飛空自在天説法談義精氣也
水珠所ㇾ生玉常住法身妙理也
正體輪中有二五輪一中輪長六寸　餘四輪各長四寸也
是名二御正體一輪二尺四寸徑八寸也
相殿座神
左皇孫尊　天上玉杵尊（アマツタマキノ）　二柱一座
神體八葉形靈鏡　无緣圓輪御靈鏡也
右天兒屋命（前後）　太玉命（後前）
天兒屋命　亦名八重雲劔神　亦名左右上下有神
亦名頭振女神（カフリメノ）　亦名百大龍玉神（カチタマヲキタマノ）
神體切金方笏御靈鏡
太玉命　亦名大日荒神　亦名月絃神　亦名月讀尊
神體二輪御靈鏡
右二柱靈鏡者梵篋中藏ㇾ之以二一百卅六兩朱一各埋二
藏之一赤色敬愛表也此神不ㇾ染二着善惡一唯外相法身
麥現二內心慈悲至極一也
麗氣府錄曰　亦靈鏡外寶珠　劔杵牙笏賢蒼神寶奉
ㇾ餝ㇾ之祟二祭之一
攝政別宮多賀御前神　亦名泰山府君也　止由氣皇太
神荒魂也　亦名伊吹戸主神也　（神代三面內）御靈天鏡坐云云

神寶鏡廿二面藏之內一面天鏡以ㇾ朱藏二文形一也
左右各一合　都四十四鏡表也
麗氣府錄曰　神寶鏡廿二面竹目木藏ㇾ之內一面天鏡
以ㇾ朱藏二文形一也
瑞器記曰
攝社大土祖神　亦名五道大神　雙五處大明神座也
山田原地主神　亦號二鎮護神一　大年神子大圀玉神子
宇賀神一座　大土御祖一座　御體瑠璃壺一口靈鏡二
面華形座云云有二神寶名石一面日象扇一枚一（疏可ㇾ書ㇾ之）
降臨次第麗記曰
豐受皇太神（外宮）　神璽本靈
五智圓形御寶鏡　是云二如意靈珠一
水火風空四智御靈鏡
水圓形　土宮
火三角形　角宮
風半月形　風宮
空團圓形　多賀宮（社イ）
五智圓滿御靈鏡中形其品（已上相殿神鏡也）
天照太神宮御鎮座麗記曰
（內宮）神體八咫鏡坐也

火珠所レ成玉　本有法身妙理也　亦名邊都鏡　亦
名經津鏡　亦名白銅鏡
相殿坐神
左天手力男命　亦名靡開神（ミトヒラキノ）
神體八葉靈鏡下八葉形二重　神寶弓座太刀座
右栲幡豐秋津姫命亦名慈悲心王是群品母儀破賀尊座也神體前並也
攝政別宮荒祭宮
亦名隨荒天子　閻羅王所化神
天照荒魂神名二瀬織津比咩神一
神代三面內
神體鏡坐二天鏡尊寶鏡是也
麗氣曰
神鏡三十二面篋二一合御代物勿レ摩二正手一以二上衣一
攝社朝熊神社
是佛眼佛母日月應化遍照寶鏡葺不合尊金鏡是也
朝熊神六座倭姫命崇祭之寶鏡二面日天月天兩眼精
倭姫命寶鏡云云
太田命傳神記曰　國常立尊所化神以二天津御量事一地
輪之精金白銅撰集地大水大火大風大神變通和合給比天
三才相應之三面眞經津寶鏡乎鑄造表給倍利（ツキホシクサキ）故此鑄顯神
名曰二天鏡尊一爾時神明之道明現天文地理以存矣亦劔

者大刀子小刀子　士精金龍神所造也弓箭者輪王所造陰陽義故
名二天之香子弓地之羽々箭一也玉者日天月天之光精也
笏者天之四德地之五行自然德也物皆爲二神靈一敢誰無
レ私耶焉
一面者從二日天一顯現之明鏡
外宮
圓形坐三光天衆五飛龍　守護神五座　是天鏡尊之鑄
造白銅寶鏡也月天所作三面之內也崇二祭止由氣宮一是
也從二天上一御隨身之寶鏡是也神代天御中主神所レ受
白銅鏡也是國常立尊所化神天鏡尊月殿居所二鑄造一鏡
也三才三面之內一面是也今二面者天鏡尊子天萬尊
傳二持之一次沫蕩尊次伊弉諾伊弉冊尊傳持天神賀告詞
白賜旦日神月神所化乃眞經津鏡是也天地開闢之明鏡
也三才所顯之寶鏡也當受レ之以二清淨一求レ之以二神心一
視レ之以二無相無住一因以爲二神明之正體一也今崇二祭一
面荒祭宮御靈一一面多賀宮御靈坐已上三面辭竟奉支
內宮
一面者八百萬神等以二石凝姥神一奉レ鑄寶鏡是則崇二伊
勢太神宮也一
一名日像八咫鏡是也八咫古語八鏡也　八頭花崎八（ヤツハナサキ）
葉形也故名二八咫也一中臺圓形座也圓外日天八座
日前宮
一面日前宮坐也石凝姥神鑄造也初度所レ鑄不レ合二諸

神意　紀伊國日前神是也
　　已上神代寶鏡是也
倭姫命隨神誨更鑄造日月所化神鏡藏置朝熊山神
社也亦此處（天志爾）種々神財鑄造已竟制造之鏡八十三面
亦劔大刀子小刀子五十二枚矛大小一百二十柄御弓御
箭御楯各四十四種式備二所皇大神之大幣焉（止由氣太神分事聊不散不審）
天照太神各二十四種也　止由氣太神各二十種分置者
也
阿波良波命傳神記曰　天照坐皇太神一座
天御中主　高貴高皇神　勅曰令石凝姥神取天
香山銅以鑄日像之鏡其形美麗今崇祭伊勢太神
宮御靈是也
相殿神二座
左天手力男命（元是御戸開神坐靈御形弓坐也是神代輪王所造也）
右萬幡豐秋津姫命（靈御形劍坐是神代龍神所造也）
荒祭宮一座（天照大日孁貴荒魂靈御形鏡坐）
伊弉諾尊洗左眼因以生號曰天照荒魂亦瀨織津
比咩神也　記曰天鏡尊月殿居焉所鑄造之寶鏡三
面之內二面者伊弉諾伊弉冊尊傳持天神賀告詞白賜
亘日神所化乃眞經津鏡一面座也因茲爲御靈也

天照坐止由氣皇太神一座
御靈形鏡坐也國常立所化神以天津御量事天三面
乃眞經津乃寶鏡鑄顯給倍利彼三面寶鏡內第一御鏡是
也圓形坐奉藏黃金樋代焉
相殿三座
左一座皇御孫尊御靈形金鏡坐二面大西小東以西
爲上同御船代內坐是神代靈異物也（以二面爲一座居）道主
貴奉齋神是也大物忌內人奉仕其緣也
右二座天兒屋命靈形笏坐牙緣也珠玉一雙賢木二枝
坐
天石戸開之時天兒屋命捧持祝詞敬拜鎮祭笏賢木是
也
太玉命靈形瑞八坂瓊之曲玉奉藏圓宮也是天祖
吾勝尊所化寶玉是也　亦五百箇御統玉奉懸眞賢
木枝也寶玉內納珍室也是天地八福田也奉納
曲玉圓宮一合靈異物觸事有効亦五百箇乃有金
玉餝寶珠等天戸開之時太玉命捧持寶玉是也圓宮
則混沌形也故藏萬物種子是也亦號玉串內人奉
仕眞賢木五百箇御統玉之其緣也
多賀宮一座

止由氣皇太神荒魂也
伊弉諸尊到于筑紫日向小戸橘之檍原而祓除之時洗左眼以生日天子是大日靈貴也天下現名曰天照太神之荒魂荒祭神是也　復洗右眼因以生月天子天御中主靈貴也天下降居而名止由氣太神之荒魂多賀宮是也亦曰伊吹戸主神也御靈形鏡坐也是天鏡尊所造三面寶鏡伊弉冊尊右手仁令奉持天月神所化乃眞經津鏡是也
天地麗氣曰　伊弉諸伊弉冊二柱尊持左手金鏡陰生（月神）持右手銀鏡陽生（日神）名曰日天子月天子是一切衆生眼目坐故一切火氣變成日一切水氣變成月三界建立日月是也于時以嬴都鏡邊都鏡爲國璽尊靈而日神月神自匿于天宮而照六合給矣
亦曰御餘寶十種神財者
嬴都鏡一面（天字五輪表 豐受皇太神）
邊都鏡一面（地字圓形外縁八咫形 天照皇太神）
此外神財載神宣篇畢
或云
灌頂天女傳曰　嬴都鏡　邊都鏡二面奉授天孫天降居爾時一面淡路地八大龍神奉鎭一面日向宮奉崇也

二所太神宮正殿觀曰阿（オキツ）津鏡　鑁（ヘツ）津鏡云云
亦曰內宮則八葉開花御靈鏡上上諸佛出入九輪下下諸神通化天女像
外宮則圓滿御靈鏡上上如來祕密五輪下下諸天惣體男天像
都二面御正體徑九寸三分芭蕉葉厚思惟二尺八寸坐日生摩尼與月生摩尼照天地無上徹內外無陽無隔無四方缺無上下餘微塵中座轉法輪示究竟窮極乘無窮無念手取流鈴口說甚深般若心觀不生妙理足踏菩提妙蓮談畢竟空寂旨是諸佛萬德深行是諸神降化所爲
亦曰　二所內外兩宮界內界外諸別宮各五大八大廿天內海外海龍王衆觀其御形大梵天其形摩訶毗盧舍那本地御正殿內座大覺大悲阿字床御舟形御樋代會交光明妙朱奉鎭座之以下金輪聖王玉體安穩寶祚延長國泰人畜平等之惠也生（イキ人）生（シニ人）者日月赫赤和光爲爲是是阿耨多羅三狠三菩提神達佛達阿日大鑁也
慈覺大師御記
瑞拍仙宮秘文　神鏡謂諸法併移清鏡故亘三世而遍十方以不改變（之體也窺其影）云云　凡鏡是三身具足見其形者應身理也與虛空等者化身之相也觀其空者法身

理也與二虛空一等於二一切世間中一而現不レ出不レ入不
レ失不レ壞常住一心妙體故一切得法一切不能染智體也
不動具二足無漏動心衆生一故以二淸鏡一奉レ崇二神體一而
遍二衆生之心一以令レ歸二大道一故圓鏡瑩レ意光明遍照故
心離二無明一是名二大日一生死長夜此時永曉自相不可得
妙解无レ過レ斯焉眞如妙定空無レ有レ邊內不二遺照一外
不二步緣一如二月映レ水如二日塵レ天眼見耳聞如二密會圓一
焉花嚴經曰正法性遠離二一切言語道一也文故以無爲
反二淸淨一是道德也故覺王之心珠靈神之智杵天神寶鏡
龍王智劔稻倉魂五種子日頭月頭照落處是神一無貳恩
也頓首再拜々々幸甚々々
同記
大和寶山記曰　天御中主尊
無宗無上而獨能化故曰二天帝之神一亦號二天宗廟一天下
則以二三一身卽一無相寶鏡一崇二神體一祭二伊勢止由氣宮一
也
南山大師御記
豐受皇太神繼文曰　本有金剛界普賢如來月輪無相無
爲本形三密鏡是爲二神體一是名二法身如來一催二一切衆
生八萬四千塵勞門一明二無盡無餘煩惱惡業一是名二大梵
天王宮一是名二金剛法界宮一豐受皇太神繼文開二海雲造
玄血脉一知二兩宮神祇本緣一如レ予信二兩宮一人者埣內外
不參
神則諸佛魂佛則諸神性也人則神主神則人魂如レ實知二
自心一是名二眞如一是名二萬法生一是名二大悲方便一是名二
眞覺一覺王是名二眞如海一是名二般若波羅密王宮一是名二
心柱一是名二三界建立主一

類聚神祇本源

一覽了　　一品　判　私記北畠殿

此卷依二北畠一品入道家之召一借進之處御書寫可レ點二進彼書寫御本一之由被二仰下一之間披見之處被レ貽二此奥書一畢

彼詞云

丁丑秋九月於二勢州宿舘一以二外宮三禰宜家行神主本一手二書之一此鈔十五卷先以寫二畢於當卷一者依二祕中祕一爲二別卷一　奏覽之時猶留レ之適經二廻當國一之間爲二結緣一聽二一見一之由所二相談一也因密密寫留更不レ可二他見一矣云云

貞和四年戊子十二月書寫畢

權禰宜度會神主實相五十二

校點了

正保四年丁亥十二月九日書寫畢正本有二誤字一後正焉

禰宜度會朝和判

同十日校合畢

寬文十一辛亥年秋八月一日書寫之

權禰宜度會

類聚神祇本源卷十五

神道玄義篇

問神祇古典以二天地開闢一爲レ宗歟其上無二子細一乎
答於二餘卷一者載二本文一雖レ不レ及二釋義一至二此卷一者
就二問答一專可レ決二旨歸一也編作更無二私曲一冥鑒定垂二
證知一神祇書典之中多以二天地開闢一雖レ爲レ宗神道門
風以レ之不レ爲レ極歟所レ志者以二機前一爲レ法所レ行者
以二清淨一爲レ先

問何謂二清淨一乎　答其品非レ一或以二正直一爲二清淨一
或以二一心不亂一爲二清淨一或以二超レ生出レ死爲二清淨一
或以二六色之禁法一爲二潔齋之初門一者也

問何謂二六色一哉　答神宣曰散齋致齋內外潔齋之日不
レ得二弔レ喪問レ疾食レ宍不レ判二刑殺一不レ決二罰罪人一不
レ作二音樂一不レ預二穢惡之事一不レ散二失其正一致二精明之
德一文　神宣勅語具載二禁誡篇一畢

問何故名二六色一哉　答用二名言之相通一爲二和漢之習
俗一所謂六色者六境也又第六意識也以レ識爲レ色惣言レ之者一

心不亂之義則謂レ之者六根清淨之義也鎭座本記曰從
レ正以爲二清淨一隨レ惡以爲二不淨一文大宗秘府云居二無
爲無事大達之場一超レ生出レ死名二之清淨一文潔齋之法
不レ可レ不レ知神不レ享二非禮一最可レ存二謹愼一歟

問以二機前一爲レ法兼機後含レ德之證如何　答尊神遺勅
中備天地開闢之後雖二万物已備一莫レ照二於混沌之前一因
レ玆萬物之化若レ存若レ亡而下々來々(志)(天)自不レ尊文亦曰
汝正明聞給倍人乃天下神物也莫レ傷二心神一々垂以二祈
禱一爲レ先冥加以二正直一爲レ本任二其本一心皆令レ得二大
道一神人守二混沌之始一屛二佛法之息一文亦曰各念二天地
大冥一之時日月星神像現二虛空一之代神是履レ地而興二
于天御量於中國一而上去下來而來見二六合一天照太神
悉治二天原一輝二天統一皇孫尊專治二葦原中國一受二日嗣一
聖朝所レ覃莫レ不二砥礪一宗廟社稷之靈得一無二之盟百
王鎭護孔照是以從レ人本二天地一續レ命祀二皇祖(廟イ)標レ德深二
其源根一恭二宗祖神一令レ朝二四方之國一以覲二天位之貴一
弘二大業一明二天下一夫逆レ天則無レ道逆レ(御イ)地則無レ德而
外二走本居一沒二落根國一齊二情於天地一乘二想於風雲一者
爲二從レ道之本一爲二守レ神之要一將除二萬言之雜說一而
擧二一心之定準一配二天命一而掌二神氣一理實炳然故祭

レ神以二清淨一爲レ先我鎭以レ得レ一爲レ念也神主部物忌等諸祭齋日不レ觸二諸穢事一不レ行二佛法言一不レ食レ宍迄レ至二神嘗會日一不レ食二新飯一常謐レ心愼攝レ掌敬拜齋奉レ仕矣文亦曰希哉視聽之外氤氳之中虛而有レ靈一而無レ體故發二廣大慈悲於自在神力一現二種々形一隨二種々心行一爲二方便利益一所レ表名曰二大日孁貴一亦曰二天照太神一爲二萬物本體一度二萬品一世間人兒如レ宿二母胎一也亦止由氣皇太神月天尊天地之間氣形質未二相離一是名二金剛神一生化本性萬物惣體也金剛水不レ朽火不レ燒本性精明故亦曰二神明一亦名二太神一也任二大慈本誓一每人隨レ思雨レ寶如二龍王寶珠一利二萬品一如二水德一故亦名二御氣都神一也人乃受二金神之性一須レ守二混沌之始一故則敬二神態一以二清淨一爲レ先文亦曰心神則天地之本基身體五行之化生奈利肆元レ々入二元始一本レ々任二本心一日月廻二四列一雖レ照二六合一須レ照二正直頂一文然則明二元々一任二本心一以レ之爲二神道之風俗一應二神主之名號一從レ他不レ可レ得レ之以レ言不レ可レ傳レ之

問天地開闢之後虛空中有二一物一形如二葦牙一化爲レ神云云彼形何物乎　答天地開闢義汝存知如何　問如二古典一者天地未レ形謂二之太易一元氣始萠謂二之太初一形氣始端謂二之太始一形變有レ質謂二之太素一質形已具謂二之太極一五氣運通爲二天地之二靈一清以陽發昇而爲レ天濁以陰凝降而爲レ地天地形別謂二之二儀一人生二其間一謂二之三才一如二日本書紀等一者天地未レ割陰陽不レ分渾沌如二鷄子一溟涬而含レ牙及二其清陽一者薄靡而爲レ天重濁者淹滯爲レ地精妙之合搏易重濁之凝場難故天先成而地後定然後神聖生二其中一焉故曰開闢之初洲壤浮漂譬猶三游魚之浮二水上一也文本文如レ此何有二別釋一乎　答見レ文勿論也誰不レ知レ之所謂書不レ盡レ言言不レ盡レ意有レ淺有レ深有二有相之篇一有二無相之篇一僅就二淺畧一不レ辨二奧儀一者每事可二迷惑一須レ訪二先達一哉且可レ迯二一隅一謂三神聖生二其中一者不レ可レ得レ之天心言語道斷之妙義也葦者阿字也牙者獨一表也神聖尊體也出化之次第如レ此遍一切處之元神機興則生是名二有相一緣謝卽滅是名二無相一生本無生之生者生相卽無相也滅又無滅之滅者滅相卽有相也有相無相之名言唯是具德之表裏也相望得レ名都無二定量一雖レ無二文證一有二道理一者不レ可レ捨レ之況於二有無兩義詳存一哉

問今所レ言義明文有レ之乎　答無二明文一者爭吐二胸臆詞一哉寶山記曰大海原在二獨化物一其形如二葦牙一不レ知二

其名二爾時靈物乃中四理志出神聖化生名レ之曰二天神一
亦曰逮二于天帝代一名二靈物一稱二天瓊才一文天地麗氣曰
本國漂蕩狀貌如二鷄子一漸々万々時一十々々時有二化
生之神一乘二浮經一浮經者葦葉今獨股金剛也阿字原（アシハラ）者
阿字一點也文麗氣曰半月浮經者葦葉形表也法中云阿
字（此分異本二有）阿字本有波月也月形波三日月也三日月與二圓
滿月一水本性云々水體者月也心水也心水者鍐字云云月
圓滿月合宿際也文寶山記曰月與レ水本性心水也文文證
如レ此最可レ存者哉
問天神七代有二廣略義一哉如何答就レ之有二二義一七代
者羅列義也一代含納義也以二含納一爲二祕說一所以者何
國常立尊與二天御中主尊一名號異而眞理一也而有レ名
無レ形中五代者水火木金土（滿イ）五行神 地水火風空五大神
也各又府中之有也面目圓備名曰二伊弉諾伊弉册尊一是
則非二一體之變作一哉
問今所レ言一文證如何 答祕府實錄曰國常立尊（無レ名無レ狀神著
レ德立二功名一者也）原二性命一受二化於心一心受二之意一意受二之精一
精之受二之神一形體易而神不レ毀性命既而神不レ終形體
易而神不レ變性命化而神常然因以名二國常立尊一以レ初

爲二常儀一者也文神皇系圖曰天先成而地後定然後神聖
生二其中一焉號二國常立尊一矣亦名二無上極尊一亦名曰二
常住毗尊一謂二惟三世常住妙心法界體相大智一也故天
神地祇本妙大千世界大導師是尊也文祕府實錄曰國狹
槌尊（水藏戸）豐斟渟尊（火藏戸）泥土煮尊（木藏戸）沙土煮尊（耦生荒魂）
大戸之道尊（金藏戸）大苫邊尊（耦生荒魂）面足尊（土藏戸）惶根尊（對耕荒魂）
件五代八柱天神光胤也雖レ有二名相一未レ現二形體一五大
府中坐故名二天地耦生神一也文亦曰從二國常立尊一至二
惶根尊一天神六代之間則有二名字一未レ現二尊形一五位神
坐其後轉變而合二陰陽一有二男女形一文麗氣曰國常立尊
（亦名二常住毗尊一也無上極尊所化神也）惟是三世常住妙法身天神地祇本妙元
神也以二一身一分二七代一形體顯言爲レ陰爲レ陽化生二日
神月神一文復舊事本紀曰天八下尊獨化天神第一世之神
也天三降尊獨化天神第二世之神也天合尊亦云天鏡尊
獨化天神第三世之神也天八百日尊獨化天神第四世之
神也天八十萬魂尊獨化天神第五世之神也高皇產靈尊
亦名高魂尊亦名高木命獨化天神第六世之神也文祕府
實錄曰天（地大）八下靈神（府中五魂坐五多五常大神也作二萬生質一也）天（水大）三降靈神天合（火大）靈
神天（風大）八百日尊天（空大）八十萬魂尊件五柱神則受二天地之精
氣一而氣形質具而未二相離一名稱二五大魂一是中府藏坐神

也故謂レ神者生之本形者生之具也古語稱二獨化神一也
文寶山記曰高產靈皇帝此名二上帝一是高皇產靈尊者極天之祖皇帝坐也故爲二皇王祖神一也思兼
神智性靈坐文始有二文字之號一次國常立尊與二天御中主尊一
同位之篇如二日本書紀等一者天地之中生二一物一狀如二
葦牙一便化爲レ神號二國常立尊一文如二神記等一者大海
之中有二一物一浮形如二葦牙一其中神人化生號二天御中
主神一故號二豐葦原中國一亦因以曰二止由氣皇神一也文
兩神共自二一物之中一出化也以二浮形字一作二浮經一然則
國狹槌尊以下五代水火木金土者國常立尊之具德也天
八下靈神以下五代地水火風空者天御中主尊之具德也
彼此一體合納而未二露顯一或及二伊弉諾伊弉冊尊一或
至二高皇產靈神一始現二尊形一初中後如レ此是神代祕要
也不レ可レ不レ知矣
問國常立尊以前有二天讓日天狹霧國禪月國狹霧尊一
云云其位如何　答神祇奧源古典秘訣也神中之神靈中
之靈也故不レ立二階梯一員外置レ之群靈之大祖萬物本緣
也麗氣曰常住妙義本無レ象混爲二天讓日天狹霧地禪月
地狹霧一連烈有レ形有レ念有レ言名二元神一不生不滅不垢
不淨不增不減是故空中大無相善哉摩訶衍是也文亦曰
是萬象萬緣根本故曰二本地風光一文豈記レ筆傳レ之談レ言
得レ之哉
問彼神員外置レ之云云見二何書一哉　答可レ見二舊事本紀
第一卷一凡神道重々位言外令二透得一者盍達二大道一哉
問如二寶山記一者伊弉諾伊弉冊二尊任二皇天宣一受二天
瓊戈一以二咒術力一加二持山川草木一現二種々未曾有事一
文如二舊事本紀幷日本紀等一者伊弉諾伊弉冊二尊俱議
曰吾已生二大八洲及山川草木一何不レ生二天下之主者一
歟先生二日神一曰二大日孁貴一亦云二天照太神一亦云二大
日孁尊一此子光華明彩明二徹六合之內一故二神喜曰吾
息雖レ多未レ有二若レ此異靈之兒一不レ宜三久留二此國一自
當下早送二于天一而授以中天上之事上是時天地相去未レ遠
故以二天柱一擧二於天上一次生二月神一號曰二月讀尊一亦
云二月夜見亦月弓一其光彩亞レ日可二以配レ日而治一故亦
送二于天一文彼天上者何處乎　答謂天上者無色界也凡
依二神位一天上之所居區也不レ可レ存二一偏一歟
問於二無色界一差レ何乎　答於二此神一者無色界中差二飛
空自在天一也或書云不來不去神本覺不生元神也一切
衆生慈父常住不變妙理也竪超二方便門一橫成二正覺智一
文深釋曰自在天者天宮第一文仙宮祕文曰授二以天上
事一日神留二宅於日小宮一遍照二十方一而令レ利二衆生一能

除諸闇焉大方神是天然不動之理卽法性身也謂之名實相也未來世一切衆生發淨業正因爲歸大乘故顯（寫イ）本妙之象曉了卽心是佛或欲示無相觀解令忘有相之權敎慧日照世間除生死雲是威神之恩德也方便之利益也不可思議々々々正念生化之本妙則在皇天也皇則大空無相之名號天地淸淨之妙理也文又一氣玄々之元神名之號皇神也故萬物之化大道變成以用爲心意二歸自位故眞如界裏湛然常住也當知伊勢內外兩宮則大千世界本主八百萬神乃㝡貴也文太宗祕府曰天宮與靈山分一線路互爲佛神之賓主令盡天地人居無爲無事大達之場超生出死名之淸淨是大悲用也文神記曰天照坐皇太神則大日靈貴故號日天子以虛空爲正體文最可思者歟

問如日本書紀舊事本紀等者伊弉諾尊既還乃追悔之曰吾前到於不須也凶目汚穢之處故當滌去吾身之濁穢則至筑紫日向小戸橘檍原而祓除焉遂將盪滌身之所汚乃興言曰上瀨是太疾下瀨是太弱便濯之於中瀨也因以生神號曰八十枉津日神次將矯其枉而生神曰神直日神次大直日神然後洗左眼因以生神曰天照太神復洗右眼因以生神曰月讀尊文天照太神已可謂兩體哉彼八十枉津日神并神直日神大直日神崇何處乎　答洗左御眼所生之天照太神者內宮荒祭宮御事也所謂八十枉津日神是也洗右御眼所生之月讀尊者外宮高宮御事也所謂神直日神大直日神是也

問或稱內宮荒祭或號外宮高宮文證如何　答神記曰伊弉諾尊到筑紫日向小戸橘之檍原而祓除之時洗左眼因以生日天子是大日靈貴也天下化名曰天照太神之荒魂荒祭神復洗右眼因以生月天子天御中主靈貴也天下化而名曰豐氣太神之荒魂多賀宮是也多賀宮則伊吹戸主神祓戸神天照太神第一攝神也依神誨奉傍止由氣宮也文明文龜鏡也

問如舊事本紀者以洗左右眼所生之神並坐五十鈴川上謂伊勢齋太神文而今稱荒祭多賀宮分座如何答天照皇太神御鎭坐于五十鈴河上之時多賀宮荒祭宮（號荒魂和魂）同時一所御鎭坐也仍並坐五十鈴河上之由載之然後外宮御鎭坐于山田之原時依神御誨以彼多賀宮奉遷渡會外宮畢自爾以來所分座也前後次第具可辨者哉

問以高宮荒祭配于世界日月之理如何　答彼兩神從左右眼出之篇載右畢以摩陀二字當兩眼配日月然間以洗左右眼所生之神當于日月之位之條其理不可疑矣

問如日本書紀舊事本紀者伊弉諾尊曰吾欲生御寓之珍子及以左手持白銅鏡則有化生之神是謂大日孁貴尊右手持白銅鏡則有化生之神是謂月弓尊（文）出化非一其義如何　答神號雖同尊崇惟異出化次第又以各別也神記曰天照皇太神一座（在伊勢國度會郡宇治鄕五十鈴川上）伊弉諾尊曰欲生御寓之珍子乃以左手持鏡（天鏡尊所作三面寶鏡也）則有化之神是謂大日孁貴亦號天照大日孁貴也此御子光華明彩照徹於六合之內（文）神祇譜傳圖記曰伊弉諾伊弉冊尊以天鏡捧九空所化神名號天御中主神是止由氣太神靈鏡也（文）依此等文者自天鏡所化之大日孁尊天御中主神者非差今之內外宮御靈哉彼日月同名之三柱者此性淨圓明之三轉也

問神代三面鏡其起如何　答祕符實錄曰天鏡尊（獨化神天津水鏡神）（三座是神鏡始元三光面日明白此時也）日本書紀曰一書曰國常立尊生天鏡尊天鏡尊生天萬尊天萬尊生沫蕩尊沫蕩尊生伊弉諾（文）神記曰國常立尊所化神天鏡尊月殿居所鑄造鏡也三才三面是也一面者崇祭止由氣宮今二面者天鏡尊子天萬尊傳持之次沫蕩尊次伊弉諾伊弉冊二尊傳持（天神）賀吉詞白賜（且日神月神）所化（乃眞）經津鏡是也天地開闢之明鏡也三才所顯之寶鏡也當受之以清淨而求之以神心視之以無相無住因以爲神明正體也今崇祭一面荒祭宮御靈一面多賀宮御靈已上三面辭竟奉（支）亦曰國常立尊所化神以天津御量事地輪之精金白銅撰集地大水大火大風大神變通和合給（比天）三才相應之三面眞經津寶鏡（乎）鑄造表（倍利）故此鑄顯神名曰天津鏡尊爾時神明之道明現天文地理（日月草木）以存（文）萬鏡靈器曰三面天鏡尊心月輪鏡（文）然者此鏡者天地靈明之智性諸神本源之妙體也日月未現心鏡照物故謂天鏡尊心鏡亦天鏡尊居月殿鑄造（文）以眞心稱宮以心月號殿宮殿無外一心之名號靈鏡非他無相之自性也

問伊弉諾伊弉冊尊夫婦如日本書紀等者如世間事其義如何　答於物有淺畧有深祕其旨載右畢疑問次第存外了見也麗氣記曰世界建立後相分凡聖時二梵王天地璽物授與天浮下子尊與地出上子尊陽

神一陽神外現持陰神內藏持是名稱二金剛一爲レ引二導衆生界一分二化現身一興二國柱一是國境注也夫心柱者元初皇帝御靈也與レ于二阿字心地一成二鑁字正覺一不レ亂二定惠一一心儀常住不變妙法座自性清淨妙蓮段間不生心理方寸神珠是也文是卽加持門標示也

問天照太神閇二天磐戸一爲二天下常闇一義如何　答其說有二多趣一或書曰天地開闢時以レ清定レ天以レ濁定レ地以レ淨爲レ上以レ穢爲レ下以降有二迷悟一有二差別一立二有無見一亡二法性法爾道一文依レ發二情欲一失二自性光明一以二彼時節一閇二天磐戸一之由所レ載二本紀一也然後以二三光日月星出現之時一開二磐戸一之旨勤レ之又明無明有相立之儀又有下如二常途一之儀上兼可レ存レ之以下開二磐戸一時鑄造御鏡上所レ奉レ祕二崇內宮御體一也

問開二天磐戸一之時有二呪文一歟如何　答呪文非レ一祕訓惟多且依二一儀一者諸神等各念此時清淨偈諸法如二影像一清淨無二瑕穢執レ說不レ可レ得皆從二因業生文又云而布瑠部由良々々止布瑠部文此外呪文依レ爲二祕說一不レ及二悉勤一謂二天神壽詞天津宮事一者皆天上神呪也

問何故以二解除詞一稱二中臣祓一哉天祝太祝詞者祓之外可レ有二別文一歟如何　答以二解除詞一稱二中臣祓一者中臣氏人行幸每レ度奉レ獻二御麻一之間有二中臣祓之號一云云此外猶在二祕說一歟凡謂二濫觴一天兒屋命者藤原中臣上祖神掌二神事之宗源一云云奏二天神壽詞一天村雲命者度會上祖神捧二賢蒼一懸二木綿一抽二精誠一祈二志地一就レ中天孫御降臨之時天祖太神授二祕呪於天兒屋命一天兒屋命貽二神術於奉仕累葉一因レ茲我君嗣二萬乘寶祚一受二一朝皇圖一之時執柄臣者授二天神受記於皇帝一祭主官者獻二天壽詞一奏二於上禁一加之中臣者讀二宣命一從二神事一爾宜者持二賢木一儼二祭祀一是皆神代古風行來禮奠也其上一爾宜者口訣三種神器印二定萬機尊位一受二倭姬之聖跡一戴二宗廟之神體一次座之仁面受二祕訓一莫レ傳二外人一由緣異レ他相承嚴明也復次天祝太祝詞是又有二多說一此故聖德太子奉レ詔撰定伊弉諾尊小戸橋之檍原解除天兒屋命解二素戔嗚惡事一神呪皇孫尊降臨靈驛咒文倭姬皇女下樋小河太祓彼此明々也共以可レ尋歟

問以二豐受皇太神一稱二御氣津神一條其義如何　答謂二御氣津一者水德號也祕府實錄曰天御中主視二天下一而或時候本ノマヽ授諸天子照二臨天地之間一而以二一水之德一利二萬品之命一故亦名曰二御氣津神一也神語曰二御義理一也古語天津御氣國津御氣文或又御饌都書レ之御氣津古語

也水者畧語也故古語謂二水通一而如二卜氏一勘草者以二奈具社 神豐宇賀能賣命 大膳職 御食津神 以下十八社神一爲二外宮分座一之旨載レ之敢以無二正當一也豐宇賀能賣命者豐受宮之酒殿神也御食津神(保食神也)卽爲二月夜見尊一被二傷害一神也全非二當宮之分座一古語拾遺曰天照太神者惟祖惟宗尊無レ二自餘諸神乃子乃臣孰能敢抗文天照太神者二宮通稱也祖卽外宮宗卽內宮也故皇御孫尊者奉レ敬二天照太神一(內宮)天照太神者奉レ敬二豐受宮一(外宮)仍祭レ吾之時先可レ奉レ祭二豐受宮一旨內宮神勅祭然也自レ爾以來諸祭所レ先二外宮一也是則豐受宮者天神始天照太神者地神始也以二當宮一豈可レ類二素戔嗚尊苗裔保食神等一哉勘決次第本末錯乱不レ可レ然者也」問御食津神事指南雖二分明一愚昧身猶非レ無二不審一云爲二月讀尊一被二傷害一之篇云御食津神各別之段見二何書一乎　答於二傷害之篇一見二舊事本紀第三卷一也此故天照太神怒甚之日汝是惡神不レ須二相見一乃與二月夜見尊一一日一夜隔離而住(文)自レ爾以來晝夜永隔次御氣津神各別之段祕府實錄曰御膳神粟國祖神大御食都姬神世間保食神是也神語供レ神物名曰二由加物一也亦雜器贄同爲二由加物一也故神語名二御食津一稱二由賀神一(其此縁也)大膳職坐神御食津神火雷神高倍神(鋤持神也)件三神者素戔嗚尊苗裔稻倉魂名宇賀能賣命亦稱二御食津神一也亦大年神子奧津比賣命大戶比賣命是竈神坐也(文)仍彼御食津神與二宇賀能賣命一同體也卽坐二于當宮酒殿一也如レ載レ右御氣津者古語水也 水者御氣津之畧語也御食津者御饗津也非二水之儀一出化之時代與二文義之道理一最可レ令二分別一若以二御氣津一雖レ有レ書二御食津一是說者之謬也不レ足レ于レ爲レ本也

神道之奧顧古典之旨歸大底雖二一致一依レ見有二異端一或就二定惠陰陽之二道一卽配二胎金兩部一或依二尸棄光明之梵號一偏二類色界天衆一是不レ得二口次一無二相傳一之故也同名異體異體同名俗物有レ之神道亦然佛家面レ智具レ定故廻レ右爲レ巡神道面レ定具レ智故廻レ左爲レ巡有二形位一分爲二佛神一泯二形位一性相惟一隨レ文執レ義不レ能レ見レ性迷倒非レ它一心陳擇一陰一陽圓融寂然 照斯神道風光自己本分也凡神祇祕符不レ居二其職一妄不レ授レ之不レ至二其齡一强不レ聽レ之仍取二至要一抽二眼目一千萬載二本文一不レ違二于委注一卷數不レ列二都序一祕卷依レ憚二外見一莫レ處二聊爾一冥慮難レ測頓首幸甚々々

正平八年癸巳七月廿六日於二織橋鄉河原村吹上之住宅一
書寫了
實相

類聚神祇本源畢

豐葦原神風和記目錄

豐葦原神風和記卷上

神道大意

神宣曰天地大冥之時日月星辰現ニ像於虛空ニ之代神足履レ地而興ニ天御量柱於ニ中津國ニ上去下來而見ニ六合ニ爰天照太神悉治ニ天原ニ耀レ天紱皇御孫尊專治ニ葦原ニ受ニ日嗣ニ聖明所レ覃莫レ不ニ砥(孔イ)厲ニ宗廟社稷之靈得一無二之盟百王之鎭護大業之禮昭也是以本ニ天地ニ以續レ命祀ニ皇祖ニ以標レ德夫齊ニ情於天地ニ乘ニ想於風雲ニ爲ニ從レ道之本ニ爲ニ守神(之イ)要ニ將レ除ニ萬言之雜說ニ而擧ニ一心之定準ニ卽配ニ天命ニ而嘗ニ神氣ニ理實灼然(已上神說)言意ハ謂天地未レ開大冥時日月及諸氣星始テ空ニアラハレシ代ニ神ノ靈忽動テ上ヲ頂キ下ヲ蹈ミ普ク六合ヲワキマヘ知事出來レリ其初レル古ヘ地ノ靈明自ラ天ニアガリテ彼光物ヲ照ス是ヲ大日靈貴天照太神ト申也正シク形ヲ顯ハシ此國ヘ下リ坐マシテ葦原ヲ治メ給シ神ヲバ皇御孫尊ト申セリ是則四海ノ本主百王ノ皇祖ニテ坐(ナリイ)マセリ然此皇御孫尊彼天照太神ヨリ親天

日嗣ヲ受ケ三種ノ神璽(器イ)ヲ傳奉リ日本葦原ノ主トナリ御坐シヨリ以來人王ノ代々ニ至ルマデ威光ノ所レ及四方ノ人民隨奉ラズト云事ナシ故天照太神ハ悉ク治ニ天原ニ耀ニ天紱ニ皇御尊專治ニ葦原ニ受ニ日嗣ニ聖明所レ覃莫レ不ニ砥厲ニ云々其故ハ德侔ニ天地ニ是ヲ名ケテ爲レ皇(已上書文)ト云ヘリ其意ハ謂ル天ノ意ナクシテ千草ヲ潤ホシ地ノ思ナクシテ萬物ヲ保チ又風ノ分別ナケレトモ一切ヲ人トナシ雲ノ差別モナクシテ衆像ニヲホフガ如ク民ヲ化スルニ惡愛スルコトナク治レ世偏頗ナク道ヲ知リテ德ヲ施シ玉フヲ皇祖トハ申ス也皇ノ字ハ大ノ義也大ノ字ハ一人也天モ一大也地モ大也此天地ニ叶ナフ人又同大也天地一大ノ人ナルガ故ニ一人トハ申ス也少モ他ヲ忘レテ私ヲ顧ヘリミレバ更ニ一人ニ非ズ是皆民ノ心ナルベシ只是レ天地一人ノ德ニシテ又二ノ道不レ可レ有故ニ宗廟社稷之靈得一無二ノ盟ト云ヘルハ則此意也サレバ一人トシテハ能々神ノ心ヲ知食シ此道ヲ得玉フベキモノ也尤百王ノ鎭護也實ニ大業ノ禮照(孔イ)タ(ナ一本)ル也故ニ本ニ天地ニ續レ命祀ニ皇祖ニ標レ德トハ云也若然者齊ニ天地ニ德少モナクバ皇トモ王モ不レ可レ云故齊ニ情於天地ニ乘ニ想於風雲ニ是爲ニ

從道之本守神之爲要一ト云ヘリ然則神道之行義ハミダリガハシキ萬言雜説指置テ一心ノ本無ヲ知リ定メ能ク其心地ニナリ(得一本)ヘテミダリニ道ニ不レ迷ヲロカニ德ヲ忘レタル諸ノ民ヲ化スベキ也是ヲ天命ニ叶フト名付ケ是ヲ神氣ヲナムト云ヘリ誠ニ是ノ理實ニ尤灼然也故除二萬言之雜説一擧二一心之定準一即配二天命一而嘗二神氣一理實灼然ナリトハ宣ヘリ抑一心ノ本無ニカナフベシト云ヘルハ非レ如二木石一只ミダリナル民ノ心ヲロカナル私ノ思ヒナクシテ其道ヲ知リ其德ヲ施スベキ事也(○一本作事なを申す也)如二本文云一經(○一本作聖)人無二常心一以二百姓心一爲レ心ト又天下ノ天下タルハ一人ノ天下ニハ非ズト云也(○也、一本作ヘリ)皆此心也所詮其德(道イ)此道(德イ)ハ天地ノ授ケタマヘル故ニ人モクミシテ從ヒ奉ル者也(○一本此下有サレハ之字)天地人ノ三才ヲ一心ニツカサドルヲ以テ王ト名付ケ奉ル故ニ三ツヲ一ツニヌキテ王ノ字トモスル也此故ニ天地一人ノ皇德ヲ君ノ道ト名付ク抑我國ニハ是ヲ神道ト申セリ故ニ神宣テ曰德合二神明一則必(○一本作心)與二天地一通(○一本此下有德與天地通)則君道明民豐也云々肝要只是ニアリ天地開闢ノ始ヨリ濁世末代ノ今ニ至ルマデ兩神ノメグミアラタマラズ百王ノ德カワル事ナシ

天地開闢事

古ヘ天地未開ケザリシトキ一ノ氣起リテ大空ニミチハリシ其中ニマロカレルコト譬ヘバ雞卵ノ如シ漸ク凝ルニ隨テ重キハ下リテ地ト成リ自然ニ輕キハ淸ク上リテ天ト成ル又其中ヨリ葦牙ノ如クシテ成リ出シモノアリ譬ヘバ浮ル魚ノ水上ニ遊ブガ如シ空ニカヽリテ顯シヲ神ノ始トスル也其名ヲバ天ヲ讓レ日天ノ狹霧國ヲ禪レ月國狹霧(等一本)尊ト云ヘリ是則聖德太子ノ舊事本紀ノ心也日本紀ニハ始テ顯ルル神ヲバ國常立尊ト云也又一記ニハ未レ顯靈性ノサカイヲバ國常立尊ト名付ケ已ニ其姿ノ顯レ始タルヲ天御中主尊ト云或文ニハ國常立尊ト天御中主尊ト二ノ德ヲ合セテ天狹霧地狹霧尊トモ云ヘリ所詮同體ノ神ニテ御坐ス故ニ何モ無二相違一者也但又聖德太子ノ御釋ニ且分二二神一國常立尊ヲバ一向ニ帝王ノ元祖トシ天御中主尊ヲバ君臣ノ兩祖トシタマヘリ

最初天祖神

天讓日天狹霧地禪月地ノ狹霧尊

天神七代之事

沫蕩尊(面足尊ノ異名也)　津速產靈命(人臣ノ祖神)

天萬尊　神皇産靈命神主祖神一本
天鏡尊　高皇産靈命帝王祖神也
國常立尊　天御中主尊
國狭槌尊水　地天八下靈命
豐斟渟尊火　水天三下靈命
已上三代ハ獨化神ニテ男神ニテ女神ナシ五行ノ次第
帝祖ニハカハリタリ可ニ見合一
泥土瓊尊木　火天合靈命
沙土瓊尊
大戸間邊尊　風一本天八百日靈命
大苫邊尊金
面足尊土一本　空一本天八十萬靈命
惶根尊
伊弉諾尊五一本　五一本津速産靈命
伊弉冊尊
已上天神七代ハ皇帝ノ祖神其數十一柱也
已上七代ハ人臣ノ祖神皆是獨化神也
此天神七代ノ内始ノ國常立尊ヲ虚無神ト申也只名ノミアリテ實ノ姿ナシ然ルニ天地ハ終レドモ其神ハ不レ終物ノ形ハカワレドモ其道ハ不レ替常ニ起リテ常ニ國ヲ成セルガ故ニ國常立トハ申也如レ此其理ノミニシテ未レ顯ヲバ國常立尊ト名付ケ其氣姿〔形イ〕ノ顯初ムルヨリ天御中主尊トハ申也スベテ天地ニ先立テ天地トトモニ成レル神也カヽル故ニ此神ヲバ五行ニハ配定ラレザル者也後ノ五代ヨリ次第ニ五行顯レタル也謂ル國狭槌尊ハ水德ノ始豐斟渟尊ハ火德ノ始泥土瓊尊ハ沙土瓊尊ト同ク木德ノ始大戸間邊尊大苫邊尊ハ金德ノ始面足尊惶根尊ハ土德ノ始仍此五行ヲ竪樣ニ開イテ中ノ五柱ノ神代トハ申也ト次第スレドモ横ニソナフレバスベテ前後ノナキ故ニ或次第モ不レ同或ハ互ニ異名トモ成レリ加樣ニ心得ヌレバ文字ニ相違アレドモ更ニ相違ニハアラズ次ニ人臣ノ祖モ同五行也天御中主尊ハ除レ之天八下ヨリ天八十萬魂マデ次第ニ地水火風空ノ五大アリ此五大ハ五行ト同物也空ハ顯レテハ木トナル風ハ顯レテ金トナリ其外ノ地水火ノ三ツハ其名同シケレバ可レ知也伊弉諾伊弉冊ノ二尊ト津速産靈尊ヨリハ五行已ニ備リ六根共ニ顯レリ端嚴美麗ノ姿ニテ飛行自在ノ神達ナリ是只上界ノ天人ニテ御座也然レバ二尊ヨリ男女ノ形顯レ陰陽ノ道アラハレリト也又一ノ釋ニハ天御中主尊ト云ハ

元氣所ㇾ生水德ノ和氣ナル故ニ天水雲神ト云卽水主（玉）
（イ）ノ形又ハ月珠ニテ御座也萬ノ因果ト顯レテ此葦原中
津國ヲ造リタマヘリト也又或說（記イ）ニハ天地開ケテ後天
下尙危カリキ其時（時ニイ）二尊八坂瓊曲玉ヲ御手ニ捧ゲテ豐
葦原中津國ヲ造レリトナリ卽神璽ノ玉ノ起是也加樣
ノ文ドモハ皆々同心ナルベシ其故ハ二尊此國ヲ作リ
給事ハ先天御中主尊ノ勅ヲ受テ天瓊矛ヲ給リ天ノ浮
橋ノ上ニ立テ相理リテ曰此下ニ定テ國アラントテ天
ノ逆矛ヲ指下シテサグリ引上給シ時矛ノシタヽリ凝
テ一ノ嶋トナル是ヲ磤馭盧嶋ト名付去レハスベテ萬
ノ國嶋ハ皆潮ノ泡ノ凝々テ成レル物也抑二尊始テ此
磤馭盧嶋ニ下テ矛ヲ指立テ八尋ノ殿ヲ作リテ住タマ
フ日本高見國トハ申也二尊男女ノ形ハ御坐トモ陰陽
ノワザヲナスコトナシ爰ニ鶺鴒ト云鳥來テ尾首ヲ土
ニ敲キテ動スヲ見給ヒテ嫁クコトヲ習テ後陰陽和合
ヲ成シ萬ノ物ヲ産出タマヘリ先淡路嶋ヲ産給是則ヱ
ナノ心ナル故ニ我カハヂナリト云ヘリ此後大八嶋六
ノ小嶋處々ノ國及山川草木ヲ生給ヒテノ玉ハク我既
ニ國ヲ生メリ何ゾ亦國ノ主ヲ生ザランヤトテ一女三
男ヲ生給ヘリ一女ト申スハ天照太神三男ト申スハ月

讀尊（內宮ノ北ノ方）蛭子（津國西宮）素戔烏尊（出雲大社）然ルニ日神月神ヲバ
久シク此國ニ不ㇾ可ㇾ留トテ共ニ並テ天ノ宮ヘ奉ㇾ送
蛭子生テ三歲マデ足ナヘテ不ㇾ立故ニ葦ノ舟ニ乘
テ流シ遣リ給フ又素戔烏尊ハ神ワザタケクシテ只常
ニ泣ヲ以テワザトスト云リ其故ハ天地ノ分レントシ
テ輕キハ上テ天トナリ重キハ下テ地トナル此地ノ人
トナリテ陰陽精先（○一本作光）ヲ備タリ日月ト顯レテ照リ
登ヲ不ㇾ可ㇾ留トハ云也然彼重物ハ皆下テ形トナルヲ
流シ遣スヲ蛭子ト云也又素戔烏尊ハ惡キ爲作也去レ
ハ山川ノ立シカバ（○立シカハ一本作クツルカハ）青山モ枯山トナリ人
種命定ナキ煩ハ悉ク此素戔烏尊ノ爲作也トイヘリ是
則陰陽互ニ相尅シテ始アル者ハ必終アルヿヲ顯シ給
ヘリ其後女神伊弉冊尊ハ火神軻丘突智尊（賀茂大明神是也）ヲ生
時ヤカレテ神去御座テ黃泉國ヘ行給ヌ男神伊弉諾尊
跡ヲ追尋行キ呼出シテノ玉ハク我作ル處ノ國末ㇾ終
皈玉ヘトノ玉ヘバ伊弉冊尊答テノ玉ハク且ク相持ベ
シヨミヅノ神ニ理リテ皈ベシ其程我ヲ不ㇾ可ニ見給一
トノ玉フ然ルニ餘ニ遲シ見ント思玉フ折節空タラガ
リケレバ湯津ノ爪櫛ヲ引カキ一火ヲアゲテ見給ニク
サレ臥シテ蟲ドモ湧出タリキタナシト云テツハキヲ

ハキカケテ飯リ玉フ時伊弉册尊腹ヲ立テ起キアガリ玉ヒテ必ズ見ルベカラズト云ツル言バヲ違ヘ我ニ耻ヲカヽセツルコト汝我心ヲミル我モヤツコカ心ヲ見ントテ八ノ鳴神ヲツカハシテ追出（ヒツメ一本）シテ後ニハ自立走テ追來ル伊弉諾尊兎角シテ迯去リヨモツ平坂ニ至リテ千引ノ石ヲ立互ニコトハルニ伊弉册尊曰我言葉ヲタガヘズハ黄泉ト此葦原ト（○此下一本有常ニノ字）云ヒカヨハスベカリツルニ約束ヲ違ツレバ長ク隔タリヌ我ハ一日ニ千人ヲ可レ殺トノ玉フ伊弉諾尊サラバ我ハ一日ニ千五百人ヲ生ズベシトノ玉フ其ヨリシテコソ泉津ト葦原ノ道モ塞リテ生死ノ別モ始タリ事ノ本是也其後伊弉諾尊悔テノ玉ハク我レ思ノ外ニ穢ラハシキコトヲ見ツレハ御祓セントテ筑紫日向國橘小戸河原ニ往タマヒテ先御頭ヨリ始メテ御冠御衣ナンド祓給フ皆神トナレノ扱流ル、河ニ向テ宣ク上瀬ハハヤシ下瀬ハ遲トテ中瀬ニテ御身ヲスヽギ御座スサレバ穢ハシキヲ清クナシ萬物ヲ忌ムハ是其因縁也彼祓ノ時先ツ大曲津神ヲ生給ヒ此マカレルコトヲナヲサントテ次ニ大直日神ヲ生シ給ヘリ而シテ後八柱ノ小神ヲ化生シ又三柱ノ太神ヲ濯ギ顯シ奉ル左ノ御目ヲスヽギテハ天照太神ヲナシ右ノ御目ヲスヽギテハ月讀ヲナシ御鼻ヲスヽギテハ素戔烏尊ヲナシ又重ネテ勅シ給我天ノ内ニ珍敷キ御子ヲ成サントテ左ノ御手ニ白銅鏡ヲ持大日靈ヲ化生シ右ノ御手ニ白銅鏡ヲ持テ月讀尊ヲ化生シ御頭ヲメクラシテ顧リミタマフ時素戔烏尊ヲ化生ス如此シタマヒテ後伊弉尊諸ノ御子達ニ勅シテ曰ク天照太神ハ天原ヲ知食セ月讀尊ハ夜ノ國ヲ知食セ素戔烏尊ハ海ヲ知食セト事ヨセサシ給ヘリ然ルニ素戔烏尊ハ己カ國ヲハ不レ知シテ只是泣ヨリ外ノ事ゾナキ時ニ父ノ伊弉諾尊何故ニ如此ナクゾト問タマヘハ答ヘテ宣ハク母ノ根ノ國ヘ行ント思也トアレハ父ノ尊ハヤヽトク行ケトノタマヘバ素戔烏尊申タマハク且ク高天原ニ登リテ天照太神ヲ相見テ後ニ根ノ國ヘ可レ行トアレハ父尊是ヲ許シ玉ヘリ素戔烏尊父ノ勅ヲ受ケ天ニ登リ給シ時羽明玉神下リ向テ八坂瓊曲玉ヲ奉ル其玉ニヨリテ天上ニアガリ御坐ス天佐久目尊是ヲ見テ天照太神ニ告奉ル本ヨリ素戔烏尊ノ惡キ心ヲシリ給ヘル故ニ定テ我天原ヲ奪ハントニコソトテサワギ玉ヒ樣々ニヨロヒテ立向タマヘバ素戔烏尊申タマハク我ニキタナキ心ナシ只珍敷寶玉ヲ奉ラ

ン爲メ也又君ト我ト相共ニ子ヲナサント思フ也トア
レハ天照太神何ニシテ其心ヲバ知ラントノタマヘハ
素盞烏尊答テノ玉ク若我女子ヲナシタラバ賊心ナル
ベシ若男子ナラハ淸心成ベシトテ天照太神ト素盞烏
尊ト互ニ約束ヲシテ素盞烏尊ノ腰ニ帶玉ヘル三劔ヲ
ハ天照太神取座シテ此劔ヨリ三ノ女神ヲ成給ヘリ天
照太神ノ御手ニマトヒタマヘル五百箇ノ玉ヲ素盞烏
尊取座シテ此玉ヨリ六ノ男神ヲ成給ヘリ爰ニ天照太
神勅シテノタマハク尋レハ二事本ヲ一玉ハ是我物也故所レ生
六ノ男子ヲハ我取養テ天原ヲ治メシムベシ此始ノ御
子ハ正哉吾勝々速日忍穗耳尊是也扨劔ハ汝カ物也故
所レ生三ノ女神ヲハ素盞烏尊ニ授テ葦原ヲ治メシム
則筑紫宇佐宮ナンドニ御座ス神達是也アラ〳〵如
レ此委クハ本紀ニ見エタリ又天照太神御弟月讀尊ニ
勅シテ宣ク葦原中津國ニ保食神ト云者アリ汝相共ニ
萬ハラフベシトテ下サレタリ保食神月讀尊ヲ見奉リ
走廻リテ饗シ奉ル山海ノ珍物ヲ口ノ内ヨリ取出シテ
百机ニ備フ月讀尊怒テケガレダルモノヲ我ニアタフ
トテ帶給ヘル劔ヲ拔テ保食神ヲキリ殺シ玉フ天ニ昇
リテ此由ヲ申給ヘハ天照太神怒給ヒテ汝惡キ神也不
レ可二相見一トテ一日一夜ヘダテキタマフ夜晝ノワカ
レシ因縁是也其後天照太神三熊之大人ヲツカワシ葦
原ヲ見セシメタマフニキリ殺サレタル保食神ノ頭其
目胸腹ナンドヨリ蠶養及ビ五穀ヲ出セリ是ヲ以テ天
ニ昇リテ參ラスルニ天照太神見玉ヒテ悅デ宣ク是ハ
萬ノ人クサノ食ヒテ生ベキ物也トテ水田岡田ノ田ナ
ツ物トシタマヘリ五穀蠶養ノ事本是ナリ又日本紀ニ
委カルベシ其後素盞烏尊人トナリ神ワザタケカリケ
レバ天照太神ニサマ〴〵ノ仇ヲナシ奉ル是ニヨリテ
汝ハ惡キ神也不レ可二相見一トテ天ノ岩屋ニ隱レ入岩
戸ヲタテ、見エ給ハズ故ニ天原天下常闇ト成テ手足
ノ置處ナシ萬ノ愁音カマビスシクシテサハヘノ鳴ガ
如シ其時八百萬ノ神達神集ニ集リテ神議ニ議リ岩
戸ノ前ニシテサマ〴〵ノヲコタリヲ申シ玉シ中ニ天
香久山ノ土ヲ取テ石凝姥神ヲ以日神ノ御形ヲ奉レ鑄
始ノ鏡（紀伊國日前宮奉二祝籠一）是ハ神達心ニ不レ合後ノ鏡（伊勢國五十鈴川端御坐）
是則御形ニ似奉レリトナン櫛明玉神ヲ以テ八坂瓊ノ
五百箇ノ玉ヲ作ラシム又カタヘノタグイノ神ヲ集メ
テ天ノミテグラヲ作ラシメ天ノ眞榊ヲネコジニシテ
上ツ枝ニハ鏡ヲ掛ケ中ツ枝ニハ玉ヲカケ下ツ枝ニハ

ミテグラヲカケ岩戸ノ前ニ立置キ樫丸木ノ橋ニカケヲキ庭火ヲ燒テワザヲキアヘリ其中ニ天佐久目尊乳ブサヲ顯ハシ御裳ヲ、シサケ小竹ノ葉ヲ手草ニ持テ橋ヲ登リ舞ヲドルヲ八百萬ノ神達是ヲ見テ咲サワグリ時ニ天照太神獨思タマハク我ハ加樣ニ隱レ居タリ定テ天下クラカルベシ何トシテ神達笑ラント思タマヒテ岩戸ヲホソク開テノゾキタマフ其時岩根多力雄尊御手ヲ取テ引出シ奉ル天兒屋根尊太玉尊四手ノ御繩ヲ持テ御ウシロニ引マハシヌ其時天原ト葦原ト始テ明ラカニ人ノ面白ク顯レタリ是ヲ見テ神達アナサヤケアナ面白ト云リ其言ノ葉今ニ至テ云ナラハシタリサレバ天ノ下夜晝ワキマヘソメシ其事ノ本則是也抑如レ此ヲコリヲ尋ルニ天地未レ開ケザル其前ハ皆ムナシキ空ノシナントハ一本ミニシテ更ニ物アルコトナシ纔カニ葦牙ノ如クナリトイヘドモ實ニアラキ姿ハ見エザリキ二尊ナンドノ時ハ男女ノ姿アリシカトモ身ニ光アリテ日月ノ光ヲカラズ飛アリキ思ノ儘ナリシヲ其後漸クミダリノ心盛ニ成ル儘ニ隨テ汚レタル國トナリアラユル人光モ失セ又世間モ闇ク成リシ事アリ是則天照太神岩戸ニ入給トハ云也然トモ萬物ノ靈性ハ不レ留シテ清登リ光ヲ顯スヲ天ノ岩戸ヲ出給トハ云也サレバ諸ノ惡シキ物ハ次第ニ重ク沈ムヲ素盞烏尊ト申ガ故ニ八百萬ノ神達萬ノ罪ヲ素盞烏尊ニヲホセテ根國ヘ追奉ル是ニヨリテ素盞烏尊根國ヘ行給トテ出雲國清地郷ノ奧簸ノ川上ヨリ物喰タル箸ノ流ル、ヲ見テ尋ネ登リ給ヘバ祖母ト祖父トアリ二人ノ中ニ姫ヲ置テ泣悲ム素盞烏尊此泣悲故委シク問タマヘバ我ハ此所ノ國神ナリ祖母ヲバ手摩乳ト申祖父ヲバ足摩乳ト云中ニ置タルハ我娘也名ヲバ稻田姫ト申也泣悲ムコトハ我ニ八人ノ娘アリシヲ毎年ニ八岐ノ大蛇來テ呑喰フ此姫獨ニ成リヌ今年來テ又此姫ヲ呑喰ンコトノ悲也其蛇ヲ見レバ一ツノ身ニ八ノ頭八ノ尾有テ其長ハ八ノ峯八ノ谷ニ渡レリ背ニハ松杉茂リ生タリ眼ハ日月〇一本作赤キホウツキノ如シ腹ハ血ヲツ、ミタルニ似タリ扨問タマフ人者誰ニテ坐ゾト申ハ素盞烏尊答テノ玉ハク我ハ是天照太神ノ弟也汝ガ娘我ニ得サセバ彼蛇ヲタバカリテ可レ殺トノ玉フ手摩乳足摩乳喜テ受ケ答エ奉ル其時素盞烏尊八ノ舟ニ八醞ノ酒ヲ湛ヘテ其上ニ棚ヲ搔テ稻田姫ヲ高ク置キ奉リ影ヲウツセリ大蛇來テ酒ヲ呑醉テ惘然トシテ居眠臥タリシヲ素盞烏尊十握ノ劒ヲ持テ寸々〇一本作八キダニ截リ玉フ至レ尾劒ノ及少折レテ切レズ尊怪デ劒ヲ取直シ尾ヲ立ニ割テ見玉ヘバ尾ノ中ニ一ノ劒アリ此所謂天叢雲劒也尊是ヲ取テ私ニスベカラズトテ五世ノ神ヲ以テ天照太神ニ奉リ給フ是ハ初當我高天原ヨリ落シタリシ劒ナリト悦給彼蛇ノ臥タル所ヨリ常ニ村雲ノ立シカバ是ニ隨テ村雲ノ劒ト名ヅク其後素戔烏尊出雲ノ國ニ宮作リシタマヒテ稻田姫ヲ妻室トシタマフ其時尊歌ヲ讀給フ

八雲立出雲八重垣妻籠ニ八重垣造ル其八重垣ヲ

是三十一字ノ歌ノ始也日本武尊ヨリハ草薙ノ劒ト名付今ハ尾張熱田ノ宮ニ御座也卽是天地ノ定レル事ノ由ヲ云又素戔烏尊ハ遂ニ根國ヘ下リ給トモ云ヘリ天照太神ハ必天原ヘ上リタマヘリサレバ加樣ノ光ノ照スコトハ世界已ニ出來タルニ依レルガ故ニ天照太神ヨリ地神トハ申シ奉ル也然ドモ其御子正哉吾勝々速日天忍穗耳尊マデハ天宮ニ御座シテ葦原ヘハ降リ玉ハズ第三ノ皇御孫尊ヨリ正シク御形ヲ顯ハシ此國ヘハ天降リ御座者也仍天照太神ヨリ以來皇帝ノ祖神ト人臣ノ祖神ト相隨ヘテ地神ノ次第ヲ得レ可レ意者也

豐葦原神風和記卷上終

豐葦原神風和記卷中

地神五代事

二尊 天神之最後也如レ前分別

天照太神○一本有註云又云大日靈貴又云大日靈尊

正哉吾勝々速日天忍穗耳尊已上天宮ニ御座也

皇御孫尊

火々出見尊

鵜羽不葺合尊

以上五代者皇帝之祖神也

津速產靈尊天神也

市千魂尊如レ前

與居登魂尊

天津兒屋根尊

天押雲尊

天種子尊

已上五代者人臣之祖神也

此五代モ天神ト同ク五行德ヲ顯シ給ヘリ謂ル天照太神ハ地神ノ御形ニテ坐セハ土ノ德ヲ主リ給ヘリ正哉吾勝々速日天忍穗耳ハ金ヲ主リ皇御孫尊ハ木ヲ主リ火々出見尊ハ火ヲ緣トシ鵜羽不葺合尊ハ水ヲ緣トシテ各德ヲ施シタマフ委クハ別ノ記ニ見ヘタリ但於ニ五代ノ中ニ前ノ二代者天宮ニ坐シテ葦原ニハ下リ給ハズ第三ノ皇御孫尊始テ此國ヘ天降リ給ヘリ其故ハ地神第一ノ尊天照太神ノ御子地神第二ノ神正哉吾勝々速日天忍穗耳ニ向ヒマシ〳〵テ勅シテ宣ク葦原中津國ハ我御子孫ノ主タルベキ處也汝下テ治メ給フベシトコトヨサシ坐ス時正哉吾勝々速日天忍穗耳尊答奉リテ宣ク自ハ天上ニサフラヒテ御親ニ副奉ルベシ吾子皇御孫尊ヲ下サブラフベシトノ玉ヘハ天照太神是ヲ○一本此下有聞召ヤガテソレヲ八字ユルシ玉ヘリ其時先ツ經津主武甕槌ノ二人ノ神ヲ遣シテ大己貴ノ神ヲ始メテ及ビ諸ノ惡キ國津神ヲシタガヘ天ノ宮ニ上テ此由ヲ奏シ奉リキ其後第三代皇御孫尊ハ三十二神ヲ前後ニ引ツレ天兒屋根尊ヲ御前ニ立テ幣帛ヲ捧ケテ天ノ太ノトコトヲ奉リ筑紫日向國高千穗ノ槵不留峯ニ始メテ天降リ給ヒシ也加樣ニ下シ奉リ給ヒシ時天照太神此皇御孫尊ニ○一本此下有向ヒマシマシテ御寶ノ鏡ヲ捧テ之十四字御勅シテノ玉ハク葦原

ハ我子孫立ノ王タルベキ國也汝行テ治メヨ此三種ノ神器ヲ持テ永ク天津驗シトセヨ寶ノ鏡ヲ見ン事我ヲ見ルガ如クスベシ床ヲ同シフシ御座ヲ共ニシテイマハリ奉ラバ天津日嗣ノ榮ヘンヿ天地ト共ニ窮マリナカラント事ヨセサセ給ヘリ又神記ニ曰天地開シ時生レマセル神ヲ天御中主尊ト名付クウカベル形葦牙ノ如クシテ次第ニ此國出アラハレリ故ニ豊葦原中津國ト云フ是ニヨリテ天御中主尊ノ名ヲハ又豊受皇太神ト申也此豊受皇太神ト天照太神ト相共ニ三種ノ神器ヲ皇御孫尊ニ授ケ奉リ天璽トシ玉ヘリ其故ハ天照太神ハ父方ノ御祖母也此御名ヲ傳ヘ玉フトキハ天御中主尊ト申ス高皇産靈尊ハ母方ノ祖父也此御名ヲ傳ヘ玉フトキハ皇御孫尊ト申セリ是則父方ハ天ノ道母方ハ地ノ德二ノ靈明ヲ受テ天皇ノ兩名ヲ得タマヘリ故ニ此天地ヲ父母トシテ一人ノ御身トナリ三種ノ神器ヲ傳テ百王ニ令レ象タマヘリ

天照太神　正哉吾勝々速日天忍穗耳尊　父天

天狹霧地狹霧尊一人　皇御孫尊亦名曰ニ天御孫一

高皇産靈尊　拷幡千々姫命　母地

舊事本紀曰天照太神ト高皇産靈尊ト相共ニ生マシ奉ル御子也故ニ天御中主尊〇一本作天御孫尊ト名ケ又ハ皇御孫尊ト申ストイヘルハ此心也此皇御孫尊日向國ヘ下リ玉ヒシ時其處ニ國津神アリ其名ヲバ事勝國勝ト申セリ彼娘ニ木花開耶姫ト云ヘルヲ妻取タマヘバ只一夜ニ御子ヲ孕ミタマヘリ皇御孫尊勅シテノタマハクタトヒ天神ノ子成共何ソ一夜ニ孕ンヤ定テ國津神ノ子ナルベシトナンノ玉フ開耶姫恨奉リテ戸モナキ家ヲ作リ中ニ入テ誓テ曰ク若天神ノ御子ニ非ハ燒死スベシ又天神ノ御子ナラバ燒ヘカラズトテカノ家ニ火ヲ付給ヘリ先火ノ盛ナリシ時出來給フヲバ火進尊ト云ヒ次ニ火消ザリシサキニ出來給ヲバ火折尊ト云也後ニ火ノ消テ跡ノホヽトスル時出來給ヲバ火々出見尊ト云地神第四ノ尊也此尊御代ヲツギ給其故ハ兄ノ火進尊ハ海ノワザヲナス弟ノ火々出見尊ハ山ノワザヲナス或時互ニワザヲカヘ兄ノ火進尊ハ弟ノ弓矢ヲ乞取テ山ニ行キ弟ノ火々出見尊ハ兄ノ釣針ヲ乞取テ海ヘ行ク然ルニ共ニ皆其ワザキカズシテ歸ルニ兄火進尊ハ弟ノ弓矢ヲ惜ニ返シヌ弟ノ火々出見尊ハ釣針ヲ魚ニ喰切ラレテ是ヲ返サズ餘リニセメラレテ腰ノ刀ヲタヲシテ針ヲ一箕作テ返シケレハ殊ニ腹ヲ立テ針ノ

多キニヨルベカラズ慥ニモトノ針ヲ返セトセメケレバ思ノ餘リニ海ノ端ヘ行テサマヨヒケレハ鹽土翁ト云神出來レリ此事ヲ尋聞テ愍レミヲナシ大目ノ荒籠ヲ作テ火々出見尊ヲ中ニ籠メ海底ヘ入タマヘリ又翁ノ敎ニ隨テ八尋ノ鰐ニ乘テ龍宮ヘ至リ彼宮ノ門ノ井ノ上ニ湯津桂ノ木アリ其木ノ本ニ良久御座處ニ和田津海ノ神ノ娘豐玉姫内ヨリ嚴シキ姫立アマタツレテ玉ノツルベヲ持井ノ水ヲ汲玉フニ井ノ底ニ彼ノ尊ノ影ウツリテ嚴シキ男アリイザヤ汲ントテ汲共汲トラレズ自空ヲ見上玉ヒケル程ニ男アリ驚テ内ヘ入リ父ノ王ニ申サク我父獨嚴シキト思タレトモ井ノ上ノ桂ノ木ノ本ニ海神ニ勝レタル男アリト云父ノ王聞テカレハ天神ノ御子也トテ内ヘ入レ奉リテ樣々ニモテナシ申テ後ニ此龍宮ヘ來リ玉ヘル事ノ由ヲ問奉ルニ釣針ヲ失タルヲコリヲ委答タマフ其時海神萬ノ魚共ヲ召集テ尋タルニ皆々不知ト云但口女ト云魚此程口ノ勞アリトテ參ラズアヤシトテイソギ召シテ其口ヲ探ルニ果シテ失タル所ノ釣針ヲトリ出セリ其時海神禁メテ今ヨリ後餌ヲ呑ベカラズト云又此魚天神ノ御ソナヘニ奉ラザルコト是ヨリ起レリ口女トハ赤鯛ノ事ナリ〇一本以口女云々爲注爰ニ於テ火々出見尊此玉姫ニ幸シテ三年ヲ送リ玉ヒヌカヽル處ニ猶古鄕ノ戀シキ色ミヘケレハ玉姫父ニ此由ヲ申海神此尊ヲ呼奉テヤスク歸タマヘ送リ奉ルベシトテ鹽滿珠滿珠ノ玉是也鹽干珠干珠玉是也二ノ寶玉ヲ授ケテ申サク尊國ヘ還リ給ヒテ釣針ヲ兄ニ返サントキマヅシキモトカツエノハシメト云テツバキカケテ後樣ニ投ケ返セ又兄怒テシタガハズバ鹽滿珠ヲ持テ溺セカナシマントキハ鹽干珠ヲ以テウカベタマヘヨ如レ此シ玉ハヾ必民トナリ玉ン其ヨリ民來リ順ベシトナン如此シテツイニ葦原ノ主トナラセ玉ヒヌ抑火々出見尊カノ龍宮ヲ出サセ玉フ時豐玉姫語リテ申サク我御子ヲ孕メリ久シカラズシテ生ムベシ必産屋ヲ作テ待給ベシトナン此故ニ産屋ヲ作ルニ鵜羽ヲ持テ葺ルニ未ダ葺モアヘザルニ來テ産奉ル御子成ガ故ニ其御名ヲバ鵜羽不葺合尊ト申セリ扨産ントセシ時玉姫尊ニ逢奉テ我産屋ヲバ必ノゾキタマフベカラズト約束ヲシタマフ火々出見尊王孫此語ヲ用タマハズヒソカニノゾキ玉フ時八尋ノ蛇鰐ノ形ニテ腹ハヒ臥タリ目ヲ見合セ見付テ恨テ曰ク我詞ヲ不用シテ恥ヲ見セ玉ヘリ若シノゾキ玉ハズバ〇一本作云フガ如クマ

シマシタラバ海ト陸トハ常ニ通ナマシ今ヨリ後ハ永ク知ルベカラズトテ産玉ヒタル御子ヲバ草ニツヽミテ浪ノホトリニ打捨テカヘル後ハ永ク和田津海ノ戸ヲ閇ヌサレハ海ト陸ト今ニ不レ通コトハ是其事ノ本也故ニ火々出見尊餘ノ女ノ乳アルヲ持テ此御子ヲ養ソダテタマフサレバ今ニ至ルマデ乳女人ヲ取コトハ此イハレナリ其後母ノ豊玉姫ナヲ我子ノ事ヲ哀ミ思ケレハ妹ノ玉依姫ヲツカハシテソダテ奉リシ御子也是則地神五代ノ終也然ルニ此鵜羽不葺合尊御伯母ノ玉依姫ヲ后トシテ四ノ御子ヲ生マシメ玉ヘリ第一ハ彦五瀬尊第二稲飯尊第三三毛入野尊第四ハ磐余彦尊是第四ノ尊則神武天皇ト申テ御代ヲ繼玉フ則人王ノ始是也委ハ日本紀ノ文ノ如シ夫レ神ノ代人ノ世異也トイヘドモ皇御孫尊ヨリ以來天津日嗣ヲ受ケ三種ノ神器ヲ傳ヘ代々ニ至ルマデ天皇ノ御名ヲ得玉ヘリ天ト皇トニノ徳一人ノイワレ前ニシルスガ如シ謂ル地ノ靈光ハ顯レテ天ニ上ル是ヲ天照太神ト申シ奉ル其天ノ源ハ天御中主神是也此天ノ顯レ下ル其徳ヲ高皇産靈神ト名付奉ル此徳ニヨリ終ニ國ノ主ト成玉ヘルヲ皇御孫尊ト申奉ル也故ニ此皇御孫尊ハ天神外宮ノ相殿トシテ徳ヲ同ク本ト末トヲ一ツニシテ豊受大神トハ申シ奉ル也其文ニ曰豊受トハ天御中主尊皇御孫尊二柱ノ神ノ惣名也豊トハ豊葦原ノ主天御中主尊ノ徳也受トハ此徳ヲ皇御孫尊ノ讓リ受玉ヘル名也サレバ聖徳太子ノ御釋ニ曰伊勢國度會山田原ニ坐スハ豊葦原中津國ノ主豊受皇神是也トシルシ玉ヘリ天先定テ地ノ靈光天ニ顯レ地既ニ定テ後天ノ徳下テ地ヲ主ル也サレハ此理ニヨリテ自祝奉ル時地神先シヅマリ玉ヒテ天徳ヲ顯シ天神後ニシツマリ玉ヒテ地ノ徳ヲアラハス此道ヲ一人ニユヅリ百王ニ蒙ラシムル故ニ天地ノ兩宮ヲ崇奉リテ皇帝ノ宗廟トハ申マイラスル也

兩宮鎮座事

神ノ御代ヨリ以來三種ノ神器ヲ傳ヘ上九代ノ帝開化天皇ニ至ルマデ床ヲ同シ御座ヲ共ニシ奉リシカドモ代スデニ下ルマヽニ漸ク神威ヲ恐レ奉リテ別ノ御殿ニイハヒ奉ル靈鏡殿今ノ内侍所是也然ルニ開化天皇ノ御宇ニ箱ノ中ニ虫ノ如クシテハタラク物アリ奇ミテ御覧ズレバ人ノ形ナリイタハシト思食テ聞セ玉ヒテ坐スホドニ漸ク人トナリイツシキ姫宮也是ヲ倭姫皇女ト申奉ル事ノ心ヲ尋レハ我ハ神ニ宮ツカヒ奉ラ

ン爲ニ來レリトナンカヽル程ニ三種ノ神器ニツカヘ其德ヲ崇メ奉リ玉ヘリ猶モ同宮ノ中ニ神ワザ恐アリシカバ宮所ヲ求メンガ爲ニ崇神天皇ノ御宇ニ倭姫皇女三種ノ神器ヲイタヾキ奉リ大內ヲ出給ハントセシ時護身ノ御爲ニ石凝姥ノ神天目一箇神二氏ノ者ニ仰セテ劒ト鏡トヲ鑄替奉ル地祇ノソナヘマシマセシ神璽相共ニ大內ニ止メ置參ラセ本ノ三種ノ神器ヲバ皇女自ライタヾキ奉リ處々ニ宮所ヲ尋マシテ垂仁天皇ノ御代ニ遂ニ伊勢國ヘ入ラセタマヒシトキ猿田彥ノ翁ト申者ニ行合テイツクニヨキ宮所アルト問玉ヘバ答テ申サク宇治ノサクシラヨリ流タル河上ニアヤシキモノ光リテ侍リ定メテ主アルラント思ヒテ翁八萬歲ノ間守テ今マテアリトナン皇女聞召シ喜テ彼翁ヲサキトシテ尋入マシ〳〵テ御覽シテノ玉ハク此寶ハ天照太神天ノ宮ヨリツヰノ宮所ノ爲ニトテ遙カニ投給ヒシ天ノ逆戈五百鈴寶是也トナンソノ時御舟ニメサレテカノ所ヘアガラセ玉ヒシ時御裳ノスソヨゴレタリシヲスヽガセ玉ヒシ川ヲバ御裳濯川ト申ス也カノ五十鈴ノ所ヨリ流レタル川ヲハ五十鈴川ト申ス也サレバ終ニ此川上ニ祝ヒ奉ル今ノ風宮ノ御鎭座是

也聖德太子ノ御釋ニ曰大日孁貴天照皇太神ハ神風伊勢國玉掇五十鈴川上ニ坐ス凡上ニ坐ス時ハ掇トヒロクル是ヲ尸垂○一本作棄光天女ト名付奉ル也云々又神記曰劒鏡寶珠三種ノ神器ヲ以テ伊勢國五十鈴川ノ宮ニ鎭座シ奉也此三種ノ神器ノ中寶鏡ト申スハ八百萬ノ神達岩戸ノ前ニテ鑄奉リシ鏡也則今ノ內宮天照太神ノ御正體也寶劒ト申ハ素盞烏尊蛇ノ尾ヨリ取出玉ヒテ天照太神ニマイラセ玉ヒシ劒是也然ルニ景行天皇ノ御宇日本武尊東夷ヲ平ラケントシ給ヒシ時太神ニ詣テ御暇申サセ給ヒシ時倭姫皇女此寶劒ヲ以テ日本武尊ニ授ケマイラセ念比ニ敎ヘ奉リ玉ヒシ故ニ彼東ニテ夷ニヲソハレ遁レカタカリシ處ニ草ヲナギ火ヲカケ夷ヲヤキ殺シテ遁レ玉ヒシヨリ以來草薙劒トハ名付タリ此尊歸リ坐ストテ尾張國ニテ惡シキ風ニアタリテ失セ玉ヒシ時此劒ハカレニトヾマリ今ニ熱田ノ宮ト申ス也神璽ノ玉ハ天御中主尊水德也此尊サヽゲテ豐葦原ヲ作リ玉ヒシ是也外宮御鎭座ノ後五十鈴ノ宮ヨリ山田ノ原ニ奉レ移今相殿ニテ坐ス太玉尊是也謂ル內宮御鎭座ノ後數百歲ヲ經テ雄略天皇ノ御代ニ倭姫皇女神主部ノ物忌等ニ向テ宣ク我ハ是天照太

神ノ威命ヲウケ玉ハリテ詫宣スル處也汝等共愼テ明カニ聞ベシ我御ヲヤ丹後國與謝ノ宮ニ坐也天ノ宮ニアリシカ如ク一所ニ並ヒ奉リテハ如何カウレシカラントナリ此由ヲ奏シ奉リシカバイソギ勅有テ大佐々尊ヲ始トシテ彼處ヨリ伊勢國ヘウツシ奉ル今ノ外宮是也聖德太子ノ御釋曰天御中主尊ハ神風ノ伊勢國百舟之度會山田ノ原ノ太神ニ坐ス又ハ大葦原中津國主豐受皇神ト號スル也云々又神記曰高皇產靈神詔シテ宣ク皇御孫尊ハ豐受皇太神ノ御前ニ仕ヘ相殿ノ神タルベキ也如レ此外宮鎭座ノ後內宮ニワタラセ玉ヒシ高宮荒祭ノ兩神ヲワカチ奉テ荒祭ノ神ヲハ內宮ニ止メ參ラセ高宮ヲバ外宮ニ移シ奉ル是則伊弉諾尊日向ノ小戸河原ニシテ御祓シ給シ時玉レ生フ大曲津大直日兩神也其大曲津ト申スハ荒祭ノ宮天照太神ノ荒タマノ神也其大直日ト申スハ多賀宮豐受太神アラタマノ神也ト云ヘリ又相殿ノ御中ニ岩根多力雄尊其御體ハ弓ニテ坐也栲幡千々姬尊ハ劒ニテ坐也此兩神ヲバ內宮ノ相殿ニ止メマイラス太玉尊ノ御體ハ則神璽ニテ御坐ス天津兒屋根尊其御體ハ矢〇一本作笏ニテ御坐ス譬ヘハ如レ履此神達ヲバ皆分テ外宮ヘ移シ奉ル其外又相殿マシマセトモ云ヒアラハシ奉ルコト深キ禁メ也又兩宮及攝社ノ方角幷御殿ヲ作リ奉ル有樣皆深キ御事共アリトイヘドモ是ヲ申アラハスニ旁深キ恐レ多シ委クハ別ニシルシ侍ベリ倭姬皇女又神主物忌等ニ告テノ玉ハク汝チ諦ニ聽ケ天照太神重テ託宣シ御坐ス我ヲ祭奉ラントキハ先豐受太神宮ヲ祭奉ルベシ而後吾宮ヲバ祭ルベキ也トナン故ニ諸ノ祭事ハ皆豐受宮ヲ先トスル也夫ヨリ皇御孫尊ハ天照太神ヲアガメ給天照太神ハ天御中主尊ヲアガメ玉フ德ヲツタヘ元ヲタツトミ玉フ故也ト云ヘリ仍倭姬皇女加樣ノ事共ハカライ置キ坐テ奏シ玉ハク我ハ久カラズメ去ヌベシ姬宮一人下シ奉リ玉ヒテ我ゴトク尊神ニ仕ヘ奉ラセントテ下シマイラセ自ハ終ニ岩隱レシ玉ヘリ其レヨリ以來齋宮ト申奉ルハ是也

祖神大分神

天御中主尊ニ三ノ御子アリ一ハ高皇產靈尊第二神皇產靈尊第三津速產靈尊其兒ニ市千魂尊其子ニ與居登玉尊其子ニ天津兒屋根尊卽八臣ノ太祖也爰ニ大職冠淡海公ヨリシテ藤原ノ氏ヲ給リ天下ノ政ヲ主リマシマセリ抑天津兒屋根尊ハ皇御尊ノ下ラセ玉ヒシ時フ

トノトコヲ司トリ玉ヒシ大中臣氏ノ祖神也故ニ神代ヨリ以來諸之神事ヲツカサトリシニ依テ宗廟ノ勅使ニ定メヲカル今ノ祭主是也第二神皇產靈尊ハ神主度會氏ノ本祖也シタシク神ニ仕ヘ奉リ來レリソノカミノ事ハ暫ラク內宮ノ鎭座セシ時大若子命ヲ以テ大神主ト定メラレシヨリ大佐々尊マテ九代ニ至レリ其時外宮シヅマリマシマセシカハ彼ノ大佐々尊ヨリ御氣ニ至マテ十九代ノ間ハ兩宮共ニ兼行フ大神主一人ナリシヲ天武天皇御代ニ御氣カ子兄虫ヲモテハ外宮ノ禰宜トシ御氣ガ弟志已夫ヲモテハ內宮ノ禰宜トス然レハ則カノ天武天皇ノ御代ニ大神主ハ止メラレヌ然ルニ王位モ靜カナラザリシカハ萬ヨロシカラザル事ナリ又始テ內宮ノ禰宜ニ補セラレシ志已夫其子ナクシテ荒城田氏ニ移レリ但兩宮ニ一人有テハ奉幣ニ事カケヌベキ故ニ二人三人ト加ヘラルヽホドニ次第ニオホクナリ今ノ樣コレ也此禰宜ノ加ハルコト多クハ悪シキ事アリト見エタル也抑兩宮ノ奉幣ハ皇帝ノ一人ニ限テ其外ハ式文トシテ禁メ置キ玉ヘリ然ルヲ近代ハ神主ヨリ始而諸ノ職掌ノ人共ニ至ルマデ賤キ民ノ幣ヲサヽゲテ僅ニソノフル物ヲ貪ル故ニ神德モウスク王威モカロシ淺增トモ云計ナシ此等ノ事モ委クハ社記ニ載ルカ如シ第一高皇產靈尊栲幡千々姫尊ノ御父也千々姫尊ハ皇御孫尊ノ御母也則皇帝ノ祖神ニテ坐マセリ此事旣ニ上ニシルスカ如シアラ〳〵大分如レ此其外ツブサナル本祖ハ姓氏錄ニ見ヘタリ

神態忌物事

伊弉諾尊始テ伊弉册尊ノ死セルヲ見テ我シコメノケガラハシキ所ヘ致レリトテ小戸ノ川原ニシテ御禊シ給シヨリ以來物ヲ忌ムコ起レリ一念起テ二法ヲ分ツヨリ萬ノ穢ハ出來ルモノ也其ケガレ多シトイヘ𪜈カノ生死ノ二法ノワカレヲ忌タル神ワザ也此故ニ伊弉册尊起キアカリ玉ヒテ伊弉諾尊ヲオヒタマヒシ詞ニハ必我ヲ見ベカラズト云其詞ヲタガヘリ故ニ汝ハ我心ヲ見ツ我汝ガ心ヲ見ントノ玉ヘルハ此理也此故ニ死ヲ見サレハ生ヲ知ラズ生ヲ知ラサレハ死ヲ恐ルベカラス只二法ノ別ヲ見ルヲケガレト云生死ヲ見ザル處ヲ淸シトスル也故ニ行基菩薩釋ニ曰居二無爲無事大達之場一超レ生出レ死名二之淸淨一宜起二方便之門一遙居下意像之表上況御託宣ノ文ニ曰人乃受二金神之性一須レ守二混沌之始一故敬神態以二清淨一爲レ先祈冥加以二正

直㆒爲㆑本謂從㆑正以爲㆓清淨㆒隨㆑惡以爲㆓不淨㆒惡者不
淨之物鬼神之所㆑惡也云々文ノ意分明也然ルヲ當世
ニ萬ノ惡ヲ好テシカモ物忌ト云ヿスベテ神ノ御誓ニ
カナワズ甚ヲカシキコト也サレバ神ノ御誓六識ノ禁
忌ト云ヘルハ萬ノ惡ヲ恐レテ六根ヲ清メンガ爲ニ目
ニ諸ノ不淨ヲ不㆑見耳ニ諸ノ不淨ヲ不㆑聞鼻ニ諸ノ不
淨ヲ不㆑臭口ニ諸ノ不淨ヲ不㆑食身ニ諸ノ不淨ヲフレ
ズ意ニ諸ノ不淨ヲ思ハザレト誓ヒ玉ヘルハ此意也加
之內外潔齋トハ喪ヲ不㆑見病ヲ不㆑問宍ヲ不㆑喰心不
㆑亂刑殺不㆑斷罪人ヲ不㆑刑音樂不㆑奏穢惡ニ不㆑預兵
器ヲ不㆑用鞆ノ音ヲ不㆑聞都テ口ニ惡シキ事ヲ云ハズ
目ニ不淨ヲ不㆑見鎭專㆓謹愼之誠㆒宜㆑致㆓如在之禮㆒矣
所詮者肝要者正直清淨是則此神ノ本誓也仍タヾ獨一
ニシテ諸ノ惡ニシタガハズ是ヲ清淨ト名付タリ只獨
一ナル故ニ左物ヲ右ニウツサズ是ヲ心ノ正直トスル
也御託宣曰心神ハ則天地ノ本基身體ハ則五行之化生
肆元㆑々入㆓元始㆒本㆑本任㆓本心㆒敬㆑神能以㆓清淨㆒爲
㆑先祈㆓冥加㆒以㆓正直㆒爲㆑本日月廻㆓四州㆒雖㆑照㆓六
合㆒須㆑照㆓正直頂㆒詔命明矣又曰人乃天下之神物須
㆑掌㆓靜謐㆒心則神明之本主莫㆑傷㆓心神㆒夫神垂ハ以㆓祈
禱㆒爲㆑先冥加以㆓正直㆒爲㆑本也須㆑任㆓其本誓㆒皆令
㆑得㆓大道㆒也天下和順日月モ精明ニシテ風雨以㆑時國
豐民安云々

尊神靈驗事

垂仁天皇卽位廿六年丁巳冬十一月新嘗會ノ祭夜倭姬
皇女詔㆓神主部物忌等㆒曰吾今承㆓大神之威命㆒所㆓託
宣㆒也汝等愼無㆓懈怠㆒正ク明ニ聞ケ焉スベテ神代ニ
ハ人ノ心皆清淨ニシテ悉ク正直也故ニ諸ノツミト云
咎ト云事更ニナシ然ヲ地神ノ末ヨリハ四方ノ民其心
貳クシテ根ノ國底ニ跉跰是ニヨリテ西天ニ眞人アリ
皇天ニカハリ奉リ機ニ隨テ法ヲ說カノ言ハマサニ來
リナントナス故ニ神明ハ託宣ヲトヾメ本居ニカヘル
ベシタトヒ形ナクメソラニ大明ノ戶ヲ開キ三歲ノ小
兒輩ノ葉ノ上ニ立テ神變ヲ現ストモ狂言ノ類ヲ信ズ
ルコトナカレ聊不審アラバ宜ク奏聞ヲイタシ其左右
ニ可㆑隨ト云ヘリ然則尊神ノ御本誓トシテ託宣ヲ止
メ玉ヘルコト勝タル御恵也其故ハ凡ソ冥衆ニ於テ大
ニ三ノ道アリ一ニハ法性神謂ル法身如來ト同體今ノ
宗廟ノ內證是也故ニ此神ニハ本地垂跡トテ二ツヲ立
ル事ナキ也二ニハ有覺ノ神謂ル諸ノ權現ニテ佛菩薩

ノ本ヲ隱シテ萬ノ神トアラハレ玉フ是也三ニハ實迷ノ神謂ル一切ノ邪神ノ習トシテ眞ノ益ナク愚ナル物ヲ惱シ僞レル託宣ノミ多キ類是也サレバ此邪神共僞テ大神ノ託宣ト云ヒテ人ヲタブラカシ猥リニ惡道ヘ引入ベキガ故ニ宗廟末ヲ鑑テ託宣ヲ止メ玉フ也此誓約ヲ忘テ中比又託宣ヲ賴ミテ用ユルコトナカリシ時カラ〇用ユル以下一本作用ル事アリシ時カ無クシテ神明重テ齋内親王ニ託宣シマシマシ祭主ト御問答アリテ長曆年中ニ重テ託宣ヲ止メ玉ヘリ其時ニ人々末代ニハ如何ニシテ御託宣ナラズシテハ眞ノ靈驗ヲ知リ奉ラント疑テ申シカバ夢ヲ以テ示スベシトナンカカル御誓アルスラ猶當世ノ人ハ皆嚴重成鬼神天魔ノワザヲ信ジテ誠ノ神道ヲ知ラザル故ニ天下ノ兵亂國土ノ災難モ出來ヲヤ其故ハ仁三經ニ國土ヲ亂レントテハ先ヅ鬼神亂ト尤可レ愼ニ此心一也ト云々

豐葦原神風和記卷中終

豐葦原神風和記卷下

佛神同異事

佛法ノ未ダ渡ラザリシ其昔垂仁天皇御宇ニ御託宣トシテ神道ヲ佛法ニユヅリタマヘリサレバ佛神ノ惠全ク同ジクシテ眞俗ノ道更ニ異ナルコトナシ然ルニ御託宣ニ於テ西天ニ眞人アリト告給ハ釋迦如來ノ御事也然ルヲ如來ハ神明ニ替リテ世ニ出坐ス神明ハ如來ニ讓リ託宣ヲトヾメ玉ヘリ然則佛ノ脫玉ヘル御經ハ悉ク尊神ノ御託宣ナルベシ抑佛ニユヅリ坐ス故ハ御託宣ニコトハリ玉フ如ク總テ神代ハ人ノ心淳ニマシマシテ猥ナルコトナシ故ニ人種少モ惡キ心アルヲ見テハ神始(モト)(ホカ)ヲシメセバ自ラ先ヲ本トシテナヲリ安キ故ニ人猶シ通力アリ是ヲ神代トハ申也ヒトシメテ心得ハソノカミ輪王物ヲコシラヘ黃帝人ヲ導キ乃至聖人道ヲ得テ政ヲ格セシハ皆神靈ノ德ヲアラハシテ自在ナルワザヲ施ス者也然ルヲ彼ノ用モ漸ク廢シガ如シ地神ノ末ヨリ人ノ心キタナクシテ惡シキ思ニ順ヒ來レルガ故ニ通力スデニ失ヌ此萠ヲ取テ人ノ世トハ申也故ニ佛ハ地神ノ末人ノ始ニハ成道ヲトナヘ廣ク機ニ隨テ普ク物ヲサトシ給フ也サレバ佛法未ダワタラザリシ程ハ莊老等ノ訓吾朝ノ神道ノ如シ但淸淨法行經ノ文ニ佛三聖ヲ兼テ震旦ニ遣シ禮儀ヲ先ヅ開キ然而後ニ大小乘ノ經ヲワタスベシト云ヘリ三聖ト云ハ月光菩薩是ハ顏回ナリ光淨菩薩ハ是仲尼也迦葉菩薩ハ是老子也ト云々故ニ老子ハヒソカニ西方ヲサシテ彼ニ聖人アリ又我師タリト云ヘル誠ニ其道通ジテ其敎同キ也又此神ノ託宣ニハ化導ヲ西敎ニユヅリ彼佛ノ經文ニハ利益ヲ明神ニ著ハス悲華經ニ我滅度後濁惡世中現大明神廣度衆生ト云ガ如シ然レバ託宣ヲ留メテ本居ニ歸玉フ其本居ト云ヘルハ是本有眞性大日靈ノ冥界也法華經ニ神通力如レ是於二阿僧祇刧一常在二靈鷲山及餘諸住處一ト云ヘルハ此心也行基釋ニ曰天宮與二靈山一分二一線道一互爲二佛神賓主一ト云ヘル可レ思レ之眞性偏ニ法界ニ神靈具ニ衆生ニ託宣物ヲサトス事實ニ深キ心アルベシ況ンヤ日本ハ神國ナレバ佛法未ダ渡ザリシ前ニハ天下ノ善惡ヲバ神明ノ御託宣ニ依テ悉クハカレリト云ヘリ餘リニ人ノ心僞アシキコト茂

グクシテ託宣ニモ及ビガタシ故ニ太神ハ佛敎ニユヅリテ託宣ヲ留メ玉ヘリ爰ニ知ヌ佛神內證同一ニシテ而モ化儀各別也所謂ル神道ハ一法未ダ起ラザル所ヲ守テ起ル心ノ萬ノ物ヲバ皆穢惡ナリト是ヲイメリ佛法ハ二途既ニワカレテ後諸ノ迷アリ此迷ヲオサヘテ實相ナリト是ヲオシフ然レドモ佛法ニモ本初ヲ悟リ不生ト談ジ神道ニ又和光同塵ノ利生アマ子シ然ルニ三五ニカハルコトナケレドモ且ラクカタドリテ面々トスル計ナリ夫神ハ必ズ本ヲ守テ末ヲイミタマフ處ハ其末ヲ導ンタメ也佛ハ亦末ヲ導テ本ヲ示シタマフ意ハ其本ヲサトラシメンガ爲也本末究竟ニシテヒトシク說ク法華經ノ文此心ナルベシ凡宗廟ノ御本誓正直淸淨ヲ先トストナン其故ハ唯獨一ニシテ二法ヲ見ザレバ左ノ物ヲ右ニウツサズ是則正直也唯一ヲ守テ二ニムカハザレバ元ヲ本トシ本ヲ元トス是則淸淨也實ニ正ニシタガウヲ淸淨ト名ケ邪ニ隨フヲ穢惡トス上ニシルスガ如シ此ヲ敎ヘ玉フトイヘドモ人ノ心ハイヨ〳〵猥リナルワザ益サカンナレバ力ナクシテ佛大慈悲ヲ垂レ穢惡ノ中ニハ責入當體卽是ノ法ヲ示シ玉ヘリ然レバ諸ノ化ニ勝劣アルニハ非ズ各時ノ宜シキヲ守テ機ノ異ナルニ住スル者也譬ヘバ如ニ隨レ病施レ藥ヲ仍儒道乃佛神利益炳然也委可ニ尋問一

佛神誓別事

神宣曰神人ハ守ニ混沌之始一屛ニ佛法之息一云々混沌ト云ハ天地ノコト也サレバ天地ノ未ワカレザル其先ヲ守テ起ル所ノ諸ノ穢惡ヲ忌ムベシト示シ玉フ其故ハ彼天地本無之源ヲワスレタルヨリ猥ナル萬ノ心ハ起リ初ル處ニ佛敎ト云ヘルハ眞俗ノ二ヲ立迷悟ノ別ヲ論ジ剰ヘ佛見法見ヲ起シテ我相憍慢ヲ本トスル故ニコトサラ僧尼ヲイミタマフ者也其文ニ曰ク天照太神與ニ豐受太神一則無上之宗神無爲之大祖也故不レ起ニ佛見法見一以ニ無相鏡一假表ニ妙體一云々其心尤深シ能々可レ思加之又神道トイヘルハ先天下ヲスナヲニシ萬民ヲ樂ムベキ處ニ佛法ト云ヘルハ出世ノ道ト號シテ併世間ヲ忘レ國土ヲナイガシロニスベキガ故ニ僧尼ヲ忌玉フ也又或說云末代名字ノ僧尼ハ敎ト機ト相背テ人ト法ト不合也故ニ文ニ專呑ニ一水一不レ分ニ二流一云々所以濁世末代ノ此比ハ機根拙シテ佛法ハ誠ヲオシエレドモ僧尼ハ敎ト機ト相背ケリト云リ加樣ニ誠ナキ輩シカモ我ハ佛弟子出世ノ人也ト名乘テ法モ世

々異ニ殊ニ人モ君ニ從ガハズ故ニ人ト法ト不合トハ云也又格ノ文ニハ末代ノ僧尼共事ヲ佛法ニ亂テ實ハナクシテ國土ヲ費スベキカ故ニ私ニ伽藍ヲ立田地ヲヨスベカラズ若如此シテ年ヲヘバ地トシテ寺ナラザルコトナカラント禁メ置レタリ委クハカノ文ニアリ具ニ尋テミルベシ凡ソ此事ハ宗廟尊神ノ御誓ノミニアラズ佛末代ヲ鑑ミテ經ノ中ニ廣ク戒メ置レタリ其說事シゲシ且涅槃經ニ如來滅後ノ國王大臣四部ノ弟子トモ古寺ヲバ修治セズシテ名利ノ爲ニ新シク寺ヲ立誠ナクシテ三寶ヲ輕シムベキ故ニ一切人木ヲ引堂ヲ造リ塔ヲ建テ或ハ野中山ノ上或ハ道ノ辻ケガレタル處ニ滿ミテラン此故ニ國土ヲ費シ諸ノ災難起ルベシトナン亦仁王經ニ滅後ノ比丘比丘尼僞テシカモ誠ニヨセテ佛法ヲ破リ國土ヲ損セン因緣ヲ企テバ國王大臣其故ヲ知ラズシテ是ヲ許スベシ故ニ我法ヲモ亡サンハ外道ニハ非ズ皆我弟子共ナルベシ譬ヘバ獅子ノ中ノ虫ノ獅子ヲクラヒテ自死スベキガ如シト云ヘリ是則天魔ノ佛弟子ノ身ニ入テ佛法ヲ亡スガ故也廣ク大乘經ノ中ニ見ヘタリ法華經ニ說ガ如シ惡世之中諸無智ノ比丘名ヲ寺ニカリ衣ヲツヾリ或ハ閑ナル處ニ有テ我ハ眞ノ行ヲスト云テ未得ヲ得タリト思ヒ我慢ノ心ミチ〳〵テ人間ノ物ヲバ輕メ賤ミシカモ利養ヲムサボルガ故ニ僞テ法ヲトカン此人ハ惡心ヲ抱キテ常ニ世俗ノ事ヲノミ思ヘシ是皆惡鬼其身ニ入テ誠ノ佛法ヲバ罵リ謗ルベシト云ヘリ心アラン人能々可㆓恥思㆒于㆑時興國元年七月八日始テ筆ヲ下シ同九月六日是ヲ誌シ終ヌ神道ノ大意詮ヲ取テアラ〳〵載侍リ委ハ古キ記文ニ見ヘタリ又如㆓私書集㆒

抑慈遍聊神道ニ趣キコトニ靈驗ヲ憑ミ奉ル起リハ去ル元德ノ年夢ノ中ニ神勅ヲ承ルニ依テ先神懷論三卷ヲ撰ミ佛神ノ冥顯ヲ理リ眞俗ノ興廢ヲ明ラム然ヲ故官長常昌三品奏聞シ奉リシカハ叡覽アリ已ニ綸言ヲ下サレ御祈申ベシトナン其次ノ日叡山ヘ行幸ト聞ヘ侍リ其後兎角有テ思外ニ隱岐ヘ渡ラセ玉ヒシ間且ハ皇道ノ廢レン事ヲ歎ヒテ常昌卿頻リニ神宣ノ趣ヲ委ク尋シムベキ由スヽメ侍リシカバ御願ヲ祈リ申サンガ爲ニ取分テ神道ヲ撰ビ奉ル謂ル舊事本紀ニツキテ其玄義文句各十卷又大宗祕府ニツキテ其要文六卷ヲシルス幷ニ神祇玄要圖三卷神皇畧文圖一卷古語類要集五十卷又其外一卷已上八十一卷既ニ上覽ニ備ヘ奉

リヌ今又忝クモ國母ノ詔ヲ承テ此和記ヲ三巻シルシ上ル所也扨モ吾國ノ人トシテハ高キモ賤キモ必ズ神風ノ敎ヲバ知リ奉ルベキ者也方ニ今勅ニチナミテ同シクハ徧ネク見ヤスカランカ爲ニ加樣ニ撰ビ上ゲ侍リヌ但文字ヲ和グル心ハアラザレドモ正言ナヲ覺束ナカラン人モアルベシ所以ニ撰ム處十段ニヲキテ彼段段ゴトニ要文ヲ出スコト如レ左然則一々ニ上ノ趣ヲ知テ下ノ文ヲ心得ベキ者也

神道大意要文

舊事本紀曰夫大人之立ニ制義一必隨レ時苟有レ利レ民何妨ニ聖造一且當下披ニ拂山林一經ニ營宮室一而恭臨ニ寶位一以鎭ニ元々一上則答ニ乾靈授レ國之德一下則弘中皇孫養レ正之心上然後兼ニ六合一以開レ都掩ニ八紘一而爲レ宇不ニ亦可一乎

神皇實錄曰於ニ高天原一化ニ生一神一號曰ニ天讓日(陽神日神)國禪月(陰神月姬)皇神一亦名天御中主尊也天地俱生神也是諸天降靈之本致ニ一切國王之大宗一也德被ニ百王一惠齊ニ四海一歷代帝王崇ニ尊祖一萬方人夫敬ニ神祇一故世質時素無爲而治不レ肅而化

又曰大易者虛無也因レ動爲ニ有之始一故曰ニ太初一有レ氣爲ニ形之始一故曰ニ大始一氣形相分生ニ天地人一也大方道德者虛無之神也天地沒而道常存矣性命旣而神不レ終焉形體易而神不レ變性命化而神常然因以名ニ國常立尊一以レ初爲ニ常美(養イ)一者也文

又曰應化神名曰ニ天御中主神一未ニ顯露一名ニ國常立尊一亦稱ニ國底立一天地之間稟氣之靈蒙ニ一大五種之神力一受ニ天地父母之生身一以ニ言語一授ニ世人一依レ之得ニ一切智心一利ニ萬品生化一也文

寶基本記曰人乃天下之神物(奈利)須レ掌ニ常靜謐一心乃神明之本主(他利)莫(イナシ)レ傷ニ心神一々埀以ニ祈禱一爲レ先冥加以ニ正直一爲レ本須任ニ其本誓一皆令レ得ニ大道一者天下和順日月精明風雨以レ時國豐民安故神人守ニ混沌之初一屛ニ佛法之息一置ニ高臺之上一崇ニ祭神祇一住ニ無二之心一奉レ祈ニ朝廷一則天地與ニ龍圖一運長日月與ニ鳳曆一德遙海內泰平民間殷富各念祭レ神禮以ニ淸淨一爲レ先以ニ眞信一爲レ宗散齋致齋內外潔齋之日不レ樂不レ弔不レ散ニ失其正一致ニ其精明之德一左物不レ移レ右兵戈無レ用不レ聞ニ鞆音一口不レ言ニ穢惡一目不レ見ニ不淨一鎭專ニ謹愼之誠一宜レ致ニ如在之禮一背レ法而不レ行則日月照見坐違レ文而不レ判神明記識給云々

御鎭座本紀曰皇天倭姬內親王託宣久各念天地大冥之時日月星辰像現於虛空之代神足履地而興于天御量柱於中國而上去下來而以來見六合天照太神悉治天原耀天統皇御孫尊專治葦原受日嗣聖明所覃莫不砥厲宗廟社稷之靈得一無二之盟百王鎭護孔昭是以從人本天地續命祀皇祖標德深其根源恭崇祖神令朝四方之國以觀天位之貴弘大業明天下夫逆天則無道逆地則無德而外走本居沒落根國故齊情於天地乘想於風雲者爲從道之本爲守神之要將除萬言之雜說而學一心之定準郎配天命而嘗神氣理實灼然故祭神清淨爲先鎭以得一爲念也

又曰都合天地生長土毛或備宗廟之祭惟仁恩之忠孝以信爲德故神明饗德與信不受備物焉

文

倭姬尊世紀曰心神則天地之本基身體則五行之化生奈利肆元々入元初本々任本心與神垂以祈禱爲先冥加以正直爲本利夫尊天事地崇神敬祖則不絕宗廟經綸天日嗣又屏佛法息奉再拜神祇日月回四州雖照六合須照正直頂上止詔命明也矣已專如在禮奉祈朝廷良波天下泰平志互四海安然奈良牟

又曰夫悉地則生心須意則顯信心留蒙神明利益事波依信心厚薄利互奈天下四方國乃人等仁至萬天奉齋敬焉

天地開闢要文

舊事本紀曰古者元氣渾沌天地未割猶雞子溟涬含牙其後淸氣漸登薄靡爲天浮濁重沉淹滯爲地所謂州壤浮漂開闢別割是也譬猶游魚之浮水上于時天先成而地後定然後於高天原化生一神號曰天讓日天狹霧國禪月國狹霧尊文

神皇實錄曰天地開闢之始含精氣而應化之元神也故初禪梵宮居焉視天下而式時候授諸天子照臨天地之間而以一水之德利萬品之命故亦曰御氣津神也神語曰御義理也古語天津御氣國津御氣亦曰天狹霧地狹霧是水氣易形因以天氣下降地氣上騰天地和同草木萠動惟水道德矣

大宗祕府曰憶者昔高天原初出之故天御義利擧之八重雲以天於坐而成神號天讓日國禪月皇太神亦名御中主尊也所化百億須彌百億日月一々須彌有四天

下南閻浮提有圓陁之地謂之大日靈地亦號神國也文

寶基文圖曰天地開闢基在光明其中有精氣名曰神亦曰心其時爲萬物應化神假名廣大慈悲大御神也掛忝以天津神神策用而天地與陰陽同節同和合敬合愛顯五常之圖語八子給終應化神力照道可也文

天神七代要文

神皇系圖曰天御中主尊（神風伊勢百舟度會山田原大神御座也）元氣所化水德變成爲因爲果而所露名天水雲神任水德亦名御氣都神是水珠所成卽月珠是也亦號大葦原中津國主豐受皇神也

國常立尊（謂惟三世常住妙心所形名曰天御中主）乃至二尊（如常略之卽如下文）右從國常立尊迄至伊弉諾伊弉冊尊謂天神七代矣

神皇實錄曰國常立尊（無名無狀神此蒼生之君木官之臣自古以來著德立功名者也）國狹槌尊（水藏戸也）豐斟渟尊（火藏戸）泥土瓊尊（木藏戸）沙土瓊尊（耦生荒魂）大戸之道尊（金藏戸）大苫邊尊（耦生荒魂）面足尊（土藏戸）惶根尊（對耦荒魂）件五代之八柱天神光胤也雖有名相未現形體五大府中坐故名天地耦生神也云々伊弉諾尊（天降陽神名日子也亦稱大自在天子也）伊弉冊尊（天降陰神名月子也亦稱大自在天女也）

從國常立至惶根尊天神六代之間則有名字未現尊形五位神坐轉變而合陰陽有男女形應化相生專心珠神（モトノマヽ）以清淨爲先神態興焉

神皇系圖曰二尊蒙天祖天御中主高皇產靈尊之宣命天以授天瓊矛而伊弉諾尊立於天浮橋之上二神共計曰底下豈無國歟廼以天瓊矛而指下而探之獲滄溟其矛滴瀝之潮凝成一嶋名之磤馭盧嶋二神於是降居彼嶋興八尋殿（社記曰大日本日高見國神祇寶山今此處也云々）因欲共爲夫婦產生洲國及山川草木神等後生一女（日神天照太神）三男（月神蛭子素盞烏尊）或爲日爲月永懸而不落或爲神爲皇帝存以無窮矣

地神五代要文

神皇系圖曰大日孁貴天照皇太神（神風伊勢國玉掇五十鈴川上座也）伊弉諾尊持左手金鏡生陰持右手金鏡陽生因以日神月神所化生也謂火珠水珠之二顆玉變成三昧世界建立日月是也正哉吾勝々速日天忍穗耳尊（天照太神之太子釧霧之化生私云杵獨王皇御孫尊火々出見尊葺不合尊其號同下文）右天津尊奉諸神部降臨於筑紫日向國槵日高千穗之峯以來至鷀羽葺不合尊三主治合一百七十九萬二千四百七十六歲也

神皇實錄曰地神五代番ニ地五行一傳ニ神位一坐道德極而表生化德也天照太神奉レ擧ニ天上一故曰ニ大日孁尊一正哉吾勝々速日天忍穗耳尊天祖詔曰吾勝尊也是以天照太神育ニ吾勝尊一特甚鍾愛常懷ニ腋下一稱曰ニ腋子一今謂號ニ稚子一謂ニ和可子一是其轉語也天津彥々火瓊々杵尊正哉吾勝々速日天忍穗耳尊太子也母拷幡千々姬也

私曰畧云曰ニ皇御孫尊一

彥火々出見尊天津彥々火瓊々杵尊第二子也母木花開耶姬大山祇神女也鸕羽葺不合尊彥火々出見尊太子也母豐玉姬海童二女也

私曰以上天神地神次第畢

神皇圖曰人王神日本磐余彥天皇鸕羽葺不合尊第四御子也天照太神誓曰吾日太子如ニ八咫瓊之勾曲妙一御宇且如ニ白銅鏡一以分明看ニ行山川海原一乃提ニ神劍一平ニ天下一肆以名ニ之三種神器一也汝敬承吾壽乎犯流(モトノマヽ)鈴以御無窮無レ念ニ爾祖ニ吾鏡中矣

兩宮鎭座要文

倭姬尊世紀曰神倭磐余彥天皇已下稚日本根子彥大日日之天皇以往九代歷レ年六百二十餘歲當ニ此時一帝與レ神其際未レ遠同レ殿共レ牀以レ此爲レ常故神物官物亦未ニ分別一焉御間城入彥五十瓊殖天皇卽位六年己丑秋九月就ニ於倭笠縫邑一殊立ニ磯城神籬一奉レ遷ニ天照太神及草薙劒一令下皇女豐鋤入姬命奉上レ齋焉其遷祭之夕宮人皆參終夜宴樂歌舞然後隨ニ大神之敎一國々處々仁大宮所乎求給倍利天皇以往九帝同レ殿共レ牀然畏ニ其神勢一共住不レ安改令下齋部氏率ニ石凝姥神裔天目一箇裔二氏ニ更鑄中造鏡劒上以爲ニ護神御璽一焉是踐祚之日所レ獻神璽鏡劒是也謂ニ名內侍所一也同三十九年壬戌遷ニ幸但波乃吉佐宮一積ニ四年一奉レ齋從レ此更倭國求給此歲豐宇介神天降坐奉レ饗私云以下如ニ此等一求ニ處々一其宮所名々畧之活目入彥五十狹茅天皇纏向珠城天皇卽位二十五年丙辰春三月從ニ飯野高宮一遷ニ幸伊蘇宮一令レ坐于レ時猿田彥神裔宇治土公祖大田彥命參相支汝國名何問給爾佐古久志呂宇遲之國止白豆御止代神田進支倭姬尊問給久有ニ吉宮處一哉答曰久佐古久志呂宇遲之五十鈴河上者是大日本國之中仁殊勝靈地侍奈利其中翁世八萬歲之間仁毛未ニ現知一留有ニ靈物一照耀如ニ日月一奈利惟小緣之物不レ有志定主出現御座爾時可レ獻止念比豆彼處爾禮祭止申勢利卽彼處仁往到給天御覽禮波惟昔太神誓願給比天豐葦原瑞穗國之內仁伊勢加佐波夜之國波有ニ美宮處一止利見定給比從ニ上天一志豆投降坐比志天之逆太力逆鉾金鈴等是也甚喜ニ於懷一比豆言上給比支同二十六年丁巳十月甲子奉レ遷ニ于天照太神於度遇

五十鈴河上留天照太神幷荒魂宮和魂宮止奉鎭坐又曰泊瀨朝倉宮大泊瀨稚武天皇卽位二十一年丁巳冬十月倭姬命夢敎覺給久皇太神宮吾如天之小宮坐爾天下（仁志弖毛）一所耳坐波御饌毛安不聞食丹後國與佐郡比沼之魚井原坐道主子八乎止女乃齋奉御饌都止由居太神乎我坐國坐止欲止誨覺給支爾時大若子尊乎差使朝廷仁令參上天御夢狀令申給支卽天皇勑汝大若子使罷往天布理奉止宣支故率手置帆負彥狹知二神之裔以齋斧齋鉏等始採山材搆立寶殿而明年（戊午）秋七月七日以大佐々命天從丹後國余佐郡眞井原志天奉迎止由氣皇太神度會山田原乃下都磐根爾大宮柱廣敷立弖高天原爾千木高知弖鎭定座止稱辭定奉利奉饗利神賀吉詞白賜（倍利云々）

御鎭座本紀曰依天照太神御託宣太神第一攝神多賀宮奉傍止由氣宮也亦天照太神相殿二前止由氣宮相殿皇孫命爾奉陪從留故號止由氣宮相殿而東西座（已上外宮）又曰心御柱（一名曰忌柱亦天御量柱）謂伊弉諾伊弉冊尊二尊鎭座（府イ）陰陽變通之本基諸神化生之心臺也都合天心而興木德皈皇化而助國家故皇帝曆數天下之固常磐根無動三十六禽十二神王八大龍神常住守護坐依損失有天下危云々大田命傳記曰兩宮者天神地祇大宗君臣上下元祖也惟天下大廟也國家社稷也故尊祖敬宗禮敎爲先故天子親耕以供神明王后親蠶以供祭服而化陰陽有四時祭德合神明乃與天地通也德與天地通則君道明而萬民豐也（已上兩宮）

祖神大分要文

神皇系圖曰國常立尊國狹槌尊乃至天地（神代如前）天御中主尊（以下幷如左）前五柱神者是生化五大尊坐也

私云除天御中主以下爲五柱也

高皇產靈神（皇祖神坐）神皇產靈神（大神主祖神也）津速產靈神（天兒屋根尊祖神也）都八柱神者天御中主神寶座之內獨化神也明百億須彌百億日月百億四天下而爲天地人民化生之祖者也云々

神皇實錄曰天御中主神（天地開闢之始精氣之神卽以一水之德而利萬品之生）天八下靈神（府中五魂座五靈五常名五大神也萬生質也）天三降靈神天合靈神天八百日靈神天八十萬魂神件五柱神則受天地之精氣而氣形質具而未相離名稱五大魂是中府臟坐神也故謂神者生之本形者生之具也古語謂稱獨化神也

高皇產靈神（皇祖神故亦名高貴神）栲幡豐秋津姬尊（皇孫尊母也高貴神女也）

思兼尊知性靈坐相殿神也

天手力雄尊石戸ヲ開キ給フ神ニテ坐相殿也
神皇産靈神八咫烏井伊勢朝臣祖神也 津速産靈神中臣朝臣上祖神也 件三柱靈神
者天御中主神所レ化神名爲レ子父子道今明露現矣

神態忌物要文

舊事本紀曰伊弉諾尊親見二泉國一此既不祥也還乃追悔之曰吾前到二於不須也凶目汚穢之處一故當レ滌二去濯除吾身之濁穢一則往見二粟門及速吸名門一然此二門潮太急故還二向於日向橘之小戸檍原一而祓除焉

神皇系圖曰夫水氣者清淨海水卽本祖之元性也陽氣者濁世生類不淨實執也 故清淨神 祭則人寬陽 氣鎭也故有二鎭魂一也 陽者氣也 亦光明也故名曰レ寬凡一氣化現名號二神靈一是生化寬也 故陽氣散 已卽爲レ死卽怫二本居一善哉々々

太宗祕府曰令下盡二天地人一居二無爲無事大達之場一超レ生出レ死名二之清淨一是大悲用也文

御鎭座本紀曰人乃受二金神之性一須レ守二混沌之始一故則敬二神態一以二清淨一爲レ先謂從レ正式爲二清淨一隨レ惡以爲二不淨一惡者不淨之物鬼神之所レ惡也文

天口事書曰神人心外好二別請一而從二不淨實報一則不レ得レ踐二神地一不レ許レ歓二神地水一而五千大鬼常罵二大賊一文

神祇式云六色禁法弔レ喪問レ病謂有二重親褁病一者不レ在二預レ祭之限一也食レ宍亦不レ判二刑殺一不レ決二罰罪人一不レ作二音樂一謂不レ作二糸竹歌舞之類一也不レ預二穢惡之事一謂穢惡不淨之物鬼神所レ惡等是也

内七言謂佛稱曰二中子一經稱曰二染紙一塔稱曰二阿良々岐一寺稱曰二瓦葺一僧稱曰二髮長一尼稱謂二女長髮一長齋稱曰二片膳一外七言謂死稱二奈保留一病稱二夜須彌一哭稱曰二鹽垂一血稱曰二阿世一打稱曰レ撫宍稱二菌一墓稱二壤一又有二忌詞一堂稱曰二香燒一優婆塞稱曰二角筈一謂二是佛弟子出世行者也

神驗尊靈要文

寶基本紀曰垂仁天皇卽位二十六年丁巳冬十月新嘗會祭夜神主部物忌八十氏等詔曰吾今夜承二大神威命一所二託宣一也神主部物忌等愼無二懈正明聞焉總而神代仁者人心正而常也直而正也然地神之末天下四國人夫等其心黑焉分二有無之異名一以レ心走使無レ有二安時一故心藏傷而神散去神散則身喪人受二天地之靈氣一不レ貴二靈氣之所レ化作(之イ)レ種二神明之光胤一不レ信二神明之禁令一故沉二生死長夜闇一吟二根國底國一因レ茲奉レ代二皇天一而西天眞人以二苦心一誨喩敎令レ修レ善隨レ器授レ法彼語將レ來自レ爾以來大神歸二本居一止託宣給倍利若應レ節自在二告示一則開二大明戸一無レ形顯レ音或小童女昇二立茅(宮イ)葉上一須レ在二驗言一矣猥莫レ信二狂言類一從二天地一宮二陰陽一

掌二神水一宜レ存二自正一是長生術不死之藥也

私云中人皆貴二託宣一因レ玆神明無レ力而託二齋內親王一於二長曆年中一重止二託宣一御坐畢于時各疑ヲ申二末代靈驗事一於レ是有二神約一以レ夢可レ示云々可レ見二社記一而已

佛神同異要文

寶基本記曰神道則出二混沌之堺一守二混沌之始一佛法則破二有無之見一佛二實相之地一神則罰二穢惡一導二正源一佛亦立二敎令一破二有相一而目不二妄視一耳不二妄聽一鼻不二妄香一（モトノマヽ）口不二妄言一手不二妄持一足不二妄行一情不二妄施一其非也及是也云々

六波羅密經云或人素レ頭卽與レ頭乃素レ宍卽與レ宍是爲二布施一眼不レ隨レ色意不レ亂レ念是名二持戒一耳聞二惡聲一心不二瞋恚一是爲二忍辱一鼻知二息出入一常守二不離一是爲二精進一口不二罵詈一不二兩舌一是爲二寂然一心意不レ攻レ道亦不レ生以除二垢濁一內外清淨是爲二知惠一文

私云（忌二六根不淨一顯二六根清淨一仍六色禁法卽六度等耳）

形文深釋曰實降神地不レ受二一塵一佛事門前不レ捨二一法一性海無レ風金波自踊神明應化釋尊成道神事倂二此道理一文

又曰皇則大空本元清淨妙理是無相法身之義也文仙宮祕文（慈覺）曰欲レ示二無相之觀解一令レ忌二有相之權敎一大宗祕府（行基）曰宜下起二方便之門一遙居中意像之表上

私云（一法不生不隨二一法故屏二佛法息一卽如二下文一云々）

佛神誓別要文

倭姬命世紀曰夫尊レ天事レ地崇レ神敬レ祖則不レ絕二宗廟一經二綸天業一又屏二佛法息一奉レ再二拜神祇一云々

神祇譜傳圖曰夫天照太神與二豐受太神一則無上宗神而尊無二與二一故異二天下諸社一是則天地精明之本源也無相無爲之大祖也故不レ起二佛見法見一以二無相鏡一假表二妙體一也

天口事書曰末代僧尼者敎ト機ト相乖キ人ト法ト不レ合也由レ此制非レ制者是制判也敬神祭禮其致齋前後兼爲二散齋一專致二其精明德一也須下不レ分二二法一共食二一水一軌二匠其心一令レ至二神國道一矣

弘仁格文曰太政官符禁下斷京職畿內諸國私作二伽藍一事上（イ諸寺）

右奉勅定額時其數有レ限私自營作先既立レ制比來所司寬縱曾不二糺察一如經二年代一無二地不レ寺

私云（委如二格文一其條依レ繁略レ之）

私云已上約十段粗擧㆓一圖㆒大綱在㆑斯納目可㆑尋云々

豐葦原神風和記卷下終

此和記者左大史小槻季連宿禰所持本也類冊依㆑有㆑之附㆓屬正時㆒畢未練之人令㆓書寫㆒歟文字不正仍借㆓請賀茂季榮縣主本㆒令㆓比校㆒以㆓暇日㆒可㆓清書㆒者也

元祿十三年庚辰二月十五日

享保四年臘月

同十五庚戌七月十七日一校了

谷川昇卯

一本奥書

右上中下三冊者以度會朝雄自筆之本令書寫焉遂校合畢件本累世傳寫之誤多雖數本互見之寧以愚意推而可正之乎故從舊本而書寫之但如舊本十段要文者在卷末之一處今以私意分而列于諸段之末盖欲使見者有便而已

寛永甲申歲冬十月丙辰朔甲子始筆戊辰終功

神道書紀縁起目次

神道書紀緣起序

夫神之爲レ神者先二天地一之神也道之爲レ道者超二乾坤一之道也非二識所一レ識非二言所一レ言但協二正直淸淨一自拜二國常立尊一矣一氣始顯二儀漸判以來明暗有レ異正邪不レ同蓋是大日孁貴素盞烏尊而已凡事々物々皆俱生神去々來々悉備二靈性一然而究レ源之彙稀二於麟角一迷レ流之輩欝二於鱗鱗一〇欝一本作レ稠於レ是有二泰詣禪客一卜二瑞籬之緣邊一爲二二宮法樂一講二法華之圓意一通二達萬句一兮智光不レ昧總二括千章一兮樂說無レ窮就レ中因二佛惠之玄極一述二神乘之幽致一閑二聞所言之旨趣一專同二累祖之傳來一愚老感二寸腸一不レ堪レ忍進臨二法莚一諮二問禀承之大傳一賢師唯微咲不レ言强尋二元由一但謂二靈夢之雅訓一倩測二聖智一匪二直也人一誠被二神加一妙二通此道一仍非(イナミ)二祕府之可レ祕者一而披二神道之茂典一非二密意之可レ密者一談二我家之奥賾一故擧二畜懷一偸請二和尚一願擇二髓骨一以挑二末代之法燈一須下鈔二腦膽一以瑩中後學之智鏡上所以勒二玄與一レ疏各成二十卷一殊詮二大宗一別爲二六軸一加之類要集五十卷幷元要圖一卷惣而神道樞機聖化至德在レ斯于レ時元弘第二之曆仲秋上旬之天大廟官長錄靑光祿大夫常良序〇序一本作二謹書一

舊事本紀玄義卷第一〇一本作二第二一

沙門慈遍撰

神性不レ動而動乘二一天一靈體無レ形而形垂二萬物一聖賢應レ之兮自然施レ德庸愚順レ之兮法爾得レ益夫佛之通レ化也月氏皆聞二梵音一神之造レ地也日域普貴二秘光一是以踐祚往聖忝記二靈驗一以爲二代々龜鏡一傳法諸祖亦註二神妙一以備二人々之寶一或撮二綱維一畧詮二玄要一或振二細綱一廣講二奇異一官文社記不レ知二其數一勅書私錄是亦幾何所以日光遍智者雖レ辨二無際之理一螢火短識者還覆二無碍之德一若述二同致一則妄取レ神攝レ佛若論二異途一則苟指レ佛屬レ神同異難レ測不レ辨二邪正一佛神易レ迷須レ識二虛實一方今有二宗廟之貫首一爲二神道之明燭一天機秀發才名普聞爰予在二夢中一聊受二冥聖之告一因二面謁一悕レ戴二縑緗一故不レ顧二少量一將下決（幷イ）二大分一乃爲二後蒙一試釋中先摸上但章條森々卷舒之望良疲文旨幽々鑽仰之功何覃仍憖不二默止一忝事二編集一留遺二博達一冀加二刊修一玄々亦玄義々何義佛末レ出無二能說一無二所說一法未レ說無二能迷一無二所迷一惣是心識不生而言語自絕矣本來無二一物一元神是如何但元レ元莫レ見二一法一偏本レ本令レ忌二諸妄一二法以來不二神道一諸妄紛然以二佛化一彼妄分レ異忌レ異爲レ穢々若除則自飯二得一一此一見レ佛迷レ佛爲レ妄若轉則佛神不レ二如下彼大圓覺經序明二四相潛心一仁王般若中說中是心識神本等上誠哉經文神則諸佛靈佛則諸神性人則神主神則人魂也妙哉冥鑒兼指二西天一告レ有二神應一永止二託宣一追（遂カ）讓二佛敎一應レ知經言我滅度後現二大明神一廣度二衆生一雖レ然末世名字僧尼以二不レ如レ今而可レ費レ國故屏二佛法一令レ拜二神祇一饗二德與レ信不レ受二備物一仍同非レ同猶二異非一レ異末レ捨二凡情一那開二我執一兩致有レ據互爭二有念一二妙無レ隔不レ如レ無レ心古人云道無心而合レ人々無心而合レ道是無爲無事履踐諦當之處神宣曰慮多則志散智多則心亂々々生レ惱志散妨レ道嗚呼不死妙藥一道虛寂萬物齊等所謂神一道者陰陽不レ測無二之盟者變化无レ窮會レ之則心虛而頓超二乾坤之表一證レ之則智明而直達二遠近之事一是故無念之念慮卽平等之器無差之心是慈愍之基淨影師云至人非レ無レ心但無レ心レ之耳眞行子曰聖人無二常心一以二百姓心一爲レ心謂無レ妄無レ私天道在レ心是心是起地

德利レ物例如下止觀々二不思議一起二慈悲心一安中自他上故神宣曰住二其本心一皆得二大道一行基言無漏靈智當レ皈二大道一雖二道一理一迷悟不レ同須下簡二十非一終顯中無凝上所以經說レ不レ如三三界見二於三界一隨而釋判三三千果成咸稱二常樂一云々

伏廻二闇短之思一仰伺二明祖之言一徽從二妄心一必損二衆善一然如二淺學一多貴二至理一而不レ治二己之心一但徒（與其イ）誇二徒法暫閣二才智一以可レ耻二我之私一不レ離レ私者妄心談レ法以レ何可レ升甚傷○（甚傷一本作二傷哉一）々々神未レ發則佛亦覆レ德誰奢二直尊一能思々々願顯二理德一宜レ通二心神一如來既爲二皇天垂跡一諸賢聖悉無レ非二應作一寔住二本心一是則本誓無漏神也云々

凡始自下二尊還生中靈日上永令レ被二歷代一遙崇二神光一日嗣寶祚無レ窮下津岩根無レ動天御量源起レ乎二本朝一焉國宗廟遍照二乎餘州一耳若非二清淨之志一爭契二正直之道一百姓皆迷一人可レ憐夫天潤二千草一未レ分二親疎一地養二萬物一豈存二惡愛一德侔二天地一是稱爲レ皇故云二天子一不レ言二人子一如二經說云一何人王復名二天子一生在二人中一處二王宮殿一正法治レ世而名二天子一又云三十三天各以二己德一分與二是人一稱二天子一神力所レ加故得二自在一神宣曰惠二群生一以二正法一神而通レ之故天地不レ能レ揜密而行レ之又云德合二神明一則通二天地一而四時穩也惠通二天地一則君道明而萬民豐也料知佛說二王法一無レ過二慈悲一尊神冥誓直示二正直清淨一是以內外經書於レ他無レ私以名二正直之道一顯密敎釋爲レ自不レ作以號二清淨之行一故衆典中擧二此德一兮明三世無二二佛之報一乃諸論同受二彼意一兮宣三國無二二王之業一因レ玆粟散國王能施二正法一諸天擁護好レ名善レ譽不レ以二正敎一不レ問二罪過一三十三天各生二嗔恨一災難多起怨賊競來衆人違背不レ從二其主一聖人去レ處善神捨レ國復爲二隣國一恒得二其悕（怖イ）一仁王金光大集等經誠說分明披レ卷可レ見又書云神怒民叛何以能久神怒不レ歆二其祀一民叛不レ卽二其事一神宣曰背レ法而不レ行則日月照見坐違レ文而不レ判則神明記識給蓋聞人命非レ命皆與二天命一仁惠非レ惠悉蒙二神惠一七星在レ頂更不レ可三以行二無道一五行備レ身敢莫レ致二非法一政途濫則四海不レ治法意廢則萬邦無レ寧世者非二人之治一憲法之治也法者非二衆之持一道理之持也公爲レ公之時其所一也代不レ代之日其理二也甚違二神一之道一旁背二無二之盟一國主尤可レ恐二民口一文士何不レ愼二人謗一況乎天道無レ隱神常嗔レ罪抑亦地德無レ覆冥

必罰レ過恐レ天則八百萬餘神護レ國恥（一本恥作レ怖）レ地則卅六禽助レ家從レ皈ニ依三寶一不レ如レ行ニ憲法一自レ欽ニ仰諸神一不レ勝レ辨ニ道理一知ニ僞知一而僞知者正而失レ正歟（一本無ニ知僞以下十二字一）舊典如レ鏡焉新學可レ瑩矣、廣略二門利鈍互用若得ニ大旨一不レ俟ニ下文一

舊事本紀玄義卷第一終

舊事本紀玄義卷第三

沙門慈遍撰

四分辨二變化源流一者易云子曰知二變化之道一者其知二
神之所レ爲乎注曰王曰能盡二變化一者體レ神者也故知二
變化一則知二神之所レ爲也神皇系圖曰元氣所レ化水德變
成爲レ因爲レ果而所レ露名二天御水雲神一任二水德一亦名二
御氣都神一是水珠所レ成卽月珠是也亦號二大葦原中津
國主豐受皇神一也凡以二一心一分二大千一形體顯言爲レ陰
爲レ陽矣蓋從二虛無一到二化變一天月地水感應通交故在二
名字相一云々
神皇實錄曰於二高天原一化生○本書此下有二之字一神號曰二天讓レ日二
陽神日彥國讓レ月二陰神月姬皇神一亦名二天御中主尊一也天地俱生
神坐是諸天降靈之本致一切國王之大宗也德被二百王一
惠齊二四海一歷代帝王崇二尊祖一萬方人夫○人夫一本作二民人一敬二
神祇一故世質時素無爲而治不肅而化太田命傳曰天照
太神則主二火氣一而和光同塵止由氣太神則主二水氣一而
萬物長養也故兩宮者天神地祇大宗君臣上下元祖也已上

諸文變化如レ斯在レ文可レ見夫元氣成二天地一陰陽顯二男
女一以來尊卑之不レ同王民之種異者也於レ是拘レ流有二
淸濁一必歸二其流一聞レ香有二蘭菊一須レ尋二其根一當レ述二
此義一略用二六意一

一冥顯限レ堺　二海陸閉レ途　三始終表レ穢
四本末通レ淨　五天皇領レ國　六料簡詮レ義

一、冥顯限レ堺者卽隱現異也因二上神祇論一此冥顯夫神
祇之源雖レ分レ自二上代一冥顯流通示二於末世一何者神代
如二天地一未レ遠雖レ論二神祇一亦冥顯非レ遙所下以人世天
地永去淸濁宛異冥顯各別上謂陰陽本一々氣變レ物天地
既分々有二冥顯一冥則死也變レ陽歸レ陰顯則生也化レ陰
現レ陽神皇系圖云陽者氣也亦光也故名曰レ魂也凡一
氣化現名號二神靈一是生化魂也陽氣散亡卽爲レ死
鎭座本紀云天地之間氣形質未二相離一是名二渾淪一所
レ顯尊形是名二金剛神一生化本性萬物惣體也云々故
於二陰陽不孤立中一而論二變化一尋二源流一者且以レ陽
化一爲レ生爲レ顯此陽變レ陰歸レ死歸レ冥元是一氣分成二兩
儀一其陽爲レ天其陰爲レ地上下漸去昇沉遙隔其天陽魂
卽掌二心神一其地陰魄卽掌二色靈一如二府錄云一凡一切有
情有レ心有レ形形是爲レ陰心是爲レ陽雖レ爲二兩陰陽一一身

色心色心不レ二又云有情中有二凡聖一依二元初一念一如二
實錄云一原二性命一受二化於心一々受二之意一々受二之精一々
受三之神一形體消而神不レ毀性命既而神不レ終又曰神者
生之本形者生之具也云々故受レ形者必有二生死一論二變
化一則皆陰陽也生陽死陰其體無レ二心神色靈其性歸
レ一起滅自然隱顯無レ勞神靈法爾色心不レ苦變化易レ遷
迷二悲生死一陰陽互轉妄謂二自他一因レ之皇天起二大慈一
偏憐二群靈一神態與二世間一切忌二穢惡一神皇系圖云
凡從二自性淨妙藏一乃至邪蛇地爲二下化衆生一隨二順
方便一故假所化義與二生滅形一依レ無爲レ行滿卽得二正
果一是大慈大悲神慮也寶基本紀云心藏傷而神散去神
散去則身喪人受二天地靈氣一不レ貴二靈氣之所レ化乍レ稱二
神明光胤一不レ信二神明禁令一故沉二生死長夜闇一吟二根
國底國一云々若從レ生則冥而化レ顯若從レ死則顯而化レ冥
自レ生至レ死無レ不レ遊レ冥自レ死出レ生無レ不レ住レ顯於
レ此雖レ顯爲レ彼是冥爲レ彼雖レ顯於レ此是冥神應二王民一
報二感貴賤一天地變化昇沉可レ知麗氣符錄云人者神主
神者人神卽生時始二天乳一死時終二地乳一故迷悟在レ心
云々太宗祕符曰居二無爲無事大達之場一超レ生出レ死名二
之淸淨一是大悲化用也云々元レ々超レ生本レ々出レ死其元

一氣彼本此心念々有レ元事々歸レ本是稱二大達一卽曰淸
淨無爲無事不レ可レ不レ守故忌三二法一以爲二穢惡一惣經二
萬物一而用二除祓一謹尋二其元由一者伊弉冊尊生二火神一
而神去卽表二陰沒陽浮一者也陰陽本一故伊弉諾尊尋二
黃泉一而行到卽謂レ妹曰國未二作造竟一故可レ還矣伊弉
冊尊曰與二黃泉神一相論宜レ還勿レ視レ吾矣伊弉諾尊不
レ聽レ所レ請擧二一片火一而見レ之處肥滿大高膿沸虫流故
大驚曰不須也穢國也乃急走歸矣伊弉冊尊恨曰何不
レ用二要言一令二吾耻辱一汝已見二我情一我復見二汝情一而
追三來于泉津平坂一于レ時伊弉諾尊以二大磐石一塞二其後
路一遂爲二絕妻誓一卽無二別處一氣絕之際也應レ知見レ異
但由二己心一若達二冥顯一誰怖二生死一兩儀相待互見二情
執神忌物字義可レ知是故伊弉諾尊乃追悔之時急滌二身
之穢一速洗二二見之異一頓歸二一神之本一先洗二左右御目
及鼻一以生二日月素盞烏尊一卽表二顯界陽天之相一也空
自受レ陽昇二天上一故也次重左右持二白銅鏡一而生二日
月一廻レ頭卽生二素盞烏尊一是表二冥界陰地之性一也其體
金故受レ陰沉下萬物雖レ化一靈未レ沒故日月者住二天
宮一矣一靈雖レ常萬物末レ存故素盞烏尊遂往二根國一矣
如レ云素盞烏尊年已長常啼泣矣伊弉諾尊問曰何故常

啼素盞烏尊答曰欲從母之根國而已彼母尊者稱黃泉大神故根國者指黃泉也卽是冥道謂爲異界感見雖隔何有別處然迷恐生死妄隔冥顯故自分神祇各度含識天神領顯皇孫治世地祇領冥素盞烏尊流若論生死冥顯互轉陰陽變化卽離可了且具冥界彼素盞烏尊故趣黃泉就母根國謂其道間行出雲國見箸流至簸之河上于叟老翁老婆置小女於其中間而啼哭矣尊尋其由于時報（對イ）曰我有八女每年一度八頭蛇來呑之今也當之然素盞烏尊乃聞廻謀令蛇醉酒拔十握劒斬爲八段視尾有劒（名叢雲劒後稱草薙劒）何以爲私遣五世孫奉天神矣遂娶彼女所生之神名大己貴此等命亦爲幽國之主皆領冥界何者天照太神爲令皇孫奉降葦原先遣二神（經津主及武甕槌神）此二神降到出雲國五十田狹之小汀則拔十握劒倒植於地踞其鋒端而問大己貴神曰天祖欲降皇孫先遣二神汝當避否答曰當詢吾子事代主此神則三穗之碕釣魚爲樂遊鳥爲樂遣稻背脛問之時命對使曰父宜奉避吾亦不違于時大己貴神白於二神曰僕子既避吾亦當避若吾防禦者則國中諸神同禦今我奉避誰敢不順乃以平國時所杖之廣矛還授二神曰吾以此矛卒有治功天孫若用此矛治國者則必當平安今我當於百不足之八十隈將隱去言訖遂隱於是二神誅諸不順鬼神等既訖云々惡以滅用善以相賫明來闇去誰爲疑矣違順雖爭遂歸正路重競輕傾何爲恠焉良哉天孫伏地々祇歸天々地冥合以化顯界冥顯同體得以可辨地理冥智（○有脱字歟）授劒而隱天智鑒地移鏡而現云々大己貴命事代主神等各奉避此處矣二神昇天而奏于時高皇產靈尊復遣二神曰顯露之事者吾孫宜治汝則可治幽冥之事矣復汝之應住天之日隅宮者今當供造卽以千尋栲繩結爲百八十紐矣大己貴神報曰乃如敎詔而長隱矣各領冥顯在文可見故素盞烏尊其流則皆地祇神化冥界地則雖顯其神掌冥天則無形其孫治顯天神哀下地神仰上陰陽昇沉冥顯救護天或陰或陽互絕違順若天若地俱度昇沉所謂陰陽性一故不違也天地若二別（則イ）故不順也天照太神素盞烏尊卽掌陰陽而表違順皇御孫尊大己貴命亦以如此其意可知又謂天照太神雖女而陽故上天也素盞烏尊雖男而陰故下地也陽卽陰蛇爲劒而死陰卽陽劒爲蛇而現住地奉天互

顯兩儀從天降地各化萬物以妄爲酒以迷爲醉取覺云斬取洲云八古婆老翁本理陰陽也尊男姬女始知陰陽歸一是稱爲娶雖死又生是名爲子故大己貴而幽主也故此神現而父尊不見也但又於此尊須有體用粗明文義也已如前辨其體通攝一切惡性故諸妄業無非此尊故云人民山河悉憂其用別指素盞烏尊誰疑有異方現此事蛇劔既存何無其尊今擧一例諸分用可解見裏識表以邪顯正善惡兩神共可比（此イ）知天照太神雖無降臨其象坐鏡素盞烏尊亦不顯現其體在劔況於天神尙論璽珠靈性乘物神應有據然同授皇孫遠傳百王冥顯各化人倫無違其顯覆冥譬如懸簾其冥照顯如居簾內仍水淸月宿感應明也（○感應明也一本作理當然矣）依罪有罰甚可恐也千品雖異皆是受天地之光胤萬物雖遍（○遍一本作區）悉無出陰陽之變化若寒若熱增減不定作男作女生死無窮遊水之鱗住岡之獸已限冥顯他界爲冥々極而顯々遍冥々顯極而冥々遍顯々也能達靈性必通神德須因冥顯知海陸矣

二、海陸閉途者卽冥顯堺也海則冥陰陸則顯陽雖海而陸（○陸一本作岡）故冥遍顯雖陸而海故顯遍冥然迷冥顯而隔海陸々々若通冥顯無礙當知陰陽廣化萬物所以天地唯在一心々々能明白契神矣若乘安情則妨事業障可恐傳聞古者欲念未起其心互通身帶光明無假佗映是故天地淸淨壽命無量飛行自在如魚遊水然而妄心漸起淨身失光天下轉闇神明照國神皇實錄曰從國常立尊至惶根尊天神六代之間則有名字未現尊形五位神坐其後轉變而合陰陽有男女形應化相生而專心神珠以淸淨爲先神態興焉寶基本紀曰倭姬皇女託宣神主部物忌等愼無懈正明聞焉惣而神代者人心聖而常也直而正也然自地神之末天下四國人夫（ヲンタカラ）等其心神（コヽロ）黑（キタナシ）焉分有無異名而心走使無有安時云々精知神力未廢謂之神代義當聖人也靈德已隱謂之人世卽稱凡夫也是以至地神終無得自在永閉海途不通而已天照太神（地神第一）詔曰葦原中津國者吾子孫可爲主之地也正哉吾勝尊（地神第二）之太子皇孫爾就而治之云々皇御孫尊（地神第三）天降之時伴神天兒屋根命掌解除而宣謹請（テクリアケマツル）再拜諸神等各念（倍）此時天地未遠乃以天柱擧於天謂諸法如影像淸淨無假穢志取說不可得須皆從因業生（利止）諄辭（倍利）太玉命捧靑和幣帛白和幣介天牟羅雲命取太玉串天三十二神前仁相副從比天各開天戸岐披雲路互介駈仙蹕比天之八重雲伊頭之千別爾千別天降臨于筑紫日向高千穗槵觸之峯而到吾田笠狹之碕矣其地美女號鹿葦津姬是大山祇神之兒也皇孫請之山神奉之一夜而娠遂生三兒皇孫不信非吾子歟故女忿恨作無戸室入居其內而誓之曰若非天孫之胤必當韲若實天孫之胤火不能害卽放火燒室其火初明而誥出兒名火明命次火盛時而誥出兒名火進命次火衰避而誥出兒名火折尊亦稱彥火々出見尊此尊有德特爲國主地神第四何者兄火進命自有山幸弟火折尊自有海幸爰兄弟相議而試易幸兄取弓矢入山弟亦取鉤到海然互不幸兄火進命遂還弓矢弟火折尊爲魚被喰而失其鉤兄强責之弟不能覓卽以橫刀鍛作新鉤一器返之兄尚忿曰何依多少非吾故鉤不可取矣火々出見憂吟海畔時鹽土翁來而問之火々出見具以答之故彼翁愍此憂苦作無目籠卽納此尊沉于海底忽至龍宮於其門前而有一井於其井上有一桂樹火々出見彷徨樹下有美女來欲汲水乃仰視而驚白父母爰請尋之具以答之於是海神乃集大少魚以逼問

僉曰不識唯有赤女疾口不來因召探口果得失鉤因娶海神之女豐玉姬已經三年欲還之時海神語曰與鉤於兄之時呼曰貧鉤然後與之復授潮滿玉及潮涸玉而誨曰漬潮滿珠潮忽滿若兄悔者漬潮涸玉則潮自涸如此逼惱兄自伏　將去之時妻豐玉姬謂天孫曰吾方娠子產生不必久當作產室以相待矣乃還葦原方如彼敎云々故兄火進命既被厄困自伏罪曰從今以後吾將爲汝俳優之民請施息活於是隨其所乞遂救之矣云々天孫依豐玉姬之語早以鵜羽而葺產屋既如約束遂來到矣以下其末葺合而產生之故上其名曰彥波瀲武鸕鷀草葺不合尊地神第五將產生時告曰請勿視之天孫猶不能忍竊往覩之然女化龍以甚慙曰若不辱者則海陸相近無隔今既顯之何以爲昵乃草裹兒棄之海邊永閉海途而徑去矣尚憐其兒故後遣女弟之玉依姬養之者也然此鵜草葺不合尊以其姨玉依姬爲妃而生四兒初彥五瀨命次稻飯命次三毛野命次磐余彥命此第四命卽號神武天皇是乃人王之首坐也凡厥閉海途來神代既訖靈德方隱隔冥故也龍神威用自在諸趣爲火折命且現二道當知變化由同類矣見性具異

體冥遍四生若達靈性同異無妨自非神力何通海陸無目籠者入冥界也例如仙壺見乾坤外鹽土翁者自心魂也即如神紀明彼語曰願爾諸聞給倍吾是天下之土君也故號國底立神也吾是應時從機比化生出現之故號氣神吾亦根國底國與利麁備疎徠物仁相率守護之故名鬼神吾復爲生氣仁授與福壽之故名大田命吾能反魂魄之故號興玉神悉皆自然之名也物皆有効驗我將辭訖遂隱去矣興玉神言壽竟于時倭姬命皇太神坐正宮之西北角大地輪之中臺祝祭也已上紀文所舉變作悉此鹽土効驗順物靈德如斯

夫以天去地來顯外有冥兩儀雖和萬物難持是以神性不變而靈光異影應用無窮而機見隔域其域多中既通海陸其通變內殆融冥顯正其所現故云神人亦其所治故曰神代鸕草葺不合未論通德神武以降人王而已神源雖淨人流而穢須因冥海知顯表也

三、始終表穢者陰陽變化也於變化中且出海陸海則陰用陸則陽用兩儀和三々成萬物聞香討根者淨穢本一也元氣雖淨陰陽現穢是以二尊始顯男女之形示穢相是元氣化用也然立瓊矛爲中柱者

天御中主國常立耳開闢以來淸天濁地所以天神地神也又伊弉諾尊追伊弉冊尊而到黃泉乃見穢國是即示天神下於地祇各領冥顯之義者也天照太神詔曰豐葦原瑞穗國者吾子孫可知○知一本作王之地也云々是以太子正哉吾勝々速日天忍穗耳尊奉勅天降之時高皇產靈尊御女豐秋津𣑥幡千々姬命爲妃誕生天照國照彥天火明櫛玉饒速日尊奏曰同所生之兒以此可降矣詔而許之天神御祖詔授天璽瑞寶十種乃率供奉三十二神乘天磐船而降河內國河上哮峰爰娶長髓彥妹御炊屋姬爲妃令妊胎宇摩志麻治命未及產生而神去矣天性雖常而下現生死之相云々高皇產靈神則詔速飄神曰吾神御子饒速日尊使葦原國而有疑怪汝往而察之奉勅而降乃復命焉于時天祖於彼天上處其屍骸日七夜七而哀泣矣老少不定未上天之義前後相違示下地之相云々亦天照太神謂葦原中津國者御子正哉吾勝可爲王之地也詔賜而於天浮橋臨照之曰於乎聞喧擾之響彼地未平具以陳不降之狀矣於是高皇產靈尊召集八百萬神相議以遣天穗日命然媚附於大己貴神雖及三年尙未復命矣重遣天稚彥命此神娶大國玉神

女下照姫便留其國至于八年久亦不復奏追遣無名雉天稚彦乃射之此箭還立胸而死矣天照虛實冥鑒善惡業感表之甚可恐也云々其後遣經津主神武甕槌神于時大己貴等奉避此國云々天神地祇各領冥顯其文可見如前已辨焉如是等相敢非天儀應知遠表穢地而已天神之終則如現生死之穢地神之末終顯海陸之別遠鑒末代示不信之咎廣經中間擧無盡之誤稍去清天漸趣濁地將歸眞寂悉導妄亂雖化濁亂神靈何變須因表穢知通淨也

四、本末通淨者陰陽源流也泡流尋源者神靈大用也其神大神人亦大人天大地大兩大德故大字則以一人也若大頂一則成天字也所以天者持人也應知天亦天地人也德侔天地而爲一人惠被民人而作百王三才乘心（○乘心一本作心來）上下道通四海領掌君臣德收一人惟明則民人直也善神施威惡鬼何競如莊子云古之人在混芒之中與素世而得澹漠焉當是時也陰陽和靜鬼神不擾四時得節萬物不傷群生不夭人雖有知無所用之此之謂至一任其自然而已故神書曰崇德辨惑而必然以此備之惠群生以正法神而通之天地不能揆密而行之鬼神不能測其演法惟是以道德謝天子諸侯歸神明祈國家太平是本來大人耳云々原夫一通之道其源開乎天性百王之惠其流受于神孫元々通神明本々施靈德云何元々莫分二流云何本々可歸一源一源清淨一本正直物悉正直故立心御柱爲百王固興天御量調萬民業其初二尊立天瓊矛爲國柱者卽此元也鎭座本紀云伊弉諾伊弉冊尊鎭府陰陽變通之本基諸神化生之心臺也都合天心而興木德歸皇化而助國家故皇帝之曆數天下之固常磐無動三十六禽十二神王八大龍神常住守護坐依損失有天下厄寶基本紀曰心御柱一名忌柱一名天御量柱是則一氣之起天地之形陰陽之源萬物之體也故皇帝之命國家之固富物代千秋萬歲無動下都磐根大宮柱廣敷立稱辭定奉焉（已上書文）天下之本國家之固示之正直施之清淨云何正直爲化不曲云何清淨爲自不用夫天無私而覆千品（清淨心神）地無心而調萬像（正直色靈）天下爲天下之天下非一人之天下萬民非万人之萬民爲一人之萬民其身直而無影曲其心清而色顯外影字隨日色字人也意日昇空神光照色日照天地呈之直

也人繼二日胤一和レ之是也正直任レ本淸淨歸レ元神態與
レ世聖化在レ之故隨二國穢一彌用二淸淨一況心正直自拜二
淨神一其初天神伊弉諾尊尋二伊弉册一追ヨ至黃泉一如下
見二汗穢一還令中祓除上然出ヨ生地神一而已又地神首諸
神達集各令下萬罪歸中素盞烏上以二千座淨祓一除二穢惡一
以二無相鏡一奉レ顯二神體一後皇孫尊傳二此神寶一令レ降
之時天兒屋根命先捧二幣帛一亦用レ之耳所レ除之穢卽
諸惡也所レ用之淨卽萬善也御鎭座本紀云人乃受二金
神之性一須レ守二混沌之始一故則敬神態以二淸淨一爲レ先
謂從二正式一爲二淸淨一隨レ惡以爲二不淨一惡者不淨之物
鬼神所レ惡也倭姬命世紀曰心神則天地之本基身體則
五行之化生奈利肆カルガユヘニノシメヲ元レ々入二元初一本レ々任二本心一與神
垂以二祈禱一爲レ先冥加以二正直一爲レ本利夫尊レ天事レ地
崇レ神敬レ祖則不レ絕二宗廟一經ヨ綸天業一又屏二佛法息一
奉レ再ヨ拜神祇一禮日月廻二四洲一雖レ照二六合一須レ照二正
直頂一止詔命明矣已上紀文神態非レ外正直在レ心須下因二淨
元一知中皇道上也

舊事本紀玄義卷第三終

舊事本紀玄義卷第四深秘卷也

沙門慈遍撰

天皇領レ國者天御量德也天含二三才一禪二德一人一凡被二百王一惠齊二四海一故應二天地一普利二天下一是名二御量一以鎭二御柱一上天下地乃瓊玉矛其體八形三才如レ上云々神皇系圖云從二國常立尊一迄レ至二伊弉諾伊弉册一謂二天神七代一矣爰蒙二天祖天御中主高皇産靈尊之宣命一天以授二天獨矛一而諸尊立二於天浮橋之上一二神共計曰底下豈無レ國歟廼以二天獨矛一指下而探レ之獲二滄溟一其矛鋒滴瀝之潮凝成二一嶋一名二之磤馭嶋一二神於レ是降二居彼嶋一與二八尋殿一神祇寶山今此處也因欲下共爲二夫婦一産中生洲國及山川草木等上後生二一女日神天照三男月神蛭子素盞烏尊或爲レ日爲レ月永懸而不レ落或爲レ神爲レ皇常存以無レ窮矣倭姬世紀曰天地開闢之初神寶日出之時御饌都神與二大日孁貴一豫結二幽契一永治二天下一言壽宣肆カルガユエニ或爲レ月爲レ日永懸而不レ落或爲レ神爲レ皇常以無レ窮光華明彩徹二於六合之内一以降高天之原神留座之皇親神漏岐神漏美命以天八百萬神等乎天之高市爾神集々給比大葦原千五百秋瑞穗國波吾子孫可レ王之地奈利安國止平久我皇御孫之尊天降所二知食一登事依奉岐云云天皇兩孫領レ國如レ斯將レ明二此德一宜レ用二八意一

一皇位繼レ德　二八王崇レ神　三特尊伏レ敵
四群民順レ惠　五法能治レ世　六政必禁レ費
七奉齋持レ國　八神態任レ元

一皇位繼レ德者夫陰陽作レ形精魂續レ命源受二于天性一流分二于群生一如二書云一天地之間有二眞氣一大和之氣是也有二五氣一陰陽之氣是也又曰皇是無爲者也王是有爲者也皇則天地之首以二靜謐一爲レ用也云々是以二尊既受二天地之性一百王皆得二神胤之德一謂天祖内含二精明一未二露顯一號二國常立尊一卽帝王祖是天讓日天狹霧也外呈二地德一氣形乃現稱二天御中主尊一卽人臣祖是地禪月地狹霧也共二天地一德自得二王臣一其次第義如二第一卷一云云夫國常立尊與二天御中主一分爲二王臣一雖レ爲二元祖一天御中主雙二兼兩祖一何者天御中主之長男號曰二高皇産靈尊一卽名二靈魂命一有二二尊一受二其詔命一此是應レ知二定續二陰陽一又高皇産靈之女栲幡千々姬者正哉吾勝之皇妃也吾勝尊者天照太神之太子也故此神孫必具二兩性一

或云天孫或稱皇孫未互人臣倶被帝德同領天下即由○即由二字異本無天照太神與高皇産靈共所以○所以二字異本無約天神則天讓日故受天孫之名地禪月故受皇孫之稱次亦約地神則受天照故得天孫之號受皇産故得皇孫之姓此紀第五云天照太神高皇産靈尊相共所生故謂天孫亦稱皇孫然同第七卷曰上則答乾靈授國之德下則弘皇孫養正之心云々如何是答乾靈如天之無心而降一雨如何是弘皇孫如地之無念而養萬物上冥神天兮大慈與樂授國之德下契皇地兮大慈拔苦養正之心如云皇有至德之定名也又曰德侔天地故名曰皇所以皇者即名大義如實錄云天大地大人亦大故大象人形坐也老子經曰報大象天下註曰執守也象道也云々當知無心即大心也若微有私是民心也既有民心何爲天子若背天心何稱神孫寶山記云天子則天地位故德侔天地則稱天子也天者父也地者母也因之以男爲父以女爲母大慈大悲天地孝也如唐明曰上帝者天也天帝者天也天子天位天祚德侔天地者稱皇帝天祐子之號稱天子黄帝以靈紀故爲靈師云々故以天地而爲父母受一人德被百王惠應知天地即是一人天神地皇並授一位故繼帝位必有神璽也所謂劒鏡寶珠三種是也世紀曰御饌都神與大日孁貴豫結幽契永治天下言壽宣布大葦原千五百秋瑞穗國吾子孫可王之地安國止平久我皇御孫之尊天降所知食止事依奉○按中略歟于時以八坂瓊曲玉八咫鏡及草薙劒三種之神財授賜皇孫永爲天璽互之視此寶鏡止古當猶視吾可與同床共殿以爲齋鏡寶祚之隆當與天壤無窮矣神記曰天地初發之時大海中有一物浮形如葦牙其中神人化生名天御中主神故號豐葦原中津國亦因以曰豐受皇太神也與天照大日孁尊奉此以八坂瓊之曲玉八咫鏡及草薙劒三種之神財而授賜皇孫爲天璽云々三種雖異一空爲體所謂寶珠其内無邊故雨万寶無有窮盡苟順凡情莫生寸想於彼仙壺尚見世界況神璽中豈殘天下如止觀曰如意寶珠天上勝寶狀如芥粟降無量寶蓋色法尚能如此況心神靈寧不具一切法耶云々如大論曰古佛舍利變成如意寶珠寶珠變成米云々然此珠者元神意也抑亦應知萬物靈也色法而非色法即備妙心此意亦非常心何比凡慮又如書曰如意寶珠龍王重寶在九重淵驪龍頷下

云云謂海寶者陰所極也彼天寶者陽所極也今此珠者陰陽一極論其德者天地一心所以天御中主（豐受外宮）大日孁尊（天照內宮）相和奉授皇孫而已當知天地神皇並護一人其神璽者百王心也各隨帝德應現無窮但契元心須知珠心其無心者非如木石也卽名無自他親疎等若取（鐵イ）要者無私之心也微有執（犯イ）心不知餘心其自他心是名民心既有隔心非圓寶心謂一人心敢（必イ）非常心以百姓心爲心故也是心理心萬寶無礙別心事心不自在也無心之心無私之心各隨萬事而斷其妄是名寶劒卽天御量正直淸淨卽天下本如秘府曰用天瓊玉戈而降伏從前妄想到穩密淸淨本地故一心不亂萬法無咎只切忌不淨猛利人耶云々其心（意イ）可解理珠事劒事理無礙邪正分明是名寶鏡所謂寸鏡而浮萬像於無心心治無相相寶基本紀曰鏡者靈明心鏡也萬物精明德也故照混沌之前歸元始之要斯天地人之三才當受之以靜求之以神視之以無形而顯實形故則以無相鏡爲神明御正體也云々文意可知所詮三種德在一空空珠現事事空爲劒空事歸理空鏡化物曰一治世如神懷論今且專辨天皇寶祚卽位印明亦如別紙

理珠天王智劒地臣天地明鏡人民歸惠故鎭心柱而收三才卽興木德而立中主天則寶珠以上爲正其口四寸掌四德也地則寶劒以下爲正其口五寸掌五行也天地圓口俱表空鏡其體人形卽爲五尺內外心柱本是一氣而分陰陽以爲兩基如彼御鎭座本紀曰伊弉諾伊弉冊尊鎭府陰陽變通之本基諸神化生之心臺都合天心而興木德歸皇化而助國家云々木則掌空元氣化用五行之始萬物之起柱則正直神靈以木歸元以主表帝當知三種卽一心柱稱天御量鎭一朝靈元々分德被百王本本分惠齊四海瓊々杵尊亦杵獨王唯依領此御量柱耳如彼倭姬命世紀曰心神則天地之本基身體則五行之化生肆元元入元初本本任本心日月廻四洲雖照六合須照正直頂詔命明矣問三種一空何興木德況鎭色體違心理歟答曰大空非空元氣累氣淸陽爲天濁陰爲地有緣則有迷故神態自然而興有病則有藥故大悲任運而發是以自天神之終及地神以來忌穢勸淨捨邪歸正雖然地神二代末降下界唯至皇孫化生於葦原聊現欲體施惠於群萌故傳三種之神財以繼百王之踐祚卽色爲空卽地而天國家靈命

正有レ之也惣應二帝德一各現二威用一同レ床共レ殿良有レ以也於レ是倭姫命世紀曰崇神天皇以往九帝同レ殿共レ床然漸畏二其神勢一共住不レ安故令下齋部氏率二石凝姥神裔天目一箇裔二氏一更鑄中造鏡劒上以爲二護身御璽一焉是今踐祚之日所レ獻神璽鏡劒是也云々然於二寫本中一其内侍所者代々之靈驗度々之火恠云々其寶劒則沉二西海底一其神璽則于レ今御座云々抑正本中内侍所者内宮御體神璽太玉外宮相殿但寶劒者古語拾遺曰纏向日代朝令下二日本武命一征中討東夷上仍枉レ道詣二伊勢太神宮一辭二見倭姫命一以二草薙劒一授二日本武尊一而敎曰愼莫レ怠也日本武尊既平二東夷一還至二尾張國一納二宮簀姫一淹留踰レ月解レ劒置レ宅徒行登二膽吹山一中レ毒而薨其草薙劒今在二尾張國熱田社一倭姫世紀亦同レ此歟三種神璽各崇二于靈宮一百王繼德專足二于冥鑒一況心御柱別雖レ有二鎭地一凡皇道惠通如レ令二上判一云々仍下二七箇一准二此趣一不レ繫二筆墨一得レ意而已

二

人王崇レ神者夫於二神代一者皆是神也水不レ濕レ水誰以爲二靈德一乎至二人世一者悉是人也水能濕レ物何不レ崇二祖神一哉所以衆生假和（得イ）二陰陽之精一兮從レ冥到レ顯當レ知有形必受二天地之胤一兮從レ神得レ人是以神武天皇始祭二神靈一奉レ崇二皇祖一是人王首耳神皇系圖云天照皇神誓曰吾日太子如二八咫（坂カ）瓊之勾一以二曲妙一御宇且如二白銅鏡一以分明看二行山川海原一乃提二神劒一平二天下一肆以名二之三種神璽一也汝敬承二吾壽一手拘二流鈴一以御二無窮一無レ念二介祖一吾在二鏡中一矣或臨二寶位一以鎭二元々一上則答二乾靈授レ國之德一下則弘二皇孫養レ正之心一然後兼二六合一以開レ都掩二八紘一而爲二帝宅一詔給矣神日本磐余彥天皇賴以二皇天之威一甲子歲春二月朔甲申詔曰我皇祖之靈也自レ天降鑒光二助朕躬一今諸虜已平海内無事可下以レ郊祭二祀天神一用申中大孝上者也乃立二靈時於鳥見山中一用祭二皇祖天祖一矣亦天富命率二諸忌部一捧二天璽鏡劒一奉二於正安殿一天種子命奏二天神壽詞一此神世事而已

天皇鎭魂八神

一高皇産靈神此尊者極天之皇祖帝也　二神皇産靈神八咫烏
三魂留産靈神玉作　四生産靈神生魂
五足産靈神生魂足魂道反魂　六大宮賣神專女
七御膳神保食神　八事代主神素盞烏尊之孫大己貴命之子

右八柱神則八洲守護驗神八齋靈命八心府神座故式爲二皇帝之鎭魂神一矣以下略之本紀勘之

問伊勢兩宮天地宗靈何故此中不二奉齋一耶答天皇領

國已如向辨是爲繼帝即三種寶此三種者兩宮即王彼八神者八洲擁護兩宮一王即成三才令此三才侔掌一德故神寶即同床共殿故每王則同體共帝謂兩宮者天地之初彼三種者繼德之君能々可辨返々可了其意散則其事妄哉仍玉則天也(太玉命神)寶劔地也(栲幡姬神)是爲父母(天神地皇)以得天子(天孫皇孫)其胤寶鏡(兩宮和明如神紀等)其鏡即王(百王繼德如已上判)又鏡則天(天空無相)玉則地德(萬物出生)以劔爲人(知勢治國如冥顯篇)而掌三才又劔則天(空忌斷迷)鏡則地靈(陰陽精明)以玉爲人(心虛質嚴孕國養物)而惠萬民所詮三種即是一王惣掌三才以備一人即是高皇産靈尊之所定置之顯國主也然世下後漸畏神威奉移其寶於今伊勢耳

天皇鎮魂八神者日域守護諸神也是亦高皇産靈尊之所定置之冥國主也但冥國則地祇神也高皇産靈則天神祖也雖然皇産必成地德故於寂初奉齋此神何者太元也論其神化天御中主國常立尊令稱天狹霧地狹霧同體空神不可前後然於一空而現三才即於其天中所芽元氣是號高皇其産(○有誤字歟)漸降而造葦原如神皇系圖曰元氣所化水德變成爲因爲果而所露名天御水雲神任水德亦名御氣都神是水珠所成即月珠是也亦號大葦原中津國主豐受皇神也

云々豐則豐葦中則中主皇則皇産受則繼皇故豐受者即名本末何以得知如實錄云天照太神之太子正哉吾勝々速日天忍穗耳尊娶皇天御中主尊長男高皇産靈尊之女栲幡豐秋津姬命生天津彥々火瓊々杵尊故皇祖高皇産靈尊特鍾愛以崇養焉因以受皇天尊號稱皇御孫尊也遂欲以皇孫尊爲大葦原中國之主矣高天原神留坐(天御中主神天照太神正哉吾勝尊高皇産尊神皇産靈尊津速産靈尊)皇親(天御中主天照太神)神漏伎(高皇産靈神亦名高貴神)神漏美命(栲幡豐秋津姬命)以八百萬神等神集々賜而神議々賜焉我天皇御孫尊豐葦原水穗之國乎安國度平久所知食度事依奉支乃至亦曰天照太神與天御中主則是天孫之大祖也以高皇産靈神爲皇親神漏岐也謂親者祖也故屬二祖尊號名曰皇孫也故豐受者天御中主神皇御孫尊二柱惣名也(豐者天御中主尊本號受者皇孫尊承得尊號)因以名大八洲而稱豐葦原中國其此緣也云々亦如御鎮座本紀曰高貴大神勅宣久以皇孫命靈宜崇大祖止由氣皇太神之前社仍爲相殿神座云々天性含地其元祖也皇産詔命良有由也又神紀曰皇天倭姬內親王託宣久各念天地大冥之時日月星神像現於虛空之代神足履地而與于天御量柱於中津國而上去下來見六合天照太神悉治天原耀天紘皇孫尊專治

葦原中國受日嗣聖明所覃莫不砥礪云々故地神則昇天彼天神則降地其顯主則曆代皇孫卽日嗣者三種神器今坐伊勢（神璽寶鏡）幷尾州（熱田寶劔）也其冥主則地祇靈道仍神者第一擧天神之初是皇胤之祖也第八擧地祇之終卽定國之初也其中間者各如本紀而於軍戰隨現神也惣所鎭者天神（已上四神）地祇（以下四神）今齋神祇官而已

三

特尊伏敵者夫眞氣大和自感帝報妄業群士何違天命皇產降靈（寶イ）國無二一主神胤秀發是稱特尊所以輪王出世則輪法摧怨明君在位則明德照闇雖然爲正有邪不可不伏爲善有惡不可不斷是以天神未洗穢惡於小戶之流地神始競邪正於高天之原加之皇御孫尊遣二神伏大己貴磐余天王（皇イ）率萬軍誅長髓彥神代之爭且置之耳人世之軍粗論之者正哉吾勝尊以栲幡姬爲妃令生兩太子也謂櫛玉饒速日尊與彥火瓊々杵尊是也兄饒速日尊於彼天上以天道日女爲妃令生天香語山命（亦云午栗彥命亦號高倉下命）與此太子相共先令降臨河內國之時娶長髓彥妹御炊屋姬令懷姙宇摩志摩治命（亦名曰味間見命亦稱可美眞千命）未誕生而神去畢然兄香語山命則屬神武天皇而爲臣矣弟可美眞千命者舅長髓彥命奉養育爲葦原主故對天皇令諍而已

神武天皇者皇孫第四代也謂不葺合尊第四皇子也母曰玉依姬命海童神之少女也天孫生而明達意雄如矣年十五立爲太子長而日向國吾田（田イ）邑吾平津媛爲妃誕生手研命次研耳命及年卅五歲謂兄及皇（一本皇作太）子等曰昔我天神高皇產靈尊大日孁尊擧此葦原國而授我天祖皇御孫尊皇祖皇考乃神乃聖積慶重暉多歷年序自天祖降跡以迄于今卽百七十九萬二千四百七十餘歲也亦聞鹽土翁曰東有美地青山四周蓋是六合之中歟何不都之諸皇子曰理實灼然恒以爲念乃越山渡嶮三年入中州于時長髓彥遣人言昔有天神乘天磐船自天降焉饒速日尊是也娶吾妹炊屋姬而遂有兒息名曰宇摩志麻治命今次饒速日尊以爲君矣於一國土豈有兩主所以來者必奪我國乃起軍兵以戰彥五瀨命中矢而甍天孫憂曰我等爲日神子孫向日而逆故也乃引軍退移海中卒遇暴風於是稻飯命恨海神乃拔劍入海化爲鋤持神（サビモチノ）復三毛野命蹈浪秀而行常世鄕矣天孫獨與皇子手研耳命總引軍方至熊野荒

坂津一矣此邑有レ神忽生二毒氣一故人減瘁由レ是皇軍不レ進也已上不レ得二時節一而已皇孫凝レ念祈レ天于レ時彼處有レ人號曰二熊野高倉下命一乃夢天照太神示二武雷一曰葦原中國猶聞二喧聲一汝往而治武雷對曰雖二自不レ行下一昔矛平レ國劔一將レ平レ國矣天照太神詔二高倉下命一曰此劔名二韴靈命一置二汝庫裏一宜レ獻二天孫一忽寤視二庫內一果有レ劔倒立卽取進レ之天孫大悅而尋毒（イナシ）士悉醒矣故赴二中州一其山中嶮不レ知二其路一又夢天照太神訓二皇孫一曰遣二八咫烏一宜レ爲二導者一寤有二此烏一任レ飛遂至二于菟田下縣一矣又夢造二天平賀一可レ祭二神祇一乃如レ夢使下椎根津彥弟猾之二人取二天香語山土一造中八十口上以祭二天神地祇一遂而於二國見丘一振レ軍於レ是取レ勝不レ輒于レ時忽然天陰而雨レ氷亦有二金色靈鵄一飛來止二于皇弓弭一其光如二流電一由レ是長髓彥軍皆迷眩失レ意矣宇摩志麻治命本知二天神加一而順二天孫一乃謀下殺二舅師（帥カ）一以歸順上焉復天神御祖所レ授二饒速日尊一天璽瑞寶十種皆奉二天孫一焉天皇甚以寵異矣已上說三時至則有二感應一而已遠被二末代一冥鑒可レ愼惣於二天命一違順如レ斯神代在レ今莫レ謂二往昔一皇孫不レ改何徧二冥應一如二三略一者專擧二政道一至二兵法一者多勸二陰陽一如二一卷一者末二曾下一レ兵始擧二大數一終約二十二一各論二相和一具在二口傳一但六韜中廣敎二軍法一若非二武者一巧無レ要也故光珠敎二文（本ノマヽ）師一盈虛國務大亂等意如レ斯如二書曰一夫武禁二暴戢一兵保二大定一功安二民和一泉豐レ財者也云々舊曲（典カ）事繁不レ能二細引一神宣云提二是靈劔一平二天下一惡事者表二武威一必治二天下一也天授レ人與二其德一稱レ武所詮無レ私如レ前而已

四　群民順レ惠者夫無レ守レ文者草創無レ由其守レ文者仁慈是也縱免二萬死一其身難レ持縱値二一生一其命易レ留神宣云人乃天下之神物須レ掌二靜謐一心乃神明之本主莫レ傷二心神一故書曰宗廟之本在二於民一々之治亂在二於司一云々其司是政其政是惠一慈普則萬民順耳當レ知群機譬如二人兒一自レ非二慈者一何昵レ親乎卽如二書云一王者以二四海一爲レ家以二萬姓一爲レ子故神宣曰度二萬品一如三世間人兒宿二母胎一也云々天地非レ外開闢在レ已王民互轉何守レ一也色無二定體一隨レ心所變雖二世下賤一莫レ忘二本願一憲法云背レ私向レ公是臣之道矣凡人有レ私必有レ恨有レ憾必不レ同非レ同卽以レ私妨レ公憾起則違レ制憲法初章云上和下諧其是謂歟又曰其百姓之訟一日千事一日尙（然イ）爾況累歲乎今治レ訟者得レ利爲レ常見レ賄聽レ讞會レ饗忘レ僻故有レ財者之訟如二石投一レ水乏者之訴似二水投一レ石

是以貧（窮イ）民則不レ知レ所レ由臣道亦於焉闕矣書曰國將レ與
聽二於民一將レ亡聽二於神一々聽明正直而壹（臺イ）者也人而行二
非德一民不レ和神不レ享矣神所二憑依一將レ在レ德矣又曰
令下施二民之取一レ好禁中於民之所上レ惡民之所レ欲天必從
レ之民之所レ惡天必讓レ之云々

五
法能治レ世者夫（大イ）法者禮也各親二其親一各子二其子一君臣
樽節若無レ禮（貧イ）者非レ法也書云足寒者傷レ心人怨者傷レ國
註曰足下貧而無レ禮也心乃神之主心傷則神散神散則
身喪禮者國之本無レ禮則國亡矣憲法云群卿百寮以レ禮
爲レ本其治レ民之本要在レ于レ禮上無レ禮下不レ齊下無
レ禮必有レ罪是以群臣有レ禮位次不レ亂百姓有レ禮國家
自治神宣云背レ法而不レ行則日月照見坐違レ文而不レ判
則神明記識給人受二天地之靈氣一不レ貴二靈氣之所一レ化
乍レ種二神明之光胤一不レ信二神明之禁令一云々但古者無二
文字一故以二漢才一令レ助歟今則彼道盛而還壞二神敎一者
也仍再興二本誓一宜レ直二人心一靈訓分明如二神懷論一云々

六
政必禁レ費者夫國家衰起レ自二民之煩一故明王政不レ如
レ禁レ費諸典各驗不レ能三具判二萬事一廻レ心宜レ辨二損益一
爲レ公爲レ私唯有二民憂一付レ俗付レ眞偏行二國費一民叛則
神不レ受レ祀冥怒則人必違背學レ上而下奢天何應耶忘
レ他而自欲豈順レ冥乎所レ詮宗廟本誓在レ之取レ要爲レ國
如二神宣云一都合天下之土毛或（式イ）備二宗廟之祭一惟仁恩之
忠孝以レ信爲レ德故神明饗二德與一レ信不レ受二備物一焉故
自二宮作一及二諸神態一皆禁二國費一況其餘乎例如三彼書
明二極楹不レ削茅茨不レ剪等一而已

七
奉レ齋持レ國者凡朝家固者尊神鎭座宗廟安則天下亦穩
兩宮之威光者百王之德暉也頻繁之祀何怠レ之耶神宣
曰神垂以二祈禱一爲レ先冥加以二正直一爲レ本任二其本誓一
皆令レ得二大道一者天下和順日月精（晴イ）明風雨以レ時國豐民
安惣崇二祭神祇一住二無二之心一奉レ祈二朝庭一則天地與二
龍圖一運長日月與二鳳曆一德遙海內泰平民間殷富各念
祭レ神禮以二清淨一爲レ先以二信心一爲レ宗云々

八
神態守レ元者凡禁法雖レ多不レ如レ守レ一是元始々即清淨
每レ物有二始終一每レ事有二淨穢一若二其淨一則自以守レ之
若二其穢一則改而用レ之淨者空也穢者有也隨レ有而有
レ心隨レ心而用レ穢所以者何天神之末レ至レ地之時頓見二
二法一還歸二一元一惣厭二生死之妄見一令レ勸二陰陽之正
理一故頗許二上之空儀一而強忌二下之觸事一如下神宣曰中
元レ々入二元初一本レ々住レ本心一云々

舊事本紀玄義卷第四終

此書者十卷中殊以二四五九一爲二寂祕一仍於二初學仁一不レ被レ免レ之經二年序一運二懇志一剩爲二當道一企二上洛一之時被レ免レ之於二五條富小路久木尾宿所一書二寫之一于レ時慈遍御宿所六角油小路法華堂宰相律師御房也連々往還及二數日一相傳云々末代明證神道奥旨而已

觀應二年正月日

（井上賴囶翁藏本奧書）
承應二年八月日書寫了權神主延良　判

右一編者雖レ爲二慈遍法師之祕卷一不レ非下釋二神道一之正書上其旨記二九卷之奧書一焉

八垣岸愼之謹書

寶曆六年丙子十月五日

舊事本紀玄義卷第五（深祕卷也）

沙門慈遍撰

六料簡詮義者夫聖智幽遠神道難レ達尙繁筆者還迷レ津歟略詮レ義宜レ加二料簡一再論多端且約二十意一

一料簡神皇　二料簡天降　三料簡地昇
四料簡互用　五料簡伏難　六料簡廟社
七料簡體用　八料簡通別　九料簡結前
十料簡生後

一料簡神皇者　問於二上科段一雖レ明二天皇一未レ辨二來由一是義如何　答皇其源者高皇是也尋二來由一者氣質元也此氣累而成二葦原一惣爲二天神地祇本祖一所以皇者含靈之地胤也當レ知德則曆代之國王也彼高皇者卽天神也天兼レ地者本一故也天地讓レ皇陰陽皈レ神兼稱二天狹霧地狹霧一天地雖レ分神道未レ變陰陽隨レ化皇德施レ惠神皇一人通被二百王一德侔二天地一是名曰レ皇々必通レ神神定施レ皇天神地皇靈用無レ窮爲レ日爲レ月陰陽之惠爲レ神爲レ皇天地之德陰德含レ皇天御中主陽道顯レ神大日孁尊合二此天地一而爲二一皇一使二彼道德一而授二三種一是故應レ知如二神宣云一天御中主與二大日孁一預結二幽契一永治二天下一或爲二日月一或爲二神皇一授二三種璽一繼二百王位一（德イ）具如三上引二諸文一可レ見天無二兩日一土無三二王一稱二之特尊一謂二之一皇一　問天地一皇而無二二主一（也イ）何故兩宮雙稱レ皇耶　答開闢以來歷代繼皇其數幾世何限レ二乎今稱二特尊一者唯皈二當帝一也而兩宮則天地是一切國王之父母也彼親讓レ子則此子亦掌耳何以二兩宮之神號一而押二皇孫之德一乎　問若如レ讓則前可レ無歟三皇雙者彌不レ可乎　答世間官司尙異二財寶一雖レ有二前司一豈妨二當官一況三皇者各論レ元也卽此三者天地人也謂太元神無レ名無レ狀卽虛無孁非レ前非レ後然元氣成二天地一之時順二陰陽一立二皇神之名一天則天皇地則地皇兩皇讓二德一人一得レ皇例如下漢土於二盤古王一立中三皇氏上得レ立可レ解高皇產等二（神イ）皇如レ次二人臣二三皇俱合二地德一又天鏡等三神如レ次二帝祖一三皇俱合二天德一侔二此天地一而現二人皇一卽皇孫尊始降臨耳故兩宮則天地之本皇也而一皇者受德之末皇也通被二百王一其皇亦幾乎各每二當代一皆是特尊也天無二兩日一天照皇神土無二二主一豐受皇神繼レ德皇孫々々領レ國之主一皇々々無レ窮所以如レ云天照豐受預結二幽契一永治二

天下ニ手捧ニ寶鏡一詔ニ皇孫一曰視ニ此寶鏡一當レ猶レ視レ吾
同レ床興レ殿以爲ニ齋鏡一寶祚之隆當與ニ天壤一無レ窮宣
矣具如ニ前引一思レ之可レ知　問德侔ニ天地一是名曰
レ皇何以ニ天地一而稱レ皇耶　答天地一神未レ論ニ兩儀一
三才起後三皇現レ前何者益大稱レ顯ニ皇德一如レ云ニ天地
大人一故指ニ天地靈明之本一而非レ令レ稱ニ皇神之名一故
兩皇者卽名レ德也天陽地陰受レ德嘆レ恩應レ知皇則天地
分後伊弉諾尊除レ穢之時再令レ出ニ生日月兩神一是其天
地之荒魂也此本紀曰伊弉諾尊詔上瀨者速下瀨者弱而
初於ニ中瀨一滌之時所生之神二柱神名ニ八十枉津日神
次大枉津日神一後爲レ直ニ其枉一而所生之二柱神名ニ神
直日神次大直日神一倭姬命世記曰荒祭宮一座註曰皇
太神宮荒魂伊弉那伎大神所生神名ニ八十枉津日神一也
御形鏡坐神祇譜天圖曰多賀宮一座註曰件神天下四方
國人夫等諸事漏落事悉神直日命大直日命聞直見直給
安久平久所ニ知食一也又本紀曰伊弉諾尊滌ニ御身一之時
所レ生之神三柱洗ニ左御目一時所生之神名ニ天照太神一
洗ニ右御目一時所レ成名ニ月讀命一並坐ニ五十鈴川上一
謂ニ伊勢齋大神一洗ニ御鼻一之時所レ生之神名ニ建速素盞
烏尊一坐ニ出雲國杵築神宮一大田命傳曰荒祭宮一座註

曰皇太神荒魂神也伊弉諾尊到ニ筑紫日向小戸橘之檍
原一而祓除之時洗ニ左眼目一以生ニ日天子一大日孁貴也天
下化生名曰ニ天照太神一荒魂荒祭神也謂祓戸神瀨織津
比咩神是也同傳又曰多賀宮一座止由氣皇太神荒魂也
伊弉諾尊到ニ筑紫日向小戸之橘之檍原一而祓除之時
○按本書中略歟洗ニ右眼一因以生ニ月天子一天御中主孁貴也天
下化而名曰ニ止由氣太神之荒魂一多賀宮是也亦洗レ鼻
因以生神號速佐須良比賣神土藏靈貴也素盞烏尊與合
レ力座給也云々故天地之用陰陽之化嘆之大也謂ニ之皇一
也但從ニ本致一而云天地論ニ其繼德一卽皇孫耳　問天
皇繼德俱受ニ兩神一何故多云ニ皇孫尊一耶　答如レ云天
孫亦曰ニ皇孫一各如ニ第五六兩卷篇第五天孫專饒速日
尊第六皇孫瓊々杵尊一若從ニ天上一必爲ニ天孫一今從ニ地
下一故曰ニ皇孫一況論ニ皇德一雙兼ニ天地一故高皇產靈通
擧イ表而已
ニ料簡天降者　問天神降レ地其相如何　答天神則陽而
施ニ陰德一此德幽玄而非レ可レ述且約ニ大途一畧論レ之者
地狹霧之含レ德是也天御中主普ニ地禪月一卽皇產靈乃
至皇孫故豐葦原漸得レ爲レ造是豐受耳　問若爾者豐受
似ニ地神一耶　答始終豐受何但限レ地天地俱生陰陽

不測千變幾乎水德常施万化惟大也皇胤能降是以初則天御中主天神御祖凡地禪月是其豐之義也中則水珠月神爲伊奘諾還爲所生而冥日神也終則皇御孫尊正現欲體直受神寶令傳永代故豐受者名兼本末論其意者卽示同體何者天神唯有靈明其體皇孫卽顯國主故皇孫者掌三才也天而人地橫而爲竪高皇非始皇孫非終讓中主於百王施豐受於万物神皇圖曰天御中主尊（神風伊勢百船度會山田原大神座）元氣所化水德變成爲因爲果而所露名天御水雲神住水德亦名御氣都神是水珠所成卽月珠是也亦號大葦原中津國主豐受皇神也凡以一心分大千形體顯言爲陰爲陽矣蓋從虛無到化變天月地水感應道交故在名字相云々又神記曰豐受皇太神一座天地開闢初於高天原成神也一記曰伊奘諾伊奘冊尊（古語曰伊舍那天伊舍那天姬）先生大八洲次生海神次生河神次生風神等以降雖經廻一萬餘歲水德未露（志天）天下飢餓于時二柱神天之御量事（平）以弖瑞八坂瓊之曲玉（平）捧九宮所化神名號止由氣皇太神支千變萬化受一水之德生續命之術故名曰御饌都神也古語曰大海之中有一物浮形如葦牙其中神人化生號天御中主神故號

豐葦原中國亦因以曰止由氣皇神也故天開闢之初神寶日出之時御饌都神天御中主神與大日孁貴天照太神二柱御大神豫結幽契永治天下或爲日爲月永懸不落或爲神爲皇常以無窮矣光華明彩照徹於六合之內矣（已上記文）變化始終諸文明也神應前後可得意也　問變化難弁須示位耶　答略有四重其文如上所謂初則天御中主中則多賀自天移地故稱二柱其大直日如云伊奘諾之所生亦云豐受荒魂神耳終則月讀是成（器界イ）然男（名イ）於此器界而掌晝夜一頭兩目故稱三柱名爲荒魂在文可見第四重則皇孫以來亦是豐受已如上弁故或寄本或亦約末皆曰豐受隨處可解　問異名亦多其意如何　答名有惣別謂別稱者悉隨其德々（○按此間或有異則之二字歟）號異也天地之間兼名（イナシ）御中主其胤芽之稱云皇產或云水雲及御氣津或亦月神各如諸文爰豐受者是惣名也並名本末如實錄文　問豐受義亦人臣耶　答豐者大也如彼字書云々大亦皇也如前斷簡云々故論所攝雖亘君臣而論能攝獨帝祖若約天皇論王臣者兩祖各分已前弁畢

三

料簡地昇者問　地神昇天其相如何　答地神則陰而

施二陽道一此道無レ窮不レ可二偏執一且取二其要一以論レ之者天狹霧之含レ德是也國常立尊以レ天讓レ日卽天鏡胤孕二天萬靈一然至二二尊一既生二靈兒一此靈兒者其尊光也其光用則必遍レ空也故曰レ送レ天不レ可レ留也論二色體一者漸成レ地也故云レ生二國及惡兒一也其靈光則陰陽之精明也故日月者天地之神光也當初者未レ分二晝夜一卽指二明光一自爲二日月一故曰是時天地相去不レ遠思レ之神祇寶山記曰伊弉諾伊弉册往昔大悲願故而（乃イ）作二日神月神一云云故知二尊卽日月也　問今論二地神一何天神耶　答空天現レ色是曰二生地一此地顯靈是稱二地神一況天地始終神○始終神一本作歿而道常存卽國常立爲二天狹霧一若爾何限二天神一致レ疑應レ知地神但指二靈性一此靈性者還飯レ陽也如レ云內外不二常一體天神地祇皆一露又曰天地之間稟氣之靈蒙二一（大イ）神五行（種イ）之神力一受二天地父母之生身一云々是故天地雖レ分其靈無レ變陰陽雖レ化其神一露故二尊雖レ受二色質之麁身一還生二心珠之靈兒一其兒則勝分其親則劣也天地之昇沈是陰陽之明闇而已　問何以二勝劣一爲二親子一耶　答神（靈イ）歸本有也隱而在二一性一光用熾盛也現而爲二二尊一其光照者此神之所レ生故云二兒勝一其色體者兩儀之麁相故曰二親劣一惣而言レ之万物之靈明也別而論レ之一精之眞極也故稱二國主一授以二天事一普蒙二惠光一誰不二敬仰一凡二尊始自レ令レ生二國主一通稱二天子一如二行基曰一照皇天子應現出來故號二天子一云云其光無レ私而恒照二万像一若心正直而自契二一神一天地雖レ分心神不レ殊仍隨二名義一須レ知二靈德一　問曰神名義有二幾種一耶　答於二此紀文一日月各有二三重名字一初則大日孁貴與二月讀一也謂靈性無レ形陰陽難レ測故强云レ貴指レ功稱レ讀也中則天照太神月夜見也謂拂レ闇而出二嘆其光用一以云二天照及月夜見一也終則大日孁尊與二月弓一也謂其形顯二現於天一而耀二指其嚴貞一以稱二靈尊一初月寄弓也俱如二或紀一俱以二中名一而爲レ終也是令三芽（弟イ）初立二尊號一歟故以二照用一爲二第三義一名（各イ）據二一意一亦無二相違一云々若繼二上與レ下地者須レ有二五重一令二料簡一歟前擬二四德一今表二五行一其理明也不二繁筆一耳

四　料簡互用者　問天地兩神互用如何　答大神常降々而非レ降地神恒昇々而非レ昇何者於二空中盡邊際一神性量等而國常立唯有二名字一無レ有二形體一其靈周遍無レ非二万物一卽大日孁而無二邊量一百千日月一靈分遍同レ無二中邊一何論二前後一都無二上下一豈滯二昇降一應レ知天地一神俱生但隨二陰陽一互用二同體一孤陽不レ起單陰不レ立

天地兩神宜合可レ知　問天地兩神各有二陰陽一又天與レ地宜合如何　答二二途雖レ分不レ出二陰陽一卽於二此義一當レ有二橫竪一其橫天地各論二陰陽一其竪天地以分二陰陽一其橫卽竪其竪卽橫應レ知天地同體俱生雖レ云二兩義一實是一神雖レ云二一神一必具二兩儀一故非二孤陽一亦非二孤陰一凡論二萬化一皆在二同體一故初天祖含二二狹霧一亦後地神女而掌レ陽於二此中間一二神合レ明謂豐受與二大日孁一耳其神同體全非二始終一其德俱時都非二前後一天神無レ形出レ相爲二地神一地神耀レ天々性現レ德

問淸天濁地此理必然日神現昇天地降歟　答盡レ理如レ上重說無レ由試擧二一喩一宜レ會二萬疑一謂用二厚物一而囊[裹イ]二明珠一若有二環門[壞間イ]一頗見二現光一珠如二天神一光如二地神一依レ珠有レ光尋レ光皈レ珠々光雖二常裹一德則在レ地矣地不レ離レ空隱顯可レ知漏二陰陽之影一而顯二精明一出二天地之間一而現二靈光一空色々空々有無レ礙二天地一地天々性不レ變在レ色爲レ靈在レ心爲レ神也心體惟一神靈不レ二雖レ在二一念一各迷二其理一知日卽知字義可レ了

問神靈在レ心未レ有レ他者何憑二外護一而祈レ益耶

答天神之性遍レ地々神在レ心々靈常通自有二聖賢通者一而已不レ通而祈二一尊一生レ日稱二天下主一皇孫繼レ光爲二葦原王一其形雖レ消神明不レ毀前神後神同皈二冥道一其靈無レ形隨レ物而現若賢若愚名在[各イ]二己心一若二他神一則雖レ祈不レ應若二心外一則雖レ應不レ感眞神如レ月信心如レ水月而不レ下水而不レ上濁則不レ宿淸則得レ宿一月萬光未レ惜レ影哉一水萬滴未レ爲レ疑哉如二彼易云一夫唯知二天之所一レ爲者窮レ理體レ化坐忘遺照至虛而善應則以レ道爲レ稱不レ思而玄覽則以レ神爲レ名蓋資レ道而同二乎道一由レ神而冥二於神一者也卽如二大田命傳記曰一德合二神明一則乃與二天地一通也德與二天地一通則君道明而萬民豐也云々

問聖賢雖レ通愚凡無レ據如何皈レ神如何祈耶　答賢愚雖レ別心神不レ隔若有二信德一何異二聖賢一如二世記曰一夫悉地則生レ心[爪]意則顯二信心一而蒙二神明利益一事[波]依二信力厚薄一也云々神體各崇感應可レ祈心天色地同體無レ疑金則陰陽之靈玉則水火之精金是神也全是冥也劍鏡寶珠卽神無レ別天地非レ遙遠近在レ心依レ心有レ信依レ信有レ益天父地母大慈大悲陽男陰女常度[○度一本作レ惠]一常化卽如二御鎭座本紀云一天地未レ割陰陽不レ分以前是名二混沌一萬物靈是封[對イ]名曰[イナシ]二虛空神一亦曰二大元神一亦名二國常立尊一亦名二俱生神一希夷視聽之外氤氳氣象之中虛而有レ靈一而無レ體故發二廣大慈悲一於二

自在神力二現二種々形一隨二種々心行一爲二方便利益一所
レ表名曰二大日孁貴一亦曰二天照太神一爲二萬物本體一度二
萬品一世間人兒如レ宿二母胎一也亦止由氣皇太神月天尊
天地之間氣形質未二相離一是名二渾沌一所レ顯尊形是名二
金剛神一生化本性萬物惣體也金則水不レ(イナシ)朽火不レ燒本
性精明故亦名曰二神明一亦名二大元神一也任二大慈本誓一
每レ人隨レ思雨レ寶如二龍王寶珠一利二萬品一如二水德一故
亦名二御氣都神一也金玉則衆物中功用甚勝不レ朽不レ燒
不レ黑故爲レ名無二內外表裏一故爲二本性一謂人乃受二金
神之性一須レ守二混沌之始一故則敬レ神態以二清淨一爲レ先
謂從レ正式爲二清淨一隨レ惡以爲二不淨一惡者不淨之物鬼
神所レ惡也已上紀文一文如レ斯萬義可レ尋
五
料簡伏レ難者　問如三易等談二神妙義一者凡超二乾坤一
離二陰陽一也而以二兩儀一爲二兩神一者未レ及二神意(彼イ)一可レ云
レ劣耶　答和漢意別也寧令二此類一乎但談二神妙一何限二
一說一始レ自二經論一無レ不二稱讚一神宣亦多爾令レ守二混
沌之初一以如レ之耳是卽心之要路也機之證入也所以若
契二此心一者必通二彼神一也彼此畢竟雖レ無二二別此神應
者非二彼神一也神國之儀宛異レ之哉　問心神既應用
豈別若爾神國何異レ彼耶　答神妙本有而自遍二依正一

靈應尤新也何但性常乎凡諸有情皆順二妄心一此妄若息
必通二眞神一此眞神者天性理也此天性者成二日神一也若
非二顯現一何得レ蒙レ益此應體名二天照太神一其惠普照二
六合之內一其德永繼二百王之位一不レ同二彼偏以レ妙稱
レ神亦異レ正取レ德崇レ祖　問答如レ言者天神無レ益又
如レ此者地神勝レ天抑彼雖レ不レ曰二天照神一但稱二日天一
德輝自同若爾別號二日本神國一更無二異途一然有二何神
祕一耶　答天地一神陰陽不レ孤於二上辨一者爲二此義一也
今論二異途一成二偏不偏一謂彼執レ偏此顯二不偏一其偏神
者離二天地一也故非二陰陽一亦非二性相一故嫌二變化一徒
覆二靈德一還迷二天地冥通之道一故談二神妙一雖レ蕩二妄
慮一未レ知二神應利物之相一仍雖二體無レ二而有二知不
知一於二機見一不レ同敢無レ妨二別執一其不偏者宛異二彼
義一何者眞神雖レ似二無形一從レ性出レ相漸現二色質一天而
成レ地下亦遍レ上從レ空趣レ色從レ色歸レ空天地同レ冥上
下倶レ時故於二天地一唯在二一靈一且(但イ)分二上下一互兼二兩
神一謂二其上一則天地狹霧論二其下一則皇孫得レ讓百王利
物皆是天神三才分別並成二地德一天地倶生良有レ以也
惣指二變化一卽神而已　問變化雖レ易靈妙不レ改以二生
滅事一何稱二神明一況所レ記文悉用二漢字一惣所レ談義無

非彼說我朝才明恐隝〔本ノマヽ〕花國神通治世是何見耶　答
神靈化生滅々々顯神應俱遍性相事理無礙若
不遍者此神有限未免無常計遍者既無盡際何
妨生滅陰水陽火自有昇沉天道地德無非常儀卽
事而眞彼談所紀〔絕イ〕遍色而空此神所絕是以二尊受
天祖詔生國及山海及草木等皆化爲神雖現生死
神應常恒故移漢土是亦（以漢字記神道之義）神德彼雖隔此々
不厭彼々此一德未得爲他遠近万事無漏神惠
巨海尙不厭細流泰山亦無讓土壤取百姓業
爲一人德惣使異域悉令歸本朝抑和國者三界
之根尋余州者此國之末〔本イ〕謂日本則如種子芽故依
正和人心幼似春草木未得成就論其功用本
在神國唐掌枝葉梵得菓實花落歸根菓謂受流
故當初則皆用託宣而治天下梵漢文傳神態轉隱先
談已竟　問漢家粗爾又梵如何　答根莖斷簡略如
上辨故佛法渡還添威光是以神宣指西天佛以爲
應迹細期下章如彼孔老密佛爲師佛若歸神本
末誰爭雖文寫漢書理良背若令佛敎大同小異惣
明因果示已三世仍任一靈廣敎生死云々

六料簡廟社者　問宗廟社稷其義如何　答廟社名字出
自漢土遂論義者意頗別也如弘決云宗謂尊也
廟謂皃也謂尊皃之所居也　社謂后土吐也土所
生之如口吐物卽地神也引國語云平九土故祀
以爲神戴皇天而履后土地廣不可盡敬故封爲
社稷謂五穀惣名也卽五穀之神也故天子所居左
宗廟右社稷布列四時五行故以國亡爲失社
稷既入怨國及淫女房故社稷壞也（已上弘決）又禮記云天
子立七廟一考（父也）二王考（祖也）三皇考（曾祖也）四顯考（高祖也）五祖
考（始祖也）已上五皆月祭也六遠廟有二祧（祧卽廟之別名也卽文武廟也二祧四時祭也）
諸侯五廟一考二王考三皇考（皆月祭也）四顯考五祖考（四時祭之）
卿大夫三廟一考二王考三皇考（皆四時祭之）士人立二廟一
考二王考（四時祭之）庶人無廟（已上禮記）大智律師盂蘭盆記引此
謂始自天子至於士人家國相傳皆立宗廟雖
五考之用則別而百行源不殊云々宗廟社稷在文可
見王臣民庶次第如斯然此兩宮名曰宗廟異彼所
立細尋可辨　問若爾彼此同異如何　答宗名尊義且
不異也但彼人廟再不同也今崇兩宮卽名天地恐
是可謂六合〔千界イ〕宗廟故此宗廟義當日本所以別在神
國而已

七料簡體用者　問物有體用其相如何　答万物有精

其名曰レ神此所レ掌此國爲レ體故天御量獨在二本朝一是德所レ秀是義如レ前當レ知自餘百千世界皆爲二吾朝一廣施二大用一如レ云二尊降二天瓊矛一而探二滄海一引上滴瀝凝結成レ島名二磤馭盧嶋一（或記云磤馭盧島者通指二三界一也）二神於レ是造二八尋殿一（或記曰八尋殿者指二日本高見國一也）指二立瓊矛一（或記曰瓊矛者神祇寶山今此所也）共住二同殿一（其意如レ斯已上請レ記）

八

料簡通別者　問物有二通別一其義如何　答既論二體用一者當レ有二通別一々則神體通則神用其用廣遍二一切諸國一其體獨在二此朝一神地應レ知餘州通雖レ曰レ神若論二靈地一別在二日本一如二日本宗祕府曰一諸梵王諸天子諸群生卽受二皇天敎勅一到二實證之地一領二知衆物之天所化一百億須彌百億日月一々須彌有二四天下一其南閻浮提有二圓陁々之地一謂二之大日靈地一亦號二神國一也（已上祕府）

九

料簡結前者　問結前如何　答上來玄文乃爲二五卷一義分二次第一各有二其意一第一卷明二一成レ二也第二卷明二二成レ三也第三卷明三三成二万物一第四於レ中明二一人德一此卷於レ後料二簡上意一仍得二來由詮義一而已

十

料簡生後者　問生後如何　答此本紀者偏論二神道一故就二其文一未レ交二佛敎一以二下卷一附二神皇系圖一畧談二佛惠一還顯二祈誓一六七卷乃明（顯イ）二神佛同體一第八卷以明二本誓同異一第九卷正明二神寶出現一第十卷爰明二記事靈應一云々

舊事本紀玄義卷第五終

凡舊事本紀者聖德太子御作本書十卷也依レ爲二無點一可レ加レ點之旨雖レ被レ下二勅於神宮一上古書今更難レ加レ點之間奉レ祈二請尊神一之處當作者慈遍爲二法華法樂一來迎之刻于レ時官廳常良三品等奉レ屈レ之作二廿卷書一備二叡覽一所謂玄義文句是也仍此十卷之內以二四五九一爲二祕卷一然間運二多年之功一剩以二此志一企二上洛一所レ令二傳授一者也努努不レ可レ出二窓中一頓首再拜々々敬白

觀應二年正月五日　大中臣朝臣判

應永十一年五月六日　桃同法燈書寫了

弘正寺住沙門惠觀

舊事本紀玄義卷第九 深祕卷也

沙門慈遍撰

第四明神寶出現者大詮略可用三意也所謂通釋別釋結成各約義類當用料簡初通釋者惣擧十種神寶宜設三釋其三釋者一出現時二神寶義三會多少一出現時者可約二意先粗引文次用料簡粗引文者此紀三云天照太神詔曰豐葦原之千穗秋長五百秋長之瑞穗國者吾御子正哉吾勝々速日天押穗耳尊可知之國言寄詔賜天降之時高皇產靈尊兒思兼神妹萬幡豐秋津師栲幡千々姬尊爲妃誕生天照國照彥天火明櫛玉饒速日尊之時正哉吾勝々速日天押穗耳尊奏曰僕欲降將裝束之間所生之兒以此可降矣詔而許之天神御祖詔授天璽瑞寶十種瀛都鏡一邊都鏡一八握劒一生玉一死反玉一足玉一道反玉一蛇比禮一蜂比禮一品物比禮一是也

同卷又曰天照太神手持寶鏡授天忍穗耳尊而祝之曰吾兒視此寶鏡當猶視吾可與同床共殿以爲齋鏡寶祚之隆當與天地無窮矣授八坂瓊曲玉及八咫鏡草薙劒三種寶物永爲天璽矛玉自從矣詔天兒屋尊天太玉尊曰惟爾二神亦同侍殿內善爲防護焉日本書紀曰天照太神勅曰若然者方當降吾兒矣且將降之間皇孫已生號曰天津彥火瓊々杵尊時有奏曰欲以此皇孫代降故天照太神乃賜天津彥火瓊々杵尊八坂瓊曲玉及八咫鏡草薙劒三種寶物勅皇孫曰葦原千五百秋之瑞穗國是吾子孫可王之地也宜爾皇孫就而治焉寶祚之隆當與天壤无窮者矣大田命傳曰天地初發之時大海中有一物浮形如葦牙其中神人化生名天御中主神故號豐葦原中津國亦因以曰豐受皇太神也與天照大日孁尊擧此以八坂瓊之曲玉八咫鏡及草薙劒三種之神財而授賜天孫爲天璽云々諸文雖繁大綱在斯各隨其義綱目可尋

用料簡者　問此等神寶何時現耶　答天性緣生誰盡根源且屬所授始知出現謂十種財稱曰布留部討其本初尤爲難思試以三種宜論十種一瓊玉者如神紀曰伊弉諾伊弉冊二尊先生大八洲次生海神次生河神次生風神等以來雖經一萬餘歲水德未露天下飢餓子時二柱神天之御量事

乎以天瑞八坂瓊之曲玉乎捧二九宮一所レ化神名號二止由氣皇太神一（支）千變萬化受二一水之德一生二續命之術一故名曰二御饌都神一也云々故指二元氣一名曰二寶珠一亦稱二神體二天御中主卽施二豐德一號二豐受神一通レ竪遍レ横始終同等謂尋二天地開闢時者一天御中主卽寶珠也陰陽分後自稱二二尊一備二續命靈一遍生二萬物一故現二色質一而秀二其中一眞氣所レ感而成二一人一於レ是正論二下地現體之色一寶者應レ知此玉與二皇孫尊一同體同時相共相化例如二輪法一（寶イ）共與二輪王一自然具レ德不レ可二思議一請尋讀者當レ得二文意一且如二彼神皇系圖曰一元氣所レ化水德變成爲レ因爲レ果而所レ露名二天御水雲神一任二水德一亦名二御氣都神一是水珠所レ成卽月珠是也亦號二大葦原中津國主豐受皇神一也凡以二一心一分二大千形體一顯言爲レ陰爲レ陽矣蓋從二虛無一到二化變一天日地水感應道交故有二名字相一云々應レ知此玉水德所レ成而具二火德一何者万物陰陽所レ共而不二孤立一故稱二生玉一（陽魂火天）亦成二足玉一及曰二死玉一（陰魂水地）亦成二道反一皆同二陰陽一元氣所レ化瓊玉分作云々

二寶劒者卽八握劒府錄曰八握劒一柄註天叢雲劒亦名草薙劒也五胎形也云々素盞烏尊赴二根國一時於二出雲國一所レ令二感得一卽在二蛇尾一其尾尖卽劒也及蛇比禮（水德陰靈）蜂針（火德陽靈）皆共靈劒之所レ變也悉是陰陽之德用也故八握及九握十握同劒分作都無二別體一兩儀互具二万物一不レ孤其義必然可レ令二准解一從レ性現レ相從レ天現レ地亦與二皇孫一同化如レ上云々

三寶鏡者天地靈明是名二瀛都及邊都鏡一伊弉諾尊於二小戸河一欲レ令レ滌レ身所レ投玉纏各化爲レ神自レ是始名二瀛都邊都一乃至同稱二瀛都邊都一彼左右手持二白銅鏡一所レ化神號二日神月神一府錄云一書曰伊弉諾伊弉册二神尊左手持二金鏡一陰生右手持二銀鏡一陽生名曰二日天子月天子一是一切（三界イ）衆生眼目坐故一切火氣變成レ日一切水氣變成レ月天地建立日月是也于レ時以二瀛都鏡邊都鏡一爲二國璽一尊靈爲二日神月神一自迄二于天宮一而照二六合一給矣又曰瀛都鏡一面是天表字也五輪形也天王如來寶鏡豐受皇太神御靈鏡坐邊都鏡一面天表字內圓形輪表也外輪八咫形天照皇太神御靈鏡坐云々陰陽互兼亦可レ准レ上故云二二尊一似レ違二本紀一彼限二陽神一此並二陰神一或一或二不レ同而同亦出現時令レ准二上義一若解二一鏡一須レ通二諸鏡一神紀釋二豐受靈鏡一曰天御中主高皇產神勅二石凝姥神一取二天香山銅一奉レ鑄云々天照太神

靈鏡此神同鑄故知寶鏡同時出現云々惣而衆寶皆掌二
兩儀一兩儀成レ三三成二万物一万物品物物各有レ象此象
表レ德具期二別釋一
問十種三種名數不レ同何約二一類一論二出現時一又鏡既造
劔玉可レ同若爾可レ云二誰所レ造耶　答文義倶備何爲レ疑
乎一類化現敢不レ難也謂十種者則先授二天孫一（饒速日尊）又三
種者後授二皇孫一（瓊々杵尊）前後雖レ別其名體則同若爾類通有二
何咎一矣瀛都邊都同人同鑄故論二出時一亦非二異時一劔
玉現レ世其起如レ前自然靈寶何尋二造人一蜂持二利針一螢
放二玉光一誰所レ造也安相承乎應レ知二陰陽精明分一焉況
人靈寶莫レ疑二造作一但得レ有レ始乃螢有レ造鏡亦如レ此
本有レ金耳强論二其始一且非レ無レ由各有二其人一假稱二造
祖一如二寶鏡一者石凝姥神如二寶珠一者櫛明玉神如二寶劔一
者則天目一箇神造焉强尋二其元一者如二神紀曰一劔者土
精金龍神之所レ造也玉者日天月天之光精也云々又曰
鏡則一面者天御中主所レ授白銅鏡（圓形中五月輪）崇二於止由氣
宮一是也一面者多賀宮御靈也一面者荒祭宮御靈也已
上三面者國常立尊所化神天鏡尊居二月宮一所二鑄造一之
三才相應是也一面者八百万神等以二石凝姥神一奉レ鑄
之寶鏡（日像形八葉花）崇二祭伊勢太神宮一是也一面者石凝姥神

初度所レ鑄（方形象レ地）不レ合二諸神意一矣紀伊國日前神是也
（已上取レ要）
問造元非レ一其時各別云何和會而通レ義耶　答神靈雖
レ遍隨レ緣而現從レ性出レ相從レ天趣レ地義開二次第一理
在二同時一卽レ色遠レ空無レ妨而已天寶非レ色造體卽レ地
使二後會一レ前准レ上可レ解
神寶義者亦爲二二意一先釋二寶義一次用二料簡一其寶義者
三種十種倶含二天地德一而亦互象何者同雖レ出二天孫
篇一且如二十種一而象二天道一如下彼天孫饒速日尊受二天
祖詔一賜二十種寶一降二河內國一令二神去一畢上謂天掌レ生
降レ地爲レ死如レ云二陽氣散已卽レ死故如二十種一雖レ並二
陰陽一多名二生死一其意在レ斯又比禮者飛羽德也因二道
反玉一而擧生レ天郎一ッ二ッ三ッ乃至二九ッ十ヲ一而布瑠部言
具期二別釋一云々三種義者亦如二十種一雖レ掌二三才一而
象二地德一何者三種授二皇孫尊一皇名二豐受一各如二前辨一
應レ知百王運在二天命一亦知三種共稱二神璽一十種三種
雖二開合異一而兩儀一儀施二天地德一
用二料簡一者　問三種十種有二造不造一皆可レ同耶亦不
レ同耶　答隨二天與レ地施二造不造一何者天空地造故云
如二十種一未レ聞レ論レ造何者造色必成レ地故但如二邊津一

雖レ爲二地鏡一再尋二造緣一亦非二全同一何者十種先奉
レ捧二彼饒速日尊一此尊去後傳二美眞千命一以相二承之一
而神日本磐余彥命令レ平二此國一之時則以奉レ之云々三
種神器別爲二皇孫一奉レ授之後次第傳レ之畢具見二紀文一其中
寶鏡稱爲二邊津一太有二相違一如何會レ之寶劔可レ准二天明玉所レ造珠一彼
此雖レ別依レ八當レ知天地互含二天地一卽(是故イ)以二德同一令二後
名レ前故論二天鏡一其體難レ思難レ測隨而異說區(イナシ)而不レ定
或云神代三面鏡者生レ自二天鏡尊一心月輪是也或云三
面自二國常立一傳二天鏡尊一及(乃イ)至二二尊一或云於二月宮殿一
而鑄レ之或云三面不レ知二鑄冶一其寶現レ色而論レ造者石
凝姥神同奉レ鑄歟既爲二同人一豈爲二別鏡一料簡如レ上比
量可レ知故論二色造一皆是地鏡若論二理造一皆是天鏡寶鏡
如レ此劔玉准知縱爲二蛇尾一何混二性相一就レ中玉則專掌二
天寶一故諸記多未レ云レ造也　問造體在レ地何煩約レ天
但皆共可レ云二同現一耶　答天地精明空色常遍二古今一
畢竟冥顯不レ別雖レ爲レ如レ是尙迷二靈性一況示二偏義一誰
知二神應一　問若爾可レ云二同一寶一耶　答偏一非レ一偏
二非レ二是故當レ知如三神聖曰二內外不レ二一常一體天神
地神皆一露一云々
三會二多少一者亦爲二二意一先會二多少一次用二料簡一其多

少者十種三種其會レ異者開合無レ得(碍カ)謂初兩都俱一寶鏡
四五六七俱一寶珠三及八九俱一寶劔俱第十寶合二上
九寶一何者十種雖レ開二三種一各掌二陰陽一皆並二天地一故
於二第十一表二一人位一三種三才已如二前判一
用二料簡一者　問多少神財會異未レ審是異名歟亦別體
歟　答有レ體有レ用體則同一用則各別雖レ爲二各別一其
體歸レ一亦雖レ爲レ一其用各別故論二十種一不レ出二三種一
三種亦一況亦十種　問若爾此中何爲レ體耶　答俱
體俱用非レ一非レ異若執二一體一是非二實體一或從二天胤一
而降二地寶一或以二地德一而顯二天性一雖レ天非レ天雖レ地
非レ地恒順二天地一俱解(須イ)二開合一　問開合如何　答淸天
如レ開濁地如レ合亦互論レ德准レ義可レ解
二別釋者分二論十種三種寶義一亦用二三釋一所レ言三者
一釋二十種一二釋二三種一三攝二部類一釋二十種一者亦用二
二意一先釋二其義一次用二料簡一十種義者一瀛都鏡豐受
御靈圖形如二舊文一卽象二五輪一謂表二天字一而顯二五行一
故雖レ掌レ天而含二地德一已上取二府錄文一元氣所レ變如意寶珠水
德所レ成如二諸文記一已上如二麗氣等一
二邊都鏡天照御靈圖形如二舊文一謂表二天(大イ)字一圓形八葉
而顯二八洲一故雖レ掌レ地而含二天道一已上取二府錄文一陽氣所レ變如

意寶珠火德所ㇾ成如㆓諸文記㆒已上如㆓麗氣等㆒仍如㆓神紀㆒以㆓此兩鏡㆒而爲㆓多賀荒祭御靈㆒是由㆓本末兩儀同體㆒故名㆓荒魂㆒舊文可ㇾ見又如㆓灌頂天女傳曰㆒瀛都鏡邊都鏡二面奉ㇾ授㆓天孫㆒天㆓降日向宮㆒居爾時一面淡路八大龍神奉ㇾ鎭一面日向宮奉ㇾ崇也云々

三八握劒卽叢雲劒亦名㆓草薙㆒明珠寶劒圖車輪形八州八葉掌㆓天地㆒上二鏡者天地一劒者是人此三寶描以兼㆓始終㆒亦開㆓具德㆒以爲㆓衆寶㆒圖五腹股イ形已上取㆓府錄文㆒但八握者未ㇾ辨㆓其數㆒如㆓十握㆒者圖五葉形若准ㇾ之者取㆓中間㆒歟所㆓以空色㆒卽當㆓天地㆒云々

四生玉者府錄曰如意寶珠謂火珠是也云々准㆓上邊都鏡義㆒而已

五死玉者府錄曰如意寶珠謂水珠是也云々准㆓上瀛都鏡義㆒而已

六足玉者府錄曰表㆓父體形㆒也示㆓上字㆒也云々圖形如ㇾ舊卽在㆓別紙㆒可ㇾ准㆓生玉義㆒是陽魂也

七道反玉府錄曰表㆓母體形㆒也示㆓下字㆒也云々圖形如ㇾ舊卽在㆓別紙㆒可ㇾ友㆓死道㆒是陰魄也

八蛇比禮府錄曰陽明衣緇表也水字本也故白色也云々是淸淨義圖形如ㇾ舊卽在㆓別紙㆒可ㇾ准㆓道反㆒

九蜂比禮府錄曰陰懸帶緇表也火字本也故赤色也云々是正直義圖形如ㇾ舊卽在㆓別紙㆒可ㇾ准㆓足玉㆒云々

十品物比禮府錄曰寶冠是也圖形在㆓別紙㆒云々謂品物者意甚廣哉竪掌㆓三才㆒横領㆓四海㆒冠ㇾ天沓ㇾ地笏直卽人若領㆓四海㆒必化㆓八州㆒惣以㆓此一㆒而攝㆓上九㆒各論㆓其義㆒以令㆓統收㆒用㆓料簡㆒者　問云何終ㇾ一而攝ㇾ餘耶　答終㆓一寶㆒者是一人也故十種通无ㇾ非㆓品物㆒御卽位嚴皆此天寶衆德具足方成㆓地玉㆒謂攝㆓十種㆒不ㇾ出㆓三才㆒初二種則惣擧㆓天地㆒如㆓彼元祖讓ㇾ日禪ㇾ月㆒次八握劒授㆓八州地㆒中玉四種授㆓天四德㆒從㆓二比禮㆒及終㆓品物㆒還會㆓初鏡㆒授㆓一人位㆒於㆓初二鏡㆒卽有㆓品物㆒其瀛都天其邊都地於㆓次一劒㆒亦有㆓品物㆒其及則天其握則地兩德互兼卽是一人各具㆓横竪㆒皆掌㆓天地㆒竪則三才横則八州八葉八握一手一掌万民預ㇾ利如意寶珠三種互用如㆓前卷㆒耳

問三才授ㇾ德一兩是足何擧㆓同儀㆒用㆓十種㆒耶　答三才成㆓萬物㆒不ㇾ出㆓兩儀㆒雖ㇾ然論ㇾ德非ㇾ無㆓次第㆒今此十種從ㇾ天降ㇾ地亦至㆓比禮㆒從ㇾ地昇ㇾ天還合㆓上寶㆒而列㆓水火㆒逆次授ㇾ之意可ㇾ見也故以㆓品物㆒通㆓會前九㆒開合自備㆓横竪㆒宛然二鏡天地一劒是人此三卽横以

兼二始終一亦開二具德一以爲二衆寶一生死二玉天地光胤足
與二道反一陰陽變化道異レ足住二生滅四相一前後互交表二
天四德一蛇比禮象レ地八握蜂　比禮者瀛都　五行故令三此
德而昇二彼天一稱二蜂比禮一以成二品物一　故云一二乃至二
九十一而布瑠部謂言本矣
問所レ言布瑠部等之言如何　答天神御祖敎詔曰若有二
痛處一者令二茲十寶一謂二一ッ二ッ三ッ四ッ五ッ六ッ七ッ八ッ
九ッ十一而布瑠部由良由良止布瑠部如レ此爲レ之者死人
反生矣是則所レ謂布瑠之言本矣已上紀文　謂斂品物倶掌二一
人一其餘皆並二陰陽二德一亦於二十種一惣爲二二儀一前九
則陰第十則陽天地元靈是曰二布留一振靈受レ生任レ本
曰二舊生類一調レ氣必振二其身一續レ命德用尤有二其謂一惣
尋二緣起一不レ出二動靜一靜陰津音動陽雄音其津塞レ口塞
則歸レ死其雄開レ口開則續レ氣然前九津津音靜極而出二
十音一卽生二元始一前謂一津二津三津四津五津六津七津八津九津
十雄而天布留惠由羅由羅登布留惠云々　元氣之動陰
陽之振由良由良思レ之々レ々如二書曰一無極而太極動
而生レ陽動極而靜靜而生レ陰靜極復動一動一靜互
爲二其根一分レ陰分レ陽兩儀立焉已上書文　伊弉諾尊得二三貴
子一召二其頸玉之緒一母由良爾取二由良迦斯一而賜レ詔其

頸珠名謂二御倉板擧神一云々頭天陽也體地陰也以二兩
際一稱曰二御頸一陰陽動レ中而芽二萬物一以レ此合レ靈名爲二
御倉一但傳言而布羅而布羅波羅而布羅之眞言也云々
於レ義雖レ然於レ語未レ便字音既異豈用二僻讀一況於二眞言
未レ渡之前一有レ誰令レ傳二佛法之語一故論二其義一可レ云二
眞言一所以稱曰二本佛一眞言三十七尊惣咒是也亦熾盛
光心咒也
抑津雄二音阿吽兩聲不レ能二細判一具如二悉曇一仍正紐
傍紐正雙傍雙十二反音其義可レ尋
問此十種者在二何處一耶
答十種三種同異如レ上若介其體箇別不レ輙且如二此紀
第五卷明一至二于崇神天皇御宇一建二布都社一奉二納齋一
矣在二大倭國山邊郡一也
釋二三種一者亦用二二意一先釋二其義一次用二料簡一　三種
義者一寶珠義稱爲二八坂瓊之曲玉一如レ云二一尊卽捧二九
宮一而所レ化名二豐受皇神一水德之術續命之化故名曰二
御饌都神一也云々故此玉者二尊所化或紀亦云天御中
主所レ化之玉或稱天地開闢之圖異說不レ定云々雖レ似二
異途一敢非二相違一各出二具德一未レ盡レ多含千萬雖レ說不
レ可レ知レ實且順二現文一宜レ辨二大概一謂天地元誰示二

實致一併以二此玉一而爲二其璽一元氣現レ形故曰二水珠一陽氣芽レ物故云二寶珠一陰陽所レ化是稱二一尊一氣形所レ施恒遍二始終一指二此玉一卽天御中主豐受變化已如二前判一故九宮者如下常明之天有二三台一地有中九野上然今文云捧二九宮一者從レ天應レ地故稱レ宮天地開闢之時起レ形總圖天下之御量事卽八坂瓊之曲玉也神璽所レ化之寶珠也故號二神璽一亦稱二圖形一各有レ謂也以可(可以イ)レ知也唐令云璽者以二白玉一爲レ印也事始云春秋運斗樞曰舜爲レ天黃龍負レ圖出中有二璽章一文曰文黃符璽說文曰璽玉卽世璽譜曰傳國璽秦始皇刻二世記一曰曾公作レ弁帝王世曆云秦制傳曰璽是風俗名別號同二寶珠一耳隋書志曰皇帝八璽有二神璽一有二傳國璽一而不レ用（神璽明受二之於天一傳國璽明受二之於運一）皇帝負レ扆則置二神璽於筵前之右一置二傳國璽於筵之左一又有二六璽一一皇帝竹璽封二命諸侯及三公一用レ之二皇帝之璽與二諸侯及三公一書用レ之其三皇帝信璽發二諸侯一用レ之其四天子行璽封二命蕃國之君一用レ之其五天子之璽與二蕃國之君一書用レ之其六天子信璽出二蕃國之兵一書用レ之六璽皆白玉以爲レ之方一寸五分高寸螭獸鈕（已上漢書大略書レ之委細記錄追可レ尋レ之）此宣了神璽大率雖レ稱二妙玉一未レ見二委記一但於二一寶一橫兼二三種一何者元氣自備二衆德一

陰潤爲レ玉陽牙爲レ劔故稱云二天瓊玉矛一（如二委秘府一）精光照徹自レ是明鏡是故名曰二瀛都邊都一（如二上秘釋一）如レ云二天御中主之神璽（寶イ）一也惟是天地開闢之圖形也亦名二瓊玉一亦名二逆矛一或天地鏡或國家固卽心御柱及天御量柱各々異レ名一々如レ文仍於二是德一並開二三種一從レ性現レ相准レ上可レ知　二寶劔義此寶亦同可レ云二神璽一神祇令曰璽謂信也猶レ云二神明之徵信一此卽以二鏡劔一稱レ璽也矣然寶劔者草薙是也素戔嗚尊得レ自二虵尾一謂濁氣下雖レ成二地虵一其靈施レ德終顯二寶劔一故論レ下則爲二虵々地一而論レ德則爲二明明天一彼素戔嗚昇レ天之時天明玉神奉レ迎令レ進二瑞八坂瓊之曲玉一矣亦素戔嗚降レ地之後得二此靈劔一以二五世神一還奉レ天矣陰玉常降普生二萬物一陽劔常昇鎭二諸惡一善惡二神互取二劔玉一各生二男女一其意可レ知如三彼逆矛下二海底一亦以二瓊玉一而捧二九宮一故論二一劔一竪兼二三種一其鋒天珠八握地鏡劔體二一人一總提二天下一三寶鏡義亦是神璽於二岩戸前一所レ奉鑄之鏡如レ云名二日像八咫鏡一八頭花崎八葉形也故名二八咫一也中臺圓形座也圓外日天八座謂表二八州一也卽在二于內侍所一神鏡是也云々紀云詔二曰常世思兼神手力雄命天石門別神一云此鏡者專爲二我御魂一如レ拜二吾前一奉レ齋

矣
亦此外有神代三面謂國常立尊所化神天鏡尊居月
殿以天津御量事撰集地輪精金白銅奉鑄顯此
三面鏡也爾時神明之道明現兮天文地理以存矣天地開
闢之明鏡也三才顯現之寶鏡也然天鏡尊傳天萬尊次
沫蕩尊及傳二尊云々其一面者豐受御靈圓中五輪天
含五行一面多賀宮御靈也一面荒祭宮御靈也云々三
面三才互具互顯亦於一鏡而含三種
用料簡者問云何含三　答玉劔二種皆具三義於
內侍所亦備三種謂圓天珠八葉地鏡明光人劔照徹
天下三稱三才各具各論已如前卷當令合解謂
天瓊玉曲妙御宇以諸寶如兩白銅鏡以分明看山
川海原乃提靈劔平天下焉　問三面鏡何　答如
彼三種雖掌三才尚象地德繼皇孫位此三面亦
雖表三才殊掌天寶如實錄曰天鏡尊獨化神天
津水鏡神三坐是神鏡始元三光面目明白此時云々彼
天此地神寶靈同故如麗氣府錄注曰大日本國者三光
殿本名也云々豎照三才橫化八洲神璽卽玉靈德可
知　問橫豎表何　答劔豎鏡橫玉表橫豎三種三面互
用可解　問此三種者在何處耶　答以往九帝同殿同
床然至崇神天皇御宇漸畏神威使石凝姥天目一
箇二氏孫奉鑄造鏡劔以爲護身將改奉齋于時
倭姬頂戴二種廣求諸處遂奉鎭座勢州度會故
寶鏡則內宮御體也其寶珠則外宮相殿但寶劔者日本武
尊平東夷時奉止熱田如倭姬世紀等　問鏡劔奉寫而珠
如何　答寶珠所現不同餘財故造不造未詳其
相見二紀具口傳因尋云不葺合尊自龍宮所傳二顆珠者
在何所耶　答未見文也且如風聞乾珠滿珠被
埋箱崎云々
三攝部類者亦用一意先類寶部次用料簡其寶部
者豐受相殿皇孫御靈是金鏡坐天兒屋命御靈笏坐天太
玉命寶珠圓筥坐　天照太神相殿手力男命御靈弓坐萬
栲幡豐秋津姬命御靈劔坐又朝熊神葺不合金鏡是也
如社記曰朝熊六坐倭姬命奉鑄白銅日月兩鏡坐云
云但月讀命元是鏡坐也今則男形乘木馬云々凡厥瀧
並伊雜大歲如是宮社不能枚擧其神體則或鏡或書
廣如社記可見可尋其外雜寶不能勝計大畧如
明御鎭座記夫神代靈物之義者猨田彥神之啓也玉
者日之靈光月之精明也笏者天之四德地之五行也又劔
者龍神所造土精之金也弓箭輪王所造陰陽之義也故

名天之香子弓地之羽々矢也自彼天上令投降給天之逆太刀天之逆鉾大小之金鈴五十口云々乃至亦謂男弓弭之物大刀小刀弓矢楯桙鹿皮角猪皮忌鍬忌鋤類是也女手未之物麻桶綿柱天機具荒妙衣和妙衣荷前御調類是也云々總諸雜寶其類無量如彼送文召立記等

　用料簡者問諸寶等是何意耶　答天地開闢之後雖萬物已備无照混沌之前故愚而不貴因茲神明以天津御量事令示靈物如明彼鎭座記何者諸行悉育群生故知萬物無非神財所以如言治生產業皆順正法不相違背何者迷則三道流轉悟則果中勝用法花疏文也世間名字出自佛經金光明說業卽解脫可解也

問神寶如何表佛法耶　答雖表議未細判歟故雖難計試存解者十種自當十波夢密所以佛神度生不異天潤萬物檀波羅密地調千品足イ戒波夢密劔利自忍生進死禪足玉陽惠道反方便龍施願德蜂顯刀用若非大智何弁品物十種言葉示生死根八識含藏號御倉神例如止觀明理卽云一念心卽如來藏理乃至嘆理而擧譬曰明月神珠在九重淵內驪龍頷下有志有德方乃致之豈如世人麁淺浮虛競執瓦石草木謂爲寶云々龍表陰陽卽在御頸玉之含緒思之可知　天地兩神顯密二法已如前卷今約神寶謂天鏡則本佛一圓如地境者迹佛八相若論不二本迹理一天圓妙法地八蓮花於宗相承有二鏡譬深旨分明法理必然又天鏡則金五佛位如地鏡者胎八葉尊亦寶珠胎如來藏理衣內珍寶玉順明珠本在己心兼蘇悉地以劔爲金自掌利惠虵表器界顯金剛劔從八海底化八握相令因理珠現順輪果須彌半腹聳于中央日月兩輪耀于及光元天逆矛卽文殊劔八坂瓊者八字德也密意更問十種中則劔及後三多少同體如上通釋云々若論元理藥師木德十中四王普賢延命各如前卷鏡則日天觀音蓮葉二重五股八葉千手密意更問

問若論三種相望如何　答類通三種文義无窮細論不遑得意可解且如仙宮秘文中明三種神寶各表德曰玉者皇天之心珠矛者覺王之獨鈷鏡是三身具足見其形者應身體也寫其影者化身之相也觀其空者法身理也云々

劔玉各三可准三才又珠劔鏡此三如現卽法報應其義如云境名法身智名報身鏡智相應能起化用名爲應身釋意可知

三結成者一人是也神寶卽主都无ニ別體一天祖所レ授繼レ德未レ變其文義則如ニ前辨一耳

略料簡者問神寶傳來其相如何　答於ニ彼天神一且置不レ論於ニ地神一者皇孫是也何者此尊從レ天化生所以神寶同現ニ色質一

問上天神何傳ニ欲體一耶　答靈性周遍未レ隔ニ一塵一天神化生何障ニ此體一例如ニ妙音一從ニ莊嚴國一不レ起ニ于座ニ而令ニ各來一況得ニ機緣有佛一仕ニ身神力一難レ思凡智爭計故於ニ天宮一雖ニ端嚴身一至ニ此葦原一而化ニ色身一煩ニ妄情一莫レ疑レ天授ニ和光無邊靈應一如レ件

舊事本紀玄義卷第九終

本云

此書十卷內四五九以上三卷殊秘藏甚深云々

（井上翁藏本奥書）

玄義端書

いにし世のことからよ（とカ）慈遍となん云し白うるりの法師の侍けるが幸有家になり出けん若かりし頃いともかしこき三種の道の面影をそこはかとなく聞ぬれど菊理媛のめぐみもなくて法師の身と成ける浦山しからぬさまにはあらねどふりにし道をしたふまゝに三種の道の理りをもて十種の道をときけるぞいといみじ○（脱歟）かりけるしかはあれど其ことの葉おのがもる法にて吾もる神路を尋し文なれば香山に至ることづてともおもほえでたゞにやみなんもかいなくまたやごとなき文と思ふ人は如何に侍らん儒釋道の三（ミツ）教にてときぬゆへ其さま身におはずむかし人の言る書ことを○（とく歟）ことごと信ぜば書なきにしかじとは是なめり一品藤の白玉翁のたまふ玄義は沙門の編なれども三種の傳を得たりと見ゆ然れ共金銀砂石錯綜紛雜せるゆへ具眼人ならでは吹分難きを吾臨士翁是を拔萃して風水草に載せられぬと今奴吾此文を寫ぬは尊き文とも思ほえねど道を尋るよすがともならめと思ふまに／＼筆を染る事實破皷の皮までたくわへたるのたぐひならんかも

神京六條川原潮汲

寶暦六年丙子十月八日　岸大路八垣橘長之謹書

瑚璉集上

第一

天地開闢事　本朝造化事

第二

神祇系圖事　天祖神事　天神七代事

一天地開闢事

古今帝王年代曆曰昔者天地未分謂之太易元氣始萠謂之太初形氣始端謂之太始形變有質謂之太素質形已具謂之太極五氣運通爲天地之二靈淸以陽發升而爲天濁以陰凝降而爲地天地形別謂之二儀人生其間謂之三才

周子通書曰無極而太極動而生陽動極而靜々而生陰靜極復動一動一靜互爲其根分陰分陽兩儀立焉陽變陰合而生水火木金土五氣順布四時行爲五行一陰陽也陰陽一大極也太極本無極也五行之生各一其性无極之眞二五精妙合而凝乾道成男坤道成女二氣交感化生萬物萬物生々變化無窮焉

周易係辭曰易有大極是生兩儀　孔穎達疏云太極謂天地未分之前元氣混而爲一一氣既分之後陽氣居上爲天陰氣居下爲地居上者輕淸居下者重濁列子曰淸輕者上爲天濁重者下爲地沖和者爲人謂之三才

易曰有天地然後有萬物有萬物然後有男女有男女然後有夫婦有夫婦然後有父子有父子然後有君臣有君臣然後有上下

三五曆紀曰未有天地之時混沌狀如雞子溟涬始牙濛鴻滋萠

又曰淸輕者上爲天濁重者下爲地沖和氣者爲人故天地含精萬物化生

五行大義曰凡萬物之始莫不始於無復有是故易有太極是生兩儀兩儀生四序四序生之所生也有萬物孳繁然後萬物生成也皆由陰陽二氣皷儛陶鑄互相交感故孤陽不能獨生單陰不能獨成必須配合鑪冶尓乃萬物化通

老子經曰有物混成先天地生謂道无形混沌而成萬物乃在天地之前寂兮寥兮獨立而不改寂者無音聲寥者空無形獨立者無疋雙不改者化有常也周行而不殆道通行天地無所不入在陽不焦託陰不腐無不貫穿不危不殆可以爲天下

母道育養萬物精氣如母之養子也吾不知其名字之曰道我不見道之形容不知當何以名之見萬物皆從道之所生故字之曰道也強爲之名曰大不知其名強曰大大々者高向无上羅而無外無不苞容故曰大

日本書紀曰古天地未剖陰陽不分渾沌如雞子溟涬而含牙及其清陽者薄靡爲天重濁者淹滯而爲地精妙之合摶易重濁之凝場難故天先成而地後定然後神聖生其中焉故曰開闢之初洲壤浮漂譬猶游魚之浮水上也于時天地之中生一物狀如葦牙便化爲神號國常立尊至尊曰尊自餘曰命

亦曰天地初判一物在於虛中狀貌難言其中自有化生之神號國常立尊亦曰國底立尊

亦曰古國稚地稚之時譬猶浮膏而漂蕩于時國中生物如葦牙之抽出也因此有化生之神號可美葦牙彥舅尊

又曰高天原所生神名曰天御中主尊

又曰天地初判有物若葦牙生於空中因此化神號天常立尊

忌部廣成奉勅
古語拾遺曰天地剖判之初天中所生神名曰天御中主神其子有三男長男高皇產靈神次津速產靈神次神皇產靈神其高皇產靈神所生之女子名曰栲

幡千々姬天祖天津彥尊之母也

雄略天皇卽位廿二年戊午大佐々命訓傳云々
神記曰豐受皇太神一座天地開闢初於高天原成神也一記曰伊弉諾伊弉冊尊古語伊舍那天伊舍那天姬先生八大洲次生海神次生河神次生風神等以降雖經一万余歲水德未露天下飢餓于時二柱神天之御量事以瑞八坂瓊之曲玉捧九宮所化神名號止由氣皇太神千變萬化受一水之德生續命之術故名曰御饌都神也古語曰大海之中有一物之浮形如葦牙其中神人化生號天御中主神故號豐葦原中國亦因以曰止由氣皇神也故天地開闢之初神寶日出之時御饌都神天御中主尊與大日孁貴天照太神二柱御大神豫結幽契永治天下或爲日爲月永懸不落或爲神爲皇常以無窮光華明彩照徹於六合之內矣

府錄曰蓋聞壞劫後過廿空劫已一切有情業增上力故空中漸有微細風是世間將成前相也是風漸增成世界最初第三禪器世界成次第二禪及初禪六欲天四大洲次第皆成也凡成劫之時雖無有一有情第四禪天人壽業盡故從彼沒已生第三禪如是次第三禪天沒生第二禪中第二禪中有一有情壽業盡故

從彼沒生初禪梵世中為大梵王而唯獨一位而懐不悅即作是念時第二禪天壽盡故生初禪中如是展轉六天宮殿及四大洲悉生也論云劫盡燒壞時一切皆空故生福德因緣力故十方風至相觸能持大水々上有一千頭人二千手足名曰葦網是人齊中出千葉金色妙寶蓮華其光大明如萬日俱照華中有人結跏趺坐此人復有无量光明名曰梵天王此梵天王心生八子八子生天地人民也

法花化城喩品尒時上方五百萬億國土諸大梵王此悉自覩所止宮殿光明威曜昔所未有歡喜踊躍生希有心即各相詣共議此事以何因緣我等宮殿有斯光明而彼衆中有一大梵天王名曰尸棄是一大三千世界主一切諸神大祖也亦曰常住毗尊一須彌建立其厚十六萬踰膳那云々觀想九山與八海中有大威神宮々柱廣敷立亦持藏山與大宮殿亘三世有大威神无上極尊世界大導師為神通自在如水珠如火珠顯萬德施萬用

朱雀二年乙酉寶基形文圖曰天地開闢基在大光明其中有精氣名曰神亦名心尒時為萬物應化神假名號廣大慈悲大御神也掛畏以天津神策用抱一而天地與陰陽同節同和合敬合愛顯五常文圖悟八子給修應化身照神道可也

一日本國造化事

先代舊事本紀曰天祖詔伊弉諾伊弉冊二尊曰有豐葦原千五百秋瑞穗之地宜汝往修之則賜天瓊戈而詔寄賜也伊弉諾伊弉冊二尊奉詔立於天浮橋之上共計謂有物若浮膏其中盖有國乎迺以天瓊矛而探之獲是滄海則投下其矛而因畫滄溟而引上之時自矛末落垂滴瀝之潮凝結為島名曰磤馭盧島矣則以天瓊矛立於磤馭盧島之上以為國中之天柱也伊弉諾伊弉冊二尊天降其島則化竪八尋殿共住同宮矣

史記夏本紀正義曰括地志云和國武皇后改曰日本國在百濟南隔海依島而居

日本私記曰日本國從大唐東方萬餘里日出東方昇于扶桑故云日本

或書曰日本國者自大唐而新名也斯國者自大唐東方萬餘里居于東極日出東方昇于扶桑已

近日所出故曰日本也仍又號扶桑國切韻曰和者東海中國也

日本書紀曰神武天皇卅有一年夏四月乙酉朔皇輿巡幸因登腋上嗛間丘而廻望國狀曰妍哉國之獲矣雖内木綿之眞迮國猶(○按本書是下有如字)蜻蛉之臀呫焉由是始有秋津洲之號也

神祇譜天圖曰一云日本者浦安國亦曰細戈千足亦曰磯輪上秀眞國亦曰玉垣内國

私云秋津洲者獨鈷形是也

天地麗氣府錄曰于時爲下化衆生天王如來天御中主尊詔伊弉諾伊弉冊宜汝往修之賜天瓊戈而詔寄賜也天柱尊奉詔立於浮雲之上共計謂有一物若浮膏其圓中有國乎廼以天瓊戈(天獨杵)探之獲八葉滄海圖形則投下其戈而因畫滄溟而引上之時自矛末落垂滴瀝之潮凝結爲島(印明本元)名曰磤馭盧島矣(娑婆世界)則以天瓊矛指下於磤馭盧島之上以爲國中之天柱也天瓊杵謂眞如界變成金剛寶杵々變成風氣風氣轉成神々變成生々轉成魂魄魂魄轉成人體故八葉蓮臺自在安樂也是如意亦玉德也元神用化也伊弉諾伊弉冊二尊天降其島化竪八尋殿共住同宮矣號曰大日本高見國(大日本者三光殿本名)

仙宮祕文曰自戈落滴瀝之潮(如意寶珠表形)凝結爲島名磤馭盧島矣(神明降跡國萬寶聚所歸之地也因以爲名也)則以天之瓊戈(金剛智劔亦名天御量柱也)指立磤馭盧島上爲國中之天之柱國之柱也

此云心御柱是起也是諸尊能生之本源萬法所歸惣體也

天地靈覺祕書曰大日本國者大八洲也惟大日靈貴治國也亦八葉花也即金剛胎藏諸會大日宮世界國土也凡世界自本々覺也自本无明也本又法界也本是衆生本是佛也本者法然道理也

或曰磤馭盧島　唵呼嚧々々神明招請之國也

豐受皇太神繼文曰

南閻浮提  (アシハラ) 葦原

一神代略系圖

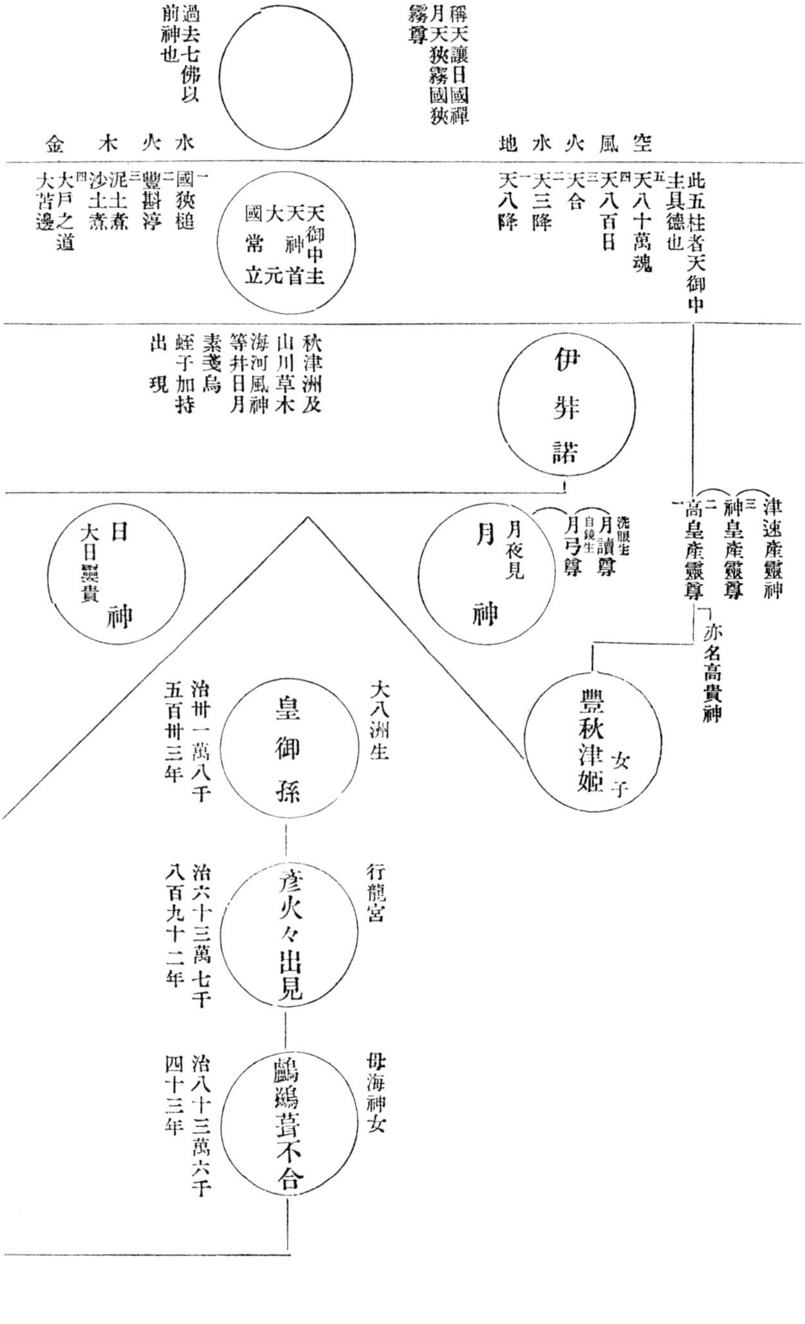
稱天讓日國禪月天狹霧國狹霧尊
過去七佛以前神也
空
風
火
水
地
水
火
木
金
此五柱者天御中主具德也
五天八十萬魂
四天八百日
三天合
二天三降
一天八降
天御中主
天神首
大元
國常立
一國狹槌
二豐斟淳
三泥土煑
沙土煑
四大戸之道
大苫邊
伊
弉
諾
秋津洲及山川草木海河風神等井日月素戔烏蛭子加持出現
三津速產靈神
二神皇產靈尊
一高皇產靈尊
亦名高貴神
洗眼生月讀尊
自鏡生月弓尊
月夜見
月
神
日
大日靈貴
神
豐秋津姬
女子
大八洲生
皇御孫
治卅一萬八千五百卅三年
行龍宮
彥火々出見
治六十三萬七千八百九十二年
母海神女
鸕鷀葺不合
治八十三萬六千四十三年

土
五面足
惶根
此五柱者國常立具德也

伊弉册

一天鏡尊
二天萬尊
三沫蕩尊

自鏡生 大日孁尊
洗眼生 天照太神

素盞烏尊
蛭子

合治一百七十九萬二千四百七十六年也

吾勝尊 男子 自玉生
吾勝尊與豐秋津姬始有夫婦之禮

神武 治七十六年
綏靖 治卅二年
安寧 治卅八年
懿德 治卅四年
孝昭 治八十六年
孝安 治百二年
孝靈 治七十六年

孝元 治五十七年
開化 治六十年
崇神 治六十八年
垂仁 治九十九年
景行 治六十年
成務 治六十年
仲哀 治九年

神功 治六十九年
應神 治卅一年
仁德 治八十七年
履中 治六年
反正 治六年
允恭 治四十二年
安康 治三年

雄略 外宮御鎮座 治廿三年

自二神武天皇即位元年一辛酉至二崇神天皇十代六十八年一辛酉歷レ年六百廿七年至二垂仁天皇廿四年一乙卯六百五十年自二垂仁天皇即位二十五年一丙辰至二雄略天皇廿一年一丁巳中間四百八十四年
自二雄略天皇即位廿一年一至二元德元年一八百九十六年至二今年延元二年丁丑一九百四年神武即位元年以來二千三十年

一天祖神事

天讓日天狹霧國禪日國狹霧尊

大宗祕府曰高天海原初出之故天御義利擧ミキリアケシ之八重雲以天於坐テラハシマシテ而成神號二天讓日國禪日皇太神一亦名二天御中主尊一也天地與倶生神也惟是諸天降靈之本致一切國王之元宗也

伊勢太神宮秘文曰夫以天地之起在二水氣之用一其清陽爲レ天其重濁爲レ地故從二上高天海一至二下根底一而同時成立也尒時水氣高天海初出之故謂レ之名二天讓日國禪日天狹霧國狹霧尊一亦曰元氣諸神性亦稟氣懷靈也是无レ有二身形一但有二心性一故曰二無色界高天原最上也

一天神七代事天有二七星一故曰二七代一

弘仁六年萬多親王奉勅

神皇實錄曰

大元謂無名之名無狀之狀是稱二氣神一万物靈臺日月星氣是天大地大人亦大故大象二人形一座也無〔元イ〕者无〔元イ〕至也

國常立尊無名無狀神此蒼精之君木〔本イ〕官之臣自レ昔以來著レ德立二功名イナシ一者也所化神名曰二天御中主神一也

謂大易者虛無也因レ動爲二有之初一故曰二大初一有レ氣爲二形之始一故曰二大始一氣形相分生二天地人一也大方道德者虛无之神天地沒而道常有矣原二性命一受二化於心一々受二於意一々受二之精一々受二之神一形體消而神不レ毀性命既而神不レ終形體易而神不レ變性命化而神常然因以名二國常立尊一以レ初爲二常義一者也

○天地耦生神一謂耦生天地對耦萬物生故八天五行佐二天地一生レ物五行自レ水始火次レ之木次レ之金次レ之土爲レ從木生數三成數八倶言レ八擧二其成數一矣是天地象二四時一王相神座也配用有レ德故於二明堂一以祭二五神一而已

水	國狹槌尊	
火	豐斟渟尊	
木	泥土煮尊	沙土煮尊荒魂
金	大戸之道尊	大苫邊尊荒魂
土	面足尊	惶根尊荒魂

件五代八柱天神光胤也雖レ有二名相一未レ現二形體一

五大府中坐故名二天地耦生神一也應化神名曰二天

御中主神一未三顯露一名二國常立尊一亦稱二國底立尊一天地之間稟二氣之靈一蒙二一大五種之神力一受二天地父母之生身一（氣イ）以二言語一授二世人一依レ之得二一切智心一利二萬物生化一也

一伊弉諾尊（天降陽神名二日子一亦稱二大自在天子一）伊弉冊尊（天降陰神名二月子一亦稱二大自在天子一）從二國常立尊一至二惶根尊一天神六代之間有二名字一未レ現二尊形一五位神坐其後轉變而合二陰陽一有二男女形一應化相生而專二心珠一神以二清淨一爲レ先神態興レ焉伊弉諾伊弉冊二尊承二天御中主神詔一即以二天瓊戈一指二立於磤馭盧島之上一以爲二國中之天柱一則化二竪八尋殿一共住生二大八洲次大小島合拾四箇島一其後處々小島皆是水沫潮凝而成者也伊弉諾伊弉冊二尊俱議曰吾已生二大八洲及山川草木一何不レ生二天下之主一者歟先生二日神一號曰二大日孁貴一亦云二天照太神一亦大日孁尊此子光華明彩照二徹於六合之內一故二神喜曰吾息雖レ多未レ有二若レ此異靈之兒一不レ宜三久留二此國一自當下早送二于天一而授以中天上之事上是時天地相去未レ遠故以二天柱一擧二於天上一矣次生二月神一號二月讀尊一•亦云二月夜見一亦月弓其光彩亞レ日可三以配レ日而治一故亦送二于天一矣次生二素戔烏尊一次生二蛭子一

日本書紀等同レ之

（聖德太子）神皇系圖曰蓋聞伊弉諾尊則東方善持藏愛護善通由賀神梵所名二之伊舍那天一也伊弉冊尊則南方妙法藏愛慢行識神亦名二之伊舍那后一也凡從二自性淨妙藏一乃至二邪虵地一爲二下化衆生隨順方便一故假化義與二生滅形一依二無爲行滿一即得二正果一是大慈大悲神慮也

神皇實錄曰伊弉諾伊弉冊尊此二柱尊者第六天宮主大自在天王座

（慈覺大師）寶山記曰任二皇天宣一受二（アリ）天瓊戈一以二呪術力一加二持山川草木一能種々未曾有事

日本書紀一書曰伊弉諾尊曰吾欲レ生二御寓之珍子一乃以二左手一持二白銅鏡一則有二化出之神一是謂二大日孁尊一右手持二白銅鏡一則有二化出之神一是謂二月弓尊一又囘レ首顧眄之間則有二化神一是謂二素戔嗚尊一

天地麗氣曰伊弉諾伊弉冊二神尊持二左手金鏡一陰生（日ノ神）持二右手銀鏡一陽生名曰二日天子月天子一是一切衆生眼目坐故一切火氣變成レ日一切水氣變成レ月三界

建立日月是也子レ時以二瀛都鏡邊都鏡一爲二國璽尊
靈一而日神月神自匿（送イ）二于天宮一而照二六合一給矣亦曰
御餘寶十種神財者瀛都鏡一面（天字五輪形豐受皇太神）邊都鏡一面
（地字圓形外緣八咫形天照皇太神）此外神財載二神寶之段一了
灌頂天女傳曰瀛都鏡邊都鏡二面奉レ授天孫　天降居
介時一面淡路地八大龍神奉レ鎮一面日向宮奉崇也

伊弉册尊神退事

日本書紀一書曰伊弉册尊生二火神一（阿遇突智）所レ焦而神退
矣故葬二於紀伊國熊野有馬村一土俗祭二此神之魂一者
花時亦以レ花祭又用二鼓吹幡旗一歌舞而祭矣
又曰伊弉諾尊拔二所レ帶十握劔一斬二軻遇突智一爲二三
段一（其三段各爲レ神）然後伊弉諾尊追二伊弉册尊一入二於黄泉一而
及レ之共話時伊弉册尊曰吾夫君尊何來之晚也吾已
陰泉之竈矣雖レ然吾當寢息請勿レ視之伊弉諾尊不レ聽
陰取二湯津抓櫛一牽二折其雄柱一以爲二秉炬一而見レ之者
則膿沸虫流時伊弉諾尊大驚之曰吾不レ意到二於不須
也凶目汚穢之國一矣乃急走廻歸于レ時伊弉册尊恨曰
何不レ用二要言一令二吾耻辱一乃遣二泉津醜女八人一（名略之）
○按此間中略　追來伊弉册尊又追來伊弉諾尊已至二泉津平
坂一故便以二千人引磐石一塞二其坂路一與二伊弉册尊一
相向而立遂建二絕妻之誓一時伊弉册尊曰愛也吾夫君
言二如此一者吾則當縊二殺汝所レ治國民日將千頭一伊弉
諾尊乃報之曰愛也吾妹言二如此一者吾則當レ產二日將
千五百頭一因曰自レ此莫レ過卽投二其杖一是謂二岐神一也
○此間有脫文　所謂泉津平坂者不三復別有二處所一但臨レ死氣
絕之際是之謂歟所レ塞磐石是謂二泉門塞大神一也亦
名二道返大神一矣
舊事本紀曰伊弉册尊者葬下出雲國與二伯耆國一堺比
波山上也

保食神事

日本書紀曰天照太神在二於天上一曰聞葦原中國有二
保食神一宜介月夜見尊就候之月夜見尊受レ勅而降
已到ヨ行保食神許一保食神乃廻レ首嚮レ國則自レ口出
レ飯又嚮レ海則鰭廣鰭狹亦自レ口出又嚮レ山則毛麁毛
柔亦自レ口出夫品物悉備貯二之百机一而饗レ之是時月
夜見尊忿然作レ色曰穢哉鄙哉寧可下以二口吐之物一敢
養イ饗上我乎廼拔レ劔擊殺然後復命具言二其事一時天照太
神怒甚之曰汝是惡神不レ須二相見一與二月夜見尊一一
日一夜隔離而住
又曰伊弉諾尊既還乃追悔之曰吾前到二於不須也凶
目汚穢之處一故當滌ヨ去吾身之濁穢一則往至二筑紫日
向小戸橘之檍原一而祓除焉遂將レ盪二滌身之所ヲ汚乃

興言曰上瀨是太疾下瀨是太弱便濯之於中瀨也因以生神號曰八十枉津日神次大枉津日神次將矯其枉而生神號曰神直日神次大直日神（以下略之）

又曰然後洗左眼因以生神號曰天照太神復洗右眼因以生神號曰月讀尊復洗鼻因以生神號曰素戔嗚尊

倭姬命世紀曰荒祭宮一座（皇太神荒魂）
伊弉那伎神所生神名八十枉津日神（御形鏡坐）

神祇譜天圖曰多賀宮
件神天下四方國人夫等諸事漏落事悉神直日命大直日命聞直見直給安久平久所知食也

雄略天皇卽位廿二年
大田命傳曰荒祭宮一座（皇太神荒魂神也）
伊弉諾尊到筑紫日向小戸橘之檍原而祓除之時洗左眼因以生日天子大日孁貴也天下化生名曰天照太神荒魂荒祭神也
多賀宮一座（止由氣皇太神荒魂也）
伊弉諾尊到筑紫日向小戸橘之檍原祓除之時洗左眼因以生月天子天御中主孁貴也天下化而名止由氣太神之荒魂多賀神是也

○天神首（名稱天地俱生神一代謂天文地理日月星辰狀此時明現神聖出世天口成事）

天御中主神

實錄曰天地開闢之始含精氣而應化之元神視天下而式時候授諸天子照臨天地之間而以一水之德利萬品之命故亦名曰御氣津神也神語曰御義利也古語天津御氣國津御氣亦天狹霧國狹霧是水氣易形天氣下降地氣上騰天地和同草木萠動惟水道德矣

（水字事）元命苞曰水之爲言準也陰化淖流施潛行也故立字兩人交一以中出者爲水一者數之始兩人譬男女始陰陽交以起一也水者五行始焉元氣湊液也

○寶山記曰天御中主尊（無宗無上而能化故曰天帝之神亦號天宗廟到天下則以三身卽一無相寶鏡崇神體祭伊勢止由氣宮也）

實錄曰於高天原化生神號曰天讓日（陽神日神）國禪日（陰神月神）皇神亦名天御中主尊也天地俱生神是諸天降靈之本致一切國王之大宗也德被百王惠齊四海歷代帝王崇尊祖萬方人夫敬神祇故世質時素無爲而治不肅而化

神皇系圖曰神聖生其中焉號國常立尊矣亦

名無上極尊亦曰常住毗尊謂惟三世常住妙心法界體相大智也故天神地祇本妙大千世界大導師是尊也所形名曰天御中主尊亦尸棄大梵天王故則爲大千世界主矣

亦曰天御中主尊元氣所化水德變成爲因爲果而所露名（天水雲神寶鏡名也）天水雲神任水德名御氣都神是水珠所成卽月珠是也亦號大葦原中津國主豐受皇太神也凡以一心分大千形體顯言爲陰爲陽蓋從虛無到化變天月地水感應道交故有名字相

麗氣府錄曰國常立尊亦名常住毗尊也惟是三世常住妙法身天神地祇元神也以一身分七代形體顯言爲陰爲陽化生日神月神說法利生不可思議々々々々

亦曰大元祖神離言說教如々自受法樂

亦曰自性法身名無邊法界元神此號虛無神常住妙義本無象爲天讓日天狹霧地禪日地狹霧運烈有形有念有言名元神不生不滅不垢不淨不增不減是故空中大空无相善哉

亦曰神者天然不動之理卽法性身也通者是元壅不思議慧卽報身也力者乾用自在卽應身也夫神一之妙孕氣含精至虛至一應群變而常寂生萬物而無心

豐受太神宮繼文曰天照豐受太神者非々想天（無色界天宮）能斷智體下々來々於欲界他化自在天王宮中爲大毗盧遮那佛爲除魔醯首羅難轉法輪化爲尸棄大梵天王爲娑婆世界主於光明飯世界是名大毗盧遮那如來於極樂世界是名天王如來於師子國是名大牟尼尊於大日本國是名大日靈貴豐受皇太神是也不來不去神本覺不生（○不來不去不生神本覺歟）神也一切衆生慈父常住不變妙理也竪越方便門橫成正覺智文天王神變深釋曰色究竟天（色界天宮）三界法王主也主者法身也法身者遍照光明也下々在於欲界他化自在天王宮中時名號天王如來亦名大毗盧舍那如來名尸棄大梵天王事一切天類上首名父下下名母亦御氣都神與尸棄光天女天王如來上化下化名也但上在時大梵天王功德無上下在時尸棄光天女功德無等々已上三重神號深義如是文

兩宮降臨次第記曰色界頂色究竟天ニ天王大梵天王曲形大空無相妙體是曰ニ常住慈悲神王ト亦名ニ本有常住神ト亦名ニ無上極尊ト已上三神名ニ本覺眞如神ト

伊勢太神宮秘文曰天狹霧國狹霧變成神名ニ天御中主至尊國常立尊ト高天原之日小宮居此天人者無レ有ニ欲性ト但有ニ色變ト故名ニ色界天ト也

天王神變深釋曰無上極尊者國常立尊又言ニ心須彌頂ト

寶山記曰刧初在ニ神聖ト名ニ常住慈悲神王ト（法語曰尸棄大梵天王神語名ニ天御中主神ト）又曰伊弉諾伊弉冊尊者第六天宮主大自在天王坐或又謂ニ伊舍那天伊舍那天后ト

地大　天八下靈神（府中五魂座五靈五常名五大神也作ニ萬生賢（靈カ）ト也）
水大　天三下靈神
火大　天合靈神
風大　天八百日靈神
空大　天八十萬靈魂神

件五種神則受ニ天地之精氣ト而氣形質具而未ニ相離ト名稱ニ五大魂ト是中府藏坐神也故謂神者生之本形者生之具也古語謂ニ獨化神ト也又云前五柱神者是生化五大尊座也

┌高皇産靈神（皇祖神座）
├神皇産靈神（大神主祖神也）
└津速産靈神（天兒屋命祖神也）

私云寶座事見レ上八柱神者所謂八心八子是也云々

都八柱神者天御中主神寶座之內獨化神也明ニ百億須彌百億日月百億四天下ト而爲ニ天地人民化生元祖ト者

天鏡尊（獨化神　天津水鏡神　元三光面目明白此時也）　三座是神鏡始
天萬尊（獨化神　天鏡尊次生也　伊弉諾尊靈明座）
沫蕩尊（獨化神　天萬尊次生也　伊弉册尊靈明坐）

件三柱神者天御中主神出現之時三魂荒魂坐續命神坐亦名稱ニ三諦明神ト也

雄略天皇卽位二十二年戊午外宮御鎭座也于レ時大田命傳曰倭姬命礒宮坐冬十一月新嘗祭之夜深天雜人等退出之後神主部物忌等宣久吾今夜承ニ皇太神幷止田氣皇太神勅ト所ニ託宣ト也汝正明聞給倍凡神代神靈物之義猨田彥神謹啓白久夫天地開

闢之後萬物已備而莫レ昭二於混沌之前一因レ茲萬物之化若存若已而下々來々(天志)自不レ尊于レ時國常立尊所化神以二天津御量事一地輪之精金白銅撰集地大水大火大風大神變通和合給(天比)三才相應之三面眞經津寶鏡(乎)鑄造表給(倍利)故此鑄顯神名二天鏡尊一神明之道明現天文地理以存矣

同傳曰崇神天皇御宇止由氣皇太神天降坐(弖)天照皇太神與一處雙坐于レ時從二天上一御隨身之寶鏡是也神代天御中主神所レ授白銅鏡也是國常立尊所レ化神天鏡尊月殿居所二鑄造一鏡也三才三面之內一面是也今二面者天鏡尊子天萬尊持之次沫蕩尊次伊弉諾伊弉册尊傳持(天)神賀告詞白賜日神月神所化乃眞經津鏡是也天地開闢之明鏡也三才所レ顯之寶鏡也當下受レ之以二清淨一求レ之以二神心一視レ之以中無相無住上因以爲二神明之正體一也今崇祭一面荒祭宮御靈一面多賀宮御靈坐也已上三面辭竟奉(支)

豐受宮御鎭座本紀曰止由氣太神復昇二高天原一天日之小宮座于レ時以二吾天津水影乃寶鏡一留二居吉佐宮一

又曰國常立尊所化神汎二形於天津水影一以二天津御量事一眞經津寶鏡三面鑄表

仙宮秘文曰([illegible]大師作)神鏡謂二諸佛併移清鏡一故且(旦カ)二三世一遍二十方一以不二改變一凡鏡是三身具足見二其形一者應身之體也鏡二其影一者化身之相也觀二其空一者法身理也與二虛空一等於二一切世間中一而現不レ出不レ入不レ失不レ壞常住一心妙體故又一切得法一切不能染智體也不動具足無漏動心衆生故以二清鏡一奉レ崇二神體一而遍二衆生之心一以令レ歸二大道一故圓鏡瑩レ意光明遍照故離二無明一是名二大日一生死長夜此時永曉自相不可得妙解無レ過レ斯矣眞如妙定空無有邊內不レ遺照外不二步緣一如二月映レ水如二日麗レ天眼見耳聞如密會圓焉正法性遠離一切言語道也故以無爲反清淨是道德也故覺王之心珠靈神之知杵天神寶鏡龍王智劒稻倉魂五種子日頭月頭照處是神一無二貳思一也頓首再拜々々幸甚々々

豐受太神宮繼文曰本有二金剛界普賢如來月輪無相無爲本形三密鏡一是爲二神體一是名二法身如來一摧一切衆生八萬四千塵勞門明無盡無餘煩惱惡業是名二大梵天王宮一是名二金剛法界宮一豐受皇太神繼文開海雲造玄脉知兩宮神祇本緣如予信兩宮人者堺內堺外

不參神則諸佛魂佛則諸神性也人則神主神則人魂如實知ニ自心一是名ニ眞如一是名ニ萬法生一是名ニ大悲方便一是名ニ眞實覺王一是名ニ眞如海一是名ニ般若波羅密王宮一是名ニ心柱一是名ニ三界建立主一

天地靈覺書曰故天照太神則不レ起ニ佛見法見一萬慮降伏與ニ無心一相應無着想故以ニ無相鏡一顯ニ妙體一是表ニ大空之德萬法蔭歷顯一也

寶基本紀曰蓋百千萬號ニ天津御量之功名一也故神聖曰內外不二常一體天神地神皆一露

大宗秘府曰惟是天地開闢之圖形天御中主神寶獨鈷變座也諸佛菩薩一切群靈心識之根本一切國王之父母也瓊玉亦名ニ辟鬼珠一亦名ニ如意珠一亦名ニ護國珠一是置ニ七寶案上一作ニ大利益一

私勘仁王經受持品曰是般若波羅密是諸佛菩薩一切衆生心識之神本也一切國王之父母也亦名ニ神府一亦名ニ辟鬼珠一亦名ニ如意珠一亦名ニ護國珠一亦名ニ天地鏡一亦名ニ龍寶神王一文可レ思レ之矣

瑚璉集上卷畢

于時應永二乙亥卯月三日於弘正寺書寫之畢

惠觀云々

于時同三十三年丙午二月十七日於ニ志州答志郡伊雜神戶上村花表亭一以ニ宇治鄉興光寺當住之御本一爲ニ末代興隆一所レ令ニ書寫一也本來云ニ惡筆一今又云ニ老眼一筆跡狼籍後見轉千萬

執筆沙彌

道祥生年七十九歲

瑚璉云事

論語三卷公冶長第五云

子貢問曰賜何如子曰汝器也孔安國曰言汝是器用之人也曰何器也曰瑚璉也矣包氏曰瑚璉者黍稷之器也夏曰レ瑚殷曰レ璉周曰ニ簠簋一宗廟器貴者也

簠

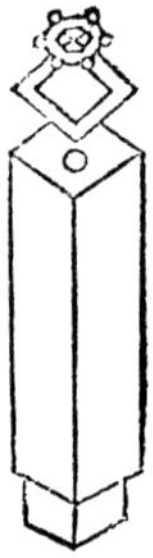

簋

瑚璉上音胡下力展反禮記曰夏曰レ璉殷曰レ瑚云々與レ今相違說者皆言今誤也瑚璉之形不レ可レ測至レ周簠音甫簋音軌則簠外方內圓也以盛ニ稻粱一口徑六寸足高二寸也簋內方外圓也以盛ニ黍稷一其量與レ簠同皆蓋有ニ龜甲一

一敎經喪親章第廿二云

陳ニ其簠簋一而哀戚久簠簋祭器盛ニ黍稷一者也祭器陳外不レ御黍稷潔盛不レ毀者孝子所ニ以重增ニ哀戚一也

瑚璉集下

第三
　地神五代事
第四
　神宣事　　天神名號事　　相殿神事
　三十二神事
第五
　内宮御遷座事　　外宮御遷座事　　心御柱
　事　　御形文圖事　　十種神寶事　　三
　種神寶事

一地神五代事（番地五行傳神位座／道德極而生化德表也）
天照太神
　御出化次第見二伊弉諾伊弉冊尊之段一也
日本書紀曰（生五男三女後也）是後素戔烏尊爲行之甚無狀何
則天照太神以二天狹田長田一爲二御田一時素戔烏尊春
則重播種子且毀二其畔一秋則放二天斑駒一使レ伏二田
中一復見下天照太神當二新嘗一時上則陰放二屎於新宮一
又見下天照太神方織二神衣一居中齋服殿上則剝二天斑
駒一穿二殿甍一而投納是時天照太神驚動以レ梭傷レ身
由レ此發慍乃入二于天石窟一閉二磐戸一而幽居焉故六
合之内常闇而不レ知二晝夜之相代一于レ時八十萬神
會二於天安河邊一計二其可レ禱之方一故思兼神深謀遠
慮遂聚二常世長鳴鳥一使二互長鳴一亦以二手力雄神一
立二磐戸側一而中臣連遠祖天兒屋命忌部遠祖太玉命
掘二天香山之五百箇眞坂樹一而上枝懸二八坂瓊之五
百箇御統一中枝懸二八咫鏡一（一云眞經津鏡）下枝懸二青和幣白
和幣一相與致二其祈禱一焉又猨女君遠祖天鈿女命則
手持二茅纏之矟一立二於天窟戸之前一巧作二俳優一亦
以二天香山之眞坂樹一爲レ鬘以レ蘿爲二手繦一而火處燒
覆槽置（覆以下三字據二本書一補）顯神明之憑談是時天照太神聞之
而曰吾比閉二居石窟一謂當三豐葦原中國必爲二長夜一
云何天鈿女命嘘樂如レ是者乎乃以二御手一細開二磐
戸一窺之時手力雄神則奉二承天照太神之手一引而奉
レ出於レ是中臣神忌部神則界以二端出之繩一乃請曰
勿二復還幸一然後諸神歸二罪過於素戔嗚尊一而科之
以二千座置戸一遂促徵矣至使レ拔レ髮以贖二其罪一亦曰
拔二其手足之爪一贖之已而竟逐降焉

古語拾遺曰於レ是從二思兼神議一令三石凝姥神鑄二日像之鏡一初度所レ鑄少不レ合レ意是紀伊國日前神是也次度所レ鑄其狀美麗是伊勢太神是也儲備既畢具如レ所レ謀尒乃太玉命以二廣厚稱詞一啓曰吾之所レ捧寶鏡明麗恰如二汝命一乞開レ戸而御覽焉由二如レ此歌樂一聊開レ戸而窺之當二此之時一上天初晴衆倶相見面皆明白伸レ手歌舞相與稱曰阿波禮言天晴阿那於茂志呂古語事之甚切皆稱二阿那一言衆面明白也阿那多能志言伸レ手而舞今指二樂事一謂二之多能志一此意也阿那佐夜憩竹葉聲也倶請曰勿二復還幸一仍歸二罪過於素戔嗚神一科レ之○今按自是以下日本紀之文也

是時素戔嗚尊自レ天而降到二於出雲國簸之川上一時聞三川上有二啼哭之聲一故尋レ聲覓往者有三一老公與二老婆一中間置二一少女一撫而哭之素戔嗚尊問曰汝等誰也何爲哭之如レ此耶對曰吾是國神號二脚摩乳一我妻號二手摩乳一此童女是吾兒也號二奇稻田姬一所二以哭一者往時吾兒有二八箇少女一每レ年爲二八岐大蛇一所レ呑今此少童且臨レ被レ呑無レ由二脫免一故以哀傷素戔嗚尊勅曰若然者汝當以レ女奉レ吾耶對曰隨レ勅奉矣故素戔嗚尊立化二奇稻田姬一爲二湯津爪櫛一而插二於御髻一乃使下脚摩乳手摩乳一釀二八醞酒一並作中假庪八間上各置二一口槽一而盛レ酒以待之也至レ期果有二大蛇一頭尾各有二八岐一眼如二赤酸醬一松栢生二於背上一而蔓二延於八丘八谷之間一及二至得レ酒頭各一槽飮醉而睡時素戔烏尊乃拔二所レ帶十握劒一寸二斬其蛇一至レ尾劒刄少缺故割二裂其尾一視レ之中有二一劒一此所謂草薙劒也本名天叢雲大蛇所レ居之上常有二雲氣一故以名素戔烏尊曰是神劒也吾何敢私以安乎乃上二獻於天神一也

古語拾遺曰纏向日代朝令三日本武命征二罰東夷一仍枉道詣二伊勢太神宮一辭二見倭姬命一以二草薙劒一授二日本武命一而敎曰愼莫レ怠也日本武命既平二東夷一還至二尾張國一納二宮簀媛一淹留踰レ月解レ劒置レ宅徒行登二膽吹山一中レ毒而薨其草薙劒今在二尾張國熱田社一

正哉吾勝々速日天忍穗耳尊

日本書紀曰素戔烏尊請曰吾今奉レ敎將レ就二根國一故欲下暫向二高天原一與レ姉相見而後永退上矣勅レ許之乃昇二詣之於天一也素戔烏尊昇レ天之時溟渤以之皷盪山丘爲之鳴响此則神性雄健使二之然一也天照太神素知二其神暴惡一至レ聞二來詣之狀一乃勃然而驚曰吾弟之來豈以二善意一乎謂當有レ奪レ國之志一歟夫父母既任二諸子一各有二其境一如何棄二置當レ就之國一而敢窺二

欲此處ニ乎素戔烏尊對曰吾元無ニ黑心一但父母已有ニ嚴勅一將ニ永就ニ乎根國一如不ニ與レ姉相見一吾何能敢去是以跋ニ涉雲霧一遠自來參不レ意阿姉飜起嚴顏于レ時天照太神復問曰若然者將ニ何以明ニ介之赤心一也對曰請與レ姉共誓夫誓約之中必當レ生レ子如吾所生是女者則可レ以ニ爲ニ有濁心一若是男者則可以ニ爲有ニ清心一於レ是天照太神乃索ニ取素戔烏尊十握劔一打折爲ニ三段一濯ニ於天眞名井一䶗然咀嚼而吹弃氣噴之狹霧所レ生神號曰ニ田心姫一次湍津姫次市杵島姫凡三女矣既而素戔嗚尊乞ニ取天照太神髻鬘及腕所レ纏八坂瓊之五百箇御統一濯ニ於天眞名井一䶗然咀嚼而吹棄氣噴之狹霧所レ生神號曰ニ正哉吾勝々速日天忍穗耳尊一次天穗日命是出雲臣士師連等祖也次天津彦根命是凡河内直山代直等祖也次活津彦根命次熊野橡樟日命凡五男矣是時天照太神勅曰原ニ其物根一則八坂瓊之五百箇御統者是吾物也故彼五男神悉是吾兒乃取而子養焉又勅曰其十握劔者是素戔嗚尊物也故彼三女神悉是爾兒便授ニ之素戔烏尊一此則筑紫胸像君等所祭神是也

古語拾遺曰於レ是素戔嗚神欲レ奉ニ辭日神一昇レ天之時櫛明玉命奉レ迎獻以ニ瑞八坂瓊曲玉一素戔嗚神受レ之轉奉ニ日神一仍共約誓卽感ニ其玉一生ニ天祖吾勝尊一是以天照太神育ニ吾勝尊一特甚鍾愛常懷ニ掖下一稱曰ニ掖子一（今俗號ニ稚子一謂ニ和可子一是其轉語也）

天津彦々火瓊々杵尊大八洲座也（按有落字歟）

神皇實錄

天照太神之太子正哉吾勝々速日天忍穗耳尊娶ニ皇天御中主尊長男高皇産靈尊之女栲幡豐秋津姫命一生ニ天津彦々火瓊々杵尊一故皇祖高皇産靈尊特鍾ニ憐愛一以崇養焉因以受ニ皇天尊號一稱ニ皇御孫尊一也遂欲下立ニ皇孫尊一以爲中大葦原中國之主上矣

日本書紀一書曰武甕槌神及經津主神乃昇レ天復命而告之曰葦原中國皆已平竟時天照太神勅曰若然者方當レ降ニ吾兒一矣且將レ降間皇孫已生號曰ニ天津彦々火瓊々杵尊一時有レ奏曰欲下以ニ此皇孫一代降上故天照太神乃賜ニ天津彦々火瓊々杵尊八坂瓊曲玉及八咫鏡草薙劔三種寶物一又以ニ中臣上祖天兒屋命忌部上祖太玉命猨女上祖天鈿女命鏡作上祖石疑姥命玉作上祖玉屋命凡五部神一使ニ配侍一焉因勅ニ皇孫一曰葦原千五百秋之瑞穗國是吾子孫可レ王之地也宜爾皇孫就而治焉行矣寶祚之隆當下與ニ天壤一無窮上者矣

古語拾遺曰于レ時天照太神高皇産靈尊仍相語曰夫葦原瑞穗國者吾子孫可レ王之地也皇孫就而治焉寶祚之隆當下與二天壤一无窮上矣卽以二八咫鏡及草薙劒二種神寶一授二賜皇孫一永爲二天璽一（所謂神璽鏡劒是也）矛玉自從卽勅曰吾兒視二此寶鏡一當猶レ視レ吾可下與同レ床共レ殿以爲中齋鏡上仍以二天兒屋命太玉命天鈿女命一使二配侍一焉因又勅曰吾則起二樹天津神籬及天津磐境一當下爲二吾孫一奉上レ齋矣汝天兒屋命太玉命二神宜下持二天津神籬一降中於葦原中國一亦爲二吾孫一奉上レ齋焉惟爾二神共侍二殿內一能爲二防護一（○今按自是以下本書無）率二三十二神一

筑紫日向高千穗槵觸峯天降座

天孫御降臨之時天兒屋命雲驛咒文云

諸神等各念　此時淸淨偈　諸法如形像　淸淨無瑕穢　取說不可得　皆從因業生

彥火々出見尊

治二天下一卅一萬八千五百卅三年

天津彥々火瓊々杵尊第二子也母木花開耶姬大山祇神女也曰二鹿葦津姬一亦曰二神吾田津姬一

日本書紀曰皇孫問二此美人一曰汝誰之女耶對曰妾是天神娶二大祇神一所レ生兒也皇孫因而幸レ之卽一夜而有レ娠皇孫未二之信一曰雖二復天神一何能一夜之間令レ人有レ娠乎汝所レ懷者必非二我子一歟故鹿葦津姬忿恨乃作二無戶室一入二居其內一而誓之曰妾所レ娠若非二天孫之胤一必當二燋滅一如實天孫之胤火不レ能レ害卽放レ火燒レ室始起烟末生出之兒名二火闌降命一次避レ熱而居生出之兒號二彥火々出見尊一次生出之兒號二火明命一凡三子矣

治二天下一六十三萬七千八百九十二年

彥波瀲武鸕鷀草葺不合尊

彥火々出見尊子也母豐玉姬海神二女也

日本書紀曰兄火闌降命自有二海幸一弟彥火々出見尊自有二山幸一始兄弟二人相謂曰試欲レ易レ幸遂相易之各不レ得二其利一兄悔之乃還二弟弓箭一而乞二己釣鈎一弟時既共二兄鈎一無レ由二訪覓一故別作二新鈎一與レ兄兄不二肯受一而責二其故鈎一弟患レ之卽以二其橫刀一鍛二作新鈎一盛二一箕一而與レ之兄忿曰非二我故鈎一雖レ多不レ取益復急責故彥火々出見尊憂苦甚深行吟二海畔一時逢二鹽土老翁一老翁問曰何故在レ此愁乎對以二事之本末一老翁曰勿二復憂一吾當爲レ汝計之乃作二無目籠一內二彥火々出見尊於籠中一沉二之于海一卽自然有二可

怜小汀一於レ是棄レ籠遊行忽至ニ海神之宮一其宮也雉堞整頓臺宇玲瓏門前有ニ一井一井上有ニ湯津杜樹一枝葉扶疏時彥火々出見尊就ニ其樹下一徒倚彷徨良久有ニ一美人一排レ闥而出遂以ニ玉鋺一來當汲レ水因擧レ目視之乃驚而還入白ニ其父母一曰有ニ一希客者一在ニ門前樹下一海神於レ是鋪ニ設八重席薦一以延內レ之座定（〇今按本書是間脫文歟）彥火々出見因娶ニ海神女豐玉姬一仍留住已經ニ三年一彼處雖ニ復安樂一猶有ニ憶レ鄉之情一故時復太息豐玉姬聞之謂ニ其父一曰天孫悽然屢歎蓋懷レ土之憂乎海神乃延ニ彥火火出見尊一從容語曰天孫若欲レ還レ鄉者當レ奉レ送便授ニ所レ得釣鉤一因誨之曰以ニ此鉤一與ニ汝兄一時陰呼ニ此鉤一曰ニ貧鉤一然後與レ之復授ニ潮滿瓊及潮涸瓊一而誨之曰漬ニ潮滿瓊一者則潮忽滿以レ此沒ヨ溺汝兄一若兄悔而祈者還漬ニ潮涸瓊一則潮自涸以レ此救レ之如此逼惱則汝兄自伏及レ將ニ歸去一豐玉姬謂ニ天孫一曰妾已娠矣當產不レ久妾必以ニ風濤急峻之日一出ニ到海濱一請爲レ我作ニ產室一相待矣彥火々出見已還レ宮（〇今按是間略歟）豐玉姬果如ニ前期一將ニ其女弟玉依姬一直冒ニ風波一來ニ到海邊一逮ニ臨產時一請曰妾產時幸勿ニ以看レ之天孫猶不レ能レ忍竊往窺之豐玉姬方產化ヨ爲龍一而甚慙之曰如有レ不レ辱レ我者則使ニ海陸相通一永無ニ隔絕一今旣辱之將何以結ニ親昵之情一乎乃以レ草裹レ兒棄ニ之海邊一閉ニ海途一而徑去矣故因以名レ兒曰ニ彥波瀲武鸕鷀草葺不合尊一

治ニ天下一八十三萬六千四十三年

已上地神五代

地神三代之間治ニ天下一都盧（マヽ）一百七十九萬二千四百七十六歲也

一神宣等事

倭姬命世紀曰雄略天皇卽位廿三年己未二月倭姬命召ニ集於宮人及物部八十氏等一宣久神主部物忌等諸聞吾久代太神託宣（摩志萬志木）心神則天地之本基身（體）則五行之化生（奈利）肆元レ々入ニ元初一本レ々任ニ本心一（與）神垂以ニ祈禱一爲レ先冥加以ニ正直一爲レ本（利）夫尊レ天事レ地崇レ神敬レ祖則不レ絕ニ宗廟一經ヨ綸天業一又屛ニ佛法息一奉レ再ニ拜神祇一（禮）日月廻ニ四洲一雖レ照ヨ六合一須レ照ニ正直頂一止詔命明矣亦曰夫悉地則生レ心（心イ）爪意則顯ニ信心一留蒙ニ神明利益一事波依ニ信力厚薄一（利）止奈天下四方國乃人夫等仁至萬天奉ニ齋敬一矣

太田命傳紀曰天照坐皇太神則大日孁貴故號ニ日天

子以虛空爲正體焉故曰天照太神亦止由氣皇神則月天子也故曰金剛神亦名天御中主神以水德利萬品故名曰御饌都神惟諸佛福田生化壽命也汝等受天地之靈氣而種神明之光胤誰撓其神心誰干其慮耶

亦曰天照太神則主火氣而和光同塵止由氣太神則主水氣而萬物長養也故兩宮者天神地祇太宗君臣上下元祖也惟天下大廟也國家社稷也故尊祖敬宗禮敎爲先故天子親耕以供神明王后親蠶以供祭服而化陰化陽有四時祭德合神明乃與天地通也德與天地通則君道明而萬民豐

亦曰人乃天下之神物也莫傷心神神垂以祈禱爲先冥加以正直爲本任其本心皆令得大道故神人守混沌之始屛佛法之息崇神祇散齋致齋內外潔齋之日弔喪問疾食宍不判刑殺不決罰罪人不作音樂不預穢惡事不散失其正致其精明之德左物不移右兵器不用鞆音不聞口不言穢惡目不見不淨鎭專謹愼之誠宜致如在之禮矣

御鎭座本紀曰齊情於天地乘想於風雲者爲從道之本爲守神之要將除萬言之雜說而擧一心之定準配天命而嘗神氣理實灼然故祭神清淨爲先我鎭以得一爲念也神主部物忌等諸祭齋日不觸諸穢惡事不行佛法言不食宍亦迄至神嘗會日不食新飯常謐心愼攝掌敬拜齋仕矣

亦曰天地未剖陰陽不分以前是名混沌萬物靈是封名曰虛空神亦曰大元神亦名國常立神亦名俱生神希夷視聽之外氤氳氣象之中虛而有靈一而无體故發廣大慈悲於自在神力現種々形隨種々心行爲方便利益所表名曰大日孁貴亦曰天照太神爲萬物本體度萬品世間人兒如宿母胎也亦止由氣皇太神月天尊天地之間氣形質未相離是名渾淪所顯尊形是名金剛神生化本性萬物惣體也金剛水不朽火不燒本性精明故亦名曰神明亦名大神也任大慈本誓每人隨思雨寶如龍王寶殊利萬品如水德故亦名御氣都神金玉則衆物中功用甚勝不朽不燒不壞不黑故爲名無內外表裏故爲本性謂人乃受金神之性須守混沌之始故則敬神態以清淨爲先謂從正式爲清淨隨惡以爲不淨惡者不淨之物

鬼神所レ惡也

大宗祕府曰居ニ無爲無事大達之場一超レ生出レ死名ニ之清淨一

亦曰副ニ神光一發ニ其蘊一直守ニ清虛安閑之處一向ニ長生路上一祭レ神敬レ祖卽與レ神同祖同躰同作同證無レ別名レ之爲レ神一妙心而已

亦曰一心不レ亂萬法無レ咎

亦曰欲レ示ニ無相觀解一令レ忌ニ有相權敎一

亦曰神一道無ニ多慮一無ニ多智一多智多レ事不レ如レ息レ意多慮多レ失不レ如レ守レ一慮多志散智多心亂心亂生レ惱志散妨レ道嗚呼不死妙藥一道虛寂萬物齊平也

亦曰神人敎令潔清三惑而畢身不レ汚語ニ其定一也恬ニ思慮一正ニ神明一而終日不レ亂語ニ其慧一也崇レ德辨レ惑而必然以レ此備レ之慧ニ群生一以ニ正法一神而通レ之大地不レ能レ拚密而行レ之鬼神不レ能測其演法也惟是以道德謝天子諸侯歸ニ神明一祈ニ國家大平一是本來大人耳

亦曰天宮與ニ靈山一分ニ一線之道一共爲ニ佛神之賓至一

形文深釋曰皇則大空本元清淨之妙理是無相法身義也故一氣玄々之元神名也稱ニ皇神一故萬物化ニ大通一大通變成レ神名ニ大道一一々歸ニ自位一故眞如界裏湛然常位也已師在ニ一心一矣心乃神之至心傷則神散神散則身喪故以ニ無心一爲レ主此謂レ歸ニ眞如界一

神皇實錄曰神語大者人靈也云ニ久志備一名レ之號レ魂顯露物形也以ニ八洲八齋八心一因以爲ニ大象一者也古語陽氣爲レ心爲レ神故名レ魂也陰氣爲レ意爲レ性故名ニ精魄一也因レ茲祭ニ八齋神靈一則世苦樂皆是自在天神之作用廣大慈悲之八心卽續生之相眞實而无レ畏鎭ニ坐大元神地一如ニ湯津石村一長生不死之神慮謹請再拜

天口事書曰神人心外好ニ別請一而從ニ不淨實執一則不レ得レ踐ニ神地上一不レ許レ飮ニ神地水一而五千大鬼常罵ニ大賊一

一天神七代名號事

府錄曰

國常立尊漢言ニ大毘盧遮那如來一　國狹槌尊毘盧舍那佛

豐斟渟尊盧舍那佛

已上三身卽一法神也

泥土煮尊勾留尊佛

沙土煮尊寶藏摩尼佛

大戸之道尊拘那含佛　亦龍尊王佛

大苦邊尊　勾那含牟尼如來（內宮降臨次第記）
　龍尊王佛（同記）

面足尊　毘波尸佛

惶根尊　毘葉羅如來
　毘波尸佛（同記）

伊弉諾尊　天皷音雷佛

伊弉冊尊　開敷花王佛

一相殿神事

外宮

左　大　皇孫尊　觀自在菩薩
　　小　天上玉杵命　彌勒菩薩

私記左天上玉杵命輙不レ及二外聞一之間世無レ知レ之

右　天兒屋命　文珠師利菩薩
　　太玉命　普賢菩薩

社記曰件相殿神之內於二天兒屋命太玉命一者元者內宮相殿神也而外宮御鎭座以後依二內宮御託宣一奉レ傍二外宮一者也外宮高宮元者內宮荒祭宮相並天御座也而外宮御鎭座之後依二內宮御託宣一同奉レ傍二外宮一者也此等之次第御鎭座本紀分明也

內宮　當時相殿神

左　天手力男神　開二天磐戸一神也　如意輪觀自在菩薩

右　栲幡豐秋津姫命　皇御孫母　彌勤菩薩

一三十二神降臨事

舊事本紀曰高皇產靈尊勅曰若有下葦原中國之敵拒二神人一而待戰者上能爲二方便一誘欺防拒而令二治平一三十二人並爲二防衞一天降供奉矣

麗氣府錄　注付三十二菩薩云

天香鼻山命　金剛鈎𦬇上首
天太玉命　々々王
天櫛玉命　々々喜
天神玉命　々々寶
天糠戸命　々々憧
天村雲命　々々鏁上首
天御蔭命　々々利
天世手命　々々護
天背斗女命　々々業

天鈿賣語命　金剛薩埵
天兒屋命　々々愛
天道根命　々々索上首
天椹野命　々々光
天明玉命　々々咲
天背男命　々々法
天造日女命　々々因
天斗麻彌命　々々鈴上首
天玉櫛彥命　々々護

天湯津彥命	々々牙	天神魂命	々々拳
天三降命	々々喜	天日神命	々々鬘
天乳速命	々々哥	天八坂彥命	々々舞
天活玉命	火天	天小彥根命	水天
天湯彥命	風天	天表春命	地天
天下春命	金剛燒香丼	天月神命	々々花
天伊佐布魂命	々々燈	天伊岐志邇保命	々々塗香

豐受皇太神御降臨三十二神

天潛尾命　水潛尾命
地潛尾命　木潛尾命
火潛尾命　土潛尾命
石潛尾命　金潛尾命
天日尾命　天月尾命
天子尾命　地子尾命
天破塔命　天破法命
天破仁命　天破神命
國加利命　國加富命
國加國命　國加賀命
愛鬘尾命　愛護尾命
解法尾命　學甘尾命
上法神尊　下法神尊
中言神尊　天鏡神尊
地鏡神尊　百々神尊
千々神尊　萬々神尊

已上三十二神

一内宮御遷座事

倭姬命世記曰、凡神倭伊波禮彥天皇已下稚日本根子彥大日々天皇以往九帝歷レ年六百廿(卅イ)余歲、當二此時一帝與レ神其際不(未イ)レ遠、同レ殿共レ床以爲レ常、故神物官物亦未二分別一焉

麗氣曰、御間城入彥五十瓊殖天皇(大倭國磯城瑞籬宮)即位六年(乙丑)秋九月、倭國笠縫邑立二磯城神籬一、奉レ遷二天照太神及草薙釼一、令二皇女豐鍬入姬奉一レ齋、以往雖二同レ殿共一レ床、漸畏二神靈一共住不レ安、志(天)別與二神籬一(天)、復石凝姥神裔天目一箇裔二氏更鑄二造鏡劒一以爲二護身璽一焉(践祚日所レ獻神璽鏡劒也)

倭姬命世記曰、奉レ遷二天照太神及草薙劒一令二皇女豐

鋤入姫奉齋焉其遷祭之夕宮人皆參終夜宴樂歌舞然後隨太神之敎國々處々爾大宮處乎求給倍利麗氣曰三十九年(壬戌)三月三日遷幸但波乃吉佐宮雲聳現榎下坐秋八月十八日作瑞離四年奉齋矣大田命傳記曰今歳止由氣之皇神天降坐天合明齊德給如天小宮之儀(志天)一處雙座須于時和久產巢日神子豐宇氣姬命(稻靈神)奉備御神酒(至今世謂丹後國竹野郡奈具社座豐宇賀能賣神是也亦元是日天紫微宮天降坐天女是也)亦丹波道主貴(素戔烏尊孫粟御子神是也)奉備朝大御饗夕大御氣奉仕矣其功已辭竟天止由氣太神復上高天原此支處(仁志天)以白銅寶鏡亘道主貴八小男童天日別命崇祭奉焉

丹後國風土記曰比治山頂有井其名云麻奈井今旣成沼此井天女八人降來浴水于時有老夫婦其名曰和奈佐老夫和佐老婦此老等至此井而竊取藏天女一人衣裳卽有衣裳者皆天飛上但無衣裳女娘一人卽身隱水而獨懷愧居爰老夫謂天女曰吾無兒請天女娘汝爲兒天女答曰妾獨留人間何敢不從請許衣裳老夫曰天女娘何存欺心天女云凡夫人之志以信爲本何多疑心不許衣裳老夫答曰多疑無信率土之常故以此心爲不許耳遂許卽相副而往宅相住十余歲爰天女善爲釀酒飮一盃吉萬病除之其一坏之直財積車送于時其家豐土形富故云土形里此自中間至于今時便云比治里後老夫婦等謂天女曰汝非吾兒暫借住耳宜早出去於是天女仰天哭慟俯地哀吟卽謂老夫等曰妾非以私意來老夫等所願何發厭惡之心忽存出去之病老夫增發瞋願去天女流涙微退門外謂鄕人曰久沉人間不得還天復無親故不知由所吾々何々哉拭涙嗟歎仰天歌曰

阿麻能波良布理佐氣美禮婆加須美太智伊幣治麻土
比天由久幣志良受母

遂退去而至荒鹽村卽謂村人等云思老夫老婦之意我心無異荒鹽者仍云比治里荒鹽村亦至丹波里哭木村據槻木而哭故云哭木村復至竹野郡船木里奈具村卽謂村人等云此處我心奈具志久(古事平善者曰奈具志)乃留居此村斯所謂竹野郡奈具社坐豐宇加能賣命也

麗氣曰崇神天皇五十八年(辛巳)遷倭彌和乃御室嶺上

宮㆒於㆓社中㆒圓輪鏡坐二年奉㆑齋
倭姫世記曰是時豐鋤入姫命吾日足止白支爾時姪倭
比賣命事依奉利御杖代止定弖従㆑此倭姫命奉㆑戴㆓天
照太神㆒而行幸同注云相殿神天兒屋命太玉命御戸
開闢神天手力男神栲幡姫命御門神豐石窓櫛石窓命
並五部伴神相副奉仕矣
見上
崇神天皇三十九年遷㆓幸但波乃吉佐宮㆒
同四十三年九月九日遷㆓倭國伊豆加志本宮㆒
五十一年四月八日遷㆓木乃國奈久佐濱宮㆒
見上
五十四年遷㆓吉備國名方濱宮㆒
五十八年遷㆓倭彌和乃御室嶺上宮㆒
六十年二月十五日遷㆓大和宇多秋志野宮㆒
六十四年十一月廿八日遷㆓伊賀國隱市守宮㆒
六十六年十二月一日遷㆓同國穴穂宮㆒
垂仁天皇即位元（○世記作二）年夏四月四日遷㆓伊賀敢都美
惠宮㆒四年夏六月晦遷㆓淡海甲可日雲宮㆒
八年秋七月七日遷㆓同國坂田宮㆒
十年秋八月一日遷㆓美濃國伊久良河宮㆒
　次遷㆓尾張國中島宮㆒三ヶ月奉㆑齋云々
十四年秋九月一日遷㆓伊勢國桑名野代宮㆒
　次遷㆓鈴鹿奈具波志忍山宮㆒六ヶ月奉㆑齋云々
十八年夏四月十六日遷㆓阿佐加藤方片樋宮㆒
二十二年冬十二月廿八日遷㆓飯野高宮㆒
二十五年三月遷㆓伊蘇宮㆒
　日本書紀曰廿五年三月丁亥朔丙申離㆓天照太神
於豐耜姫命㆒託㆓于倭姫命㆒爰倭姫命求㆘鎭㆓坐太
神㆒之處㆖而詣㆓菟田筱幡㆒更還之入㆓近江國㆒東廻㆓
美濃㆒到㆓伊勢國㆒時天照太神誨㆓倭姫命㆒曰神風
伊勢國則常世之浪重浪歸國也傍國可怜國也（○今按中略歟）
興㆓齋宮于五十鈴川上㆒是謂㆓礒宮㆒則天照太神
始自㆑天降之處也
　一云倭姫命以㆓天照太神㆒鎭㆓坐於磯城嚴橿之本㆒
而祠之然後隨㆓神誨㆒取㆓丁巳年冬十月甲子㆒遷㆓
于伊勢國度遇宮㆒
二十六年（丁巳）冬十月甲子遷㆓度遇五十鈴川上宮㆒倭姫
世紀曰于㆑時猨田彦神裔宇治土公祖大田命參相支
汝國名何問給爾佐古久志呂宇遲之國止白（○今按本書中略歟）倭
姫命問給久有㆓吉（○本書以下有宮之字）處㆒哉答白久佐古久志呂
宇遲之五十鈴之河上者是大日本國之中仁殊勝靈地
侍奈利其中翁世二百（○本書作卅）八万歲之間毛仁未㆓現知㆒留有㆓

靈物照耀如日月奈利惟少緣之物不在志定主出現
御座尒時可進(献イ)止念比弖彼處爾禮祭止申勢利卽彼處爾往
到給天御覽介禮波惟昔太神誓願給比天豐葦原瑞穗之國仁
伊勢加佐波夜之國波有美宮處利止見定給比從天
上志天投降坐比志天之逆太刀逆鉾金鈴等是也甚喜於
懷比弖言上給比岐
神記曰天之逆太刀天之逆桙大小之金鈴五十口日之
小宮圖形文形等是也

一外宮御遷座事

麗氣曰豐受皇太神子時大日本國天降淡路三上
嶽率三十二大眷屬從庚申年送春秋古止五十
五万五千五百五十五年
遷布倉宮自丙申送年月五十六万六千六百六
十六年
八輪島宮遷戊申年積年五十七万七千七百七十七
年八國嶽遷庚申歲五十八万八千八百八十八年
丹波國與謝郡北治山頂麻那井原遷壬申歲五十九万
九千九百九十九年
私勘已上六箇所御遷坐都盧二百九十万六千百七
年歟

上代本紀曰御間城入彥五十瓊殖天皇(崇神)卅九歲壬戌天
照太神但波乃吉佐宮今歲止由氣之皇太神結幽契
天降居大部倉津臣命速御食命屋船命宇須乃女神須
摩留賣命宇賀乃大土御祖神若雷神彥國見賀岐建與
奉命天日起神振魂命相從以戾止矣
尒時天照皇太神與止由氣皇太神介明齋德居焉
如天上之儀一處雙座焉率四九三十六靈神而朝
大御氣夕大御氣於炊備天奉御饗留丹波道主貴爲
御杖代志天品物備貯之百机而奉神嘗焉
天照太神伊勢國爾向幸給
止由氣太神復昇高天原天日之小宮座于時以吾
天津水鏡乃寶鏡留居吉佐宮給于時高貴大神勅
宣以皇孫命靈宜崇大祖止由氣太神乃前社云々
仍爲相殿神座注云靈形鏡坐也皇孫命金鏡也
大田命傳曰泊瀨朝倉宮御宇天皇(雄略天皇)廿一年丁巳冬十月
一日倭姬命夢敎覺給久皇太神吾(イナシ)如天之小宮坐爾
天下仁志天毛一所耳坐爪御饌毛安不聞(○一本此下有食之字)爪丹波國
與佐之小見比治之魚井之原坐道主子八乎止女乃齋
奉御饌都神止由氣皇太神乎我坐國欲度誨覺給支尒
時大若子命差使弖朝廷爾御夢之狀乎令言給支卽

天皇勅二大若子一使三能往天布理奉宣一支故牽二手置帆負彥狹知二神之裔一以二齋斧齋鉏等一始採二山材一搆二立寶殿一明年戊午秋七月七日以二大佐々命一從二丹波國余佐郡眞井原一之豆奉レ迎二止由氣皇太神一度遇之山田原乃下都磐根大宮柱廣敷立天高天原爾千木高知天鎭理定理座止稱辭竟奉支

豐受太神丹波國與佐宮御出時地主明神詠曰 奈具ノ身爾奈具我宮伊豆間今波照出御明給一說安賀奴美爾阿賀奴小宮乎伊豆流萬爾今者外爾出々照覽悟也

亦山田原迎接時天照太神拍手忍手 御詠曰增鏡雲位合御覽與千代千年世重々

ソノカミノ ウカリシコトモ ワスラレテ アフウレシサヲ ミニアマリヌル

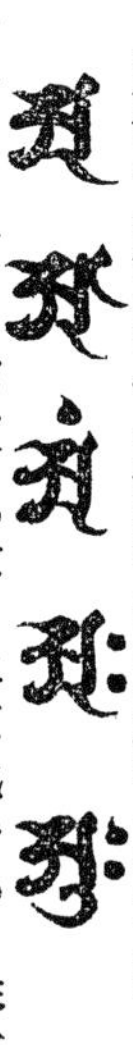

一心我頂禮 久住舍那尊 本來我一心 衆生而

加護返禮文云

モトヨリノ ヒカリニサケル ハチスハヽ コノミヨリコソ ミニハナリケレ

天宮誓願 久遠正覺 法性如々 同在一所

歸命金剛祕密神 令持令法久住者

世出世間利群生 引導化緣及法界

皇太神重託宣吾祭奉レ仕之時先須レ祭二止由氣太神宮一也然後我宮祭事可二勤仕一也故諸祭事以二止由氣宮一爲レ先也

御鎭座本紀曰明年戊午秋七月七日以二大佐々命一奉二布理一留共從神大御食津命、小和志理命、事代命佐部支命、御倉命、屋和古命、野古命、乙乃古命、河上命、建御倉命、興魂命、各前後左右爾相從奉レ仕大佐々命小和志理命奉レ戴二正體一興魂命道主貴奉レ戴二相殿神一駈仙蹕比錦蓋覆日繩曳天御翳日御翳屛奉二行幸一爾時若雷神天乎八重雲四方爾薄靡天爲二御垣一天從二但波國吉佐宮一遷幸

一心御柱事

御鎭座本紀曰心御柱一名天御柱亦名曰忌柱亦天御量柱謂應二天四德地五行一徑四寸長五尺御柱坐以二五色絁一奉レ纏レ之以二八葉榊一奉レ餝レ之是則伊弉諾伊弉冊尊鎭府陰陽變通之本基諸神化生之心臺也都合二天心一而興二木德一歸二皇化一而助二國家一故皇帝之曆數天下之國土常磐堅磐無レ動三十六禽十二神王八大龍神常住守護坐依二損失一有二天下危一天口事書曰八坂瓊戈是天地開闢之始浮二高天原一神

寶也神語曰破者古語天逆桙天逆太刀俗云二天乃魔
反桙一亦名天乃登保古此名二天璽一也天御量柱者天
瓊戈異名也以二一基一分二天地一而爲二內外心御柱一也
故口(大字歟)人者與二天地一合二其德一而利二萬物一者也
大宗祕府曰天瓊玉戈名二金剛寶劔一惟是天地開闢之
圖形天御中主之神寶獨胋變形座也諸佛菩薩一切群
靈心識之根本一切國王父母也
形文深釋曰心御柱者天瓊戈表物也是獨古形三部五
部一體不二妙體萬法所生心體也故本覺常住之心蓮
臺之上觀二一大三千界妙理一也惣八葉蓮華上有二迣(不審)
輪一是蓮華理也理卽智也智卽大圓鏡智平等性智妙
觀察智成所作智柱者獨一法身妙一切衆生根源也
居二磐石一而磐者示二長遠之不朽一者也是不動所表也
故所現八大龍王十二神王常住守護座也
亦曰心御柱者一氣始一心妙法萬化種子也
寶山記曰惟是天地開闢之圓形天御中主神寶獨古變
形神佛神通群靈心識正覺正智金剛座也亦名二心蓮一
也
亦曰凡八百萬神下二座南閻浮提一釋迦尊爲レ父爲レ母
爲レ君爲レ臣生々世々无レ不レ從レ之世人无二孝順心一

犯二輕垢罪一墮二地獄一故曰神盧舍那佛等說二大乘心
地一而已

一御形文圖事

寶基御靈形文圖曰大和姬皇女承二皇天嚴命一移二高
天原之梵宮一而造二神風伊勢內外兩宮社一顯二御形於
棟梁一用作二生化之龜鑑一與二心柱於金石一以治二國家
之福壽一天神地祇頓首再拜天下幸甚
五十鈴宮御靈形者天瓊玉桙表也是天地發初萬像根
本也惟能摧二破諸災患一而神心不レ亂三神一體靈智
神財是也故亦名稱二金剛正桙一亦名二天逆戈逆太刀一
也白銅鏡八面者大八洲靈神居也部類三十二神居也
山田原宮御靈形者五位圓形座也是則五常圓滿智光
表理也一輪中含二萬象一五常百行悉皆一圓常住應化
元神座也金鏡十四面座部類神五十二座
天口事書曰凡經緯法者君臣上下天地父母大宗形表
也於レ是現二大傳珍圖一以通二神明之德一以照二萬物之
情一乃成二之神一近悟レ諸不レ遠也
天照珍圖心神華臺之中天地八尊圓鏡座
豐受珍圖者天地父母二儀之中五大尊光照金鏡座俗
常以二金鏡一喩二明道一也

夫神皇珍圖形者天地之位象二四時之行一治二天下一四時之行有レ寒有レ暑聖人之法有レ文有レ武天地之行有レ前有レ後有レ左有レ右聖人之法以建二經緯一春生二於左一秋殺二於右一夏長二於前一冬藏二於後一生長之事文也收藏之事武也故文事在レ左武事在レ右

御鎭座本紀曰寶宮棟梁天表御形文

天照太神宮御形象日天尊位座也

止由氣太神宮御形象月天尊位座也

惟天神地祇明元二八洲一利二物形體一故皇天之坐而配二日月一照二宇內之昏衢一國家合二天地一而寶曆長久天眞之明道鬼神變通人民咸幸甚

仙宮秘文等載レ右

一十種神寶事

舊事本紀曰天神御祖高皇産靈神詔授二天璽瑞寶十種一嬴都鏡一邊津鏡一八握劔一生玉一死玉一足玉一道反玉一蛇比禮一蜂比禮一品物比禮一是也天神天祖詔曰若有レ痛者令二茲十寶一謂二一二三四五六七八九十一而布瑠部由良由良止布瑠部如レ此爲レ之者死人反生矣是則所謂布瑠之言本矣

嬴都鏡　弘法大尺 天字表　麗氣府錄曰 五輪形

邊都鏡　地字表　圓形內輪表 外輪八咫形　私云八輻輪歟

八握劔　五貼形 耐不審義

生玉　向上寶珠 水珠

死玉　向下寶珠 火珠

足玉　上字表文

道反玉　下字表母

蛇比禮　水字表白明衣本緣是

蜂比禮　清淨義也木綿纖也

品物比禮　火字表亦 女懸帶也 寶冠也帝王御卽位之時被レ着レ之 兩宮御形文在二彼寶冠一

而布瑠部由良由良止布瑠者

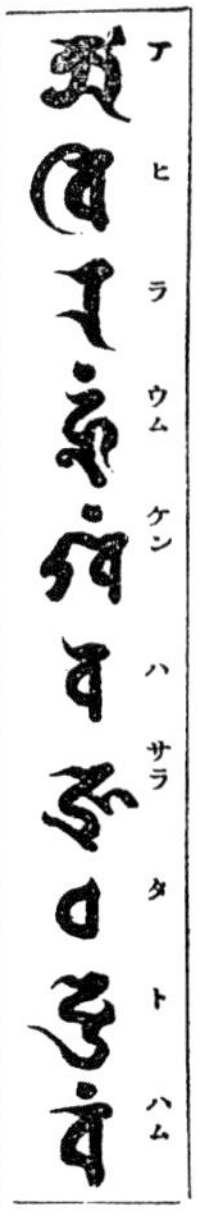

一三種神寶事

日本書紀曰以二此皇孫一代降故天照太神乃賜二天津彦火瓊々杵尊八坂瓊曲玉及八咫鏡草薙劔三種寶物一因勅二皇孫一曰葦原千五百秋之瑞穗國吾子孫可レ王之地也宜爾皇孫就而治焉行矣寶祚之隆當下與二天壤一無上レ窮者矣

私云件三種神寶皇孫火々出見鸕鷀草葺不合尊三代相續人皇始神武天皇相傳天至二崇神天皇一此御代神物官物相分之時於二一種神寶一者被レ副レ神了於二大和國宇多神戸一新鑄二造神鏡神劒一爲二帝王御護一也内侍所者乃改鑄之御鏡也改造之寶劒者安德天皇御時入二海中一終不二出現一寶玉者浮二海上一之時奉レ取レ之還座稱二璽筥一是也

抑太神宮寶劒草薙劒者景行天皇御宇日本武命爲レ平二東夷一奉レ勅東征彼命參二太神宮一祈請之時大和姫命被レ授二神劒一今在二尾張國熱田社一子細見二日本書紀一矣

瑚璉集下終

丁丑之歲九月下旬於二勢州旅館一以二外宮禰宜家行神主自筆草本一書二寫之一彼本五卷也今分爲二天地兩卷一耳

于レ時

閼茂之歲臘月下旬於二灌頂寺阿彌陀院一賜二中院准后之眞筆御本一書二寫之一彼爲二卷物一而上下白界在レ之依レ便二披覽一今改如レ是矣

于レ時

弘和第三之曆仲呂下旬之候終功畢此書以二和州宇多郡福西灌頂寺阿彌陀院嚴祐律師本一書二寫之一不レ可レ及二外見一者也

于レ時

應永第二之曆仲呂初七之天勢州弘正寺寶光院之閑窓書二寫上下兩卷之秘典一奉レ貢二内外二宮之法樂一矣

桑門惠觀

于レ時

應永卅三年丙午二月廿三日於二志州答志郡伊雜神戸福嚴坊客殿南面一雖レ爲二惡筆一如レ形書寫了

同三月三日一挍手汝彌道祥生年七十九歲

右筆金剛佛子春瑜生年廿六歲

神祇靈應記

天神七代縁起

第一代神　國常立尊陽神漢朝天皇氏也
第二代神　國狹立尊陽神漢朝地皇氏也
第三代神　豐斟渟尊陽神漢朝人皇氏也
第四代神　埿煮之尊陽神立國時五龍氏也
第五代神　大戸道尊陽神同　五龍氏也
第六代神　面足之尊陽神伏義氏也
第七代神　伊弉諾尊陽神神農氏也
此神妹伊弉冊尊止和合之天嫁義始未留此神白山權現也右和大巳貴垂跡奈利左和稱二別山一天天津子八禰命奈利此三所權現奈利

地神五代縁起事

第一代神　天照太神日神豐岡姫　大日孁貴照日尊　太神

爰人皇十一代帝卷纏向珠城宮御宇垂仁天皇拾漆年仁伊勢國御裳濯河乃水上仁五十鈴降利懸留吳竹乃一夜乃中仁顯玉布自二垂仁天皇卽位拾漆年一甲辰今年應安元年仁至末天一千五百拾捌年奈利宮川與利渡會乃神止天昔與利廿一年仁一度乃御遷宮大和國秋山與利內宮仁遷利玉布天逆鉾廳天秋山仁今毋有神樂岡天磐戶奈登毋有二此所一利外宮和人皇二十一代泊瀨朝倉宮乃御宇雄畧天皇十三年戊申丹後國朝日宮與利遷玉布內宮與利五百餘年後也

第二代神　正哉吾勝尊也
第三代神　天津彥々火瓊々杵尊忍骨尊太子也治世卅一萬八千五百四十二年也忍骨尊末天和一月三十日乃員數毋無於此尊乃時始定止
第四代神　彥火々出見尊也瓊々杵尊天子也治世六拾三萬七千八百九拾參年也
第五代神　葺不合尊也火々出見尊太子也治世八拾參萬陸千四拾貳年也

人皇代出現神明事

熊野權現縁起

人皇第一代橿原宮神武天皇卽位肆拾壹年

大奈留熊爾天現レ形玉布神武天皇和日向國宮崎乃神止成玉陪利其後崇神天皇六年垂跡止又繼體天皇善紀元年壬寅三尺水精盤止化天今乃瀧宮乃邊仁顯寸氏人

曩祖紀伊國先生椎葉仁粟乃餉乎盛奉豆其後椎木仁二
面鏡止成化天顯玉布止云々傳敎弘法智證慈惠等詣介
留仁一度毋正木御顯形和無之止那智飛瀧權現毋當社
別神也神感威光乃事不レ遑二羅縷一奈利

住吉大明神緣起

人皇第五帝孝昭天皇仁靈現乃神也御座垂迹松木七本
檜木七本共仁天降止住吉森和何毋靈木仁天人間乃種
仁非寸住吉乃神詠止天
夜彌寒木衣也薄幾片損乃行合乃間與利霜樂（也カ）置良年

天照太神垂迹緣起

人皇十一代垂仁天皇御宇伊勢國五十鈴河乃水上仁顯
玉布守レ帝利惠レ國美人乃心直奈留事乎悅給布杜垂木仁
至迄何毋直奈利世中乃費乎思食天供米毋三杵計精介
神代乃昔靑海原仁仕介留萱葺柱和賢木也又法師乃不
レ詣和佛法乃此國仁弘事乎深久忌玉豆乃事也然波瑞籬
與利近久不レ詣奈利又大中臣社司乃申世之和伊勢爾和王
氏中臣忌部卜部止天四姓官人有利大中臣和三笠乃森
春日乃宮與利參留今乃伊勢宮和第廿六度目乃遷宮仁天
渡世玉布三五度目和大和秋山乃社與利移玉陪利
千早振神代久幾日本乃秋山與利屋渡遇乃宮

御神詠止天
阿留麻肆木昆登遠和儺爾頓因能流羅武古止波隣烏
今楚訶民輪宇玖良咩
近和宗近乃歌止天
陪馱傳辭屋幾萬代乎守利古肆內外乃宮乃八重乃瑞籬
止聞之乎尤肆幾和歌乃仙人也止雖毋無下仁神道乃事乎
波知玉和佐利皀止難之申寸社司有利行應若之時藤原大
納言爲定卿仁古今集乎讀奉之時此事乎問申勢葉內宮
計仁社八重垣和阿連止外宮爾毋可レ有樣仁聞太留不
レ可レ然止柴垣荒垣玉垣水垣奈止登天內宮計八重垣
和御座止口傳寸日本乎磯島共云比何毋天神地神知食
皀留國乃名也去葉中務卿宗尊親王乃御歌爾毋
大伴乃美豆乃濱松賀素武奈利早日本仁春彌來奴覽
定家卿歌止天
敷島乃道爾我名和龍市今將不知大和言葉
伊勢御事乎波神路山止毋申侍利續古今太上天皇乃御
製止天
小車乃錦手向留神路山又巡利會年毋來仁皀
後伏見院御製止天風雅集中爾
神路山內外乃宮乃宮柱身和朽奴止毋末乎波多傳與

士御門宰相歌止天
神路山百枝乃松毋更爾又幾千代君爾契利太留覽
一條關白謙德公詠爾
鈴鹿山伊勢於乃蜑乃奴連來侶裳鹽垂多利止人夜見留
覽
金葉集云
神無月鍾禮乃雨乃降儘仁色々仁成留鈴鹿山哉
內大臣歌止天
降儘仁路絕奴連葉鈴鹿山雪社關乃鎖成覧

白山妙理權現緣起

但大鏡第二 御堂三男權大納言能信撰

伊奘諾伊奘卌尊八百萬神等乎神議仁集天豐葦原水穗乃
國仁御社處乎高天原仁卜玉布人皇四十一代持統天皇
御宇大化三年乙未越智巓金洞頭仁顯玉比同四十三帝
元明天皇和銅元年爾白山乃嶺仁鎮坐云々於ニ白山ニ有ニ
七名ニ利一爾蓬萊仙二爾高天原三爾未牟漏四爾白山
五爾千本嶺六仁千倉嶺七置倉嶺其神乎甘呂伎甘呂
美命止或伊奘諾伊奘卌止申奈利最此神仁皈天擁護乎
憑陪之凡吉野藏王權現止白山妙理權現止深久諸人乎
憐玉利然波白山仁藥草生比廿七所仙窟乃名有利一仁
長生神洞二爾不老仙宮三爾不老神仙洞四仁光明神
仙洞五仁紫微宮六爾三光神仙七爾神驗仙洞八爾賢聖
神洞九爾龍神仙洞十仁並光神仙洞十一仁護法洞十
二仁天女神洞十三仁異香仙窟十四爾輪堂神仙洞十
五爾月神窟十六爾水精洞十七爾蓬萊宮十八仁禪證洞
十九仁音樂仙洞二十仁最勝仙洞廿一仁明墨仙洞廿
二爾垂神仙洞廿三爾天人洞廿四仁司命洞廿五仁天
神洞廿六仁常住神仙洞廿七仁棲神仙洞止于レ時神護
景雲年中也

春日大明神緣起

春日里三笠山麓仁宮居玉布春日四所止和第一鹿島第
二檝取第三平岡第四姬神奈利人皇四拾二代文武天
皇慶雲四年甲辰常陸國與利移玉陪利第三平岡明神
和正久天子八禰命止申傳春日神也昔天上仁天高木尊
神議乃日天照太神御孫乎葦原國陪降之給時仁三乃神
寶乎被レ授奈利一爾葉八咫鏡二爾和八坂瓊曲玉也印箱三
爾和寶劔也天津兒屋禰命乎副奉旦日向國高千穗峯仁
天降玉之時諸神達譽云其形和日乃如久其心和如レ海之
其惠和如レ天之其德和地乃如久此故仁天照堅久誓申佐
久我子孫和此國乃可レ爲レ主之汝乃子孫和代レ之仁柄乎
取天奉レ扶禮止神約有利君乎輔佐之申事是與利始利支

榎本神詠止天
補陀洛乃南能岸仁堂立弖今曾榮牟北乃藤浪

賀茂大明神緣起

秦氏女子葛野河仁衣乎濯仁水上與利鴨羽仁傳短留矢一流來留取皈天戶上仁挾置太利㒵其後懷姙志天男子乎生父母饗應之天賀茂里人乎疑天此中仁汝父太留人仁祉盃乎差勢奈登止云仁戶上乃矢仁指迎㒵留仁曾日比乃不審母晴太利上賀茂和別雷神止申奈利下鴨和母奈利中鴨和御子奈利扨祉賀茂氏秦氏乃婿仁成止又祭日和桂幷仁葵乎賀佐素父母芳契乃心也止凡賀茂御事打安留樣（モトノマヽ）禰葉奈利申母憚安利

筥飯大明神緣起

人皇十四帝仲哀天皇御靈也本和武內大臣乃宮奈利之塵輪襲來時安陪高丸同分ヶ丸二人仁守門弓矢乎執留二月六日仁崩御成玉陪利御劍和命乃角鹿宮浦仁寄利本和筑紫乃香椎宮仁神止顯玉乎廳弖宮作乎（弖カ）崇奉留凡人王第九開化帝四拾捌年仁異國與利廿萬三千人寄來留仲哀帝御宇仁廿萬三千人神功皇后時三萬八千五百人應神帝御宇仁廿萬人欽明帝時卅四萬餘人敏達帝御宇播磨國明石浦末天三萬人天智帝時二萬三千八桓武帝延曆六年仁四十萬人龜山院文永五年二月一日寄來奈利（〇脫アルカ）後宇多天皇大覺寺殿御時弘安四年末天已上十箇度日本乎攻然仁一度母我國不ニ打負ー弘安四年爾和蒙古舟八十萬七千八百艘高麗舟五百艘也云々

常宮權現緣起

人皇十五代神功皇后靈神仲哀天皇乃勅乎受介塵輪乎討弖廳弖三韓乃堺仁向玉布人皇五代乃時化顯住吉神止高良神止乎以天神功仁副奉弖云我年閑陀利爲ニ守護一仁高良大神乎大將止之天異國乃三韓仁到玉陪又申云龍宮仁目出度御坐寸干滿兩顆乎敵仁施掛給和波止申仁廳高良河上大明神安曇磯良乎賴奉弖神望乎達寸彼磯良海底仁多年有㒵仁也面仁石花奈止云物付天醜計連葉絹乎御貌仁掛天神功乃御舟仁管絃之給時清曇止云舞乎奏天出玉陪利伶人等于レ今傳天祕曲止寸高良明神二乃玉乎預給故仁高良玉垂命止申侍幾敵舟來葉干珠乎投天陸止成之陸與利來波滿珠乎以天溺寸遂仁日本仁降乎乞奉留故仁神功以ニ弓弭一天高麗王和日本犬奈利止書付給利今仁不失止奈牟抑神功御父和息長足彥御母和葛姬奈利開化五世孫卅二歲即位治天六十九年御歲一百歲四月十七日大和國十市郡磐余稚櫻宮仁

天崩御同年同國秋篠山陵仁納奉留神龜元年甲子八
皇四十五代帝聖武御宇仁筑前國若椙山乃香椎宮聖
母大明神止顯玉布當昔神功應神御懷胎乃時御鎧乃
不合之乎香良神御鎧乃草摺乎切互御脇仁宛申㒵此後
與利鎧乃脇立始奴止次仁昔家持卿越前國仁知留由之天
下向世之爾氣比神仁詣天月夜爾聞波海中仁鐘乃聲聞㒵
不思議仁思天常宮仁祈申禮計連葉夢乃中爾
浮止天魚乎角鹿乃入海仁鯨乃鐘乎浪彌打覽

八幡大神宮緣起

仲哀帝九年十二月十四日應神天皇筑前國宇佐宮爾
天誕生四歲爾之天春宮仁立七十一即位治天四拾年也
此時文字始互繩爾替留百濟國與利母五經博士來利又
絹綾錦等織物乃上手始天來利奴御齒百十一爾天二月
十五日仁大和國高市郡輕島豐明乃宮仁天岩隱有利陵
和河內國譽田陵也神成玉事和人皇卅代磯城島金刺
宮欽明帝卅一年辛卯正月十一日豐前國長田池乃邊仁
天三歲小兒乃形爾天竹葉上仁立玉天云吾是人皇十六
代帝應神帝乃靈也我名和護國靈驗威力神通大自在
王止云奈利宣之奈理人皇四十五聖武天皇御宇四年壬申
東大寺仁影向孝謙帝御宇宮造寸止人皇五十代桓武
帝延曆廿三年甲申日枝山仁影向其後五十五代文德
帝御宇齊衡二年乙亥大安寺仁遷玉布又五十六代水尾
帝御宇貞觀元年己卯八月十五日男山石清水鴿峯仁
遷座其時廣濱卿三男行敎和尙貞觀聖主乃勅使止志天
宮遷玉天今年應安元年未天五百十年男山利生是新奈利

山王權現緣起

山王大權現垂跡和是廿一座爾天御座寸先上七社者一
爾大宮權現人皇卅代磯城嶋金刺宮欽明帝卽位元年
庚申大和國三輪大明神臨降之玉比其後卅九代天智
卽位元年壬申卽大比睿大明神止顯玉布本社爾天和正
一位大神大明神童一棟大物主止申天天照太神乃甥
乃神爾天座寸乎今和日吉大宮殿仁天崇奉伎昔大津八柳
邊仁顯出玉天神人天乃晴光田中恒世此二人仁勅曰餉
乎與陪用止驚天恒世黃楊中仁天粟飯乎炊之奉利伊智古
乃葉仁入天奉留唐崎孤松仁召乃御舟乎引掛介繫玉利其
時只人仁非寸神明止知奉天琴御舘宇志丸仁詔之天御
跡乎慕奉天大宮乃社壇乎始玉陪利二爾地主權現者天
地開闢乃最初天神第一國常立尊也高嶺乃椙仁天降
玉止三爾聖眞子者輕嶋宮應神天皇人皇四十二代文
武帝御宇九年近江國志賀郡仁顯玉布即八幡宮仁天渡

世玉奈利四仁十禪師權現者桓武御宇延曆二年癸亥正
月十六日仁降臨止五仁八王子權現者天神第二國狹
立尊仁天人皇十代崇神天皇乃九年仁淡海國志賀郡比
睿東乃大嵩仁天降玉布諏訪御射山乃明神是也六爾客
人權現者桓武御宇延曆元年壬戌八王子山乃麓仁顯
玉布延曆寺二十七代座主慶命大僧正時仁宮作有止
是白山妙現權現仁天御座寸七爾三宮權現者桓武帝延
曆六年丁亥貴女形仁天濃色乃衣裳之天顯玉陪利諏訪下
御射山明神仁天候仁曾次仁新日吉社者人皇七十八代
二條帝永曆元年庚辰御建立奈利同御宇應保二年四月
三十日始天當社乃祭奈止被レ行天目出度御座寸奈利凡
七社影向皆山王權現止申也竹○衍歟伊智古乃葉一木松
八柳木于今有利止凡山門和昔靑海原乃時探書鉾乃滴
成處止母申幾

山王御歌止天萬葉集爾
大伴乃美豆乃濱邊乎打去艮辭寄來留浪乃行衞不識母

地主權現御歌止天
波母山也小比睿乃椙乃獨居和○風雅集作みやまゐ嵐母寒之問人
母無之

聖眞子御歌止天
何事賀御座覽瑞垣乃久具成奴見奉艮天

此三神誓約御歌止天○今按後撰集爲均子內親王之詠
我母思人母忘奈阿里曾海乃浦吹風乃止時母奈之

北野天神緣起

太政威德天滿大自在天神者從三位參議刑部卿朝臣
是善卿養子也叙二正二位一補二右大臣兼右近衞大將一
內覽乃宣旨乎蒙天宮中乃政乎奉行玉陪利人皇六十代
醍醐帝御宇昌泰四年辛酉正月廿五日太宰權帥仁天
御歲五十八仁天左遷之延喜三年癸亥六十仁天薨給陪利
六十一代朱雀院御宇天曆五年壬寅七月十二日西七
條大傳甞賀娘文子仁託曰右近馬場仁向時曾愁暫忘留
留神社乎造見世與又延喜三年與利天慶五年仁至末天四
十年乎經陀利同九年丙午淡海國比良禰宜神良胤仁託
曰比良峯仁太刀笏乃埋有鼂老松仁和笏福部仁和太刀
乎授與可レ居所仁和松數千於生牟止奈理御詠止天二
離家三四月落淚百千行萬事皆如レ夢時々仰二彼蒼一
鴈足粘將疑繫帛　烏頭點着憶皈家止云詩共乎詠
世葉何爾與有牟止奈利天慶九年秋九月比一夜中仁數
千乃松生多利人皇六十二代村上天皇天慶九年六月
九日北野仁宮遷玉陪利良胤此所仁來天問波如レ託止延

○天之誤歟暦三年小野氏與志布留安樂寺仁詣天之爾御託
宣詩仁
家門一閉幾風煙　筆硯抛來五十年
我仰二蒼天一懷二古事一　朝々暮々淚連々
止告玉陪利此由乎奏聞申㒵仁聽同四年仁從一位左大
臣宣命於送奉留八月廿日再拜奉二誦上一留仁詩首
忽驚朝使排二荊棘一　官品高加拜感成
雖レ悅三仁恩覃二邃窟一　但着存沒左遷名
神慮不レ穩止天同五年正一位太政大臣宣命乎奉留仁
虛空仁聲之天
昨爲二北闕蒙レ悲士一　今作二西都雪レ恥尸一
生恨死喜其我奈　今望足須レ護二皇基一
止響母不絕爾道風乃筆樣之天書太留於吹下之㒵內乃寶
止之天內藏寮乃御藏仁納留凡此詩乎每日誦翫乎波守給
牟止誓玉布正曆五年仁至末天九十六年仁天神止顯玉布
延喜三年與里今應安二年末天四百六十七年奈利

天磐戶事

天照太神天浮橋乃上與利葦原瑞穗乃秋津島山仁渡玉
時八人天津乙女子乎從比玉陪利其外四人名婦（モトノマヽ）八人介侍
留八人乙女者一仁女豆羅乙女二仁奈加豆良姬三仁歌
姬四爾舞姬五仁加宇波志姬六仁花姬七仁明姬八仁兼
姬奈利四人者一仁末奈伎姬二仁結姬三仁豆良奴姬四
仁鈴姬是奈利八人八乙女止母又十二人乃幾稱止母云布
五人神樂男者五龍奈利昔素戔烏命此中咩豆良乙女
乎引連天天上陪登玉幾時仁天照神弟尊乃惡行乎宥玉
仁尙不レ止波瑞穗乃里人穩仁母無事乎恨仁思食天天磐
戶仁閉籠玉布八十萬神愁玉豆神樂乎奏之庭燎乎設介
神議仁議玉陪波磐戶乎少開玉天阿奈面白止宣時手力
雄神引出奉木其時御影乎遷申太利支和內侍所鏡奈利
其時持玉之和鏡明神是奈利第一鏡和不レ叶二神慮一止即
紀伊國仁崇奉留日前宮奈利第二和今內侍所也第三和
用意仁鑄玉奈利是和大和國多布峯仁有止次天照太神
乃御冠和大和國西大寺仁朱乃唐櫃仁深久納天崇奉止
瓊鉾和大和國秋山社乃傍仁有留二本乃木仁打掛天置
利覆母無天阿良波仁有利二本木止和一和花杜一和賢
木奈利去葉何人母秋山乃香久詣止天仕也其時鉾乎母拜
止奈牟又神樂岡止天諸神等神樂乎奏世之岡有利其所仁
竹筒仁酒乎入豆藁仁天口乎指天岡乃上仁置介利誠仁昔與
利今乃代末天絕事無之其數乎不レ知下和皆朽天上仁和
頃乃新木筒有止奈牟又每年猿一足（疋カ）伊勢乃神與里香山仁

來利香山社仁詣奉留仁何物乎捧奉爾也右手仁物乎捧弖彼社仁參良世手後手乎開奈利四五日乃後伊勢太神仁皈止加也何乎持止云事昔與利不レ識誠仁不思儀乃事也鏡宮者伊勢仁御座岩乃上仁徑八寸計乃鏡仁天繞和缺弖今毋在止風社止天又有之天磐戸乃靈霧乎吹開之神奈利此宮乃神官葪田乃無實乎得太利之時敵人申狀乎得弖訴陳烏書止天一首歌計乎書皃

吹干止風乃宮爾也祈梟秋（本ノマヽ）乃葪田乃露乃濕衣止計仁天沙汰之皃仁其沙汰爾毋勝弖誠貴鳫皃心烏直仁之天賴事有葉何其利生乃可無哉乎

正本云此書中過半以二大江匡房康和年中記一而爲レ本並以二卜部好眞註紀等秘說一爲二一書一釋春山揖（マ）
天正拾七年卯月六日於二和州一書寫　延春自省
記云全篇中往々以二本地經文等一附二一段之中一親二炙神佛略同之理一也予見レ之誠陽明之行陸用二車馬一諫言徹二寸心一矣依レ斯去二外國邪道一而令レ皈二元々徵源之心一者乎

神皇系圖

天神七代

國常立尊

古天地未剖、陰陽不分、渾沌如鷄子、溟涬而含牙、及其清陽者薄靡而爲天、重濁者淹滯而爲地、精妙之合搏易、重濁之凝竭難、故天先成而地後定、然後神聖生其中焉、號國常立尊矣、亦名无上極尊、亦名曰常住毗尊、謂惟三世常住妙心法界體相大智也、故天神地祇本妙大千世界大導師是尊也、所形名曰天御中主神、亦尸棄大梵天王、故則爲大千世界主矣

天御中主尊

神風伊勢百船度會山田原大神座、元氣所化水德變成、爲因爲果而所露名天御水雲神、任水德亦名御氣都神、是水珠所成卽月珠是也、亦號大葦原中津國主豐受皇神也、凡以一心分大千、形體顯言爲陰爲陽矣、盖從虛无到化變天月地水感應道交、故在名字相云々

天八下靈神　　天三降靈神

天合靈神　　天八百日靈神

天八十萬魂神

前五柱神者是生化五大尊座也

高皇產靈神皇祖神座

神皇產靈神大神主祖神也

津速產靈神天兒屋命祖神也

都八柱神者、天御中主神寶座之内獨化神也、明百億須彌百億日月百億四天下、而爲天地人民化生元祖者也云々

國狹槌尊　　豐斟渟尊

泥土煑尊　　沙土煑尊

大戸之道尊　　大苫邊尊

面足尊　　惶根尊

右八柱神者俱生之神、陰陽與耦生之神也、故乾坤之道相參而化、所以成此男女形矣

伊弉諾尊　　伊弉冊尊

右從國常立尊迄至伊弉諾伊弉再尊謂天神七代矣、爰蒙天祖天御中主高皇產靈尊之宣命天以授天獨矛、而諸尊立於天浮橋之上二神共計曰、底下豈无國歟、廼以天獨矛指下而探之獲滄溟、其矛鋒滴瀝之潮凝成一島、名之磤馭盧島、二神於是降居彼島興八尋殿（社記曰、大日本日高見國神祇寶山今此處也云々）因欲共爲夫婦產生州國及山川草木神等、後生一女（日神）三男（月神、蛭子、素盞嗚尊）或爲日爲月、永懸而不落、或爲神爲皇、常存以无窮矣

蓋聞伊弉諾尊則東方善持藏愛護善通由賀神、梵所名之伊舍那天也、伊弉册尊則南方妙法藏愛叓行識神、亦名之伊舍那后也、凡從自性淨妙藏乃至邪蚍地爲下化衆生隨順方便、故假所化義具生滅形、依无爲行滿即得正果、是大慈悲神慮也

地神五代

大日孁貴天照皇神　神風伊勢國玉掇五十鈴川上座、諸尊持左手金鏡陰生、持右手銀鏡陽生、因以日神月神所化生也、謂火珠水珠二果曲玉變成、三昧世界建立日月是座、凡上座時名之尸棄大梵光明大梵、下座時名之尸棄光天女天照太神遍照智光、法陰法陽兩部不二平等一心同殿同床、三神即一所座矣、（尸棄大梵、尸棄光天女、杵獨大王）

正哉吾勝々速日天忍穗耳尊（天照大神太子釿霧之化生）

天津彥々火瓊々杵尊（正哉吾勝尊太子亦名皇孫杵獨王也）

彥火々出見尊（天津彥々火瓊々杵尊第二子）

彥波瀲武鸕鷀草葺不合尊（彥火々出見尊太子）

右天津尊率諸部神降到於筑紫日向槵日高千穗之峯治天下、以來迄至葺不合尊三主、治合一百七十九萬二千四百七十六歲也

人王

神日本磐余彥天皇（葺不合尊第四御子）

天照皇神誓曰、吾日太子如八尺瓊之勾以曲妙御宇、且如白銅鏡以分明看行山川海原、乃提神劒平天下焉、肆以名之三種神璽也、汝敬承吾壽、手抱流鈴以御无窮、無念爾祖、吾在鏡中矣、式臨寶位以鎮元元、上則答乾靈授國之德、下則弘皇孫養正之心、然後兼六合以開都掩八紘、

而爲二帝宅一詔給矣、神日本磐余彥天皇賴以二皇天之威一、甲子歲春二月甲申詔曰、我皇祖之靈也自レ天降鑒光二助朕躬一、令二諸虜已平海內无事一、可下以郊祭二祀天神一用申中大孝上者也、乃立二靈畤於鳥見山中一用祭二皇祖天神一矣、亦天富命率二諸忌部一捧二天璽鏡劔一奉二於正安殿一、天種子命奏二天神壽詞一、此神世古事而已

天皇鎭魂八神

高皇產靈神 此尊者極天之祖皇帝也
神皇產靈神 八咫烏
魂留產靈神 玉作
生產靈神 生魂
足產靈神 生島足魂道反魂
大宮賣神 傳女
御膳神 保食神
事代主神 素盞嗚尊子大巳貴神長子也

右八柱神則八洲守護驗神、八齋靈命、八心府神坐、故式爲二皇帝之鎭魂神一矣、謂夫水氣者淸淨、海水即本祖元神性也、湯氣者濁世生類不淸實執也、故淸淨神氣祭即人魂湯氣鎭也、故有二鎭魂一也、湯者氣也、亦光明也、故名曰レ魂也、凡一氣化現名號二神靈一是生化魂也、故湯氣散亡即爲レ死即佛二本居一、善哉善哉、皇天壽曰、而布瑠都由部イ良都止布瑠都部イ云々、惟是皇天无極大神咒也

神皇系圖一卷

豐御食炊屋姬天皇庚辰歲攝政上宮廐戶豐聰耳聖德太子尊奉レ勅撰定而已

神皇系圖一卷以眞福寺本爲底本以一本校了

明治丙午三月　佐伯有義

神皇實録

姓氏錄別卷書紀 神皇實錄一卷 姓氏錄抄一卷

以代元氣渾渾天地未剖猶雞卵子溟涬含牙其後清氣漸登薄靡爲天渾濁重沈淹滯爲地所謂洲壤浮漂開闢判剖是也譬猶遊魚之浮水上于時天先成而地後定然後於高天原化生一神號曰天讓日 陽神 日神 國讓 陰神 月 月神 皇神亦名天御中主尊也天地倶生神坐是諸天降靈之本致一切國王之大宗也德被百王惠齊四海歷代帝王崇尊祖萬方人夫敬神祇故世質時素無爲而治不肅而化云爾

古語曰天御中主以天瓊戈授伊弉諾尊伊弉冊尊故讓天地於之尊故謂之稱天讓日國讓月皇神也

大元
謂無名之名無狀之狀呈稱氣神萬物靈鑒也日月（一本日月之下有星氣是天之四字）是大地大人亦大故大象人形坐也元者元至也

國常立尊
無名無狀神此倉精之君本官之臣自古以來著德立功名也所化神名曰天御中主神也

謂大易者虛無也因動爲有之初故曰大初有氣爲形之始故曰大始氣形相分生天地人也大方道德者虛無之神天地沒而道常在矣原性命受化於心心受之意意受之精精受之神形體消而神不毀性命既而神不終形體易而神不變性命化而神常然因以名國常立尊以初爲常義者也

天地耦生神
謂耦生天地對耦萬物生故八大五行佐天地生物五行自水始火次之金次之土爲從木生數三成數八倶言八者舉其成數矣是天地象四時王相神坐也配用有德故於明堂以祭吾神而已

國狹槌尊　水藏戸

豐斟渟尊　火藏戸

埿土煮尊　木藏戸　沙土煮尊 耦生荒魂

大戸之道尊　金藏戸　大苫邊之尊 耦生荒魂

面足尊　土藏戸　惶根尊 對耦荒魂

件五代八柱天神光胤坐也雖有名相未現形體五大府中坐故名天地耦生神也應化神名曰天御中主神未顯露名國常立尊亦稱國底立尊天地之間稟氣之靈蒙一大五種之神力受天地父母之生氣以言語授世人依之得一切智心利萬物生化也

天神首
名稱天地倶生神一代謂天文地理日月星辰狀此時明現神聖出世天口成事

天御中主神

天地開闢之始含精氣而應化之元神視天下而式時候授諸天子照臨天地之間以一水之德

利二萬品之命一故亦名曰二御氣津神一也神語曰御義理也古語天津御氣國津御氣亦曰天狹霧國狹霧是水氣易形因以天氣下降地氣上騰天地和同草木萠動惟水道德矣

天八下靈神 府中五魂坐五靈五常名二五大神一也作二萬生質一也

天三降靈神

天合靈神

天八百日靈神

天八十萬魂神

件五柱神則受二天地之精氣一而形質具而未二相離一名稱二五大魂一是中府藏坐神也故謂神者生之本形生之具也古語謂稱二獨化神一也

高皇產靈神 皇祖神故亦名二高貴神一天御中主神長男也

- 栲幡豐秋津姬命 皇孫尊母也高貴女神
- 思兼神 智性靈性相殿
- 天手力雄神 石戸開神坐相殿神

神皇產靈神 八咫烏並伊勢朝臣祖神也

津速產靈神 中臣朝臣上祖

件三柱靈神者天御中主神所化神名爲レ子父子道今時露現矣

天鏡尊 獨化神天津水鏡神三坐是神鏡始元三光面目明白此時也

天萬尊 獨化神天鏡次生也伊弉諾靈明坐

沫蕩尊 獨化神天萬次生也伊弉冊靈明坐

件三柱神者天御中主神出現之時三魂荒魂坐續命神坐云云亦名稱二三諦明神一也

裸坐天神一代 天神第七代陰陽定レ位萬物形也

伊弉諾尊 天降陽神名日子也

妹伊弉冊尊 天降陰神名月子也

從二國常立尊一至二惶根尊一天神六代之間則有二名字一未レ現二尊形一五位神坐其後轉變而合二陰陽一有二男女形一應化相坐而專心珠神以二清淨一爲レ先神態興焉伊弉諾伊弉冊二尊承二天御中主神詔一卽以二天瓊戈一指二立於磤馭盧島之上一以爲二國中之天柱一則化二竪八尋殿一共住生二大八洲次大小島合拾四箇島一其後處々小島皆是水沫潮凝而成者也伊弉諾伊弉冊二尊共議曰吾已生二大八洲及山川草木一何不レ生二天下之主者一歟先生二日神一號曰二大日孁貴一亦云二天照大神一亦云二大日孁尊一此子光華明彩照二徹於六合之內一故二神喜曰吾息雖レ多未レ有二若レ此靈異之兒一不レ宜三久留二此國一自當下早送二于天一而授以中天上之事上是時天地相去未レ遠故以二天柱一

擧於天上矣
地神五代（播地五行傳神位坐道德極而生化德表也）
天照大神（奉擧天上故曰大日孁尊也）
正哉吾勝々速日天忍穗耳尊素戔嗚神欲奉辭日神
昇天之時櫛明玉命奉迎獻以瑞八坂瓊之曲玉素
戔嗚神受之轉奉日神仍共約誓而感其玉生天祖
吾勝尊是以天照大神育吾勝尊特甚鍾愛常懷腋
下稱曰腋子（今俗號稚子謂和哥子是其轉語也）
天津彥々火瓊々杵尊（大八洲主尊也）
天照大神之太子正哉吾勝々速日天忍穗耳尊娶皇
天御中主尊長男高皇産靈尊之女栲幡豐秋津姬命
生天津彥々火瓊々杵尊故皇祖高皇産靈尊特鍾
憐愛以崇養焉因以受皇天尊號稱皇御孫尊也
遂欲立皇孫尊以爲大葦原中國之主矣高天原
神留坐（天御中主神天照太神正哉吾勝尊高皇産靈尊神皇産靈尊津速産靈尊）皇親（天御中主天照大神）神
漏岐（高皇産靈神亦名高貴神）神漏美命（栲幡豐秋津姬命）以八百萬神等神集
集賜而神議議賜焉我天皇御孫尊豐葦原水穗之國乎
安國度平久所知食度事依奉岐如此依之奉之國中仁荒
振神等（鹿島大明神香取大明神）語問之盤根樹立草乃垣葉乎毛語止而天

照大神手持寶鏡授天皇孫尊而祝之曰視此寶
鏡當猶視吾可與同牀共殿以爲齋鏡寶
祚之隆當與天壤无窮矣則授八坂瓊曲玉八咫
鏡草薙劔三種寶物永爲天璽矛玉自從矣惟皇天
御中主神與大日孁尊盟宣又天皇孫尊如八坂瓊
之勾以曲妙治天下且如白銅鏡以分明
看行山川海原乃提是靈劍平天下矣詔天兒
屋命天太玉命曰惟爾二神亦同侍殿內善爲
防護焉亦詔天鈿賣命同使配侍焉皇孫尊天之盤
座押放天之八重雲伊豆千別而千別矣築紫日向之高
千穗槵觸之峰天降居（奉導猿田彥大神也）吾將顯伊勢狹長田
五十鈴河上也以天逆戈爲宮處璽宣旨
矣
彥火火出見尊（天津彥彥火瓊々杵尊第二子也母木花開耶姬大山祇神女也）
彥波瀲武鸕鷀草葺不合尊（彥火火出見尊太子也母曰豐玉姬海童二女也月神變易坐）
人皇首躡歷登皇乘圖稱帝於德義者也
神日本磐余彥天皇（彥波瀲武鸕鷀草葺不合尊四子也母曰玉依姬海童之小女也）
日本人皇始天照大神五代孫庚午歲誕生年十五爲
太子辛酉正月庚辰朔天皇卽帝位於橿原宮是歲
爲天皇元年（五十二歲）尊正妃爲皇后生皇子神八井

耳命神渟名川耳尊故古語稱之曰於畝傍之橿原也太敷立宮柱於底磐之根（天御柱峻峙金石坐）搏風於高天之原（雲路卽乘風雲緣也）而始馭天下之天皇號曰神日本磐余彥火火出見天皇草創天基之日也凡德合天地智合神靈稱皇帝上則答乾靈授國之德下則弘皇孫養正之心也焉甲子四年春二月壬戌朔甲申詔曰我皇祖之靈自天降鑒光助朕躬今諸虜已平海內無事可以郊祭於天神用申大孝者也乃立靈時於鳥見山中其地號曰上小野榛原下小野榛原用祭皇祖天神焉任皇天乃嚴命齋八柱靈神而式爲鎭魂神爲天皇乃玉體春秋二季齋祭也惟魂元氣也清氣上升爲天濁氣沉下爲地清濁之氣通而爲陰陽五行陰陽共生於萬物之形是水精陽氣生因以名魂爲心故以安靜爲命是道大也神語大者人靈也（云久志備）名之號魂（顯露形也）總以八洲八齋八心因以爲大象者也古語陽氣爲心爲神故名魂也陰氣爲意爲性故名精魄也因茲祭八齋神靈則（○按瑚璉集所引之文此下有世苦樂之三字）皆是自在天神之作用廣大慈悲之八心卽續生之相眞實而无畏鎭坐大元神地如湯津石村長生不死之神慮謹請再拜國家幸甚々

高皇產靈尊（神武天皇以高皇產靈朕親作顯齋用汝道臣命爲齋主）

神皇產靈尊（八咫烏靈坐亦伊勢朝臣上祖神日本磐余彥天皇欲向中州之時山中嶮絕跋涉失路於是神魂命鴨武津命化如大鳥翔飛奉導遂達中洲天皇喜其功特厚褒賞天八咫烏之號從此始也故政道能靈坐）

魂留產靈尊（元氣精靈坐）

生產靈尊（生氣化現精魂靈坐）

足產靈尊（大地主大已貴神）

大宮賣神（天狐辰壬亦名專女是從諸宮是太玉命空神如今世內侍）

御膳神（粟國祖神大御食津姬神名世間保食神是也神語供神物名曰由物也亦雜器贄同爲由加物也故神語名御食都稱由賀神加其此緣也）

事代主神（大已貴子）

件八神則八洲守護驗神入齋靈命八心府神因以合大象是生化靈明也國家福田也故式爲皇帝鎭御魂崇祭矣依神祇官請奏諸司輸祭料宮主御巫供奉御食料稻二束其日御巫於神祇官齋院舂稻簸炊以朝竈擧卽盛蘭笥納積居案神部二人執向祭所供之子時加大直日神一座也天種子命招魂續魄秡除不祥也

御井神（五星變易八龍神同居作井名也）

生井神　福井神　綱長井神　水神　鳴香神

主水司坐神是也水䉶神子也
御門神玉女神變化分産
櫛石窻神　豐石窻神
四面門各座十二月祭
造酒司坐神黑御酒白御酒甕腹作滿奉レ饗也
酒彌豆男神黑御酒作ル神酒彌豆女神白御酒作ル神
本ノマヽ
件二神　根倉神子也大年神苗裔大土祖孫也
大膳職神
御食津神　火雷神　高倍神鋤持神化
件三柱神者素戔嗚尊苗裔稻倉魂名宇賀能賣神亦
稱二御食津神一也亦大年神子奧津比賣命大戸比賣命
也是竈神坐也君子合二諸天道一春禘秋嘗凡祭有二四
時一春祭曰レ礿夏祭曰レ禘秋祭曰レ嘗冬祭曰レ烝礿禘
陽義也嘗烝陰義也夫祭二天神於圓丘一祭二地神於方
澤二乃后土也魂氣歸二于天形一魄氣歸二于地形一故求二
諸陰陽一之義也
日本國大廟水火二靈坐也謂宗廟者先祖之尊貌也皇者大也顯明也祖始也名二先人一以レ君明レ始者所二以尊レ本之意也
伊勢太神宮日本國太廟坐此皇帝宗祖萬世大元也尊崇異二于諸祖一
太神宮三座在二度會郡宇治鄕五十鈴河上一也大一座前二座稱二相殿神一
天照大神一座亦曰二大日孁尊一亦曰二天照皇神一

天照大神天地大冥之時現二日月星辰像一照二虛空一之
代神足履レ地而與二于天瓊戈於豐葦原中國一上去下
來而鑒二六合一治二天原一耀二天統一皇孫尊筑紫日向高
千穗槵觸之峰天降坐以降迄二于彥波瀲武鸕鷀草葺
不合尊一終レ年癸丑三主治百七十九萬二千四百七十
六歲
件葺不合尊第四子遠二于神武天皇元年甲寅一發二向
日本國一八年辛酉卽建二都橿原一經二營帝宅一皇孫尊乃
美豆之御殿造奉レ仕天照大神與同レ殿御坐也崇神天
皇卽位六年己丑漸畏二神威一同レ殿不レ安更就二於笠
縫邑一殊立二磯城神籬一奉下遷二天照大神一以二豐鋤入
姬命一齋上焉從二神武天皇元年一甲寅至二崇神天皇卽位
五年戊子一帝十一代歷二五百七十六歲一神與レ帝同
レ牀坐纏向珠城宮天皇卽位廿五年丙辰天照大神令二
倭姬命一奉レ載レ之伊勢國宇治五十鈴河降二伊蘇宮一
坐明年丁巳冬十月甲子奉レ遷二于天照大神於度遇五
十鈴河上一也詔曰常世思金神手力雄命天石戸別神
此鏡者專爲二天照大神御魂一如レ拜二吾前一奉レ齋矣
天手力雄神一座
栲幡千千姬妹思金神一座

件二神同殿坐陪從故稱相殿神也亦曰右相殿神栲幡豐秋津姬命云云本說不合也

豐受宮二座（在度遇郡沼木鄉山田原大二座前二座稱相殿）

天御中主皇神一座

高天原初出之故天御氣理擧之八重雲以天坐成神天讓日國禪月乃皇神名亦曰天御中主尊故天地倶生神坐也致皇帝之大宗也諸天子孫保任此事而尊崇敎孝故崇祭天孫於天照大神天照大神則尊貴天御中主皇神焉

御間城入彥五十瓊殖天皇三十九歲壬戌天照大神遷于但波吉佐宮今歲止由氣皇大神結幽契天降坐矣

泊瀨朝倉宮御宇天皇二十一年丁巳冬十月一日倭姬命夢敎覺給皇大神如天之少宮坐爾天下仁志弖毛一所耳不坐爪御饌毛安不聞食爪丹波國與佐乃小見比沼乃魚井乃原坐道主子八乎止女齋奉御饌都神止由氣皇大神乎我坐國欲度誨覺給岐爾時大若子命差使弖朝廷爾御夢之狀乎令言給岐卽天皇勅汝大若子使罷往天布理奉宣岐故率手置帆負彥狹知二神之裔以齋斧齋鉏等始採山材搆立寶殿弖明年戊午秋七月七日以大佐々命率諸神等從丹波國余社郡眞井原奉迎止由氣大神度遇山田原之下都磐根大宮柱廣敷立弖高天原仁千木高知弖鎭理定理坐稱辭竟奉仕天照大神託宣諸祭事以止由氣宮爲先也

天津彥彥火瓊瓊杵尊一座（爲東相殿神坐也）

天照大神與天御中主神則是天孫尊之大祖也以高皇產靈神爲皇親神漏岐也謂親者祖也故屬二祖尊號名曰皇孫尊也故豐受者天御中主皇神皇孫尊二柱之總名也（豐者天御中主皇神本號受者皇孫尊承得尊號）因以名大八洲而稱豐葦原中國其此緣也大日本大日孁尊所化坐國本名也

天兒屋命　天太玉命二座

詔二神同侍殿內善爲防護矣故名皇孫尊之前神坐也名西相殿是也

右天照大神悉治天原事耀天統皇孫尊專就豐葦原中國受日嗣是聖明所覃莫不底屬宗廟社稷之靈得一無二之盟百王之鎭護孔照焉倭姬皇女承皇天嚴命移高天原之宮而造神風伊勢內外兩宮社顯御形珍圖於棟梁用作王化之龜

鑑一與二天御量柱於金石一以治二國家一焉天地神祇頓首再拜天下幸甚矣珍圖像者張二經緯一而理レ代斎二上下一而濟レ人故形五位爲二大傳一也五十鈴宮御靈形者天瓊桙象表也是天地發初萬像根本火珠所成靈坐白銅鏡形八面是大八洲神靈居坐部類三十二神社列也」山田原宮御靈形者五神位圓形坐也是卽五常圖滿智光表理也一輪之中含二萬像一五常百行悉皆一圓常住應元神坐也金鏡形十四面坐也部類神五十四坐列也謂伊勢兩宮恭現二美麗之威儀一顯二御形之珍圖一給レ是大元靈明 是稟氣 之靈大智光明ノ身神 語百千尊號天津御量之功名也故聖神日內外不レ二常一 體天神地祇皆一露矣

履中天皇御宇神鏡日命六世孫大水神獻二櫻樹於天照大神一御形靈以來宮人等齋祭也從レ此而若櫻姓始賜矣

件大水神朝熊小刀子姬神靈以二大刀子二十枚 小刀子十二枚一 櫻樹 木祭藏焉(今世稱二櫻社一也)

天皇御宇隨二天神高皇產靈神之訓一 土師物忌取二宇仁之波邇一造二天平瓮一敬二 祭諸神一 是則天下泰平吉瑞諸天納受寶器

臣聞陰陽定レ位裁二萬物一以先二人倫一叙聖正レ名叩二五音一而甄二姓氏一是以因レ生之本自レ遠胙レ土之基增崇治二帝道一而汗隆襲二王風一而興替者也伏惟國家降降二天孫一而創レ業橫二地軸一以開レ邦一統架レ宗環二八洲一以御辨二五運一無レ代跨二億載一而期レ圖高門接軫甲姓聯レ衡扶葉寔繁派流彌衆既而德廣所レ覃者雲靡輟レ情願二編戶一星口相尋或撰二丘陵一而挺レ峻或飛二斬蓋一以騰レ華又有下僞レ會冒レ祖妄認二膏腴一證レ神引レ皇虛詑中黻冕上先朝鑒二其假濫一留二盧根源一昧且臨レ軒仄景忘レ膳今臣等謹奉二綸言一追二遂前旨一(云云)開二書府之秘藏一尋二諸氏之苑丘一至明繼レ明至聖承レ聖集爲二姓氏錄一別卷是神光秘府也是萬姓至尸也介然示レ掌而已于レ時弘仁乙未右大臣從二位兼行皇太弟傳勳五等臣藤原朝臣園人(コヽニテ表ト序省略シテ入ル)

別錄新撰姓氏錄目錄合三十一卷弘仁六年七月二十日萬多親王撰定奏聞已畢今此實錄幷姓氏錄目臣等齊持而藏二之祕府一矣

弘仁十四年八月三日以二宮內卿藤原諸嗣祕本一祭主神祇大副淵魚書二寫之一

長和六年四月廿日神祇大中臣朝臣輔親優二祭官一

有二恩旨一開二文軌一爲二一慮一跪二二宮之砂廷一答
祈二百王之地一久照二本根之子葉一扇二孫枝之遺風一
而已

一本二
正平二十四年八月十三日內宮參籠之時書寫畢
元祿十二年己卯春以二竹下松立青山翁之本一書二
寫之一焉青山翁者出雲地信直丈之門人也青山翁
曰此書意甚好恨間有二附會一予熟讀加二批點一青山
翁觀以爲レ是　光源翁源良顯
寶永己丑春　伴部重垣翁寫之
享保二十乙卯九月上旬謹書二寫之一　近藤員郡

天口事書

天地未開闢陰陽未分五德未行四時未定之前混沌如鳥卵溟涬而含牙之神白天常立尊其已發之始大海之中有一物浮形如葦牙其中神人化生（此時人狀未備故用神人之二字也）號天御中主神（神語曰天讓日國讓月皇神也高天海原初出之故天御義理擧之八重雲以天於坐神也）其物便化爲國常立尊是三名是一神而天地人三才又備焉無名無狀天地開闢始含精氣而應化之元神故高天原爾居之天視天下式時候授諸天子照臨天地之間而以一水之德利萬品之命故亦名曰御饌津神也神語曰御義理也古語曰天津御氣國津御氣亦曰狹霧是水德易形因以天氣下降地氣上騰天地和合草木萠動惟水德矣當神寶日出之時御饌津神天御中主尊與天照大日孁貴皇親神漏岐（天照大神天御中主神也）神漏美（天御中主尊之高皇產靈尊也）長靈男命於以皇御孫之命乎天津高御座爾坐天天津璽乃劒鏡乎捧持賜天言壽宣（古語曰天神壽解之詞也）皇我宇珍（珍圖大像）之御子皇御孫之尊若天津瓊玉戈久曲妙爾天津日嗣乎萬千秋乃長秋（神嘗其此緣也）大八洲乃豊葦原瑞穗國（古語曰瑞穗者豐穗也）安國止（古語曰浦安國也）平久知食止言壽寄奉利賜岐亦皇天盟宣久天皇如八坂瓊之曲玉久以曲妙天治御宇之政且如眞經津鏡久仁以分明天看行山川海原支郎提此靈劒天平天下天利萬民止言壽比於茲皇孫之命天磐座押放天之八重雲乎伊豆之知別爾知別天築紫日向高千穗槵觸之峰爾天降坐支奴是猿田彦神奉導奈利吾當到伊勢乃狹長田五十鈴之河上止以天逆矛豆（天逆矛訓之云雨乃左加保古）爲宮處乃璽天逆矛名八坂瓊乃戈（或云皇親尊天降居之時乎鬼神治天下靈異之物有三百六十種之神寶所謂天之八坂瓊之曲玉玉裳比禮戈天衣白銅鏡之類也三百六十種之中以天瓊玉戈爲最長而立國御量柱也）是天地開闢之始浮高天海原之神寶也神語曰破者古語天逆矛天逆太刀俗曰魔返鉾（麻返鉾訓之云麻賀惠志保古）亦名天乃登保古此名天御璽又曰天御量柱者天瓊矛同體坐也天照大神天降坐以前從上天志天投降給比志天之逆太刀逆鉾金鈴等五十鈴河上以來常建五色之雲有金玉之聲幾照輝如日月仍大田命惟小緣之物爾波不坐止天崇祭之天照大皇神（皇字者源起天孫流傳皇家德侔天地則稱之義也）日本國大廟坐是皇帝之宗祖萬姓之大元也以天地八尊鏡假模御靈是

石凝姥神所二鑄造一之御鏡也

活目入彦五十狹茅天皇御宇二十五年丙辰春三月丁亥朔戊申爰倭姫命（天皇第四皇女母皇后日葉酢媛命也丹波道主貴女或云稚日本根子太日々天皇手箱中有レ物如二小蟲蠢一見レ之則人貌也天皇怪令レ養レ之已而美女也能知二未然一所謂倭姫命也帝其所レ從問答曰我將レ事レ神令レ祭二三種神器一壽蓋五百歳餘後倭姫命奏曰□□□□所謂齋宮此其緣也）求下鎭二坐太神一之處上訪二神風之地一尋二重浪之地一天隨二大神之敎一天其祠立二伊勢國度會宇治五十鈴之河上一始天降地以二天逆矛一爲二宮處之璽一也

夫天御中主尊無レ宗無レ上而獨能化故曰二天帝之神一亦號二天宗廟一到二天下一則以二即一無レ相之寶鏡一崇二神體一是天鏡尊居二月殿一所二鑄造一三面之內第一之御鏡祭二止由氣宮一祭也大泊瀨稚武天皇御宇二十一年丁巳冬十月天照大神乃依二御託宣一以二止由氣皇大神於一從二丹波國比沼之眞名井原一志天奉レ迎二度會之山田原一止由氣宮是也

凡祭レ神之禮者散レ齋致レ齋內外清淨是也其致レ齋前後兼爲二散齋一其心無二汚念一爲二內清淨一以二六色之禁法一爲二外清淨一亦其品非レ一以二正直一爲二清淨或以二一心定準一爲二清淨一或以二起レ生出レ死爲二清淨一專致二其精明之德一須レ不レ分二一法一共食二一水一執二匡其心一令レ至二神國之道一若亦神人心外好二別諸一而從二不淨實報一則不レ得レ踐二神地一（○按瑚璉集引用文此下有上字）不レ許レ飮二神地水一而五千大鬼常嘗二大賊一

夫大日本者（大日本訓レ之曰二於保耶麻止一是我朝之總名也神日本伊波禮比古天皇自二筑紫一而東征之後建二都於橿原一經二營於帝宅一故以二日本一爲二幾內一國之名一後以爲二大八洲之總名一也）大八洲也神語磤馭盧島（自レ戈滴瀝之潮凝結□□□□神明降迹國目以爲二神名一也）古語波津國亦千五百秋瑞穗國（是非二此國之本號一唯祝言而已併是神語也）亦食國（食國猶レ言二毛國一五穀是國上之毛也故曰二毛國一矣言人能其食二五穀一而身命所二保養一之國也）俗曰二葦原中國一是皆自然之名也

凡伊勢兩宮則爲二無レ上之宗靈一而貴無レ二故其造レ宮之制者則柱高太板則廣厚禮是皇天之昌運國家之洪啓古止波當レ依二神器之大造一奈利即移二日之少宮寶基一造二伊勢兩宮一焉

心御柱一名忌柱一名天御量柱是則伊弉諾伊弉冊尊御量事化原陰陽變通本基諸神化生心臺也

棟梁形皇大神者日天圖形神代祕書十二卷之內最極祕書也

廣糠天皇御宇四年壬辰三月十八日

度會大神主調書寫之

此書一卷者相傳屋姫天皇御宇之撰也以相傳一二見

之一畢

寶龜三年壬子四月七日

度會神主五月麻呂

承平二年壬辰八月五日書三寫之一畢

大神宮禰宜荒木田行眞

文治四年戊申正月十七日書三寫之

高　倫　判

弘安三年六月廿日書三寫之一

度會神主行忠　判

本書脱漏之語考レ之附二于後一

○神祇本源曰天口事書曰二所大神宮左右東西寶殿前後不二同儀一內宮者陰神外宮陽神坐也是春夏象レ陽長二萬物於前一秋冬陰藏二萬物於後一所謂天地之位聖人之法在レ前在レ後象二四時一治二天下一以二事理一此其儀式也

○千木片掞者陰陽之表也

○堅魚木者星象坐其數十九者大日孁尊照二十方一撰也九者五大成貞尊光濟二八洲一群生光明表也八者八心德明表也七者七星頂坐守護願也六者六根明也五者中也四者四德表三者天地人三才表也

○一說云十者十地之位表也九者極上之位表也天四德地五行爲レ九也九者五方羅二九洲一因レ九之故爲二九々八十一一數極也

○同九曰天口事書曰八坂瓊戈形天地開闢始同躰坐也以二一基一分二天地一而爲二內外一心御柱也故大人者與二天地一合二其德一而利二萬物一者也

○同八曰天口事書曰凡經緯法者君臣上下天地父母大宗乃成レ之神近悟諸不レ遠也天照珍圖者心神華臺之中天地尊圖鏡坐二豐受珍圖一者天地父母二儀之中五大尊光照金鏡坐二俗常一以二金鏡一喩二明道一也天神皇珍圖狀者天之位象二四時之行一治二天下一四時之行者寒有レ星聖人之法故有レ文有レ武天地之位有レ前有レ後有レ左有レ右聖人之法以建二經緯一春主二於左一秋殺二於右一夏表二於前一冬藏二於後一生長之事文也收藏之事武也故文事在レ左武事在レ右（元々集八同之）

○元々集五曰天口事書曰皇天盟宣久天皇如二□□□利二萬民一（止言壽比奴）皇天之受命也不レ可二以レ智爭一不レ可二以レ力競一焉印度支那王種不レ常至レ膺二瓊籙一者皆承二於天一況於下繼二日神之體一居中天皇之尊上哉傳二三種寶器一守二八洲一之神靈此非二少緣一也

享保庚戌十有一月八日　備郡謹書寫之

寬保癸亥閏四月廿三日　伊橋藤七郎謹寫之

明和三丙戌夏卯月十有五日　宮內兵庫謹寫之

皇御宇之撰也以相殿

本朝諸社一覽叙

夫我秋津洲者神國也六十州裏無三一州而不二神之有一而生二其土一者其諸社垂迹之事不レ可レ不レ知焉而雖レ有二舊記一其事之廣大豈容易得レ知焉於レ是乎近代便二其事一之書記播レ世者不レ少焉尤憾其書或太繁或太簡而無二折衷一也比屬坂内直頼氏考二索舊記一抄二出衆書一錄爲二若干卷一名曰二本朝諸社一覽一其意欲レ便二幼學之輩一授而鍥レ梓功成之後介二于書肆某一索二序於余一々讀レ之則其繁簡最得レ宜匪二是沈思研求之勤一曷能至レ此余與二直頼一雖レ無二半識之舊一其功不レ可二以不一レ嘉之卒叙二數言一而不レ辭也唯懼余非二其人一貞享乙丑端正之夕若耶溪後學桑村孚休渉二毫于洛陽客舍一

諸社一覽第一

神道大意問答

目錄

以上一之卷目錄終

凡例

○這書ノ述ル所以童蒙族ニ神道ノ大意ヲ知ラセ淺キヨリ深キニ入ン爲也

○凡神道ニ唯一神道ト兩部習合トイフ者ト大槩兩說アリ今此書ニモ始ニ唯一ノ說次ニ習合ノ說ヲ双記ス者也

諸社一覽第一

神道大意問答

一　問云神國ニ生レタル者神道ヲバ不レ知シテ叶ハズサレドモサマ〴〵ノ流儀アリテ一樣ナラズソモ如何バカリノ流儀有リヤ　答云サレバ此流儀トイフ事末世ノマヨヒ邪路ニ落入根元是也夫神道ハ二モ無ク三モナク唯一大虚ノ中ヨリ發起シタル道ナレバ何ヨリテ品分カルベキ子細ナキモノヲ皆是後世神道衰微ニ乘テコトヲタクムシワザ也先其分レタル品ヲイヘバ兩部習合ノ神道ナリ此中ニ凡四ツ有リ聖德太子ノ流吉田卜部ノ流弘法流三輪流是ハ鏡圓法師元祖也已上是也此等ノ神道トイフハ其理ヲノブルニ神ノ垂跡ハ神ナレトモ本地ハ佛ナリト立ル也縱ハ京祇園ノ本社ハ素盞鳥尊本地ハ藥師トイフガ如シ末世トシテ萬變モテユク中ニ第一ノスイビ悲ノ至リテ深キハ神道ノ兩部習合タル事也根元ノ神道ハ唯一ト號シテ獨立不合ノ神道也元初一理ノ神道ニ唯一トイフベキ名モ有ベキ事ナラ子ドモ兩部習合出來テ世ニモテケウズルニ對シテ暫ク立タル名也

二　問唯一ニシテ神ノ本地ヲ立ザル神道ハ如何ニ　答フ是ヲコトハルニハ先吾豐葦原國ノオコリヲ云フベシ伏シテ尋ルニ大虚ノ中ニ一ツノモノ有化シテ神トナル國常立尊ト申奉ル也是神國神ノ始也神皇正統記云夫天地未レ分シトキ渾沌トシテ圓カレル事雞子ノ如シクヾモリテ牙ヲ含リ是陰陽ノ元初未分ノ一氣也其氣初テ分レテ淸クアキラカナルハタナビイテ天トナリ重ク濁レルハツヾイテ地トナル其中ニ一物ナリ出タル形葦牙ノ如シ卽化シテ神トナリヌ國常立尊ト申ス又天御中主神トモ號シ奉ル此神ニ水火木金土ノ五行ノ德マシマス先水德ノ神ニアラハレ玉フヲ國狹槌尊ト云フ次ニ火德ノ神ヲ豐斟渟尊ト云フ天ノ道獨ナスユヘニ純男ニテマス次ニ木德ノ神ヲ泥土煑尊沙土煑尊ト云フ次ニ金德ノ神ヲ大戸之道尊大苫邊尊ト云フ次ニ土德ノ神ヲ面足尊惶根尊ト云フ天地ノ道相交リテ各陰陽ノ形アリ然トモ其フルマヒナシトイヘリ此諸神實ハ國常立ノ一神ニテマシマス成ヘシ五行ノ德アラハレ玉フ是ヲ六代トモカゾフル也二世三世ノ次第ヲ立ベキニハアラザルニヤ次ニ化生シ玉ヘル神

ヲ伊弉諾尊伊弉冊尊ト申ス是ハマサシク陰陽ト二ツニ分レテ造化ノ元ト成玉フト云々

國常立尊ハ明理本源ノ神也國ハ天地ノ儀常ハ不易ノ理立ハ卓然タルノ儀也（神代講述抄）又云人代末世マデモ此尊ハヲハシマス也スベテ天地山海草木人物器財マデモ一物モ此尊ノ乘ウツリオハシマサズトイフ事ナシ此理ヲモツテ常立尊ト申也トコシナヘニ立玉フ故ニ末世人代迄モ日月モ地ニ落ス四時モ時ヲタガエズ人物モ斷絶セヌハ此神德ニアラズヤトコシナヘニ立ト云フ事是ゾ神道ノ根本ナル（直指抄ノ心）又伊勢神宮本記ニハ形如二葦牙一其中神人化生名號二天御中主神一トイヘリ國常立同体異名ノ習ヒアリ中常ノ道ヲ神道ト云フ也云々天御中主尊ト申奉ルハ虚而有レ靈一而無レ形（神主飛鳥記）是神ノ理ヲ述ル言也一而無レ形ハ何レノモノニカ應ゼズト云フ事ノアランヤ一心虚ニシテ靈々タルモノ其ナカニ照ストキハ心鏡ノゴトシ夫神ト云フハ鏡トイフ畧言神明ノ理ヲ鏡ニタトヘタル也其ゴトク明了ナル時ハ吾心則御中主尊天照太神ニ同カラン此ヲ以テ心ハ神明ノ舍（ミアラカ）也トイヘリ心正直ナルトキハ神我一體ニシテ心ニ神アリ邪曲ニシテ人欲ニオモムクトキハ舍ニ神ナクシテ巳ト神トヘダヽル事天地ト黒白トニ等シ一致ナル時ハ諸願圓滿シヘダヽルトキハ禍災現ズル也サレバ此天御中主ノ中極ノ道ヲ神道トイヘハ中道ヲ修行シ正直ノ御敎ヲ信シ任二本心一又從レ正以爲二清淨一隨レ惡以爲二不淨一トノ神託ヲ信ジテ起居動靜ニ心ノチリヲサリ理ノ本元ニタガハズ行事也是眞ノ神道ナリ兩部習合トイフモノハシヰテ佛法ト合セタル者也日本ニ佛法渡ヌ前ニ兩太神宮ハ御鎭座也是ヲ以テ知ベシ神（ヤシロ）ノ本地佛也トハ沙汰モナキ事也末世ニ成テ所々ノ社ノ風皆習合トナレリ然レトモ伊勢ニノミ元本ノ神道也是ニサヘ今ハ替リタル事アル也倭姫命ノ屏二佛法息一再二拜神祇一セヨトノ玉フ遺命ヲ守テ二所太神宮ニハ今ニ佛語ヲ禁ジテ塔ヲモアラヽギナンドイヒ僧尼ヲ外院ノ外エハ入ザル也（已上神道或問）（陽復記ノ心）

三

問云倭姫命ノ詔ニ任セテ佛法ノ息ヲイムト有是ハ雄畧帝ノ御宇也欽明帝ノ御時ワタリシ佛法ヲ數十年前ニイメヨトノ禁令信シガタシ　答曰日本紀ニハ神功皇后應神天皇ノ御宇ニ三韓ト始テ通ジタルトミユコトサラ神宮ノ古記ニハ開化天皇ノ御宇ニ異國ト通ジ

タルトミエタレバ漢土エ佛法ノワタラヌ前日本ト漢土ト通ゼシコト明也其後後漢明帝ノトキ漢土ニ佛法ワタリタレバ日本エコソ渡ネ共其名キコエタル事モアラン 已上陽復記

四

問云佛法ヲイミ玉フハ惡キ法ナルカ　答釋迦ハ天竺ノ聖人ニテマシマスト聞ケバ尊キ法成ベシ但命ハ其法ノ源ヲ忌玉フヤラン其流ヲ忌玉フヤラン知ガタシ中世ヨリ神道ノ名ヲ借テ兩部習合ナドゝシ神明ヲカスメテ吾佛トスル事ハ佛法ノ流ノツイヘナレバ其ヲ未然ニ考ミ玉フ事モ有ベシ僧尼ハ佛法ヲ行ジテ有テヨカシ神社エサヘ入交テ社僧ナドニナレヨト佛教ニモ侍ルニヤイトアヤシ 同上

五

問今神社ノ祝等神道護摩神道加持ト云フ事ヲスル也カヤウノ事神道ニ有ル事ニヤ　答是ト部家ヨリ云ヒ出シタル事也先護摩ト云フハ梵語加持トイフモ佛言也亂世ノミギリヨリ神祇官モ有カ無カノヤウニナリ吉田ノ上ノ山エ八神殿ヲカマエケルヨリ中臣モ齋部モ神祇官ナガラ各別ノヤウニ成行マゝト部氏一家ヲ立テ天台眞言ノ中ニテシタシキ出家ヲカタラヒ吾神道ヲ傳受スルナドゝテ彼家ノ護摩加持ノ修シ樣ヲカタハシ傳聞テト部家ニ一流ヲ立テ神道護摩神道加持ト云フ事アリトノゝシルマゝニ諸國神社ノ祝等傳受シテ世ニ流布スカヤウノ僞ナラズトテモ上一人ヨリ下萬民マデ行ヒ玉ヘトノ事ニテハナシ神ヲ祭ル法ナドハ禰宜神主ノスル事ニテ神道ト云フハ上一人ヨリ下萬民迄行フ旦暮ノ道也天神地祇ヨリ相傳ノ中極ノ道ヲ根トシテ行フトキハ日用ノ間神道ナラズト云フ事ナシサシテ是ハ神道也ト一々指南ニ及ベキ道ニハアラズ心ヲ虚ニシテ自得シ玉フベシ神道ハ吾國ノ道也シカルヲ釋迦ノ法ヲ聞タルハ天竺ヲ尊ビ孔子ノ道ヲマナブハ震旦ヲタツトビテ和國ヲバ粟散國ゾ夷狄ゾトテイヤシム事今時ノ佛者儒者ノ心也佛者トテモ儒者トテモ日本ニ生ヲウケタル輩ハ日本ノ道ヲ根本トシテ絶ハテタル神道ヲモ興シ天竺ヨリモ震旦ヨリモ吾國ノタツトキ事ヲ心根トシテ釋迦ノ教ニテモ孔子ノ教ニテモ學ブハ日本ノ益有事ナレド儒者ハ震旦ヲ中華トイフテ日本國ヲバ夷狄トテイヤシム中華ト云フ事ハ震旦ノ人ノ詞ニハ似合タリ和國ノ人ヨリハ云フマジキ詞也佛家ヨリハ日本ヲ粟散國也トイヒ天竺ヲ佛國ト尊フ也是等ハ神道ヲ知ズ忠厚ノ心ナ

ク日本ニ生ヲウケタル事ヲワスレ儒書佛書ニシミ入タルモノ也心ヲ虚ニシテ明鏡止水ノゴトクニシテ讀書ハスベシ日本紀ナドニハ一言モ吾國ヲオトシメタル詞ナシ古ノ學者ハ唐土ヲ中花トモイハズ日本國ヲバ豐蘆原中國トイフ也　天照太神ハ日本ノ神聖ニテマシマセバ孔子ノ道トテモ釋迦ノ道トテモ聖人ノ道ナルヲイカデ嫌玉フベキナレトモ佛家ヨリハ兩部習合トテ伊勢兩宮ハ兩部ノ大日ニテマシマシ彌陀也釋迦也ナド、云フ神道ヲタツトブヤウニテ神道ヲ盜ム也儒者ハ太神宮ハ泰伯ニテ内宮ニ三讓ト云フ額アリタルナド、附會ノ說ヲイヒチラスハ淺マシキ事ナリ佛道ハ佛道儒道ハ儒道ニテ少モ吾國ノ神道ニ混雜セズ然モ日本ノ神道ヲ根本トシテ行フトキハ佛道モ儒道モ萬民ノ心ヲヤハラゲテ道理ヲ知リヨキ神道ノ羽翼也（已上神道或問ノ心）

六 問倭姫命ノ屏二佛法息一ヨトノ託宣ヲ知ナガラ佛經モ神書ノ羽翼トハイカヾ　答倭姫命ノ御託宣ハ佛法ヲ根本ト思テ神道ノ害ヲナシテ吾國風ヲ變ズルユヘナルベシ御託宣以後ニ按ノゴトク兩部習合ノ神道オコリテ太神宮ハ大日ニテマシマスナド、附會ノ說ヲ申ヲ未然ニ御託宣有難コトナリ此御託宣無クハ兩太神宮ハ今佛家ノハカラヒナルベキコト必定也然ルトテ佛法ヲ邪法トハイヒガタシ神道ノ本意ヲ知リタル時ハ佛經ノミナラズ雜書迄モ神道ノ羽翼ト成事也故ニ僧尼ノ參詣モヒタスラニ禁ゼズシテ外院迄ハユルス也是ハ如法ノ比丘ノ事ニテ兩部習合ノ神道者ノ事ニハアラズ習合ハ混雜シテ神道ヲ盜ミタル說也此故ニ神道者ナガラ以ノ外吾國ノ神道ノ害トナレバ倭姫ノ遺命ニ任セテ重クキンゼイスベキ事ナリ同上

七 問外宮ニハ尤僧尼ハ外院ヨリ内ヱ入ザレトモ内宮ニテ御供ヲ上ル僧尼ハ却テ凡人ノ拜所ヨリ奧ノ瑞籬ノ御門ノ外玉串御門ノ内迄入ル、ハ何タル事ゾヤ内外宮ハ同事ナルベギニ外宮バカリニテ堅ク僧尼ヲイミ玉フモ如何　答内宮ニモ僧尼ノ拜所ハ定リテ五十鈴川ノ外ニ有然ルヲ瑞籬ノ御門ノホトリマデ入ル、ハ無作法ノ義ナレドモ末代ニテ法式モヤブレタル也斷髮ノ人モ此御門ノホトリ迄入事モ近代ノ例也是神役人ノワタクシヨリナスコトナレドモ誰アラタムル事モナキユヘニ如レ此也同上

八 問云兩太神宮ノメグリニ辨才天大黑三寶荒神ナドヲ

繪ニ書テ參詣人ノ散錢ヲムサブルモミグルシヽ是ハイカヾ　答是ハ亂世ノ比世ヲワタルベキタヨリナキマヽニ何ノ社カノ社ナドヽ云ヒテ不案内ノ參詣者ニイヒキカセタレ不作法今モクセトナリテ泰平ノ御代ニテイヨ〳〵有也皆ナゲヽドモ改ムベキ人ノトカク沙汰セヌ上ハ傍人是非ナクテ年月ノビ行也サテ又末社ヲ四十末社八十末社ナンドイフモ山伏ナドノ祭文トヤランニアラヌ事ヲイフヨリ興タリ神書古記ヲ考ルニ外宮ノ末社ハ內宮ヨリ員數モ多キ也（已上神道或問ノ心）

九　問然レドモ今ノ宮ノメグリ外宮四十末社內宮八十末社トタテタルハ何タル社ゾヤ　答是モ世間流布ノ說ヲ御キヽ及アリテ御再興有ベキトノ時御問ニソムキガタキ故ニ深キカンガエモナクテ其比ノ者申上タル事也諸末社ノ社地ヲアラタメテ御再興マデニ及バサルモヲシキ事也外宮ニモ宮ノメグリノ神スベテ貳百余前ト儀式帳ニモ侍リ但其神名ハ何トモナケレバ末社ノ事ヤラン何レノ所ニ鎭坐ヤランハ知リ侍ラズ古記神書等考ルニ八十末社四十末社ナドヽハ更ニ不勘ノ義也其上末社ハ大方宮中ニハ社地ナクテ他領ニアマタ有今ノ廻ノ社二百余前ノ神カ然レドモ末社ノ名ヲ一々ニ付タレバ諸末社ノ遙拜所トイフベキカ但遙拜所ニハ寶殿無事ト承及タリ（同上）

以上唯一神道ノ心

十　○ト部兼俱曰夫吾神明ハ上ハ非想非々想下界金輪ニ至リテ御身ヲ分テモロ〳〵ヲミチビキ玉フ天竺國ニシテハ獨尊ト化生シ三世ノ業ヲ說テ一切ノ衆生ニ因果アル事ヲシラシメ慈悲ノ門ヲヒラケリ震旦ニシテハ儒道ヲヒロメテ仁義ノ五ヲシラシメ四州ノ內イタリ玉ハザル所ナシ御鎭坐ハ此國也故ニ四方ノ國ニシテヒロメヲシエ玉ヘル其法皆々モトニカヘルノ理ニシテ今日本ニワタレリ神道佛道儒道是一神ノミノリ也然ドモ御鎭坐ノ此國ニオヰテハタヾチニ實正ノ言ヲタガヘヌレバ出家儒家ノモノ神前ニハヾカルハ元ハ元ノ心ナルユヘ也今世ノ神道ヲ學ブモノ此コトハリニウトクシテ一向ニ佛道ノ敎ヲ嫌ヘリ是吾神明廣大無邊ナル事ヲクハシク知ラザル所ヨリヲコレリ（倭論語）

十一　問內清淨外清淨ハイカナル事ゾヤ　答此義ニツイテ二ツ有一ニハ散齋致齋二ツニハ齋場齋庭兩壇アリ散齋トハ神事ノ當日ヲ定テ件ノ前後ノ間精進潔齋スル

是ヲ前後ノ散齋トイフ則外清淨ノ行儀也致齋トハ神事正當ノ日格式ノゴトク六色ノ禁法ヲマモリ一心不亂ニシテ神事ニシタガフヲイフ也則內清淨ノ行儀是ナリ齋場齋庭トハ內清淨ノ道場齋庭ハ外清淨ノ道場也

十二問神國ニオキテ佛法ヲアガムルハ何レノ時ゾヤ　答吾神國開闢以來萬々歲ノ後釋尊天竺ニイヅイハンヤ佛法日本ニキタルハ猶末代ノコト也人皇三十代欽明ノ御時佛法來レリ佛ノ滅後千五百歲也漢土ニツタヘテ後四百餘年ヲヘテ日本ニ來レリサレドモ信ズル者ナシ三十四代推古帝ノ御守聖德太子奏聞シ玉フヤウ吾日本ハ種子ヲ生ジ震旦ハ枝葉ヲ現ジ天竺ハ花實ヲヒラクカルガユヘニ佛敎ハ萬法ノ花實タリ儒敎ハ萬法ノ枝葉タリ神道ハ萬法ノ根本タリ彼二敎ハミナコレ神道ノ分化也枝葉花實ヲモツテ其根元ヲアラハスハ花ヲチテ根ニカヘルガゴトシ故ニ今此佛法東漸ス吾國三國ノ根本タルコトヲアカサン爲ニ尒ショリ佛法コヽニ流布セリ云々神武帝ヨリ此方千二百余歲ヲヘテ其中間ニ二法ナシ唯神國ノ根本ヲ守リ神明ノ本誓ヲアガムル故ニ神事ノトキ佛經念誦等ヲ去ル此義也

十三問神明ノ本誓ヲモツハラニシ神事ケツサイニシテ佛經等ヲ忌トイハヾ何ゾ諸神エ𦬇等ヲモツテ本地トスルヤ　答聖武天皇ノ御宇伽藍建立ノ御ネガヒ有リサレドモ神國ノ遺法ヲオソレ玉ヒテ行基𦬇ニ仰セテ其効驗ヲウカヾヒ玉ヘリ行基則太神宮ニ參籠申テコレヲ祈念セリ神告テノ玉ハク實相眞如ノ日輪ハ生死長夜ノヤミヲテラシ本有常住ノ月輪ハ無明ボンノフノ雲ヲハラフ文已上此文句面ノコトバ、佛法ニ似タリトイヘドモ句中ノ心ハ神代ノムカシ天ノ岩戸ヲ開テ長夜ノヤミヲテラシ玉ヒ月神八重ノ雲ヲワケテ此盧原中國ニクダリ玉フコレ則無明煩惱ノ雲ヲハラフニアラズヤ然ルニ佛像伽藍建立ノゼヒ其御ツゲマダ分明ナラズ故ニ天平十四年十一月右大臣橘諸兄公ニオホセテ勅使トシテ御願寺建立ノ事祈請アル也諸兄公歸參ノ後同月十五日ノ夜御示現アリ天皇ノ御前ニ玉女アツテ光ヲハナシテノ玉フヤウ當朝神國尤神明ヲ仰奉玉フベシソレ日輪ハ大日如來也本地盧舍那佛也衆生ハ此コトハリヲサトリテマサニ佛法ニ歸依スベシトノ玉ヘリ夢サメ玉ヒテ後彌堅ク道心シ玉ヒヌ依テ件ノ御願寺ヲ企テ玉フ也東大寺是也此後七十年ノ後眞言密教日本ニワタレリ去ル天平年中ノ御示現ニカナヘリ金胎兩部ノ大日盧舍那佛ハ一切諸佛菩薩ノ惣體也舍那ノ生身ハ日月ノ兩神也尊形スデニ明鏡也故ニ顯密ノ二義ヲマフケ本跡ノ二門ヲタテ、宮社ノ縁ニシタガヒテ相應ノ諸尊ヲモツテ本地垂迹ノ差別ヲ稱スル也顯密ノ二義トハ一ツニハ顯露ノ顯佛ヲモツテ本地トシ佛ヲ以テ垂迹トス一ツニハ隱幽ノ密神ヲ以テ本地トシ佛ヲ以テ垂迹トス顯露ノ顯トハ淺畧ノ義也隱幽ノ密トハ深祕ノ義也今佛ヲ以テ本地トスルハコレ淺畧之一儀也

十四 問顯密ノ二義ハ敎家ノ名目ニヨルカ元來道ニ是アリヤ　答顯密ノ分別ハ敎家ノ心ニ同名目ノ言ハ神書ノ文ニヨレリ日本紀神代卷ノ下曰吾所治顯露事者皇孫當レ治吾將三退治二幽事一即躬被二瑞之八坂瓊一而長隱矣已上文 是則大巳貴尊ノ神語三輪ノ大明神是也顯露ノ事ハ密ヲ具シ隱幽ノ事モ亦顯ヲ具ス

十五 問密位ノ名目ハ幾クノ品有ヤ　答云相祕決義云眞言ハ祕密也神道ハ隱密也祕密超過之重位アリ故ニ隱密トイフ已上文 所謂神道ハ四重四位ノ密意ヲ設ケ機ノ淺深ヲマモリコ、ロザシノ同異ヲハカリ其人ヲ得テ此法ヲサヅク其器ニアラザル者ハ淺畧ノ分際タリトイヘドモタヤスク授與スベカラズ已下略已上神道妙法要集ノ心

十六 ○桓武天皇勅ニ西天ノ法ヲ吾國ニヲキテ第一ノ臣下トシ震旦ノ儒道ヲ吾國ニヲキテ第二ノ臣下トシテ神明ノ左右ヲハカラセ神道ノ潤色トスルモノ也故ニ此國ハ日輪ノ國ニシテ震旦ヲ月輪ノ國トシ天竺ヲ星ノ國トス良ニ由アル哉倭論語

十七 高岳親王曰異朝ノ法ヲ見テ吾神國ノ掟ヲヨクマモルモノハ是吾國ノ寶也外國ノ法ヲ見テ吾神國ノ掟ヲオロソカニミシ者ハ國賊也同上

十八 舍人親王云今ノ世ノ貴トナク賤トナク吾神明ノ詔ヲステ、外ノ敎ヲ專ニス是親ヲステ、他人ノ親ヲアヒスルガゴトシ天ナンゾ是ヲヨシトセンヤ地何ゾ是ヲ好マン親ヲ親トシテ後子ヲ思ヒ子ヲ思ヒテ後外ノ親ヲ親トセンアハレナル哉ナレタルハナレデ捨テメヅラシキニ隨フ事也ユヘニ世ノ人ノナキ事ヨ天ノミオヤノ掟ヲ守ベシナベテノ人ノ思ヒト思ヒコ、ロヨカラヌトイフ事有ベカラズ同上

右兼倶ハ吉田兼延十七世兼名男從三位神祇大副此

人廣太之神徳委見ニ攝儒釋二教一
桓武天皇ハ人皇五十代ノ天子四十九代光仁帝ノ第一ノ御子
高岳親王ハ平城天皇第四ノ皇子貞觀四年ニ入唐シ
玉ヘリ
舍人親王ハ四十代天武帝第四ノ皇子神道再興之大
祖日本紀之作者也號ニ崇道盡敬天皇一已上倭論語

十九 問根本神ノ御正體ハ何ヲスルゾヤ　答鏡也前ニイフガ如ク神トハ鏡ノ畧言也明鏡ハ萬像ヲウツシテ一物ヲタクハエズシカモ正直ノ徳ヲソナエ又淸クイサギヨキ事神ノ御心ニヒトシ故ニ爾イフナリ又上ト云フ意也　タツトブノ儀也神代講卷述抄ノ心

二十 問繪馬ハ如何　答馬ハ陽獸也此故ニ春ノハジメニ血ヲトル也馬經大全ノ心神又陽性ニテマシマスユヘニ奉ルニ由アル也神馬トテ社ニツナグモ此謂也然トモ馬ヲ献ズルニ力タラザル者ハ繪ニ書テ奉ル也又歌仙ナンドヲ奉ハ和歌ハ是神國ノ風儀ナレバ道理有也然ルヲ當世サマ〴〵異様ナル繪ヲ書テ奉ルハ更ニ敬ノ儀ニアラズイカデ納受アランヤ又佛前ニ繪馬ヲカクルハ是ヲウラヤミタルモノ也因ニ云今繪馬等ノ書付ニ施主某トスル事誤成ベシ施主ハ佛法施行ノ義也願主ト有タキ事也又因ニ云フ昔天王寺ニ道公ト云フ僧アリ或時熊野ノ社ニ一夏コモリケルガ夏ヲハリヌレバカヘル折節暮ニ及テ或一村ヲ通リケルニ更ニ人家モナケレバ其所ノ杜ノ下ニテ夜ヲ明サント思ヒソコニ臥ケリ夜半ノ比騎馬ノ者三十人余來レリ杜ニ向ヒテ翁アリヤト云フ翁ノ聲ニテイカニモアリトイヘリ彼者何トテ進ザルゾトイヘリ翁云馬ノ足損ジ候ユヘ乗侍事不レ叶我又年老候ヘバ歩ニテ行事叶ヒ難候トイヘリ此ヲ聞テ皆々トヲリケリ夜明ケレバ道公不思儀ニテ杜ノ下ヲ見メクリケルニチイサキ社アリ其中ヲミレバフルキ像有所々クチソンジタリ前ニチイサキ繪馬アリケルガ前足ノ所板ワレテアリ道公不思儀シテ糸ヲ以テネンゴロニトヂツナギテ懸ケリイカナル事ニヤアルラン試ント思ヒ又其夜モ其ニヤドリケルニ又夜半ノ比騎馬ノ者大勢來レリ又翁ヲ呼ビケレバ翁此度ハ馬ニ乗リテ出人々ノ前ニスヽンデイヅクトモナク行ケリ曉方ニ彼翁カヘレリ道公ニ向テ云フヤウ馬ノ足ソンジタリシヲ治シ玉ハルユヘニイトハヤク乗出テ候トテサマ〴〵ノ饗ヲナシケリ公問ケルハアノ騎馬ノ大勢ハイカナル人ゾヤ翁ノ云フヤウアレハ疫

神ナルガ神ノ管領ノ所ヲメグレルナリ我ハ前ヲハラフ神也若出ザルトキハサマ〲ノ過怠ヲカウブルトイヘリ 已下略已上元亨釋書九ノ巻ノ心

二十一
問云コマイヌハ何ノ義ゾ　答高麗犬也然ルヲ獅子ノ形ニツクルハ非也ト云々亦上可茂ノ社コマイヌノ後ノ板ニ同犬ヲ繪書テアリ是余社マレナリ是ヲカケノ犬ト云フ也子細神祕也ト一年白井氏宗因ガ談也

二十二
問牛王ハイカヾ　答是ハヨク一切ノ不祥ヲ除ク表爾ト也神德ニ比スル也云々猶可レ尋

二十三
問鳥居ハ如何　答説々アリ西ノ方ニ立ツルヲ鳥居ト鳥酉同訓也寳基本紀ノ心云々 神社啓蒙 又居ノ字井ニ書ク天眞井ヲ表シタルトモ 同心 在家ノ鴨井トイフモ横ニワタシタル木也井モ鴨モ共ニ水ヲカタドル也火災ヲ拂フノ表爾也鳥井又此義也或ハ天ノ字ヲカタドルナリ所詮上古ノ神門也 啓蒙同 一説云凡鳥井ハ陰陽ノ二ツヲアラハセリ上ノカサ木ハ遙ニ以後ニヲカレケルニヤ岩戸ノ昔ニハ鳥ヲヤドサン爲ニヲカレケルカト也唐土ニモ天地壇トテツカル、事有其前ニ華表トテ立ラレタリソレモ柱二本バカリ立テ笠木ハナシ是陰陽ノカタチ也已上吉田兼邦和歌註ノ心

二十四
問社頭ノ千木鰹木ハ如何　答千木棟風ト書リ千木ト訓ズルハ違木トイフ義也カツホ木モ加棟木也上古ニハ皆屋ヲ茅茨ニテ葺タルユヘニ棟ヲシムル具也 啓蒙ノ心 私ニ曰左右エヤリチガヘタルヲ千木横ニアルヲ加棟木ト云フ也千木ノ先ヲソギタルニ陰神陽神ノカハリ有トカヤ子細アダ〲シクハ云ヒ難キカソギタルユヘニ片ソギノ千木ナンド歌ニヨメリ度會ノ神主朝(トモ)棟ガ歌ニ 風雅集

カタソギノ千木内外ニカハレトモ
チカヒハ同ジ伊勢ノ神垣

又恐ナガラ住吉ノ神詠ニモ

夜ヤ寒キ衣ヤウスキカタソキノ
ユキアヒノ間ヨリ霜ヤヲクラン

二十五
問閽神ハ何ノ義ゾヤ　答門守也凡千木加棟木閽神等ハ其神ニ應ジテ立ベキ事也中國ノ俗ノ是ヲ門客人(カドマラウド)ト云ヘリ衣冠ノ體黑赤ノ色五位上ノ裝束ニシテ緌ヲシ矢籠ヲ負弓矢ヲ持セタリ是誤也ト云々仇々シク難レ云

二十六
問參詣ノ者社ヲメグルハ如何　答曰一説ニ陰陽ノ二神天浮橋ニシテ彼柱ヲメグリ玉フ遺風也トイヘドモ此説アタラズ凡神社ニ鰐口ヲカケ宮廻リナドシ神前

ヲ寶前ト云ヒケル等ノ事ハ遙後世ニ出來タルコト也皆佛者ノ佛前ニシテ行道スル體ヲウツシタル誤也本說ナシ云々

二十七

問氏神氏子ナンド云フハ俗說ニカハリナキヤ　答此事本說ナキト云々二條ノ南側ヨリ五條ノ北ガハマデ此ニ生ルヽ者ヲ祇園ノ氏子トイヒ二條ノ北ガハヨリ大原口迄御靈ノ氏子トイヒ一條ノ堀川ヨリ西ノ方ヲ今宮ノ氏子トイヒ五條ノ南ガハヨリ九條マデ此内ニ生ルヽ者ヲ稻荷ノ氏子ト號スル事更ニ本說ナキ事也所ノ神トコソ云フベケレ山城國ノ惣社賀茂大明神ノ御拜領也八幡ノ神人源家ノ氏神イマシマスユヘニ山城國ハ八幡大𦬇ノ御ハカラヒナド申事アトカタモナキ事也只物ヲシラザルユヘ也殊更愛宕郡ニオヰテハ賀茂大明神ノ御拜領也祇園ハ清和天皇ノ御宇貞觀年中八幡同ク貞觀年中御垂迹賀茂ノ御事ハ上古ヨリノ事也只皆文盲ニシテカヽルコトヲ申アヘリアサマシキ事也アリヤウ大内ノ四町ノ御所ノ内ニモ鎭主トテヲハシマス也其内ニテ生レタラン人ハ此所ノ神トコソ崇ムベキ事ナレワケモ知ラヌ生女ナンドノ申アヘルヲ上マザノ人聞召テソレヲ本說ト思召事ハアサマシキコト也然ハ山城國コトサラ愛宕郡ニ生ル人ハ賀茂大明神ノ御氏子也セメテハ年ニ一度參詣ヲモ申日三度ハ北ニ向ヒツヽ祈念ヲ致スベキ事ニヤ　已上卜部兼邦ノ說神道和歌ノ註

二十八

問湯立ハ如何　答云湯立庭火等ハ神ヲ祭ノ事也陽ニハ陽ヲ以テス同氣相寄ルノ儀也ト思フニタガウ事ナシ太神岩戶ニカクレマシマシケレバ天下クラカリシ時神ヲナグサメ出シ奉ントテ諸ノ神神樂ヲソウシ玉フニ天鈿女ノ神篠ノ葉ヲカザシ踊ハ子テ舞玉ヒシ今ノ世ニ巫子ノ湯タデナンド沙汰スル神樂ノオコリ也　兼邦百首鈔ノ心

二十九

問注連ハ如何　答神代ニ有シ事也一五三　七五三ト云フ事アリ是ハワラノナヒサゲ樣也清淨ハ一五三穢レタルニハ七五三ナリ左繩ノ注連ヲシリクベ繩トイフ也　兼邦記心

天照太神聞之而曰吾比閉二居石窟一謂當二豊葦原中國必爲二長夜一云何天鈿女命嘘二樂如此一者乎乃以二御手一細開二磐戶一窺レ之時手力雄神則奉二承天照太神之手一引而奉レ出於レ是中臣神忌部神界以二端出之繩一乃請曰勿二復還幸一　日本紀

三十 問明神ト云フコト如何　答尊稱ノ詞ナリ明ノ字ハ日月也日月ヲイタヾキ申サル、神トイフ心也兼邦ノ記
日ノ神月ノ神ニモ威光ノヲトリ玉ハヌトノ尊稱也

三十一 問和幣ハ如何　答是幣(ヘイ)ノ事幣(ヌサ)トモ幣(ミテクラ)ヲ竹ニハサム事ハ上古イマダ是ヲノスベキ具ナキニヨツテ竹ニハサミケル也今其風ヲアラタメズトカヤ又云幣何ニテモ神ニ奉ル物ヲ幣トモイヘリ○手向ノ幣トハ海路ニモ陸路ヲ行ニモ其國ニイリ其里ニ入ニ在所々々浦々ニイタルニハ其所ノ大小ノ神祇ニ幣袋ヨリ手向ノ小幣ヲ取出シテ奉テトヲル也ヌサ袋ハ錦ノ袋也白米ト白紙ヲ細ニキル又榊樒ノ葉是モ細ニ切カキマゼテ奉ル也切ルヤウニ口傳アリ兼邦抄ノ心幣帛同

三十二 問神ニ榊ヲ奉ルハ如何　答日本紀ニ木ノ親句句迺馳ト有榊ノ事也此木ハ風フケドモ葉ヲヒルガヘサズ正直ナルニヨツテ木ノ最上トスル也一説ニハ楸ヲイフトモアリ已上兼邦記○伊弉諾與二伊弉冊一共生二大八洲國一然後生二木神句句迺馳一日本紀

三十三 所レ定二二十二座一之由

二十二社註式云人皇六十二代村上天皇治十九年康保二乙丑年霖雨經レ月九天覆レ雲依レ之閏八月二十一日

奉二幣於十六社一止レ雨 案江次第云正暦已前十七社云々反二此説一

伊勢　石清水　賀茂上下　松尾　平野　稻荷　春日
大原野　大神　石上　大和　廣瀬　龍田　住吉
丹生　木船

第六十六代一條院正暦二年辛夘炎天送レ日萬物變レ色依レ之六月廿四日祈雨奉幣時加二吉田廣田北野三社一被レ奉二官幣一爲二十九社一同五年二月十七日祈年穀時加二于梅宮一被レ奉レ幣爲二二十社一云々

第六十六代一條院長德二年乙未二月廿五日被レ奉二臨時官幣一之日加二祇園一爲二二十一社一云々

第六十九代後朱雀院長暦三年巳夘八月十六日被レ奉二官幣一之日加二日吉一爲二廿二社一云々

延喜式所レ載神名帳日本國中大小神社三千一百三十二座其外石清水吉田祇園北野號二式外之神一後朱雀院長暦三年秋八月定二二十二社之數一毎歲勅二神祇官一以奉二幣帛一祈二年穀一除二禍災一名レ之曰レ祭先レ是毎歲仲春四月遣二幣使于群國一至レ是其國司奉レ詔各祭二其國之神一伊勢太神宮八幡宮謂二之宗廟一賀茂松尾平野春日吉田大和龍田等謂二之社稷一又祖神之祠謂二之苗

齋一已上神社考
三十四

一國一宮之御事

賀茂上下大明神　山城
三輪大明神　大和
平岡大明神　河内
大島大明神　和泉
住吉大明神　攝津
敢國大明神　伊賀
都波岐大明神　伊勢
伊射波大明神　志摩
大神社　尾張
砥鹿大明神　三河
巳等乃麻知神社　遠江
淺間大明神　駿河
三島大明神　伊豆
淺間大明神　甲斐
寒川神社　相摸
氷川神社　武藏
洲崎大明神　安房
玉前神社　上總
香取神社　下總
鹿島神社　常陸
建部神社　近江
南宮神社　美濃
水無神社　飛驒
南方刀美神社　信濃
拔鋒大明神　上野
二荒山神社　下野
都々古和氣神社　陸奧
大物忌神社　出羽
遠敷大明神　若狹
氣比大明神　越前
白山比咩神　加賀
氣多大明神　能登
氣多大明神　越中
伊夜日子神社　越後
渡津神社　佐渡
出雲神社　丹波

籠守神社　丹後
出石神社　但馬又說粟鹿（アハカ）神社
宇倍神社　因幡
倭文神社　伯耆
杵築神社　出雲
物部神社　石見
由良姫神社　隱岐
伊和神社　播磨
中山神社　美作
吉備津（キビツ）明神　備中備前備後同
伊都具島神社　安藝
玉祖神社　周防
住吉神社　長門
日前神社　紀伊
伊弉諾神社　淡路
大麻彥神社　阿波
田村社　讃岐
大山祇神社　伊與
都佐神社　土佐
筥崎神社　筑前
高良玉垂神社　筑後
宇佐宮　豐前
西寒多神社　豐後
淀姫神社　肥前
阿蘇神社　肥後
都農神社　日向
鹿兒島神社　大隅
和多都美神社　薩摩
天手長男神社　壹岐
和多都美神社　對馬

以上
右以二一宮記一而書レ之但有二異說一焉猶末卷國々之下而可レ見二合一也

諸社一覽第二目錄

諸社一覧第二

○伊勢

昔伊勢津彦ノ神オハシテ此國ヲ領シ玉フ其名ニヨリテ國ノ號トス伊勢名所記

天日別命天照太神ノ勅ヲ奉テ東ノ方ニ入ルコト數百里其邑ニ神アリ名ニ伊勢津彦ト天日別命問云汝ガ國ヲ天孫ニ献ランヤ答云吾レ此國ヲモトメテ居ル事日久シトイヒテ敢テ命ヲ聞ズ天日別命兵ヲ發テ其神ヲ戮サントオボス其時ヲソレ伏テモウシテ云吾國ヲ悉ニ天孫ニタテマツリテ吾敢テオラジト命云汝ガサラン時ハ何ヲ以カ驗トスルヤモウシテ云今夜八風ヲオコシテ海水ヲフカセテ浪ニ乘テ東ニサラントス此レ吾却ヨシ也ト日別命兵ヲ止テコレヲウカヾハスルニ中夜ニ及ブ比風吹キ浪ヲコリテ光曜コト日ノ如シ陸モ海モアキラカニミエヌ遂ニ波ニ乘シテ東ニサリヌ此故ニ神風伊勢常世波寄國トイフハ蓋コレヲ云フナラン已上風土記ノ心

内宮　伊勢度會郡宇治鄉五十鈴川上ニ有天照太神倭姫命ニ誨テノ玉ハク是神風ノ伊勢ノ國ハ常世ノ浪ノ重浪ヨスル國也傍國ノ可怜國也是國ニオラントオモフ故ニ太神ノヲシヘノ隨ニ其祠ヲ伊勢ノ國ニ立ツ因テ齋宮ヲ于五十鈴川上ニタツコレヲ磯宮トイフ則太神ノ天ヨリ降之處ナリ已上日本紀第六ノ心 倭姫命太神ノ宮所ヲモトメ玉ハントテ諸國ヲメグリ玉ヘリ垂仁天皇ノ御宇ニ伊勢ノ國ニテ一リノ老翁ニアヒ玉ヘリ命クダンノ事ヲ語リ玉フ翁ノ云宇治ノ川上ニ光アリ我二百八万歳コレヲ守リ居也又彼川上ニ五十金鈴天上圖像天逆戈アリ吾コヽニ有ルコト八萬歳マモリテコレヲ崇メ奉ル也ト皇女大ニ悅玉ヒテ彼翁ヲトモナヒ玉ヒテ行テ見玉フニ此寶ハ昔天照太神天ヨリ投クダシ玉ヒシ天逆矛五十鈴トイフモノ也トノ玉ヘリ此時皇女船ニノリテ此ニ至リ玉ヘルニ御裳ノヨゴレタルヲ洗玉ヘリ此故ニ御裳濯河ト名ヅケ又五十鈴ノアル所ヨリ流レ出ル河ナル故ニ五十鈴河ト名ツク遂ニ其川上ニ宮ヲ建玉フ今ノ内宮コレ也翁ハ猿田彦又ハ興玉命トモ一云倭姫

命大田命ニアヒ玉ヒテ是ヲ敎ヘ奉ルトモ已上太常國史ノ心
五十鈴川千五十鈴川同内宮大宮ト風宮トノアヒヨ
リ流レ出ル河也
○内宮ト申ス事村上天皇ノ御宇祭主公節ノ時ニ皇太
神者奥座ナルユヘニ内宮ト號シ度相ノ宮ハ外座ナ
ル故ニ外宮ト申此時ヨリ始ル也已上神名秘書ノ心又
内宮ヲ朝日宮アサヒノミヤトモ申也

玉葉集　伊勢遷宮のとしよみ侍りける歌　鎌倉右大臣
神風や朝日の宮の宮うつし
　　影長閑なる世にこそ有けれ

内宮ノ御山ヲ神路山トイヘリ

神道山

新後拾遺　後九條内大臣
世の爲にたてし内外の宮柱
　　高き神路の山はうごかし

五十鈴川

新古今　匡房
君か代は久しかるへし度會や
　　いすゝの川の流絶せて

みもすそ川

同　中院入道右大臣
立歸り又もみまくのほしき哉
　　みもすそ川のせゝの白波

祭レル御三座　天照皇太神　相殿ノ神　左天手力
雄神　右萬幡姫神
天照皇太神　大日靈貴トモ申奉ル也
日本紀曰伊弉諾尊伊弉冊尊共生ニ日神一號ニ大日靈
貴一此子光華明彩照ニ徹於六合之内一故二神喜曰吾
息雖レ多未レ有ニ若レ此靈異之兒一不レ宜ニ久留ニ此國一
自當下早送ニ于天一而授以中天上之事上是時天地相去
未レ遠故以ニ天柱一擧ニ於天上一也○又云伊弉諾尊曰
吾欲レ生ニ御レ宙之珍子一乃以ニ左手一持ニ白銅鏡一則
有ニ化出神一是謂ニ大日靈尊一○又云伊弉諾尊至ニ筑
紫日向小戸橘之檍原一而祓除焉然後洗ニ左眼一因以
生神號曰ニ天照太神一已而伊弉諾尊勅任曰天照太
神者可ニ以治ニ高天原一也
又云天照太神皇孫曰芦原千五百秋之瑞穗國是吾子
孫可レ王之地也宜ニ爾皇孫就而治一焉行矣寳祚之隆
當下與ニ天壤一無上窮者矣已而且降之間先驅者還白
有ニ一神一居ニ天八達之衢一其鼻長七咫背長七尺餘當
レ言ニ七尋一且口尻明耀眼如ニ八咫鏡一而赩然似ニ赤酸
醬一也即遣ニ從神一往問時有ニ八十万神一皆不レ得ニ目
勝相問一故特勅ニ天鈿女一曰汝是目勝ニ於人一者宜ニ往

問二之天鈿女乃露二其胸乳一抑二裳帶於臍下一而笑嚎向立是時衢神問曰天鈿女汝爲之何故耶對曰天照太神之子所幸道路有二如此居一之者誰也敢問之衢神對曰聞二天照大神之子今當降行一故奉レ迎相待吾名是猿田彥大神時天鈿女復問云汝將二先レ我行一乎抑我先レ汝行乎對曰吾先啓行天鈿女復問云汝何處到耶皇孫何處到耶對云天神之子則當レ到二筑紫日向高千穗槵觸之峯一吾則應レ到二伊勢狹長田五十鈴川上一因云發二顯我一者汝也故汝可二以送レ我而致レ之矣天鈿女還詣報レ狀皇孫於是脫二離天磐座一排二分天八重雲一稜威道別々々而天降之也果如二先期一皇孫則到二筑紫日向高千穗槵觸之峯一其猿田彥神者則到二伊勢之狹長田五十鈴川上一卽天鈿女命隨二猿田彥神所乞一遂以侍送焉○太神御正體御鏡ニテマシマスナリ天照太神寶鏡ヲ持玉ヒテ授テノ玉ハク吾兒此鏡ヲミマサンコト吾ヲミルガゴトクスベシトモニ床ヲ同クシ殿ヲヒトツニシ以テ齋ノ鏡トスベシ○又日ノ神天磐戶ヲイデマス此時鏡ヲモツテ其石窟イレシカバ戶ニ觸(フレ)テ小瑕ツケリ此即伊勢ニ崇秘ノ太神也此鏡ハ鏡作部遠祖天糠戶之造レリ（已上神代卷ノ心）是鏡內宮ノ御體也（神書抄 神社考）

右太神ノ勅ニヨツテ御正體八咫ノカガミヲ代々ノ天子大殿ノ內ニ床ヲ同ジク安置シ玉ヘリ然ルニ崇神天皇ノ御時太神トモニ住玉ハンコトヲハヾカリ玉ヒテ皇女豐鋤入姬命ヲソヘ草薙ノ御劍トトモニ大和國笠縫邑ニ祭玉ヘリ其後又太神ノヲシヘアルニヨツテ國々處々ニ宮處ヲモトメ玉フナリ卅九年壬戌ニ丹波ノ吉佐宮ニウツリ玉ヒテ此所ニ四年齋奉レリ又四十三年丙寅ニ大和國伊豆加志本ノ宮ニウツリ玉ヒテ八年又五十一年甲戌木國名草ノ宮ニウツリ玉ヒテ三年五十四年丁丑吉備國名方ノ濱宮ニウツリ玉ヒテ四年五十八年辛巳倭彌和三室峯ノ宮ニウツリ玉ヒテ二年倭姬世記曰是時豐鋤入姬命云吾日足ト白シキ從レ此倭姬命戴二天照太神一而行幸六十年癸未倭國宇多秋志野宮ニウツリ玉ヒテ四年爾時天兒通命孫八佐支刀部（一名伊己呂比命）宇多大釆奈仕ヘ奉ル亦弟大荒命モ同ク仕ヘ奉ル六十四年丁亥伊賀國隱市守ノ宮ニウツリ玉ヒテ二年六十六年己丑同國穴穗ノ宮ニウツリ玉ヒテ四年垂仁天皇即位二年癸巳伊勢國敢都美惠ノ宮ニウツリ玉ヒテ二年四年

乙未淡海甲可日雲ノ宮ニウツリ玉ヒテ四年八年巳亥同國坂田宮ニウツリ玉ヒテ二年十年辛丑美濃國伊久良河ノ宮ニウツリ玉ヒテ四年次ニ尾張國中島ノ宮ニウツリ玉フ十四年乙巳伊勢國桑名野代宮ニウツリ玉ヒテ四年時ニ大若子命弟若子命仕ヘ奉ル十八年己酉阿佐賀藤方片樋ノ宮ニウツリ玉ヒテ四年廿二年癸巳飯野高宮ニウツリ玉ヒテ四年廿五年丙辰三月伊蘇宮ニウツリ玉フ時ニ倭姫ノ玉ハク南ノ山イマダ見玉ハズ吉宮處ヲモトメ幸玉フ此時狹田社坂年社御船社御瀨社瀧原神久求社園相社水饗社二見浦堅田社江社荒崎社秡神朝熊ノ社等國々處々ニアガメ祭玉フ今歳猿田彥神ノ裔宇治土公祖大田命參相ヒ乃曰南ノ大峰ニヨキ宮處アリ佐古久代宇治之五十鈴川上ハコレ日本國中ニ殊ニスグレタルヨキトコロ也其裏翁八万歲ノ間ニモイマダミシラザル靈物アリ照カヽヤクコト日ノ如シコレ小緣ノ者ニアラジ定メテアルジ出現ヲハサンヤ倭姫命對曰斷ハリ實灼然コレ久代天祖チカヒ子ガイ玉ヒテ豐葦原瑞穗國ノウチニ伊勢加佐波夜之國ハヨキ宮處有ト見定メ玉ヒテ天ヨリシテ投ゲ降居天ノサカ太刀逆鉾銅鈴等コレ也トテ倭姫命天ノ平手ヲ拍テヨロコビ玉ヘリ此處ニ於テ大宮柱ヲ下津岩根ニ太シキ立テ高天原ニ峻ニ崎搏風一テ廿六年丁巳冬十月甲子ニ天照太神ヲ渡會ノ宇治ノ五十鈴川上ニ鎭坐也已上神社啓蒙ノ心日本紀 前ニ云フガゴトク神鏡ハ人皇十代崇神天皇大和磯城ニ神籬ヲ立テ齊奉玉ヒヌレバ內裏ニハ又神鏡神劍ノ御影ヲウツシテトヾメ玉フ內侍所寶劍ト申奉是也陽復記〇倭姫命垂仁天皇ノ皇女也太常國史云鎭坐本紀ニ載開化天皇ノ手箱ノ中ニ物アリ小虫ノウゴメクガゴトシコレヲ見ルニ人ノ貌也帝アヤシミ玉ヒテコレヲ養ハセシメ玉フニ長ルニ及テ姜女也所謂倭姫命是也帝其來レル所ヲ問玉フニ答テ我將レ事レ神ヨッテ三種ノ神器ヲ祭ラシム帝神ノ威ニ恐玉ヒテ殿ヲ同シク玉ハズ宮處ヲ求シム崇神天皇ノ時ニヲヨンデ倭姫皇女三神器ヲ以テ內裏ヲ出玉フ時ニ劍鏡ヲ改テ內裏ニオサメラル神璽ハ同ク留テ三種ノ器トス已上神社考ノ心案ルニ倭姫同名異人多シ日本紀ヲミルニ倭迹々日百襲姫命孝靈女 倭迹々稚屋姫命同倭迹々姫命孝元女 千々衝倭姫命崇神女 倭姫命垂仁女共ニ日本紀ニ載セリ鎭

坐本紀開化天皇箱中化女ヲ倭姫命トイフ又按スルニ日本紀崇神天皇ノ姑倭迹々日百襲姫命聡明叡知ニシテヨク未然ヲシル又云倭迹々日百襲姫命ヲ大物主ノ神ノ妻トス云々　倭迹々姫ハ崇神ノ姑。倭迹迹日百襲姫ハ亦（本ノマヽ）崇神之従祖姑也而大物主神之妻則二人非ルニ似タリ有文ナラン又云天照太神ヲ倭姫命ニ託ルハ垂仁ノ女也開化箱ノ中ノ神女ト異説アルカ已上神社考ノ心

神託

天照太神宮寶勅ニ吾諸ノアヲヒトグサ僞リハカリテタトヘバヨシト思フトモ必天ノ詔ヲウケテ根ノ國ニオモムカンタヾシキ心ヲ持テハ將（マサ）ニアシクトモ必天ノ神ノメグミアラン「モロ〳〵ノ幾人等天ニ逆フ時ハ道ナク地ニサカヘハ其幸無ラン其元ニハナレ根國ニ入オチンゾ重テ心ヲ天地ニ等シテ思ヲ風雲ニノセテ道ニ隨ヲ元トシ神ヲ守ルノ要トセヨ万ノクダ〳〵敷コトヲ拂ステ、一心ノ定法ヲ尋テ天神ノミコトニ叶テ神ノ心ニカナヘ已上倭論語

○相殿神

天手力雄命　天照太神入二于天石窟一閉二磐戸一而幽居焉故六合之内常闇而不レ知二晝夜之相代一于時八十萬神計二其可レ禱之方一以二手力雄神一立二磐戸之側一天照太神乃以二御手一細開二磐戸一窺之時手力雄神則奉二承天照太神之手一引而奉レ出日本紀

月夜見尊
- 島根見尊
- 手力雄尊

神代系圖

八百萬神ノ中ヨリ撰出サレタル大力ナリ思兼尊ノ御子也兼邦神道和歌ノ抄

万幡姫尊　栲幡千千姫命トモ

正哉吾勝々速日天忍穗耳尊娶二高皇産靈尊之女栲幡千千姫一生二天津彥々火瓊々杵尊一日本紀

高皇產靈尊
- 天思兼命
- 天太玉命
- 天忍日命　舊事紀ノ神狹日命同シ
- 天槵津命
- 天神立命　山代久我直等祖也
- 少彥名命
- 栲幡千々姫命

始ハ天兒屋根命太玉命相殿ノ神ニテマシマスヲ外宮御鎮座以後ユヘアリテ外宮ヱウツシ奉ルナリ陽復記

七所別宮　想宮ト稱スルハ尊崇ノ義也

荒祭宮　內宮七所別宮第一ノ御神也太神宮ヨリ北エ二十四丈ニ立玉ヘリ伊勢名所記

此神ハ伊弉諾尊左ノ眼ヲ洗玉フテ生ル神ヲ天照荒魂トイフ亦荒祭宮ト名ク亦瀨織津姬神ト名ク是也神名祕書

伊弉諾宮　祭ル神伊弉諾尊　伊弉冊尊二座也月讀宮ノ西ニ立玉ヘリ宇治鄉中村ノ里ノ北ニ森有是ヲ月讀森ト云フ其內ニ東ハ月讀西ハ伊弉諾伊弉冊ノ宮也太神宮ヲ去ルコト三里也各南向ニ座ス名所記

件神ハ天神地祇ノ大祖國家萬物ノ性靈也光仁天皇ノ御宇寶龜三年八月官社ニ入玉フ清和天皇御宇貞觀九年八月丁亥朔伊勢國伊弉諾伊弉冊ノ神社、社ヲ改テ宮ト稱ス神名祕書ノ心此二神伊弉諾尊陽神伊弉冊尊陰神○陽神乾タリ陰神坤タリ萬物ニアツテハ父母也人ニアツテハ男女ノ形ナリ一代二神二萬三千四十歲也コレヲ變化ノ神代ト云フ也神皇實錄ノ心○天祖伊弉諾伊弉冊二ノ尊ニ詔シテ曰豐芦原千五百秋瑞穗之地アリ汝ユキテ備スベシトテ天瓊戈ヲ玉フ舊事本紀ノ心○伊弉諾尊伊弉冊尊天ノ浮橋ノ上ニ立テトモニ計テ曰底下國ナケンヤトノ玉ヒテ天瓊矛ヲ以テサシ下テ探玉フニ是ニ滄溟ヲエ玉ヘリ其矛ノ先ヨリシタヾル潮凝テ島トナル二神コヽニアマクダリ玉ヒテ共ニ爲夫婦（ミトノマグハヒ）シテ洲國ヲウマント島ヲ以テ國ノ中ノ柱トシテ陽神左ヨリ旋リ陰神右ヨリ旋ル同ク一面ニ會ヒキ時ニ陰神先唱テ曰憙哉可美小男ニアヒヌ陽神ヨロコビズシテ曰ワレハ是男子ナリ先唱ベシ何ゾ婦人反テコトバ先ダツヤ事スデニ不祥改メグルベシト二神マタ相遇玉ヒヌ陽神唱テ曰憙哉可美少女ニアヒヌ陰神ニトヒテ曰汝ガ身ニ何ノ成レルトコロアルヤ對テ曰吾身ニ一ツノ雌ノハジメトイフ處アリ陽神ノ曰吾身ニモ雄ノ元トイフ處アリ吾身ノ元ノ處ヲモツテ汝ガ身ノ元ノ處ニ合セント思フコヽニ陰陽始テミトノマグハヒシテ夫婦トナル產時ニ及テ先淡路洲ヲ以テ胞トス意ニ快バザル所也故ニ名テ淡路洲ト云フスナハチ大日本豐秋津洲ヲ生ノ日本紀ノ心

月讀宮　祭ル神二座　左月讀命　右荒魂命　月讀。月夜見。月弓トモ○此神光ウルハシキコト日ニツゲリ以テ日ニ配テ治スベシ天ニ送リマツル日本紀ノ心

○伊弉諾尊ノ玉ハク月讀ノ尊ハ滄海ノシホノ八百重ヲ治スベシ同心

此神ハ男神也月弓尊三日ヨリ八日マデヲ月弓尊トイフ上絃ノ月是也廿三日ヨリ廿九日マデヲ下絃ノ月トイフ十五日圓滿ハ月ヲ月夜見尊ト云フ晦日ノ月ヲ月讀尊ト申ス晦日ニ滅シテ光ナシ然バ日數ヲヨミテ用ユレバ月讀尊ト申晦日ニ天地會シテ朔日ニ月ヲ生出ス也卜部兼邦ノ記

萬
月讀の光にきませ足引の　　湯原王
山をへたてゝ遠からなくに

風雅
常闇をてらすみかけのかはらぬや　　後宇多院
今もかしこき月讀の神

新古今
さやかなる鷲の高ねの雲ゐより　　西園寺入道
影やはらくる月讀の杜

啓蒙
貞觀九年八月丁亥社號ヲ改テ稱レ宮舊記裏書

瀧原宮　太神宮ノ遙宮也伊勢ト志摩トノ兩國ノ堺山中ニアリ延喜式同祭レル神速秋津彦神　伊弉諾尊伊弉冊尊生ニ水門神等一號ニ速秋津日命一日本紀

夫木
白いとの絶えす落くる瀧の原　　荒木田延季
跡たれ初て幾代へぬらん

幷宮　右同所　祭レル神　速秋津姫秋津彦神之妹也

○速秋津彦神妹速秋津姫神此二神因ニ河海一持別生神十柱舊事紀　十柱之神　沫那藝神　沫那美神　頰那藝神　天之水分神　國之水分神　天之久比奢母道神　國之久比奢母道神　大山止津美神　鹿屋姫神已上系圖傳

同
瀧の原ならひの宮の神たから　　爲家朝臣
猶すゑつゝく沖津白波

風宮　當宮ト月夜見宮ハ内外兩宮ニアリ内宮ハ子良舘ノ前ヨリ橋ヲ渡テ行是ヲ風宮ノ橋トイフ也名所記 祭レル神一座志那加都彦神也神名秘書○伊弉諾尊曰我所生之國唯有ニ朝霧一而薰滿之哉乃吹撥之氣化ニ爲神一號曰ニ級長戸邊命一亦曰ニ級長彦命一是風神也日本紀 此宮ニテ柏流シノ神事ト云フコトアリ度會郡土貢島ヨリ大神宮エ柏ヲサヽグル由也是昔ノ儀ナリ今ハ當宮ニテアル也内宮年中行事云柏流神事七月四日也神名秘書云山谷水變成ニ甘水一浸ニ潤苗稼一得ニ其全稔一故有ニ風神祭一名云ニ柏流一也豐年則浮流通凶年則沉覆損四月七月祭レ之云々風日折神事トイフ是也已上名所記

名寄
此春は花をおしまてよそならん　　西　行
心を風の宮に任せて

伊雜宮　志摩國答志郡伊雜村ニアリ儀式帳祭レル神倭姬命世記云伊勢內宮之別宮有㆓伊雜宮㆒天牟羅雲命裔天日別命子玉柱屋姬命是也已上又伊佐波登美之神トモ

○天牟羅雲命—天波與命—┬天日別命
　　　　　　　　　　　└建日別命—玉柱屋姬命

以上七所別宮畢餘宮左ニ見ユ

鏡宮　朝熊宮トモ櫻宮トモイヘリ名所記ノ心俗ニ阿佐未ト云フ是也長明伊勢記云朝熊川ヲヘダテ、晝河ノ横根トイフ山アリ其山ノ西ノハナニ鏡宮ヲハシマス云々　祭レル神六座　櫛玉命　保於止志神　櫻大刀神　苔虫神　大山祇　朝熊水神已上名所記
案世紀云櫛玉命靈石坐　保於止志神石座櫻大刀神花木坐苔虫神石坐大山祇神石座朝熊水神石座　寶鏡二面日月所化白銅鏡コレナリ儀式帳云又大山罪命子朝熊水神形石坐倭姬內親王御世定祝社記云朝熊水神倭姬命以㆓石凝姥神之裔㆒所㆓鑄造之寶鏡座已上啓蒙

續拾遺
神代より光をとめて朝熊の
　鏡の宮に澄める月かけ　　前大僧正隆辨

續古今
神さひてあはれ幾世に成ぬらん
　浪になれたる朝熊の宮　　嘉陽門院越前

右之內傳不㆑得㆑考神依㆑有㆑之餘神傳系共略㆑之

瀧宮　瀧祭宮トモ祭ル神一座御裳濯川ノ落合トイフ所ノ岸ニ石クミノ宮ニテオハシマス澤女神トモ美都波神トモ水神ニテマシマス此宮ハ殿モナクテ下津底ニオハシマス常世ノ郷トモ仙宮トモ龍宮城トモ申ス天逆戈ヲ納玉ヒシ所也名所記
美都波女神　罔象女トモ書リ　○伊弉冊尊爲㆓軻遇突智㆒所㆑焦而終矣其且㆑終之間臥生㆓土神埴山姬及水神罔象女㆒日本紀　罔象女在㆓下津底㆒水神也　名㆓澤女神㆒亦名㆓美都波女㆒元々集

夫木集
浪とみる花のしつえの岩枕
　瀧の宮にや音よとむらん　　西　行

磯宮　由來前ニ見エタリ倭姬命此ニ居シ玉ヘリ齋宮

ノ始是也但齋宮ハ後ニ同國多氣郡ニ遷セリ事齋宮ノ下ニ見ユ內宮ノ際ニ倭姬命ノ居玉ヒシ齋宮ヲ磯トイフ又宇治ノ機殿ト申モ此宮ノ御事也名所記宮垂仁帝廿六年興ニ齋宮于宇治五十鈴川上ニ以降ニ令倭姬命ニ居上焉卽建ニ八尋機殿ニ伊勢國飯野郡也啓蒙ノ心

續古今
神風や五十鈴の川の磯の宮　常世の波の音そ長閑けき　皇后宮大夫師繼

大歲神社　素戔嗚尊後娶ニ大山祇神女名神大市姬ニ生ニ二神ニ兒大年神次稻倉魂神已上舊事紀　伊勢內宮之別宮有ニ大歲神社ニ此神化ニ白鶴ニ飛止ニ於志摩國答志郡伊雜葦原ニ啄ニ稻穗ニ因立ニ社於此所ニ伊佐波登美之神宮是也倭姬命移ニ之伊勢度會郡ニ號ニ大年神社ニ事見ニ倭姬命世紀ニ○已上神代系圖傳此神天上ニアル天ノ狹田長田ハ天照太神ノツクラセ玉フ御田ナリ其稻穗ヲクハエテ下界エ下セ玉フ也南膽浮州ニアル米ノ種是也神宮ノ社司鶴ヲ喰ザルハ此謂也已上兼邦記ノ心

素戔嗚尊
- 瀛津島姬命
- 湍津島姬命
- 市杵島姬命
- 事八十神
- 大己貴命
- 五十猛神
- 大屋津姬神
- 抓津姬神
- 須勢利姬神
- 大歲神

系圖傳

興玉社　祭神猿田彥大神也傳前ニ見エタリ○衢神猿田彥大神又號ニ興玉命ニ猿田彥之苗裔大田命逢ニ大倭姬ニ云吾八萬歲間守ニ此靈寶ニ有ニ天逆矛五十金鈴天上圖像ニ倭姬大喜遂定ニ宮所于此ニ其猿田彥大神今無レ祠祭ニ大神宮之西北隅ニ倭姬世記

件神無ニ寶殿ニ以ニ賢木ニ爲ニ神殿ニ也五十鈴宮處之地主神也石坐也神名秘書

猿田彥ノ事神宮ニテハ興玉神山王ニテハ早尾熱田ニテハゲン太夫道祖神トモ幸神トモ舟ニテハ船魂又サキ玉出雲ニテハ手ナヅチトモイヘリシヤウゲ神トモウガ神トモナレリ善惡トモニ二六時中人人ニオコル所ノ一念ヲ氣ニ乘テ形ヲ現ジシヤウゲヲ成ス事アリ蹴鞠ノ坪ニオキテハ鞠ノ明神トモアラハル已上卜部兼邦ノ抄ノ心

稲倉魂神　素戔嗚尊後娶大山祇神女名神大市姫
生一神兒大年神次稲倉魂神紀舊事　伊勢内宮之末社
有御倉神社大田命傳云素戔嗚尊子宇賀之御魂神
神代系圖系圖大年神ノ下ニ見エタリ

○岩戸　諺天照太神入座天岩屋也是非也伊勢津彦住
窟也　岩屋本緣云高倉岩屋天日別命大己貴命也
啓蒙ノ心

外宮　度會郡沼木郷山田原ニ立玉ヘリ
山田原外宮御鎮座之所也名所記　豊受宮トモ

新古今
すゝか川ふるき木のはに日數へて　太上天王
山田の原の時雨をそ聞く

同
神風や山田の原の榊はに　越前
心のしめをかけぬ日そなき

續千載
すへらきの大津みおやのみことのり　度會行忠
つたへて祈るとよの宮人

續後拾遺
かけまくもかしこき豊の宮柱　俊成
なをき心は空薫るらん

參詣物語
とよけの宮にて
何事のおはしますとはしらねども　西行
かたしけなさに泪こほれて

五百枝杉　外宮ノ神木也二鳥居ノ外僧尼ノ拜所ノ
邊ニ有トイヘリ外宮ニシテハ山田原ノ杉ノ村立千
枝ノ杉五百枝杉アヤ杉ナンド皆讀ナラハス内宮ハ
百枝松ヲヨメリ

神祇百首
神風や五百枝の雪の春にきて　元長
杉の印のはこしみえつゝ

太神宮に詣ける時千枝の杉を讀侍ける巳上名所記

新續古今
世を守る神のしるしは今も猶　勝定院太政大臣
しける千えたの松の下陰

祭ル神　豊受皇太神　相殿神　三座　東天津彦々
火瓊々杵尊　西天兒屋根命　天太玉命　已上四神
マシマスヲ五座ト申説アリ神祕相傳ト云々

豊受皇太神
古天地未剖陰陽不分渾沌如鷄子溟涬而含牙及
其清陽者薄靡而爲天重濁者淹滯而爲地精妙之合
搏易重濁之凝場難故天先成地後定然後神聖生其
中焉故曰開闢之初洲壤浮漂譬猶游魚之浮水上
也于時天地之中生一物狀如葦牙便化爲神號
國常立尊日本紀○以天御中主神爲元始蓋一神二

名也古事記○形質未レ顯棄二元氣一而爲レ神國常立尊是
也元氣所レ化形質已具水德變而爲レ神天御中主神是
也隱顯雖レ殊其實一也元々集○國常立尊無レ名無レ狀之神
也在レ天則元氣之元神在レ地則一靈之元神在レ人則
性命之元神故號二大元尊神一神皇實錄又云一而無レ形虛而
有レ靈天地始而神常存形體消而神不レ毀性命既而神
不レ終一氣開闢以降今日亦在故號二國常立尊一○昔ハ
丹波國與佐郡魚井原ニシヅマリ玉フ也今此地ニ御
鎭座ハ人皇廿二代雄畧帝廿二年也內宮御鎭座ノ後
ナル事四百八十四年也啓蒙ノ心○昔豐鋤入姬命載二天照
太神一到二丹波與佐宮一時此神自レ天降同坐二一所一
經二四年一天照太神獨還二大和一而此神留二於丹波一道
主命奉レ祭レ之古時調二御膳于此宮一每日送二內宮一
而神龜年中建二御膳殿于外宮一又同獻二內宮一是以
雖レ有下曰二御膳神一之說上而有二御食御氣之二義一食
與レ氣和訓相近陰陽元初之御氣而又有二天狹霧國狹
霧之名一則宜下以二前說一爲上レ正天孫尙在二相殿一何得
レ言二御膳神一哉神社考
泊瀨朝倉宮大泊瀨稚武天皇卽位廿一年丁巳冬十月
倭姬命夢敎覺給久皇太神吾一所不レ坐波御饌毛安
不二聞食一丹波與佐之小見比沼之魚井原坐道主子八
乎止女乃齋奉御饌津神止由居太神乎我坐國欲止誨
覺給支爾時大若子命乎差ヲ使朝庭一令二參上一天御夢
乃狀令レ申給支卽天皇勅二汝大若子一使二罷往一天布理
奉宣支故率二手置帆負彥狹知二神裔一以二齋斧齋鉏
等一始採二山材一構二立寶殿一而明年戊午秋七月七日
以二大佐佐命一天從二丹波國余佐部眞井原一志天奉
レ迎二止由氣太神度遇山田原一已上倭姬世記垂仁帝御宇皇
太神移二五十鈴宮一而至二此年一既四百八十四年自二
神武帝一殆千餘年矣大倭姬命猶レ在焉內外宮規準二
日少宮模一以造レ之神皇正統錄
天御中主者國常立之弟也而有二同體異名之義一矣
舊事紀天照太神與二豐受太神一則爲二無上之宗靈一而尊
無レ二故異二於天下諸社一是則天地精明之本源也無
相無爲大祖也故不レ起二佛見法見一以二無相鏡一假表二
妙體一也神名秘書○天照太神ノ御オシヘニ吾祭ニ仕ヘ
タテマツル時先止由氣皇太神ヲ祭リ奉ルベシ然シ
テ後ニ吾宮ノ祭ヲナスベシ御鎭座紀ノ心
問云一說ニ內宮ハ日神外宮ハ月神ニテマシマスト
イヘリ然ハ外宮ハ月讀尊ニテマシマスナランニ其

ヲ國常立尊トイフ事如何答云此事深祕ノ其一ナレドモ祠官互ニ其神ノ德ヲアラソヒ世人モ又マヨフ事ナレバ子細ヲイフベシ尊神御出生ノ次第ヲイヘバ外宮ハ先ニシテ國常立尊內宮ハ後ニシテ天照太神ナリ又御鎭座ヲイヘバ內宮ハ先ニシテ外宮ハ內宮ノ御告ニヨリテ後ニ御鎭座ナリ對スル時ハ內宮ヲ日神ト號シ外宮ヲ月神トモ號ス月神ト申奉ルトテ月讀尊ノ御事ニテハナシ國常立尊ハ一水ノ德ノ神ニテマシマスユヘニ內宮火德ノ日神ニタイシテ外宮水德ノ月神ト習フ事也月讀尊內外宮トモニ別宮ニマシマセバマドフベキ事ニアラズ然ニ內外二宮ヲ偏頗シテ思ヒ奉ル族モアリ天照者二宮之通稱太神者太廟之本號トモ侍レバ偏頗スベカラズ陽復記ノ心

○魚井之事與謝郡比治山頂有レ井其名曰ニ眞井一今既成レ沼昔天女八人降ニ來此井一而浴下畧之丹後風土記ニアリ神代系圖傳

○神託皇太神豐受太神託ニ倭姬命一宣言人者天下神物也勿レ破ニ心神一神垂以ニ祈禱一爲レ先冥加以ニ正直一爲レ本又日月雖レ照ニ六合一而照ニ正直之頂一已上神社考

相殿神　四座

○瓊々杵尊　二座　天兒屋命　太玉命已上

瓊々杵尊　天照太神之子正哉吾勝々速日天忍穗耳尊娶ニ高皇產靈尊之女栲幡千々姬一生ニ天津彥々火瓊瓊杵尊一故皇祖高皇產靈尊特鍾ニ憐愛一以崇養焉遂欲下立ニ皇孫天津彥々火瓊々杵尊一以爲中葦原中國之王上○天照太神以ニ思兼神妹萬幡豐秋津媛命一配ニ正哉吾勝々速日天忍穗耳尊一爲レ妃降ニ之於葦原中國一且將レ降間皇孫已生號曰ニ天津彥々火瓊々杵尊一時有レ奏曰欲下以ニ此皇孫一代降上故天照太神乃賜ニ天津彥々火瓊々杵尊八坂瓊曲玉及八咫鏡艸薙劒三種寶物一又以ニ中臣上祖天兒屋命忌部上祖太玉命猿女上祖天鈿女命鏡作上祖石凝姥命玉作上祖玉屋命凡五部神一配侍焉因勅ニ皇孫一曰葦原千五百秋之瑞穗國是吾子孫可レ王之地也宜ニ爾皇孫就而治一焉行矣寶祚之隆當下與ニ天壤一無上窮矣已上日本紀

系圖

正哉吾勝々速日天忍穗耳尊
- 天照國照彥火明櫛玉饒速日尊
- 天津彥々火瓊々杵尊

○饒速日尊亦名膽杵磯丹杵穗尊舊事紀

天兒屋命　父神興登魂命娶ニ玉主命之女許登能床遲媛命ヲ所レ生也○天御中主尊十世孫卜部中臣藤原諸氏之祖也天孫降臨之時八百萬神之中棟梁五臣之第一也奉ニ天照太神勅ヲ輔ニ佐天孫ヲ治ニ豐葦原已上系圖傳天照太神天石窟ニコモリ玉ヒシトキ御出アレト祈禱サレシ神也太神磐戸ヲ出玉ヘバ太玉命ト端出ノ繩ヲヒキワタシ二度イハ屋ニ太神ヲ入奉ザリシ神也日本紀ニ見ユ

津速魂命天御中主第七世卜部大中臣藤原等之上祖
─市千魂命──興登魂命─日本紀作興登產靈命舊事紀曰中村連等上祖也
─天兒屋根命

太玉命　高皇產靈尊勅云汝天太玉命宜持ニ天津神籬ヲ降ニ於葦原中國ニ亦爲ニ吾孫ノ奉齋焉日本紀　高皇產靈尊勅曰以ニ吾高天原所御齋庭之穗稻種ヲ亦當御ニ於吾兒ニ矣宜下天太玉命率ニ諸部神ヲ供ニ奉其職ヲ如中天上儀上舊事紀

高皇產靈尊──┬天思兼命
　　　　　　└天太玉命

四所別宮

多賀宮　神宮ヲ去テ六十丈ニアリ
件神伊弉諾尊洗ニ右眼ヲ因以生神號云ニ豐受荒魂ト亦名ニ伊吹戸主神ト是也神名秘書

土宮　三座　大歲神　上ニ見エタリ　宇賀魂命素戔烏尊子也上ニ見エヌ但丹名異神三有
土御祖神　大年神之子也大年神者大己貴命之弟也土御祖神母天知迦流美豆姬也已上神代系圖傳　大治三年六月官符改ニ社號ヲ爲レ宮凡太神宮ノ祭禮祈年月次神甞等之祭此宮ニモ奉幣ノ事アル也宮川ノ堤ヲ守ル神也

月讀宮　山田宮後ノ所ノ北ニ有リ　內宮月讀同神也傳前ニ見エタリ

風宮　高宮ノ下左ノ方ニ立玉フ也名所記
社記云正應六年三月廿九日官符改ニ社號ヲ奉レ授ニ宮號ヲ預ニ官幣ヲ依ニ異國降伏之御祈ヲ也啓蒙

以上四所畢餘宮左ニ見ユ

宮崎氏神社　度會郡宮崎ニアリ祭ル神一座但六座ト習事アリ禰宜相傳ノ儀云々

天村雲命　一座　倭姬世紀　伊勢外宮之末社有ニ宮崎氏社ヲ祭ニ天牟良雲命ヲ此神者天御中主尊十二世孫也

外宮神主宮崎氏度會氏之祖神也已上　社記云天御中主尊十世孫也飛鳥本紀云天村雲命天二登命後小橋命止三名負給支已上啓蒙

神皇産靈尊
―天御食持命
―天道根命
―天神魂命
―多久豆玉命
―生魂命
―櫛眞乳魂命
―天曾多智命―天副杵命―天鈴杵命
―天御雲命―天牟良雲命

國御神社　伊勢外宮之末社有二國御神社一天日別命子彥國見賀岐建與見命倭姫世紀

―天日別命
―建日別命
　―玉柱屋姫命
　―彥國見加岐建與束命
　―姫前羽命
　―彥前羽命

○如二系圖之者建日二別命子也世紀有二相違一者矣

高神客神社　山田土橋郷ニアリ　祭神二座

高神　客神　社記幷神系圖等云神魂命之八世孫建日別命也客神社者大己貴命子健御名方命也　建日別命ノ傳前ニ見エタリ　健御方命　健御名力神トモ

○大物主神娶二高志河沼姫一生二一男健御名力神一舊事紀○大物主神子健御名方力美神者事代主之弟也今諏訪明神是也神皇正統記

大己貴命
―都味齒八重事代主神
―味鉏高彥根命
―下照姫命
―高照光姫命
―御井神
―建御名力神

大國玉姫社　右同所高神山ノ尾崎ニアリ

祭神二座　案世記云大己貴命一座佐々良姫命一座又云于時大國玉神出レ使奉レ迎支日別命因令レ造二其橋一不レ堪二造畢一于時到令下以二櫓弓一爲レ橋而渡上焉爰大國玉神資二美豆佐々良姫命一參來迎二土橋郷岡本村一前後文略之啓蒙　○愚按大國玉ハ則大己貴命ノ別名也○啓蒙

又云大物主神大國玉神亦曰ニ顯國玉神一其子凡有ニ
一百八十一神一日本紀心 素戔烏尊子也系圖傳末卷ニ見
ユ佐々良姫命傳未レ考

大間社　度會宮川邊町口ニ有　祭神二座　東大間社
西國生社　社記云所レ謂大若子乙若子命也禰宜轉補云大
若子命者天御中主尊十九世之孫也父彥久良伊命
垂仁天皇御宇北狄退治之賞賜ニ大幡主命一天照太神
御鎭座之時爲ニ大神主一令レ供奉一給同上乙若子者大若
子命弟也景行成務仲哀三代仕奉禰宜轉補

小俣社　度會小俣村ニ有　祭ル神一座

宇賀神　社記云坐ニ湯田鄉小俣村一宇賀神一名專大明
神啓蒙○宇賀神同名有ニ三神一故當社之傳不レ考不
レ能レ記矣

櫛田社　多氣郡櫛田川邊有　祭ル神一座

大若子命　傳前ニ記ス

星川社　員辨郡額田村ノ川向ヒ也延喜式神名帳員辨
郡星川社云々○神未レ考

名寄 かきりあれは橋とそなしぬ鵲の
立るしるしの星川の水　長明

鈴鹿社　鈴鹿郡坂下ニアリ　祭ル神一座

大比古命　倭姬世記云川俣縣造祖大彥命參相支汝
國名何問賜白味酒鈴鹿國奈具波志忍山白支然神宮
造奉令ニ幸行一又神田幷神戶進支

新後撰 すゝか川ふりさけみれは神路山
榊は分て出る月かけ　僧正行意

新千載 すゝか川今關越て思ふ事
なりもならすも神に祈らん　藤原朝村

新續古今 すゝか川うつりしせゝを過しきて
住世そ神のめくみ也ける　從三位雅家

尾上社　度會郡　阿比乃山常明寺傍乎森中ニ有　祭
レル神一座

倭姬命　垂仁天皇第二女也

齋宮　多氣郡也森アリ
齋内親王住タマヒシ舊跡也此所宮川ヨリ一里計西
今齋宮村ト稱ス景行天皇廿年春宇治ノ齋宮ヲ多氣
郡ニ移シテ五百野皇女久須姬ヲ皇太神ノ御杖代ト
シ玉ヒ倭姬皇女ハ猶宇治ノ機殿ニ坐シケルト世記
ニ見エタリ名所記

夫木集 なかき世のためしにひかんすゝか川　家隆

こえて齋の度會のしめ
ことのはにつけても何か思ひ出る　長明
齋の宮のもりの下草
家集

凡天皇即位者定ニ伊勢太神宮齋王一簡ニ内親王未レ嫁者一卜定若無ニ内親王一者依ニ世次一簡ニ諸王女一卜定延喜式

寶龜三年十一月以ニ酒人内親王一爲ニ伊勢齋一權居ニ春日齋宮一續日本紀

貞觀元年十二月廿五日丙午伊勢齋宮恬子内親王於ニ鴨水邊六條坊門末一修レ禊賀茂齋儀子内親王於ニ同水邊待賢門末一修レ禊並入ヨ初齋院一三代實錄

貞觀二年八月廿五日伊勢齋恬子内親王臨ニ鴨水一大修ニ禊事一即日入ニ野宮一同上

垂仁天皇廿六年以ニ第一皇女倭姫命一初立ニ齋宮一後代々皇女立レ之土御門院承元二年至ニ四十一代齋宮後鳥羽院皇女肅子内親王一斷絶矣已上神社考

椿社　河曲郡ニ有リ　當國一宮也　祭レル神　猿田彦命也傳前ニ見ユ當社註記無ニ所見一啓蒙

太神宮祭禮

祈年　四十代天武御宇白鳳四年乙亥月始
月次　五十二代嵯峨帝弘仁年中始
神今食　四十四代元正帝靈龜二年六月始
新嘗　廿三代清寧二年辛酉十一月始
神衣　神代已來例也　四月九月十四日
例幣　四十代元正帝養老五年九月十一日始奉ニ官幣一

天曆勘文曰於ニ濫觴一垂仁御宇也云々

行幸者　四十四代聖武帝天平十二年十月始已上神社啓蒙

問云兩宮ノ榮モ昔ヨリ今ハ遙ニマサリタリトイフ人有如何　答云人毎ニカク云フ事ナレド今ヲ知テ古ヲ知ラヌハ夏虫ノ氷ヲ疑フニ似タリ夫兩太神宮モ尊氏ノ御時ヨリ秀吉ノ御時マデ年月ニソヒテ衰微セシヲ今ノ御時ニ二見鄉ト前山ヲ返シ玉ハリ又末社ノ遙拜所御再興アリ殊ニ聖武天皇ノ御宇ヨリ始リテ嘉曆年中マデ百十餘度有シ公卿勅使ノ中絶セシヲモ御興シ有其後ハタエズ九月ノ御祭ノ例幣アリ又近代ハ廿一年ニ造替御遷宮モアレバ尤兩太神宮ノ古ニ立カヘリ玉フベキハシナレトモ中々往昔ノ十ガ一ニモ及ビガタシ三百年來ハ宮中ニテ神事行フ殿舍又重々ノ御垣等モイツトナク絶テ名ノミナルモアリ齋宮ノ跡ハ少森ノ内ニ黑木ノ鳥井立タレドモアタリハ民ノ栖トナ

リテ彼黍離々タル有様空ク竹都ノ名ノミトヾマリテ昔ヲシタフアハレヲ催シ又離宮院神服機殿麻續機殿ナドモトク立ル人ナケレバ其印バカリ也又末社ノ遙拜所ハ寛永年中ニ御再興アレド其社ノ在所ハ他領ト成シヨリ改ル事モナク慥ニ知ル人モ稀也又二月九日祈年ノ奉幣使モ參向ナケレバ兩宮トモニ御祭モタエテナク春秋ノ祈年穀ノ奉幣使モタエテ六月ノ御祭十二月ノ御祭奉幣モタエテ今ハ御祭ヲ禰宜等ツトムルマデ也是皆必ナクテ叶ヌ事ナレドモ中絶シヌ許多ノ神領無ナリシヨリ便ナケレバ神事トテモ形計執行モ侍リ已上陽復記ノ心

以上伊勢國畢

諸社一覧第二終

諸社一覽第三目錄

山城　上

○八幡幷攝社　若宮　姫若宮　水若宮　上高良
下高良　狩尾　役神
○賀茂同上　若宮　新宮　土師尾社　藤尾社　鎭守社
大田社　白鬚社　福德社　鎭守社　川尾社
片岡社　諏訪社　澤田社　岩本社　奈良社
梶田社　流木社　杉尾社　棚尾社　橋本社
山森三間社　氏神社
○下賀茂同上　比良木社　河合社　小烏社　三井社
久我社　靈璽社　末刀社
○松尾　攝社不レ見
○祇園　後見殿　蘇民社　與官受福社　美御前
護王地社　末社官者社
○稻荷　御倉上社　白狐社　明日荷田社　鴫社
御田社　末社田中社
○平野　春日社　任部社

○梅宮　三石社　市杵島社　天王社　幸神護王社
愛宕社
○大原　海童神社　瀬和井社
○吉田　神樂岡社　一言主社　今宮　牽川社
水屋社　氷室社　榎本社
○鎭魂八神

已上

諸社一覽第三

山城國　上

山背　山代上古此字ニ作ル

天照太神天上ニシテ齋服殿ニ入セ玉ヒテ神衣ヲ織玉フ此服殿ノ下ニアタル國ヲ機內五ケ國トイフ山背國トイフハ神衣ヲ織玉フ御背中ノトヲリ也中古ヨリ城ト書リ卜部兼邦說 橿原朝御世阿多根命爲ニ山代國造一紀舊事 延曆十三年七月改ニ山背一爲ニ山城一云々 拾芥抄見

○八幡　山城國久世郡　一名男山　雄德山　石淸水トモ　此水山ノ半ニ有リ

新續古今
八幡山跡たれ初ししめのうちに
なほ万代と松風そ吹く　後鳥羽院

續千載
世のためもあふくとをしれ男山
昔は神の國ならすやは　後二條院

新拾遺
石淸水流の末をうけつきて
絕すそすまん万代迄に　伏見院

祭ル神三座

譽田天皇中殿　玉依姬東　神功皇后西

譽田天皇　胎中天皇トモ應神天皇トモ申也人皇十六代ノ帝也大和國輕島豐明宮ニ都シ玉ヘリ二十二年三月幸ニ難波一居ニ大隅宮一四十一年二月崩ニ于明宮一玉フ　一云大隅宮ニ崩ジ玉フノ心 神社考 ○日本紀第十二委シ

○譽田天皇足仲彦天皇仲哀天皇第四子也母曰ニ息長足姬尊一神功皇后 天皇以ニ皇后討ニ新羅一之年歲次庚辰冬十二月上生ニ於筑紫之蚊田一幼而聰達玄監深遠動容進止聖表有レ異焉皇太后攝レ政之三年立爲ニ皇太子一時三歲初天皇在レ孕而天神地祇授ニ三韓一既產之宍生ニ腕上一其形如レ鞆是肖下皇太后爲ニ雄裝一之負上レ鞆故稱ニ其名一謂ニ譽田天皇一四歲立爲ニ太子一七十一郎レ位立ニ仲姬一爲ニ皇后一在位四十一年崩時年百十一歲日本紀心

神系
○日本武尊――足仲彦天皇――譽田天皇

神功皇后　氣長足姬尊トモ○稚日本根子彥大日々天皇開化天皇之曾孫氣長宿禰之女也母曰ニ高額媛一足仲彥天皇二年立爲ニ皇后一幼而聰明睿智貌容壯麗傷下天皇不レ從ニ神教一而早崩上征ニ新羅一々々王自服高麗百濟知レ不レ可レ勝永稱ニ西蕃一不レ絕ニ朝貢一所レ謂三韓也

皇后從新羅還之生譽田天皇於筑紫立譽田別
皇子爲太子在位六十九年夏四月崩於若櫻宮
時年一百歲冬十月戊午朔壬申葬於狹城盾列陵
玉依姬　海神女豐玉姬之妹神武天皇之母神也（啓蒙）彥
波瀲武鸕鷀草葺不合尊以其姨玉依姬爲妃生神
日本磐吾彥尊（日本紀心）磐吾彥尊神武天皇也
○八幡ト申事譽田八幡丸也トノ託宣ニヨッテ也（緣起）○八幡ト申奉ル事應神天皇ノ御廟河內國譽田ニテマシマスナリ宇佐ニ勸請アリテ和氣淸丸ニ託シ玉ヒテ我レハ譽田ノ八幡丸ト御名乘有シニ依テ也（兼邦ノ說）筑前筥前有八幡宮昔白幡四赤幡四降于此故名八幡植松而爲標至今猶在（宇佐緣起ノ心）○八幡以古者赤白之幡各四流天降爲號予惟不然特地名也耳矣幡者非自天降之物非雨雹霜露之類待人工而後成者也天何爲者哉降此異物也決非是矣（一書ノ心啓蒙之辨也）
當山御鎭座ノ事和州大安寺之沙門行教ニ御告アリシユヘ也云々豐前宇佐ヨリ此ニウツリ玉フ也○淸和帝御宇有行教者姓紀氏武內宿禰之後也昔武內宿禰爲景行帝之臣成務帝時爲大臣而又爲仲哀神功應神仁德之輔佐是故行教尤崇宇佐神神憑教欲棲帝都邊遂移于山城男山（神社考ノ心）○釋行教武內大臣之裔也居大安寺貞觀元年詣豐之宇佐八幡神祠一夏九旬晝讀諸大乘經夜誦密咒法歲已滿夢大神曰久受法施不欲離師師廻王城我又隨行居王城側當護皇祚耳教漸著山崎其夜又夢大神曰師見我所居俄覺便起見東南男山鳩峯上現大光凌晨至光處實靈區也教便錄二事表奏帝詔橋工部准宇佐祠規建新宮世言教祈見大神本身於是彌陀觀音勢至三像現袈裟上因是殿內安三像（元亨釋書）外殿ニ安置シ奉ル木像ハ敦實親王ノ刻彫シ玉フトコロ也（諸神記）

○攝宮

若宮　本殿ノ艮ニ有　舊記仁德帝也（啓蒙）

姬若宮　若宮ノ傍ニ有　二十二社註式云宇禮姬姊吳姬妹　同

水若宮　姬若宮ノ傍ニ有　舊記宇治皇子也仁德帝之御弟也　同上仁德幷宇治皇子ノ事平野ノ下ニ見ユ

上高良　祭ル神武內臣也

按ニ日本紀之說孝元天皇妃伊香我色謎命生彥太

忍信命ニ是武内宿禰之祖父也景行天皇三年屋主忍武雄心命詣ニ紀伊國一居ニ阿備柏原一娶ニ紀直遠祖菟道彦之女影媛一生ニ武内宿禰一由レ是見レ之孝元子彦太忍信其子武内也事ニ六君一景行成務仲哀神功應神仁德壽三百十餘歳日本紀ノ心啓蒙〇高良神記　吾是武略之健將也末世大將タラン者常ニ吾名ヲ唱言セバ必神力ヲ加テ天下ノ武將爲ン倭論語

下高良　外院南ニ有　師時記云江帥曰高良太明神者武内大臣也非也高良者藤大臣連保也神號云ニ高良玉垂命一以ニ干滿兩顆一令ニ奉行一之故奉レ號ニ玉垂一云々廿二社註式 肩書云石清水別當清澄曰上高良武内也下高良玉垂也已上啓蒙

狩尾　本殿西半里計山中ニ有　舊記云件神石清水地主社也即大國玉命啓蒙大國玉命傳前ニ記ス

下院　役神社也　社記云貞觀二年六月十五日行敎造ニ神殿一云々〇延喜式所レ謂山城國與ニ攝津一之堺所レ祭之疫神者是也啓蒙厄年ノ者正月十八九日此社ニ群詣スル也

〇八月十五日放生會之事　社記云扶桑記云養老四年九月在ニ征夷事一大隅日向兩國亂逆公家祈ニ請於宇佐宮一其禰宜辛島勝波豆米相ニ率神軍一征ニ彼國一討ニ

其敵一太神託曰合戰之間多致ニ殺生一宜レ修ニ放生會一者諸國放生會始レ自ニ此時一矣啓蒙每年八月一日ヨリ十五日ニ至テ諸所ノ魚ヲカヒ集テ十五日山麓ノ小川ニ放也放生川是也早朝其供養ノ爲ニ神輿山下ニ下玉フ也祠官祠僧衣服ヲヨソヒ伶人樂ヲ奏シテ供奉ス神輿下玉ヒテ法會アリ法會オハリヌレバ神輿山上ニ歸玉フ也此度ハ祠官等初ノ禮服ヲヌギテ淨衣ヲ著シ白杖ヲツキ草鞋ヲハク也是葬ノ儀ヲ形取ルトカヤ是日勅使アリ上卿宰相辨衞府參向內藏寮使受ニ宣命一自ニ延久二年一准ニ行幸儀式一六府已下供奉セリ已上公事根源ノ心第六十四代圓融院大延二年八月十五日放生會仰ニ雅樂一准ニ諸節會一　第七十一代後三條院延久二年八月十五日自ニ今年一上卿以ニ六府馬寮一准ニ行幸一扈ニ從御輿一〇行幸始ハ簾中抄圓融院御宇有ニ八幡御幸一啓蒙〇三月中午月有ニ石清水臨時祭一天慶五年四月廿七日始焉神社考

續古今神祇
朱雀院の御時石清水の臨時祭を初ておこなはせ給ふとてめされけるときの歌　紀貫之
松もおゐ又も苔むす石清水行末遠くつかへまつらん

新拾遺同祭を
九重の櫻かさしてけふは又
神につかふるくものうへ人　後醍醐院

年中行事歌合　放生會年中行事歌合
世にかくてつなかるゝ身も救はなん
生るを放つ神のめくみに　新中納言

○賀茂　鴨之訓也　鴨トモ書リ
愛宕郡也王城之北半里バカリニ有リ　宮ハ鴨山ノ
下ニ有　山名　神山　二葉山　日蔭山　御影山ト
モ和歌ニヨメリ

後撰
かくてのみやむへきものか千早振
鴨の社のよろつ代をみん　三條右大臣

新勅撰
神山の榊も松も茂りつゝ
ときはかきはの宮そひさしき　賀茂重政

夫木
神垣にかくる葵の二は山
幾とせ袖の露はらふらん　季經

同
日かけ山けふのかさしの諸草は
万代かけて我や頼まん　師光

同
そのかみのみかけの山の諸はくさ
長き代かけて我や頼まん　師光

祭レル神　別雷皇太神
廿二社註式曰日向國仁天降坐須神於賀茂建角身命止申須神倭磐吾彥天皇乃御前仁坐天大和乃國葛木仁宿寸彼與利漸山背國岡本乃賀茂仁遷幸山代川仁下坐天葛川止賀茂川止合處仁立坐給比賀茂川乎見巡之天宣久狹久少也止云止毛石川乃淸流也止天石川瀨見小川止號久川上仁宮所於定給天北山乃麓仁住給利其時此所乎賀茂止云也止　○豐葦原ト定記云古仁八十萬乃神達乎高天原仁集給比神議仁議給天可レ遣神於尋出之奉利此國陪鹿島仁坐寸武雷神香取仁坐寸齋主神止於下之千早振惡神於悉皆伏世順陪奉天遂報申寸此後建角身命國々於見巡之御座寸於是天鈿女命磐樟船乎漕奉利尊於神代乃浦乃浪靜奈留磯末天送利御座仍天天神與利賜之神寶乎以天此國乃固止成世玉波牟止天北山之麓仁應化之百王於守利玉布經津主武雷神毋同此所仁垂跡之玉陪利

○別雷者賀茂山名也是以爲二別雷神一耶爲二之別雷山神一可也爲二之雷公神一否也以二鴨箭一爲二賀茂氏一之說賀茂固地名而人以爲レ民也爲レ取二義於鴨箭一之說吾未レ聞レ焉已上ノ說啓蒙ニ載タリ

山城國風土記云賀茂建角身命娶二丹波國神野伊可古夜姫一生レ子名二玉依子一次曰二玉依姫一玉依姫遊二於石川瀨見小川一（今賀茂川）時丹塗矢自二川上一流下乃取來置二之床邊一忽成二麗夫一遂孕生レ子至レ成レ人祖父建角身命欲レ知二其父一造二八尋屋一堅二八戸扉一釀二八醞酒一而神集七日七夜遊樂謂二其子一曰汝飲二此酒一將レ杯與二汝父一其子卽擧レ杯置二矢前一向レ天穿二屋甍一而升二於天一乃因二外祖父之名一號二賀茂別雷神一

神代系圖

○雷神　伊弉諾尊拔レ劒斬二軻遇突智一爲二三段一其二段是爲二雷神一（日本紀）

神系圖

- 神皇產靈尊
  - 天御食持命（日本紀保食神）
  - 天道根命
  - 天神魂命
    - 賀茂武津之身命
      - 玉依子
      - 玉依姫（下賀茂御祖）
        - 別雷命（上賀茂）

正統記云武津之身命爲二八咫烏一爲二神武帝軍先導一

已上系圖傳
元亨釋書行圓傳ニ此神之傳アリ少異大同也左ニ記ス

釋行圓鎭西人寬弘二年遊二帝城一頭戴二寶冠一身被二革服一都下呼爲二革上人一圓持二千手大悲陀羅尼一又欲下得二好材一刻中其像上一夕夢沙門來告曰明日送二爾異材一翌朝果一僧至語云賀茂神祠側有二一槻木一莓苔纏封不レ知二幾千百歲一其外似レ朽內甚堅實每レ至二六齋日一槻畔有下誦二千手神咒一音上近見無レ物遠聞有レ聲自レ古名爲二異木一是子之所レ求材也古老傳言昔城北出雲路有二小女一臨二鴨河一浣レ衣一箭沿レ流而來女取見レ之鴨羽加レ筈女携還レ家挿二簷牙一自レ此女娠已而生二男兒一父母問二其夫一女曰無二父母一以爲レ匿也兒三歲父母議曰世豈無レ父而有レ兒乎思此里人乎宜下具二酒膳一大宴二里夫一令中此兒持レ杯試上告言以二此杯一置二汝父所一其得レ杯之人便兒之父議已多會二鄉人一數爵之後令下兒送レ杯時兒取レ杯穿二衆人一出レ堂而置二簷上鴨箭所一父母及諸胥怪レ之相議曰是箭屬二鴨羽一宜下姓二此兒一爲中賀茂氏上於レ是兒化成レ雷上レ天母又同時登レ天而去今之賀茂中祠昔爲二田中一時田主已播レ秧數畝其苗俄變成二槻樹一母氏降二樹下一爲レ神今賀茂中宮是也兒又降爲レ神賀茂上宮

是也其槻歳久偃仆世貴爲ニ靈木ニ不レ厄ニ樵材一故至ニ於今一也子乞ニ神官一刻ニ菩薩像一圓喜而詣ニ神主一告レ事神主不レ斬不日而成像長八尺營ニ行願寺一安レ之

釋書●私曰一條革堂是也三十三所順禮所也　●金葉集神祇部　賀茂重保カ歌

ニ雷神ト詠ス

君を祈るねかひを空にみて給へ

　別雷の神ならは神

○當社鎭座之年紀祕シテ不レ語況神之御事哉幷八所之攝社末社等モ同ジ云々○社家祕無ニ申旨一故難ニ露顯一正宗神祇○凡帝都守護神明何不レ疎別而賀茂明神之守護深重也太子馬腦記○公家悉以ニ當社祭祀一爲ニ日本第一神事一日供即爲ニ寛治勅願一豈非ニ朝家無双之禮奠一哉貞永元年六月卅日之宣旨

○攝社

若宮本宮東傍　新宮若宮東　土師尾社御札屋前　藤尾社
新宮南　鎭守社本宮東片岡山麓　太田社自ニ本宮一五六町東也　白（シラ）鬚（ヒゲ）社太田社辰巳　福德社　鎭守社共太田社南神宮寺南石橋ノ南ニ有　川尾社
回廊丑寅玉垣ノソト　片岡社　諏訪社共本宮樓門外川東南側ニ有但片岡ハ東スハ、南橋殿ノツギナリ
澤田社諏訪社南　岩本社澤田南橋本　奈良社澤田南鳥居有　梶田社
奈良社南川東也　流木社梶田社ヨリ辰巳方

杉尾社本宮傍未申四足門内　棚尾社四足門段橋右方小社　橋本社樓門回廊西石橋北傍
山森三間社本宮西方
氏神社一鳥居外未申
岩本　橋本社　神祇拾遺云住吉和歌之兩神也業平實方常拜ニ件二社一祈ニ和歌之秀一矣遂家風成レ譽溢ニ海内一之故世人稱レ爲ニ兩神化現一云々徒然草ノ説ハ右ニ異ナリ　賀茂の岩本橋本は業平實方也人のつねにいひまがへ侍れば一年參たりしに老たる宮司の過しをよびとどめて尋侍しに實方はみたらしに影のうつりける所と侍れば橋本や猶水の近ければと覺え侍る吉水の和尙

　月をめて花を詠し古へのやさしき人はこゝに在原と讀給ひけるは岩本の社とこそ承をき侍れ以下文略之

棚尾社　撰集鈔そのかみつかうまつりなれけるならひに世をのがれて後も賀茂の社に參けるを年たかくなりて四國の方え修行しけるが又歸參らぬ事もやとて仁安三年十月十日夜參て幣まいらすとてたなをの社のもとにてしづかに法施奉けるほどこのまの月ほの〴〵にて常よりも神さびあはれにおもほえ侍ければ

かしこまる四手に泪そかゝりける　西行
又いつかはと思ふみなれは（あはれにイ）

賀茂社中有二一言主神一　賀茂氏久歌曰
君を祈るたゝひとことの神の宮
二心なき程をしるらん　神社考

○賀茂皇太神御託宣

一度吾前ニ來リテ一禮ヲ成ス者ハ其思ヲシタガヒテ神力ヲ加テ思ヲトゲンマシテ日重テタノマン人ニオヒテヲヤ 倭論語

むかし横川に惠心僧都とてならびなき智者いまそかりけり行德たけ薰修年積りて法のしるしどもをほどこし給へる人也或年の神無月の比かもの社にまうでゝおはしける程にいかにも心すみて覺給へければ御前につやし給ひけるに時雨にはかにさえとをり嵐はげしくて月の光も雲まなくしかあれども晴行空のすゑのさと人は月を猶待らん物とみえ侍り枯のゝくさの露のやどりしげからんと覺えて何となく哀なるにつけても世のさだめなき事の思はれてかなしみ給ひけるに御戸の內より誠にけたかき御聲にて
つねなき世にはこゝろとむなよ
と聞えければ僧都とりあへず
月花のなさけもはてはあらばこそ　と付申されければ御聲おどろ〳〵しくうごきてあら面白との御こゝろをまのあたり內記入道は聞給へりと傳へ承る忝侍り下略之　撰集鈔

片岡社

千載集
さりともと賴みそかくるゆふ襷　賀茂政平
わかかた岡の神と思へは

大田澤　社ノ前東ノ方ニアリ
神山や大田の澤の杜若　俊成
ふかきたのみは色にみゆらん

○齋院

凡天皇即レ位者定ニ賀茂大神宮齋王一簡ニ內親王未嫁者一卜定若無ニ內親王一者依ニ世次一簡ニ諸王女一卜定 神社考 延喜式 ●私曰諸王ノ事職原鈔ニ見エタリ

平城帝嵯峨帝位ヲアラソヒ玉フ時嵯峨帝御祈願ノ事アリテ皇女有智內親王ヲ以テ始テ齋院ニタテ玉ヘリ其例相續テ立玉ヒシヲ土御門院元久元年三十四代之齋院ニ至リテ斷絕シ玉フ也 諸書ニ記ス神社考ノ心

賀茂齋院ト定アリテ後東川ニ望玉ヒテ御祓ノ事アリテ直ニ初齋院エ入玉フ初齋院トハ大内ノ中大膳職或左近府ナンドヲ點ジテソレニテ三年潔齋ノ事アリ其年ノ四月ニ御社エ參玉ハントテ祭ノ前ニ吉日ヲエラミテ又御禊ノ事アリ則紫野ノ野宮ニ入玉フ是ヲ二度ノハラヘト云フ扨中酉日ニ賀茂社エ參玉ヒテ祭ノ事ニ隨玉フ也已上花鳥餘情按ズルニ野宮二所ニアルカ嵯峨之野宮ハ伊勢ノ齋宮ノコモリ玉フ所也是ニモサマ〴〵ノ儀式アリ源氏物語ノ鈔物等ニ記セリ又此所近ワタリニ川有有栖川ト云フ也是モ同名二所ニ有○有栖川ハ齋院ノオハシマス本院ノカタハラニ侍ル小川也袖中抄

千載 ちはや振いつきの宮の有栖河
　松とゝもにやかけは澄へき　後京極

夫木 音に聞く齋の宮の有栖河
　たゝ舟岡のわたり也けり　躬恒

右紫野の野の宮近き有栖川なり

一葉抄にさがの有栖川といへり○今出川のおほゐとのさがにおはしけるに有栖河のわたりに水の流れたる所にて下略徒然草

右さがの有栖川也又有栖山ともよめり

夫木 夕されは空もをくらの時鳥
　有栖の山に聲なしのひそ　經信

太神宮ノ齋宮ニ同ク忌ノ詞等有テ佛法ノ息ヲノゾカル、也詞花集ノ詞書ニ
　賀茂のいつきと聞えける時西に向ひてよめる

思へ共いむとていはぬことなれは　選子内親王
　そなたに向て音をのみそなく

○祭之事凡ッ祭トバカリ云フ時ハ當社葵祭ノ事也トカヤ縱バ山ト計云フ時ハ比叡山ノ事寺ト計云フハ三井寺ノ事成ガ如シ

四月中酉日也人皇卅代欽明帝之御宇ニ始レリ葵ヲモテ神宮ニカケ用ル事神祕ノ子細有リトカヤ

堀川百首 めつらしく年に一度あふひをや　顯仲朝臣歌
　神も嬉しくみそなはすらん

此日社家　天子將軍其外諸家エモ葵ヲ獻ズル也

天子ノ玉垂ニモ葵ヲカケラル、ト也

けふといへはすたれのみかは葵草　榮雄
　古きふみにも卷添てけり

今日女ノ髮ニモカケ、ルト也

續古今
乙女子かゆふかみ山の玉かつら
けふは葵をかけやそふらん　家隆
又日陰葛トモイヘリ　蘿日本紀
續後撰
神山の日かけのかつらかさすてふ
豐の明そわきてくまなき　正三位成次
葵祭ノ前ノ日ヲミアレノ日ト云フ也云々
玉依姬ノ別雷神ヲ產玉ヒシ所也御形トモ御生トモ
書祭ノ前ノ日ヲミアレノ日ト云フ也御生所ハ神館ニアリ祭ノ時ノ御旅所也花鳥餘情見
山家集
思ふ事みあれのしめにひくすゝの
かなはすはよもならしとそ思ふ　西行
御形野　御形山歌ニ詠ゼリ是ハ下鴨ト云フ說有後人之考ヲ待者也又上鴨ノ乾高野ノ邊ニ御形山有云云實說未レ考
風雅
久堅の天の磐船漕よせし
神代の浦や今のみあれ野　賀茂遠久
みあれ山幾世の雲は嶺こめて
しらぬ昔のけふにあふらん　賀茂季保
夫木
見あれ川かものみとしろ引うへて　好忠
今はた年の神をいのらん
○因云鴨川鴨羽川トモ瀨見小川トモ
玉葉
我たのむかもの川波立歸り
嬉しきせゝにあふよしも哉　顯輔
さかのほる鴨のは川のそのかみを
思へは久し代々のみつかき　前太政大臣
賀茂社歌合に月
石川やせみの小河の清けれは
月も流を尋てそとふ
判云此川さだかにしらずかゝる川や有とてまけになりたるに又改て顯昭法師に判をさせ侍しとき此歌を判じていはく石川せみの小川いとも聞及侍らず但おかしくつゞけたりかゝる河など侍にや所のものに尋て定むべしとてことをきらず後に顯昭にあひたりし時此事かたり出てこれはかも川の實名也當社の緣起に侍と申せしかばおどろきて下略之無名抄
○御手洗川歌ニヨメリ略ス　○御手洗川神山ヨリ流出テ賀茂ノ社貴舟片岡杜ノ中ヨリ折レル小川也
河海抄

○賀茂祭四月中酉日也末日先上卿着陣召二六府一課二警固一朝廷被レ獻二走馬一其日勅使近衞中少將勤レ之昔有二神夢一人々懸二葵蔓花鬘一先一日賀茂松尾社司獻二葵花鬘一此祭始二于欽明帝之時一花鳥餘情河海等ノ心神社考又賀茂國祭者四月中申日也欽明帝撰二吉日一行レ之和銅年中詔二山城國司一令レ撿二-察之一

○賀茂臨時祭者十一月下酉日也　寛平御記載宇多帝潜龍時號二王侍從一放レ鷹狩二于賀茂邊一俄天陰霧降東西迷レ路帝臥二藪中一憂恐之甚有二一翁一來告曰吾此邊之老翁也春既有レ祭冬未レ有レ祭願賜二冬祭一帝心爲二賀茂明神一也因答曰吾力非レ所レ及宜レ被レ奏二-請子内一翁曰吾知二其力之所一レ可レ及願自重而勿レ輕矣言已不レ見帝大怪レ之未レ幾仁和三年八月二十六日立爲二皇太子一即日即二天皇位一於レ是信二神言一而寛平元年十一月二十一日始行二賀茂臨時祭一左近中將時平朝臣爲二勅使一藤原敏行詠二東遊歌一外記内記云東遊男二十人左右少將侍從等皆著二青摺一已上神社考

臨時祭　五十九代宇多帝寛平三年十一月廿四日庚午日於二賀茂明神一有二走馬事一勅使右兵衞督藤原高經率二男二十人一參二上下社一歌舞云々○臨時祭ヲ讀ル歌

新勅撰
いかなれはかさしの花は春なから　法性寺入道
おみの衣に霜のをくらん

同
山あゐもてすれる衣のあかひもの　貫之
長くそ我は神につかふる

○五月五日之走馬社家第一ノ神事ナリ

○式部大輔實重ハ賀茂エ參事ナラビ無キ者也前生ノ運オロソカニシテ身ニスギタル利生ニアヅカラズ人ノ夢ニ大明神又實重來リイフヤウハトテナゲカセオハシマス由ミケリ實重御本地ヲ見奉ルベキ由祈申ニ或夜下ノ御社ニ通夜シタル夜上エ參間流木ノ邊ニテ行幸ニアヒ奉ル百官供奉常ノ如シ實重片藪ノ中ニカクレテミケレバ鳳輦ノ中ニ金泥ノ經一巻オハシマシタリ其外題ニ一稱南無佛皆已成佛道トアリトオボエテ夢則サメヌトゾ　宇治拾遺卷四

○下賀茂　王城ヨリ五六町子丑ノ間也平林ノ中ニ宮アリ此所ヲ糺トモイヘリ又糺ハサシ入ニ有ル南向ノ宮ヲ云フ也河合トモ

新古
君を祈る心の宮を人とはゝ　慈圓
糺の宮のあけの玉かき

玉葉
川千鳥なれもや物はうれはしき　俊成

糺の杜を行歸鳴

夫木
河合や清き川原に麻のはの　爲家
　ぬさ取りしてゝいさ御祓せん

此河に御祖原と云名所有又糺別名也

山家集
月のすむみおやか原に霜冴て　西行
　千鳥群立聲聞ゆなり

祭レル神二座　玉依姫　大己貴命

玉依姫　前ニ記ス則別雷神ノ尊母　御祖神ト申ス是也　夫木集三條入道左大臣ノ歌

けふはみな折にあふひをかさす哉
　頼む御祖の神のしるしに

大己貴命　素戔烏尊子也系圖上ニ見

素戔嗚尊降ニ到於出雲國一娶ニ奇稲田姫一遂到ニ出雲之清地一焉乃言曰吾心清清之於ニ彼處一建レ宮相與遘合而生ニ兒大己貴神一

大巳貴命與ニ少彥名神一戮レ力一レ心經ニ營天下一復爲ニ顯見蒼生及畜產一則定ニ其療レ病之方一又爲レ攘ニ鳥獸昆蟲災害一則定ニ禁厭之法一是以百姓至レ今咸蒙ニ恩頼一已上日本紀

○攝社

比良木社　當所地主神也

河合社　式稱ニ小社宅神一是也上賀茂社官參宮之日先詣ニ此社一而後拜ニ御祖一蓋有ニ社例傳習一也已上啓蒙

小烏社　河合之東ニアリ

三井社　或三身社トモ三座有

久我社　未刀社　共ニ本宮之北ニ有

靈璽社　本緣神祕也云々○下上トモニ行幸之始ハ六十一代朱雀院天慶五年四月二十九日也同上祭之事上賀茂ニ同ジ　六月洗手水會十八日ヨリ晦日ニ至リテ諸人群參ス上賀茂ニハ廿九日晦日ニ神事能有此事往昔ヨリ三伏ノ祓也是ヲ夏越祓ト云フ也昔ハ神官悉川邊ニ集會シテ夏越ノ儀式アリ貴賤川頭ニノゾミテ祓ヲシケリ今ハヲトロエテ其遺風バカリ也云々○邪神ヲ祓ナゴムル故ニナゴシノ祓ト云フ也八雲鈔ノ心夏祓夏越和儺トモ○天照太神皇孫命ヲ葦原中國ノ王トセントス彼國ニハ螢火ノ神及蠅聲邪神多シトイヘリ是ヲ祓和ルトテ六月祓ハスル也園太暦

六月祓ヲヨメル和歌

後撰
かも川のみな底清く照る月を　讀人　不知

行てみんとや夏祓する

續拾遺
御祓する麻のゆふして波かけて　入道內大臣
涼しく成ぬかもの川かせ

風雅集
世中に物思ふ人の有といふは
我をたのまぬ人にぞ有ける

是は賀茂の御祖神の御歌となん

○松尾　葛野郡　都ノ西南　二里餘ニ有

新古今
萬代を松の尾山のかけ茂み　康資王母
君をそ祈るときはかきはに

一條院の御ときはじめて松尾行幸侍けるにこたふへき歌つかふまつりけるに　源兼澄

後拾遺
千早振松の尾山のかけみれは
けふそ千年の始也ける

祭る神二座

大山咋神　大己貴神弟大年神之子大山咋神此神者坐ニ淡海之比叡山ー又坐ニ葛野郡松尾ー鳴鏑神也舊事紀 遂古世丹波國皆湖也　其水赤故云ニ丹波ー大山咋神決ニ其湖ー丹波水涸成レ土矣以レ鋤爲ニ神體ー此神者即松尾大神也系圖傳

○大歳神
- 大國御魂神
- 韓神
- 曾富理神
- 白日神
- 聖神
- 夫香山戸神
- 御年神
- 奥津彦神
- 奥津姫神
- 大山咋神

巳上

南殿　神垂跡神祕也云々

別雷苗裔神也氏成私記　○市杵島姬也廿二註式

○大中臣定好松尾鎭座記云元明帝和銅二年四月十一日山城國山田庄荒子山於ニ賀茂ー初奉レ傳云々

○造ニ神殿ー文武帝大寶元年始ニ於秦都理ー廿二社註式

已上啓蒙

月讀　松尾巳前之鎭座歟顯宗帝三年依ニ神託ー被レ奉ニ歌荒巣田押見宿禰侍レ祠云日本紀　○顯宗帝獻ニ山背國葛野郡歌荒巣田十五町ー以爲ニ月讀神地ー　歌荒巣田在ニ大堰河之西南ー即今松尾之東南地是也　○文德帝仁壽三年春夏之間疱瘡流行病レ之時神現レ形曰我是大堰河濱所レ居神名爲ニ月讀神ー我居近レ河頻有ニ泛濫之患ー今欲ニ移居ニ於松尾之南山ー若能敬ニ祭我ー者災害當ニ自消ー矣帝得ニ神語ー大悅乃會ニ廷臣ー

祭レ之隨二神誨一遷二宮于彼地一以祭レ之自レ是以來天下毎レ有二皰瘡之疫一人無二貴賤一詣二此社一以祈二神之佑一云 三代實錄ノ心 神社考

○今所レ傳七座名

松尾社　月讀社　櫟谷社　三宮　宗像社　衣手社
四大神　啓蒙

○祭ハ四月上申日十一月上酉日人皇五十四代仁明帝承和四年ニ始也　祭ノ日賀茂下上ノ宮ニ同ク內藏使山城使等當宮ニモ立ツ也賀茂ニ同ク帝城守護ノ神也　按ルニ山城使內藏使ノ事職原鈔ニ見ユ

四月八日松尾祭使に立て侍けるに內侍は誰そと上卿の尋侍ける折しも郭公の鳴ければ讀る　深草院少將內侍

玉葉集
時鳥しめのあたりに鳴聲を
聞我さへに名乘せよとや

○御位　三十六代淸和帝貞觀八年十一月廿日正一位使同二賀茂一幣二前廿二社註式

○預二大社事一始六十六代一條院寛弘元年甲辰十一月十四日

○初以二秦氏一爲二神官一事　松尾鎭座記云元明帝和銅二年四月十一日秦良兼同正光荒子山松尾爲二守護一留　已上啓蒙

○松尾神託　諸人ノ一心ニ一禮ヲナスモ無量ノタスケアリマシテ一念正直ノ大道ニイランモノ也倭論語

○釋空也在二雲林院一一日入二帝城一有二老翁一倚二城垣一其貌甚寒齒牙相戰也曰尊老凜寒何立レ此乎對曰我是松尾明神也頃受二般若法味一未レ上二白牛綩綖之車一以レ故貪癡之風逼二我膚一師善二法花一願有レ意乎也脫レ衣度與曰我着二此衣一讀二法華一者四十年其妙香薰皆染二是衣一今獻レ之可乎神悅受レ之便被身相溫如無二復寒氣一 元亨釋書心

○建久七年七月雷折二松尾祠後大杉一其木覆二神殿一欲レ斬レ之其材大難レ制恐レ壓二神殿一若不レ伐異時小風雨又自壓倒神官與二僧延朗一議朗曰莫レ慮早伐又杉中有二奇事一耳已而加レ斧其杉如二相避一仆二殿側一於レ是自二杉中一忽迸二出一漆塔一其內又有二銅塔一盛二舍利一神官見レ之益信二朗言一便於二祠之南一建二三層塔一安之池側有二大石一白髮老人常坐二其上一朗問何處來レ此對曰松尾明神也擁二護師法一又聽三師誦二法華一故數來耳又我奉二師給使者二

人ニ以レ是爲レ信言已不レ見朗謂レ徒曰二烏來馴子等莫レ恠果如ニ神言一其石今尙在焉爾來二烏外餘羽不レ入朗安元二年移ニ松尾山南㝡福寺一心元亨釋書

○祇園　感神院ト號ス愛宕郡八坂郷和歌ニ祇園トヨメリ

後三條院の御時祇園に行幸侍けるに東遊にうたふべき歌めしければ讀る

後拾遺神祇之部
千早振神のそのなる姫小松　藤原經衡
万代ふへきはしめ也けり

祭ル神三座　素戔烏尊中　八王子東　稲田姫西

牛頭天王　感神天王トモ　素戔烏尊也

此神有ニ勇悍以安忍一且常以ニ哭泣一爲レ行故令ニ國内人民多以夭折一復使ニ青山變枯一故其父母二神勅ニ素戔烏尊一汝甚無道不レ可ミ以君ニ臨宇宙一固當ミ遠適ニ之於根國一矣遂逐之日本紀又云於是素戔鳴尊請曰吾今奉レ敎將レ就ニ根國一故欲下暫向ニ高天原一與レ姉相見而後永退上矣勅許之乃昇ニ詣之於天一也素戔鳴尊昇レ天之時溟渤以之皷盪山岳爲レ之鳴呴此則神性雄健使ニ之然一也天照太神素知ニ其神暴惡一至レ聞ニ來詣之狀一乃勃然而驚曰吾弟來豈以ニ善意一乎謂當有ニ奪レ國之志一歟夫父母既任ニ諸子一各有ニ其境一如何棄ニ置當レ就之國一而敢窺ニ窬此處一乎奮ニ稜威之雄誥一發ニ稜威之嘖譲一而徑詰問焉素戔鳴尊對曰吾元無ニ黒心一但父母已有ニ嚴勅一將ミ永就ニ乎根國一如不ニ與レ姉相見吾何能敢去是以跋ニ涉雲霧一遠自來參不レ意阿姉翻起嚴顔于時天照太神復問曰若然者將何以明ニ爾之赤心一也對曰請與レ姉共誓天　誓約之中必當レ生レ子

○系圖

伊弉諾尊
伊弉冊尊
　├大日孁貴　天照太神之系圖太神ヨリ前略
　├月夜見尊
　├蛭兒尊
　└素戔鳴尊

少將井　稲田姫也　○素戔鳴尊自レ天而降ニ到於出雲國簸之川上一有ミ一老公與ニ老婆一中間置ニ一少女一撫而哭之素戔烏尊問曰汝等誰也何爲哭之如レ此耶對曰吾是國神號脚摩乳我妻號手摩乳此童女是吾兒也號奇稲田姫所ニ以哭一者往時吾兒有ニ八箇少女一每レ年爲ニ八岐大蛇一所レ呑今此小童且臨ニ被レ呑時一無レ由ニ脫免一故以哀傷素戔烏尊勅曰若然者汝當ニ以レ女奉レ

吾耶對曰隨レ勅奉矣故素戔烏尊立化二奇稻田姬一爲二湯津爪櫛一而挿二於御髻一乃使二脚摩乳手摩乳一釀二八醞酒一幷作二假庋八間一各置二一口槽一而盛レ酒以待之也至レ期果有二大蛇一頭尾各有二八岐一眼如二赤酸醬一松栢生二於背上一而蔓二延於八丘八谷之間一及三至得レ酒頭各一槽飮醉而睡時素戔烏尊乃拔二所帶十握劍一寸二斬其蛇一至レ尾劍刄少缺故割二其尾一視レ之中有二一劍一此所謂草薙劍也（又曰本名天叢雲劍蓋大蛇所レ居之上常有二雲氣一故以名歟至二日本武尊一改曰二草薙劍一）素戔烏尊曰是神劍也吾何敢以私安乎乃上二獻於天神一也然後行覔二將婚之處一遂到二出雲之淸地一焉乃言曰吾心淸淸之於彼處建レ宮時素戔烏尊歌之曰夜句茂多菟伊都毛夜覇餓岐菟磨語昧爾夜覇餓枳菟倶廬贈廼夜覇餓岐廻乃相與遘合而生二兒大己貴神一

○昔北海武塔天神（素戔烏別號也）通二南海龍女（奇稻田姬）一日暮借二宿路傍有二二人一兄曰二蘇民將來一弟曰二巨旦將來一兄貧弟富天神借二宿巨旦一不レ借又求二蘇民一許レ之以二粟柄一爲レ座以二粟飯一爲レ饗後天神殺二巨旦一喪二其家一以二茅輪一與二蘇民一曰吾是速進雄神也後世有レ疫則汝蘇民將來子孫以二茅輪一應レ著二之腰一將レ免（備後國風土記）

一說云進雄借二宿諸神一皆不レ許レ之時有二蘇民巨旦者一兄弟也兄貧而仁弟富而吝進雄借二宿巨旦一固拒レ之不レ容蘇民出迎而勞レ之則餽以二粟飯一尊大喜欲レ報レ之其夕命二蘇民一渾レ家帶二茅輪一卽有二大疫一除二蘇民家一皆遭二殃亡一神亦敎レ之云後世疫氣流二行天下一一小簡書云吾是蘇民將來之子孫幷爲二茅輪一此二物係二之衣袂一則必免矣按備後風土記以レ是爲下北海民塔神通二南海神女一時事上武塔神乃進雄之別號其祠見今在二彼國一云二疫隅社一今六月御靈會於二四條京極一供二粟飯一蓋起二于蘇民緣一云

八王子　（三女五男也）天照太神乃索二取素戔烏尊十握劍一打折爲二三段一濯二於天眞名井一齚然咀嚼而吹棄氣噴之狹霧所生神號云二田心姬一次湍津島姬次市杵島姬凡三女矣勅曰其十握劍者是素戔烏尊物也故此三女神悉是爾兒便授二之素戔烏尊一此則筑紫胸肩君等所祭神是也（已上三女）素戔烏尊昇レ天之時乞三取天照太神髻鬘及脫所纏八坂瓊之五百箇御統一濯二於天眞名井一齚然咀嚼而吹棄氣噴之狹霧所生神號云二正哉吾勝々速日天忍穗耳命一次天穗日命次天津彥根命次活津

彥根命次熊野櫲日命凡五男矣是時天照太神勅云
原ニ其物根一則八坂瓊之五百箇御統者是吾物也故彼
五男神悉是吾兒乃取而子養焉已上日本紀
○牛頭天王初垂ニ跡於播磨明石浦一移ニ廣峰一其後
移ニ北白河東光寺一其後移ニ感神院一二十二社註式
○貞觀十一年始天王從ニ播州一遷坐改曆雜事記
○播磨國峰相記云吉備公歸朝日於ニ當山一奉レ崇ニ牛
頭天皇一也歷ニ年數一後爲ニ平安城東方守護一奉レ勸ニ請
祇園荒町一啓蒙
○人皇五十六代淸和帝貞觀十八年移ニ八坊郷一云々便覽
○第六十四代圓融院天祿三年以ニ祇園一爲ニ日吉末
社一慈惠大師記
○攝社
後見殿 本殿ノ丑寅ニ有神大己貴命傳系前在
蘇民將來社 南門ノ内左ノ社
今世傳簠簋内傳有下蘇民惠ニ素戔烏一之辨上也不レ信
不レ可レ執レ之
與官受福社 拜殿ノ傍ニ有
美御前 本殿ノ東ニ有

社家流云素戔烏尊所レ生之三女神也啓蒙
護王地社 在ニ下川原一
於ニ當社一尤有レ習王城守護神也啓蒙
官者殿 四條京極祇園御旅所ノ傍ニ有
擧レ世所謂此神誓文起請赦免社也云々依レ此考則唯
一所レ傳起請返神乎起請反者起請文上書ニ靈印一以奉ニ
神供一七日祭レ之誠唯受一流大事非ニ其家一則不レ傳
也祇園末社有ニ此神一又宜也 啓蒙○世ニ土佐正尊
ヲ祭ルト云フハ非也商人渡世ノ諺トシテ請文ヲ云
フ事限ナシ然共十月二十日此神ヲ祭バ神其咎ヲユ
ルシ禍來ラズトイヘリ此故ニ其日群參スル事限リ
無シ神ハ正直ノカウベヲテラシ玉フト云事タレカ
辨ヘザラン僞言ヲモテ人ヲ誑セシヲ神何ゾ是ニク
ミシ玉ハン幣帛ヲエテ其咎ヲ許玉ヘバ惡ヲス丶ム
ル神也辨フベキ事也神ノ御事神祕ト云々其家ニ入
テ可レ尋事也
○祇園祭之事
圓融院天祿元年六月十四日始御靈會自ニ今歲一行レ之
二十二社註式
臨時祭 同三年六月十五日始被レ奉ニ走馬勅樂東遊

御幣等使ニ左少將藤原理兼左右御馬有ニ五疋ニ右近官人供奉　東遊歌略之 此後中絕第七十五代崇德院天治以後每年相續同上
已上啓蒙
○崇德院天治元年六月始焉御禊儀式同ニ平野ニ勅使殿上五位奉ニ東遊ニ有ニ宣命ニ今日又有ニ走馬勅樂ニ 神社考
○行幸始ハ七十一代後三條院延久四年三月二十六日

祇園之神詠

玉葉集神祇部
我やとに千もとの櫻花さかは
　植をく人のみもさかえなん

○稻荷
紀伊郡　帝城之東南二里バカリニ有
昔ハ今ノ宮地ヨリ十餘丁山中ニ有坂アリテ諸人參詣ノ便アシケレバ今ノ地ニ引奉ルト也舊宮ノ跡今猶アリ
玉葉
いなり山越てやきつる時鳥
　ゆふかけてのみ聲の聞ゆる　源賴實
風雅
やはらくる光をみつの玉垣に　前左大臣

外よりもすむ秋のよの月
舊宮ノ道スガラ坂有リ坂ヲ讀ル和歌
堀川百首
おそくとく宿を出つゝ稻荷坂
　のほれはくたる都人哉　忠房
淸少納言初午ニ詣シニ坂ヲ登シガクルシカリシ由枕双紙ニ書リ　瀧有
拾遺
瀧の水かへりてすまはいなり山
　七日のほりしるしと思はん　讀人不知

祭レル神三座
大山祇女　下社　非ニ木花開耶姬ニ
倉稻魂　中社　同名異神有ニ三神ニ
土祖神　上社
豐葦原ト定記云辰巳乃方仁當天倉稻魂乃垂跡阿利夫此神波百穀於播玉故仁名奉神代乃昔與利此峯仁向玉母不知只三峯仁顯玉之波人皇十三代元明天皇和銅四年辛亥二月十一日仁垂跡寸誠仁諸人哀憐乃御心深久蒼生作牟物波草乃片葉末天百乃災於攘玉全文略之啓蒙今傳五座說
田中社　今ハ本宮ニ奉レ移云々東福寺ト稻荷ノ間南側人家ノ中ニ有其所ヲ田中町ト云也

四大神　四柱兒神也
已上之加ニ二座一爲ニ五座一焉○弘長三年有レ告文永年中奉幷也已上神祇拾遺啓蒙
○神殿　延喜八年故贈太政大臣藤原朝臣時平修ニ造件三箇社一者也二十二社註式
○別宮幷攝社
御倉上社　三座　本宮之後丘有
白狐社　同所左ニ有
明日荷田社　地主神上社傍ニ有
鴫社　本宮之乾ニ有
御田社　非ニ太田一　大鳥居之内南ニ有　已上啓蒙
○御位　人皇六十一代朱雀院天慶三年庚子八月廿八日從一位　使四位一人幣三前　宣命黄紙　同上
○祭　四月初卯日　天曆勘文云祢宜祝供ニ仕春秋祭一云々　同上
○行幸　七十二代後三條院延久四年三月廿六日同上
○二月初午日當宮ニ參事　元正帝御宇當社影向之日偶二月初午日也故至レ今用ニ此日一神祇拾遺
○號ヲ稻荷ト申事　空海師東寺ノ傍ニシテ稻ヲ荷老人ニアヘリ是神ナル事ヲ悟テ即祭納テ東寺之鎭守トス此故ニ今祭ノ日御旅所ヨリ本宮ニ還リ玉フトキ神輿ヲ東寺ニ成シ奉レバ東寺ノ境内ヨリ役當アリテ神供ヲソナヘ寺僧出テ眞言密乘ノ行ヲナシ事オハレバ神輿本山ニ還玉フ也是東寺ノ鎭守ナルユヘ也老人ト化シ玉フ時稻ヲ荷ヘルニヨッテ此號有ト云々
又卜部兼邦說云稻荷之事一說弘法大師入唐之時御供被レ申共有和銅年中ニ稻荷山ニ勸請也云々右兩說ハ兩部習合歟唯一神道說云當山之地主神荷田明神ノ地ニ倉稻魂ヲ鎭坐シ奉ル故ニ倉稻ノ稻ノ字ト荷田ノ荷ノ字ヲ取テ號トス
夫此神者本朝衣食祖神倉生安逸靈社也何人不レ敬云云　○京極ノ上極樂寺眞如堂ニ稻荷ノ神體ト稱シテ初午日開帳シケレバ男女群詣ス其像ハ辨財天ニシテ白狐ニ乘レリ傳云數十年前此神體當寺エ質物トシテ來玉フ也ト此日札守ヲ出ニモ其像ヲ印ス也
予按ルニ兩部習合ハ神體ヲ立ツル故ニ辨財天ヲ號スル事サモアランカシ但質物トシテ當寺ニ來レル事ハ信用シ難シ別ニ子細アレドモ本緣ノ筆記紛失

スルニヤ夫神者不測之靈號也仰レ之彌高欲レ尋レ之則玄妙幽遠也何以現二其形一耶以レ有示レ無號以レ無示レ有喩一輪月雖二洪海一雖二微露一亦應二大小一無レ不レ宿也神誓又如レ此號鳴神道微而學者稀也以レ此讀者爲レ貴耳遂充二不實於天下一者乎一人傳レ虛則天下悉傳レ虛者蓋此謂哉神社便覽ノ心

○當社鍛冶ヲ始メ一切ノ金物師信仰シテ十一月八日鞴囊祭トテ此神ヲ祭奉ル事ハ當山御垂跡ノ時天上ヨリ鞴囊ト云フ物ヲ持下リ玉フ故也トイヘリ是俗說ノ誤也云々昔三條小鍛冶ト云フ者當山ノ埴土ヲ以テ刄ノ土ニ用ケレバ比類無キ劔ヲウチ出ケル故其後ハ偏ニ當社ヲ信敬シ奉テ猶土ヲ用ルトテ數當山ニ往來シケル也是理ヲ不レ知シテ金工ノ守護神ナル故小鍛冶ハ信仰シケルト流布シケルト也

○稻荷明神ノ託宣　諸人ヨ鬼神天魔ヲ嫌ヒニクム事ナカレ大悲ノ心ヲオコシテ經多羅尼ヲヨミサヅケヨ假初ニモ是ヲ降伏スル思ヒヲ成ベカラズ濁レル世ノ衆生ハ惡キトテ祈シリゾクル故ニ終ニ予ガヒヲミツル日ナシ　倭論語

稻荷明神御歌

續古今神祇部 我たのむ人のねかひを照すとて
憂き世に殘るみつの灯

親の處分をゆゑなく人にをしとられけるを此事ことわり給へと稻荷に籠りて祈申ける法師の夢に社のうちよりいひ出し給ひたる歌

詞花集 なかき世のくるしき事を思へかし
何なけくらんかりのやとりを

○高博ト云シ人ノ母重病ヲウケテ存命不定ナリシガ逝テ不レ還ハ盛年ワカレテ會ガタキハ悲ノ親也イカヾセントテサマザマイタハリケレドモ終ニ療藥ノ効ナカリケレバ稻荷ノ社ニ七ケ日參籠シテ母ノ病ヲ祈申ケリ第七日ノ夜深更ニ及テ心ヲスマシテ琵琶ヲ抱テ上玄石象ノ曲ヲ彈ゼシニ折節御前ノ燈爐ノ火キエナントシケルヲ御寶殿ノウチヨリ玉簾ヲ卷上テ丱童一人出現シ灯ヲカヽゲヽル高博ヲガミ奉リテ神慮ノ御納受タノモシク覺テ下向シタリケルニ母ノ重病タチドコロニ平愈シテ更ニ恙ナカリケル下略ス盛衰記十二

○平野　葛野郡　王城ヨリ一里計西也

拾遺
千早振平野の松の枝しけみ　能宣
千代も八千代も色はかはらし

同
おひしけれ平野の原のあや杉は　元輔
こき紫にたちかさぬへく

祭レル神四座
今木社　久度社　古開社　比咩社
第一御殿源氏第二平氏第三高階氏第四大江氏都八姓祖神在焉　公事根源

今木社　日本武尊也
大足彥忍代別天皇立ニ稻日大郎姫一爲ニ皇后一生ニ二男一第一曰ニ大碓皇子一第二曰ニ小碓尊一一日同胞而双生天皇異レ之則誥ニ於碓一故因號ニ其二王一曰ニ大碓小碓一也是小碓尊亦名日本童男亦曰ニ日本武尊一日本紀（ノ心）

久度社　仲哀天皇也
日本武尊第二子也母皇后云ニ兩道入姫命一天皇容姿端正身長十尺稚足彥天皇成務無レ男故立爲レ嗣　同上

古開社　仁德帝也　大鷦鷯天皇同
譽田天皇第四子也母曰ニ仲姫命一五百城入彥皇子之孫也譽田天皇崩時太子菟道稚郎子讓ニ位于大鷦鷯尊一未レ即ニ帝位一爰皇位空之經ニ三載一太子自死焉二十四歲遂即レ位在位八十七年崩時年一百十同上

系圖
大足彥忍代別天皇
├日本武尊
│└足仲彥天皇──譽田天皇──大鷦鷯天皇
└稚足彥天皇

比咩神　天照太神也但依レ所傳註レ上

縣社　天穗日命也　中原　淸原　菅原　秋篠　四姓神也
素盞烏尊噛ニ右瓊一置ニ之右掌一而生ニ兒天穗日命一此武藏國造土師連等遠祖也日本紀

○桓武天皇延曆年中立ニ件社一延喜式

○攝社
春日社　任部社　啓蒙

○御位　五十六代淸和帝貞觀六年七月十日正一位
幣四前二十二社註式

○祭　四月十一月上申日
貞觀元年十一月九日始祭　或桓武帝延曆被ニ始行レ之又云嵯峨帝弘仁始レ之又云文德帝仁壽元年十月始レ之

○臨時祭　六十五代花山院寛和元年四月十日始以二殿上五位一爲レ使以二近衛府官人一爲二舞人陪從一有二御拜一尤大臣已下參仕座自二今年一始二平野祭一被レ奉レ遣レ使臨時舞人走馬左衛門權佐藤原惟成爲レ使有二宣命一　啓蒙

○御幸始

六十四代圓融院天元四年十二月二十日同

○神託　諸人心淸ク淸カレバ神明其心ニ移リテ思ヒ一トシテ心ノマヽナラザルハ無シ縦バ水ノ淸ニ天ノ月ノ浮ブガ如シ　倭論語

○梅宮　葛野郡梅津里ニ有　王城二里許西也　里川和歌ニ詠ズ

新後拾遺　更にいま花咲梅の宮柱　たてゝそ千代の盛をもみん　權少僧都慶有

拾遺　名のみしてなれるもみえす梅津河　井せきの水ももれはなりけり　讀人不知

祭ル神四座　相殿神四座

酒解神　大若子神　小若子神　酒解子神

社記並舊傳云件四社以二孝謙帝天平寶字年中一祭二此地一爲二帝基守護鎭守一所謂酒解社大山祇大若子社伊勢度遇神主遠祖加夫良居命也小若子社同大若子弟也酒解子神木花開耶姫也其後人皇五十二代嵯峨天皇后姫橘氏諱嘉智子父淸友少而沉原涉二獵書記一眉目如レ畫爲レ人寛和風容絶異嵯峨天皇初爲二親王一納レ后寵遇日隆天王登祚弘仁之始拜爲二夫人一後立爲二皇后一然常以レ無二太子一而凄凄不レ樂因レ玆皇后憑二神代幽契一祈二酒解二座神一矣一旦應レ感有二妊孕一遂以二當宮淸砂一敷二御座下一居二其上一生レ兒所謂仁明天皇是也天皇追二神惠一嘉祥年中以二外祖父淸友一幷二酒解社一以二檀林一幷二酒解子神社一又以二瓊々杵火々出見命一配二若子二社一以爲二橘氏祖廟一也至レ今尊崇異レ他夏冬祭祀無レ怠耳世人望二産月一則必取二當社砂一佩二帶襟一此遺風也啓蒙

○檀林皇后即嘉智子別名也淸友贈太政大臣正一位也諸兄孫奈良麻呂之子也

○神系

大山祇　伊弉諾尊拔レ劒斬二軻遇突智一爲二三段一其一段是爲二大山祇一日本紀

大若子小若子　註二一卷一

木花開耶姫　皇孫遊二幸海濱一見二一美人一皇孫問

云汝是誰之子耶對云妾大山祇神之子名吾田鹿葦津姫亦名木花開耶姫下略之日本紀
瓊々杵尊　傳伊勢外宮ノ下ニ見リ
火々出見尊　瓊々杵尊子母大山祇神女吾田鹿葦津姫

○攝社

三石　能野三所影向所
市杵島社　幸神　護王社　愛宕社　天王社
○御位　仁明天皇承和三年十一月被レ授ニ酒解神從五位上大若子小若子神並從五位下一續日本紀
淸和天皇貞觀十七年五月十四日乙未梅宮正四位上若子神小若子神酒解神酒解子神並從三位類聚國史
人皇八十代高倉院治十二年治承四年十二月正一位
使橘氏五位一人　幣四前
○祭　梅宮神四座夏冬祭料同ニ平野祭一人皇五十六代淸和帝貞觀元年十一月十日梅宮祭如レ恒　二十二社註式
陽成院御宇元慶三年四月三日停ニ梅宮祭一　三代實錄
橘氏頃年間停レ祭今勅始而祭
第五十八代光孝天皇仁和元年四月七日又始祭
第六十六代一條院永延以後祭不レ絕
同御宇治十九年寬弘二年十一月新依ニ御願一如ニ舊例一令レ勤ニ任祭一自ニ明年一可レ用ニ式日一一條院以來相續四月十一月上酉
○被レ定ニ南方鎭守一始　七十四代鳥羽院治十年永久五年丁酉六月炎干御卜入云々
已上神社啓蒙
○神託　世人ノ無レ嗣シテ悲ミ又嗣生ントキ其母心安カラント思ハヾ常ニ我前ニシテ砂ヲ奉レ必其心ノ如ク成ベシ是ソガヨクスル處也倭論語
○大原野　乙訓郡　王城ヲ去テ三里計ニ有申酉ノ方按ニ當國ニ同字之名所有愛宕郡ニシテ王城北ニアルヲモ大原トイヘリ但多クハ大原ト唱ル也歌炭竈雪ヲ詠ス
後撰
大原やをしほの山の小松原
はやこ高かれ千代のかけみん　貫之
續千載
大原やをしほの櫻咲ぬらし
神代の松にかゝるしら雪　爲實
右之歌大原野　小鹽山此所ニアリ
祭ル神四座　奈良之春日社ニ同ジ
神春日之下ニ見エタリ

舊記云人皇五十五代文德帝仁壽元年二月二日乙卯
依二太皇太后御祈一山城國葛野郡大原野ニ宮柱廣知
立春秋御祭如レ賜
卜部兼右神祇正宗云人皇五十四代仁明帝御宇嘉祥
三年爲二王城守護一閑院左府冬嗣申二沙汰一勸請之
今存二兩說一宜レ隨二佳說一 啓蒙
○春日社遠二於帝闕一故移二于大原野一其山曰二小鹽一 蓋后妃
夫人有二參詣之便一故也 神社考

○攝社

海童神社 瀨和井水神
瀨和井 瀨加井同 歌ニ讀リ
夫木集 夜を寒みせかゐの水は氷るとも
庭火は春の心地こそすれ 匡房
六帖 大原やせかゐの水を手に汲みて
鳥は鳴共あそひてゆかん 家持

黃紙
○御位 正一位 使藤原五位一人 幣四前 宣命
○祭 二月上卯日
人皇五十五代文德天皇仁壽元年辛未二月二日乙卯
別制二大原野祭儀一一准二梅宮祭一 國史 ○近衞使同二
于春日祭一上卿辨内侍參向 神社考
○行幸始 六十六代一條院正曆四年十一月二十七
日
○后宮行啓之始
大原野行啓起二五條后順子一以二藤氏勸學院衆一爲二車
副一二條后高子以レ姪乘二車後一在五中將書二和歌一與二
二條后一 大原也小鹽之山毛今日等己曾神代之事
緒思出良目 江次第
按ニ此歌伊勢物語ニハけふこそは神代のことも
思ひ出つらめト直シテ書リ

○吉田 愛宕郡 王城之東半里許ニ有
拾遺 名にたてる吉田のさとの杖なれは
つくともつきし君か萬代 兼盛
玉葉 すへらきもたのむ宮ゐと成にけり 從三位爲實
たゝ山陰の名殘はかりに
祭ル神 大原野ニ同 四座
○御堂關白御書云奈良京時春日社長岡京時大原野
平安城之今吉田社占二帝都之咫尺一有二神祠之鎭護一
啓蒙
○御堂關白道長公造二法成寺一崇二吉田社一以擬二與

福寺春日社ニ云 神社考
○當社藤氏崇敬依レ異レ他嚢祖兼延勸請 卜部兼俱說
○清和帝貞觀年中鎭坐中納言山蔭卿始奉レ渡レ之 同
兼右二十二社註
○攝社　八十四代順德院建保三年四月十三日入レ夜自ニ伯大納言殿一被レ仰レ之吉田內小神員數御名等可ニ註進一者以ニ折紙一註ニ申之一 二十二社註式
神樂岡社　當社地主雷火神
一言主社　今宮　幸川社　水屋社
氷室社　榎本社　已上
○火雷神　火雷即丹塗矢之化神松尾明神是也 延喜式
卜部家說云神樂岡明神者雷神也號ニ裂雷神一是吉田之地主也至ニ一條院御宇一卜部兼延掌ニ社務職一時以ニ藤氏之崇敬一故勸ニ請春日神一上古日神居ニ于天石窟一諸神奏ニ神樂一其處降爲ニ一山一 雷神擘開爲レ二高野山如意嶽是也其後事勝神鴨御祖神集ニ會于此一 奏ニ神代之樂一故云ニ神樂岡一此岡有ニ八雷神之垂跡一八方堆レ土以祭レ之延喜式載ニ霹靂神坐ニ山城國愛宕郡神樂岡西北一者是也又此地有ニ日降坂一以ニ日神降臨一故名レ之有レ池云ニ龍澤一造ニ齋場所大元宮一安ニ神代之靈寶一修ニ宗源之神道一其東南有レ井其水自ニ龍澤一通一旦沙落水涸兼俱自以レ鋤浚レ之白龍出現眞靈區也云レ爾 神系圖傳
○霹靂神祭三座坐ニ山城國愛宕郡神樂岡西北一四月令下ニ卜部一人一吉日祭上之十一月亦同 延喜式
○位記　九十九代後光嚴院延文五年六月卅日正一位　使藤氏五位一人　幣四前
○祭　六十六代一條院永延元年十一月廿五日甲申今年始祭禮依ニ誓願一爲ニ公家沙汰一 已上廿二社註式
五月下子日十一月中申日吉田祭 簾中抄
○大元殿　齋場所　是卜部家神道勸請所
額　日本宬上日高日宮　伊勢內外宮ヲ始八百萬神勸請云々
○鎭魂八神社　同所ニ有　往昔ハ帝都之宮內省ニ有
秀吉公之時吉田山奉レ遷云々
按宮內省ハ太政官東大炊寮西ニアリ云々拾芥抄
八神
高皇產靈尊 天御中主尊子 神皇產靈尊 高皇產靈尊子 魂留產靈尊 神皇實錄曰元氣精靈
生產魂尊 或云神皇產靈子 足產靈尊 道反魂神 ○神皇實錄云天

地主大己貴神所化也

大宮賣　專女神　御膳津神豐受神

事代主　大己貴尊子　已上

右八柱則八洲守護驗神八齋靈命八心府神坐故式爲二皇帝之鎮魂神一矣謂夫水氣淸淨海水即大祖元神性也陽氣者濁世生類不淸實執也故淸淨神氣祭則八魂陰氣鎮也故有二鎮魂氣一也神皇系圖

諸社一覽第三終

諸社一覧第四目録

諸社一覽第四

山城

北野宮　王城之西ニ有北野ヲ讀ル和歌

北野の宮に讀て奉ける　前大僧正慈圓

續後撰集
曇るへき浮世の末を照してや
あら人神は天降にけん

同
千早振神の北野に跡たれて　定家
後さへかゝる物や思はん

祭レル神　三座

菅丞相中殿　中將殿東間　菅三品嫡子

吉祥女西間　北御方

○北野天神者右大臣菅原朝臣之靈也其先出レ自ニ天穗日命一十四世孫云ニ野見宿禰一居ニ出雲國一纒向珠城宮御宇宿禰奉レ詔到ニ大和一與ニ當麻蹶速一角レ力而贏當ニ是之時一死者多殉葬帝甚哀レ之宿禰率ニ土師三百人一採レ埴造レ像以代レ殉帝大喜レ之賜ニ土師姓一逮ニ天宗高紹光仁天皇御宇一天應元年宿禰之後遠江介土師宿禰古人散位土師宿禰道長奏請依ニ其所居地名一改ニ土師一爲ニ菅原姓一詔許レ之桓武帝延曆元年少內記正八位上土師宿禰安人改ニ土師一賜ニ秋篠姓一四年冬十二月勅以ニ菅原宿禰古人侍讀之勞一賜ニ古人男四人衣糧一令レ勤ニ學業一九年冬十二月勅ニ菅原眞仲土師菅麿一改ニ其姓一爲ニ大枝朝臣枝一作レ江是月詔ニ菅原宿禰道長秋篠宿禰安人一並賜ニ姓朝臣一又土師宿禰諸士賜ニ大枝朝臣一古人之子云ニ清公一博學多聞弘仁天長之際與ニ丞相清原眞人及諸博士一斟ニ酌律令一而作ニ義解一清公之子云ニ是善一能繼ニ家業一侍ニ讀清和帝一以講ニ孝經論語經史及群書治要等帝甚善遇時與ニ大枝氏一齊レ名世稱云ニ菅江一先レ是大學寮每年春秋釋ニ奠先聖先儒一此寮有ニ東西曹司一菅氏江氏爲ニ其曹主一敎ニ授諸生一是善仕至ニ參議正四位下勘解由長官兼式部大夫播磨權守一是善之子者乃右大臣也名道眞字三幼而穎悟才過ニ公祖一及レ壯文采日進屬ニ文章一作ニ詩賦一初貞觀四年五月補ニ文章生一九年爲ニ得業生一十二年三月廿三日對策及第十八年進爲ニ侍從一元慶六年渤海國使者來諸儒往ニ鴻臚館一見レ之使者一日見ニ右大臣所レ作詩藁一稱云風情似ニ白樂天一大臣聞而悅

レ之仁和年中任二南海道讃岐守一寛平五年二月進爲二參議一六年九月門徒於二吉祥院一修二五十賀一九年六月經二中納言一升二大納言一兼二大將一昌泰二年二月累進至二右大臣一右大將如レ故是時與二左大臣左大將藤原時平一共受二上皇勅一輔二佐天子一攝二行萬機一初帝年十四即レ位（寛平九年）至レ此聰明一日行二幸朱雀院一上皇謂レ帝云右大臣年高才賢擧國之所レ望也專宜二任用一乃召二右大臣一宣二其旨一右大臣固辭而止已而左大臣聞而大恨於レ是左大臣與二光卿朝臣菅根朝臣等一相謀遂譖レ之帝疑レ之左大臣妹爲二皇后一帝及左大臣年相富而內外讒行昌泰四年正月廿日左二遷大宰權帥一延喜三年二月廿五日右大臣薨二于配所一葬二安樂寺一年五十九（此年夏末雷落二清涼殿一）延喜八年藤原朝臣菅根卒九年時平薨十四年京災延長元年三月太子保明親王薨人僉云菅靈爲レ災京都大懼因焚二拾菅丞相左遷宣旨一復二本官一贈二正二位一又改二年號一延長八年六月霹二靂于清涼殿一藤淸貫平希世震死天子不豫承平五年延曆寺災天慶三年七月菅靈託二右京七條坊婢文子者一欲レ棲二右近馬場一天曆元年移二立祠于北野一九年三月託二近江國比良祠禰宜良種一云大內北野一

夜生二松千本一其所レ建社以可レ崇二天滿天神一於レ是朝日寺僧是珍與二右京文子一勠レ力爲造二靈社一天德三年右大臣藤原師輔改二造大厦一甚敬二神威一四年九月二十三日庚申夜內裏回祿及二圓融院時一改營數度工匠運斤新斲一夜之間虫食二天井裏板一爲二文字一云都句留登茂末多毛耶氣南武須鵝波羅耶牟禰能伊太摩乃阿波牟加幾里波依レ茲畏二神怒猶在一而營二北野宮一其後神祟遂止至二于一條院一正曆四年五月遣二勅使於宰府安樂寺一詔贈二太政大臣正一位一時神託レ詩云昔爲二北闕被レ悲士一今作二西都雪レ恥屍一生恨死歡其我奈從レ今望足護二皇基一（神社考）延長八年六月民部卿藤原淸貫右中辨平希世二人於二淸涼殿一逢二雷震一死皇帝惶怖玉體不豫乃移二常寧殿一召二尊意一宿二禁中一持念初意在二叡山一一日菅丞相化來語云我已得二梵釋許與一欲レ償二夙懟一願師道力勿レ拒レ我也意云然々率土者皆王民也我若承二皇詔一何辟乎菅作レ色適薦二柘榴一菅吐レ哺而起化作レ焰坊戶煙騰意結二瀉水印一擬レ之其火即滅燒痕尙在焉已而雷雨淶レ旬鴨河大漲人馬不レ通於レ是乎詔レ意赴レ宮意車到二河濱一激浪止レ流水不レ濕レ輪（已下略之）

菅家系圖

天穗日命――宇庭―古人―淸公―是善―菅家

中將殿　傳未レ考

吉祥女　未レ考ニ何家女一一云西園寺家也稱ニ吉祥女一住ニ都西南吉祥院里一之故名焉今神官等稱ニ吉祥天女一者可レ笑之甚也啓蒙

○鎭坐之事　村上天皇天曆元年六月九日遷ニ坐北野一二十二社註式　同天皇治十三年天德三年九條右丞相造ニ增屋舍一奉レ付ニ寶物一

○本殿之傍ニ有ル宮ヲ北野天神ト號ス此所根源地主神也云々傳社記未レ考

○攝社

宰相殿　菅相公四世孫菅原輔正云々○正三位菅原輔正壽永三年三月廿七日贈ニ正二位一二十二社註式

和泉殿　菅原定義也　○從四位下菅原定義同時贈ニ正二位一同

福部社　世人云ニ奏者神一是也

老松社　在ニ本宮東可ニ二町一

右兩社菅三品眷屬神也　未レ考

白大夫　在ニ本殿巽中門內一　○禰宜外從五位下神主春彥在任十六年又云渡遇春彥天御中主卅六世孫也卽神主二門大內人高主六男也延喜十八年戊寅六月廿日任同廿年十二月廿五日叙ニ外從五位下一承平三年十一月廿日辭レ職讓ニ男晨晴一天慶七年正月九日卒蓋菅三品在世之時有ニ幽契睦一故爲ニ第一攝社一也然今畧不レ記焉社官謂下於太宰饗ニ酒醴一之翁上者非也禰宜補任

一夜松　號ニ船宮一　經藏之前ニ有傳祕也云々　已上啓蒙

○御位　○六十二代醍醐天皇治廿八年延喜三年二月廿五日從二位同三年四月贈正二位六十六代一條院正曆四年五月廿日贈左大臣正一位　同年閏十月廿日贈太政大臣二十二社註式

○祭　一條院永延元年八月五日始祭預ニ官幣一○七十代後冷泉院永承元年八月四日被レ定五日依ニ母后國忌一也

○臨時祭　一條院寬弘二年八月四日始奉ニ神寶一

○行幸始　一條院寬弘元年十月廿一日始　或云六十八代後一條院萬壽元年十一月廿二日始　使菅家五位一人　幣一前同

○北野神託　諸人吾前ニ來テ願ヲトゲントナラバ其心僞ナク內外淸クシテ鏡ニ向フ如クシテ祈ベシ我罪ナラヌツミヲウケン者吾ヲタノマンニ一七日ノ內ニ其願心ノ如クナラズハ吾神ト不レ謂（倭論語）

○北野參詣男女當社北門ヲ小石ヲ以敲又敷居ニ石ヲ積事アリ　改曆雜事記云人皇八十一代後深草院建長四年八月十八日北野社邊火起社家走而鎭レ之皈宅時各向ニ北門一以ニ小石一一兩叩云火鎭收也從レ是已降無ニ止期一（啓蒙）

○服ニアタル者五十日オハリヌレバ南門ノ鳥居ノ外ニアル石塔婆ノ五輪ニ詣ル事アリ此事ハ昔ハ社司之輩除服ノ日ハ必神谷川ニ至リテ禊スル也其時忌中ニ用タリシ具ヲ此所ニ納シナリ今ハ此事ナシトイヘドモ其遺風ニテ世人除服ノ日詣ル也云々神社啓蒙ノ說同ジ愚按ニ此說アタラズ如何トナレバ必除服ノ用物ヲ石塔ニオサムルト云フ事如何又是ヲ納ントテ石塔ヲ可レ立ヤウナシ夫石塔婆ハ佛說ヨリ出タル事也然ルヲ啓蒙ノ說唯一神道ニシテ佛說ヲ破スルニ何ゾ此說ヲ信用スルゾヤ其儀ナラバ今ニ至リテ當社司ノ除服ニ其儀アルベシ社家ニハ其說ナキヲ俗家ニ其風ヲツタユル事如何　除服ニ參詣スル事別ニ子細有リト云々由緖シルシ難シ後人考可レ有先年地震ノ時此塔クヅルヽ事有シニ臺ノ下ヨリ金佛ヲヽク出ヌ宮司ノメン〳〵思ヒ〳〵ニ彼佛ヲ取テ持佛堂ニオサメシ也其夜サマ〴〵不思議アリシカバ又モトノゴトク納ヲキシト也此事アル宮司ノ物語也現ニ誰モ知侍事也然バ此塔ニ一靈アレバコソ其不思議ハ有ルナレ猶以由緣考シルベキ事ニヤ

○貴布禰　愛宕郡鞍馬ノ傍ニ有リ

社司共木船に參て雨ごひしけるついでによめる

新古今　大御田のうるほふ計せきかけて　ゐせきに落せ川上の神　賀茂幸平

新後拾遺　きふね河末せき入るヽ苗代に　神のみしめをひきやそへまし　源義將朝臣

祭ル神二座

高龗神（タカヲカミノ）　水德神也別雷神宮第二攝社也

伊弉諾尊斬ニ軻遇突智一爲ニ三段一其一段爲ニ高龗一

日本紀

●輌遇突智──┬雷神
　　　　　　├大山祇
　　　　　　└高龗

○神書鈔云高龗與二闇龗一同龍神類也今祈レ雨止レ雨多祭二此神一神社考

○弘仁九年五月爲二大社一日本後紀

奥御前　○爲二平安城守護一所レ祭之蓋日域地守神明也氏成私記

○城州貴舟社船玉命與二高龗一也二十二社

按船玉命ハ猿田彦神也

○人皇百六代後奈良院御宇小兒咳逆疫而死亡甚衆仍令二相者トレ焉卽貴船神之所レ祟也於レ是乃同御宇弘治二年重九日令レ遂レ疫改暦雜事記今落中ノ童子ワラベ九月九日貴船輿ト稱シテ小神輿ヲ振アリク事ハ此遺風也云々

○攝社

○御位　七十五代崇德院保延六年七月十日正一位

奥深社　吸葛社　私部社

○祭　未考　二十二社註式云無二祭禮一

男に忘られて侍ける比きふねに參てみたらし川に螢のとび侍けるをみて

後拾遺神祇　　　　　　　　　　　　　　　　　　　和泉式部

物思へは澤の螢も我身より

　あらはれ出る玉かとそみる

返し明神の御歌となん

おく山にたきりて落る瀧つせの

　玉散るはかり物な思ひそ

○今宮　葛野郡紫野ニ有　祭神　一座

是社疫癘神也一條院正暦五年長保二年世間不レ靜立二神社於船岡山北一行二御靈會一號二今宮一被レ奉二神馬一藤原長能詠二和歌一曰白妙乃豐幣於取持天祠曾始留紫乃野爾神社考

○神今者比二祇園一爲二三二社一啓蒙　祭五月十五

○愛宕神社　帝城ヨリ二里餘西山ノ絕頂ニ有リ四月中亥日嵯峨祭ト云フハ卽此神ノ祭也是故ニ山城之部ニ入畢此所實ハ丹波國桑田郡也

拾遺集　　　　　　　　　　　　　　　　　　　　　八條王

なき名のみ高雄の山といひ立る

　君はあたこの峯にや有らん

祭ル神　二座　伊弉並尊　火產靈尊啓蒙　○松尾神書云輌遇突智者火神也故此神掌二火災一祭二之平安城乾隅愛宕山一而除二火災一者也系圖傳

○戊亥仁當天。王都守護神明坐す卽天神第七陰神也火災於永久退卆爲也止天若宮仁和火產靈於置玉奈利偏仁帝都靜謐乃基也蘆原ト定記

○當社久代平安城北鷹峯東隣也光仁天皇御宇天應元年釋慶俊奉レ遷二今之靈地一矣仍神人等ト二居於北山麓一神祇拾遺 按當社者昔愛宕郡鎭坐之故有二此名一今北山大門村蓋當官神門之舊跡也故今所レ祠之地雖レ屬二於丹州一溫二其故一號二愛宕一歟延喜式又以二當宮一接二桑田郡一無二山州鎭坐之記文一啓蒙

○慶俊法師當山ニ移テ將軍地藏ノ法ヲ行ヒ地藏ヲ安置シテ神ノ本地トナシ朝日嶺白雲寺ト號シ愛宕山權現ト號スル也

○神位　淸和天皇貞觀十四年十一月廿九日從五位下阿當護神從五位上國史

○神託　衆生常ニ世界ノ火ヲケガシ己一人ノ思ヒヲ含ミ天ニサカヒ地ニソムカン者ハ吾常ニ火亂神ヲツカハシテ其不淨ヲ燒亡サン上ハユタカニ下クルシマン時ハ火ノ雨ヲ殿舍ニ降シ上ノ寶ヲチラシテ苦ミノ者ニアタエン倭論語

○野宮　葛野郡嵯峨ニアリ龜山ノ麓平林ノ中ニ有リ黑木ノ鳥居名高シ伊勢ノ齋宮此所ニ籠玉フ由源氏物語ノ抄物ニアリ畧レ之

野宮に齋宮の庚申し侍けるに松風入ニ夜琴一と
いふ題を讀ける

拾遺集
ことのねに岑の松風通ふらし
いつれのをよりしらへそめけん

○裏柳明神　嵯峨中院ニ有リ○長明神　同所二尊院ノ門前ノ小宮也○日裳明神　同所小倉ノ麓ノ小宮也○拳社　野宮ノ左龜山ノ麓ニ有リ

右何モ嵯峨帝后檀林皇后ヲ祭ル所也薨ジ玉フ時遺命ニヨッテ葬ノ儀ヲ不レ用嵯峨ニステヲキケルヲ野犬ノ食チラシ捨ヲキケル所々也云々名所記

○世云皇后問二密法于空海一海稱二揚之一又云唐有二佛心宗達磨之所二傳來一也海雖二少聞一未レ遑レ窮レ之皇后於レ是詔二惠蕚一赴レ唐求二其法一蕚到二于杭州靈池院一謁二鹽官齊安禪師一通二皇后之金幣一安甚美レ之因令下其上首義空充中其請上空與レ蕚來二于本朝一天皇賞賜又厚皇后立二檀林寺一居レ空而時々問レ法故號二檀林皇后一其寺迹今天龍寺是也　一說皇后和歌云毛呂古志乃耶麻乃阿奈多介多豆劬毛波許々介他劬比乃

氣布利奈利氣利。隔レ山見レ煙早知是火之意也惠萼告二齊安國師一以二此和歌之事一安聞而許可云東域染解之人誠婦人而大丈夫者也后容貌甚麗及レ崩云不レ用二葬儀一以棄二中野一耽二色欲一者見二我爛穢一有二少驚悟一也遂從二遺詔一奉レ捐二其屍于西郊一其後拾二其拳一以收埋因號二其處一云二一拳一又云二拳宮一神社考

○木嶋神社　葛野郡太秦東ニ有リ　和歌

新勅撰集物名部　木嶋ノミヤシロ

あなしには木の嶋のみや白妙の
　雪にまかへる波は立らん　俊頼

祭神一座　天照坐御魂神

○遊仙窟文章生英房跋云　嵯峨天皇書卷之中撰二得遊仙窟一召二紀傳儒者一欲二傳授一也諸家皆無レ傳學士伊時深愁歎于レ時木嶋社頭林木欝々之所撓レ木結レ草有二老翁一閉二兩眼一常誦之間讀二遊仙窟一云也伊時聞及潔齋七日整二理衣冠一愼引二陪從一參二詣翁所一誰來答曰唯々跪申爲レ得二遊仙窟一所レ參也翁云我幼少自吝レ授二此書一年闌倦レ事僅所二學誦一而已重申願敎二此書一僕苟候二王家一居二學士之職一少幼略レ文無レ讀垂二哀矜一翁諳讀之伊時付二假名一讀二一帙一畢還

飯之後送二種々珍寶一菴跡異香郁々無二其跡一其後感二書幾三平大明神爲二化現一耳文保三年四月十四日

○向日神社　乙訓郡西岡ニアリ　和歌ニ詠ズ

拾遺愚草　夕つく日むかひの山のうす紅葉
　またき淋しき秋の色哉

祭ル神一座　向日神素戔烏尊孫

●額云正一位向日大明神　道風筆云々

○素盞烏孫大歳子也母須治比女神名帳註

○羽束師社　同郡久我縄手ニ有リ　和歌

續拾遺　もらしても袖やしほれぬ數ならぬ
　身をはつかしの森の雫は　俊成

祭ル神　一座　高皇產靈尊傳有前

○羽束師坐高御產日神神名帳

○山碕神社　同郡山碕ニアリ　祭ル神一座

●大山祇神　傳前ニアリ　○山碕神者大山祇命也卽離宮左殿祠焉神祇拾遺

○離宮　山碕ニ有リ　八幡離宮也祭ル神石清水ニ同行慶法師豐前之宇佐ヨリ下向ノ時此所ニテ八幡ノ靈夢ヲカウブリ覺テ後瑞光ヲ拜見ス卽此所山碕鳩峯也云々　其後今ノ男山ニ御影向云々　○淸和天皇貞

觀元年己卯八月廿三日從二宇佐一移二山碕一改曆雜事記
○水垂大明神　山城郡淀ニ有リ　或書ニ釋千觀肥前國佐賀郡川上淀姬大明神勸請云々
○水垂大明神　八幡叔母　神社便覽
○此所大荒木杜也和歌多シ又浮田ト云フモ此所也共ニ讀メリ

續拾遺
大あらきの杜の下くさ茂りあひて
　深くも夏の成にける哉　忠岑

續古今
かくしつゝさてやゝみなん大あらきの
　浮田の杜のしめならなくに　人丸

○伊勢向　同淀驛小橋東河中ニアリ
祭ル神一座　天逆向津姬命
天照太神也寶基文圖
○石淸水社家說云依二八幡遷幸之緣一號二伊勢向一而祠二于此一云啓蒙
○神功元年三月壬申朔皇后選二吉日一入二齋宮一親爲二神主一則命二武內宿禰一令レ撫レ琴喚二中臣烏賊津使主一爲二審神一者因以二千繒高繒一置二琴頭尾一而請曰先日敎二天皇一者誰神也願欲レ知二其名一逮二于七日七夜一乃答曰神風伊勢之國百傳度遇之縣之折鈴五十鈴宮所レ居神名撞賢木嚴之御魂天疎向津媛命焉日本紀
○御香宮　伏見京町東ニ有リ　祭神　一座　神功皇后傳前ニ有リ
○鎭座年紀未二分明一從レ昔垂二跡此地一也秀吉築二城柵一之日雖レ奉レ遷二神籬於東岳一今古御香宮是也神祟數起矣依レ是又奉レ還二舊地一云卽今神地是啓蒙　●祭九月九日
○藤森杜　紀伊郡深草山南ニ在リ　祭神一座　舍人親王　天武帝子廢帝父
○舍人　讀ヤウ一ナラズ。トネリシンワウ。イエビトシンワウ　ヤドノシンワウハ伊勢神宮古來ノ讀カタナリ　○元正天皇養老四年四月先レ是一品舍人親王奉レ勅修二日本紀一至レ是功成奏上紀卅卷系圖一卷　廢帝天平寶字三年六月追二尊舍人親王一稱二崇道盡敬皇帝一續日本紀　祭五月五日
○城南神　乙訓郡鳥羽里ニ有リ　祭ル神
鳥羽天皇　諱宗仁堀河第一子母贈皇太后藤原苡子治世十六年保元々年七月二日崩○祭禮　九月廿日
○和歌

月詣集
民の戸も神の恵にうかふらし　後京極
都の南宮ゐせしより
續後撰
雪ゐとふ鴈のは風に月さえて　後鳥羽院
鳥羽田の里に衣うつ也

○岡田鴨神社　相樂郡木津川ノ渡一里許東ニ有リ
祭神　帝城北賀茂神ニ同ジ
夫木集
山城の此都をは守けん　行家
岡田のかもに跡たれしより

○可茂社稱二可茂一者日向曾高千穗之峯天降坐神賀茂建角身命也神倭磐余比古之御前立坐而宿坐倭葛木山之峯自レ彼漸遷至二山代國岡田賀茂一隨二山代河一下下坐葛河與二賀茂河一所上會立坐下略　風土記

○田原社　宇治郡田原村ニ有リ　祭神一座
田原皇子　天智帝第二皇子也施基皇子ト號光仁天皇ノ御親也光仁帝寶龜元年十一月田原皇子ト諡ス
王代一覽

○宇治離宮　宇治郡宇治橋傍ニ有リ　祭神藤原忠文靈也　忠文參議修理大夫右衛門督也　或書云人皇六十一代朱雀院承平三年三月平將門征罰ノ時秀鄉貞盛忠文等走向フ忠文ヲ征夷將軍トシ弟忠舒幷源

經基等ヲ副將軍トス小野好古藤原慶幸大藏春實等ヲ將軍トシテ兵船二百餘艘ヲ率テ伊豫國ヘ發向ス又東海東山兩道エハ官符ヲ賜リ軍功アラバ賞ヲ行ルベキヨシ相觸ラル二月朔日下野押領藤原秀鄉常陸掾平貞盛陸奥下野ノ勢ヲ催シ一萬九千人ヲ率テ下野ノ國ニオイテ將門ト合戰ス將門ガ兵數百人討レテ引退ク貞盛秀鄉ヲツカケテ十三日下總國ニ到ル將門嶋廣山ニ籠ル貞盛火ヲ放テ將門幷其從類ノ家ヲヤク十四日將門自辛嶋ト云フ所ニ出テ戰フ貞盛ガ放矢將門ニアタリテ馬ヨリオツ秀鄉將門ガ頸ヲ切ル將門兄弟幷同類玄茂興世王等所々ニテ討ル貞盛ハ國香ガ子也父ノ仇ナレバ殊ニ戰功ヲ勵ス秀鄉ハ始ハ將門ニ從ントテ彼舘ニ赴ク將門悅テ出迎フ秀鄉其器量輕クシテ本意トゲマジキ事ヲ見知テ遂ニ貞盛ト力ヲ合セテ功ヲ立タリ坂東治リケレバ三月九日秀鄉ニ從四位下ヲ授ラル其後秀鄉貞盛鎭守府將軍タリ貞盛ヲバ從五位上ニ叙シ右馬助ニ任ズ同二十五日將門ガ頸京都ニ到ル四月忠文等駿河國淸見關ヨリ歸京ス其後勅賞ノサダメ有ケルニ小野宮左府淸愼公ウタガハシキヲバ不レ行ト申サレ

ケレバ藤右丞相刑ノウタガハシキヲバ不レ行賞ノウタガハシキヲバ行ヘトコソ候エト申サレケレドモ終ニ忠文ニハ其沙汰ナカリシカバ忠文本意ナキ事ニ思ヒテ手ヲ握テ立タリケルガ十ノ指ノ爪手甲マデ通リテ思ヒ死ニ（本ノマヽ）シケリ其マヽ惡靈トナレリ其故ニヤ清愼公子孫スエナク成テ小野宮モ他家エツタハリ又村上院第一廣平親王ハ忠文ガ女ノ腹也御弟冷泉院ハ后ノ腹ナルニ依テ一御子ヲサシヲキテ春宮ニ立チ玉フ忠文是ヲモ本意ナク思シガ死シテ後冷泉院ノ御物狂ハシクナラセ玉テ御子花山院ハ俄ニ御位ヲステ、御グシヲオロシ玉ヒ三條院ハ御目ミエサセ玉ハズ又三條院ノ御子敦明親王ナド申セシハ御位ノ望ナシトノ玉テ俄ニ院號カウブラセ玉テ小一條院ト申キカヤウニ冷泉院ノ御末イヅレモスル〳〵トワタラセ玉ハヌハ彼靈ノナスワザト見エ侍シサテ三條院ハ御女禎子內親王其後々朱雀院ノ御代ニ入內有テ後三條院ヲ產玉テ後ニ陽明門院ト申キ其スエノミコソ今ノ世マデツタヘサセ玉ヘ三條院ノ御末男方ハ絕サセ玉テ女方ヨリ御子孫ヲ殘シ玉フ也云々○後冷泉院治暦三年十月七日正三位ヲ授玉フ云々　祭ハ五月八日

○橋姫社　同宇治橋本ニ有リ

祭神　未レ考　○世傳昔有ニ妬婦一祈ニ于貴布禰神一求ニ生爲レ鬼既而改レ形頂被ニ鐵輪一口含ニ炬火一毎ニ深更一詣ニ貴布禰社一遂生爲ニ厲鬼一也此爲ニ宇治橋姬一云又言羅生門鬼與レ此同啓蒙

古今
さむしろに衣かたしきこよひもや
　我を待らんうちのはし姬　讀人不知

新古今
さむしろや待夜の秋の風更て
　月をかた敷うちのはし姬　定家

○田中社　同宇治郡石田ニ有リ　祭神二座

●天照太神　日吉山王

當社鎭坐年紀不ニ分明一也傳云當昔天武御宇之比此里忽然而一夜之間積レ苗數尺其上有ニ白羽矢一也老翁來現云此地宜レ鎭ニ坐于天照大神日吉兩社一也然則永爲ニ帝都南方守護之神明一耳依レ此鎭坐云々其積レ苗之地于レ今存號ニ苗塚一也便覽

○木幡社　宇治郡木幡ニ有リ此所　川　里　關　山　岑　歌ニ讀リ

拾遺
こはた川こは誰いひしことのはそ　讀人しらす

なき名すゝかん瀧つせもなし

同
山城のこはたの里に馬はあれと　人丸
かちよりそ行君を思へは

千首
春ははや木幡の關の朝ほらけ　爲尹
都のたつみやゝかすみぬる

夫木
木幡山花のにしきは折てけり　堀川
柳櫻をたてぬきにして

月清
待わひぬ今宵も扨は山城の　後京極
こはたのみねの遠の白雲

祭神一座　正哉吾勝々速日天忍骨尊地神第二代神也素戔烏尊子　天照太神取爲レ子也啓傳前ニアリ

○蓋吾勝尊不レ降二下土一故無二山陵一而祀二其靈一名二木幡神社一神社考　○祭九月廿四日

○清瀧社　同郡醍醐ニ有リ　祭神　清瀧權現云々

傳云空海法師入レ唐到二靑龍寺一詣二神祠一祈二佛法東漸一而歸朝時勸請云々

祭九月九日

○小栗栖八幡　同郡小栗栖ニ有リ傳記未レ考祭○有脱之歟

○四宮　宇治郡山階里ニ有リ　四宮ト號ハ山階十八鄕內有二一二三宮一而當社第四故號二四宮一也云々此所和歌ニ詠ズ

古今
山科の音羽の山のをとにたに　讀人不知
人のしるへく我わひめやも

後撰
はかなくて世にふるよりは山科の　三條右大臣
宮の草木とならまし物を

同返
山科の宮の草木と君ならは　兼輔
我は雫にぬる計なり

祭神二座　號二諸羽明神一

●天兒屋根命　天太玉命　傳上ニ有リ

按二神以二高皇產靈尊詔一而爲二天孫左右羽翼之臣一也故名二兩羽一耳右者作二兩羽一今改爲二諸字一啓蒙

○祭ハ四月上巳日

○四宮川原此所ニ近シ長明道記ニ延喜第四宮此所ニマシマス故ニ此關ノアタリヲ　四宮川原ト云フ云云但此儀說多シ追可レ書

夫木
明わたり四宮川原霧はれて　順德院
遠方人の數そみえ行

○粟田口神社　粟田口ニ有リ

祭神二座　祇園ニ同シ　素戔烏命　八王子也　感

神院新宮ト號ス
祭　九月十五日
○地主　同郡淸水寺ノ內ニ有リ　號ニ地主權現一　祭
神一座　大己貴命　記文未レ考　祭四月九日
○新熊野　同郡大佛殿南二丁ニ有リ
祭神　紀州熊野同　額云新熊大權現　永曆年中後
白川院御勸請也鳥居銘ノ心
神傳熊野之下ニ見エタリ
○若王子　同郡東山黑谷東有リ　勸請ノ神熊野那智
山若王子也
●後白川法皇勸ニ請熊野那智大權現於此地一號ニ若
王子一者也中世尊氏將軍崇ニ敬此社一鳥居銘○祭○有脫文歟
○有云法皇熊野權現ヲ信仰マシマス故ニ御參詣ノ
便安カラン爲ニ三所ノ宮ヲ三所ニ移玉フ今一所ハ
聖護院杜ノ社是也
○岡崎社　黑谷山南ニアリ　祭神一座　正一位天王
云々同ニ祇園一　祭九月
○小野篁社　葛野郡小野庄杉坂村ニ有リ
祭神　小野篁靈也
○篁　參議左大辨小野朝臣參木正四位下岑守長

子也身長六尺二寸云々續日本後記又文德實錄ニ見
ユ
●敏達—春日皇子—妹子—毛人—毛野
　—永見—岑守—
　　　—葛絃—道風
　　　—篁—保衡
　　　　　—好古
篁仁壽元年十月卒五十一歲
○瀧社　同杉坂村ニ有リ
祭神　小野道風靈也
○道風從四位上木工頭寬平五年生村上帝康保三年
十一月卒七十一歲
○小野御靈　同小野庄東河內村ニ有リ
祭神　惟喬親王靈也
○人皇五十五代文德天皇第一子也
●本朝遯史云惟高者文德天皇第一皇子也皇嗣固其
所也然而第四皇子惟仁以下忠仁公爲中其外祖上故立
爲ニ皇太子一淸和天皇是也於レ是惟喬閑ニ居于洛外山
崎水無瀨宮一吟レ詩詠レ歌以自遣每歲賞ニ櫻花一一日
遊ニ河州交野之奈疑佐院一以翫ニ櫻花一在原業平從
レ行賦ニ和歌一惟喬自ニ交野一到ニ天河一以設レ宴業平紀

有常皆詠レ歌既而惟喬彌厭二俗塵一隱二于小野一時人號二小野宮一云々貞觀十五年二月薨二十六啓

○世ニ惟仁ノ兄惟喬トアラソヒ有リテ相撲ノ勝負ニヨリテ位ヲ定ラルト云ハ誤也其上惟喬ノ方ヨリ相撲ニ出タリト云ヘル紀名虎ハ四年以前仁明ノ承和十四年ニ病死セリ然レバ彌虚説也王代一覽

○むかしみなせに通ひ給ひしこれたかのみこれいのかりしにおはしますともに右馬頭なるおきなつかうまつれりひごろへて宮に歸給ふけりみをくりしてとくいなんと思ふにおほみき給ひろくたまはんとてつかはさざりけりこの右馬頭心もとなかりて

　枕とてくさひき結ふこともせし秋のよとたにたのまれなくにと讀けりときはやよひの晦日也けりみこおほとのごもらであかし給ふてけりかくしつゝまうでつかうまつりけるを思ひの外に御ぐしおろし給ふてけりむ月におがみ奉らんとてをのにまうでたるにひえの山のふもとなれば雪いと高ししゐてみむろにまうでておがみ奉るにつれ〴〵といと物悲しくておはしましければやゝひさしくさふらひていにしへの事などおもひいでゝ聞なりけりさてもさふらひてしがなと思へどおほやけごとゞも有ければえさふらはで夕ぐれに歸るとて

　忘れては夢かとそ思ふ思ひきや雪ふみわけて君をみんとはとてなんなく〴〵きにける伊勢物語

○小野　山里　篠原　山田　雪　炭竈　歌ニ詠ス

○落葉社　同下小野ニ有リ

傳言嵯峨天皇之皇后靈社也便覽

○江文社　愛宕郡大原ニ有リ　祭神一座

●倉稻魂命　伊弉諾子　傳前ニ見ユ

內裏三十番神篇云江文大明神倉稻魂命也神祇正宗

○大原　音無瀧　朧清水

　此所之名所也歌畧之

○靭社　同郡鞍馬寺門內ニ有リ　祭神一座　大己貴命　傳前ニ有リ

○此社天子不豫世上騷動之時懸二靭於此神前一故號二由木一也　正一位由木大明神云々

祭九月九日

○高野社　同郡高野ニ有リ　祭神一座

傳記未ㇾ分明　高野神社兩説也一云天照太神亦
早良親王云々　便覽ノ心
○御蔭社　同所
當社下鴨影向之宮也昔天子每年四月午日被ㇾ立二勅
使一以爲ㇾ祭也世人稱云二御蔭祭一故名ㇾ社耳祝部社
務等乘二羽車一神官悉應ㇾ位而騎馬扈從奉二供奉一也
誠非二輕易之神事一故今及二怠倦一者乎　同上
○石藏社　愛宕石藏ニ有リ
和歌新勅撰
足引の石藏山のひかけくさ
かさすや神のみこと成らん　賴資
祭神　石座大明神　傳未ㇾ考
舊記云天神所ㇾ籠之窟也便覽
○大宮　葛野郡紫野ノ北ニ有洛陽大宮通頭也平林ノ
內ニ有リ大宮ト號ス
神傳未ㇾ考
○大將軍社　紫野大德寺ノ門前町中ニアリ
祭神　大將軍也　此神女神。磐長姫
●日吉神道密記云大將軍神大山祇女木花開耶姫之
姉也其代昔以二其顏貌醜一而遂不ㇾ幸焉云故此神守二
夫婦之配匹一啓

軻遇突智──┬雷神
　　　　　└大山祇─磐長神
○七社　同紫野大德寺ノ南ニ有リ
伊勢　春日　石淸水　稻荷　賀茂　松尾　平野
此七所ヲ勸請ス故ニ七社ト號云々
亦ハ此邊ニ七野アリ其神ヲ勸請ストモ七野ハ內野
蓮臺野　紫野　舟岡野　柏野　北野　平野云々社
記未ㇾ考
○惟喬社　雲林院ノ南道ノ傍ノ社是也云々紀文未ㇾ考
後ノ君子ノ考ヲ待ノミ
○惟仁社　同所ノ西藪（ヤブ）ノ內小庵ノ中ノ小社是也云々
如ㇾ前
○大將軍社　洛陽一條之西紙屋川之東ニ有リ　祭神
一座　大將軍　記未ㇾ考
○文子（アヤコノ）天神　同大將軍ノ邊ニ有リ
祭神　菅相公
緣起云天曆元年欲ㇾ遷二北野一之前遷二文子之傍一云
是啓蒙
○鳴瀧社　鳴瀧川ノ東ニ有リ　神未ㇾ考
祭九月廿八日

○福大明神　洛陽堀川西猪隈東一條大路南ニ有リ
祭神　紀貫之也
神地本在ニ高倉東勘解由小路一寬永比筑ニ九條殿下
居ニ之時接ニ神地一也依レ是被レ遷ニ神殿於堀川西一下略
之啓蒙　或此神稻荷明神也云々
○水火天神　上京天神圖子ニ有リ
祭神　北野ニ同シ傳未レ考
○五所八幡　上京極北田中ニ有リ
祭神五所　筑前國大分宮
肥前千栗宮　肥後藤碕宮
薩摩新田宮　大隅正八幡
已上是謂ニ五所別宮一也
件五座在ニ外國一不レ便ニ參詣一也仍後栢原大永年中
奉レ移ニ山城國小山庄一神祇拾遺
○御靈社　上下　上ハ京極上ニ有リ下ハ同ク春日通
ト大炊御門ノ間ニアリ古ハ町尻一條ノ下ニ有慶長
年中ニ此所ニ移ス云々
●御靈八所　早良親王　伊與親王
藤原夫人　文大夫　橘逸勢
藤原廣嗣　吉備公　火雷神

●有云上御靈社ハ　早良親王　吉備公
下御靈社ハ　伊與親王　藤原夫人云々
○文大夫　綴喜御靈是也神祇拾遺
橘逸勢　下桂御靈是也同
火雷神　上桂御靈是也同
三代實錄云淸和天皇貞觀五年五月廿日於ニ神泉苑一
修御靈會一云々所謂御靈者崇道天皇伊與親王藤原夫
人及觀察使橘逸勢文屋宮田丸等是也並坐レ事被レ誅
寃魂成レ厲近代以來疫病死亡甚衆天下以爲此灾御
靈之所レ生也今茲春初咳逆疫百姓多斃朝廷爲レ祈至
レ是修ニ此會一以賽ニ宿禱一啓蒙
朱雀院天慶二年勸請也神祇正宗
早良親王　光仁帝子　桓武天應元年御弟早良親王ヲ
太子トス四年八月天皇奈良ェ行幸早良太子右大臣
是公中納言種繼長岡ノ留守タリ天皇常ニ遊獵ヲ好
テ政ヲ太子ニ任ゼラル種繼ハ天皇ノ近臣ニテ内外
ノコトヲ執行フ長岡ェ都ウツシノコトモ種繼ガ進
メ申トコロ也或時太子奏シテ佐伯今毛人ヲ參議ト
ス種繼佐伯氏は參議ニ昇ル家ニアラズト申テコレ
ヲオサヘトドメントス太子憤リ怨テ事ニフレテ種

繼ヲ殺ント奏ス天皇從ハズ是ヨリ政ヲ太子ニ任セズ太子甚恨ム此時天皇ノ奈良エ行幸スルヲヨキ折節ト思ヒ大伴繼人大伴竹良ヲ日暮方ニ種繼ガ家エ遣シネラハシム此時都遷ノ砌ニテ家造モマバラニテ種繼燭ノ下ニ有ケルヲ窺テ矢ヲ放ツアヤマタズ射通シテ死ス天皇ヲドロキ玉テ奈良ヨリ長岡エカヘリテ繼人竹良ヲ捕テセンギアルニ太子ノ所爲紛ナカリケレバ太子ヲ淡路エ流ス太子斷食シテ路ニテ死ス淡路ニテ葬禮ヲ行フ繼人竹良ハ斬罪シ其外太子方ニ侍ル者流罪セラル種繼ニハ正一位左大臣ヲ贈ラル甚ヲシミ玉フ故也其後早良ノ靈タヽリヲナス由テ崇道天皇ト謚ス已上王代一覽

伊與親王　崇道天皇子也拾芥抄

伊與親王此年十月藤原宗成ガスヽメニヨリ謀叛ノ志アリ右大臣内麻呂是ヲ知テ奏聞シ宗成ヲ捕エ白狀シケレバ左中辨安倍是雄左兵衞督巨勢野足ニ官兵ヲサシソエ親王及其母藤原夫人吉子ヲ捕エテ川原寺ニ押コメ飲食ヲトドメケレバ親王モ吉子モ藥ヲ呑テ死ス宗成流罪セラル大納言雄友ハ親王外舅ニ依テ伊與エ流サル其外解官者多シ同上

橘逸勢　左中辨從四位下入居之子三代實錄能書也嵯峨帝弘仁九年四月内裏殿閣門ノ額ヲ改ム北面ハ宸筆也東面ハ逸勢書レ之又入唐シテ平城帝大同元年八月歸朝ス承和七年七月嵯峨太上天皇崩ズ此折節春宮帶刀伴健岑但馬守橘逸勢等謀叛ノクハダテアリ太子恒貞ヲトリタテ申サントノ事也恒貞ハ淳和ノ子ニテ天皇ノイトコナルニヨリテ淳和崩シテ後互ニヘダツル心有ケルニヤ嵯峨崩御ノマギレニ健岑逸勢カクハカルナルベシ阿保親王ヒソカニ此ヲ知テ天皇ノ御母嵯峨ノ皇太后ニ申ス皇太后此ヲ藤原良房ニ告テ奏聞ス卽官兵ヲツカハシ二人ノ家ヲ圍テ是ヲ捕エ糺明ス逸勢ハ伊豆エ流シ健岑ハ隱岐エ流ス太子ハ後ニ僧ト成テ恒寂ト號ス同上

文大夫　宮田丸ト號ス

右同承和十年十二月文屋宮田丸トイフ者謀叛ノ企アリ事アラハレテトラエテ伊豆エ流ス同上

廣嗣

聖武帝天平十二年八月大宰少貳藤原廣嗣上表シテ時ノ政ノ得失ヲ申シ下道眞備ト僧正玄昉世ヲ亂ル間此ヲ除ント言上シ九月筑紫ニテ謀叛ス是ニヨリ

テ大野東人ヲ大將軍トシ紀飯麻呂ヲ副將軍トシ諸國ノ軍勢一万七千人ヲ添又佐伯常人阿倍虫麻呂ニ四千人ヲ添テ相共ニ廣嗣ヲウタシム伊勢太神宮エ勅使ヲ立奉幣祈請セラル所々ノ關所エ兵ヲツカハシ守シム廣嗣ハ肥前ノ國遠珂ノ郡ニ城ヲカマエ板櫃ト云所ニ出張ス十月大將軍大野東人板櫃川ニテ廣嗣ガ万騎ノ兵ト合戰ス廣嗣ガ前手ノ兵木ヲアミテ船トシ河ヲワタラントス東人虫丸大弓ヲ放テ射ケレバ敵ス丶ム事アタハズ東人等六千餘人ヲヒキヒテ進ミ廣嗣ニ言ヲカケテ呼ケレバ廣嗣馬ニ乘テ進出テ勅使ハ何人ゾト問フ東人某々ト答ケレバ廣嗣馬ヨリ下テ我本ヨリ朝廷エ叛カズ只眞備ト玄昉トニ怨アリト云東人然ラバ何トテ大軍ヲ起シ官軍ニ向テ戰ヤト云フ廣嗣コタユル事アタハズシテ退ク廣嗣自五千人ヲ帥ヒ其弟綱手ニ五千人ヲ添又多胡古丸ニ兵ヲ添テ三手ニ分レテス丶ム廣嗣ガ一手先進テ二手ハイマダ到ザル内ニ官軍急ニ攻ケレバ廣嗣戰マケテ船ニ乘テ異國エニゲントスル處ヲ肥前國松浦郡長野村ニテ官軍ノ内安倍黑丸ト云者廣嗣ヲ生捕テ是ヲ斬ル綱手モ同ク殺サル或說ニ廣嗣馬ニ騎テ海エトビイリテ其靈タ丶リヲナスニヨリテ松浦ニ社ヲ建テ神ドアガムトイヘリ廣嗣ハ宇合子也同上

吉備　始ノ名ハ下道眞備ト號ス
元正帝靈龜二年多治比縣守ヲ遣唐使トス藤原宇合ヲ副使トス吉備大臣此時ハイマダ下道眞備ト云テ二十三歲也阿倍仲麻呂十六歲二人共ニ學問ノ爲ニ縣守ニ從テ入唐ス　聖武帝天平七年多治比廣成大唐ヨリ歸ル下道眞備モ皈朝ス在唐ノ間廿年　稱德帝天平神護二年十月吉備眞備ヲ右大臣トス此人再入唐シ博學ノホマレ有ニ依テ微賤ヨリ登庸シテ大臣ニ至ル世ニ所謂吉備大臣是也　光仁帝寳龜二年三月右大臣吉備致仕ス　同六年十月吉備薨ス歲八十二同上

吉備靈八所ニ祭ル傳記未レ考

火雷神　菅丞相御靈也　神社考同
祭　八月十八日

○京極八幡　上御靈西二町ニ有リ　不考

○出雲路幸神社　帝城左京京極之西ニ有リ
祭神一座　猿田彥神　道祖神也幸神ト號昔ハ京極

之西一條大路之北ニ祠也今幸神町ト號ス此出雲路
道祖神鎭坐地也朱雀院天慶二年奉レ遷ニ出雲路京
極一啓蒙便覽ノ心
○神傳前ニ記ス
○晴明社　堀川西一條大路北ニアリ卽晴明町ト號ス
今人家ノ中ニ社アリ
祭神一座　安部晴明
安倍晴明者仲麻呂之後也就ニ賀茂安憲一學ニ天文一窮ニ
其蘊奧ニ至ニ於曆算推步之術一無レ不ニ兼習一花山院
寬和二年六月二十二日夜帝與ニ式部丞藤原道兼沙
門嚴久一潛出レ宮路過ニ晴明宅一晴明適避ニ暑于庭一
仰見驚云天象呈レ異天子避レ位何其怪哉帝聞而笑走
入ニ花山寺一薙髮晴明急入レ宮奏レ事帝不レ在焉神社考
●術家白ニ藤道長一言其日家內有レ怪至レ期相國閉
レ門謝レ客脯時有ニ叩者一問レ之對云和州之瓜使也開
レ門納レ之于時大史安部晴明大醫重雅僧觀修在レ座相
國顧ニ安大史一云家裡有ニ齋祓一不レ知此瓜可レ嘗不晴
明云瓜中有レ毒不レ可ニ輙啖一也相國語レ修云許多瓜
子何爲レ毒乎修誦レ咒加持忽一瓜宛轉騰躍一座驚怪
重雅乃袖出ニ一針一針レ瓜其動便止割見レ中有ニ毒蛇一
針中ニ其眼一蓋術家之言是也都下嘆ニ三子之精ニ其
術一矣同上
●晴明役ニ使十二神將一妻畏ニ職神形一因咒以置ニ十
二神于一條橋下一有レ事時喚而使レ之自レ是世人占ニ
吉凶于橋邊一則神必託レ人以告云
三善淸行死子淨藏祈ニ之于一條橋一而淸行蘇生故世
人號云ニ反橋一同上
○櫻葉宮　洛陽朱雀東近衞西ニ有リ今出水通千本東
是也　祭神一座
天照太神　此神宮者上古在ニ右近馬場一五月荒手番
之時太陽光花降ニ下馬場之頭一也故世人稱云ニ日降
神明一啓蒙
○白山社　白山通二條下人家裏ニ有リ
祭神　賀州石川郡白山權現　遷座紀文未レ考　此
宮有ル故ニ通ヲ白山ト號ス藪屋町是
○高倉八幡　三條坊門高倉万里小路間ニ有リ此宮有
ル故ニ此坊門ヲ八幡町ト號ス
祭神　應神天皇　人皇九十七代光明院御宇康永三
年等持院勸請也云々　等持院尊氏之院號也又ハ等持
寺八幡ト號ス

○蛭子社　建仁寺前ニ有リ鎮坐傳未レ考
祭　九月廿日
○若宮八幡　五條橋東四町ニ有リ往昔ハ佐女牛ノ六
條ニ有リ
祭神　石清水ニ同シ　人皇七十代後冷泉院天喜元
年依ニ勅願一勸請兼親奉ニ行之一伊豫守頼義御沙汰
也二十二社註式
○玉葉集ニ後深草院御灌頂長講堂にて侍けるに寅
時の水くませ給はんとて六條若宮の井に臨幸のと
き讀る　前大僧正公什
石清水なかれは深き契りとも
こよひや君かくみて知るらん
○五條八幡　五條橋西ノ傍ニ有リ傳未レ考
○市姫社　五條寺町市屋道場金光寺内アリ
祭神傳云宇賀姫ト未レ考　市姫とは市場にいはひたる神の事也
藻鹽草
市姫の神のいかきのいかなれは
あきなひ物に千代をつむらん
○ハンジヤウノ社　高辻通室町西ニ有リ
額云　繁昌社　祭神未レ考有云此社ハ靈社傳宇治
拾遺ニ有リト依レ之コレヲ記ス後人考アルベシ

今は昔長門前司といひける人のむすめ二人有ける
が姉は人の妻にて有ける妹はいと若くてみやづか
ひしける後には家にいたりけりわざと有つきたる
男となくて只時々かよふ人などぞ有ける高辻室町
わたりにぞ家は有ける父母もなくなりておくのか
たには姉ぞゐたりける南面の西のかた成妻戸口に
ぞつね〳〵人にあひ物いふところ也廿七八なり
けるとしいみじく煩て失にけりおくは所せしとて
其つまど口にぞふしたりける扨有べきことならね
ば姉などしたでゝとも人のみいでいぬさてれいの
さほうにとかくせんとてくるまよりとりおろす櫃
かろ〳〵としてふたいさゝかあきたり怪しくてあ
けてみるに露物なかりけり道などにて落などすべ
き事にもあらぬにいか成事にかと心えずあさまし
すべきかたもなくてさりとてあらんやはとて人々
はせかへりて道をみれども有べきならねば家にか
へりぬもしやとみれば此妻戸口にもとのやうにて
打ふしたりいとあさましくもおそろしくてしたし
き人々あつまりていかゞすべきとさわぐ程に夜も
いたくふけぬ夜あけて又ひつきに入て此度はよく

したゝめてよさりなど思ひて有程に夕つかたみる程に此ひつのふたほそめにあきたりけりいみじくおそろしくすぢなけれどしたしき人々近くてよくみんとてよりてみればひつきより出て又つまどぐちにふしたるいとゞあさましきわざかなとて又かきいれんとてさまぐ\にすれどゆるがずつちよりおいたる大木などをひきゆるがさんやうなればすべきかたなくてたゞ爰にあらんとおぼすかさらば爰にをき奉らんかくてはいとみぐるしかりなんとて妻戸口のいたじきをこぼちてそこにおろさんとしければいとかろらかにおろされたればすべなくて其つまどぐちひとまをいたじきなど取のけてそこにうづみて高く\と塚にて有家の人々もさてあひ給ひてあらん物むつかしく覺てみなほかへわたりにけりさてとし月へにければしんでんも皆こぼれうせにけりいか成事にか此つかのかたはら近くはげすなどもえいつかずむづかしき事ありといひつたへておほかた人もえいつかねばそこにはたゞつかひとつぞ有高辻よりは北室町よりは西高辻おもてに六七けんがほどは家もなくて其塚高々として有けるいかにしたることにや塚のうへに社をいはひすえてあなる此ごろもいまに有となん宇治拾遺

祭　九月廿日

○新住吉(ニイスミヨシ)　高辻通堀川東ニ有り

祭神　攝州住吉ニ同ジ和歌神ナルニ依テ三位俊成卿ノ勸請云々年記未レ考

○菅大臣社　五條坊門西洞院ニ有リ

祭神　菅家　古老云昔菅家之舘也一夜飛梅之天神者是于レ今飛梅之跡存ニ于此地一啓蒙左遷時詠レ梅歌云古知布加波介保比於古世與梅乃花阿留志那之登底波留那和須禮楚(コチフカバニホヒオコセヨウメノハナアルジナシトテハルナワスレソ)

○中山社　石神ト稱スル是也　三條猪隈邊ニ有リ

祭神　二座

豐石牖命　奇石窓命

○天照大神入ニ于天石窟一時群神歌樂令ミ天手力雄神引ニ啓其扉一遷ニ座新殿一令ミ豐磐間戸命櫛磐間戸命二神守ニ衞殿門一是並太玉命之子也古語拾遺

○後冷泉院永承五年六月十六日建ニ神社一同六年十一月授ニ從三位一天喜元年四月始奉ニ官幣一神社考

祭ハ四月中申日

玉吟集
石神の森の下水ゆふかけて
大宮人のすゝむ比哉　家隆

○俊成社　松原通烏丸東入家裏ニ有リ
祭處　俊成卿　此地卽彼卿家ノ跡也五條三位ト稱スルハ此謂也云々祭年記未レ考

○新玉津島（ニイタマツシマ）　松原通烏丸西入家裏ニ有リ
祭神　紀州玉津島ニ同ジ　神傳玉津嶋ノ下ニ見エタリ此地勸請ノ年記未レ考和歌神タル故ニ俊成卿ノ勸請也云々
新續古今集　應永四年新玉津嶋のやしろつくりかえの比權大僧都堯孝讀せ侍りける百首の歌の中に社頭祝言といふ事を
今こゝに移すも高き宮居哉
もとの渚の玉つ嶋姫　權中納言　雅緣

○天神社　眞（シン）トスンデ可レ讀
松原通西洞院川之邊ニ有リ　祭神一座
●少彥名命　○神代卷大己貴命與ニ少彥名命一經ニ營天下一復爲ニ蒼生及畜產一定ニ其療レ病之方一又爲レ攘ニ鳥獸昆虫災異一定ニ其禁厭之法一百姓咸蒙ニ恩賴一
案少彥名命者高皇產靈尊之子也卽是五條天神也今每年節分人皆詣ニ此社一取ニ餅及白米一爲レ除ニ疾病一也蓋神代之遺風耶　天子不豫或世間騷動時五條天神宮被レ懸レ靫矣鞍馬山有ニ靫負明神一是亦被レ懸レ靫之神也靫者看督長之所レ負者也神社考
○當社鎭坐之記未考

○六宮　八條西朱雀大通寺內ニ有リ
祭處　六孫王經基云々　記文未レ考

○炬火殿（タイマツデン）　七條東ニ有リ
稻荷攝社也御神事之時出レ炬而奉レ迎也故名云々一社秘也故省畧焉便覽

○吉祥院社　東寺ヨリ未方吉祥院村平林中有リ
祭神　菅丞公
此所菅家之離亭之跡也緣起略之

右之外洛內洛外二十一所神明宮稻荷山王ト稱スル所計ルニ不レ遑傳記不レ得レ考故略レ之後見君子考アラハ幸甚耳

諸社一覽第四終

諸社一覽第五目錄

諸社一覧第五

大和

以二大和一日本ノ總名トスルハ此國人皇帝都之始也故總名トスル也唐土ニモ周ヨリ起テ世ヲ周ト名ヅケ高祖漢ヨリ起テ世ヲ漢ト云フガ如シ

○春日社　添上郡春日鄕ニ有リ

鳥居より本社の間はるかなり道すからに名所有鳥居に青榊を壹本たてそえたり此內左は三笠山ふもとびやう〳〵たる野也春日野是也和歌によめり拾遺愚草に

朝日さす春日のをのゝをのつから
　先あらはるゝ雪の下くさ

鳥居の纔東に有橋を馬出橋といふ春日のゝけしき二本の塔のありさま馬出橋を足もとゞろにふみけん若紫のゆかりあればすみれつむなるをざゝ原玉ざゝの上には玉あられつもりひろはん事も片岡の松のみどりは君がため千代の色をやふくむらん

撰集鈔此間に若宮の御旅所有霜月の祭禮に黑木の杜青松葉の軒かた計成御殿を立る也猶東え行南え分入る細道に雪消澤あり

堀川太郎百首
春日のゝ雪消の澤に袖ふれて
　君か爲にそ小芹をそつむ

道の東に細きなかれ有牽川是也

万
はねかつらいまする妹をうらわかみ
　いさ牽川の音のさやけさ

爰を鹿道といふ事は春日明神鹿にめしてうつり給ふ道なれば也西行法師は六道とかけりこゝに板と石との橋二つ有板橋をば古鄕の橋といひ石橋を善趣橋といふ六の道わかれたる六道のちまたに是を擬せりまさしき道や是ならんと善趣橋を過ぬれば御社もやう〳〵近づきぬ撰集鈔それより東の橋を五位橋といへり二の鳥居有其東の北づらに神垣森の跡あり

風雅集
神垣の森のくさはゝ散しきて
　尾花そ殘る春日のゝはら　　院兵衛督

森のほとりに左右の道有右の道を行に著到殿といふ所有其南に地嶽谷といふ谷有著到殿延喜十六年

に造立也此所は祭の日勅使役人等を著到して神殿にまうでらるゝ所也地嶽谷はむかし解脱上人の弟子璋圓僧都とてたつとき人有遷化の後いかなればにや或女人につきてさま〳〵口走中に我大明神の御方便よりいみじきはなしかりにも値遇すべしたとひ深重の惡人なり共他方の地ごくへはつかはすまじかすがのゝ下に地ごくをかまへそれにあつめ入洒水をそゝぎ經陀羅尼をきかしめたすけ給ひなんと也我も魔道にしづみつれども慈悲方便の洒水口に入て三ねつのくるしみをはなれ和光垂跡の説法を耳にふれて九泉のたのしみをきはめん事ありがたくはあらずやと錠けれは聞人みなかんたんせり沙石集東に榎本社有猿田彦神也春日記此社の前に青瀧といふ有青瀧の橋有是より若宮に行中間道とて細道有ちいさき橋有かたらいの橋といふ也前にいふ左道に祓戸社東に藤の鳥居有昔は藤有て

立よらはつかさ〳〵も心せよ　　後醍醐天皇
　藤の鳥居の花の下かけ

已上大和名所記ノ心　本殿祭神四座

武甕槌命　齋主命　天津兒屋命　姫太神

○伊弉諾尊拔ニ所帶十握劒一斬ニ軻遇突智一其劒鐔垂血激越爲レ神號云ニ甕速日神一次熯速日神是武甕槌神之祖也日本紀○甕速日神之子熯速日神々々々子武甕槌神同上

●甕速日神――熯速日神――武甕槌神

同上

齋主命　又經津主命𪜈

伊弉諾尊斬ニ軻遇突智一其劒及垂血是爲ニ天安河邊所在五百箇盤石一也卽此經津主神祖矣日本紀○高皇産靈尊更會ニ諸神一選下當レ遣ニ於葦原中國一者上僉云磐裂根裂神之子磐筒男磐筒女所生之子經津主神

同上

磐裂神
根裂神　――　磐筒男神
　　　　　　磐筒女神　――　經津主神

天津兒屋命　春日神是也　傳外宮下ニ見エヌ

姫太神　傳内宮下ニ見ユ

春日註式云春日垂跡事第四十八代稱德天皇神護景雲元年十二月七日大和國城上郡安部山御坐　同二年正月九日大和國添上郡三笠山垂跡　同年十月九日寅日寅時太敷立宮柱同本宮廻廊始治承三年己亥二月廿六日也註進狀　啓蒙

○回廊に三つの門有北は内侍門中は僧正門南は慶賀門といへり内侍門を入て北部の社は伊弉諾尊其東椿本社は三見宿禰命其南の社は立田明神みづがきをこえて杉本社は大山咋神其東の社は田心姫つぎの栗辛社は火酢芹尊其南海本の社ハ大物主命其東西にむかふ社は八雷神也已上春日記

四所神三笠山に御垂跡の事春日社家傳には兒屋根尊ハ人王三十七代孝徳天皇四年十一月戊申日御鎮座也三神にさき立給ふ事王代十一代年暦二百二十一年也人皇四十五代聖武天皇天平十二年大中臣清丸三笠山の春日の社より攝津國嶋下郡壽久山に移し奉りて本座の山の名にしたがひて三笠山と名付たり三神にさき立て春日山に御鎮座あきらかなるよしみえたり春日記

門院小社付中院 小社○内院の小社二座西にむかふ南の一座は手力雄神北の一座は天御中主尊中殿の坤岩本社は住吉明神又東部に神護寺の社次の南の青榊の社は青和幣次の南の辛榊社は白和幣次の南穴栗社は穴次神次の南井栗社は高魂尊くはしくは春日社に有名所記の心○當社八講の始は人皇六十二

代村上天皇天暦元年より始て時の長者は貞信公別當は平源大僧正也又の説六十八代後一條院寛仁元年二月廿日にはじむとも其後七十代後冷泉院康平八年より四月九日九月四日に行るゝ也舊記それより中絶て年へたりけるを寛文十二年十二月五日より九日迄行れし也八講殿のつゞきに舞殿有貞觀元年の造立陪従の神樂は爰にして奏せされしと也此前に林檎木有春日祭奉幣の所也二つのはし有北を一位橋南を二位橋といへり同上

○啓蒙云所攝社任二舊式一如レ此

祓戸神社　榎本神社　太力雄社　青榊社

右本宮攝社也

○若宮　本宮ヨリ一町許平森ノ中ニアリ

祭神三座内二座輔佐神也

○若宮垂跡四所相同乎否兼滿云四所共以二同日一影嚮也若宮遷座神代也廿二社註式

○若宮輔佐兩神説

舊記云文永七年七月十三日秀氏狀云太力雄太玉兩神也祕説　已上啓蒙

○問上所レ述中欠二若宮本縁一若依二字儀一則天兒屋

命御子乎將又別神而所レ祕邪云是唯難レ言是以不レ言矣決非三兒屋命子一 啓蒙

同攝社　○兵主神社　懸税神社 税一作橋　紀御社　種樹神也所レ祭三座

一言主神社　同啓蒙

○若宮外院小社一童子社は三輪明神次南宮社は金山彦神次の東兵主社は諏訪明神○同若宮付り内院小社若宮は神職一家の神祕にて他に知る事なしと春日記に書り内院に小社二座有南は太力雄神北は通合神此神は中臣祐房朝臣の靈社也祐房若宮を移し奉りて後仁平二年十二月廿四日に卒して廿七年をへて治承二年に神託ありて通合神とあかめ申 春日記　又此社に春日曼陀羅有壽永年中普賢寺基通公御夢惣の圖なり

○若宮外院小社　廣瀨神社　俗鬼子母神といふ次の南懸橋神社は葛城神其南に卅八所明神社其南に佐良氣神社は蛭兒神しばらく南に紀伊御社四座日前五十猛　大屋姫　狐津姫　春日記

問社内六道者何云　神祇拾遺云明神影向時以レ榊爲レ鞭駕レ鹿來二臨三笠山下一也其所二經歷一號謂二鹿道一六與レ鹿音相似而今聚レ石洒レ水以呼三亡魄一又可レ歎哉乎　啓蒙

○本宮位記　人皇五十四代仁明天皇治十七年嘉祥三年九月正一位勅使參議藤原助向

祭　五十六代清和帝貞觀元年十一月九日始或五十五代文武帝仁壽三年始　同御宇天安二年十一月三日庚申停二平野春日等祭一 啓蒙　○春日祭といふは大宮の神事也二月十一日の申日一年に兩度あり勅使立也仁明天皇嘉祥三年九月に中臣秀基はしめて奏聞をへて後に清和天皇貞觀十一年十月九日庚申の夜はじめて祭有　已上舊記　此祭をよめる和歌

拾遺愚草 けふ祭るしるしにとてやそのかみは
　　三笠と共に天くたりけん

霜月の祭は若宮の神事也此祭は保延二年九月十七日にはしまれり注進狀にみえたり其後寛正年中に十一月廿七日に日をかえられたり 春日記

右假名がきの分大和名所記にみえたり

清和天皇貞觀十八年二月丙申春日祭如レ常云々如二此等文一者天安已後被レ始行之條顯然歟 啓蒙

○臨時祭　九十一代伏見院正應三年二月九日始

後深草御願也
○若宮祭　保延二年丙辰九月十七日始
○行幸　六十六代一條院永祚元年三月廿三日始○
三笠山春日山に御笠山とてひきくだりてちいさき
山に春日の社おはしますかすが山は惣名也三笠山
は別名也顯注密勘
春日神託　諸人等神明ノタスケヲ受ント思バ常ニ
慢心ヲシリゾケヨタトヘバ一毛ノ慢心ノ神明ヲヘ
タツル事大雲ノ如シ和論語
○水屋社　祭神三座　素戔烏尊　稲田姫
南海神女云々祭ハ四月五日ニテ能アリ伏見院御宇
始云々　水屋川アリ
夫木
水屋川すゑせきかけてかすかの丶　　爲家
野田のさなへはけふそ取なる
○八幡宮　添上郡東大寺境内ニ在リ
祭神　宇佐ニ同シ○北畠准后説云孝謙天皇御宇天
平勝寶元年依二八幡神託一造レ宮
○改暦雜事記云孝謙帝天平勝寶二年宇佐八幡東大
寺入御啓蒙
中ハ八幡太神　右ハ姫太神玉依姫　左ハ神功皇后

宇佐縁起　○天平勝寶元年十一月十九日内裏にして
年七つの童子に神うつらせ給ひて我都にうつりな
ましと也　宇佐縁起　同廿四日甲寅石川朝臣年足藤
原朝臣魚名等を宇佐八幡大神を向へ奉る勅使とし
て道すがらのけがれを清めさせたり續日本紀ノ心ヿ神
御乗物なきよし神勅ありしによりて御門の玉輿を
たてまつらせ給ふ詞林採葉禰宜左右朝臣社女神輿を
たてまつらせ給ぬれば圓麻呂神驛にのりたり　宇
佐縁起　十二月十九日　五位六衞府舍人など神を平
群郡にむかへて此日戊寅都に入奉り宮南の梨原宮
に新殿をつくり僧四十口にして七日行ひき同十二
月丁亥日御門行幸なり給ひ左大臣橘宿禰諸兄公み
ことのりを申さる丶也其宣命のことば續日本紀に
みえたり梨原宮より大佛殿のほとりにうつし奉る
なりその丶ち鎌倉西明寺の仰によりて三月堂の南
に移し奉る也寛永十九年十一月廿七日に炎燒して
黑木の神殿に移し奉りて後造營なし
此上の山を手向山といふなり
此度はぬさも取あへす手向山　　菅家
紅葉の錦神のまにまに

此歌は朱雀院の行幸のとき御供にての歌也
壬二集 手向山紅葉のにしきぬさはあれと
猶月かけのかゝるしらゆふ
此つゞきに浮雲のといふあれども鎮座出所しれず飛火野　野守池など名所有

○櫟本社　同和爾南ニ有リ　祭神一座
牛頭天王　山城祇園同神也兼倶遷宮記
此鳥居の内に柿本寺有其東に人丸の塚有或書云人丸の塚は大和國添上郡治道柿本寺にあり清輔集に大和のいそのかみ柿本寺といふ所の前に彼塚有と聞て卒都婆に柿本人丸墓としるし付てかたはらに歌をかき付たる
世をへてもあふへかりつる契りとて苔の下にも朽せさりけり清輔集にいそのかみと有はたがひたるやうなれとも和名類聚云添上郡に石上郷有此所は添上郡のはづれ石上の境也云々長明無名抄に人丸のつかははせへ參道也所の者は歌塚といへり云云されば清輔長明の兩説此所にかなふとみえたり已上名所記

○辰市社　同郡大安寺村南ニ有リ　祭神二座春日明神鹿島ヨリ三笠山ニ移リ玉ヒシ時供奉セシ時風秀行が靈社也春日記俗に鴻宮といふ也辰市名所也
壬二集 名におひて風もけふより辰市や
たつ商人の袖そ涼しき
此邊に和歌に讀る　賣間清水アリ同上

○新龍田　平群郡法隆寺六七町坤民屋間有此所ハ本龍田社ヲ聖德太子勸請シ玉フ也推古天皇十四年二月十五日ニ聖德太子法隆寺ヲ建立アラントテ其地景ヲ求ニ巡行マシ〳〵ケルニ立田明神老人ニ化シ玉ヒテ伽藍ノ地ヲシメシ玉ヒ吾又守護ノ神トナルベシト誓約アリシ也依テ立野本社ヲ此所ニ勸請シ玉フ也是法隆寺ノ鎮守也云々

○龍田社　同郡立野ニアリ法隆寺ヨリ一里餘アリ
祭神二座
天御柱國御柱神ト號ス則級長戸邊神　級長津彦神也
風神也
伊弉諾尊云我所生之國唯有二朝霧一而薫滿之哉乃吹撥之氣化ヲ爲神一號云二級長戸邊命一亦云二級長彦命一是風神也日本紀
天武天皇治四年夏四月遣二小紫美濃王小錦下佐伯

連廣足ニ祠ニ風神于龍田立野ニ同上

○瀧祭神與ニ廣瀬龍田神ニ同體異名水氣神也故廣瀬龍田神號ニ天御柱國御柱ニ是天逆戈守護緣神祇本源

○神託　ナベテノ貴賤天ヲ祈リ地ヲマツリテ諸神ヲ祈ランヨリ汝ガ父母ニ能ツカエヨ則兩親ハ內外ノ神明ナレバ內アキラカナラデ外ノミヲネガフベカラズ倭論語

攝社

三太神　若宮　瀧祭社

御位　清和天皇貞觀元年正月廿七日廣瀬龍田正一位　二十二社註式

祭　天武天皇治五年夏四月朔日祭ニ龍田風神廣瀬大忌神ニ日本紀

日本紀　續日本紀　簾中鈔　年中行事等ニハ四月七月四日トアリ今ハ九月十三日也立田和歌多シ龍田ト號スル事「むかし此所田にてありし時雷神おちてあがる事をえず童子と化したりそこをつくりける農夫やしなひて子とせり比しも夏なるに隣村には雨ふらざりしに此農夫が田の上には夕立折々そゝぎて秋の納思ふまゝにしてけり其後此童子いとまこひて小龍と成て天にのぼるかれがつくる田を龍田とぞいひけるやがて所の名とせり云々龍田は正字立田は半假名也　詞林採葉

拾遺愚草
龍田山神のみけしにたむくとや
　くれ行秋のにしきをるらん

堀川百首
立田川しからみかけて神なひの
　みむろの山の紅葉をそみる

壬二集
行まゝに立のゝのへの霞哉
　わくとやよその人のみるらん

此つゞき　神南備森　神南備川あり

○廣瀬社　高瀬郡河合村ニアリ　祭神一座

和賀宇加乃賣神

伊勢外宮神ト同ジ水德神也

廣瀬坐和加宇加賣命神社延喜式

又御名大忌神日本紀○又御膳持若宇加賣命令義解

天武天皇四年四月遣ニ小錦中間人連蓋大山中曾禰連韓犬ニ祭ニ大忌神於廣瀬河曲ニ日本紀○件神伊弉諸伊弉並尊子豐宇賀乃賣神神祇官坐御食神也神祇祕書

御位　祭　同上　祭立田廣瀬トモニ四月四日七月

四日釋日本紀西宮鈔ニアリ日本紀ニハ四月朔日
○廣瀬川歌に詠す
大宮殿　小折社　火神社
續古今集戀部 廣瀬川によめり
ひろせ川袖つくはかり淺きせに　讀人不知
心ふかめて我はおもはん
○若宮　宇智郡御山村ニアリ吉野ヨリ半里許南也
此處井上内親王ノ子ノ靈祉也
若宮は雷神なり是井上内親王の御子なり親王御著帶ながらながされおはしまして後に御産有おのこ御子なれば御名を雷神と名付奉りき此名故有べし御産所は大岡小山といふ所也それより爰を産屋峯といふ也雷神人となり給ひて御母の皇后兄の他戸親王ながされ給ひし由來をしろしめして御門をふかく恨給ひてつゐにみまかり給ひし其君の御門に御惱をかけ給ひ又は人民をなやまし給ふ故若宮の神號をなして神國祠給ふ也大和靈安寺縁起の心　井上皇后は聖武帝の姫宮也同郡に皇后の陵あり
寶龜元年ニ光仁帝ノ后ニ立玉ヘリ此御腹ニテマシマス他戸親王ヲ皇太子ニスヱ玉ヒシガ第一ノ皇子山部親王ヲ太子トナサントト參木百川ハカラヒケレバ井上皇后ト天皇ト中アシク成テ潛ニ天皇ヲノロヒ他戸太子ヲ早ク卽位セシメントハカル事アラハレケレバ皇后及ビ他戸太子ヲオヒヲロス年ヲヘテ井上皇后モ他戸太子モ皆卒ス井上ノ怨靈龍ト成タリトイヒ傳タリ　已上王代一覽
○御靈社　同靈安寺ノ内ニ有リ　祭所
井上皇后東向　早良親王　北ノ脇南向
他戸親王北向　已上三座
延暦十九年井上内親王ニ皇后ノ位ヲ贈御墓ヲ陵ト號スベキノ宣下有リテ勅使ハ從五位下葛井王ナリ
類聚國史ノ心
○勝手社　吉野郡吉野山　祭神一座　愛鬘命　傳未レ考
○天孫臨降之時三十二神相添而奉二天降一也次爲二護國後見一被レ下之三十二神云々愛鬘命勝手大明神也六十四神式
吉野山和歌に詠す畧之
師兼千首 三芳野や勝手の宮の山鳥
神につかふるみもふりぬめり

此所の寶藏に文治元年靜法樂のまひをまひし裝束義經のよろひあり
右にそばだちたるは御影山左は袖振山也淸御原天皇吉野の宮にまし／＼て琴をしらべ給ひしに雲おこりて神女のあらはれ出に應じて舞羽衣の袖を振けるより袖振山云々
○籠守社　同吉野山ニ有リ
大宮三座住吉同體也 一宮記 神傳ハ住吉ノ下ニ見エタリ
草根集 吹はらへ山は吉野の秋霧に
こもり勝手もみえぬ神風
○金峯社　同吉野山ニ有リ
祭所　號ニ藏王權現一八皇廿八代安閑天皇也繼體天皇ノ長子也
○勾大兄廣國押武金日天皇男大迹天皇長子　母云ニ目子媛一 日本紀
治二年十二月崩葬ニ河內舊市高屋丘陵一金峯山權現是也　曆年史
昔役行者在ニ吉野山一時神現ニ釋迦像一行者云此形難レ度ニ衆生一次彌勒形現行者尙云未也次藏王權現出

甚可レ怖貌也行者云此我邦之能化也　神社考
○金生明神　此社吉野山ニアリ　金峯之金ヲ護神ト云々　傳未レ考金峯山ト號スルハ彌勒佛出世ノ時地ニ敷ベキ金此山ニ有故也云々
○與喜山天神　初瀨ニアリ三燈嵩ト云々傳未レ考
○葛城社　葛城上郡葛城山ニ有リ　祭神一座　一言主命　一云爲ニ事代主神所變一也　又云高彥根命分身也　系圖傳　素戔烏子　啓蒙
○幼武天皇登ニ幸葛城山一之時百官人等悉給下著ニ紅紐一之靑摺衣上服彼時有下自ニ其所レ向之山尾一登ニ山上一人上旣等ニ天皇之鹵簿一亦其裝束之狀及人衆相似不レ傾爾天皇望令レ問云於ニ玆倭國一除レ吾亦無レ王今誰人如レ此而行卽答云之狀亦如ニ天皇之命一於レ是天皇大忿而矢刺百官人等悉矢刺爾其人等亦皆矢刺故天皇亦問云然告ニ其名一爾各告レ名而彈レ矢於レ是答云吾先見レ問故吾先爲ニ名告一吾者雖ニ惡事一而一言雖ニ善言一而一言々離之神葛城之一言主之大神者也天皇於レ是惶畏而白恐我大神有ニ宇都志意美一者不レ覺白而大御刀及弓矢始而脫ニ百官人等所レ服之衣服一以拜獻爾其一言主大神手打受ニ其捧物一故天皇之還

幸時其大神滿山末於ニ長谷山口ニ送奉故是一言主之大神者彼時所ㇾ顯也 古事記

○役小角者賀茂役公氏今之高賀茂者也和州葛木上郡茆原村人少敏悟博學兼郷ニ佛乘ニ年三十二棄ㇾ家入ニ葛木山ニ居ニ巖窟ニ者三十餘歲藤葛爲ㇾ衣松果充ㇾ食持ニ孔雀明王咒ニ駕ニ五色雲ニ優ニ遊仙府ニ驅ニ逐鬼神ニ以爲ニ使令ニ日域靈區修歷殆徧一日告ニ山神ニ云自ニ葛木嶺ニ跨ニ金峯山ニ其間危嶮難ニ苦行者ニ猶或艱汝等架ニ石橋ニ通ニ行路ニ衆神受ㇾ命夜々運ニ嵓石ニ督ニ營搆ニ小角呵ㇾ神云何不ニ早成ニ對云葛城峯一言主神其形甚醜難ニ晝役ニ待ㇾ夜出以ㇾ故遲耳小角促ニ一言主ニ一言主不ㇾ肯小角怒咒縛ニ繫之深谷ニ 下略之釋書 因ニ云此をよめる和歌

拾遺 石橋のよるの契も絕ぬへし
明るわひしきかつらきの神　藏人左近

按諺ニ云役小角集ニ衆神ニ於ニ葛木金峯間ニ架ニ石橋ニ其以ㇾ不ニ早成ニ而小角怒咒ニ一言主ニ縛ニ繫之深谷ニ云予嘗疑小角者葛城里民而一言主者天神裔胤也神而所ㇾ縛ニ于人ニ則何以爲ㇾ神也傳謂小角能役ニ使鬼神ニ又云小角所ㇾ屛ニ于荒地ニ云小角靈ニ于鬼ニ愚ニ于人ニ固可ㇾ恠ㇾ之事ニ吾神ニ者習聞其說樂ニ其誕ニ而遂至ㇾ不ㇾ辨焉又可ㇾ痛哉　啓蒙之辨

○四十七代廢帝天皇天平寶字八年從五位上高賀茂朝臣等奏シテ葛城山ノ東下高宮岡上ニ迎ヘテ鎭奉ル 續日本紀ノ心

○御位　貞觀元年正月廿七日葛城一言神ヲ從二位ニ叙セラル　三代實錄ノ心

○葛城山金剛山同山異名也此山大和河內のさかひ也半腹のみねを高天山といへり

新古 よそにのみゝてややみなんかつらきや　讀人不知
高まの山の岑の白雪

高天寺には彼初陽毎朝來とさへつりし鶯の宿せし梅朽ながら有也かづらきの岑には岩はしの跡あり 大和名所記

○神託　諸の人の心の鏡ちりつもれば神明すがたのかげをうつさず祈る心のつよからん程人の心のただしき道をみがゝばいのらずとても心のまゝならん　倭論語

○高賀茂　同郡所祭一座　味耜託彦根命大己貴命子下照姬兄也

○坐二宗像一興津嶋神田心姫命生二一男一女一兒味鉏高彦根神坐二倭國葛上郡高鴨一託云二捨篠社一 先代舊事本紀

○穴師社　城上郡穴師ニアリ　鳥居　遙海道ニ有リ
社ハ遙東ニアリ
天照太神天降玉フ時護齋鏡ハ三面子鈴一合ヲ御身ニソエサセ玉フ其一ツノ鏡ハ大神ノ御靈トシテ天懸神ト御名ヲアガメ又一ツノ鏡ハ同前御靈トシテ國懸神ト御名ヲ申奉ル今紀伊國名草宮ニ崇ウヤマヒ申大神也ヘツノ鏡并子鈴ハ天皇御食津神アシタユフベノ御食夜護日護ト奉レ齋卷向穴師社ニイマス大神也 釋日本紀ノ心

新勅撰
まきもくのあなしのひ原春くれば
　花か雪かとみゆるゆふして　好忠

此あたり十町計の程に　崇神天皇　景行天皇
舒明天皇ノ陵アリ

○三輪社　城上郡三輪ニ有リ　一鳥居二鳥居樓門拜殿寶藏ナンドハアレドモ神殿ハ無シ
祭神一座　大己貴神
于時神光照レ海忽然有二浮來者一云如吾不レ在者汝何能平二此國一乎由二吾在一故汝得レ建二其大造之績一矣

是時大己貴神問云然則汝是誰耶對云吾是汝之幸魂奇魂也大己貴神云唯然廼知汝二是吾之幸魂奇魂一今欲二何處住一耶對云吾欲レ住二於日本國之三諸山一故卽營二宮彼處一使二就而居一此大三輪之神也 日本紀

○大己貴神駕二天羽車大鷲一飛二於虛空一徧覓二妻妾一時下二行於茅渟縣一潛通二大陶祇之女活玉依姬一其往來非二人之所一レ知其女初孕父母怪問云誰人來乎女答云有二神人一自二屋上一來共双レ枕於レ是欲レ顯二見之一著二針于苧卷一懸二于神人裳一認二其絲一見レ之明旦從レ絲往尋覓出レ自二鑰孔一經二茅渟山一入二吉野山一留二於三諸山一其所レ綰之絲三丸猶遺故號云二三輪山一 舊事本紀ノ心

○崇神天皇七年倭迹々日百襲姬命に大物主神著給ひて告有御夢に我は是大物主神也我兒太田々根子をして我をまつらしめよとかく有しより太田々根子命は神主君等が遠祖也くはしくは日本紀に有さて祭の日は茅のはをみつくりて岩はのうへに置てそれをまつる也云々やしろのおはせぬあやしとて里人ども造りたりければ鳥百千きたりてつゝきやぶりふみこぼちてその木どもをの〳〵くはへて行さりにけり神のちかひとしりて其のちはつくら

ざりしと也　奥儀抄　清輔作
若宮　祭神　未レ考
三輪山神岡山　神山何モ同ジ巻向山巻向川三輪川
三輪崎　佐野渡共ニ歌ニヨメリ
○御位　清和帝貞觀元年二月　正一位
○祭　四月十二月上卯　但有レ三則中也
○石上　山邊郡布留郷ニアリ　祭神一座
石上韴御魂神　祭處十握劔云々古語拾遺ノ心○十握劔　其名
不レ一　天羽斬古語拾遺天尾羽張　又伊都之尾羽張
古事記　韴靈劔　布都主神魂刀　佐士布都　建布都
豐布都　已上舊事紀庵正　韓鋤劔　甕布都神　釋日本紀
○石上社者素戔烏尊所レ持之十握劔也以ニ人皇十代
崇神天皇御宇一鎮座也神宮御鈔
○舊記云磯城瑞籬御宇遷ニ建布都大神社於大和國
山邊郡石上邑一則天祖授ニ饒速日尊一自レ天受來天璽
瑞玉同共藏齋號云ニ石上大神一建膽心命祭レ之啓蒙
○天足彦國押人命裔木事命市川朝臣大鷦鷯天皇御
世達レ倭賀ニ布都斯神社於ニ石上御布留村高庭之地
以ニ市川臣一爲ニ神主一新撰姓氏錄
○攝社　布留社　傳未レ考

○御位　清和帝貞觀九年三月十日正一位
○祭　今世六月晦日也
○神庫に靈寶有當世わづかに造りて社殿にならび
て有此神庫の事日本紀に有畧也す方五尺の櫃有神
符なれば開く事なし名劔おさまれりとかや六月晦
日祭に神殿にこめたる布留の劔を袋に納ながら鳥
居の外迄出し奉る也又七月七日神前にして護摩を
修し寶藏におさまりし筥三つを僧のかたにかけて
おこなひあり是を筥わたしといふ也○此社歌に讀
り石上振の神杉等數多也
萬　石上ふるの神杉神と成　戀をも我はさらにするかも
堀川百首　石上ふるの社に春くれは　霞たなびく高圓の山　師頼
此つゞきに　石上池　石上溝　布留山　布留野
古柄小野　忘水　布留川　布留高橋あり　いづれ
も名所和歌に讀り已上大和名所記
○高皇産靈社　添上郡ニ有リ　祭神一座
●宇奈太理坐高御魂尊　神名註曰人皇十五代神功
皇后御宇武内宿禰勸ニ請之一啓蒙

○狹井社　城上郡ニ有リ　狹井神。大己貴之荒魂也　世所謂鎭花之神者是也

○疫神也神祇令云花散之時疫神分散爲レ癘故有ニ鎭花祭一舊記云鎭花祭祀大神狹井也宇多帝寬平九年三月七日勅亭 神名帳註

○鏡作社　城下郡ニ有リ　祭神二座

石凝姥命　天糠戸命

稚日女尊坐ニ于齋服殿一而織ニ神之御衣一也素戔烏尊見レ之則逆ニ剝斑駒一投ニ入於殿內一稚日女尊乃驚而墮レ機以ニ所持梭一傷レ體而神退矣故天照太神謂ニ素戔烏尊一云汝猶有ニ黑心一不レ欲ニ與レ汝相見一乃入ニ于天石窟一而閉ニ著石戸一焉於レ是天下恒闇無ニ復晝夜之殊一故會ニ八十萬神於天高市一而問レ之時有ニ高皇產靈之息思兼神云者一有ニ思慮之智一乃思而白云宜下圖ニ造彼神之象一而奉中招禱上也故卽以ニ石凝姥一爲ニ治工一採ニ天香山之金一以作ニ日矛一又云使ニ鏡作部遠祖天糠戸者造ニ鏡已上日本紀

按本朝鏡工大祖神也其神功併如レ上矣式中稱ニ鏡作之神二座一一云鏡作麻氣神社二云鏡作伊多神社也兼倶神名帳註記ニ垂跡一云麻氣神社天糠戸命。伊多神社石凝姥命也共坐ニ城下郡一 啓蒙

荒神社　笠山ニアリ郡未レ考　祭神三座

土祖神　澳津彥命　澳津姬神

大年神娶ニ天和迦流美豆姬一爲レ妻生ニ兒澳津彥神澳津姬命一此二神者諸人拜ニ祠竈神一者也　先代舊事本紀

○高市社　高市郡高市ニ有リ　祭神一座

事代主命　大己貴命子　系圖前ニミエタリ

○大己貴神娶下子坐ニ邊津宮一高降姬神上生ニ一男都味齒八重事代主神一坐ニ倭國高市郡高市社一亦云ニ甘南備飛鳥社一 舊事本紀

○太玉社　同郡ニ有リ　祭神一座　太玉命　高皇產靈尊子　齋部氏祖也　系圖傳有レ前

○八咫烏社　宇多郡ニ有リ　祭神一座

賀茂武津身命　神武天皇々師欲レ趣ニ中洲一而山中嶮絕無ニ復可レ行之路一乃棲遑不レ知ニ其所ニ跋涉一時夜夢天照太神訓ニ于天皇一云朕今遣ニ頭八咫烏一宜ニ以爲ニ鄕導者一果有ニ頭八咫烏一自レ空翔降天皇云此烏之來自叶ニ祥夢一大哉赫矣我皇祖天照太神欲ニ以助ニ成基業一乎是時大伴氏之遠祖日臣命帥ニ大來目督將元戎一蹈レ山啓レ行乃尋ニ烏所レ向仰視而追レ之　日本紀

○武津身命爲二八咫烏一神武帝軍先導正統記　○慶雲二年祭二八咫烏社大和國宇多郡一

○笹幡社　同郡山邊笹幡ニ有リ　祭神　天照太神

崇神天皇六十年御鎮坐云々此後勢州度會ニ移玉フト云々世記心同此所ノ傍ニ山邊赤人が石塔あり名所記

○丹生社　吉野郡下市傍山中ニ有リ　祭神一座

罔象女神　祈雨止雨神也

伊弉並尊爲二軻遇槌一所レ焦而終矣其且レ終之間臥生二土神埴山姫及水神罔象女一日本紀

○神武天皇以二天神教一造二嚴瓮一涉二于丹生川上一用祭二天神地祇一二十二社註

○當社爲二大和之別社一事見二延喜格一不レ聞二人聲之一深山立二我宮柱一以敬禮者爲レ天下一降二甘雨一止二霖雨一者　同註式

○又云人皇四十代天武帝白鳳四年乙亥御埀跡

○攝社　御食持社

○御位　貞觀元年正月廿七日從三位此後未レ考　啓蒙

○祭　廿二社註式無二祭禮一

已上

大和國畢

河内

柏原朝御世以二彥己曾保理命一爲二凡河内國造一舊事紀

○平岡社　河内郡ニ有リ　祭神四座

第一殿天子屋命　二彥波瀲武鸕鷀草葺不合尊

三大國主命　四天照太神

葺不合尊　彥火々出見尊子母豐玉姫

天津彥々火瓊々杵尊―

―彥火々出見尊――彥波瀲武鸕鷀草葺不合尊

外神傳系前ミエヽ

●當社鎮座人皇第一神武天皇御宇戊午年春三月十日入二當國草香村一去二平岡一一里許四月九日皇師勒レ兵步趣二龍田一而其路狹嶮人不レ得二並行一號二此所一云二行難山一社北十町許乃還欲下東踰二伊駒山一而入中中洲上時長足彥聞レ之云天神子等所三以來一者將レ奪二我國一則盡起二屬兵一於二孔舍衞坂一會戰有二流矢一中二五瀨命肱一皇師不レ能二進戰一天皇憂レ之乃運二神策於沖衿一云我是日神子孫而向レ日征レ虜此逆二天道一也不レ若退還示レ弱禮三祭神祇一者卽當社也天神者所謂天照太神也地祇者葺不合大國主天兒屋等是也遂因二此神態一

平二中洲一伐二凶徒一天下一統矣然後開二都於畝傍山東南橿原一命二有司一經二始帝宅一庚申九月納レ后辛酉正月卽二帝位一也故歷代皇帝無レ不二尊崇一食レ國武將無レ不レ仰全文畧之啓蒙　○神別記云高皇產靈四世孫許々止魂尊子河內國平岡社也啓蒙

○攝社　青榊社　岩本社　一言主社　大山彥社　戸隱社　右見二社記一啓蒙

○御位　仁明帝承和三年五月從三位勳三等天兒屋命正三位續日本紀

貞觀元年正月廿七日正一位神階記

○祭　春二月冬十一月上申日延喜式

○社記云正月十五日卜田祭　當日於二神供所一燒二小豆粥一々上五寸掛二竹管一中納二百穀一畧レ依二蒸氣强弱一占二年穀之吉凶一也蓋當社第一神レ事水速氏神主之外無レ有二相承一

同十六日踏歌祭二月朔日平國祭及暮而入レ山採レ木叩二拜殿樓閣一各趨歸也水速氏申レ祝詞拜而退有二社流口決一啓

○神託　從へる人一神を禮拜するとも諸の神の心にかなはん也たとへば千々の鏡をかけて人あり是にむかはんにいづれの鏡か其影をうつさずといふ事なしふたつ心のおこるよりくだ〳〵しき心にはくだりてまよひのうみにしづむなるべし倭論語

○譽田八幡　古市郡ニ有リ祭神　應神天皇緣起云應神天皇葬二于河內國田市郡長野一欽明帝始改二造廟一而有二行幸一啓蒙

○譽田八幡宮は應神天皇の御廟也陵は長野山と號す三十代欽明帝廿年に始て三所の社をたてらる丶中は八幡右神功皇后左仲哀天皇緣起は普光院義敎の筆繪有卯月八日若宮の神事車樂ニ乘渡る又能と兒の舞と隔年にあり八月十五日御輿出御伶人の舞有正月十四日曲物に水を入月影を浮め板に目をもりて年穀の水はかり何合と知る事有又此所に矢坂といふ有神功皇后矢を收給ふ所也名所記

○恩智社　高安郡恩智村ニ有リ祭神一座大御食津命天兒屋命之來孫也

樹下神系圖

河內國恩智大明神中臣朝臣藤原朝臣之遠祖也

貞觀元年正月廿七日正三位勳六等恩智大御食津彥神從二位神階記

此近わたりに恩智左近將監正遠が城の跡并左近が塚あり名所記

○水分社　石川郡ニ有リ傳未レ考　天水分神ト號スルハ速秋津彥神十柱子第五也若シ此神歟後君子ノ待レ考耳

左は日神月神右は吳子孫子也鳥居額は楠正行が筆也此おくに南木神といふ社有なり是は楠正成をまつれる也名所記

○道明寺天神　志紀郡同寺ノ内ニ有リ

三町の森の一町左右に梅を植中に社あり此所は往昔菅相公の御伯母の御在所とかや御神體は鏡後宇多院勅符也

靈寶數多あり後宇多院震筆天神名號天神御筆松梅繪　同御所持之笏　石帶　御鏡　御硯　御櫛箱　櫛あり　濃紫本結二筋　香箱一合ニ今に香有云々已上名所記ノ心

○當宗社　同郡ニ有リ　○仁和五年四月初祭レ之宇多帝外祖父姓當宗氏神社考

○佐田天神　澁川郡佐田ニ有リ　傳未レ考

名寄　駒なへていさみにゆかん佐太川に枝さしかはす大和なてしこ　俊成

○鏡社　若江郡　○降幡社　石川郡

○岩船社　石川郡　右傳未レ考

已上河內國畢

和泉

河內國靈龜元年割置ニ吉野監一改爲レ國舊事紀

元正天皇靈龜二年四月割ニ河內國大鳥日根和泉三郡一始置ニ和泉監一　類聚國史

○大鳥社大鳥郡ニ有リ一宮記云日本武尊也卜部兼凞云昔有ニ白鳳飛來止ニ是處一天照太神所レ化也故名ニ大鳥一　啓蒙

貞觀元年正月廿七日從四位下　神階記

○神託諸の人の心をはなれて外さらに神もなし又佛もなき事を知て神佛に僞なくまがらずしてつねに觀喜すべしたとへば諸の人邪路に入て無量のくるしみ其身をせむるなるべし能まもるべし〳〵　倭論語

○蟻通　和泉ニ有リ祭神一座

昔未レ詳ニ何時世一也唐將レ擊ニ我邦一試贈ニ七曲玉環上下內通一且告云以レ繩貫ニ此玉一衆人不レ知レ所レ爲子レ時有ニ中將某一取レ蟻繫ニ細糸其腰一以レ蜜塗ニ環孔

口ニ而入レ蟻々聞ニ蜜香ニ遂得ニ通入而出ニ於レ是以ニ其糸所レ貫玉環ニ還ニ于唐ニ唐人驚云日本國人其賢哉遂不ニ肯攻レ我其中將進至ニ大臣位ニ死而爲レ神有レ人詣ニ其社ニ夜告云那々和多尒麻我戻留他麻乃於々奴幾氐阿里通登波我波志良須哉

紀貫之集貫之歸レ自ニ紀伊國ニ時馬病將レ斃路人僉云此所レ坐之神爲レ祟貫之思此所無レ社又無レ誌而欲レ祈亦無ニ幣帛ニ因濯レ手跪而問レ名答云蟻通明神乃詠ニ和歌ニ云加枳句毛利阿夜梅毛志羅奴於保曾羅爾阿里登保志鳥波於毛布倍志耶波於レ是馬遂能行古事談云貫之還レ自ニ和泉國ニ時也　已上神社考

攝津

攝字彙云靜謐也漢書攝然天下安此國難波堀江天下著船之津以ニ天下靜謐之義ニ名ニ攝津ニ云々

○住吉社

攝津國住吉郡ニ有リ　祭神四座

底筒男　中筒男　表筒男　神功皇后

○伊弉諾尊往至ニ筑紫日向小戸橘之檍原ニ而祓除焉沉ニ濯於海底ニ因以生神號云ニ底筒男命ニ又潛ニ濯於潮中ニ因以生神號云ニ中筒男命ニ又浮ニ濯於潮上ニ因以生神號云ニ表筒男命ニ是卽住吉之大神也日本紀

●神功皇后　前ニ傳アリ

皇后伐ニ新羅ニ之明年二月又表筒男中筒男底筒男三神誨レ之云吾和魂宜レ居ニ大津渟中倉之長峽ニ便因看ニ往來船ニ於レ是隨ニ神敎ニ以鎭座焉　日本紀

住吉舊記云其荒魂在ニ筑紫之小戸ニ和魂者神功皇后征ニ三韓ニ時顯ヲ坐攝州ニ託ニ皇后體ニ而循ヲ行四方ニ遂到ニ攝州之地ニ宣言云眞住吉眞住吉之國也因鎭ヲ坐其地ニ名云ニ住吉ニ　啓蒙

攝社

祓戸社　礒御前　津守氏ノ祖也

○御位未レ考

○住吉御祓　六月晦日　御田植トイフ事アリ五月廿八日也　九月十三夜神前ニシテ市ヲナス寶市ト云フトカヤ其外年中ノ神事等多シ

古今拾遺 住江の松を秋風吹からに
聲打そふる沖津白波　躬恒

和歌多し　岸　松　姫松　忘草などよめり

名所岸野　忘水　那古海　名越　粉濱　淺香浦
浦初嶋　長居浦　佐比江　津守　細江　淺澤小野

何モ住吉ノ名所和歌ニ詠ゼリ　和歌略レ之

○安倍社　安倍王子ト號ス　住吉邊安倍野ニ有リ祭神熊野山第二王子云々　社記未レ考　新勅撰　新續古今ニヨメル安倍島或人此所ト云々後ノ君子可レ有レ考

○今宮惠比須　安倍野ノ北ニアリ　祭神蛭子　天照太神　素戔鳥　又北ノ社ハ廣田神ヲ勸請云々　傳未レ考　正月十日此社に詣俗に十日ゑびすと云々九月十八日此社にをゐて伶人の舞ありて神輿を天王寺の西門まで遷幸し奉る也　難波名所記

○安居天神社　天王寺ノ西ニアリ　祭神一座　菅家　社記不レ得レ考　祭　八月廿日

○新御靈　世權御靈ト稱ス

祭神未レ考俗ニ鎌倉權五郎景正ガ靈也ト云フ事非也云々　祭　九月廿七日

○座摩社　當社昔ハ八軒屋ノ邊ニ有シガ中比淡路町一町目ニ移シ其後今ノ渡邊ニ勸請シケルト也名所記

祭神一座　神功皇后也　宮中所レ祭之坐摩神又別也

○神名帳註云神功皇后也凱旋之日於ニ此所一飲食也仍名　譽田天皇三年十一月百濟辰斯王叛遣ニ紀角宿禰羽田矢代宿禰一令レ伐レ之卽日於ニ難波海中一祀レ之仍爲ニ住吉第一攝神一啓蒙　神功皇后三韓御退治ありて御歸帆の時始て御鎭座有石上に御休し給ふ今に八軒屋の上に舊石あり其後賤女來りて醬を奉けるその式によりて今に六月廿二日御祭禮の神供に醬を奉りけるはかゝる故なりとぞ　名所記

○玉造稻荷　玉造ニアリ　祭神　稻荷明神ヲ勸請云々

傳未レ考

名寄　住吉の名越の岡の玉造　數ならぬみは秋そ悲しき　好忠

○森明神　祭神　用明天皇云々予未レ考

○生玉社　東生郡天王寺邊ニアリ　祭神一座

天生玉神　天孫降臨時陪從神也

○活玉命新田部直遠祖也舊事紀　○社家註進云天孫瓊々杵尊降臨之時陪從三十二神之中天活玉命是也神武天皇戊午年春二月到ニ難波之碕一日祠ニ此神一云爰去明應年中本願寺僧來ニ此所一而創ニ寺院一以ニ神地一接ニ境內一矣依レ斯神惡ニ不潔一罰ニ彼僧一也于レ時懷ニ神殿造替之宿禱一而令ニ神主藤原吉勝一告中願辭上

也數日後起二寢床一遂奉レ遷二替神殿一其後信長兵燹之
日殿閣悉爲二灰燼一纔以二神璽一遷二別所一耳慶長年中
秀吉築二城郭一之序遷二今神地一云々 ○御位 貞觀元
年正月廿七日從五位下此後未レ考 已上啓蒙
○高津社 高津ニ有リ 祭神 仁徳帝云々 いにし
へは境内六町四方にて仁徳帝の皇居の地也といへ
り 名所記 此所西生郡也
金葉 いにしへの難波の事を思ひ出て
高津の宮に月のすむらん 師賴
新勅撰 春のよの月に昔や思ひ出る
高津の宮に匂ふ梅かえ 覺延法師
○逆櫓神 東成郡大坂ニ有リ 祭神
天照皇太神 號二朝日宮一 舊記云後鳥羽院文治元
年二月十八日義經與二梶原景時一爲二逆櫓之論一此日
爲二利運一義經於二此所一勸二請神明一 啓蒙 ○松や町
北裏町 名所記
○神明 大坂蠟燭町ニ有リ 所祭 天照太神 八幡
太神
後陽成院御宇勸請云々
○曾根崎社 曾根崎ニアリ 祭神 菅家 傳未レ考

○北野天神 大融寺ノ邊ニ有リ 祭神同レ前 京師ノ
北野ヲ摸スルト云々 京北野の宮より四十餘歲後
の造營と也昔此所に一夜に七本の松生出たり希代
の事なればとて大融寺の僧奏聞をとげ寬正四年の
倫旨等有と也 名所記
○天滿宮 難波津天滿ニ有リ祭神京師北野宮ニ同シ
村上天皇御宇天暦年中ニ詔ニヨッテ勸請云々 社記
未レ考 祭 六月廿五日 九月廿五日
○廣田社 武庫郡西宮鄕廣田村ニ有リ
祭神一座 廣田大神 又云五座說アリ
○神功皇后征二新羅一之明年忍熊王起レ兵屯二於住吉一
皇后聞レ之還二務古水門一而卜レ之於レ是天照太神誨
レ之云我之荒魂不レ可レ近二皇后一當レ居二御心廣田國一
卽以二山背根子之女葉山媛一令レ祭レ之 日本紀
廣田者天照太神之荒魂也可レ謂神宮御同體 二十二社註式
註進記云人皇百一代後小松院治廿三年應永十三年
四月四日甲子伯三位資忠王依レ招也 日本紀第九讀
合廣田社事條々有二不審一雖レ爲二社祕一委細演說云々
如二社官申詞一者奉レ書二廣田社一者神功皇后也自餘
神社意得レ之勸請歟一殿住吉 二殿廣田 三殿八幡

四殿南宮　五殿八祖神　已上五社也
南宮ハ大山咋　八祖神ハ高皇產靈尊 神名帳註 案以二廣
田一爲二皇后一難二心得一歟不レ合二日本書紀等旨一 啓蒙
○御位　貞觀元年正月廿七日從三位勳八等廣田神
正三位　神階記
貞觀十二年十月六日從一位　神名帳註
當社をよめる歌　六條入道前太政大臣
新續古今 けふ迄はかくてくらしつ行末を
めくみひろ田の神にまかせん
○西宮　西宮町ノ西ニアリ　祭神一座　蛭子　世所
謂西宮夷是也
相殿神二座　事八十神　大己貴命
蛭兒尊　此神雖二已三歲一脚猶不レ立故載二之於天磐櫲
樟船一而順レ風放棄 日本紀
初伊弉諾尊伊弉冊尊巡レ柱之時陰神先發二嘉言一既
違二陰陽之理一所以今生二蛭兒一 同上
相殿神　事八十右　大己貴命兄也　大己貴命左
蛭兒　事八十傳系圖上ニ見エタリ
右相殿二座之說卜部兼煕廿二社註說也
攝社　名次社　鰯津社　岡田社

須川御前　與夷社　西宮辰巳田中ニ有リ
祭神一座
○生田社　八部郡生田ニ有リ　祭神一座
稚日女尊　稱二天照太神妹一有レ習乎 啓蒙 是後稚日
女尊坐二于齋服殿一而織二神之御衣一也 日本紀 神功
皇后紀云伐二新羅一之明年二月稚日女尊誨レ之云吾欲
レ居二活田長峽國一因以二海上五十狹茅一令レ祭
○御位　貞觀九年十二月十六日從三位國史生田歌
に讀り
後撰戀 幾度か生田のうらに立かへる　讀人不知
波に我みを打ぬらすらん
同かへし 立歸りぬれてはひぬる汐なれは　同
生田のうらのさかとこそみれ
生田杜　川　池歌によめり
○長田　攝津郡ニ有リ生田ノ双也　額云長田大明神
祭神一座　事代主尊
大己貴命子傳系上ニ見エタリ
○皇后伐二新羅一之明年二月皇后之船廻二於海中一以
不レ能レ進更還二務古水門一而卜レ之於レ是事代主尊
誨レ之云祠二吾于御心長田國一則以二葉山媛之弟長

媛一令レ祭　啓蒙

○茨住吉　茨原郡ニ有リ長田生田ノ双ビ同海道ニアリ　祭神三座

表筒男　中筒男　底筒男

○神功皇后伐二新羅一之明年二月表筒男中筒男底筒男三神誨之云吾和魂宜レ居二大津渟中倉之長峽一便因看二往來船一於レ是隨二神教一以鎮坐焉

○比咩語曾社　東生郡ニ有リ　祭神一座

下照姫命　大己貴命子也　此神與二出雲御碕神一和歌祖神也　古今集註

○高皇產靈尊賜二天稚彥天鹿兒弓及天羽羽矢一以遣レ之此神亦不二忠誠一也來到卽娶二顯國玉之女子下照姫一又名高姫又名稚國玉

又曰天稚彥中レ矢立死天稚彥之妻下照姫哭泣悲哀聲達二于天一　已上日本紀

田心姫命生二妹下照姫命一　舊事紀

攝州東生郡比賣許曾神社下照姫也今按比賣許曾在二日本紀第六一與レ此不レ同

已上神代系圖傳

○大己貴命
- 都味齒八重事代主神
- 味鉏高彥根命
- 下照姫命
- 高照光姫命

○上宮天神　高槻ニ有リ　祭神一座

菅家　里諺曰村上天皇天曆年中奉二于北野一之日先祀二于此地一也鳥居銘云攝津國上宮者菅神歸洛寓居之名區也

諸社一覧第五終

諸社一覽第六目錄

伊賀　敢國
志摩　伊雜
尾張　眞清　熱田　津嶋
參河　砥鹿
遠江　事任　横須賀
駿河　淺間　三保
伊豆　三嶋　箱根
甲斐　淺間
相模　寒川　鶴岡　景政　杜戸
　　　下若　荏柄　鎌足
　　　瀬戸　足輕
武藏　氷川　山王　神明　愛宕
　　　氷川　神田　湯嶋
　　　鷲宮
安房　北理姫
上總　玉前

下總　香取
常陸　鹿嶋　洗礒　志津
近江　建部　多賀　彦根　三上
　　　石部　苗賀　櫻谷　四宮
　　　日吉　伊吹　竹生　白鬚
　　　立木　筑摩　八幡　矢橋
　　　兵主　小津　大寶　牛頭
　　　水尾　田村　黑主　秀郷
　　　明神　赤山　新羅
美濃　南宮
飛驒　水無
信濃　諏訪　戸隱
上野　拔鉾
下野　二荒
陸奥　都々古和介
出羽　物忌
已上

諸社一覽第六

東海道

伊賀　就二東方海邊一行道也東海道名始二于景行時一分二畿內七道一者始二于文武時一分二諸國東西南北一者始二于成務時一

伊賀

四郡內有二伊賀郡一以二郡名一爲二國名一

○敢國社　阿拜郡　祭神一座　金山彥神也　一宮記

當國之一宮也○伊弉冊尊且ㇾ生二火神軻遇突智一之時悶熱懊惱因爲吐此化二爲神一名云二金山彥一日本紀

貞觀九年十月五日從五位下敢國神　國史

志摩

志摩和名也爲二伊勢嶋之意一也放ㇾ地出二海中一之嶋也後成二國名一　風土記

○伊射波大明神　答志郡ニ有リ伊雜宮是也　祭神伊勢內宮之下ニミエタリ

尾張

日本武征二東夷一而還二於尾張一所ㇾ帶之劒在二熱田一熱田明神是也此劒本自二大蛇之尾一張出劒也此劒留二此國一故曰二尾張一

○眞清田社　中嶋郡ニ有リ　祭神　大己貴命也

一宮記　當國一宮也一宮記ニノスル所以下同事也

○熱田社　年魚市郡ニ有リ　祭神一座今爲二六座一

天村雲劒也　傳祇園素戔烏尊之下ニ見エタリ　○

素戔烏尊勅ㇾ蛇云汝是可畏之神也敢不ㇾ饗乎乃以二八甕酒一每ㇾ口沃入其蛇飮ㇾ酒而睡素戔烏尊拔ㇾ劒斬ㇾ之至二斬ㇾ尾時一劒乃少缺割而視之則劒在二尾中一是號二草薙劒一此今在二尾張國吾湯市村一卽熱田祝部所ㇾ掌之神是也日本紀

神名帳註云八皇十二代景行帝十四男小碓尊後名二日本武一此神垂跡也大宮　日本武東素戔烏南宮簀姬西伊弉並北倉稻魂中央天照太神也尾張風土記云熱田社者昔日本武命巡二歷東國一還時娶二尾張連等遠祖宮簀姬命一宿二於其家一夜頃向ㇾ厠以二隨ㇾ身劒一掛二於桑木一遺ㇾ之入ㇾ殿乃驚更往取ㇾ之劒有ㇾ光如ㇾ神不ㇾ把ㇾ得之一卽謂二宮簀姬一云此劒神氣宜ㇾ奉ㇾ齋ㇾ之爲二吾形影一因立二社熱田鄕一爲ㇾ名　先師說曰熱田社者

日本武尊留ニ其形影天村雲劔ニ爲ニ御神體ニ可レ謂ニ日本武尊垂跡ニ者　啓蒙

○景行天皇廿八年冬十月日本武尊征ニ東夷ニ發路之枉レ道拜ニ伊勢神宮ニ仍辭ニ于倭姫命ニ云今被ニ天皇之命ニ而東征將レ誅ニ諸叛者ニ故辭之於レ是倭姫命取ニ草薙劔ニ授ニ日本武尊ニ云愼之莫レ怠也是歳日本武尊初至ニ駿河ニ其處賊陽從レ之欺云是野也麋鹿甚多氣如ニ朝霧ニ足如ニ茂林ニ臨而應レ狩日本武尊信ニ其言ニ入ニ野中ニ而覓レ獸賊有下殺ニ皇子ニ之情上放レ火燒ニ其野ニ皇子知レ被レ欺則以ニ所レ佩劔ニ自抽薙ニ攘皇子之傍草ニ因レ是得レ免故號ニ其劔ニ曰ニ草薙ニ也　日本紀

景行天皇の御宇東夷を御退治のとき相模國にて高かやにひをつけ打手の大將日本武尊をやきころさんとす尊劔をぬき祈念して打はらひ給へば方壹里のくさこと〴〵くなぎふせ給ひぬ尊も官軍もつゝがなしそれより此つるぎの名を改てくさなぎの劔との給へり還御の時奇瑞あるによりて尾張國に大社をつくらしめ給ふ今の熱田明神是也八劔の宮是也其時太神宮え御いもうと大和姫の皇女奏問ありしに陳のはらひと此劔天のひわかしのひうち三種を給ふ也其以後新羅國の僧日羅といふ者此劔をほしがり彼宮に參籠日久し可レ然びんぎをもつて御殿をやぶりすでにぬすみ取にげ行と思へば宮中を一夜の程めぐる計也夜の明たれば不レ叶して劔を返しすてゝにげぬ是によりて同し寸尺に太刀を七振うたせて同殿にをき給ふ以上八振也又げん大夫どのといふ小社有是手摩乳也神宮にてはをき玉の神といふ是皆猿田彦の化現也　卜部兼邦記ノ心

○神託　天下の諸人よつねに神明の直きみことを身にうけて天を父とし地を母とし万物を兄弟として恨なくかなしみなき此神國の三界にまされるをたのしまん天照神の敎にたがはですべらみことをうやまひませそむくかたあらば我神前に來て其名をあげよ必てきをくだきて心のまゝならん　倭論語

玉葉集神祇部　櫻花散なん後のかたみには
　松にかゝれる藤をたのまん
是は熱田の大明神の御歌となん

○津嶋社　海部郡津嶋　祭神山州之祇園ニ同シ
素戔烏尊中殿　稻田姫東　八王子西
社家註進狀云人皇卅代欽明天皇元年己未來ニ臨子

此地ニ矣又每歲有ニ御葦神事者ニトニ國中疫疾變異
等ニ　啓蒙

三河

此國有ニ三河ニ一云男川二云豐川三云矢作川
男川者河上有ニ山神ニ白鬚明神也豐川者此河
上有ニ長者ニ民屋豐饒故云ニ豐川ニ矢作川者日
本武尊東征時於ニ河邊ニ多作レ矢故云ニ矢作
川ニ　風土記抄

○砥鹿社　寶飫郡ニ有リ　祭神　大己貴命　一宮記
貞觀十二年八月廿八日正五位下砥鹿神正五位上同
十八年六月八日從四位上　國史

遠江

近江始書ニ淡海ニ有ニ大江ニ自ニ帝都ニ近故改ニ近
江ニ又遠江始書ニ遠淡海ニ此國有ニ大江ニ自ニ帝
都ニ遙遠故名ニ遠江ニ　風土記

○事任社　周智郡ニ有リ　祭神　大己貴命也　一宮記
社記云一名小國神社也遠州周智郡大己貴命者欽
明天皇御宇十六年乙亥春二月十八日出ニ現于這所ニ
爾來奉レ崇ニ小國一宮ニ無レ不ニ欽仰奉仕ニ也若逮レ可ニ
社頭造修ニ達ニ　天聽ニ則勅使奉ニ行之ニ畢ニ厥功ニ

攝社
奥石戸　王子宮　八幡　内宮　外宮　八王子
眞佐子社　飯王子　荒神

○文德實錄云嘉祥三年七月丙戌遠江國事任神授ニ
後五位下ニ

○横須賀社　同郡横須加村ニ有リ　祭神三座
高松社一座　小笠社同　横須賀社同
社家註進云人皇四十二代文武天皇大寶元年秋九月
奉レ遷ニ此所ニ也高松社者大市姫命大山祇女也小笠社者素
戔烏尊也横須賀社者卽熊野樟日命也素戔烏子　啓蒙

駿河

珠流河舊事記　舊事紀　○昔書ニ洲流河ニ也
郡有ニ駿河ニ因爲ニ國名ニ　風土記

○淺間社　不盡郡ニ有リ　號ニ富士權現ニ是也大山祇
女木花開耶姫命也　一宮記

○貞觀元年正月廿七日從三位　神階記

○神託　我人よ心なかれ心なければ能神明の位に
のぼる也わづかに念慮にわたれば人心をさる也人
心もさればちくるいとなるぞ人をしてかくあらん
ぞ我たへがたくいたみ我つねになげくのみ　倭論語

○三穗社　有度郡三穗ニ有リ
昔神女飛來懸ニ羽衣於松枝一漁人取レ之神女失レ衣不レ能レ飛屢求レ之不レ畀焉遂相約授レ衣神女悅而飛去其後又來於レ是土人立レ祠奉レ之
○神名帳註三穗津姫乎云々
按伶人家有ニ東遊者一相傳云安閑帝御宇於ニ駿河國有度濱一天女降現而爲ニ歌舞一道守氏翁者傳ニ此曲一矣予聞ニ諸元貿一云三穗神社與ニ羽衣社一不レ同今現二社在焉三穗社在ニ平林中一羽衣社去ニ平林一數十步在ニ沙陵之下一云下畧レ之　啓蒙
○三保松原者在ニ駿河國有度郡一有度濱北有ニ富士山一南有ニ大洋海一久能山嶮於西淸見關田子浦在ニ其前一松林蒼翠不レ知ニ其幾千萬株一也殆非ニ凡境一誠天女海童之所ニ遊息一也案風土記古老傳言昔有ニ神女自レ天降來曝ニ羽衣於松枝一漁人拾得而見レ之其輕軟不レ可レ言也所謂六銖衣乎織女機中物乎神女乞レ之漁人不レ與神女欲レ上レ天而無ニ羽衣一於レ是遂與ニ漁人一爲ニ夫婦一蓋不レ得レ已也其後一旦女取ニ羽衣一乘レ雲而去其漁人亦登仙云　神社考

伊豆

伊豆和名也東相模西駿河出ニ其中間一之國故伊豆則出之義也日本武東征時無ニ伊豆名一後代立ニ當國一乎

○三嶋社　賀茂郡ニ有リ　祭神一座
大山祇命　一宮記
○崇峻帝御宇庚戌年出現　改曆雜事記
○抄云伊豆國賀茂郡三嶋神社攝津國嶋下郡三嶋社伊與州越智郡大山祇神社此三所共一神也　神社考
伊豆三島明神者移ニ伊與三島一以祭レ之伊與守實綱患レ旱祈レ之令ニ能因法師詠ニ和歌一俄大雨禾不レ枯　同上
太宰大貳佐理任罷自ニ鎭西一還至ニ伊與國一泊風浪惡而不レ出レ船其夜夢三嶋明神告云請書ニ社額一翌日佐理書以懸レ之風乃順而發レ船佐理本朝無双之能書也其額云日本總鎭守三嶋大明神　同上
貞觀九年七月廿七日　從三位　國史
○神託　益人よ天にならひ地にうけし心をうしなはで天照神の敎を敎として人の國に操をよせてわか人をして人の人たらんは我つねにこのまず氣はあしかるに移り安く能に移りにくき事を辨へをりて其操をくだ〳〵敷する事なかれ　倭論語

○箱根　同國　社家者語ㇾ余云伊豆箱根者共本社彥火々出見尊也又有ニ駒形權現　白和龍王　右鵲王左鵲王及客人宮一　神社考

千載
ともしゝて箱根の山に明にけり　俊綱
二より三より逢とせしまに

甲斐

○淺間社　八代郡ニ有リ　祭神
神體同ニ富士一　一宮記

相模

足輕明神者狩人也或時離ニ寵妻一有ニ悲傷一故常見ニ亡妻之鏡一思ㇾ之相ㇾ模如ㇾ見ニ亡妻一相見也模形也　風土記

○寒川社　高座郡ニ有リ神體同ニ八幡一　一宮記　貞觀十一年十一月十九日從四位上　國史

○鶴岡宮
鎌倉鶴岡ニ有リ　祭神　垂跡同ニ山州石淸水一　○廿二社註式云本社者人皇七十代後冷泉院御宇伊與守源朝臣賴義奉ニ勅定一征ニ伐安倍貞任一之時有ニ丹祈之旨一康平六年八月潛勸ニ請石淸水一建ニ瑞籬於當國由比鄉一今號ニ下若宮一人皇七十二代白河院治八年　永保元年二月陸奥守源朝臣義家加ニ修復一今又奉ㇾ遷ニ小林鄉一

後冷泉院天喜六癸卯年鎭座　改曆雜事記
已上同啓蒙

新拾遺
鶴岡和歌によめり
鶴岡木高き松を吹風の　左兵衞督基氏
雲ゐにひゝく萬代のこゑ

●東鏡大概右兵衞佐賴朝義兵をおこし給ひて漸威東國におよぶのきざみ心願有により先鎌倉に入給ひ小林鄉の北山をてんじ宮廟をかまえ下若宮を此ところに勸請し給ひ先假初の宮居也治承五年に武藏國淺草より木道のたくみをめして七月八日事始有之八月十五日に遷宮有奉行は梶原景時土肥眞平大庭景義也建久二年若宮の上の地に別て正八幡宮勸請し給ふ上の若宮是なり　鎌倉名所記
東鑑若宮のかたはらに熱田大明神を勸請し給ふと有今左右に三輪熱田諏訪三島住吉の社有山の上八幡の右の方に武內神社賴朝の靈社有　同上
○鴨長明道記鶴岡若宮は松柏みどりしげく蘋蘩のそなへかくる事なし陪從を定て四季の御神樂おこ

たらず職掌におほせて八月の放生會をおこなはる崇神のいつくしみ本社にかはらずときこゆ　同上

東鑑文治五年九月頼朝於ニ奥州伊澤郡鎮守府一奉ニ幣八幡宮瑞籬ニ（號ニ第二殿一）是田村丸將軍征ニ東夷一時此處奉ニ勧請一之靈廟也彼卿所レ帶弓矢及鞭等納ニ置之一于レ今在ニ寶藏一　神社考

○景政社　鎌倉極樂寺切通エカヽル在所ノ北ノ山ノ間ニアリ松榎三カイ程ナルガ兩ノ脇ニ有リ　名所記

○祭處　權五郎景政ガ靈也　○景政甞從ニ源義家一赴ニ奥州之役一矢中ニ景政左眼一不レ拔レ矢七日遂射ニ殺其寇一今世患ニ目疾一者祈ニ此社一有レ效云　神社考

○號（御靈宮）東鑑元暦二年八月廿七日御靈宮鳴動依て兵衛佐殿御參詣有て御神樂神拜有又云御所の女房の夢に景政と名乘り老翁夢に告て云崇徳院の御たヽり世にみつ依て今鎌倉中八おほく死す我是をふせがんとす然共大きにかヽはりを得ずといへり鎌倉殿つたへきヽ給ひて諸寺諸社にて御祈をはじめらるヽ　名所記

○杜戸明神　同所鷺浦ヲ行海中ヱ五十間程サシ出タル所也松檉ノ古木シゲリ浦ノ景江島金澤ニモヲトリマサリハ分難シ　同上　祭神未レ考　○明神の寶物あこ小鞍どう駒の角　運慶作の獅子　綸子一通其文はしれず年號は嘉元元年守殿明神刑部介物部恒光とあり幷二位尼御前の御教事あり年號は暦應二年十二月十四日　同上

○下若宮八幡　東鑑一巻に本社は後冷泉院御宇伊豫守源頼義勅定をうけ安部貞任を征伐せしむ其時丹祈のむねありて康平六年秋八月にひそかに石清水のみづるぎを當國由井郷に移し奉る今是を下若宮と申

永保元年二月に陸奥守源義家しゆふくをくはゆ又兵衛佐小林郷にうつさる　名所記

○荏柄天神　祭神菅家　頼朝やしきより東にあり東鑑に御所より東ゑがらの前燒亡とあり　名所記　後土御門院長享元年二月廿五日建立太田道灌本願也

○鎌足明神　祭處大織冠鎌足公ト云々大職冠鹿島にまうで給ひ歸京の時由井郷に宿し給ふ其夜の夢の御告により多年たしなみ給ふ所の鎌を大倉松岡にうづめ給ふに依て鎌倉と號す　名所記

○瀬戸明神　傳無ニ所見一　已上鎌倉

○足輕社　同國足柄ニアリ　山　關　和歌あり

續古今 あしからの山路はみねと別れなは　躬恒
心のみこそ行て歸らめ

新勅撰 足柄の關路こえ行くしのゝめに　後京極
一村霞む浮島か原

○大和本紀云足柄明神者昔狩獵人一日離ニ寵妻ニ而悲傷無ニ止期一也其及レ將レ死授ニ一鏡一云若有ニ追慕之情一則視ニ此鏡一焉仍如レ敎者相ニ其亡妻之模一猶如ニ生平一也以ニ其鏡一祭爲レ神々所レ在國名ニ相模一　啓蒙

武藏

秩父嵩者其勢如ニ勇者怒立一日本武美ニ此山一奉レ爲ニ東征祈一以ニ兵具一納ニ埋岩藏一故云ニ武藏一　風土記

○氷川社　足立郡ニ有リ　祭神　素戔烏尊也　日本武尊東征之時勸請也 兼倶神名帳註 ○貞觀十一年十一月十九日壬申正四位下　國史

○山王社　武藏江戸ニ有リ永田山ト號ス
祭神　江州日吉ニ同ジ神傳ハ日吉ノ下ニ有リ○長祿三年に太田道灌江府の城に住ける時文明年中に始て此御神を星野山の城内に勸請せり承應三年に

回祿の後今の溜池の築山にうつせり祭六月十五日隔年に有元始慈覺大師勸請也　江戸名所記

○神明　芝日比谷ニ有リ　祭神　天照太神　祭九月十六日○一條院寛弘二年乙巳九月十六日に幣幷大牙壹ツ此所に降りくだれり然所に童子壹人來て狂出て口ばしりけるは我は是伊勢の神明也此所に跡をとゞめんため二種のしるしをあらはすと云々さあるに依て此所に勸請し奉る云々　名所記ノ心

○愛宕社　同江府ニアリ　勸請年記未レ考　所レ祭山城之愛宕ニ同ジ

○氷川社　江府四谷ニ有リ　額云氷川大明神　祭神未レ考 此所入間郡也足立郡氷川神ニ同キ歟後君子仰レ考耳

○神田社　江府神田ニ有リ　所祭　平將門ガ靈也○神田明神者世傳平將門屍埋ニ于此一者也朱雀院御宇承平二年平將門在ニ總州相馬郡一招ニ集東關士民等一叛攻ヲ破伯父常陸大丞國香一振ニ威於東關一于レ時天慶三年正月國香子平貞盛俵藤太秀郷藤原忠文等蒙勅命ヲ爲ニ征伐使一而赴ニ將門居城一屢戰遂誅ニ伐將門一秀郷得ニ其首一傳言將門首飛留ニ于此一云々見ニ于續

本朝文粹一 神社考
桓武天皇─葛原親王─高見王─高望王─
─良將─將門 相馬小次郎 自號二平親王一
○湯島社 江府湯島ニ有リ 祭神 菅家 ○太田道
灌持資在二江戸城一時文明十年六月五日於二城官之
中一建二菅丞相祠一同年秋道灌宴二坐一室一夢中見
レ接二菅丞相一其翌朝或人卒然來献下菅丞相所二親筆一
之畫像上可レ謂二靈夢一也遂於二城外之北畔一建二菅丞
相祠堂一寄二數十頃之美田一栽二梅花數百株一
○鷲宮 武藏大田庄ニ有リ 祭神未レ考
建久四年十一月武藏大田庄鷲宮寶前血流卜筮云兵
革之兆也因奉二神馬一鹿毛 源頼朝使三榛谷四郎重朝一
莊中嚴社壇上 神社考

安房

養老二年五月日割二上總國四郡一置レ之天平
十三年復レ田 其後又置景行天皇五十三年冬
十月至二上總國一從二海路一渡二淡水門一 云々 淡
水門今安房國也
○天比理乃咩社 同安房郡ニ有リ 一名洲崎社

祭神 太玉命 一宮記 仁壽二年七月丙辰加二從三
位一 文德實錄 ○神傳系上見
源頼朝石橋山ノ合戰ニウチマケタマヒテ後治承四
年八月廿六日ノアケボノニ伊豆國眞鶴崎ヨリ船ニ
乘三浦ヲコ、ロザシテヲシイダス折節風ハゲシク
テ水崎エ船ヲヨセカネテ廿八日ノ夕暮ニ安房國洲
崎トイフ所ニ船ヲハセアゲテ其夜ハ卽大明神ニ御
通夜アリテ夜ト、モニ祈念ヲゾ申サレケル夢ニ明
神ノシメシ玉フトオボシクテ御寶殿ノ御戶(ミト)ヲイツ
クシキ御手ニテヲシヒラキ玉ヒテ一首ノ歌ヲゾア
ソバシケル
源ハ同シ流ヲ石清水只セキアゲヨ雲ノ上マテ 頼
朝ユメウチ覺テ明神ヲ三度拜シタテマツリ玉ヒテ
源ハ同シ流ヲ石清水セキアケテタヘ雲ノ上マデ
源平盛衰記

上總

上總下總々謂二木枝一也昔此國生二大楠一長
及二數百丈一時帝恠レ之卜二占之一大史奏云天
下大凶事也因レ玆斬二捨彼木一倒二南方一也上
枝云二上總一下枝云二下總一也 風土記

○玉前社　埴生郡ニ有リ　祭神　高皇魂尊弟生産靈一男前玉命也　一宮記

按ルニ系圖傳相違アル歟

高皇産靈尊
神皇産靈尊
津速魂命
武乳速命
振魂命——前玉命

貞觀九年七月廿七日從五位上勳五等玉崎神從四位下　國史

○神託　もろ人よ理にさかふ事なかれ理にさかへば天神の心にたがふぞ理といふは天也地なり神也思ふべし　倭論語

下總

○香取社　香取郡ニ有リ　祭神　齋主命也　一宮記

○天神遣二經津主神武甕槌神一使レ平二定葦原中國一是時齋主神號二齋之大人一此神今在二東國楫取之地一也　日本紀

○神書抄曰齋主祭神之主也經津主神之別稱巳下畧之　神社考

○經津主神者天之鎭神也其先出レ自二諸尊一初諸尊斬二遇突一血成二赤霧一天下陰闇直達二天漢一化爲二三百六十五度七百八十三磐石一是謂二星度之精一也氣化爲レ神號云二磐裂一是謂二歲星之精一磐裂生二根裂一是謂二熒惑之精一根裂生二磐筒男一是謂二太白之精一筒男生二磐筒女一是謂二辰星之精一筒女生二經津主一是謂二鎭星之精一故云二天安河磐石一則經津主神之祖也　天書

○神託　それ神明のいむ事のけがれは衆生の穢惡の心をいましむ也直きものにはけがるといはずなべての人の心のたゞしく直からんがため也

いさぎよき人の心の底すまば清き神明のかげをうつさん　倭論語

常陸

此國之邊常汐滿民家多有レ煩故宣云此國干立成レ陸則百姓安故云二飛多智一也　風土記

○鹿嶋社　鹿島郡ニ有リ　祭神　武甕槌神也　一宮記

○伊弉諾尊拔二所帶十握劒一斬二軻遇突智一其劒鐔垂血激越爲レ神號云二甕速日神一次熯速日神其甕速日神是武甕槌神之祖也　日本紀　○甕速日神之子熯速

日神熯速日神之子武甕槌神 同上 ○高皇産靈尊遣ニ經津主神於葦原中國一時此神進云豈唯經津主神獨爲ニ丈夫一而吾非ニ丈夫一者哉其辭氣慷慨故卽配ニ經津主神一令レ平ニ葦原中國一 同上

○相傳曰神誓以レ石爲レ杜者石腐之際神明在也云々

啓蒙

○神託われつねに此葦原の中國の衆生をめぐみ天神のみことのりをうけ異朝の凶徒をしりぞけ天魔地魔の鉾さきをくだく此國の者一人も我神德をかうぶらずといふ事なし神明につかへまつるもの國におゝき時は我力をえて魔軍日の下の雪の如くにきえ失ぬ國に神明につかゆるものすくなき時は我力おとろえて每度に心を苦しむ魔力はやゝもすればつよく神力はやゝもすればよはし是只諸の人の心或時は月氏國の敎にうつり或時は西天の敎にはしりて神道を思ふ者なきゆへに我つねにくるしむ天國の敎も我神道の潤色ならば用てもよし一向に本を捨てするゝに近づきもとの心をうしなふべきぞくるしき 倭論語

鹿嶋和歌によめり

拾遺 鹿島なる筑まの神のつく／＼と 讀人不知
我み一つに戀をつみつる

新續古今 なぞもかく別初けんひたちなる 俊成
鹿島の帶のうらめしのよや

治承の比常陸國かしまの明神に參侍れば御社は南むかひに侍り前は海後は山にて社いらかをならべ廻廊軒をきしれり汐だにさせば御前の打板まで海になり汐だにもひけば眞砂にて二三里に及べり南は海にてきはもなく侍れば晝はみなれざほさす船をみ夜は波に宿る月をみき北は山にて侍れば杉村も落なく時鳥のはつねいちはやく聞え草むらに露をそゆるよるの鹿あかつきさけぶ猿のこゑ深山おろし松の風よに物あはれに心すごく侍り東西のべなれば色々の花は錦をおほへるに似たり扨も何よりおもしろく侍りしは御殿の上の櫻の七日を限る別れを告て庭をさかりと移て侍りし折ふし汐みちて花のあそこにひとむらこゝにひとむらなぎさ／＼入江／＼にゆられありき侍りし兼て廻廊のうちにて入於深山思惟佛道とたつとき聲にて讀侍りしがやがて讀さして末床しく思ひしにかんなぎの

皷うちて思惟佛道のすゑを猶きかばやと託宣侍てさま〴〵の事なんど侍りしにこそ實に神もおはしましけるとは覺えし其中に我去ぬる神護慶雲四十八代稱德帝ノ年號に法相をまもらんとて三笠山にうつりぬれど此所をもすてず常々守るとぞ御託宣侍りし扨も汐のみつるときはおほくの鱗波にしたがひて御殿迄寄汐のひくときは遙に歸れば日に二度參下向に似たりされば結緣むなしからで定て巨益にあづからんとあはれに侍る又はるかに御社にむきのきて御社有率川と申眷屬の御神におはします也天下をもらさずはごくまんとちかひ給へり鶴千里にとぶ猶地をはなれず鷲雲へかけるいまだ天の外にあらざれば何の鳥獸か利益にもるゝ事侍らん如此に覺えて我等をすくはんかれをたすけんと思しける佛神多くましませ共我等妄染の雲厚く心のはれぬ程に候神も利益に所のましまさぬにて侍り　撰集抄

○洗礒前社　鹿島郡ニ有リ　神祭

少彦名命　文德實錄云齊衡三年十二月戊戌常陸國上言鹿島郡大洗礒前有レ神新降初郡民有ニ煑レ海爲レ鹽者一夜半望レ海光耀屬レ天明日有ニ兩怪石一見レ在ニ水次一高各尺許體ニ於神造一非ニ人間石一鹽翁私怪レ之去後日亦有ニ二十餘小石一在ニ向石左右一似レ若ニ侍坐一彩色非レ常或形ニ沙門一唯無ニ耳目一時神憑レ人云我是大奈母知少比古奈命也昔造ニ此國一訖去往ニ東海一今爲レ濟レ民更亦來歸

○志津社　久慈郡ニ有リ　祭神一座

手力雄命　思兼命子也　傳系有レ上神紀所レ載太神入レ窟之時有レ功信州戸隱神同垂跡也　啓蒙　已上東海道畢

東山道

就ニ東方山中一行道也

近江

昔云ニ淡海一後代改ニ近江一　風土記

○建部社　栗太郡ニ有リ　祭神　大己貴命　一宮記

○兼熈番神註云天明玉命也云々未レ知ニ是非一仍存ニ兩説一　啓蒙　天武帝白鳳四年勸請　神祇正宗

○貞觀九月七日十一日授ニ從四位下一　國史

○多賀社　犬上郡ニ有リ　祭神一座

伊弉諾尊　額云多賀大社

伊弉諾尊功既至德亦大矣於レ是登レ天報命仍留ニ宅

於日之少宮一日本紀　○神書抄曰日之少宮者近江國犬上郡多賀大明神是也近江在二艮方一日之所二初出一也故曰二日少宮一

按二神記一云伊弉諾尊搆二幽宮于淡路之洲一寂然長隱者矣故舊事紀亦載伊弉諾坐二淡路之多賀一神名帳亦云淡路津名郡伊弉諾神社蓋伊弉諾在二於彼一亦在二於此一也

或云以二近江國一爲二艮方一自二今山城王宮一視レ之則然往日伊弉諾尊都二於山城國一乎不若未レ都二于此一則以二近江國一爲二艮方一則似レ未レ可レ信云闢國之初自有二王畿之兆一在二山城洲一其數遷二都乎四方一者時使レ然也　啓蒙

○別宮幷攝社

山田社去二本宮一乾一里許

兒宮　去二本宮一坤半里土人稱二奥御前一

荒神社　有二本宮東掖一

蛭子社　有二本宮西掖一

伊勢神宮　有二本宮西一

日向社　伊勢宮西　鑰取社二座也、有二町口南一

已上共啓蒙

○神託　心あればつみあり心なければ罪なし有無の心は我このまずたゞありのまゝなるもろ〳〵の人の心をもて玉の緒はゆたかにひろき心よりいつまでもつきし物をや倭論語

○彦根社　蒲生郡ニ有リ　一云犬上郡共

祭神一座　活津彦根命

素戔烏尊自二右臂中一化二生活津彦根命一日本紀

○樹下山門神系圖云天照太神與二素戔烏尊一所二誓生一之活津彦根命者近江國彦根明神也　啓蒙

天照太神——正哉吾勝々速日天忍骨尊
　├天穗日命
　├天津彦根命
　└活津彦根命

○三上社　益須郡ニ有リ　祭神一座　天御影命

社記云伊弉諾之別稱也

○古事記云近淡海國之御上祝以伊都玖天之御影神云々　兼右神祇正宗曰今多賀大明神本地伊弉諾尊也人皇七代孝靈帝六年出現○社家相承所謂伊弉諾尊與二天照太神一之兩座也仍稱二天御影日御影社一

類聚國史云貞觀十七年三月廿九日三上神從三位
或問當宮齋官食ニ于陶器一炊ニ于瓦釜一又忌ニ革服
火奴之類一稱ニ天下第二之忌火一也奈何云皆疾ニ機
巧之智欲ニ早計一之故也蓋神貴ニ乎淳朴一賤ニ機巧一
且古人祭服多以レ革造レ之本朝疾ニ皮革之屬一竊惟
古人用レ之不レ忘ニ其本一也朝人疾レ之避ニ其流一 已
上啓蒙

○神託 常に天下の諸人に正しく直き心をしらし
めんと思ふものは神これをよろこびて其名を天下
にあらはしますさいはいは子孫にあまるたとへば
まがれるもの丶一旦人のよかる人有とも神明かれ
をうばひてつぎなかるべし 倭論語

○石部社 甲賀郡石部村ニ有リ 祭神二座
上社ハ吉姫大明神 町尻北二町許ニアリ
下社ハ正一位吉彥大明神 筧町頭折レ南三町ニア
リ ●案倭姫世紀云而後倭姫命度坐時爾阿佐加瀉
爾多氣連等祖宇加乃彥之子吉志比女次吉彥二人參
相支云々爾吉姫地口御田幷麻園進蓋此神歟古老諺
言上下二神有ニ伊州兩宮緣一 啓蒙

○苗鹿社 志賀郡坂本鄉苗鹿村ニ有リ
祭神一座 苗鹿明神 式所謂那波加社是也○天太
玉命化ニ老翁一鹿負レ稻導レ之故名兼熙番神記 ○天智
帝七年營レ社 神祇正宗 啓蒙

○櫻谷社 栗太郡去ニ于勢多之南一二里許有
祭神一座 瀨織津姫命 式所謂佐久奈止社是也天
照太神荒魂也
○伊弉諾尊洗ニ左眼一因以生神云ニ天照荒魂一亦名ニ
瀨織津比咩神一 阿波良波命傳
○仁壽元年六月丙子詔以ニ近江國散久難度神一列ニ
明神一 文德實錄

○四宮 志賀郡大津之驛ニアリ 祭神四座
鎭坐年紀不ニ分明一 已上啓蒙
大日叡 小日叡 氣比 小禪師
○大日叡 大己貴命 日吉社記
○小日叡 國常立尊 同上
○氣比 仲哀天皇 同上
○小禪師 彥火々出見尊 同上
當社日吉榊殿也

○日吉 同郡坂本村ニ有リ 祭神七座
大宮 二宮 聖眞子 八王子 客人 十禪師 三

宮　已上七社
大宮　大己貴命　傳上ニミエタリ
○人皇卅九代天智帝御宇白鳳二年三月三日琴御舘
奉レ祭二山麓一其後御舘乞レ奉レ拜二尊神御形一于レ時夜
忽光耀如レ日其中有二大字一更無二異物一依レ之奉レ稱二
大宮一也　日吉鎭坐記
○二宮　國常立尊　神皇魂尊　傳上ニミエタリ
○此卽天地二義主神天地始其中出現之故名二二宮一
二字此天字畧也天地陰陽兩義加護神者是也垂跡始
自二神代一已來波母山降現也　日吉鎭坐紀
天地初判始有二倶生之神一號二國常立尊一次國狹立尊
又云高天原所生神名云二天御中主尊一次高皇産靈尊
次神皇産靈尊　日本紀
○聖眞子　正哉吾勝尊　傳系上ニ見ユ聖者神也言
於二兩神眞心中一出生故名レ焉　鎭坐紀
○八王子　國狹立尊　○天地之中生二一物一狀如二
葦牙一便化爲レ神號二國常立尊一次國狹槌尊　日本紀　○
八十萬神大祖元氣神也尤有二口傳一　鎭坐紀
○客人　伊弉冊尊　○次有レ神伊弉諾尊伊弉冊尊
日本紀

○十禪師　瓊々杵尊　○天照太神之子正哉吾勝々
速日天忍穗耳尊娶二高皇産靈尊之女栲幡千々姫一
生二天津彦火瓊々杵尊一日本紀　○十者天七地三之數
禪讓也師國也言十善天子讓レ國之義　鎭坐紀
○三宮　惶根尊　一說　天照太神三女　○三女影
向故名二三宮一　鎭坐紀　○天神第六惶根尊是也　日
大記
○所屬十四座　加二上七坐一稱二二十一社一
○下八王子宮　天御中主尊
祭禮七社外當社有二神馬一也東有レ石名二石船一明神
初降之地　鎭坐紀
天地初發之時大海中有二一物一浮形如二葦牙一其中神
人化生名云二天御中主神一故號二豐葦原中國一又因以
云二豐受皇太神一　鎭坐本紀　○天地初發之時於二高天
原一成神名二天之御中主神一　古事記
以二國常立尊一爲二元始一蓋同體異名也　日本紀
○王子宮　建御名方命　又御名刀命共大己貴命子也　白二信州諏訪郡一
鎭坐　鎭坐紀
大物主神娶二高志河沼姫一生二一男建御名刀神一　舊事
紀　○信濃諏訪神是也

○早尾　素戔烏尊　又說猿田彥命傳上ニアリ　○馬場頂上鎭坐也諸人加護深重神之故坂口祭レ之鎭坐紀

○大行事　高皇產靈尊也　傳上ニミエヌ　昔日神入ニ磐戸一閑居之時以ニ此神之謀一而集ニ八百萬神一奏ニ神樂一日神再御怒解同上

○聖女　下照姬也　傳如上　延喜年中祭レ之　同上

○新行事　瀛津姬也　○天照太神與ニ素戔烏一盟而所生三女神之一也　同上

○牛尊　○八王子右祭レ之此殿底有ニ靈石一尤口傳同上

○小禪師　彥火々出見尊　傳上ニミエタリ　地神第四尊也同上

○惡王子　深祕　○童子形ニテ出現同上

○岩瀧　蹈鞴姬命　淺井郡竹生嶋神同體也神武帝后也同上●蹈鞴姬命事代主命子也大己貴之孫ナリ

●事代主神──┬天日方奇日方命
　　　　　　├蹈鞴五十鈴姬命
　　　　　　└五十鈴依姬命

○劔宮　素戔烏變神也　童形出現也睿嶺凶事退散神也　同上

○氣比　仲哀天皇也　○從ニ越前國角鹿郡一影向也桓武帝御宇勸ニ請之一　同上

○大竈　澳津彥命也　○此卽大歲神子也大歲者杵築大神御孫也諸家竈神是也同上神傳系上ニミエタリ

○竈殿　澳津姬神也　○註同レ上　鎭坐紀

○所攝社

○若宮殿　在ニ和田町比睿辻一　國常立尊也　同上

○護因　在ニ王子宮邊一　二條院勅附也　同上

○女別當社　在ニ唐崎一唐崎社是也　大宮初顯之地口傳社也　同上

今按此外神社靈社所レ載之數七十座然摘ニ其要一而記レ焉

○位記

●大宮　五十七代陽成院元慶四年正一位

●二宮　八十一代安德帝壽永二年正一位

●聖眞子●八王子●客人●十禪師●三宮已上五社　八十八代後深草院建長二年正一位

○祭　四月中申日　日吉鎭座諸祭儀式云卯月祭禮

者琴御舘以二大賢木一奏二神幸之祝詞一於二唐崎一如二先盟一恒世奇奉二粟御料一也出二神輿一而祭者桓武帝延暦十年又御舟祭始延文年中洪水已後例也

○七十一代後三條院延久四年四月廿三日記云今日比叡祭也自二今年一初被レ立二官幣一 二十二社註式 ○或云六十四代圓融院貞元二年四月廿六日始被レ遣二上卿辨外記史諸司等一

○臨時祭　圓融院治十三年天元五年七月五日依二叡願一被二遂行一之　使侍從藤原朝臣粟田　○第六十六代一條院長德元年八月廿一日被レ行レ之　使左少將源朝臣 方理

○或説八十二代後鳥羽院建久三年二月十三日丙辰後白川法皇依二御不豫一急御願被レ行之　使正三位行左近衞權中將藤原朝臣忠經　此已後絶

○行幸始　七十一代後三條院延久三年十月廿九日始 已上數說啓蒙

○日吉神社一座注云比叡神同　延喜式ノ心

○傳記云山王權現者磯城島金刺宮 欽明 卽位元年自レ天降二于大和國磯城上郡一而現二大三輪神一其後大津宮 天智 卽位元年現二老翁形一告云 我是大比叡大明神也地主權現者天照太神開二天岩戸一以レ鋒捜二海中一時有レ神當二其鋒一是開闢之初國常立尊降而爲レ神以主二豐葦原一者也此時滋賀浦三津川見二五色波一所謂大比叡小比叡大宮二宮是也 神社考

○釋行圓姓源氏通議大夫國擧之子也初圓已冠爲二進士一名二國輔一隨レ父赴レ州有二嬖妾一留在二都下一國輔繫戀央々一日潛歸問レ女或云近聞其人病無二看養一不レ知已終不國輔尋求往レ野其屍脹爛不レ可レ見也國輔不レ還レ家卽入二園城寺一剃落遊二智靜心譽之二門一以レ故精二修學一修二如意輪觀自在供一大悲尊現レ身放レ光常與二山王明神一清談明神云我名二山王一公委レ之乎表二三諦卽一一也山字竪三畫者空假中也横一畫是卽一也王字横三畫者三諦也竪一畫又一也二字三畫而有二一貫之象一故我立爲レ號也一心三觀一念三千亦復如レ是是以我護二持台敎一鎭二覆國家一我身外無レ名名外無レ身卽レ身而名卽レ名而身名外無レ法法外無レ名卽レ名而法卽レ法而名身與二名法一無レ二無レ三是名二一乘一我名義也　元亨釋書

山王　本地藥師　　大宮權現　釋迦
聖眞子　阿彌陀　　二宮　藥師

八王子　千手觀音　　客人宮　十一面觀音
十禪師　地藏　　三宮　普賢
中七社牛御子　大威德　　大行事　毘沙門
早尾　不動　　氣比　聖觀音
下八王子　虛空藏　　王子宮　文殊
聖女　如意輪　　下七社小禪師　彌勒龍樹
惡王子　愛染明王　　新行事　吉祥天女
岩瀧　辨才天　　山末　摩利支天
劔宮　不動　　大宮竈殿　大日
聖眞子竈殿　金剛界大日　　二宮竈殿　日光月光
已上習合神道之說

○日吉社與二松尾神一爲二同體一也後朱雀院長久四年六月八日初備二二十二社之數一後三條院延久四年四月二十三日初祭レ之後白河院永曆元年十月十六日移二日吉神體於東山今熊野新宮一號云二新日吉一應保二年四月三十日初祭レ之　公事根源

○昔一條院の御時上總守時重といふもの有千部の法花經讀誦の願心中にふかゝりけれども身まづしくして僧一人かたらふべきはからいなし思ひかねて日吉の社にまうでて二心なく祈申たるに神感ありてはからざるに上總守になりにけり任國の最前の得分をもて千部の經をはじめてけり其夜の夢に貴僧枕にきたりてのたまはく善哉〳〵汝一乘の讀誦をくはたつる事とてかんるいをながしておはしけり時重かく仰らるゝはたれ人にてわたらせ給ふと申しれけば吾は一乘守護の十禪師なりとのたまひて歌をなん詠じ給ひけり

　一乘のみのりをたもつ人のみそみ世の佛の師とは成ぬる時重たつとく覺えて生死をばいかではなれ候べきと申ければ

　極樂の道のしるへはみをさらぬ心ひとつのなをき也けりさてかへらせ給ひけるが立かへり給ひて

　朝ゆふの人のうへをもみ聞らんむなしき空のけふりとそなる無常を悟べきよしを示て去給ひけり　古今著聞集

○中比ノ事ナルニ貧ナル山法師有リ世路ノ不レ叶事ヲ憂テ年來山王エ詣ツヽ泣々祈申ケレドモ更ニ其驗ナシイトロ惜覺テ宿業限アラバ不レ叶トモ示玉ヘカシ不通ニ聞入玉ハズト怨メシク成テ如何セ

ント思フ程ニ相知人稻荷ニコモリケレバソレト友ナヒ七日詣ツ、又事ヲ二心ナク祈申スカクテ七日ニ滿ズル夜ノ夢ニ御戸ヲ押開テ盛裝束シ玉ヘル女房氣高クメデタキ樣ニテ出玉テ法師ノ胸ヲ引開二寸バカリナル紙ノ切ヲ押付テ歸玉ヘリコレヲ見レバ千石ト云フ文字有リイミジキ神德ヲ蒙リヌト思ヒ居ル程ニ鳥居ノ方ヨリ目出度ゲナル人ノ多ク仕人ニ圍繞セラレテ入玉フアヤシク誰カハカバカリノ粧ナラント見ル程ニ宮殿ヨリ有ツル女房イソギ出玉ヒテ何事ニワタラセ玉ヘルニカ最思ヒカケズト申玉フ客人ノ玉フヤウ若桓舜ト申法師望申ス事ヤ侍ルト問玉ヘリ爾事ニ侍ル七日ノ間法施ヲナシ念比ニ祈申ツレバ只今望申ツル事ハ叶侍ズトノ玉フ客人ノ玉フハ努々有ザル事也我ニモ年來ナゲキ申侍リキ其ツトメ淺カラズ侍レバ玉ハラセンニハ何事ヲモ與フベケレドモワザト聞入侍ラズ既ニ玉ハラバ速ニ召返サセ玉ヘトアリ女房驚キ玉テ故侍ケルヲモ知ラズ誤仕ヌ但其僧ハイマダ此ニ侍ル召返ナントテ立ヨリノ玉テ胸ノ紙切ヲトリテ歸玉ヒヌ僧思フヤウ此客人ハ疑ナク山王ニコソオハシマスメレ年來功ヲ入レ奉レリ我モトメタビ玉ハン事コソ難カラメ適外德ヲカウブルヲサヘ妨玉フ事ウラメシクテ泪ヲオサヘ居ケル程ニ女房サテモ如何ナル故ニテワザトワタリ玉ヒテカク妨玉フゾト問玉ヘリ客人ノ玉フヤウ此僧ハ順次ニ生死ヲイトフベキ者ニテ侍ルヲ若豐ニシテ世ニ侍ラバ必餘執フカク成穢土ニ留ルベキ也コレニ依テミヅカラヨキ樣ナル事ヲバトカクシテ違エ往生ヲトグサセント搆侍ル也トノ玉フト覺テ夢サメケリアハレニ忝覺テ山ニ歸リヌ其後此望ヲタヤシテ偏ニ後世ヲツトメツヰニ往生セリ月藏房僧都トハ是也下略 百因緣集

日吉の社和歌に讀り

千載
我賴む日吉のかけはおく山の
　柴の戸迄もさゝらめやは　法印慈圓

日吉の社に御幸の時讀せ給ひける

續拾遺
道あれと我世を神に契るとて
　けふふみ初るしかの山越　後嵯峨院

○大宮

日吉の社に讀て奉りける歌の中に大宮を

續後撰
いにしへの鶴の林にちる花の　後京極

匂ひをよするしかのうら風

○二宮

日吉の社に奉りける中に二宮を　慈圓

新古　やはらくる影そふもとに曇なき
本の光は峯にすめとも

○聖眞子宮

聖眞子宮に讀て奉りける　權少僧都良仙

續古今　やはらくる光はへたてあらしかし
西の雲ゐの秋の夜の月

○客人宮

客人宮に奉りける　後京極

同　爰に又光をわけてやとす哉
こしの白根や雪のふる里

○十禪師社

續後拾　木の本に浮世をてらす光こそ　同
くらき道にも有明の月

○伊吹社　栗太郎伊吹里ニアリ　膽吹　五十葺　伊
服岐　いぶき山　峯等歌に讀り

新古今　今日も又かくやいふきのさしもくさ　和泉式部
さらは我のみもえや渡らん

祭神一座　八岐蛇所變日本武尊還レ自二東征一到二於尾張一聞三近江膽吹山有二荒神一卽徒行之山神化二大蛇一當レ道尊不レ知二主神化一レ蛇之謂是必荒神之使也既得レ殺二主神一其使者豈足レ求乎因跨レ蛇猶行時山道雲霧大起尊迷而失レ路遂痛レ身如レ醉偶得レ泉而醒因號二其處一云二醒井一ノ心日本紀　○神社考云素盞烏尊在二出雲國一斬二八岐蛇一尾中有二神劔一所謂天村雲劔也尊献二之于天照太神一々々云是入二天岩戸一時隕二於近江國伊布貴山一予惟日本武尊所レ佩之劔乃素盞烏尊所レ獲二于蛇尾一者也故八岐蛇靈爲レ求二其舊物一而當二于尊之行道一也是以言二膽吹神八岐所變一也　啓蒙

貞觀元年正月廿七日從五位上　神階記

○竹生嶋社　淺井郡ニ有リ　祭神一座

宇賀御魂命　素盞烏子也　上ニ見ユ

改曆雜事云景行天皇治十五年淡海國湖中竹生島出

聖武帝天平三辛未末竹生島神顯形　啓蒙

竹生嶋者在二江州湖中一其巖石多二水精寶珠一本朝五奇異之其一也傳言孝靈天皇四年江州地折湖水始湛駿州富士山忽出焉

景行天皇十年湖中竹生嶋初涌出云　神社考

竹生嶋にまうで侍けるときもみぢのかげの水
にうつりて侍ければ
拾遺集 水海に秋の山へをうつしては　法橋觀敎
はたはり廣き錦とぞみる

○むかし宇多御門の御比都良香といふいみじき博士侍りけり卯月の頃江州竹生嶋へ人々友なひつれて參けるはるかに山のいたゞきに上りて御社へ至りぬ四方みえわたりて實面白き所也されば都良香三千世界眼前盡と作て詠せりけるに神殿おびたゝしくゆるぎて殊に大にけ高き御聲にて十二因緣心裏空といふ御句の人の耳にあざやかに聞え侍りける忝も侍る實高き御山のはれたる所なれば三千界は眼前につきぬといふもことはりに侍るそれに十二因緣は心のうちにむなしく侍らんかへすぐいみじく侍る實も神ならずは誰かかゝる句をばつけ給はんとぞおぼえ侍るに小野篁は人皇の御意をよろこばしめて相公にいたり都良香は明神の感歎にあづかる能藝は實かたじけなくぞ侍る扨も都良香は十二因緣は心のうちにむなしといふ御詩を日に三度となへて後世のつとめにむかひけるにはたして此心をさとりておはりをとりにけるもありがたくたつとくぞ侍る　撰集抄

都良香雖ニ仕官一心慕ニ神仙ニ一旦棄ニ簪纓一入レ山修鍊不レ知レ所レ終後百餘歳或人見ニ良香大峯山窟中一其顏色不レ衰矣　神社考

平經正此嶋ニワタリ神明法樂ノ御タメニ一曲ヲ彈ゼン仙童ノ琵琶トリ出シナンヤトノ玉ヘバ安キ御事也トテ僧琵琶ヲイダキ經正ノ前ニ閣ク經正カキヨセ玉ヒテ樂二ツ三ツ彈ジテ後ニ上玄石上ト云フ祕曲ヲ彈ジ玉フ諸僧耳ヲ欹テ感涙袖ヲシボリケリ天女納受シ玉ヒテ社壇ノ上ヨリ白キ狐イデ來庭上ニアソビテ經正ノ方ヲ守リケルコソ不思議ナレ經正ハビハヲ閣テ神明ノ化現ト忝ク思ヒ玉ヒケレバ所願成就疑ナシ和光利物ノ夏衣思ヒ立ケルウレシサヨ

千早振神ニ祈ノ叶ヘハヤ白クモ色ノアラハレニ
ケリトゾ詠ジ玉ヘリ　下畧　源平盛衰記

○白鬚社　比良明神同ジ志賀郡境打下ニ在リ祭神一座猿田彥神　傳上ニ見エタリ

○打嵐白鬚大明神者猿田彥命也　神祇正宗

鎮坐年紀未レ考
釋法勢叡山義眞之徒也承和八年過ニ近州比良山下
和邇村ニ宿ニ民家ニ々婦俄病狂言云師讀ニ觀音普門
品ニ我欲レ聽レ之勢素持ニ普門品ニ然思ニ狂病之言不レ
足レ聞便云我無ニ經本ニ故不レ能也婦人云師臂囊見ニ
經在ニ焉勢不レ得レ已出レ經讀レ之婦人合掌云我比良
明神也勢云我聞神者皆有レ通又長壽昔釋迦文出ニ世
西天ニ未審見知不婦人云我不レ住ニ西印度ニ然千數
百年前諸天多西飛去豈迦文出世時乎　元亨釋書

○立木社　草津驛札辻ニ有リ　祭神　與ニ春日社ニ同
正一位立木神
社家者流曰當社垂跡與ニ春日ニ同體神也于レ今以ニ
藤蔓ニ爲ニ神愛草ニ
鎮座年紀未ニ分明ニ　巳上啓蒙

○筑摩社　坂田郡筑摩ニ有リ　祭神御食津神　傳註
上ニミエタリ
仁壽二年三月甲戌近江國筑摩神授ニ從五位下ニ　文德實錄
按筑摩大膳職御厨之地也運送色目載在ニ延喜式
等ニ故以ニ當職所レ祭之神ニ祠ニ此地ニ歟盖此神依

レ掌ニ稻食ニ而里女爲レ婚則祭祀必戴ニ金鍋ニ奉レ神
矣不幸於ニ少壯之間ニ爲レ孀則改嫁焉再嫁者二枚
三嫁者用ニ三枚ニ　啓蒙
拾遺　筑摩江神沼野和歌に讀り
いつしかもつくまの祭はやせなん　讀人不知
難面人のなへの數みん

○法華峯社　蒲生郡八幡村ニアリ　祭神　八幡
同ニ石清水ニ
社記云人皇六十六代一條院御宇影ニ向法花峯ニ同御
宇長德三年行ニ放生會ニ　啓蒙

○矢橋八幡　附山田八幡　栗太郡矢橋浦町末之東一
町許ニ有リ　祭神三座　中ハ神功皇后左ハ住吉右
ハ高良鞭崎八幡ト號ス
○人皇四十代天武天皇白鳳四年乙亥二月十一日
依ニ勅願ニ詔ニ大中臣清麻呂ニ於ニ近江國栗太郡矢橋
浦ニ奉レ勸ニ請聖母太神住吉高良三所ニ正八幡宮一座
在ニ山田鄉ニ同日鎮座第八十二代後鳥羽院建久元年
十月二日源朝臣賴朝上洛之時於ニ矢橋浦ニ有ニ神社ニ
召ニ浦人ニ在ニ馬上ニ以レ鞭指レ之問浦人答云八幡宮也
賴朝下レ馬拜レ之依レ此有ニ鞭崎之名ニ同三年賴朝

以ニ卜部兼藤ヲ奉レ再ニ興社壇ヲ同四年八月十五日有ニ遷宮一　二十二社註式

○兵主社　野洲郡ニ有リ祭神一座　今所レ傳七座也所レ謂表ニ當宮七名ヲ歟

大國玉命　大己貴命別名也傳系上ニ見エタリ

○大國玉命也八皇三十代欽明帝御宇鎭坐祕說曰天照太神也　神祇正宗

○貞觀十六年八月從三位　國史

按當社者大己貴命之鎭坐勿論歟祭祀之日以ニ干戈弓箭ヲ乘ニ于七社神輿ニ而從者又表ニ軍旅之威儀ヲ也　啓蒙

○小津社　同郡ニ有リ祭神三座　大宮二宮三宮是也

玉津正一位小津社

神名帳註　宇賀魂也按社家註進大宮本緣同レ上二宮素戔烏　三宮大市姬也

按祭尊必用ニ午日ヲ又稱ニ稻荷同體神ト則玉津之二字蓋有レ據乎　啓蒙

○大寶社　栗太郡綣村ニ有リ　祭神一座

素戔烏尊　○疫神也大寶年中降見之神故稱ニ大寶天王ト其影向之老杉于レ今存社家註進狀　啓蒙

○牛頭社　同郡下笠村ニ有リ　祭神三座　牛頭天王中素戔烏　后ノ宮左稻田姬　八王子右五男三女　已上同ニ祇園ニ

正一位牛頭天王ト號ス

○社記云當所栗太郡下笠村明神者眞宗豐祖父帝御宇慶雲元年三月四日影向同四月現ニ平森大杉本ニ而宣爲ニ一郡東西守護神ト矣百六代後奈良院御宇神恚奮發万民流浪也仍亨祿三年庚刁五月十七日再造ニ修神殿ヲ而奉レ慰ニ神慮ヲ同御宇天文九年御怒不レ靜而鄕民同日著レ席也里人喚ニ神樂岡神主正春者ヲ乞ニ鎭神ヲ也正春齋戒入ニ神殿ニ令ニ神璽正座ヲ密仰ニ　帝意ヲ奉レ授ニ正一位ヲ也爾來號ニ正一位牛頭大明神ト致ニ如在之禮奠ヲ　全文略今摘要　啓蒙

○水尾社　高島郡水尾村ニ有リ　祭神二座

猿田彥命　天鈿女命也　水尾大明神ト號ス神傳上ニアリ

○彼郡内有ニ大河一件河南水尾猿田彥命名ニ河內社ト河北天鈿女命也兩社分ニ水尾川ヲ勸請也　神名帳註　啓蒙

○田村社　甲賀郡土山驛之邊ニ有リ　祭神正一位田村大明神　田村丸ノ靈神也東夷征伐之功アルニ依テ此地ニ祀歟鎭座之年紀未レ考　啓蒙同

○田村麻呂者從三位左京大夫兼右衞士督苅田麻呂子正四位上犬養之孫身長五尺八寸胸厚一尺二寸目如二蒼鷹一鬢編二金絲一有レ事而重身則三百一斤欲レ輕則六十四斤隨二心所レ欲怒レ目轉視則禽獸懼伏平居談笑則老少馴親　日本後紀　○嵯峨天皇弘仁二年五月逝去五十七天皇甚ヲシミ玉ヘリ宇治郡栗栖村ニ葬ル勅ニ依テ甲冑劔鉾弓矢ヲ棺ノ內ェ入テ王城ノ方ェ東向ニ立テ土葬ス　王代一覽ノ心

○黑主社　志賀郡辛崎ノ邊ニアリ祭神　一座
大伴黑主之靈也

○志賀黑主者與多孫也與多者大友皇子之子而創二造園城寺一曾賜二大友姓一其都堵矣麻呂而後大友字改作二大伴一也黑主之在二園城寺一亦自二與多一而連綿至レ此　本朝遯史

○秀鄕社　栗太郡勢多鄕大橋傍ニ有リ　祭神俵藤太秀鄕ガ靈也相並一座　水府神云々　諺傳秀鄕爲二龍宮一射二三上之巨蚣一殺云仍祠二其靈于勢多一歟　啓蒙
俵藤太秀鄕者出レ自二房前公一々子魚名々々子藤成々々子豐澤々々子村雄々々子乃秀鄕也仕至二武藏守一平將門誅伐之日詔二秀鄕一爲二鎭守將軍一賜二采地于東州一　神社考

○關明神　志賀郡會坂ニアリ　祭神一座
蟬丸之靈也　○相坂關明神者蟬丸也有二草屋之跡一深草天皇時良岑宗貞爲二勅使一來習二和琴一○遯史曰式部卿敦實親王之雜色也善彈二琵琶一結二草庵于相坂一隱栖焉二位源博雅往訪之遂得二流泉啄木之調一
按世俗以二蟬丸一爲二醍醐帝皇子一其說云帝貶二菅右丞相於宰府一其寃枉之憤介レ帝子喪レ明郎蟬丸也帝棄ヲ置之于王坂一蟬丸善彈二琵琶一云々蟬丸之爲二皇子一未レ考或云彈二琵琶一之人非二蟬丸一云予謂當時有德之士屛二迹於逢坂一寓二懷於和歌一自晦二其光一者也彼信二皇子之說一者以四宮川原也帝王第四之宮所二流離一之地也仍以二逢坂一爲二王坂一與二蟬丸一相附說不可レ信レ之甚也　已上　啓蒙

逢坂　關　山　淸水　駒迎等歌によめり

古今
音羽山をとに聞つゝあふ坂の
關のこなたに年をふる哉　元方

金葉
わきも子にあふ坂山の時鳥
明れは歸る空に鳴也　源定信

古今
君か代にあふ坂山の石淸水　こかくれたりと思ひける哉　忠岑

詞花
引駒にかけをならへてあふ坂の　關路よりこそ月は出けれ　朝隆

逢坂の關明神と申はむかしの蟬丸の彼わらやの跡うしなはずしてそこに神と成て住給ふ成べし今も打過る便にみれば昔深草のみかどの御使にて和琴ならひに良峯の宗貞とてかよひけんほどの事迄係にうかびていみじくこそ侍れ　無明抄

蟬丸は敦實親王の雜色也盲目にて琵琶をひきたるが逢坂のほとりに庵を結びてゐたり博雅三位これに流泉啄木の曲を傳たり敦實のみこ管絃の道に達し給へり蟬丸が琵琶は是を聞とりて彈じける也それよりして盲目のびはひく事ははじまれり　東齋隨筆

蟬丸を世人盲目といふはあやまれり後撰の詞書に相坂の關にてゆきゝの人をみてと云々　盲目ならばみる事不㆑可㆑有　愚案抄

延喜の皇子といふ事甚不㆑可㆑然古今に此人の歌いれり延喜の帝は十三歳にて卽位有延喜五年のころは廿二歳にておはしますこれにて知へし　玄旨抄

○赤山　○赤山者支那山名山有㆑神世稱㆓太山府君神㆒也　神社考

社西坂本ニ有リ

慈覺大師在㆑唐習㆓淸涼山引聲念佛㆒時神現㆑形與㆑覺約來㆓于日本㆒覺歸朝海波惡將㆑漂㆓羅刹國㆒赤山明神着㆓蓑笠㆒持㆓弓矢㆒而護㆑覺或現㆓不動形㆒或爲㆓毘舍門姿㆒故其舟無㆑難相傳云此本地々藏𦬇也　釋書文

○神託　世々のためしの吳竹も手にしえらねば妙なるこゑもなし神明もきよく淸かるこゝろをして日に月をまし時をうつして身にし口にしねらざればあらはれたるしるしなしなをざりならず思ひおもひていのらばなどかしるしのなかるべけんや　倭論語

新羅社　園城寺北院ニ有リ

新羅明神者天安二年圓珍師泛㆑舶自㆑唐歸洋中忽有㆓老翁㆒現㆓船舷㆒云我是新羅國之神也誓護㆓持師敎法㆒至㆓慈氏下生㆒託已不㆑見珍入㆑京將㆓傳來敎籍㆒藏㆓尙書省㆒時海上翁來云此所不㆑堪㆑置㆓經書㆒是日域中有㆓一勝地㆒我已先相㆑攸師聞㆑官建㆓院宇㆒庋㆓此典籍㆒我鎭加護又佛法是王法之治具也佛法若

王法亦衰語已形隱珍歸ニ叡山一至ニ山王院一時山王明神現形云傳來經書宜レ藏ニ此所一新羅明神又出云此地來世必有ニ諠爭一不レ可レ置也南行數里是爲ニ勝處一珍乃與ニ新羅山王二神及二比丘一到ニ滋賀郡園城寺一寺僧教待說ニ寺事一既而山王廻ニ叡阜一新羅明神語レ珍云我卜ニ居寺之北野一時百千眷屬倏來圍繞唯珍獨見已下略之　元亨釋書文

案卜部兼邦說新羅明神ハ素戔烏ノ化現也ト說左ニ記ス

ことのはもいかにと通ふそしもりにやとりをかりし程の哀さいふ心は此神地獄えおひやられて其御玉新羅國に至りてそしもりといふ者に宿をかり給ふ其時の出立みのかさをきて雨風にあひて淺ましき御姿成し事也此神の御魂うかれさせ給ひ智證大師入唐の次新羅國に至給ふ時翁のすがたにてあらはれ給ひ大師にむかひて我佛法應護の神也汝が佛法行せん所え至りて守らんとて同御船にめして御かへりあり　兼邦和歌自注

○神託　なべての人こゝろ直く正しき其身には鬼神もこれをかたぶけず水火もおかしえず金石もこれがためにしたがひときやいばもきるゝ事なしおもふべし諸人よなをきこゝろのみさほをかたぶくる事なかれ　倭論語

已上近江終

美濃

三野或云此國有ニ大野三一故云ニ三野一後改ニ美濃一　舊事紀

○南宮　不破郡ニ有リ　祭神　金山彥命　一宮記

○社家註記云南宮者金山彥命而火神非ニ金神一司ニ離火南方一故名ニ南宮一抑南宮者陽神而居ニ南方一文武兼備故國家崇貴敍ニ正一位勳一等一就レ中天武朱雀朝施ニ功於我邦一云々按一社相承如レ此乎然奉レ備ニ天覽一國史皆爲ニ金山彥一且風土記金山彥神云々　啓蒙

○神託　世の人よ心に知る事なふしてあやまてる事のあらんには神明にむかひ身をなきがごとくにして我なき所にいたらん時其あやまち霜のてる日にあへるがごとく成べし　倭論語

○攝社　十禪師社　南大神　高山社　隼人社

飛驒

飛驒本美濃國內也然建ニ近江大津宮一時自ニ

當國ニ良材多出也駄負レ木行ニ大津ニ如レ飛也
號ニ飛駄一　風土記

○水無社　大野郡ニ有リ　祭神大己貴命兒御歳神也
一宮記　○大己貴命女高照光姫命母高降姫大和國
葛上郡御歳之神社同レ之　神名帳註
○御位　貞觀十五年四月五日從四位上　國史

信濃

○諏訪社　諏訪郡ニ有リ南方刀美社トモ　祭神　健
南方命　大己貴命ノ一男也又健御名刀神トモ傳系前
ニ見ユ
○天孫降臨時健御名方命逆レ命不レ順於レ是經津主
神使下岐神逐上之健御名方命逃至ニ信濃諏訪郡一請
レ降云乞以ニ諏訪郡一爲ニ大己貴之讓一以爲ニ我有一然
則不レ逆ニ天孫之命一經津主神告ニ天孫一而許與焉是
今諏訪大明神也　舊事紀
○戸隱社　同國ニ有リ　祭神　手力雄神
○日神入ニ天石窟一時手力雄神立ニ磐戸之側一日神
以ニ御手一細ニ開磐戸一窺之時手力雄神則奉ヨ承御手一
引而奉出　日本紀　○神書抄云伊勢內宮相殿左脇祭ニ
此神一々々者思兼神之子也戸隱明神是也○或說云
多力雄命取ニ岩戸一拋レ空落在ニ信州戸隱一故云レ爾
巳上神社考同之

上野

上毛野下毛野者兩國中間有ニ二野一云ニ佐野
笠懸野一其野中有ニ一河一號ニ渡瀨一又有レ川
云ニ佐野中川一以ニ渡瀨一爲ニ兩國境一川西云ニ
上毛野一東云ニ下毛野一　風土記抄
○拔鉾社　甘樂郡ニ有リ祭神經津主命也　一宮記　傳系
上ニ有リ　鎭坐年記未レ考

下野

○二荒山社　河內郡ニ有リ　祭神　事代主神　一宮記
傳系上ニ有リ　鎭坐年記未レ考
御位　貞觀十一年二月廿八日丙辰從二位勳四等二
荒山神加ニ正二位一　國史
○神託　我人の吾をたのまんにその事のしるしな
しとてうらむるわざなかるべし一稱一禮むなしか
らずみさほをくだ〱しくなす事なかるべし時成
べし〱　倭論語

陸奧

○都々古和介社　白河郡ニ有リ　祭神　味耜託彥根

命也 一宮記 傳系上ニミエタリ 鎭座年記未レ考
此外當國 伊達明神 鹽釜明神
笠嶋道祖神等社有リ追而可レ考

出羽

和銅五年始割二陸奧二郡一置レ之上古此地貢二
鷲鷹羽一故云二出羽一云々

○大物忌社 飽海郡ニ有リ 祭神倉稻魂神也 一宮記
傳上ニ有リ
續日本後紀云出羽國飽海郡正五位下勳五等大物忌
神從四位下餘如レ故兼充二神封二戸一詔云天皇我詔旨
爾坐大物忌大神爾申賜波久須皇朝爾緣レ有二物怪一天卜
詢爾大神爲レ祟賜倍利加之遣唐使第二舶人等廻來申
久去年八月爾南賊境爾漂落氐相戰時彼衆我寡氐力
甚不レ敵奈利儻而克レ敵留波依レ有二神助一止申今依二此
事一氐臆量爾去年出羽國言上太留大神乃於二雲裏一氐
十日聞レ作二戰聲一後爾兵石零利止申世利之月日與二
彼南海戰日一正是符契世利大神乃威稜令二遠被一太留
事乎且奉二驚異一且奉二歡喜一故以二從四位爵一奉レ授
兩戸之封奉レ充良久止申云々
○御位 貞觀十五年四月五日從三位勳五等大物忌
神正三位 國史 已上啓蒙
○神託 世の人のたつときとなくいやしきとなく
思ひをつくすは有物のたから也天の神のたからを
ねがひて直きにまさるたからは三界のうちにはな
き事をしるべしもとむるにもあらずねがへるにも
あらずして其心に有ぬる事を思ひしるべし 倭論語
已上東山道畢

諸社一覽第六終

諸社一覽第七目錄

若狹　遠敷
越前　氣比　足羽
加賀　白山
能登　氣多
越中　氣多
越後　伊夜
佐渡　渡津
丹波　出雲　神野　大原　篠村
　　　水尾　輕野
丹後　籠　竹野　奈具　與謝
　　　網野
但馬　粟鹿　出石
因播　宇陪
伯耆　倭文　大山
出雲　大社　日﨑　佐陀　手間
　　　土師

石見　物部
隱岐　由良　離火　後鳥羽
播磨　伊和　廣峯　惣社　荒田　靜窟　曾禰
　　　佐與　大荒　大酒　岩屋
美作　中山　二宮　勅使宮　大隅宮　白神宮
已上

諸社一覽第七

北陸道

北方ノ陸ニ就テ行國ナル故北陸道ト云フ也景行天皇二十五年七月ニ武内宿禰ヲツカハシテ北陸及東方ノ諸國ノ地形ヲ見セシメ玉フ云々

若狹

昔此國有二夫婦一共長生人不レ知二其年數一容貌若而如二少年一後爲レ神今一宮神是也因レ茲有二若狹之名一　風土記抄

○遠敷社　遠敷郡ニ有リ　祭神　彦火々出見尊　上社　豐玉社下社　一宮記　○社記云人皇四十五代元正天皇御宇靈龜元年乙卯九月十日當國遠敷郡西鄕內靈河之源白石上始垂跡神名帳註

按豐玉姬ハ海神ノ女火々出見尊妻也日本紀ニ見エタリ

○彦火々出見尊因レ娶二海神女豐玉姬一仍留二住海宮一已經二三年一彼處雖二復安樂一猶有二憶レ鄕之情一

已下略之　日本紀

○神詠

皆人の直きこゝろぞ其まゝに神の神にて神の神なり　此神詠は宇多帝の御子敦實親王に夢中の御つげなり　若狹彦大明神　倭論語

越前

越國ハ越前、加賀、能登、越中、越後也和歌ニ越路トヨメリ

○氣比社　或笥飯　敦賀郡ニ有リ　祭神　仲哀天皇也　一宮記　○氣比神宮者宇佐同體也、八幡者應神天皇之垂跡氣比明神仲哀天皇之鎭座也　風土記

○御位　貞觀元年正月廿七日從一位　神階記　啓蒙

○神託　益人よ一念のおこらぬかたにあゆみをはこび常にたのしめばはるかに遠しといひし天の心によく叶ひ吾神明はつねに友とせる也思ふ事なかれ〱　倭論語

○足羽社　足羽郡ニ有リ　祭神一座

繼體天皇也　應神天皇五世ノ孫ナリ應神ノ御子ヲ二派皇子ト云フ其子ヲ太郎子ト云其子ヲ彦主人王トイフ是繼體ノ父也或説ニハ應神ノ御子ヲ私斐王

ト云フ其子ヲ彦主人王ト云フ是繼體ノ父也ト云々
年久ク越前ニ住玉フ武烈崩ジテ仁德ノ王孫タエケレバ大伴金村大連物部麁鹿火大連巨勢男人大臣等繼體ヲ迎エ奉ル繼體五度マデ辭シ玉ヘ𪜈金村シキリニス、メ申ニヨリテ即位シ玉フ時ニ歳五十八都ヲ山城筒城ニ遷シ後又同乙訓ニ遷ス後又大和磐余玉穗宮ニ遷シ玉フ在位二十五年ニシテ崩ズ歳八十二或ハ在位二十八年トモイヘリ　王代一覽
○天皇壯大愛レ士禮レ賢意豁如小泊瀨天皇崩而無ニ繼嗣一元年正月辛酉朔甲子大伴金村大連更議云男大迹王性慈仁孝順可レ承ニ天緒一　日本紀
○二十五年二月崩冬葬ニ藍野陵一越前國足羽明神是也　曆年史

加賀

嵯峨天皇弘仁十年三月日割ニ越前國三郡一爲ニ加賀國一加賀郡名也云々
○白山社　石川郡ニ有リ　祭神
伊奘並尊　上社ハ菊理姫　一宮記　此姫ハ伊奘諾伊奘冊ノ子也　日本紀ニ有リ畧ス
○靈龜二年丙辰顯レ形云我當山地主伊奘冊垂跡也又左峯老翁現云吾白山輔佐也稱ニ小白山一又右峯老翁現云吾白山弼也即大己貴垂跡也　改曆記
余案神書鈔以ニ菊理媛一爲ニ加賀白山權現一雖レ然其顯ニ子神融一時自名ニ伊奘諾一則世人遂從ニ其義一今見ニ延喜式神名帳載一加賀國石川郡白山比咩神社則又爲ニ菊理媛一歟並書以傳レ疑云　神社考
御位　貞觀元年正月廿七日正三位　神階記
○傳記云白山妙理權現者觀音薩埵之垂迹自在吉祥之化現也小白山大行事者妙理菩薩之輔而觀音之化也大己貴者妙理菩薩之弼而西刹敎主阿彌陀也號ニ之白山三所權現一佐羅早松大明神本地不動明王也白山七社之中　中宮權現者國常立尊也　金劔明神者本地倶梨伽羅不動也此妙理權現第一王子也弘仁十四年立ニ此宮一　神社考
○抑白山妙理權現ト申ハ昔越前國麻生津ニ三神ノ安角ガ二男越大德神融禪師ト云人マシ〳〵キ久修練行年ツモリ難行精進日ニ新也キ元正天皇ノ御宇養老元年ニ和尚當國大野郡伊野原ニ遊止シ玉ヒケルニ一人ノ貴女化現シテ云日本秋津島ハ本是神國也我天神最初ノ國常立尊ヨリ跡ヲ降シテ以來百七

十九萬一千四百七十六歲上ハ上皇ヲ守下ハ下民ヲ撫吾本地ノ眞身ハ在二山頂一往テ可レ禮ト云テ化女卽隱玉ヒヌ和尙靈感ヲ仰デ白山ノ絕頂ニ攀登池ノ邊ニ居テ三密印觀ヲ凝シ五相身心ヲ調テ祈念加持シ玉ヒケレバ池中ヨリ九頭龍ノ身ヲ現ズ和尙責テ云此ハ是方便示現ノ形全ク本地ノ眞身ニ非ジトテ咒遍功ヲ增ケレバ十一面觀音自在尊慈悲ノ玉體ヲ顯シ玉ヘリ妙相遮眼光明身ヲカヾヤカセリ和尙悲喜胸ニ滿テ感涙面ヲ洗フ歸命頂禮シ奉テ願ハ大聖本地垂跡哀ヲ垂テ像末ノ衆生ヲ利益シ玉ヘト被レ申ケレバ爾時ニ觀世音金冠ヲ動シ慈眼ヲ瞬シ玉テ妙體速ニ隱レ玉フ又和尙左ノ峯ニ登玉ヘバ一宰官人ニ逢リ手ニ金ノ箭ヲ把リ肩ニ銕ノ弓ヲ懸タリ咲ヲ含デ語テ云我ハ是妙理大𦬇ノ神務輔佐ノ貫首名ハ小白山別山大行事ト云當レ知聖觀世音ノ化身也ト云テ隱レヌ又和尙右ノ峯ニ登玉ヘバ一ノ老翁アリ語テ云我ハ是妙理大𦬇ノ神務ノ輔弼也名ハ大己貴ト云フ蓋又西刹ノ敎主阿彌陀也ト云テカクレ玉ヒヌ是ヲ白山三所權現ト申ナリ峨嶺高々トシテ忉利ノ雲モ手ニトルベシ幽谷深々トシテ風際ノ底モ足ニ踏ツベシ効驗一天ニキコエ利益四海ニ普シ　盛衰記

○神託　益人よたしかにたもて天地の間に僞まがれるもの丶入べき所なし天より地をやしなひ地よりは心なくてうくるぞなす事あればなす事おこる也それ吾國は三界の中にすぐれたる所也かるがゆへに諸の神明もろ〳〵の淸き人等の魂をさる事なしあしかる事をしてねの國におち入事なかれ
倭論語

白山和歌に讀り

後撰冬
白山に雪降ぬれは跡絕て
今は越路へ人も通はす　讀人不知

新千載神祇
わきて猶たのむ心も深き哉
跡垂初し雪のしら山　前大僧正道玄

新拾遺同
千早振雪の白山わきて猶
ふかき賴は神そ知るらん　讀人不知

能登

能等養老二年割二越前國四郡一置レ之能等郡名也舊事紀

○氣多社　羽咋郡ニ有リ　祭神　兩說　大己貴命也
一宮記　天活玉命也卜部兼熈記

御位　貞觀元年正月廿七日從一位　神階記

越中

○氣多社　或高瀨　礪浪郡ニ有リ　祭神　同上
大己貴命也　一宮記　天活玉命也神名帳註　社記曰　延喜八年
八月十六日乙卯以ニ越中國氣多大神ニ預ニ官幣ニ按
據ニ此說ニ則能州氣多神爲ニ天活玉命ニ必也　啓蒙
御位　延曆三年三月三日丁亥氣多神正三位　國史

越後

○伊夜彥社　蒲原郡ニ有リ　祭神　天香山命也
饒速日命子　一宮記
承和十年六月○按可作天長十年七月　越後國蒲原郡伊夜彥神預ニ
之名神ニ以下彼郡每レ有ニ旱疫ニ致レ雨救ヒ病也　續日本後記

佐渡

○渡津社　羽茂郡ニ有リ　祭神　五十猛神　大己貴命
兄　一宮記
欽明帝五年十二月越國言於ニ左度島北御名部之碕
岸ニ有ニ肅愼人ニ乘ニ一船舶ニ而淹留春夏捕レ魚充レ食彼
嶋人言非レ人也亦謂ニ鬼魅ニ不ニ敢近レ之嶋東禹武邑
人拾ニ椎子ニ爲レ欲ニ熟喫ニ著ニ灰上ニ炮ニ其皮甲ニ化成ニ
二人ニ飛ニ騰火上ニ一尺餘許經レ時相鬪邑人深以爲レ
異取置ニ於庭ニ亦如レ前相鬪不レ已有レ人占云是邑人
必爲ニ魅鬼ニ所ニ迷惑ニ不レ久如レ言被ニ抄掠ニ於レ是肅愼
人移ニ就瀨河浦ニ々神嚴忌人不ニ敢近ニ渴飮ニ其水ニ死
者且レ半　日本紀　素戔烏尊帥ニ其子五十猛神ニ降ニ到於新羅
國ニ初五十猛神天降之時多將ニ樹種ニ而下然不下殖ニ
韓地ニ盡上以持歸遂始レ自ニ筑紫ニ凡大八洲國之內莫
レ不ニ播殖而成ニ青山ニ焉所以稱ニ五十猛命ニ爲ニ有功
之神ニ　同上
系圖上ニ見エタリ

山陰道

陰ハ北也北山ニツイテ西北ニ行國也故ニ山陰
ト云フ也成務天皇ノ御宇始テ國縣ヲ分チ邑里
ヲ定メ玉フ時山陰ヲ背面ト云ヘリ山陰ノ名此
ニ始ル云々

丹波

○出雲社　桑田郡ニ有リ　祭神　兩說　三穗津姬
一宮記　天津彥根命也　坐ニ丹波ニ出毛神天津彥根
命也日吉樹下神系圖
元明帝和銅四年辛亥始出現　改曆雜事
御位　貞觀十四年十一月廿九日從四位上　國史

三穗津姫　高皇産靈尊子　栲幡千々姫命妹　大己貴命之妻　系圖上ニ見エヌ

○高皇産靈尊勅ニ大物主神一汝若以ニ國神一爲レ妻吾猶謂ミ汝有ニ疏心一故今以ニ吾女三穗津姫一配レ汝爲レ妻宜下領ニ八十萬神一永爲ニ皇孫一奉上レ護乃使ニ還降一　日本紀

天津彦根命

天照太神 ─┬ 正哉吾勝々速日天忍穗見尊
　　　　　├ 天穗日命
　　　　　└ 天津彦根命

含ニ嬰レ頭之瓊一著ニ於左臂中一化ニ生天津彦根命一
日本紀

神託　和歌
倭論語
いむといふけかれを云へる日本の
神の敎を知る人そ神

○神野社　同郡ニ有リ　祭神一座　伊賀古夜姫命
鴨御祖神母
賀茂健角命婦伊賀古彌日賣命也玉依彦玉依姫母也
玉依姫鴨御祖神也玉依彦可茂縣主等遠祖也　神名帳註

○大原社　同郡ニ有リ　祭神一座　今爲ニ三座一　伊弉並尊　一座

社家説云當宮者伊勢太神宮母神伊弉冊尊之鎭座也今以ニ伊弉諾天照太神一爲ニ三座一春秋兩度祭奠者遠近國郡爲レ群也其祭儀不レ事ニ饗醴一以ニ粢糈一爲レ禮而示ニ謙道於天下一章平　啓蒙

○篠村社　同郡篠村ニ有リ　祭神　八幡　垂跡同ニ石清水一

人皇七十一代後三條院延久三辛亥年依ニ勅定一奉ニ勸請一曩祖兼延奉ニ行之一　二十二社註式

○水雄社　同郡愛宕山ノ傍ニ有リ　祭神　清和天皇

文德天皇ノ太子御諱ハ惟仁母ハ染殿后藤原明子太政大臣良房ノ女也　生レテ九月ニシテ太子ニ立ツ天安二年八月文德崩ズ十一月太子九歳ニテ即位シ玉フ幼少ニシテ帝位ニ即事是天皇ヲ始トス貞觀六年正月元日天皇元服シ玉フ御歳十五同十八年十一月天皇位ヲ第一ノ皇子貞明親王ニ讓ル十二月清和ニ太上天皇ノ尊號ヲ奉ル後ニ水尾山ニ入玉フニ依テ水尾帝トモ申ス御子陽成院ノ元慶四年三月天皇山城大和攝津ノ名山佛閣ヲ見巡テ丹波水尾寺エ入玉フ意ヲ佛法ニカタブケテ頭陀ノ行ヲシ玉フ同十二月崩ズ歳三十一　王代一覽

○輕野社　同郡宮傍村ニ有リ　祭神三座
里諺云輕野三座者菅原天神之御子也祠以爲レ神云或云輕野大臣也予未レ知ニ可否一所謂輕大臣者舊傳昔日輕大臣爲ニ遣唐使一時支那人飲ニ之不言藥一身作ニ彩畫一頭戴ニ灯臺一而燃レ火卽名レ之爲ニ灯臺鬼一其子參議春衡又爲ニ唐使一于レ時齋明天皇二年丙辰歲也迨レ入ニ于支那一帝殊貴重焉及ニ于夜一秉燭出ニ鬼灯一鬼灯遙見ニ春衡一而知ニ我子一流涕嗚咽噬ニ指頭一血書云我元日本華京客汝是一家同姓人爲レ子爲レ爺前世契隔レ山隔レ海戀情辛經レ年流レ涕蓬蒿宿逐レ日馳レ思蘭菊親形破ニ他鄉一作ニ灯鬼一爭歸ニ舊里一寄ニ斯身一又歌曰灯乃影(トモシビノカゲ)耻敷(ハヅカシキ)身奈禮(ミナレ)鈍子(ドモコ)於思闇乃(ヲオモフヤミノ)悲(カナシ)鴈皃(カリケリ)春衡見レ之以爲ニ我父一也遂求ニ灯鬼一歸ニ日本一之日沒ニ颯州硫黃邊一名ニ其所レ葬之地一云ニ鬼界一　啓蒙

丹後

和銅六年四月ニ丹波國ノ內五郡ヲ分チテ始テ置レ之丹波ノ北ニ當レリ後ハ北ノ意也云々

○籠神社　與謝郡ニ有リ一名籠守　祭神　住吉同體也一宮記
貞觀十三年六月八日從四位下　國史

○神託　益人の身を思へるがごとく神明をうやまひすべらみことをあがめ長を長として天の神のをしへをまもりおらば一身をはづかしむる事なかるべし　倭論語

○竹野社　竹野郡竹野村ニ有リ　祭神二座
垂跡同ニ于伊勢兩宮一　里民所謂齋宮是也盖有ニ齋官女子一之故也

○里諺所謂若天下凶徒欲ニ蜂起一則神殿鳴動而宮中神箭悉飛去入レ海或超ニ他邦一也於レ是當國刺史捧ニ兵器一遣ニ軍卒一晝夜警蹕不レ怠也或五日或三日之後以ニ神殿靜一爲レ期集ニ飛箭一納ニ宮中一云故里人稱ニ天下治平神一又號ニ齋官一者熊野郡市場村有ニ齋官之人一生ニ女子一則飛箭必立ニ于屋上一也其子四五歲之時奉レ當レ宮呼爲ニ齋女一也于ニ山中深林之中一獨與ニ禽獸一同居敢無ニ畏怖一若及レ長天癸至或交接之情生則大蛇出現颮々瞋レ眼及ニ是時一致レ官還ニ鄉里一已上啓蒙

○奈具社　今稱ニ天避社一　同郡丹波鄉ニ有リ
祭神一座　宇賀乃咩命　伊勢酒殿同體　豐宇氣比女神共同神別名也
丹後國竹野郡奈具神社者豐宇氣比女神也此神移ニ

祭伊勢之末社者號酒殿神以能釀酒之故也移祭大膳職者號御食津神以能植稻之故也共豐宇氣姬神也　延喜式

○與謝郡比治（沼イ）山頂有井其名云眞井今既成沼昔天女八人降來此井而浴此里有老夫婦其名云和奈佐老夫和奈佐老婦竊至井畔竊見之而取藏一羽衣天女等見老夫而驚愧著衣皆飛登一女無衣而不能飛行卽隱身井水於是老夫謂天女云吾夫婦無兒請天女爲吾娘天女對云妾獨無衣留人間何敢不從老夫之心乎請還許妾衣老夫云天女奚存欺心哉天女云天道無僞以信爲本何多疑心而不許老夫耻云多疑少信率土之常也是以不肯許而已天女之言誠然遂許與其衣而相携歸家共栖十餘年天女能釀酒一飲除百病酒價滿庾又能植五穀土形肥稻穗美仍名此處云土形里（今云比治）老夫家倍潤富而後俄娼疾天女老夫謂天女云汝本天上之產非率土之種暫借住吾家而已宜早去天女仰慟哭俯哀吟謂老夫云妾初非求爲老夫娘唯任老夫之所願妾心無異老夫奚發厭惡之心哉老夫增瞋不聽天女流涕出門謂里人云妾久淪落人間而今不得升天上率土無親故不知所由妾其爲如奈哉拭淚嗟歎歌云阿麻能波良布理佐兼美禮婆加須美多智伊幣治麻土比天由久幣志良受母遂去而至一村乃謂村人云吾心如荒鹽仍云荒鹽村又至一村據槻木下而哭故云哭木村後到竹野郡船木里謂里人云吾心奈具志久（古語事平善者云奈具志）竟留居此處因建社祭之所謂竹野郡奈具社坐豐宇氣姬神也（丹後風土記）

●埴山姬神——稚產靈神——豐宇氣比女神

○伊弉冊尊爲軻遇突智所焦而終矣其終之間臥生土神埴山姬及水神罔象女神

○與謝社　與佐郡川森ニ有リ　祭神一座

豐受太神　今内宮ヲ祠ハ近代之俗也

○世記云泊瀨朝倉宮大泊瀨稚武天皇卽位廿一年丁巳冬十月倭姬命夢覺給久皇太神吾一所耳不坐波御饌毛安不聞食丹波國與謝之小見比沼之魚井原坐道主子八乎止女乃齋奉御饌都神止由氣太神乎我坐

國欲止誨覽給支
據二此書一則雄畧已前以二與佐宮一爲二本宮一今以二
山田原一可レ爲二神在之神地一矣　啓蒙

○與謝　海　浦　湊　蜑等歌によめり

千載旅 思ふことなくてや見ましよさの海の　赤染衛門
天の橋立都なりせは

新勅撰戀 うかりけるよさの浦波かけてのみ　般富門院大夫
思ふにぬるゝ袖をみせはや

新後拾 松たてるよさの湊の夕涼み　後京極
今もふかなん沖つしほ風

○網野社　竹野郡阿佐茂川東網野村ニ有リ
祭ル處　水江浦嶋子也
雄畧二十二年秋七月丹波國餘謝郡管川人水江浦嶋子乘レ舟而釣遂得二大龜一便化二爲女一於レ是浦嶋子感以爲レ婦相逐到二蓬萊山一歷二覩仙衆一　日本紀

●丹後國與謝郡日量里筒川村トイフ所ニ筒川嶋子トイフ者アリ常ニ釣ヲナンシケリ其人姿タヲヤカニシテ誠ニ止事ナキ美男ナリ或時釣センタメニ獨小船ニ棹サシテ沖ニ出ケリ釣シアリキケルマヽ三日三夜沖ニタヾヨヒケレトモ魚ノ一ツヲモ得ズ本意ナキワザニ思フ處ニ五色ノ龜ヲ釣エヌ嶋子不思儀ヲナシテ船ニイレヲキケリ其夜モ歸ラデ船ニ寐ニケリ夜半バカリナルニサモアテヤカナル女一人イヅクヨリ來ルトモ知ズ船ニ乘テアリ嶋子目サメテオドロキ女ニ問ケルハカク人家ハルカナル海面ニ何トシテカハ來玉フゾ如何ナル人ゾヤト云ヒケレバ女面ハユキ物カラ打エミテイヒケルハ御身獨此海上ニマシマセバ餘所ニ見ルニ忍ビエズ風雲ニ乘ジテ來リサブラウトイヘリ嶋子又問フ風雲ニ乘ジテハ何處ヨリ來リ玉フゾヤ女云我ハ天上仙家ノ者ナリ君ウタガヒノ心ヲナシ玉ハズ打トケテカタラヒ玉ヘトイヘリ嶋子思フヤウサテハ神女ナリトコハソモ如何ナル事ゾトオソロシサカギリナシ女ノ云我心更ニアサハカナル思ニアラズタトヘバ天地ニ比シ日月ハキハマルヿ更ル心ニ侍ラズ何ナレバ君ハ我ニ心ヲヘダテ玉フゾヤ嶋子云フベキコトノ葉ナクテ其儀ニテ侍ラバイカデソムキ侍ラントイヘリ女イトヨウ懸想ジテ其御心ニテマシマサバイザヤヲガスム蓬萊山ニ至リ侍ラン船ヲメグラシ玉ヘトテ沖ノ方ヲ敎ケレバ嶋子女ノ敎ヘノ儘ニ棹

サシヌ女ノ云君シバラク目ヲフサギ玉ヘトイヒケレバ教ノ如ク目ヲフサギシバラクシテ開ケヨトイフ開テ見レバ在𪜈見エザリシ島ニツキタリヤガテ船サシヨセ二人手ヲ取リテアガリヌレバ云フバカリナキ宮殿アリ玉ヲカザリ金ヲチリバメ木草鳥獸ニ至ルマデヨノツネナレヌ風情更ニ心コトバノ及ブ處ニアラズ內ヨリアマタ出テ龜姬歸リ玉ヘリトテ迎ヘケリナヲ內ニイリヌレバ女ノ父母姉妹イデムカヘリ左右ニ侍ル女モ花ヲアザムク姿イヅレ劣リハナシ父母ノカシヅキ限ナク人間ト仙堺ノ物語ツキヤラズ百味ノ珍物ヲソナエ玉盃左右ニメグレリ仙女カハル〴〵出テ思ヒ〳〵ノ歌舞ヲナス其曲感情ニシテ思ヒヲ忘ル、計也カクテ夜ニイリテ夜モイタク更ヌレバ玉床ニ珊瑚ノ枕ヲナラベ海〈偕カ〉老ノチギリ淺カラズ是ヨリ嶋子蓬萊ニトヾマル事スデニ三年ニナレリ故鄉ノ遠クヘダヽルコトヲナツカシク思ヒ父母ヲ思フ心切也此由女ニ語ケレバ女モコトハリニ至極シケリサレ𪜈年月ノムツビヤランカタナク別ン事ノ悲シサニ許モヤラズ亦トヾメン事モ叶ヒガタクアリシ契リハ夢現トモ分兼タヾ泪ニシヅム計ナリカクテ有ルベキヤウナクテ別モ今ニナリヌル比女一ツノ箱ヲ島子ニアタヘイカナル事アリトモ此蓋ヲアケ玉フ事ナカレサル故ノサフラウゾトテアタヘヌイザ、ラバトテモトノ船ニ乘セテモトノ海ニ出ヌ女此度モ又シバラク目ヲフサギ玉ヘト云フ程ニフサギツ、暫シテヒラキ見レバ古鄉水江ノ浦ニツキ彼女ハナシソレヨリタトル〳〵住コシ家路ニ歸ケレバ更ニ三年ノ昔ニモ似ズ萬更〈カハリ〉ハテ見シ人獨モナシ如何ナル事ト思ヒ人ニ問ケルハ此ハ水江浦ソンジヤウ其〈ソコ〉ニハ侍ラズヤ里人如何ニモサ云フ所也トサ侍ラバ水江浦島ガ家ハイヅクニ侍ルゾヤトイヘバ里人聞テソコハイカナル人ゾヤ遙昔ノ事ヲ問玉フゾヤ其浦島ガ子トヤランハ沖ニ出テ釣スルトテツヰニ海ヨリ歸ラズト云傳ヘ侍ル今スデニ三百歲ノ昔トコソ聞ツレサル人ノユカリト聞ハ七世孫ニコソアメレトイヒケレバ島子オドロキ悲シム事限ナシ二度蓬萊ニカヘラマホシク思ヘドモ更ニ不叶心ヲサメン方ナシ彼別レシ時姬ノアタエタリシ箱ヲ今ハ形見ト詠ル計也此蓋アクル事ナカレト云シ詞ヲワスレテ蓋ヲアケヌレバ島子ガ形タチマチ若カリシ粧ヲ引更白髪ノ翁トナリケリツキニ其所ニテミマカリヌ時ハ天長二年ノ事ナリトナン　丹後風土記ノ心是ニ同シ

但馬

○粟鹿社　朝來郡ニ有リ　祭神　上中下三社

上社火々出見尊　中社籠神　下社豐玉姫神　一宮記

伊弉諾伊弉冊相生之兒大日孁貴月讀素戔烏合三神也和銅元年戊申八月十三日筆取神部八島勘註言上　神名帳註

又說云以ニ出石一爲ニ一宮一云々

御位　貞觀十六年三月十四日正五位上　國史

神詠倭論語

雲はれて嵐に松のひびきこそ
　顯れ出し神の心よ

○出石社　同國府出石ニ有リ　祭神　古事記ニミエタリ

○應神天皇御宇多遲摩比多訶娶ニ其姪由良度美一生ニ子葛城高額姫命一故其天日矛持來物者玉津寶而珠二顆又振浪比禮切浪比禮振風比禮切風比禮又奧津鏡邊津鏡幷八種也　此者伊豆志八前大神也古事記

　祭禮　九月九日

但馬國伊津師宮と云社にてなのりそといふくさを

新拾遺物名部
千早振出石の宮の神の駒
　人なのりそやたゝりもぞする　重之

因幡

○宇陪社　法美郡ニ有リ祭　神　武内宿禰也　一宮記

神名帳註云風土記云仁德帝治五十五年春三月御歳三百六十餘歳當國御下向於ニ龜金一双履殘御隱所不レ知云々然則以ニ上件年月日時一爲ニ垂跡之始一乎　神名帳註

○神託　もろ人の心は神のみあらか（御舍）なれば直きときは神なり慈悲の心ふかければ卽佛也神佛一如の身を思ふべし　倭論語

伯耆

手摩乳足摩乳娘稻田姫八頭之蛇欲レ呑之故遁ニ入山中一于レ時母遲來姫云母來云々故號ニ母來國一後故爲ニ伯耆一

○倭文社　川村郡ニ有リ　祭神一座

下照姫神　大己貴命女　一宮記

傳系上ニ見ユ　鎮座年記未レ考

○神託　諸人の世の人のたすけとならん事をつねにねがひもしまなびもしあらん者をばわれつねに神力をはげまして日本のかんだからとせんと徒に世の人の國の産をついやさんをば必我かれをしてそむけてうしなはん　倭論語

○大山社　伯耆國大山大智明神者稱德天皇時有二神託一因勅建レ社山下之砂夕昇レ山朝下レ山其前岡有レ松枝必指二神前一云　神社考

○伯耆國に大山といふ所に大智の明神と申神おはします利益のあらたなる事げにあしたの日の山のはに出るがごとくに侍り御本地は地藏𦬇にておはしますとぞむかし俊方といひける弓取野に出て鹿を獵けるほどに例よりも鹿おほくて皆おもひの外にゐとゞめにけり扨此しかどもをとらんとすれば吾持佛堂に千體の地藏をすへ奉りつる五寸の尊像に矢をゐ立て鹿とみつるは地藏にぞおはしける其時俊方あさましく悲しくおぼえて地藏にとりつき奉りてなきおめきけれどもさらに甲斐なしやがて手づからもとゞり切て我家を堂につくりてながく殺生をとどまり侍りにき去程に稱德天皇の御時社にいはひ奉れといふ託宣侍りてやがて堂を社になして大智明神とぞ申侍る利益あらたなれば彼所の砂たにもゆふべにはさかのぼりてあしたにくだりて參下向の相をしめす彼岡の松は明神の御方にむかひてみななびきける歸依のすがたをあらはし侍るとかや心なき草木砂までも歸依し奉るわざげにありがたくぞ侍る此地藏𦬇の御事は昔廣目女と申侍りし時母尸羅善現のために堅固の大願をおこしおゝくの宿願を立て修しあがりまし／＼て今等覺無垢の菩薩とは成給へり　下略　撰集抄

出雲

所三以名二出雲一者八束水臣津野命詔二八雲立出雲一之故云二出雲一　風土記　私八束水津野命ハ素戔烏尊別名也

○大社　又杵筑ト　出雲郡ニ有リ

出雲國大社素戔烏尊也　神祇令註

社家亦隨レ焉雖レ然以二根本一推レ之則天祖親以二日隅宮一所レ附二與于大己貴命一者也（當代社家尤以二大己貴命一座爲二垂跡一而無二素戔烏之説一）按神紀所レ載云天津彦々火瓊々杵尊爲二葦原中國之主一也經津主神武甕槌神到二出雲國五十田狹之

小汀一問二大己貴二云皇孫君二臨此地一汝當須レ避大己
貴對云我子事代主神在二於三穗之碕一以二釣弋一爲
レ樂以二熊野諸手船一載二使者稻背脛一遣之問レ之事代
主云今天神有二此勅問一我父當レ奉レ避吾亦不レ可レ違
因於二海中一造二八重蒼紫籬一蹈二船枻一而避大己貴云
我子既避吾亦當レ去如吾禦レ之國內諸神必當二同禦一
今我奉レ避誰敢不レ須授二所レ杖廣矛於二神一云吾以二
此矛一卒有二治功一天孫若用二此矛一治レ國者必當二平
安一遂隱二百不足之八十隈一 啓蒙
神書抄云八十隅天日隅宮者共謂二出雲國杵築宮一卽
是大社也又云出雲在二乾方一日之所レ入也夏至之日
出二於寅一入二於戌一故以二杵築一爲二日隅宮一一說
此宮在二天上一故云二天日隅宮一 ○神祇令註出雲大
社者素戔烏尊也故朝廷及社家此社祭二素戔烏一矣而
日本紀見レ之大社者天神爲二大已貴一所二造供一也素
戔烏行二於根國一故於二中國一無二降迹一後世祭二大已
貴一故合二祭素戔烏一者也 ○余案素戔烏建二出雲淸
地宮一娶二稻田姬一生二大己貴一以二手摩乳脚摩乳一爲二
其宮首一則大社爲二素戔烏一亦有レ所レ据歟以二淸地
宮一爲二杵築宮一亦復爲レ是 已上神社考

○神傳系上二委シ
○攝社 熊野神宮 在二意宇郡一 仁壽元年九月乙
酉加二從三位一 實錄
天穗日神社 在二能義郡一
三穗社 在二島根郡一
○日御崎 同郡大社之西北二里許二在リ
祭神二座 上社 下社有リ
上社八束水神 八握髮尊者素戔烏別稱也 蓋八握髯生
之緣矣 名神記
○相殿神三座 田心姬 湍津姬 嚴島姬
是時素戔烏自レ天而降二到於出雲國簸之川上一 ○今按中略歟
娶二稻田姬一遂到二出雲之淸地一焉於レ此建レ宮乃相與
遘合而生二兒大己貴神一因勅之云吾兒宮首者卽脚摩
乳手摩乳也故賜二號於二神一云二稻田宮主神一已而素
戔烏尊遂就二於根國一矣又云素戔烏尊云韓鄕之島是
有二金銀一若使下吾兒所レ御之國不上レ有二浮寶一者未二是
佳一也乃拔二鬚髯一散レ之卽成レ杉又拔二散胸毛一是成
レ檜尻毛成レ柀眉毛是成二櫲樟一已而定二其當レ用乃稱
之曰杉及櫲樟此兩樹者可三以爲二浮寶一檜可乙以爲二
瑞宮一之材甲柀可三以爲二顯見蒼生與津棄戶將臥之

具二夫須レ噉八十木種皆能播生〇今按中略歟然後素戔烏尊居二熊成峯一而遂入二根國一者矣 日本紀

下社天照大神 大日靈貴 當國大日靈貴產生之地而今又有二日神垂跡一也故名二日御崎一 名神記

相殿五座 正哉吾勝尊 天穗日命 天津彥根命

活津彥根命 熊野櫲日命

已上神傳系上ニ見エタリ

〇問上社配二三女一下社合二五男一是何據乎云神紀所レ謂天照太神勅云原二其物根一則八坂瓊之五百箇御統者是吾物也故彼五男神悉吾兒乃取子養焉又勅曰其十握劍者是素戔烏尊物也故此三女神悉爾兒便授二之素戔烏尊一云是上下三五合祭之緣 啓蒙

〇問當宮有二紋石一者石面有二栢葉一如二良工雕刻一而雖レ爲二數片一其紋猶存也相傳稱二神紋一是也否云按二名神記一出雲國日崎山有二栢葉紋形石一神代昔平レ國而後登二熊成峯一爲二栢占一云吾欲レ住二於栢葉之所一レ止也遂隨レ風止二於此地一故至レ今示二其幽契一全文略之問宮祭宦每歲十二月除夜半雖二甚雨大雪一揭レ裳帶レ劍入二山中一捧二所レ帶之劍於天神一也及二黎明一下二於山一嘗雨雪不レ霑二一點一也是何遺風耶云傳聞昔八束水命斬二八岐蛇一及レ尾而及缺卽擘而視レ之有二一神劍一此不レ可二以私用一也乃遣二五世孫天葺根命一奉二於天一蓋當宮祭宦葺根命之神脈也仍于レ今有二天神奉劍之遺習一乎此外十月神無月祭祀幷除夕禮奠等姑舍レ之 已上啓蒙

〇攝社 天葺根神社 號二波屋嶋明神一神主祖神也在二出雲鄉宇料一

大歲社 同鄉ニアリ 蛭兒社 在二當所一

日臺社 此所隱丘神祕也 大土社 粟津鄉ニ有リ

荒魂社 蛇山ニ有リ 宇賀社 園村ニ有リ

〇佐陀社 秋鹿郡ニ有リ 祭神四座 正殿二座南北二殿各一座ナリ

正殿 伊弉冊尊 社記 〇杵築大社母神也神代伊弉諸伊並尊持二天瓊矛一御二大八嶋一而有二夫婦之道一而神功終之日伊弉諸尊隱二於淡海國日少宮一伊弉並尊崩二當國一遂葬二足日山麓一也神紀所謂比婆山者蓋此地哉矣然後垂仁天皇五十四年乙酉四月始合二祭伊弉諸尊一爲二二座一 全文略之 名神記

從二國常立尊一至二惶根尊一天神六代之間則有二名字一未レ現二尊形一五位神坐其後合二陰陽一有二男女形一云々

此所レ謂伊弉諾伊弉冊也　神皇實錄

南殿　素戔烏尊　神紀所レ謂伊弉諾尊伊弉並尊生二素戔烏一　傳系上ニ見

北殿　天津彥火瓊々杵尊　社記　傳系上ニ見

或問佐太本宮往々爲二伊弉諾一何子之言相反耶云名神記當國之撰書而其語不レ誣且當宮至レ今有二神在之祭祀一則縱雖レ不レ拘二記文一爲二伊弉並尊一明矣

○云神在祭者奈何云　社說云伊弉冊尊功既成後以二十月一神避矣御子素戔烏命幼而悲ニ其喪一妣遂來二于此地一也於レ是簸川上聞レ有二害レ人之蛇一徒行制レ之其言載以明白也是以雖二星霜久鳳曆數更一每歲十月當宮與二御崎一錦紋小蛇浮二海上一來而未レ失二其信一也且伊弉並尊依レ爲二群神之尊妣一當月一切神祇會集有二神在之名一

○問世傳十月稱二神無月一云諸神會二集于出雲大社一而不レ在二于舊地一之故也或又云此蓋非二正說一也是月出雲無二異祭一則諸神會集之說不レ可レ信云奈何云夫天下稱二神無之月一出雲特稱二神在之月一蓋稱二陽月一之類也十月陰極之時而雲州又極陰之

地也所レ謂諸神會集者盖陽伏之義耶世俗於二十一月一燒二薪木一於二宮社一而稱二火燒一是知迎レ陽之義也然則會ニ集于雲州一者陽伏之謂也況又雲州有二箇々祭事一也

○問每歲四月秋鹿嶋根兩郡輻輳成レ市神官奠レ粢供レ醴而稱二神代之遺風一也是何據乎云社家者說云表二天孫降臨之威儀一云初降二日向之千穗一遂慕二大祖廟一而來二臨于此所一也故至レ今權神主大來目命神胤而世以二來目一爲レ氏蓋來目部遠祖大來目命爲二神孫之從者一今祭祀日有レ舞名二猿田彥一也此皆降臨之遺習

○問雲州諸社造二木偶人一稱二隼人一國家將レ有二凶災一則或落二廡下一或云去二他方一此何遺風云神紀云火酢芹命苗裔諸隼人等至レ今不レ離二天皇宮牆之傍一代二吠狗一而奉レ事者也矧佐田社北殿瓊々杵尊也則以二隼人一爲二護衞一之義有レ所レ據耶其去二宮牆一轉二落廡下一者罰二監衞之無賴一之兆也本朝神代之遺俗流風存者出雲伊勢也志二神道一者不レ可レ忽焉

○案名神記以二已上三宮一稱二大社一誠有レ故哉御

崎者出雲國造神而大巳貴命之父也杵築者天下經營神本朝醫家大祖也其神功之大者悉載二神紀一也佐田者吾國開闢祖而素戔烏命之母也蓋稱レ大者讃二其德一也間杵築者大己貴社也故號レ大者非也此外有二大庭八重垣等神社一皆屬二杵築一也今又畧レ之　已上啓蒙

○神託　益人等吾神國のおきてを守らで外にこゝろをうつしなば神明のあたなればわがけんぞくの神をつかはし其玉の緒をうばいとらん諸の神をまつらんに吾をさきにせぬ衆生のねがひはよもとげじとぞ思ふ　倭論語

攝社

氏神社　神殿傍ニ有リ神主ノ祖神也

田中　神殿ヲ去テ二町許深祕ノ社也

幸神　已上三社北殿攝神

惠曇社　五十田狹社　已上二社南殿攝神

神寃社　屬二正殿一

○手間社　意宇郡筑野村間潟海中ニ有リ

祭神一座　少彥名ノ命　所ノ俗天神ト濁呼デ菅原天神ニ混ズルハ非也天眞ト淸デ讀ムベシ

○神代卷云大己貴命行到二出雲國五十狹々之小汀一而且飲食是時海上忽有二人聲一驚而求都無レ所レ見頃時有二一箇小男一以二白斂皮一爲レ舟以二鷦鷯羽一爲レ衣隨二潮水一以浮到大己貴神卽取置二掌中一而翫レ之則跳嚙二其頰一乃怪二其物色一遣レ使白二於天神一于レ時高皇產靈尊聞レ之云吾所產兒凡有二一千五百座一其中一兒最惡不レ順二敎養一自二指間一漏墮者必彼矣宜二愛而養一レ之此卽少彥名命是也　啓蒙

○土師社　出雲郡土師村ニ有リ　祭神　菅家

舊史所レ載說天穗日命十有四世孫云二野見宿禰一居二出雲國一垂仁御宇與二當麻蹶速一角力而贏當二是時一人死者多殉帝甚哀レ之野見宿禰採レ埴造レ像以代レ殉帝大喜レ之賜二土師姓一云蓋菅神者土師之裔也故此邑祀二此神一歟　啓蒙

石見

此國有二高角山一有二岩崎山一有二岩奈仁山一皆嶮石之國也故號二石見國一云々

○物部社　安濃郡ニ有リ　祭神一座

宇摩志間知命　饒速日命子　一宮記

系圖上ニ見ユ

○時長髓彦乃遣ニ行人一言ニ於天皇一云嘗有ニ天神之子一乘ニ天磐船一自レ天降止號云ニ櫛饒速日命一是娶ニ吾妹三炊屋媛一遂有ニ兒息一名云ニ可美眞手命一 日本紀

○御位 貞觀十七年十月己未正五位上 國史

○神託

倭論語 諸人の心清くは我も又

かけをうつしてつねにかたらん

隱岐

和名也或云伯耆出雲石見等之沖國也故云ニ沖國一云々

○由良姬社 智夫郡ニ有リ 祭神須勢利姬神 大己貴命嫡后 一宮記

素戔烏子大己貴命也 系圖左ノ如シ

此ヨリ前ノ系圖上ニ見ユ

─大己貴命
─五十猛神
─大屋津姬神
─抓津姬神
─須勢利姬神
─大歲神
─稻倉魂神

事八十神與ニ大己貴神一兄弟各有下欲レ婚ニ稻羽八上姬一之心上八上姬不レ聞ニ事八十神言一而將レ嫁ニ於大己貴神一因レ斯事八十神急欲レ殺ニ大己貴神一大己貴神到ニ素戔烏尊所坐之根國一而又以ニ素戔烏之女須勢理姬命一爲レ妻其八上姬所レ生之子者名ニ木俣神一又名ニ御井神一 舊事紀(ノ心)

○神託 諸人よ二六時中一息の間も神明の心ならぬはなしかくれたる事の外にもるゝは世界みな天照ところのひとつ成ゆへなりつたなくて益人が自他のおもひより萬のくるしみは有にこそ 倭論語

○離火社 海部郡島前ニ有リ 祭神一座

大日孁貴 天照皇太神也

按內侍所三十神第一也仍內侍所三十神儀式載レ焉然延喜帝已來制斷之書也故不レ擧ニ記文一也予惟離火神或爲ニ大日孁貴一又號ニ午比留尊一者於ニ周易一離爲ニ中女一而陰中之陽也大日孁貴陰神而有ニ顯露之政一故呼爲ニ離火神一歟 啓蒙

○此社ヲ離火ト稱シ奉ル事往還ノ船闇夜ノ比惡風ニアヒ或ハ汐ニ蕩フニ船人身ヲ淸メテ此神社ノ方ニ向ヒテ離火ヲ祈念スレバ忽然ト火起テ大ナル炬火ノ如ク也其時東西ヲワキマヘ船ヲ直シテ岸ニ着ク事ヲ得ル也誠ニ奇異ノ神功也

○後鳥羽社 島前ニ有リ 祭神 後鳥羽院

高倉院第四ノ子諱ハ尊成母ハ藤原殖子七條修理大夫信隆ガ娘也在位十五年順德院ニ位ヲユヅリ玉フ承久三年四月ニ鎌倉ヲ滅サント思召立事アリ在位ノ時ヨリ常ニ武家權ヲ執テ王威ノ衰ルヲ憤リ位ヲ譲テ後倭歌管絃ノ暇ニハ武藝ヲ專ニナラハセ院中ニ北面ノ外ニ侍ヲ置テ西面ト號シ實朝薨ジテ後義時其家臣トシテ天下ヲホシヒマ、ニスルヲ怒リ玉フ處ニ信濃國ノ士仁科盛遠トイフモノ西面ニ召レケレバ義時其領地ヲ沒收ス上皇攝州倉橋庄ヲ白拍子龜菊ニ賜フ其地頭龜菊ヲアナドル義時ニ仰セテ其地頭ヲ改易セシム義時シタガヒ奉ラズ上皇彌逆鱗アリテ此比在京シケル武士三浦胤義ガモトエ北面秀康ヲツカハシ義時追討ノ事ヲ議セラル胤義同心ス是ニヨリテ密ニ軍兵ヲ召アツメラル土御門院ハ此事無用ノ由イサメラル主上ハ同心シ玉フ　同月主上位ヲ御子懐成ニ譲ル此時後鳥羽院ヲ一院トモ本院トモ申シ土御門院ヲ中院ト申シ順德院ヲ新院ト申ス本院新院心ヲ一ツニシ玉テ義時追討ノ事ヲ議セラル五月本院高陽院ニ渡御アリテ西園寺右大將公經其子中納言實氏ヲ召テ弓場殿ニオシコメラル此父子義時ト親シキニヨリテナリ伊賀判官光季ヲ召ケレトモ參ラズ胤義秀康佐々木廣綱大江親廣等在京ノ武士ヲ遣シ攻ラレケレバ光季防ギ戰ヒテ自害ス此ニ於テ中納言光親ウケ玉ハリテ院宣ヲ書テ五畿七道エ義時ウツベキ旨ヲフレツカハサル關東ニハ押松ト云フ者御使ナリ胤義私ニ使者ヲ以テ其兄三浦介義村ガ許エ義時討ベキ由ヲ申ツカハス義村同心セズ胤義ガ狀ヲ義時ニ示ス押松モ尋出サレテ捕ラル卽チ二位禪尼ノ前ニテ義時幷ニ廣元善信評議シ京都エ軍兵ヲ指遣ス武藏守泰時相模守時房幷ニ足利義氏三浦義村等十萬騎東海道ヨリ上ル武田小笠原小山結城五萬騎ニテ東山道ヨリ上ル義時ガ次男朝時等四萬騎ニテ北陸道ヨリ上ル六月泰時時房路次ノ官軍ヲ破リ美濃尾張ニ到ル官軍ヲ分テ宇治勢多所々エ遣シ防ガル、トイヘドモ東兵強クシテ泰時ハ宇治ヨリ入洛シ時房ハ勢多ヨリ攻入ケレバ胤義幷ニ官軍ニシタガヘル武士佐々木廣綱以下或ハ討レ或ハ自害或ハ生捕レテ殺サル光親幷ニ大納言忠信中納言有雅藤原宗行以下近習ノ廷臣トラハレテ關東エ下向路次ニテ殺サル忠信バカリ實朝ノ縁者タルニヨリテ赦サル泰時々房六波羅ノ館ニ居テ賞罰ヲ沙汰ス是兩六波羅ノ初ナリ七月新帝懷成位ヲスベリテ九條院エシリゾカル同月泰時ガ嫡子時氏奉行ニテ後鳥羽院ハ隱岐國エ遷サレ玉フ順德院ヲバ佐渡國エ遷シ奉ル後鳥羽ノ御子雅成親王ハ但馬ノ國エ賴仁親王ハ備前ノ國エ流サル土御門院ハ今度ノ事ヲイサメラレシカバ其マヽニ都ニヲキ申ベキト沙汰有リシカドモ是モ土佐國エ遷シ奉ル年經テ阿波エ遷幸後鳥羽院遷嶋ノ間廿一年四條院延應元年二月廿二日彼嶋ニテ崩ズ　王代一覽

山陽道

就二山南一而行レ西故云二山陽一成務天皇始分二國縣一時山陽云二影面一也山陽之名始出二于此一云々

播磨

舊事紀云二針間一昔景行天皇二年立二播磨稻日太郎姫一爲二皇后一生二日本武尊一播磨名始出二于此一云々

○伊和社　完粟郡ニ有リ　祭神
大己貴命御魂　一宮記

欽明帝師安元年甲申二月十一日始現座　當社說　○一宮伊和太明神者坐二完粟郡伊和鄕一卽素戔烏尊第一皇子大己貴命是也昔神功皇后三韓進發之日於二當社一有二敵軍伏誅之約一而凱旋遂賽禱其後欽明帝治廿五年託二伊和恒鄕一云可レ祭二朕於此地一蓋有二上代之幽契一哉翌日忽平森中双鶴刷レ羽佇立于レ時恒鄕奏二　上帝一營二寶基一被レ寄二神戶一併定二當國一宮一而被レ授二正一位一　峯相記

○廣峯社　飾磨郡廣峯山ニ有リ　祭神　三座
素戔烏尊　稻田姫　八王子　山城國祇園本社也
三座傳系上ニ見エタリ

社記云人皇四十四代元正帝養老元年吉備眞備入唐其後四十五代豐櫻彥天皇天平五年癸酉歸朝之日止二此地一偶佇二立船舳一望二乾維一者山後有レ山峻高支レ天深谷遶レ腰穿二崖岸之形一今白幣峯是也云々公所レ誘二感情一而凝レ眸則有二白幣一時々放レ光公怪以徐々登臨也老翁現出云吾是素戔烏命也爲レ守二諸民一保二百王一來二臨此峯一尙矣雖レ然與レ時變衰知者幾少也汝是傑俊人速皈奏レ帝公驚下レ山發レ船赴二華京一攀二玉階一拜二龍顏一後奏二此旨一帝忝被レ下二倫命於吉備一而同御宇

天平六年甲戌賽二經營之宿禱一　全文略之
改暦雜事記云聖武天皇天平五年三月十八日吉備歸
朝於二播州一逢二天王一圓融院御宇天祿三年壬午天王
從二西峯一遷二廣峯一　已上啓蒙

攝社　丼別宮
白幣社　當宮始影向之地也今爲二吉備靈社一
軍殿　大己貴命卽祇園後見殿本社也
地養社　蘇民　護王所　祇園卷池本社
冠者殿　天祖父社
九部神穴

○惣社　同郡姫路侍町ニ有リ　祭神大己貴命
額云軍八頭正一位惣社伊和大明神
按二鳥居刻彫一傳聞當社者以二大名持命一奉レ崇云々
里諺云七月既望兵士會集爲二軍旅之威儀一云古老
相傳云欽明帝御宇師安元年六月十一日當社影向
也稱二一國守護一者天平寶字年中也又按二峯相記一
云天平寶字八年異賊襲來卽遣二藤原貞國一追討
云々恐者當社貞國凱旋之日祀焉　已上啓蒙

○荒田社　多珂郡ニ有リ　當國二宮也
祭神　少彥名命

二宮荒田大明神者天平勝寶元年己丑五月七日女體
赤裝而來臨卽少彥名命也延暦年中將軍田村麻呂
尊二崇此神一而定二神田一又以二勅使一奉レ授二正一位一
峯相記

○靜窟　姫路鹿兒間山中ニ有リ　稱二生石子大明神一
祭神二座　大己貴命　少彥名命也　神殿石也故ニ
號二石寶殿一是天女ノ造處也御戸ノ口ハ地ニ成口ノ
開ベキ所棟有リ實ニ神變ニアラズシテ如何成ン哉
縱數万人トイフトモ動シ難キ者也神作ノ時斫碎ト
テ傍ノ山ニ碎石充滿セリ予播州名所歷覽ノ時拜見
ス其後不思議ニシテ當社緣起ノ寫ヲ得タリ今此ニ
ハ略ス圖左ニアリ　○峯相記　生石子高御倉者陰陽二神如二
夫婦一而顯坐時天女降擬レ造レ社既及二黎明一也不レ暇二
起立一遂上夫去耳卽今石寶殿是也生石眞人歌所レ謂
志都石室者蓋謂レ此也

按陰陽二神如ニ夫婦一者謂ニ大己貴命少彦名一歟夫古來相傳有ニ此義一卽生石村主之哥云大汝少彦名乃將座志都乃石室者幾代將經　啓蒙

○曾禰社　曾禰村海濱松原中ニ有リ石寶殿ヨリ半里許坤ニアタレリ　祭神　菅家

里諺云菅家左遷之日於ニ此地一折ニ松枝一而埋ニ土中一矢云若帝悟ニ讒臣之僞一予有ニ皈洛一者敢勿レ枯矣遂生長而枝葉生也仍作ニ神籬一云ニ天神一　啓蒙

○佐用社　佐用郡ニ有リ　祭神　佐與姫

肥前國松浦郡有レ女名ニ松浦佐與媛一大伴辰彦女大伴佐提彦妻也彼彦爲レ渡レ唐出ニ松浦川湊一于レ時佐與媛登ニ松浦山正巓一遙望ニ佐提彦船一々漸去行不レ堪ニ別思一拔ニ出領巾一而振レ之仍此山號ニ領巾麾山一或云佐提彦遂不レ歸而死ニ于唐一佐與媛聞以悲歎泣血之餘來而死ニ此地一云故祭以爲レ神　峯相記

嘉祥二年十一月播磨國佐用郡佐用津姫神預ニ官社一

續日本後記

○大荒社　所未レ考　祭神一座　秦川勝之靈

秦河勝者化ニ生乎人王三十代欽明天皇之御宇一者也天皇一夕夢有ニ神童一言云我是秦始皇之後身也以レ

有レ緣生ニ於日域一請爲レ臣矣時大和州有ニ洪水之變一初瀨川大漲有ニ大甕一流來止ニ于三輪明神廟前一土人開レ之視則有ニ一男子一身體如レ玉土人奏レ之天皇云所ニ夢見一者此人也擧養レ之賜レ姓云ニ秦氏一其才智與レ年相長至ニ十五歲一授ニ大臣位一而奉ニ五朝一以至ニ推古女主之時一豐聰太子監國祭ニ祀天地神祇一以布ニ安國利民之政一因作ニ六十六番之面一命ニ河勝一弄レ假貌レ眞遂於ニ橘內裏紫宸殿前一令レ作ニ此伎一由レ是四海波穩萬民康樂也太子以ニ其神樂一折ニ神字一名レ之云ニ申樂一河勝遂入ニ攝津州難波浦一遊乘ニ一小舟一任ニ風之所一レ行而舟浮ニ西海一著ニ播磨岸一土人聚視ニ其形一非ニ常之人一靈威可レ畏矣共謀立ニ神祠一祭レ之云ニ大荒明神一　神社考

○大酒社　赤穗郡坂越浦ニ有リ祭ル處　弓削守屋大連

○物部尾輿ガ子也三十一代敏達天皇ノ御宇百濟幷新羅國ヨリ佛像經論ヲ奉ル天皇ハ文ヲ好テ佛法ヲ信セズ天皇ノ御甥厩戶皇子幷馬子大臣甚好テ崇敬ス此時疫病ハヤリケレバ守屋奏聞シケルハ是馬子ガ佛法ヲ信ズルタヽリナリ宜佛法ヲ斷絕スベシト申ス天皇然ルベシトノ玉フ守屋卽ミヅカラ寺ヱ赴キ堂塔ヲ打ヤブリ佛像ヲ燒ステ僧尼ノ衣ヲハギテ追放ツ馬子大臣ハ泪ヲ流シテ悲ム其後馬子病ニオカサレケレバ奏聞シテ己ガ病佛力ニアラズバ愈ガタシト申ス天皇汝獨佛法ヲ行ヘトユルシ玉フ馬子此ニヲキテ又佛法ヲ再興ス　天皇崩ジ玉テ欽明天皇ノ第四子卽位シ玉フ是ヲ用明天皇ト號ス卽位ワヅカニ二年ニシテ病ニカヽリ玉フ佛ニ祈ト議ス守屋幷ニ中臣勝海コレ無益ノ事也ト諫ム馬子タレカ勅定ニ從ハザラントテ豐國法師ト云フ者ヲ內裏ヱ呼ヨセケレバ守屋睨怒天皇ノ御子厩戶皇子ト馬子ト甚睦シスデニシテ天皇崩ズ守屋ヒソカニ天皇ノ弟穴穗部皇子ヲ立ントス馬子從ズ穴穗部ヲ殺ス遂ニ厩戶幷諸皇子ヲカタラヒ軍ヲ起シテ守屋ヲ攻ム守屋タヽカヒテ三度カツ其後跡見赤檮ト云フ者ノ矢ニアタツテ守屋死ス一族ミナ亡ブ厩戶皇子ハ聖德太子ノ事也　已上王代一覽ノ

○岩屋社　赤石郡中庄ニアリ　祭神三座　疫神

里諺云守疫神也

案廿二社註式所レ謂牛頭天王初垂ニ跡於播磨明石

浦一移二廣峰一者盖此地也　啓蒙

○人丸社　明石郡明石大倉谷ニ有リ　祭神柿本人丸

○柿本人麻呂者石見國人也或云未レ詳二其何許人一也善詠二和歌一多載二萬葉集一焉紀貫之云先師柿本大夫者高二振神妙之思一獨二歩古今之間一有二山邊赤人者一並和歌之仙也藤原敦光作二柿下朝臣人麻呂畫像讃一云大夫姓柿下名人麻呂盖上世之歌人也仕二持統文武之聖朝一遇二新田高市之王子一吉野山之春風從二仙駕一而献レ壽明石浦之秋霧思二扁舟一而綴レ詞誠是六義之秀逸万代之美談者歟方今依レ重二幽玄之古篇一聊傳二後素之新樣一因有レ所レ感乃作レ讃焉其辭云倭歌之仙受二性于天一其才卓爾厥鋒森然三十一字詞花露鮮四百餘載來葉風傳斯道宗匠我朝前賢湼而不レ緇鑽レ之彌堅鳳毛少レ彙麟角猶專既謂二獨歩一誰敢比レ肩　續本朝文粹

○人丸者官位不レ見天智御時人也　拾芥抄

○柿本姓天足彦押人命之後也　姓氏錄

○大學頭敦光人丸讃云大夫姓柿本名人丸盖上世之歌人也仕二持統文武之聖朝一遇二新田高市之皇子一

古今著聞集同云　元永六年六月十六日修理大夫顯季朝臣六條洞院の亭にて柿本の人丸の供を行ひけり件の人丸の影あたらしく圖繪するところ也左の手に紙をとり右の手に筆を握て六旬ばかりの人也其上に讃を書く

○如二萬葉集一人丸始レ自二天武一至二文武一　袋草子萬葉第二卷云柿本朝臣在二石見國一臨レ死時自傷作歌一首　鴨山ノ岩根シマケルワレヲカモシラズト妹ガマチツヽアラン　同上

此歌拾遺集ニ入レリ少キ違アルカ

いも山の岩ねにをける我をかも

しらすて妹か待つゝあらん

○三月十八日は人丸の忌日にてむかしは和歌所にて毎月十八日に歌の會ありし　徹書記物語

美作

和銅六年四月割二備前國六郡一始置レ之云々

○中山社　苫東郡國府一津山北一里ニ有リ

祭神　大己貴命　一宮記

貞觀十七年四月五日正三位　國史

○二宮　津山西半里餘ニ有リ　祭神傳記未レ考

此所風景無レ類　前ニ川アリ名負久米川　久米佐

良山アリ又二三町ノ東ニ眞鳥スムト詠ゼシ宇那手
森アリ
○勅使宮　津山府中ニ有リ　祭神大日孁貴
鳥居額二品道晃親王筆也
御位正一位當宮天文年中火災宣命燒亡故問ヲ尋吉田兼連ニ寬文三年八月又改レ之
戸川戸字或作レ苦又作レ富皆訓レ止在ニ三瀬之名一上瀬曰ニ早瀬一下瀬
曰ニ弱水一中瀬曰ニ廣瀬一宮ノ南ニ流ル
○大隅宮　津山城下五町東ニ有リ　祭神　大己貴命
相殿神號ニ少宮一少彥名命　此神古ヘハ別宮ニテ今
ニ少宮谷ト云所アリ
鎭座年記未レ考
白神宮　田中鄕津山ニ有リ
祭神　月讀尊　又有ニ五座之說一未レ考レ之
傳聞當社大明神者天神之皇子月讀尊之垂跡也美作
國七郡內西北條郡田中鄕淸淨之靈地而有ニ古蹟一
云ニ月和田一有ニ淸水一其邊堆ニ舊墳一號曰ニ潮神一厥后
遷レ壇正開ニ月殿一奉レ仰ニ白神一其由來尙矣
日本書紀天文曰伊奘諾尊勅ヲ任ニ三子一曰天照太神者
可ミ以治ニ高天原一也月讀尊者可ミ以治ニ滄海原潮之
八百重一也素戔嗚尊者可ミ以治ニ天下一也因レ玆觀レ之
會ヲ合月盈虧潮之滿干一然則月和田原之潮神者治ニ
滄海原一之潮神一體分身無レ云月之白神之謂也神物
寶形之月影勿レ開レ蓋勿レ視焉

諸社一覽第七終

諸社一覽第八目錄

諸社一覧第八

備前

○石上社　赤坂郡岡山傍三里許ニ有リ　祭神　布都御魂當宮素戔烏尊斬レ蛇之劔號ニ韓鋤一也祭以爲ニ神靈一神紀所謂其素戔烏尊斷レ蛇之劔今在ニ吉備神部許一又云其斷レ蛇劔號云ニ蛇之麁正一此在ニ石上一者是也因レ功則名ニ麁正一據レ形則號ニ韓鋤一所レ謂異名同物崇神天皇御宇奉レ遷ニ大和國山邊郡一　啓蒙

○酒折社　岡山石關ニ有リ　祭神一座

日本紀日本武尊自ニ日高見國一還之西南歷ニ常陸一至ニ甲斐國一居ニ于酒折宮一時擧レ燭而進レ食是夜以レ歌之問ニ侍者一云珥比麼利菟玖波塢須擬氏異玖用加爾菟流諸侍者不レ能ニ答言一時有ニ秉レ燭者一續ニ皇子歌之末一而歌云伽餓奈陪氏用珥波虚々能用比珥波苦塢伽塢即美ニ秉レ燭人之聰一而敦賞

案酒折神者秉レ燭之人也惜乎史失ニ其姓名一也是歌世所謂連歌之始也　啓蒙

備中

孝靈天皇第三子雅武彦命以レ功封ニ于備之中州一其後胤吉備大臣也

○吉備津　賀屋郡ニ有リ　祭神　吉備武彦命

備前備中備後三國一宮也　一宮記

○神名註人皇第七孝靈天皇御子彦五十芹命亦名吉備津彦命是説非也孝靈三世皇子吉備津命也日本紀與ニ風土記一符合　景行天皇御宇彼御子吉備武彦命罷ニ吉備國一　如ニ備中風土記一者賀夜郡伊勢御社東有レ河名ニ宮瀬川一河西者吉備建日子命之宮造此三世王故之名ニ宮瀬一勸請年紀未ニ分明一

按神祇正宗云人皇卅四代推古帝御宇元年現座

社家說云

本宮　孝靈帝　去ニ本殿南一口町

本殿　吉備武彦

岩山　地主神　去ニ本殿巽一七町餘

內宮　孝靈帝后　同

新宮　吉備津彦　去ニ本殿南一十町許

釜殿　去ニ本殿西一一町許

傳聞若人有ニ祈願一則來ニ于當宮一就ニ神官一卜ニ鳴

聲吉凶一也仍誓レ神士女輻輳如レ市

○仁壽二年二月備中國吉備津命神列二官社一同年七月奉レ充二封廿戸一 文德實錄

御位　貞觀元年正月廿七日二品 神階記

○神託　天照神のをしへの祓ひとたびはらへば百日のさいなんをのがれ百度の祭文は千日の咎をすつる千世萬歳をへても天神のめぐみはつきじと生生世々にたつときは天地のおん仰ぎても猶あまり有は神德にこゆる事なし　倭物語

●眞金吹と讀し吉備中山幷細谷川等此わたりに近き名所なり

古今大歌所御歌
まかねふくきびの中山帶にせる
　　細谷川の音のさやけさ

後拾遺
誰か又年へぬる身をふり捨て
　　吉備の中山こえんとすらん　清原元輔

金葉
鶯の鳴につけてやまかねふく
　　吉備の中山春を知らん　顯季

新古今
ときはなる吉備の中山をしなへて
　　千年を松の深き色哉　讀人不知

新千載
思ひ立吉備中山遠くとも
　　細谷川の音つれはせよ　三善資連

○渡社　沼隅郡鞆ニ有リ　祭神　船玉命

猿田彥神也卜部兼邦說

傳テ云神功皇后三韓御退治發向ノ時此浦ニテ船檝ヲソロエ玉ヒ兵食ヲツミツナエ玉フ渡ノ地ニシテ船ノ鞆ヲ以テ神璽トシ玉ヒ舟玉神ヲ祠玉ヘリ是故此ヲ鞆ト云フ　○鞆浦歌ニヨメリ

新勅撰
鞆の浦の磯のむろの木みる每に
　　逢みし妹は忘られんやは　大納言旅人

○疫隅社　所同レ上　號二鞆祇園一

祭神　三座　山城祇園ニ同シ　祭六月十四日是社傳備後風土記見ユ今彼國ニ有リ疫隅社ト云フ云々風土記上ニ見エタリ

安藝

○嚴島社　佐伯郡ニ有リ　祭神　市杵島姬

○天照太神與二素戔烏一誓生二三女一內市杵島姬也

一宮記　系圖傳上ニ見

天照太神以二素戔烏尊八坂瓊之曲玉一化生神號二市杵島姬命一是居二于遠瀛一者也　日本紀　傳系上ニ見

推古天皇五年十一月十二日內舍人佐伯鞍職ト云者

網釣恩賀ノ爲島ノ邊ニ經回シケルニ西方ヨリ紅ノ帆アゲタル船見エ來ル船中ニ瓶アリ瓶ノ內ニ鋒ヲ立テ赤幣ヲ付タリ瓶ノ內ニ三人ノ貴女アリ其形端嚴ニシテ人類ニ同ジカラズ託宣シテ云吾百王守護ノ爲ニ本所ヲハナレテ王城ニ近ツク寶殿幷廻廊百八十間造立シテ吾ヲ嚴島大明神ト崇ベシトノ玉ヘバ鞍職云何ナルシルシ有リテカ官奏ヲ經ベキト申ス明神云ク王城ノ艮ノ天ニ客星異光有リテ出現セン公家殊ニオドロヒテ怪ヲ成ヘシ時ニ烏鳥多ク集テ共ニ榊ノ枝ヲ食(クハ)エント宣ヒケリ卽津國難波ノ王城ニ俄ニ千烏榊ノ枝ヲ食エテ禁裏ニ鳴集ル鞍職奏シテ中是ハ大明神ノ現瑞也ト天皇叡信アリテ御俸田町御修理杣山八千町御寄進ノ宣旨ヲ下サルノ上同年十二月廿八日重テ宣下セラレテ云自今以後拜ニ任當國ニ之吏每任可レ捧ニ上分田ニ不レ可レ輕ニ神威ニ及ニ末代ニ社頭破壞顚倒之時ハ當任ノ國司經ニ官奏ニ國中ノ杣ヲ點シテ修理スベシ 其間材木檜皮等不レ可レ運ニ上京都ニ云々 盛衰記

○弘法大師詣ニ嚴嶋ニ供ニ法味ニ神現云所レ祈何事答云末世祈ニ菩提ニ者願神賜ニ道心ニ餘何望哉神諸而隠或時一僧來詣見ニ其祭供ニ海中群鱗不レ知ニ其數ニ心謂和光本地佛菩薩也專ニ慈悲ニ戒ニ殺生ニ而今此供物亦可ニ以疑ニ因心祈レ之神託云世之不レ知ニ因果ニ恣ニ殺屠ニ而有レ罪者欲レ供ニ於我ニ故讓ニ罪于我ニ其罪惟輕其生類報命盡而爲ニ祭供ニ以ニ此因緣ニ爲ニ佛道方便ニ是以令下取ニ其報命已盡之鱗類ニ以祭上我矣於レ是僧解ニ其疑ニ 神社考 沙石集

○神託 吾國の人吾名をむかししらざりし故に今の世に生れて賤きにくるしめり吾天上にしては日の神也中央にはこゑをあらはし大地の内にかくれては萬物を生じ海の中には八大龍王となり四海に其とくをほどこしたとへば貧乏の衆生一度參詣して我に其姿をみせ思ひをのべていはんものをば其人により一七日二七日三七日或は三年七年のうちに願の輕重にしたがひ必心のごとくならしめんされ共直からぬ者のたのめるぞくるしき大悲のちかひすてざればかれも又すつる事なし 倭論語

御位 貞觀九年十月十三日從四位上 國史

○安藝嚴島の社は後は山深くしげり前は海左は野右は松原也東の野の方に清水よく流たりこれを御

たらゐと云御社三所におはします又すこし前の方にひきのきて南北え三十二間東西え二十五間の廻廊侍しほのみつる時は廻廊の板敷のしたまで海にゐる汐のひくときは白砂五十町計也然あれば汐のさしたる時まいれば船にて廻廊まで參る也けたかくいみじき事たとへもなく侍る但いか成御事やらん御簾の上には御正體のかゝみをかけまいらせで御簾より下にかけ參らする也彼御神は女體神にておはしますなればかくはならはせるやらん大かたは御社は山上にあがり廻廊は平地にあり東西南の三方はれわたりてことに心もすみ侍所に鹿を狩ざれば御山には男鹿なき草より露おち野路東なればむしのこえさかりに侍何心なき人も此御社にては心のすむなるとぞ申傳て侍る 撰集抄

周防

○玉祖社 佐波郡ニ有リ 祭神 玉屋命
伊弉諾尊男 一宮記

○高峯宮 吉敷郡山口ニ有リ 祭神 伊勢兩宮ニ同シ ○社家註進云當所内外二宮永正十七年十一月上旬大内多々良朝臣從三位左京大夫義興依ニ夢覺ー而從ニ伊勢國度遇郡ー奉レ遷ニ當國高峯ー也祭祀末社等准ニ兩太神宮ー 啓蒙

○山口社 同郡ニアリ祭神 山州祇園ニ同シ 山口祇園ト號ス ○社家註進云永正年中疫疾盛行國民斃死者甚多矣仍大内義興祠レ之遷宮卜部兼右被レ勸焉

○朝倉宮 朝倉ニ有リ 祭神 八幡宇佐ニ同
人皇五十六代清和天皇貞觀元年立ニ行宮ー勸ニ請之ー 二十二社註式

長門

元ノ名穴門ト云フ日本紀ニ見ユ仲哀天皇都シ玉ヘリ穴門豐浦宮トハ是也猶日本紀委シ

○住吉社 豐浦郡ニ有リ 祭神 底筒男 中筒男 表筒男 一宮記
神功皇后十一年垂ニ跡于長門國豐浦ー云々
又云住吉大神其荒魂在ニ筑紫之小戶ー和魂神功皇后征ニ三韓ー時顯ニ座攝州ー而託云眞住吉々々之國也因鎭座地名云ニ住吉ー豐浦那珂之住吉由ニ攝州地名ー而通ニ稱之ー 神名帳註

○御位 貞觀十七年十二月五日從四位上 國史

○神託　吾國の人は吾神の子也親の敎をうしなひてあらぬ方のをしへにしたがふは吾子にあらねば守るによしなし是天照尊のをしへ也吾思ふ益人よ持たもて和論語

○和布苅社　下關赤目ニ有リ　當社ヲ和布苅社ト云事ハ毎年ノ除夜夜半ニハ必此海ノ汐ヒル也神人炬火ヲ燈シテ海底ニ至ヌレバ和布生出テ有リ是ヲ苅トリテ歸ル也誠不思議神變也明且元朝ニ神前ニ備ユル也是ヲ和布苅神事ト云也

祭神　彥火々出見尊　神社考

傳系上ニ見當社鎭座記未レ考

○龜山社　龜山ニ有リ　祭神　八幡三座

應神帝中殿　神功皇后左　仲哀帝右

○人皇五十六代淸和天皇貞觀元年奉レ遷二男山一時行敎和尙造二行宮一勸二請之一　二十二社註式

南海道

紀伊

紀ト讀也故實也　或云昔秦ノ除福ト云フ者不死ノ藥ヲモトメニ出テ此國ニ來里人奇異也哉トイヒシヨリ紀異國ト云フ云々

○日前社　國懸宮トモ名草宮トモイフナリ　名草郡ニ有

祭神　石凝姥神　天兒屋根命孫一宮記

○太神入二天石窟一而閉二磐戸一天下恒闇時思兼神思而白云宜圖二造彼神象一而奉二招禱一卽以二石凝姥一爲二冶工一採二天香山之金一以作二日矛一又全二剝眞名鹿之皮一以作二天羽鞴一用レ此奉レ造之神是卽紀伊國所レ坐日前神也　日本紀

○託神　益人が心太虛のごとくその身大地のごとく其口風のごとく其思ひ天地にひとしくすれば神明其身を社とし日月光を友とす愚につとめいたるべかずとぞ思ふ和論語

末社

五十猛神社　○素戔烏尊帥二其子五十猛神一降二到於新羅國一初五十猛神天降之時多將二樹種一而下然不下殖二韓地一盡上以持歸遂始自二筑紫一凡大八洲國之內莫レ不三播殖而成二靑山一焉所以稱二五十猛命一爲二有功之神一卽紀伊國所坐太神是也　日本紀

○大屋津姫社　○抓津姫社

○素戔烏尊之子號云二五十猛命一妹大屋津姫命次狐

津姫命凡三神亦能分ニ布木種一卽奉レ渡ニ於紀伊國一
也　同上

系圖上ニ見

○熊野社　牟婁郡ニ有リ　祭神三座

伊弉並尊

伊弉冊生ニ火神一時被レ灼而神退矣故葬ニ於紀伊國熊野之有馬村一焉土俗祭ニ此神之魂一者花時亦以レ花祭又用ニ鼓吹幡旗一歌舞而祭焉　日本紀

事解男神　速玉男神

伊弉諾尊追至ニ伊弉冊尊所在處一便語之云悲レ汝故來答云族也勿ニ看吾一矣伊弉諾尊不レ從猶看レ之故伊弉冊尊耻恨之云汝已見ニ吾情一我復見ニ汝情一時伊弉諾尊亦慙焉因將ニ出返一于レ時不ニ直默一歸而盟レ之云族離又云不レ負ニ於族一乃所レ唾之神號曰ニ速玉之男一次掃之神號ニ泉津事解之男一凡二神矣　同上

崇神天皇十六年始建ニ熊野本宮一　景行天皇五十八年建ニ同新宮一　神名帳註

○御位　延喜七年十月二日丙午熊野坐神正二位
天慶三年二月一日丁酉速玉神正二位　國史

○古事記舊事紀等謂伊弉冊尊神去葬ニ出雲國與ニ伯耆國一之界比婆山上不下與ニ此書一同上社家者說熊野權現者自ニ天竺一飛來之神也今見ニ此神書一爲ニ伊弉並尊一者決矣故諸道博士勘文多引ニ此書一爲レ据

神代纂疏

按神代舊事紀等一說以下葬ニ於紀伊國熊野一之記文上爲ニ伊弉並尊一也若據ニ長寬勘文一則爲ニ熊野樟日命一之明矣蓋伊弉並尊葬ニ于出雲國比波山一之故也又今紀伊國熊野鄉有馬村無レ神則彼神紀之一說非レ無レ疑乎　啓蒙

○熊野權現證誠殿本地阿彌陀　本宮
兩所權現者藥師觀音　新宮

○若一王子施無畏大士　號云ニ日本第一大靈驗三處權現一

○飛瀧權現　千手觀音　已上習合ノ說

花山法皇入ニ那智山一不レ出ニ三年其精修勵苦行之者皆取レ法一日神龍降獻ニ如意珠一顆水精念珠一串海貝一枚一帝置ニ寶珠於嵓屋念珠於千手院一以爲ニ地鎭一苦行上首傳持祕授至ニ如今一其海貝九穴沉ニ瀧下一俗云食ニ九穴貝一者長年不レ老蓋帝令ニ飮ニ瀧水一者甲得中延齡上也承保帝白河院聞ニ貝事一召ニ弄レ潮者一入ニ瀧

底搜看潮人出レ波奏云貝猶在徑三尺許自三帝修二練
此地一苦行者六十八人至レ今不レ絶　釋書十七

仲算大德熊野へ參給ひけるに那智のたきにて心經をたうとく讀給ひければたきさかさまにながれて瀧のうへに正眞の千手觀音のあらはれいまそかりしをまのあたりおがみ給ひけるとなん　撰集抄

○神託　吾國はしたがへる人日の蝕なる時は心をつゝしみ身をしづめて蝕にあたるべからず大蝕は大災也小蝕は小災也　和論語

○御行　御幸始

平城帝　花山院　白河院三山五度
堀河院三山一度　鳥羽院三山八度
後白河院三十三度

○當社和歌ニ詠ズ

千載集　熊野にまうで侍ける時發心門の王子にて
嬉しくも神のちかひをしるへにて　權中納言經房
心をおこすかとに入ぬる

鹽屋の王子の御前にて　後三條內大臣
同　思ふ事くみてかなふる神なれは
鹽やに跡をたるゝ也けり

熊野新宮にて讀侍ける　中原師光朝臣
玉葉集　天さかる神や願をみつ汐の
湊に近きちきのかたそき

同　待わひぬいつかは爰にきの國や
むろの郡は遙なれとも

右熊野の權現の御歌
續千載　うろよりもむろに入ぬる道なれは
是そ佛のみもと成へき

此歌は後白河院熊野の御幸三十三度になりけるときみもとゝいふ所にて告させ給ひけるとなん

風雅集　もとよりもちりにましはる神なれは
月の障も何かくるしき

是は熊野の權現和泉式部にしめさせ給ふとなん

○粟島社　名草郡蚊田地ニ有リ　祭神一座

少彥名命　高皇產靈尊子也
傳系上ニ見　當社鎭座年紀未レ考
此神者本朝神仙醫藥之祖神也

○丹生社　伊都郡高野山上有リ　祭神一座

天丹生神　○先師說云高野山天野大明神者丹生都神也天照太神之妹稚日女神也一說云丹生都姬天照太神也坐ニ和州丹生川之裔一故名ニ丹生都姬一也後又顯ニ伊勢國一神名帳註

○丹生高野の二神は卽母子にておはしますと申傳へり或は夫婦とも高野の大明神は大神宮の御弟なり又玉津島の衣通姬を思ひ人にて御馬にて忍びて通ひ給ひけるを丹生明神やすからぬ事に思召けり彼玉津島へ神馬を奉られし時は明神の御前にてくつばみの音をならさぬ事にて侍となん今此所を尋るに牛窟とて玉津島山の江のほとりに有昔は高野明神の神輿此窟へ渡御の事毎年有しかども今絕たり窟の內に小社有委は公任卿家集にみえたり

あま人の乘渡しけんしるしにや　公任
岩屋に跡をとゝめ置けん

兩大明神　北は丹生神殿女體南は高野神殿俗體是を山王院と云也是當山鎭守也弘仁十年五月三日大師勸請也啓白の文あり

○四所明神　御寶殿戌亥の方に向ふ南の方第一は一宮丹生明神次は二宮高野明神三宮氣比明神四宮丹生明神の子なり高野明神は天照太神の孫王也丹生權現第一の子也氣比は丹生權現の御女也四宮は丹生の子也往古は兩大明神のみ有しを中古行勝上人瑞夢をかんじ勸請せられしよりかくの如し此格子の內十二王子の宮有　八王子　土公神　大將軍　皮張明神　皮付明神　八幡　熊野　金峯　白山　住吉　信田　西宮　同百二十伴の宮右十二王子百二十伴勸請諸神は大師御時よりの事とみえたり舊記にみえたり

○七社明神　四社明神と三社の神となり四社の神は前のごとし三社は　天照太神　八幡　春日明神也鳥居の額云正一位勳八等丹生七社大明神廿餘村の守護神とす

嵯峨帝弘法大師に密灌を受給ひしとき此近邊の村村を御寄附有しなり其後他の領となりぬ毎年九月晦日神事あり高野の衆徒法事をつとむ寺號は神通寺と申傳へり

○粟島明神　觀音堂の左にあり勸請たれと云事さだかならず

已上高野ニ有リ　假名書之分　高野名所記

〇伊曾太祁社　名艸郡ニ有リ　祭神三座
五十猛命　大屋津姫命　抓津姫命
傳上ニ見　〇大寶二年二月己未分ニ遷伊曾太祁大屋都姫都麻都比賣三神社續日本紀
御位　貞觀元年正月廿七日伊曾太祁大屋都姫神抓津姫神並從四位下神階記

〇玉津島社　弱浦ニ有リ　祭神
衣通姫靈也　人皇二十代允恭天皇后也
〇玉津嶋神者衣通姫也案日本紀允恭天皇之后忍坂大中姫之妹容姿絶妙無レ比其艶色徹レ衣而晃之是以時人號云ニ衣通郎姫一天皇喚ニ郎姫一郎姫畏ニ皇后一而不レ參天皇强而七喚以來之因ニ皇后之嫉一別搆ニ殿屋於藤原一而居八年春二月幸ニ于藤原一密察ニ衣通姫之消息一是夕衣通郎姫戀ニ天皇一而獨居其不レ知ニ天皇之臨一而歌云和餓勢故餓句倍枳豫臂奈利佐瑳　餓泥能區茂能於虛奈比虛豫比辭流辭毛天皇聆ニ是歌一則有ニ感情一郎姫奏言妾常近ニ王宮一而晝夜相續欲レ視ニ陛下之威儀一然皇后則妾之姉也恒恨ニ陛下一亦爲ニ妾苦一是以冀離ニ王居一而欲ニ遠居一天皇更興ニ造宮室於河内茅渟一而令レ居已下略　神社考

〇聖武帝也天璽國押開豐櫻彥天皇神龜元年十月幸ニ紀伊國一詔云登レ山望レ海此間最好不レ勞ニ遠行一足ニ以遊覽一故改ニ弱濱名一爲ニ明光浦一宜置ニ戸守一勿レ令ニ荒穢一春秋二時差ニ遣官人一奠ニ祭玉津島之神明光浦之靈一
續日本紀

和歌　浦　海士　田鶴　神　玉津島

古今
若のうらに汐みちくれはかたをなみ　赤人
蘆へをさして田鶴鳴渡る

續古今
いか計若の浦風みにしみて　後京極
宮はじめけん玉津島ひめ

同
兼てより和歌のうら地に跡たれて　藤原隆信
君をや待し玉津島姫

古今
和田の原寄せくる波のしはしくも　讀人不知
みまくのほしき玉津島かも

淡路

伊弉諾伊弉並二神産玉フ洲也日本紀ニ見リ

〇伊弉諾社　津名郡ニ有リ
履中帝五年秋九月十八日天皇狩ニ于淡路島一是日河内飼部等從レ駕執レ轡先レ是飼部之黥皆未レ差時居レ島伊弉諾神託レ祝云不レ堪ニ血臭一矣因以トレ之兆云

惡ニ飼部等黥之氣ニ故自レ是後頓絶以不レ黥ニ飼部ニ而止レ之 日本紀
伊弉諾尊神功既畢靈運當レ遷是以構ニ幽宮於淡路洲ニ寂然長隱者矣 日本紀
○御位 貞觀元年正月廿七日一品 神階記

阿波

○御位 貞觀九年四月廿三日正五位上 國史
○大麻彥社 板野郡ニ有リ 祭神 猿田彥命 一宮記

讃岐

○田村社 香川郡ニ有リ 祭神 猿田彥命 一宮記
○御位 貞觀九年十月五日從四位下 國史
○崇德社 松山ニ有リ 祭處 崇德院御靈
人皇七十五代ノ天子ナリ 鳥羽院第一ノ御子也諱ハ顯仁母ハ中宮藤原璋子待賢門院ト號ス大納言公實ノ娘元永二年五月天皇誕生保安四年正月讓ヲ受ケ二月卽位時ニ五歲治世十八年永治元年三月上皇鳥羽殿ニテ落飾鳥羽法皇ト號ス歲卅九十二月法皇ノハカライニテ崇德帝何ノ故モ無ク位ヲ御弟ノ體仁ニ讓ル後十六年有テ後白川院保鳥羽第四子元々年七月二日鳥羽院崩ズ歲五十四天皇卽位ノ初ヨリ忠通ハ替ラズ關白タリ賴長ハ氏長者元ノ如シトイヘドモ內覽ヲヤメラル是ニヨリテ當今エ恨有ケルニヤヨリ〳〵崇德新院ヲ勸メ申サル、コト有リ新院元ヨリ世ヲ取返サントノ志アリケレバ悅玉ヒテ賴長ト密謀アリ法皇ノ崩御ニ折ヲエテ近國ノ兵ヲ呼アツム故ニ崩御一七日モ過ザルニ京洛外騷動ス新院ハ鳥羽ヨリ白川ノ御所エ御幸也賴長モ同ク參向內裏エハ關白忠通以下參向ス武士ニハ下野守源義朝安藝守平清盛等內裏ヲ守護ス義朝ガ父爲義ト清盛ガ叔父平右馬助忠正等ハ新院ノ召ニヨリテ白川殿ニ參ル爲義ガ子共義朝ガ外ハ皆新院ノ御方ニアリ同キ十一日ノ夜少納言入道信西勅ヲ奉テ義朝清盛等ヲシテ新院ノ御所ヲ攻シム爲朝防ギ戰フニ依テ官軍多ク討ル義朝火ヲ放テ白川殿ヲ燒ハラフ新院ノ軍敗レテ散ズ賴長ハ流矢ニアタリテ死ス歲三十六新院ハ出家シ玉ヒシヲ讃岐國エ流シ奉ル時歲三十八此合戰君臣上下共ニ親類骨肉ノ爭前代未聞也新院ハ二條院ノ長寬二年八月讃州

ニテ崩ズ歳四十六白峰ニ葬ル　王代一覧

○白鳥社　讃州ニ有　祭神一座　日本武尊

日本武尊移二伊勢一而崩二于能褒野一時年三十仍葬二於能褒野陵一時日本武尊化二白鳥一從レ陵出之指二倭國一而飛之群臣等因以開二其棺櫬一而視レ之明衣空留而屍骨無レ之於レ是遣二使者一追二尋白鳥一則停二於倭琴彈原一仍於二其處一作レ陵焉白鳥更飛至二河内一留二舊市邑一亦其處造レ陵故時人號二是三陵一云二白鳥陵一然遂高翔上レ天徒葬二衣冠一　日本紀

一説云讃岐國有二白鳥明神一是倭武尊也自二伊勢國一差レ西飛去止二于此國一云　又云日本武尊之靈化爲二白鶴一西飛止二讃州一　神社考

伊豫

○大山祇社　越智郡ニ有リ　祭神一座

大山祇神　傳系上ニ有リ

俗稱二三島大明神一伊與風土記云宇治郡御座神御名大山積神一名和多志大神也此神者難波高津宮御宇渡座云々　神名帳註

○御位　貞觀十七年三月廿九日正二位　國史

○神託　吾神明は法の中には日天子又は大日遍昭也垂跡を滄海の龍神にあらはれまして三界の衆生のねがひをかなへます法の人もおろかに思ひ奉るべからず天地萬物みな吾神明成事を知るべし　倭論語

○湯宮　温泉郡道後ニ有リ　祭神二座

大己貴命　少彥名命　傳系上ニ見

○伊與風土記云湯郡大穴持命見二悔恥一宿奈比古那命欲レ活而大分速見湯自二下樋一持度來以二宿奈比古奈命一令二浴濱一者蹔間有二活起居一然詠云眞蹔寢哉踐健跡處今在二湯中石上一也凡湯之貴奇不二神世時耳一於二今世一染二疹痾一萬生爲二除病存身要藥一也　釋日本紀

○新田社　同國在所未レ考　新田義宗義治之靈也　新田明神ト申ハ去ル應永年中新田武藏少將義宗脇屋右衞門佐義治出羽國ヨリ密ニ當國ニ拔落シ御坐シヌ河野一族土居得能ヲ賴玉テ深隱坐シケルガ時至ラズシテ素懷ニモ達シ玉ハズ彼國ニテ空ク成玉ヒシヲ神ニ祭テ新田明神ト號奉ル也　後太平記○因ニ云武藏國矢口渡ニモ新田明神ト號シテ社有リ此所ハ新田義興ノ靈ヲ祠也義興ハ義貞ノ次男也小名ヲ

德壽丸ト號ス其母賤ニ因テ義貞之ヲ愛セズ嫡子義顯越前ノ金崎ニテ討レシ後義興ノ弟義宗ヲ家督トス延元々年八月奥州ノ國司顯家鎌倉ヲ攻ル時德壽丸上野ヨリ起リ二萬騎ヲ卒シテ顯家ニ與力シテ鎌倉ヲ攻破ル其後吉野エ參ル後醍醐天皇ノ御前ニテ勅命ヲエテ元服シテ左兵衛佐義興ト號ス其後觀應二年ノ春尊氏鎌倉ニ在リシ時義宗義興幷ニ脇屋義治上野國ニテ義兵ヲ起シケレバ東國ノ兵附從フ者數萬也武藏野エ出張シテ尊氏ト合戰ス尊氏打負テ已ニ危カリシガ幸ニ免レタリ爰ニ尊氏ノ一族仁木賴章同義長遊軍ニテ戰ノ勝負ヲ窺ヒケルガ義興義治ガ戰疲レテ居ル所エ夜討シケレバ義興義治自ラ戰ヒ拒武勇ヲ勵ストイヘ𪜈力盡テ退ク義宗ハ義興義治ヲ尋カネテ上野エ赴ク其比鎌倉ノ留守ニ尊氏ノ次男基氏在リケレバ義興義治鎌倉エ攻入ル基氏ノ守南遠江守拒ギ戰トイヘドモ義興義治武勇ヲ勵シ攻ケレバ遠江守打負テ基氏諸共ニ落行ケレバ義興義治鎌倉エ入テ暫東八箇國ノ大將ト稱ス其後尊氏鎌倉エ向レケレバ義治義興退テ相模ノ河村ノ城ニ籠リテ尊氏ト合戰日久シ翌年ノ春河村ノ城ヲ退テ越後エ赴尊氏逝去ノ後義興武藏エ赴キ兵ヲ起サントス義貞ノ舊好アル者附從者多シ此時鎌倉ノ管領基氏ノ執事畠山道誓是ヲ聞テ義興ガ在所ヲ尋聞テ屢討手ヲ遣ス義興大勢ナレバ討レズ道誓如何スベキト晝夜案ジ居タリケルガ或夜潛ニ竹澤右京亮ヲ近付テ御邊ハ先年武藏野ノ合戰ノ時彼義興ノ手ニ屬シテ忠有シカバ定テ其好ミハ忘ジトゾ思ハルラン此人ヲ僞討ン事ハ御邊ニ過ジ謀ヲ運シテ討テ左馬殿ノ見參ニ入玉ヘ恩賞ハ請ニ依ベシト語ル竹澤元來欲心深者ニテ曾テ一義ヲモ申サズサ候ハヾ某御制法ヲ背テ御勘氣ヲ蒙リ御内ヲ罷出タル體ニテ本國エ下テ後此人ニ取寄候ベシト謀テサマ〲ノ事ヲナシテ態追出サレ己ガ所領エ皈テ後潛ニ通ジテサマ〲謀ケレバ義興果シテ竹澤ニ欺レテ武藏ヨリ忍テ鎌倉エ赴トテ竹澤ト江戸遠江守ト謀テ矢口渡ノ船ノ底ヲ二所エリ拔ノミヲ差シ水主二人沖ニ出テノミヲ拔ケレバ水船中ニ湧入ヌ竹澤等同意ノ者共河岸ヨリ矢ヲ放ケレバ義興自害シテ失ヌ郎從十三人モ共ニ腹ヲ切テ沒セリ斯アレバ竹澤江戸ガ忠功拔群也トテ則數箇所ノ恩賞ヲゾ被レ行ケ

ルアハレ弓矢ノ面目哉ト羨ム人モ有リ又爪彈ヲスル人モ有竹澤ヲバ猶モ謀反與力ノ者共ヲ尋ベシトテ御陣ニ留ヲカル江戸ニハ暇玉テ恩賞ノ地エ下サル江戸遠江守則拜領ノ地エ下向シケル十月廿三日ノ暮程ニ矢口ノ渡ニ下居テ渡ノ舟ヲ待居タルニ兵衞佐殿ヲ渡シ奉シ時江戸ガ語ヒヲ得テノミヲ拔テ舟沈タリシ渡守共江戸ガ恩賞玉テ下ルト聞テ種々ノ酒肴ヲ用意シテ迎舟ヲ漕出ケルニ此舟已ニ河中ヲ過ケル時俄ニ天曇雷鳴水漲テ逆卷浪舟ヲ返ケレバ水手一人モ不レ殘皆水底ニ沈ケル天ノ忿直事ニ非ズ是ハ義興ノ怨靈也ト遠江守恐テ河端ヨリ引返余所ヲ渡メトテ廿餘丁アル上ノ瀨エ馬ヲ早メテ打ケルニ電行前ニ閃テ只今雷神ニ蹴殺サレヌト思ケレバ御助候ヘ兵衞佐ト手ヲ合セ虛空ヲ拜シテ逃ケル山ノ麓ナル辻堂ヲ目ニカケアレマデト馬ヲ早メケルニ黑雲一村江戸ガ頭ノ上ニ落サガリ雷電鳴閃ケル後ヲ顧タレバ義興火威ノ鎧ニ龍頭ノ五枚甲ヲ着白栗毛ノ馬ノ角生タルニ乘テ江戸ヲ弓手ノ物ニナシワタリ七寸計ナル雁俣ヲ以テカヒカネヨリ乳ノ下エ射通サルヽト思テ江戸馬ヨリ倒ニ落血ヲ吐ケルヲ輿ニ乘テ江戸ガ門エ舁着タルニ七日ガ間ニ足手ヲアガキ水ニ溺タル眞似ヲシテ死ケリ又雷火落テ入間河ノ在家三百餘堂舍佛閣數十ケ所ヤケヽリ又矢口ノ渡ニハ夜々光物出テ往來ノ人ヲ惱ケレバ近隣ヨリ集テ義興ノ亡靈ヲ一社ノ神ニ祠テ新田大明神ト號シ常磐堅磐ノ祭禮今ニ不レ絕　太平記猶委シ

土佐

○都佐社　土佐郡ニ在リ　祭神高鴨大明神

○高賀茂大明神味耜託彥根命也　一宮記

○土佐風土記云土佐郡郡家西去二四里一有二土佐高賀茂社一其神名爲二一言主尊一　神名帳註

御位　貞觀元年正月廿三日從五位上　神階記

○託宣　諸人のいとけなき時より老の暮に至るまで一善をもなさざるを大惡人とはいふ也神明も生るをぬすむ人とてふかくこれをにくめる也人は人の道正しくて直き心なきをば人とはいはず天のなす處にそむけば必らずわざはひ多かるべし　倭論語

西海道

總云二之筑紫一也二嶋壹岐對馬也　筑紫ト云事ハ允恭天皇ノ時異國ヨリ紫草ヲ獻ジケル其ニ

船ノ著所ヲ筑紫ト云フ也筑ハ著之義也云々
風土記ノ心

筑前

○筥碕社　那珂郡ニ在リ　祭神三座　神功皇后
應神天皇　武内臣
人皇六十代醍醐天皇延喜廿一年六月廿一日依ニ託
宣一建ニ宮柱於筥碕松原一書ニ新羅降伏之旨一而置ニ御
座下一立ニ石柱一祈ニ神誓不レ朽　二十二社註式
此社者譽田帝之祠也地近ニ博多一
古老云昔此松原埋ニ戒定惠三字之箱一故號云ニ箱碕一
栽ニ松于其處一爲レ標至レ今猶在焉
緣起云昔白幡四流赤幡四流降下於ニ其處一栽レ松爲
レ表故有ニ八幡之號一　已上神社考

續古今
ちはやふる神代に植ゑし箱崎の
松は久しきしるしなりけり　法印行清

新拾遺
跡たれて幾代へぬらん箱崎の
しるしの松も神さひにけり　顯朝

○宗像社　宗像郡ニ有リ　祭神一座
田心姬命　素戔烏子　傳系上ニ有リ
宗像　一作ニ胸肩一又作ニ胸形一
○天照太神與ニ素戔烏一誓乃取ニ其十握劍一所生神號
云ニ田心姬一次湍津姬次市杵嶋姬凡三女矣大神勅云
十握劍者素戔烏尊物也此三女神悉是爾兒便授ニ之
素戔烏一此筑紫胸肩君等所レ祭神是也　日本紀
○神書疏云神名帳筑前國宗像郡宗像神社三座是也
田心姬胸肩明神湍津姬字佐明神市杵島姬嚴島明神已上神社考
○昔貞信公小一條ニ居住アリケリ此所ハ筑前國宗
像ノ明神筑紫ヨリウツリ坐所ナレバ貞信公尊敬シ
テ洞院ノ後路ヨリゾ必車ヨリオリテ出入アリケリ
或時此神形ヲ現ジ玉ヒテ貞信公ト物語アリケルニ
神ノ御位貞信公ヨリ卑キヨシヲノタマヘバ公此由
ヲ奏問アリケレバヤガテ神ノ位階ヲ進メ玉ヒケリ
○志賀社　糟屋郡ニ有リ　祭神三座
底津少童命　中津少童命　表津少童命
○伊弉諾尊至ニ筑紫日向小戸橘之檍原一而祓除焉
沈ニ濯於海底一因以生神號云ニ底津少童命一又潛ニ濯
於潮中一因以生神號云ニ中津少童命一又浮ニ濯於潮
上一因以生神號云ニ表津少童命一是阿曇連等所レ祭神

矣　日本紀

○志加淸ンデ讀ム也濁テヨムハ近江ノ名所也

後拾遺
戀しさも忘れやはする中々に　前大納言經輔
心さわかす志賀のうら波

新古今
しかの浦や遠さかり行波まより　家隆
氷て出る有明の月

右は近江の志賀のうら也

新勅撰
しかの蜑のめかり汐やきいとまなみ　讀人不知
くしけのをくし取もみなくに

同
しかの海士のけふりやきたてやく汐の　同
からき戀をも我はする哉

金葉
つれなくたてるしかの嶋哉　爲助
弓張の月のいるにも驚かて　國忠

右は筑前なり

○大己貴社　夜須郡ニ在リ　祭神一座

大己貴命　傳系上ニ有リ

氣長足姫命欲レ伐ニ新羅一整ニ理軍士一發行之間道中逃亡占ニ求其由一卽有ニ祟神一名云ニ大三輪神一所以樹ニ此神社一遂平ニ新羅一 神名帳註

○宇瀰社　宇瀰ニ有リ　祭神一座

譽田天皇　是卽八幡大神也此所生レ玉フ所也

皇后從ニ新羅一還之十二月戊戌朔辛亥生ニ譽田天皇於筑紫一故時人號ニ其產處一云ニ宇瀰一也　日本紀

○香椎社　糟屋郡ニ有リ　祭神二座

神功皇后東　武內宿禰西

袈襲宮昔者仲哀天皇之后息長足姫神功及大臣武內宿禰命今在ニ此行宮一謀レ伐ニ新羅一從レ爾已來便爲ニ廟室一后宮在レ東臣在レ西 廿二社註

當社ヲヨメル和歌

金葉
ちはや振香椎の宮の杉のはを　神主膳武忠
二度かさす我君そ君

新古今
千早振かしゐの宮のあや杉は　讀人不知
神の御祓にたてるなりけり

○宰府社　太宰府ニ有リ　祭神　菅家　山城北野天神宮ノ本宮也
傳記云醍醐天皇延喜元年依ニ左僕射時平之讒一遷ニ大宰權帥一間ニ一歳一薨ニ于宰府一春秋五十七遂建ニ一宇一號ニ天滿宮一

●太宰府　當國ハ日本西ノ末ニシテ異國ニ近シ若異國ノ夷軍來ン時ハ其ヲフセガン爲人勢ヲ此所ニヲケリ府ハ其居ル所也東國陸奥ニ鎭守府アルガ如シ猶有職袖中鈔ニ書シ畢

○綱場天神　博多ニアリ　祭神　同レ上
昔菅相公左遷ニオモムキ玉フ時此所ニ憩ヒ玉ヒシニ居奉ラン御座ノナキマヽニ船ノ綱ヲワノゴトクナシソレヲ敷テ其上ニ居奉リシ也此時一夜ノ中ニ白髮ト成ラセ玉フ也

○壹伎社　那珂郡壹伎ニ在リ　祭處　壹伎直眞子
應神天皇臣下也
應神天皇ノ御宇武內大臣勅使トシテ筑紫エ赴キケル間ニ大臣ノ弟甘美內宿禰讒言シケルハ武內筑紫ニテ三韓ヲカタラヒ謀叛セントスト奏ス天皇怒玉ヒテ使者ヲ以テ武內ヲ殺サシメントシ玉フ壹伎直眞根子ト云モノ聞テ武內ニ此由ヲ告ワレ御身ノ形ニ似タリト世上ニ云處ナレバ吾命ニカハランサアラバ討手ノ勅使シリゾキナン其時ハ御身ヒソカニ上洛シテ罪無キ旨ヲ申ヒラカレヨ其後ハ死ストモ愚ナラジト云ステヽ自害ス使者武內ガ首ナリト見テヤガテ退ケリ武內ハ竊ニ上洛シテ科ナキ由ヲ申ス天皇聞玉テ甘美內ト武內ト神前ニテ熱湯ヲ探ラシメテ其實否ヲ決ス武內ハ更ニ恙ナカリケレバ官職トモニ元ノ如クナサシメ玉ヘリ湯起請ノ起是也扨甘美內ヲバ武內自ラ害殺セントシケルヲ天皇勅シテ釋サシメタマヒテ其一門ノ者ニ下サレケル也
日本紀ノ心

筑後

○高良社　三井郡ニ在リ　祭神　武內宿禰
○人皇四十代天武帝白鳳二年二月八日高良神託云譽田天皇御宇爲ニ晨昏武畧之健將一末世時古敵新羅禍害發哉乎宮碕松原建ニ新宮一書ニ新羅降伏之字一置ニ吾座下一則自然降伏云々件新宮以ニ延長元年一遷御畢
神名帳註○御位　貞觀十一年三月廿二日正二位國史

肥前

モトハ火前ト書タリ其故ハ景行帝ノ十八年五月ニ葦北ヨリ火國ニ到ル日沒シテ夜クラカリシカバ船ヲツケナン岸ヲ知ラズ其時遙ニ火ノ光見エケレバ此ニヲイテ着岸ヲ得タリ是人間ノ火ニハアラジト量テ其國ヲ火前トイフ也云々

○淀姫社　佐嘉郡ニ有リ　川上大明神ト號ス○肥前風土記云人皇三十代欽明天皇廿五年甲申冬十一月朔日甲子肥前國佐嘉郡與止姫神有二鎭座一一名豐姫乾元二年紀云淀姫太明神者八幡宗廟之叔母神功皇后之妹也三韓征伐之昔者得二干滿兩顆一而沒二異賊之凶徒於海底一文永弘安之今者施二風雨之神變一而摧二幾多之賊敵於波濤一　神名帳註　○御位　貞觀十五年九月十六日正五位下　國史

○松浦社　松浦郡ニ在リ　祭神三座　上松浦下松浦トモニ同ジ鏡宮ト稱ス　祭ル所

○田島神一座　○仲哀天皇弟稚武王也號二上松浦明神一　神名帳註

○志々伎神一座　○稚武王弟十城別王也號二下松浦明神一　同上

○鏡宮　一座　○昔氣長足姫尊在二松浦山一遙覽二國形一而勅祈云天神地祇爲レ我助福乃用二御鏡一安二置此所一其鏡化爲レ石而在レ山故名云二鏡宮一　肥前風土記

和歌

新千集載
あひみんと思ふ心は松浦なる　紫式部
鏡の神や空に知るらん

○櫛田社　神碕郡ニ在リ　祭神一座

大若子命　天御中主尊十九世孫上ニ見

○垂仁天皇御宇有二北狄退治之功一賜二大幡主命一　啓蒙

元弘三年三月十三日卯ノ刻ニ肥後國住人菊地入道寂阿僅ニ百五十騎ニテ筑紫ノ探題北條英時ノ舘エゾ押寄ケル菊地入道櫛田ノ宮ノ前ヲ打スギケル時軍ノ凶ヲヤ示サレケン又乘打ニシタリケルヲトガメ有ケン菊地ガ乘タル馬俄ニスクミテ一足モ前エ進ミエズ入道大ニ腹ヲタテ、如何ナル神ニテモ坐セヨ寂阿ガ戰場エ向ハンズル道ニテ乘打ヲ尤メ玉フベキヤウヤ有ル其義ナラバ矢一ツマイラセン受テ御覽ゼヨトテ上差ノ鏑ヲ拔出シ神殿ノ扉ヲ二矢マデゾ射タリケル矢ヲ放ツト均シク馬ノスクミ直

リニケレバサゾヨトアザ笑テ打トヲリケル其後社壇ヲミケレバ二丈計ナル大蛇矢ニ當テ死ニタリケルコソ不思儀ナレ 太平記

○板櫃社　松浦郡ニ在リ　祭神一座

藤廣繼之靈也傳上ニ見リ　○廣嗣到ニ板櫃河ニ與ニ官軍ニ戰死其靈板櫃明神是　啓蒙

肥後

○阿蘇社　阿蘇郡ニ在リ　祭神三座

武磐龍命本宮　阿蘇姫二殿　國造速甕玉命三殿　已上

社記

右本傳口決相承也

○景行天皇御宇十八年六月十六日到ニ阿蘇國ニ也其國郊原曠遠不レ見ニ人居ニ天皇云是國有レ人乎時有ニ二神ニ云阿蘇都彥阿蘇都媛忽化レ人以遊詣之云吾二人在何無レ人耶故號ニ其國ニ云ニ阿蘇ニ 日本紀

御位　仁壽元年冬十月丙午建岩龍命加階從三位

文德實錄

貞觀十七年十二月從二位　國史

仁壽二年二月戊寅阿蘇姫神加ニ從四位下ニ 實錄

○神託　益人が天地の事をもつておこなへば其身則天地也その心卽神明也臥て思ひいねてなせば思ふ事なすにとをからずおろかに思ひ愚になして至がたきはこのさかひ也 倭論語

和歌

大貳成章肥後守にて侍ける時阿蘇社に御裝束してたてまつりけるに彼國の女の讀侍ける

讀人不知

後拾遺 天下はくゝむ神のみそなれは
ゆたけにそ立みつのひろまへ

豐前

○宇佐宮　宇佐郡ニ在リ　祭神八幡三所

○三所者八幡比咩神大帶姫也豐前國宇佐郡菱形山廣幡八幡大神坐ニ郡家東馬城峯頂ニ後人皇四十代聖武御宇神龜四年就ニ此山ニ奉レ造ニ神宮ニ 二十二社註式

古老云傳云應神帝玉依姫神功皇后稱ニ之三所ニ如ニ延喜式ニ則中男神應神天皇是也女神二體神功皇后幷姬神是也已上平野神主兼前註進レ之　啓蒙

○欽明天皇三十一年冬肥後國菱形池邊民家兒甫三歲神託云我是八皇第十六代譽田八幡麻呂也諸州垂ニ跡于神明ニ今又顯ニ于此ニ其後差ニ勅使ニ移而鎭ニ

坐於豐前國宇佐宮一神社考

〇傳敎大師弘仁五年春詣二宇佐八幡神宮一講二妙法華一講竟神託云不レ受二法味一久歷二歲華一今聽二微言一何以報レ德我有二法衣一願表二嚫達一乃啓二齋殿一推二出紫衣二領一神宮巫祝各相謂云我等未三嘗見二如レ斯靈感一也 釋書

〇四十八代孝謙天皇神護景雲元年九月太宰府ノ阿曾麻呂ト云者道鏡ガ威ヲ見テコビヘツラヒテ宇佐八幡ノ託宣ト稱シテ道鏡ヲ帝位ニ卽シメバ天下泰平ナラントト云道鏡悅デ天皇ニ申ス天皇道鏡ヲ愛スル事甚シトイヘドモ帝孝謙位ノ事ハ私ナラヌ事ナレバ宇佐エ勅使ヲ遣シ神託ニ任セテ決セント宣フ道鏡然ルベシト申ス天皇和氣清麻呂ヲ召テ云ク八幡大神夢ノ告有リ汝ヲ勅使トシテ宇佐ニ遣スベシ能敬テ神託ヲ聞テ皈レト也清麻呂御前ヲ退ク時道鏡人ヲ退ケテサヽヤキケルハ此度ノ勅使ハ我ニ帝位ヲ讓ラルベキヤ否ト八幡大神ニ問ル、處ナリ其心得ヲ以テ神託ヲ言上スベシ汝ガ返事ニ依テ我卽位セバ汝ヲ大臣トナシテ國ノ政ヲ任スベシ若返事惡クハ重キ罪ニ行フベシト眼ヲイカラカシテ威ス清麻呂宇佐エ參詣シ是ハ國家ノ大事ナリ縱ヒ託宣アリトモ卒爾ニハ信ジ難シ願クハ一ツノ不思議ヲ示シ玉ヘト祈念シケレバ大神忽チ長三丈バカリノ形ヲ現シテ影向アリ其光滿月ノ如シ清麻呂伏拜シテ仰ギミル事アタハズ神託ニ云吾國ノ天日嗣ハ神代ヨリ代々皇胤ノ外臣トシテ伺フベキニアラズ況ヤ無道ノ者ヲヤ汝皈テ有ノマヽニ申ベシ道鏡ヲオソルル事ナカレト清麻呂神託肝ニメイジテ都ニ皈リ參內ス道鏡御前ニ侍テ椅子ニヨリカヽリ清麻呂ヲ呼デ神託イカニト問フ清麻呂少モ諂ラハズシテアリノ儘ニ奏聞ス天皇モイト興ナク思ヒ玉ヘリ道鏡大ニ怒テ清麻呂己ガ心ヲ以テ神託ヲ詐テ申ナルベシ曲事也死罪ニ處スベシトイフ天皇死罪マデハ如何ニト宥玉ヘバ道鏡怒テ足ノ筋ヲタチテ大隅國エ流ス道ニテ殺スベシト道鏡謀リケレドモ折節雷雨甚シクテタメラウウチニ勅使來テ死罪スル事ナシ清麻呂行步叶ハザリシガ宇佐八幡エ參詣シケレバ足ノ筋忽チナヲリテ行步本ノ如ク也藤原百川ト云フ者清丸ガ忠節ヲ感ジテ備後國ニ領地アリケルヲ分テ清丸ガ配所エヲクル同四年八月天皇崩御アリ歲五十三凡在位十六年也其後白壁王太子ニ立玉ヘリ即光仁天皇是也天智天皇ノ孫施基皇子ノ子也藤原永手吉備大臣太子ト相談シテ道鏡ヲ下野國藥師寺ノ別當ニナシテ彼國エ流ス世ヲ簒ントセル惡人ナレドモ先帝御恩深キニ依テ死罪ヲ免ストナン年ヲヘテ道鏡病死ス淸麻呂ヲ都エ皈ス王代一覽

○盛衰記主上女院ヲ始メ進セテ内府以下ノ人々豐前國宇佐ノ宮エ參詣アリ社頭ハ皇居トナリ廊ハ月卿雲客ノ居所トナル御祈誓ノ趣ハ主上舊都ノ還幸也都ハスデニ山河遙ニ隔テ雲ノ餘所ニ成ヌ何ゴトニ付テモ心ヅクシノ旅ノ空身ヲウキ船ノ住居シテコガレテ物ヲゾ覺シケル七箇日ノ御參トテ大臣殿財施法施ヲ手向奉リ神寶神馬カクテ七箇日ヲ送リ玉ヘドモ是非ノ夢想ナンドモナカリケレバ第七日ノ夜半計ニ思ヒツヾケ玉ヒケリ

　思ヒカネ心ヅクシニ祈レドモウサニハ物モイハレザリケリ神殿大ニ鳴動シテ良久クシテユヽシキ御聲ニテ

　世ノ中ノウサニハ神モナキ物ヲ心ヅクシニ何イノルラン

○むかし三井寺の禪徒にて慶祚大阿闍梨といふ人いまそかりけるが智行ともにそなはりて月輪觀をこらし給ひけるに彼庵の松の木の上に明淨なる月のあらはれ出給ひてまのあたりおがまれ給へりけるとかやこのあざり道心深くてむかし釋尊の御法とかせ給へりける鷲の御山祇園精舍なんどゆかしくおもひ給ひければ日數をへてわたらんずるいとなみのみ侍りける我もともなひ奉らんといふ人五十人におよべりけるがはりまの國明石のうらにては二十餘人に落なり給へり筑紫にては皆落行て只あざりと心寂と計二人になり給へり宇佐の宮に詣て船路のほどの哀を照させ給へと祈念し給ひけるに明神の御託宣に中天笠の佛法今は跡もなし祇園精舍は虎狼のふしどゝなり白鷺池はくさのみしげり流沙もはげしく葱嶺もむかしに似ず佛法すべて形なしたゞ思ひとまれと御託宣侍ければ佛法のおとろへにける事をかなしみてそれより歸り給ひけり

撰集抄

孝謙天皇同稱德天皇の御とき和氣淸丸を宇佐宮に奉り給へりける時たくせんし給ひける御歌

新古今集 西の海たつしら波の上にして
何すくすらんかりの此世に

○神託　衆生の心不善なるとき神明を祈りもとむといへども其心にやどる事なしなをき心にして正しき時はいのらざれども我常に其いたゝきにうつりゐて守らん衆生の心は神の舍成が故に其みあらかあしければすむ事なし　倭論語

○宇佐宮　宇佐郡ニ在リ　祭神一座　湍津姬命
素戔烏命子
傳系上ニ見　社記未レ考

○賀春社　香春鄕ニ在リ　祭神一座　辛國息長大姬　是神日本之神胤ニ非ズ

○豐前風土記云田川郡鹿春鄕昔新羅神自度到來ヨリ住此川原一卽名云二鹿春神一也案之豐州比咩語曾社不レ見二神名帳幷風土記一也而任那新羅國種也辛國比咩語曾神之垂跡也　神名帳註

○釋最澄傳敎　弘仁五年春於二賀春神宮寺一講二妙經一是時豐前田河郡吏等錄二瑞雲狀一寄レ之澄固封告二義眞一云非二吾滅後一不レ得レ開レ緘寂後門弟子等披二閱其文一云今月十八日未時紫雲光耀起二賀春嶺一覆二法筵之庭一村民悉見敬異又是澄泛レ海時宿二田河郡賀春山下一夢梵僧來レ前袒レ衣露レ身左肩似レ人右肩如レ石言レ之云我是賀春明神也和尙慈悲救二吾業道之身一我當下加二助求法一晝夜守護上欲レ知二我實一海中急難現レ光爲レ驗澄明旦際二山右邊崩巖一草木不レ生宛如二夢中半身一心異焉又海中風浪果有二光曜一是以思二神之不一レ浪也而建二法華院一自創二講席一乃神宮院也開レ講之後其右巖之地漸生二艸木一年々慈茂鄕邑嘆異
釋書一

豐後

○西寒多社　大分郡ニ在リ　祭神三座　神功皇后
應神天皇　武內大臣

○一名柞原大明神垂跡同二宮碕一　神名帳註

○貞觀十一年三月廿二日無位西寒多神從五位下
國史

○神託　其心のあしかるもの丶吾前に來る時は炎の中に座して其烟をのむがごとし心の直き者の吾前に來るときは天月にむかふがごとし　倭論語

日向

是國東ニ望テ直ニ日ノ出ル方ニ向フ故ニ日

向ト云也

○都農社　兒湯郡ニ在リ　祭神　大己貴命　一宮記

大隅

和銅元年ニ日向國ノ内四郡ヲ分テ是ヲ置ケリ本郡ノ名也云々

○鹿兒嶋社　桑原郡ニ在リ　正八幡ト號ス

祭神二說　彥火々出見尊一說

○大隅國正八幡火々出見尊也與二宇佐八幡一不レ同神書抄

大隅宮神功皇后平大御前豐玉姫南面應神帝若宮仁德帝西向武内臣也　兼右說

欽明天皇五年甲子顯座　社記

○神託　盆人が心に誠あれば萬物皆したがふ盆人が心に誠なきときは萬物ひとつとして隨ふ事なし誠といふは天也地也神明なるがゆへ也倭論語

○高千穗社　垂跡神並鎭座記未レ考

昔豐後國或片山里ニ女有或人ノ獨女也男何方共ナク夜々通フ程ニ年月モ經ケレバ直ナラズ成リヌ母恠テ通フ者ハ何者ゾト問ケレバ來ルヲバミレ共歸ヲバ不レ知ト云フサラバ歸ン時効ヲ付テ見ヨト云ケレバ朝歸リスル時男ノ狩衣ノ頸髮ニ針ヲサシ賤ノ緒環ト云物ヲ付テ角ト親ニ告タレバ人四五十具シテ糸ノ注(シタシ)ヲ尋行ニ豐後日向ノ境優婆嶽ノ下大ナル岩屋ノ内エ入タリ女岩屋ノ口ニイテ聞ケバ大ナル聲シテ喚(オメキ)ケル女云ケルハ御姿ヲ見進セン爲ワラハ是マデ參テ侍トイヘバ内ヨリ云ク我ハ人ノ姿ニ非ズ汝我姿ヲ見バ肝魂モ身ニ添マジキゾ胎メル子ハ男子ナルベシ弓矢打物取テハ九州二島ニ肩ヲ雙ル者有マジキゾト云フ女重テ縱如何ナル姿ニテモオハセヨ日比ノ好ミニ互ノ姿ヲ今一度見モシ見エラレント云ケレバサラバトテ臥長五六尺跡枕エハ十四五丈計ナル大蛇ニテ這出ケル彼針ハ大蛇ノ腦咽ニ立タリ是卽日向高知尾明神也平家物語盛衰記

薩摩

○枚聞社　綿積トモ　頴娃郡ニ有リ　祭神

猿田彥命　一宮記

貞觀十六年七月二日太宰府言薩摩國從四位上開聞神山頂有レ火自燒烟薰滿レ天灰沙如レ雨震動之聲聞ニ百餘里一近社百姓震恐失レ精求ニ之蓍龜神一封戶及

汚ヲ穢神社ニ仍成ニ此祟ヲ　勅奉ニ封二千戸ニ　三代實錄

壹岐

陸奥。出羽。佐渡。隱岐。對馬以上四國二島爲ニ邊要ニ　延喜式

○天手長男社　石田郡ニ在リ　祭神

天思兼神一男也　一宮記

對馬

○和多都美社　上縣郡ニ在リ　祭神

八幡宮也　一宮記

御位　貞觀十二年三月五日丁巳正五位下　國史

○御託宣　益人が直き心にあらんときはおろかなる事なくかしこき事なくかなしみなく恨なくて春の日ののどけきにひのひらくるがごとくあらんおろかといひかしこきといふはいまだ吾心にこのまず　同上

已上諸社畢

靈驗

太神宮相馬ノ將門ハ天慶三年庚子二月十四日下總國ニテ平貞盛ガ箭ニ中テ馬ヨリ落タリシヲ藤原秀郷其首ヲ取ケリ去ナガラ是ハ偏ニ伊勢太神宮ノ幽ニ誅伐シ玉フモノ也其故ハ平將門謀叛ノ御祈ノタメ天慶三年二月九日二所太神宮ヱ種々ノ神寶物等ヲ進セラレ公卿勅使ニハ參議從三位大伴宿禰保平祭主頼基也ケルニ同月十三日ノ夜太神宮ノ正殿ノ内ニ人ノ名字ヲ召立ラレ弓箭甲冑等ヲ被レ下聲シケルヲ宿直ノ番ノ内人物忌等現ニ聞テ恐レ畏ル處ニ又二見ノ浦人男女數十人幻ニ見ケルハ甲冑ヲ著タル人アマタ白馬ニ乘テ海上ヨリ東ヲ指テ行ノ間浦人等云是ハ何ナル人ナレバ陸地ノ如ニ海上ヲ馬ニテハ行玉フゾトイヘバ太神宮ヨリ平將門誅センタメニツカハサル丶勢也トイフテ其マ丶皆消テ見エズ浦人ヲドロキアヤシミカ丶ル奇異アリタルト申ト前夜名字ヲ召立ラレシ神異ト符合セシカバ必定將門退治アルベシト思フニ後日ニキケバ二月十四日將門誅セラレシト也此事ニ依テ同八月廿七日ニ伊勢國員辨郡ヲ太神宮ヱ御寄附アリ尾

張參河遠江等封戸各拾烟ヲモ御寄附有リ禰宜モ一階ヲ玉ヒキ此等ノ記文分明也神明御尊崇ノ代ニハ國敵ノ冥罰ヲカウブル事疑ナキ也太神宮神異記

後花園天皇ノ御宇嘉吉三年九月廿三日ノ夜凶賊禁裏ニ亂入シテ天子ヲ犯シ奉ラントセシニ其賊足シドロニ成テ顚倒セシカバ逃ノビ玉ヒテ玉體ハ恙ナカリケリ其夜太神宮櫪飼ノ御馬厩ヲヤブリ出テカケマハリケルガ鞍ヲケルアト有テ汗カキツヽ元ノ御厩ニ歸リ入ケリ此事イソギ奏聞セシニ其夜京ニハ亂有テ太神宮ノ神異ト符ヲ合セタルガ如ク也此事ハ續神皇正統記ニモ記シタリ偏ニ太神ノ御守アラタナル由也 同上

壽永二年癸卯五月ノ比外宮一禰宜度會彥章神主鮏魚ノ鮨ヲ食ヌルガ傍人ニ戯云ケルハ禰宜タレドモ鹿ヲ食ナリト其夜夢中ニ神告玉ヒケルハ一禰宜トシテ禁忌ノ詞ヲワキマヘザル事甚以道ニソムク命ヲトルベシトノ玉フト見テサメテ後人ニ語テ其マヽ五月廿四日四十六歳ニシテ死セリ 同上

天正十年壬午御造替遷宮ノ御用木ノタメ太神宮ノ大小工等信濃木曾山エ入ケルニ六月二日ニ河ヲヘダテテ高聲ニ云ケルハ京本能寺ニテ信長公御生害ナリ急ギ皆々歸國仕レト大小工等ヲドロキテ速ニ歸國シケリ本能寺ニテ薨去ノ日ト木曾山ニテ河越ニ告タルト同日也太神ノ御告ナルベシ 同上

豐臣太閤ノ御時朝鮮人來朝セシニ食用ノタメトテ太神宮ニイクラモアル雞ヲ取寄玉フ事アリテ伊勢ヨリ籠ニ入テアマタ上セケルニ程ナク皆カヘシタマヒケル是ハ朝鮮人ノ食物ニ毛ヲムシリタル鳥爼ノ上ニテ生テ起アガリ晨ヲツクリケルニヨリ此神異ニヲドロキ玉ヒテ殘ル鳥皆返シ玉フトゾ 同上

同御時ニ太神宮領ヲ悉クオトシ玉ヒテ宮川ヨリ內ヲモ撿地シ玉フベキトテスデニ御使伊勢ノ國マデ來シニ其沙汰モナク宮川ヨリ內ハイロヒナク成ヌル事ハ高藏主トイフ比丘尼ノ膝ヲ枕トシテ大閤ウタヽ子シ玉ヒケル夢中ニ烏帽子ニ白キ裝束着タル人來テ云吾ハ伊勢太神ノ御使也神地ヲ撿地スベキトノ事神ヲモオソレザル所爲也撿地スベクバ命ヲ取ベキトテ劔ヲ持テム子ヲサヽントスト見タリトテ大キニヲドロキ汗水ニ成玉ヒイソギ使ヲモ呼返玉ヒテ撿地ノ沙汰モヤミニケリトゾ同上

寬永十九年壬午二月十日ノ夜イマダ半ナラザル比雪

降テ諸木ノ枝タハムホドナリ未申ノ方ヨリ大ナル電光シケリ何事ニカアラント思フニ迅雷西南ヨリ東北ヲサシテ鳴行燈モキエ屏風障子モ顚倒スルバカリ也前代未聞ノ雷ニテ其後ハ少モナラズ然ルニ翌日ヨリ七日ノ觸穢也其故ハ山田上久保トイフ所ニ住人アリテ九日ノ晩人ヲ殺ケルヲ穿鑿スルトテトカクシツヽ思ハズモ一日一夜死人ヲ家ニトヾメタルニ依テノ穢也折節雷一ツ鳴ヌルモ不思議ナリ神領ニテハ一日一夜死人ヲ宿ニトヾムルトキハ觸穢七日シテ兩太神宮ノ朝夕ノ御饌ヲ打トメ奉テ諸國參詣人モ宮中マデハ參ラズサテ彼死人センサクニ行タル人ハ正シク其家エ雷オチタリト覺タリトイヘド落タル跡モナシ　同上

或人物語セシハ伊勢國ノ武家ノ下人太神宮ヲ信ジテ主人ニイトマヲモ不レ請シテ參宮シケル間主人大ニイカリテ歸ルヲ待テ殺シケリ其尸ヲバ埋ケルニ其後彼殺サレタル人立歸テ居ルヲ見テ幽靈カトオドロキケレトモサニハアラズ只今太神宮ヨリ下向シタルトイヘバアマリノ不思議サニカノ尸ヲホリ起シテ見レバ祓ノ大麻ニ刀疵ツキテ有ケルトナン　同上

二條宰相雅經卿ハ賀茂大明神ノ利生ニテ成アガリタル人也往昔世間アサマシクタエ〴〵シクテハカ〴〵シキ家ナドモ持ザリケレバ花山院釣殿ニ宿シテソレヨリ歩ニテフルニモテルニモ唯賀茂エ參ルヲモテツトメトシテケリ其比ヨミ侍ケル

　世中ニ數ナラヌ身ノ友千鳥鳴コソワタレ鴨ノ川原

ニ此歌ヲ心ノ中計ニ思ツラネテ世ニ散シタル事モナカリケルニ社司某ガ夢ニ大明神ノワレハ鳴コソワタレカモノ川原ニトヨミタル者ノイトヲシキ也尋ヨト示玉ヒケリソレヨリ普ク尋ケレバ此雅經ノヨミタル也ケリ此示現ヲキヽテイカバカリ信仰ノ心モ深カリケン次第ニ成上リテ二位宰相マデ登リテ侍リ是併大明神ノ利生也　古今著聞集

八十七代後嵯峨天皇ト申ハ土御門院第三ノ皇子ナリ父ノ帝寛喜三年ニ遠所ニテ崩御有シ後ハ御メノト大納言通方卿ノモトニカスカナル御住居ニテソタラセ玉ヘバ御位ノ事オボシメシモヨラズ大納言サヘ身マカリニケレバ仁治二年ノ冬ノ比八幡エ參ラセ玉ヒテ御出家ノ御イトマ申サセ玉ヒケルニ曉御寶殿ノ内ニ德是北辰椿葉影再改ト鈴ノ聲ノヤウニテマサシク聞エサセ玉ヒケレバ是コソハ示現ナラメト嬉シク思召

シテ還御アリケリ本ノ通成中將ノ亭エハ入セ玉ハデ御祖母承明門院ノ土御門ノ御所エ入セ玉ヒテ其年モクレ同三年正月九日四條天皇十二歲禁中ニシテ崩御アリ後堀川院ノ御方ニハ御位ニツカセ玉フベキ宮モオハシマサズ定テ佐渡院ノ宮タチゾ踐祚アランズラントテキヽワキタルコトノナケレドモ卿相雲客四辻修明門院エ參ツドイケレ共天照太神ノ御ハカライニヤ侍ケン同十九日ニ關東ヨリ城之介義景早打ニ上リテヒソカニ承明門院エマイリテ御位ハ阿波院ノ宮ト定メ申侍ル也公家ニハイカヾ御ハカライ侍ント申テヤガテ法性寺大相國エモ申入テ下リヌ京中ノ上下アハテサハギ今更ニ土御門女院エ我モ〳〵ト參ツドフ三月十八日御年廿三ニテ御卽位アリ　同

北野
昔中納言道俊卿ノ子ニ世尊寺阿闍梨仁俊トテ顯密智行ノタツトキ人オハシケル鳥羽院ニサブラヒケル女房仁俊ハ女心アル者ノソラ聖タツルナド申ケルヲアザリ聞テ口惜ク思テ北野ニ參籠シテ此ハヂスヽガセ玉ヘトテ

アハレトモ神カミナラハ思ヒシレ人コソ人ノ道ヲタツトモ

トヨミタリケレバ彼女房赤キ袴バカリヲ着テ手ニ錫杖ヲ持テ仁俊ニソラゴトイヒツケタル報イヨトテ院ノ御前ニ參テ舞クルヒケレバ淺猿トオボシメシテ北野ヨリ仁俊ヲ召出テ見セラレケレバ神慮ノアラタナル事ニ泪ヲナガシテ一度慈救咒ヲ讀テケレバ女房モトノ心地ニナリニケリ院イミジク思召シテ薄墨ト云フ御馬ヲタビテケリ　同

稻荷
延長八年六月廿九日ノ夜貞崇法師勅ヲウケタマハリテ清涼殿ニ候シテ念佛シ侍ケルニ夜ヤウ〳〵フケテ東ノ庇ニ大ナル人ノアユム音聞エタリ貞崇簾ヲカキアゲテミレバ步ミ歸ル音シテ見エズ其後又小人ノ步ミクル音スヤウ〳〵近ク成テ女ノ聲ニテ何ニヨリテ候ゾト問ケレバ勅ヲ承テ候由ヲ答フ小人ノ云ヒケルハ先度汝大般若ノ御讀經ツカウマツリシニシルシ有リキ初步ミ來ツルモノハ邪氣也彼御經ニヨリテ足燒損ジヌ後ノ度ノ金剛般若ノ御時ハシルシナカリキ此由ヲ奏聞シテ大般若ノ御讀經ヲツトメヨ吾ハ是稻荷神ナリトテ失セ玉ヒヌ　同

春日
興福寺ノ僧ノイマダ僧綱ナドニハ上ラザリケルガ學生ニテハ侍レドモ最マヅシカリケレバ春日社ニ參テ申ケレドモシルシナカリケレバ寺ノ交モ思タエテ八

幡ニ詣テ七日コモリテ祈念シケルニ或夜ニユヽシゲナル客人ノ參玉ヘリケルニ大弁御對面アルヨシナリ客人某ト申僧ヤコモリテ候ト申玉ヒケレバサル事候ト答申サセ玉ヒケリ又客人ノ玉ハク件僧年來吾ヲ頼テ朝夕セメ候ツレドモ今度必出離スベキ者也若タノシミニホコリナバ如何ト思候エバヒカエ侍ル御許アルマジト申玉ヒケリ僧是ヲ聞テ客人ハタレニテ渡セ玉フト人ニ尋ケレバ春日大明神ノ御渡也ト答ケリユメ覺ケレバ今生ノ結緣モウレシク來世ノ得脫モタノモシク本寺ニ歸テ後生ノツトメヲハゲミテツキニ往生ヲ遂ヌ是事山ノ桓舜ガ稲荷ノ利生ヲカウブリシヲ日吉ノサマタゲ玉ケル樣（タメシ）ニタガハズ　同

吉田

仁安三年四月廿一日吉田祭ニテ侍ケルニ伊與守信隆朝臣氏人ナガラ神事モセデ仁王講ヲ行ケルニ御明ノ火障子ニモエツキテ其家ヤケニケリ大炊御門室町ナリ其隣ハ民部卿光忠卿ノ家ナリケリ神事ニテ侍ケレバ火ウツラズ恐ルベキ事也　同

山王

叡山東塔南谷ニ勝陽房眞源法橋ト云人アリ或時夢ニアラズ現ニアラズシテ山王權現ノ社エ參ル大宮ノ樓門ノ前ニテ眞源ガ師範ナリシ嚴笲阿闍梨ニアヘリ公ハ失セ玉ヒシ人也イヅクニ御座ゾト申ケレバ嚴笲答云吾存生ノ時佛法ノ志深ク多ノ聖教ヲ學シカドモ出離生死ノ志ナク常ニ名聞利養ノ思ニテ五道輪廻業ツキズ忽惡道ニ入タルニ權現和光ノチカヒニテ當社邊ニヲカレテ御扶持アル也一度モ歩ヲ運トモガラハ貴賤ヲ論ゼズ禽獸ニイタルマデ余ノ惡道ニ入ルコトナク此奥ノ山八王子谷ノ邊ニ召ヲカレテ晝夜ニ加護シ玉ヒテ利生ヲ施シ佛果菩提ニ至ルマデ見ソナハシ玉フ也不審ニ思ハヾ此ヲ見セントテ奥ノ山ノウシロエ伴ヒテ登レリ見レバ昔山上ニテ見馴シ人坂本ニ住セシ人幾トモナク見エタリ修因善惡ニ隨テ居所ノ尊卑アリトミエタリ誠ニ權現ノ慈悲言語道斷ノ方便也　三國傳記

新羅

三井寺ノ鎮守新羅明神ハ娑竭羅龍王ノ子ナリ智證大師渡唐ノ時大師ノ佛法ヲマモラントチカヒ玉ヒテ形ヲアラハシ彼寺ニアトヲタレ玉ヘル也圓満院僧正明尊始メテ祭禮ヲ行ハレケル明神ヨロコバセ玉ヒテ託宣ノ和哥

唐舟ニ法守ニトコシカヒハ有ケルモノヲコヽノ泊ニ

古今著聞集

昔三井寺山門ノタメニ燒レケレバ寺僧モ山野ニ交リ

人モナキ寺ニ成ケリ僧ノ中三人新羅明神エ參テコモリタルユメニ明神御戸ヲ挑ゲ玉テヨニ御心ヨゲニ見エサセ玉ヒケレバ我寺ノ佛法マボラント御誓アルニイカ計御ナゲキ深カラント思フニ其御氣色ナキコトイカニト申ケレバ誠ニイカデ歎キ思ハザランサレドモ此コトニヨリテ眞實ノ菩提心ヲ發セル僧一人アルコトノ悦シキ也堂塔佛經ハ財寶アラバ造ヌベシ菩提心ヲ發ス人ハ千萬人ノ中ニモ有ガタクコソト仰ラレケル　沙石集

春日　隆覺法印保延五年ニ興福寺別當ニ成タリケルヲ衆徒用キザリケレバ隆覺怒ヲナシテ數百騎ノ軍兵ヲ發シテ十一月九日ニ三方ヨリ興福寺ヲウチカコミテケリ隆覺ガ方ノ兵寺中エ亂入ントスル間合戰ニ及テ隆覺ガ方ノ軍兵多ク命ヲ失ヒケリ隆覺衆徒ノ首ヲ切テ御寺ヤキウシナフベキ由下知シタリケレバニヤ隆覺ガ兵ノ中ニ放火ノ具ヲ持タル者有リ寺ノ外ノ小家一二宇ヤケタリケレドモ雨フリテ消シケリ合戰ノ間ニ不思議共多カリケリ春日山ニ神光有ケルガ合戰ハテ、見エズ或人ノ夢ニモ御寺ノ方ノ兵鹿ノ形ナリケリト見ケリ又神主時盛ガ夢ニハ弓袋シタル兵數百人アリ時盛問ケレバ春日大明神ノ御合戰御訪ニ藤入道ノ參セ玉フ兵ナリト云ケル時盛驚ク程ニ隆覺ガ兵入（利イ）ニケリ大明神ノ御ハカラヒニテ衆徒合戰理ニシケル嚴重也ケル事也　古今著聞集(ノ心)

熊野　熊野ニ盲者ノ齋燈ヲタキテ眼ノアキラカナラン事ヲ祈ル有リケリ此ツトメ三年ニ成ケレドモシルシナカリケレバ權現ヲ恨マイラセテ打臥タル夢ニ汝ガ恨ル所ソノイハレナキニアラネドモ前世ノ報ヲシルベシ汝ハ日高川ノ魚ニテ有シナリ彼川ノ橋ヲ道者ノワタルトテ南無大悲三所權現ト上下諸人トナヘケル聲ヲ聞テ其エンニヨリテ魚鱗ノ身ヲ改テ受ガタキ人身ヲエタリ此齋燈ノ光ニアタル緣ヲ以テ來世ニ明眼ヲエテ次第ニ昇進スベキ也ト仰ケリ後懺悔シテ一期ヲ限テ此役ヲツトメケルニ眼開ケルナリ　同(ノ心)

熊野　上總高瀧トイフ所ノ地頭熊野エ年詣シケリ娘ヲイツキカシヅキテカツハ彼ガ爲トモ思テ具シテ詣ヌミメ形ヨカリシヲ熊野ノ師ノ房ニ若僧アリ此女ヲ見テ心ニカケ忍ガタクナリテアクガレ跡ヲシタヒテ上總エ下ケル鎌倉スキテムツラト云フ所ニテ便船ヲ待居テ濱ニウチ臥テヤスミケルニ打マドロミタルニ夢ニ便

船ヲエテ上總ノ地エ渡リ女ノ方ニ尋行ヌレバ主出テ如何シテ下リ玉ヒケルト云フ鎌倉ノ方ユカシク修行ニ出テ侍ツルガ近キ程ト承テ參テ侍トイヘバサマザマニモテナシケリ田舍ノヤウヲモ見玉ヘト留ケルマヽ本ヨリ望處ニテトヾマリケリトカクウカヾヒテ忍々女ノ方ニ通ヒケリサル程ニ男子一人イデキヌ女ノ親是ヲ聞テイカリケレバユカリ有方ニカクレヰテ年月ヲ送ル程ニ唯一人ノ女ナレバツヰニ親ユルシツ此僧モ形淸ラニヤサシキ者ナレバ今ハ子ニゾナサメトテ許シケリカクテ此二人ノ中ニ子三人イデキヌ此子十三ノ時元服ノ爲鎌倉エ行トテサマ〴〵ノ具ドモ用意シテ船ニ乘テ海ヲワタルニ風ハゲシク波高キニ此子フナバタニ望ケルガアヤマチテ海エヲチケリアレ〳〵トイヘドモシヅミテ見エズ胸ヒシゲアハテサハグト思テ夢サメヌ十三年ノ間ノ事ヲツク〴〵ト思ヘバ只片時ノユメ也タトヒ本意トゲタリトモ片時ノ夢ナリヨシナシト思テヤガテ歸テ行ヒケリ和光ノ御方便成ベシ　沙石集

住吉　昔式部大輔大江匡衡朝臣ノ息式部權大輔擧周重病ヲ受テタノミスクナク見エケレバ母赤染衞門住吉ニ詣テ七日コモリテ此度タスカリガタクバ速ニ吾命ニメシカヘ玉ヘト祈リテ七日ニ滿ケル日御幣ノシデニ書ケル

カハラント祈ル命ハヲシカラテサテモワカレンコトゾ悲キカクヨンデ奉ケルニ神感有ケン擧周ガ病ヨクナリヌ母下向シテ悅ナガラ此ヤウヲカタルニ擧周イミジクナゲキテ我生タリトモ母ヲウシナヒテハ何ノイサミカアランカツハ不孝ノ身ナリト思テ住吉ニ詣テ母我ニカハリテ命ヲハリ侍テバ速ニ吾命ヲメシテ母ヲタスケ玉ヘト泣々祈申ケレバ神アハレミ玉ヒケン母子トモニコトユヘナク侍リケリ　同

若宮　延久二年八月三日上總國一宮ノ御託宣ニ懷妊ノ後スデニ三年ニ及ブ今明王ノ國ヲオサムル時ニノゾミテ若宮ヲタンジヤウスト仰ラレケリ是ニ依テ海濱ヲ見ケレバ明珠一顆有ケリ彼御正體ニタガフ事ナシ不思議ノ事ナリ　同

諏訪　信濃國諏訪明神ノ祭禮ニ多クノ鹿ヲ供御ニ備奉ル也隆辨僧正コレヲ見テ神明和光ノ善巧ハ物ヲ利スルヲ以テ元トシ衆生濟度ノ方便ハ慈悲ヲ以テ始トス何ノ有生カ命ヲ惜マザラン且ハ無理ノ禮貪ヲ神納受アル

ナラバ誰カ尊神ヲ仰ギ和光ノチカヒヲタノマンヤト深クウタガヒテ此事ヲ申止ント思レケル夢ニ大明神示現シテノ玉ハク方便ノ殺生ハ𦬇ノ六度ニコエ愛見ノ大悲ハ達多ガ五逆ニモスギタリ汝イマダ神慮ノ源底ヲ知ズ涅槃經ヲ見ザルユヘニ此見オコル也トテ經ヲ取出テミセ玉フ其文ニ我未來魚鳥等禽獸成飢衆生被レ食以二其縁一令二得脫一アル趣也意ヲトル夢サメテ感淚ヲサエガタク即子ハン經ヲ披見スルニ文分明也

三國傳記

吉野

三輪上人トテ貴人有リ或時吉野勝手明神エ百日參詣アルニ百日ニミツル日吉野川ノハタニ死人ノアリケレバ穢ヲハヾカリテ參詣ノ諸人トヲキ道ヲメグリテ參レリ上人此ヲ見テ彼死ガイヲトリカクシ參詣者ノ煩ナキヤウニナセリ上人ハ彼ケガレニ依テ參詣ニアタハズ明神ノ御方ヲ伏拜シテソレヨリ下向アリケレバ足ナヘテ行歩叶ハズサラバ明神ノ方エ參テミント步ミ玉ヘバヤスク步マレケリ又下向シ玉ヘバ足ナヘケリサレバ上エ參ラント思ヒ山マデ參玉ケルニ相違ナシサレドモ恐懼テ瑞籬ノ外ニ畏キ玉ヒケルニ明神童子ニ託宣アリテ上人ヲ見テアレニ侍ル法師近ク參レト仰ラレテ此後今一度見參ニ入テヨロコビ申サントテ神アガリ玉ヘリ　同上

三島

伊豆三島ノ社ニ鷄多ク有ケル中ニ目ノツブレタル有イツモ暗ケレバトキナラズ時ヲ作リ朝夕ヲモ辨ヘズ風霜ニ苦シミ食ニトボシ、或修行者此ヲ見テヤセヲトロヘ飢渴スルヲアハレミ短冊ヲ書テ鳥ノ頸ニ付ケレバ鳥ノ眼忽ニアキケリ皆人アヤシミテコレヲ見レバ一首ノ歌ニテゾ有ケル

鷄ノ鳴音ヲ神ノ聞ナカラ心ツヨクモ日ヲ見セヌ哉

僅ニ三十一字ヲモテ神慮ニ達スルコト新ナリ　同上

熱田

今ハ昔伏見修理大夫ハ宇治殿ノ御子ニテオハスアマリ公達多クオハシケレバヤウヲカエテ橘俊遠ト云人ノ子ニナシ申シテ藏人ニナシテ十五ニテ尾張守ニナシ玉ヒケリソレニ尾張ニ下テ國オコナヒケルニ其頃熱田神イチハヤクオハシマシテ自ラ笠ヲモヌガズ馬ノハナヲムケ不禮ヲイタス者ヲバヤガテタチドコロニ罸セサセオハシマシケレバ大宮司ノ威勢國司ニモマサリテ國ノ者ドモオヂ恐タリケリソレニ此國司下テ國ノサタドモアルニ大宮司ワレハトオモヒテヰタルヲ國司トガメテ如何ニ大宮司ナランカラニ國ニハ

ラマレテハ見參ニモ參ラヌゾトイフニサキ〲サルコトナシトテヰタリケレバ國司ムヅガリテ國司モコクシニコソヨレ我ニアヒテカウハイフゾトテイヤミ思ヒテ知ラン所ドモ點ゼヨナドイフ時ニ人アリテ大宮司ニイフ誠ニモ國司ト申スニカヽル人オハス見參ニマイラセ玉ヘトイヒケレバサラバト云テ衣冠ニ絹イダシテ供ノ者三十人計グシテ國司ノガリムカヒヌ國司出アヒ人ドモヲヨビテキヤツタシカニメシコメテ勘當セヨ神官トイハンカラニ國中ニハラマレテ如何ニ奇恠ヲバイタストテメシタテヽユフ程ニコメテカンダウス其時大宮司心ウキコトニ候御神ハオハシマサヌカ下﨟ノ無禮ヲイタスダニ立所ニ罸セサセオハシマスニ大宮司ヲヲカクセサセテ御覽ズルハトナク〲クドキテマドロミタル夢ニ熱田ノ仰ラルヽヤウ此コトニヲキテハ吾チカラ及バヌ也其故ハ僧アリ法花經ヲ千部ヨミテ吾ニ法樂セントセシニ百餘部ハヨミ奉リタリキ國ノ者ドモタウトガリテ此僧ニ歸依シアヒタリシヲ汝ムヅカシガリテ其僧ヲオヒハラヒテキソレニ此僧惡心ヲオコシテ我此國ノ守ニ成テ此コタヘヲセントテ生レ來テ今國司ニ成テゲレバ力ヲヨバズ其先生ノ僧ヲ俊綱トイヒシニ此國司モ俊綱トイフ也ト夢ニ仰アリケリ　宇治拾遺

島明神

基隆朝臣周防國ヲ知ケル比保安三年十月ニ語ケルハ彼國ニ島明神トテオハシマス神主ドモアラソヒノ事有テ論ジケル者有トテ神田ヲ苅トラントシケレバ寶前ヨリ蛇三百バカリ出タリ其中ニツノアル二ツアリケリシバシアリテ入ヌ其後猶苅ントシケレバ鳥數萬飛來テ神田ノイネノ穗ヲクヒヌキテ皆神殿ノ上ニフキケリ不思議ノコトナリ　古今著聞集(ノ心)

諸社一覽第八大尾

振レ古神社之傳記行レ于レ世者多偏集大成
而以號二本朝諸社一覽一惟欲レ便二童蒙一庶幾
崇二吾日東之神祇一且辨二吾桑域之國風一也
因跋二於卷尾一云

貞享乙丑初秋

坂内氏直頼謹撰

神社便覧序

夫國神國也道神道也敎神敎也故稟生於吾邦者無不依焉無不仰焉因斯菅羅山子博索旁搜而爲書三卷名神社考予偶閲之渉獵諸氏百家之書而無不到者惜哉徒煩其多不窮其本源乎吾友有白井氏家世業醫而爲曲直瀨氏之餘流也家業之暇汲汲於此道焉故馳足於大小神社就其所聞某說也遂輯錄之傍附私見號曰神社便覧蓋欲嘉惠後學便覧乎急務也縮册爲小者則欲下至凡民之徒各令蒙其澤者乎予於是感于舐排浮屠登崇神社之志而忘固陋爲之序

時

寛文四年歳在甲辰

稻荷上社祝秦公建

神社便覧

二十二社

人皇六十二代村上天皇治十九年康保二乙丑年霖雨經月九天覆雲依之閏八月二十一日奉幣於十六社止雨

伊勢　石清水　賀茂上下　松尾　平野　稻荷　春日
大原野　大神　石上　大和　廣瀨　龍田　住吉
丹生　木船

○第六十六代一條院正暦二年辛卯炎天送日萬物變色依之六月二十四日祈雨奉幣時加吉田廣田北野三社被奉官幣爲十九社吉田廣田北野次第可爲住吉次丹生之上宣下

○同五年二月十七日祈年穀時加于梅宮被奉幣爲二十社梅宮事可爲吉田之上住吉之次由宣下

○第六十六代一條院長德二年乙未二月二十五日被奉臨時官幣之日加祇園爲二十一社

○第六十九代後朱雀院長曆三年己卯八月十六日被レ奉ニ官幣一之加ニ日吉一爲ニ二十二社一日吉社可レ爲ニ住吉之次梅宮上一之由宣下

伊勢　延喜式神名帳云伊勢國度遇郡

太神宮三座

天照太神一座

相殿神二座 左手力雄 右萬幡姬

第十一代垂仁帝御宇二十六年丁巳十月遷ニ度遇宮一豐受太神宮一座

御食津神

相殿三座 左瓊瓊杵尊 右兒屋命 太玉命

第二十二代雄略帝二十二年戊午七月從ニ與佐郡魚井原一遷ニ伊勢國度會郡山田原一云々內宮鎭坐之後四百八十年餘云々

竊案ニ鎭座本紀並神祇百家之書一誠伊勢兩太神事源遠末潜而更一朝一夕難レ盡也內外二宮之內或御倉或御舟或多賀宮阿古根等傳授雖レ有レ之更難ニ註記一也尙於ニ某所一可レ求焉

石淸水　式外　山城國久世郡

八幡大神宮三座

東　玉依姬

中　八幡宮

西　神功皇后

第五十六代淸和帝貞觀元年八月二十三日遷ニ雄德山一云々

案以ニ此神宮一爲ニ天下第二宗廟一兮玉依姬置ニ東殿一等蓋有ニ深旨一哉雖レ然非ニ不肖所一レ及也故今省略焉

賀茂　延喜式神名帳曰山城國愛宕郡

賀茂別雷皇太神宮一座

鎭座年紀更難レ明也

案本緣難レ註也自レ昔終不レ下レ手兮何者神祇正宗云社家深祕無ニ申旨一故難ニ露顯一云々寔到レ今輕易不ニ許宥一也只雖ニ知者之姪孫一又非レ器(モトノマ)則撰ニ他人俊秀一而附與焉悉非レ知レ之云々就レ中八社攝殿並末社等云々就レ中八社攝殿並末社等之義同事也

尋ニ夫賀茂別雷皇太神宮一者山州之一宮也加之天下安泰神社蒼生荷恩之靈宮也上自ニ天子大樹一下至ニ陋巷匹夫一何不レ敬レ之乎昔者天子每度奉レ幣並以ニ皇女一而被レ置ニ齋院一又江州安曇河爲ニ別雷

社領一四時一日無レ怠令レ引レ網奉レ備二日別供祭一也此綸旨有二近江一如レ此之崇敬人不レ知レ之偏爲二盲者守神一堪二大息一哉

○類聚國史云八百萬神其餘不レ量雖レ無二何勝劣一已別雷皇太明神爲二帝都鎭守一云々

○上宮太子馬腦記云凡帝都守護神明何雖レ不レ疎而賀茂明神之守護深重也全文略之

御祖大神宮

山州一宮勿論也天子崇敬尙不レ異二上社一也尙三家社小鳥比良木二言三言社等別而口決之由社家者流言也竊案古昔天子御崇敬越二於餘社一也依レ斯諸人又常敬レ之惜哉中神道微學者稀也邂逅有二學者一則擧レ手搖レ頭而嘲レ之嗚呼古人云入二鮑魚肆一而久忘二其臭一之徒乎何疎二吾國道一而馴二人國法一耶一日居二吾國一則可レ隨二其道一也若居二吾國一而却貴二月氏敎法一則是罔レ君罔レ父之徒哉

松尾　延喜式神名帳云山城國葛野郡

松尾神社二座松尾二字有二一社神秘一之由口傳有之

大山咋神一座

胷形中津大神一座

人皇四十二代文武帝大寶元年秦都理始建二神殿一云々

平野　延喜式神名帳云山城國葛野郡

平野神四座

今木神　源氏神

久度社　平氏神

古開社　高階氏神

比咩神　大江氏神

縣社　菅氏神

延喜格云桓武帝延暦年中造レ社

稻荷　延喜式神名帳云山城國紀伊郡

稻荷神社三座山城風土記三座說又別也

下社　大宮姫

中社三座　倉稻魂

上社　大田命

人皇四十三年元明天皇和銅四年鎭座

今所レ傳稱二五座一

田中社但忌鳥理今有　大己貴命

四大神　神功皇后

神祇拾遺云弘長六年比爲二五座一云々此外中社三座

傳授並客人地主等令省略也

名稻荷之說

案一書曰弘法東寺門前逢荷稻老翁大師以爲東寺鎭守以其荷稻故名稻荷云々蓋非此意也此地主荷田大明神之地置倉稻魂也依斯稻荷二字爲神號也夫此神者本朝衣食祖神蒼生安逸之靈社也何人不敬之乎何者人我堪寒凍之苦飢餲之患永退者皆此神恩也常雖天子諸侯又以不下筯之前祭宇賀姬也古今通例矣嗚乍種神明之餘光却沉夷狄之敎法而摘初食號生飯而餉佛祖也此何惑耶夫爲人子厚孝於己父母爲人臣則盡力於吾君則人倫之達道也棄己母而孝他母兮罔己君以忠他君者爲忠孝乎此天下大賊也今世人何異之棄吾國神法以從于夷狄之法也

眞如堂稻荷說

洛北今出川邊有寺而號眞如堂也此寺庭有一宇中安置辨才天跨白狐之像而名稻荷以每歲二月初午日男女尊卑爲群也寺僧皆云紀伊郡稻荷神體數十年已往爲質物送此寺兮故

今此寺守札印尊形又紀伊郡稻荷不印尊形也此豈非分明乎自衒檀那之深信而以賣不實者也殊不知夫神者不測之靈號也仰之彌高欲尋之則玄妙幽遠而難到其境也何以現其形耶以有示無兮以無示有兮依斯萬願千誓而不虛也喩一輪月雖洪海雖微露亦應大小無不宿也神誓又如此兮嗚神道微而學者稀也以此謾者爲貴耳其本亂而末治者何有之乎倩案眞如堂稻荷來意則往歲此寺住僧深信稻荷也越於餘社而從壯至耆每日無怠倦爲社參耳依此彼僧與稻荷上人名增圓者爲飮酒之友也一曰語上人云多年詣此所不止今歲漸桑楡景迫難成步行兮願汝與吒祇尼天像乎上人不及固辭以附與之僧大喜還寺名宇賀神而旦夕奉神供供酒瓮爲禮法也依此奴隷密語人云我主來往稻荷神社也數年宇賀感僧志而被授尊形也今有此寺晝夜爲勤耳吁昧者不知神理之故且爲尊形而雖語人又以親炙愚夫愚婦之耳遂充不實於天下者乎一人傳虛則天下悉傳虛者蓋此謂哉若以

此說一爲ニ虛誕一則於ニ某社一可レ尋焉獨悲ニ道廢一而
非レ擧レ惡矣

春日　延喜式神名帳云大和國添上郡

春日祭神四座

一殿　武雷神

二殿　齋主神

三殿　天兒屋命

四殿　比咩大神

人皇四十八代稱德帝神護景雲二年正月九日大和國
添上郡三笠山垂跡

大原野　式外　山城國乙訓郡

四座同レ右

舊記云仁壽元年二月二日依ニ太皇太后御祈一山城國
葛野郡大原野仁宮柱廣知立春冬乃御祭如（モトノマ）レ賜

大神　延喜式神名帳云大和國城上郡

大神大物主神社　素盞子

兼敦云案神代鎭坐勿論也

石上　延喜式神名帳云大和國山邊郡

石上坐布留御魂神社　口傳

第十一代垂仁帝四十九年十月作ニ劒一千口一藏ニ
石上神宮一以ニ斷レ蛇劒一爲ニ神體一今所レ作劒奉レ副
也

大和　延喜式神名帳云大和國山邊郡

大和坐大國魂神社三座

大己貴神

御年神

大國魂神

人皇十代崇神帝六年鎭坐

廣瀨　延喜式神名帳云大和國廣瀨郡

和加宇賀乃賣命神社

龍田　延喜式神名帳云大和國平群郡

龍田坐天御柱國御柱神社二座

口傳或云級長戸邊命

住吉　延喜式神名帳云攝津國住吉郡

住吉神社四座

底筒男　中筒男

表筒男　神功皇后

又社家說云

天照太神　宇佐姫

底筒男中筒男表筒男　神功皇后

二十二社記云神功皇后征ニ三韓一之時顯ニ坐攝州一云々

日吉　延喜式神名帳云近江國滋賀郡

日吉神社

大宮　大物主神

二宮　國常立

聖眞子　八幡

八王子　國狹槌

客人　菊理姫

十禪師　宇賀姫

三宮　豐斟渟

右註解二十二社註出焉此外以ニ天神七代一而分配之說雖レ行レ世兮不肖貧之家無ニ博識涉獵之備一也今以ニ遮レ眼之書一而記レ之撰ニ其是者一可レ隨矣

二十一社之說

大行事　早尾　下八王子　王子宮　聖女　氣比

小禪師 中七社

惡王子　新行事　石瀧　劔宮　牛御子　若宮

護因 下七社

右社家之註進如レ此今不レ記ニ本緣一者蓋重ニ神社一故也

當社鎭坐年記不ニ分明一兮或云人皇卅九代天智帝御宇鎭坐

梅宮　延喜式神名帳云山城國葛野郡

梅宮坐神四座 口傳

酒解神　大若子神

小若子神　酒解子神

二十二社註式云鎭坐不ニ分明一矣

案此神本緣或爲ニ諸兄靈一或爲ニ檀林一又傍爲ニ釋氏一也未レ知ニ是非一也尚恐非ニ傳授一則誰敢知レ之哉

吉田 式外　山城國愛宕郡

四座　同ニ春日一

御堂關白御書曰奈良京時春日社長岡京之時大原野平安城今吉田占ニ帝都之咫尺一有ニ神祠之鎭護一云々

當社鎭坐不ニ分明一

或云人皇五十六代淸和帝貞觀年中鎭坐中納言山陰卿始勸請云々

神樂岡神社

當社地主也於二此所一八色雷神勸請之由古來卜部家流傳也此外瀧澤日降坂如意山等之數條今省略焉蓋於二某家一以レ可二傳授一也不肖非レ所二能及一也

廣田　延喜式神名帳云攝津國武庫郡

廣田神社

天照太神荒魂云々

又五座說

一殿　住吉大明神
二殿　廣田大明神
三殿　八幡大神宮
四殿　南宮
五殿　八祖神

右說中不レ顯二本緣一者蓋似三未レ盡レ美者一乎雖レ然百一代後小松御宇伯三位資忠公深歎二本緣之正說一而朝求夕尋以雖レ窮二髓腦一兮尙不レ出二臆中一故今亦不レ明二註記一也

蛭兒　夷殿

世流布以爲二混同一也蛭兒者天照太神兄弟載二方冊一而分明也夷殿說拾遺云口授之一條也云々又案今八家以二大黑一而配二當于此神一之義今古不二分明一也蓋一箇口傳故耳尙待二博達之師一可レ責焉

二十二社註式云垂跡時代無二正記一云々又三十番神註云人皇十五代神功皇后二年壬午歲以二山背根子之女葉山姬一祭レ之云々

今存二兩說一也覽者可二硏窮一矣

祇園　式外　山城國愛宕郡八坂鄕

祇園天王　三座

西稻田姬　號二少將井一註見二于神祇正宗一
中素盞烏　號二大政所一
東龍王女　號二今御前一

人皇五十六代淸和帝貞觀十八年移二八坂鄕一云々

今案此神社中美御前惣光社等古來面授云々並感神院號之事一社之深祕也止愚昧不レ及之甚也

廣峯天王　播州飾東鎭座

三社　二十二社之外也然爲二祇園本社一之間入二此所一也

二十二社註式云牛頭初垂二跡播州廣峯一陽成院御宇移二北白河東光寺傍一貞觀年中移二八坂鄕一云々山門慈惠大師大延二年記云蓋素盞烏尊在二播州一號二廣峰一當二陽成御宇一來二京師一云々社家者流云吉備

公（人皇四十四）元正帝養老元年入唐而其後（人皇四十五）聖武御宇天平五年癸酉皈朝之日留二此所一也于レ時山中有二白和幣一而時々放レ光也吉備怪以登レ山逍二遙一樹下一者老翁現而語二吉備一云吾是素盞烏命也爲二諸人守護五穀能成一從二出雲一來二往此峰一數年汝告レ帝以可下立レ祠而崇敬上也吉備驚以下レ山發レ船赴二京師一速攀二玉階一拜二龍顏一而後告二此旨一兮帝遂以二綸旨一下二吉備一云々其翌年甲戌再建二神殿一自レ奉二崇敬一以來諸人爲レ群每レ傾レ頭悉蒙二恩賴一也其白和幣立處號二白幣峯一而建二吉備靈社一于レ今存也又御本殿後有二九穴一而一穴經八寸許傳云九部神各鎭坐云々九部者一社祕說也故令二省略一焉誠傳二隨一神法一而遂不レ陷二月氏敎法一者此吾國神忠不レ過レ之者乎有下思二正統一者上誰可レ不レ仰哉

又天王（人皇卅七代孝德帝）大化元年逢二法道一之事今不レ載也見二元亨釋書第十六一矣

又牛頭號並冠者殿九部神於二其家一而可レ尋焉

北野　式外　山城國葛野郡西京

天滿自在天神三座

東　中將殿

中　菅丞相

西　吉祥女

人皇六十二代村上帝天曆元年六月九日遷坐云々

按天滿自在天神者天穗日命後裔而本朝文道之大祖也至レ今蒼生誇二詩賦一兮翫二和歌一之輩無レ不レ仰也靈驗赫赫照二正直之頭一兮惜哉宦者忘二其本一以務二其末了一之故餘光徒埋而遂不レ見誠慨痛之甚哉

宮寺說

今寶札上令レ蒙二宮寺二字一以爲二面目一也恐近來作意乎獨非二北野耳一詰二此意一則皆云借二某寺地一也可レ歎可レ悲哉夫我國從二常立御中主一已來神系正統之神國也然佛何豈先二國常立一而主二此國一乎是却云レ侵二神國一則佳也何有下于借二佛地一之理上耶　又菅神學二佛法一者此爲レ試二自他廣窄優劣一也甞非二貴レ佛意一也何者於二筑紫宮一以二正一位自在號一爲レ足也若貴レ佛則何望二大菩薩寺號一耶蓋今以レ學二佛法一而爲レ據或爲二普賢一或爲二觀音一也依レ斯南門外東向觀音堂爲二奧院一並守符上書二北

野本地堂一也何社宮等不レ正レ之耶於レ不レ正則
潤ニ色吾國之址一者也

丹生　延喜式神名帳云大和國吉野郡
丹生川上神社
岡象女神一座　伊弉諾子
人皇四十代天武帝白鳳四年遷座云々

貴布禰　延喜式神名帳云山城國愛宕郡
貴布禰神社　初作ニ木船一也後依ニ瑞驗一而改ニ貴布稱一
闇龗神　伊弉諾子
案奥御前　船宮等　口傳
抑貴布禰社者累代爲ニ賀茂末社一也何者儀同三司
二十二社次第云貴布禰者賀茂之攝社也蓋攝者兼
也宜哉此末社也又至レ今賀茂有ニ禰宜等職一也於ニ
賀茂ニ可レ尋焉

豐葦原一宮御事

賀茂下上大明神　山城愛宕郡
三輪大明神　大和城上郡
平岡大明神　河內河內郡
大鳥大明神　和泉大鳥郡
住吉大明神　攝州住吉郡
敢國大明神　伊賀阿拜郡
都波岐大明神　伊勢河曲郡
伊射波大明神　志摩答志郡
大神社　尾張中島郡
砥鹿大明神　參河寶飯郡
己等乃麻知神社　遠江佐野郡
淺間大明神　駿河富士郡
三島大明神　伊豆賀茂郡
淺間大明神　甲斐八代郡
寒川神社　相模高座郡
氷川神社　武藏足立郡
洲崎大明神　安房安房郡
玉前神社　上總埴生郡
香取神社　下總香取郡
鹿島神社　常陸鹿島郡
建部神社　近江栗太郡
南宮神社　美濃不破郡
水無神社　飛驒大野郡
南方刀美神社　信濃諏訪郡
拔鋒大明神　上野甘樂郡

二荒山神社	下野河内郡
都都古和氣神社	陸奥白河郡
大物忌神社	出羽飽海郡
遠敷大明神	若狹遠敷郡
氣比大明神	越前敦賀郡
白山比咩神	加賀石川郡
氣多大明神	能登羽咋郡
氣多大明神	越中礪波郡
伊夜日子神社	越後蒲原郡
渡津神社	佐度羽茂郡
出雲神社	丹波桑田郡
籠守神社	丹後與謝郡
出石神社	但馬朝來郡
宇倍神社	因幡法美郡
倭文神社	伯耆川村郡
杵築神社	出雲出雲郡
物部神社	石見安濃郡
由良姫神社	隱伎智夫郡
伊和大明神	播磨宍粟郡
中山神社	美作苫田郡
吉備津明神	備中賀夜郡
伊都伎島神社	安藝佐伯郡
玉祖神社	周防佐波郡
住吉神社	長門豐浦郡
日前神社	紀伊名艸郡
伊弉諾神社	淡路津名郡
大麻彥神社	阿波板野郡
田村社	讚岐香川郡
大山祇神社	伊與越智郡
都佐神社	土佐土佐郡
筥崎神社	筑前那珂郡
高良玉垂神社	筑後三井郡
宇佐宮	豐前宇佐郡
西寒多神社	豐後大分郡
淀比咩神社	肥前佐嘉郡
阿蘇神社	肥後阿蘇郡
都農神社	日向兒湯郡
鹿兒島神社	大隅桑原郡
和多都美神社	薩摩頴娃郡
天手長男神社	壹伎石田郡

和多都美神社　對馬上縣郡
右以二一宮記一而書レ之雖レ有二異說一又不レ雜焉

雜社

熊野　延喜式神名帳云紀伊國牟婁郡
熊野速玉神社
速玉男　事解男　伊弉冊
多賀　延喜式神名帳云江州犬上郡
多何神社
伊弉諾尊
白山　延喜式神名帳云加賀國石川郡
白山比咩神社
伊弉冊尊　菊理姬
大社　延喜式神名帳云出雲國出雲郡
杵築大社
大己貴命　素盞烏
案擧レ世皆云素盞烏就二根國一之故此國無二垂跡一也殊不レ知素盞烏神者萬民可二崇敬一第一神也無二此神一則誰敢爲二安堵之思一乎以下就二根國一之句上而又勿レ泥焉
日前　延喜式神名帳云紀伊國名草郡
日前神社
寶基本紀云石凝姥神鑄鏡也初度所レ鑄不レ合二神之意一也紀伊國日前之神是也云々葦原本紀等說如レ此兮此外雖レ有二本緣一口決之條不レ註焉
太玉　延喜式神名帳云大和國高市郡
太玉神社
齋部祖神也又天孫降臨時三十二神爲二從神一也太玉神其一也
高市　延喜式神名帳云大和國高市郡
鴨事代主神社
事代主神者素盞烏之孫也
靜社　延喜式神名帳云常陸國久茲郡
靜神社
手力雄神也
思兼神子也天神忠功神尙分二明神書中一也
木幡　延喜式神名帳云山城國宇治郡
許波多神社
天照太神子吾勝尊之降跡也
鹿島　延喜式神名帳云常陸國鹿島郡
鹿島神宮

案神祇正宗云此神爲二社稷神一而爲二宗廟之後見一以レ守二護朝家一也云々　又以レ石作レ柱者石腐乃際尙神明在也止神誓見二正宗一也

香取　延喜式神名帳云下總國香取郡

香取神宮

一宮記云齋主命也齋主者經津主別稱也

三島　延喜式神名帳云伊豆國賀茂郡

伊豆三島神社

大山祇神也

生田　延喜式神名帳云攝津國八部郡

生田神社

稚產靈命也　天照太神妹

諏訪　延喜式神名帳云信濃國諏訪郡

南方刀美神社

健御名方神也　大己貴子

五條天神　西洞院五條松原

少彦名神社　高皇產靈子

社司家有二少彦名記錄一而詳也於二此所一可レ尋焉

案少彦名命者天下經營神宮本朝醫家祖也吾國業二醫術一者不レ可レ不レ敬也今來古往醫士崇二敬藥師一者何也吾國冠レ醫者無レ先レ於二少彦名一耳

南宮　延喜式神名帳云美濃國不破郡

仲山金山彦神　伊弉册子

宗像　延喜式神名帳云筑前國宗像郡

宗像神社

田心姬神　天照太神與二素盞一所レ誓子也

宇佐　豐前國宇佐郡

宇佐神社

湍津姬也

二十二社註式云人皇四十五代聖武帝神龜四年庚申就二此山一造二神宮一因名曰二廣幡八幡大神宮一云々

嚴島　延喜式神名帳云安藝國佐伯郡

伊都伎島神社

市杵島姬也

比賣語曾　延喜式神名帳云攝津國東生郡

比賣許曾神社

下照姬也

吉備　延喜式神名帳云備中國賀夜郡

吉備津彦神社

吉備武彥命也　孝靈帝三世

阿蘇　延喜式神名帳云肥後國阿蘇郡

健磐龍神社

此神古來有ニ口傳一之旨或人語ニ不肯一也決有ニ奧旨一哉

熱田　延喜式神名帳云尾張國愛智郡

熱田神社

和國軍記云日本武尊所レ佩草薙劒是今在ニ尾張年魚市郡熱田社一

白鳥　勢州鎭座

白鳥神社

日本武尊也

案軍記日本武傳云

尊逮ニ于能褒野一而痛甚則以ニ所レ俘蝦夷等一献ニ於神宮一因遣ニ吉備武彥一奏ニ於天皇一曰臣受ニ命天朝一遠征ニ東夷一被ニ神恩一賴ニ皇威一而叛者伏レ罪荒神自調是以卷レ甲戢レ矛凱旋還冀曷日曷時復ニ命天朝一然天命忽至隙駟難レ停是以獨臥ニ曠野一無ニ誰語一豈惜ニ身亡一唯愁レ不レ面既而崩ニ于能褒野一云々于レ時日本武尊化ニ白鳥一從レ陵出指ニ倭國一飛云々

膽吹　延喜式神名帳云近江國栗太郡

伊布貴神社

八岐蛇所變也　又別有ニ口傳一

案軍記作ニ五十葺一也

氣比　延喜式神名帳云越前國角鹿郡

氣比神社

一宮記云八皇十四代仲哀帝也云々

香椎　筑前鎭坐

借飯神社

舊記云香椎宮者神功皇后宿禰大臣在ニ此宮一謀伐ニ新羅一云々雖レ有ニ數說一又本據未レ慥也故略焉

宇瀰　筑前鎭坐

宇美神社

譽田天皇產處也　神社考

筥崎　延喜式神名帳云筑前國那珂郡

八幡大菩薩筥崎宮一座

應神天皇也

案二十二社註式云書ニ于新羅國降伏之由一而置ニ吾座下一石柱乎立天宮殿向ニ新羅一造自然可ニ降

伏消除一也云々

松浦　肥前鎭坐

神功皇后　神社考

高良　延喜式神名帳云筑後國三井郡

高良玉垂命神社

案舊記云高良大神者武内宿禰也云々此說非也尙可レ考二古史一也不肖非二過論一耳

玉津島　紀伊國鎭坐

玉津島社

衣通姫也　允恭帝后

蟻通

蟻通社

羅山云昔未レ詳二何時世一也唐將レ擊二我國一試贈二七曲玉環上下內通一且告以レ繩貫二此玉一衆人不レ知レ所爲二于レ時有二中將某一取レ蟻繫二細糸其腰一以レ密塗二環口一而入レ蟻蟻聞二蜜香一遂得二通入一而出レ於レ是以二其糸所レ貫玉環一還二于唐一唐人驚曰日本國人其賢哉遂不二肯攻一哉○哉字恐誤 其中將進至二大臣位一死而爲レ神云々

橋姫

宇治橋姫社

姫太神居二宇治橋下一故號二橋姫一云々

足羽　延喜式神名帳云越前國足羽郡

足羽神社

繼體天皇靈社也

葛城　大和國鎭坐

一言主神社

手力雄命也

金峰　延喜式神名帳云大和國吉野郡

金峯神社　今號二藏王權現一

安閑天皇靈社也

愛宕　山城鎭坐

愛宕神社

或說云伊弉冊尊也拾遺軻遇突智下云疑愛宕神乎

案爲二主火神一勿論也軻遇突智神之義符合乎又稱二伊弉冊一有レ故哉倩案愛宕神爲二地藏一以禁二魚味一並忌二葷菜一更難二心得一也近來佛法流二中華一之後以二地藏一爲二愛宕一也吁仝志人又以正焉

白鬚　近江鎭坐

白鬚神社

神祇正宗云猿田彦也

三上　延喜式神名帳云近江國野洲郡

三上神社　口傳

正宗云伊弉諸云々

案兼右云尙有二口決一也故以二祕說一不レ載焉

富士　延喜式神名帳云駿河國富士郡

淺間神社

舊記云木花開耶姬山祇女

赤山　近江西坂本鎭坐

赤山神社

正宗三十番神註云素盞烏尊爲二求法一慈覺建レ之云々

新羅　近江鎭坐

新羅神社

五十猛命也素盞子或曰素盞烏

遠布　延喜式神名帳云若狹國遠敷郡

若狹比古神社二座

一宮記云上社彦火火出見命下社豐玉姬

國玉　延喜式神名帳云尾張國中嶋郡

大國玉神社

一宮記云大己貴命也

足輕　相模鎭坐

足輕靈社

大和本紀云昔狩人也離二寵妻一有二悲傷一遂死爲レ神云々又夫以二妻鏡一尙爲レ憂捨二足輕山一也以二其鏡一爲二足輕神一云々

今宮　山城國鎭坐

今宮靈社

一條院御宇立二神社一于レ時藤原長能詠二和歌一曰

白妙能豐御幣乎取持弖伊波比曾曾武留牟羅佐幾乃野仁

案頃今宮神輿前仁以レ錦而包二數尺札一書二其上一曰紫野今宮大神宮云々傳聞神位各有二高下一也皇太神宮爲レ上大神宮次レ之大明神又次レ之明神又其次也然則非二正統一又難レ號哉乎何世何歲有二勅許一而賜二宮號一耶更難二心得一耳或又語二不肖一云五月五日競馬今宮神事也別雷社當社之末社也依今送二賀茂一蓋有二此旨一乎否不肖應曰夫別雷社國史等所レ載尤重普天社三千餘座中伊州太神山州賀茂兩社誠難レ下レ手之靈宮也恐於二吾國一無二於レ此

上者㆒矣競馬神事累代賀茂務ㇾ之尙見㆓舊記㆒也
亡智所ㇾ言敢非ㇾ可ㇾ執哉

藤杜　山城國鎭坐
藤杜神社
崇道盡敬天皇之廟也

御香宮　山城國鎭坐
御香宮
神功皇后廟也

志賀　延喜式神名帳云筑前國糟屋郡
志賀海神社三座
底津少童命　中津少童命　表津少童命

御靈　山城國鎭坐
御靈八所
吉備靈　崇道天皇　伊豫親王
藤原大夫人　橘逸勢　文屋宮田丸　藤原廣嗣
火雷天神
案神祇正宗云朱雀院御宇天慶二年勸請

清瀧　山城國醍醐鎭坐
清瀧權現
案神系圖註素盞雄

布苅　長門國赤目關鎭坐
布苅太明神
彥火火出見命也　神社考

戸隱　信濃國鎭坐
戸隱神社
手力雄命也

清水地主
大己貴命也　素盞烏子
右羅氏之說也

岩本
橋本　山城國賀茂鎭坐
案古來流傳云業平實方之靈社也云々誠此兩社賀茂社官祕不ㇾ明宜哉一條口決也傳聞業平實方二士信㆓此社㆒而常奉ㇾ祈㆓歌業㆒也故爲㆓業平實方㆒也吁此神社非㆓傳授㆒則更可ㇾ難也

籠守　大和國吉野鎭坐
籠守大明神
案一宮記云住吉一體也

高御魂　延喜式神名帳云大和國添上郡
宇奈太理坐高御魂神社

案神名帳頭書曰人皇十五代神功皇后御宇武內宿禰勸ニ請之一

長田　延喜式神名帳云攝津國八部郡

長田神社

案神名帳首書云事代主命也神功皇后祭レ之

生玉　攝津國大坂鎭座

生玉神社一座

社家者流云當社明神者當昔天孫降臨之時三十二座神被レ奉ニ供奉一也彼中天生玉神此也云々

大荒　播州鎭坐

大荒靈社

案風姿花傳抄云秦川勝靈社也本朝八代申樂祖神也又製ニ三十六番面一而爲ニ舞戲等一此神始也云々文段審ニ彼書一也撮ニ其要領一以書レ之其餘於ニ花傳ニ可レ求焉

鹽竈

鹽竈明神

或曰猿田彥化神歟

出雲路道祖神　山城鎭坐

傳聞道祖神者幸神也古老語レ予曰今京極西一條上有ニ幸神町一也此出雲路道祖神鎭坐地也今指ニ上御靈末社一之義難ニ心得一云々蓋道祖幸神皆猿田彥神也

關明神　近江相坂鎭坐

關大明神

蟬丸靈社也

諸羽　城東山階鎭坐

諸羽大明神

案此神不ニ分明一也流諺蟬丸之姉靈社也云々又號ニ四宮一者山階十八鄕內有ニ一二三宮一而當社第四故號ニ四宮一也又案古諸羽字作ニ兩羽一然則是兒屋禰太玉命乎蓋爲ニ左右扶翼神一之故也又案對州上縣郡有ニ諸羽姬神一也恐當社此神乎不レ知博雅君子改レ之爲レ示ニ幼童一擧ニ數說一耳

竹生嶋　案延喜式神名帳近江國淺井郡

都久夫須麻神社

豐葦原本紀云市杵島姬或說云大宇賀姬

河上　延喜式神名帳云肥前國佐嘉郡

與止日女神社

淀姬者八幡叔母也

神田　武藏鎭坐
　神田靈社
　　羅山云平將門靈也
三保　延喜式神名帳云駿河國盧原郡
　御穗神社
　　案神名帳首書云三穗津姬乎（案櫻谷置二瀨織津姬一類乎依レ名置レ神之義往々有レ之）
神祇官八神
　神產靈　高皇產靈　玉留產靈　生產靈　足產靈
　大宮女　御食津神　事代主
惣社　播磨姬路鎭座　大己貴
　軍八頭正一位伊和大明神
　　案宍粟郡影向乎（一宮宍粟郡勿論）
高鴨　延喜式神名帳云大和國葛城上郡
　八重事代主神社　大己貴子
平岡　延喜式神名帳云河内國河内郡
　枚岡神社
　　一宮記云天兒根命也
兵主　延喜式神名帳云近江國野洲郡
　兵主大神宮　口傳
　　案神祇正宗云大國玉命也云々此外有二祕說一今
省畧焉
小津　延喜式神名帳云近江國野洲郡
　小津神社（今世流布書物有二八ナヒ山者一其中四月下稱二菅祭一此也）
　社家者說云稻荷同體也
　額曰玉津正一位小津大明神云々　蓋玉津者宇賀之
　謂乎
大寶　近江國綣郡鎭坐
　大寶天王　疫神也
　社家說云大寶年中從二天上一降臨神也其鎭坐老杉
　今尙存也
牛頭　近江國栗太郡下笠村鎭坐
　正一位牛頭大明神三座
　同二祇園一也
　當社雖レ不レ載二式文一今記レ之一日赴二此地一之節
　奉レ拜二神殿一者式法嚴然更非二田舍之法一也利生
　於レ今又盛也神祇職正春之鎭神靈印並年中神供
　調進日記神事出仕瑞驗等記錄于二社中一存焉
佐々木　延喜式神名帳云近江國蒲生郡
　沙々貴神社　少彥名命
彥根　近江蒲生郡鎭坐

正一位彦根大明神　天照太神子
案山門神系註云天照與ニ素盞一所レ誓活津彦根命也
鞭崎八幡　近江國栗太郡矢橋鎭坐
鞭崎八幡宮
案舊記云人皇四十代天武御宇白鳳四年二月十一日依ニ勅願一詔ニ大中臣清丸一鎭坐云々稱ニ鞭崎一者源頼朝上洛時此浦有ニ神社一召ニ浦人一馬上以レ鞭指レ之問ニ此社一也浦人云是八幡也頼朝有ニ下馬一而拜レ之依レ此號ニ鞭崎一云々雖レ有ニ多說一摘ニ其要一記レ焉
正八幡　同山田郷鎭坐
勸請同日也稱ニ鞭崎一者矢橋八幡御事也
法華峯八幡　近江國蒲生郡鎭坐今村號ニ八幡一
八幡宮
案社記云人皇六十六代一條帝御宇影ニ向法華峯一云々
篠村八幡　丹波國鎭坐
八幡宮一座
案二十二社註式云人皇七十一代後三條院延久三年依レ勅奉ニ勸請一兼延奉ニ行之一
鶴岡八幡　伊豆〇相模誤鎭坐
案延久年中源義家勸請云々
朝倉八幡　周防鎭坐
案二十二社註式云人皇五十六代清和帝貞觀元年立ニ行宮一勸ニ請之一
正八幡宮　大隅國桑原郡鎭坐
案家記云欽明帝五年顯坐云々
又案舊史五所別宮之一也
奈良八幡　大和國平群郡鎭坐
案舊史云孝謙御宇天平勝寶元年依ニ八幡神託一造レ宮云々東大寺八幡也
佐女牛八幡　洛内六條鎭坐今五條橋東號ニ若宮一者是也
案人皇七十代後冷泉院治八年天喜元年依ニ勅願一勸請曩祖兼親奉ニ行之一
高倉八幡　洛内御池鎭坐
案康永年中等持院勸請兼豊奉ニ行之一云々尙詳ニ二十二社註式等一矣
四宮　近江國大津鎭坐
四宮大明神

古老云此神日吉榊殿也故稱ニ大賢木本四宮大明神ニ也四座神鎮坐依ㇾ斯號ニ四宮ニ也四座者
大比叡　大己貴　小比叡　國常立
氣比　仲哀　小禪師　火々出見

健部　延喜式神名帳云近江國栗太郡
健部神社　勢田也近江一國惣社也
一宮記云大己貴命也

櫻谷　神名帳云近江國栗太郡
佐久良谷神社　瀨織津姫
案以ニ中臣祓熟語ニ乎

唐崎　近江國坂本鎮坐
唐崎大明神
案拾遺爲ニ祕說ニ也故不ㇾ載ㇾ之今以ニ六月晦日ニ爲ニ參社ニ又有ニ奧旨ニ哉

苗鹿　神名帳云近江國滋賀郡云々
番神記云倉稻魂也

江文　城北大原鎮坐
江文大明神
案神祇拾遺云國狹槌也

大原　丹波國桑田郡鎮坐
大原大明神
伊弉册尊
流諺云大原者天照太神之御母也然則伊弉册義分明也額云天（正カ）一位大原大神宮云々

淡路多賀　延喜式神名帳云淡路國津名郡
伊佐奈伎神社

粟嶋　紀伊國鎮坐
粟嶋神社　少彥名

溫泉宮　延喜式神名帳云攝津國有馬郡云々
案少彥名傳云或出ニ溫泉ニ爲ㇾ人治ㇾ病云々然則此非ニ分明ニ乎

船玉　延喜式神名帳云攝津國住吉郡
船玉神社　猿田彥

水垂　山城國淀鎮坐
水垂大明神　八幡叔母

向日　案延喜式神名帳云山城國乙訓郡　山崎
向神社　拾遺云素盞烏孫
當社累年有ニ其名ニ不ㇾ正ニ其本ニ也羅山等又不ㇾ載ニ神社考ニ故今記以示ニ童蒙ニ耳

炬火殿　洛內七條鎮坐

稻荷攝社也御神事之砌出レ炬而奉レ迎也故名云々
一社祕也故省畧焉

官者殿　京極四條鎭坐

擧レ世所謂此神誓文起請赦免社也云々依レ此考則唯一所レ傳起請返神乎起請返者起請文上書二靈印一以奉二神供一二七日祭レ之誠唯受二一流大事非二其家一則不レ傳也故今本緣不レ載レ之耳今世所謂武將之靈者盍花言哉乎祇園末社有二此神一又宜也

鼠禿倉　日枝山鎭坐

案日吉神道密記末社註解下云蓋此神十二支中以レ子爲二使者一故號二鼠宮一也主レ福神也云々雖レ有二本緣一今不レ載焉行レ世甲子祭者崇二此神一也以二此社一而記二此書一者羅先醒神社考之說天地雲泥也予又不レ知二是非一故記以具二後覽一矣

田中社　山城國宇治郡石田鎭坐

天照皇太神　日吉山王

當社鎭坐年紀不二分明一也傳云當昔天武御宇之比此里忽然而一夜之間積レ苗數尺其上有二白羽矢一也老翁來現云此地宜レ鎭二坐于天照太神日吉兩社一也然則永爲二帝都南方守護之神明一耳依レ此鎭坐云々其積レ苗之地于レ今存也里民號二苗塚一也

荒神　大和國笠山鎭坐

興津彥　興津姬　中御神　口決之由

案荒神鎭坐雖レ多和州笠荒神者諸人深崇レ之故其名鳴二畿內一也仍記焉人家竈神亦此也蓋祭法別有二式文一耳

高野　山城國愛宕郡鎭坐

高野明神一坐

尋二夫高野神社一兩說也一云天照太神一云早良親王云々早良之事後乎天照太神之義尤附合也今明不レ載焉故何者當社事於レ他不二分明一也誠卜部家從二天兒八禰命一以降傳二三種神物一而神祇長職之家也依レ此神社舊文太多耳今此天神於二神代一鎭坐之事非二此家一者雖レ知又恐可レ不レ盡レ美哉

石座　同岩藏鄕鎭坐

石座大明神

舊記云天神所レ籠之窟戶也云々尙如二上記一於二神樂岡一可レ尋レ之

御蔭社　山城國高野鎭坐

當社下鴨影向之宮也昔天子每年四月午日被レ立二

勅使一以爲レ祭也世人稱曰二御蔭祭一故社名二御蔭
社一耳祝部社務等乘二羽車一神官悉應二其位一而或
騎馬或扈從奉レ爲二供奉一也誠非二輕易之神事一故
今及二怠倦一者乎尙舊記存二下鴨一之間於二此所一可
レ尋焉

小野御靈　山城國葛野郡小野庄東河内村

人皇十五代文德天皇第一子惟喬親王之靈社也天
安年中鎭坐今爲二北小野氏神一也
案世流布云某何社氏子也殊不レ知二本據一之故耳
何者兼名說云假令從二此境一祇園氏子或御靈氏子
或稻荷氏子或今宮氏子更無二本據一也祇園社淸和
帝御宇貞觀年中之勸請也御靈社朱雀院御宇天慶
二年勸請稻荷社元明天皇御宇和銅年中始顯今宮
者一條院御宇長保三年始祭也云々於二其內一生者
爲二產神一也氏神氏子之義古來無二其沙汰一也文盲
靑女之申事上樣仁聞食天爲二本說一口惜次第也殊
更山城國愛宕郡生者賀茂大明神御氏子勿論也賀
茂大明神者山城國惣社也攻年中一度可レ致二社
參一也每日一度向二北方一可レ致二祈念一也但是山城
國之事也於二餘國一則其國惣社可二崇敬一也又四姓
氏神者日本武源氏神也仲哀天皇平氏神也天兒八
禰命藤原氏神也仁明帝橘氏神也云々然則此神北
小野產神也非二氏神一耳

落葉社　同下小野鎭坐

落葉大明神

傳言嵯峨天皇之皇后靈社也

由木社　城北鞍馬山鎭坐

正一位由木大明神

諸人之司レ罪神也今不レ載二本緣一者有二深旨一者乎
平向二神祇博達之士一可レ尋也

城南神　山城國鳥羽鎭坐

鳥羽天皇之靈社也當二帝都南方一之故世人號二城
南神一也

也豆加連緜以二者當昔天瓊矛乃一滴世利大八洲能國止
成里八十萬濃神廼御量事乎以旦安國登定理奉伎故仁蒼生
頓之天和深久恩賴烏蒙利飛鳥昆虫乃族未傳其功璽不レ預和無之
然似吾國能元乎忘天他乃國濃初於探天不レ知レ歸須根國底
國仁吟旦和尙吾性乃安木所止思天不レ遷怪幾物乃形乎貴美
神脉相傳乃神祇乎不レ恐寸邂逅爾吾邦乃道乎勤禮波眼於
側指乎擧天笑布悲哉天神禁戒乃罪何能歲烏以天贖比諸

人亡羊留濃心何月仁賀改哉夫禮石於彫流龜猶海原於思
布何況神明乃種乎植人其本烏忘傳不レ想者石仁毋不レ似
止自乃意於以弖自能心(ルタミ)仁警咩假令小木耻乎顧連波大那留功
志於立爾不レ暇止云留言烏賴弖予賀短具拙氣志於以天幼稚
童蒙乃爲女覽流仁便阿留小幾記(フミ)乎綴物南利不足(タラヌ)所乎波後
乃世吾情(アカコヽロ)仁齊木人相續與然者所願仁至留奈良志
于時寛文乃四咩倶理年能序甲辰霜月上玆日
白井自省軒宗因敬書

二十二社畧記題辭

夫本朝者神國也是故邦國郡縣莫レ不レ有ニ鎮座之神一焉延喜式所レ載ニ神名帳一之神社凡三千一百三十二座其外石淸水吉田祇園北野號ニ之式外神一矣蓋伊勢石淸水者本朝二所之宗廟也賀茂松尾平野春日等謂ニ之社稷一後朱雀帝長曆三年秋八月定ニ二十二社之數一且每歲勅ニ神祇官一以被レ奉ニ幣帛一然後天下之衆人崇ニ敬之一最越ニ于自餘之神社一矣是以自レ古爲ニ之記一者不レ爲レ不レ多也然其鎮座之神名諸傳不レ同且爲ニ其說一或簡約而不レ詳或廣博而不レ節故蒙昧之徒病焉因レ斯余雖ニ不敏一敢會ニ衆說一而廣ニ異聞一題曰ニ二十二社畧記一焉亦和歌者我國之舊風而其源起ニ于神代一故上智下愚相與無レ不レ依焉無レ不レ慕焉仍今以ニ和歌之兩神一幷附ニ其後一與レ衆共レ之云

旹元祿十二己卯之祀孟春幾望東武逸民長隝 泓昌 謹誌

二十二社畧記引據書目

日本書紀　舊事本紀
釋日本紀　倭姬命世紀
鎭座本紀　鎭座傳記
神宮本緣　神祇本源
太田命傳記　神宮御鈔
神名秘書　神祇拾遺
神皇正統錄　新撰姓氏錄
神系圖傳　神祇正宗
延喜式　延喜格
江次第　類聚國史
葦原卜定記　日吉鎭座記
春日祕記　氏成私記
天地麗氣記　和歌三神傳
社家註進　長寛勘文
諸神記　山城風土記
神代口訣　同宣賢鈔
兼倶日本紀抄　八幡本紀
廿二社註式　同註疏
同次第　同記
神社考　同詳節
神社便覽　神社啓蒙
諸社一覽　和爾雅
中臣瑞穗鈔　公事根源集釋
祕傳問答　續祕傳問答
雍州府志　正徹物語
淸輔奥儀抄　同嚢雙紙
拾芥抄　拾遺集
金葉集　續古今集
風雅集　拾玉集
宋史　談苑
皇朝類苑　夢觀集
膾餘雜錄　葛城寶山記
續倭漢名數

通計六十五部

引據書目畢

二十二社畧記

東武　長島泓昌編纂

延喜式卷第九神名帳上曰天神地祇總三千一百三十二座（大四百九十二座小二千六百四十座）社二千八百六十一處

卜部兼右廿二社註式曰人皇六十二代村上天皇治十九年康保二乙丑年霖雨經月九天覆雲依之閏八月廿一日奉幣於十六社止雨伊勢石清水賀茂（上下）松尾平野稻荷春日大原野大神石上大和廣瀬龍田住吉丹生木船○案江次第云正曆已前十七社

註式曰第六十六代一條院正曆二年辛卯炎天送日萬物變色依之六月廿四日祈雨奉幣時加吉田廣田北野三社被奉官幣爲十九社○儀同三司廿二社次第曰吉田廣田北野次第事可爲住吉之次丹生之上由宣下

註式曰同五年二月十七日祈年穀時加于梅宮被奉幣爲廿社○次第曰梅宮事可爲住吉之次吉田之上由宣下

註式曰第六十六代一條院長德二年乙未二月廿五日被奉臨時官幣之日加祇園爲廿一社

又曰第六十九代後朱雀院長曆三年己卯八月十六日被奉官幣之日加日吉爲廿二社○次第曰日吉事可爲住吉之次梅宮之上由宣下林羅山神社考詳節曰伊勢石清水稱宗廟（皇帝祖神故也）賀茂松尾平野春日吉田等稱社稷又凡勅願尊崇之神社總名社稷又爲其人之苗裔者爲祖神又曰石清水吉田祇園北野不入延喜式神名帳號之式外神○白井自省軒神社啓蒙卷二曰賀茂社爲宗廟耶爲社稷耶謂祕之不言則近誣矣曰此難言也又神社便覽今宮下曰傳聞神位各有高下也皇太神宮爲上大神宮次之大明神又次之明神又其次也

伊勢

內宮者在伊勢國度會郡宇治鄉五十鈴河上所奉崇祭之神三座也神名祕書曰村上天皇御宇祭主公節之時皇太神者與座故號內宮度相宮者外坐故曰外宮始自此時也延喜式卷第四太神宮式曰太神宮三座天照太神一座相殿神二座神社便覽曰左手力雄神右萬幡姬命○齋部正通神代口訣曰於渡會之神宮中御鏡

左天兒屋命右太玉命舊記曰依二天照太神御託宣一太神第一攝神高宮奉レ傍二止由氣宮一也亦天照太神相殿坐神三座奉レ傍二止由氣宮一止由氣相殿神皇孫命仁奉二陪從一故號二止由氣宮相殿一自レ爾已降以二天手力雄萬幡姫一爲二天照太神相殿一度遇延佳神主中臣禊瑞穗鈔曰天照太神所二鎭座一之相殿神卽天兒屋命天太玉命也然雄畧天皇御宇外宮御鎭座之時皇孫瓊々杵尊爲二外宮之東相殿一故隨下二神亦同侍二殿內一善爲二防護一之神勅上而相二傍皇孫尊一天兒屋命天太玉命爲二外宮之西相殿一也因レ是御戶開神天手力男神萬幡豐秋津姫命以二此二神一奉レ爲二內宮左右之相殿一也

神宮本緣曰自二神武天皇一迄二開化天皇一九帝歷年六百卌餘歲天皇與同レ殿坐也此時帝與レ神其際未レ遠同レ殿共レ床以レ此爲レ常故神物官物亦未二分明一矣第十代御間城入彥五十瓊殖天皇（崇神天皇）漸畏二神威一同殿不レ安改更令下齋部氏率二石凝姥神之裔天目一之裔二氏一取二天香山白銅黑金一更鑄中造於鏡劔上同六年己丑天皇畏二神靈一共住不レ安故秋九月就二於倭笠縫邑一殊造二立於磯城神籬一奉レ遷二於天照太神及天藂雲劔一舍人親王日本書紀卷第五崇神紀曰六年百姓流離或有二背叛一其勢難二以レ德治一レ之是以晨興久惕請二罪神祇一先レ是天照太神和大國魂二神並祭二於天皇大殿之內一然畏二其神勢一共住不レ安故以二天照太神一託二豐鍬入姫命一祭二於倭笠縫邑一仍立二磯堅城神籬一（神籬此云二比莽呂岐一）亦以二日本大國魂神一託二渟名城入姫命一祭同卷第六垂仁紀曰二十五年三月丁亥朔丙申離二天照太神於豐耜姫命一託二于倭姫命一爰倭姫命求下鎭二坐太神一之處上而詣二菟田筱幡一（筱此云二佐佐一）更還之入二近江國一東廻二美濃一到二伊勢國一時天照太神誨二倭姫命一曰是神風伊勢國則常世之浪重浪歸國也傍國可怜國也欲レ居二是國一故隨二太神敎一其祠立二於伊勢國一因興二齋宮于五十鈴川上一是謂二磯宮一則天照太神始自レ天降之處也一云天皇以二倭姫命一爲二御杖一貢二奉於天照太神一是以倭姫命以二天照太神一鎭二坐於磯城嚴橿之本一而祠之然後隨二神誨一取二丁巳年冬十月甲子一遷二于伊勢國度遇宮一神宮舊記曰今歲猿田彥神裔宇治土公祖太田命參相乃曰南大峯有二美宮處一佐古久代宇治之五十鈴河上是日本國中仁殊仁勝靈地也其裏翁八萬歲之間仁毛未二現知一有二靈物一照耀如二日輪一惟小緣之物仁不レ在定主出現御坐

哉倭姫命對曰理實灼然惟久代天祖誓願給天豊葦原
瑞穗國之內仁伊勢加佐波夜之國波有二美宮處一利止見
定給天自レ天志天投降居天之逆太刀逆鉾銅鈴等是也
止天倭姫命天平手於拍天甚喜於懷玉比於二此處一大一宮一
柱太ヨ敷一立於下津岩根一岐ヨ崎搏ヨ風於高天原一而廿
六年丁巳冬十月甲子奉レ遷二于天照太神於渡遇宇治
五十鈴河上一鎭坐也○楊文公談苑曰景德三年日本
僧入貢遂召問レ之僧不レ通二華言一善二筆札一命以レ牘
對曰天台山延曆寺寺僧三千人身名寂照號二圓通大
師一國王年二十五大臣十六七人群寮百許人每歲春
秋二時集二貢才一所レ試或賦或詩凡及第者常三四十
人國中專奉二神道一多二祠廟一伊州有二太神一或託二三
五歲童子一降ヨ言禍福之事一山州有二賀茂明神一亦
然

外宮者在二同國度會郡沼木鄉山田原一是號二度會宮一
又謂二豊受宮一古者宇治內宮曰二度會宮一所レ奉二崇
祭一之神四座也延喜太神宮式曰度會宮四座豊受太神
一座相殿神三座神社便覽曰左瓊々杵尊右兒屋命太
王命神代口訣曰於二山田之神宮一豊受太神相殿瓊々
杵尊天兒屋命太玉命也○延佳神宮祕傳問答曰國常
立尊御正體瓊々杵尊依二高貴神之勅一東相殿御坐也奉
レ添二瓊々杵尊一天兒屋根命天太玉命西相殿而御同殿
御坐瓊々杵尊之荒魂號二天上玉杵尊一而與二瓊々杵尊一
同御船代一座而御神體之御形二體御坐是謂二五神四
坐之祕事一也釋空海天地麗氣記卷第四曰相殿座神左
皇孫尊天上玉杵命二柱一座右天兒屋命前後太玉命後前又
云太玉命亦名二大日女荒神一亦名二月紘神一亦名二月讀
命一又云今兩宮則兩部大日色心和合成二一體一則豊受
皇太神宮內一所並座也此事勿レ令二發言一可二兩宮崇
坐一故

御鎭座傳記曰御間城入彥五十瓊殖天皇崇神天皇也三十
九歲壬戌止由氣之皇神豊受太神也天二降于丹波國余佐郡
眞井原一泊瀨朝倉宮御宇天皇雄略天皇也廿一年丁巳冬十
月一日倭姫命夢天照太神誨覺迎二止由氣太神一立二
祠於伊勢國度遇之山田原一爾來豊受太神與二天照太
神一合レ明齊レ德自二垂仁天皇二十五年一至二雄畧天皇
二十一年一該四百八十二年倭姫命世紀曰泊瀨朝倉
宮大泊瀨稚武天皇卽位廿一年丁巳冬十月倭姫命夢
敎覺給久皇太神吾一所不レ坐波御饌毛安不二聞食一丹
波與佐之小見比沼之魚井原坐道主子八乎止女乃齋

奉御饌津神止由居太神乎我坐國欲止誨覺給支云々明年戊午秋七月七日以二大佐佐命一天從二丹波國余佐郡眞井原一志天奉レ迎二止由氣太神度遇山田原一茨多親王神皇正統錄曰垂仁帝御宇皇太神移二五十鈴宮一而至二此年一既四百八十四年自二神武帝一殆千餘年矣大倭姬命猶在焉内外宮規准二日少宮摸一以造レ之白井氏神社便覽曰内宮鎭坐之後四百八十年餘〇御鎭座本緣曰天地未レ發陰陽未レ分五德未レ行四時未レ轉之前渾沌如二鳥卵一溟涬而含レ牙之神白二天常立尊一其已發之初大海之中有二一物一浮形如二葦牙一其中神人化生名號二天御中主尊一其物便化二爲國常立尊一也此三名是一神而天地人之三才又備焉神社考詳節曰一說云外宮者天祖天御中主神也天孫瓊々杵尊在二此宮相殿一故天兒屋根命天太玉命亦附二天孫一而在二相殿一謂二之二所太神宮一天御中主者國常立異名也泓昌按舊記合二兩宮一稱二二所太神宮一特謂二外宮一號二二所太神宮一無二所見一也此事具辨二于延佳續祕傳問答一矣然林羅山者國朝宏博之先生也是只別有二祕錄一識焉歟是當レ尋二博覽之士一矣

神名祕書曰天照太神與二豐受太神一則爲二無上之宗靈一而尊無レ二故異二於天下諸社一是則天地精明之本流也無相無位大祖也故不レ起二佛見法見一以二無相鏡一假表二妙體一也神宮祕記曰凡伊勢二所皇太神宮則伊弉諾伊弉冊尊崇子宗廟社稷神惟群神宗惟百王祖也尊無二與二一自餘諸神者乃子乃臣孰能敢抗夜止詔玉布太田命傳記曰兩宮者天神地祇大宗君臣上下元祖也惟天下大廟也國家社稷也故尊レ祖敬レ宗禮敎爲レ先故天子親耕以供二神明一王后親蠶以供二祭服一長寬勘文曰伊勢兩宮更抗レ禮天無二二日一地無二二王一之義也倭姬命世紀曰天地開闢之初神寶日出之時御饌都神天御中主尊與二大日孁貴一豫結二幽契一永治二天下一言壽宣故或爲レ日爲レ月永懸而不レ落或爲レ神爲レ皇常以無レ窮御鎭座本紀曰吾祭奉レ仕之時須レ祭二止由氣皇太神一也然後我宮祭事可二勤仕一

頭註云葛城寶山記曰天御中主尊無レ祖無レ宗而獨能化故曰二天帝神一又號二天宗廟一

齋宮

齋宮者初在二伊勢國飯野郡流田鄉一于レ今宮跡存倭姬命始居レ焉是齋宮之始也神宮舊記曰垂仁帝廿六年與二齋宮于宇治五十鈴川上一以降二倭姬命一居上

焉卽建八尋機殿其後景行帝御宇卄年春宇治之齋宮移于同國多氣郡但先是立齋宮皇女之初則第十代崇神帝之皇女豐鍬入姬命也初以此皇女爲御杖貢奉於天照太神然後離天照太神於豐耜入姬命託于倭姬命而後隨神誨遷奉于伊勢國渡遇宮因與齋宮于五十鈴河上矣延喜式卷第五齋宮寮式曰凡天皇卽位者定伊勢太神宮齋王簡內親王未嫁者卜定若無內親王者依世次簡諸王女卜定林羅山神社考曰垂仁帝卄六年以第二皇女倭姬命初立齋宮後代々皇女立之土御門院承元二年至四十一代齋宮後鳥羽院皇女肅子內親王斷絕矣

頭註云貝原損軒續倭漢名數曰垂仁天皇二十六年以第二皇女倭姬命初立齋宮其後帝王每卽位世世以皇女立之至土御門院承元二年四十一代齋宮後鳥羽院皇女肅子內親王而絕矣自垂仁帝二十六年至承元二年凡千二百十二年一說肇于崇神天皇御女豐鋤入姬至於後宇多院皇女弉子內親王而後絕矣凡七十五代○御鎭座本紀曰倭姬皇女隨老翁之告事而大喜遂祭天照太神以立宮所于伊勢國宇治川上因與齋宮于五十鈴川上而居焉謂之磯宮爾後世簡內親王未嫁者定伊勢太神宮之齋宮五百野皇女酒人內親王恬子內親王等是也天皇若無內親王則依世次簡諸王女卜定之延喜以後齋宮既絕近世以天鈿女命之苗裔猨女子代之

石清水

石清水者在山城國久世郡科手鄉鳩峯今雍州府志以石清水屬綴喜郡是稱雄德山或作男山其山之半腹有清泉號之石清水故稱之石清水宮所祭之神三座也神社便覽曰石清水式外八幡大神宮三座中八幡宮東玉依姬西神功皇后黑川氏雍州府志卷三曰正殿三座中八幡宮則應神天皇也東氣長足姬尊則神功皇后也西比咩大神則玉依姬也

神社考詳節曰人皇第五十六代淸和帝貞觀元年八月卄三日武內宿禰之苗裔南都大安寺沙門行敎憑八幡大神敎奏聞之從豐前國宇佐遷之於山城國男山鴿峰所謂八幡卽應神天皇是也○神社便覽曰案以此神宮爲天下第二宗廟兮玉依姬置東殿等蓋有深旨哉宋史卷四百九十一日本傳曰應神天皇甲辰歲始於百濟得中國文字今號八蕃菩薩

頭註曰神社啓蒙曰按玉依姬海神女豐玉姬之妹神武天皇之母神也貝原好古八幡本紀卷四曰八幡宮國々奉勸請則皆從宇佐之例田心姬命湍津姬命市杵島姬命以此三女神祭于相殿然雜書說比咩神稱玉依姬是無稽之妄說也不可以證焉

賀茂

上賀茂者在山城國愛宕郡所祭之神一座也延喜式卷第九神名帳上曰賀茂別雷神社亦若雷神社便覽曰賀茂別雷皇大神宮一座卄二社註式曰日向國仁天降坐須神於賀茂建角身命止申須神倭磐吾彥天皇乃御前仁立坐天

大和乃國葛木仁宿寸彼與利漸山背國岡太乃賀茂仁遷幸山代川仁下坐天葛川止賀茂川止合處仁立坐給比賀茂川乎見巡之天宣久狹久少也止云止毛石川乃清流也止天石川瀨見小川止號久川上仁宮所於定給天北山乃麓仁住給利其時此處乎賀茂止云也白井氏神社啓蒙卷二曰案健角身者隱語也詳ニ賀茂氏成私記一雍州府志曰一說瓊瓊杵尊爲ニ天孫一而始降ニ臨斯國一故是爲ニ地神之始一奉レ勸ニ請上賀茂一是爲ニ山城國一宮一風雅集神祇部賀茂遠久歌、久堅乃天濃磐船漕寄志神代乃浦耶今乃御形(ミアレノ)野又鴨祐光歌、君加爲三國移弖清幾河乃流仁住留賀茂乃瑞籬卜部兼右神祇正宗曰社家深祕無ニ申旨一故難ニ露顯一○山城風土記曰賀茂健角身命之女玉依姬神道ニ遙于石川瀨見小河邊一于レ時丹塗矢自ニ河上一流下玉依姬採ニ其矢一夾ニ屋上一頃之有レ身遂生ニ賀茂上社別雷神一其丹塗矢今在ニ松尾神社一神社考詳節曰玉依姬之子爲ニ雷神一號ニ別雷命一故號ニ下賀茂一爲ニ御祖一號ニ別雷一爲ニ上賀茂一金葉集神祇部賀茂重保歌、君於祈留願於空仁滿給惠別雷乃神奈良波神

神社便覽曰鎭坐年紀更難レ明也○類聚國史曰八百萬神其餘不レ量雖レ無ニ何勝劣一已別雷皇大明神爲ニ帝都鎭守一神社啓蒙卷二曰或問賀茂爲ニ別雷神一所謂八色雷公是也且舊書所レ載鴨箭爲レ雷之說其言揭焉何爲不レ記焉答曰以ニ賀茂一爲ニ雷公神一非ニ吾所一レ聞後世好レ事者爲レ此也所レ傳賀茂神詠曰千早振別雷山仁住居之氏天降事神代與利先別雷者賀茂山名也是以爲ニ別雷神一耶爲ニ之別雷山神一可也爲ニ之雷公神一否也今松尾有下稱ニ別土一者上不レ知何故也又曰然則賀茂社爲ニ宗廟一耶爲ニ社稷一耶謂ニ祕レ之不レ言則近レ誣矣曰此難レ言也又曰賀茂者大社也其不レ載ニ神紀一何也曰予聞レ諸神代兩卷者所下以審ニ諦乎伊勢與ニ賀茂一之由上也不レ可ニ以輕語一焉○皇朝類苑曰日本國專奉ニ神道一山城州有ニ賀茂明神一託ニ三五歲童子一降ニ言禍福事一

下賀茂者所レ祭之神二座也雍州府志下賀茂曰ニ糺宮一或作ニ只洲一高野川與ニ賀茂川一於ニ此社南一合レ流故或稱ニ河合神一又稱ニ御祖一延喜式神名帳曰賀茂御祖神社二座諸社一覽曰所レ祭之神二座玉依姬大己貴命淸原宣賢神代鈔曰大己貴者下賀茂號ニ御祖社一神社考曰下賀茂御祖神者號ニ玉依姬一賀茂健角身命之女也雍州府志卷二曰下賀茂社或謂所レ祭ニ丹塗矢一然實所レ祭ニ大

己貴神也又一說鸕羽葺不合尊叔母玉依姬爲后而産神武帝是爲人王之始下賀茂社稱御祖神奉勸請玉依姬者也神社啓蒙曰玉依姬非高皇魂幷海童女別在一神○貝原氏和爾雅神祇門曰緣起云下社御祖二座健津之身命丹波伊香古耶姬也西峰先生說云玉依姬河合社也河合訓加和比又讀多太須鳥居西向立糺森卽此社森也御祖者在河合之奧大社也此下賀茂也今俗云是糺訛也又神社啓蒙卷二曰河合社式稱小社宅神是也上賀茂社官參宮之日先詣此社而後拜御祖蓋有社例傳習也

神社考詳節曰欽明天皇時初祭此上下神雍州府志卷二曰白鳳年中大己貴命來現下賀茂其後四月西日瓊瓊杵尊自大和國賀茂社來現上賀茂別雷山麓御生所地號別雷神稱大賀茂故兩社世稱下上賀茂然則平安城遷都以前之神社也

齋院

齋院者雍州府志卷二曰齋院古在大宮杜西南云或言在雲林院村又云常盤古御所地齋院之舊址也未知孰是又卷三曰齋院宮在太秦東南此處古賀茂齋院而所勸請上賀茂神也有御手洗河是修祓處也延喜式卷第六齋院司式曰凡天皇卽位者定賀茂大神宮齋王簡內親王未嫁者卜定若無內親王者依世次簡諸王女卜定神社考曰平城嵯峨帝爭帝位時嵯峨帝爲祈願以皇女有智子內親王始立齋院後代々皇女立之至土御門院元久元年三十四代齋院斷絕矣

松尾

松尾神社者在山城國葛野郡所祭之神二座也延喜式神名帳曰松尾神社二座神社便覽曰大山咋神一座胸形中津大神一座舊事本紀曰大己貴神弟大年神之子大山咋神此神者坐近淡海國比叡山亦坐葛野郡松尾鳴鏑神也和爾雅曰松尾所祭之神二座大山咋神市杵嶋姬命○神社考詳節曰賀茂玉依姬所取之丹塗矢化爲神松尾大明神是也號曰大山咋神是比叡山日吉之同體也又神書鈔曰丹塗矢者大己貴之所化也神社啓蒙曰今所傳七座名松尾社月讀社櫟谷社三宮宗像社衣手社四大神雍州府志卷三曰松尾神社在洛西所祭神二座大山咋命瀛津島姬命以此二神爲相殿稱中本社高皇產靈尊月讀尊二座稱南本社田心姬命湍津姬命櫟谷神三座爲北本社又加三宮四大神宗

像衣手一號二七所之本社一也頭註曰神社啓蒙曰松尾二座大山咋神南殿氏成私記曰別雷苗裔神也

雍州府志曰人皇四十二代文武帝大寶元年秦都理承レ勅始自二分土山大杉谷一移二神殿于今地一祭レ之分土山卽今松尾山也又奉二伊勢一宣命紙用二縹紙一松尾賀茂社用二紅梅紙一餘社皆用二黃色紙一伊勢石淸水遣二中納言一爲二奉幣使一松尾賀茂兩社遣二參議一餘社皆遣二四位五位殿上人一是最依二朝家御尊崇一者也

平野

平野神社者在二山城國葛野郡一所レ祭之神四座也延喜式神名帳曰平野祭神四社神社便覽曰今木神源氏神久度社平氏神古開社高階氏神比咩神大江氏神縣社菅氏神廿二社次第曰平野第一今木神日本武尊源家氏神第二久度神仲哀天皇平家氏神第三古開神仁德天皇高階氏神第四比賣神天照太神大江氏神第五縣神天穗日命四姓氏神中原氏淸原氏菅原氏秋篠氏○和爾雅曰平野所レ祭之神四座第一今木社源氏神日本武尊第二久度社平氏神仲哀天皇第三古開社高階氏神仁德天皇第四比咩神大江氏神木花開耶姬林氏神社考曰平野社者仁德帝之廟也藤原家隆歌曰難波津仁冬籠世之花奈禮也

平野乃松仁降留白雪

延喜格曰桓武天皇延曆年中立二件社一

稻荷

稻荷神社者在二山城國紀伊郡一所レ祭之神三座也延喜式神名帳曰稻荷神社三座神社便覽曰下社大宮姬中社倉稻魂上社太田命神社啓蒙曰上社土祖神中社倉稱魂下社大山祇女○神祇拾遺曰弘長六年比爲二五座一神社便覽曰今所レ傳稱二五座一田中社大己貴命四大神神功皇后和爾雅曰稻荷所レ祭之五座諸神記云秦氏之祖神也或云中社保食神田中社稚產靈下社大己貴命上社三神幸魂四大神以上四神爲二一社一號二四大神一也雍州府志卷三曰稻荷社是稱二上下一者非二神世之崇卑一就二社之所レ有而稱二上下一者也今所レ傳謂二五座一而中社爲二三座一所謂伊弉諾尊瓊瓊杵尊倉稻魂也三座之中有二瓊瓊杵尊在一故此社稱二十禪師宮一或號二客人宮一又田中社猿田彥而掌レ導二諸神一者也四大神住吉四所明神也地主神則荷田明神也其地置二倉稻魂一故號二稻荷一云

頭註云神社啓蒙曰倉稻魂同名異神有二三神一而司識各異也勿レ混泓昌按土祖神乃太田命之異名也

神社考曰此神社建立權輿未レ詳社家者流說和銅年中此神始現二于伊奈利山一豐葦原卜定記曰人皇四十

三代元明天皇和銅四年辛亥二月十一日垂跡雍州府志曰昔日當社出現和銅四年二月九日也從斯說以長曆推之則其日偶當初午日然今不用九日而於初午日諸人參詣俗謂初午參又稱福參神祇拾遺曰元正帝御宇當社影向之日偶二月初午日也故至今用此日慈鎭拾玉集歌稻荷山其二月乃初午爾乘弖耶神波人於導久

頭註云神社啓蒙卷二曰問金工專爲主神何也曰古有小鍛冶者造劍戟其利無能及也一旦取當山埴土以覺堪鎔刄也仍數爲埴土來往且拜神矣世不諳此理徒爲金工守神

春日

春日神社者在大和國添上郡春日鄉所祭之神四座也延喜式神名帳曰春日祭神四座神社便覽曰一殿武雷神二殿齋主神三殿天兒屋命四比咩大神神名秘書曰天照太神相殿之姬神栲幡千千姬命於春日者第四神殿坐也泓昌按舊說春日第四殿姬神爲天照太神而秘書曰栲幡千千姬命未知孰是也

頭註云日社啓蒙曰武甕槌命鹿島神也齋主命香取神也已上二神天孫降臨日有大功仍帝都必祭之天津兒屋命春日神是

春日註式曰第四十八代稱德天皇神護景雲二年正月九日大和國添上郡三笠山垂跡同年十月九日寅日寅時太敷立宮柱春日秘記曰神護景雲二年十一月九日戊申三笠山頂宮柱立三所御座四年正月十二日戊寅三笠山下津磐根南向宮柱立御遷宮在之其時第四御殿奉祝副也長者左大臣正一位藤原朝臣永平御時也

大原野

大原野神社者在山城國乙訓郡西岡所祭之神四座也神社便覽曰大原野式外和爾雅曰大原野所祭之神與春日社同

神祇正宗曰人皇五十四代仁明帝御宇嘉祥三年爲王城守護閑院左府冬嗣申沙汰勸請之神社考詳節曰文德天皇仁壽元年二月初自春日本社勸請此所蓋后妃行啓以春日社路遠故也雍州府志卷三曰桓武天皇始先遷都於長岡鄉于時遷春日社四座神於斯處

大神

大神神社者在大和國城上郡三輪鄉所祭之神一座也延喜式神名帳曰大神大物主神社貝原損軒和爾雅曰大神又云三輪社所祭之神一座大己貴命日本書紀一書曰大國主神亦名大物主神亦號國作大己貴命亦曰葦原醜男亦曰八千戈神亦曰大國玉神亦曰

顯國玉神一神社考詳節曰 日本紀大己貴神之幸魂奇魂此大三輪之神也○又詳節曰二十二社之中大和大神石上日吉下鴨松尾此六社者皆大己貴神也

神社便覽曰兼敦云案神代鎭坐勿論也清輔奥儀鈔曰崇神天皇七年倭迹迹日百襲姫命之夢中大物主神告曰我是大物主神也我兒令ニ大田田根子一祭中於我上焉然後○然後二字恐衍歟大田田根子命者神主君等之遠祖也

石上

石上神社者在ニ大和國山邊郡布留鄕一所レ祭之神一座也延喜式神名帳曰石上坐布留御魂神社和爾雅曰石上所レ祭之神一座石上布都御魂神神宮御鈔曰石上社者素戔烏尊所レ持之十握劍也以ニ人皇十代崇神天皇御宇一鎭座也○雍州府志卷二曰近世誤ニ石上一爲ニ岩神一又云一說石上明神者豐石牖奇石窻命也然則太玉命之子也

神社便覽曰第十一代垂仁帝四十九年十月作ニ劍一千口一藏ニ石上神宮一以ニ斷レ蛇劍一爲ニ神體一今所レ作劍奉レ副也神社啓蒙曰舊記云磯城瑞籬御宇遷ニ建布都大神社於大和國山邊郡石上邑一則天祖授ニ饒速日尊一自レ天受來天璽瑞玉同共藏齋號云ニ石上大神一建膽心命祭レ之

大和

大和神社者在ニ大和國山邊郡大和里一所レ祭之神一座也延喜式神名帳曰大和坐大國魂神社三座神社便覽曰大己貴神御年神大國魂神和爾雅曰大和所レ祭之神一座大國魂神○神社考詳節曰此亦與ニ三輪一爲ニ同神一今案延喜式大和國城上郡大神大物主神社者謂ニ三輪一也同國山邊郡大和大國魂神社者謂ニ大和一也

神社便覽曰人皇十代崇神帝六年鎭坐日本書紀卷第五曰崇神天皇六年以ニ日本大國魂神一託ニ渟名城入姫命一祭然渟名城入姫髮落體瘦而不レ能レ祭

廣瀨

廣瀨神社者在ニ大和國廣瀨郡廣瀨里一所レ祭之神一座也延喜式神名帳曰廣瀨坐和加宇加賣命神社和爾雅曰廣瀨所レ祭之神一座倉稻魂命號ニ和加宇加賣神社一亦號ニ大忌神一神名祕書曰件神伊弉諾伊弉並尊子豐宇賀乃賣神神祇官坐御食神是也頭註云神社啓蒙曰和賀宇加乃賣神與ニ勢州外宮神一同水德神也

○松下氏公事根源集釋曰廣瀨社今河合明神是也

日本書紀曰天武天皇四年夏四月遣ニ小錦中間人連盖大山中曾禰連韓犬一祭ニ大忌神於廣瀨河曲一

龍田

龍田神社者在ニ大和國平群郡立野一所レ祭之神二座也延喜式神名帳曰龍田坐天御柱國御柱神社二座和爾雅曰龍田所レ祭之神二座天御柱國御柱神是則風神級長津彥命級長戸邊命也○家行神主類聚神祇本源曰瀧祭神與ニ廣瀨龍田神一同體異名水氣神也故廣瀨龍田神名號ニ天御柱國御柱一是天逆戈守護緣也舊記曰廣瀨龍田風水陰陽二神也故名ニ天國御柱一也

日本書紀曰天武天皇治四年夏四月遣ニ小紫美濃王小錦下佐伯連廣足一祠ニ風神于龍田立野一

住吉

住吉堺社者在ニ攝津國住吉郡堺邑一所レ祭之神四座也延喜式神名帳曰住吉坐神社四座神社便覽曰底筒男中筒男表筒男神功皇后○神社考曰社家者說云住吉神社四座第一天照太神第二宇佐明神第三底筒表筒中筒爲ニ一座一第四神功皇后神祇拾遺曰住吉玉津嶋和歌之兩神也和爾雅曰住吉所レ祭之神四座凡住吉郡諸社事詳見ニ新撰神代記一

二十二社記曰神功皇后征ニ三韓一之時顯ヨ坐攝州一神社啓蒙曰住吉舊記云其荒魂在ニ筑紫之小戸一和魂者神功皇后征ニ三韓一時顯ニ坐攝州一託ニ皇后體一而循ヨ行四方一遂到ニ攝州之地一宣言云眞住吉眞住吉之國也因鎭ニ坐其地一名云ニ住吉一○卜部兼方釋日本紀卷第六曰攝津國風土記云所ヨ以稱ニ住吉一者昔息長足比賣天皇世住吉大神現出而巡ヨ行天下一覓ニ可レ住國一時到ニ於沼名椋之長岡之前一（前者今神宮南邊是其地）乃謂斯實可レ住之國遂讚ニ稱之一云ニ眞住吉國一乃是定ニ神社一今俗畧レ之直稱ニ須美乃叡一貝原恥軒八幡本紀曰住江郎住吉也吉江相通故云ニ住江一

日吉

日吉神社者在ニ近江國滋賀郡坂本村一所レ祭之神七座也延喜式卷第十神名帳下曰日吉神社廿二社註曰大宮大物主神二宮國常立聖眞子八幡八王子國狹槌客人菊理姬十禪師宇賀姬三宮豐斟渟神社啓蒙曰日吉所レ祭之神七座大宮大己貴二宮國常立尊神皇魂尊聖眞子正哉吾勝尊八王子國狹立尊客人伊弉冊尊十禪師瓊々杵尊三宮惶根尊一說天照太神三女○和爾雅曰日吉式內一座二宮者大山咋神也式外六座大宮者大己貴命聖眞子者應神天皇八王子者國狹槌尊客人社者伊弉冊尊十禪師者天兒屋禰命三宮者天照太

神三女或云惶根尊已上數說見二耀天記等一又社家註進曰二十一社之說上七社大宮二宮聖眞子八王子客人十禪師三宮中七社大行事早尾下八王子王子宮聖女氣比小禪師下七社惡王子新行事石瀧劔宮牛御子若宮護因

頭註云神社啓蒙卷三曰日吉所屬十四座加二上七座一稱二廿一社一下八王子言天御中主尊王子宮建御名方命早尾素盞烏尊一說云猿田彥命大行事高皇產靈尊聖女下照姬新行事瀛津姬牛尊鎭座記云此殿底有二靈石一尤口傳小禪師彥火火出見尊惡王子深祕岩瀧蹈韛姬命劔宮素戔烏變神氣比仲哀天皇大竈澳津彥命竈殿澳津姬

神社便覽曰當社鎭坐年記不二分明一兮或云人皇卅九代天智帝御宇鎭坐神社考詳節曰此社者松尾之同體也或說云山王權現者磯城島金刺宮欽明卽位元年自レ天降二于大和國磯城上郡一現二大三輪神一大津宮天智卽位元年現二老翁形一曰我是大比叡大明神也又傳敎大師以二天竺金毘羅神一一名摩多羅神爲二素戔烏尊一號曰二山王一以爲二日吉神體一日吉鎭座記曰人皇卅九代天智帝御宇白鳳二年三月三日琴御舘奉レ祭二山麓一其後御舘乞レ奉レ拜二尊神御形一于レ時夜忽光耀如レ日其中有二大字一更無二異物一依レ之奉レ稱二大宮一也○又鎭座記曰十者天七地三之數禪讓也師國也言十善天子護レ國之義雍州府志卷二曰凡自二天神七代一傳二地神五代一天忍穗耳尊正受二天照皇太神之御禪一實爲二第二位一然凶惡神素盞烏尊之御子也故天忍穗耳尊之御子瓊々杵尊爲二皇太神之正統一天子稱二十禪帝一亦因レ受二第十位瓊瓊杵尊之御禪一也釋氏稱二十善一者牽强附會之說而非レ可レ取者乎

梅宮

梅宮神社者在二山城國葛野郡梅津里一所レ祭之神四座也延喜式神名帳上曰梅宮坐神四座神社便覽曰酒解神大若子神小若子神酒解子神神社啓蒙曰舊傳云所謂酒解社大山祇大若子社伊勢度遇神主遠祖加夫良居命也小若子社同大若子弟也酒解子神木花開耶姬也和爾雅曰梅宮所レ祭之神四座酒解神者大山祇大若子神者瓊杵尊小若子神者彥火々出見尊酒解子神者木花開耶姬

二十二社註式曰鎭坐不二分明一矣神社啓蒙曰社記幷舊傳云件四社以二孝謙帝天平寶字年中一祭二此地一爲二帝基守護鎭守一其後人皇五十二代嵯峨天皇后姓橘氏諱嘉智子父淸友少而沉原涉二獵書記一眉目如レ畫爲レ人寬和風容絕異嵯峨天皇初爲二親王一納レ宮寵遇日隆天皇登レ祚弘仁之始拜爲二夫人一後立爲二皇后一然常以レ無二太子一而淒淒不レ樂因レ茲皇后憑二神

代幽契一祈二酒解二座神一矣一旦應レ感有二妊孕一遂以二當宮清砂一敷二御座下一居二其上一生レ兒所謂仁明天皇是也天皇追二神慮一嘉祥年中以二外祖父清友一幷二酒解社一以二檀林一幷二酒解子神社一又以二瓊々杵火火出見命一配二若子二社一以爲二橘氏祖廟一也至レ今尊崇異レ他夏冬祭祀無レ怠耳

吉田

吉田神社者在二山城國愛宕郡神樂岡一所レ祭之神四座也神社便覽曰吉田式外和爾雅曰吉田所レ祭之神與二春日大原野一同○神社啓蒙曰御堂關白御書云奈良京時春日社長岡京時大原野平安城今吉田社占二帝都之咫尺一有二神祠之鎭護一
卜部兼右二十二社註曰清和帝貞觀年中鎭坐中納言山蔭卿始奉レ渡レ之神社考曰御堂關白道長公造二法成寺一崇二吉田社一以擬二興福寺春日社一云卜部兼倶日本紀抄曰當社藤氏崇敬依レ異レ他曩祖兼延勸請神系圖傳曰卜部家說云神樂岡明神者雷神也號二裂雷神一是吉田之地主也至二一條院御宇一卜部兼延掌二社務職一時以二藤氏之崇敬一故勸二請春日神一
諸社一覽曰大元殿謂二齋場所一是卜部家神道勸請所伊勢内外宮始八百萬神勸請雍州府志卷二曰齋場所在二吉田山一始在二神祇官一樓門額有二日本最上日高日宮之字一嵯峨天皇之宸翰也鎭魂八神殿亦在二神祇官一神祇官者古在二平安城宮内省一則今二條所司廳之西也自レ玆移二東山如意嶽一後土御門院文明十六年移二吉田神樂岡一八神所謂高皇産靈尊神皇産靈尊魂留産靈尊生産靈尊足産靈尊大宮姬御膳津神事代主是也此八柱則八州守護驗神八齋靈命八心府神故以爲二皇帝鎭魂之神一吉田卜部家主二裁萬事一凡二十二社之外所レ在二日本國一之大社小社神職皆自二此家一下レ令幷官位等執二奏之一中臣卜部元同氏而天兒屋根命苗裔也天兒屋根命奉二天照太神勅一輔二佐皇孫一治二豐葦原一於レ是以二三種靈寶一傳二皇孫一是爲二王道之元一又以二神籬正印一傳二天兒屋根命一故是爲二神道之祖一天兒屋根命十二世孫大雷臣命仲哀天皇時賜二卜部姓一十八世孫常磐大連改二卜部姓一爲二中臣姓一至二二十一世大織冠一改二中臣一爲二藤原氏一大織冠爲二朝家一將レ誅二入鹿一時思二事有一レ難以二神道一傳二其從弟右大臣清丸一清丸意美丸子是爲二大中臣一清

丸四世曰ニ平丸一又改ニ姓卜部一依レ之吉田家爲ニ神道長一

廣田

廣田神社者在ニ攝津國武庫郡西宮鄕廣田邑一所レ祭之神一座也延喜式神名帳曰廣田神社廿二社註式曰廣田者天照太神之荒魂也可レ謂ニ神宮御同體一如ニ式文一者一座也現在五社神社便覽曰五座說一殿住吉大明神二殿廣田大明神三殿八幡大神宮四殿南宮五殿八祖神貝原氏和爾雅卷二曰廣田所レ祭之神一座乃天照太神荒魂也見ニ于日本紀一如今爲ニ五座一一殿住吉二殿廣田三殿八幡四殿南宮（大山咋）五殿八祖神（高皇産靈尊）以上爲ニ五社一

○神社啓蒙曰註進記云人皇百一代後小松院治廿三年應永十三年四月四日甲子伯三位資忠王依レ招而日本紀第九讀合廣田社事條々有ニ不審一雖レ爲ニ社祕一委細演說云々如ニ社官申詞一者奉レ書ニ廣田社一者神功皇后也自餘神社意ニ得之一勸請歟案以ニ廣田一爲ニ皇后一難ニ心得一歟不レ合ニ日本書紀等旨一

二十二社註式曰垂跡時代無ニ正記一日本書紀曰神功皇后征ニ新羅一之明年忍熊王起レ兵屯ニ於住吉一皇后聞レ之還ニ務古水門一而卜レ之於レ是天照太神誨レ之云我之荒魂不レ可レ近ニ皇后一當レ居ニ御心廣田國一卽以ニ山背根子之女葉山媛一令レ祭レ之

神社考詳節曰蛭兒（天照太神弟）事八十神（大己貴兄）在ニ西宮五社之內一俗呼ニ蛭兒一爲ニ夷三郞一神社啓蒙曰西宮者蛭子神也俗號ニ夷三郞一非也蛭子天照太神弟也卜部兼熈二十二社註疏曰相殿神二座事八十神大己貴命雍州府志曰凡稱ニ惠美須一者是蛭兒命也命住ニ西宮海邊一故以ニ釣魚一爲レ樂故斯社多在ニ海濱一漁人專崇レ之漁人數日擧レ網不レ得レ魚則必祈ニ斯神一若得レ魚之願成則裁ニ縫衣服一使レ着ニ惠美須像一又謂惠美須者福神也凡農工商共祭レ之商賈特崇レ之和爾雅卷二曰攝州武庫郡西宮蛭兒及少童神爲ニ夷社一乃廣田之末社也一說俗所レ謂夷殿者事代主命而大己貴命之子也設ニ其垂レ釣之像一者依下日本紀所レ記事代主命遊ニ行在於出雲國三穗之碕一以ニ釣魚一爲レ樂之說上也蓋此御神者日本最初之地主神也故歲首揭而祭レ之白井氏神社便覽曰蛭兒夷殿世流布以爲ニ混同一也蛭兒者天照太神兄弟載ニ方冊一而分明也夷殿說拾遺云口授之一條也又案今人家以ニ大黑一而配ニ當于此神一之義今古

不分明也蓋一箇口傳故耳尙待博達之師可責焉○白井氏神社啓蒙曰今世間刻雕負袋之形而配蛭子字大黑也知大黑與大國音相同蓋大國者大己貴命之異稱又云予覩世所崇像決靡他方者首所服體所被皆吾國之俗也蓋大國主神而託之大黑耶黑川氏雍州府志曰案大黑天者軍神也出佛祖通載卷二十二卷台家說曰傳教大師逢大黑天於東坂本短身黑面手持木槌足蹈米囊專掌壽福一々有問答自爾世人祭之案本邦所謂大黑者葛刺天而蓋別神也貝原氏和爾雅曰大黑神南海寄歸傳第一卷載之最詳號曰莫訶歌羅求者稱情義楚六帖曰大黑神梵天眷屬在食厨合須塑盡供養西域諸寺僧食厨無不有也大有靈異今案大黑神者天竺寺僧食厨所祭之神也或以爲倭神者無稽之言也

祇園

祇園神社者在山城國愛宕郡八坂鄕所祭之神三座也神社便覽曰祇園式外祇園天王三座西稻田姬號少將井中素盞烏號大政所東龍王女號今御前和爾雅曰祇園所祭之神三座素戔烏尊八王子稻田姬諸社一覽曰八王子三女五男也泓昌案三女五男者是天照太神與素戔烏誓約之時所生神謂田心姬湍津姬市杵島姬天忍穗耳尊天穗日命天津彥根命活津彥根命熊野櫲樟日命也詳于日本書紀矣○神社考詳節曰一曰牛頭天王二曰婆利女是稻田姬也或云婆竭羅龍王女也三曰蛇毒氣神是八岐蛇所化乎武塔神者素盞烏之別號也祇園一名感神院

神社便覽曰人皇五十六代清和帝貞觀十八年移八坂鄕雍州府志卷二曰二十二社註式云牛頭天王始垂跡於播磨國明石浦而移廣峯其後移東山瓜生山北白川東光寺其跡也清和天皇貞觀十一年移感神院昭宣公藤基經公尊崇斯社新造營之其形摸表紫宸殿故後世雖改造依其樣今考之宮殿雖有大小之異柱數寸尺粗與紫宸殿相同世以昭宣公之殿爲此神社者誤也

北野

北野神社者在山城國葛野郡所祭之神三座也神社便覽曰北野式外天滿自在天神三座東中將殿中菅丞相西吉祥女雍州府志曰三座內東間中將殿而是菅神之嫡

子也中間菅丞相道眞公而西間吉祥女則菅丞相之室也未レ詳レ爲二何家女子一一說西園寺家之女也住二平安城西南吉祥院里一故爲レ號神社考曰北野天神者右大臣菅原朝臣之靈也○和爾雅曰北野所レ祭之神三座今在記云東坊城和長卿云東源英明中間菅丞相西在良朝臣也

二十二社註式曰村上天皇天曆元年六月九日遷二坐北野一同天皇治十三年天德三年九條右丞相造二增屋舍一奉レ付二寶物一○明薩天錫夢觀集曰題二天滿宮一詩無常說法現二神通一千里飛梅一夜松萬事夢醒雲吐レ月觀音寺裡一聲鐘又明洪序贊二天神一曰日本嘗聞北野君愛レ梅瀟洒又能レ文謫居西府三千里一夜飛香度二海雲一

頭註云神社啓蒙卷三曰間用二廿五日一者何世也曰人皇七十四代鳥羽院天仁二年二月廿五日始行二北野御忌日一之後永爲二流例一

丹生

丹生神社者在二大和國吉野郡下市側山中一所レ祭之神一座也延喜式神名帳上曰丹生川上神社神社便覽曰罔象女神一座○廿二社註式曰當社爲二大和之別社一事見二延喜格一不レ聞二人聲一之深山立二我宮柱一以敬禮者爲二天下一降二甘雨一止二霖雨一者

廿二社註式曰人皇四十代天武帝白鳳四年乙亥御垂跡廿二社註疏曰神武天皇以二天神敎一造二嚴瓮一陟二于丹生川上一用祭二天神地祇一

貴布禰

貴布禰神社者在二山城國愛宕郡一所レ祭之神二座也神社便覽曰初作二木船一也後依二瑞驗一改二貴布禰一延喜式神名帳曰貴布禰神社神社便覽曰闇龗神和爾雅曰貴布禰所レ祭之神一座祈雨止雨之神今在記云闇罔象女也神社啓蒙曰所レ祭之神二座高龗神奧御前廿二社註疏曰城州貴船社船玉命與二高龗一也諸社一覽曰按船玉命猿田彥神也雍州府志卷二曰貴布禰社所レ祭之神二座第一高龗神第二別雷神也神代卷曰伊弉諾尊斬二軻遇突智一爲二三段一其一段爲二高龗水德神一也第二別雷神第三奧御前也是爲二守護安穩一所レ祭而地主神也然奧御前社并船守社等社家祕而不レ言レ之又曰素戔烏尊是天忍穗耳尊之皇親而瓊瓊杵尊之祖神也故尊二其所一レ出奉レ勸二請之一今貴布禰社是也依レ之下上賀茂并貴布禰三所相比並○羅山先生神社考曰神書鈔云高龗與二闇龗一同龍神類也貴布禰明神亦是也今祈雨止雨多祭二此神一氏成私記曰奧御前爲二平安城守護一所レ祭之

蓋日域地主明神也雍州府志曰一說本社國常立尊也又言所レ祭ニ眞一元水之靈一而號ニ豐氣太神一也畢竟豐受神號而其餘悉攝社也

泓昌案鎭坐之年紀不ニ分明一矣○白井自省軒便覽曰抑貴布禰社者累代爲ニ賀茂末社一也何者儀同三司二十二社次第云貴布禰者賀茂之攝社也蓋攝者兼也宜哉此末社也又至レ今賀茂有ニ禰宜等職一也於ニ賀茂一可レ尋焉

二十二社略記畢

和歌兩神記

玉津嶋

玉津島神社者在ニ紀伊國弱浦ー或作ニ和歌浦ー後改ニ明光浦ー所レ祭之神二座也諸社一覽曰玉津嶋社衣通姫靈也人皇廿代允恭天皇后也神社啓蒙曰玉津嶋所レ祭之神二座歟續日本紀云神龜元年十月幸ニ紀伊國ー詔曰登レ山望レ海此間最好不レ勞ニ遠行ー足ニ以遊覽ー故改ニ弱濱名ー曰ニ明光浦ー宜置ニ戸守ー勿レ令ニ荒穢ー春秋二時遣ニ官人ー奠ヨ祭玉津島之神明光浦之靈ー度遇延佳神主神宮祕傳問答曰玉津嶋明神者日前神也云有ニ祕説ー矣然二所御鎭坐不審也以ニ伊勢太神荒魂之例ー觀レ之則玉津嶋明神乃稚日女尊之荒魂也歟猶可レ考焉衣通姫者和歌之神而弱字之和訓和歌也者因後代從祀有レ傳矣續古今集藤原隆信卿歌兼弖與利和歌乃浦地仁跡垂弖君於耶侯志玉津嶋姫○林羅山神社考曰玉津島神者衣通姫也案日本紀允恭天皇之后忍坂大中姫之妹容姿絕妙無レ比其艶色徹レ衣而晃之是以時人號曰ニ衣通郎姫ー

天皇喚ニ郎姫ー郎姫畏ニ皇后ー而不レ參天皇强而七喚以來之因ニ皇后之嫉ー別搆ニ殿屋於藤原ー而居八年春二月幸ニ于藤原ー密察ニ衣通姫之消息ー是夕衣通郎姫戀ニ天皇ー而獨居其不レ知ニ天皇之臨ー而歌曰和餓勢故餓句倍枳豫臂奈利佐瑳餓泥能區茂能於虛奈比虛豫比辭流辭毛天皇聆ニ是歌ー則有ニ感情ー郎姫奏言妾常近ニ王宮ー而晝夜相續欲レ視ニ陛下之威儀ー然皇后則妾之姉也恒恨ニ陛下ー亦爲ニ妾苦ー是以冀離ニ王宮ー而欲ニ遠居ー天皇更興ヨ造宮室於河內茅渟ー而令レ居諸神記曰和歌三神者住吉玉津島人麿

泓昌案鎭坐之年紀不ニ分明ー矣所レ傳衣通姫詠曰立歸復此邦爾跡垂牟昔戀幾和歌乃浦波○神社啓蒙曰或問衣通姫善レ歌之人而爲ニ和歌神ー乎抑以ニ其在ニ和歌浦ー爲ニ和歌神ー乎曰此爲ニ一種之祕決ー也世人指ニ和歌浦ー專爲ニ衣通姫ー而然稱ニ其神ー爲ニ玉津ー名ニ其地ー曰レ稚者蓋有ニ深意ー存焉且續日本紀謂ニ玉津島之神明光浦之靈ー則以ニ衣通姫ー合ニ祭玉津神ー也歟

黑川氏雍州府志曰新玉津島在ニ五條松原通室町東ー此邊古爲ニ藤俊成卿之宅地ー因稱ニ五條三位ー家內勸ニ請紀州和歌浦玉津島明神ー而號ニ新玉津島

神是允恭天皇之后衣通姬而稚渟毛二岐皇子第二之女也詠我背子之可來宵也之歌自是爲倭歌之神配住吉明神幷柿本人丸而稱和歌之三神爾後等持院尊氏卿依有靈夢之告而再興之則以經賢法師爲別當職每年十一月十三日祭祀于今不絕又曰俊成社在新玉津島東人家後園案自新玉津島至此處悉藤俊成卿之宅地乎又定家社在小倉山常寂光寺之中相傳古藤原定家卿時雨亭在斯處爾後建社而祭之

人麿

人麿社者在播磨國明石郡大倉谷所祭之神一座也諸社一覽曰人丸社祭神柿本人麿拾芥抄曰柿本人丸者官位不見天智御時人也萬多親王姓氏錄曰柿本姓者天足彥押人命之後也○林羅山先生神社考曰柿本人麿者石見國人也或曰未詳其何許人也善詠和歌多載萬葉集焉紀貫之曰先師柿本大夫者高振神妙之思獨步古今之間有山邊赤人者竝和歌之仙也藤原敦光作柿下朝臣人麻呂畫像贊曰大夫姓柿下名人麻呂蓋上世之歌人也仕持統文武之聖朝遇新田高市之王子吉野山之春風從仙駕而獻壽明石浦之秋霧思扁舟而綴詞誠是六義之秀逸萬代之美談者歟方今依重幽玄之古篇聊傳後素之新様因有所感乃作讚其辭曰倭歌之仙受性于天其才卓爾厥鋒森然三十一字詞華露鮮四百餘歲來葉風傳斯道宗匠我朝前賢涅而不緇鑽之彌堅鳳毛少彙鱗角猶專既謂獨步誰敢比肩（見續本朝文粹）或曰鴨長明云人丸墓在大和國泊瀨傍長明嘗往泊瀨問人丸墓在何所乎無知之者土俗呼其地爲歌墳故也或曰未詳其所終也和歌三神傳曰謂倭歌三神則住吉明神玉津島明神柿本人麿也亦謂和歌三聖乃柿本人麿山邊赤人衣通郎姬也

清輔囊雙紙曰萬葉集第二卷曰柿本朝臣在石見國臨死時自傷作歌一首鴨山濃岩根志麻計留我於加毛不知登伊茂加侯津都在牟泓昌案自傷歌所載乎拾遺集少異拾遺集妹山乃岩根爾於計留我於加毛知受旦伊茂加侯津都在牟又善齋膾餘雜錄曰柿本人麻呂生卒未記其詳愚按人麻呂石見國人也天平元年至其將死發和歌曰石見乃耶高角山乃古乃麻與利宇岐與乃月於美波氏都流加奈○徹書記物語曰三月十八日卽人麿之忌日而昔者和歌所每月十八日

有二歌會一矣

雍州府志曰新住吉社在二油小路五條北一傳言藤俊成卿之所二勸請一也凡本朝以二玉津島明神住吉明神柿本人丸一爲二和歌道守護之三神一住吉新玉津島兩社今現在二洛中一人丸社亦須レ有レ之今不レ知レ爲二何處一街衢處々小社之中思須レ有二人丸社一惜哉一説人丸社始在二本國寺地一移二斯寺一時移二八坂鄕一今人丸塚是也

和歌兩神記畢

皇太神宮殿舍考證

豐受皇太神宮權禰宜從四位上度會神主延經撰

○太宮院

正殿一區

儀式帳云長三丈六尺廣一丈八尺

今正殿長三丈六尺九寸（桁行三間各一丈二尺三寸）廣一丈八尺（梁行二間各九尺）

東寶殿一宇

西寶殿一宇

儀式帳云寶殿二宇長各二丈一尺廣各一丈四尺

今寶殿長二丈一尺（桁行三間各七尺）廣一丈四尺（梁行二間各七尺）

續日本紀云延曆十年八月辛卯夜有レ盜燒ニ伊勢太神宮正殿一宇財殿二宇御門三間瑞垣一重ー（類聚國史一重作ニ三重ー）

按財殿者寶殿也太神宮式云瑞垣内財殿

兵範記云仁安三年十二月廿七日神主注進東寶殿所ニ奉納ー臨時奉幣使參宮時被ニ進納ー綾兩面繧繝神服麻績兩機殿神部等勸進ニ季神御衣毎年六九兩月御祭時宮司勸進荷前御調絹糸等西寶殿所ニ奉納ー往古御神寶幷毎年九月御祭時被ニ進納ー官下御鞍等

瑞垣南御門一間

儀式帳云於葺（ウヘフケル）御門三間各長一丈五尺廣一丈（按於字神名帳萬葉集訓ニ字倍ー爲ニ上字意ー）

今瑞垣御門長二丈二尺五寸（桁行三間中間一丈一尺五寸左右間各五尺五寸）廣一丈一尺（梁行二間各五尺五寸）按太神宮式云南草葺御門三間瑞垣御門玉串御門第四御門也今三門長短廣狹有ニ不同ー

瑞垣北御門一間

今門長一丈四尺

瑞垣一重

儀式帳云長廻四十九丈

今瑞垣東西徑十五丈南北徑十四丈四尺廻長五十八丈八尺（除ニ南門二丈二尺五寸北門一丈四尺ー殘五十五丈一尺五寸）

寬正遷宮記云三年十二月一日依ニ正殿之御前狹ー今度申沙汰瑞垣蕃垣玉串等御門各一丈充南寄御垣各一丈廣久因レ玆坤角地形窪間五尺餘石倉壘地平築上

按儀式帳正殿外宮長三丈廣一丈六尺當宮長三丈六尺廣一丈八尺瑞垣廻外宮五十丈當宮四十九丈

皇太神宮殿舍圖

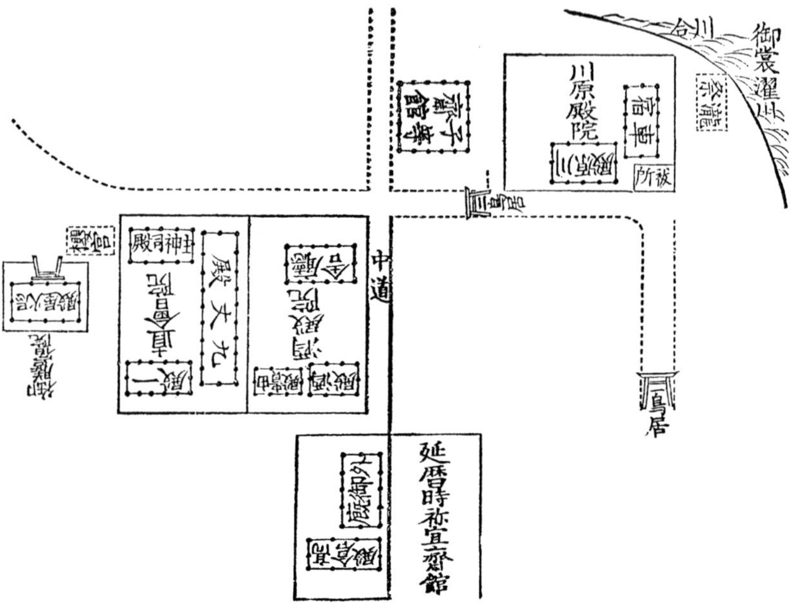
御裳濯川
川原殿院
中道
延暦時祢宜齋館
鳥居

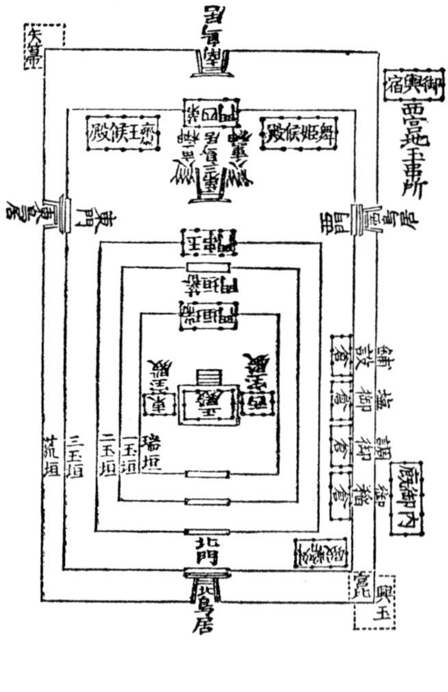
北門
東門
荒垣
三玉垣
二玉垣
一玉垣
瑞垣

當宮正殿長太而瑞垣還狹ニ於外宮一者蓋以下外宮有ニ内外玉垣一當宮有中一二三玉垣上也重垣奇耦之數職有レ由無稽叨變ニ古制一其弊終至レ不レ能レ知ニ門垣之舊趾一可レ勝レ歎哉

蕃垣(バンガキノ)御門一間（式云蕃垣御門）

儀式帳云蕃垣一重長三丈同云蕃垣御門（玉篇蕃屏也廣韻蕃籬也）

今蕃垣御門長一丈一尺三寸帳爲ニ長三丈一未レ詳

自ニ瑞垣御門一至レ此二丈一尺五寸

年中行事（神衣祭）云内院南面蕃垣幷玉串及四御門合三重玉垣御榊奉レ差

按一玉垣屬ニ蕃垣御門一二玉垣屬ニ玉串御門一三玉垣屬ニ第四御門一

一ノ玉垣北御門一門（今亡）

一ノ玉垣一重（今亡）

儀式帳云玉垣三重一玉垣長十四丈

按十上當レ有ニ五字一一玉垣不ニ五十四丈一則不レ能レ廻ニ瑞垣外一兵範記云仁安三年炎上注文玉垣參重西北二方少少燒損一玉垣廻ニ瑞垣四面一帳脱ニ五字一也明矣不レ然則何以有ニ二方燒損一

玉串御門一間（二玉垣南門也帳云内玉垣御門）

今玉串御門長三丈一尺（桁行三間中間一丈三尺左右間各九尺）廣一丈四尺（梁行二間南間七尺五寸北間六尺五寸）自ニ蕃垣御門一至レ此一丈

年中行事（御占）云下部等者玉串御門西方玉垣南集會

同云九月十七日懸力(カケチカラノ)稲事玉串御門左右玉垣懸也

同（神嘗祭）云爲申ニ行寮御玉串一禰宜參入料造替御遷宮之時玉串御門西腋御垣自レ東第一間母木中一枝一間貫木渡(クワンノキヲ渡ス)也

二ノ玉垣北御門一間

今門長一丈四尺寛文九年玉垣再興竝建レ之

二ノ玉垣一重

儀式帳云廻長六十丈

今玉垣東西徑十六丈六尺南北徑十八丈三尺五寸都廻長六十九丈九尺（除ニ南門三丈一尺北門一丈四尺一殘六十五丈四尺）依ニ寛文七年十月廿日大司精長朝臣申請一同九年再ニ興之一

第三ノ鳥居一基（帳云第三重御門俗云四鳥居）

今鳥居廣一丈五尺八寸自ニ玉串御門一至レ此四丈四尺

儀式帳云天八重榊取備供奉第三重御門東方一列八枝八重數六十四本右方亦如ニ左員一

按近世失ニ此鳥居之名一至レ今天八重榊在ニ鳥居左

右傍二據レ帳則爲二第三重御門一也明矣三玉垣門號二第四御門一此鳥居在二其内一

齋王候殿一宇（帳云齋内親王侍殿中右記云御子宿屋年中行事云御子殿）

舞姬候殿一宇（今亡帳云女孺侍殿）

儀式帳云齋内親王侍殿長四丈弘一丈六尺女孺侍殿長四丈弘一丈七尺

今齋王候殿長三丈（桁行五間各六尺）廣一丈二尺（梁行三間各四尺）

同云齋内親王到二第三重東殿一就二御座一卽西殿波女孺等侍

兵範記云肆間萱葺齋内親王候殿壹宇（在二間屏一）肆間萱葺舞姬候殿壹宇

按新任辨官抄云荒垣中殿門皆有二千木堅魚木一（詳見二于外宮下一）二殿有二千木堅魚木一可二推知一焉凡造太神宮寛正以降中絕百餘年舞姬候殿廢而不レ造所二片存一齋王候殿亦不レ葺レ萱無レ有二千木堅魚木一内院殿舍且多レ所二廢闕一况於二外院一乎

中右記（公卿勅使）云永久二年二月三日（雨降）於二御子宿屋一取二玉串一次第事畢後予（右大臣宗忠公）目二一禰宜忠元一進テ來座前一給二宸筆宣命一仰云可レ燒忠元逆テ取宣命一以レ面取テ成裏一縿テ寄奥方一給二内人一於二座前一燒

按帳齋内親王侍殿親王二字訓二御子一依レ訓稱二御子殿一亦稱二御子宿屋一

年中行事云風雨難之時於二御子殿一（齋王候殿也）被レ申二詔刀一之例也自レ西第二間前方半疊敷也

同（月次祭）云半疊一枚齋王候殿與二舞姬候殿一中間北方仁副敷也跪二件半疊一有二大和舞一又云鳥名子所下部等相テ具鳥名子等一於下齋王候殿與二舞姬候殿一中間上謳歌吹レ笛

同云六月十八日參テ著齋王候殿一正禰宜南座西上權任神主幷玉串大内人東座南上物忌父等西座南上件殿前平柱左右亦良曳荷前御調糸結付也

按今齋王候殿北面合二右文一檢二外宮例一新任辨官抄云御子殿南面蓋二宮之制向背表裏相互如レ此

建久假殿記云舞姬候殿土壁一間修造其外葺萱未レ勤

嘉曆公卿勅使記云齋王候殿舞姬候殿葺萱破壞

寛正遷宮記云齋王候殿未レ作之間爲二讀合一木屋一宇以二黑木一打レ之去永享三年御遷宮者造宮使宗直頭人攝津掃部頭常承（中原滿親法名）依二自專一重重玉垣南鳥居齋王候殿舞姬候殿要須之諸殿舍不レ被二造進一

○幣殿院（在二大宮院中一）

外幣殿一宇（帳云外幣帛殿）

儀式帳云幣殿一宇長一丈五尺弘一丈二尺

今外幣殿長一丈八尺（桁行三間各六尺）廣一丈二尺（梁行二間各六尺）

按外幣殿在ニ正殿乾三玉垣內ー古記分明近世變ニ亂古法ー移ニ於正殿坤西鳥居外ー

同云春宮坊幷皇后宮幣帛幷東海道驛使之幣帛及國國處處之調荷前雜物等納ニ外幣帛殿ー踰レ年卽禰宜給レ之

太神宮式云廿年一度造ニ替正殿寶殿及外幣殿ー皆操ニ新材ー構造自外諸院新舊通用

兵範記云內院參間萱葺外幣殿壹宇件殿所ニ奉納ー往古御神寶等

長秋記云天永四年八月六日大臣仰ニ頭辨ー問ニ伯卿ー云准下豐受宮御ニ他殿ー之例上有レ可レ奉レ度ニ便殿ー之否親定卿申云准レ御ニ他殿ー可ニ遷御ー候者外幣殿屋有ニ其便ー

按謂豐受宮御ニ便殿ー者長曆四年幸ニ御饌殿ー之例也凡神座頃刻必正ニ位南面ー也當宮東寶殿忌火屋殿竝向レ南是故有下遷ニ御體ー之例上今有ニ祭主卿議ー及レ此則外幣殿爲ニ南面ー炳焉

年中行事云十月一日司中政所兄部相ニ具荷前御綿ー外幣殿奉納也

文永遷宮記云河原祓參ニ集新宮御稻御倉西玉垣之前ー其座敷ニ長筵ー北上東面也于レ時召立役人氏繼神主立ニ外幣殿巽角ー召ニ立之ー神寶取物權任自ニ外幣殿庸（ツキノ）御倉ー請ニ預之ー

按御稻御倉西玉垣者謂下三玉垣廻中御倉之後上也召立役人立ニ殿巽ー知下外幣殿在ニ御稻御倉北ー而南面上也

幣殿院御門一間（今亡）

幣殿院玉垣一重（今亡）

儀式帳云玉垣一重廻長十六丈二尺

按外幣殿帳爲ニ幣殿院ー考ニ他書ー在ニ二三玉垣之間ー未レ見下別有中廻垣上無レ所レ考御倉院垣効レ之

○御倉院（在ニ太宮院中ー）

御稻（ゴトウノ）御倉一宇（九月於ニ此御倉ー織ニ御衣ー俗云ニ御機殿ー）

儀式帳云御倉四宇長各一丈八尺弘各一丈五尺

今御稻御倉長一丈八尺（桁行二間各六尺）廣一丈二尺（梁行二間各六尺）

稱ニ機殿ー見ニ年中行事ー（文出ニ于內御廐下ー）

同云正殿寶殿荒祭宮鑰奉レ置ニ西四御倉ー卽其御倉

鑰封太神宮司御厨置レ之
按古納二御鑰一者疑御稻御倉
長曆送官符云大鏁肆具納二御稻一等倉四宇料
按歳時祭典無二一不レ本二於年穀一四宇御倉以二御稻一爲レ首者明二以レ食爲レ重之意一乎
兵範記云御稻御倉所二奉納一每年三度御祭由貴御饌料御稻
年中行事冬季神態云御常供由當年作稻於二廳舍一懸之後御稻御倉奉納例也而近代外幣殿與二御稻御倉一中間懸來也
文永遷宮記云內院御倉四宇內於二御稻御倉調御倉鋪設御倉三宇一者萱遲到之間末二葺終一
按四宇御倉並葺レ萱如レ此今御稻御倉獨存猶有レ不レ失二茅茨之制一
調御倉一宇今亡文永記云庸御倉嘉元記云調庸御倉寬正記云御政印御倉
兵範記云調御倉所レ奉レ安二置神宮政印一也而炎上出來之間於二件御印一者僅所二出奉一也抑件御印元雖レ奉レ安二置酒殿一去承曆三年外院燒亡之時於二彼殿一依二燒損一被二改鑄下一之後所レ奉レ安二置代々執行禰宜宿館一也而猶依レ有二其恐一去仁平年中任二其時祭主下知一奉レ安二置彼御倉一
按調御倉元納二神封調庸之雜物等類一仁平以後合二納政印一
文永遷宮記云調御倉荒祭宮御倉上棟庸御倉張二垂木搏風一又云河原祓御神寶自二外幣殿庸御倉一請二預之一云々今夕可レ用二先陣一之神財返二納外幣殿調御倉一
按庸御倉者卽調御倉也請屋日記御倉名調庸字前後互用古記云嘉元三年正月廿一日伊雜宮御遷宮官下御裝束自二本宮調庸御倉一奉レ出レ之設分二調庸一爲レ二則御倉五宇也儀式帳云御倉四宇長曆官符云納二御稻一等倉四宇文永遷宮記云內院御倉四宇
寬正遷宮記云文安二年十一月廿八日山口祭奉レ採二心御柱一安二置御政印御倉一
按外宮調御倉亦納二政印一稱二御政印御倉一
鹽御倉一宇今亡或云御器御倉
兵範記云內院鹽御倉
請屋日記云調御倉御稻御倉御器御倉鋪設御倉
按豐受宮儀式帳云倉一宇納二雜器幷米鹽等類一是

今御器御倉乎當宮鹽御倉亦稱二御器御倉一二宮同

例

鋪設御倉一宇（今亡）

神宮雜事記云永承六年九月十七日御饌供進禰宜等退出之間見二古宮鋪設御倉之跡東方馬落胎一

兵範記云鋪設御倉所二奉納一宮中鋪設裝束料筵疊坊領簾等

年中行事（旬參）云一殿鋪設自二鋪設御倉出納之手一請取勤仕宮司退出之後出納返二上之一

按列二御倉四字名一兵範記文永記符合御稻御倉近二外幣殿一則此列始レ北終レ南也兵範記云內院御稻御倉調御倉鹽御倉鋪設御倉所レ載二文永遷宮記一之分配一禰宜御稻御倉二禰宜調御倉三禰宜鹽御倉五禰宜鋪設御倉

御倉院御門一間（今亡）

御倉院玉垣一重（今亡）

儀式帳云玉垣廻長廿八丈

宿衛屋四間（今亡）

儀式帳云宿衛屋四間長各二丈

按太神宮式云禰宜（長番）大內人每レ旬率二物忌父幷小內人戶人等一分番宿直又云考文者宮司勘造九月廿五日以前進二神祇官一宿衛屋廢無二遺趾一者考績法壞以下祠官失中其所職上也如今下部番直屋在二玉串門邊一而已

第四ノ御門一間（三玉垣南門也）

今第四御門長二丈五尺（桁行三間中間一丈二尺左右間各六尺五寸）廣一丈三尺（梁行二間各六尺五寸）自二第三鳥居一至レ此三丈五尺按文安假殿記云永享十一年七月神主注進荒垣內未作所所依二關木未作一猪鹿牛馬亂入如今三玉垣廢此御門無レ扉考二古記一有二御戶一如レ此年中行事（月次祭）云御遊祭使四御門下御戶東腋宮司西腋請屋日記云第四御門御戶弘三尺一寸九分厚二寸長八尺三寸

神宮雜事記云雨氣之時於二齋王殿一奉レ仕宣命詔刀御玉串一至二于御遊一者四御門（天仁）奉仕之例也

年中行事云祝部等御衣祭以前參二本宮一從二四御門之玉垣外一南荒垣內掃除也

按四御門之玉垣者謂二三玉垣一也

三ノ玉垣東御門一間（今亡）

三ノ玉垣西御門一間（今亡）

儀式帳云內物忌父四人諸內人物忌父等以西玉垣門

二丈許內方進向レ東跪列

按古三玉垣有二西門一如レ此今三色物忌父等候二八重榊西一北上東面

年中行事(月次祭)云一禰宜自二玉串御門西脇一西御門ヘ退出

按二玉垣屬二玉串御門一謂二西御門一者三玉垣西門也

三ノ玉垣北御門一間(今亡)

三ノ玉垣一重(今亡)

儀式帳云廻長百二丈

神宮雜事記云長元四年六月御祭齋王(嫥子女王)著二齋王殿一俄放レ音御託宣(略之)十八日四御門東妻乃玉垣二間遠破開天御輿遠寄天內親王遠奉レ令二退出一已了(內親王當レ作二齋王一)抑御前仁御輿者有二制法一天腰輿遠用之例也自レ昔依レ有二禁制一御門(與利者)不レ寄也

按四御門東玉垣者三玉垣屬二四御門一齋王候殿傍レ垣在二門內東一

文永遷宮記云玉串竝四御門西腋玉垣立レ之

荒垣南鳥居一基(今亡帳云板垣御門請屋日記云冠木鳥居)

儀式帳云第五重御門參入進二第四重一倭儛仕奉

按第五重門者荒垣南鳥居也在二第四御門外一

兵範記云荒垣南鳥居一基

按外宮南鳥居今猶存足二以徵一焉

年中行事云卯杖二筋南荒垣御門外方左右立同(祈年祭)云一座跪玉串四枝奉レ之進參二南鳥居西柱下一南向立二神主以下同前各宮司一立向對拜於二四御門一在二御鹽湯一

按今於二四御門下一宮司東西面禰宜西北上東面相秩(ツイテ)對拜以二此鳥居亡一假於二此門一對立如レ此

文永遷宮記云南荒垣鳥居東御柱立二替之一又云南荒垣鳥居置二嶋木一打二冠木一

請屋日記云冠木鳥居弘一丈五尺五寸應永十五年一頭工兼安等注文冠木鳥居百卄貫文

寬正遷宮記云永享三年遷宮南鳥居不レ被二造進一

荒垣東鳥居一基(今亡)

文永遷宮記云四面荒垣鳥居

請屋日記云荒垣東鳥居八十貫文

荒垣西鳥居一基(俗云三鳥居)

請屋日記云荒垣西鳥居弘一丈四尺

今鳥居廣一丈七尺祠官常出ヨリ入自二此鳥居一俗云二

三鳥居ニ不レ知レ爲ニ荒垣鳥居一
同云荒垣西鳥居八十貫文
荒垣北鳥居一基今亡
兵範記云荒垣北鳥居一基
年中行事旬神拜云與玉宮拜北上蹲踞次一座北鳥居前
坪垣ノ砌蹲踞
按與玉壇古在ニ荒垣乾隅一依下寛正三年辟ヒロクルニ中御垣上
今在ニ玉垣隅一
文永遷宮記云荒垣北鳥居東柱立ニ替之一
請屋日記云荒垣北鳥居弘一丈一尺

荒垣一重今亡帳云板垣
儀式帳云板垣廻長一百三十八丈六尺
文永遷宮記云造宮所沙汰荒垣御門西脥カハ同北三十二
間立レ柱上下樋盤同覆搆ニ付之一
請屋日記云荒垣一重百七十七間又云荒神覆廣一尺
一寸五分緣厚三寸中棟厚五寸
年中行事云宮比神御在所與玉後御所乾荒垣角也矢
乃波々木神御在所御所巽方荒垣角也按宮比庭津日神波々木波比岐神共大年神子也神名帳云和泉國大島美波比神社國帳作ニ大島爾波比社一美與レ爾横音通神祇官座摩巫祭五神中有ニ波比祇神一舊事紀云座摩是大宮地之靈波々木神爲ニ大宮地神一因祀ニ於此一乎

御輿宿殿一宇
儀式帳云御輿宿殿一間長三丈廣一丈四尺
今御輿宿長二丈四尺桁行三間各八尺廣一丈二尺梁行二間各六尺
按齋王於ニ河原殿一停ニ輦輿一御ニ腰輿一此殿納ニ腰
輿一乎
中右記云長承二年五月廿一日內宮禰宜等申請御輿
宿屋可レ被レ加ニ今一間一事元三間也就レ中外宮四間
也祭主申云尤可レ被ニ作加一也
按同記永久二年公卿勅使參宮一禰宜忠元云御輿
脫ニ宿字一屋一間可レ被ニ作加一儀式帳長三丈兵範記爲ニ
肆間一則知ニ長承裁下依レ請諸殿例大抵以ニ一丈一
爲ニ一間一
兵範記云中院肆間檜皮葺御輿宿殿壹宇
江家次第公卿勅使云禰宜等列ニ立御輿宿南方一南面相去四五尺使
使列ニ立其西一
按古御輿宿在ニ官道東一御ニ坐西宮地一則玉串所
在ニ御輿宿之北一御ニ坐東宮地一則玉串所在ニ御輿
宿之南一今御輿宿在ニ官道西一玉串所遙相隔在ニ其
東南一是故與ニ古記文一齟齬
愚昧記公卿勅使云治承元年九月十五日至ニ御輿宿北方一

予（大納言實房卿）以下列立（西面南上有石壺）先是禰宜等列立其南（相去四五尺許西面北上）予向禰宜揖禰宜答揖

按御坐東宮地則玉串行事使禰宜南面御坐西宮地則西面年中行事西御坐時者使神主西向也治承元年者當御坐西宮地之時

年中行事（祈年祭）云御鹽湯所石壺列立幣使西其西（○按本文無其西字）二宮司神主東西上各南向于時答拜同時雨儀御輿宿内也官幣禰宜東方砌奉居案御馬其際牽立玉串大内人幷大物忌父兄部官幣南方列立以北爲上但西御坐時者西方北上列立使神主西向也（○今按本文省假字且所々多略字句）

按今時玉串行事用南向儀也無知因宮地令玉串所更南面西面

嘉曆公卿勅使記云勅使四姓副使宮司者自南御門退出禰宜自西御門退出御輿宿北答拜如例

按古御輿宿在西鳥居南傍是故使司出南門廻南路北行禰宜出自西門相逢道岐對拜

儀式帳云御廐一間長四丈廣二丈船一隻長三丈廣三尺（按船倭名鈔云槽和名與舟同馬槽也馬寮式云櫪長一丈六尺以二艘充二匹櫪字當作槽）

内御廐一宇（今亡）

太神宮式云二所太神宮櫪飼御馬各二疋簡幣馬内恒令養飼

中右記云長承二年五月廿一日内宮禰宜等申請御廐屋在内院仍有火事恐外院禰宜館邊爾可被立也仍本御廐可壞寄者祭主申云尤可然只隨禰宜申可作也者予申云隨祭主申可被行之

按雖有禰宜請朝議仍舊不被改移歟長承以後之諸記以御輿宿内御廐爲中院

兵範記云中院肆間萱葺御廐壹宇

建久假殿記云九年七月六日立假殿柱上棟大司康定朝臣參宮於内御廐前天被拜見之

按此時營假殿於西宮地謂於内御廐前見其立柱上棟則知御廐在西宮近邊

年中行事（織御衣）云九月十一日自朝迄十七日夕於御稻御倉母良幷織女所奉織也當番飼丁毎朝水（乎）汲機殿仁進

按謂機殿即御稻御倉也使飼丁汲水運御稻御倉者御廐與此御倉不遠可以證焉

文永遷宮記云内御廐雖搔棧依萱之未到不葺之又云内御廐四面土壁雖構下地未塗之

請屋日記云應永十五年十一月十六日一頭工兼安等注文内御廐八十貫文

古記云文明二年二月神主注進今月廿七日櫪御馬飼丁等不相隨不開御廐戸出馳廻宮中内中外院庤之前大庭邊番直禰宜祠官諸役人等驚騷拜見之處其粧不尋常急戰如控銜有暫而於輿玉御前自頸流汗如懸水其後奉入御廐畢

按輿玉荒垣外乾隅也謂自輿玉前入御廐則此御廐當在輿玉之前路西傍即御稻御倉後荒垣外也今外宮内御廐在東宮地艮荒垣之外路東可併按焉

○御膳宿院

忌火屋殿一宇（帳云御膳宿大同本紀云御饌殿）

儀式帳云御膳宿殿二間長各二丈廣一丈

今忌火屋殿長二丈五尺六寸（桁行四間各六尺四寸）廣一丈五尺（梁行二間各七尺五寸）按忌火屋殿帳當宮爲御膳宿殿外宮爲御饌炊殿古於彼宮炊食齋參此宮處此殿朝夕隨時供焉故彼爲炊殿此爲宿殿歟

年中行事祕抄云毎至神態鑽火炊爨謂之忌火玉葉云神宮之習不用火打用火切

大同本紀云皇太神宮倭姬命戴奉天度會宇治乃五十鈴宮爾令入坐鎭理給時爾兄比女乎物忌定給天宮内爾御饌殿乎造立天其殿爾爲天拔穗田稻乎令拔穗祓天大物忌大宇禰奈止共爲令舂炊供奉始支

按大同本紀云止由氣宮御饌殿號伊屋殿（詳見于外宮下）神宮雜事記亦外宮忌火屋殿爲御饌殿帳載御膳宿不別載忌火屋殿名異實同也

兵範記云肆間檜皮葺忌屋殿壹宇

年中行事云六月十六日方々御稻等之中一御方者於忌屋殿奉舂大物忌子良（荒木田氏女）先奉仕至于二三荒祭御方者主神司殿奉舂然後各於忌火屋殿奉炊

按物忌子舂炊粮米於此殿權輿于大宇禰奈兄比女帳爲御膳宿殿一間其一舂殿歟外宮忌火屋殿亦中隔東號舂殿

忌火屋殿鳥居一基（今亡）

文永遷宮記云忌火屋殿鳥居立之

忌火屋殿荒垣一重（今亡）

儀式帳云防往籬一重長廻十五丈

年中行事（小朝熊御神態）云彼社祝缶自由貴殿請預忌火屋

殿荒垣坤角彼神祭祀スル所ノ石疊ニ持參
按石疊忌火屋殿坤櫻宮石壇是也
文永遷宮記云忌火殿者御饌調備之間屏垣四面内所レ奉レ安ニ置御竈木一也而西面四間北面參間不ニ造進一

○直會院

一殿一宇（帳云五丈殿 式云第一殿）
儀式帳云五丈殿一間長五丈四尺廣二丈葺ニ檜皮一
今一殿長二丈四尺（桁行三間各八尺）廣一丈九尺（梁行二間各九尺五寸）按殿名ニ五丈一以ニ其長五丈一也即一殿也兵範記爲ニ伍間一考レ古南横有ニ主神司殿一坤縱有ニ九丈殿一今一殿南至ニ官道砌一纔三丈七尺五寸何其建ニ二殿於此狹隘之地一然則非ニ古跡一可ニ以見一焉古一殿當レ在下今一殿北去ニ官道砌一十許丈上
太神宮式云禰宜内人神郡祝等恩詔位記付ニ四度使一下レ之使奉ニ神祇史一人一就ニ直會院第一殿一南面坐以ニ位記一置ニ案上一史喚レ名給（殿前東向被レ喚レ名禰宜内人北上東面重行）訖則奉レ拜ニ太神一（拍レ手兩段）次北向朝拜
按勅使就ニ此殿一正ニ位南面一三殿中爲レ首稱ニ第一殿一今畧ニ第字一云ニ一殿一
兵範記云伍間壹面檜皮葺壹殿壹宇
按今一殿猥小纔三間帳名ニ五丈殿一此記爲ニ伍間一外宮一殿五間見ニ新任辨官抄一
正應公卿勅使記云勅使被レ立レ座之後櫻宮御前（末天）被レ參祇承宮掌依レ申ニ子細一任ニ先例一一殿後（與利）所レ被ニ退出一也
按古人守ニ舊式一如レ此今一殿以レ無ニ後戸一不レ能レ奉ニ由於古禮一
嘉暦公卿勅使記云勅使御座一殿東間自ニ第二柱一西敷レ之四姓副使座後戸西間東上南面宮司座西壁副南上（當レ作ニ北上一年中行事云以レ北爲レ上）東面禰宜座自レ東第二柱本敷レ之東上北面
按東間者自ニ後戸一東也第二柱者始レ自ニ艮柱一數レ之當ニ第二一也第二柱之西即後戸東間也後戸一間東西各二間都五間也使座禰宜座倶東上皆以レ近ニ御所一爲レ上
文永遷宮記云一殿壁板皆以入レ之又云一殿檜皮東北方同未ニ葺滿一又云一殿未レ裝レ棟不レ立ニ後戸一不レ葺ニ妻庇一又云一殿東庇奉レ葺レ之棟裏也後戸者未レ立

主神司殿一宇（今亡 帳云四丈殿）
儀式帳云四丈殿一間長四丈廣一丈六尺葺ニ檜皮一

按殿名二四丈一以二其長四丈一也卽主神司殿也兵範記爲二肆間一在二一殿南一三節祭饗二主神司於此殿一是故稱二主神司殿一

兵範記云肆間檜皮葺主神司殿壹宇

神宮雜事記云大同二年九月荒祭宮牛斃十八日御祭於二太神宮神司殿一奉仕

年中行事月次祭云祭使著二一殿一從二後戸一東也向レ南在二件殿前一立二明火一宮司主神司殿中間以レ東爲レ上著子レ時寮官等參二彼殿一史生等六人燭レ火寮頭一殿南座向二祭使一著東方次助次允等參著又坤方砌史生等向レ北祇候寮中臣主神司殿宮司座西方座闕置着次同忌部次宮主次占部次宮主代著也皆東帶也其次北副向レ南寮神祇神部等參著布衣中臣後向レ北祇承撿非違使二人著次司中下部等著布衣同向レ北參著也在二件殿北方一宮司前立二明火一

按主神司殿座二列皆東上北面神部北副向レ南與二一殿坤史生一向レ北相互也兩殿對二向南北一可レ證一殿前立二炬火一此殿北亦立二炬火一

嘉曆公卿勅使記云家子一人其座主神司殿乃北間東北引二坊領一小文高麗端疊二帖諸大夫十三人其座同殿西間南東上北面紫端但西間江居廻東面

按諸大夫十三人座東上北面主神司殿南北桁行東西梁行對二向一殿一可二以見一

氏經日次記云文安六年六月十八日主神司殿顚倒

九丈殿一宇今亡

儀式帳云九丈殿一間長十丈廣二丈葺二檜皮一

兵範記云玖間檜皮葺九丈殿壹宇

神宮雜事記云寬平四年六月十一日太神宮坤方淵仁男子一人溺死忽石田山之西腰新道作天齋内親王當レ作二齋王一按元子女王一幷祭使宮司等參宮但齋宮波一殿乃西砌仁御輿寄天九丈殿西砌仁志寮司共御祓祭使又同前也

按一殿西寄二王輿一見下九丈殿在中一殿西上年中行事載下九丈殿在中酒殿南上詳見二于酒殿下一以二一殿西酒殿南一見レ之則古九丈殿在二一殿坤一明矣凡二所太神宮互レ制今外宮九丈殿西面在二一殿巽一當宮九丈殿東面在二一殿坤一實符合焉

年中行事云鍬山伊賀利神事雨儀時役人等九丈殿候田態一殿内也按伊功也賀利苅也農功所レ要在二收獲一因以名二稻䉶一

同月次祭云祭使幷宮司等之從坊九丈殿也坊神官雜例集云離宮院宿坊號二忌殿一雜事記云中臣定實離宮宿坊

按上載直會殿座位皆以レ西爲レ下九丈殿爲二從坊一則在レ西可レ知

文安假殿記云一殿九丈殿主神司殿

按一殿與二主神司殿一各横對二向南北一九丈殿傍レ西向レ東縱在二二殿之中間一此文始レ北中レ西終レ南

直會院御門一間今亡

儀式帳云門長一丈三尺

直會院御垣ヲホカキ一重今亡

儀式帳云防往籬一重長廻六十丈釋名云籬以レ柴作レ之

按防往籬柴籬也大嘗宮將レ柴爲レ垣見レ式源氏物語齋王野宮木柴爲二大垣一

○齋王御膳院

齋王御膳殿一宇今亡

儀式帳云齋內親王御膳屋肆間長各二丈廣一丈

兵範記云肆間萱葺齋王御饌殿壹宇有二四面玉垣一重一

年中行事月次祭云齋內親王貢御者請二預料米一祝部幷山守相共於二齋王御膳殿一所レ奉二調備一也

文永遷宮記云齋王御膳殿土壁敷居入レ之又勤行文云齋王御饌殿萱葺遲到之間所レ不レ葺也

嘉曆公卿勅使記云荒祭宮神拜所拜如レ常次禰宜於二齋王御饌殿後一被レ脱二明衣一勅使自二後戸一被レ著二一殿一

按年中行事祈年祭云於二櫻宮北一脱二明衣一同月次祭云於二酒殿後一脱二明衣一未レ知下御饌殿後者爲中何地上舊趾堙滅無レ所レ據帳直會院下酒殿院上載二齋內親王御膳院一文永記云一殿齋王御膳殿主神司殿

文安記云忌火屋殿齋王御饌殿荒祭忌火屋殿

齋王御膳院御門一間今亡

齋王御膳院玉垣一重今亡

儀式帳云防往籬一重長廻卅四丈

文永遷宮記云齋王御饌殿四面玉垣奉レ立レ之

○御酒殿院

御酒殿一宇

儀式帳云酒殿一間長四丈廣一丈七尺庇一面

今酒殿長二丈四尺桁行三間各八尺廣一丈二尺梁行二間各六尺按古酒殿由貴殿當レ在二廳舍北一外宮酒殿亦在二廳北一以二廻垣一亡酒殿由貴殿倚レ東遂與二廳舍一相離似レ非二同院一

兵範記云參間檜皮葺酒殿壹宇

都記云承暦四年五月八日庚午被レ行二軒廊御卜一伊勢太神宮燒亡之次納二酒殿一御鞍鐙燒失是不レ知二何用一可レ被二新造一歟否由被レ卜也神祇官卜申可レ被二新造一

年中行事云正月十四日夜水量立事占木ヲ酒殿前置石北端立月影九丈殿西軒酒殿西軒同通指時是夜半也占木影指所二博士木ヲ立也測二月影一占二年豐凶一名二水量一

按此文見三酒殿在二九丈殿北一廳舍在二一殿坤一而爲三酒殿在二九丈殿北一則同院殿舍異レ方廳舍在レ西酒殿在レ北畫レ之爲二一院一其形中折二一宮諸院未三曾見二如レ此者一憶是非二年中行事之本文一當レ爲二寛正氏經之所一レ加儀式帳云九丈殿長十丈當時九丈殿失二尺度一長太不レ可三必如二載帳一因二地空間多一自有レ倚二酒殿於其北一乎以二水量柱一爲二上古事一欲下以二年中行事一合中儀式帳上齟齬如レ此神宮雜例集載二建久元年事一悉錄二年中諸祭一而無レ立二水量柱一也年中行事者建久三年大内人忠仲所レ記也由レ此見レ之水量柱者建久後寛正前其事始起乎不レ可レ不レ察焉

文永遷宮記云酒殿士居奉レ組二始之一又云酒殿四面板組二滿之一又云酒殿立二宇立ウダツ一懸二角木スミキ一

廳舍一宇

儀式帳云務所廳一間長三丈廣一丈七尺

今廳舍長三丈八尺桁行五間各七尺六寸廣一丈八尺梁行三間各六尺

兵範記云伍間壹面萱葺廳舍壹宇

年中行事云正月元日正權神主幷玉串大内人廳舍着座自二東間一入打板上有二鋪設一禰宜北東上南面玉串西東面政所南北面

同云印鑰請取次第自二鳥居一參二廳舍一自二西間一入二北方打板上自レ東第二間一著座政所南方打板上長官向祇候

由貴殿一宇帳云湯貴御倉兵範記云由貴御饌調備御倉

儀式帳云酒殿院倉二宇長各一丈八尺廣一丈五尺

今由貴殿長六尺桁行三間各二尺廣四尺一寸梁行二間各二尺五分小門一間廻垣一重在二一殿北一按今由貴殿之制甚微且別有二門垣一不レ適レ古凡直會院在レ東酒殿院在レ西由貴殿是酒殿院之倉也何在二直會一殿北一外宮酒殿院倉在二廳舍後一由レ此見レ之由貴殿當レ在二廳舍艮隅一而九丈殿之北立二酒殿一二殿之北立二由貴殿一蓋荒廢年久二院垣亡其限不レ明故乎

同云從二湯貴御倉一下二充奉大御饌朝夕大御饌二時之料一

兵範記云由貴御饌調備御倉一宇

長暦送宮符云中鏁拾具（別宮料八具由貴殿酒殿二具）

按由貴殿在二酒殿東一依レ近二御所一以レ東爲レ先乎

年中行事（贄海）云於二御贄一者祝等奉レ持由貴殿巽方耳迄二十六日夜一奉レ懸例也仍造替御遷宮之時件御倉耳中彼方一枚切殘也

按御贄者荒蠣御贄由貴御饌所レ供レ之也

盛殿一宇（今亡）

儀式帳云盛殿長五丈廣一丈七尺（說文云盛黍稷在二器中一）

大炊屋一宇（今亡）

儀式帳云大炊屋長二丈廣一丈

按右二字未レ考二舊蹟一蓋酒殿院直會院接レ隣古三節祭給二坏飯群官一不レ可レ無二此二殿一

新任辨官抄云内宮蚊屋殿始御輿宿在二外院一

按蚊當レ作レ炊御輿宿在二外院一者謂下御輿宿之在中河原殿院中上歟此書參議俊憲卿作載二保元二年事一登（常カ）時有二此殿存一乎

御酒殿院御門一間（今亡）

御酒殿院御垣一重（今亡）

儀式帳云防往籬一重長四十四丈

○物忌齋館院

物忌子等宿館

儀式帳云物忌并小内人宿館五院大物忌齋館一間齋火炊屋一間厨屋一間宮守物忌齋館屋一間齋火炊屋一間地祭物忌齋館屋一間齋火炊屋一間荒祭物忌齋館屋一間齋火炊屋一間（已上屋九間各長二丈弘九尺）

今子良館長三丈二尺五寸（桁行五間各六尺五寸）廣同レ長（梁行同二桁行一）

按帳所レ載之宿館九間然今作二一間一不レ知二何時如レ斯

中右記云永久二年公卿勅使一禰宜忠元申子等宿屋板葺也早可レ被レ葺二檜皮一

兵範記云伍間貳面板葺物忌子等宿館壹宇

文永遷宮記云子良宿館東西搏風張レ之

物忌齋館院門一間（今亡）

物忌齋館院垣一重（今亡）

儀式帳云防往籬一重長廻七十五丈

年中行事云遠江神戸所レ進種蒈用殘子良宿館南垣内所レ奉レ殖也

二ノ鳥居一基

今二ノ鳥居廣一丈七尺

○齋内親王川原殿院

川原殿正殿一宇（今亡）

日本紀（垂仁）云倭姫命隨太神教其祠立於伊勢國因興齋宮于五十鈴川上是謂礒宮（齋明）同云川上此云箇播羅

倭姫命世記云倭姫命宇治機殿乃礒宮坐給倍利奉日神祀（古止）無倦焉同云奉遷於五十鈴川上之後和妙之機殿乎同興于五十鈴川上側令倭姫命居焉于時天棚機姫神令織太神和妙御衣給倍利是名號礒宮矣

按礒宮靈蹟經千載無人知也或謂之神宮之別名甚非矣川原殿齋王所着御之別館而在五十鈴川上神衣祭有於此殿西修禊祓似機殿所因興之地疑古礒宮者川原殿也乎

儀式帳云齋内親王川原殿一院正殿一區長四丈廣一丈七尺葺檜皮

按稱正殿似為南面寛平四年齋王避此院穢御直會一殿（詳見于上）假御南面殿元以此殿向南之故乎

兵範記云肆間檜皮葺河原殿壹宇

年中行事云齋内親王御參宮次第先御祓件御祓所自御裳須會河渡瀬上自瀧祭御前北中間自河東也御祓畢之後令參御之間始從寮頭次第寮官等皆御共步行也於三所曹司者乘車迄河原殿也其後者同步行於寮御火者於二鳥居止畢齋内親王河原殿與二鳥居中間腰輿移御齋王候殿御著

按齋宮式云參太神宮禊御裳洗河今祓所在二鳥居南路傍當瀧祭北下文謂河原殿西祓所此也祓所東至二鳥居邊此院之舊趾也可以見

同（神衣祭）云神服神麻續兩織殿神部織子人面等於河原殿之西祓所祓勤仕

同云小朝熊神事往古例所河原殿木陰曳坊領勤之

文永遷宮記云河原殿板敷西北兩面并北土間長押打之畢

寛正遷宮記云御裝束御神寶等御著先例河原殿奉入去永享度（按永享三年遷宮）件殿不被造進仍一殿奉入

御裝束宿殿一宇今亡

儀式帳云御裝束宿殿長二丈廣一丈

車宿殿一宇今亡帳云御輿宿殿

儀式帳云御輿宿殿長二丈廣一丈

按此院御輿宿納二齋王輦輿及女官副車一帳云齋內親王暫侍二坐於外川原殿院一卽召二手輿一參入年中行事云三所曹司乘レ車迄二河原殿一也儀式帳雜事記竝爲二御輿宿一而與二上載御輿宿一異也大補任文永記請屋日記文安記竝爲二車宿一見下其同在中河原殿院中上蓋一宇二名歟

神宮雜事記云承平四年六月十七日齋內親王雅子內親王依レ例太神宮仁入御依二御輿宿院內有一レ穢御輿遠九丈殿西砌仁宿置

按御輿宿謂二之院一者以レ在二川原殿院中一也齋王避二川原殿穢一御二直會院一雜事記寬平四年康平五年共有二此例一寬平條云一殿乃西砌仁御輿寄天於二九丈殿西砌一御祓文見二于上一康平條云一殿西砌御祓其祓二于西砌一者因下祓所在中川原殿西上也以二一殿南面九丈殿東面一見レ之則蓋川原殿在二祓所東一向レ南御輿宿在二其坤一向レ東歟

類聚大補任云承元三年遷宮今度造加五間一面檜皮葺車宿舍

按造加言レ增二間數一也豐受宮車宿亦建曆造加

文永遷宮記云車宿兩方長押同板敷乾角西北半壁作レ之

按謂二西北壁一似二車宿東面一也

同云河原殿車宿又云殿舍分配河原殿十人車宿二十一人鳥居宮掌上﨟一二兩人任二先例一賜レ之

按車宿上載二河原殿一下載二一鳥居一據二次第一推レ之則知下其屬二河原殿院一在中一鳥居之內上請屋日記

文安假殿記竝云車宿河原殿

御厠殿一宇今亡

儀式帳云御厠殿長一丈廣八尺

川原殿院御門一間今亡

川原殿院御垣一重今亡

儀式帳云防往籬一重長廻四十丈

一鳥居一基

今一鳥居廣一丈八尺四寸

○禰宜齋館院

禰宜齋殿

儀式帳云齋殿壹間長二丈弘一丈炊屋貳間齋火炊屋一間大炊屋一間竝長一丈五尺弘一丈厨一間長二丈弘一丈

按延暦時禰宜齋館當在今御厩邊自御厩前出一鳥居内之路號之中道於今隨神事之日禰宜於此道東傍齊列進退常經中道憶是雖歴年久而有齋館地遷轉猶此一事守舊例無敢變焉兵範記云仁安三年燒失禰宜内人等宿館伍拾捌宇萬治元年聯建正員禰宜齋館一鳥居西同三年有洪水漂沒寛文元年移一鳥居東是今齋館也

年中行事云交替事維北宿館祇候長官時廳舍參申例也又云從一鳥居前所東荒祭御前西山河行道以南以北堺也自件道南外院内也自道北以北也以是各別四至堺也以南宿館祇候長官時旬日番交替於私宿館申行例也其次第簾ヲ上ケ禰宜着衣冠以笏向南候三色物忌父等前庭以東爲上各北向蹲踞

高倉殿一宇（今亡）

儀式帳云禰宜齋館院倉一宇長一丈八尺弘一丈五尺

按帳齋館院中載倉一宇厩一間如今御厩北有稱高倉殿之石壇蓋以有神祇官號高倉見之則所謂倉當爲高倉殿

寛正遷宮記云御樋代御船代幷合朽損御裝束御神寶等之落散塵芥悉高倉殿奉納高倉殿寶殿合退轉顯露之間以兩所相殿御座板覆藏

按高倉殿古以在齋館院内而垣墻周備收神寶舊

永正記云古物御樋代御船代等莫及顯露高倉殿奉納之外宮者藏宿館中所令秘藏也

按古物御樋代等外宮者藏宿館中因知納古物高倉殿者禰宜齋館院倉也

外御厩一宇

儀式帳云禰宜齋館院厩一間長二丈弘一丈五尺

今御厩長二丈四尺廣一丈五尺

兵範記云外院肆間板葺櫪御馬勞飼館壹宇

按今御厩在外院即外御厩也古以内御厩近宮垣別置此厩時勞休櫪馬中右記長承二年請以内厩移禰宜館邊者舊依此厩在館中也

請屋日記云應永十五年一頭工兼安等注文外御厩八十貫文

禰宜齋館院門一間

禰宜齋館院垣一重

儀式帳云防往籬一重長廻五十丈

豐受皇太神宮殿舍考證

豐受皇太神宮權禰宜從四位上度會神主延經撰

大宮院

正殿一區

儀式帳云長三丈廣一丈六尺

今正殿長三丈三尺六寸 桁行三間各一丈一尺二寸 廣一丈九尺 梁行二間各九尺五寸

東寶殿一宇

西寶殿一宇

儀式帳云寶殿貳宇長各一丈六尺廣各一丈二尺

今寶殿長一丈九尺五寸 桁行三間各六尺五寸 廣一丈二尺 梁行二間各六尺

新任辨官抄云舊神寶取二納西寶殿一 幣絹絲納二東寶殿一

勅使部類云天德四年九月神嘗祭豐受宮御鞍西寶殿不レ被レ開仍奉二納外幣殿一

神事供奉記云 延應二年九月 外宮御祭二五禰宜參二

豐受宮殿舍圖

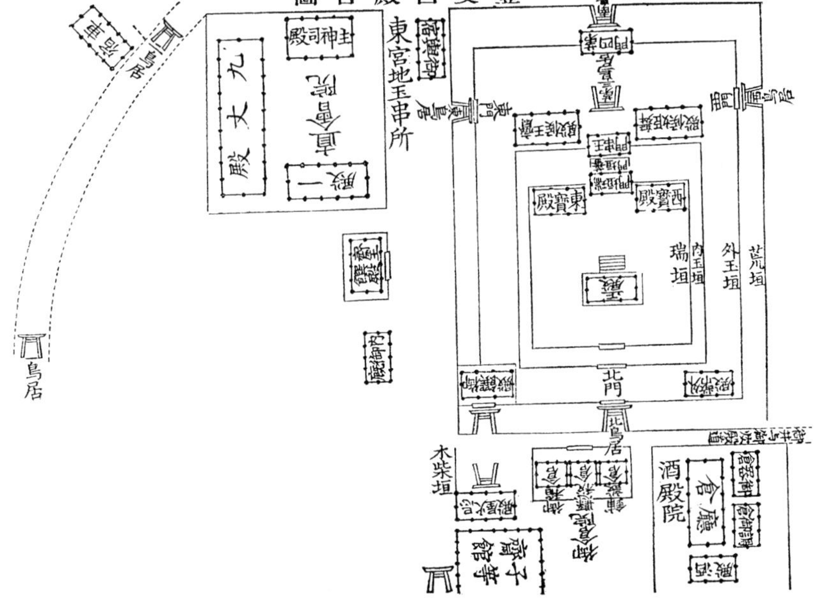

東西寶殿奉納御調御鞍

瑞垣南御門一間

儀式帳云御門肆間長各二丈廣各一丈五尺

今瑞垣御門長二丈二尺（桁行三間中間一丈一尺左右間各五尺五寸）廣一丈一尺（梁行二間各五尺五寸）按肆間當作參間瑞垣御門玉串御門第四御門也今三門長短廣狹稍有不同太神宮式云度會宮裝束三門幌三條

新任辨官抄云瑞籬玉垣等有御門瑞籬御門第六門也

按始自荒垣鳥居數之則瑞籬御門當第六

瑞垣北御門一間

今門長一丈一尺

瑞垣一重

儀式帳云廻長五十丈

今瑞垣東西徑十三丈七尺九寸南北徑十三丈四尺二寸都廻長五十四丈四尺二寸（除南門二丈二尺北門一丈一尺殘五十一丈一尺二寸）

康曆遷宮記云應安八年七月十二日二頭代有繼來云新宮瑞垣御門柱根自本宮者三尺寄給之間寶殿止相近同北御門毛三尺寄北事同前也可爲何樣哉作所毛不被存知工毛不存知任東宮之寸法自古穴三尺寄南自昨日堀之言語道斷仁地堅候也止申之予（禰宜元尙）引見記錄之處西宮瑞垣御門幷同北御門三尺寄北事祖父長官嘉元記分明之間令指南了

蕃垣御門一間

儀式帳云蕃垣參重長各二丈

今蕃垣御門長一丈一尺參重當作壹重各字衍文自瑞垣門至此一丈六尺七寸今見存之外不聞別有遺蹟內宮之例亦蕃垣一重也

中右記云天永二年四月九日伊勢豐受宮蕃垣御門依風顚倒

玉串御門一間（內玉垣南門也帳云第二御門嘉承記云中門）

今玉串御門長三丈一尺（桁行三間中間一丈三尺左右間各九尺）廣一丈四尺（梁行二間南間七尺五寸北間六尺五寸）自瑞垣門至此三丈一尺此門及第四門近世無千木鰹木亦無門扉寬文造宮再興千木鰹木九年八月廿一日廳宣云繼三百秋來之絕二門千木崇起與二百餘年之廢玉垣一重長廻

儀式帳云大物忌父發太神宮司禰宜乃捧持氏留太玉

串乎受取第二御門奉レ置（先太神宮司東方次禰宜西方）
勅使部類云承保元年七月三日公卿勅使參宮把二禰宜等玉串一置二第三門腋一次神人進出申下開二御鑰封一之由上（御鑰櫃居二案上一立二第二門外一）
按玉串置二門腋一御鑰居二門外一皆謂二玉串御門一也
第三當レ作二第二一同書下三作レ二
同云嘉承二年二月十六日公卿勅使參宮御殿前中門外舁二立神寶一引二立御馬一云々取二宮司禰宜等玉串一立二中門東腋一
中右記云永久二年二月三日公卿勅使參宮取二玉串一置二三門腋一
頭工日記云御門鏁廣四寸厚二寸三分
按此文載二瑞垣門下第四門上一疑御門上脱二玉串二字一歟（倭名鈔云戸鈔漢語抄云戸乃帖木按蓋二兩扉所レ合之木也）

內玉垣北御門一間
神宮雜例集云外宮伊向神事一禰宜申二詔刀一從二北御門內玉垣外一參入
今門長一丈一尺寬文九年玉垣再興竝建レ之

內玉垣一重
儀式帳云廻長六十二丈
今玉垣東西徑十四丈九尺南北徑十七丈五尺都廻長六十四丈八尺（除二南門三丈一尺北門一丈一尺一殘六十丈六尺）依二寬文七年十月廿日大司精長朝臣申請一同九年再二興之一
新任辨官抄云內玉垣之中無レ屋又東西北三方者相去六許尺
按今玉垣去二瑞垣東西一各六尺四寸五分去レ北九尺八寸
頭工日記云永享六年八月一頭工近弘註文百四十五貫文玉垣二重

齋王候殿一宇（帳云齋內親王殿中右記云御子宿屋）
舞姬候殿一宇（今亡帳云女嬬侍殿）
儀式帳云齋內親王殿長四丈廣二丈女嬬侍殿長四丈廣二丈
今齋王候殿元祿五年再二興之一殿長四丈（桁行五間各八尺）廣二丈（梁行三間各六尺六寸六分）
同云齋內親王致二中重殿一就二御座一即太神宮司御蘰木綿幷太玉串乎捧持氐第三御門內爾候即命婦罷出氐其御蘰木綿幷太玉串乎受取
按內宮之例帳雖レ有下司捧中蘰木綿等上而無下捧二於第三門內一之文上因知當宮齋王候殿舞姬候殿者

在三鳥居內異於內宮之制且於兩殿中間奏舞見年中行事詳見于內宮下今內宮齋王候殿在鳥居外依承前奏舞於鳥居外當宮例奏舞於鳥居內凡內宮齋王候殿北面與古記合當宮齋王候殿南面見新任辨官抄二所太神宮之造制向背進退互例如合符節

太神宮式云齋內親王參入度會宮入外玉垣門就座於東殿門內東西各有一殿東殿設齋內親王座西殿設女孺等坐

按門內東西殿者東齋王候殿西舞姫候殿也

中右記云永久二年二月三日公卿勅使參宮使々參進著御子宿屋數半帖爲予座是依雨儀也晴時著前庭石壺

新任辨官抄云外玉垣內御子殿二宇南面在東西六月九月十二月御祭齋王參候此東殿

按御子殿二宇其一齋王候殿其一舞姫候殿也兩殿以爲東西一雙此書同稱御子殿

同云荒垣有鳥居此中號內院殿皆萱葺千木堅魚木有之門又同

按齋王候殿舞姫候殿內院之殿也古有千木堅魚木可推知諸書稱內外院有不同大概瑞垣中稱內院

司家記云雨儀時齋王候殿自□第三間內敷宣命之半帖也

按太神宮年中行事云自西第二間前方半疊敷也殿四間自西第二間者自東第三間也右文自下第上可有東字

康曆遷宮記云永和二年十月廿一日於舞姫候殿工等奉作御船代

造外宮萱葺員數記云齋王候殿御葺萱七百圍已上貳拾貫三百文舞姫候殿御葺萱分同前已上貳拾貫三百文

按古齋王候殿舞姫候○殿落字歟葺萱如此

垣三鳥居一基俗云小鳥居又云四鳥居

今鳥居廣一丈六尺四寸自玉串御門至此六丈二尺五寸

江家次第公卿勅使云入於第三鳥居立幣案於第二御門外齋部屈身跪地又云禰宜等候第三御門內西腋庭中石壺座

按此玉串御門爲第二御門儀式帳中右記勅使部類亦同且外玉垣門號第四御門此鳥居在其中間則爲第三御門之名義分明也到今禰宜石壺

在二此鳥居西腋一是自二瑞垣門一初數レ之爲二第三一蕃垣門不レ充二其數一
康曆遷宮記云應安六年十一月十二日新造宮使祭主忠直朝臣神拜御火二續神拜之時如レ例御火者自二三鳥居之左右一差二上之一
按掲二松明於三鳥居一者以下使石壺在中此鳥居東傍上也

御饌殿一宇
儀式帳云御饌殿長一丈廣一丈
今御饌殿(南北二面各有レ扉)長一丈九尺五寸(桁行三間中間五尺八寸左右間各六尺八寸五分)廣一丈三尺(梁行二間各六尺五寸)按帳長廣丈同當レ有二闕文誤字一
新任辨官抄云荒垣之內御食殿如二寶殿一有二千木堅魚木一每日二度御膳供レ之屋也朝未明夕秉燭程供レ之內宮御膳同供二于外宮此殿一也
應永送官符云御氣殿南北御戶鍱釘覆金捌枚(徑貳寸花形)

御饌殿御門一間(在北面)
今門長八尺八寸

御饌殿瑞垣一重
神宮雜事記云神龜六年宮司千上蒙二宣旨一豐受宮外院建二立御饌殿一宇瑞垣一重一
今御饌殿瑞垣東西徑三丈九尺南北徑三丈四尺廻長十四丈六尺(除二門八尺八寸一殘十三丈七尺二寸)

御饌殿北鳥居一基
今御饌殿鳥居廣九尺自二御門一至レ此二丈三尺三寸

外幣殿一宇(或云幣帛殿)
儀式帳云幣帛殿長一丈廣一丈二尺
今外幣殿長一丈七尺四寸(桁行三間各五尺八寸)廣一丈(梁行二間各五尺)
按帳長廣丈尺倒錯當レ有二闕誤一此殿南去二內玉垣北二一丈一尺三寸
新任辨官抄云外幣殿在二于正殿後一瑞籬玉垣等外也舊損神寶幣帛納二此殿一作樣如二東西寶殿一
按玉垣謂二內玉垣一也外幣殿在二正殿後乾隅一

宿直屋三間(今亡)
儀式帳云宿直屋三間長各一丈四尺廣各八尺
按宿直屋不レ知二舊趾一祠官番直廢二旬交替以二歷名一附二神宮司一無二其實一
類聚大補任云建曆元年豐受太神宮遷宮今度造加宿直舍壹宇四間萱葺嘉應始造立建久不レ造レ之今度可

レ造之由依レ仰募ニ別功一造ニ進之一

按此云萱葺辨官抄云荒垣中殿舍萱葺疑宿直舍在ニ荒垣中一乎今下部等番直屋在ニ玉串門邊一

第四御門一間（外玉垣南門也承保記云第一門）

今第四御門長二丈五尺三寸（桁行三間中間一丈二尺三寸左右間各六尺五寸）廣一丈三尺（梁行二間各六尺五寸）自ニ第三鳥居一至レ此三丈七尺五寸

太神宮式云朝使進入ニ外玉垣門一當ニ內玉垣門一竝皆跪

勅使部類云承保元年七月三日公卿勅使參宮入ニ第三鳥居一次入ニ第一門一各居ニ石壺座一

按此第三鳥居者荒垣鳥居也始レ自ニ一鳥居一數レ之與ニ儀式帳江次第謂ニ第三鳥居一異也第一門者第四御門也除ニ鳥居一自レ外初數レ之則此御門當ニ第一一

新任辨官抄云外玉垣御門號ニ四御門一（第四）也

康曆遷宮記云永和三年正月十三日奉レ懸ニ第四御門千木一

頭工日記云第四御門千木長二丈六尺七寸六八廣六寸七分厚四寸組目上一丈二尺五寸御戶廣三尺一寸九分（二枚合定）厚二寸

應永送官符云四御門鏁釘覆金伍枚

外玉垣東御門一間（今亡）

按承前之例三節祭御遊事訖禰宜自ニ中重一直退出東不レ經ニ第四御門一據レ此推レ之古外玉垣有ニ東門一直出ニ荒垣東鳥居一無レ疑也

外玉垣西御門一間（今亡）

儀式帳云內人物忌等（波）西玉垣御門內方ニ列シ東方ニ向ヒ跪侍

按今時物忌父等列ニ禰宜石壺西一東面詳ニ此文一則外玉垣有ニ西門一炳焉

外玉垣北御門一間（今亡）

外玉垣一重（今亡）

儀式帳云廻長九十六丈

荒垣南鳥居一基（亦云板垣門承保記云第三鳥居頭工日記云冠木鳥居）

今鳥居廣二丈自ニ第四御門一至レ此四丈四尺

康曆遷宮記云永和三年十一月十二日荒垣大鳥居立レ之

應永送官符云荒垣鳥居壹基鋪拾捌隻（徑三寸）

頭工日記云冠木鳥居柱長地上二丈九寸五分

荒垣東鳥居一基今亡

荒垣西鳥居一基今亡

康曆遷宮記云永和三年六月一日荒垣西者自二正殿通一以南奉レ立レ之但東以下鳥居際一間者不レ奉レ立レ之未レ立二一方鳥居一之故也十三日同東鳥居立レ之

頭工日記荒垣鳥居内間乃廣一丈二尺東西同又云六十貫文荒垣東鳥居

按内宮今唯西鳥居一基存レ之當宮曾有二西鳥居一可レ知

荒垣北鳥居一基今亡

康曆遷宮記云永和三年六月一日北鳥居之以東荒垣奉レ立レ之

頭工日記云北鳥居内間乃廣一丈二寸又云六十貫文荒垣北鳥居

荒垣一重今亡亦云板垣

儀式帳云板垣廻長百十六丈

神宮雜事記云治曆四年二月荒垣外御氣殿艮方當天牛產

神宮雜例集云保安四年八月廿二日大風洪水外宮荒垣廿三間柱八本流失件御垣東面八間未申角十三間西面一間北面一間流損也者神主注文云彼荒垣本自傾倚破損之上依二大風洪水一彌以損失也番直宿衞之間非レ無二事恐一早可レ被二修造一

勅使部類云長治二年八月十九日公卿勅使參宮從二御殿東荒垣外一鹿走出南入二高宮山一

康曆遷宮記云永和三年二月廿九日南鳥居西方荒垣奉レ立レ之六月一日新宮南東荒垣大略奉レ立レ之抑新宮東方荒垣者東宮乃西乃荒垣與利外仁奉レ立今御座方内也爲二先例一之處東宮乃荒垣乃本在所爾奉レ立レ之條違失也十月廿七日東方荒垣三尺許寄レ東立二改之一以前東宮荒垣乃在所仁立之間改レ之也先度之儀希代之失錯哉

按此時建二新宮於西宮地一將レ有二遷幸一謂二今御座方一者東宮地也詳二此文一則知下西宮東荒垣入二於東宮西荒垣裏一其交三許尺上

頭工日記云荒垣柱長九尺口太九寸五分覆廣一尺五分緣厚二寸○四寸

按右文四寸上可レ有二中字一内宮荒垣有レ覆出二文永記請屋日記一文見于内宮下可二幷考一

○御倉院

御稻御倉一宇今亡

儀式帳云倉參宇長各一丈六尺廣各一丈四尺一宇納二正殿寶殿御鑰一

按古納二御鑰一蓋御稻御倉歟内宮制以二御稻御倉一爲レ首調御倉次レ之竝立二於同地一當宮調御倉立二酒殿院中一與二此御倉一異レ地

新任辨官抄云御稻御倉一宇在二廳巽角一

按今十月初午神事御稻奉下請印訖於二東宮地北御門外北道路一大物忌父向レ北修レ祓此地當二廳舍巽隅一疑御倉院之趾也神宮雜例集云十月端午外宮神態古老口實傳云十月宮崎御常供田御稻奉納

神宮雜事記云長曆四年七月廿六日豐受太神宮正殿寶殿等顚倒仍御氣殿乎洗淨天御體乎奉二遷鎭一同廿八日御稻御倉乎洗淨奉レ遷二神寶物一利鋪設御倉乎洗淨天御絲絹等乎奉レ納了外幣殿乎洗淨天御膳乎奉レ備

按御稻御倉鋪設御倉共與二西宮御饌殿一相近如レ此長曆四年者當下御二座西宮地一之時上謂初午修祓之地在二東宮地北一與二西宮御饌殿一近

神宮雜例集云保安四年八月御稻御倉板敷之上水二寸許滿登御粎少々所二濕損一也景道季連等沙汰安西郡御神田去年所當御粎不二供進一之上今又有二此事一仍御料殆可レ及二闕怠一

康曆遷宮記云永和三年四月奉レ入二御稻御倉壁一

懸稅御倉一宇今亡

儀式帳云倉一宇納二懸稅幷御田苅稻一

遷宮要須云御裝束等以二宮中下部一奉二納于調御倉一云々内物忌等以二仕丁等一令レ汲レ水奉レ洗二假殿一之後申二事由於長官幷禰宜一于レ時著二衣冠一各列二參于廳舍檐一物忌案於廳舍南檐妻東西止二脚舁二立之一奉レ取二出御裝束一案之上仁置レ之禰宜西上蹲踞爰大物忌父致二解除一其後案於内物忌幷副物忌等舁氐懸稅御倉與二鋪設御倉一之中間於通天北鳥居於入

按神宮雜事記之文見下御稻御倉鋪設御倉共近中於御饌殿上今謂通下懸稅御倉與二鋪設御倉一中間上因知三宇御倉相竝在下於廳舍與二荒垣北鳥居一之際上符二合帳謂倉參宇之文一嚮謂初午修祓之地爲二古御倉院趾一明矣

鋪設御倉一宇今亡

儀式帳云倉一宇納二鋪設一

嘉祿山口祭記云山口木本兩祭宮下祭物安二置鋪設

御倉一

造外宮葺萱員數記云御稻御倉御葺萱分四百五十圍
鋪設御倉御葺萱分同前懸稅御倉御葺萱分同前

按三字御倉徒觀ニ迹於舊墟一無レ知ニ其制一然古葺レ萱如レ此今内宮御稻御倉獨存有下葺レ萱上中千木鰹木上

應永送官符云鑰伍枚（御倉伍字）

按此院倉三字合ニ酒殿院倉二字一都五字

御倉院御門一間（今亡）

御倉院玉垣一重（今亡）

儀式帳云玉垣一重廻長卅丈

御輿宿殿一宇（今亡帳云御輿停殿元亨記云玉串殿）

儀式帳云御輿停殿壹間長三丈五尺廣一丈六尺

按太神宮式云齋内親王至ニ板垣門東頭一下レ輿據レ此則古御輿宿在ニ荒垣東傍一分明下レ輿者下ニ輦輿一御ニ腰輿一也

新任辨官抄云御輿宿齋王御輿容也檜皮葺

按儀式帳云齋内親王致ニ板垣御門一氐御輿留氐手輿爾移坐氐參入

江家次第（公卿勅使）云禰宜等五人束帶（袍上著ニ白生絹腋闕一著ニ木綿鬘一）列ニ立於御輿宿前一（北上東面）使使相向列ニ立砌下一（西面北上）内人舁ニ高机二脚一立レ前忌部置ニ御幣等於机上一

按禰宜列ニ立御輿宿前一御輿宿東面在ニ玉串所西一是則御ニ座東宮地一之例也

勅使部類云承保元年七月三日公卿勅使參宮至ニ御輿宿前一神主五人（件神主等著ニ木綿鬘一袍上著ニ白絹腋闕一）列立（北上東面）次僕（大納言經信卿）進ニ手水一

按承保元年當下御ニ座東宮地一之時上

同云嘉承二年二月十六日公卿勅使參宮使等立ニ御輿宿西砌下一（北上東面）禰宜六人向立（南上東面）先レ是舁ヲ立神寶一引ヲ立御馬一

按上二條列ヲ立於御輿宿東一此列ヲ立於御輿宿西一參差如レ此嘉承二年當下御ニ座西宮地一之時上故玉串所在ニ御輿宿西一南上當レ爲ニ北上一

中右記云永久二年二月三日（雨降）公卿勅使參宮入ニ御輿宿屋中一立先正員禰宜六人束帶列ヲ立此屋中一太神宮司幷使使皆列立（雖レ可レ列ニ庭前一依レ雨列ニ屋中一也）

按司家記云雨儀時玉串供奉御輿宿内也元亨高宮假殿記云於ニ玉串殿前一禰宜與ニ宮司一對拜頭工日記云應永九年注文百五拾貫文玉串所皆謂ニ御輿

宿一也
同云長承二年五月廿一日內宮禰宜申請御輿宿屋可レ被レ加二今一間一事元三間也外宮四間也
愚昧記云治承元年九月十五日公卿勅使參宮至二御輿宿西砌一列立北上西面予至二北第二柱北頭一立先レ是禰宜等列二同舍西庭一舊記北上也如何南上東面第一彥章與レ予相對也
按治承元年當下御二坐西宮地一之時上故列二御輿宿西一與二嘉承記一合
康曆遷宮記云應安六年御事始祭主忠直朝臣於二例所一有二手水一祭主者御輿宿殿自レ北第二間仁被レ立但北一間顚倒之間見第一間也
按江家次第御輿宿前北上東面愚昧記西砌北上西面此記自レ北第二間立見二御輿宿東西桁行南北梁行一也內宮御輿宿南北桁行東西梁行二宮制互二縱橫一

內御廐一宇
儀式帳云御廐壹間長三丈五尺廣一丈六尺
今御廐長一丈六尺廣二丈四寸按今御廐者內御廐也三代實錄云貞觀六年勅加二置豐受太神宮御馬飼內人一人一以二元御馬二疋一充二飼內人一人一也

中右記云長承四年二月十五日軒廊御卜外宮櫪御馬斃事愚昧記云嘉應元年十二月月次祭左少辨爲親云外宮御馬斃之由進二宮司解狀一撰二日次一追可レ被二引獻一古老口實傳云御馬蒭諸鄉符大豆禰宜巡役口實傳嘉元一禰宜行忠之所レ記也此時秣二櫪馬一如レ此近世雖レ有レ廐無二養飼一居二木馬形一徒存二其名一耳
遷宮要須云總官御參籠時經營作法本宮御神拜其間禰宜兼天集二會于內御馬屋以西槻木之本一總官神拜之後被レ著二于一殿樞之內一
古老口實傳云朝夕御饌供進最中不二神拜一也供進之時參會人禰宜子良退出之程者內御馬屋邊候也
按以下御饌殿在二其西一一殿在中其南上見レ之則今御廐者內御廐也
造外宮葺萱員數記云廳舍御廐御饌殿
按所レ載二此記一者皆葺レ萱也內宮之例兵範記云肆間萱葺御廐

直會院

一殿一宇頭工日記作二一之殿一帳云五丈殿
儀式帳云五丈殿長六丈廣二丈

今一殿元祿四年再二興之一殿長六丈桁行七間各八尺五寸廣二丈梁行三間各六尺七寸按直會一殿中絶故一殿之行事假於二九丈殿一行レ之俗誤以二九丈殿一爲二一殿一然而月次祭饗應三句司對面等猶依二承前一著二一殿之舊趾一元祿年偶繼レ絶禮章稍復二舊式一

新任辨官抄云一殿一宇五箇間四度幣幷公卿使中臣以上居レ之有二酒肴一檜皮葺

按兵範記內宮伍間 壹面檜皮葺壹殿此記爲二五箇間檜皮葺二一宮例照合又葺萱員數記無レ載二當院諸殿御輿宿一是皆葺二檜皮一之故也

太神宮式月次祭云使及宮司以下向二多賀宮一齋王不レ向再拜兩段拍二短手一兩段退就二解齋殿一給二酒食一

按祭使寮官就二一殿一宮司主神司就二主神司殿一祭使宮司從者候二九丈殿一給レ饗解齋殿者總稱二此三殿一也祭禮訖脫二木綿鬘一漸解二謝齋戒一之謂乎

江家次第公卿勅使云著二直會院一入レ自二北戶一著二西腋座一南面兼居二使以下酒肴一結二黑木一爲レ机以二檜木葉一付二机一等脚一編レ葉敷レ面作二小宮一盛二菓子肴物一東腋設二王以下座一更南折設二宮司座一西面南砌下設二禰宜座一西上北面經賴記不レ居レ饌脫二白袍一著

按使座禰宜座俱西上以レ近二御所一爲レ上也

嘉祿山口祭記云造宮使神祇權大副隆通朝臣束帶經二一殿東外一自二北戶一參入造宮衍カ使殿座以二西壁中柱一當二中心一禰宜北座御使座前前北座自レ西第三柱當二中心一禰宜漸漸加補殿內座狹之間訪二內宮之例一依二要須一申請之處可レ爲二本宮計一之由依二總官幷造宮使殿仰一如レ此改レ座

按使座元南面此時改二東面一謂下西壁中柱當二中心上則東西梁行各二間也明矣

司家記云一殿司對面事宮司北座西上南向參二退北戶一也禰宜南座西上北向自二第二柱之本一於爲レ上廻二當殿南廂之南一令レ著也

主神司殿一宇今亡

儀式帳云五丈殿長四丈廣一丈六尺

新任辨官抄云神祇官殿忌部卜部著レ之檜皮葺

按倭名鈔云神祇官加美豆加佐主神司以豆岐乃美夜乃加美官以二訓同一主神司殿作二神祇官殿一忌部卜部上可レ有二宮司中臣四字一神事供奉記云宮司主神司中臣以下著二主神司殿一簾中抄云齋宮主神司中臣忌部宮主

嘉祿山口祭記云三年十月十五日禰宜束帶引二率權任一神拜通二主神司殿南戶一見二知工机一經二一殿東

外一自二北戸一參入

按主神司殿南戸者此殿北面有二南戸一一殿南面有二北戸一二殿南北相向帳以二二殿一爲二一耦一共稱二五丈殿一

同云三頭座者主神司殿前仁向レ南著座之例也向背二一殿一之間今度三頭座許主神司殿艮方一丈餘許東乃北反引出天立レ机向レ西座一頭方小工者主神司殿乃乾角於御輿宿乃艮角指天著流二頭方小工者主神司殿乃艮角於九丈殿坤角指天著流三頭方小工者九丈殿中間指天著流鍛冶座元者九丈殿西也今度者御輿宿北仁座以レ南爲レ上相作其後座也

按主神司殿前向レ南著座向背二一殿一者一殿在レ北而南面主神司殿在レ南而北面故南二面于中庭一則一殿在二其後一也又主神司殿艮角於九丈殿坤角指天著流者可レ見下主神司殿之艮近中九丈殿之坤上然則主神司殿者在二九丈殿之坤一復可レ見焉又主神司殿乾角於御輿宿艮角指天著流者御輿宿在二主神司殿西一其相去不レ遠者也凡一殿者南面主神司殿者北面九丈殿者西面御輿宿者東面也

九丈殿一宇

儀式帳云九丈殿壹間廣二丈

今九丈殿長四丈三尺（桁行五間各八尺六寸）廣一丈八尺（梁行三間各六尺）

按帳長若干丈字缺不レ明元長九丈故號二九丈殿一

頭工日記云應永九年二月廿一日頭工國貞等注文貳百三拾貫文一之殿百六拾貫文主神司殿貳百五十貫文九丈殿帳一殿九丈殿共廣二丈一殿長六丈以二其料一二百二十貫文一分爲レ六則一丈料三十八貫三百三十三文計二九丈殿料一二百五十貫文則應永時漸衰微殿長六丈五尺餘歟

新任辨官抄云九丈殿神部以下著也檜皮葺

按內宮例寮神祇神部著二主神司殿一祭使宮司之從者著二九丈殿一年中行事文與レ此稍異

嘉祿山口祭記云安貞二年七月廿二日造宮使殿（隆重）拜賀參宮祇承宮掌參向經二九丈殿內一向二鳥居一任レ例獻二大麻御鹽湯一

按九丈殿與二二鳥居一相近如レ此今殿東去二二鳥居一數十餘步也古九丈殿趾可レ在二今殿東一乎

同（事始）云一殿外巽方九丈殿內指天大宮三所別宮內人廿餘人著座

按此文九丈殿在二一殿巽隅一明矣

直會院御門一間今亡

儀式帳云直會御門長一丈二尺廣一丈

直會院御垣一重今亡

按既有レ門則有レ垣可二推知一帳不レ載レ垣者缺文也

內宮直會院防往雜廻六十丈

二鳥居一基

今二鳥居廣一丈二尺六寸

車宿殿一宇今亡神事供奉記云外宮河原殿

類聚大補任云建曆元年豐受太神宮遷宮今度造二加車宿舍壹宇一五間壹面檜皮葺嘉應以後新立元四間也今度加二一間一增レ高任レ例募二別功一造二進之一

按車宿未レ知二遺蹟一十二月燈油神事二鳥居外宮道南傍相社乾供二一燈一據下內宮車宿在中二鳥居外上見レ之則車宿之趾歟

神事供奉記云寬元四年四月御衣神事大司盛房今日自レ京下著只今追可レ供二奉一之由觸送之間於二外宮河原殿一數尅相待酉下尅參會卽參入祇承二人一人五位一人物忌勤レ之大麻御鹽湯在レ之

按外宮河原殿無レ所レ載二諸記一疑車宿之別稱以下內宮河原殿院中有中車宿上稱レ之乎恒例於二二鳥居一祇承參候捧二太麻一灑二鹽湯一詳二此文一則此殿在二二鳥居外一明矣謂供二燈油一之地當レ爲二此蹟一

頭工日記云應永十二年二月十二日造外宮殿合注文

百三拾貫文車宿

一鳥居一基

今一鳥居廣一丈九尺

齋王御膳院

齋王御膳殿一宇今亡

儀式帳云齋內親王御膳殿壹間長二丈廣一丈二尺御炊殿壹間長一丈八尺廣一丈二尺

嘉祿山口祭記云三年十月十五日官下祭物幷友光忌鍜冶奉レ作祭物色節內人等進二向廳館一請預持二參齋王御膳殿一調二備祭物供物一申時造宮使隆通朝臣參著一殿一云々於下奉レ取二心御柱一工國澤地祭友貞等上者早速成レ事以二戌尅許一自二齋王御膳殿一出立僉經二九丈殿東一入二御杣一畢工饗米訖不二退出一之以前自二御杣一退出

按御杣者高宮山歟雜例集云天永元年工入二御杣一出二心柱高宮山口一抑色節內人以二忌物等一祀二山口神於齋王御膳殿一此際造宮使就二直會院一賜二大

饗一故內人憚レ之不レ能下自二御膳殿一直向中御杣上柾レ道偸經二九丈殿東一偸字可レ付レ意後世齋王不レ座御膳殿蹟絕山口祭祀レ神事亡只有下賜二大饗一之禮上同日於二高宮山麓一所レ祭者入二御杣一操二心柱一木本祭之遺法而已據レ此則御膳殿當レ在二直會院北一今十二月晦燈油神事供二一燈於御廐南官道東傍一此地當二直會院北一疑齋王御膳殿之舊蹟乎

造外宮萱葺員數記云廳舍御廐御饌殿

按本宮御饌殿此記別作二御氣殿一知二御饌殿齋王御膳殿一也御廐次注レ之在二其近一可二以見一又此記之所レ載皆萱葺也符二合內宮制一兵範記文永記一

頭工日記云應永十二年造外宮諸殿舍注文廳舍齋王御膳屋子良館

齋王御膳院御門一間 今亡

齋王御膳院御垣一重 今亡

儀式帳云板垣一重長八丈

按長下八上恐脫二十字一

○御酒殿院

御酒殿一字

儀式帳云御酒殿壹間長二丈五尺廣一丈六尺

今酒殿長一丈八尺 桁行三間各六尺 廣一丈二尺 梁行二間各六尺 在二廳舍北一向レ南

同云正月朔日禰宜內人物忌等御酒殿拜奉然卽白散御酒供奉

神名祕書裏書云以二石神一爲二正體一也仍酒殿造替幷修補之時奉レ遷二調御倉一也

古老口實傳云酒殿者神居殿也故預出納外雜人輙無二出入一者也又人用雜物等不レ納二置之一祭器置方角在レ之

貞和御餝記云居二天平賀一酒殿五口

廳舍一宇

儀式帳云務所廳（マツリコトスルチヤウ）壹間長三丈五尺廣一丈六尺

今廳舍長四丈 桁行五間各八尺 廣一丈六尺 梁行二間各八尺 在二酒殿前一向レ東

新任辨官抄云廳一宇在レ北

按在レ北者謂レ在二正殿北一

神宮雜例集云保安四年八月廿二日洪水八間廳舍一宇件舍葺板三分之一破損敷板長押下桁等流損也

按司家記云寬正二年造外宮萱葺要脚注文廳舍廿

貫文與二萓板文一矛盾內宮廳舍萓レ萱見二兵範記一
遷宮要須云案橋以下之物廳舍東庇之程仁自レ南始
氏北方江次第仁分二置之一
按今廳舍東面東庇謂二廳前一也
調御倉一宇今云御政印御倉
儀式帳云倉長一丈六尺廣一丈四尺納二神酒幷御贄
等類一
今御政印御倉長二丈桁行三間各六尺六寸六分廣一丈三尺梁行二間各六尺五寸按元納二封戸調庸之雜物等類一於レ今納二御贄
年魚等一
新任辨官抄云御倉三宇在二廳後一
按三宇當レ作二二宇一或云酒殿與二御政印御倉一之
交乾隅有下傳稱二御倉蹟一之地上辨官抄御倉三宇
在二廳後一者其一此歟此說恐非矣帳此院倉二宇御
倉院倉三宇都五宇也應永送官符云御倉伍宇
古老口實傳云一禰宜者雖レ爲二假染一酒殿與二調御
倉一以北大楠方江不レ入者也是一禰宜退出禁忌方也
按調御倉者御政印御倉也今酒殿坤廳舍後二宇御
倉南北相竝東面也其在レ北近二酒殿一者御政印御倉
也

鎭座傳記與書云文治元年神祇本記上下代代本系等
有二子細一而奉レ藏二調御倉神體假櫃一也光晴神主奉
行也又御正印銘銅尺一隻別櫃納レ之也代代儀式本
系等同正印櫃內仁加納也
按內宮調御倉仁平以來納二政印一古記分明也年中
行事寬正遷宮記竝稱二御政印御倉一又神宮雜例集
云太神宮司印奉二納於離宮廳調御庫一當宮亦調御
倉納二政印一與二彼宮及離宮院一同例
皇字沙汰文云十二月晦夜燈油供奉御倉神祝言云豐
受皇太神乃酒殿調御倉御竈屋坐留宇賀御魂神等乃
廣前爾恐美恐美毛申
按承前之例燈油神事一禰宜入二御政印御倉中一
讀二此祝文一次到二酒殿前一復讀二同文一次參二御炊
殿御臼殿一是亦御政印御倉爲二調御倉一之證也
造外宮萓萱員數記云調御倉御萓萱分四百五十圍
御器御倉一宇
儀式帳云倉長一丈六尺廣一丈四尺納二雜器幷米鹽
等類一
今御器御倉長一丈五尺桁行三間各五尺廣一丈二尺梁行二間各六尺按帳納二雜器米鹽一者御器御倉也內宮御器御倉

亦稱二鹽御倉一
台記云久安三年七月二日先日範家下二太神宮解狀一
豐受太神宮御器御倉鑰折損下レ辨昨日付二範家一奏
レ之八日外記持二來太神宮倉鑰折勘文一副二本解一
安東郡專當記云宮中奉納之時供用御籾等廿四俵御
器御倉五斗籾量レ之號二祓籾一

盛殿一宇今亡
儀式帳云盛殿長三丈廣一丈六尺

祭大炊屋一宇今亡
儀式帳云祭大炊屋長三丈五尺廣一丈六尺
按右二宇竝未レ考二舊蹟一

禰宜齋殿
儀式帳云禰宜齋殿壹間長三丈廣一丈六尺齋火炊屋
壹間長一丈六尺廣一丈二尺厨屋壹間長三丈廣一丈
六尺
按番文云大宮院長上兼酒殿院神宮雜事記云禰宜
職是連日長番古禰宜一員長番二於當院一禰宜員歷
レ代加任齋館地隨レ時遷轉今禰宜齋館在二一鳥居
西一寬文三年所レ建也
嘉祿山口祭記云造宮使殿隆通經二一殿乾一廻レ艮御二著
宿館一畢二禰宜光高神主宿館也
古老口實傳云宿館事上代萱葺中古萱葺板屋相交云
云近代一向板屋也存二車寄一可二造構一也齋宮御參宮
之時三所女房在レ寄二宿事一事當作レ車上代神主等乘レ車
參入之間齋宮御參宮古記云齋宮女房車破損之時
用二神主車一云々古人云上代宿館鳥居内大庭也中古
者外御馬屋邊中堀内也近古者中堀外竝樹邊也

御酒殿院御門一間今亡

御酒殿院御垣一重今亡
儀式帳云防往籬壹重廻長卅五丈

○物忌齋館院

忌火屋殿一宇本名御饌殿帳云御饌炊屋同云御炊殿或云御竈屋
儀式帳云御饌炊殿長二丈二尺廣一丈二尺
今忌火屋殿長三丈桁行四間各七尺五寸廣一丈二尺梁行二間各六尺中
隔東號二春殿一西號二炊殿一
同云御井與二御炊殿一往還間道百廿丈橋十五丈神宮
雜事記云雄略天皇廿二年依二勅託宣一豐受神宮之艮
角造二立御饌殿一每日朝夕御饌物調備令二捧齎一令
レ參二向太神宮一
按忌火屋殿本名御饌殿神龜六年更立二御饌殿於

其南地ニ而改レ名
大同本記云止由居乃神乎度會乃山田原爾令鎮理定理坐其宮之内艮角御饌殿乎造立云々其御饌殿乎今號ニ伊屋殿一
按伊屋殿者忌火屋殿也古記多作ニ忌屋殿一
新任辨官抄云忌屋殿在ニ廳東一調ニ備御膳一所也
中右記云元永二年五月九日軒廊御卜祭主卿申豐受宮御春殿忌屋殿去四月一日不レ知レ名虫多出來恠異
類聚大補任云建久三年豐受宮御春殿供用犯ニ用之一
造外宮葺萱員數記云忌屋殿御葺萱分五百圍
忌火屋殿鳥居一基今亡
元亨高宮假殿記云禰宜著ニ忌屋殿南例所一鳥居西腋西上南向
正中御餝記云別宮金物御裝束等次第土宮禰宜參ニ例所一本宮忌屋殿鳥居西腋
物忌子等宿館
儀式帳云物忌五人宿館屋伍間長各二丈廣各一丈二尺齋火炊屋伍間長各一丈六尺廣各一丈物忌父小内人等宿館屋伍間長各二丈廣各一丈

今子良館長四丈六尺八寸桁行七間各六尺六寸八分○按此間脫字廣歟四丈二寸梁行六間各六尺七寸西北各有レ庇按帳所レ載之宿館十五間然今作ニ一宇一不レ知ニ何時如レ斯
新任辨官抄云子娘館在ニ忌屋殿北一
物忌齋館院倉一宇今亡
儀式帳云倉壹宇長一丈六尺廣一丈四尺納ニ水器一
物忌齋館院門一間今亡
物忌齋館院垣一重今亡
儀式帳廻防往籬長十五丈
按長下十上當レ有ニ脫字一
遷宮要須云内召立事終之後被レ參ニ玉串所一之時於ニ忌火屋殿前木柴垣之南鼻一太麻御鹽湯有レ之
按木柴垣今猶在ニ忌火屋殿東南一蓋古齋館院大垣之遺乎
北御門鳥居一基在ニ子等館前一
今鳥居廣一丈五尺
倭姬命世記傍書云多賀宮鳥居立ニ北門一也
按長秋記云長承三年六月廿四日參ニ仗議一土宮鳥居可レ在否事先レ是大治三年改レ社爲レ宮下官皇后宮權大夫師時云於ニ高宮荒祭一者各立ニ中門一云々令レ准ニ中門一被レ立ニ鳥居一

有二何事一矣僉議雖レ謂二高宮中門一無下一言及中此鳥居上世記傍書說不レ足レ徵焉

總宮廻大垣一重今亡

儀式帳云總宮廻防往籬貳佰漆拾餘丈禰宜内人等戸人夫拵作二百丈多氣郡井神戸人夫拵造七十餘丈

神宮雜例集云延長四年四月十一日神祇官符近四至去二神宮大垣外一四方各肆拾丈寬平五年十一月廿七日司符偁有二火失事一殆及二宮內一自今以後自レ宮四方各四十丈之內居住人宅一切制斷

外御廐一宇今亡

儀式帳云馬集廐貳間長各四丈廣各二丈幣帛御馬隱廐壹間長二丈廣一丈二尺

古老口實傳云外御馬屋邊中堀同云中堀外竝樹

按新任辨官抄云外院此外有レ隍太神宮年中行事六月廿三日瀧原竝宮御祭云外宮北御門前於二竝木一有二下馬一云々相傳北御門橋外西北五許丈古中堀外御廐舊蹟也今爲二堀溝一其北在家稱二竝木一

頭工日記云應永九年二月一頭工國貞等注文六十貫文外御廐

外宮神領目錄

注進
宮廳御所知諸神領目錄
合
伊勢國
度會郡
高羽江御厨三石内六月一石 九月一石 十二月一石
牛庭御厨三石内六月一石 九月一石 十二月一石
丹可御寸(四石内同前)
有瀧御厨寫本此處燒而不見下同(五斗 六月 九月 十一月)
若田井邊御厨五斗 六月 九月五斗 十二月
無漏御厨二石一斗内六月七斗三升 九月七斗四升 十二月七斗三升
大橋御園六斗六月菓子九月三斗十二月二斗
宮子御園　汁嶋御厨
小栗生御園一斗六月菓子九月
玉丸御園五斗六月菓子九月五斗十二月菓子
中屋御園三斗　九月三斗

笠服御園一斗
飯倉御園　十二月一斗五升
長屋御園内小林村田畠段別五斗
村松御厨上分田廿七町段別七升上分十八石九斗
通諸國　此外麥雜克等在之
土保利御園鹽二斗
新開御園鹽九斗
矢田檜皮尾御園一石五斗口入人前一禰宜行能歟云々
小俣御園　八斗
沼木鄉
上山幡收納使　下山幡收納使口入人行能云々
小中須收納使　積良收納使
宮河々守　濱箒使
岩坂御園上分油三升此外口入料一斗二升在之
葛原御園麥十八斗口入人前一禰宜行能小口入賴氏神主
佐田御園二斗菓子三籠此外口入料三斗在之歟口入人雅繼神主云々
多氣郡
四蘭生御園六斗六月菓子九月三斗十二月三斗
齋宮柑子御園六斗内六月二斗九月二斗十二月二斗
濱田御園六月鹽二斗菓子九月鹽二斗十二月米一斗鹽一升

池上御園一石五斗内六月五斗九月五斗十二月五斗

深田御園(五斗)

片岡御園米一斗十二月御祭之時備進之

石取御園一貫文新加上分同

熊倉御園(上分米三斗光香口入也)

泉御園　○此處闕文

飯野郡

伊勢庭御園三斗

黒部御厨三石内六月一石九月一石十二

若菜御厨三石内六月一石九月一石十二月一石

櫛田河原御厨九斗内六月三斗九月三斗十二月三斗

飯野岡御園六月菓子九月米二斗菓子等十二月菓子

治田御園九斗内六月三斗菓子九月米三斗菓子十二月菓子

萩尾御園九斗内六月三斗菓子九月三斗菓子十二月三斗菓子

鞭書御園三斗六月一斗九月一斗剛米一斗十二月一斗

佐福御園九斗内六月三斗九月三斗十二月三斗

二升御園一斗十二月進之

神山御園新開上分九斗七斗光香申之

堺御園神税麥三斗此外口入料麥三斗在之歟口入人前一禰宜行能云々

飯高郡

光用御厨(三石　六月一石　後同斷)

勾御厨　(六月　二石　九十二同)

莫太御厨三石内　六月一石九月一石十二月一石

梅田御厨一石五斗内六月五斗九月五斗十二月五斗

臼井御厨一石五斗内六月五斗九月五斗十二月五斗

忠近御園三石内　六月一石九月一石十二月一石

粥見御園綿二十兩

松山御厨六石此外新上分三石

五箇山御園綿十兩絹四丈布等

手丸御園五斗

立野名御園新上分五斗口入所光香

境御園九斗

松尾御園五斗

深田御園三斗

平生御厨(園イ)一石

福末神田(厨イ)上分三石但高宮饗料米十二月十七日勤仕之田數四町三段云々口入人常躬

位田御園(莚七枚比外先分析一枚)

丹生山内上河原(御園上分水銀五十兩)

岸江御厨内高宮新神田一町六段但段別一升充上分一斗六升

永用神田一町二段

一志郡
年魚御鮨六十六斤六兩祭料米ノ一十五石三斗八合（升カ）
糧料七石在饗料八石分別三斗八升
嶋抜御厨鹽五石內六月三石九月一石十二月一石
八太御厨上分田五町所當二十五石（此外雜掌二石五斗取之）
小社御厨鹽三石內六月一石九月一石十二月一石
蘇原御厨（米三石鹽三石）內六月（米一石鹽一石）九月（米一石鹽一石）十二月（米一石鹽一石）
大阿射賀御厨十三石凡絹十疋於上分三石者
六月一石　九月一石　十二月一石
小阿射賀御厨十三石（凡絹十疋）內於上分三石者
六月一石　九月一石　十二月一石
北黑野御厨十三石內於上分三石者
六月一石　九月一石　十二月一石
南黑野御厨（十三石內上分三石六九十二一石宛）
木平御園一石（○此處闕文）
稻木御園　荷前神田五斗
箱木御園鹽三石內六月一石九月一石十二月一石
都御園　六月麥（一石二斗）九月米（一斗）
又都御園　六月麥（三斗五升）九月糯（五斗）
北高橋御園　六月麥（一石）九月菓子

八太御園四斗
見長御園三斗
本見長御園　三度御祭菓子勤
一松御厨鹽九斗六月三斗九月三斗十二月三斗
大原御園　六月紙十二帖桶二柄三度御祭（有勤）
野田御園三石（此外三坪一町料上分米一石在之雜用八斗）
拜野御園米一石麥五斗
黑田御園米二斗
下牧御園（六月菓子九月米一斗十二月菓子）
西濱御園鹽二（馱二石歟）
利松名上分二石
西園御厨　四个所神領內　長日御幣紙濟所
常富御園
安濃郡
五百野御厨七石五斗內於上分三石者
六月一石九月一石十二月一石
小稻羽御厨九斗內　六月三斗九月三斗十二月三斗
辰口御厨三石內　六月一石九月一石十二月一石
切田御厨三石內　六月一石九月一石十二月一石
堺御園三石內　六月一石九月一石十二月一石

野田御園三斗　六月飛魚三百六十侯九月御祭御贄
長屋御園一斗五升　十二月進之
岩田御厨三石内　六月一石九月一石十二月一石
岩坪御厨九斗内　六月三斗九月三斗十二月三斗
建部御厨石五十（一石五斗但號粟原六九十二五斗宛）
下内田御厨（一石五斗内六九十二五斗宛）
宿祭部御厨三石
下見御園三斗
泉上御園三斗
小野林御園九斗内　六月三斗九月三斗十二月三斗
飯原御園三石内　六月一石九月一石十二月一石
荒倉御園三石内　六月一石九月一石十二月一石
松崎御園九斗五升
垂水御厨鹽九斗内　六月三斗九月三斗十二月三斗
燒出御厨鹽九斗内　六月三斗九月三斗十二月三斗
藤方御厨鹽六荷内　六月二荷九月二荷十二月二
豐野御園二斗此外糗二斗
高志御園一斗九月
大繩御園三斗
長岡御厨二斗　三度御祭勤レ之

小松御園（一石九月五斗）
久松御園（一石九斗内六月五斗九月十二同前）
久松神田三町五段上分三石五斗段別二斗充勤レ之
但次久松御園田號久松神田歟之ハ有其沙汰爲無役康友神主令知行々可尋糺也
極樂寺御園六斗
新永松御厨上分二斗　禰宜維行口入所
平田御園上分米六斗　口入人同禰宜維行
縣御園

奄藝郡

大古曾御厨三石内　六月一石九月一石十二月一石
朝明郡南富田賛被付之
得田御厨五石
爲元御厨卅石
畫生御厨五石
小林御園糗一石
南黑田御厨三石　六月一石九月一石十二月一石
北黑田御厨糗一石（菓子）
若栗御園糗一石
成富御園三斗十二月
豐國野御園三斗
越智御厨二石五斗

廣瀨御園油三升菓子
莫太御園上分一石五斗內米一石麥五斗此外口入料同一石五斗彼口入人行宜神主云々
濱田御園鹽二斗
又新濱田御園上分米一斗御贄飛魚五連禰宜維行口入所

鈴鹿郡

原御厨三石內　六月一石九月一石十二月一石
庄野御厨六斗段別三升　六月三斗九月二斗十二月二斗
那越御園段別三升上分今爲ニ高垣神田備進一上分五斗
久賀御園五斗
和田御厨三石
菓若御厨壹町　長日御幣紙濟所四ヶ所神領內

河曲郡

河曲神田三石近年號ニ柳新御厨一　○此處闕文　菓子
山邊御厨一石三斗內六月白米三斗九月五斗十二月五斗
成高御厨六石
永藤御厨二石
須可崎御厨六石內宮中饗料所　六月二石九月二石十二月二石
若松御厨五石內　六月二石九月一石五斗十二月一石五斗
土師御園三石內　六月一石九月一石十二月一石

箕田永富御厨二石
井戶神田五斗
吉藤光富神田七段上分二石一斗
高垣神田五斗
高富御厨六石口入料六石
林﨑御厨六石

三重郡

河嶋御園三石內　六月一石九月一石十二月一石
高角御厨(一石五斗六九十二御祭五斗宛)
飽良河御厨三石內　六月一石(九十二同)
松本御園三石內　六月一石九月一石十二月一石
日長御厨三石內　六月一石九月一石十二月一石
日長新御厨三石
遠保御厨三石內　六月一石九月一石十二月一石
栗原御厨三石　六月一石九月一石十二月一石
潤田御厨三石內　六月一石九月一石十二月一石
池底御厨三石內　六月一石九月一石十二月一石
采女御厨三石內　六月一石九月一石十二月一石
山田御厨三石內　六月一石九月一石十二月一石
志賀眞御厨三石內　六月一石九月一石十二月一石

豐岡御厨三石內　六月一石九月一石十二月一石
庭田御厨四石〔加進分一石加之定〕六月二石九月二石十二月二石
櫻御園三石內　六月一石九月一石十二月一石
延貞神田五斗十二月進
稻田御厨三石內　六(九十二同一石宛)
永松神田三斗　(十二月進)
治田御厨三石內　六月一石九月一石十二月一石
多米御厨三石內　六月一石九月一石十二月一石
又多米新御厨六斗　六月二斗九月二斗十二月二斗
衣比原御厨六石內　六月二石九月二石十二月二石
垂水御園七斗內　六月一斗九月三斗十二月三斗
長澤御厨一石八斗內六月六斗九月六斗十二月六斗
吉澤御厨三石內　六月一石九月一石十二月一石
曾井御厨三石內　六月一石九月一石十二月一石
大强原御厨三石內　六月一石九月一石十二月一石
縣御園三石
飯倉御園二石內　九月一石十二月一石
高柳御園一石內　六月五斗九月五斗
小山田御厨三石內　六月一石九月一石十二月一石
長尾御厨三石內　六月一石九月一石十二月一石

平田御厨一斗〔○此處闕文〕
佐山御園三石〔○此處闕文〕
高岡御園九斗內　六月三斗九月三斗十二月三斗
深溝御厨一石十二月勤之在御油
寬御厨三石內　六月一石九月一石十二月一石
小泉御厨三石內　六月一石九月一石十二月一石
又小泉御厨一石五斗〔之御神酒外副米三升〕內六月五斗〔九月五斗十二月五斗〕
小松御園
鹽濱御園藍五斗
泉野御園三石
河田納所二斗

朝明郡

長松御厨五石〔但近年四石濟之〕內六月一石九月二石十二月二石
南富田御厨六石內　六月二石九月二石十二月二石
北富田御厨六石內　六月二石九月二石十二月二石
岩田御園三石內　六月一石九月一石十二月一石
保々御園三石內　六(九十二一石宛)
長井御厨三石內　六月〔○此處闕文〕
小嶋御厨三石內　六月一石九月一石十二月一石

田口御厨三石内　六月一石九月一石十二月一石
坂合部御厨三石内　六月一石九月一石十二月一石
金綱御園三石三斗内六月一石五斗一カ　九月一石一斗　十二月一石一斗
山田御厨一石
富田納所一石
月讀神田三斗
末永御厨二石
桑名神戸祭料二石
野田御厨上分一石六斗但田十八町所敷
小泉御厨上分五斗（元三石上分備進濟所也而□□茂福小泉御厨建長二年□□廿二日以前一禰宜行能定口入人件上分三石内以二五斗一者定二上分一以二二石五斗一者可レ爲二口入料一云々）
小向御厨一石内牢籠半分同前

員辨郡

高畠御園二石内　六月一石（九十二月一石宛）
松尾御厨三石内　六月一石九月一石十二月一石
萩原御園三石内　六月一石九月一石十二月一石
治田御厨三石内（但十石副米一石）　六月一石九月一石十二月一石
大墓御園一石五斗内六月五斗九月五斗十二月五斗
留番御厨一石五斗内六月五斗九月五斗十二月五斗
和泉御厨三石内　六月一石九月一石十二月一石

河島御厨一石五斗内六月五斗九月五斗十二月五斗
穴太御厨三石内　六月一石九月一石十二月一石
星河御厨三石内　六月一石九月一石十二月一石
梅戸御厨三石内　六月一石九月一石十二月一石
深瀬御厨三石内　六月一石九月一石十二月一石
大泉御厨三石内　六月一石九月一石十二月一石
中河御厨一石五斗内六月五斗九月五斗十二月五斗
高柳御厨三石内　六月一石九月一石十二月一石
笠田御厨三石内　六月（一石九月一石十二月一石）
長深御厨三石内　六月一石（○此處闕文）
饗庭御厨三石内　六月一石九月一石十二月一石
小中上御厨一石五斗内六月五斗九月五斗十二月五斗
田中御園五斗内　六月一斗九月二斗十二月二斗
平田御園三斗内　六月一斗九月一斗十二月一斗
薬（菜イ）御園三斗内　六月一斗九月二斗
島田御厨三石内　六月一石九月一石十二月一石
小田中御園三斗内　六月一斗九月一斗十二月一斗
曾原御厨三石（此外新加上分三斗）六月一石九月一石十二月一石
島富御厨一石五斗内六月五斗九月五斗十二月五斗

大谷御厨一石五斗内六月五斗九月五斗十二月五斗
岡本御園三（九イ）斗内　六月三斗九月三斗十二月三斗
多度御園一石五斗内六月五斗九月五斗十二月五斗
縣御園三石内　六月一石九月一石十二月一石
倉垣御厨三石内　六月一石九月一石十二月一石
麻生田御厨大豆五斗　○此處闕文
阿下喜御厨十石　○此處闕文
茂永御厨五斗
富津御厨六石此外副米一石在之
宇賀御厨三石
大戸御園六斗
石河御厨六斗
御油御園上分米八斗料田四町段別二升歟 口入人維行神主
桑名郡
富津御厨六石此外副米一石
桑名郡多度御厨一石五斗
伊賀國
阿保神田三石口入料一石近代 以上紙十帖進之内六月一石九月一石 十二月一石
穴太御園　六月芋（苧歟）　九月栗　十二月菓子
但此加進上分米一石近年進之

神戸神田上分白布十二段二丈幷祭料造酒米代白
布九段
若林御園上分米三石菓子
比志岐御園白布六端六月芋（苧歟）（六束九月栗串柿）
六箇山内上河 奈□　比奈知　瀧原　○此處闕文
大和國
宇陀神戸白布十八端内六月六端九月六端十二月六
端　此外先分三端　新上分五石云々
近江國
岸下御厨三石　在御上分小鮎鮨六桶 此外口入料鮨六桶 但神馬二疋代米二石 又雜用米二石在之
福永御厨三石
佐々木御厨六石
柏木御厨三石又新御厨一石
黑丸御厨段別上分　山室新御厨三石云々
美濃國
中河御厨二十五石　長絹十疋
小泉御厨　長絹二十疋
尾張國
郡戸御厨御年貢

本神戸神酒副布三端各三丈　○此處闕文
新神戸絹一疋内染端等同一　○此處闕文
瀬邊御厨
治開田絹十疋別領上分米十石宮斗定糸三十兩
酒見御厨
千丸垣内御園漆一筒
新溝御厨
御母板倉御厨上分御籾五石料田二丁口入料二石
新溝神領
立石御厨糸十兩
宅美御園
生部御園大豆少々五六斗歟
生栗御園大豆一石
伊福部御厨
草部御園大豆少々
野田御厨
秋吉御園油一升
笑生御厨
下生栗御園大豆一石
柿御園
海東新上分二貫文
高屋御厨　桑代糸廿勾　○此處闕文
瀬邊御厨　桑代糸廿勾　赤曳糸御油等
酒見御厨　桑代糸十勾

三河國
饗庭御厨九石加二後進祈禱一石五斗一内於上分一石五斗者
六月二石五斗九月二石五斗十二月二石五斗
薑御園六石六斗料田六十六丁段別一升充但同本斗定大器也
吉田御園三石　菓子栗六籠
神谷御厨十石　菓子
蘇美御厨六石
生栗御園油一斗栗二石
伊良胡御厨三石干鯛三十侯
野依御厨三石
田歟
保柚濱田兩御園一石五斗
又同濱田御園勤月次御幣紙十二帖
遠江國
刑部御厨三石
祝田御厨
小高御厨六石
美園御厨廿石
大墓御園八丈絹二疋　雜紙十帖　葛布一端
豐永御厨三石
大崎御園　雜紙九十帖

佐久目御園　勤同前
池田御厨三石
小板御厨三石
山口御厨六石
駿河國
大津御厨白布三十端　雜紙三百卅帖
大沼鮎澤御厨布六端
小楊津御厨三石　雜用米十七石云々
伊豆國
蒲屋御厨鍬五十勾
武藏國
七板坂歟御厨布二十五端
大河土御厨國絹卅疋御幣紙四百六十八帖
上野國
薗田御厨布卅端
高山御厨布十端
下野國
簗田御厨絹廿疋布十端
寒河御厨長日御幣紙三百六十帖雜紙但近年絹進之
安房國

東條御厨布五端　長日御幣紙三百六十帖口入所行長云々
下總國
相馬御厨布五十端
甲斐國
石禾和イ御厨長日御幣紙(三百六十帖)
信濃國
長田御厨布三百端　神馬一疋
藤長御厨布五十端　長日御幣紙代布日別二丈矢原
御厨
但馬國
太多公カ御厨絹三十疋　上品紙十二帖
田口御厨上品紙五十帖
加賀國
富永御厨米十石名吉五十侯領家二條東洞院角懸所
越前國
山本御厨絹六疋
泉北御厨米卅石　長日御幣紙
越中國
弘田御厨米十五石絹十五疋布十五端□□□□□□
綿百五十兩鮭十五侯長日御幣紙

攝津國
　中村御厨上分米三石
能登國
　能登島御厨廿五石
備前國
　長沼御厨上分米
一諸鄕祭料
四石繼橋鄕近年有名無實此外上分米三石　一石二見鄕此外御鹽四石
一石伊蘇鄕　一石四斗湯田鄕
二石田邊鄕　一石箕曲鄕
六斗沼木鄕　一石六斗高向鄕
二石有爾鄕　三石相可鄕
三石麻績鄕　一石櫛田鄕
一石三宅鄕　一石流田鄕
二石竹鄕　二石四斗黑田鄕
一石四斗長田鄕　二石中萬鄕
一石兄國鄕　一(石井半鄕)
一石神戶里　○此處闕文
一諸郡祭料
廿八石飯高郡　十四石安東郡
十四石安西郡政所　廿四石三重郡
廿四石朝明郡政所　廿八石員辨郡
一諸神戶祭料
六石飯高神戶政所　六石一志神戶
四石安濃神戶政所　二石鈴鹿神戶
四石河曲神戶　二石幸名神戶
六石伊賀神戶　二石尾張本神戶
二石同新神戶　四石三河本神戶
三石同新神戶　四石遠江本神戶
四石同新神戶　濱名神戶祭料八石政所
一渡神田等
安濃西郡宇內田一町五斗代定五石
安東郡片田神田一町四斗代(定米四石)
櫛神田一町五斗代定(米五石)
山室松山御厨神田一町三斗代定三石
莫太御厨內神田一町四斗代定四石
立野名寮神田一町所當三石六斗但閏月之年者加進之
丹河御厨內神田一町二斗代定二斗
三重郡豐岡御厨神田一町五斗代定四石五斗
同郡柴田神田少々

相可井內神田一町三斗代
朝明郡佐々良井神田二町上分二斗
一志神戸渡神田一町二段在㆓蘇原御厨內㆒但八段神田內三重郡少々在之
志摩國賀茂庄內字懸力神田一町二段稲四十餘束云々
箕曲鄉勾庄　料田九段之中大覺寺庄三段 蓮臺寺庄六段

一諸島々

東船越御厨　迫御厨
大津國崎神戸イ　二見御厨
慥柄神戸　（片方御厨）
伊志賀御厨　（伊介浮島御厨）
大濱御厨　羽畔蛸御厨
木本御厨　濱賀利御厨
比志賀御厨　笛　御厨
菅島御厨　丹島御厨
錦御厨　泊浦御厨
土具御厨政所　和濱御厨
坂手御厨　竈子御厨
大吹御厨　南船越御厨
大久田御厨
右注進如件

飯高郡大苗代御厨小松原　○此處闕文
宇田御園瓜分一町餘也　兩三所一志太郎大夫文清口入

外宮神領目錄弐冊以權禰宜延經神主之本書
寫出訖
寶永元年甲申四月廿四日
權禰宜從四位上荒木田神主武因

內宮氏經日次記一

永享十三年辛酉正月

一日　天晴卯尅東帶經ニ中道一一殿乃北參集東上北面
一二五六七予九十玉串殿內宮司氏長半夜越年也忌
火殿乃前乃置石乃際仁三方御膳櫃ヲ舁居東上于レ時
參ニ一拜宛在之置石上ニ東上北面御膳ニ向于レ時白散分配
一神主之持參也次役人御鹽湯ヲ獻先御膳次別宮御膳次禰宜于
レ時一同ニ裾ヲ引テ前陣一拜宛在之次御饌於ニ第四御內一
在ニ御鹽湯一八重疊ノ東ヲ經テ瑞離ノ御內ノ下ニ參上首
半分ハ東ニ蹲踞沓ヲ脫北上西面下座半分ハ西北上東面
御饌ヲ案ニ居于レ時彼御門ノ軒ノ南着座東上御前ニ向
于レ時三方神酒ヲ獻一﨟白散ノ于レ時一神主詔刀ヲ讀本座ニ
歸テ一同ニ蹲踞シキ在ニ一端一拜如レ此三獻畢テ退出於ニ詔
刀ニ者一度也於ニ玉串御門下ニ預ニ直會一東上北面勸盃一﨟諸
神事一﨟指合時ハ二﨟參也配膳副物忌等也初獻ハ番
次第勸盃皆在手無ニ玉串一勸盃二獻畢一﨟御箸ハ不レ申ト
申于レ時一同懸レ手次末座ヨリ撤レ之玉串物忌勸盃ナシ

彼配膳駈使也次西御門ヨリ退出荒祭宮遙拜所之前ニ
在ニ鋪設一北上西面ニ蹲踞于レ時隨ニ政所之指南一其方
方ヲ拜各開手一端宛次退出宮司一殿軒半ニ疊ヲ敷着座
若彼座奥ニ入者憤之當年如レ法彼於レ前裾ヲ引出酒殿
前政所廳舍着一神主依ニ老體一退出彼殿打板腰壁破損
之間自ニ長官一屛風疊ヲ用意其上ニ鋪設ヲ敷北間東上
南面玉串鋪設計西東面政所鋪設南之二間北何番文吉
書先長官ニ進次政所出納等ヲ召加御政印御倉ニ參御
政印ノ箱ヲ奉レ出廳舍ニ持參于レ時公文所行高布衣番文
吉書ヲ進先行高一拜次次ヘ一拜シテ先番文ニ加判次吉
書ニ加前々ハ吉二通ニ加判二通ハ神主計加判之處當年
二神主乍ニ四通一加判之間自余モ皆加之物忌等交替ニ
參地祭南御門ヲ開一同內院拜見御門ヲ開テ御鎰ヲ廳
舍前ノ置石ノ際ニ一同蹲踞北向一﨟番打渡侍ト申テ退
出宮司氏長東帶神拜祠承公文所行迹布衣番文吉書判畢以ニ出
納一三四神主之舘雖レ被レ送迄舘モ不レ被レ參之間無
レ判於ニ廳舍一政所奉ニ捺印一彼箱ヲ出納等ニ令レ持御倉
ニ奉納歸着之時一同ニ立座一殿ニ參司對面在ニ鋪設一
宮司北南面戸ノ東ノ脇神宮南東上北面着座シテ一拜次
公文行高在ニ鋪設一西東向番文ヲ讀進次筆ヲ染持參之于レ時宮司

執レ之加判行高執レ之司中之奉行ニ渡次酒肴一神主不
參之間二神主勸盃裾ヲ引テ彼前ノ鋪設ニ着座シテ一
拜配膳人長三獻畢テ又　拜裾ヲ引テ本座ニ歸着于レ時
一同ニ一拜一同ニ座ヲ立沓ヲ穿テ一拜宮司北ヨリ退出
于レ時北方ニ鋪設ヲ調東上着座物忌西北上東面在ニ鋪設一石
橋東上北面席ヲ敷荒祭御祭風日祈内人物忌等也于レ時
物忌等人長ヲ召白散ノ串紙ヲ乞ヿ調之一紙長役串ハ由
貴殿ノ出納沙ニ汰之一政所公文等名ヲ書政所之座西之
二間之柱之本在ニ鋪設一次酒肴寒酒勸盃一﨟配膳副ノ
物忌等也爲ニ殿内之間一玉串ニモ勸盃ス次政所次物忌
次石橋次一﨟御箸ヲ申又ノ暖二獻同前但今度ハ一﨟盃
ヲ執テ進然間玉串ニモ無ニ勸盃一仍人長執ニ銚子一三獻畢
テ自ニ末座一机ヲ上各ノ所從ニ渡西へ出之於ニ一座前一者兩人
昇之東ニ出ス今日ノ饗長役也　一禰宜顯與行雖レ然無ニ
料所一者末代ニハ定可ニ退傳一條不レ可レ然被レ存大井田上
分ヲ所レ被ニ定置一也然猶近代酒肴之時在レ之但上分不
法之時歟當代毎年酒肴也不レ可レ然次白散ヲ進先二宛
次一宛次神拜手水依レ無ニ役所一自ニ長官一用意無レ紙次長
官ノ館ノ祝二五六七予十參乃神主ハ依ニ腹中違亂一自ニ
大庭枝一歸然間祝ヲ彼館ニ可レ被レ迗之處里ニ被レ出畢

服氣之時者除ニ火物一被レ迗法也御菓公卿也種々以ニ珍
物三獻配膳ハ公文所皆布衣次吉書政所進レ之衣冠其後退
出次外宮參一二六七予十束帶家子權任經元守博守喜
守秀守春永尚布衣公文所兼親行定行高弘安布衣家子前陣
公文所後陣中强一神主輿自余ハ皆乘馬外宮於ニ玉串
行事所一手水引レ裾役人彼宮物忌二人參衣冠時分ニ子良
館ニ告知延引之時ハ日時兼日ニ被ニ觸送一　又ハ於ニ御
池一用レ之家子以下ハ皆每度於ニ御池一用レ之次御前ニ參
於ニ石壺一神拜在手次高宮幷諸別宮遙拜在手政所之指
南ニ隨次月讀伊佐奈岐宮ニ參上岡ノ道本宮一鳥居ノ是
於ニ在所一昏下馬於ニ月讀宮前溝一先々ハ在ニ手水一當代
無ニ此儀一先月讀宮拜引裾次伊佐奈岐宮拜引裾次一元社ヲ
拜次所御社拜向東次楊田社拜宮下向長官於レ里歸立ノ在
レ饗禰宜ハ公卿長官高坏家子ハ半公卿陪膳公文卿等也
次吉書政所進レ之前々ハ長官計被ニ加判一今日一同ニ加
レ之不審也政所經美依ニ違例一今日代兼親參舍弟也外宮參
之事中古ハ一同ニ參宇治岡邊ヨリ家々ニ歸一門二門不
知ノ時分ヨリ或家子禰宜或近付ノ禰宜計參然テ經博卿
歸立ニ饗ヲ用意彼代長官陪膳政所自余公文也當代無ニ
此儀一

五日　晴卯杖神事物忌等參彼杖送レ館三宛但今日ニ不レ限每年初卯日

七日　晴卯尅新菜御饌御内神事自レ宵館ニ參一二五六七予九衣冠一殿參集東上南面調ニ御膳一案内ヲ申于レ時櫻宮ノ南ヲ退テ忌火屋殿ノ前ニ參東上北面ニ立于レ時御鹽湯先御膳次禰宜次北御内ヨリ御前ニ參禰宣前陣御階ノ前ニ着座東上於ニ御殿下一三方御膳ヲ獻于レ時一神主詔刀ヲ讀進シ着座之時一同ニ一端三獻畢立レ座本殿ノ東ノ方ニ着座北上西面預ニ直會一勸盃一臈陪膳別等二獻畢テ御箸ヲ申于レ時彼飯ヲ汁ニ入喰レ之次御前ノ上雨儀之時ハ御前ノ儀御門ノ下預ニ直會一事東寶ノ下南間東上南面（毎度御膳如レ此）退出荒祭遙拜東上（在ニ兩端一）輿玉拜彼御前忌火屋殿ノ後テ進ヲ櫻宮ヲ拜シ一殿ノ經ニ後酒殿由貴殿ニ拜於ニ此所一思々ニ諸末社ヲ拜下向了

十一日　晴交替一神主（衣冠）先神拜豐受口ニ參時南ノ鳥居ノ西方ニ物忌等（布衣）御鎰ヲ持テ祇候仍一拜又下向ノ時同前自ニ輿玉一北御門ノ前ニ參屏垣ノ際蹲踞于レ時三方物忌等玉垣ノ東ヲ經テ參皆蹲踞于レ時番ノ物忌北御内ヲ開參于レ時一臈先御内ヲ拜次一神主ヲ一拜シテ御内ニ參次第也如レ此參内院ヲ懇ニ拜見シ一同ニ退出一臈一神主向異ナル事モ渡候又等申（在ニ相違一時ハ其由申之）御門ヲ閉テ時一拜次荒祭以下神拜一殿ニ三方物忌着座仍三間ヲ一拜宛シテ通供奉ノ禰宜同之次酒殿拜次廳舍東間ヨリ入テ鋪設ニ跪龜居南面于レ時物忌等彼殿ノ前置石ノ際ヲ一同蹲踞于レ時一臈番打渡侍ト申在ニ一拜一立レ座西間ヨリ出此間供奉ノ禰宜廳舍外猶待御鎰ヲハ子良奉レ入殘物忌等置石ノ南ニ蹲踞於ニ彼前一一拜風宮以下遂ニ神拜一下向フ此神事雖ニ予不ニ供奉一爲レ後記ニ注之一番文一二四五六七予九十加判司對面六當番ノ禰宜也宮司ハ兼テ着座（在ニ鋪設一）六着座一拜（在ニ鋪設一）司北六南于レ時番公文所番文讀進西方（在ニ鋪設一）染筆宮司ニ渡司執レ之加判于レ時執レ之司中ノ奉行ニ渡于レ時在ニ一拜一立レ座沓ヲ着テ一拜司北ヨリ退出近日宮中館々ニ參籠ノ僧以下讀經ノ在ニ沙汰一剰大般若安置之館在レ之歟之由及ニ沙汰一之間今日以ニ御祓一會合之次一同ニ長官ノ館ニ參此由被レ申一神主曾無ニ存知一忩可レ求レ觸之由返答次又荒祭宮忌火屋殿在所ヲ替結句石居角柱ニ新造之條以外事也宮司如レ此致ニ沙汰一有ニ急可レ被レ仰之由一被レ申處宮司方ヨリ條理料ニ三百疋彼宮ノ物忌幷瀧祭物忌等請取之如レ此沙汰之由一神主返答瀧祭物忌等モ於ニ此在所一御膳調

備之間依レ之與次又御殿ノ際ニ新造ノ舘在レ之云ニ在
所ニ云二土民一旁以不レ可レ然被ニ免許一大不ニ伺申一歟雖ニ
不審之由被ロ申敢無ニ返答一三神主依ニ違例一不レ被レ參自餘皆參大般若經事
扇屋ノ舘ニ安置之由風聞ノ間被レ立レ使之處聽里ニ出之
由申之旨後日ニ長官ヨリ被ニ觸送一此事何禰宜帳行ツ不
レ然者法手舍ノ住呂ノ訴詔大何樣可レ散ニ欝憤一之由於ニ
内々一吐ニ廣言一之由風聞ノ時分彼扇屋之三男俄傳ニ重
病一惱亂之間閉口畢又此病者云一日歲取ノ夜子良舘ノ
前僧拜ノ大楠洞ニ火燒之處洞ニ炎付不レ得レ消彼木元
日ノ巳尅計燒倒畢　參宮貴賤式或カ消肝式或カ□□此等之有
レ咎歟旁以不思儀也

十五日　晴粥御膳物忌等參獻レ之予朝飯以後舘ニ參
先松ノ神拜衣冠所從等ニ御竈木チ削荷ス長官木七十五
本於ニ由貴殿之前一出納等調レ之從八人荷レ之自余五十
五本宛各於レ舘調レ之三人荷レ之權任四十五本宛忌火
屋殿ニ奉納指出チ送權禰宜荒木田神主名乘荒祭宮遙拜所
前ニ奉行着座彼指出等ニ合點
御竈木奉納之神事可レ奉レ調ニ御木一之由在レ告人長次裝
束之告參于レ時束帶次可レ參之由告來于レ時經ニ中道一
廳舍ニ參集南間東上南面立ニ御木十荷一通畢次第ニ東
ノ間ヨリ出テ參御木等南之鳥居之脇ニ相待自レ其禰宜
前陣裾チ引於ニ第四御門之下一在ニ御鹽湯一石壺ニ着座
于レ時八重疊ノ東ヨリ南エ次第ニ十八ノ御木奉レ置于
レ時人長次第ニ悉數チ計八重疊ノ西ニ蹲踞テ三千五百
荷渡候ト申于レ時一座執ニ詔刀一起座引レ裾前々於ニ石
壺一祝詞チ讀進本座ニ歸着之時一同ニ兩端于レ時御木
等チ忌火屋殿持參彼殿ノ壁ニ荷チ解キ寄懸置次第不同
次西御門ヨリ退出在ニ興玉拜一在ニ荒祭拜一在ニ手兩端一在ニ櫻宮
拜一在ニ酒殿拜一同諸別宮末社拜自レ是下向水量三尺八
寸

十六日　晴十八日氏寺之行ニ祈禱一之物頭役三四五百
宛沙ヨ汰之一番衆六七予九十廿文宛沙ニ汰之一權任十文
宛沙ニ汰之一正月二日十一日年中三ケ度行二門禰宜ヲ
三ニ分テ年ニ一度頭役沙汰之二門ノ官首ヨリ每度頭文
チ書彼等ノ以ニ役人一被レ廻レ之各名乘ニ加ニ奉料足一チ
沙汰供僧逐行當月ハ送ニ牛王一

十七日　自ニ今日一予番ニ參

廿一日　交替一番文一二五予十加判予十七日ヨリ今日退出番ニ祇
候

二月

一日　小雨神事時分晴交替一番文一二五六七予九十
皆朝飯以後參加判事神拜司對面二鍬山神事役人等山
入之時分參衣冠經ニ中通一（本ノマヽ）一殿北ヨリ入テ着座東上一
二五六七予九十玉串正宮司衣冠東西面物忌西北上東
面一神主依レ爲ニ老體一鋪設下ニ疊ヲ敷仍司中神宮皆敷
レ之玉串物忌等鋪設計也酒肴祝部役簀盛二器盛二暖
物一菓子一膳副ノ物忌勸盃神宮一蔣司中二蔣寒酒先
宮司次神宮次々之勸盃玉串マテ皆一端宛次物忌陪膳
人長次石橋東上北面薦ヲ敷此等荒祭瀧祭風日祈宮內
人物忌等也次御箸ヲ申受二獻今度ハ非ニ勸盃一玉串ヨ
リ酌替三獻畢テ末座ヨリ机ヲ出ス西方ヨリ各所從レ請預
レ之一座前東二間ヨリ出ス陪膳二人宮司前東二間ヨリ
出ス陪膳一人于レ時石橋起座東方ニ薦ヲ敷着座北上西
面于レ時內物忌置石ニ着座東上西面（在ニ鋪設一石橋世座跡）其東ニ御
巫等着刀禰宜祝植長以下ノ役人等外物忌ノ背ニ着座
政所公文所一殿ノ末ノ壁ノ柱ノ本ヨリ東ヘ鋪設ヲ敷着
座西上南面其前ニ子良母良着座（在ニ鋪設一）次御鍬裹ヲ物忌
役人調レ之先御鍬二宛宮司ヨリ玉串マテ進レ之（居ニ折敷一）陪膳
山向二人次手鍬一宛木綿葛ヲ相副進レ之次裹一宛進
レ之次又裹一宛進レ之次結レ藁進レ之次御種ヲ九宛（小石）進レ之
時（山向祝言ノ和歌ヲ申）于レ時□ニ五石四取レ之一ノ裹ニ入テ以レ藁
結レ之又御種ヲ一度取入テ進如ニ以前一取レ之又一ノ裹
入テ結于レ時御巫唯々ト申于レ時手鍬ノ葛ヲ取テ冠ニ點
御巫ノ申事ニ隨以ニ手鍬一打レ地次御巫御祓ヲ申一同ニ
手兩端次山向打レ田次大豆次蒔レ種次山向西方ニ東向
ニ鍬ヲ槌テ乍レ立御苗今日六十四日例年ニ勝太逞出來
座此由以ニ宮政所一時ノ長官ヘ可ニ申上一之由申政所之
前ニ蹲踞此由申政所長官ノ前ニ畏テ此由ヲ申テ時長官
宇治卿大小刀禰維東維西之祝土浪人浮人等ニ仰御曰
蕃植令ニ合期一下被レ仰政所承本座ニ歸中刀禰ノ一蔣ヲ
召此由申刀禰此由觸于レ時植長歌ヲ歌イ植畢以前ノ鍬
褁等皆結合（一ハ無實）持レ之座ヲ立一拜次褁ヲ取東ノ間ヨリ南
ニ出先宮司次神宮於ニ軒下一褁各所從ニ渡櫻宮前ヲ經
置石ヲ通テ中道ヨリ下向畢
此神事雨儀之時ハ役人等九丈殿田態一殿ノ內敷
九日　晴祈年祭幣馬二神主預ニ巡番一本儀現馬也然近
年五百文宛衞士沙汰仍巡番之禰宜馬ヲ用意於ニ一鳥
居一渡レ之衞士等幣馬ヲ引官幣ヲ奉レ持二鳥居參幣使二
鳥居南宮司北于レ時御鹽湯太麻在テ先官幣次幣使（秀岡）
祓承（弘憲）今日依レ爲ニ晝神事一無ニ御火一近代以ニ別儀一長官

ヨリ一讀宛雖レ被レ進之今夜無二此儀一次宮司氏長祝承弘
富神宮御火祝承一神主之館ニ參之處不參仍二神主ノ
館ニ參二七予九束帯着二清衣一木綿襷襠ヲス彼廳自二長
官一請レ之經二中道一玉串行事所ニ皆參寄西ノ石壺ノ東
幣使西ハ宮司東ノ石壺神宮西上皆南面于レ時一拜官幣
東方東居レ案道ヨリ南ニ山向御手水用意于レ時幣使引
レ裾手水彼役人泰俊衣冠此役人自二長官一以二廻文一重代
神主ニ被二差廻一番二人宛參勤懈怠之時自二長官一以二
家子神主一被レ勤之然今夜一人無二沙汰一也但祭主家督
外ハ無二此儀一次宮司手水役人山向次幣使鬢木綿在二
鋪設一玉串欄在二一拜一進レ之在二一端一次大物忌父興里衣冠送文
ヲ一座ニ進草履ヲ不レ脱二神主取レ之披見在二御火一其間一蔭下立
東待披見ノ後給レ之別宮官幣任二付札一各役人等ニ渡
司執レ榊在二鋪榊設一衍カ榊山向追ニ玉串一執レ之進各一端自レ是直
緋褒等也于レ時衛士幣馬ヲ御馬飼請取八重疊東ニ列立次宮
ニ南鳥居ノ前屏垣ノ際ニ參神宮ヲ相待北面ニ立于レ時二
神主六神主在二一拜一引レ裾鋪設ニ先左ヲ跪次右ヲ跪玉
串ニ一拜シ笏ヲ腰ニ指在二一端一左ノ榊ヲ左取次右ヲ右
ニ取又在二一拜一而右足ヨリ立テ直南鳥居ニ參東上南面
次々毎度如レ此石壺ヲモ毎度在二一拜宛一尚進皆參畢

在二一拜宛一而御前ニ參引レ裾於二宮司前一一拜宛在之
第四御門下御鹽湯在之次宮司次幣使皆參寄一同石壺
ニ着座東上于レ時大物忌詔刀ヲ使ニ進使取レ之起座引
レ裾沓ヲ不レ穿御前ノ於二石壺一讀進在二御火一歸着ノ時玉串
宮司ノ榊ヲ取一座ニ進二神主手榊ヲ石壺ニ置彼榊ヲ取
一端ツト玉串歸着ノ時大物忌興里ト召興里ヲウト申テ參于
レ時件榊ヲ被二渡給一之奉納二神主以石壺ニ置榊ヲ取テ興
里歸着之時宮守物忌父荒木田弘憲ト召弘憲ヲウト申テ
參于レ時自一座ヨリ末座マテ給奉納歸着ノ時又玉串一座
榊ヲ進歸着ノ時常祭物忌父荒木田時氏ト召時氏ヲウト
串參彼榊ヲ給奉納歸着之時玉串所殘之榊ヲ奉納此役
皆草履ヲ不レ脱玉串歸着ノ時一同蹲開カ踞有二手兩端一奉拜
起座幣使次宮司南ノ御門ヨリ退出神宮ハ物忌等之前
在二一拜宛一而西御門ヨリ退出荒祭宮遙拜所前北上西
面ニ立幣使彼前通時一同一拜宮司同前次彼遙拜所ノ
石壺ニ脱レ沓中石壺ニ蹲踞東上北面在二兩端一而拜下向
幣使宮司背ヲ通神宮ハ此ノ石壺ヲ經テ物忌等之蹲踞ニ
一拜幣使一殿ニ北ヨリ入テ東二間着座北方南面在二鋪設一机
兼居置在着本ノマヽ宮司南ヨリ入同間南北面同前予九於二櫻宮
前一木綿ヲ取請衣ヲ脱テ東ノ間ヨリ入北上西面ニ着座テ

一同ニ一拜在ニ鋪設一予引レ裾ヲ幣使前ニ着座テ一拜（在ニ鋪設一）予宮司前同前于レ時御手水役人參後陪膳予盃ヲ取以レ扇ヲ扇キ酒ヲ受テ進在ニ一端一テ請取之聞食宮司如レ此三獻同祠後二獻ハ無手本儀後二獻ハ非ニ勸盃一歟先宮司ノ前ヲ上陪膳彼祠承也幣使陪膳ハ御手水二人也仍御前兩人雖レ昇レ之今日無ニ其儀一予在ニ一拜一テ引レ裾本座ニ着九四前于レ時一同ニ一拜于レ時一同ニ起座沓ニテ一拜退出祠承等迄二鳥居參神宮ハ以前退出御火祠承迄舘參了

十日　晴饗祝參饗御初ヲ催促米一舛紙一帖ノ由申歟近六文三文思々也結句一向無沙汰在レ之予轉任ノ初ヨリ毎度十文宛沙汰今日又如レ此

十一日　晴交替一如レ例番文一二六予加判

講座神事依ニ長官之語一予參馬出納荷ヲ被レ送衣冠笏ヲ紙ニ裹出納ニ令レ持政所前陣辻ノ世古ヨリ河原ニ出岩井田神事河原ヲ通西迎院ノ前溝ニ出弘正寺之前ノ自ニ世古一堀町河出テ所ノ御社ニ參自レ馬下于レ時御手水彼役人祝不參之間今日ノ役所進レ之（號ニ森右衛門一）權長紙ヲ進于レ時予笏ヲ取御前ニ參政所用意詔刀ヲ取履ヲ脱於ニ鋪設一立テ拜居テ拜シ詔刀ヲ讀進（向レ北）讀畢居テ拜立テ拜次御子社ノ拜八度（向レ北）次大社ソ拜八度（向レ北）開手兩端次西ニ向拜四度次東ニ向拜四度皆同度也次着座南面（構座）政所西東面（在ニ鋪設一）權長南北面（在ニ鋪設一）並會□テ酒肴調進勸盃權長陪膳祝依ニ祝不參一役所森右衛門配膳次政所次權長次御箸ヲ申于レ時手ヲ點次又二獻同前三獻畢テ自ニ末座一机ヲ上予前權長ト兩人シテ上之預ニ荷用出納一今日之役田有ニ御神田一之上先年經博卿代井溝所損之由依ニ訴訟一饗ヲ五年被レ免酒肴沙汰之修理百人之人足也其後去永享九年ニ所損訴訟之時被レ免ニ三年一酒肴ニ沙汰又去年所損修理間自ニ當年一三ヶ年可レ爲ニ酒肴一之由役所申之予之乘馬之其草稻之分稻束代十六文荷用催促之處爲ニ酒肴一之時者不沙汰之由返答奸法之儀也政所乘馬分三把之代十文同前又祝雖レ爲ニ廿四人一今日一人モ不レ參此內十人計當長官ニ有歟先高依ニ六反一六人在レ之是等皆百姓等緩怠之由役人等申之又今日十三人之刀禰廿四人之祝幷予政所之所從以下饗延引役所當長官知行號ニ由伊若菜一歟下向予前陣月讀宮下馬アリ船橋之辻神事モ爲由長官ニ申畢

十二日　晴神態神事如ニ昨日一先饗士ノ二本櫻ノ本ノ通津長參彼道雖レ爲ニ神事道一鄉人依レ任ニ雅意一成レ畠仍彼垣

被レ退畢於ニ津長手水役人祝紙權長于レ時予取レ笏政所
令ニ用意一津長皇神詔刀ヲ取讀進西向在鋪設一前立レ幣次北ニ向楊
田神社拜八度開手兩端次又西ニ向津長神社拜八度開
手兩端次同方拜四度開手在レ之次又楊田神社拜四度
在ニ開手一皆同座次着座南面莚帳ノ搆レ座政所西東面權
長南北面各在ニ鋪設一刀禰祝東西上南面薦ヲ敷予大饗ハヲ
ニ居机菜八種四ハ饗モリ計一勸盃權長配膳祝次政所次權長
皆配膳祝次權長御箸ヲ申于レ時一同喰レ之次入一獻同
前次權長准ヲ申于レ時一端末座ヨリ机ヲ上ニ予之前一權長
祝兩人シテ上之出納荷用請ニ取之預ニ此饗一田一段尼田
坊ニ知行彼代官右衛門太郎調ヨ進之一次酒肴海老差三
菓等在レ之勸盃配膳同前今度ハ三獻也同火切ヲ進七箇戸木
二柳ニ結ニ合之一火切ハ出納ニ令レ持下向火切酒肴刀禰祝等皆預
レ之酒田一段也岩井庸四郎沙ヨ汰之一下向次津長前ノ出ニ
河端一在ニ手水一以前役人于レ時取レ笏政所用意ノ八所ノ詔
刀ヲ讀進東向同拜八度開手兩端次西ニ向拜四度開手
一端次又東ニ向拜四度開手一端在ニ鋪設一前幣ヲ立
皆同座也次櫛爪ニ着座莚帳ノ搆座南面政所西東面權
長南北面各在ニ鋪設一予大饗ハケニ居汁一菜八種內饗モリ四
此饗所點手子良舘送在ニ復飯饗一菜汁計同前同机ニ居

喰之勸盃配膳御箸准以下如レ前是ハ三獻也此役所瀧
祭七郎物忌瓦崎ノ鞠屋兩人一年宛打替ノ勤仕當物忌
巡番也次又乘馬町下辨才天ノ世古ニ馬ノ鼻ヲ向テ立于
レ時權長唯々ト申自レ是刀禰祝等盜人神ニ參饗ヲ祭予神
事ハ河原ニ參當所之酒肴役田在ニ朝熊一彼役人以レ代令
朝二百文權長許ニ送レ之間無ニ酒肴一仍手水鋪設モナシ
予北南面政所西東面權長東西面彼酒肴五代予之分五
十文出納荷用ニ下レ之政所廿四文權長廿四文取レ之相
殘百文刀禰祝以下ニ配分ト云々御鍬ノ役遲參ノ間權長
催促則持參以笠ノ葛在之役人號ニ小濱六郎一此役人數
多也當時六郎一人沙ヨ汰之一又鍬山ノ小キ御年木ヲ此
所ニ持參役人不レ知權榊ヲ立魚ヲ獻散具ヲ解御祓ヲ申
南向刀禰祝饗ヨリ參東座西上南面褁ヲ作權長鍬ヲ二進
次褁ヲ二進次藁ヲ進次御種ヲ進如レ狀山時左右ニ九取
一ノ褁ニ入以レ藁結レ之次權長榊ヲ進如レ例在ニ一端一取
レ之于レ時山向給レ之本宮ニ參例所ニ奉納次又權長榊ヲ
進取レ之于レ時楊田社ノ祝給レ之彼社ニ奉納之處彼祝令
日不參ノ間雖ニ權長持參一是又道々在役之間權長給之
河端邊ニ奉納ノ次褁二鍬一結合荷用ニ令レ持一ノ鍬ヲ
予所持件葛ヲ冠ニ點乘馬自ニ河原一權長祝歌在レ之隨彼

馬上モ歩行モ口ヲ打昨日ノ道遣所御社マテ如レ此昨日ノ在所ニ如ニ昨日一着座在ニ酒肴一長官ノ沙汰也今日ハ權長百文給調進之由申之勸盃配膳次第如ニ今朝一三獻也刀禰祝拜荷用出納政所之所從以下之饗昨日延引今日沙ニ汰之一酒八升云筒云々由伊若榮神事ト號也刀禰祝末西上所從以下西亂座次田態先祝大豆次種ヲ蒔次權長田歌祝二人植役一人參間權長之所從一人勤レ之今日ノ藁等權長之沙汰也諸役人於ニ不參之饗以下一者權長預レ之於ニ無沙汰事一者權長勤レ之當神事每事權長觸催也此神事饗酒肴以下往古ハ繁多歟下向予前陣月讀宮在ニ下馬一神事無爲之由長官ニ申退出了

十六日　晴田宮寺十八日行物當月頭役六七予百宛沙ニ汰之一

十七日　晴予番ニ參又十九日秀頼榮爵神宮施ニ判ヲ加

廿一日　雨番文一五予九加判交替事雖レ被レ觸五神主不レ知ニ案內一之由被レ申之間被レ觸予今宵處在ニ急用一出レ里了仍九參勤

三月

一日　晴交替一番文一二五予九十加判

同日祈年穀奉幣四姓參無ニ幣馬一二鳥居北東上ニ立神事次第如レ例於ニ其外一者注レ之先陣王使次幣使秀忠次院部次占部次宮司四姓ハ無ニ祠承一神宮一二五七予九十從依レ爲ニ晝神事一雖レ無ニ御火一余暗之間幣使參向神宮御火ヲ二鳥居被レ進次玉串行事所四姓東上手水先王使次幣使役人俊尙神主次院部次占部次宮司次鬘木綿先幣使彼役人玉串不參然之間任ニ近例一一﨟可ニ參勤一之由二神主被レ申于レ時一﨟與里爭可レ勤ニ玉串役一其上自役繁多之由申二神主玉串不參之時前一﨟尙延每度參畢異儀何事哉之由被レ申其ハ不參之時每度可レ憑之由依ニ前玉串之語一參畢當玉串不參之時依レ語常祭物忌父時氏度々參勤之由一﨟彼役上役也一﨟參事爲ニ規模一者哉時氏不レ可レ參只一﨟可レ參之由二神主成敗一膳ハ不レ爲レ役之間不レ可レ參之由申然者可レ被レ止ニ神事一之由二神主被レ申依レ之神事停滯可レ及ニ鷄鳴一歟之間於ニ先規一者追而可レ有ニ落居一先以ニ別儀一一﨟可レ成ニ御事一之由依ニ予之意見一今夜玉串役悉一﨟勤レ之幣使有ニ鬘木綿一而綿着之時一座ニ進仍王使二座ニ下次院部鬘木綿次送文ヲ進綾八端渡由ヲ申次宮司神宮榊ヲ取テ御前ニ參事如レ例幣使四姓ヲ相待

一同ニ着座幣使四姓東西上神宮西東上一繭玉串役勤
仕之上者石壺ニ可ニ着座一由雖レ申之不レ被レ免于レ時
院部前ノ石壺ニ平伏于レ時幣使後ノ石壺宣命讀進歸着
之時二座ニ下王使一座ニ進于レ時院部本座ニ歸着次榊
ヲ取事如レ例□□次宮司神宮座立八重疊西ヲ經テ御内
ニ參鎰取八重疊ノ於ニ西際一東寶殿ノ御鎰ヲ進二神主
取レ之持參御階ノ前ニ一同蹲踞東上次宮司瑞離御門
ノ東ノ下參于レ時神宮御前ヲ拜於ニ宮司前一有ニ一拜
宛一御殿ノ東着座北上西面于レ時宮司神宮ノ前ヲ通
北方ニ着座于レ時二神主依ニ窮屈一歟御鎰ヲ五神主ニ
與奪五不レ知ニ案内一之由被レ申仍七神主御鎰ヲ取沓ヲ
穿テ前ヲ通東寶殿ノ御階ノ下ニ南向ニ立于レ時鎰取御カ
キヲ給宮司ニ封ヲ取ス其間七蹲踞封ヲ取テ七進七カキヲ
取裾ヲ引テ大床ニ昇ソト拜ス于レ時カキ取忌刀ヲ進取之
御鏁ノ封ヲ切鎰取ニ渡ニ給之一宮司ニ令レ見東寶殿ノ御
鏁ノ御封開ト申于レ時御戸ヲ開御カキヲカキ取ニ渡次錦
綾ヲ取テ御内ニ納御戸ヲ閉于レ時カキ取御封忌刀ヲ進取
之テ御鎰ニ付紙ノ餘ヲ切テ返退下シテ御階下ニ立于レ時
御カキ封ヲ付テ進七神主取レ之本座ニ歸着于レ時一同ニ
立座正殿ノ御階ノ前ニ蹲踞東上于レ時宮司御門ノ下ニ

參于レ時奉拜テ退出シ八重疊西ニ列立南上東面宮司
於ニ彼前一在ニ一拜一テ通共ノ侍以下八重疊ノ東ヲ通于
レ時七御鎰ヲカキ取ニ渡一同ニ石壺ニ歸着于レ時カキ取
東寶殿ノ御鏁ノ御封納ト申于レ時一同ニ在ニ兩端一テ退
出荒祭遙拜等加レ例次王使幣使宮司一殿ニ着予九十
如レ例淨衣木綿裲襠ヲ脫爲ニ勸盃一參之處如ニ例幣時一
机二前用意之南北ニ居レ之北方先王使令ニ着座一宮司
南ニ着座幣使ノ御前無レ之然間彼前一神主ノ館ニ爲ニ
催役一人長走其間予等殿ノ東相待之處及ニ遲々一之間
幣使退出仍皆退出畢此役者一神主令ニ下行一人長調ニ
備之一此事無沙汰何事哉之由自ニ幣使一以ニ正秀神主一
一神主方ニ被レ仰之處如レ例役人ニ申付候之處無沙汰
之條恐入候於ニ向後一者堅可ニ申付一之由返答了
三日　晴桃花御膳二三五七予十從自ニ北御門一參次第
如レ例預ニ直會一ノ時桃花一葉宛進之時取レ之笏ノ上ニ
置少酒入テ呑又二獻之時兩度少宛入レ之テ呑相殘花ヲ
令ニ懷中一於ニ家中一祝レ之下向次第如レ例一殿酒肴如
レ例大泉役初獻寒酒桃ヲ入後二獻ハ暖レ之本儀者初獻
ヲ暖後寒酒歟自ニ今日一寒酒儀也又今日之酒肴玉串物
忌以下酒肴別役所也當時副物忌沙ニ汰之一大夫二郞ト號今日

石橋不二着座一皆請歟此役所無沙汰ノ時ハ物忌不二着
座一仍一﨟勸盃不參之自二役所一一﨟ヲ語進先規也近
無沙汰之時當方ノ酒肴ヲ一前一﨟被レ下勸盃ニ參畢
非二本儀一又今日陪膳ハ自二役所一勤之爲レ例之處可
レ爲二物忌一之由依二二神主ノ成敗一自二役所一副ノ物忌
ヲ語進

十日　晴度異祈請文ニ加署

十一日　晴交替一番文一二五六七予九十加判

十七日　晴予自二今日一當番祗候

廿一日　晴交替一番文一二三五予十加判

廿二日　晴上﨟御局御參籠御神拜ニ北御門ヲ被レ開
自二十六日一御參籠於二落合一御行水一千度一七日ニ被
レ滿今日御退出

廿六日　雨公方御參宮瑞籬御門ヲ被レ開二五六七予
十衣冠自二北御門一參一神主家ニ傳御祈禱料所在レ之然
之間於二御輿宿一之際御祓被レ進仍束帶直自二南御門一
被レ參御殿ノ西南上東面蹲踞三神主同祈禱料所在レ之
於二一鳥居一御祓ヲ被レ進束帶依レ爲二老體一內院ニ不レ參
退出公方樣自二南鳥居一御參前陣宮司束帶共侍一人南
東ノ方蹲踞次御師束帶共布衣西方ニ蹲踞公方奉物ノ
金太刀ヲ所持次公方樣裾ヲ引テ御拜八度歟公卿殿上
人大明近以下ハ皆御門ノ外祗候　同日今出川殿御參
宮北ノ御門ヲ被レ開

廿七日　晴山宮神事九神主參巡番廿三日祝參神事
可レ爲二廿六日一之由雖レ申之公方御參宮之由九神主被
レ申今日行レ之予之初廿文遣レ祝巨細追而可レ注

四月

一日　晴交替一番文一二三五七予加判

六日　雨初申氏神事六參予之初廿文彼宮祝四來請取
了

十一日　晴交替二番文二六予九加判一神館ニ乍二祗
候一不二加判一不審也

十四日　小雨御笠神事一七九參衣冠予自レ宵雖二參
舘一依二違亂一不參一殿ニ參列役人等參櫻ノ宮ノ北ニ御
榊ヲ立幷御笠ヲ付了レ時彼宮前置石列立東上西面在二
御鹽湯一先御笠次當方了レ時日祈御榊三本奉持先陣次
笠縫御笠ヲ榊ニ付奉持次禰宜自二南御門一參テ石壺ニ着
座役人八重疊ノ東ニ蹲踞一神主於二前石壺一詔刀讀進
了レ時役人御榊御笠ヲ御門下ニ奉納一方ニ一本一方ニ
二本宛歟一神主本座ニ歸着ノ時一同ニ手□自二西鳥

居ニ退出與玉拜次荒祭拜開手兩端次櫻宮前ノ置石ニ着座東上北面無ニ鋪設一自ニ置石一北在ニ鋪設一二神主詔刀讀進諸神ニ御笠ヲ獻狀也歸着之時一同ニ兩端次酒殿拜同諸別宮拜次下向了今日御笠ノ菅自ニ內瀨一兼日ニ進之處無沙汰之間自ニ長官一在ニ奔走一テ役人ニ下行然十五日內瀨ヨリ持參間折檻之處此御菅雨一滴ニモ不レ宛爲ニ先規一之處依ニ此間之霖雨一不レ得レ參之由申事闕上例判無ニ下行一或十五文或十文

十七日　雨予番ニ參

廿一日　雨交替一番文一三四加判五六七予九十　雖ニ皆參一出納不レ取レ判之條無沙汰也

五月

一日　晴交替一番文一二三四五予九十加判

五日　晴菖蒲御膳自レ宵舘ニ參夘尅束帶如ニ元日一一殿ノ背爲ニ列立一之處今日殿內ニ座列新儀也御膳次第如ニ元日一但第四御門無ニ御鹽湯一今日ハ茅卷菖蒲蒜山芋名吉干魚以テ獻鰍與玉拜荒祭拜兩端櫻宮拜由貴殿酒殿同諸別宮拜次一殿酒肴長役勸盃陪膳如レ例一二三七予十玉串內外物忌等着座三獻一同神拜

十一日　晴交替一予十依ニ參合一從ニ番文一一五六予九十加判

十七日　晴予番ニ參

廿一日　大雨大水交替　番文一予九加判

六月

一日　晴交替二番文二三四五六予九十加判

十一日　雨交替一六予從ニ番文一一五六予加判

十五日　雨贄海神事予十淸泰六代定泰九代守成二代守秀一代經貞五代永時三代經隆七代氏生四代等次第如レ例

同夕雨與玉神事一五予九十次御占神事召立弘安

十六日　雨御巫舘祓申次河原祓一二予九十雨儀之間於ニ一殿一行レ之在ニ鋪設一次第如ニ河原一手水番出納進レ之次神拜自ニ御前一御稻撿知九神主次神拜自余御稻之後神拜

同夜雨御膳宵曉瀧祭神事櫻宮神事予九十參

十七日　雨月次祭幣使秀忠手水役正秀神事如レ例予參二五予九十從ニ勸盃一御遊九十參予ハ假殿注進事依レ爲ニ急事一退出幣馬三神主預

十八日　雨宮比矢乃箒神事荒祭神事予九十從

十九日　雨瀧祭神事予九十同日月讀伊佐奈岐伊佐奈美宮神事往古ハ一同ニ參近長官ノ家子一人末座一人

両人參今日十神主不參間自二長官一予ヲ被レ語一人馬
所從等自二長官一給レ之在二酒肴一神事如レ例
廿日　雨小熊宮神事予九十參如レ例酒肴送レ館
廿一日　交替一番文一二三四五六予九十七神主依二
違例一不參廿二社奉幣廿日可レ被二發遣一之由御敎書次
第施行等廻覽
廿二日　晴瀧原祭禮十參當祭幣使三十田口鄉役近年
以レ代三百文送之處今日六ツ到來彼鄉定使號二木下一虛
妄歟同鄉ヨリ人夫二人進候處今度一人參件夫落着ハ
定使役朝ハ自二幣使一被レ下歸參人夫打見ヨリ二人又野
原ヨリ一人道ヨリ替
廿五日　晴伊雜宮祭禮九參　同日風日祈宮祭禮一二
五予從直會於二祭庭一行レ之十神主館ニ參仍送レ饗
同夜廿二社奉幣使淸國朝臣雖レ爲二惣領一非二祭主恩一
秀忠朝臣依レ爲二當祭主恩一爲二家督一每度手水役參了
仍無二今夜一自餘如レ例一二五予參二東寶殿一予參勸盃王
使五幣使官司予立渡兩役勤レ之二神退出常祭每事如二
祈年穀一
廿九日　晴輪越神事一三予九如レ例五神主遲參仍以二
出納一被レ送二彼館一被レ越

七月

一日　晴交替一番文一三五六予九加判二神主勸樂仍
番代五禰候
四日　晴柏流神事一二三五六予從件神事役人日祈
依二服氣一不參然間權可レ參候處遲參仍御鹽湯役人幸
爲二衣冠一向爲長裁相語彼件役勤次第畢於二一殿一芘饗
行レ之六神主退出仍芘饗送レ館
十一日　雨交替一番文一二予十加判
十七日　晴予番參候處正殿乾方瑞籬三十余枚顚倒
此由長官ニ申畢官司修理間自二長官一被レ置二宿直一
了
廿一日　小雨交替一番文一二三五七予九十加判司對
面當番九神主御祓起座
廿九日　赤松調伏事御敎書廻覽

八月

一日　晴一三五六予十參交替番文如レ元同十神主加
判時分九神主參仍先九神主加判其後十相殘處加判自
余館ニ被レ送時分二神主參着仍加判四七館不參仍無
レ判酒肴無沙汰赤松調伏加署請文又外宮御池端ニ犬
喰二來人頭一仍七日爲レ穢

十一日　晴一昨日九日山田神人與二神役人一確執死人百余人其內數輩燒死畢可レ爲二村穢一歟否未二承定一其上忌人諸人相交間先今日斟酌〇此間七字闕自如何
十三日　晴今日予雖レ被レ差七番代山田事爲二眼前觸穢一之間神拜斟酌三四七予十此儀同心
廿一日　晴交替一番文一二六予九加判

九月

一日晴　予妻女他界同廿日父他界仍神事參勤次第不二存知一當祭御贄依レ爲レ忌被レ納二長官一但以二別儀一拜領奉物等不レ獻官幣延引神宮如レ常

閏九月不參

十月

廿一日晴　交替一番文一五予加判予外院神拜布衣

十一月

一日晴　交替一番文一二三六予九加判假殿以下注進加判
九日　雨氏神事九參予依二服氣一御初不レ獻
十一日　晴三日神態神六參予饗御初依二服氣一不レ獻
十八日　田宮寺行物小頭廿文沙汰同權任分沙汰
十九日　晴長官上階六日御敎書同祭主狀廻覽
廿一日　長官當宮拜賀束帶

十二月

一日　晴交替一番文一二三五六予十加判
十一日　晴交替一番文一二三五六予九加判
十五日　晴參館初御贄不レ獻レ之御贄塵直會竈等公文所取
十七日　晴官幣延引神宮如レ常
廿一日　晴番文一二三五六予加判
廿三日　晴長官上階宮奉行加判三位宮奉行無二先規一不審
廿二日　晴瀧原祭禮七神主雖レ爲二巡番一違例舘ニモ不レ參間自二長官一可レ被レ進二代官一爲二先例一之處無二其沙汰一但去九月六神主被レ參之時三瀨方松倉藤兵衞ニ有二意根儀一間彼者可レ奉二取替一之由申二太神主一押留然之間五ヶ方令二籌策一無二相違一下向之事末ニ落居一歟云レ彼云レ是無二參勤一
廿五日　晴伊雜宮祭禮予雖レ爲二巡番一服氣間長官ヨリ守成神主被レ遣
廿九日　晴經泰五位宮奉行去三月三日日付今日加判

嘉吉二年壬戌正月

一日　晴一二三五六九十從予ハ服氣一神主不レ着二廳
舍一退出仍番文於レ舘被二加判一其後連判次以二奉行弘
安出納等一被レ送二予之舘一又以下色々物ニ加判宮司勸
盃事六神主可レ被レ參之由兼長官被レ仰又只今雖二二神
主被レ仰每度爲二一座御役一不レ可レ然之由六返答仍二
神主勸盃三神主酒肴以後退出自余例式神拜次長官祝
二六十參三五九不參一神主着二衣冠一對面新儀又舘吉
書酒肴除二火物一被レ送二服氣禰宜之舘一先規也今日無二其
儀一自余神事如レ例外宮參延引上階拜賀未レ被レ參　予
分自散三十神下人請取傳レ之
予依二服氣一雖三不參二承及事等爲レ後注レ之
七日　晴新菜神事
九日　荒木田感忠同盛重叙爵去十二月三日司中狀今
月五日宮奉行口宣案祭主雖三不具二數輩之上首皆被二
加判一上ハ加判了同氏武行吉三月廿七日宮司狀今月四
日宮奉行同前
十一日　晴交替一番文一二五六予十加加判
十三日　晴經繁叙爵永享十三年正月七日口宣二月廿
五日祭主狀三月二日宮司狀嘉吉元年四月廿七日宮奉
行加判定德口宣同前二月廿五日祭主狀三月九日宮司
狀嘉吉二年正月四日宮奉行加判
經定　嘉吉元年三月四日口宣同九日祭主狀同十六日
宮司狀嘉吉二年正月四日宮奉行加判定盛了嘉吉元年
十月六日口宣十六日祭主狀十一月十六日宮司狀十二
月十一日宮奉行加判十七日加レ之
十五日　晴御竈木予之分服氣間不レ合二奉納一不レ削由
貫殿脇ニ立置也同服氣權任木不削無二指出一
廿一日　交替二番文一二三六予九十加判一神主被二參
舘一無沙汰非里故加判歟不審司對面九神主起二御祓座一

二月

一日　大雨大水交替二番文二五六予十加判鍬山神事
同衆徒雨儀間物忌等酒肴於二殿内一御種等調進役人等
於二九丈殿一勤レ之爲二先例一之處物忌可レ爲レ例所之由
二神主成敗不審但神事時分晴之間例所云々予神事時
分雖レ出レ里酒肴送レ里大夫營レ之彼芳志也
九日　祈年祭二六十從五主神明日父遠忌日也仍不參
九神主余茅住家今日他界仍不參自余如何幣馬四神主
預
十一日　交替一番文一六予十神態神事十參
十二日　同前

十六日　田宮寺行物大頭百文沙汰
廿日　守雄敍爵宮奉行加判去十一月口宣同十日祭主施行正月廿日宮司施行正月五日宮奉行不審
廿一日　晴交替一番文一二五予十加判
廿九日　變異御祈御敎書次第施行廻覽
三月
一日　雨交替二番文一二予十加判
三日　晴桃花神事右酒肴物忌方別役二百文副物忌傳之云々自二中尾方仁一取納無沙汰無レ謂雖レ然一繭勸盃ニ余神妙間當方也
十一日　予一昨日九日加灸仍不參□□酒肴ヲ下給
十六日　變異御祈事御敎書廻覽同請文今日加署
廿二日　變異御祈可レ給レ願事今月十五日祭主狀同廿一日宮司狀今日廻覽祈年奉幣可爲來廿四日之申十一日御敎書十四日祭主狀廿一日宮司狀同前
廿九日祈年穀奉幣
四月一日不參
十一日　交替一番文一三五六予九十加判司對面六御祓口起
十四日　御笠不參

廿一日　依レ無ニ所從一不參
五月
一日　晴交替一番文一二三五六予九十加判
五日　晴一二三五參
十一日　晴不參
廿一日　晴交替二番文一二五六予九十加判今日御神田予雖ニ出仕一服氣之間七折目時者別座敷ニ候
六月
一日　晴交替一番文一二五六予九十加判
十一日
十五日　舘ニ參御贄海神事六九一代清泰二代守春三四予十服氣之間自ニ長官一守博守成泰成泰俊被レ進五代經俊七代經元七神主當病仍舘ニモ不參然間御贄以下モ長官ニ被レ納別宮以下代官モ自ニ長官一被レ進先規ナリ然神慮有レ恐間被レ申ニ請長官一毎事如ニ平生時一御占輿玉神事一二五六九被レ參
十六日
十七日　官幣延引神宮如レ常
十九日　月讀伊佐奈岐宮神事自ニ長官一六末座九參十神主ハ去二日舍弟他界仍四十服

廿日　酒肴予モ預
廿二日　瀧原祭禮九神主巡番雖ニ去年三瀬方煩落居一
不參不審
廿五日　伊雜宮神事十巡番依ニ指合一自ニ長官一代官ニ
被レ進風日祈宮神事饗三神主雖レ爲ニ服氣一送足先例也
先年三予十服氣時雖ニ參舘一件饗不送之間先例雖レ致ニ
問答一不沙汰仍今度予十不參
廿九日　輪越神事三予十致ニ送舘一出納二蔣越レ之家
子ニテ

七月

一日　交替一番文一二三五六予九十加判氏保叙爵宮
奉行加判
四日　柏流神事服氣間不參三神主爲ニ服氣一參舘之間
莚饗催促之處無沙汰不審
十一日　晴去八日山田亂ニ燒死者裁翟依レ可レ爲レ穢
歟號ニ交替一番文先一予加判自余如何
廿一日　晴交替一番文一二三五六予九十加判

八月

一日　神事如レ例酒肴御沙汰番文吉書等致ニ送舘一加
判一二三五六予九在判
十一日　番文一二三五六予九加判

九月

十一日　番文一二五予加判
十五日　予早旦舘參納御贄不レ獻
懸稻役田大畧在ニ苅田邊一當年國司依ニ神郡發向無レ之
仍面々以奔走被レ懸レ之予分有ニ二見一雖レ無ニ相違一服
氣之間得分田邊御田當祭一石九斗三合入由也是又同
前下部サヘ不參之間自ニ長官一二石五斗下行御器不
レ致ニ沙汰一之間同以代下行
十七日　神甞祭官幣雖レ令ニ延引一昇殿以下神宮儀如
レ例
廿日　小朝熊神事饗延引
廿二日　瀧原神事依ニ武家神郡發向一不參
廿五日　伊雜宮神事六代正秀參同日風日祈宮神事酒
肴延引亂中間役所今在家之地子等不レ致ニ沙汰一之由
兼日ニ雜掌所ニ侘申一

十月

一日　交替一番文一二五予十加判予服氣過明等去月
廿日饗今日沙汰式日予雖レ爲ニ大裁闕日一今沙汰之間
預レ之廻饗氏榮分預今日御綿預氏卿叙爵六月六日口

宣同廿三日祭主施行九月十五日宮奉行今日加判
五日　月次祭六月延引分雖レ無ニ兼日告知一神嘗祭綾
依レ不ニ出來一延引先六月分廿九日被レ成ニ御教書一卅日
被ニ發遣一今日此趣自ニ幣使一以ニ使者一禰宜中被レ仰仍
ニ三五十從予ハ灸治相殘
十一日　晴交替一番文一二三五予九十加判何幣可
レ爲ニ來十六日一旨内々被ニ仰出一之由七日祭主狀今日
宮司狀
廿一日　雨交替一番文一二五予十加判同夜例幣使從
四位上秀忠四姓參予九十從予名召始也予東寶殿ニ參
九神主參時依レ暗顚倒（本ノマ）自予血ニシム間西寶殿十參神事
時分雨降不レ引レ裾西寶殿參昇時者引レ之勸盃　皆參無
ニ御遊一式日畢

十一月

一日交替一番文一二三五六予九十加判外宮盗人參昇
十一日　交替一番文一二五六予十加判神態六參
十二日　同予饗
廿一日　交替一番文一二五予九十加判今月氏神祭禮初十文料所亂ニ退轉仍無レ祭

十二月

一日　晴交替一番文一二五六予九十加判
假殿遷宮可レ爲ニ近日一之由有ニ沙汰一之間錦綾有ニ濕
損一否事今日東寶殿ニ在ニ昇殿一爲レ令ニ實撿一巨細可
レ有ニ注進一之間自レ宵可レ被レ參之由傍官中ニ被レ觸同
宮司方ニ被レ觸仍參北御門ヲ開ニ五六予十參二六今朝
參之間昇殿斟酌云々然五神主可レ被レ開ニ御戸一處無ニ故
實一之由被レ申仍予勤レ之于レ時五十モ被レ參拜見之處
無ニ濕損一少々令ニ紛失一歟有ニ不足一八段惣數百九十五
端在レ之東西寶殿瑞籬御門表葺朽損居玉一果朽損
十一日　交替一番文一二五六予九十加判
十五日　晴館參御贄等納國崎長役御贄塵長五十自余
各廿御鳥玉貫十連政所取レ之與玉神事　一三五予九十
從次御占神事同前召立行高讀進
十六日　晴河原御祓一五六予九十御巫二䕵服氣仍一
䕵雨役勤五九ニ鳥居ヨリ退出自余神拜御稲撿等參
同夜御饌宵曉瀧祭神事櫻宮神事在ニ酒肴一九日延引分
予九十從
十七日　晴官幣延引宮司氏長神宮五予九十參次第如
レ常三方榊畢時分ニ一神主雖レ不レ合ニ御鹽湯一版位ニ着
不レ相ニ待長方一被レ行ニ神事一之條何樣哉之由可レ取ニ直

榊一之由被レ申于レ時司中侍申云依ニ御遲參一余及ニ深
更一之間長官ニ尋申候處神宮子被レ參之由返答仍神事
ヲ被レ行由聞在ニ拍手一而退出對面予十參宮司幣使ノ座
ニ着三勸盃御遊同前
十八日　晴宮比矢乃等神事其後荒祭宮神事五予十參
同夜私御饌予參ニ政所一代行定御火以下館ニ來次第如
レ例
十九日　晴瀧祭神事予九十參月讀伊佐奈岐神事十參
長以下自□
廿日　小朝熊神事一五予九十參酒肴送レ館
廿一日　大雪腰立予踏ニ分之一雖レ參樣々大宮計神拜
別宮參不レ叶而下向諸人參事不レ叶番文一二三五六予
九十加判
廿二日　瀧原神事雖レ爲ニ予巡番一去年九月六神主被
レ參時三瀬方相留後退轉幣使不レ進レ之人夫不レ來
廿五日　雨伊雜宮祭禮七代經貞參風日祈祭禮予九十
參祀承弘富廳舍ニ參御火同前雨儀於ニ一殿一行レ之泿
出御火祀承予之迄レ館來件神事雨儀時者末座禰宜一
人役人等彼宮ニ參詔刀讀進也近代無ニ其儀一

嘉吉三年癸亥正月

一日　晴一二三五六予九十玉串參ニ政所一代ニ行定一
番文番貞兼一神主自ニ廳舍一退出仍宮司勸盃ニ神拜館
祝キ如レ例一神主依レ求ニ上階一拜賀外宮參延引予十山
神北宮八王子以下令レ參直ニ里ニ出
七日　新菜御膳一二五予九十玉串權從ニ御鹽役所一不
レ參仍前々之殘自ニ酒殿一奉レ出用レ之杓今日ト十五日トハ
內三方ハ二柄宛也今日一柄宛被ニ下行一（之カ）惣而御膳供用
被レ減下行之間不足每度御膳如レ此久由內外物忌一同
申レ之又箕役所五進レ之二ハ長御得分三ハ每年御下行仍
於ニ古箕ニ者外物忌方下行之先規也於ニ役所ニ者雖レ無ニ退
轉一近年不ニ下行一之間子良館上館等之古箕借用古以ニ
人物一御饌調進雖レ有ニ其恐ニ就ニ闕如ニ奉レ成御事由申之
間於レ杓者止而可レ有ニ沙汰一之由下知之間參了仍北御
門被レ參候處不レ開ニ御門ニ何樣候之由被レ仰之處一﨟與
里申云每度二﨟役也前一﨟尙延此由ヲ申每度與里參
リト申二﨟更無ニ其儀一弘富數年雖レ爲ニ二﨟一未レ參必
一﨟役之由申レ之一﨟役之間番之物忌ヲ相語令レ開レ之
今日無ニ其禮一云云一﨟不レ爲ニ自役一之間不レ及レ禮ト申
問答不レ休時移之間宮守物忌父弘憲臨時ニ勤レ之了今
日新菜役所若菜御薗國方神郡依ニ知行不參一仍今日御

膳ニ　菜不レ入自余如レ例
十一日　晴交替一番文一二三四五六予九十加判司對
面六御祓起座
十五日　晴御竈木奉納神事一二三五六予九十參水量
三尺九寸
廿一日　晴交替一番文一二三予九加判
廿八日　晴當貞盛貞叙爵嘉吉二年十一月廿一日宣旨十
二月六日祭主施行同三年正月十五日宮奉行之間加判

二月

一日　晴交替一番文一二三五六予九十加判鍬山神事
同衆參如レ常
九日　晴祈年祭一三予九十勸盃九十
十一日　晴三條殿御參宮仍予不參
廿一日　交替一番文一二三五予加判
廿七日　晴祈年穀奉幣二五予九十參錦綾東寶殿ニ不
レ被レ納子良舘被ニ預置一二神主意見仍御門不レ開幣使
宣命宮司無ニ詔刀一勸盃予王使九幣使十宮司

三月

一日　晴交替一番文一二予九加判
三日　晴桃花神事一二三五六予九十在ニ酒肴一物忌方
酒肴別役也今日無ニ沙汰一仍不ニ着殿一依無ニ勸盃役一當
方酒肴一前被レ下二﨟參一﨟今日不參
十一日　雨依ニ頭風氣一不參
十二日　成行叙爵永享三年正七日宣旨同二月廿五日
祭主施行嘉吉三年二月十日司奉行十一日宮奉行加判
十七日晴番參櫪御馬事依ニ度々注進一今月五日被ニ牽
進一荷用上分藤浪方預置奉レ下今日御厩ニ奉レ入件神
馬事十五日荷用京着又其間之飼料文引下日ヤツ等之
賃荷用沙汰雖レ爲ニ先例一不涯之間自ニ長官一下行
廿一日　晴交替一番文一二予九加判
山宮神事闕如

四月

一日　交替一番文一二三予九十加判
十一日　晴交替一番文一二五六予九十加判氏神祭三
參彼宮祝死去仍御初取ニ不參之間予御初三神主所從
付進自余御初二﨟取替沙汰云云依ニ一﨟指合一二﨟役
等勤レ之件神事役田等去年亂ニ無足仍去年十一月祭モ
ナシ今度預取以ニ私力一小付酒肴沙汰之無ニ心見一今日
祈謝宣旨廻覽
廿一日　晴交替一番文一二三五予九十加判

廿七日　晴一神主三位外宮拜賀裝束少々ハ如レ元膝突アリ日笠以二青絹一被レ張レ之被レ立レ輿如木二本雜色四本其外白張數輩笠持以下在レ之二神主白張數輩直垂着中間二人是ハ新儀舍人一人笠持以下六神主雜色一本白張數輩笠持等予雜色二本舍人一人笠持等十神主雜色一人白張二人權任清泰正秀經元守博守喜守秀守春永尙氏經氏高皆布衣直垂着中間二人宛公文行定行高弘正弘盛尙當等也先當宮神拜自二南御門一參西ニ出遙拜如レ常自ニ大庭ニ乘馬橋上ヲ打渡出ニ外宮ニ手水神拜以下如ニ元日一沓役淸泰裾經元北宮參歸立以下如ニ元日一三獻畢時分白拍子等持ニ參酒一旣雖レ令ニ着座一爲ニ神事一之間立座仍彼之宿ヱ三貫被レ遣苅田大夫自レ道御共仕於ニ中屋邊ニ被レ下レ酒

五月

一日　晴交替一番文一二三六予九十加判

五日　晴菖蒲神事一二三予十參如レ例在ニ酒肴一

八日　晴自ニ酉下刻一及ニ子尅ニ而舘炎上大庭並木杉北端逼之世古ヲ限テ北方舘卅余宇悉燒失了此内ニ一神主舘在レ之自余無ニ相違一當時參籠人群集之間汚穢不淨相交歟其上地下人等舘ニ住宮中之法ヲ犯間如レ此事出來宮中殿舍有ニ類火之危一處俄風南ヨリ吹テ火止了火本有爾舘預祓所籠號ニ孫六一則令ニ逐電一畢

十一日　晴交替二番文二六予加判

廿一日　雨交替予番文一人加判今日番過退出

六月

一日　晴依ニ頭風一不參

八日　荒祭宮物忌弘長補ニ任宮奉行一加判

十一日　交替二番文宮六予十加判

十四日　晴同舘參

十五日　晴贄海神事予十俊尙九代經俊七代正秀六代守博一代經貞五代守春二代永尙三代氏綱四代參ニ小濱一海士大鯛四鯫進鹽鯛四鯫進神事如レ例

興玉御占神事三五六予十參召立行高

十六日　晴舘祓次河原御祓一五予十參五二鳥居ヨリ下向自余神拜御稻奉レ下等ニ參

同夜内外物忌等予之舘ニ來今夜御膳ノハケヲ雖レ被レ誂不ニ出來ニ之間以ニ代物一可レ被ニ下行一可レ奉レ成ニ御事一之由自ニ長官一承レ之自余物ナキ時御事ヲ奉レ成事度々ノ例也ハケノナキ事無レ例可レ奉レ進ニ御膳一歟之申間一二三神主舘ニ參此由可レ被レ申旨予意見仍二神主舘ニ參此由

申間ホンカ六被レ出レ之以レ是進了如レ此事令レ遲之鷄鳴及ニ三一度一而告來五予參南鳥居邊參候時分六被レ參依御鹽湯ニ不レ相之間退出瀧祭神事ヨリ五モ被レ從次第如レ例

十七日　晴月次祭官幣延引宮司神宮予如レ常自ニ神事時分ニ雨東寶殿予參勸盃御返予下ニ御門下一

十八日　晴宮比矢乃當神事荒祭宮神事一五予十參彼宮物忌新輔弘長二里合八幡宮恠異御祈事御敎書次第施行等廻覽同請文加署

十九日　晴瀧祭神事六予十月讀神事十馬所從自長

廿日　晴小朝熊宮神事一五六予十酒肴送レ舘四神主雖レ出レ里送

廿一日　小雨交替一番文一二三五六予九十加判

廿二日　晴瀧原祭禮雖レ爲ニ十巡番一去去年六神主參勤時三瀬依ニ留申一其後三瀬度ハ雖レ令退望無ニ參勤一依ニ神過難レ測自ニ長官一守博神主被レ參

廿五日　伊雜宮祭禮依ニ大水一延引風日祈宮神事大水無レ橋間於ニ一殿一行レ之予酒肴送レ舘

廿七日　伊雜宮九代俊尙參諸役人等式日迄夜半過待申處無ニ御參一間奉レ備ニ御膳一神事ヲ遂行之由申不參間神拜計也宵直會等催促之處其時令ニ用意一畢之由申之不レ進件饗ハ參着以後米以下當方ニ請取役人ニ令ニ下行一備進之處如レ此申之條無レ謂幣使依レ不レ知ニ案內ニ不レ被レ究ニ問答一歟朝饗里直會酒直等如レ前之云云件神事雖レ爲ニ九神主巡番一云ニ急病一云ニ灸穢一旁以自ニ長官ニ可レ被レ進ニ代官一之處自專之條新儀也而同夜九經朝死去畢

廿九日　晴輪越神事一二三五予九氏久

七月

一日　晴交替一番文一二五六予九加判

四日　晴柏流神事一二三六予九參酒肴送レ舘

十一日　晴交替一番文一二五六予加判

十六日　晴宮司氏長重任事七月七日宣旨同日口宣八日官狀十日祭主施行十三日宮司狀等今日廻覽

廿一日　晴交替一番文一二三予九加判宮司不參依レ未ニ拜賀一歟武家御壽福增長御祈事祭主狀宮司狀廻覽請文加署

廿二日　晴播磨國國分寺廳宣能登櫛比同櫛比二鄕上分廳宣以上三通加判

八月

一日　晴於二廳舍一一二三五六予九加判如レ例酒肴無二
沙汰一
四日　晴新禰宜十神主七月七日口宣上卿萬里小路大納言十八日
官施行同日祭主施行今月一日官奉行今日加判新十守
喜加レ之
十日　晴石淸水八幡宮恠異御祈事四日傳奏狀七日祭
主下知今日宮司狀廻覽則請文之解狀ニ加署
十一日　晴交替一番文一二三五六予九加判
廿一日　雨交替一番文一二予九十加判
廿五日　新十神主守喜外宮拜賀家子守秀守春公文所
尙常供奉

九月

一日　三神主許犬產穢也彼從女令二失念一予之許入來
間不參
七日　宗直祭主職補任事三日宣旨五日彼狀今日宮司
狀廻覽八日請文加署
九日　菊花神事五予九十參無二酒肴一
十一日　晴交替二番文二五予九十加判自二今日一一同
參籠
十三日　晴武秀武行五位六月十一日口宣八月三日祭
主施行十三日宮司施行今月十二日宮奉行加判
十二日　晴又多氣郡前野御饌米催促廳宣如レ例
十四日　拔穗神事假殿事注進ニ加署
十五日　晴與玉神事二三五予九十次御占神事召立行
定
十六日　晴舘祓次河原御祓一二五予九十參五神主ハ
二鳥居ヨリ退出自余神拜幷御稻撿知等ニ參但一神主
依二老耄一御稻ヨリ退出仍皆令二遙拜一下向此儀始歟
四神主少依二歡樂一雖二不參一御贄ヲ納奉之御巫竈祓勤
レ之於二御參代食等一者不レ被レ獻レ之
同日一社奉幣明日神事以後可レ被レ行之由自二幣使一
以二經考神主一被レ告二知神宮一俄被二仰出一之間無二御敎
書一之由也仍告狀モナシ號爲二詔刀幣使一位階名乘被二
注送一神嘗モ一社モ無二詔刀宣命一也然之處此儀不審
同夜御饌宵曉瀧祭神事櫻宮酒肴延引神拜等如レ常予九十從
十七日　晴神嘗祭四姓參幣使秀直御共御宮永保外貞茂神宮一
二三五予九十參幣使御手水役可レ爲二重代一之由雖レ被
レ觸御家嫡計也仍祠承可レ勤之處山向勤了然間自二神
宮一幣使ニ御禮ヲ被レ申被レ折ヨ檻祠承一又當祭一社兩祭
之送文錦綾等一度ニ渡之間自二幣使一衞士ヲ被二折檻一

臨時者當祭神事可レ爲二以後一之由被レ仰仍次第如レ例三神主依二老耄一西寶殿御鎰ヲ予ニ被レ渡但先送文計讀進期臨時之幣物不レ開二御戸一退出仍予於二例所一御鎰ヲ渡對面二予九十勸盃王使二幣使予宮司九御遊同衆次自二二鳥居一一社奉幣ニ參二予九十南御門邊ニテ淸衣ヲ着予於二例所一西寶殿ノ御鎰ヲ給參入二神主東寶殿ノ御鎰ヲ以前祭禮ヨリ所持予ニ被二與奪一仍予西寶殿ノ御鎰ヲ九神主ニ渡東寶殿ニ參今夜雨祭之錦綾幷先度子良館ニ被二預置一錦綾被レ納レ之了九神主西寶殿ニ參御鞍ヲ納了勸盃予九十參

十八日　晴宮比矢乃等神事其後荒祭宮祭禮彼宮物忌二﨟不參仍出納彼役ヲ勤就間木綿麻不レ請俄奔レ之一二五九予九十

十九日　晴瀧祭神事予九從十神主酒肴時分參預二酒肴一新儀也

廿日　予依レ爲二父遠忌日一自二十九日一退出

廿一日　不參

廿二日　瀧原祭禮六巡番雖レ然灸治

廿三日　晴祭主職淸忠還補事廿日口宣廿一日祭主狀廻覽則請文加署

廿五日　雨風日祈宮祭禮雨儀於二一殿一行レ之一三予九十從在二酒肴一三神主酒肴自レ舘被レ請之由役所申之仍三退出

同日伊雜宮祭禮五巡番代經貞參

同日月讀宮假殿遷宮可二遂行一之由雖二宮司申一依二儀式聊爾一被レ延九日十日司奉行廿日宮奉行口宣以下不レ副

十月

一日　晴交替一番文一二三五六予九十加判重頼叙爵宮奉行加判

同夜月讀宮假殿遷宮二五予九十宮司氏長皆束帶於二例所一先手水彼宮使人勤レ之宮司南神宮北南上東面次大麻次御鹽湯同役先御神寶御樋代御裝束等也居レ案次宮司神宮司鬘木綿同取レ榊歸二本坐一次神宮同前御前ニ參先神宮次宮司着座宮司參神宮西東上于レ時二神主詔刀讀進先例不レ脫沓今度被レ脫之不審顚倒之御殿之軒兼切開自レ其役人參昇在二秉燭一雖レ無二召立一權任數輩參衣冠悉奉レ渡二御神寶一給之所余使宜之職掌給之所御體ヲ奉レ出神宮左宮司右蹲踞行御神宮前陣警蹕宮司後陣在二道敷一假殿秉燭兼テアリ神宮左宮司右ニ蹲踞奉レ鎭二御體於假殿一御神寶等奉二取納一御戸ヲ堅御

門ヲ開着座如ニ本殿之時一于レ時二神主詔刀讀進今度者脱レ沓先例也于レ時一同兩端次下向件假殿者宮司以ニ私力一致ニ沙汰一重任御免之事申時此假殿可レ致ニ沙汰一之由申定畢仍神宮ヲ奉レ覽如レ此沙汰毎事聊尒也御裝束者絹生御樋代覆ハ布御殿者無ニ御鏁一久留々計也御門ハ懸金計御垣ハ柴也如レ此毎事雖レ爲ニ聊尒一既數年御顚倒之間且又此段依ニ神慮一歟被レ遂ニ行之一仍不レ及ニ召立一勤行之狀注進別紙在ニ引付一古殿二神主預レ之

六日　晴世上靜謐幷神璽出現御祈事一日御敎書三日祭主告狀今日宮司狀廻覽請文加署七日付又櫪御馬奇特事依レ有ニ公方御沙汰一自ニ祭主殿一被レ尋仍注進

十一日　晴交替一番文一二三五予九十加判

廿一日　晴交替予番文五予九十加判

十一月

一日　晴交替五番文三五予九十加判

五日　晴氏神祭六參四巡番勸樂五辭退仍六參

十一日　雨晴二日神態神事十參

十三日　晴一社奉幣事廻覽

十八日　一社奉幣使秀忠御共內氏綱外雅　御手水役永尚五予九十從ニ東寶殿一予參勸盃予九十馬二疋銀鈅一祭主ニ被レ留

廿一日　雨交替予東寶殿御戸本差相遣歟但御鏁御封無ニ相違一之由物忌申之狀此旨長官ニ申送了番文予九十

十二月

一日　晴交替六番文六予九十加判

十一日　交替予番文五予九十加判

十五日　晴與玉神事宮予九十次御占召立行高

十六日　晴御巫祓尺魚失念無ニ用意一代五文沙汰河原御祓二五六予九十從次神拜二神主自ニ御前一御稲奉レ下參十神主供奉自余神拜

同夜御膳宵曉瀧祭神事櫻宮神事在ニ酒肴一九月延引分神事等次第如レ常予九十從

十七日　晴月次祭幣使秀忠御共內經貞外雅　御手水役人永尚一人宮司氏長神宮二三五予九十勸盃御遊九十神事如レ常

十八日　晴宮比矢乃霈神事次荒祭神事二五予九十從

同私御饌十參同曉瀧祭禮予九十

十九日　晴伊佐奈岐伊佐奈美神事十一人參

廿日　小朝熊宮神事五予九十從酒肴送レ舘

廿一日　晴交替二番文二三五六予九十加判

廿二日　晴瀧原祭禮七巡番代經貞參
廿五日　晴風日祈宮祭禮予九十參祠承弘憲
同日晴伊雜宮祭禮予巡番代氏綱參神事如レ常
里直會宵二盃朝三盃進之云云酒直幷儲之饗等宵朝如レ前

寛文八戊申年十二月十五日書寫校合畢

氏經日次記一卷以荒木田久老藏本令謄寫雖多魯魚豕亥之誤以無類本不能校訂矣

明治丙午二月　佐伯有義

内宮氏經日次記二

文安五年戊辰正月
一日　晴　一四五予八九十參一四朝拜ヨリ退出先一
神主於レ舘番文吉書等加判次於二廳舍一五予八九十加
判次送二一四加判次一殿司對勸盃五番文番貞兼次白
散次酒肴次神拜次舘祝吉書一衣冠五予八九十次外宮
參同衆家子權任經元沓役守博裾役守成守春氏綱定久道後政所
代永保氏卿公文所兼親行定政所代也行高貞兼弘安尙常等參
神事如二例年一
四日　晴　去十二月次祭延引今日被レ行之幣使高司權
少補淸直御共内宮定幸外宮　高司殿親父基親參勤之時者兩宮
重代權任不レ共仍異姓人勤レ是者故通直卿爲二養子分一
歟仍無二相違一手水祀承役宮司忠春神宮予八九參勤八
九參今日神事無レ觸雖レ然自二道後政所方一一日内々此
由可レ被二心得一被レ申レ之仍參此事宮司告狀二日到來則
番出納被レ遣云云然出納緩怠無レ謂廿七日自二公方一被二
仰出一云云幣馬九預

七日　晴夕雨新菜御饌四五予八九十參
十一日　晴交替予參番文一五予八九十加判
十三日　番參本樣使夜前下着彼下向事二日御教書七
日宣旨同日祭主狀十二日宮司告狀夜半計到來仍今朝
廻覽雖レ可レ爲二神事一今日之由申下兼日無レ觸之間不
レ可レ叶由上返答日時可レ爲二今日一之由被二仰下一之處兼
不レ被二告知一之條祭主無沙汰歟今日無二神事一者令二上
洛一此分可二注進一之由宮司方ヘ堅申之間司中ヨリ日内
四ヶ度雖二觸送一神宮無二兼觸一上者曾無二承引一雖レ然
諸役人等可二參勤一歟之由重而被二相觸一處來十五日例
式爲二神事一之間淸進可二合期一於二其以前一者難レ參之
由申間此旨宮司方ニ被二觸送一仍本樣使等官長參一結
進歟奉行師昌ニ五口志云云再三懇許之間然者少之役
人者以レ代明日可二遂行一旨返答
十四日　晴予九十束帶宮司忠春束帶公文所師昌行定
弘安衣冠自餘布衣於二一殿一任レ例可レ讀二進宣旨一由催
促之處宣旨宮司方ヘ渡リ之由申宣旨神宮ニ到來然者
可二返渡一而有二其例一之由問答之處可二讀進一無二仁體一
今度此儀ヲ可二以失一由官使越前守氏里懇訴之間無二
讀進次第一參人神事如レ例今度儀式計也本樣使等無二

故實ニ故不レ及レ開ニ記録ニ西寶殿予參開ニ閉御戸ニ以前
御遷宮之後西寶殿造ヲ進之ニ仍本様古物等此間外幣殿
奉ニ納置ニ之間自ニ彼殿ニ奉レ出本様儀式以後西寶殿ヘ奉
レ納件神事次第注ニ別記ニ申畢退出之時宮司供給雜事
無沙汰之間本様使宮司乘馬ヲ質ニ取仍不レ可レ有ニ無沙
汰ニ之由退望然者拾貫文可レ有ニ沙汰ニ之由申之馬ヲ
返候
十五日　晴御竈木奉納神事四予八九十從水量三尺五
寸餘
廿一日　晴交替予番文予八十加判

二月日

一日　雨交替五番文一五予八九十加判鍬山神事一五
予八九十從在ニ酒肴ニ神事時分雨晴宮司忠春去月廿八
日逝去
八日　晴祈年祭可レ爲ニ式日ニ由告知廻覽
九日　晴祈年祭予九十參幣使清直無ニ宮司ニ之間彼榊
玉串於ニ石壺ニ進レ之予取レ之大物忌ヲ召渡自餘同神事
如レ常幣馬十預レ之
十一日　晴交替九番文五予九加判
廿一日　雨交替十番文四予十加判

三月

一日　雨交替予番文四五予九十加判
瀧祭副物忌荒木田弘行補任廳宣加判去二月廿六日之
日付也皆判
三日　晴桃花御饌予八九十從詔刀文予讀進在ニ梅津
役酒肴ニ石橋分無沙汰仍憤レ之玉串物忌方別役取勤
レ之
十一日　雨不參依造ニ作子細ニ
十七日　晴外宮造宮使職補任去月廿九日口宣幷次第
施行造宮使告狀等廻覽請文一神主狀也
廿一日　晴不參國方與ニ長野方ニ合戰頭等實見ニ相交
輩同宿之間自ニ十七日ニ迄ニ廿三日ニ七日間斟酌同日山
宮神態神事八順番俄違例仍物忌幷彼宮役人等計參
遂ニ行神事ニ畢予之御初廿文進之

四月

一日　晴交替九番文一四五予九十加判
五日　晴氏神祭禮五神主可レ被レ參之由自ニ官首ニ二神
主被レ命仍三日五神主予之許ニ來臨此事既去去年二神
主始而被ニ定置ニ事氏神山宮神事老體者以ニ代官ニ被ニ
勤仕ニ畢然者二神主可レ爲ニ順番ニ之處今又如レ此腰之

變之儀可レ爲二如何樣一哉此分可レ申之由被二誘引一仍
二神主許參被二申通一由之處先度儀雖レ爲二勿論一無二家
子禰宜一間難儀之由返答就者以二權神主一可レ被二勤仕一
瀧原幷宮伊雜宮神事等以二權任一被レ行之恐此御神其
儀何可レ有二子細一哉之由被レ申之雖レ然於二今度一者無二
余日一皆々凝二談合一自二來祭一可レ被レ定事之由也
仍先五神主被レ參畢予御初廿文
十一日　交替九番文一五予八九十加判
十四日　晴御笠神事予九十參詔刀等予讀進
十九日　晴變異御祈事御敎書以下廻覽予今日加灸同
請文ニ不ニ加署一
廿一日　晴依ニ灸穢一不參

五月

一日　雨依レ灸不參
八日　雨宮司氏長補任四月九日宣旨同十七日官狀同
廿七日祭主施行今日宮司告狀等廻覽
同日變異御祈結願之事御敎書以下廻覽請文加署
十一日　晴不參
十三日　晴自ニ今日一當番當時番代ヲ不レ被レ差雖レ不
口迄レ舘參

十七日　晴夜亥尅計ニ正殿覆板鰹木悉落御階高欄等
被ニ打摧一畢千木者乍レ折不レ落雜人亂入御金物等放取
候間所レ殘鰹木金物以上六長官ニ被レ取了件金物材木
等事古殿祭主得分也然者此等可レ爲ニ其分一歟之由道
後政所方ヨリ長官ニ被レ申神宮ニ取之先規也先應永兩
度假殿之時鰹木金物等經博一禰宜被レ取之畢之由返
答應永度經博被レ取之事者若爲ニ祭主通直代官一被レ取
歟每神爲ニ御代官一被レ計申間不審之由重而被レ申之其
儀爲レ致ニ支證分明一者不レ可ニ自專一無ニ其儀一上者只神
宮計勿論之由返答又荒垣內顚倒木如レ此物等宮司得
分之由宮司方ニ雖レ有ニ沙汰一不レ及レ迄ニ催促一儀顚倒
木得分之事勿論也如レ此金物材木等無ニ其沙汰一歟只
神宮計也
十八日　晴件鰹木等事急被レ成ニ假殿遷御一可レ被レ奉ニ
修理一之由注進公武兩通宮司（日カ）雜掌ヲ上
廿日　晴予之灸今月愈候間參拜
廿一日　晴正殿ノ棟ニ笘ヲ奉レ覆宮司氏長沙ニ汰之一

六月

一日　晴交替九番文一五予九十加判宮司氏長拜賀十
神主對面

十日　雨正殿千木北方二支落畢南方乍ㇾ折不ㇾ落
十一日　雨交替九番文予九十加判
同日守勝叙爵四月七日宣旨五月廿七日祭主施行今日
司奉行則宮奉行加判
十二日　雨氏規叙爵四月七日宣旨五月廿七日祭主施
行六月十一日司奉行今日宮奉行加判同氏規權禰宜
在ニ加判一
同日仲氏叙爵四月九日宣旨五月廿七日祭主施行今日
司奉行則宮奉行加判件氏規仲氏氏規ハ予之子也仲氏
ハ權任子也宣下次第施行爲ニ同時一ハ禰宜子爲ニ座上一
先例也殊更仲氏ハ宣下後日之處上ニ被ニ引付一候條且
無ニ故實一且偏頗之儀也雖下此段可ニ支申一歟上氏規ハ當
年僅二歳也仲氏既五十歳ニ及間以ニ憐愍之儀一畧ㇾ之
同日月次祭可ㇾ爲ニ式日一之由去月廿六日御敎書同廿
八日祭主下知案今月十一日宮司告狀等廻覽同日神三
郡内可ㇾ被ㇾ止ニ武家綺一之由解狀加署祭主殿依ニ御所
望ニ被ㇾ成ㇾ之外宮同前
十五日　晴贄海神事予八十二代永昌六代經元一代守博
三代守成館ニ不參之間自ニ長官一四代經貞五代氏卿同前三神主九代仲氏件仲氏一期清
進也如ㇾ此仁體神事ニ參魚類不ㇾ喰之條無ㇾ謂御膳褁ハ湯涌祝舟ヨリ持之

鹿海之海士鹽鯛六鯿進小濱海士鯛六鯿進御膳海松宮（一色カ）
無間色々相尋取之阿婆羅氣役人不參自余神事如ㇾ例
去月廿八日并毎日霖雨今日殊更天氣以外也定而可
ㇾ爲ニ大風洪水一者可ㇾ爲ニ神事如何一哉危不ㇾ少之處天
俄晴畢令ニ神慮然一也舟中百歌無（興カ）行依ㇾ鬮發句十神主
同夕與玉神事御占神事四予八九十從召立弘安讀進氏
規始而合丙
十六日　雨御巫館竈祓次河原御祓一予九十次神拜次
御稲奉ㇾ下一神主一（行カ）自ニ御稲一退出自余次神拜
同夜雨御膳宵次瀧祭神事次櫻宮神事雨儀一殿次曉御
膳予八九十夜明了
十七日　大雨月次祭幣使雖ㇾ無ニ延引告知一無ニ下向一宮
司參神宮予九十大物忌父興里不參ニ鶶弘富ヲ召宮守
物忌一鶶服氣二鶶弘盛ヲ召地祭物忌一鶶弘家ヲ召東
寶殿ニ予參送文行定讀進勸盃予十神事如ㇾ常
同日就ニ御鰹木事一祈謝宣旨廻覽則捧ニ請文一
十八日　雨宮比矢乃等神事於ニ第四御門下一行ㇾ之次
荒祭宮神事予九十
同日主神司殿顚倒雜人少々取散相殘分長官被ㇾ取
十九日　雨瀧祭宮神事八九十參

同日月讀伊佐奈岐宮神事雨儀殊更洪水間於㆓一殿㆒被
㆑行㆑之十參
廿日　雨小朝熊宮神事予九十從予詔刀讀進一殿無㆓
酒肴㆒
同日月次祭幷一社奉幣十八日可㆑被㆑發之由御教書等
廻覽
廿一日　雨交替九番文一四予八九十加判
廿二日　小雨瀧原幷宮神事九巡番代仲氏參
廿三日　晴月次祭幣使有直御手水役　御共內宮住實外貞口口宮
司氏長神宮四予八九十如㆑常荒祭遙拜マテ一殿儀一社
奉幣ヲ期幣馬預二神主
同一社奉幣幣使宮司同前四姓參神宮予八九十從四神
主退出東寶殿御鎰雖㆑可㆓予給㆒八神主與奪仍八參勸
盃八九十參當祭幣馬每度祭主㆓被㆑預之仍彼方者告申
之處今日被㆑渡㆓御馬飼㆒雖㆑然又祭主方者請取不㆑被
渡㆓神宮㆒銀釵神宮之御渡事度々也先規不同今度無㆓
其儀㆒自余神事如㆑常
廿五日　晴伊雜宮祭禮十番代仲氏參酒直悉令㆓沙汰㆒
云云
同日風日祈宮神事四五予八九十今日饗事高依俊一町去年
不熟之間可㆑調㆓進酒肴㆒之由兼日㆓侘申去年下地無㆓
相違㆒其上先年不熟之時半饗㆓侘申自㆑夫每年半饗㆓
沙汰無㆑謂之處近年猶々減之間條々堅可㆑有㆓成敗㆒之
由傍官中及㆓御沙汰㆒之處結句如㆑此申條太無㆑謂爲㆓
酒肴㆒者一圓可㆑畧被㆑仰何如㆓此間㆒沙汰之遂㆓進舘㆒
廿八日　晴俊春敍爵文安五四月八日口宣五月廿七日
祭主施行六月十六日司奉行廿五日宮奉行加判
廿九日　晴假殿遷宮事注進解狀㆓加署
卅日　晴輪越神事一五予八九十

七月

一日　晴交替一番文一五予九十加判
四日　晴柏流神事予八九十無㆓酒肴㆒忒饗杉山去年無
足云云
九日　晴春規敍爵文安五四月九日口宣五月七日祭主
施行七月四日司奉行七月七日宮奉行加判
十一日　雨交替九番文四五九十加判出納不㆑來㆓予之
舘㆒仍無㆓予判㆒
廿一日　晴交替十番文五予十加判
廿四日　晴變異御祈事自㆓來十日㆒可㆓始行㆒之由七日
御教書八日祭主狀廿三日宮司狀㆓只今到着之間廻覽

同請文加署

八月

一日　晴於二廳舍一行二番文吉書等一先一神主於レ舘加判其後廳舍四五予八九十加判

同日正見叙爵文安四年九月十一日口宣十二月十七日祭主施行當年七月五日司奉行廿六日宮奉行自余昨日被二加判一予者依レ爲二昨日母遠関日一今日於二廳舍一加判

二日　小雨重貞叙爵文安三年七月廿六日口宣七月廿七日祭主施行八月三日司奉行忠香當年七月卅日宮奉行加判

六日　晴變異御祈自二來五日一一七ヶ日可レ始二行變異御祈一之由一日御教書二日祭主狀五日宮司狀六日請文加署

十日　晴成本叙爵文安三年十月十三日口宣同日祭主施行同十七日宮司施行文安五年七月廿六日宮奉行加判

十一日　晴交替九番文予九十加判

廿一日　晴交替五番文四五予八加判

廿三日　晴就二當宮假殿正遷宮等事一可レ被レ尋二子細一在レ之宿老禰宜兩三人可レ有二參洛一之由事十三日傳奏書奏狀同日職事御殿書十四日官狀十五日祭主狀廿二日宮司狀今日廻覽禰宜上□不レ可レ然之條々仍歳久無二廻儀一之由請文加署

九月

一日　晴交替九番文予九十加判

三日　晴美濃國開發御厨内宮役夫工米催促停止廳宣加判

九日　大雨水菊花御饌予八十參予於二瑞籬御門軒下一詔刀讀進如レ常東寶殿下水流間令二蹲踞一預二直會一長官自二昨日一

十一日　晴交替予番文四予加判一同參籠一二三六不參犬產穢也

十四日　晴拔穗神事十參例幣可レ爲二式日一由三日御教書六日祭主狀十二日宮司狀廻覽

十五日　雨興玉神態予九十於二一殿一行レ之御占神事例所召立行定讀進

十六日　晴禰宜可二參洛一之由事重被レ仰今月五日官狀十一日祭主下知今日宮司告狀等廻覽

同日御巫舘竈祓次河原祓一四五予八九十參一四自二二爲居一退出自余神拜御稻奉レ下五參予八九十皆從

同夜御饌宵曉瀧祭神事櫻宮等如レ常但櫻酒肴無沙汰
予八九十從
十七日　晴神嘗祭幣使有直御共（内定泰外康久）手水役（守成氏仲）四姓
參宮司氏長神宮一四五予八九十一神主之手扶（九守喜十守秀）
東寶殿予參西寶殿八參送文行定讀進勸盃御遊予八九
十從神事次第如レ例御階兼同被ニ相觸一宮司方御鰹木
以下大物等ヲ取退御階ヲ直畢雖レ然御階無ニ昇殿一之間
物忌不參開ニ北御門計一也
十八日　晴宮比矢乃帚幷荒祭宮祭禮予八九十參
十九日　小雨瀧祭宮神事五予八九十月讀伊佐奈岐宮
神事十參
廿日　晴予父遠関日也仍自レ宵退出
廿一日　晴予今日潔齋遲之間不參又昨日牛喰饗予分
雖レ爲ニ指合日一自ニ役所一以ニ別儀一送レ舘之間今日行之
畢
同日先日禰宜召符之請文之解狀ニ加署公武兩通也
廿二日　晴瀧原祭禮六巡番代經元神主參勤
廿五日　晴伊雜宮祭禮五巡番代正秀神主參勤同日風
日祈宮祭禮予八九十從在今在ニ家酒肴一

十月

一日　晴交替九番文予九十加判御綿預
七日　晴朝明郡十ヶ所就ニ守護新儀一段錢課役事被
レ成ニ廳宣一加判
十一日　晴交替四番文一四五予八九十加判
廿一日　晴交替予番文四予十加判
廿二日　晴美濃國東池田御厨河籠米廳宣加判（今月一日付也）
廿四日　晴禰宜重召符九月卅日御奉書同日御敎書今
月二日官狀同廿日祭主狀今日宮司狀等廻覽
廿七日　晴召符請文加署

十一月

一日　晴交替五番文一四五予九十加判
同日氏神祭禮予參代官事既被レ始上者可レ爲ニ其分一歟
可レ有ニ評定一之由雖レ被レ定去四月不レ及ニ其儀一神事如
レ常大物忌父與里（衣冠）尚常（上下）宮守物忌弘盛忠利地祭物
忌弘家弘次時忠等皆上下前々ハ布衣近年如レ此歟無
レ謂乘馬稻牛東飼飯小付酒三獻茶役八用意於レ饗者
送ニ所從一分五膳
五日　晴窪田上聖事廳宣加判
九日　晴重禰宜召符今月四日傳奏奉書同日職事御敎
書同日官狀同六日祭主狀今日宮司狀則廻覽

十一日　晴予依レ無二所從一不參神態神事十參
十二日　晴神態神事十參召符請文加署
廿一日　晴交替五番文五予加判

十二月

一日　晴交替九番文四五予九十加判
同日窪田上聖事解狀ニ加署
十一日　晴交替九番文四五予九十加判
十四日　晴自二十二日一一七ヶ日可レ始二行地震御祈一之旨今月九日御敎書十日祭主下知昨日十三日宮司告狀等廻覽則請文之解狀ニ加署日付十五日
十五日　雨與玉神態一殿予九十參次御占神事例所召立行高讀進
十六日　晴御巫內人舘竈祓後河原祓予八九十御稻奉レ下神拜等同前
同夜御饌宵曉瀧祭神事櫻宮神事等如レ例櫻酒肴九月延引今夜勤レ之予八九十從
十七日　晴月次祭宮司神宮予八九十參如レ常一殿八十着勸盃八御遊八十雖レ無二延引之告知一官幣無二下向一
十八日　晴宮比矢乃波々岐神事荒祭神事等予八九十參同夜私御膳九參
十九日　晴瀧祭神事予八十參月讀伊佐奈岐宮神事九參
廿日　晴夕雨小朝熊宮神事予八九十參酒肴送レ舘依二損亡一來六日不レ可レ有二酒肴一云云
廿一日　晴交替五番文四五予八十加判
廿二日　雨瀧原幷宮祭禮予參見瀨川歩渡七ヶ通下向之處神原替夫不レ立仍相二催政所沙汰人等一巡番夫之許ニ責入所從等令二質納一之間參畢渡野原瀨出椽原野下向
廿五日　外宮造宮使明日廿六日外宮山口祭以前可レ被二拜賀參宮一之由告狀今夜到來仍早旦一廻覽山口祭可レ爲二廿六日一之由廿二日被レ定レ之夜ニ入而御敎書到來之間如レ此云云
同日伊雜宮祭禮八參
同日風日祈宮祭禮予六參外宮造宮使也御舘參
廿六日　晴外宮造宮使淸國拜賀參宮束帶神宮予十參束帶皆疊御記奉行熙文渡二官府宣旨一政所行定衣冠請二取之一次第如二內宮造宮使拜賀一也時但今度者不レ讀進一渡レ予予披二見之一十同前如レ元返畢酒肴勸盃在レ疊予參配

膳祇承於二外宮一者御手水役配膳重代俄之間於二當宮一
者返其不レ及二沙汰一手水配膳等祇承之五位勤レ之畢大
麻御鹽湯役八布一反下行之今日拜賀山口祭以前之間
可レ爲二未明一之由有二沙汰一之間曉着二裝束一之處二夜明
後被レ參二外宮一御膳以御歟條々事多之間略レ之

文安六年己巳正月

一日　晴宮司神宮一五予八九十（玉串以下皆參）朝拜以後一神主退出
於レ舘被二加判一其後五予八九十於二廳舍一加判自余迄
レ舘モ不レ被レ參之間無二判形一次一殿勸盃五次第神事
如レ例次神拜次舘役如レ常但一神主着二直垂一對面是始
歟次外宮參一予八九十權任正秀（前道後政所永保神主代也）經元守博
守成守春氏綱氏卿（鄕カ）公文所侍兼親行定行高貞兼尚常弘
案等供奉歸立之饗長官者高坏傍官者公卿臺權任者半
臺也當年傍官モ半臺是始也自余神事等如レ例
三日　月次祭廿九日可レ爲レ進二發卅日一之由去月廿八
日祭主狀昨日二日宮司告狀今日廻覽
四日　晴去月月次祭延引今日被レ行之件神事昨日三日
被二告知一之條事聊爾之間予者不參八十從幣馬預三神
主
同日御所樣幷大方殿依二御重厄一當年中可レ致二御祈
禱一旨去年十二月廿五日御敎書同廿九日祭主下知今
日宮司告狀等廻覽祭主宮司狀ニ年中毎月可レ進二御祓一
之由在之此段雖レ無二御敎書一毎月可レ被レ進之由也則
請文ニ加署五日付
七日　晴新菜御饌四五予八九十參
十一日　雨交替予番文四五予九十加判
十五日　晴粥御膳物忌等進之御竈木奉納五予八九十
參五神主者遲參石壺着座之時分被レ參然之間雖レ不
レ被レ合二御鹽湯一詔刀被二讀進一之條新儀也水量三尺九
寸餘
廿一日　晴交替予番文予八十加判

二月

一日　晴交替十番文一五予八十加判二神主老耄間當
時依レ不レ被レ參番司對面無レ之
鍬山神事宮司神宮一五予八九十玉串物忌（内外）御巫山向
權長刀禰祝諸役人等悉參山向二繭忌服之間自二長官一
語沙汰自余神事如レ例在二酒肴一不レ足二簀盃一二羹一菓
子計也
九日　雨祈年祭延引此分雖レ無二告知一官幣無二下向一
十一日　交替十番文予十加判神態神事十參

十二日　晴神態神事十從
廿一日　晴交替予番文五予八十加判

三月

一日　晴交替五番文一五予九十加判
三日　晴桃花御饌予八十參予詔刀讀進在ニ酒肴一物忌方同時
十一日　晴交替五番文四五予八九十加判
同日五位經康當年二月十三日口宣同廿一日祭主施行今月二日宮司施行五月宮奉行加判件經康神宮引付自ニ宮司方一以ニ折紙一長官ニ申之間調次第被レ送之處曾不レ申之由返答則廳宣ヲ返答然間件折紙謀書也可レ有ニ糺明一之由也
十四日　祈年穀奉幣來十四日可レ被ニ發遣一之由去月廿七日御敎書今月一日祭主狀十一日宮司狀今日廻覽
十五日　大雨風北御門御戶顚倒之由當番宮守物忌父弘憲予之舘ニ注進予依ニ當番一則令レ注ニ進長官一畢其後同物忌父弘憲來依然風御鏁打立ヲ吹拔顚倒之間拵直奉ニ御戶納一之由申之神妙之由返答其後被レ相ニ觸司中一以ニ鑄鍜冶一奉レ直云々
廿一日　晴交替十番文予八十加判
廿二日　晴祈年祭可レ爲ニ廿二日一之由今月十五日御敎書十七日祭主狀廿一日宮司狀今日廻覽
祭主狀追而書ニ先度告知祈年穀事延引重而被レ成ニ御敎書一者可ニ告知一之由在レ之
廿七日　晴山宮神事五被レ參
同祈年祭如ニ告知一者雖レ可レ有ニ今日一無ニ幣使下向一雖レ然此儀無ニ告知一不審々々

四月

一日　予者依レ無ニ所從一不參　五位經雄去月二日口宣四日祭主施行十六日宮司施行廿九日宮奉行加ニ今日判一
七日　晴祈年祭官幣使夜前下着神事可レ爲ニ今日一之由及ニ深更一自ニ司中一觸送由自ニ長官一被レ觸之予者早朝令經弁參ニ佛前一又自ニ家中一月水婦出畢條々於ニ今日一者參勤不レ可レ叶之旨申之諸役人等被ニ相觸一之處官幣日取延引之時者自ニ京都一被ニ仰下一〇此間闕文就本ノマヽニ次第下知一存ニ知其旨一又有ニ定日時一者其段被不レ知用意事每度例也仍不レ遂ニ潔齋一而可レ參乎神事者可レ爲ニ三ケ日以後一由一同申之則此旨自ニ長官一宮司方ニ被ニ觸送一仍宮司幣使ニ令レ申云々外宮又同前雖レ然

自ニ幣使ニ色々依レ被レ仰八日被レ遂ニ神事一內宮同前諸役
人等或五里三里外ニ居住或依レ不レ令ニ淸進合期一於ニ不
參一者相語便宜之職掌被レ行之畢幣代新儀也幣使淸直
宮司氏長神宮五予八參ニ幣使勸盃ニ予宮司八幣馬四預
十日　雨氏神祭禮八參予御初付進
十一日　晴予之宿所御祓會所ニ被レ借仍不參
十二日　晴五位武元武次武正去月二日口宣四日祭主
施行十六日宮司施行今月二日宮奉行今日加判祭主施
行宮司施行三八一通也仍神宮同前
十七日　晴自ニ十四日一可レ致ニ地震御祈一之由事十二
日御敎書同日祭主下知十五日宮司狀今日廻覽則請文
加判
廿一日　雨交替番文迄ニ晝程一雖ニ相待一番奉行不參間
退出
廿六日　晴來廿七日可レ被レ發ニ遣伊勢一社奉幣一事十
九日御敎書廿二日祭主狀廿四日宮司今日廻覽

五月

一日　晴交替番文一四五予八九十加判
三日　雨一社奉幣九參幣使淸直云々予ハ自家中依ニ月
水婦出一不參

五日　晴菖蒲御饌神事予八九十參予詔刀讀進
十一日　晴交替予番文五予九十加判
廿一日　晴交替十番文五予十加判

六月

一日　天晴交替九番文一五予九十加判
十一日　晴交替九番文四五予九十加判
十三日　晴月次祭可レ爲ニ式日一之由五月廿日御敎書
廿五日祭主下知今月八日宮司告狀等今日廻ニ覽之一
同日八社奉幣可レ被レ付ニ行月次一之由五月廿八日御敎
書今月一日祭主下知同八日宮司告狀等同廻ニ覽之一
十五日　雨贄海神態依ニ大水一宇治岡仁輪松尾ヨリ黑
瀨中濱仁出鹽合橋南解繩神事於行乘舟解繩役所舟漕等可レ參ニ鹽合一之由未明
自ニ長官一被ニ觸迄一仍參之神崎神事笏立等例所有ニ祓島之屋形一獻一
而搔レ鹽取ニ御饌之贄一雖ニ鹽引一依ニ水深一海松尋ニ取之一
甚雨之間於レ饗於ニ松下社拜殿一調ニ備之一仍彼迄ニ拜殿一
步行鹿海之海士進ニ鹽鯛一小濱海士進ニ䱶廿䲃一件魚依ニ
海荒一二一昨日之魚ヲ進之間令レ損不レ被レ用者也歸參舟
中阿婆羅氣役人不參自余神歌如レ例自ニ鹽合一南乘馬
先立御饌自ニ鹿海細越一松尾ヲ通於ニ宇治岡一戌尅計ニ
歸參參衆予八十權任永保二代正秀五代經元六代守博一代

守成三代自二長官一經貞四代氏卿九代
同夕興玉神事五予八九十次御占神事同前召立行高讀
進
十六日　大雨洪水舘土依二水入一御巫竈祓酉上剋次河
原御祓於二一殿一行レ之次神拜予八九十忌火屋殿令二破
壞一水入御竈崩之間御饌調備不レ叶仍今日無二御稻奉
下一風日祈宮橋落畢
十七日　晴依二昨日洪水一御贄等不レ進レ之幷御器長不
參其上忌火屋殿令二破壞一雨水入二御竈一崩畢於二御贄
御器等一者自二長官一雖レ可レ有二取替沙汰一依二調備不レ
叶今夜御饌無二供進一仍今日祭禮可二延引一之由以二神
宮奉行之折紙一觸二送司中一返事如レ此
折紙の趣委細披露申候の處則御幣使へ其分御申候處
御返事には月次祭就二大水一明夜まで延引不レ可レ然候
間御談合候て今夜被二執行一候はゞ目出度候御せんな
どまいり候はでも御祭御入候例なく候哉無爲候今夜
御事成候はゞ可レ然之由幣使より申され候又八社奉
幣事者いかやうにも候へ今夜にて候はゞ御心得ある
べく尙々月次祭をも今夜被二執行一候はゞ目出度候恐
々謹言

司中奉行　文持判
六月十七日
内宮奉行御中御返報
同日御稻奉下九十參
夜八社奉幣依二昨日一昨日大水一官幣不レ奉レ越二宮河一
仍外宮神事等今夜被レ行レ之子剋計參二向當宮一於二二
鳥居一任二先例一先可レ行二月次一之由衞士申之昨日御贄
御器等不レ進其上忌火屋殿水入御竈崩之間今夜御膳
調備何御饌以前可レ被レ行二祭禮一之由返答然者被レ急二
御膳一可レ爲二供進以後一之由重申之依二御膳延引一祭禮
延引常例也被レ行二同夜一事無レ例之由被二返答一猶色々
邪申事雖幣□也不レ被レ用者也仍八社奉幣計被レ行之
史姓參幣使淸直御共内定幸外□□手水爲二祀承役一之處山向勤
レ之神宮予八九十御火予之舘ニ來祗承弘家自二廳舍
邊一參玉串内人服氣也件役等弘家勤レ之依於二錦綾一者
明日被レ期二月次祭次一子良舘ニ被二預置一者也自余神
事如レ常對面勸盃八九十
同御饌予者宿舘ニ歸着ニ衣冠一參八九十者衣冠之裝束チ
召寄於二櫻宮邊一着レ之參二瀧祭神事一畢櫻宮神態之時
分五神主被レ參自之亂從

十八日　晴月次祭幣使清直御共同前手水祀承弘憲參神宮子八九十參御火祀承同前玉串内人役同前東寶殿予參錦綾荷前御調等奉納送文行定讀進對面子八九十勸盃幣使予宮司八同衆御遊參四所役人昨日參之處延引之間令ニ逗留一勤レ之但琴姓不參幣馬五神主預レ之神事如レ常

十九日　晴宮比矢乃等神態次荒祭宮神事予八九十參

廿日　小雨瀧祭神事五予八九十參

同日月讀伊佐岐伊佐美宮神事十參

小朝熊神事予九十參說權長等不參之間出納等件役チ勤□神司殿顚制（到カ）之間於ニ一殿一行レ之交替予番文四五予八九十□等延引無ニ余日時一者同日阿摩多神事行レ之時剋雖レ令ニ相違一可レ任レ例同次第又御膳延引之時供進以後可レ有同夜祭禮モ右先例

廿二日　雨瀧原幷宮祭禮十代泰春參勤大水

□□□　雨風日新宮祭禮八九參於ニ一殿一行之洪水之間役人等迄ニ河端一參饗膳等送レ舘進予ハ依ニ雜贅一雖ニ不參一迄レ舘參之間進之四五同舘被レ參之間進之

同日伊雜宮祭禮九代仲氏參洪水之間朝熊越ニ參仍亥上剋計ニ着役人等御膳供進時分云々神事如レ例但一瀨祓無レ之歟

廿九日　雨輪越神事無レ橋之間任レ例於ニ一鳥居前一可レ被レ越之處俄祓所邊懸レ橋於ニ例所一越レ之五予八九十

七月

一日　晴交替五番文一五予九十加判

四日　晴柏流神事予八九十詔刀予讀進在ニ茋饗一迄レ舘不レ被レ參衆マテ皆被レ送云々

十一日　晴交替五番文一五予九十加判

廿一日　晴交替五番文五予九十加判

八月

一日　晴一神主於レ舘被ニ加判一五予八九十於ニ廳舍一加判政所行定公文所番行高無ニ酒肴一

十一日　晴予之宿四季祓可レ爲ニ會所一之間自レ宵參神拜計番文同前退出了

十九日　祈年穀奉幣之間可レ被ニ發遣一之由去月廿八日御敎書今月十一日祭主狀十七日宮司狀今日廻覽

廿一日　大雨交替十番文予十加判

□□□　晴祈年穀神事用道之處延引可レ爲ニ廿三日一之由今月十七日御敎書十九日祭主狀今日宮司狀一同下剋廻覽祈年穀祭幣使清直共（内守奉 外□□）四姓宮司

神宮予九十參□ヘ在寶德七月廿八日年號改元云々神事如レ例但於ニ
錦綾一者甚雨之間期ニ神嘗祭次一予良舘ニ被レ置勸盃皆
參

九月

一日　雨交替予番文予九十加判
荒祭宮巽方千木折御
九日　菊花御饌予八九十從詔刀予讀進一方御饌供進
之土敷迄小濕損之間拜見之處御板敷漏畢御座危不
レ少
十日　小雨就ニ外宮正殿動搖幷同西寶殿千木折御事一
祈謝御祈事去月廿八日宣旨今月三日祭主告知十日宮
司告狀等今日廻覽
十一日　雨交替予番文四予加判
同日伊雜神戸正領御贄當年不熟爲レ申レ損之百姓等數
輩烈參在レ狀彼狀備
同日一四予八九十自ニ今日一參籠
十四日　雨拔穗神事十參
十五日　雨興玉神事時分天晴之間神事例所二六舘ニ
雖ニ不參一奉物ヲ獻三神主守公儀不參之間不レ獻四予
八九十參勤御占神事同前召立弘安

同日祈謝御祈請文ニ加署
十六日　雨御巫祓次河原御祓一予八九十從一殿於ニ
酒肴以後一手水者可レ爲ニ家司役一之由初納申之於レ紙
家司ニ進手水於レ河用レ之雨儀者爲ニ臨時一之間番出納
役之由下知仍出納勤レ之惣而或者役人不レ集或臨時皆
出納勤レ之諸神事同前御稻奉下予參八九十從神拜同
前
御贄百姓等一同ニ參三分一外不レ可レ進不レ然者撿見ヲ
可レ被レ下之由申御贄損已無レ謂之間不レ可レ有ニ其儀一
之由色々問答畢□由□損沙汰仍御饌三百五十苑獻
レ之予同次ニ御機食三百御毋良方ニ遣三神主ハ如レ此
諸沙汰略レ之御贄以下モ長官ヘ被レ納了
同夜雨御饌宵曉ノ瀧祭櫻宮神事無ニ酒肴一予八九十從
十七日　例幣使淸直御共内宮定泰外宮常四姓宮司一予八九
十東寶殿予參祈年穀錦綾同奉納之送文行定讀進西寶
殿八參御鞍奉納勸盃御遊予九十參八神主老母依ニ違
例一退出
十八日　雨今日神事等予不參三神主内方違例依ニ火
急一退出同夜三神主妻女他界仍三八故障
十九日　雨神事等不參明日カク父遠關日仍昨日ノマヽ

里ニ居
廿日　雨小朝熊宮神事饗牛喰促予雖レ爲レ憚同役所以ニ別儀一予之舘ニ送レ之
廿一日　雨潔齋等依ニ遲々一不參昨日饗今日行レ之
廿二日　雨瀧原祭禮參勤五神主巡番件幣使米野原卿役雖レ被ニ相待一不進之間俄用意難レ叶不レ被レ參此旨長官ニ不レ被レ申之條無沙汰儀也幣使米八夫等不參候時者自ニ長官一被ニ沙汰一之巡番也爾宜令ニ參勤一於ニ後日一幣使米者一倍八夫者一人分二百宛定使令ニ催促一進ニ長官一先例也件米廿四日持參五神主許ニ納而間後日ニ可レ被レ參歟之處八夫式日參候其上諸役人定式日ニ神事ヲ執行歟之間不レ可レ參之由也役人等事者自ニ長官一被ニ下知一者重可ニ參勤一人夫自ニ長官一雖下可レ有ニ沙汰一歟上不レ可レ被レ參之上者不レ能ニ是非一仍彼米三斗進ニ長官一件鄕予爲ニ鎮家一之間定使ニ申付取進レ之件米五神主家用也二斗五升二合在レ之云々件幣使米遲參事可レ有ニ紀明沙汰一
廿五日　晴伊雜宮祭禮六代經貞參如レ例
同日風日祈宮祭禮四予九十參酒肴以下如レ例

十月

一日　晴交替五番文五予九十　御綿預
十一日　小雨交替九予之許爲ニ御祓之會所一仍末明令ニ神拜一退出
廿一日　晴月水婦出之間不參
廿七日　閏月番帳廻文上番自ニ滿元一迄ニ全尙一中番自ニ行是一迄ニ經康一末座略不審

閏十月

一日　雨交替五番文五予九十加判
十一日　晴交替五番文迄ニ晝程一雖ニ相待一番公文所不參之由出納申之間退出其後尙常參云々　宮司數剋相待云々
廿一日　晴交替五番文予十加判閏月番廻文仁波下番自ニ參宮一載レ之今日番仁波自ニ定久一注レ之
廿二日　晴變異御祈今月十四日御敎書十五日祭主下知廿日宮司狀今日廻覽
廿五日　晴武田殿參宮外宮ヨリノ指南於ニ一鳥居一相留當宮指南參事大法也而外宮ヨリノ指南當人一人號慥柄荷用破法可レ參云々當宮籠等留レ之仍令ニ騷動一之間自ニ子良舘一宮守物忌父弘憲走出靜之處件弘憲㡾續ヲ及傷ス仍乍ニ兩人一殺害畢依レ之山田ヨリ止ニ通路一反ニ弓矢一

廿六日　變異御祈請文加署

十一月

一日　晴交替五番文五予九加判

十一日　晴予神拜計退出番文ニ不レ合神態神事十參

十二日　晴神態神事十參

十五日　晴兩宮間塞ニ通路一不レ可レ然早々可レ開之由依ニ公方御成敗一十日祭主殿下知十四日宮司告狀廻覽則地下ニ被ニ相觸一仍捧ニ地下請文一長官請文ニ相副宮司ニ被レ遣レ之

廿一日　晴交替十番文予十加判

十二月

一日　晴交替予番文五予九十加判

十一日　晴交替予番文五予九十加判

十三日　晴月次祭可レ爲ニ式日一之由事今月二日御敎書五日祭主殿下知十一日宮司狀廻覽

同日宇治山田確執令ニ和睦一可レ開ニ通路一之由被ニ仰出一之旨去月廿九日祭主殿下知廻覽

十五日　晴與玉神態次御占神事召立行高予十參

十六日　晴御巫參竈祓勤仕之次河原御祓予九十參御稻奉下予參次神拜等同衆共奉於ニ祓所邊一地下之年寄等參爲ニ世上忩劇一御祈禱任ニ先規一於ニ河原一歟一殿歟一同御祓御勤仕可レ然歟之由申之此儀尤可レ然當祭禮中可レ有ニ勤行一之旨內ニ被レ定之處如レ此勸申言上神妙之由返答一二三（老體至極）六（中風）館（仁毛）不レ被レ參八服氣四五神主御舘ニ以ニ出納一此由觸申四神主ハ老體八十八歲參候難レ叶之間於レ舘可ニ勤仕一之由返答仍五予九十玉串物忌等參ニ河原一風烈之間於ニ一殿一（鋪レ疊）勤仕之一萬度四神主六百度勤仕之由被レ送ニ一座捧一其外內人等少々勤仕在レ之件御祓御祈禱長存號ニ御禮一自ニ地下一百疋長官ニ持參爲ニ鄉內惣別祈禱一上者頗依レ不レ可レ然被レ返レ之

同夕御贄献之半損分

同夜御饌宵曉瀧祭神事櫻宮神事等如レ例予九十從

十七日　晴昨日御祓禮分依レ被レ返令レ用ニ意酒肴一長官御舘ニ進仍五予八九十玉串參會地下年寄等棻進之以ニ此次一宇治山田確執通路事解狀幷地下請文等之文章被レ疑ニ禪定懃之加署一

同夜月次祭可レ爲ニ式日一由先日有ニ告知一其上有直朝臣今日山田御下着之由有ニ其沙汰一然者兩宮神事可レ爲ニ同夜一之間終夜雖レ奉レ待無ニ參勤一然者何無ニ延引

之告知乎
十八日　晴栗野但馬經考神主檜垣大藏丞眞神主長官被參自管領樣御神馬御太刀去月被進之處號無通路山田留置之間罷下開通路御馬內宮可引進之由祭主方被仰出權少輔殿御下向後使之由申被渡御馬御太刀管領樣御書云
件御馬御太刀依地下憤歟小岐洲方留置某久爲御祈禱師依何事有御改替薗田方可被仰付之由愁申處更非改替之儀內宮御師職事始而被憑仰付旨被仰云々當長官子息守喜守秀神主兩人當管領畠山殿以前御當職之時彼以御執奏令轉任仍朝夕致御祈禱之由被聞食如此被仰付了
同日宮幣者未被進之由也仍今日神宮神事行之束帶淸衣木綿等如常取榊山向御鹽湯等參宮司不參間彼榊玉串進之予九十玉串代物忌弘家勤之物忌等參朝廷奉祈荒祭遙拜等如常次宮比矢乃箒神事其後荒祭宮祭禮等如常衣冠予九十參
同夜私御饌十參預直會件御饌米下部不參間自長官取替沙汰開通路者定可進歟
十九日　晴瀧祭宮祭禮五予十參
同日月讀伊佐奈岐宮祭禮十參
廿日　少雨小朝熊宮祭禮予十參酒肴送舘
廿一日　晴交替五番文四五予十加判
廿二日　晴瀧原井宮祭禮雖爲巡番八服氣之間自長官代官可被進之處依無通路略之幣使米長官得分
廿五日　晴伊雜宮祭禮予代氏綱參如例
同日風祈宮祭禮五予九十從
卅日　雨月次祭可爲來廿六日之由廿一日御敎書廿五日祭主下知廿九日宮司告狀等今日廻覽

寶德二年庚午正月

一日　天晴五予九十參宮司不參御饌遙拜等如常番文一神主於彼舘加判次於聽舍各加判次於一殿白散無酒肴大井田數年退轉此間八辨之云々次神拜次舘祝長官無對面八神主服氣於舘雖被相待番文不被送之間退出依無通路外宮參無之二日內宮參同前
同夜月次祭依月水婦兩人出予不參五十參幣馬六預
七日　晴若菜御饌五予九十參依通路事若菜不進若菜御薗從自脇進之又自佐八風牧モ進歟役所不參者於當所淸淨菜可

摘進ㇾ處無㆓其儀㆒物忌無沙汰不信之儀也
十一日　晴自㆓日中㆒番交替五番文四五予九十加判
十五日　晴御竈薪奉納神事告㆓三度㆒來之間予九十參
於㆓廳舍㆒數剋雖㆓相待㆒自參不ㇾ被ㇾ參之間余入㆓石壺㆒
㆓着座後五神主被ㇾ參告㆓兩度之不ㇾ來仍遲參云々不
ㇾ合㆓御鹽湯㆒而被㆓從事㆒新儀也殊更祝詞讀進之八神
主服氣御薪由貴殿軒㆓立㆓置之㆒不ㇾ削水量五尺
廿一日　晴交替五番文五予十加判
廿六日　晴荒祭宮御筒料所部田御厨事當十禰宜雜掌
就㆓久次之申狀㆒被ㇾ成㆓廳宣㆒加判
廿七日　晴宇治山田確執事開㆓通路㆒可㆓和睦㆒之由上
使前祭主清忠卿當祭主依㆓違例㆒代舍弟房直朝臣今日
山田下着廿八日兩殿以㆓使者㆒使節奉行有㆓下着㆒可
ㇾ令㆓和睦㆒其間可ㇾ止㆓弓箭㆒之由可ㇾ被㆓下知㆒之間相㆓
副奉書㆒被ㇾ觸㆓送長官㆒仍被㆓下知ㇾ之廿九日兩殿御參
宮前惣官衣冠予之許㆓奉ㇾ入三四六十神主祠官數輩
皆捶持參㆓新殿㆒直垂西米野亭奉ㇾ入八九神主祠官數
輩被ㇾ參云々九神主二瓶持參云々
祈年祭可ㇾ爲㆓式日㆒由去月廿一日御敎書廿五日祭主
下知今日宮司狀廻覽

二月

一日　晴交替五番文一五予八九十加判鍬山神事宮司
參㆓神宮㆒一五予九十參在㆓酒肴㆒次第如ㇾ例同上使奉
行兩人山田下着飯尾備中守殿布施民部丞殿
五日　晴奉行兩人前惣官新殿御故障（宗直公卅日他界）目代鉢
秋神主長官舘㆓來臨和睦事被ㇾ仰一神主老體仍九神
主對面則地下㆓被㆓相觸㆒之處可ㇾ隨ㇾ仰之由捧㆓請文㆒
上使或廿七日或一日雖ㇾ有㆓下着㆒山田輩依㆓兎角申㆒
令㆓遲々㆒雖ㇾ然開㆓通路㆒可ㇾ令㆓和睦㆒之由御成敗之間
申事不ㇾ被ㇾ用仍
七日　晴於㆓外宮一鳥居㆒和睦前惣官（衣冠）兩奉行（上下）內
九神主（衣冠）外八十神主（衣冠）當所長三人（扇屋衛門尉藤兵衛太郞紙屋六郞）皆
白帳ヲ着山田長三人皆上下着自㆓當所㆒兩奉行㆓五百
疋宛折紙進ㇾ之祭主蒙㆓御禮㆒追而可ㇾ申由也五日於㆓
長官舘㆒上使㆓被ㇾ献㆓一献㆒太刀一宛被ㇾ進ㇾ之三方七
日和睦以後則上使四方同時上洛畢
同日北御門御鏁放執仍先古鏁ヲ被㆓納置㆒者也
八日　晴祭主職淸忠卿補任五日宣下七日祭主施行廻
覽則請文㆓加署
九日　晴祭主職事幷祈年祭可ㇾ爲㆓式日㆒之由事相副

宮司告狀廻覽　件祭主職事爲二公武御沙汰一宣下以前
四日參二神祇官一神事五日給二官符一
宣旨幣使秀忠朝臣下向之處祭主出二於安濃津一被レ施
行レ之云々
九日　祈年祭幣使從四位上秀忠御共（內宮恒元 外宮雅主）御手水
役（守博 泰俊）御鹽湯役人膝衝ヲ可レ給之由申二惣官一直ニ御下
向御拜賀之時可レ有二下行一之由被レ仰仍參（布一端歟）役
人ハ一貫可レ給由申無レ謂宮司氏長神宮予九參二神事一
如レ例幣馬預レ予（十神主加灸）
十一日　晴交替五番文五予九加判地下靜謐爲二祈禱一
今日於二一殿一一万度御祓勤ヨ仕之一五予九（衣冠）權任季
滿神主直垂物忌皆布衣皆疊ヲ敷
同日神業神事九參予饗初十
十二日　同神事九從
十六日　晴櫪御馬公家江可レ有二注進一之由以二頭人一
被二仰下一旨十三日祭主下知之間宮司狀等廻覽則注進
之解狀ニ加署
十七日　晴田宮寺明日行物取役人來頭文加判予小頭
廿文權任十文宛遣レ之正月同前
廿一日　晴交替五番文五予加判

三月
一日　自二日中一雨降交替予北御門御鏁未レ被レ捺レ之
與里申レ之於二一鳥居一九神主行合此旨申　弘家神主ニ
申付處于レ今無沙汰無レ謂重堅可二申付一以二他御鏁一可
レ奉二差堅一之由九神主返答　番文五予九加判
三日　晴桃花御饌予九參在二酒肴一物忌方同前
十一日　雨予遲參番久政印以後仍不二加判一
廿一日　晴交替五番文五予十加判
同日　伊勢一社奉幣來廿三日可レ被二發遣一由今月十
日御教書十四日祭主下知廿日宮司狀
廿六日　晴山宮木目神事予參物忌宮守忠利（衣冠）祭鎭時
忠（直垂）六八神主依二服氣一御初不レ被レ進二三四五予御初
獻レ之神事如レ例祭中谷予歸參田宮寺參外宮神拜
廿七日　晴正信五位文安六年七月廿五日宣旨同九月
三日祭主施行寶德二年二月二日司ニ奉行一同廿一日宮
奉行加判
廿八日　雨一社奉幣使昌忠御共（內泰俊 外口久）御手水配膳祠
承史姓泰神宮予十從甚雨之間錦綾被レ預二子良舘一神
事畢時分夜明了於二外宮一當祭幣馬御劔神宮ニ不レ被
レ渡者神事ヲ不レ可レ行ト被レ申舊例ナ引祭主爲二得分一

之由返答常秀一禰宜代ニ一度實久代ニ一度神宮ニ被レ渡其例ヲ引被レ申其例以ニ別儀一被レ遣之由返答既前祭主宗直卿代文安五年六月廿三日同六年五月三日一社奉幣終無ニ其沙汰一由雖レ被レ仰是非ニ不レ給者神事ヲ可レ略之由被レ申レ之然者内宮計可レ被レ行之由被レ仰雖レ然天下御祈禱處依ニ神宮新儀申一其儀不レ可レ然之間被レ遣レ馬又御劔ヲ可レ給之由被レ申此等段自ニ京都一可レ被レ仰之由被レ仰如レ此問答等依ニ繁多一神事遲々内宮者此儀雖レ不レ被レ申被レ遣レ馬畢

四月

一日　晴交替五番文四五予九十加判

二日　雨當宮工等召符去月廿八日奉書頭人開闔廿九日祭主下知

十日　雨氏神事神事五神被レ參新預所尙重御食備進

十一日　晴予之許御祓會所仍夕神拜

十六日　晴三月廿七日祈謝宣旨今月七日祭主下知十五日宮司狀廻覽則請文ニ加判

廿一日　雨交替予番文五予十加判

五月

一日晴　交替五番文五予九十加判當年諸國□病倍增於ニ當所一者未レ雖レ無ニ其儀一且爲ニ天下祈一且爲レ所於ニ一殿一一萬度御祓勤仕予之此行五予九十權任俊尙直垂季滿同永保布衣公文所物忌不レ勤レ之予之以ニ所從一自ニ近所館一疊ヲ借令レ敷レ之權任少々先予之館ニ來臨仍館守進レ酒被爲羽館齋進酒一殿爾三一

同前

三日　晴當宮參籠順者於ニ山田一相留事公方ニ可レ被レ申之由館守等雖ニ度々申一不レ被レ成仍上ニ目安一之間被レ成ニ解狀一畢加署

同日　天下病事祈事去月廿六日御教書廿七日祭主狀今日宮司狀廻覽則請文加署

五日　大雨菖蒲御饌予九十參在ニ酒肴一

十一日　晴交替五番文五予九十加判

廿一日　晴交替十番文五予十加判

六月

一日　晴交替予番文四五予九十加判

十一日　晴交替十番文予八十加判

十四日　晴尙重之五位實德二年四月六日　宣旨五月三日祭主施行六月十二日宮司施行十三日宮奉行今日加判件尙重叙爵事雖レ爲ニ異姓者一前大物忌父尙常依

レ無二實子一令二養子一改姓讓二遺跡一仍被レ補考二先例一氏
助以二經兼之孫一士民祖考申之間去嘉吉三年二月四日被
レ補之處非二經兼之子一異姓孫爲二士民一之由自二神宮一
被レ申二祭主清忠卿一之間依レ無二其子細存知一被二申補一
畢尤不レ可レ然可レ被レ略之由被二仰下一之間不レ被二引
付一之而去應永年中祭主通直卿兼春チ被二申補一畢件
兼春雖レ爲二異姓者一依レ爲二兼時之養子甥一也繼二荒木
田姓一叙爵畢經兼依レ無二實子一養二氏助一令レ繼二遺跡一
上者云二理運一云二先例一何不レ被レ免之由就二懇訴一被
レ免文安二年九月日被二引付一之畢於二末代一此可レ有二
准據一歟縱雖レ號二養子一或有二實子之者一自二幼少之時一
被レ養不レ繼レ家者不レ可レ被レ用二此儀一之由被二定置一者
也　有榮叙爵事以二兼春氏助等之例一祭主宗直卿被二
申補一有レ與依レ無二實子一有榮之自二産屋之内一養令
レ繼二遺跡一孫也此等以二度々例一尙重補任
十五日　晴贄海神事予清泰五代季滿一代正秀二代守博
三代不レ被二參館一間、自二長官一守成六代忌、自二長官一泰秀十代泰俊四代守雄八代服氣、自二
長官一氏卿九代鹿海海士鹽鯛六艘小濱海士大鯛四艘安波
羅氣役人不レ參自余神歌神事等如二例年一
同夕與玉宮神事予十參肴二種清宮計進レ之無レ謂肴三

種清宮後清酒一獻兩盃也精好之處役所未レ馴由申次
御占神事同衆參召立行高
十六日　晴月次祭使事五月廿六日御敎書今月九日祭
主下知十四日宮司狀今日廻覽
御巫祓後河原御祓予九十御稻奉下予參次ニ神拜等予
九十　御贄獻レ之半損分
同夜御饌告來之間參候處夜明了宵曉櫻宮ニ瀧祭宮神
事等如レ例
十七日　晴尙重尙常替大物忌職望申解狀加判同夜月
次祭幣使昌忠御共内宮住繁外宮口久宮司神宮予九十參寶殿予
參勸盃御遊九十參神事如レ常幣馬八預
同夜西寶殿千木鰹木覆左右板天氣長閑ニ落二地上一瑞
籬板數一枚打破畢神事退出畢時分也
十八日　晴荒祭宮祭禮宮比矢乃第神事予九十參
十九日　瀧祭宮祭禮五予九十參
月讀伊佐奈岐宮祭禮十參小朝熊宮祭禮五予九十參
無二酒肴一如何
十一日　晴交替予番文五予十加判四神主番文雖二相
待一出納不二持參一無レ謂西寶殿事注進加署公武兩通
廿二日　雨瀧原並宮祭禮九神主代仲氏參下向大水廿

四日歸着
廿五日　晴伊雑宮祭禮十代泰春參
同日風日祈宮祭禮五予九十從饗送ヨ進舘ニ服氣方不レ進不審
晦日　晴輪越神事時分大雨指レ笠五予九十八神主服於ニ予之舘一被レ越櫂永保神主侍清晨等同越皆出納一﨟勤レ之

七月

一日　晴交替予番文五予九十加判
十一日　晴交替五番文五予九十加判
廿一日　雨予依ニ雜熱一不參
廿八日　晴大物忌父尙重任宮奉行加判

八月

一日　晴五予九十於ニ廳舎一加判如レ常無ニ酒肴一
三日　伊雑宮顚倒云々
八日　正殿盜人參歟之由職掌人等注進仍十神主物忌（六月卅日ヨリ百日參籠）等參拜見レ之處瑞籬板チ押破大床御金物等悉放取仍糺明之處扇屋右衛門尉之子六郎男菖蒲男兄弟兩人逐電畢件金賣手等捕レ之處六郎之妻女賣レ之由答彼女チ召捕渡了六郎之家屋敷沒收撿斷今度彼跡得分在地三分一刀禰三分一給レ之新儀也在地者假屋刀禰者在ニ嚢屋一時給之先例也或中門或妻戸在家者祭主殿之進退道後方ヨリ計レ之下地者彼跡一段仁及者祭主殿進退不レ足ニ一段一者神宮之計也是近代之儀也往古者雖レ不レ足ニ一段一祭主進退外宮者當時モ如レ昔扇屋右衛門尉者自レ兼六郎菖蒲等令ニ勘當一之間無ニ相違一歟
十一日　晴交替九番文予九十加判
廿一日　晴交替予番文予十加判盜人事注進解狀加署
廿三日　晴盜人六郎男於ニ山田一召ニ捕之一於ニ宇治岡邊一誅頭如レ此者於ニ神宮一誅事新儀也自ニ神宮一渡ニ道後一自ニ道後一渡ニ守護一誅レ之先例也但氏茂一禰宜代ニ盜人小法於ニ神宮一被レ誅畢神慮難レ測之由也
廿七日　雨夜大風自ニ亥剋一至ニ卯剋一東寶殿千木鰹木覆左右板葺萱等吹落東方千木二枝殘瑞籬荒垣等悉顚倒荒祭宮御垣同前宮中生木彼是百本計顚倒前九禰宜舘軒打破岩崎舘打破九丈殿打破荒祭宮忌火屋敷打破惣而禰宜權任職掌人等宿舘悉吹破諸郷迄ニ隣國一同前人牛馬若干死云々

九月

一日　雨交替予於ニ三廳舎前一宮守物忌父弘憲同弘盛

論レ座確執猥雜希代新儀狼藉也仍弘盛予之許ニ禮ニ
來依ニ弘憲出レ手非ニ弘盛之緩怠一之由申之番文予十加
判
同夕一殿顛倒柱四本椽壁板等大略雜人盜ニ取之一間相
殘柱以下長官ニ運送
九日　自ニ巳尅一雨菊花御饌五予九十參
十一日　晴予夕參
十四日　拔穗神事十參
十五日　晴與玉神事予ハ依ニ咳病一不參雖レ然奉獻之
御占神事等如レ常　八神主ハ昨日外祖母逝去仍御贄
以下被レ納ニ長官一
十六日　晴御巫祓如レ例河原御祓予ハ不參献奉物御
稻奉下同前御贄七百御機食三百送ニ予良舘一
例幣延引由十日御教書次第施行又十四日可レ被ニ發
遣一之由十三日御教書以下廻覽予之點稻進道全撿撲
同夜御饌予ハ不參預ニ直會一
十七日　晴神宮神事如レ常一五予九十昇殿東寶殿予
參荷前御調糸奉納七八日之大風ニ傾危以外也輕レ命
參者也九神主參錦綾之櫃ヲ表葺相殘方ニ奉ニ舁寄一勸
盃御遊十參

十八日　晴荒祭宮祭禮宮比矢乃幣神事等如レ常予九
十參
同夜例幣五予九十從東寶殿予參西寶殿九參ニ勸盃一予
九十參ニ神事一如レ常幣馬預一件神事前々日數雖ニ相
違一十七日令ニ下着一可レ行ニ一夜一然者本宮神事可レ爲ニ
式日一之由就レ被ニ仰下一昨日御下着神宮ニ此旨被ニ相
觸一之處遠所之予人等俄難レ參之由被レ申外宮神事無
レ之仍今夜被レ行レ之
十九日　晴瀧祭祭禮予九十參月讀伊佐奈岐宮祭禮十
參
廿日　晴小朝熊祭禮予ハ今日父遠関日仍退出牛喰饗
予之分モ送レ舘役所別儀歟每年如レ此
廿一日　晴予ハ依ニ潔齋沐浴遲々一不參昨日饗膳召寄
祝レ之
廿二日　晴瀧原祭禮六代經元參
廿五日　晴伊雜宮祭禮五代正秀（泰）參
同日　風日祈宮祭禮九十參祝承弘安酒肴送レ舘
廿八日　晴東寶殿忌火屋殿一殿伊雜宮等事注進解狀
如署

十月

一日　晴交替予番文五予九十加判酒肴近年無沙汰雲津
役前田殿
十一日　晴予之許依レ爲二御祓之會所一不參
十四日　晴新饗米二斗五升沙汰當百姓病死仍減云々
五位八人分沙汰自余へハ不レ進云々小河方ヨリ相傳六
斗分四斗沙汰
十一日　晴交替予番文五予十加判
廿四日　盜人六郎之沒收地彌六郎買得事廳宣加判廿
一日日付也

十一月

一日晴　交替五番文予十五神主ハ交替依二遲々一退出
十一日　晴交替予番文予ハ神拜計出畢
廿一日　晴交替五番文五予十

十二月

一日　晴交替五番文五予九十加判
十一日　晴交替三番文五予十加判
十五日　晴與玉神事予八九十從御占神事同前召立行
高
十六日　晴御巫竈祓次河原御祓五予八九十御稻奉下
神拜同衆

同夜御饌予ハ頭風氣仍不參十一人參歟
十七日　晴官幣使下着昨日者北畠殿御陣依レ不レ被
レ通由色々有二御問答一今日御通抑今度御陣者依レ致二
緩怠一去月廿九日原小神野篠苅田邊被レ燒今月三日上
洛中例懸橋邊ヲ被二燒拂一七日小俣ヲ被二燒拂一而山田
合力間山田ヲモ可レ有二沙汰一殘三千鄕濱邊爲レ可レ有二
沙汰一御在陣仍如レ件
然禰宜等通二陣中一依レ爲二觸穢一不レ可レ有二祭禮一之由
自二神宮一被レ申レ之雜人參宮中番禰宜祗御饌朝夕供進
之上者何限二祭禮一而可レ被二押止一之由雖レ被レ仰猶不
レ可レ叶之由被レ申然者可レ爲二七日穢一歟有二逗留一而
可レ被レ遂二行神事一之由被レ仰其モ不レ可レ叶之由無レ謂
被レ申之仍當宮ニ御使ヲ被レ立永英神主外宮者如レ此當宮祭
禮可レ爲二如何樣一哉由被レ尋雖レ有二觸穢之疑一外宮朝
夕御饌被二備進一之由承之間次第神事ヲ遂行去夜由貴
御饌マテ供進畢外宮不同之沙汰不レ得二其意一雖レ然外
宮ニ先立事無レ例之間可二延引一之由被レ申仍官幣ヲ外
宮へ被レ預上洛仍當宮モ退出了
十八日　晴私御膳物祭禮ニ不レ可レ准所謂爲二私御饌一
之間供二進之一十參

廿一日　雨交替十番文予十加判
廿三日　晴一守房逝去永清執印依二究老一四神主正陳
チ給宮中ニ被レ遂
廿四日　晴一永清逝去氏興執印則被レ參二宮中一予之
館ニ被二祗候一前宮家司弘咸御竈持參渡申之當家司兼
親請二取之一奉二安置一
廿九日　晴先内々神拜長官予六衣冠家予氏綱布衣公
文所行高布衣其外皆下姿南御門ヨリ參（内々間無二御鹽湯一）自レ西
退出遙拜等如レ恒歸立在二一獻一
寶德三年（辛未）正月番文番兼親長官先於レ館被二加
判一
一日　小雨三予六參宮司者依二禁忌一不參神事如レ恒
在レ饗料所未二所納一其近代雖レ爲二酒肴一再興之館祝長
官衣冠子良館（代二六參）子良等參二御館一無二外宮參一里宿
ニ被レ出吉書等如レ恒政所師昌
三日　卯杖神事物忌等參
七日　晴新菜御饌神事三予六參服新菜無二通路一間不
レ進
十一日　晴夕雨交替三番文一三予六加判宮司參六對
面

十三日　大雨雪由貴殿出納水量木（ハイノ木）今日奉レ採爲二
定例一之處深雪間不レ叶之由申之如何樣ニモ廻二思慮一
可レ奉レ採由下知食百□
十五日　晴御竈木奉納神事三予六參在二酒肴再興一無
レ粥失念□水量四尺九寸五分未補七八忌御竈木不レ獻
レ之
廿一日　晴交替三番文一三予六加判

二月

一日　晴交替三番文一二三予六加判司對面六番禰宜
流究老也鍬山神事宮司三予六在二酒肴一神事如レ恒
九日　雨祈年祭延引事五日祭主狀今日宮司狀廻覽去
年□□祭祈年ニ可レ被二付行一之由在レ同レ之
十一日　晴交替三番文三予六正殿萱葺頽落則（○以下缺文）
同日神業神事六參
十二日　同神事六參
廿一日　晴交替予東寶殿傾寶以外也□□□□□□
□□□間可二顛倒一之條決定之由大物忌申間此旨□□
□□□□方ニ被レ觸扶木チ以可二修理一之由返事□

三月

一日　晴交替三番文一三予六七八加判（祈年）

三日　晴三予六參在二酒肴一役大泉石橋酒肴雖レ令□□□□□無レ例之由返答玉串内物忌方在二酒肴一別役□□

五日　晴祈年祭幣使正四位下秀忠御手水役守成御共内宮定久外宮宮司氏長神宮三予六幣馬七神主巡番遲々一時余相待神事如レ恒但一殿儀式略レ之舊冬月次祭ヲ被レ行同衆也一殿酒肴勸盃幣使予宮司六神事如レ恒幣馬八神主給件神事任二次第一先可レ被レ行二月次一歟之由於二外宮一被二相尋一之處月次被二付行一之間先爲二祈年祭一之由間先祈年次月次仍當宮モ如レ此

十一日　晴交替予番文一三予六加判舊冬月次祭御饌マテハ□被レ行畢相殘神事等今日被レ行三予參六□□□月讀伊佐奈岐宮參先宮比矢乃第神事次荒□□宮神事次瀧祭神事次月讀神事次小朝熊宮神事催促權長彼宮祝兼日雖レ被二相觸一不參仍木綿麻等役出納勤レ之勸盃出納之一﨟酌由貴殿出納二﨟依レ爲二當番一月讀宮ニ參月讀宮祭禮ニハ每度由貴殿出納御鎰ヲ持參先例也雖レ然當祭平奉納御鎰不レ入之間略仍就二便宜一當番二﨟參次風日祈宮祭禮在二御火一祇承放家當祭役黒崎□□□□□可レ有二催促一之由也

十四日　晴五位行峯寶德二年十一月廿六日口宣同三年二月廿一日祭主施行今月九日司奉行○以下缺文

廿一日　晴交替予番文予六加判

廿七日　晴五位守時寶德二年○此間缺文祭主施行三月廿一○以下缺文

廿八日　晴五位泰延寶德二年○此間缺文施行同三年○以下缺文

廿九日　晴山宮木○此間原本四行缺文ノ在レ饗予之御初兼日ニ祝□□

四月

三日　晴氏神饗ノ心見官首長官ニ進二飯一鉢鯛一懸二瓶一雖レ未レ進二任料一御饗可二沙汰一之由被二仰出一仍沙二汰之一然者可レ爲二預所職一者也

四日　晴氏神祭禮初申三神主被レ參三雖レ被二去年參一巡番予幷六神主犬穢依レ之也

十一日　晴交替予番文二予六加判御祓水保神主亭

十四日　晴御笠神事予一人參

十九日　晴八王子黄葉遊予參衣冠不レ食二魚鳥一出納三人荷用八人皆參馬自二長官一用意世木通自二北宮御前一在二下馬一百文下行御初也自二長官一在レ饗清進菜八種汁一清酒三獻出納荷用等皆預二饗白酒一巫舞三番撿知下向件祭二月八月也鄉料所依二役人之訴訟一延引任

レ例一身田ヲ被ニ宛行ニ云々
廿一日　晴交替三番文ニ三予六加判
卅日　晴一氏興逝去經見執印　予五故障
此間原本十五行缺文
禰宜ト計書未補ハ禰宜ト計可レ書忌時神主字計可レ略
レ之歟不審
十五日　贄海神事ニ神主永昌經俊正秀守成永家氏倍
經房三代泰春泰俊忌服未補等代八人自ニ長官ニ同夕興
玉神事御占神事ニ參
十六日　晴御巫竈祓一二勤レ之河原祓ニ御稲撿知ニ
同神拜
十七日　五位貞重文安六年七月廿五日口宣同九月三
日祭主施行寶德二年二月廿四日司奉行今日宮奉行加
判
○此間缺文歟
十六日　夜御饌神事等ニ參
十七日　月次祭幣使有忠御共内奉言外山崎宮司氏長神宮ニ
東寶殿傾危之間無ニ參昇ニ送文計讀進於ニ荷前御調ニ者
外幣殿ニ被レ納勸盃幣使宮司兩所ニ神主一人勤レ之御
遊同前幣馬ニ預自ニ幣使ニ一人當祭被レ從ニ諸神事ニ之
條神宮由ニ神主許ヘ在ニ御使ニ二神主於ニ大庭ニ御禮被

レ申レ之
十八日　晴宮比矢乃籌神事荒祭神事等ニ被レ參
十九日　晴瀧祭宮神事月讀宮伊佐奈岐宮神事ニ一神主
參勤
廿日　晴小朝熊宮神事ニ參在レ洒予不レ預今朝舘ニ不
レ參故歟
廿一日　交替一番文一二予加判
廿二日　晴瀧原
此間原本十二行缺文
一日　交替二番文二
四日　晴柏流神事ニ參予舘雖ニ不參ニ苽饗送里雜掌家
司弘家別儀芳志哉但自余皆如レ此也
十一日　晴交替二予不參
十六日晴　守朝轉任事五月□□□□□□同廿七日
宮狀六月廿九日祭主施行今月十四日宮司施今日宮奉行守朝八座加
判
廿一日　雨予頭風氣仍不參
八月
一日　晴番文廳舍之儀如ニ例年ニ一予ハ於レ舘加判ニ
八廳舍六七神主ハ番文以後ハ被レ參レ舘

十一日　晴交替予番文予八加判神主ハ被ニ加灸一
廿一日　晴交替予番文予八加判
廿八日　晴經與轉任守房替五月十日口宣同日官施行
六月十一日祭主施行八月廿七日司奉行今日宮奉行加
判新禰宜經與五座加判則當宮拜賀氏久六ニ下守喜秀
守朝

九月

一日　交替予祈神主供奉番文予五六七八九加判
此間原本凡八行缺文
十六日 ○此所缺文
同夜御饌宵曉瀧祭神事櫻宮神事無ニ酒肴一二予○此所缺文
十七日　晴神嘗祭例幣使有忠御共内外氏綱四姓宮司神
宮二予五九二神主手扶五參御衣櫃達之東寶殿依傾危
之間錦綾モ奉レ納ニ西寶殿一予參又先度　錦
綾自ニ外幣殿一奉レ渡五反在三端令ニ紛失一歟不審勸盃
予五九御遊同前
十八日　荒祭宮神事宮比矢乃箒神事二予五九參
十九日　晴瀧祭神事二予五九參月讀伊佐奈岐宮神事
五參今一人末座可レ被レ參事也五ハ自ニ長官一參予ハ明
日父之遠忌日仍退出

廿日　晴小朝熊宮神事饗予料送預ニ別段芳志一也
廿一日　晴不參沐浴遲々
廿五日　伊雜宮祭禮六巡番服氣之間自ニ長官一仲氏
被レ進
同日風日祈宮祭禮予五九從酒肴延引

十月

一日　晴交替二番文二予五八九加判御綿奉納五參予
分預
二日　雨氏興替滿元九月五日宣旨同日官狀八日祭主
施行今月一日宮司　加判件事既被ニ宣下一
此間凡十一行缺文
十一日　晴夕雨交替六番文二三予六十加判神業神事
六
十二日　晴神業六參
十八日　晴田宮寺行無ニ二月行一之間今度二四予六七
勤頭
十九日　晴光用廳宣加判兩門氏寺領事野篠鄉給主五
ケ所方へ被レ成ニ廳宣一加判
廿一日　交替六番文二予六九加判
廿五日　晴氏神々業予參預所三蔦尙重共ス乘馬上下

饗膳送進所從分三膳送無不足レ謂家子侍中間人數ヲ伺調
遣例也田邊氏神社參着之處祝不參饗料持參之百姓ニ
祭禮可レ爲ニ今日一之由言付之旨雖ニ預所申一不レ來之間
預所從ヲ山神ニ遣處祝不ニ存知一之間他行畢仍以ニ便
宜職掌一行ニ神事一時分祝之自ニ留守代官一進雖レ然早行
畢傍官御初等祝取ニ不レ參之間無ニ存知一予之御初計
持參以レ之行物忌尙重弘家參尙重衣冠一蒿之代ス走
懸進氏神領百姓原平

此間原本凡十二行缺文

小朝熊宮神事三予六十從酒肴送レ舘服氣衆
十九日　晴瀧祭神事予六十參月讀伊佐奈岐宮神事六
參
廿一日　晴交替予番文一二三予六十加判
廿二日　晴瀧原祭禮巡番服氣仍自ニ長官一氏綱參
廿五日　晴風日祈宮祭禮二予六十參政所師昌詔刀兼
日ニ用意氏仲神主ニ預置之處置ヨ忘政所之許一ニ人遣
者可レ及ニ深更一便宜之公文ヲ雖ニ相尋一無ニ器用仁一間
予於ニ廳舍一書レ之行ニ神事一
同日伊雜宮祭禮巡番服氣間自ニ長官一氏綱ヲ被レ進是
又詔刀同前氏綱俄奉書之行ニ神事一

廿六日　晴六經輿外宮拜賀息男經房神主共奉
同日御所樣御法樂御會百首自ニ長官一承予奉幣

此間原本凡十五行欠文

加判之後皆加判退出時分長官
六日　晴公方御祈事十二月十九日御敎書同廿三日祭
主下知卅日宮司告狀等廻覽則請文ニ加署
七日　晴新菜御膳二三予六八九十從
十一日　晴交替六番文三予六八九十加判
十五日　晴御竈木奉納神事二三予六八九十參無ニ酒
肴一七神主服氣間木ヲ不レ削不レ合奉納出貴殿ノ軒ニ
立置氏親神主犬穢之所ニ居仍穢限以後奉納差出賂レ之
水量三尺八寸予之許犬穢予他所ニ居時分也仍〇以下恐缺文
十八日　晴田宮寺行頭役一二三
廿一日　小雨交替予番文予六八九十加判

二月

一日　晴交替六番文二三四予六九十加判鍬山神事宮
司神宮二三予六八九十從一蒿不參仍神宮勸盃二蒿參
宮司三蒿參神事如ニ例年一
五日　晴祈年祭可レ爲ニ式日一之由正月廿四日御敎書
廿五日祭主狀□□

八日　雨祈年祭可ニ延引一之由三日祭主下知今日
○以下缺文
十一日　雨交替予番文予六九加判
此間原本凡十一行缺文
物忌方之自ニ役所一可レ有レ之事歟
十一日　晴交替予番文二三予六
廿一日　晴交替予番文予六八九十
廿八日　山宮神事六經興參予御初進レ之
四月
一日　晴交替予番文三予六八九十加判
九日　晴氏神祭禮六參予之御初進レ之
十一日　雨交替予番文二予六八九十加判
十四日　御笠神事二予六八九十從
廿一日　交替予番文二三予六八九十加判
五月
一日　晴交替予番文予六八九十加判
五日　晴菖蒲御饌二予六七八九十參（三神主遠闕日）酒肴送レ舘
（無ニ隔子机一故也）
十一日　雨交替予參如レ常番文二三六八九十加判予
之舘ニ番文持參令ニ遲々一間番出納二膓（號ニ十文字屋一）相
尋之處令レ失ニ念行政印一訖之由申仍不ニ加判一出納ヲ
令ニ折檻一其後出納予之許ニ來令ニ退望一
此間原本凡十一行缺文
阿婆羅氣ヤ島ハ七島ト申セドモ毛無カラニハ八島ナ
リエイヤ〳〵中刀禰ノ頭役
我君ノ御濱出ノ御座舟ノセ千代ト云鳥ノ舞アソブエ
イヤ〳〵
我君ノ命ヲコハヾサヾレ石ノ巖ト成テ苔ノ生マデエ
イヤ〳〵
我君ノ御倉ノ山ニ鹽ノ滿如富コソ入マセエイヤ〳〵
各三度宛歌レ之當年無ニ此儀一
夕興玉神業二予六七八九十從御神拜申六月御祭今月
十五日ノ今ノ時ヲ以興玉ノ廣前ニ奉大宮御贄幷地祭
ノ物忌ノ奉御神酒御贄ヲ奉狀ヲ平ク安ク知食テ禰宜
神主内外物忌色々ノ式衆供奉ノ人々神事供奉ヲ調仕
シメ給エト畏ミ〳〵申如レ此御巫申子レ時一同ニ兩端
次第如レ常　御占神事同衆丙合次御巫權任ト申子レ時
召立行高次禰宜神主内外物忌色々ノ式衆幷國々ヨリ
マイル郡□神戸御薗御厨ノ御シンニウ御贄ノ不淨□
□□□御占ニテ

此間原本凡八行缺文

神宮二予六八九十東寶殿傾危間□□□□□□マテニ
テ荷前御調ヲ外幣殿ニ納勸盃御遊八十參神事如㆑常
幣馬六拜

十八日　晴宮比矢乃箒神事次荒祭宮神事二予六七八
九十從

十九日　晴瀧祭神事予六八九十參

同日雨月讀伊佐奈岐宮神事予一人參自㆓長官㆒自㆑道大
雨神事如㆑常彼宮新拜所饗今日始而沙汰サイ八種汁
酒三獻任㆑心ケツコウス

□□(廿日歟)　小朝熊宮神事二三予六八九十從祝權長等不參

此間原本一行缺文

間彼役ヲ出納二人勤㆑之酒肴無沙汰

廿一日　晴交替予番文二三予六七八九十加判

廿二日　雨瀧原祭禮十參十八新衆九ハ去々年於㆓十
座㆒伊雑ニ參去年六月ハ爲㆓七座㆒九十禰宜依㆓未補㆒
自㆓長官㆒代官ヲ被㆑進九神主去々年伊雑宮被㆑參任㆓彼
本衆㆒巡番可㆑參㆓伊雑㆒之間新衆十神主瀧原ヘ參迎人
夫田口ヨリ來替夫不㆑來之間質ヲ取之處當時七ケ御
薗自㆓國方㆒進退武家ノ掟ヲハ不㆑被□□不㆑可㆑用ト

テ追カケ取㆓返之㆒

廿五日　晴伊雑宮祭禮

此間原本凡八行缺文

十一日　晴交替予番文

廿一日　雨交替予番文二予六八加判

八月

一日　雨風政所師昌予之館ニ來雨風烈無㆓廳舍㆒可
㆑有㆓神事如何㆒哉之由伺先年雨時於㆓一殿㆒被㆑行㆑之
於㆓于今㆒ハ一殿モナシ但長官ノ御館有㆓維(本ノママ)南㆒時者御
神事於㆓御館㆒被㆑行先例也可㆑爲㆓其分㆒由返答之處雨
風止畢仍於㆓廳舍㆒被㆑行交替物忌計參二予六加判時
分七參七八九十加判時分三神主參被㆓加判㆒御鹽湯神
事ハ鹽湯ニ不㆑合者不㆑從如㆑此祝事遲參ハ斟酌之法
也依㆓本衆之請㆒別無㆓酒肴㆒

三日　晴予申南職田事解狀之加署十八
氏榮申霜野御厨事同前
予申深田御薗事牛庭御厨事　廳宣
兩通九人被㆓加判㆒十神主ハ他行

十一日　晴交替六番文二三予六八九加判

廿一日　晴上ル雨交替予番文一二予六九十加判

廿六日　晴潤月番帳權任加奉彼廻文云

享德元年

此間原本凡九行缺文

潤八月

一日　晴交替予左右板彌傾下〇此間缺文予七御内ニ參拜見ス覆板自レ棟三尺計サガル番文三予六七八九十加判上番權任以下裁載賦ニ番文一

十一日　晴交替予番文一三予六八九十加判予之許自ニ昨日一犬穢予ハ折節他所ニ居仍カヽラス番交ニ巾番衆載レ之

十七日　晴大橋朽損之間僧賢正并最祥法師等十方ヲ令ニ勸進一可ニ再興一之由申仍被レ成ニ廳宣一加判十八

廿一日　晴予之宿所自ニ昨日一犬產穢仍不參

九月

一日　晴交替予番文三予六八九十加判二神違例仍不參

二日　雨造替遷宮遲引事注進解狀へ加署十八田宮寺定使武泉代官方ヨリ殺害事ニ國方へ被レ成ニ解狀一加署十八

九日　晴菊花御饌一二三予六八九十參如レ常□□雨

予夕參例幣可レ爲ニ式日一之由三日祭主下知今日

此間原本凡十一行缺文

十八日　晴宮比矢乃笥神事其後荒祭々禮一二三予六八

十九日　晴瀧祭神事三予六八九十參月讀宮神事九參自ニ長官ニ

廿日　夕雨小朝熊宮祭禮予ハ父遠関日仍自ニ昨日一退出雖レ然饗膳送預ニ役所別儀芳志一歟無ニ膳饗

廿一日　晴潔齋不參祈訴請文加署

廿二日　晴瀧原并宮祭禮予參六神主去年於ニ五座一瀧原ニ參彼任本衆巡番七ヶ御園自ニ國方一依ニ違亂一野原ヨリ幣使米不レ進如レ此時ハ自ニ長官一雖レ有本ノマヽニ下行一無ニ其儀一仍以ニ私力一參勤人夫白野副參替夫同ヨリ參神事如レ常下向楠マテハ昨日人夫自レ是打見鄕人夫參遲參□マテ追付參晝飯落着等下行餉河原饗□

廿四日　晴例幣可レ爲ニ廿六日一之由下知等廻覽

廿五日　晴伊雑宮祭禮六參

同日風日祈宮祭禮二予八九十有レ饗三神主分送ヨ進里一別儀歟

十月

一日　晴交替予番文三予六九十加判御綿預

同日如二告知一者今日可レ爲二祭禮一之處官幣使無二下着一

十一日　晴交替予番文二三予六八九

廿一日　晴交替予番文二三〇以下缺文

寛文八戊申年十二月十五日書寫校合畢

神宮祕傳問答序

古人曰苟非二其人一道不二虚行一焉神道亦然不レ識二得神道一而豈其行二神道一乎夫仰觀レ之俯察レ之自二及淸陽薄靡重濁淹滯一已來雷一發而蟄蟲振霜一降而天地肅八區四隅無レ不レ與二神之動靜氣之運用一實其玄微道體不次妙機誰其識二得之一乎一日醫生片岡氏某參二余明窓一懷二神書兩局一來欲レ鏤二于梓一以閣二淨几一余忽爾盥漱而後攤讀レ之則神宮秘傳問答同續祕傳問答之書也可レ謂二夜光明月之珠一也爲二此書一也剳子纔而如二泉之一滴一如二雲之膚寸一雨二于天下一洽二於六合一何其不レ可乎有下高明之人出中於此世上則得二之心一而行二之身一然則夫神道赫徹而無二涯際一必矣雖二漢倭懸隔冠帶異一レ風神道兼二儒風一何其差二別之一乎余雖レ爲二攝津之老儒一遐傳二授伊勢之神風一故爲二之序一玆嘉奬附二夫醫生之手一云レ爾

元祿第十一年戊寅夏五月梅雨降日

北水浪士惟中

神宮祕傳問答

或問曰日本無雙ノ宗廟ノ御事ヲ卒爾ノ申事恐多ケレドモ外宮ハ后稷ノ御廟ナラン歟其故ハ內宮ハ大伯ノ御廟ト云傳有レバ大伯ノ自テ出給フ所ノ神ハ后稷也又外宮ヲ豐受太神宮ト申奉ルモ后稷ハ五穀ノ神ノ故ナルベシ舊事紀古事記日本紀其外ノ神書ニモ豐ハ豐饒ノ義宇氣ト云ハ五穀ノ稱也其上御氣ト云モ食ノ事ト也然ルニ御氣津神ト申シ奉ルモ外宮ノ御事ニテ內宮ノ御氣モ外宮ニテ調備シテ毎日兩度外宮ノ御氣殿ニテ兩太神宮ヘ供進ス是等悉ク五穀ノ神ノ明徵也外宮ハ水德ノ神ナル故ニ御氣津神ト云水ハ御氣津ノ略語トノ神書ノ說モ疑ハシ又外宮ヲ宗廟社稷神ト申奉レバ彌后稷ノ御廟ナルベシ如何　答曰此ノ事ハ最極ノ神祕ニシテ書ニ顯ハシ難キ故代々ノ禰宜神主モ世間流布スベキ記ニハ豐受太神ハ水德ノ神也水ハ御氣津ノ略語ト記シタレド是ハ外宮ヲ保食神ニテ御座ト云輩有リ又丹州奈具社神豐宇賀能賣命ヲ豐受太神ニテ御座ト云人有レバ其難ヲ遁レン爲マデニ言テ最極ノ神祕ハ書ニ筆セヌ也去ドモ后稷ノ御廟トノ事猶以テ遁レ難キノ間其由ヲ云ベシ不信ノ輩ニハ必ズ口外スベカラズ豐受ト云ハ五穀豐饒ノ義勿論也御氣津ト云モ食ノ神ノ事也此ノ義ハ舊事紀古事記日本紀等ニ詳ナレバ水ハ御氣津ノ略語トハ本紀ノ說ナレドモ御氣津ノ御號ノ外ニ豐受ノ御名モ有リ又今ニ御氣殿ニテ毎日御氣供進スレバ水ハ御氣津ノ略語トモ難申是ハ神祕ヲ口外シ難キ故ノ異說ナルベシ抑モ外宮ハ天御中主神ニテ豐受太神ト申シ奉ル故ハ本紀ニ曰天地初發之時大海之中有二一物一浮形如二葦牙一其中神人化生名號二天御中主神一故號二豐葦原中國一又因以曰二豐受皇太神一也云々大海之中ニ有二一物一トハ水ヨリ始ル事ヲ云大虛之中ト云ガ如シ如二葦牙一ト云ヘバトテ葦牙ニハ非ズ如ノ字ヲ能ク味テ喩ナル事ヲ知ルベシ如二葦牙一トハ此ノ國ツヒニ瑞穗國ト成タル一氣ヲ後代ヨリ推源云タル也葦ハ水草ニテ繁榮スル物ナレバ行末五穀出生シテ瑞穗國ト成ベキ一氣ノ始ヲ喩テ云ヘリ豐葦原瑞穗國ト云トテ蘆花ノ事ニハ非ズ五穀ノ瑞穗也其中ニ神人化生名號二天御中主神一トハ天ノ

明理本源ノ神ニテ元氣ノ中ニ御座スト云事也日本紀云天地之中生二一物一狀如二葦牙一便化二爲神一號二國常立尊一ト云ヘリ國常立ハ元氣化生ノ神ナレバ化爲レ神ト云氣ヲ離レテ理無ケレバ天御中主神ト國常立尊ハ同體異名ニテ御座ストハ云ヘリ其後國土成就シテ豐葦原中國トモ又豐葦原瑞穗國トモ豐葦原千五百秋瑞穗國トモ云ヘリ五穀出生シテ瑞穗國ト成タル元氣化生ノ神ニテ御座ス故ニ國常立尊ヲ豐受皇太神ト申奉リ御氣津神ト奉レ崇也若シ豐葦原中國ト云ヲ葦多キ國ト心得タル時ハ因以曰二豐受皇太神一トノ名義難レ解事也又內宮ヲ太伯ノ御廟トノ事本朝ノ神書ニ無レ之揩テ異國ノ書ニモ無レ之三讓ト云額內宮ニ有タリト云說アレド今世モ能書ハ額ヲ書神前ヘ奉納ス此ノ三讓ノ額何タル人ノ所爲ヲ不レ知此額御鎭座ノ始ヨリ有テ禰宜神主今ニ相傳ストモ此三讓ノ二字ニテ推テ太伯ノ御廟ト云ンモ相違之事也況ンヤ後人ノ所爲ヲヤ又日本ヲ異國ヨリ姬氏國ト稱スルモ日本ハ周太伯ノ御末姬姓ナレバ云トノ說有レド異國ヨリハ兎モ謂ヘ角モ云ヘ本朝ニテハ昔モ太伯ノ御末トノ說ヲ禁制ト承ル如レ此ノ說盛ンニ行レバ日本モ異朝ニ可レ傾故ナルベシ殊更附會ノ兩部習合ヲバ嫌ナガラ似合タル說有トテ太伯ノ御廟トノ事モ習合ノ說ニ似タルベシ

問曰太神宮ハ太伯ノ御廟ニテ無トノ事其ノ理有ト云ヘドモ瓊々杵尊ノ降臨モ日向ノ國ナリ處コソ多キニ今モ異國ノ船ノ著岸スル筑紫ヘ降臨ハ疑シク侍ル其上舊事紀ニ記ス供奉ノ諸神ニ船長梶取有モ海路ノ爲ナルベシ雲路ヲ降臨ニ何ノ儀アルベキ疑クハ海路ヲ歷テ異國ヨリ來臨カト覺ヘ侍ル　答曰瓊々杵尊筑紫日向ヘ降臨ハ猿田彥ノ敎ニ依テ也人代ニモ都ヲ建ルニハ地ヲ相スル事有リ況ヤ猿田彥ノ訓ナレバ日向國ヨリ始リテ我國萬々歲マデ王家相續スベキ地ニテコソ有ツラメ又船長梶取有リトテ異國ヨリ來臨トモ難レ申事也饒速日尊モ天ノ磐船ニ乘テ河內ノ國ニ天降給フ事有リ此等必シモ今世ノ海上ノ船トモ見ヘズ此船長梶取ハ下界ニテ海上ヲ渡リ給ハド其時ノ備ノ爲トテ供奉セシ事モ有ベシ神代ノ事ナレバ古記文ノ儘ニ天上ヨリ降臨ト見テ可也若シ天上ニ比シテ別ニ指ス國有ラバ國常立尊ノ化生ノ國ナレバ豐葦原中國ノ內ニ其所可レ有異國トハ見ベカラズ豐葦原中國ノ內ヨリ日向ノ國ヘ移リ給ヒテ神武天皇ニ至テ又大倭國ヘ

遷都ト見レバ神書ノ旨ニ叶ヒテ具ニ可レ無レ難此事ハ深々口傳可レ有古記文ノ如ク可レ見古記ニモ無キ事跡ヲ求テモ其詮無義也　問曰瓊々杵尊天上ヨリ降臨有タルトノ神書ノ說ナレド天上ノ事跡半ニ過テ人間ノ如シ是ノミナラズ伊弉諾伊弉冊尊ヨリ天照太神忍穗耳尊迄モ其事跡人間ノ如キ事ノ有ルハ如何　答曰是亦容易難レ顯事也然レドモ其ノ不審不レ晴時ハ神道ノ障ナレバ一二ヲ可レ謂人體ヲ受給天照太神ノ盛德光輝廣大ニシテ至ラヌ曲無レバ日々ニ拜シ奉ル故ニ於二神書一日輪ノ德ト天照太神ノ德ヲ配分シテ云ヘバ人間ノ事ノ如キ言モ有リ伊弉諾伊弉冊モ其德ヲ陰陽ニ配分シ月讀尊モ其德ヲ月輪ニ配合スル故ニ人間ノ事跡ノ如キ文言アリ天神七代地神五代ノ諸神ノ御名ヲ今世迄傳タルダニ餘リニ年代久シケレバ疑ハシキ事ゾカシ況ヤ其事跡悉ク有タル事ト云ンモ知者ノ取マジキ事也又無レ事ト云バ不審可レ起凡神書ハ神名ノ上ニテ能取レ義悟入有事トナリサノミ事跡ニ執スベカラズ又一向ニ廢スベカラズ　問曰日月ニ配ストノ事其證如何　答曰古記ニモ伊勢兩宮ヲ云テ配二日月一ト有リ又倭姬ノ世記ニ天照太神波日月止合レ明天宇內爾照臨給利豐受太神波天地止齊レ德天國家乎守幸給利ト云ヘリ　問曰日月ニ配ストノ其說左モ有ベシ又伊弉諾伊弉冊モ陰陽ニ配セバ人體也人體ニシテ何ゾ山川草木マデモ生ズルヤ　答曰陰陽ニ配スル故ニ人體ノ伊弉諾伊弉冊ノ上ニテ陰陽造化ノ跡ヲ言タル也人體ノ伊弉諾伊弉冊ノ山川草木マデモ產給フトノ事ニハ非ズ是ニテ日月ニ配シタル事モ推レ類可レ知　問曰然ラバ神書ノ說悉ク僞ナルカ　答曰易ノ乾ノ卦ヲ天トシテ又父ニ比シ坤ノ卦ヲ地トシテ又母ニ喩タルガ如シ其德ヲ比喩シテ而モ我ガ國ノ事物ノ權輿ヲ言テ殊ニ勸善懲惡ノ言モ有リ深ク悟入スルトキハ凡夫トテモ神人ト可レ成奥義有リ仰テ尊ベシ但シ用ル所ノ神書ト其人ノ見解トニ可レ依事　問曰外宮ヲ宗廟社稷ノ神ト云ハ國常立尊瓊々杵尊ヲ宗廟ト云ヒ天兒屋根命相殿ニ御座ス故ニ社稷ト云ヒ合セテ宗廟社稷神ト申奉ルトナリ如何　答曰神宮ニ相傳ノ大概ノ說如レ此然モ此土地ハ元氣化生ノ國常立尊ヨリ始タレバ社ノ神也又豐受太神トモ御氣津神トモ申セバ稷ノ神也增テ國常立尊瓊々杵尊ハ宗廟ノ神ナル事無レ疑也　問曰瓊々杵尊ノ外宮ニ御坐其說如何　答曰國常立尊

ハ御正體ニテ瓊々杵尊ハ高貴神ノ勅ニ依テ東相殿ニテ御坐也瓊々杵尊ニ添奉テ天兒屋根命天太玉命モ西相殿トシテ御同殿ニ御坐ス瓊々杵尊ノ荒魂ヲ天上(アメノホリ)玉杵(タマキノ)尊ト申テ瓊々杵尊ト同ジ御船代ニ一座ニシテ御神體ノ御形ハ二體御坐ス此ヲ五神四坐ノ祕事ト云此ノ義ハ口外スルモソラ恐シケレド古記紛失故ニ祕傳ヲモ絶ベキ事淺間敷今サラ言ニ顯シ侍ル豐受太神トハ國常立尊一神ヲ申奉ル宮ノ字ヲ付テハ五神ヲ總テ外宮トモ豐受太神宮トモ度會宮トモ申奉也延喜式ニモ度會宮座豐受太神一座相殿神三座ト云ヘルハ是也　問曰五神四座ノ御事大方ノ神書ニハ不レ見難レ有說也東寶殿西寶殿コソ世ノ人モ東西ノ相殿ト思ニ御同殿ニ御坐ハ東西ノ寶殿ハ相殿ニテハナシヤ　答曰昔丹州ニテハ前社トモ申タルト本記ニアレバ世人ノ思フモ理ナレド相殿トハ御同殿ニ御坐ス故ニ奉レ申東西ノ寶殿ハ寶藏也延喜式ニハ財殿ト書寶基本記ニハ寶藏ト書テ勅幣ヲ被レ奉ノ時ハ錦綾等ハ東寶殿ニ奉納シ御馬鞍等ハ西寶殿ニ奉納ス其上御體在宮ヘ本宮ノ御正體ヲ假殿遷宮ノ事ハナシ東寶殿忌屋御氣殿等ヘハ假殿遷宮アリタルニテモ寶藏ナル事了簡スベシ　問曰外宮ヲ水德ノ神トハ何ノ故ゾヤ五行未生以前ノ國常立ヲ水德トハ不審也其上外宮ノ別宮多賀宮ヲ豐受太神ノ荒魂トハ是又何ノ故ゾヤ多賀宮ハ伊弉諾ノ檍原ニシテ祓除ノ時右ノ御眼ヨリ化生シ給フ神ト云ヘリ然ラバ月讀尊也月讀尊ヲ豐受太神荒魂トハ水德ノ故ニ云ヤ殊ニ外宮ノ別宮ニモ月讀宮有リ多賀宮月讀尊ナラバ又別宮ニ月讀宮不レ可レ有如何　答曰是又深祕ニテ雖レ難レ顯諸人ノ惑ト成ル事ナレバ粗其由ヲ可レ申國常立尊ハ元氣化生ノ神ナレバ五行ヲ含タル御神ナレドモ五行ニハ水ヲ始トスル故ニ水德ノ神ト申也亦月ノ神ハ形ニ見レタル水德國常立尊ハ無形ニシテ含ミタル水德ノ神ニテ御坐スナリ伊弉諾尊ノ檍原ニシテ祓除ノ時右ノ御眼ヨリ化生ノ神ヲ日本紀舊事紀等ニハ月讀尊ト記シタレド神宮相傳ノ古記ニハ此時化生ノ神ヲ月神トモ云ヒ豐受太神荒魂トモ云テ月讀尊トハ不レ記月讀ノ宮ニ奉レ崇ハ伊弉諾伊弉冊ノ夫婦トシテ生ジ給フ人體ノ月讀尊ノ御事也月神ト申ハ天ニ御座テハ豐受太神ノ荒魂ノ表也多賀宮ヘ參ル坂ヲ登ルニハ登天ノ心ヲ持ベシト古來相傳也荒祭宮ノ坂ヲ登ルニモ此心ヲ持ベキ事歟此ノ月神ハ氣

吹戸主ノ神トモ申ス海水ノ氣ハ月ニ從フ故ニ中臣祓祝詞ニモ氣吹戸仁坐氣吹戸主ト云ヘリ　問曰荒魂トハ何ゾヤ　答曰荒魂ハ陽ニトリ和魂ハ陰ニトル天ニ御坐ス日月ハ天照太神ト豐受太神ノ荒魂ノ表也御神體ノ御鏡ハ和魂ノ表也荒ハ動也和ハ靜也荒魂トハ魂ヲ云ヒ和魂トハ魄ヲ云ナルベシ神功皇后紀ニモ和魂服二王身一而守二壽命一荒魂爲二先鋒一而導二師船一トアルハ魄ハ止テ玉體ヲ守リ魂ハ先行テ師船ヲ導クトナルベシ　問曰荒魂ハ魂ニシテ陽ナラバ月神ハ陰ナルニ豐受太神ノ荒魂トハ如何　答曰月神ヲ日神ニ對スル時ハ月ハ陰ナレドモ地ニ御座ス水德ノ神ノ和魂ニ對スル時ハ天ニ御坐ス月神ハ陽ナル故ニ豐受太神ノ荒魂ト申也　問曰上古ニ多賀宮ノ內宮ニ御坐ノ時ハ和魂宮ト奉レ申タルト也然ラバ豐受太神荒魂ト云ハ相違ナリ如何　答曰多賀宮ハ豐受太神ノ荒魂ナレドモ陰德ノ月神ナル故ニ陽德ノ日神荒魂ノ宮ニ對シテ和魂ノ宮ト申シ內宮ノ五十鈴川上ニ荒魂宮ノ荒祭ト並テ御鎭座有シヲ神ノ誨ニ從テ外宮ヘ奉レ移テハ御號ヲ改メテ多賀宮ト奉レ申也　問曰荒祭ノ宮ハ日ノ神ニシテ又瀨織津姫トモ奉レ號伊弉諾尊ノ檍原ニテ祓除ノ時左ノ御眼ヨリ化生シ給フ天照太神ノ荒魂ト也多賀宮ノ例ニテ見レバ荒祭宮ハ天ニ御坐ス日神也然ラバ內宮ノ本宮ハ天ニ御坐ス日神ニテ、ナシヤ　答曰本宮ハ日域ノ天子ノ始伊弉諾伊弉冊ノ御子人體ヲ受給天照皇太神ニテ御坐ス其德日輪ト齊キ故ニ大日孁尊ト奉レ申日ニ配シテ祭ル也又瀨織津姫ノ御名ハ祓除ノ時御眼ヲ水ニ洗テ化生ノ故ニ奉レ申ナルベシ神功皇后紀ニ曰神風伊勢國百傳度逢縣之拆鈴五十鈴宮所居神名撞賢木嚴御魂天疎向津媛命トハ荒祭ノ宮ナルベシ同紀天照太神誨レ之曰我之荒魂不レ可レ近二皇居一當レ居二御心廣田國一トアリ此二段ヲ引合セ見レバ廣田大明神モ荒祭宮ト同體ノ神ナルベシ　問曰然ラバ豐受太神モ天照太神ノ自テ出給フ神ナレバ人體ナルベシ人體ノ神ニシテ元氣ノ靈ニ配シテ祭ル歟　答曰然リ　問曰豐受太神モ人體トノ證文有リヤ　答曰日本紀一書曰便化二爲人一號二國常立尊一又御鎭座本紀云神人化生名號二天御中主神一是等證文也　問曰天地ノ始元氣化生ノ神人ニテ御坐セバ元氣ノ靈ニ配ヌル迄ニ不レ及事カ何ゾ配二元氣一祭乎　答曰元氣ヨリ天地人始ル今日トテモ人生スルハ以二元氣一生ズ昔シ有テ今不レ有レ無味レ意默シテ可レ知　問曰舊事紀日本紀ニ天照太神月讀尊素盞嗚尊生給事三所アリ異說カ但シ故有歟　答曰日本紀ニテハ異說ニ似タレドモ舊事紀ヲ見ベシ三處ノ出生故アリ伊弉諾尊御眼ヲ洗テ化生ノ日神月神ハ天上ニ御坐ス日神月神也伊弉諾尊ハ陽神ナレバ天ニ像リ日月ハ天ノ兩眼ナレバ御眼ヨリ化生ト云白銅鏡ヲ左右ノ御手ニ取テ化生ノ日神月神ハ地ニ御坐ス日神月神也白銅ハ地ヨリ生スレバ也是故ニ御靈形ニ鏡ヲ奉レ崇歟伊弉諾伊弉冊尊夫婦トシテ胎生シ給フ天照太神月讀尊ハ人體ノ日神月神也天地人ノ日神月神其德一ナル故ニ配合シテ祭ル也　問曰然ラバ素盞素烏尊モ御鼻ヲ洗テ化生ハ天ノ素盞嗚尊又顧眄（ミルマサカリ）之間ニ化生ハ地ノ素盞嗚尊又伊弉諾伊弉冊尊ノ　答夫婦トシテ胎生シ給フハ人體ノ素盞嗚尊歟曰然リ　問曰御鼻ヲ洗テ化生ヲ天ノ素盞嗚尊トシ顧眄之間ニ化生ヲ地ノ素盞嗚尊トハ其儀如何　答曰殺伐ノ金氣ノミナラズ物ヲ損スル不正ノ氣ハ天ノ素盞嗚尊也鼻ハ兩眼ノ間ナレバ御鼻ヲ洗フト云鼻ハ主レ肺肺ハ金也素盞嗚尊ハ金德ノ故ニ御鼻ヲ洗テ化生ト云御鼻ヲ洗テ化生ノ御名ヲ速佐須良姫ト申テ素盞嗚尊ノ荒魂也又左右ノ御手ノ白銅鏡ヲ顧眄之間ニ化生ヲ地ノ素盞烏尊トハ白銅ハ地ニトリ顧眄之間ハ正見ニシテ正見ニ非ズ故ニ地ノ素盞嗚尊ト申奉ル但シ素盞嗚尊ノ和魂ノ表ハ劔ナルベシ子細アリ熱田宮ヲ素盞嗚尊ト日本武尊ノ二神ニテ御坐トノ祕說モ其理アル事カ　問曰人體ノ月讀尊ヲバ除テ天ト地ト月神ヲ以テ豐受大神ニ配スル其義如何　答曰舊事紀日本紀等ニハ人體ノ月讀尊ヲ主トシテ云フ故ニ月輪ヲモ御鏡ヨリ化生ヲモ月讀尊ト云ヘドモ神宮ニテハ月讀尊モ豐受大神ノ德ニヲサレ給フ故ニ水德ノ豐受大神ヲ火德ノ天照太神ニ對シテ兩大神ヲ日神月神ト申セバ荒魂ヲモ和魂ヲモ日神月神ト申也必シモ不レ可レ執レ一隨レ時義ヲ取ルベシ　問曰蛭兒三歲マデ脚不レ立トハ其故アリヤ　答曰蛭兒ハ土德ノ神ナリ土ハ專主ノ方也四季ニモ寄旺シ三季ノ時ハ脚不レ立四季ニシテ脚立也木ハ春旺シ春九十日ノ内ヲ十八日土旺ス火ハ夏旺シ夏九十日ノ内ヲ十八日土旺ス金ハ秋旺シ秋九十日ノ内ヲ十八日土旺ス水ハ冬旺シ冬九十日ノ内ヲ十八日土旺ス四季ニ十八日ツヽ土寄旺スレハ木火土金水トモニ七十二日ヅヽ旺スル也三季ニシテハ土ノ

旺スル日五十四日ニシテ十八日不レ足也故ニ三歲マデ脚不レ立ト云也　問曰蛭兒土德ノ神ナル時ハ木火金水德ノ神ハ何レゾ　答曰稚日女尊ハ水德也大日女尊ハ火德也素盞烏尊ハ金德也月夜見尊ハ水德也　問曰木火金水德ノ其證如何　答曰稚日女尊木德ノ證ハ金德ノ素盞嗚尊ノタメニ害セラレ給フ金剋木ノ故也木陽ハ稚ケレバ稚日女尊ト申也今按ニ紀伊國日前宮是ナラン歟古ヘハ木ノ國ト書ク弱浦アルモ稚日女木德ノ故ノ名ナルベシ玉津嶋明神ハ日前神也ト云祕說アリ然レドモ二所ニ御鎭坐不審也伊勢太神ノ荒魂ノ例ニテ見レバ玉津嶋明神ハ稚日女尊ノ荒魂歟猶可レ考レ之衣通姬ハ和歌ノ神ニシテ弱ノ字ノ和訓和歌ナレバ因テ後代ニ從祀スト云傳アリ但シ淸輔カ嚢草紙ニハ衣通姬ノ此所ヲ面白カリ給テ神ト現ジテ垂レ跡ト書タリ天磐戶ノ前ニシテ初度ニ鑄給フ御鏡ハ小キ故ニ又鑄給フ御鏡伊勢太神ニシテ初度ノ御鏡ハ日前宮ノ由神書說詳也日神ヨリ前ノ御鏡ナレバ日前宮ト云也日ハ火也五行相生ノ時ハ火ノ前ハ木也木陽ハ稚ナル故ニ初稚ノ御鏡ヲ小シトハ云也出生ハ前ナレドモ稚キ故ニ稚日女尊ハ天照太神ノ妹トモ云也又大日女尊火德ノ證ハ日神ト奉レ申日ハ火ニシテ南方ノ君位ヲ主トリ御坐ス故ニ天下ノ君ノ始ト成給フ其上金德ノ素盞嗚尊ト御中惡キモ火剋金ノ故也又素盞嗚尊金德ノ證ハ殺伐ノ氣ヲ主リ人民ヲ夭折シ青山ヲ枯山ニシ山海ヲ鳴動シサナガラ秋ノ樣ヲ神書ニモ記セリ西方申酉ノ方ヲ主リ給フ救ニ今ノ世ニ必ズ秋ニハ申酉ノ日大風吹テ素盞嗚尊ノ樣有リ又月讀尊水德ノ證ハ月ハ水也大日女尊火德ナル時ハ月讀尊水德ナル事不レ言可レ知也　問曰右ノ五神五行ノ神ナラバ木神句句廼馳火神軻遇突智土神埴山姬金神金山彥水神罔象女ハ右ノ五神ノ別名歟　答曰稚日女大日孁尊等ノ五神ハ人體ノ神ノ德ヲ五行ニ配シテ云フ句々廼馳等ノ五神ハ五行ノ神ヲ云人體ニハアラズ　問曰稚日女尊ヲ加ヘバ二女三男ト云ベシ一女三男ト云事ハ何タル說ゾヤ　答曰一女三男ト云事舊事紀古事記日本紀ニモ不レ見マシテ神宮ノ古記ニモ無レ之疑ラクハ俗諺ナラン歟其上蛭兒ハ男體トモ女體トモ難レ言是モ夷三郞ト云俗語有レバ男ト云ナルベシ但シ上古ノ證文有ル歟博覽ノ人ニ可レ問　問曰國常立尊國狹槌尊豐斟渟尊ノ三神ヲ日本紀ニハ純男ト記セリ純男ト云時ハ乾

卦ノ三畫ノ奇爻ニ比シタリ陰爻陽爻互ニ交テ三畫ノ後ニコソ三體ノ純男ハ有ベケレ三神ヲ其儘三畫ノ奇爻ニ比シテ純男トノ事其心如何　答曰此ノ說予モ不審ナリ知者ニ可レ問或曰日本紀ノ乾道獨化所以成ニ此純男一ト云十字ハ後人ノ加筆ナラント予謂此三神ハ上中下ノ三氣ヲ云歟一氣生スレバ則上中下ノ氣アリ一物トシテ三無レ不レ備一息ニモ呼ト吸ト中トノ三アリ萬事萬物モ類推スベシ又泥土煮尊沙土煮尊大戸道尊大苫邊尊面足尊惶根尊此ノ六神二神ツヽ耦シテ坤ノ三畫耦爻ニ比シタルト見ヘタレトモ予謂泥土煮尊大戸道尊面足尊ヲ乾ノ三畫ニ比シ沙土煮尊大苫邊尊惶根尊ヲ坤ノ三畫ニ比セバ其理可レ通歟其故ハ泥土煮尊大戸道尊面足尊ハ陽神也沙土煮尊大苫邊尊惶根尊ハ陰神也此六神ヅヽ對シテ生ジ三陽三陰成就ノ上ニテコソ正陽德正陰德ノ伊弉諾伊弉冊尊モ現ジ給フナレ日本紀ニ上ノ三神ヲ乾ノ卦ニ比シ下ノ六神ヲ坤ノ卦ニ比シタルハ如何ト覺侍ル但シ出生ノ次第ナク上三神一度ニ出生シ下六神一度ニ出生ナラバ左モ可レ有歟有道ノ人ニ可レ正　問曰國常立尊ヨリ惶根尊マデ九神ヲ九ケ月懷胎ニ取リ十ケ月ニハ男歟女歟其體顯ル、ヲ男ナレバ伊弉諾尊女ナレバ伊弉冊尊ト云ナラン歟其故ハ國常立尊ヨリ惶根尊マデハ形ヲ未レ現神ナリ此九神ハ懷胎ニシテ伊弉諾伊弉冊尊ハ男女ノ體ノ現レタル出胎ナルベキ歟如何　答曰此說理有リ天地人ノ始ル其形ハ違フトモ其理ハ不レ可レ違左モ可レ有　問曰天神七代地神五代トハ何タル故ゾヤ

答曰天照太神ヨリ天下ノ君ハ始リ給フナレバ其以前國常立尊ヨリ伊弉諾伊弉冊尊マデノ七代ヲ天神七代ト云天照太神ハ天下ノ君ノ始トシテ出見ナレバ其ヨリ以後五代ヲ地神五代ト云也　問曰天照太神ト素盞嗚尊ノ誓約ノ間ニ忍穗耳尊化生シ給フトハ天照太神ト素盞嗚尊ト夫婦ト成給フ歟　答曰天照太神ハ火德ノ神忍穗耳尊ハ水德ノ神也火ト水ハ尅ス素盞嗚尊ハ金德神ナレバ金生水ト水德ノ忍穗耳尊ヲ生給也人ノ世ニモ養子ヲスルニハ同性ノ中ニ子ノ列ヲ取ナレバ素盞嗚尊ノ御子ヲ養テ天照太神ノ御子トシ給ト神書ノ說萬代マデノ養子ノ法ナルベシ天照太神ノ御甥ヲ養子トシ君位ヲ傳ヘ給也　問曰忍穗耳尊ノ水德ノ證如何　答曰天眞井ニ濯給フ瓊ヨリ生ジ給フ由日本紀ニ詳也其眞名井ハ丹州眞名井原ニ有リト齋部氏ノ

說ナレドモ今外宮ノ坤方ノ藤岡山麓ニアリ此ノ水ヲ天孫瓊々杵尊御降臨ノ時持テ下リ給ベキヲ遺置給フ故ニ度會氏ノ先祖天牟羅雲命又天上ニ登テ持下リ日向國高千穗宮藤岡山ト云所ニ安置シケルヨリ此ノ界ノ水モ清タルト也今モ此ノ水ニテ毎日朝夕ノ大御饌ヲ炊備ヘ奉ル天上ヘ二度登リシ故ニ天牟羅雲命ヲ天二上命ト名ヲ賜シ也丹州眞井原ヘ移シタレドモ雄略天皇御宇ニ丹州ヨリ外宮ヘ御遷坐ノ時又伊勢ヘ移シ給フ日向ニテ眞名井有シ所ヲ藤岡山ト云故ニ丹州ニテモ其所ヲ藤岡山ト名付今又伊勢ニテモ其在所ヲ藤岡山ト云也此ノ眞名井ヲ忍鹽井トモ云忍穗耳尊ト云御名モ忍鹽井ニ濯シ瓊ヨリ化生シ給フ故ナルベシ忘井ト云所伊勢ニ有ト云傳テ其在所知ル人ナシ疑ラクハ天上ニ忘レ置給フ水ナレバ此ノ井ヲ云歟今ノ代ニ兒ノ水ニムセタル時オシマツト唱テ咒フハ此ノ水ノ事也天上ニテ神勅ニ忍水ト云テ咒ヘト有シ事御鎭座本紀並ニ傳記等ニ有リマトミト五音通スル故ニ忍水ヲオシマツト也此ノ水ニテ炊タル御供ヲ頂戴スル輩ハ必ズ壽ヲ保ト神書ノ說也　問曰瓊々杵尊ノ木德タル證ハ如何　答曰忍穗耳尊ハ水德ナレハ水生木ト木德ノ瓊々杵尊ヲ生ジ瓊瓊杵尊ハ木生火ト火德ノ火火出見尊ヲ生ズ火々出見ハ火生土ト土德ノ彥波瀲武鸕鷀草葺不合尊ヲ生ジ給也忍穗耳尊ヨリ葺不合尊マデ水木火土ト相生事ハ世ニ流布ノ東家祕傳ナドニモ有リ　問曰火々出見尊ノ海神ノ宮ニ至リ給トノ事其故有リヤ　答曰異國ノ書ニモ孫思邈水府ニ行テ千金方ヲ傳シ事有リ本朝ニテモ浦島子常世鄕ニ行ヌ此ノ類ナルベシ但シ其指所モ有ル歟神代ニハ神變有シ事ナレバ左モアルベシ神書ノ如ク見テ可ナラン歟龍宮ハ琉球ト音近シ琉球國ヲ云トノ說有レドモ古書ニ所見ナシ　問曰素盞嗚尊ノ惡逆ノ故ニ天照太神天磐戶ヲ閉給ヘバ國土常闇ト成シトハ指所有リヤ　答曰逆臣ノ爲ニ犯サレ人君天下ノ御政ヲ聞食事無ハ天下常闇ナルベシ又心上ニ取テ云ヘバ惡念起テ本心闇ハ日神天磐戶ヲ閉給テ國土常闇ト成リシ也又日蝕ヲ云トノ說アリ左モ有ベシ但シ神代ノ事跡比喩多ケレバ能察スベシ磐戶ヲ閉給フハ人體ノ日神也世界常闇トナリシハ天ニ御坐ス日神磐戶ノ前ニ懸シ御鏡ハ地ニ御坐ス日神也是等又天地人ヲ配合シテ云ヘリ神代ノ事跡此等ヲ以テ類推スベシ是ハ素盞嗚尊惡逆ノ故ニ天照

太神御怒ヲ含デ天下ノ政ヲ聞食スヲ比喩シテ云タルカ此ノ事ハ口傳有ベシ能ク工夫ノ上ニテ道知ル人ニ問ベシ　問曰磐戸ノ前ニ懸シハ八咫鏡也咫ノ字ハ八寸ヲ云八寸ヅヽ八ハ六尺四寸ナリ六尺四寸ナラバ延喜太神宮式ニ載ル御樋代ノ寸尺相違歟如何　答曰神鏡ノ御事ハ最極ノ祕事也但シ八咫鏡ト申奉ルトテ六尺四寸ト見ルハ誤也八者八花形ノ御鏡也咫ハ八寸ナレバ八花形ニシテ徑八寸ノ御鏡トナリ神鏡之御事ハ深々祕密口傳アリ殊更内宮外宮ノ御形ノ相違ハ憚多キ故ニ難レ言也　問曰神鏡ノ御事聞モ粟粒膚ニ生ズ明鏡ヲ御神體ニ用ヒ奉ルハ神ノ御心ヲ表シタリトモ云神トハ鏡ノ和訓ヲ中略シタリト也此ノ事如何　答曰明鏡ハ萬物ヲ照シテ一物ヲ不レ畜殊ニ正直ノ德ヲ備ヘタリ神ノ御心ト同キ故ニ神勅ニモ視ニ此寶鏡一當レ猶レ視レ吾ト宣ヘリ但シ他ニ不レ可レ求明鏡ノ上ニテ吾カ本心ヲ工夫シテ神ノ御心ト吾ガ心ト一致ニナルハ是神道ノ極意也　問曰神書ノ中ニ何ゾ八ノ數ヲ用ルヤ　答曰八ハ神道ノ愛スル數也其由ハ口傳有事ナルベシ但シ神代ヨリ太占ヲ以テ占合ト日本紀ニモ有リ龜ノ占モ有リ又鹿骨ヲ拔テト合シ事モ古事記等ニ出タリ龜兆傳ト云神書ニモアリテ易道ト符合シ易ノ八卦ヲ以テ推シテ見レバ能合所モアリ其上神書ヲ漢字ト成ス故ニ日本紀ナドニハ周易ヲ合セテ云タル文書モ有リ心ヲ付テ可レ見所ニヨリ相違アレドモ大方ハ八卦ノ數歟　問曰異國ノ易道ヲ摸シタラバ神道ハ易道ヨリ出タルカ答曰異國ノ易道モ人爲ニ出タル物ニ非ズ天文ヲ觀ジ地理ヲ察シテ始シ物ナリ本朝ノ神聖モ天地ノ理ヲ觀察シテ自然ノ理ニ從テ神道ヲモ敎ヘ給フ也今トテモト合ハ自然ニ從フ也天文地理異國而已ニ有テ日本ニ有間敷哉喩ヘバ天地開闢ヨリ一度通路ナキ南蠻國ニモ衣食ヲ知リ殊ニ種々ノ器物ヲ持テ來朝ス此ノ衣食器物ヲ唐ヨリ南蠻ヘ敎ヘタルニモ非ズ日本國ヨリ敎ヘタルニモアラズマシテ南蠻ヨリ唐ヘモ日本國ヘモ不レ敎其國々ニモ通明ノ人有テ自然ノ理ニ從事何ノ國モ不レ違コレノミナラズ禽獸マデモ異國本朝相違アリ或ハ木ニ巣ヲ懸或ハ穴ニ居テ其可レ食物ヲ食フ況ヤ日本ノ神聖異國ノ聖人ニ劣リ給フベキヤ但シ漢字ニ顯シタル書ノ上ニテ見レバ異朝ヨリ日本ハオトリタル樣ナレドモ其レハ漢字ノ書ヲ日本ニテ學ビテモ吾國ノ書ナラネバ異國ノ

如キ文人ナク記シ留メヌ故也異朝本朝ノ文字ノ上ヲ不レ論神聖ノ上ヲ論セバ吾國ノ始ヨリ今ノ代マデモ天照太神ノ御苗裔天位ヲ嗣セ給フハ神聖ノ德異國ヨリ遙ニ勝レ給ハル驗ナラン歟如レ此有ガタキ神國ナレバ龜卜八卦ノ數ナトモ異朝而已ナラズ本朝ニモ神代ヨリ有テ用ヰ來ルト可ニ心得一龜卜八卦ナド云漢字ハ異國ノ書來朝シテ以後ノ事ナリ神道モ易道モ自然ニ從フ故ニ道理相叶事有リ殊ニ日本紀神代卷ナドニモ備レ易漢字ニ顯シタル所アリ然リトテ易ヨリ出タル神道ニハアラズ異朝ノ書ニ執シテ見ル故ニ周易ヲ以テ日本ノ神道ヲ作リ出シタル歟ナド、疑フ人有レド本朝ニ生タル人ノ意ナリ此ノ心ヨリ叛逆モ起也深可レ戒神道ハ日本ノ道也儒道ハ震旦ノ道也佛道ハ天竺ノ道也吾カ身ハ異國ノ人カ本朝ノ人カ身ヲ省ヨ如レ此了簡ノ上ニテ本朝ヲ主トシテ異國ノ聖賢ノ書ヲ學ハ吾神道ノヨキ羽翼ナルベシ　問曰神道ニ二見ヲ嫌フト云テ萬事ニ初一念ヲ用ル人アリ初一念ハ雜念ナク殊勝ノ心ナレド時ニヨリ楚忽ノ事モ可レ有歟　答曰神道ニ二見ヲ嫌ハ楚忽ノノ初一念ヲ用ヨトノ事ニハアラズ神道ニハ無二一見一至誠ヲ尊也二見トハ雜念ノ事アシク心得タル人ハ二見ヲ嫌フトテ楚忽ノ初一念ヲ尊ブ也無二見至誠ハ神道ノ極意ナリ二見ヲ嫌フト云ヲ輕シク不レ可ニ意得一能可ニ工夫一二見ヲ不淨トスル故ニ伊勢ニテ不淨ヲ祓除スル浦ヲ二見カ浦ト云也同シ所ニ清渚ト云所有ルハ祓除シテ清淨ノ上ニテノ名ナルベシ二見浦ノ名義許多有レド疑シケレバ云ニ不レ足也　問曰天地ノ始ハ異國トテモ同ク然ラン何ゾ國常立尊ヲ日本國ノミノ始祖トスルヤ小見ト云ベキカ　答曰天地ノ始ハ異國本朝トテモ相違不レ可レ有然レドモ吾國ノ神道ハ日本國ヲ主トスル故ニ神書ノ說日本ニ限リタル如ク書タル也吾ガ國ノ元祖國常立尊ヲ元氣化生ノ靈ニ配スル事ナレバ異國ト元祖同ジ事ニハアラズ日本紀私記ニ日本ノ日月ト異國ノ日月ト各別ノ由記シタルハ愚ナル樣ナレドモ日月ハ異國ト相違ナキトテモ配スル神ニ相違有ル故ナルベシ不然則私記ノ說ハ以ノ外ノ避見也日月ノ同キ事ヲノミ知テ配スル神ハ各別ナル事ヲ不レ知故ニ兩部習合ハ起リタル也深ク思フベシ

本朝神聖之道被レ混ニ異敎一之後人不レ知レ爲ニ天下國家之道一誤以爲神祇宮人之法仍祠官職掌人等亦以ニ神

籍一爲二一家之書一或曰二深祕一或曰二家傳一甚以邪二祕之一於レ是神國之敎化陵夷人非二其人一異敎之風義隆盛道非二其道一雖二宗廟一不レ尊二崇之一雖二社稷一以蔑二如之一剩內宮祠官等時々及二相論一文明延德之竺火神書悉焦土矣痛哉偶煨燼之餘及二管見一之中拾二其祕傳一以設二問答一筆二之於書一以欲レ傳二無窮一矣若夫舊事紀古事記日本紀等則未レ聞二其書義一何知二其淵奧一唯以二神宮相傳一故名二神宮祕傳問答一以授二二三子一必莫レ及二廣覽一云レ爾

萬治三年三月二十三日

天牟羅雲命四十四世孫權禰宜從五位上度會神主延良

賀茂注進雜記

目錄

賀茂注進雜記

當宮本縁　諸書之説

賀茂皇大神宮の本縁は昔より一社の深祕にて社家の中にも信機にあらざれば淺略の儀を傳へて相承の奥儀をゆるし傳る事なし況や他授に及び外に傳る事あらず候へば今以あらはに筆舌に難ㇾ述候しかはあれど社家の文書所見の趣あらまし要を摘て注進つかうまつり候此等の事は世間流布の書籍にも歷覽あるべく候歟或神書に云天地未ㇾ分まろかれたる中に大もとの御神まします淸るは天となり濁れるはくだりて地と成しより陰陽の兩神わかれまし〳〵て陽德の御神は天の事をつかさどり陰德の御神は國土をしろしめすといへり又云當社の託し給へる神詠に

ちはやぶるわけつち山に宮居して
天くたること神代よりさき

と託し給つると○一本無託以下六字みえたり同私記に賀茂御神は陰德にて男神伊勢は陽德にてしかも女神に坐す天地陰陽兩神相對の御神德靈驗いちじるくおはしまし伊勢に內外賀茂に上下の兩社たゝせ給ふ深祕不可說の口決ども難ㇾ筆相承の傳を受べしと云々

豐葦原ト定記云古に八十萬の神達を天高市に集給ひ神議に議り給ひて可ㇾ遣神を神尋に尋出し奉り武雷の神と齋主の神とを降し給ひ千早振惡神を悉皆伏せまつろへて遂に報申(かへりこと)す此後建角身命國々を見巡しおはしますにこゝに天鈿女命磐樟船を漕奉り尊を神代浦の浪靜なる磯まで送おはします仍天神より賜ひし三の神寶を以て此國の固とならせたまはんとて北山の麓に應化し百王を守り給ふ經津主武雷神も同此所に垂跡し給へりと云々

上宮太子記云平京深山なるを御覽じて宣はく國中の秀たる國日本の中心天下無双の勝地なり四神相應せり南は晴北は塞り佛閣皇居建立するに尤相應する也東に流水ありて福壽長遠のいはれをあらはす東西に長山遙に連れり諸方に靈神先立て此地を守護し給ふ我滅後百七十餘年ありて此所都なるへししかも北山の麓に月神の應化して百王を守り給へる靈神坐す卽賀茂大明神の御事なり云々又同北山の高嶽に龍神常に止住し給ひ京城を守護す貴布禰大明神是也云々

山城國風土記云可茂を賀茂と稱するは日向國曾の峯に天降まします神賀茂建角身命是也神倭磐余彥の御前に立おはしまして大倭かづらき山の峯にやどりまし〳〵かしこより漸うつり山城國岡田の賀茂にいたり給ひ山代河にしたがひて下りまし〳〵葛野河とあふ所にいたりまし〳〵て賀茂川を見巡してのたまはく狭小なれども然も石川清水ありとのたまひて名づけて石川瀬見小川といふ彼河上より上りまし〳〵て久我の國の北山の基に定り坐すその時より賀茂と名づくといへり賀茂建角身命丹波國神野の神伊可古夜日女を娶りて子を生ます玉依日子次に玉依姫と名づく玉依姫石川瀬見小川にして川遊せし時に丹塗の矢河上より流くだる則とりて床の邊にさし置つひに孕て男子を生りひとゝ成時外祖父建角身命八尋の屋を造り八戸扉をたて八腹の酒を釀して神集につとへて七日七夜樂遊して子に語りていはく汝か父と思はん人に此酒を飮ましめよ則盃を擧て天に向て祭をなし屋の甍を分穿て天に昇るいまし祖父の名によりて御名を可茂別雷尊と申すいはゆる丹ぬりの矢は乙訓郡の社に坐す火雷命也建角身命と丹波神伊可古夜日子と玉依日賣三柱の御神は蓼倉里三井社に坐す三身の神坐故に三身社といひしを今漸に三井と云と云々此三井社は中賀茂の社にまします上件の説秦氏本系帳には秦氏女丹塗矢を感して產生すといへり少異同儀たれは畧之

無題記云取レ要夫天照太神地神五代の住所は陰陽次第麗氣記云日本國八壽四萬歲の時淡路の三上嶽にあまくだり給ひ三十二大眷屬を引率して庚申の年より春秋を送り給ふ事五十五萬五千五百五十年の次に布倉宮にうつり給ひ丙申年より年月を送り五十六萬六百六十六年文八輪嶋に遷り戊申年より年月を送り五萬七千七百七十七年文八國嶽にうつり庚申年より年月を送り五十八萬八千八百八十八年文丹波國與謝郡にうつり給ひ年月を送り給ふ事六十一萬千百十年文也又云鴨大明神三所たりといへども實は是伊勢兩宮已上外宮御神事也云々賀茂に約すれば上賀茂の御事是也有二口傳一云々日本紀神代祕决云地神五代は五形の神なり五形を以て地の宗廟とし天照太神を地神と申也云々賀茂は天の神にして社稷第一の神と申也口傳深祕なる故不レ書レ之社稷と云は是五穀の長精地神

の主也口決云社は居也土者吐也土の生ずる所は口中物を吐がごとし稷は五穀の長たり土地より生ずる五穀を乳味として群生を養育せる仁慈敦厚の靈德廣大なるを社稷の神と申也云々取要　又云社といふ字は示土とかけり土地より萬物を生ずる體無量にして名づけかたし就レ中五穀の諸靈をとり稷字萬理を攝して國土の主たる靈神なれば宗廟と云になずらへ對して社稷の神と申也云々

私記云國王中土に位し坐て黄色の御衣を着し給ふと也有二口傳一云々

大江匡房卿記云賀茂神者日本國地主の神たりと云々畧レ之又或記云神山かも山同訓にして口傳あり往昔此御神降臨まします所岩根あり是を降臨石といふ其神山御生所云々　又云加毛の神日向の襲の峯に天降ましまし漸山背の岡田に遷り給ひ石川の狹見の小川を見巡し其清流をめでまして御手を洗はせ給ふ故に御手洗川と號すといへり又天岩船を漕よせ神の現形ましましける其所を御生所といふ其御生所のわたりをみあれのともいひ神代の浦ともいひ船差の入江ともいへり

　やまとかも海にあらしの西吹は
　　いつれの浦に御舟つなかむ

といへる歌は賀茂祭の午の日詠じとなへ侍るふる歌也云々

當皇大神宮の御事は書々說々おほしといへども昔よりつかうまつる氏の宮人だに心府に祕し來るなれば外より本地とて決しあらはせる社記もなきにこそとみえて候歟吉田の某諸社の神緣を注記せし中にも當宮の御事は不レ詳と載たり神祇の長官といふ吉田の社家すら本緣の正儀は書々にまどひて候やらん然ども卜部兼邦百首和歌を詠じて神道の事を注せしには國中に生るゝ人は賀茂の御神を氏神とこそいふべけれ然に其社の宮人をはじめ此境より上下は祇園の氏子といひ或は稲荷の氏子今宮御靈の氏子など云事更に本據なき事也それはうぶすなの神とこそ云つべけれ山城國の總社は賀茂大明神殊に帝都の鎭守也祇園は清和の御宇八幡も同じ貞觀年中稲荷は元明和銅に始れり賀茂の御事は上古よりの御事也世俗盲昧にしてかゝる事を申あへり淺ましき事也あを女房などの申あへるを上ざまの人も聞しめしてそれを本說に思召事歎しき事になんもとより山城國殊に愛宕郡に生る

る人は賀茂大神宮の御氏子也せめては年に一度參詣をもいたし日に一たび北に向ひて祈念遙拜をもいたすべき事也云々又天子御拜の事を公家の御記に賀茂上下皆堂上にして御拜あり枕上の事鳥羽白河兩法皇ことに北枕におはしますと云々賀茂と伊勢御神此神國にして靈驗あらたなる大社におはします事はもろこしにも傳うけ給りて皇朝類苑と云書に書載せしは日本は神國にて專神道を崇て祠廟多し伊州に太神あり山州に賀茂神まします三五歳の童子に託して禍福の事を降言すと云へり當御神の託宣おはしまし或は夢に告させ給ふ事どもあげてかぞへがたし神詠どもの勅撰集に入たりけるは

神たのむ人いたつらになしはては
又雲分てのほるはかりそ

慈悲のめににくしと思ふ事ぞなき
とかあるものは猶あはれにて

鏡にも影みたらしの水の面に
うつるはかりの心とをしれ

これ又賀茂に詣ける人の夢にみえける

左兵衛督高遠といふ人賀茂に七日詣けるはての夢に御社よりとてちはやきたる女の文を持てまへにきたりけるをあけて見侍りければかく書て侍り

ゆふだすきかゝる袂はわすらはし
ゆたけにとけてあらんとをしれ

この後やがて大貳に成て侍りけるとなむ

賴もしなちかひたかへてもろ人の
待ためしにはなれをひかせん

此歌はある人賀茂大明神より歌を給けると夢に見ておどろきてみれば白きうすやうにかゝせ給ひておかれたる御歌と申傳ける

又神緣に思ひよせたる詠歌ども多し

續拾遺
ちはやふる別雷の神しあれは　後京極攝政
をさまりにける天のした哉

神山の高根にかゝる白雲や　參議雅經
分し名殘の雲のかよひち

天岩船を思よせし歌

神山に天の岩船こきよせて　三位賀茂氏久
つなきとめしも我君のため

御生所の舟つきといふを神主遠久がよめる

久方の天の岩船こきよせし

神代のうらや今のみあれ野
是まで風雅集に入らる

祭禮

（欽明帝）志貴嶋宮の御宇天皇の御世天下國擧て風吹雨零その時卜部伊吉若日子に勅してうらなはしめ給ふにすなはち卜して奏す賀茂の御神の祟なりと云々仍四月吉日を撰て馬に鈴をかけ人猪頭を蒙りて驅馳して以て祭祀をなしてよく禱祈せしめ給ふこれによりて五穀成就し天下豐年也乘馬こゝにはじまれりと云々又月令云祭日楓山の葵を插頭す當日早朝に松尾社司等をして插頭の料にたてまつらしむ內藏寮に參候す祭使すでに來楓葵を庭中に置詔戶申祭使等各かざして出たつ禰宜祝等祿物を賜ふ又馬を走す近衞二人と云々文武天皇二年三月辛巳山城國賀茂祭日會衆騎射を禁ず大寶二年四月庚子祭日徒衆會集執仗騎射する事を禁ず唯當國人不レ在二禁限一云云元明天皇和銅四年四月乙未詔して祭日自今以後國司每年親臨撿察焉云々山城の國司必出立事是より始て後年絕事なし嵯峨天皇弘仁十年三月甲午勅して山城國愛宕郡賀茂御祖幷別雷二神の祭よろしく中祀に准ずべしと云々

凡祭祠に大祀中祀小祀の三のわかち有大祀は神齋一月天子御代始に一度の大甞會是也中祀は三日賀茂祭の御神齋是也餘社の祭は悉小祀なれば一日の御齋也承和三年四月乙酉紫宸殿に出御ありて賀茂祭使等の鞍馬のかざり從者の容儀を閱（叡）覽まし〳〵て使等に賜レ祿播磨守從四位下橘朝臣永名をかりに內藏頭として祭使に供せしむ云々當社の御祭は御代々の聖主殊に嚴重の御崇敬にて禁闕觸穢の年ならでは止事なくて勅使官幣御發遣の儀式天下の壯觀不レ足二勝言一也其故いかにとなれば天八重雲分て天降給ひし天皇の御祖神なれば朝廷の御守りふかく鎭護國家の神德揭焉に御めぐみの告なりし御ゆえなりと云々此神國の祭と稱するは賀茂葵祭の儀也諸社の祭といふには官人使として發遣あるも奉行職事上卿の仰をうけて撿校して行事なるを當祭の儀は天子出御ありて禁中へ祭使諸司內侍以下女官衞府の容儀神寶列立の次第にいたるまで必叡覽ありて參向あるおもき儀申もさらなる御事也祭日は卯月中酉也然に和銅の帝の詔ありしより山城國司よろづ祭具不レ足哉を撿校してかりにも輕忘（懈怠カ）ある事なし祭以前僧尼重輕服人不レ可二參內一

云也未の日或は申日諸衞府に警固の儀を仰られて陣を固て必ず警固の事ありたとひ依レ有ニ觸穢一祭は停止ありとても猶警固有これは國祭ある故也云々國祭は中申日也此日關白賀茂詣事あり幣帛神寶のからびつ雲客前驅につらなり卿相扈從あり其外舞人陪從官人おほく供奉しつらなりて參らせ給ふもとより當祭には葵桂を冠にかけ給ふ往昔神託の靈現なる御告ありしゆえ也云云殿下もこれをかざし給ひて乘車にて御參詣なり御琴持菅笠深沓をめしぐせらるゝ例なり社頭にて御奉幣あり葵桂を禰宜持參りて捧れば拜しかざし給ふ東遊求子するが舞など舞人奏して社づかさ神酒をまいらす三獻の御かはらけめぐる天祿年中謙德公參らせ給ふこれや始なるかく執柄の詣給ふは國の萬機を執つかさどらせ給ふ故に殊に當御神をあがめ奉り毎年詣給ふとぞこれ等のこと他社にことなる社例天下の御崇敬年中行事にも分明に候へば不レ及レ筆候中酉日は祭の當日とて齋院まいらせ給ふ勅使院宮のみてぐら個參り給ふ其路の程の行列れるあらましの次第は先歩兵左右に各四十人騎兵左右に各六十人郡の司八人健兒各十人撿非違使十人史生さくはん掾各一人山城守一人或介次内藏寮の官幣次に中宮の御幣東宮の御幣次に宮主東宮の走馬中宮のはしり馬各二疋馬寮の走馬左右各六疋引つなる次に東宮の御使中宮の使馬寮の吏近衞使内藏寮吏次に闈司中宮の女藏人内藏人中宮の命婦あひつらなる次に左右の衞門兵衞近衞各二人次に齋長官御輿駕輿丁前後二十人御輿のをさ左右各五人女孺各十人はしりわらはといふ執物十人次に腰輿供膳のからひつ三荷雜器の物二荷膳部六人次に陰陽寮漏刻次に騎女十二人童女四人院司二人唐櫃十荷神寶藏人所の陪從六人次御車内侍車相つゞく近代後にありと云々女別當車宣旨車女房の車童女是にあり馬寮の車相つらなれり齋王先下の社より詣給ふ暫社頭の小舍に留りまし〱て御衣裳を淸き服に差しあらためられて後腰輿にめして御社に入おはしますこれより輿より社に詣る事も奉る幣物なども下社を先にせらる長御こしを舁奉る凡賀茂兩社の式に神の御告ありしる例也伊勢の外宮より先にせらるゝがごとしと云々扨社より十許丈こなたにて下輿まし〱歩行あり此道の程兩面をしく社の前左の殿に座し給ふ其作法はもらしつ事了て社外に出まして牛車に駕し給ひ上

の御神にまいらせ給ふ先幄の內に入せ給ひ暫ありて社前の右なる殿に入おはしまし座し給ひて御拜祭儀祝詞の事をはればまかでさせ給ふ山城介東宮の御使中宮使馬寮の吏近衞使內藏吏各例のまゝに御幣物など捧たてまつらしめ每度大かたは及夜のよし社記分明也御車にも葵をかけつらね使の雲客社司までも然也云々凡此葵の內侍を出し立給ふは中納言の息女を立しめらるゝ例にて此賞に依て除目などにも年給を恒例にまし給ふ事也云云此葵の出立前日朝廷にして天子出御なりて使などめして饗膳献酒の儀式ありて舞人舞樂を奏し奉る御試の舞樂なりとぞ申侍る還立とて祭使御所にかへり參りても音樂など儀式見物なりければ永久四年四月廿三日の還立の儀式御見物とて太上皇右大臣以下めしぐせられて內へ御幸なりけり連年の事也云々抑又當社臨時祭と申は人皇五十代宇多天皇寬平元年十一月下酉日始てまつり奉らる關白昭宣公の嫡男本院のおとゞ時平其時は近衞中將なりしを勅使に差參せられ此時藤原敏行朝臣に仰られて和歌を奉らしめらる

古今集卷軸
ちはやふるかもの社の姬小松
よろつよふとも宮はかわらし

と詠じて奉れり此祭の儀式官幣神寶神馬舞人以下四月の祭のごとくにて御代々恒ねとして奉らせ給ひける其次第等諸家の舊記歷然なればくはしく注進にあたはず但寬平の帝の始奉られし御事は此天皇いまだたゞ人にて王侍從と申せし冬の比賀茂河原に狩し行ひける時俄に天霧立滿て四方暗くなりて御神現形まし／＼告宣て我は是賀茂の神也當社に冬の祭なくて物うく覺るに臨時の祭を給はるべし此契約を申さんために現形し侍りぬと仰られければ答てのたまはく我に宣告給ひてもすべなき身に候へば帝へ申させ給へとありしかば思ふやうありて申也たがへ給ふましとて御形見へずあがらせ給ひしかば忽霧晴れわたれりけるに侍從の大君かたじけなく恐み給ひ奇靈の思ひをなしおはせしに其時の帝は淸和第一の親王にて陽成院と申せし御代也九歲にして御卽位なり御母后の御はらからにて昭宣公攝政し行ふ然に此帝叡心御物くるほしくて帝道にかなはせ給はぬ御事をのみ好せ給ひければ攝政誠を盡し諫させ給へども改隨給はざればたすけ佗せたまひて公卿衆議に及ぼし旣に御

位をすべらしめ給ひて次の帝にいづれかと議問給ひて帝德にもかなひ給ふ聞えあればとて小松の帝いまだ式部卿親王と申てかすかなる體にておはせしを御位に迎つけ給へりしが三年ばかり御位にて其御子の末に王侍從と申に御讓位ありて宇多天皇と申是也神約のいちじるきを覺し出て臨時祭を奉られ御敬神の官幣年ごとに奉り給ふ事嚴重に詔を下し仰せられけるとぞかの霧立しことを

きりこめてかもの河原にまよひしや

けふの祭のはしめなるらん

と續古今集に關白左大臣良實公の詠にて侍りし此祭の發遣の高莊(行カ)なる事葵祭に大概おなじ挿頭の花などぞ異なる兼日に試樂とて舞御覽などあり還立の禁中の式しるすもさらなり此祭の使にたちてのあしたにかざしの花にさして左大臣の北の方のもとにいひつかはしけるとて參議兼茂のむすめ兵衞といへる女官の歌に

ちはやふるかもの河邊の藤浪は

かけて忘るゝ時のなきかな

承久三年十一月廿四日臨時祭つかひに二度立て侍從の宰相定家卿神主重保(政イ)がもとへ送られし

立かへり二たひかさす藤浪を

みたらし川に神やうけゝん

返し

神かきにふたゝひかさすふちのはな

雲のうへにそかけなひくらん

此祭に琴など數つらなりしをそのことなくなりぬとなげきて三位氏久の神主のよめる歌則新千載集に入られける其詞書に

當社の臨時祭に山城國のみこともちなどもなくて社の和琴をかり渡され侍ければみし世にもあらずすたれ行さまを思ひつゞけてよみ侍ける

引かへてなり行世こそ悲しけれ

昔のことのしらへならねは

卯月の葵祭も壽永のさはぎより此比ほひ世の亂にて神事料も落行つれば祭も絶々なりしを鎌倉の大樹の御時公家に仰合せられて神領などもかへし寄られ神事も再興ありしとなん或記に云嘉禎四年四月十六日辛酉賀茂祭を將軍家御見物有けり勅使の出立出車騎馬のかざりまで例年に越て花美なり大樹の御家人廷

尉能行定平基政光賴賴業等大路を渡る御棧敷の前にしてはことに心づかひし侍ると云々

五月五日競馬は堀河院の御叡願にて五穀成就天下安全の御祝禱として寛治七年より始らる十番廿疋の馬料を寄られ例年に執行せしめらるかの武德殿にてありし面影をうつされ勝負の樂を奏し神寶なども以前に渡る也乘尻は近衞司の左右にあらそふ事身をすてて勝負をきそひいどみしとぞみえしくらべ馬の歌に

　とねり子かちかふる馬のあしうらに
　　心くらへのみえもする哉

又競馬右方のかちたるには狛の亂聲を奏するといへりかやうの式は競馬記にくはしければしるすにあたはざる儀也定家卿近衞の將たりし時乘給ふとて社に定家鞭とて今に傳へたり彼卿の歌に

　埒のうちにくらぶる駒のかちまけは
　　のれるをのこの鞭のうらから

と讀給へるはしらずこと時にてや侍る此競馬料も壽永元曆の比社納なくなりて候つるを鎌倉右幕下の御くだし文東鑑に記されたるごとく神領五十餘ヶ所よせられし內に十番の馬所載て候一番は美作國倭文庄

の御馬二番は加賀國金津庄の御馬三番は播磨國安志庄四番は能登國土田庄の御馬五番は美濃國脛長庄是等の庄々此外何も廿疋の馬を其庄々よりぞ出したてける元亨の比競馬料運送なかりしを尊氏將軍の御時の下文にて他國の神領少々かへしよせられて諸神事簡略ながら社家の沙汰として無二退轉一勤來候武家の御所より御祈のため名馬など引たてられて度々御覽じありける事あり近代には天文廿一年五月五日義輝公渡御なされて御見物ありける其時さらに三番臨時の競馬あり乘尻も御馬も相應してすぐれたるを神事はてゝ走乘るよしみえたり其後信長公も御見物あり又後陽成院御卽位あるべきみぎりいまだ親王御所と申奉りし御時御敬神のため競馬の日行啓ありて御覽の事あり永祿七年には公方の御願として廿疋の御馬引たて奉らる鞍皆具までいときら〳〵しく目出たかりし見物也とぞ社記に見え候永祿十二年公方義昭公渡御御馬廿疋引立らる元龜元年の記云武家御所の御馬二十疋の內に荒馬三疋あり一番の左は倭文料馬社例の如く二番金津庄の料馬は八番へさがり一疋は九番へさがり一疋は十番に下る公方御寮の御馬と

ても足そろへに出足遲ければ社法にまかせて如ㇾ此なり御馬奉行立腹無二是非一云々又天正二年競馬には信長公御祈願として廿疋の御馬を出し立らる此時御召用の鞍皆具の鐙あたらしく仰付られたるを賀茂社人に乘初させよと太田又助と申せしを御奉行にて仰くだされしを其御奉行社家にて語り給ひしは此御鐙は攝州一谷を義經の落し給ける時の鐙なり又御鞍は頼朝の御鞍なりしを相傳て越前の畠田〇田一本山に作る殿より取置しを修飾など仰付られしを今日乘初に且は御祈念と思召していまだ出來せしより召事なくて御馬に具して引立らるゝと云々希代の名物とて社家中拜見したる由社記にみえたり此等の例によりて秀吉太閤の御時にも御馬出し立らる其外武家の御衆へ仰せられて廿疋ながら各おとらぬ逸物のはや馬ども出し立らるされど馬の番立をば古をあらためずかの昔の庄々の名どもを乘尻の廻文にも書きたりて今に此神事のみ武家の御とりもちゆゑに御馬出候へば外の入用は少分の社家僅づゝ分納る給田役田の領米に石打米かけて都合二百三十石計競馬足汰兩日の雜用を例年怠事なく勤來候葵祭臨時祭も神前の作法どもは神供以下甚簡略ながら勤來申候又正月十四日御棚會と申御神事は右に申如く後一條院の御代愛宕郡を賀茂御神事領に御寄附せられしより今に河上郷賀茂郷大宮郷小山郷岡本郷錦部郷中村郷小野郷等の御棚を白木を以て新造いたし安曇河の大鯉大鮒と號して小鯉小鮒をそなへ海魚も小魚干魚等を代とし雉の付鳥などかの棚六脚に盛かざり毎年そなへ六捧の幣を奉り候此曉の御戸開古より今に刻限を不ㇾ違つとめ來候此御戸開の事を五條三位俊成卿の歌に

十日あまり四つといふ夜の御戸ひらき
　ひらくる御代はかくぞたのしき

此歌はかの卿通夜し給ひしに告給ふともいへり又家隆卿も

神山の正月のなかは月さえて
　鳥の初音に御戸ひらく也

此御神事の儀式のみ大を小にもちゐかへ候ても神供以下かはる事なく勤來候はかの六郷の領知とも御撿地より零落にて大野郷などは大かた大德寺領になり小山小野郷も他領になり行候へどもかつ〴〵今に社納あるゆゑに其領に石打米をうちかけて絶ざるとみ

えて候自餘の神事は貴布禰の兩度の祭に四月朔日神供の御から櫃七合に魚鳥神膳の御そなへ窪手〇窪手一本葉椀に作るひら手に賀茂の供御所にて盛とゝのへ賀茂より舁運び毎年の祭今に絶る事なし此神事には賀茂より社司氏人こと〴〵くまいりかつらかけ渡し歸路に市原野にて駒乘かへし祕歌を唱ふる社例あればかの所をかれの馬場と唱ふ歌連と書り此翌日には還立とて賀茂廳屋にてひもろぎとて社司氏人直會の事あり其外貴布禰の芝田樂と申事今に勤來りて候もことふりて八處女八人まいりまだら蓋を着しちはやの袖を飜し神歌を唱へてめでたき作法に勤來れり又止雨祈雨の事は昔より勅使を立られて祈雨には黑毛の神馬止雨の御祈には赤毛の駒を引立られて宣命を讀みてぐらをさゝげ給ふ賀茂氏の貴布禰の社職かけたる祠官其外神主以下彼社に參りむかひて祈り奉る事なりかの雨乞によみける賀茂幸平が歌新古今集に入たり其詞書に社司ども貴布禰に參りて雨乞しけるついでによめる

大御田のうるほふはかりせきかけて
井せきにおとせ川上の神

かやうの神事ども年中七十餘度今にその神前の式法絕事なしといへども神供など甚簡略ながら少分の社領ゆへとゝのへわづらふ御事ばかりに候然ども當皇太神宮第一の葵祭に勅使官幣の立申さゞる事のみ社家中年比の歎にて候へば天下の五穀成就の御祈は國家泰平の根本たる御祭の御再興に過べからず候と葵草の二葉にかけて年ごとに神にいのり君に願ひ奉るばかりに候いづれの御方ざまにも此神國の古風をあふぎ興させ給はゞなどか御武運長久御子孫繁榮國家太平の神鑑を照し給はざらむや

年中御神事次第

正月朔日　五節供始巳刻御戸開神供自二左右一調進社司束帶献二御齒固并壽香酒等一樂人奏レ樂也四方拜有之

二日　禰宜方節養饗膳酒肴引物神主沙汰於二社家一行レ之(朱書、今絶)

三日　祝方節養正祝沙汰饗膳以下同前(朱書、絶)

四日　釿始之儀有レ之朝御料與二夕御料一之間也并神主參二詣于御祖社一之事又於二社務館一有二吉書初謡初等之儀一

卯杖　初卯日卯刻御戸開献二卯杖一社司衣冠

七日　雞鳴刻御戸開若菜獻供自二一方一調二進之一并白馬奏覽之儀有レ之社司衣冠樂人奏レ樂如二元日一

八日　田所始之儀有レ之五鄉之田所各淨衣於二社家一御物事有レ之但十一日正大工檝持來申云千町萬町之檝奉レ渡云々

十四日　御棚會戌刻也兼日以二六鄉御結鎭錢一沙二汰之一至二今日一同御棚六脚魚鳥種菓種菜等調二進之一社司布衣於二神庭一奉幣

十五日　雞鳴刻御戸開神供自二一方一調二進之一社司衣冠樂人奏二物音一如二元日一

同日　夜陰於二印鎰前一爆竹之儀有レ之

十六日　步射神事社司束帶廿一宮之禰宜祝前後立分四十二射立儀式有レ之勸盃祿物沙二汰之一

十七日　神主參二詣于貴布禰社一有二步射之儀一

燃燈祭　正月下子日本社權祝并各祝方布衣參向獻二小松燃灯草等一

節祭　二月日不定神戸之一老沙二汰之一

土解祭　二月日不定御戸開神供自二一方一調二進之一社司衣冠今日社務代權祝忌子參二向于御戸代田一而卜二定苗代一令レ蒔二種子一（朱書近代晦日也）

九日　貴布禰祝詞師精進頭等參二向于彼社一獻二神供一

三月二日　御物（御膳也）事社司布衣

三日　五節供巳刻御戸開神供桃花辛夷等自二左右一調二進之一社司束帶樂人奏レ樂

四日　後宴直會食薦座社司布衣

十日　徘徊花祭也但河上鄉岡本鄉中村鄉之土民每年勤之

晦日　貴布禰社神供經營於二兩官亭一勤レ之

同日　露掃竝預事二ヶ度饗膳行レ之

同日　來月爲二御祭神齋一今日令下陰陽大夫於二祠官家々門々一立二忌竹一禁中僧尼重輕服穢人上

四月朔日　貴布禰御神祭御戸開爲二兩官御沙汰一御辛櫃海藻魚鳥種菓種菜四十合調二進之一當時七合也簡略也神主奉幣

二日　衣冠兩官自二今日一夏束帶號二胙食一貴布禰一方直會并饗膳獻酒於二廳屋一行レ之

同日　於二貴布禰兩官亭一號二內胙食一勸盃有レ之

氏神社御祭　初申日也社司出仕五官衣冠以下之社司淨衣也舞人十人騎馬參二向于氏神社一奉幣下二向于小森社一有二舞樂之儀一

中巳日　定二齋院恒下事一并奉レ圖二御生所一之儀有レ之

御禊　中午日戌刻御戸開內陣外陣御掃除御峯盤御八足等令二祓二清之一今日獻二夏神服一奉レ替二冬神服一社司衣冠

同日　御戸開獻二葵桂一竝神幸有二御生所之儀一

中申日　國祭也又執柄殿下賀茂詣其次第見二于格式一（自二中古一斷絕）

中酉日　御祭也巳刻御戸開神供自二左右一獻レ之祠官束帶但自二今日一著二夏服一或御禊以後更衣云々奏樂如レ例乘馬五疋

次日　後宴御納禮食薦座有レ之

植御祭　日不定御戸開神供以下一向祝沙二汰之一社司衣冠五官各於二澤田社前一奉幣權祝社務代忌子等參二御封田一而令レ爲レ植二早苗一

御神樂　日不定社司布衣但仁堀庄領主必有二出仕一近年斷絕

芝田樂　日不定貴布禰兩官代官并八乙女等參二勤于貴布禰社一執二行之一

五月朔日　御馬番立廿疋足汰馬遲速內覽

三日　競馬乘尻散供祓有之令下二陰陽大夫一立二忌竹一禁中僧尼穢人上

四日 御菖蒲並御物事社司布衣但神主可レ有二出仕一

五日 巳刻御戸開神供自二左右一調二進之一社司束帯其後於二貴布禰両官舘一饗膳以下經二營之一又十番之競馬勝負舞等有レ之但於二馬場邊一構二領宮屋一奉二勸請一神主着座束帯奏レ樂

六日 昨日競馬之乗尻廿人參二詣于貴布禰一御物事有レ之

六月御戸代會 日不定但中古以來六月晦日禰宜方御戸代會勤レ之

同月廿九日 小月者廿八日於二鳥居前一夜陰有二猿樂一晦朔両日於二社家亭一有二饗膳歌舞之祝儀一

晦日 入レ夜御戸代會神事御戸開神供自二祝方一獻二魚鳥其外境内之河魚等一社司衣冠有二名越祓之事一

祝方御戸代會 七月朔日正祝沙汰也

翌日 晝遊勸盃等如二禰宜方之儀一

七月七日 五節供巳刻御戸開内陣外陣御神供幷河魚索麪等自二左右一獻二進之一樂人奏レ樂

八朔 獻二八朔之御神供一

二日 後宴御納禮社司布衣

同日 鞍馬僧侶於二貴布禰社前一有二施主經之事一

九月八日 夜陰社司布衣着二土屋一於二橋殿南庭一有二十番相撲内取之儀一大宮小山両郷者右方小野岡本両郷者左方各饗膳 但貴布禰両官沙二汰之一

九日 五節供巳刻御戸開内陣外陣御神供自二左右一獻二進之一神前之儀事了於二細殿南庭一十番之相撲幷勝負之舞等有レ之舞近代斷絶了奏レ樂如二元日一

十日 饗膳之儀有レ之但左方者中村郷右方者河上郷汰二沙之一

玄猪 十月亥日御神供獻進當番社司衣冠參二勤之一

十月晦日 於二貴布禰両官亭一神供經營之儀露掃幷預事等如二四月之儀一

同日 御田刈之神事權祝忌子社務代參二向于御封田一令下二神夫一刈上レ之

同日 十一月爲二臨時祭神齋一令下陰陽大夫以二忌竹一立中於社司之家々上如二三月晦日之儀一

十一月朔日 貴布禰臨時御神祭也神供以下如二卯月朔日之儀一

二日 於二貴布禰両官舘内一胙食如二四月一

氏神祭 初申日儀式如二四月之儀一

御禊 初寅日戌刻御戸開奉レ祓二清於内陣外陣一但十一月朔日相二當於卯日一時者十月晦日有二此儀一

同日 於二廳屋一社司氏人饗膳有レ之

相嘗會 初卯日也巳刻御戸開内陣外陣御神供自二左右一献進但今日始當年新穀生茄子等供レ之自レ是神主忌子食二新穀一例也又祠官束帯自二今日一着二冬裝束一

翌日 後宴御納禮食薦座有レ之

御神樂 日不定如二四月之儀一近年斷絶了

臨時芝田樂 如二卯月之儀一

臨時祭 中酉日巳刻御戸開内陣外陣御神供自二左右一調二進之一四月祭禮幷臨時祭粗前記之了奏樂如レ例

倚羅滅鬼 十二月日不定饗膳御服所之沙汰也

小祭 十二月廿八日大月者廿九日夜陰御戸開御神服幷御神供御封米調二進之一御小庭與二中門前一於二兩所一令三神人一算計御封

御燈 米納法也 社司衣冠

晦日本社惣祝末社各祝淨衣參勤但丹波國由良庄爲二沙汰一勤レ之云々近代斷絶

太田社御神樂 毎月十日夜於太田社之神子參向執二行之一

節分追儺祭 毎年於二御影像一谷有二其儀一近代斷絶了

右毎二御神事一社司廿一人諸役氏人忌子參向幷陰陽祓奏樂等之儀有レ之又刀禰神人下人役同參勤了但此年中神事之内宴儀等少々斷絶其外二季御神樂幷勅使參向之奉幣等百七十年餘斷絶了雖レ然爲二社家一同之沙汰一祭禮神供甚簡略而勤行之次第粗注二進之一

神寶神服祭器等

一內陣之御靈寶

上古傳來不易之靈寶深祕之分等者不レ記レ之此外御造營之度々被二新調一奉納之分如レ左

一御錺劔 唐組平緒 錦袋　　一御平劔 錦袋

一御弓 錦袋　　一御矢 鏑矢 雁俣 一双 錦袋

一御鉾 二本

神服等 辛櫃二合左右各蓋錦

一御冠 纓　　一御帶 琢玉也（イ馬脳）紋葵

一御笏　　一御扇 檜扇

一御袍 夏冬　　一御直衣 夏冬

一御表袴　　一御下襲 裾 夏冬

一御指貫　　一御大口

一御大袖 夏冬　　一御單衣

一御小袖 夏冬　　一御襪子

一御沓 御草鞋　　一御打羽

神器等 辛櫃二合左右錦蓋

一御飯筥器　　一金銀御箸 同臺

一御銚子 金銀二枝　　一提子 金銀二口

一御盃 金銀同臺　　一御楾 金幅輪角盥

一御泔器 金銀臺　　一御櫛笥 蒔繪

內陣錺具等

一御濱床 帳臺　　一衝立障子 四季繪

一四季御屏風 代々名譽之畫工書之　　一小八足 螺鈿

一御机 二脚　　一大八脚御臺盤 一脚

一大瓶 二口　　一大幣 二捧

一小麻　　一御茵 白錦中紋三巴

一龍鬢御平敷 龍之繡綿 緣裏緋　　一八重疊 錦緣

一御厚疊 繧繝緣　　一御几帳 赤浮線綾（三分一白色）紋桐篠蝶鳥

一御壁代 白綾紋葵　　一御幌 綾緣紋 帽額

一御簾 錦緣金龜甲　　一御帽額

外陣具等

一狛犬左右金銀　一影狛左右代々名譽之畵工被レ令レ書之例也
一御臺盤左右數絹　一御八足左右
一御高坏左右　一高燈臺左右
一銚子提禰宜方祝方　一丸盤同

已上權殿分同前

高倉等之祭具以下

一大瓶十二口　一御鉾八基
一樂器但裝束舞面等近代斷絶　一唐櫃二合赤漆白綾覆二ヶ神供昇料也
一貴布禰祭供料辛櫃赤塗八合末社神祭供同用之金物覆白綾
一同社日供運櫃二合赤塗覆白綾紋葵
一大幔五色平絹十張　一斑幔五色絹或布十張
一白幕布三十張　一筋幕布十張寛永五年に
一御簾大小二百五十三間　一疊五百九十一帖半
一長床四十八枚　一傾宮料御簾錦縁
一競馬裝束冠太刀兩袖襠（唐織）蟬尾（錦）袴（唐織）下襲下帷子指貫以上二十人前外裝束三人前

神道行事諸具

一大壇赤塗四面　一高軾座四座
一脇机八脚　一高机二脚
一高燈臺八本　一太麻臺二基

一金高坏三十六　一雲盤玉盤
一打鳴二口　一太元八宮岐神
一御鈴四振　一水器二口
一洗米器二口　一瓶子二口
一御田樂々器
木綿襷九人前笛手拍子髮編木二ヶ鞁大鞁二ヶ
一貴布禰芝田樂々器
斑笠　御鈴　明衣（チハヤ）　已上十八前
一太田社毎月神樂々器
大鞁　手拍子　鞁　御鈴　明衣

右所ニ注記一之外片岡貴布禰奥端兩社新宮太田若宮奈良澤田氏神八社之内陣神寶神服外陣神器以下悉不レ能レ記レ之但神宮寺經所等之佛壇行法之佛具迄寛永之御造營時悉新調被レ爲ニ仰付一于レ今無ニ朽損一辱用ニ來之一候仍今度朽損或紛失之分新造修補等被ニ仰付一難レ有奉レ存御事御座候

齋院

嵯峨天皇御代天皇皇女有智子内親王弘仁元年卜定
淳和天皇天長八年十二月壬申替ニ賀茂齋内親王一其辭曰天皇我御命爾坐掛畏皇大神爾申給波久皇大神乃阿禮

乎止賣內親王齡母老身乃安美毛有爾依弖令退出留代爾
巳上廿字以ニ日本逸史一補ニ時子女王乎卜食定弖進狀乎參議左大辨正四
位下藤原朝臣愛發乎差使弖申給止波久申幷奉幣云々
文德天皇嘉祥四年四月辛酉遣ニ使者一向ニ賀茂神社一奉
レ祭但齋內親王未レ盈ニ齋限一故不レ得レ行レ祭云々
文德天皇仁壽二年四月乙卯賀茂齋惠子內親王禊ニ於
河濱一是日始入ニ紫野齋院一云々
光孝天皇元慶八年四月九日己亥以ニ皇女伊勢齋繁子
賀茂齋穆子一幷爲ニ內親王一同十一日辛丑遣ニ參議刑部
卿正四位下兼行近江守忠貞王一向ニ賀茂神社一告下以不
レ改ニ齋王一幷爲ニ內親王一之狀上廿一日辛亥繁子穆子兩
內親王各賜ニ絹五十疋木綿五十疋綿二百屯細布二十
端商布三百段貞觀錢一十貫韓櫃二十合一云々此後御
代々齋王省ニ畧之一土御門帝御宇禮子內親王後鳥羽皇女元
久元年爲ニ齋院一至ニ於此禮子內親王一以上三十五代自
レ是以後斷絕畢御敬神之道衰故也可レ歎々々

齋院次第

有智子內親王　嵯峨天皇第八皇女弘仁元年卜定母后交野女王

時子內親王　仁明天皇第九皇女天長八年卜定母貞主女

高子內親王　仁明天皇第十二皇女天長十年卜定母百濟氏

惠子內親王　文德天皇第八皇女嘉祥三年卜定母藤原列子（但被レ廢也其事祕レ世莫レ知レ之）

述子內親王　文德天皇第五皇女天安元年卜定母同ニ惟喬親王一

儀子內親王　文德天皇第三皇女貞觀元年卜定母同ニ清和天皇一

敦子內親王　清和天皇第十皇女元慶元年二月十七日卜定

穆子內親王　光孝天皇第七皇女同六年卜定母參議正如王女醍醐妃有明母

直子內親王　惟彥親王女文德孫仁和五年卜定

君子內親王　宇多天皇第十皇女寬平五年卜定母女御橘義子

恭子內親王　醍醐天皇第十九皇女延喜三年卜定母更衣鮮子

宣子內親王　同第十八皇女延喜十五年卜定母舊鑒女

韶子內親王　同第廿九皇女同廿一年二月十五日卜定母女御利子

婉子內親王三品　朱雀院第二十三皇女承平二年卜定母同ニ恭子內親王一

尊子內親王二品　冷泉院第六皇女康保五年卜定母贈皇太后懷子伊尹公女冷泉院女御

選子內親王號ニ大齋院一曆ニ五代一　村上天皇第五皇女天延三（二イ）年卜定母中宮安子師輔公女

馨子內親王皇后　後一條院第二皇女長元四年卜定母中宮威子道長公女後三條院后

娟子內親王號ニ杜桂カ齋院一　後朱雀院第三皇女長元九年卜定母陽明門院三條院皇女後ニ堀河左大臣俊房公北方

禖子內親王號ニ六條齋院一　同院第五皇女寬德三年卜定母中宮嫄子

正子內親王　同第六皇女天喜六年卜定母女御進子賴宗公女

佳子内親王三品　後三條院第六皇女延久元年卜定母贈皇太后茂子能信卿女實公成卿女

篤子内親王准三宮　同第七皇女同五年卜定母同上

齊子内親王　三條院御孫承保元年卜定母下野守政隆女春日齋院卜申

令子内親王准三宮皇后　白河院第八皇女寛治三年卜定母中宮賢子後鳥羽院母代號二二條大宮一

禎子内親王准三宮號二土御門齋院一　同第九皇女康和元年卜定母同上

宮子内親王　鳥羽院（榮花系圖六白河院トアリ）皇女天仁元年卜定

悰子内親王號二大宮齋院一　堀河院第三皇女保安四年卜定母康貧王女

恂子内親王　鳥羽院皇女大治三（二イ）年卜定上西門院卜申

禧子内親王　堀河院第四皇女長承元年卜定一品宮卜申

怡子内親王號北小路　輔仁親王第三女長承二年卜定母大藏卿行宗女後三條院孫四代ノ帝ニアヒテ廿七年

式子内親王准三宮高倉宮　後白河院第十一皇女平治元年卜定母從三位成子季成卿女

僐子内親王　二條院第二皇女嘉應元年卜定母師元朝臣女

頌子内親王　鳥羽院皇女承安元年六月廿八日卜定

範子内親王號二六角宮一　高倉院第五皇女治承二年卜定坊門院母成範卿女

禮子内親王准宮　後鳥羽院第十一皇女元久元年卜定母内大臣信清女

齋王卜定事

或記云延長九年十二月廿五日（九イ）殿下着陣諸卿同着召ニ神祇官一令レ卜ヨ定齋宮齋院一先召ニ外記一召ニ紙硯一書ニ内親王名一令ニ外記密封一召ニ神祇大副奥生朝臣一賜レ之令レ卜先令レ卜ニ伊勢齋王ニ一度不レ合至ニ于三度一合也令レ卜ニ賀茂齋王一一度合也殿下令レ持ニ外記　參上令レ奏了召ニ奥生朝臣一被レ仰以ニ惟子内親王一定ニ伊勢齋王一以ニ婉子内親王一定ニ賀茂齋王一之由卜定作法詳見ニ于家諸記一仍略レ之又社家之假字記に云賀茂の齋院は天子御位につき給ふ後必先女親王をうらなひ定て勅使をして女親王の御方へ告らるさて勅使卜部を具して御祓の具榊に木綿付たるを彼女親王家の四面と御門などに立させらる其祓の事に相從中臣忌部等に祿物など下さる扨賀茂御神へ公卿勅使を立られ齋院定り給ひて當大神宮にいつきつかへ奉らしめらるゝ由を告給ふ齋院の御禊といへるは賀茂川に行啓なりて御祓ある事也其儀式は先二日以前に齋院別當陰陽寮其外供奉の諸司を相具して河原にいたり其所を點し定て奏聞す齋院御神事の御所を宮城の中便所に定められて是を初齋院といふ此院にいらせ給ふとて賀茂河原へ御車にめしておもむかせ給ふ其行列走女十八御車ぞひ十四人手振十八人御よそほひ物の唐櫃御手水の具入たる唐櫃各一合供膳雜器衣服祿物などの唐櫃

相つらなり次に膳部六人舍人二人荷領十人次に藏人所の陪從六人院女別當など御車のあとに並び從ふ次に公卿勅使一人齋院別當一人五位四人六位四人幷御前をかる左右の近衞各二人左右の衞門各二人左右の火長各十人供奉し左右京の官人兵士を引率してむかへ奉る山城國司郡司どもを引て京極の大路に祗候しまいる辨一人太政官史生二人官掌一人供奉の諸司を引ゐて御祓の所に參り其事をおこのふ齋院御幕の內に入せ給ひ河水に臨てはらへし給ふ神祇官中臣御麻を奉り宮主祓祝詞をよむ事畢ぬれば勅使以下に饗膳祿などたびさて御車をめぐらし初齋院に歸り入せ給ひければ御膳を供し御榊をたつ此初齋院にして三年の御禊齋まし〳〵て其年の四月に始て賀茂紫野の野宮にうつり入せ給ふ也其儀先吉日をえらび又河原の御禊あり初齋の御禊の時のごとし但此度は御輿にめさる御輿のをさ十人輿丁四十八人駕女十六人是は御めのと二人女藏人六人女嬬四人小女四人のる也女別當以下車にのる勅使大納言一人中納言一人參議二人四位五位四人內侍一人幷外記史太政官の史生辨官の史生官掌其外神祇內藏縫殿陰陽大藏宮內大膳木工大炊主殿掃部造酒主水左右の馬寮等の官省寮のつかさ共供奉しつらなり御祓ありて後饌祿などたび事畢ぬれば御輿をめぐらして紫野に入らせ給ふ宮にとゞまりて更に祿をたびけるさて每年四月中酉日に賀茂兩社の祭に參らせ給ふと云々齋院につきたる官を長官次官判官とて此院に事をうけ給りつかふるにさし定置るゝ也齋院の御代々歌よみ給はぬはなしとぞ但有智子內親王は御ざえすぐれ給ひて大和もろこしの文の道にも通じ給へりしかば嵯峨天皇賀茂齋院に行幸なりし時齋院のつくり給ふ其詩云

寂々幽莊迷㆓水樹㆒、仙輿一降一池塘、棲㆑林孤鳥識㆓春澤㆒、隱㆑澗寒花見㆓日光㆒、泉聲近報初雷響、山色高晴暮雨行、從㆑此更知恩顧渥、生涯何以答㆓穹蒼㆒、

この詩天皇歎美おはしまし世をへて人是を吟賞し奉れり神齋を重じ給ふゆえに定例として御禁忌の事ども或文にも出せりもとより此國は神國なれば佛法僧の名をだに忌給ふことにして佛をばながごといひ經を染紙塔をあらゝぎ僧を髮長尼をば女かみながといひ佛法には日に一度食するをときといひふれたるをかたそなへといひかへて詞をさへ憚給ふ村上天皇の

姫宮齋院に立たせ給ひしを選子内親王と申ける齋王にはいづれもいまだ嫁し給はぬをそなへ給ふ事なり又さはる御事あればまかでさせ給ふを此齋院は神慮に感應おはしけるにや五十四年までいつきにておはしけるが世中の常ならずはかなき事をおぼしめして菩提心を發し給へども佛を神事にはばかり給ふ心を

おもへどもいむとていはぬことなれは
そなたにむきて音をのみそなく

とよませ給へりけるとなん

行幸官幣御幸付祈願靈驗等

聖武皇帝神龜三年七月乙未使を遣し幣を賀茂神に奉らしむ云々桓武天皇延暦三年六月壬子參議近衞中將正四位上紀朝臣船守を遣して賀茂大神に幣を奉り遷都の由を告らるかくて此京繁昌し卅餘年をへて後同天皇延暦二十五年三月辛巳に崩御なりて同乙未の日山城國葛城郡宇多野を爲二山陵一其地西北兩山有レ火おのづから焚て日の光なし大井比叡小栗栖野等の山共燒烟灰四方に滿て京中晝昏し今上おほすらく山陵に定る地賀茂御神に近し疑らくは是御神の災火を致し給ふらんか卽詔して卜筮に決せしむ果して有二神祟一云々帝曰初山陵の地をうらなはしめし時筮は從ふといへども龜卜は從はざる也仍今災異頻に來れり不レ愼はあるべからずとて卽御みづから賀茂神に禱祈し給ふ事嚴重なりしかば災火忽に消滅しぬと云々平城天皇御宇大同二年五月三日庚寅賀茂御祖神別雷神并正一位を授奉らる嵯峨天皇弘仁六年八月三日伊勢賀茂兩御神へ霖雨晴ざる御祈として幣使を奉らる同九年十月己未山城國貴布禰神祈雨の靈驗あらたなるによりて賽の神寶御幣使を奉られける同十年五月甲午幣を奉られて貴布禰社へ雨を祈り給ふ同御宇承和十年十一月丙申日參議左大辨從四位上躬王を差遣し幣帛を賀茂神に奉られて國家の昌泰を祈り給ふ又御代々御卽位あらんとては勅使を立られ官幣を奉られて此神國の天日嗣をうけつがせ給ふよしの宣命を告奉られける是を由の奉幣とぞ申める醍醐天皇延喜十六年六月十二日乙未石淸水宮賀茂上下社に臨時の幣帛使を立られ左右馬寮十つらの御馬各五疋左右近衞各十人を奉られける延長二年五月七日乙卯丹生貴布禰幣使を定められ同八日に殿上人を丹生貴布禰に遣され

廿雨を祈りこひ走馬を奉らる朱雀院天慶五年四月廿九日に當社へ行幸あり是則神社行幸のはじめなり云云此帝は延喜帝の皇子にて承平の帝と申也然に此神前へ行幸なりける御願は平將門謀逆を企我身平親王と名乘親類眷屬を公卿殿上人となし下總國に都をかまへて官物を押領し西國には藤原純友朝敵となりて天下のさわぎなりし故に天皇御みづから叡慮の誠を盡し祈り給ひしに靈驗あらたに御夢の告ありしかば將門はたちまちに矢にあたりて誅伏せられ純友は生捕にせられ獄中に死して四海靜謐に萬民安堵のよろこびをなしければ此御祈願のいちじるき神恩を謝し給ふとて行幸なりさまざまの神寶みてぐら物など奉られて社の禰宜祝にも位階をなし給ひける

天德元年三月四日官幣を奉らる天變恠異によりての御祈り也同三年四月十七日には新錢を伊勢賀茂へ神祇官を使として奉らる兩社以下十一社に奉られけると云々村上天皇康保三年四月十三日賀茂社鳴動の事社家是を奏す同時に內裏の宜陽殿鳴ければ公卿僉議ありて御愼重かるべしとて上七社に幣帛使を立らる當社の使は左大辨橘好古也神馬等を引立て神前にして宣命よみけるに老嫗に託宣の事ありてます〳〵使諸司恐れみ祟め奉りぬと云々同年八月廿一日九天雲おほひ霖雨月をわたりて晴る事なかりしかば諸社に使を立らるゝに賀茂貴布禰兩社に奉られける此時十六社の御祈といふ事始る貴布禰は當社の攝社たりといへども水德の御神なれば雨の御祈は必ず官幣使を奉らる弘仁九年五日に貴布禰も大社の宣に預り給ふ圓融院天祿二年九月廿六日攝政右大臣賀茂御神に詣給ひて宿夜こもりまし〳〵て御祈りあり天延三年四月十四日丙辰內裏微穢ありて七月二日大祓行はれて賀茂御社へ幣帛を奉らる貞元元年四月廿五日辛酉賀茂祭に齋院いまだ社頭の本院に入せ給はざれば御供奉の事なし仍今日太政大臣堀河の第より賀茂參詣あり辨少納言供奉の事ありと云々

天元三年十月十日天下のます〳〵泰平にして五穀豐年に萬民安く平けく守給へと御代の御祈として行幸なりおはしまし御みづから御幣奉らせ給ひ神馬寶物等例のごとしと云々

一條院永延元年五月廿一日雨の御祈に勅幣を貴布禰丹生に立らる使藏人なり今日右大臣爲光公賀茂社に

參詣し給ふ供奉四位四十八五位三十人六位三十人前をかると云々同年十月十一日に官幣を石清水賀茂へ奉らる同年十一月八日には石清水に行幸なりて同十二月十五日に賀茂行幸あり是より御代々の帝の恒例として御卽位ありてはかならず兩社行幸とて石清水賀茂へまいらせ給ひ御幣寶物品々奉られ舞人走馬などの事ありける同二年四月廿二日戊申の日攝政の御參詣あり是則天下の庶務を攝給ふゆゑに御祈のため也云々永祚元年二月廿八日また攝政二條の第より當社に詣給ふ內大臣以下參向あり殿上人を舞人として舞樂を奏し給ひ神だからしな〳〵あぐるに及ばず四位二人五位八人供奉に具せられける正曆二年六月廿四日日をへて雨ふらざれば御祈の御てぐら奉らるゝ時黑雲山岳にくだりて雨ふりぬと云々同五年二月十七日祈年穀の幣使を奉らる又長保四年三月廿六日に當帝御祈願の事ありて行幸おはしましぬ

三條院長和二年兩社行幸あり

後一條院寬仁元年十一月廿五日御願によりて當社行幸あり同御代長元二年十二月三十日にも御願によりて當社行幸あり當帝の御母后は上東門院と申し奉る此時御同車にて參らせ給ひ幣帛などを奉らせ給ふその時の齋院は選子內親王と申せしが齋の神館に立寄らせ給ふかと待せ給ひけるに紫野より還幸なりしあくるあしたに內親王よりよみてつかはされし御歌

みゆきせしかもの河波かへるさに
　たちやよるとて待あかしつる

萬壽三年八月廿八日賀茂社より言上あり神殿の前大なる檜樹一時に枯て一葉の靑事なしと云々これによりて御卜の事ありて御幣使など奉らると云々

後朱雀院長曆元年八月十一日御代始の行幸あり又同三年八月十八日二十二社に官幣をめてらるゝとて當社幷貴布禰へ勅幣まいらせらる後冷泉院永承二年四月廿三日御代始の行幸也又同御宇天喜四年十二月九日行幸同康平五年七月十三日御祈之行幸也

後三條院延久元年八月九日御代始行幸也

白河院承保二年四月廿三日御代始行幸あり御叡願によりて今年以後每年行幸なるべきよし宣命に申奉り給ふ是によりて當御代之行幸九ヶ度なりし

堀河院寬治二年四月廿八日御代始行幸也同嘉保二年四月十五日行幸又長治元年二月廿七日行幸同四年に

當神領寄進ましましける比社家の中文を惟家辨に付て奏聞申事ありけるに詰り笑はれて他の辨につけられける間三ヶ日にあたりて惟家辨血を吐て卒去せり是は棚尾社の御前にけだかき人參らせ給ひて惟家辨勘當仕候はんと申御返事は何とも聞へず承り候番のものにまいれと召されければ褐衣冠にいちひたゝれたる人平胡籙負たりける參られたり惟家辨勘當仕れと仰あれば南に向て矢をはなたせ給ひけるが惟家辨の胸にあたり苦痛の聲聞ゆ勘當仕さぶらふと申て出させ給ひ誰の參らせ給ひたるぞと尋ければ日吉のまいらせ給ひたるとありて後に夢は覺にけり是ぞ惟家辨の姑なにがしの局通夜せられける曉の夢なりけりかの局驚給ひ彌おそれ祈りをかけて願など立れけれども其日卒去せられけるとぞ

嘉承二年五月一日根合の事兼て催されて今日左右殿上人河原に向ひ祓して七社に幣を奉るとて幣使を差遣す賀茂一社に於ては金銀の御幣競馬十番奉ると云云今日左方仰によりて北の中門を渡り上皇御覽ありしは方々の面目也同月五日新院女房の根合也未刻東泉殿に參集せり左右勝負をあらそひけるに左方の勝侍る慶申立願果し奉るとて同月九日に競馬を相具して賀茂に參詣あり女房の御車三輛乗尻等相つらなりける出立の儀上皇御覽あり其行列先金銀の御幣次乗尻十人舎人居飼等女房の車本院の侍等布衣を着し騎馬にて相具す二位宰相中將殿直衣をめさる殿上人兩貫首など皆束帶にてつらなれり所の衆瀧口等貫首の扈從として候せり其路洞院の大路より三條京極大炊御門朱雀を經て法成寺の東大路より先下の社に參らる奉幣社司につれてまいらせ事畢て上御社に參詣ありて幣帛おなじく社司につけて奉り競馬などありて夜に入下向ありと云々其時女房のもとより殿上人の中に送る歌

たちならふ人やあらましちはやふる
　我かたをかの神なかりせは

返し

みかりしていのりしことのかひあれば
　我かた岡の神そうれしき

鳥羽院天仁二年八月十六日戊子賀茂行幸御代始也此御宇にすべて六ヶ度行幸ありけり年月しるすに及ばずもらしつ

保安年中に左衛門大夫源康季年來賀茂御神を信じ頼奉りけるに或夜御戸開にまいりつるかひなく賀茂川の水おびたゞしく出て渡がたければ岸上に思ひやり奉りて居たりしが社司ども例のごとく御戸ひらき奉らんとするにさらに開かれさせ給はざりければ祠官いかにもせんすべなくて時うつり觀念し心をしづめ居たりける程に眠頻に催されて或社司の夢に康季が參くるをまたせ給ひてひらかぬよしを告給ひける驚覺て氏人をさしつかはし迎にければ康季岸の上に居けるをいざとてゐてまいりけるに其まゝ御戸ひらかれ給ひにけり康季かく神慮に叶ひける故にやさしもありがたき大夫尉に近康康綱以下四代までうちつゞきてなりにき此外季範季頼季實季國等六代までも此康季が子孫にて皆此昇進を遂たりけるは他家にありがたき事也

崇德院天治二年十月廿七日御代始行幸あり同院御宇天承の比太上皇賀茂社御幸なりて御鞠ありしに賀茂成平縣主うけたまはりあげ鞠つかうまつりし時かくよめる

しめのうちのみゆきに袖をかさしつゝ
名をあげまりをけふしつるかな

保延五年五月一日祈雨の幣を貴布禰に奉らる其宣命は大内記儒門の博士など皆故障ありて作ることあたはざれば其時の上卿少内記相永か作代にして事行ひけるが必神感あるべきよし自讃し給ひけるにはたして三日雨おびたゞしく降たりけるとなん宣命はこと長ければもらしつ同年十月二日己酉行幸あり此御代すべて五度の行幸也

近衞院久安元年十二月四日甲辰御代始の行幸也此御代三ヶ度行幸なりける同御代に左少將藤原實重と云ける人年來賀茂社に詣てゝ藏人にならぬ事をなげき侍りけるを二千三百度にもあまりけるとき貴布禰にまうでゝはしらに書付ける

千載集 今までになとしつむらんきふね川
かはかりはやき神をたのむに

かくて後なんほどなく藏人になり侍りけると云々

後白河院保元々年四月廿五日丙申賀茂社行幸あり

二條院永曆元年正月廿七日壬申御代始賀茂行幸ありて此御代に五ヶ度行幸有ける

高倉院嘉應元年八月廿九日行幸此御代五ヶ度也賀茂

皇大神の靈驗あらたなる事ども書たる記云皇太后宮大夫俊成卿若かりしより賀茂御神にふかく祈申されしは我和歌の道にかなひ子孫までに此道をつたへ世にほまれある冥助を垂加させ給へと祈り奉る志他事なしと年比參詣怠なかりしが殊に千日のあゆみをはこびて念じ申されければ願のごとく其名雲井に高くして嫡男定家卿は父に超て中納言に昇り孫爲家卿は大納言まで昇進ありしは歌道名譽ゆゑにして偏に當御神の感應なりとぞ申傳へし

又伊勢大輔といへる官女は一生の內に秀歌よませてたべと賀茂へ祈をかけ橋本社のもとにながるゝ水を硯水にして千首をよみて奉りければ千首大輔と呼れ世の人の口にある秀歌よみけると也

又云平淸盛公いまだ淺官なりし時夢の告に賀茂御神より寶の山を賜ふとて金の寶山門に入がたき大きやかなる其上に藤花さきかゝりたり裝束したる神官二人出來りこれは賀茂大明神より下さるゝなりといへるに今一人の云是は春日大明神の使にてしばらく淸盛にあづけらるるとありて夢はさめけり驚つゝしみていかなる冥助をかうつゝに得せしめ給ふべきとたのもしく彌信仰あさからざりしに後に白河の准后と聞えしは淸盛の妹女にて其比の殿下の北方に物せられしが其御領悉かの後室一期知行せらるべきよし仰られけるに過分の事なり辭退申べきにこそと思はれけれどもかの夢の御告に任て御請申され年久しく主のはからひなりしよりいつしか身の威勢龍に雲のしたがふごとく天の下のはからひをも心にまかされける事偏に神恩なりしと云々

又治承四年六月九日に京を攝津國福原へうつされて新都の事始ありしに卿相雲客衆議の上此所を定けるには一條より五條までありて五條以下は不足にて事行ざりければたゞもとの京へ移かへらるべしとて賀茂社へ其由の奉幣を立られ舊都にこと〴〵くかへられけるに先里內裏を造進せらるべきよし衆議有て五條大納言邦綱卿に周防國を給はりて六月廿三日に事始して八月十日に上棟と定めらる彼大納言は大福長者におはしければ造立する事左右に及ばずといひあへるにやがて其事遂なりぬとなり此邦綱卿の富榮果報ゆゝしかりし事はそのかみ此卿の母あまり家貧しきを歎て賀茂の御社へまいり詣であはれ願くは福力

の身となし給へと無二の信心を發し度々籠り念せられけるに或夜の夢に賀茂の御神より給ふと覺えて檳榔毛の車の來りて胎內にやどるとみえしがやがて懐姙ありて生給ひける邦綱卿にておはしければ福報人に超て繁榮なりしと云々

又云叡嶽の學徒幼年より智慮かしこく心ざし勇猛にして止觀の窓の雪に眼をさらし三諦の床の月に心あきらかなりといへども富報すくなくて濟度の道乏しかりければいでや毘沙門天に祈むとて鞍馬寺に參籠し又清水の觀世音に通夜して普門融通の福力を與へ給へと祈念ありしに觀音も多門天も福報を授なんことは賀茂大明神の御はからひなれば我らがまゝならずたゞ賀茂へまいり申べしと兩寺の本尊の告させ給ふにまかせ賀茂御社に參り七夜通夜して祈歎きければ七日滿じける曉宿屋に下向し暫まどろみける夢の中に汝もとより福報なき身なれどもあまりに祈歎き申も不便なれば大明神より給はるなりとて裝束したる神人長櫃二合舁持きたりてあなかしこ此長櫃底まで取拂事なかれさもし侍らずば一期が內盡る事あらじと告げてさりぬ夢さめてみるに枕にありけり一櫃にはしらげのよね入たり又一櫃には絹綿の類入みてたり難有拜しいたゞきて是を自他の施用などに取つかふに盡ざりけりと云々

後鳥羽院文治二年十一月十四日賀茂行幸あり其儀あら〳〵記之先上卿參內ありて奉行職事をして諸司以下催し仰せらる又舞人の行事をして舞人等を催さる主上御湯殿の事あり次上卿弓場殿にすゝみて宣命を奏せらる是よりさき宣命の草を攝政殿內覽の事例のごとし主上御總角御裝束などあそばし晝御座に着せ給ひ神寶を御覽せらる鏡筥金銀の御幣等なり次南殿に出御あり攝政御裾に候し給ひ內侍前後に候す頭中將右中將內侍に付て扶持せらる奉行の職事攝政の裾をとりて相從へり御帳の西の間にして御反閇ありて御張の前に立せおはしませば次將わたり公卿つらなり立次に闈司の奏鈴の奏ありて御輿を寄奉る近衞中將御璽を取て御輿の中に納らるれば主上乘おはします路次の行列公卿殿上人舞人神寶神馬相つらなれる次第は略して記さずかくて西洞院より二條大宮土御門又西洞院一條出雲路河原を經て下の御社に着おはします堤の外にして上下各下馬あり御輿は御在所の

東西の幄門より入せられ下御なりて○一本此間有文數行簾中平敷のおましに着せましますこゝに腋御膳御くだ物などを供し奉り公卿饗の座に着給ふ此間御神寶御幣等を御所の東庭の案上に置ければ○此間以下一本之文大異而詳上卿頭中將をして宣命の清書を奏せらるれば攝政殿中に入御覽をはりて返し給ふ次御手水の事ありて御拜の座にうつり着せましませば御贖物二膳を供じ宮主御麻もて參り頭中將とり供じ奉りて先御祓の事あり上卿南の幄門より入前庭を經て着座し給へば御馬一疋將監これを引次走馬三疋舞人是を引御祓をはりぬれば上卿御幣二捧を取て艮に向ひ御拜兩段再拜おはしませば上卿幣を置て復座あり此間權中納言挿頭の花を取り參り進みて御冠にさし奉らる次上卿社頭に參向有てかへり參り御願平安遂まします由奏し給へば聞食の由を仰せらる此後神寶等を撤し公卿馬場の座に着舞人御馬を南より北に馳て事畢れば內侍かり幄の左右に候じ主上其中央に立せまします御輿を寄奉りて上御社に向はせ給ふ其儀攝政參上ありて御簾を卷て其北の簀子に候じ給ふ近衞中將まいりて御璽を御輿に入安せらるれば乘おはします攝政西鳥居の外にして車に乘後陣に參り給ふ南鳥居の外にして各下馬あり御輿御所の西の幄門より入おはしまして北第三間の御こしよせに舁居時に攝政殿西の簀子の邊より參上あり中將御輿寄の簾をかゝり御璽の筥を取て內侍に授けしぞきて北方に候せらる次に主上下御ありて假幄の前に立給ふ中將蔀戶を閉てしぞき下らるれば次將御輿を退さりぬ攝政御簾中に參候あり次公卿西の幄外を經て公卿の座につく主上御平敷の座に着せ給ふ件御座ばかり幄の前にあり此御所のかまへ北面なり第三間にかり幄をかまへ第二間に平敷を敷て御座とす第一間に御拜の座を五重に裝なり次攝政殿奉行の職事をめして神寶等を舁置さしめ給ふ東西行にして南北あひならべり次に案を立て幣を倚たて神寶を取置なり下社は河合社をくはへて二社に奉らる當社は一社なり次主上御手水女房これを奉る事初のごとし事畢て御拜の座に着おはしませば御笏を獻じ御あが物を供ず次に御麻を奉る次に宮主御麻を取て着座す上卿西の庭を經て着座次に神馬一疋走馬三疋引たつる次に上卿御幣を取て立次に兩段再拜下社のごとし事畢て上卿御幣を置て本座にかへらず直に社頭に參

上あり此間攝政職事をめして社司の賞の事を仰らる次御笏を撤せられ又神寳を撤するの丶ち攝政休幕にまかで給ふ北の鳥居の外東のわき也此間御神樂韓神など例のごとし次上卿社頭より歸參て幄の西を經て南の幔門の方に出きて職事をして御願平安遂（所イ）ましますよしを申す聞食のよし仰らる丶事例也次御前の西良坤の幄を撤して公卿の座をしき東西の西のわきなり頭中將をして公卿をめす上卿以下座に着次御馬を南より上て北に馳ける社の方へ走する也次公卿座をたち給へば座を撤す次上卿奉行をして見參を奏せしむ御所の西の椽（緣カ）をへて持まいりて奏す杖にさせり攝政北の第一間の簾中にして覽し給ひて返し給はる奉行職事これを取てしぞき下れば公卿の祿をたまはりて事をはりぬとて還幸を催さる公卿御所の南の腋につらなり給へば上卿は北に立給ふ例也云々次御輿を寄奉り攝政簾中に候し給ふ二位中將御璽をとりて鳳輦の中に安じ給へば主上乘御なりぬ攝政たすけ乘せまいらせられ西の幔門より出御まし〱て鳥居の外より攝政車に乘せ給ひて御後陣よりまいらせ給ふ御輿深更に及て還入せ給ふ御輿をよせ内侍參向ありて中將殿御璽をとり渡し給ひ主上下御まし〱御帳の前にたゝせ給ふ時次將御輿を退れば鈴奏次名だいめんの事ありて御本殿に入御まします也次奉行職事をして行幸の行事の賞を仰らる

社司の賞　神主重保追可申請由也

自餘上下社司は社家の注進ある交名皆一階を給也と云々

社記云建久九年二月廿六日賀茂行幸あり奉行兼權左少辨長房朝臣也後白河院の例を以て諸事沙汰し調べきよし仰せらると云々先下社へ行幸なりて神前の儀をはりて上社へ向はせ給ふ例の如く南の鳥居より下御なりて細殿の御所に入せ給ひ舞殿に御拜の座をかまへてこゝに移り着せ給て上卿幣を奉られ兩段再拜おはしませば上卿たまはり傳へて社司に給はれば社司神前にたてまつり返り祝詞申畢れば細殿に入御神馬等を引めぐらす供御の御事は御破子云々御讀經所の屏の内に進物所を儲たり兼又細殿の御所の東頭にかりやをかまへて上卿の座とせり此間に頭中將伊輔朝臣賞の事を承り仰らる神主資保正四位下に叙せらる又禰宜祝氏人等各一階を給へりと云々但去文治元

年の御幸は儀式にて神寶種々舞樂競馬御鞠歌合などの事有しを今度建久には略儀の御幸也と云々

此御門の比にやあらんある記云二條宰相雅經卿は賀茂大明神の利生によりて次第に昇進ありし人なりけり其初世間あさましくたえ〴〵にしてはか〴〵しき家などもおはせざりければ花山院の釣殿に宿してそれより步行にてふるにも照にもたゞ賀茂へまいるをもてつとめとしてけり其比よまれたりける歌に

世の中に數ならぬ身の友千鳥
なきこそわたれかもの河原に

と此歌心の中ばかりに思ひつらねて世にちらしたる事もなかりけるに社司其名を忘ると云が夢に大明神われはなきこそわたれ數ならぬ身とよみたるものゝいとほしき也尋よとしめし給ひけりそれよりあまねく尋ければ此雅經のよみたる成けり此示現きゝていかばかり彌信仰の心もふかゝりけん扨次第に成あがりて二位宰相迄のぼられ侍り是併大明神の利生也云々

土御門院元久元年十一月十三日辛未行幸御代始也同御宇元久二年三月十二日太上皇御幸同年六月五日河上行幸此時御馬十三疋社司に下さると云々又建久元年三月十九日上皇御幸同年五月四日廿二社に奉幣使をたてらる但疱瘡の御祈によつて也同年六月廿二日軒廊の御卜ありて賀茂社奉幣使をたてらる齋院禮子の御不豫の事によりて也又承元元年三月七日上皇御幸橋殿をしつらひ御所として和歌の御會あり御題

海邊歸鴈　春雨　社頭　夜風也と云々

同年八月十三日又御幸同年九月七日幣使を立らるこれ又疱瘡の御祈とみえたり同年十二月十九日又御幸有て雜々の御遊覽有時に神主幸平上鞠に候ず此時の管絃に上皇御琵琶を遊ばさるゝの由社記にみえたり

同二年三月廿五日幣使を立らる三合日月星の合天變也の御愼によて也

同年十一月十五日御幸同三年六月十日又御幸ありて御神樂ありとみえたり或記云承元四年正月十六日大外記良業死たりけるに十六日の曉河內守繁雅が夢に賀茂の御前にて除目おこなはるゝけしきなりけるに小折紙に大外記中原師方とかきたりとみて夢さめにけりいそぎ此よしを師方に告たりければ多年つかうまつりたるしるしと覺えて忝も賴母敷もおぼへけるにやがてその夜大外記に成にけりさきに助教仲隆師高師季など競望しけるうへ師方は大監物にていまだ

儒官をへざりければ直に拜任いかゞと沙汰ありけり重代稽古のものなりけれども引たつる人もなかりけるに忝も神恩をかうぶりて先途をとげてけるめでたき程の者なりけりと云々

同四年四月七日又御幸同八月八日には奉幣使を立らる同十月五日當宮には神馬を相添て獻せらるゝと云々但天變の御祈也と云々

順德院御宇建曆元年四月七日太上皇御幸三日の間御參籠ありて御幣六本神主幸平に給ふのよしみえたり

同十二月四日又幣使を立らるゝ大嘗會延引の事によりて也同二年九月廿八日奉幣あり齋院まかでさせ給ふのよしを告申さるゝなり同年十一月一日大嘗會をあらため行はるゝよしの日時定の幣使なりと云々

同御宇建保元年三月十日行幸上卿公房正禰宜重政が許へ花折てまいらすべき由仰ありければ賀茂重政

さくらはなけふのみゆきに咲そめて
　やほよろつ代の春はかきらし

とよみて奉りければ

年をへてみゆきにかさせ春の花
　たえぬ色かは神そしるらん

と御返しありける同年三月卅日又御幸ありて七日御參籠云々

同三年六月十五日雨の御祈として幣使を立らる同八月十六日上皇御幸あり（なりけるイ）

同六年二月廿七日當社幣使を立らる同十二月廿日上皇又御幸なりぬ

同御宇承久元年六月七日庚午幣使を立らる天下疫疾の御祈謝なりと云々

同三年三月廿日行幸此御代二ヶ度行幸也同四月二日丙辰幣使を立らる宣命等ありと云々

後堀河院御宇嘉祿元年十二月八日御代始行幸有四條院御宇嘉禎三年十一月十一日戊午行幸御代始の例のごとし

後嵯峨院御宇寛元元年十二月五日御代始行幸有

同三年四月九日幣使を立らる但三合幷天變の御祈のため也と云々

社記云寛元四年四月廿九日賀茂下上に御幸あり今日未明に出御ありて秉燭の後還御なりぬ其次第先下社にまいらせられ社頭の儀御拜例のごとしさて上の社にむかはせらる路次の儀行幸のごとし外の鳥居に着

せ給ひて公卿は鳥居の内南上西面に侍臣は鳥居の外北上東面に列居し御隨身御前につらなり屈居して御車の轅を鳥居の内に入て下御也侍臣前行公卿御扈從につらなるさて内の鳥居を入せ給ひて細殿の御座に着御南面にまします細殿の東階より舞殿の西南へ打橋をかけて舞殿の北第二間に御拜の座をして同殿の小庭に案をたてゝ金銀の御幣白妙の御幣を倚立る也さて御拜の座にうつりおはします時（是より先御手水の事あり）頭中將御笏を獻ず次院司の衆顯定卿金銀の御幣を取院司の四位行家朝臣白妙の御幣をとる時に兩段御拜まします院司金銀御幣をとり退下りて久繼神主をめす神主西北の庭に參りこれを給はり神前にまいり御戶によせ奉る次に白妙の御幣は若宮貴布禰片岡太田各一捧社司給はりて社頭に奉る神主まかり出てかへり祝詞を申片岡の前よりすゝみて榊をたてまつる杖にさしはさむ公卿是をとりて獻せらる此後細殿に入御なりぬ毎度かへり祝詞のゝち入御あり若是よりさきに入御なりぬれば細殿にまいりて榊を獻ず此間神主以下祿を賜はる各大褂一領云々次神馬を引橋殿をめぐらす事三匝御隨身これを引社家請取て神前に引むけてしりぞく此間公卿東屋の座に着て舞樂あり頭中將御所に參りて勸賞の事をうけ給り神主以下禰宜祝氏人等一階を給ふ事をはりて還幸なりぬ同四年四月廿九日上皇御幸内大臣以下供奉ありと云々同六月廿六日祈雨の御幣を奉らる御使權大納言通忠卿まいり給ふ但丹生貴布禰には殿上人を用らるゝのよしみえたり

後深草院御宇建長二年三月十三日己卯軒廊の御卜あり賀茂別雷社御鎖ひらかせ給はざるによりて也姉小路中納言顯朝卿以下御參有と云々

同三年四月十日御幸當社七ヶ日御參籠云々同年五月五日幣使を立らる貴布禰殿上人使如レ初但霖雨の御祈云々同年六月五日賀茂社勅使をたてらる勅使參議藤原朝臣公泰散位源朝臣仲氏散勅使也云々

同五年二月三日辛亥賀茂行幸供奉の人々大略八幡宮のごとしと云々

同年八月廿一日丁卯賀茂一社奉幣の事ありと云々同六年八月十九日上皇御幸あり同十月九日軒廊の御うらあり賀茂の恠異によりて也云々同月廿八日又御幸此儀又八幡のごとしと云々同七年二月廿一日大宮院

去年閏五月御產の御祈によりて院の御隨身等宿願を果し奉らんとて殊に賀茂上下の社には競馬五番あり幣帛以下奉らるゝと云々

同御宇康元々年五月十四日又御幸ありて七日の御參籠あるべしと云々

同御宇正元元年四月廿七日二十二社に臨時の幣使立らる是天下の飢饉疫癘の御祈也云々

龜山院御宇弘長二年四月廿日行幸例のごとく御代始也同御宇文永三年四月十二日上皇御幸ありて上下の社にして御神樂あり拍子は前源中納言笛は花山院中納言篳篥は實成朝臣和琴は親忠朝臣也下の社にては三ヶ夜のよし社記にみえたり同四年四月一日兩院御幸ありて七ヶ日の御參籠のよしみえたり同五年正月五日兩院御幸なされたるよし社記に見えたりその御比ほひ神舘の雪のあしたしのびて御幸ありける後によみ侍りける賀茂氏久

神山の松も友とそおもふらん
　ふらすはけふのみゆきみましや

とよみ侍りけるを後に續拾遺集の冬の歌に入られけると也

（異本此間貴布禰奥神託宣ニヨリテ御社造營ノ一條アリ）

後宇多院御宇弘安元年四月十九日當社行幸御代始例のごとし同九年二月廿五日賀茂別雷社の神殿ひらかしめ給はざる事又同年中樹の顚倒の事につき宣旨ありて御卜の事行はれ御祈ありと云々

伏見院正應三年十二月八日賀茂行幸御代始例のごとし後伏見院の御宇正安四年六月後宇多院賀茂の御幸なりける時供奉にさふらはれける人々題をさぐりて歌つかうまつられけるに社頭天と云事を

新千載神祇
天降る別雷の神代より
　くもらぬ空そ今ものとけき　隆長

とよめるとなん又寄國祝と云事を

續千載神祇
かたぶかぬ速日の嶺に天くたり
　あめのみまこの國そ我くに

と詠じたまひけるとなむあまたもらしつ

後二條院御宇乾元二年七月廿九日法皇河上御幸上卿防城中納言也但此たびは社の常の神馬を引せらるゝのよしみえたり同御宇嘉元々年十一月廿六日御幸あり御參籠ありて曉がた御かちにて御宮めぐりありしと云々同二年正月廿日又御幸御宮めぐりの次第奈良さはだ片岡新宮より御前にまいらせ給ふ

花園院御宇正和四年五月廿一日貴布禰社奉幣使を立らる止雨の御祈なりと云々此間禁裏仙洞産の穢混合の事ありて七ヶ日の後なり貴布禰は賀茂の末社たるの間三十ヶ日たるべき由これを申といへども公家の法にまかせられ幣使を立られたるの趣或記にみえたり此時仰られしは社家は社法を守へし公家は七ヶ日通路無憚法に任さると云々

後醍醐院御宇元亨四年四月十七日壬申行幸御代始なるべし或記云後伏見院御位をすべらせ給ひて太上天皇と申奉れる比皇子は東宮に立せ給ひしかども御即位の事御沙汰あやふく思食ければ皇統正流の御紹運をば昔より賀茂の御神擁護ましくて神威あらたに帝位につかせ給ふ先蹤を頼思召し御祈願ふかく叡慮の誠を盡し申させ給ふ御告文を御手づから親ら宸筆にあそばして當御神へこめまいらせられける其御告文云此間異本奥ニ有ノコトアリ

これ嘉暦三年としのついでつちのえたつ九月四日みづのとのゐよき日のよき時太上天皇胤仁かけまくもかしこき賀茂大明神のひろまへにかしこみくも申たまはくそれおろかなるせいかへりみるといへども天日嗣をうけて皇とうの正流にあたれり東宮の立坊のうむにいたるまですでに神の御めぐみにあづかるとしすでにせい人のよはひにおよぶせんその運天のさづくる所その期いたれりしかあるを一はうみちなきひけい日をおいて色をそふむしんのかまへ神かんさだめて照したまはんかこれしかしながら身のためしにして世をかたぶくるにあらずや天のしたは一人のあめのしたにあらずあめのしたのあめのした也ほしきまゝにじやねいをもちて正ろをふさがんこと神としてあにうけ給はんやそもく大明神の御めぐみを我身にたれ給ふ事この時にあたりてずいさう一にあらず是をたのみあふぎたてまつるにさらにうむのおそれなしもとよりのことはりしぜんのみちにゆづりて運を天にまかするゆゑにかならずこれを火きうにいのらず此こゝろおのづからくはんたいに似たりといへどもひだうよこしまのねんりきたとひつよくとも神道いかでか邪をうけ正を捨んもしひだうの念力つよきによりて正道をたのむ心くわんたいのとが

になりてこれをすて（捨）ば人いよ／＼（彌）ぎばう（僞謀）をさきとして國たちまちにほろびうせんしか（然）あらば正直の神何をもち（以）てかそのめいをつぎ其かたちをのこさんやわ（和）くはう（光）のちかひ（誓）（をイ）おそらくはむなしきにあるべし神もし邪ねいをうけずば我ねい（佞）しんをもたず我ねしいんをもたずば神また（又イ）捨て（ナシイ）給はんやいのる所わたくしなくば神かん座をたゝずしてそのしるしを見せ給へいのる所もしわたくしまじはらば我とがをかうむ（蒙）らん事いさゝかもいたむ所にあらずたゞ神に身をまかせまつりてさらに身をわたくしにせず此心をあきらけくかゞみ（鑑）たまひてあやまる所なくばじや（邪）ねい（佞）を萬里にしりぞけてせいちよく（正直）のみちをすゝめ治天のうむ（運）たちまちにひらけん大明神このじやう（狀）をたひら（平）けくや（安）すらけくきこしめして夜のまもり日のまもりにまもりさいはいたまへとかしこみ／＼も申たまはくと申此御祈願のおもむき神慮感應まし／＼てければ二たひ皇統をうけさせ給ひて帝運ながく萬歲をつがせ給ふとなり

稱光院御宇應永八年五月五日に北山殿賀茂御參詣競馬御見物あり

同九年十月廿三日賀茂社へ奉幣使勅使參議藤原隆信副使左近衛將監藤原友清を立らると云々　同廿五年十月七日今日七社奉幣を發遣せらるゝによりて賀茂へ中御門宰相定輔卿參向ありて幣を奉られ宣命を神前にして讀あげらるゝと云々

後花園院御宇嘉吉二年十月十九日賀茂奉幣使を立らる權中納言正三位藤原兼鄕副使越前守大江朝臣俊宣云々

同三年五月九日貴布禰社祈雨の奉幣を奉らる從五位上神祇權大副大中臣房宣を使として黑毛の御馬を引そへ宣命よみたてまつらせらると云々

祈雨幣物事

五色絹一疋　生絹一疋　絲二約

綿二屯　木綿二斤　麻二斤

初二支　黑毛馬一疋　衞士二人

文安元年七月廿六日祈年穀奉幣なり賀茂社へ權中納言源朝臣有定前越前守高階朝臣重頼を立らる

文安四年六月卅日今日賀茂御手代會神事也例年神前

神事有ニ猿樂一（矢田觀世立合也云々）也云々社司氏人を菅貫の輪に
入奈良河邊にして麻人形など流しやる此日權大外記
康富貴布禰に參りてかの河邊にてよめる

御祓するきふねの川の瀬をはやみ
なかるゝ年そなかは過ぬる

寶德元年八月廿三日祈年穀の奉幣中絕して侍りける
を武家執奏（申さイ）せられて興行あり賀茂奉幣使權中納言藤
原明豐刑部少輔大江朝臣俊宣そへ使也と云々同二年
五月九日祈雨奉幣を貴布禰社に奉らる宣命神馬など
例のごとし
後土御門院御宇文明八年十一月廿四日此比京城火災
の事あるによりて賀茂一社一同として懇祈をいたし
天下泰平國家安全の精誠を抽べきよし仰くだされて
社司氏人神前に參りて祈り奉る
文明十五年五月四日當年御重厄の御祈の事一社一同
丹祈をいたすべき由仰下（出イ）さるゝ也
長享三年正月廿一日二星合公武御祈の事七ケ日一社
一同として殊に精誠を抽奉るべきよし仰出さる室町
殿御敎書おなじく到來云々
就ニ出馬一祈禱之卷數幷菓子一合房鍬二懸到來悅入候

尚惟任五郎左衛門可レ申候也
三月廿五日　（信長）御朱印
賀茂社中
此表就ニ出馬一祈禱之卷數幷鍬二具
到來祝着候猶委細細井新介可レ申候也
三月廿九日　秀吉御朱印
賀茂惣中
右行幸御幸御祈の事官幣使幷公家たゞ人まで當御
神を敬神ふかくてまさしく神の靈應おはせし事ど
ももらしがたくて所々に書つらねければくだく
しく候もの歟

造營

右官史記曰天武天皇六年二月丙子令下山脊國營中賀茂
神宮上云々
或記曰賀茂造營粗勘例
冷泉院御宇安和元年賀茂社造營
一條院御宇正曆五年造營
後朱雀院御宇長曆元年造營
御冷泉院御宇康平三庚子年造營四月八日木作始六月
廿日上棟八月廿九日還宮也其後白河院御宇永保元年

三月十三日可レ奉レ造之由奏聞則六月朔日木作始七月
三日上棟八月十三日遷宮神主者成助也
堀河院康和五年三月十八日奏聞了七ケ月之內奉造了
同年九月四日遷宮神主成繼云々
同御宇康和五年之後嘉承元年四月十二日燒亡同年七
月二日上棟同廿六日遷宮云々
鳥羽院天永二（三イ）年造營
崇德院御宇保延六年二月朔日木作始八月四日遷宮也
此時成重神主之中也
近衞院康治二年三月廿三日上棟同年八月四日遷宮去
保延之造營依レ爲二堀河材木一被二改造一之云々
高倉院承安二年三月五日木造始六月十七日上棟八月
十六日御遷宮是重忠神主之時也云々
同御宇治承三年三月廿日若宮四月七日太田造營
土御門院正治元年十二月廿五日遷宮資保神主
順德院御宇建保五年八月七日木造始十月二十九日上
棟十二月十七日遷宮
龜山院弘長二年造營事起文永元年遷宮云々
後宇多院御宇弘安五年造營
後二條院嘉元三年八月七日遷宮神主經久

花園院應長元年正和元年舍屋修造云々
光明院貞和二年造營云々
崇光院應安三年後圓融院永和二年打覆
後小松院至德元年造營明德元年打覆
稱光院御宇應永三十二年造營正長二年造畢云々
後花園院永享七年末社造營
後土御門院文明年中燒亡之後造營
後奈良院弘治二年丙辰五月廿七日遷宮
造營記云天正十九年七月二日亥刻遷宮秀吉公依二御願一也神主
尊久奉レ遷二神體一之時庭燎神前燈等消鎭御內陣欲レ參
之時自二南方一大光物飛來入二于神殿一云々于レ時勅使中
山亞相舞殿着座御驚懼之處社司申云嘉元之時光映二
于神前幕一之由所見之由申之有二御感心一急可レ有二奏
聞一候旨被レ仰云々
寛永五年十二月廿四日亥刻本社遷宮
台德院大相國之御代本社并八社小社舍屋等皆造營
被二仰付一神寶神器社家諸司之裝束迄新調被二仰付一
了
延寶七年九月（イナシ）十六日戊刻遷宮神主保可本殿新造末社舍屋
等修造被爲仰付之

凡當社御造營者每度木造始立柱上棟遷宮等事依ニ古來之例ニ有ニ日時定之陣儀ー宣旨使遷宮當日者公卿諸司參向幷有ニ宣命奉幣等ー也

別雷皇太神宮

神殿八社末社次第

本宮 表一丈九尺五寸 脇一丈三尺　權殿 上同

正一位
片岡大明神 表九尺四寸五分 脇七尺五寸　同拜殿 一間半 二間

正一位勳一等
貴布禰大明神 一丈一尺七寸五分 九尺七寸　同拜殿 二間 三間

同權殿 六尺二寸五ィ 四尺八寸

同奥社 七尺五寸 六尺　同拜殿 一間半 四方

新宮大明神 九尺四寸 七尺五寸　同拜殿 一間半 四方

太田大明神 八尺六寸五分 七尺　同拜殿 一間半 二間

若宮大明神 九尺三寸五分 七尺六寸　同拜殿 三間 一間

奈良大明神 七尺三寸 五尺六寸　同拜殿 一間 二間

澤田大明神 七尺三寸五分 五尺七寸　同拜殿 一間半 四方

氏神大明神 六尺五寸 五尺一寸　同拜殿 一間半 四方

末社

棚尾社 表二尺 脇一尺八寸 高欄　土師尾社 二尺一寸五分 二尺

椙尾社 二尺一寸五分 二尺（二尺一尺八寸高欄）ィ　山尾社 上同

藤尾社 上同　川尾社 上同

諏訪社 上同　橋本社 二尺八寸 二尺五寸 高欄

岩本社 二尺八寸 二尺五寸 高欄　梶田社 上同（高欄）ィ

山森社 三尺 二尺七寸 三社相殿　小森社 斷絕今神東に在 ○疑有誤字歟

半木社 三尺三寸五分 三尺　同拜殿 一間半 四方

聖神寺
鎭守 二尺七寸 二尺五寸　神宮寺 鎭守 二尺二寸五分 二尺

別宮社 此社者鳥羽院御誕生之御祈被ニ造立ー云々近代斷絕

太田社末社

白鬚社 表二尺一寸五分 脇二尺　百大夫社 二尺八寸 二尺五寸

福德社 二尺八寸 二尺五寸 高欄　鎭守社 二尺八寸五分 二尺

印殿 神主當職之間奉レ安ニ置里亭ー

貴布禰社末社

梶取社 表二尺七寸五分 脇二尺五寸 高欄　梅宮社 二尺六寸五分 二尺四寸

白石社 貳尺六寸 一尺八寸　白鬚社 近代斷絕

牛一社 二尺八寸 二尺六寸（高欄）ィ　鈴鹿社 二尺 一尺八寸

山尾社 近代斷絕　惣社 斷絕

任部社 同　吸葛社 二尺五寸 二尺二寸五分

黑尾社 斷絕　結神社 二尺三寸五分 二尺一寸

私市社 断絶　林田社 二尺三寸五分 二尺一寸
日吉社 三尺 二尺七寸高欄　鈴一社 四尺 三尺六寸高欄

舎屋方

祝詞屋 長五間 幅一間　禰宜方御供所 五間 二間
同渡殿 四間 一間半　祝方御供所 五間 二間
同渡殿 六間 一間半　透廊 七間 二間
御籍屋 八間 二間　幣殿 四間 三間（高欄）イ
忌子屋 四間 三闌　神寶庫 三間 二間
高倉 六間 二間　樂屋 二間 四方
直會所 五間 二間　預部屋 三間 二間（但緣高欄）イ
樓門 三間半 二間　廻廊 十八間 一間
中門 一丈 二間　平重門 七尺
日門 八尺八寸　唐門 一丈五尺（一本作一丈五寸）
西門 八尺八寸　裏門 八尺
細殿 五間 二間高欄　橋殿 六間 二間（舞殿也）イ
土屋 五間 二間　樂所 三間 二間
御所屋 五間 三間　廳屋 十三間 四方（一本作四間）
同庫 三間 二間　贄殿 五間 三間
酒殿 七間 四間　廊下 八間 一間
神馬屋 四間 二間　湯屋 六間 五間

御物井 二間 四方　畔倉 三間 二間
參籠屋 四間 二間　下番所 貳間 一間半
一鳥居 一丈七尺付 井垣五十六本　二鳥居 一丈七尺付 井垣五十七本
奈良鳥居 一丈三尺　太田鳥居 一丈三尺付 井垣十八本（一本作十一本）
同下番所 二間 一間半　氏神鳥居 一丈五尺付 井垣十八本
同下番所 三間 二間　橋十一ヶ所 内石橋三
板壁 塀イ 二ヶ所　御讀經所 五間 三間（緣高欄）イ
同食堂 七間 三間半　小經所 四間 五間（高欄）イ
聖神寺 四間 五間（緣高欄）イ　同看坊屋 三間 四間
同門 八尺五寸　神宮寺 五間 四間（高欄）イ
同看坊屋 五間 三間　鐘樓 一間半 四方

貴布禰舎屋

巫女屋 三間半 四間　同不動堂 三間 四方高欄
同看坊屋 三間 二間　同奥參籠屋 六間 三間半
同地藏堂 三間 四方（高欄）イ　同門 三ヶ所
同一鳥居 一丈五尺　二鳥居 一丈六尺
奥鳥居 一丈五尺 各井垣有之　結神鳥居 九尺
橋二ヶ所　板壁
下番所 一間 奥端同 一間半

社家　官位　諸司

舊事紀云神皇產靈尊兒天乃神玉命葛野鴨縣主等祖也云々本朝月令云賀茂建角身命丹波神伊可古夜日賣を娶りて玉依日賣玉依日子をうめり此玉依日子の神賀茂縣主等が遠祖也云々

又新撰姓氏錄には賀茂縣主は神魂命孫建角身命孫也と云々（或書云神龜年中迦毛之字作賀茂也云々）光仁天皇の御宇寶龜十一年四月に山城國愛宕郡の人正六位上鴨禰宜眞髮部津守十一人に賀茂縣主の姓を給ふとみえたり

桓武天皇の天應元年四月戊申の日賀茂神二社の禰宜祝等始めて笏を把事を免せらるゝ由見えたり平城天皇の御宇大同四年十一月戊戌の日外從五位下賀茂縣主眞蓑に從五位上を授らると云々古書には賀茂字と鴨字を上下の社に通じて出（書カ）せり後世上下社各別に書來れり嵯峨天皇弘仁二年賀茂男床賀茂大神宮禰宜たり此男床よりこなた社家の系譜歷名など明かに今に傳り來れり悉是をあらはす能はずあらまし勅宣有し社記の趣どもをかつ〳〵注進つかうまつり候

淳和天皇御宇天長元年四月甲午日祝部枚（牧イ）麻呂を以て正一位勳一等鴨別雷大神の祝に補せらると云々又承和仁壽貞觀にいたりて賀茂大神の禰宜賀茂縣主廣友益雄門麿等外從五位下に敍らる

光孝天皇仁和二年賀茂縣主貞基をして別雷大神の禰宜に補らる醍醐天皇御宇延喜十一年に忠實朱雀院御宇天慶五年に在樹同六年六月廿六日に忠主權祝たるを正禰宜に轉任せらる此後村上天皇天曆九年に在實此在實禰宜の時社頭鳥居のほとりにて往古の錢七百八十二文堀出し公家に奉る其錢の文和銅開珍萬年通寶神開寶と三の文あり神祇陰陽寮をして是をうらなはしめらる通用すべきやいなやの事又諸道の博士に仰て勘へしめらると云々

同天皇天德二年六月五日に忠成禰宜に補らる圓融院御宇天延二年に貴布禰々宜より忠頼當御神の禰宜に轉補せらる歌人にて金葉集に入たり其詞書に和泉式部が賀茂へまいりたりけるにわらうづにあしをくはれて紙をまきたりけるをみて賀茂忠頼

　ちはやふるかみをはあしにまくものか

と申かけけるに和泉式部かくぞつゞけゝる

　これをそしものやしろとはいふ

一條院御宇寬弘七年に茂忠を禰宜になさる岡本禰宜

と號すと云々其後萬壽四年に安頼長暦元年に親經後冷泉院御宇永承二年五月十三日賀茂成眞を賀茂神主になさる是神主と號する初例なり云々

同御宇永承六年十二月十九日に成助權禰宜より神主に補す大池神主と號せり歌人にて代々の撰集に入られし歌多し其中に金葉集に入ける詞書に

賀茂成助に初てあひて物申けるついでにかはらけとりてよめる　　津守國基

きゝわたるみたらし川の水清み
　底の心を今そみるへき

返し

住吉のまつかひありてけふよりは　　成助
　なにはのこともしらすはかりそ

とあり此事社記にいへるは住吉神主國基日比より神道の事歌道など望しにかつ〳〵傳はれる比かくよみておこせたりと云々此次の神主山本神主成經永保二年に補任す堀河院御宇寛治五年に安成正禰宜に補任せらる同寛治五年に重助禰宜になさる同年六月廿二日に成繼神主此時同七年に當社にて競馬はじまれり天仁二年十一月十九日に重助神主たり同時に從四位下に拜叙しけり是則四品の初例たるべし次に成家權禰宜より保安二年三月三日補任せらる崇徳院御宇天承二年四月三日山本神主成平補任せられぬ鞠足無双なりし人也此次に成重保延二年四月十三日に貴布禰禰宜より神主に成重繼片岡禰宜より久安元年に神主になさる仁平二年十二月廿九日に貴布禰禰宜より保久神主に補任せらる同二年に重忠舍兄三人を超て神主になさる次に高倉院御宇に山本禰宜家平神主に勅許なりぬ此家平が館へ後白河院保元四年四月に賀茂社御幸なりし時人々鞠このみあひて雲わけみんとて度々行むかひいみじき由を申あはれければ聞しめしわたりて御覽あるに御供には按察使資賢大納言兼雅公卿殿上人あまた參り候じて叡覽ありけり雲分といふは昔の名也山本神主成平がもとにありけりと云々

又安元御賀の時三位頼輔賀茂神主家平が家に行向て御賀の上鞠仕べき由勅定あり其間の子細訓說をかうぶるべしと云ければ家平云鞠は仕候へども御賀の鞠つかうまつる事家に候はねば故實申がたく候但常の老耄の人のあげまりの體にこそ候はめと申けり如此賀茂人蹴鞠堪能の輩おほくてうへの御まりある

時は御代々參候いたしあげ鞠露はらひをば先賀茂人うけ給る事也依レ之御鞠會に飛鳥井難波御子左賀茂人と舊記どもに有と云々

二條院御宇應保二年閏二月廿一日に政平太田社禰宜より片岡祝になりて年ふるまゝによみける歌千載集の神祇部に入られける

さりともとたのみぞかくるゆふたすき
わかかた岡の神とおもへは

とよめりければ神の感じおぼしけるにや其後程なく禰宜になりにけるとなん此事千載集の詞書にみえたりこの人も代々の集に入ける也

高倉院御宇治承元年九月廿八日藤木禰宜重保權禰宜より神主に補らる歌人にて代々の勅撰に入たる也賀茂社歌合とて人々すゝめて左右の歌人數多よめる其内に源三位頼政平忠度など神前に參向あり俊成卿判者にて勝負をわかち給へるに重保神主がうたに

すへらきの願を空にみて給へ
わけいかつちの神ならば神

とよめりしが勝に定まる後に千載集にぞ入られける

又元暦の比後番の歌合人々にすゝめし時　定家卿

忍へとやしらぬ昔の秋をへて
おなしかたみにのこる月影

とよみ給へるは秀歌にて人の口にある詠なり云々又月詣集と名づけて十二月に部をわかちて集をえらびける人也

順德院御宇或記云承元五年閏正月二日のあした目もおどろくばかり雪ふりつもりけるに九條大納言參内せられて此雪は御覽ずやとて人々いざなひて車よせに車さしよせて別當の三位かうのすけ以下内侍だち引ぐしてやり出されけり中宮は后町よりいまだいらせおはしまさねば中御門殿へやりよせて宮の女房一車やりつゞけて大内右近馬場賀茂のかたざまへあくがれゆかれけり大納言直衣にて騎馬せられたりけりさらぬ人々も或は直衣或は束帶にて六位までともなひたりけり賀茂神主幸平狩裝束して車のともにまいれりむかしはかゝる雪には馬に鞍置まうけてこそ侍しに今はかやうの事たえて侍つるにめづらしくやさしく候ものかなとてわかき氏人どもおなじく狩裝束して各鷹手にすゑてかんだちめのかたへ御供つかうまつりて雪の中の鷹狩して御覽ぜさす道すがらいと

興ある事ども有けり宮の女房内の女房いひかはしつゝやさしき事どもおほく侍けり後朝に大納言宮の御方の按察殿のもとへ

この春はけにふることとそ思出る
かはらぬ宿の雪をなかめて

昔みし庭の雪とは思はねと
たかためならぬ宿そ戀しき

白雪のふれはかひある世なれとも
昔よいかに忘れわひぬる

堀河殿いそのかみふりにし事を返事に

萬代も雪つもるへき雲の上に
たゝ思やれ秋の宮人

紅のうすやうにかきておなじ色のうすやうにてたてぶみして所の衆をつかひにて中宮の按察殿の局にさしおかせけるとぞ

後堀河院の御時嘉祿元年八月十九日に季保若宮禰宜になさる後に片岡禰宜になり歌人にて御歌合にも秀歌奉し故に禰宜になし給りぬといへり後土御門內大臣のいまだ中納言なりし時賀茂社に參詣ありけるついでに榊枝を折て歌講ぜられける後程へて賀茂季保がもとによみておくり給し

ちはやふる神にたのみをかけ置し
榊の枝の折ぞわすれぬ

返し　賀茂季保

神垣にいのり置てし榊葉の
ときはかきはゝかけなひくまて

と續拾遺集に入られける此外神主禰宜貴布禰片岡以下の社職の人々あまたもらしつ

龜山院御宇文永九年十月一日或記云賀茂社司事有二其沙汰一頭中將奉行也卽於レ陣宣下藤中納言着二仗座一予同可二存知一之由職事相觸之間候二床子一頭中將出レ陣宣下中略正五位下賀茂縣主某可レ爲二其社禰宜一仰之後被レ下二折紙一書二宿紙一社司次第轉任也口宣紙ノ樣注レ左聊披二見之一微唯懷中退又於二床子一召二六位史盛廣一先仰二第一之轉任之仁一如二上卿仰詞一之後下二折紙一上卿起座

正五位下賀茂縣主久世
可レ轉二片岡禰宜一
正五位下賀茂縣主久政
可レ轉二片岡祝一
正五位下賀茂縣主能重

可レ轉二貴布禰々宜一
從五位上賀茂縣主能季
可レ轉二貴布禰祝一
從五位上賀茂縣主延平
可レ轉二太田禰宜一
從五位上賀茂縣主遠久
可レ轉二太田祝一
從五位下賀茂縣主主平
可レ轉二若宮禰宜一
從五位下賀茂縣主景久
可レ轉二若宮祝一
從五位下賀茂縣主久幸
可レ轉二奈良禰宜一
從五位下賀茂縣主能兼
可レ轉二奈良祝一
從五位下賀茂縣主久忠
可レ任二澤田禰宜一 爲字常事歟任字不可然

後宇多院御宇弘安九年三月前神主氏久神主再任其宣
旨云
或記云
弘安九年三月十六日　宣旨

正四位上賀茂縣主氏久
如レ舊宜レ爲二賀茂別雷社神主一
藏人頭治部卿平信輔奉
弘安九年六月十五日　宣旨
賀茂澤田社祝從五位下賀茂縣主重夏
可レ轉二別雷社權祝一
從五位下賀茂縣主種久
可レ爲二澤田社祝一
藏人頭右同人奉
弘安九年十二月廿一日　宣旨
正四位下賀茂縣主久世
可レ爲二賀茂別雷社神主一
從四位上賀茂縣主久政
可レ爲二同禰宜一
從五位上賀茂縣主經久
可レ爲二同權禰宜一
正五位下賀茂縣主能季
可レ爲二片岡禰宜一
正五位下賀茂縣主延平
可レ爲二同祝一

正五位下賀茂縣主遠久
可レ爲二貴布禰々宜一
從五位上賀茂縣主景久
可レ爲二同祝一
從五位上賀茂縣主能秀
可レ爲二太田禰宜一
從五位下賀茂縣主久忠
可レ爲二同祝一
從五位下賀茂縣主久道
可レ爲二若宮禰宜一
從五位下賀茂縣主久宗
可レ爲二同祝一
從五位下賀茂縣主康基
可レ爲二奈良禰宜一
從六位上賀茂縣主忠久
可レ爲二同祝一
藏人頭左京大夫平信輔奉

獻上
宣旨
賀茂社司轉任事

右宣旨獻上如レ件
十二月二十一日　左京大夫信輔奉

久世神主者氏久之男也歌人ニテ多被レ入二勅撰之集一和歌之中詠二社頭花一歌

神垣に咲そふ花をみてもまつ
風をさまれと世を祈るかな

同年十二月廿四日　宣旨
從五位下賀茂保光
宜レ爲二澤田禰宜一
職事同前奉

獻上
宣旨
從五位下賀茂保光可レ爲二澤田禰宜一事
右宣旨可下令二下知一給上之狀如レ件
十二月廿四日　職事同前奉
謹上　土御門中納言殿

同年十月十一日神主氏久從三位に叙せらる是諸社の祠官上階のはじめ也云々此氏久歌人也集に入たる歌多し

伏見院御宇正應六年二月廿二日井關經久神主に補せ

らる此神主歌人也集に入事おほし新後撰集に述懐の心を
　神山にその名をかけよ二葉草
　　三のくらゐのあとをたつねて
とよめるを入られける
或記云文明八年十二月廿四日正四位下賀茂繼平縣主宜レ爲二賀茂別雷社權禰宜一正五位下賀茂重則如レ元宜レ爲二同社權祝一從四位上賀茂棟久縣主宜レ爲二片岡社禰宜一從五位下賀茂諸平宜レ爲二同社祝一從五位下賀茂諸久宜レ爲二貴布禰々宜一以上可下令二宣下一給上之由仰所候也謹言
　十二月廿四日
　藏人辨殿
文明十年四月四日賀茂社務職事貞久縣主可二存知一候由難レ及二再往之御問答一諸神事領等就二違亂一堅歎申間末レ定候然者今日氏神祭神事先爲二一社一加二談合一社司氏人等可レ致二無爲沙汰一之由可レ被二下知一之由被二仰下一候也謹言
　四月四日　親長
　藏人辨殿

賀茂別雷社權禰宜賀茂繼平縣主宜レ轉二任禰宜一祠官等次第轉任事任レ例可二存知一候由可レ令三下知一候由被二仰下一候也謹言
　四月七日
　藏人辨殿
當社々官次第轉任事任レ例可レ被二存知一之由可レ申候恐々謹言
　四月十三日　親繼判
　賀茂神主殿
文明十二年二月廿九日記云
當社々務職事辭退候間被レ仰二正禰宜諸平縣主一之處是又俄事難レ叶之由堅歎申候此上一社一同加二評議一可レ致二無爲之沙汰一候歟不レ然者被レ略二神事一歟各可レ被二存知一候由被二仰出一候旨可二申分一候也恐々謹言
　二月廿九日　親繼判
　賀茂一社御中
正四位下賀茂夏久縣主如レ舊宜レ爲二賀茂別雷社神主一可下令二宣下一給上之由被二仰下一候也謹言
　八月廿四日　親長判
　藏人辨殿

文明十二年賀茂權祝重則縣主可レ被レ止二官職一候可レ下令三下知一給上之由被二仰下一候也謹言

九月十七日　親長

藏人辨殿

同十三年二月廿五日從四位下諸平縣主可レ爲二賀茂神主一之宣下也（此諸平者明應之歌合之時被レ入二人數一了）

賀茂社務職事及二闕如一者可二存知一候由可レ被レ仰二付繼平縣主一之由被二仰下一候也謹言

十月廿四日

藏人辨殿

當社々務職事就二辭退之儀一被レ仰二正禰宜一處是又堅辭申候猶重被二仰出一者可レ辭二官（當イ）職一之由申候間繼平禰宜可二還補一之由被二仰出一候處是又猶雖レ申二故障之趣一堅被二仰下一候就二其神事一已無二餘日一之上者可レ被レ致二無爲之沙汰一之由被二仰出一候旨也恐々謹言

十月廿七日　親繼判

賀茂一社御中

從四位上賀茂繼平縣主如レ舊宜レ爲二賀茂別雷社神主一旨可下令二宣下一給上之由被二仰下一候也謹言

十月廿七日

藏人辨殿

治部少輔重秋權祝事可二存知一之由被二仰出一候處堅故障申候間就レ其先爲二其代一年始以下神事不レ闕二怠一之樣可二存知一之由被二仰付一了其旨可下令二存知一給上之由可レ申旨候恐々謹言

十二月廿五日　親長（繼カ）

賀茂神主殿

就二權祝職闕一可レ拜二重秋一之由雖レ被二仰付一難澁之由堅歎申候間被二指置一候處往來田下地可二勘（本ノマヽ）落一云々何樣之子細候哉以外之次第候不レ可レ致二踈骨之沙汰一之樣堅被二仰出一候旨可レ申旨候恐々謹言

二月四日　親繼判

賀茂神主殿

貴布禰兩官申就二計會一辭二退當職一云々神事已遲々之處可レ闕二御祈禱一之條右以不レ可レ然就レ中被レ宛二由良庄公用一之處代官難澁云々年貢令二無沙汰一者彌久縣主以二他足一可レ致二其沙汰一歟一社一同加二談合一云二神事一云二御祈禱一不二御事闕一樣可レ被レ致二其沙汰一之由可レ申旨候恐々謹言

三月廿七日　親繼

貴布禰競馬會神事依ニ無足一辭ニ申當職一事已無ニ餘日一
事候間可レ爲ニ如何樣一候哉爲ニ一社一可レ被レ致ニ無爲之
沙汰一之由可レ申旨候恐々謹言
五月十三日　親繼
賀茂神主殿
氏人中同可レ被ニ仰遣一候由也
正四位上賀茂貞久縣主宜レ任ニ左京大夫一可下令ニ宣下一
給上之由被ニ仰下一候也謹言
五月廿三日
藏人辨殿
正四位下賀茂繼平宜レ叙ニ正四位上一可下令ニ宣下一給上
之由被ニ仰下一候也謹言
十二月廿五日　親繼
藏人左少辨殿
氏人
鴨長久三河守
同長與美作守
賀茂成顯豐後守
可レ被レ遊レ遣ニ口宣案一候也
從五位下賀茂諸久可レ爲ニ新宮禰宜一可下令ニ宣下一給上

之由被ニ仰下一候也
長享二年六月廿一日
藏人左小(下イ)辨殿
正四位上賀茂貞久縣主宜レ叙ニ從三位一可下令ニ宣下一
給上之由被ニ仰下一候也謹言
十二月十九日
藏人左少辨殿
正四位下賀茂棟久縣主宜レ叙ニ從三位一可下令ニ宣下一
給上之由被ニ仰下一候也謹言
十二月十九日
藏人左少辨殿
此棟久は三位氏久神主の後胤にて後鳥羽法皇の尊影御宸筆など相傳
へけるを讓狀に永代つたへよと書て奥に一首よみおける歌
かくてよも絶は丶てしと賴む哉
君かゆかりの宿のしるしに
正四位上賀茂繼平縣主宜レ叙ニ從三位一可下令ニ宣下一
給上之由被ニ宣下一候也謹言
同三年三月朔日
藏人左少辨殿
從五位下賀茂保平宜レ叙ニ從五位上一從五位上賀茂保

平可レ任二民部大輔一可下令二宣下一給上之由被二仰下一候
也謹言

五月三日

藏人左少辨殿

從五位下賀茂重秋宜レ爲二賀茂別雷社權祝一從五位下
賀茂重益宜レ爲二澤田社祝一以上可下令二宣下一給上之由
被二仰下一候也謹言

六月二日

藏人左少辨殿

從五位上賀茂社權祝宜レ轉レ祝從五位下賀茂重賢宜
レ爲二澤田社祝一已上可下令二宣下一給上之由被二仰下一候
也謹言

六月十二日

藏人左少辨殿

此時節已後本社五官之内大概無二闕事一云々末社之禰
宜者隨レ時片岡貴布禰兩社一職宛有無之事不定也但
位階事者社司氏人申來候神主職者三位如二先例一也遂
一不レ能二注進一候

當時社司二十一人

本社　神主從四位下岡本宮内少輔保可

禰宜從五位下松下民部大輔順久
祝　從四位下林　主馬首　重豐
權禰宜從四位上森右京權大夫維久
權祝從四位下大池大藏少輔重榮

片岡社　禰宜從五位下鳥居大路大膳大夫順平
祝　從四位下梅辻　主計　職久

貴布禰社禰宜從四位下富野左京大夫就久
祝　從五位下岡本新吉保喬

新宮社　禰宜從五位上藤木但馬守宣直
祝　正五位下藤木兵部少輔和久

太田社　禰宜從四位下西池備中守季周
祝　從四位下芝式部少輔清雄

若宮社　禰宜從四位下西池左兵衞尉氏德
祝　正五位下山本左京亮季村

奈良社　禰宜從四位下南大路大膳亮英顯
祝　從四位下梅陰大炊頭氏持

澤田社　禰宜正五位下山本三河守兼益
祝　正五位下岡本民部權大夫保家

氏神社　禰宜從五位上藤木主計允朝顯
祝　正五位下藤木刑部大輔佐直

右廿一宮之社司皆以勅宣を蒙り昔より次第轉任の社法にて最末氏神の社職には氏人より新補せられ候將又社職領の田地も其社職に付て其職になり候へば其人所務いたし神役勤例候大方他國にて寄せられたる神領は社司の預り所納仕たると社記にみえて候然に諸國の社領落行候より社職をかけて神役勤儀難堪候へば年久しく末社の社司は闕職に成行候故代官と號して年ごとに五人づゝ氏人替り神前の役儀勤來りて候然に御當代寛文四年に社司氏人申分和睦仰付させられ忝も金八百五十兩拜領仕り社領の中に買得田有之候を買もどし社職料に被二付下一幷社中の諸職社司氏人評議をいたし双方立會月奉行を相定て平均に可二相守一之旨御裁許狀をなし被レ下一社一同ありがたき御再興と忝奉レ悅萬歲を唱申御事候

氏人百四十八人社職に未補候賀茂氏社司の子以下皆氏人と稱し候也

右百四十八人之氏人者年齡次第往來田を帶し神事祭禮の神役等社司に相次て勤來り神前の結番晝夜怠懈なく勤申候此外幼年の社司の子以下無足の氏人數番御座候此氏人いづれも位階五位より四品になし被レ下候當社祠官も氏人も或は京官八省の內或は受領等を兼官拜任し來例口宣等社記に分明に御座候或御記に賀茂日吉の社家は諸大夫の一列とみえて候

諸役人

代官五人　精進頭五人
忌子氏女一人　神子同八人
御服女郎同五人　御秣女郎同一人
贄殿別當一人　御前頭一人
雅樂役一人　河上郷司一人
大宮郷司一人　小山郷司一人
中村郷司一人　岡本郷司一人 小野郷司ナリ
田所奉行五人　侍所々司一人
目代一人　棚所一人
御服所一人　御馬別當一人
落田奉行一人　作所奉行一人
山奉行一人　河奉行一人
山守五人　收納奉行二人
陰陽寮一人　河口繪師一人

以上社役今氏人中兼役也

伶人樂頭二人外七人 下役人　田口膳部一人青侍 下役人ナリ以下同
刀禰四十二人白衣　神人四十二人黃衣

矢刀禰一人黄衣　供御所一人
小目代一人黄衣　小預一人
松行事二人　土器師深草石見五郎 橡器以上八人
神夫一人　大炊一人
山代一人　出納三人
五鄕圖師五人　六鄕小使六人
御馬先生一人　湯屋翁士二人
鍛冶二人　番匠四人長五人
檜物師一人　木守二人
觸使二人　神前所々下番四人
賀茂聖神寺看坊一人　貴布禰社每日參詣一人賀茂 社家也
貴布禰端社神子一人自賀茂 置之　同不動堂看坊一人
同奥社護摩堂看坊一人　同奥端下番二ヶ所四人谷之者 共勤之
賀茂供僧廿一人此外非衆本ノマヽ但供入之時以神主禰 任令初入之社例也
同中方三綱三人　承仕三人
專當四人

右貴布禰谷之在家人者六十餘人年中自二賀茂一奉二献之一神供辛櫃舁二運之一常々神庭掃除下番幷小破之御修理自二賀茂一勤之時夫役等勤之外於二神役一者從レ昔勤之事無二御座一候然近年驕奢斷而不レ隨二賀茂下知一故寛文四年忝被レ遂二御裁斷一双方以二同御文言一御裁許狀被二成下一末社之舊法相立賀茂社家中難レ有忝奉レ存御事御座候

其御裁許狀之御文言

覺

一貴布禰者從二往古一爲二賀茂之攝社一之由舊記二相見其上賀茂之社人致二所持一候證文歷然候上者彌如二先規一可レ受二賀茂之支配一事

一貴布禰年中神事祭禮神供修理等從二賀茂一勤來之由無レ紛候條彌可レ爲二其通一事

一從二賀茂一相勤神事祭禮之外貴布禰之者爲レ私不レ可レ備二神供一事

一貴布禰社散錢幣物等從二賀茂一支配可レ仕事

一札牛王從二賀茂一沙汰之外貴布禰之者爲レ私不レ可二調出一事

一從二賀茂一參向神事執行之時貴布禰之者共如二先規一役儀等可レ勤之事

一貴布禰之神殿拜殿並從二賀茂一之番所江谷之者無二免許二而不レ可二濫昇一事

一貴布禰谷山之儀南者限二梶取明神一北者限二奥御前

後山一如二先々一自二賀茂一支配可レ仕但貴布禰之神社於レ有二所用一者社家中以二相談一可レ伐レ之爲二私用一一切不レ可レ伐レ之山之物成於レ有レ之者右之社神用可レ仕事

一從二奥社之後山一至二芹生峠一如二有來一賀茂江役米役錢を出し貴布禰之者支配可レ仕但屋作用木等伐候時者賀茂江相斷可レ受二差圖一事

一貴布禰之者共近年從二吉田一補任狀取之烏帽子狩衣著之儀不屆候自今以後停止之事

付貴布禰之者十八人向後立烏帽子布之黃衣免許之但以二賀茂小司一相達神主出二許狀一之後可レ著レ之事

一貴布禰之者共相二背先例一依レ不レ隨二賀茂一先年賀茂社家中より板倉周防守江訴之處貴布禰之者共不屆令二落着一急及二籠舍一候畢然處近年違二背先裁許一之條其科不レ輕候間亦令二籠舍一候事

右條々今度依二賀茂貴布禰相訴一糺明之上令二裁許一畢永可レ守二此旨一若於二違犯一者可レ爲二曲事一者也

寛文四年六月四日　甲斐御在判

河内同

大和同

美濃同

豊後同

賀茂社家中

賀茂御裁許狀之寫

覺

一御造營訴訟之儀社司江無二相談一氏人罷出候儀不屆候向後社司氏人以二相談一一同可二申上一候事

一神事祭禮修理等入用之儀社司中古來雖レ不レ勤之向後者一同役儀可二勤仕一事

一恒例御祈禱之儀可レ爲レ如二有來一但於二森所一正五九月御祈禱之節者自分可二相勤一候事

一一社一同臨時御祈禱之節卷數御祓一社一同調之神主持參可二指上一之事

一御朱印被二成下一候宛所社家中と有レ之儀總而神社奉仕之輩上下共可レ爲二社家一之條御朱印之儀社司氏人致二相封一御藏可二納置一候事

一本社神主正禰宜祝權禰宜權祝幷片岡貴布禰兩社之禰宜祝者相傳之社司松下森鳥居大路林梅辻富野幷今度岡本宮内相加之以二七家一可レ勤レ之新宮太田若宮奈良澤田氏神六社之禰宜祝者氏人十六流之内社

家中相談之上以ニ相應之人ニ如ニ先規ニ傳奏江致ニ言
上ニ可レ任レ之事
一神前勤番之札如ニ先例證文ニ社司之子共最初可ニ書
裁ニ之事
一年中神事可レ爲レ如ニ有來ニ但斷絶之祭禮唯今爲ニ自
分興行ニ於レ可ニ相叶ニ者社家中以ニ相談ニ可ニ取立ニ之
事
一貴布禰田之儀氏人押領之由社司雖レ申レ之氏人配分
之證文有レ之上者可レ爲レ如ニ有來ニ但斷絶之祭禮唯今
興行於レ可ニ相叶ニ者社家中以ニ相談ニ可ニ取立ニ之事
一神山有レ之木於レ爲ニ神用ニ者社家中以ニ相談ニ可レ伐
レ之爲レ私一切不レ可ニ伐取ニ 之但下刈者社司氏人共
可レ刈之事
一毎年葵進上之節向後者社司氏人自ニ双方ニ一人宛可
レ致ニ參上ニ事
一賀茂中之儀向後者社司氏人從ニ双方ニ相定月行事萬
事沙汰可レ仕事
一社家中專ニ神道ニ不レ存ニ邪曲ニ萬事守ニ先例ニ不レ可
企ニ新儀ニ事
右條々今度依ニ社司氏人相論ニ裁許了堅相ニ守此旨ニ
永不レ可ニ違犯ニ者也

寛文四甲辰六月廿二日

甲斐御印
河内同
大和同
美濃同
豐後同

城州賀茂
社家中

覺

一氏人中惣納五十八石四斗八合六勺
是者累年氏人雖ニ支配ニ之往來田貴布禰田家領等有レ之候間今度取
除候事
一社僧中惣納九十五石壹斗壹升七合
是者累年社僧雖ニ支配ニ之供田寺領等有レ之候條今度取ニ除之ニ候事
一柳芳軒海藏院竹林庵祖芳院四ケ寺領合九十六石九
斗四升壹勺
是者社僧職無レ之而社領之內取來候間今度取放候事
右三ヶ合貳百五拾石四斗六升五合七勺
今度社職料新附之幷社司之內家領無レ之兩方江配ニ
附之ニ畢可レ存ニ其旨ニ委細目錄如レ左
社職料之覺

本社　拾五石　神主
同　拾三石　正禰宜
同　拾三石　正祝
同　拾貳石　權禰宜
同　拾貳石　權祝
片岡社　拾貳石　禰宜
同　拾貳石　祝
貴布禰社　拾貳石　禰宜
同　拾貳石　祝
新宮社　拾　石　禰宜
同　拾　石　祝
太田社　拾　石　禰宜
同　拾　石　祝
若宮社　拾　石　禰宜
同　拾　石　祝
奈良社　拾　石　禰宜
同　拾　石　祝
澤田社　拾　石　禰宜
同　拾　石　祝
氏神社　拾　石　禰宜

同　拾　石　祝
右合貳百參拾三石
高八石七斗三升貳合餘　梅辻備後
高八石七斗三升貳合餘　富野宮内
合拾七石四斗六升五合餘
都合貳百五十石四斗六升五合餘
以上
一社職料社家中以二相談一定免（本ノマヽ）相年々等分可二收納一事
一社職料賣買之儀者不レ及レ言不レ可レ入二質券一事
一雖レ爲二親子兄弟一向後以二家領一而別家江不レ可二分散一事
右之旨今度相定訖堅相二守此旨一不レ可二違背一者也
寛文四甲辰年六月廿一日
甲斐御印
河内同
大和同
美濃同
豐後同
城州賀茂
社家中

神領官符并代々手次證文等

聖武天皇天平二年十二月十四日奉宛御戸代田壹町御戸代會神事始於此時云々次年中神事用途乏少之由依申請加増一町云々

嵯峨天皇承和十一年十一月壬子鴨上下太神宮禰宜外從五位下賀茂縣主廣友等依申請被下官符其符云

太政官

應禁制汚穢鴨上下太神宮邊河事

右得彼神宮禰宜外從五位下賀茂縣主廣友等解偁鴨川之流經二神宮但欲清潔之豈敢汚穢而遊獵之徒就屠割事濫穢上流經融神社因玆汚穢之祟屢出御卜雖加禁制曾不忌避仍申送者大納言正三位兼行右近衛大將民部卿陸奥出羽按察使藤原朝臣良房宣奉勅神明攸崇不可不愼宜仰當國俾禁斷之若違制犯者禁其身申上容隱不申國郡司并禰宜祝等必處重科不曾寬宥

承和十一年十一月四日

此官符被下之以後社家并當國郡司等當川上北山村々里々令觸穢澗水流出之所々加禁止之下知故北芹生峠其邊靜原小野鄉等取弃牛馬猪鹿之死骨堅無葬埋人死骸之舊式不違犯而持越山頂水流之外地至今相守者也

三代格

太政官

應令神戸百姓護鴨上下大神宮邊川原并野事

四至

御祖社　東限寺田南限故參議左近衛大將大中臣朝臣諸魚宅地路末西限百姓宅并公田北限槐材下里南畔寺田

別雷社　東限路并百姓宅地南限道并百姓宅地公田西限鴨川北限梅原山

右得山城國解偁依太政官去十一月四日符仰愛宕郡司令禁護件社邊河而郡司解偁郡中傜丁數少無人差充望請以在此郡神戸百姓分番令禁守若致汚穢永出神戸以公戸民相替補入者國加覆審取陳有實謹請官裁者左大臣宣依請

承和十一年十二月廿日

清和天皇貞觀六年三月十四日以太皇太后宮職勅旨田攝津國河邊郡山本鄉蕨野肆拾五町九段七十歩被寄進于賀茂社米谷庄是也又勅使庄共云

後一條院御宇被寄山城國愛宕郡於賀茂上下神領事或記云寬仁元年十一月廿五日己未今日幸賀茂時刻點已出御南殿吉平朝臣奉反閇御輿持立西中

門一諸卿列立左右大將進立左大將渡二階前一先レ是左次將率二御
輿長等一渡二階前一大將立定畢寄二御輿一母后同輿出
レ從二西門一經二大宮一條大路幷出雲道等一午刻着ヨ給下
御社二神祇官奉二御廡一有二御祓事一上下兩社御奉幣神
寶神馬舞樂以下如レ例仍畧レ之宣命
天皇我詔旨止掛畏岐賀茂皇太神乃廣前爾恐見恐美毛申賜
倍止申久年來乃間令二祈願一給倍留事在利然毛驗久冥助相
通天其驗照然奈利恐由乎報賽世志女給止者牟所念行奈牟故是以
吉日良辰遠撰定天金銀乃御幣仁錦蓋餝劔平劔唐組之平
緒御弓御矢御梓御鏡幷種々神寶音樂走馬東遊等遠相
並天唱進天利行幸給布又前年爾愛宕郡一郡奈加良可レ奉
レ寄之由遠令二祈申一給倍利而件郡內爾所在呂或帝王城
都或明神領地是萬代相傳之處奈利曾非二一人自由之
地一爾仍南者皇城乃北乃大路乃同末遠限天東波郡界爾至
末天西波大宮乃東大路乃同末乎限天北波郡界仁至末天奉
レ寄給但此內爾有二凌室藏氷之邑一利是又百王之職事奈禮
婆難レ致二一時改易一之縱在二神郡內一止毛可レ除二此一
邑一之抑上下乃御社仁件郡乎平均仁奉レ分給倍之然而毛
田圃鄉邑乃數須忽以難レ決之追以二後日一天各可レ奉レ界
之皇太神此狀遠平久安久聞食天彌垂二感應一禮天天皇朝
廷乎寶位無レ動久堅磐常磐仁夜守日守仁護幸倍奉給比
四海清平仁萬民安樂仁之天水旱飢疫乃難遠未兆仁拂退介
農圃蠶養之業遠每年爾豐仁登良之米天唐堯仁同レ德之漢文仁
比レ名天叡慮乃尅念爾無レ違久必然爾護惠奉給倍止恐見
恐美毛申賜止波久申
辭別天申賜止波久申皇太后毛同久共仁參給倍利冥助不レ空
須感應暗至天后闈之月長明爾母儀之風彌芳之天萬歲千秋
末天仁夜守日守爾護幸倍奉給倍止恐見恐見毛申賜止波久申

寬仁元年十一月

太政官符　民部省

應下以二山城國愛宕郡捌箇鄉一奉上レ寄二賀茂大神宮一事

四至　東限延曆寺四至　南限皇城北大路同末
　　　西限大宮東大路同末　北限郡界

御祖社肆箇鄉

蓼倉鄉　栗野鄉　上栗野鄉　出雲鄉

別雷社肆箇鄉

賀茂鄉　小野鄉　錦部鄉　大野鄉

右亥年十一月廿五日行二幸彼社一以二件八鄉一被レ奉レ寄
畢今商二量便宜一平二均田圃一所レ定如レ件
抑諸鄉所在神寺所領及齋王月料勅旨混沌（ミソロイケ）埴川氷室傜
丁陵戶等田幷左近衞府馬場修理職瓦屋其守丁使人皆

是百王之通規曾非二一時之自由一仍任二舊跡一不二敢改易一加以二延暦寺領八瀬横尾西村田畠等一代々國宰以二租税一宛二禪院之燈分一令三住人勤二彼寺之役一者久作二佛地一何爲二神戸一哉但除二社素所レ知之神山一採レ葵山之外諸山者或是寺社領末之處或又公私相傳之地自歷二年紀一難二輙停止一且置二于戸田限一田造畠等一者社司領主共撿二公驗一租分令レ納二於社一地子可レ免二本主一此外田地官物官舍等類自今以後悉爲二神領一郎以二其應レ輸物一永充二恒例祭禮神殿雜舍料上下枝屬神社神館神宮寺等修造及臨時巨細之料一矣正二位行右近衛大將藤原朝臣宣奉勅依レ件分宛者宜二承知依レ宣行一レ之符到奉行

右少辨正五位下兼行近江守源朝臣

正五位下行左大史兼播磨權介但波朝臣

寛仁二年十一月廿五日

此時禰宜茂忠祝茂延云々

社記云寛治三年十二月廿四日相二定御神膳事一申上之

同太田大明神之御膳事申レ之云々

同四年正月廿二日被レ下二宣旨一上下社長日御膳料被レ奉レ寄庄々等左少辨藤原爲房左大史祐俊參向上下社奉行之各社司等之膳羞レ之大外記淸原定俊有二託宣之事一云々

或記云同四年三月廿六日以二參議保實卿一爲二賀茂社奉幣使一始レ自二今日一調二進神膳一被レ令レ獻二於大神之寶前社二司等有二託宣一之由依レ申レ之也云々

同年七月十三日賀茂御祖別雷二社被レ奉二不輸田六百餘町一爲二御供田一近日依レ有二夢想一被レ供二御膳一也且是神税不足故又分二置御厨於諸國一云々

同七年五月八日賀茂託宣御馬飼事等諸卿定申江記云神託事先例或用レ之賀茂御供是也或不レ用レ之者伊勢友平被レ止二神鏡一事也云々

下二　賀茂神主重保所一

可レ令下早且任二院宣狀一且依二先例一無二相違一致中其沙汰上當社御領等事

右一天之下誰人不レ奉レ仰二神明之驗德一四海之中何所可レ相二背

皇化之叡旨一因レ茲往昔放免之地其數繁多而平家誇二自權一蔑二如皇憲一之間忽以滅亡其間近日於二當御神領一者任二先例一可レ令レ致二其沙汰一之由雖レ被レ下二院宣一不レ令二承引一之條甚以不當也於レ今者早且任二院宣狀一且依二先例一可レ致二其沙汰一之狀如レ件故下

壽永二年十月十日
前右兵衞佐源朝臣判

院廳下二備前國在廳官人等一
可丁早無二事煩一令丙運乙上賀茂別雷社領
山田竹原等年貢米甲事
右彼庄々御米者嚴重用途也云二點定之船(走イ)一云二水手之
催一不レ准二他所一早停二件等之課役一止二路次之狼籍一合
期可レ令二運上一之狀仰如レ件在廳官人庄官等宜二承知一
不レ可二違失一故下
壽永二年十一月四日
主典代織部正兼皇后宮大屬大江朝臣判
判官代右衞門權佐藤原朝臣判
別當中納言兼民部卿藤原朝臣判
大藏卿高階朝臣判
參議右大辨平朝臣判

同三年四月廿四日壬辰賀茂社領四十一ヶ所任二院廳
御下文一可レ止二武家狼籍一之由有二其沙汰一云々

下二諸國一
可下早任二院廳御下文一停中止方々狼籍一備中進神事
用途上賀茂別雷社御領庄園事

近江國 舟木庄(蒲生郡ナリ賀茂庄トモ) 安曇河御厨
美濃國 脛長庄
尾張國 高畠庄 玉井庄
參河國 小野田庄
遠江國 比木庄 笠名鄉 落居濱
丹波國 由良庄 私市庄
攝津國 米谷庄(貞觀ノ勅ニ津國河部郡山本鄉歡野トアリ)
播磨國 安志庄 林田庄 室鹽屋御厨
美作國 倭文庄 河內庄 便補保
備前國 山田庄 竹原庄
備後國 有福庄
伯耆國 星河庄 稻積庄
出雲國 福田庄
伊豫國 菊萬(方イ)庄 佐方保
周防國 伊保庄 矢嶋 柱嶋 竈戸關
和泉國 深日 宮作庄 淡輪(イ)(寬正ノ訴狀イ)
淡路國 佐野庄(イ) 生穗庄
紀伊國 紀伊濱御厨
阿波國 福田庄
能登國 土田(屋イ)庄 桃浦 賀茂庄(イ) 羽咋(イ)

若狹國　宮川庄　矢代浦
加賀國　金津庄
越中國　新保御厨
右肆拾貳箇所神領任二院廳御下文一停二止方々狼籍武
士等濫吹一如レ元可レ備二進神事用途一若不レ恐二神感一不
レ用二院宣一慥可レ處二重科一之狀如レ件以下
　壽永三年四月廿四日
　正四位下源朝臣御判
庶苑院殿之御時右之趣不レ可レ有二相違一之旨御下知
被二仰出一御判被レ下畢
　應永五年二月　日
　奉行飯尾加賀入道
　管領神主豐久
左辨官下二近江國一
　應レ停下止河上幷善積庄及國中權門勢家庄園妨上令
レ漁二進賀茂別雷社領安曇河御厨日別供祭物一事
右得二彼社去月日解狀一偁當社御厨等或爲二平家一被二
燒拂一或爲二源家一被二押領一皆悉不レ叶二社役一之間供菜
不レ令レ通日別供菜併所レ及二斷絕一也今僅所レ憑近江安
曇河御厨計也而件御厨夏漁二河流一冬所レ釣二海浦一也
近來爲二權門庄園等一依レ致二制止一輙不レ能二漁捕一日別
課役更以難二合期一凡者當社供菜狩捕之地者不レ顧二國
中權門勢家庄々一可二釣漁一之由被レ下二　宣旨一以來皆
所二漁來一也然者絕無二前法一近年供菜御厨滅亡間隨二
社家申狀一尤可レ蒙二　勅許一何況於二前格嚴制一哉早被
レ下二　宣旨社一被レ停二止彼庄々妨一無レ煩令レ引レ網欲
レ令レ奉レ備二日別供祭一者權大納言藤原朝臣忠親宣奉
　勅者國宜二承知依レ宣行一レ之
　元曆元年十二月廿九日　　小槻宿禰判
　少辨平朝臣判
下二　近江國安曇河御厨一
　可レ令下早停二止定網知行一任二先例一勤中仕神役上事
右件御厨者賀茂別雷社領也而近日依二彼定網無道一知
行有レ限神役及二闕怠一之旨以二社家之申狀一自レ　院
所レ被二仰下一也於二自今後一者早可レ停二止定網知行武
士之妨一之外者直經二　奏聞一可レ令レ蒙二御裁定狀一如
レ件以下
　文治二年九月五日頼朝御判イ
同日
下二　山城國一森本鄕 奈島鄕 水主鄕 草内鄕 富野鄕 奈木鄕

可レ令下早停ヨ止旁武士狼籍一任二先例一勤中仕神役上事
右件所々者賀茂別雷社領也而近日面々武士寄二事於
左右一任二自由一企二濫妨一之間恒例臨時所役及二闕如一
云々早停ヨ止旁狼籍一可レ令レ勤ヨ仕本役一之狀如レ件以
下

文治二年九月五日同上

右六鄕之内賀茂社司申富野鄕居住當社神人訴申地頭職事嘉禎四年十
一(越後守相摸守)下知狀有レ之也又奈島鄕賀茂祠官等申當社領山城
國奈島鄕事任二文治御下文一可レ爲二社家進止一之狀如レ件延慶二年七月
十三日前越前守云々此奈島鄕下知狀正和三九廿一武藏守文保元七十
八陸奥守同二年十一月廿日平行長賀茂社雜掌宗親申狀之事又元曆二
年二月十四日倫篤基篤執達之狀雜掌申押二領當鄕一申事書狀如レ此早
令二出對一可レ被レ請ヨ
取本解狀一由候云々

私云此細字之分江戸公儀上分に不レ載也

下二播磨國一安志庄 林田庄 室御厨
可レ令下早停ニ止旁武士狼籍一勤中仕神役上事
右件庄々御厨者賀茂別雷社領也而近日依二面々一有
レ限之神役及二闕怠一之旨以二社家之申狀一自レ院所レ被二
仰下一也於二自今以後一者早停ヨ止彼等之妨一可レ令レ勤ヨ
仕神役一若又有二武士之押領外之狼籍一直可レ令レ經二奏
聞一之狀如レ件以下

文治二年九月五日賴朝御判

下二周防國伊保庄竈戸關矢嶋柱嶋等住人一

可下早停ヨ止土肥實平妨并士人大野七郎遠正不當一
從中領家進止上事
右件庄々者賀茂別雷社御領云々而土肥實平近日致二
押領一之上士人大野七郎遠正令レ滅ヨ亡庄内一之由依二
社司訴一自レ院所レ被二仰下一也仍召ヨ問實平一之處於二
兵粮米一者免除了況無二押領一之由所レ申也何物之謀計
乎兼又遠正令レ滅ヨ亡庄内一之條甚以不屆也自今以後
停二止彼等之濫行一可レ從二社家進止一之狀如レ件以下

文治二年九月五日　賴朝御判

下二出雲國福田庄一　○闕文庄石見國久永庄三河國小野田庄播磨國綱于庄美作國南庄

文治二年十月朔日　賴朝御判

丹波國私市庄務事
右如二社解一者公文胤行如二地頭一令二張行一之間社家
訴二申子細一之日追二本公文跡一可レ致二沙汰一之由嘉
祿三年十月廿五日成ヨ給下知狀一畢而去年胤行任二新
補之傍例一可レ致二分沙汰一之由申ヨ給御敎書一重文
致二非法一云々者事實者甚不二穩便一早守二嘉祿之成敗一
本公文跡之外可レ停ヨ止新議一之狀鎌倉殿仰二下知一如
レ件

寬喜四年四月十七日　武藏守判

相模守判

可レ令下早任二右大將家御下文幷先下知一停中止伊北又太郎時胤知行賀茂別雷社領出雲國福田庄地頭職上之事

文言依二後資法印江戸本一不レ載レ之

右如二社解一者右大將家御時於二當社一領一者被レ奉(折カ)レ免二地頭職一之後代々爲二將軍家任一累代之例無二一所一云々而承久逆亂之時不慮之外被レ補二地頭一之間有レ限年貢更無二進納一之實無レ止神事偏有二闕乏之愁一社家之悲歎何事加レ之哉尤任二本免一欲レ被二返付一云々如二時胤陳狀一者件地頭職事依二親父胤明之勳功一度々所レ給二御下知狀一也而承久之時始被レ補二地頭職一之由載二社解一之條以外虛誕也文治二年依二社家之訴訟一可レ停二止宗遠幷實法々師濫妨一之旨見二社家所レ進大將家御下知等一仍前々社使之外別沙汰人知行二之條勿論也就レ中名字相違之由社家訴訟之刻尋二明實說一安貞二年時胤給二御下知狀一畢如二彼狀一者縱雖レ非二大西庄司之跡一依レ爲二神主能久之領一入役收二注文一之條炳焉也停二止社司之濫訴一可レ令三胤明子息時胤爲二地頭職一之由被レ載レ之此上不レ及二陳狀一之以二地頭停止之狀一備二他人知行例一之條時胤陳レ之言也爰如二社家所レ進右大將家文治二年九月五日御下文一者可レ遠々々神役闕怠之間以二社家申狀一所レ被レ下二院宣一也早可レ停二止宗遠知行一云々又如二同年同月廿六日御下文一者可下早停二止實法々師濫惡一從二社家進止一勤中仕神役上事右押二領庄務一云々御供米之由依二社司之訴一所レ被レ下二院宣一也停二止彼濫行一宜レ隨二社家進止一若違二背此旨一者召二取其身一可レ處二重過一云々如二此等狀一者或被レ停二止地頭職一或以二公文職一可レ爲二社家進止一之由被レ成二下一畢而貞應元年被レ補二地頭一之間如二社家所レ進貞應二年二月下知狀一者可レ令二早停止一胤明每レ給二出雲國猪布飯野兩庄下文一亂二入賀茂社領福田庄一致二狼藉一事右胤明初者以二大西庄司跡猪布庄下文一亂二入福田庄一之返子細之間今年又給二飯野庄一同濫妨追二出社使一抑二留御供米一且當庄非二大西庄司口入之地一又無二庄官一罪科依レ何可二押妨一哉事實者胤明所行甚不二穩便一早所二停一止被二停止一云々如二同所レ進嘉祿二年十二月下知狀一者可レ令下早任二貞應二年下文一停中止胤明上每レ給二出雲國猪布飯野兩庄下文一亂二入大西庄司一例之由被レ載レ之間非二彼跡一之旨社司雖レ申レ之所詮於二福田

庄者縱雖非大西庄司之跡依爲神主能久之領
入沒收注文之條炳焉也然則停止社司濫訴可令
時胤爲福田庄地頭職云々已上略之如狀者時胤追亡
父之跡已蒙裁許之間所申聊雖有其謂如御家
人連署狀者爲大西庄司跡之由不申之只依神主
能久之科被沒收之旨載之當庄非指能久之私
領爲代々神領之間付社務令知行之許也何依
能久之罪科無左右可被沒收社領哉者早任右
大將家御下文幷先下知狀可令停止彼地頭職之
狀依鎌倉殿仰下知如件

貞永元年八月十九日

武藏守平朝臣
相模守平朝臣
（異本）武藏守判
相模守判

左辨官下

應任嘉應元曆宣旨停止比叡庄民當時向後濫
妨就賀茂社領當國安曇河御厨漁進全日別供菜
料間事

右得彼社司等今月廿六日解狀倆重檢案內件安曇
河御厨者令漁河海之魚鱗備進朝夕之御贄所
無退轉也寬治聖代被下官符以降神人五十二人
人別引募國領公田三町以官物辨濟撰〔擇イ〕以雜事所
漁進每日二度之御贄繼踵無絕如申忠宗朝臣
者依減寄人幷神用等之員數日供忽闕乏社家經奏
聞之處　宣下延引之間國司俄卒去畢仍任天永々久
兩度免狀等寄人五十二人神田百五拾六町無相違
可勤仕役之由忝被　宣下畢大治元年　宣旨是
也其後如嘉應　宣旨者依被尋下神事違例注申
子細之刻安曇河流上者限滴水下者迄于河尻不
可有他人希望之由嚴制重以如此宜從停止云
云如元曆　宣旨狀者件安曇河御厨漁河流冬所
釣海浦也停止河上幷善積庄及國中權門勢家庄園
坊可漁進賀茂日別供祭云々前格嚴制其文明然之
間彼河新古餘流南北遠近之江海一向停止甲乙濫妨
皆悉被止他人希望畢仍船木北濱供菜人等可全漁
進是則只以河內被定置供菜料之故其河縱雖流
入何庄々任宣旨狀可不漁進日供御贄哉依之
或雖有權門勢家之御領或雖多山門日吉之庄園
於河漁者更非其所之成敗只付流水併爲御厨
之成敗者也但漁簗者專以河尻爲本之間比叡庄中

自年來至今年四月供祭人等引網致漁之竄中也而自去五月三日始爲吉直魚獵押領彼河尻之間於其外河上之漁者雖數萬町更所無用也又雖有何處之末流往古供祭人等尋漁人之便水所致漁簗也而日吉禰宜大藏權少輔成茂宿禰等奏狀備件河建保之比流比叡庄之條僅十餘年也云々然則其條縱雖爲建保之比已十餘年之間供祭人等無異議於比叡庄中致漁畢迄昨今始彼濫妨出來之條其理可然哉新儀無道可備賢察也吉直違背代々　宣旨打留當社供祭之條違　勅之科尤以不輕之上當時　綸言頻下和尚御坊又任道理不可有供祭妨由御請文及度々畢雖然吉直更不叙用彌乘勝企惡行供祭人等於來臨比叡庄中河邊者忽及喧嘩御厨僻事由可致訴訟之旨結構云々未曾有之所行不可說之猛惡也仍不被召禁吉直者狼藉更不可斷歟夫公家忝以當社祭祀專爲日本第一之神事日供卽爲寬治勅願豈非朝廷無双之禮奠哉今忽依吉直新儀之濫妨既擬廢一百餘歲之供膳啻匪社家之愁歎爭無朝廷之僉議哉彼比叡庄濫妨者指無一紙勅言只今年五月三日始所巧出之猛惡也御厨漁簗者苟帶代々宣旨年來於比叡庄中漁進供祭之條顯然也是非之至尤在明察裁報之處偏仰憲政凡當御厨在無只期今度之裁報者也式數有限之御贄忽闕御厨之課役者社家廻何秘計可致無足辨備哉不被止吉直之濫妨者永可闕有例之神榮也尤依　勅裁左右宜存日供之勤否也望請天裁早且任嘉應元曆宣旨狀且依近行友次之例被召禁吉直之身者永斷當時向後之牢籠奉祈萬歲千秋之御願者權中納言藤原朝臣家光　宣奉勅依請者國宜承知依宣行之

貞永元年六月卅日　　大史小槻宿禰判

少辨藤原朝臣判

賀茂別雷社領　出雲國福田庄地頭職事右任今年八月十九日關東御下知狀可停止伊北又太郎時胤地頭職之狀如件

貞永元年十月廿七日　　掃部助平判

駿河守平判

賀茂別雷社領若狹國宮河庄雜掌與卽國宮川保地頭相論大谷畠并矢代浦事就社家之訴訟天福以後度々加下知之處去年七月二十八日依保地頭之訴

被レ下二關東御敎書一之間任レ狀兩度令二張行一畢所詮如二關東御敎書幷六波羅度々下知一者可レ尋二決兩方子細一之由也而參差于レ今不二事行一之處今備二次第證文一雖レ進二社解一不レ遂二一決一者輙難二下知一歟然者早今月中兩方企二參洛一可レ遂二其節一也其間相互止二新儀之濫妨一可レ令レ相二待問注左右一之狀如レ件

嘉禎三年九月十五日　越後守判

駿河守判

宮河保地頭代

賀茂別雷社領石見國久永庄守護所レ使二入部一幷高野山流人雜事間事社解副具書如レ此子細見レ狀所詮如二承元二年十月十五日關東御下知狀案一者故右大將殿御時御寄進之後一向社家進止之地也停二止守護所之沙汰一於二大番役一者隨二先例之勤一可レ有二左右一至二于其外課役一者可レ令二免除一云々承元二年被レ下二御下知一之後無二毀破之狀一歟任二彼狀之趣一且停二止使者入部一且可レ免二除流人雜事一之狀如レ件

寛元二年六月三日　相模守判

守護代

賀茂社雜掌申若狹國多烏浦漁獵事

院宣副訴狀具書遣之子細見レ狀事實者其不二穩便一早停二止其妨一任二先例一可レ致二沙汰一之由可レ令二下知一也若又有二殊由緒一者可レ令二注申一之狀依レ仰執達如レ件

建長四年十月廿八日　相模守判

陸奥守判

陸奥左近大夫將監殿

賀茂新宮社領遠江國濱松庄内岡部鄕雜掌忠茂申云當鄕地頭職事保蔵依レ致二押領一先度被二仰下一候處使節于レ今難澁云々甚無レ謂不日奥山六郎相共遂二入部一沙汰居社司基久代二於庄家一可レ致レ執二進請取狀一使節尚以有二緩怠一者可レ處二罪科一者也依レ仰執達如レ件

嘉暦元年十二月廿四日　沙彌判（高時入道宗鑑）

田中三郎入道殿

獻上

宣旨

賀茂別雷社神主正四位下賀茂縣主久世申請以二寛治勅免神領等一向後永停二別相傳幷別納儀一可レ令二神供備一事

仰依レ請二

右宣旨ニ可レ令ニ下知給一之狀如レ件

弘安十年四月九日　左京大夫信輔奉

謹上　土御門中納言殿

賀茂社領播磨國室御厨下司并公文職事室四郎朝兼致ニ濫妨狼籍一云々早停ニ止彼違亂一可レ全ニ社家之所務一若有ニ子細一者可ニ注進申一之狀依レ仰執達如レ件

建武三年十一月十八日　武藏守判

赤松入道殿

禁制

賀茂社領播磨國鹽屋庄

右於ニ當所一軍勢甲乙人等不レ可レ致ニ濫妨狼籍一若令ニ違犯一者可レ處ニ罪科一之狀依レ仰下知如レ件

觀應元年十二月　日　武藏守

鹿苑院殿御判

播磨國室鹽屋丹波國由良庄本家職事知行不レ可レ有ニ相違一之狀如レ件

應永元年十一月廿四日

禁制

右當所山伐事堅可ニ停止一若有ニ違犯輩一者可レ處ニ罪科一之狀如レ件

永享二年十二月七日　沙彌判

賀茂社領雜掌申備前國尾張保事被ニ官人押領一云々太不レ可レ然早止ニ其妨一沙汰付ニ雜掌一可レ被レ申ニ左右一之由所レ被ニ仰下一候也仍執達如レ件

嘉吉元年十二月三日　右京大夫判

賀茂社領若狹國宮川庄本家職事早任ニ當知行一之旨權禰宜益久致ニ直務一可ニ領知一之狀如レ件

長祿二年五月十九日

右近衞大將源朝臣御判

此時者後光嚴院御宇也征夷大將軍義政公號慈照院殿之代也

賀茂社領和泉國稻作庄與ニ淡輪庄一堺山林浦等事爲ニ社領一數年當知行之處淡輪次郎左衞門尉違亂云々早去應永七年十一月十四日守護下知狀分明之上者全ニ所務一可レ被レ遂ニ神事無爲節一之由所レ被ニ仰下一也仍執達如レ件

寛正五年十二月廿六日　大和守判

左衞門尉判

當社祝殿

文明八年十二月五日以ニ由良庄公用之內一每年千疋被レ付ニ貴布禰之禰宜祝兩官一之由被レ定訖專神事可レ致ニ

御祈禱一之由被二仰出一候云々
同九年六月廿八日丹波國由良庄事爲二前納一令二知行一可レ致二御祈禱一之由可レ被レ下二知彌久縣主一之由被二仰出一候也云々此内於二貳千疋之土貢一者可レ被レ付二貴布禰兩官一無二懈怠一可レ致二其沙汰一若有二不法之事一者可レ被二召放一之由云々

同十二月七日　賀茂正祝領之事名主主計允申處有レ理仍致二其沙汰一臨時課役可レ被レ止二催促一之由武家御下知之上者其趣可レ被二存知一候由可レ申旨候恐惶謹言

十二月七日

賀茂祝殿

賀茂貞久申奈良社領賀茂田散在事度々被レ成二奉書一之處茨木孫次郎押妨未休云々太以無レ謂所詮就二當社造營一御下知之上者不日退二彼妨一可レ被レ全二貞久所務一若猶令二難澁一者一段可レ有二御成敗一由所レ被二仰下一候也仍執達如レ件

文明十年四月二日　　大和前司判

同十五年九月十八日　山國庄枝庄小鹽黒田郷民等就二緩怠之儀一可レ止二貴布禰之通路一之由去月廿八日被二仰出一畢今以令二通路一者依レ不レ塞二其路一歟堅可レ被レ加二下知一之由被二仰出一候由可二申付一候也恐惶謹言

九月十八日　　親繼

賀茂神主殿

賀茂社領江州蒲生郡船木庄領家職號賀茂庄事
任二當知行一被レ成二奉書一畢早止二押妨之族一可レ被レ全二所務一之由被二仰出一候也仍執達如レ件

延德三年十一月廿二日　　宗勝判
爲規判

禁制
右當所山伐事堅可二停止一若有二違犯輩一者可レ處二罪科一之状如レ件

義教公之御時
永享二年十二月七日　　沙彌判

賀茂社領境內六郷幷諸神田以下所々散在之事
爲二三社領守護不入一之處號二半濟一香西又六致二無理之競望一云々言語道斷之次第也不日退二彼妨一年貢諸公事物等如二先々一可レ全二社納一若有二押妨人一許客容カ之輩者可レ被レ加二誅罰一之由所レ被二仰出一候也

永正二年四月廿九日　　元行判
長秀判

右六郷同斷
河上大宮小山中村岡本小野等郷
名主沙汰人中
禁制城州賀茂領散在之事任二大心院殿御制札之旨一不レ可レ有二相違一之狀如レ件
義澄公御時
永正四年八月　日　　元　治判

つの國米谷庄はもんとく天皇御むさう(夢想)のつげ(告)より御きしん(寄進)の地として代々のみかどりんしをなし下され右大將よりともの御代下知せさせ給ひしより以來ずいぶんの御神りやう也然に御くようぶさた(不沙汰)のみぎり後うだの院當社御さんろうの夜御夢になげき申させ給へばすなはち勅使をたてられて庄内をたづねさぐりかたく仰つけられしより勅使庄とは申也こゝにきんねん一かう(向)にわうりやう(押領)ごんごだうだんのしだい也所詮御屋形樣へ子細を申あげちぎやうをまたくして御いのりのせい／＼(精誠)をいよ／＼いたさんがためのごん上如レ件
永正四年十一月　日

禁制城州賀茂社領境內所々在々
一軍勢甲乙人等亂妨狼藉之事
一伐(懸カ)二取竹木一之事
一縣二課役一之事
右條々於二違犯之輩一者可レ處二罪科一者也仍下知如レ件
同御時
永正五年四月三日　民部少輔判

神領能州賀茂庄之事國錯亂砌迄無二懈怠一社納申候不レ相二替先々一可レ致二取沙汰一候可レ被レ成二其心得一候恐々謹言
同七年三月十四日　義　元判
賀茂社中

態以二折帋一申候仍而賀茂領本役事如二先々一急度納所肝要候神田之事者不レ混二自餘一先年も長慶以二折紙一被二仰付一候き今以同前之儀候堅社納專一候不レ可レ有レ油斷一候於二難澁一者可レ差二上催促一候恐々謹言
永正七年十月五日　三好日向守長逸判
大宮鄕　小山鄕　中村鄕　南北小野鄕
名主沙汰人中

法住院殿義澄御下知
城州賀茂社領境內所々散在等之事任二政元下知之旨一全可レ有二領知一者也恐々謹言
永正八年七月十九日　澄　元判

賀茂氏人中
就二倭文庄御公用之儀一重而山本殿御下候涯分申付京着五拾五貫文上申候仍御補任下給候誠以畏入候然者此内五百疋者御補任爲二御禮一運上申候相殘御公用可レ致二奔走一候間山本殿御立歸可レ有二御申一候尚委者被官中與三左衞門方より可レ申候恐々謹言

永正十年十月廿八日　眞　久判

就二御公用之儀一預二御札一候委細令二拜見一候涯分奔走仕候而五千疋分運上申候此内三千疋者制符にて渡申候貳千疋者御上使山本殿と可二申合一由代官に申付候猶委細山本殿可レ有二御申一候條令二省畧一候恐々謹言

十二月廿六日　眞　久判

畏言上候仍御上使山本與五郎殿幷御書謹拜見仕候了就二御公用之儀一蒙レ仰候則三千疋運上申候委曲之段猶以從二代官一可レ有二御申一候此等之趣有二御意得一御披露肝要候恐惶謹言

九月十三日　會津庄　御百姓中判

就二賀茂御社領讃岐國萬濃池之内競望申一被レ成二下御補任一候畏存候然者御公用之事者毎年四月中旬六貫九百文將又十一月中仁五貫八百文分京着定社納可レ申候萬一無沙汰申候者彼代官職之儀可レ有二御改替一候其時一言之子細不レ可レ申候仍爲二後日一請文之狀如レ件

永正十七年四月十六日　栗野孫三郎景昌判

禁制賀茂社領境内六郷幷所々散在
一當手甲乙人等亂妨狼籍事
一代二採山林竹木一事
一先規爲二守護使不入之知處一相二懸半濟一事
右條々堅令二停止一訖若違犯輩有レ之者可レ處二嚴科一者也仍下知如レ件

永正十七年四月廿三日　右京太夫源朝臣判

城州賀茂社領境内所々散在事從二往古一軍勢甲乙人等亂入狼籍守護使不入相二懸半濟一之事任二大心院殿御成敗之旨一堅令二停止一者也有二萬一違犯輩一者可レ被レ處二嚴科一者也然者彌御祈禱精誠可レ爲二肝要一候

永正十七年四月廿六日　三好筑前守之長判

賀茂惣中

賀茂社領泉州深日箱作庄事從二往古一爲二諸役免除之地一無二相違一社家知行之地深日公文鳥取彈正忠箱

作公文新三郎無レ謂押妨之條可レ止ニ競望ー旨被レ成ニ
奉書ー訖如ニ先々ー早可レ被ニ全社納ー之由也仍執達如
レ件

大永六年四月五日　　元　　兼判

當社正祝殿

禁制山城州賀茂社領境内所々散在事

一甲乙人等亂入狼藉之事

一先規不レ入ニ守護使ー之事

一伐ニ採山林竹木ー事

右條々堅令ニ停止ー訖萬一及ニ違犯輩在レ之ー者可レ被
レ處ニ嚴科ー者也

義晴公御代
大永七年二月　日　　柳本　賢　治判
波多野　孫四郎判

貴布禰谷山限ニ南梶取明神ー事去永祿六年以來市原野百
姓搆ニ新儀ー令ニ掠領ー之旨就ニ訴申ー百姓支申間雖レ及ニ
三問答ー猶爲レ御ニ糺ー明淵底ー被レ相ニ尋隣郷ー被レ訪ニ右
筆方異見ー訖然近郷所レ進之紙面披見之處賀茂社領分
明之上者不レ寄ニ本役未進有無ー本所進止者哉所詮任ニ
領主意ー改易之段古今通法趣各致ニ許判ー言上候條早
退ニ彼郷競望ー彌可レ被ニ全領知ー之由所レ被ニ仰下ー候也

仍執達如レ件

元龜二年七月廿六日　　右馬　助判
前加賀守判

當社雜掌

表包　賀茂社雜掌　　前加賀守盛就

禁制賀茂境内并所々散在　（此全文次再出蓋衍）

一神田同往來年貢諸本役無沙汰事

一從ニ先規ー爲ニ高除ー諸役免除之處相ニ掛半濟ー事

一伐ニ採山林竹木ー事

右條々堅令ニ停止ー之訖若有ニ違犯之輩ー者可レ處ニ嚴
科ー者也仍下知如レ件

大永七年三月十七日　　沙　彌判

同八年五月十九日筑前守源判制札文言如ニ大永七年
二月ー也仍略レ之

賀茂社境内六郷河上郷大宮郷小山郷中村郷岡本郷散
在（櫟原二瀨庄 幡枝庄在之）小野郷南北散在等事自ニ往古ー社家當知行
之處今度小山郷有ニ違亂之族ー云々以外次第也所詮此
所々競望輩有レ之者速退ニ其妨ー年貢諸公事物以下如ニ
先々ー嚴密可レ沙汰渡ニ社家雜掌ー由所レ被ニ仰出ー之狀
如レ件

享祿二年十月廿一日　　堯　運判
長　俊判
當所名主沙汰人中

山城國賀茂社領境內所々散在地等事任ニ代々下知之旨ニ彌領掌不レ可レ有ニ相違一狀如レ件
萬松院殿御下知
享祿四年十月廿日　　判
當社氏人中

禁制
一當手軍勢甲乙人濫妨狼籍事
一剪ニ採竹木一事
一相ニ懸矢錢兵粮米一事
右條々堅令ニ停止一訖若於ニ違犯族一者可レ處ニ嚴科一者也仍如レ件
義晴公御時
天文十年十一月日　　左京亮判

禁制賀茂社領所々井境內文言同前
天文十五年九月十四日　　藥師寺與一元房判

禁制城州賀茂社領井所々散在
一當手軍勢甲乙人等亂妨狼籍事
一爲ニ先規一任ニ代々下知之旨一守護使不入之處相ニ懸矢錢兵粮一事
一伐ニ採山林竹木一事
右條々堅令ニ停止一訖若於ニ違犯輩一者速可レ處ニ嚴科一者也仍下知如レ件
天文十五年九月日　　河內守判

禁制城州賀茂社領幷所々散在文段同前
天文同年同月日　　源　判

禁制賀茂社領所々境內文段同前但中行々寄宿事三字替計也
同年同月日　　玄蕃頭源判

當社領城州奈嶋鄉事往古以來爲ニ競馬料一無ニ相違一之處非分之族競望々々以外次第也早退ニ其妨一彌全ニ社納ニ可レ被レ抽ニ御祈禱丹誠一之由所レ被ニ仰下一候也仍執達如レ件
天文十六年二月十七日　　左衛門尉判
對島守判
賀茂社祝殿

禁制賀茂社領境內文段三ヶ條甲乙人狼籍竹木矢錢同前
同十六年六月廿五日　　豐前守判
義輝公御時
天文十八年六月日禁制札文段同前　　河內守藤原朝臣判
同御代
同年同月日文同前　　筑前守判

同
永祿四年七月廿八日　　右近大夫判
此文内竹木ノ下に刈田等矢錢下に一切非分課役と有レ之也　　右兵衛尉判
義昭公御代
同十一年九月日　　彈正忠朱印
此文中ヶ條に陣取放火付非分課役事云々奥に仍執達如レ件
同年同月日右馬助三善判　　前信濃守神宿禰判
此制札竹木の下に寄宿事終ヶ條に非分課役付刈取作毛事
當社領加賀國金澤庄事當知行之處國錯亂以來無沙汰云々太以不レ可レ然所詮靜謐之上者爲ニ直務一令ニ領知一可レ被レ抽ニ御祈禱丹誠一之由所レ被ニ仰下一也仍執達如レ件
永祿十二年七月三日　　右馬助判
前信濃守判
賀茂社雜掌
禁制賀茂社領城州所々并境内
一當手軍勢甲乙人等狼籍事
一三社領内守護使之事
一山林竹木伐採付寄宿非分課役事
以上
右條々堅令ニ停止一訖若於ニ違犯之族一者速可レ處ニ嚴科一者也仍如レ件
元龜元年九月日　　左衛門督日下部朝臣判
元龜元年十月日　　淺井備前守　長　政判
此文段奥一ヶ條陣取放火寄宿非分課役事云々右書之奥仍執達如レ件云々
貴布禰谷山限ニ南梶取明神一事去永祿六年以來市原野百姓搆ニ新儀一令ニ掠領一之旨就ニ訴申一百姓支申間雖レ及ニ三問答一猶爲ニ御糺明淵底一被レ相ニ尋隣鄕一被レ訪ニ右筆方異見一訖然近鄕所レ進之紙面披見之處賀茂社領分明之上者不レ寄ニ本役未進有無一本所進止候哉所詮任ニ領主意一改易之段古今通法趣各致ニ評判一言上之條早退ニ彼鄕競望一彌可レ被ニ全領知一之由所レ被ニ仰下一也仍執達如レ件
元龜二年七月廿六日　　右馬助判
前加賀守判
當社雜掌
表包ニ賀茂社雜掌　　前加賀守
貴布禰谷山之事市原野百姓等搆ニ新儀ニ雖下及レ申事被レ經ニ上裁一任ニ社家理運一之旨被レ成ニ御下知一之上者彌可レ有ニ領知一之事簡要候恐々謹言
八月廿三日　　丹波五郎左衛門　長　秀判

賀茂雜掌御中

賀茂社領境內六鄕幷所々散在事任二知行之旨一彌全領
知不レ可二相違一之狀如レ件

天正元
十二月　日　　信　長御朱印

當所惣中

貴布禰山之儀先年從二市原野一雖二申懸一被レ遂二糺明一
理運無レ紛之上者此方へ誰々申來候共不レ可レ能二承
引一候如二有來一可レ被二仰付一段肝要候恐々謹言

天正九
十一月十七日　　羽柴筑前守 秀　吉御判

賀茂社中

賀茂社領能州咋郡內五ヶ村在之分幷賀州金津庄拾ヶ
村事如二先々一可レ被二相渡一候分國中何も無二相違一申
付之條如レ此候恐々謹言

同元
十一月廿二日　　羽筑 秀　吉

前田又左衞門殿 御宿所

賀茂社境內六鄕幷所々散在等之事任二御朱印之旨一彌
全御領知不レ可レ有二相違一之狀如レ件

天正二
十二月廿一日　　明智 光　秀判
　　　　　　　　村井 貞　勝判

當所惣御中

今度有來水之儀申付候處別而入精之事神妙候然者夏
三月之間者可二用捨一候條無二油斷一彌其機遣肝要候
從二波々伯部淸六一可レ申候恐々謹言

十月四日　　信　良判

賀茂社氏人衆中

禁制　山城國上賀茂同貴布禰

一軍勢甲乙人乱妨狼籍事

一陣取放火事

一相二懸矢錢兵粮米一事

右條々堅令二停止一訖若有二違犯之輩一者速可レ處二嚴
科一者也仍下知如レ件

天正十年六月七日　　日　向　守判

制札
天正十年十月日　　三　七　郎判

奥古書內二
此ヶ條當年軍勢之中行二付非分課役事
忽可レ處二嚴科一云々此異字有レ之也

賀茂社領境內六鄕幷所々散在等事從二先々一三社領之
內爲二守護使不入一度々御下知殊被レ帶二御朱印一上者
山林竹木幷人足非分之課役等如二先々一不レ可レ有二相
違一之狀如レ件

天正十二年
三月廿七日　　杉原七郎左衞門尉 家　次判

當社惣御中

賀茂社領境內六鄕并所々散在等事從二先規一三社領之內爲二守護使不入一度々任二御下知御朱印旨一山林竹木人足非分課役以下如二先々一彌令二停止一者也仍如レ件

天正十一年十一月廿二日　羽柴筑前守 秀吉

賀茂社惣中

國々當社領事年來任二當知行旨一彌不レ可レ有二相違一之狀如レ件

天正十一
十一月廿二日　秀吉御判

賀茂社惣中

賀茂社領境內六鄕并所々散々等事從二先規一三社領之內爲二守護使不入一度々御下知被レ帶二御朱印一殊秀吉御折紙被二遣上一者山林竹木人足非分之課役以下如二先々一令二停止一之狀如レ件

天正十一
十二月廿三日　玄以判

賀茂惣中

賀茂社領南小野鄕一乘寺四ヶ村之內在レ之六拾七石九斗六升之事被レ任二先規之旨一社納不レ可レ有二相違一之狀如レ件

天正十二
十二月六日　玄以判

當社惣中

當社境內竹木事一切不レ可二剪採一若於二違犯輩一者速可レ處二嚴科一者也仍如レ件

天正十三
三月十日　秀吉公御判

賀茂社人中

當所之儀依レ爲二社家一從二先々一寄宿御免除之上者今度河並御普請衆不レ可レ有二寄宿一候抑而何日と申候事候者急度可レ承候也

閏正月十一日　民部卿法印玄以判

賀茂惣中

山城國西賀茂之內參拾四石六斗土居內減分田畠替上賀茂內貳千五百三拾七石四斗本知殘分合貳千五百七拾二石事遣候訖可二全社納一候也

天正十九
九月十三日　秀吉公御朱印

上賀茂社家中

禁制

一軍勢甲乙人等濫妨狼藉事

一放火事

一田畠作毛刈取事付竹木剪取事

右堅令ニ停止一畢若於ニ違犯之輩一者速可レ處ニ嚴科一者也仍下知如レ件
御朱印
慶長五年九月十六日
是者東照權現樣御朱印也云々

禁制　　　賀　茂

一當軍勢濫妨狼藉事
一田畠立毛刈取事
一對ニ百姓等一非分申懸事
右條々堅令ニ停止一畢若違背族於レ在レ之者速可レ被レ處ニ嚴科一者也仍執達如レ件

慶長十九年十月日　　板倉伊賀守黑印

制札　　上賀茂境內

當社山林竹木猥採事堅被ニ停止一訖若違輩於レ有レ之者速可レ被レ處ニ嚴科一之旨被ニ仰下一者也仍下知如レ件

慶長二十年六月日　　伊賀守黑印

制札　　貴布禰境內

當社山林竹木幷柴猥伐取事堅被ニ停止一候若於ニ違背之輩一者速可レ被レ處ニ嚴科一之旨被ニ仰下一者也仍下知如レ件

慶長二十年六月日　　伊賀守黑印

急度申遣候今度就ニ洪水一當社競馬之馬場崩候之處其所々石從ニ方々一猥取散候由沙汰之限候堅申付可レ被ニ相留一候猶使者申含候恐々謹言

九月朔日　　板倉伊賀守勝重判

上賀茂惣中

定　　上賀茂

一在々所々百姓訴訟事有レ之者親子兄弟庄屋年寄之外奉行所へ不レ可レ來對ニ地頭代官一書ニ起請文一催ニ多勢一訴訟來事一切令ニ停止一也若背ニ此旨一輩有レ之者當人之儀者不レ及レ申一同之百姓悉可レ處ニ罪科一堅可レ存ニ其趣一事
一山城國中山林妄(竹カ)木之根を採(掘カ)取事任ニ先規例一彌令ニ停止一了此上於ニ堀取一者見ニ相搦捕一奉行所へ可ニ申來一若於ニ見隱一者其在々庄屋屋肝煎可ニ曲事一事
一鄕村水論之事以ニ先規例一兼日相定及田地湯(渴イ)水不レ可ニ申來一但新儀用水之處有レ之者不レ覃ニ相論一奉行所へ可ニ申來一遣ニ檢使一隨ニ其趣一可レ有ニ裁許一事
右所ニ定置一聊不レ可レ有ニ相違一者也

元和八年八月廿日　　周防守判

禁制　　上賀茂境內

當社山林竹木并柴猥伐採事
右堅被二停止一訖若於レ有二違背之輩一者速可レ被レ處二嚴科一之旨被二仰下一者也仍下知如レ件

明暦二年三月日　　佐渡守源判

天正十七年秀吉公御代御檢地以來當社御神領山林境內竹木諸役免除之御朱印被二成下一惣高貳千五百七拾貳石餘此內千六百四石五斗餘本鄉有レ之五百六拾一石四斗余小山鄉在レ之三百七十一石四斗中村鄉在レ之三十四石六斗西賀茂河上鄉在レ之都合貳千五百七十貳石也天正御檢地之時境內六鄉過半減省訖雖レ然御神事祭禮御修理等如二古代一於レ今勤行之御代々御朱印頂載仕來候

當御代御朱印
當社領山城國愛宕郡西賀茂內參拾四石六斗上賀茂之內貳千五百三十七石四斗合貳千五百七拾貳石事并境內竹木諸役等免除但元和元年七月廿七日同三年七月廿一日兩先判旨進止永不レ可二相違一者也仍如レ件

寛文五年七月十一日　　御朱印

上賀茂社家中

別御朱印頂戴仕輩

一高百拾壹石八斗餘上賀茂之內西賀茂之內在レ之
御代々御朱印拜領　　岡本宮內少輔

一高四拾壹石內拾六石西賀茂在レ之廿五石丹州船井郡觀音村在レ之
御代々御朱印拜領　　松下民部大輔

一高廿石丹州靑戶村同土埴村在レ之
御代々御朱印拜領　　林主馬首

一高廿五石丹州土埴村在レ之
御代々御朱印拜領　　森左京權大夫

一高卅石播州室津在レ之
大猷院樣御朱印頂載　　鳥居大路大膳大夫

一高卅八石西賀茂河上鄉在レ之
御代々御朱印拜領　　岡本下野
中大路甚助

右別御朱印拜領分
合貳百六拾五石八斗領
都合貳千八百參拾七石八斗餘

右諸國御神領之舊記公武御代々御敎書御下文等數百通于レ今雖レ爲二傳來一其內少々記レ之而一々不レ能二注進一者也

延寶八年三月廿二日　　賀茂社家中上

右一冊者今度隨江戸寺社御奉行（松本山城守殿　坂倉石見守殿）御所望度々及吟味殊に神主保可權禰宜維久季通幷月奉行六役等連日參會于評議所所撰聚之予幸爲執筆之役相加于座右之序申請社中之草案令書寫之別而令秘藏者也至神領之卷者猶爲後覽下知之狀制札之案等少々令書之尤至後年可爲禁河（本ノマヽ）云々

延寶九辛酉年八月吉辰

元祿七年加茂祭記

元祿七年四月十五日壬午天晴早旦沐浴潔齋立二札於門一

凡潔齋事家々說不レ同或入レ月而齋或奉レ仰之日卽齋也桃華閣下嚴訓云入レ月始齋者同二於大祀一加茂祭者中祀也尤三日之齋可レ然但自二月始一不レ可レ交二僧尼之類一矣花山院相國說云或自二一日一潔齋不レ獻二灌佛布施一是全不レ可レ然之由故宇治左府被レ命或自下如二前駈一定中潔齋上或自二御禊日一齋我付二宇治左府命一自二御禊日一齋レ之仁安二年見二山槐記一令レ申二此趣一之處依二家說一自二午日一可二潔齋一之由有レ仰仍自二此日一始レ齋但自二月始一僧尼不淨之輩避レ之

加茂祭神事也僧尼并重輕服者不淨輩不レ可二入來一

右見二應永卅二年薩戒記一也

十七日甲申天晴今日掃レ亭北西懸二翠簾一餝二葵桂一餝レ葵事先規其樣不二分別一但必可レ餝レ之歟此日不レ餝レ之者重輕服之家也仍所々懸レ之

觀應二年四月十八日園太暦云加茂社司獻レ葵如レ例家中可レ餝之由仰了女房重服實夏方輕服不レ餝也

今日下上兩社幣物料送二社司許一明日未明命下可レ令二奉幣一之由上是祈二祭使之儀平安之由一也

此事小野右大臣度々勤仕之時如レ此件儀雖レ爲二上卿之儀一敬神之故徑二彼跡一者也

十八日乙酉天晴今日有二賀茂祭再興事一定基爲二近衛使一參二向之一仍曉天沐浴帶二束帶一

冠垂纓關白基命云賀茂祭必有二警固一須三卷纓帶二弓箭一也嚴訓云件事雖二兩說一如二次將裝束抄一京極中納言定家卿作也以二垂纓一爲二正說一以レ帶二弓箭一爲二或說一且今年無二警固一警固事依二國祭一行レ之況上古警固中猶垂纓持レ笏乎

闕腋袍

次將裝束抄雖レ無二所見一春日祭使及臨時祭使等着レ之仍准レ之

盧橘下襲

次將裝束抄云多以着二皆練重一又着二例二藍一然年々記多以注下用二二藍一之由上既欲レ染之處今年彼花不二求二得之一仍引二勘諸記一之處餝抄云宰相中將通忠

爲二中宮權亮一勤二仕賀茂祭一其時着二花橘下襲一又云
四五月晴時著二-用之一就二此儀一令レ申二閤下一之處仰下
可二著用一之由上件色表靑朽葉裏靑見二胡曹抄一紅單如
レ例
抑半臂可レ着然而近來嘗無二着用之人一且又時日甚
迫織縫難レ合レ期仍無レ力略レ之單平絹袴表白瑩裏紅打
胡書抄云非二參議已下常所一レ着也
巡二方馬腦帶一付二魚袋一
餝劔
次將裝束抄餝劔代云々件物不二分明一歟後成恩寺殿
下御説云餝劍代といふ劔あり名のみきゝて今にみ
ず云々且嚴訓云近衛使限二此祭一帶二餝劔一之由也仍
拜二-借之一件御劍眞楯卿劔之寫也用二紫緂平緒一見二次
將裝束抄一
及二天明一舞人陪從來集舞人四人左近將監近茂同近詮同近家將曹近曹陪從三人左近將監久富同近方同狛近業等云々各着座舞人西面南上陪從南面東上
舊例舞人十二名陪從中將時八人少將時六人以レ之
爲二定員一見二江家次第一勘二舊儀一凡物節者限二府生番長近
衞一歟案二北山抄一云定二物節一者中少將相共於二陣
座一定補先成二符奏一付二殿上少將一次中將執筆定二書

番長以下々之カ給一將曹依レ召立稱レ唯進立再拜然而今
度令二將監將曹勤一レ之殆失二先規一但東遊事當世府生
以下之輩無二知レ之人一唯伶人狛多兩氏稱二家傳一彼
輩或任二諸國受領一或任二四府尉志一皆以二五位一也
仍被レ補二物節一之儀一切不レ及二沙汰一僅存二近衞之
名分一而被レ任二將監將曹一歟員數殊被レ減レ之舞人四
人陪從三人耳三人者所レ謂歌笛及篳篥也和琴無レ之
凡件器者參向之間令レ捧レ之進二列前一然而東遊久
不二發聲一適舞樂之剋雖レ奏レ之也和琴嘗不レ彈レ之今
度左近將監久富出二件譜一而宰相中將公韶卿被レ試
レ之處甚依二不分明一遂以被レ略了但存二古體一雖レ可
レ携レ之不レ彈レ之者無レ詮仍令レ申二閤下一文略レ之抑
舞人裝束事治承三年山槐記注二退紅狩衣之由一然者
布袍也如二將監一專不二相應一仍被レ用二紅紗袍一闕腋
下裏者二藍平絹紅單靑摺袴白平絹以二山藍一摺レ竹以レ薄押レ桐卷纓冠
帶二餝劔一殊以不レ可レ然歟但今度時日甚迫不レ及二新
調一所レ用二于舞樂一秦王散手之劔借二-用之一仍無二尻
鞘一尤明年可レ有二新調一云々已上裝束武家沙汰也著二絲鞋一從兼日
將監近家申云陪從着二淺沓一舞人用二絲鞋一之事如何殊乘馬之時有レ煩云々定基答云臨時祭舞人必殿上人也然猶用二絲鞋一之由見二西
宮記一況地下舞人何不レ着レ之乎乘馬有レ煩者用二武藏鐙一之故也如二唐鞍移鞍一全雖レ不レ見二其物一如二圖書一證レ之調レ之其異措二絲鞋一

用淺沓之儀甚不可然也此儀得關白賢察而下知之陪從裝束蠻繪袍（闕腋也其色檜皮色歟縫獅子丸舊記注蠻繪之袍出不載其色以所用舞樂之蠻繪袍被准之云々）青朽葉下襲紫末濃袴（已下舞人以下裝束爲武家沙汰關白其說也凡摺袴者使次將與之今度依無出之不及其儀也）著淺沓舞人陪從共取笏（此事臨時祭記求子之指紐拔笏之丈有之仍命之奏內肥後守高秀宿禰來云臨時祭者殿上人也地下輩猶准之歟定基答云誠以件儀難准之但出立間大將着座賜盃於舞人之時任府生舞人取笏拜之說見江家次第雖取之無難歟之由命之）

次授葵桂（各挿頭之）

江家次第云往年參內之後到內藏寮者座懸葵（見山立儀）然往古件寮在近衞（世俗稱出水）南堀川西今尋其所市鄽比軒更無寸地又無可准之處仍得賢慮而密々授之其挿樣專如挿頭花以葵懸巾子以桂あげをの根をはなちて指之以桂末向左挿之江家次第抄云今案巾子の前あげをのちがひたる所に指之すきなければたゞぬしにさづくてづからさす上緒のさきにさすはひがこと也近代益々あげをのねをはなつなり

次定基出簾中外舞人陪從動座

按四等官各有其禮如太政官以大臣爲長官納言參議者次官辨少納言者判官外記史者主典也長官之後參之時次官以下動座次官後參之時判官以下動座判官後參之時主典動座以之准之如近衞府以大將爲長官中小將爲次官然者將監以下可有禮節也仍得賢慮之處尤可有其禮之由有仰也

小時前駈隨身等列立于前庭

前駈四人以布衣侍爲代（各着狩衣指貫）

凡祭使者必可乘馬也延喜近衞式云凡諸祭供走馬者賀茂祭少將已上一人近衞十二人云々如式文者爲走馬使騎馬勿論事也此外勘諸家記乘車而參向社頭之例未見及之（參內之時並翌日向神館也用車）嚴訓又如此然關白（基）可爲轅之由再三有命仍又得賢慮而從彼命爲之行粧既欲失祭體其故者⿰彳龍馬副殊爲風流又手振舍等所持之物多以馬具也乘車日一物更無所用僅隨身雜色之外似無具之人甚冷然之嚴訓云無一人之前行之狀不便也春日祭使有具前駈例（上）且治承二年春日祭使（良通）被具共諸大夫十七人其輩著狩襖狩衣等准之可具布衣四人云々仍召具之

治承二年十月卅（廿イ）日玉葉云（不能詳記只取其要）共諸大夫十七人（四位一人五位十二人六位四人）源國輔（家勾當行賴子）朽葉布狩衣濃打衣

款冬衣青單蒲萄染奴袴藤原業清（家勾當範綱孫良清子）蘇芳布狩紫奴袴萠木衣紅單建久十年二月廿二日明月記云於藤杜騎馬行列先幣和琴次前駈二人源長邦（八條院判官代）藤光資（同院藏人布衣半靴）用例鞍平鞦左中辨馬長邦
乘光資乘白馬

次隨身四人

凡中將具四人是定員也其裝束者細纓冠（挿葵桂）蠻繪褐押獅子丸左獅子右熊是又宜例也但件紋當世付種々花又用金薄尋之處二條御幸之刻（寬永三）所用之遺風遂以爲俗習然未知其據也又法隆寺舞樂裝束之中有件物皆採色也雖古物猶不足爲規模仍得賢慮之處可引勘之由有仰而賜舊記二卷（御禊行幸服飭記）乃考之以銀薄押獅子丸舌口之中付朱砂之由見壽永元年信範卿記仍用此儀了著蘇芳袴舊例多蘇芳末濃歟安元二年左中將泰通朝臣（見吉記）治承四年左少將基不（見山槐記）所相具隨身皆用末濃然件物俄難得之嚴訓云蘇芳袴雖非末濃可無巨難也仍用之帶劔（無尻鞘依難得之略之）壺胡籙指白羽矢（舊例左用鷲羽但隨有用之也）是自閣下拜借之又用紅單而不著下襲此事見仁平台記件記云（取要）

仁平元年十一月十五日（春日祭使左少將隆長賴長公男）隨身裝束獅子蠻繪布袍二藍末濃狩袴濃打白衣下袴懸緒（無紋）布帶冠老懸葈（葛カ）脛巾淺沓野劔指尻鞘（畫鰐）樺卷鞭挿腰

右記不著下襲之由也仍略之又挿鞭事依不勝馬無其儀矣又用絲鞋

手振二人

江家次第云手振十二人下﨟四人持物鞭筥笏筥胡床豹皮毯代外年々日記注十二人之由今度毎事依不具僅具二人（是爲取物也）其所持物所謂如鞭筥笏筥爲乘馬也仍不令執之又毯代者其調法未詳依嚴命略之胡床者常所用節會也以白木造之上引革緒（卽位之時黑漆也未知執是云々）打金銅金物（見指圖）豹皮者卽位所用虎代也染帛畫豹毛（同見指圖）

豹皮持有兩說歟

一說仁治三年十月廿一日（御禊行幸）陽龍記云執物持樣事豹（懸左肩以尾方爲後）

一說寬元四年十月廿四日（御禊行幸）同記云懸豹皮於扇

右按兩說手振所持之扇其體未詳仍以仁治儀用之

胡床乍開之捧之

抑手振裝束仁平元年台記云紫褐衣以村濃糸為括朽葉末濃袴青半臂同下襲濃蘇芳打衣青單白下袴冠細纓老懸菓脛巾布帶凡稱紫褐者濃蘇芳也治承二年十月卅日玉葉云紫褐其色蘇芳也云々仍以蘇芳極濃染之偏如紫也又不指括之事見同記仍不指之袴者舊例末濃也仁平隆長見台記安元泰通見吉記治承顯家見山槐記等手振用朽葉末濃治承二良通玉葉用青末濃仍可用朽葉之由有嚴命而尋求之處其難得剩偶雖求出之古物殊見苦然間用蘇芳末濃之由見治承四年山槐記使少將基家用之更得賢慮而用蘇芳袴畢如下襲物難調出仍准隨身只用單許又可着藥袋歟然其體不分明且為唐鞍之具由見治承玉葉不乘馬者無益歟之由存之略之菓脛巾布帶等依不詳同省之畢凡今度儀同用脚微々每事不具無力事也冠又插葵桂畢

小舍人童一人

先例六人也又省略玉葉云薄物萠木狩襖袴結紅葉付之歟冬打薄歟冬袙黃單毛沓今度用薄物狩衣萠木略袙只用單許毛沓其體不祥略之抑結紅葉事先蹤不分明凡稱結花者當世如杉目扇以絲造花形付之准此儀以赤絲作楓葉付之以紅紙結髮根以同紙書物忌二字結副之持杉目扇皆據玉葉

雜色八人

玉葉之裝束半蘇芳狩衣無裏袴濃打出袙黃袙青單衣造菊白黃付之今度袙單等略之

此外走童十二人執物舍人四人具之然延應二年制符走童一切可停止之由載之見平戶記又執物者皆馬具也悉不具之或人難云每事省略之間童雜色等風流不相應歟定基答云全不可然往古諒闇年必止之治承五年吉記云依諒闇無風流云々仍殊令付花等了

次舞人陪從起座舞人直出門外陪從列庭中西面南上

次定基起座隨身取沓乘駕經庭中之間陪從敬折

先例參內之時用車今度用轅

廻轅參內舞人先行（召具素襖二人 白丁二人）陪從扈從（從者 同上）向社頭之間騎馬也到本院御所前下輿下公門之意也過門之後更駕之赴闕至正親町邊下輿近來無立石計其程脫駕步行入左衞○按門字脫歟陣進立弓場

代二舞人陪從以下悉扈從一

治承二年玉葉云自二三條坊門一西行到二西洞院陣口一郎下レ馬布衣共八留二此所一云々如二此記一者布衣輩不レ可レ入二陣內一事勿論也但今度依レ渡二南庭一悉召二具之一了

弓場代列立儀圖之

使次將立二無名門前一許丈一舞人陪從各羅列使次將計二陣座壁第二柱之程一立舞人者當二宣仁門一陪從立二舞人之後一也凡舞人以下列差退二于西南一令レ立レ之是嚴訓也

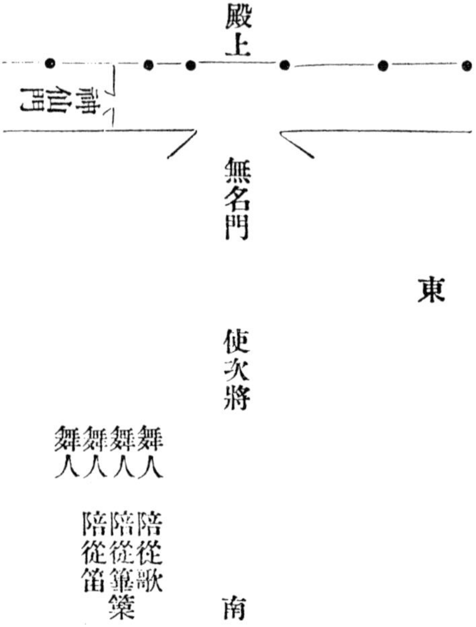

次陪從發二歌笛一曲一畢藏人右中辨俊淸出逢二定基一奏二參社之由一其儀一揖俊淸歸二參御所一此間垂二中殿御簾一以二大床子圓座一敷レ之云々

天皇御二簾中一俊淸歸出告二召之由一定基答揖而參進直昇二長橋假階一不レ揖着二圓座一

文永十年四月十五日吉續記云使左少將隆久參二弓場一經賴出逢次歸出仰二聞食之由一次昇二長橋一

其儀頗向レ乾着レ之向二御所方一也是今案也且得二賢慮一畢又緌裾不レ揖是爲二羽林例一之由見二薩戒記一矣

先レ是隨身取レ沓退入了

次陪從發二歌笛一立二長橋內一北面西上

次舞人進二庭中一舞二求子一袒裼挿レ笏

次此間賜二肴物一衝重二合六位藏人二人役之

件肴物不レ立レ箸此事立哉否舊記不レ注レ之而江家次第出立儀一二獻之間無二下レ箸之文一到レ居二粉熟一下レ箸之由注レ之又六條右大臣顯房公說云肴者以レ手取レ之不レ用レ箸之由見二世俗立要集一已上御厨子所預宗恒朝臣注進以二此旨一得二賢慮一而用二此儀一畢

次藏人辨俊淸勸盃

其儀俊清取レ盃土器進居ニ座下方一藏人藤原相尙取ニ瓶子一相從之先受レ酒飮レ之更又受レ酒授レ之定基此間頗居向之置レ笏取レ盃也定基取レ盞飮レ之置ニ座右一此間俊清退入
次頭左中辨尹隆朝臣取ニ勅祿一紅打御袙一領被レ之其儀頭取ニ祿袙一以爲ニ內方一待レ之到ニ使前一取ヨ直之一以レ襟向ニ使方一授レ之順懸ニ使肩一歟今度不レ然定基取レ祿懸ニ左肩一執レ笏起レ座
其儀少居直頗向ニ西方一是座前在ニ衝重一故也先置レ笏左手ヲアヲノケザマニアコメノヱリノシタノ方ニサシ入テソレヲウクルガゴトクシテ右手ヲウツムケザマニスリテ取テスグニ肩ニウケカケテ左手ニテスソノ方ヲオサヘテ右手ニ取レ笏起レ座也
降ニ段階一跣踐出ニ砌外一四五尺許向ニ御所方一乾拜舞其儀如レ例
次退ヨ出於長橋外一著レ沓氣ヨ色于隨身一第一者以レ祿授レ之乃令レ懸レ肩畢
仁平元年十二月十一日使左少將隆長參ニ內侍所一申ニ罷由一次進ニ弓場一釣殿西庭發ニ歌笛歌一此間藏人垂ニ庇御簾一主上出ヨ御晝御座一頭朝隆朝臣奉レ仰召レ使々々進候ニ長橋代一釣殿馬道北板上也豫敷ニ菅圓座東西一舞人陪從經ニ馬道一立ニ釣殿一於ニ東砌邊一陪從發ニ歌笛聲一舞人於ニ庭中一舞ニ求子一主殿官人曳ニ炬火一立ニ庭中一此間賜ニ肴物一細折櫃衝重二合殿上人五位二人役レ之西宮抄云贄殿肴物云々
次朝隆朝臣勸盃藏人右衛門佐忠親（依ニ警固一負ニ胡籙一）取レ瓶西宮書ニ之酒殿酒云々一舞人陪從退出之儀餝馬引馬各䌫引レ之自ニ馬道一引入ヨ廻庭中一之後自ニ本路一引出之間朝隆朝臣取ニ御袙一張衣無レ單着レ使々取レ之掛ニ左肩一進ヨ出砌外一拜舞不レ着レ沓退出賜レ沓賜ニ御袙於隨身一先レ是出納給ニ舞人一陪從一員官人敦末加陪從官人加副官人祿有レ差
玉葉春日祭
治承二年十月卅晦イ日使右中將良通使參入舞人在ニ使前一陪從謂ニ右左官人一隨身雜色小舍人童餝馬引馬々副手振等相從參入使進ヨ立弓場代一西中門外北腋陪從發ニ歌笛音一藏人頭左近中將定能朝臣奏ニ事由一卽告ニ召之由一使垂レ裾入レ自ニ中門北小戶一候ニ中門廊緣南妻一擬ニ長橋一豫敷ニ圓座一枚一其沓者隨身進寄取レ之云々次舞人入レ自ニ中門一進ニ前庭一舞ニ求子一此間賜ニ肴物於使一殿上五位二人役レ之衝重二前也次頭中將定能朝臣勸盃五位藏人基親取ニ瓶子一使飮畢置ニ盃於前一次頭中將取ニ勅祿一紅打袙一領後閑重御單被レ出レ之頭中將剩留ニ單衣一給之云々出レ自ニ殿上之戶一懸ニ使肩一使左手取ニ御衣一右手持レ笏下レ自ニ緣南妻一不レ着レ沓進ニ出砌一四五尺許向ニ御前方一北拜舞如レ恒就レ右廻出レ自ニ初小戶一着レ沓經家朝臣令レ着也賜ニ祿於隨身上﨟一重武子宗雅傳取給レ之

已上御前儀勘二合右兩記一加二取捨一而可レ用之由嚴訓也

抑舞後可レ被レ覽レ馬歟今日不レ騎レ馬仍無二此儀一又無二舞人陪從已下被祿之事一

次入二閑所一挿二頭葵桂一其挿様見二社頭儀一抑上古向二內藏寮一更レ之或差二府生一受レ之歟天元五年小右記云差二府生公助一遣二內藏寮一令レ受二葵桂一等當世無二彼寮一仍自家密々用二意之一

此間撿非違使及馬寮內藏等使整列渡二馳道一先看督長八人二行各具白丁一人一次撿非違使四位二人右衛門尉貞弘宿禰左衛門尉弘光宿人闕腋弓箭各具二火長二人素襖二人白丁六人一次御幣下御社料內藏寮史生捧レ之衛士幷素襖一人先行白丁二人扈從次御幣上卿社料從者同上次神馬白丁二人前行儱二人着二素襖一次馬寮使左馬允源友清六位也具二素襖二人白丁二人一次近衛使舞人先行（從者如レ先）次前駈二行次定基次隨身二行次手振二行次童次雜色二行次陪從（從者如レ先）次內藏寮使助由久素襖二人白丁二人具レ之

西宮記云近衛使參二射塲一就二內侍所一受レ祿近代不レ著天皇御二南殿一御座在二南庇中間一立二馬形御屛風二帖一廣延二枚毯代上立二大床子一敷レ褥天皇位袍云々御出置二御劒一內侍出上卿昇着二座筵上一西上北面出廉昇異二他儀一男女使馬手振次第渡主人不レ渡入レ自二日花門一出二月華門一內藏近衛衛府有二隨身一馬寮宮之男使命二婦宮之使一園司等馬從渡舊例渡後歸度延喜天曆不二歸渡一內侍取二御劒一天皇入御

如二此記一者渡之事似二本儀一歟但件時清涼殿御覽無レ之歟江家次第無二南庭儀一西宮又云或召二近衛使二下使居二長橋一歌人立二東殿砌一下一給二御衣一舞人給二第布一以二此說一見レ之者就二內侍所一受レ祿之日不レ召二御前一旨分明也然況西宮有二主人不レ渡之文一但此度因二關白基命一渡二馳道二了

各經二南殿前一出二東門一去二御所一三十步而定基乘駕須二乘馬一又因二關白命一不レ乘レ之凡路道次第如レ渡二南庭一注云舞人己下道間騎馬東行到二東河塘以西一更北行出二今出川東頭一渡二鴨川一預設橋參二下御社一到二鳥居邊一下レ輿卽入二鳥居一洗レ手

兼而社司設レ之輕幄南也臨レ期無二役之人一仍俄令二隨身役一レ之畢

着二輕幄一幄體無二異設一假屋三面垂レ幕東一方褰レ之其座東面敷二帖一枚一座前有レ軾是陰陽代座也着座之間不レ揖依二假座一也

次脩禊

其儀陰陽代凡下社例用二賀家陰陽師一云々今度自二社家一相二語行事官內匠大允紀季雄一是春日祭之刻爲二宮主代一勤二此儀一故也進二贖物一圖レ之○圖略レ之陰陽代取二大麻一切紙付レ木副二麻系一申レ祓中臣祓定基先取二解繩一解レ之其儀乍レ持レ笏以二左手一取二解繩一懸レ齒解レ之乍二二筋一同レ之二度二解レ之也高天原讀上之時解レ之故實也云々

次取二人形一撫レ之次散二々米一祓畢後陰陽代進二大麻一定基懸レ笏或取レ手歟今度不レ取レ之乍レ令レ持二陰陽代一懸レ笏是一撫也息レ之是一向也

陰陽代取二大麻一退去更撤二贖物一畢已上悉嚴訓也

凡此祭儀往古向內藏寮脩之儀或云內侍已下與使等向內藏寮解除又天元五年小右記云申時許有禊事禊畢向一條大路云々不注其所然件記趣如不向內藏寮（差府生遣內藏寮受葵桂之文有之仍知不向）得賢慮之處准關白賀茂詣及春日祭於社頭而可循之由嚴命也卽命其旨於兩社司畢

次入廊門

欲昇舞殿時須撤劔而讀宣命（是依陰神也）今日忘却不撤之後日嚴命云不撤之又一說也

昇舞殿南階（昇階之進右足禮記曲禮云上東階則先右足上西階時則先左足今以東易南凡每級幷立左右足是又所謂拾級聚足之意也）

着座揖

凡羽林例不揖之由見薩戒記是禁中儀歟又一說非儀式官者不揖云々但讀宣命之時尤可刷威儀歟揖者有無之事尋申閣下仰可引勘之由乃於賢前引勘諸記之處如此少事具不記之且參議要抄以下諸記有揖所々多略而不注其由也嚴訓云尋常奉幣之儀不因儀式官惣有揖況讀宣命之時無揖之狀如何所詮可無巨難也仍起居昇降皆揖之

予時內藏寮使助由久持參宣命（此事先例不分明密々可請宣命之由嚴命也然又關白基引中右記仰此儀甚無便歟巨細注左畢）定基取宣命取副笏一拜

次置笏右

次披宣命（頗向右方披之押合前爾モチメクラメ（本ノマヽ）當冠額程披之引下讀之）讀之（不發音抑此事近來東照宮奉幣使極高聲讀之甚不可然引勘之處諸記注微音之由但其聲甲乙之程慥不注之也然間觀音寺大相國紀注云永享八祈年穀奉幣八幡使也被注不出聲之由因之不發音也云）凡神社宣命讀之間不掩面少押下而讀之異於尋常儀是故實由稱前大納言（實教卿）說權大納言（資熈卿）談之乃尋申閣下之間舊記分明所見有之哉旨被尋仰權大納言畢答申分明之由仍可用此儀之旨有仰也

頗敬屈讀之

宣命詞云（用紅梅紙是賀茂社例也）

天皇我御命爾坐掛畏岐加茂乃皇太神乃廟前爾恐美恐美毛申給度者久申久太神乃助給爾護給爾依氐天皇朝廷者平久大坐氐食國乃天下無事久可有志爲牟度氏奈常進無留宇都乃大幣乎從五位下行內藏助藤原朝臣由久爾令捧持天走馬進免羅留度恐美恐美毛申給度者久申

元祿七年四月十八日

右訓點尋問大內記長量朝臣處如此定基問云可有二字如何桂下答云天下事なくあれといへ

る心也未ニ得心一雖レ然不レ及ニ再往問答一

抑朝野群載此　宣命作ニ可有二字一是又難レ解尤不審事也

讀了押ニ合之一小時祈念　宣命趣是嚴訓也更卷レ之過半卷レ之後打ニ懸左手一卷了又取ニ副笏一二拜頗顧氣ニ色于內藏助一此間立ニ南階下一更返ニ授　宣命一畢

次內藏助由久取レ幣設ニ案於中門前一寄ニ懸之一授ニ禰宜久祐縣主及祝代河合社祝秀久縣主一祝惟貞自ニ去比一蟄居仍爲レ代小時禰宜歸出傳ニ神宜一其儀有レ揖

次祝代復座申ニ返祝詞一不ニ拍手一如何失念歟仍定基又不ニ拍手一

愚昧記云仁安二年十月十五日今日於レ院被レ立ニ十二社奉幣使一今朝越後前司賴季過ニ門前一示云爲ニ賀茂幣使一參仕而告文給ニ一通一如何答云一通所レ給也先參ニ下社一讀ニ宣命一了社司取レ之書寫返ニ授之一次參ニ上社一也

是賜ニ　宣命一通一例據ニ此說一則近衛使於ニ何處一可レ受候哉雖レ勘レ之先例未ニ分明一依レ之密々於ニ閑處一可レ受之由得ニ嚴命一而仰ニ內藏寮使一畢然今度作進次第准ニ嘉保二年行幸儀一內藏寮使持ニ參於舞殿一使

次將又直返ニ與內藏助一畢

中右記嘉保二年四月十五日今日賀茂行幸也上卿着座內記奉ニ宣命一取レ苫歸兩段再拜讀ニ宣命一又兩段再拜宣命返ニ給內記一參ニ上御社一

按此儀甚不レ穩彼嘉保之儀者上卿對ニ內記一也此祭者以ニ近衛中少將一對ニ內藏頭助一其品大不レ異況舊例內藏頭參仕之時位次或在ニ使次將之上一件時甚有レ煩歟今日以ニ殿上次將一對ニ地下諸大夫一猶用ニ此儀一雖レ似レ無レ煩內藏寮使何用下上卿對ニ內記一之禮上乎殊不ニ相似一歟雖レ然作進次第如ニ此儀一難レ改レ之仍暫從ニ此儀一耳是趣又得ニ賢慮一畢

次祝代秀久縣主進ニ葵桂一插ニ白木杖一持ニ參舞殿一定基插レ頭之其插記レ左

久壽二年四月廿日台記賀茂詣祝持下插ニ葵桂一之杖上白木進出跪ニ橋北頭一申ニ還祝一畢昇レ自ニ東西北第一間一獻レ之餘取ニ葵桂一先以レ葵入ニ巾子一次以レ桂插レ冠後如ニ物忌一豫雖レ放ニ件所一指傾僅插レ之暫祝退歸

卽起レ座降ニ南階一停ニ立橋殿邊一是非ニ舊例一隨レ使候ニ此所一

次馬寮使引ニ回神馬一三同

定基令ニ手振立ニ胡床於舞殿北階東掖一件胡床懸ニ豹皮一着レ之其踏

自二舞殿東邊一着隨二便宜一西方者爲二舞人參進之路一間有レ煩故也又得二賢慮一了

次陪從維二列于中門前庭一西面北上發二歌笛聲一次舞人進儛二駿河舞一東上北面

次求子西上相對之舞圖同二御前儀一仍略レ之歌了定基以下退出

次定基以下入二休所一以二社司家一設レ之此後有下更衣及供二神饌一之儀上云々此間時刻推移赤烏停午又愸行列參二上御社一其道東行頗向二丑寅一三四町更赴レ西又向レ北到二流木社邊一猶北行到二上御社一於二一鳥居一下レ輿入二休所一二鳥居之內以二樂屋一爲二其所一垂二簾引レ幕次社司供二神膳一聞二供畢之由一定基着二輕幄一解除其儀先洗レ手又無二役人一仍令二隨身役一之凡贖物以下如二下社一但此社以二氏人一爲二陰陽代一先例此社用二安家陰陽師一定事也云々

次參二進橋殿座一昇降起尸各有レ揖（〇尸字恐誤）

此殿或號二舞殿一其座向二廊門一斜敷レ之舊例對二片岡山一設レ之今度定基依レ有二存旨一改レ之此事內々得二賢慮一了然神主職久稱二先例一不二承引一定基問云背二本宮一對二片岡山一其故如何其答唯存二先例一耳別無二子細一云々仍定基略二述所存一即承伏了遂向二廊門一敷レ之其座斜也橋殿第二間也敷レ之

次讀二宣命一其儀如二下社一讀畢後氣二色于神主職久一

神主參進定基授二 宣命一置レ笏以二右手一授レ之

此間內藏助捧レ幣立二幣案於橋殿前庭一所謂片岡山麓邊入二廊門一授二神主一

件 宣命副二幣物一納二神殿一

小時神主歸出於二片岡社前石上一申二返祝詞一拍手定基應レ之次神主取レ葵持來插二白木杖一兼社司置二幣案上一後日氏人等來云此事今案新式也甚不レ可レ然之由難レ之其故者件葵桂所レ懸二於神殿御帳一也納二幣物一而後即取二件葵一插レ杖乍レ持申二返祝詞一也久壽二年四月台記被レ載下乍レ持二件杖一申二返祝詞一之由上尤可レ謂二失禮一歟然無レ桂定基問云桂如何神主答二失念之由一命下早速可二持來一之由上神主歸二參社頭一更取レ之持參了定基插レ冠始所レ插之又加二指之一起座停二立土屋邊一次引二回神馬一三回畢定基令レ立二胡床於土屋西軒下一着レ之

次東遊二曲如二下社一歌舞於二橋殿巽庭一事了歸洛舞人陰（〇陰恐誤）從扈從其路南行經二新塘一歸宅了檢非違使左馬寮使自二今出河邊一分散

凡祭日有二出立儀一而有二神館儀一及二還立事一件饗祿依レ無二用脚一一切不レ能レ設レ之加之每事略儀甚如レ無二威儀一唯時勢令レ然歟更無二餘儀一暫開二其端一而後世耳

夫溫レ故而知レ新者古今達道也此祭儀所載諸記延喜以來既三變歟應仁大亂之後中絕二百餘歲方今興レ廢繼レ絕彼延喜天曆盛時應永長祿衰代惣不レ合二今日之儀一況無レ可レ見二舊記之巨細一到二此時節一之儀則實在二閣下御扶持一定基拱レ手而勤レ之不レ然者何堪二此大事一哉然當日之儀可レ令二注進一之由蒙二嚴命一雖レ非レ不レ顧二烏焉

之才一今度進退不レ出二臆見一又所レ記偏閣下御說耳仍
應二賢意一不レ能二固辭一謾呈二筆紙一獻之恐懼不レ少者也
左近權中將藤原定基判

石上神宮御事抄（略曰二石上神宮御抄一）

貞觀九年格曰得二神祇官解一偁坐二大和國山邊郡一正一位勳六等石上神社一座

延喜神祇官式曰大和國山邊郡石上坐布留御魂神社一座（名神大月次相嘗新嘗）

舊事本紀曰建甕槌男神（亦曰建布都神亦曰豐布都神）今坐二常陸國鹿嶋一大神亦石上布都大神一是也

又曰磯城瑞籬宮御宇天皇（崇神〔天孫本紀〕）御世遷二建布都大神社於大倭國山邊郡石上邑一則天祖授二饒速日尊一自レ天受來之天璽瑞寶同共藏齋號曰二石上大神一

又曰天璽瑞寶所レ謂嬴都鏡一邊都鏡一八握劔一生玉一死反玉一足玉一道反玉一蛇比禮一蜂比禮一品物比禮一是也天神御祖敎詔曰若有二痛處一者令三茲十種謂二一二三四五六七八九十一而布瑠部由良由良止布瑠部如レ此爲レ之者死人反生矣是則所レ謂布瑠之言本矣

又曰神武天皇元年辛酉十一月丙子朔庚寅宇麻志麻治命奉レ齋二殿內於天璽瑞寶一奉三爲帝后一崇三鎭御魂一祈三禱壽祚一所謂御鎭魂祭自レ此而始矣其鎭魂祭日者猿女君等率二百歌女一擧二其布瑠之言本一而神樂歌儛尤是其緣者也

古事記（中卷）曰天照太神高木命二柱之命以召二建御雷神一而詔葦原中國者伊多玖佐夜藝帝阿理祁理云々汝建御雷神可レ降爾答曰僕雖レ不レ降專有下平二其國一之横刀上可レ降二是刀一名云二佐士布都神（サジフツノカミ）一亦名云二甕布都神（ミカフツノカミ）一亦名二布都御魂（フツノミタマ）一此刀者坐二石上神宮一也（○今按本書名云以下割注也）

日本書紀卷三曰武甕雷神平レ國之劔號曰二韴靈一

件文案レ之武甕雷神平レ國之横刀（劔同訓）號曰二韴靈一（此云二布都御魂一）是卽建布都大神之神體也以二崇神天皇御世一大倭國（後改二大和一）山邊郡石上邑鎭座所謂石上神宮是也亦曰二石上振神宮一

先師之說布都御魂者神代三劔其一也天羽羽斬亦然

又櫛玉饒速日尊自レ天受來之天璽瑞寶是卽布留御魂神之神體乎（鎭魂祭之日神祇中臣人持二著鈴賢木及切木綿一呼二十種神名一振レ之結二木綿一故各云二布留御魂神一歟）日本書紀履中天皇紀曰倭石上振神宮又顯宗天皇紀曰石上振之神椙所謂石上振神之謂此以崇神天皇御世鎭座

養老職員令（義解）曰神祇官伯一人掌二鎭魂祭御巫事一謂鎭

安也人陽氣曰魂々運也言招離遊之運魂鎭身體之中府故曰鎭魂在女曰巫

神祇令曰中冬中寅日鎭魂祭集解云上卯之次寅也

仲冬十一月

貞觀儀式云鎭魂祭儀以安藝木綿二枚(十カ)實於筥中進置神祇伯前御巫覆宇氣槽立其上以杵撞槽每一度畢伯結木綿說御巫舞訖次諸御巫猿女舞

江次第卷十三鎭魂祭次第曰十一月鎭魂祭(中寅有二寅下寅行)之宮內省東第一間立楉棚置祭物又倚付鈴賢木其西安木艚(覆置)御巫衝宇氣(衝宇氣神遊儀也神代上卷覆槽置義以賢木衝艚上也)神祇伯一人進結糸於葛筥(結糸自一至十字麻志麻治命十種瑞寶振之返死之緣也用系自一至十計之也)延喜式具見タリ

延喜式曰備前國赤坂郡石上布都之魂神社

新撰姓氏錄曰大鷦鷯諡仁德天皇御世達倭賀布都斯神社於石上御布瑠高庭之地

神代卷曰素戔烏尊拔所帶十握劒斬蛇云々一書曰其斷蛇劒號曰蛇之麁正此今在石上也一書曰素戔烏尊斷蛇之劒今在吉備神部許也(吉備者今備前備中備後也)

古語拾遺云素戔烏神自天而降到於出雲國簸之川上以天十握劒斬八岐大蛇天十握劒其名天羽羽斬今在石上神宮

兼文案之蛇之麁正是素戔烏尊所持十握劒也一名天羽羽斬爲神體以仁德天皇御世大和國石上布瑠村鎭座所謂石上神宮是也初在吉備神部許哉所謂備前國布都之魂神社是也

日本書紀(第六)曰垂仁天皇三十九年十月五十瓊敷命居於茅渟菟砥川上宮(河內國)作劒一千口因名其劒謂川上部亦名曰裸伴藏于石上神宮也是後命五十瓊敷命俾主石上神宮之神寶八十七年二月丁亥朔辛卯五十瓊敷命謂妹大中姬曰我老也不能掌神寶自今以後必妹主焉大中姬命辭曰我手弱女人也何能登天神庫五十瓊敷命曰神庫雖高我能爲神庫造梯豈煩登庫乎故諺曰神之神庫隨樹梯之此其緣也然遂大中姬命授物部十千根大連而令治故物部連等至于今治石上神寶是其緣也

右石上神宮御事抄者神宮齋主首物部連光由相傳之本也諸神記上(卜部兼敦作歟)載神言○(恐言宮之誤)御抄曰石上社素戔烏所持十握劒也一名天羽切爲神體云々古語拾遺素戔烏天十握劒(其名天羽斬)今在石上觀此案之石上

神宮御事抄所謂神宮御抄是也未レ詳二作者一頃閲二卜部氏藏本一先代舊事本紀卷第三奥書曰文永七年六月十一日雨中天照太神御事抄出畢石上神御事抄畢兼文云々依レ之考彼石上神宮御事抄者文永七年卜部兼文述作歟斯益本文曰兼文案レ之爲レ據又曰件文案レ之當三件文作二兼文一舊本有二謄寫之脱誤一撿二本書一而以二朱筆一訂二正之一云于レ時寶永元年歲次甲申孟夏初七書レ之又乙酉初春下六再校レ之

三枝益人今出川　一　友花押

月能桂　原本目錄無レ之今私加レ之

日吉祭禮記

月能桂

大政所華表之跡曳二神繩一事

正月十八日七社牛王二通幷樒十二枝掛レ之是二宮十禪師兩社宮仕之内三﨟各番調ヲ進之一惣而祭禮之儀式三﨟勤ヲ仕之一

年之祭禮始之事

二月二申日辰尅八王子三宮兩社神輿各自二假屋一本社拜殿江奉レ移ヲ置之一八王子駕輿丁者西谷無動寺飯室谷公人三宮駕輿丁者北谷東谷西塔北尾横河谷内公人等舊例而勤レ之兩宮々仕相從參ヲ著本社一是年之祭禮始ト云ナリ

直榊事

三月廿八日頃山門山内何處大榊立木有所直レ木(伐レ榊日レ直)飯室道廣芝松迄出置也同月晦日早旦於二廣芝一備二神酒於榊一然榊調進當番宮仕祝言尓持七社宮仕此所出御迎也人夫十八計捧ヲ持榊一宮仕神子各供奉奉レ移二大宮社東方一大宮木守路次内横大路迄擊二太皷一也榊調進之事五社之宮仕内三﨟各番相ヲ勤之一今日此所二持參一之幣四手神酒以下調ヲ進之一同人役也二宮十禪師兩宮除レ之蓋午神事卯神事役儀有レ之故歟今日七社之御寶前各榊二枝立レ之小社各同レ之也

祭禮事始

四月一日七社宮仕集ヲ會御供所一有二神事役儀等差定之祝儀一但七社御供所各番也其宮三﨟勤レ之

供二備神供一事

四月三日酉尅於二大宮下殿一供二神酒於廿一社一然榊調進之宮仕祝言大宮寶前同備レ之也七社宮仕皆參ヲ候大宮下殿一今日神酒一樽足打二膳土器廿一大豆壹升和布十把自二執行代一榊調進宮仕江被レ下レ之是則今夜神供用也

大榊爲二御迎一參着之事

同尅自二大津四宮一爲二大榊御迎一參着四宮生得二神人一人松本平野大明神之神人一人一各着二布衣一路次之間騎馬樓門之外下馬然着二坐大宮拜殿正面一次社家一老一人七社宮仕各着二坐大床一次客人社宮仕下二大宮階一坐二拜殿一與二御迎之神人一勸杯三度訖亦昇二大床一復坐次人夫等立二松明一捧ヲ持榊一回二大宮社之後一從二

西方ニ入二社正面日隱內一幸鉾同入レ之也次社家下レ階於二鐘打之下一訖二祝言一畢退出然而先幸鉾一基奉レ掛二早尾大行事畫像一則是先立持レ之次大松明榊前後持レ之大榊自二樓門一奉レ出次四宮幷松本明神神人等乘馬供奉從二馬場一經二作道下神輿道一自二下坂本一渡二御大津四宮一若濱邊洪水之時者四ツ屋エ奉二乘船供御一也坂本大津道筋家々燒二庭燎一也今夜宮集會大宮御供所頂二戴神酒一祝儀有レ之

四月祭禮以前丑日從二山門一獻上　座主宮之一通

日吉祭禮來十八日以二式日一令二執行一候前日未御供幷奉幣役者嚴重有二參勤一之樣被二仰付一者可レ爲二御神忠一之旨依二衆議一令レ申之由　座主宮御前御披露所レ仰候恐々謹言

貞享五年四月十一日　　執行代判

菅谷大輔法印

座主宮　奏聞之一通

來十八日例のごとく日よしさいれいとりおこなひまいらせ候この御心え候て日ろうまいらせ候めでたくかしく

御諱

勾當內侍とのへ

女房奉書

文のやう日ろう申入まいらせ候來十八日日よしのさい禮取おこなはれ候よし御心えあらせられ候此よし心えられ候てざすの宮さま御下向に付それ故しんもんさまより仰入られ候との御事御もつともに思召候このよし心え候て御申入まいらせ候かしく

御ちこの中

御日ろう

一丑日翌日從二座主宮一執行代御使者到來其口上菅谷大輔申云昨日書狀之趣日吉祭禮以二式日一被二執行一之旨　座主宮御前遂二披露一候之處有二御許容一卽日被レ經二奏聞一之間　勅許相濟候此旨可レ被二相心得一候依レ之被レ遣二使者一由也

日吉御祭禮來十八日以二式日一令二執行一候如二恒例一大榊被レ令二調進一嚴重參勤可二相催一者可レ爲二御神忠一候仍折紙如レ件

四月十一日　　執行代判

大榊本

日吉御祭禮來十八日以二式日一令二執行一候如二恒

例一御供船嚴重着岸並諸役人參勤可レ爲二御神忠一
候仍折紙如レ件

四月十一日　執行代判

粟津
御供本

一右之通客人社宮仕爲二役儀一到二兩所一祝儀饗應有レ之自二今日一粟津定神供調二進之一當屋村之役人等相集調レ之然取二往還賣人之分一一之由

日吉御祭禮來十八日以二式日一令二執行一候如二恒
例一前日未之御供嚴重令二調進一可レ有二參勤一候仍
而折紙如レ件

四月十一日　執行代判

主御供本

日吉御祭禮來十八日以二式日一令二執行一候如二恒
例一神輿御坐船嚴重令二參勤一候樣被二相催一者可
レ爲二御神忠一候仍折帋如レ件

四月十一日　執行代判

辻江五左衞門殿

日吉祭禮來十八日以二式日一令二執行一候任二恒例一
各嚴重參勤可レ爲二御神忠一之旨可レ被二相催一候仍
折紙如レ件

四月十一日　執行代判

日吉
社司中

日吉御祭禮來十八日以二式日一令二執行一候如二恒
例一精進竹調進可レ爲二御神忠一候仍而折紙如レ件

四月十一日　執行代判

大藪奉行中

日吉御祭禮來十八日以二式日一令二執行一候任二恒
例一駕輿丁嚴重參勤候樣念入可二相催一候仍而折
紙如レ件

四月十一日　執行代

公人下輪中

日吉御祭禮來十八日以二式日一令二執行一候任レ例
駕輿丁嚴重令二參勤一候樣念入可二相催一候仍折紙
如レ件

四月十一日　執行代判

下坂本年寄中

一今日丑日取二替大政所之神繩一同所立二御鉾一然亦曳二注連於王子宮幷拜殿一是二宮十禪師之內宮仕三﨟所役也

一四月當日祭禮以前午日申尅八王子祭禮也是云二午

神事也先奉向八王子三宮神輿於寶前移祝言有之次昇出神輿兩宮先八王子次三宮也然下八王子坂神幸渡御二宮拜殿坂道依爲難所神輿後更舒鈴繩二筋後扣之警固公人二宮方迄着鎧渡於子此脱具足登八王子駕輿丁勤之人數同二月神輿上時社家宮仕神人等供奉幷兩宮木守燒篝火先持之於二宮拜殿供洗米於神輿土器七膳戴小四方是二宮々仕爲恒例役儀調進之木守神子宮仕次第取次奉供之此間社家並居二宮鐘打次社家一老行拜殿向南奉幣訖皆退出

一今日自七社寶殿取出神寶並神輿御裝束莊嚴具等然五社各神輿奉假御裝束是則依爲今日午神事也亦今日撤大政所御鉾鳥居代立精進竹二本立所七所也所謂唐崎鳥居跡二本下坂本兩社辻同比叡辻若宮前同大鳥居跡同政所同馬場收納所辻同二宮橋北同今日各立之也凡七所何上古鳥居跡也比叡辻同村之年寄役兩社之神人中座土佐所役也

一同日唐崎社之一町許西南鳥居跡精進竹貳本立之曳注連但鳥居四十箇年許以前迄有之云々同所北精進竹七本宛南北七通合四十九本立之曳注連也古老所傳是上古宿院之跡也此所奉移神輿之由云々或小五月會時棧敷跡也云々不知一說何是耳立此竹之事等下坂本大門町大工町中嶋治郎左衞門大津神出町大工源左衞門各番相勤之着素襖所建之也

一未日五社神輿奉御裝束大宮聖眞子客人神輿直奉移大宮拜殿二宮方十禪師自假屋出之各奉向神輿寶前掛轅八階也然而小比叡禰宜參候移祝言小比叡禰宜者禰宜內四老也

今日未刻二宮方ヨリ遷幸政所之拜殿加八王子三宮四社神輿也駕輿丁之事相催四節之警固也太鼓持枕木同之但金輪院南岸院此二人各番ナリ今日卯神事是二宮祭禮也上古卯時行之故號卯神事連々成宵由申傳也今亥刻許行之今日申刻四節警固大宮方幷政所方各三十人許皆帶甲冑而渡兩所神輿前則退下其次第先立着素絹被五條袈裟帶太刀是則山徒之護正院相生坊金輪院南岸院四節之內二人宛各番每年勤之然一人宛留兩所神輿前警固下部二人帶兵具相從也大宮方樓門外上長道具二筋幷高挑灯二張立之侍以下十餘人幷居此所也二宮方並居政所拜殿傍道具

挑灯一侍以下同大宮方也今夜祭禮相濟歸下四節今無二
其人一其故護正院者矢嶋道節預勤ㇾ之梠生坊者北谷敎
王坊預勤ㇾ之此二人大宮方各番也金輪院者上坂本年
寄中預勤ㇾ之南岸院宮下宗伯預勤ㇾ之此二人二宮方各
番也同尅警固渡訖次社家參ヲ候王子宮之傍（ツトウ）一四社之宮
仕候二神輿前一次社家以三下部二云役人都同次二宮方宮
仕起座役人參二音呼ㇾ之則參二拜殿一次奠茶所謂召二大
宮木守本社御茶一二音呼ㇾ之則持參宮仕各取ㇾ之奉ㇾ供二
四社神輿一戴二小四方土器一也次社家四人一度以ㇾ笏祝言畢退出
召二役人一參二音即小比叡禰宜亦參ヲ候於二宮前一祝言
訖退出然後禰宜一人衣冠着ヲ座王子宮外陣一凡奠茶調
之事二宮十禪師之內宮仕三臈所役也御茶園所在井神町字云二茶木一
未御供早朝參二座主宮一申二御加持之事一即貫主宮垂二
翠簾一加ヲ持之一其間件御供棚舁ㇾ之回二庭上一三遍然即
持ヲ參左麓一
一酉尅祇園社宮仕幸圓持ヲ參未御供於大政所之重之
棚一莊榊曳二注連一御膳皆載ㇾ之其儀
二宮　洗米載二四方一
薄濃　鏡一面　疊紙　紅筆一双　造雛一對
鳥形造物一　造花

右之分皆入二緣高一
御札　御幣　卯杖長一間餘
八王子　洗米載二四方一
十禪師　同斷
三宮　同斷　神酒入錫壹
右之神供祇園社宮仕於二拜殿前一渡二當社宮仕一々々取
ㇾ之各奉ㇾ供二神輿一次召二役人參一二音禰宜則昇二拜殿一
取ㇾ笏四人一度祝言退下次召二役人參一二音則小比叡禰
宜參二拜殿一於二二宮神輿前一奉幣退出則是持ヲ參祇園
幣一也三尺許之札板入二錦袋一幣持副也但札板祇園持
歸也

札板之銘

日吉社
未日右方神人　貞享五年
泉和元年四月日（本ノマヽ）　卯月十七日

未神供調進之所烏丸通五條坊門上ル町云二山王町一
二十ヶ年許以前迄從二此所一調ヲ進之一今祇園幸圓領
也
一同尅燒二政所篝火一四社木守役也
同尅排二大宮之寶殿一社家宮仕參候次持ヲ參祇園調進

神供棚之莊同政所御膳ニ
洗米　載ニ四方ニ三膳　四方三膳土器尺和布柿
御菓子入ニ緣高內ニ饅頭花煎餅　酒入レ錫壺　御幣十本但五本宛取分之
八階神子双方一人宛次下左右ハ乙女二人宛幷居ル祇
園宮仕御膳度々唱奉レ渡ニ木守ニ然乙女子次第取テ次
之ニ供ニ內陣ニ
次禰宜一老下レ階ニ度奉幣祝言退出訖次亥上尅警固
之公人皆着レ鎧持ニ松明ニ群參中華表下立ニ列ニ行ニ凡
生源寺撞レ鐘三度井上町八條町庄町一度集ニ三方ニ也
小坂中役者回ニ左右ニ揃ニ定十六谷公人ニ然先立ニ獅子
役人ニ獅子所從馬場間吹レ笛擊ニ太皷ニ次田樂法師次警
固公人皆捧テ持太刀ニ擧レ聲參時集ニ政所ニ公人乍レ着
レ鎧ニ社ニ人宛持ニ神輿先輾ニ是云ニ駕輿丁表張ニ
次大政所於ニ神輿御寶前ニ獅子舞次田樂四社前次第然
二宮之前而以ニ舞納ニ相圖公人呼ニ勝滿々々四社駕輿
丁揃歟ニ時勝滿答レ應其時自ニ神輿於拜殿ニ下急昇ニ出
鼠祠前迄ニ神幸遲速先進次第也從ニ鼠禿倉前ニ如ニ式
法ニ定ニ次第ニ列ニ渡ニ宮橋上夜宮道ニ經ニ總社之前惣合
鳥居ニ入テ御大宮拜殿ニ然七社神輿列テ立于一所ニ所謂
大宮中央ニ宮東聖眞子西八王子艮角客人乾角十禪師
巽角三宮坤角也公人皆持ニ松明ニ警テ固前後ニ政所四節
後殿供奉然於ニ惣合鳥居基ニ挑灯高指上時大宮方四節
一度上レ之是謂ニ今夜祭禮無異相濟之標示ニ歟今夜駕
輿丁之事四社谷々駈人爲レ役相催也云ニ例參ニ有ニ作法
事ニ依レ之餘谷々公人加勢之由也
次祭禮神供排ニ四社寶殿ニ各供ニ內陣ニ八王子三宮大宮
內陣一所供レ之客人社下殿供レ之惣御供所調テ進之ニ是
則年中八箇之內其一也社家三老迄各奉幣祝言
二申日巳尅於ニ坂本町々濱ニ搦ニ七社神輿方船ニ所レ謂
寄合船貳艘打テ渡船梁ニ其上敷レ板々上四方精進竹四
本曳ニ注連ニ高札各書ニ神號ニ立レ之七社同レ之然七本柳
濱寄テ置御船ニ也搦ニ御船ニ下坂本町々之役也
大宮酒井町二宮四屋町聖眞子石川町八王子柳町客人大道町
十禪師比叡辻三宮太間町傳聞康保安和之頃龍頭鷁首之
船泛ニ湖水ニ有ニ神幸ニ云々今衰廢可レ歎テ嗟之ニ耳神馬船
八艘同着ニ此所ニ是亦浦々之公役也
同申日當日大宮權現祭禮也早朝供ニ七社御寶前神供
幷神寶等ニ追々三院衆徒參詣拜賀法施神樂等也宮仕
參テ候大床幷七社神輿前ニ
今日午尅計山門衆徒集ニ三塔ニ各々集來所及棧敷入之

期谷々公人參集故賜酒者公人着鎧持太刀列立庭上飲之三獻冷酒廻一反次引肴粢染小串也次酒二反順行然後公人前駈衆徒自馬場出仕各々入棧敷其門公人立列棧敷前警固之衆徒入棧敷畢公人退下三院棧敷皆垂簾各々有饗應行器赤飯酒肴等從谷谷年行事及當番役者役之凡三院兒棧敷入有之則公人前駈次小童子一人次兒作眉着長絹袴持袙扇乘法師肩法師白布一端掛肩其上乘兒法師者公人末衆過者云法師也次若大衆着白素絹次老僧徒行然兒從棧敷正面入之令坐上坐三院互樽核等祝儀有之其日棧敷饗應自兒許設之未剋自粟津御供船山門執行代江一通持參棧敷

御供船於唐崎令着岸候早々御神幸所仰候以上

四月十八日　　　粟津　御供本

執行代

同剋從座主宮幣使大宮參着々鈍色袍裳五條袈裟御幣七本持參禰宜兼出仕相待

同剋社家二人衣冠樹下生源寺自分之宅乘馬通政所之前出馬場參候大宮其儀於樓門內西方下馬中古春日岡邊下馬之由也五色之幣七本先持之是官幣之由備寶前也次社家皆政所之前通馬場出仕先排大宮寶前着坐微音祓讀之歟次社家取座主宮御幣七社神輿移祝言畢皆昇坐大床次座主宮幣使大宮階三段昇時宮仕桂枝一把渡之則請取之退出今日上京之由

私云幣使持參事是可爲官幣使代歟爾者五色幣可備寶前筈也雖然用常幣也是誤歟右之幣共皆社家調進之由重可尋之也

次大宮御寶前牽神馬一疋祝言有之

次神輿各莊桂枝宮仕調之

大榊今日午剋許大津四宮松本平野明神粟津五所社神人等供奉渡御榊宮在作道大津町奉行所同心二人曳鐵棒先行同奉行所之家老二人并手代侍以下二十人許控後一對之長道具令持之從四宮大津町間供奉到觀音寺町暫奉留榊於此所此間同町鍛冶着袴肩衣直幸鉾打搥治之爲舊例每年如此也治之訖則奉行所之侍皈去町代三人供奉榊到坂本蓋是不可令路次之間人夫等作爲放埒之事爲警誡也

末尅宮仕三人榊宮參迎此內客人社宮仕一人奉幣祝言是每年同役也餘二人七社宮仕各番勤ヲ仕之一渡二御榊大宮一令二供奉一也

未下尅警固公人幷下坂本比叡辻仗者皆着レ鎧集ヲ來中鳥居基一撞二生源寺鐘一三度同午神事作法警固中以二小坂中役者一榊宮遣二七度半使一是則大榊渡御之儀可レ被二相催一之由也依レ之榊渡御供奉次第先二御幣一人持之一次宮仕三人着二襖衣一帶二太刀一召ヲ具白丁三人一次素襖五人列二二行一次四宮神人木村左近着二袴肩衣一爲二路次行列警衛一也次幸鉾持レ之次大榊人夫等捧ヲ持之一次衣冠神人一人乘馬指二掛衣蓋一也是膳所五所明神內各番出仕ス 次總角兒童一人着二赤色裝束一乘馬是出二松本之內馬場町ヨリ一 次着二布衣一神人二人各乘馬一人大津町四宮神人一人者松本平野明神々人ナリ然榊自二作道一入二二華表上馬場一經二早尾社前一渡御至二大宮社一以レ榊社東方遷置也次於二三院棧敷前一有二獅子田樂之役人一與二卯神事一同人也獅子舞田樂終先指麾次公人三院別當次六別當次十六谷公人次三院本谷公人先年有二出入一故近年如レ此次五人年寄次法師次上坂本仗者次濱分仗者渡也著衣公人三十人餘著レ鎧公人百十人餘上坂本仗者八十人餘濱分仗者六十人餘都合三百人計也次七社駕輿丁七百人加增共千人可レ有レ之歟警固後續上先大宮神輿次第春日岡後昇出搦二副轅一此時比叡辻仗者列ヲ立大橋西一拔二刀劒一警ヲ衛之一敢不レ令二人通路一也然此間社家自二大床下春日岡邊一以二笏拍子一奏二神歌一是號二春日祭一上古伶人奏二鳥向樂一云々

一七社駕輿丁之事

大宮 山中村　二宮 八瀨里高野村　聖眞子 千野苗鹿　八王子 修學寺村一乘寺村

客人 高畠眞野　十禪師 宂太上坂本山上　三宮 志賀下坂本

一申之尅神ヲ幸唐崎一供奉之次第

先神馬七疋各舍人二人白丁 自二惣合鳥居一經二二鳥居一至二于唐崎一之五町許南濱有二神號札板七本立所一牽二此所一則神馬之別當飼馬也今日神馬事下坂本町々爲レ役調ヲ出之一但搦二神輿一船與二町町一同役也

次七社御鉾七基鉾持一本各五人白丁 自二惣合鳥居一渡二大鳥居傍一此所立二御鉾一但大宮御鉾下掛二猿田彥面一也神輿渡御畢上八條町歸入各七社是依レ爲二還御之道筋一歟

次持二七社之太鼓一下二馬場一皆載ヲ移神輿船一

次七社之神子中之鳥居邊迄供奉

次社家二人供奉各衣冠騎馬召ヲ具笠持白丁二三人一下二馬場一一人者留二大鳥居邊一一人者七本柳乘二役船一至二唐崎一乘ヲ移大宮神輿船一是則爲二神供祝言一也

次宮仕一人令レ持二幣於白丁二人一下二馬場七本柳一乘二
役船一至二唐崎一也是則爲二神馬還御祝言一也七社宮仕
三艏各番勤レ之都合小船八艘神馬之役船也往昔洪水
之時神馬乘レ之例歟各立二七社神號札一一艘下八王子
船由但早尾歟大宮役船社家乘レ之二宮役船宮仕乘レ之
也
一神輿渡御已前桂枝一把宛三院其各其社宮仕其院々ノ
棧敷持ヨ參之一
次七社宮仕持二神劔一下二馬場一歟手鉾持七人白丁各乘二神輿
船一也
次持二七社杭木一追々下二馬場一皆載二移神輿船一
一神幸事惣合鳥居基幷大橋東兩所振二指麾一時此指麾
下自二七社一各公人一人附レ之是則神輿神幸爲二遲速一
也大宮神輿舁出下二指麾一許次振二指麾一時舁ヨ出二宮一
已下次第如レ此也
一社廿人宛爲二前駈一仗者先行次各々神輿神幸其道筋
出二惣合鳥居一經二馬場二鳥居大鳥居一行二石占井在舊
井方上明良一自二作道一下二神輿道兩社辻一到二七本柳一
奉レ乘レ船供奉警二固之一若徒同乘船從二七本柳一御船神
幸先進次第唐崎之四五町許南留二御船一中央大宮左二
宮右聖眞子二宮北八王子聖眞子南客人八王子北三宮
客人南十禪師但北十禪師南可レ爲二三宮誤一歟
神輿船各東向也七社神輿各供二神酒一奉幣祝言與二粟
津神供一同時也各宮仕勤レ之
次粟津御供船湖上相對大宮船隔二東方半町許一指留次
自二粟津一之幣帛載ヨ移小船一持ヨ參大宮之船一々人着二
素襖袴一掛二赤色襷一船漕樣故實有レ之由粟津村代代年
寄役也大宮木守請ヨ取幣一渡二客人社宮仕一々々取レ之
渡二社家一々々取レ之則奉幣祝言次御供船着二素絹五
條一僧向二御船一備二御膳一次第海落(渡カ)七五三四十九膳御
菓子神酒等也此間於二御供之船中一奏二音樂一樂名今日樂
人御供許ヨリ招ヨ請之一令二奏樂一ナリ又御供船屋形之
上着二猿面猿形一者出二三人一爲二猿遊戲一此時宮仕小船
上二唐崎南濱向一神馬還御移祝言奉幣神馬別當持ヨ參御
幣七本一七社次第渡レ之則神馬相副持ヨ參本社一七社各
寶前牽二神馬一舍人二人令レ持レ轡以二此幣一社家賽也神
供々訖御供船莊レ之幣皆投ヨ入湖中一打レ鐘口唱二念佛一
也其時神輿船擊二太皷一則還御先進次第奉レ着二比叡辻
村若宮之汀一御船遲速有レ之時指ヨ留五社之船汀半町
許東一也然後大宮船二宮之船先着レ岸二艘宛如二次第一

着㆑岸奉㆑上㆓神輿㆒三宮之船後殿一艘着岸上㆑之也凡還御入㆑夜之故高挑灯二張宛各神輿之先持㆑之八條横大路町筋家々燒㆓庭燎㆒也駕輿丁比叡辻村役送㆑之如㆑此二艘宛奉㆑上㆓神輿㆒來依㆓爲比叡辻村駕輿丁人數少分㆒也每度以㆓同人數㆒八條之下迦羅陀山地藏堂迄奉㆑昇㆑之從㆑此谷谷ノ公人請ヨ取之㆒三院其各其社伇者院々奴僕昇㆑之各本社之假屋奉㆑入㆑之

一翌日巳刻社家爲㆑賽於㆓社々前㆒笏拍子神歌坐㆓大宮拜殿㆒賽次神莊嚴之具以下撤㆑之也

一賽之事廿ヶ年餘以前廓神子參㆓大宮㆒有㆓歌物□㆒

郭公深キ谷ヨリ出ニケリ外山ノスソニ聲ソ落クル

三反

近年廓神子不參無㆓其沙汰㆒也

夫日吉山王權現卯月申の日の祭禮は往昔天智天皇の御宇白鳳元年に我御神大津の八柳のかげより此山末にしづまりましますべきゆへ彼（〇ゆへ彼恐地所之誤）を相たまふとて田中の恒世の船に棹さしてさゝなみや志賀の唐崎に御幸なりし時恒世船中にて粟の供御を奉りしより每歳此浦に神幸あるべしとの神勅より事はじまりて一千餘年の今に至るまであめが下の大祀となり代代の聖主いとも畏き詔を降し給ひて執行はせ給ふ世にかくれなき神わざになむ侍るされば法印延全の

神代よりかはらぬ松もとしふりて御幸久しき志賀のから崎

と詠じたまひしは新拾遺集にえらばれ尊圓親王の

久かたの天津日よしの神まつり月の桂もひかりそへけり

とつらねたまひしは風雅集になむ入侍るしかれば代々の帝叡慮をかたぶけまし〱ていときらきらしく執おこなはれし祭禮にて侍りしを去る元龜のみだれに絕はて侍りぬる事いと口惜きわざなりしかはあれどいつしか和光のかげの照そひてふたゝび神幸のあとたえせぬわざとなり侍る事誠に七のやしろの御惠に四の海も靜なる故なるべしかくてやつがれかく神職の身と生れ朝な夕なにあがめつかふまつる事年久しくなりにたれど限なき神恩を報じ奉るべきよしもなし爰に覺深大僧都閑話の折から祭禮の神わざしるし付たる物やあると尋ね問たまふに其わざ記したる記見及侍らず但往日の事は辨へ侍らねど當時の現行はおよそ見および聞傳へ侍りぬといへばさ

らば是を書記して後の代にも傳へよかしと勸めたまふしかれどももとより愚の筆のあと殊に神わざの深きよしもわきまへ侍らねばいかでかこれを記し侍りなむといなめど强ていさめ給ふ事度かさなり侍ればいな船のいなとも辭しがたく且おふけなき神恩を謝し奉る一端ともなりねかしと思ひかへし侍りていささか目にさへぎり耳にふれ侍るわざどもをそこはかとなく書集めて彼僧都の几下に捧るもの也これ唯一時の責をふさぎ侍るのみなり敢て後の日に殘し置侍るべき物にはあらず一度貴覽を經ばはやくかいやり捨たまへと云事しかり

于レ時貞享の五とせ龍集戊辰五月の下の七日に聖眞子の宮奉仕綠樹軒松順伊勢園の草廬にして是を記し畢

凡日吉山王權現初夏中祭禮者曩時　天智聖代大宮權現鎭ヲ座于波止土濃之靈地一至二于今一一千餘回連綿不レ絶矣然從二白鳳年中一至二延曆九年一唯以レ榊奉レ祭レ之同十年辛未　桓武天皇令レ勅ヲ造神輿二基一（謂大宮二宮二社耳）渡ヲ御唐崎一奉レ祭レ之五十六代淸和天皇貞觀七年卯月七日令レ勅ヲ造聖眞子八王子客人此三神輿一　七十四代

鳥羽院御宇天仁二年四月廿二日令レ勅ヲ造十禪師神輿一同帝永久三年卯月廿一日重令レ造二三宮神輿一焉自レ爾已來代々聖主降レ詔造ヲ替神輿一故七社靈耀赫々矣且六十四代　圓融院御宇天元二年乙卯初夏自二富津濱一至二于辛崎浦一泛二龍頭鷁首船一伶人廿餘輩舞樂七十一代　後三條院延久四年四月廿三日祭禮被レ立二官幣使一八十四代　順德院御宇建曆三年十一月十八日祭禮之日（此時有レ故祭禮延引也）被レ發ヲ遣勅使左近衛中將藤原資平朝臣一爾來勅使無二敢斷絶一焉凡我山王祭禮之巍々堂々大都如レ斯呼（鳴脫カ）興廢有レ時行藏任レ運故元龜兵火一發已來寶殿神輿成二灰燼一然天正聖朝神殿祭禮粗再ヲ興之一余記二此始末一及二當時祭時現行之次第一以欲レ備二廢忘一未レ果焉一日綠樹軒松順來二于山房一問二我安一茶話之次談及二此事一故宣二余微志一以勸レ記二此事一固辭之不二敢止一焉故令レ錄二此一卷一以贈レ之余閱レ之則宛如レ見二掌菓一矣於レ于レ茲宿望一時遂畢蓋是非レ遂二我宿望一抑亦可レ爲二後代之龜鏡一乎故一唱三嘆之餘叨加二一語一以贈二彼孫謀一云レ爾

貞享五年著雍執徐蕤賓念八日

台嶺蘇陀峯雞足院住

大僧都法印大和尙位覺深識之

右月能桂一卷(山王祭禮記一卷)延曆寺之藏本也依師命加書寫一校畢原本字形走草且依爲反古之裏間有難讀解者大概依本而闕任思得附朱字焉所謂山家要略記五卷山家要記淺略目錄二卷倂此二卷都九卷全備日吉神社之由來者也

文政七年甲申秋九月十一日

氣吹廼屋垣內末松重恭花押

月能桂一卷平田家藏本を以て謄寫せしめ本集に收む

明治卅八年十二月　佐伯有義

東照宮大權現緣起

傳聞いにしへ溟渤の蒼海に三輪の金光有て浮浪す天地ひらけ陰陽わかるゝに至て三輪の金光同く三光の神聖と成て其中に化生す此故に神國たり神世萬々人皇千々にいたり一刹利種系聯禪讓していまだかつて移革せず相胤も亦玄かなり閻浮界の裡豈かくの如く至治の域あらむやされば日域を根本として印度支那を枝葉とせる事良有レ以哉　抑本朝帝皇の苗裔姓氏あまたにわかれし中にも第五十六代　水尾帝の御末の源氏はたけきいきほひありて君を守り國を治ること世に超過せりことさらに當家の祖神に祝ひたふとび給ふ東照大權現の名高き世のほまれは言説にも述がたく筆端にもつくしがたし今この本緣を顯すも巨海の一滴九牛が一毛のみならしそのかみ彼慈父贈大納言廣忠卿若君のなきことを歎き北の方もろともに參州煙巖山鳳來寺の　醫王善逝に參詣ありて丹誠を凝し諸有願求悉令滿足の誓約を深くたのみ給ひき

（此間に有繪）

ある夜北のかたあらたなる靈夢を蒙りたまふ夫夢は六の玄な四のわかちありといへども瑞夢揭焉（イチヽルク）して御身も唯ならずおはしませばまさしきト筮の者にとはせ給へば孕にいまするは宿植德本の男子十有二月にて平安に誕生あるべし是十二神將擁護の故なりと考へけり

（此間に有繪）

誠に占かた掌をさすが如く十二ヶ月にあたり天文十一年壬寅十二月廿六日易産の紐をとき給ふ御骨法非常して乳母湯母備侍り養し奉り蟇目の儀式碁手のかけ物など調へつとめて三日五日の夜の祝ごとども本所はさらにもいはずこなたかなたの御養産不レ可二勝計一此君襁褓のうちより風姿岐嶷に幼して雄略義氣いましければ御家族の繁榮行末たのみ有て國人皆天壤ときはまりなからんことをねがひよろこびあへり

（此間に有繪）

或時邑里のわか人ども弓箭を携へ瓦礫を飛して因地といふわざを玄けり此事何の年月にはじまり何の故事におこるといふ說をきかず元來の怨讐ならねば暫時の計策にまかす分々に下知を加ふる良將あらざれ

ば伍々の行列を備る士卒もなく只各心の欲する所にしたがひてあるは東西につどひあるは南北に集りて挑み戰ふことひねもすにやまず爰に源君十歳の御時見物の爲に出たまひて供奉のともがらにのたまひけるは多勢の所にてはいなみじ小勢の方にあるべしと仰ありはたして大敵敗北しておはしますかた勝になれりされば此君は生知なりと皆人感嘆し希有の思をなせり（此間に有繪）

秀吉公天下を幷呑の心ざし有て天正甲申の春尾州に發向のよしきこえければ信雄一期の浮沈こゝに極り源君の御扶助をたのみ給ひしかば故信長公のよしみを思しめし戰場の勝負を論せずやがて應諾有て三月上旬八千餘騎を卒して濱松を御立あり清洲の城に入たまひ國中を見めぐりて急ぎ勇兵をつかはし羽黒に陣取たる敵軍を追拂ひ小牧山に御動座あり秀吉は四月八日羽翼の武士共三萬餘騎小幡岩崎へ推廻し岡崎を心ざし馳向のよし聞し召て小牧にも究竟の軍兵共を殘し置前後六千餘騎にて打出させ給同翌日長久手に於て合戰あり源君に隨ひ奉る强兵一騎當千の働して敵の猛將あまた討取勝鬨をあげて卽時に小幡へ入給ふ是猶小城なればとて其夜小牧山へ移らせ給ふ秀吉は樂田に歸り小松寺に本陣をはり用心きびしくして小牧山の近邊二重堀小口樂田に其勢八萬ばかり手分をしつゝ合戰の用意あり數日を經て源君信雄を誘引し軍勢一萬八千を十六手にわかち小牧山より打出二重堀の東の野へ押出し備を立給へば二重堀の者共はあはて色めきて小松寺へ加勢をこひければ秀吉宣ひけるは敵馬をいればしづまりてあくまで敵の胴勢かゝらば此方より詰べしとぞありしこれは二重堀のものどもを餌兵になし兩將胴勢をみだしせめかゝらば大軍にて取籠討取べきとの計略なり源君ははやく此事をしろしめし小牧山へ引とらる秀吉手を失ひて犬山の西南奈良高田村に士卒を殘しおき五月朔日七萬五千餘騎にて終に美濃へ退き給ふ源君は此たびにかぎらず若年の御時より武勇世にすぐれたまひ江州姉川に至りては朝倉が大軍を破り長篠に於て武田にあたる時は甲軍忽に辟易す或時は隣國の名將とたたかひ又は邊鄙の凶徒をしづめ數十ヶ度の合戰皆以勝利を得給ふこと御智謀のいたす處也上古にも末代にも有がたきためしなりと人みなほめ奉りけり

天正十二年小牧に於て大利をえ翌年秀吉と源君和睦有て數年を經秀吉薨去の後程なく奥州會津の逆徒蜂起により源君かれを征伐の爲に慶長五年七月二日江戶の城に還座し給ふ然る處に石田の何某といへる佞臣有て幼少の秀賴を恣にはからひ天下をくつがへしはたしてはおのれ獨步の思をなさんと國々の勇士をあひかたらひ源君に對し奉り奸謀を企てけり此事關東へきこえければ各僉議有て中納言秀忠卿は上野信濃の勢を引卒し東山道をのぼり給ふ東海道よりは今度下國せる諸大名に譜代の武將を相添て八月朔日數萬騎の軍兵をさしのぼせらる猛勢尾州に着して廿二日には大河をこえ新賀野の軍に討勝翌日岐阜を攻落し城主を取籠にしてこのよし注進申ければ源君聞し召て東國の惣大將として結城少將秀康を殘しおき九月朔日進發し給ひ漸く美濃の國につかせ給ひて關ヶ原のうへ岡山に御陣所を定らる此威氣におそれて大垣に楯籠たる敵軍江左の佐和山をさし夜深く城中を出て同十五日に大勢關ヶ原に至り伊吹山をうしろにあてゝ陣を取先陣より此よし申上ければ近習外樣の軍士を出して相戰しめ給ふ敵もおの／＼名をえたるものゝふなりといへども天性此君の武畧異國本朝にもすぐれ給へば强將の下に弱兵なくして四方八面に敵を追ちらし就レ中御息下野守忠吉は眞前に進み出返し合たる究竟の敵を斬すてあたりをはらひたる御振舞なり此外敵味方の名譽不レ可二勝計一そのかたはしをしるしとゞめんも中々なればもらしつ石田は今度の不義不忠により天罰を蒙りつひにかひなく生捕られ首を獄門にかけらる彼謀叛の與類或は降參し或は滅亡して六十餘州一時に治りぬ秀賴は少年なりといへどもかゝる兵亂の本基たる上は石田と共に討はたさるべきことなりとみな人いひしかども源君は舊好をおぼしめしてたすけ置給ひしこと誠ふかき御めぐみの至り也さて此度忠功の人々には郡國を宛行ひ差降し俸祿にあづかり時を踰ざる御はからひ誠に賞罰嚴重の事ども也（此間有繪）

慶長八年二月十二日源家康公征夷大將軍の重任に補せられ右大臣に轉じ給ふ氏の長者として奬學淳和兩院の別當を兼給ふこれたゞ一旦の叡慮にてはあるべからず元より累祖武將の御身なれば東夷西戎の亂逆をしづめ蒼生を利せしめられし勳功すでにおほいな

りといへどもおごることなく仁義を守り文道にも達し給へれば十目の視るところ十手の指ところにてかかるつかさ位にも昇り給ふなるべし同年三月廿五日御參內ありし時更に牛車の宣旨を蒙り給ふ此をりの行粧前驅扈從隨身雜色までも思ひ〳〵の美麗をつくしければ洛中の男女衢にみちて手を額にあてゝぞ見たてまつりける殿上に昇給には月卿雲客昵近の外もなべての公達もいつき隨ひ奉らるかしこき綸言を下し給ひいまはた君臣合體の御政道なれば萬國風靜にて八嶋の波治り樵歌牧笛の聲もやすくたのしめりとぞきこえし（此間有繪）

駿城の西南に一の勝地あり志豆機山と名づく猗々たる綠竹枝をまじへ鬱々たる紅花色をそへてはたばりひろき錦を織出かとうたがふ誠に名におふ絕境也されば鶯花むなしく過しがたきをりふしなれば狂風いまだ起らざるに先だちて源君忽に高駕を廻らし給へば奉仕のともがら綾羅艷色袖をつらねて競きたる有樣珍しき壯觀なり加之風雅の好士儒業の博達扈從してあひがたき聖君にあひえがたき花の時をえたることをよろこびて一吟一詠思ひ〳〵の心ざしをのべ高宴遊興を盡せりしかあれば遲々たる春の日もやゝ暮わたり殷々たる鐘の音もかすみてほのかなるをりしも傍なる庵室に誦經の聲するをいかなる文にやと尋おはしませば黃昏の偈に侍るとて此日已過命則衰減如㆓少水魚㆒斯有㆓何樂㆒といとたふとく訓釋しけるをつら〳〵きこしめしげにさにこそとふかく心肝に銘じてはじめて無上正眞の道心を發得してやがて還御おはしける翌日に至りて花下の御遊希代の勝事なりしことなど各申けるに源君のたまひしは大かた世の中に吟翫する花の色香は皆是輪回の業因にして出離の要路にあらずたゞ美花を見ても本尊を念じ冷風を聞ても無常を觀ずべし爰をもて南樓の秋の月を望ても眞如の本宮に至ぬべく金谷の春の花を翫びてもまさに寂光の理土に還なむとすといへりとぞ（此間有繪）

濃州關が原の合戰に討勝たまひし時秀賴も生害に及べかりしを其まゝもとの名城にたすけおき給ひて若干の國郡を賚し博愛を垂給ふしかるをいつしか源君の御厚恩を忘れ去年秋のころ諸牢人を大坂に抱置て逆謀を企らる此事都鄙に隱なければ駿府武州の兩御所進發有て五十萬騎の大勢にて城外の四面打圍み喚

叫で攻ければ士卒勁弩要害の處を守るといへども終に屈伏し内緣により頻に和順の義を乞れしかば堀築地を破却して無事に屬せしに當春又兵亂を起し京都を燒拂べき風聞有て洛中の上下蟻の如くに固り蠅の如くに散々依レ之源君御憤ふかくして四月四日駿府を御立あり同十八日二條の御所に着せ給ふ將軍家は大御所の命により江戸を出させ給ひて同廿一日伏見の城に入給ふつら〳〵秀賴の不義を思ふに先年石田が謀叛のをりといひ去冬の暴逆といひ其罪輕からざるに今又斯るくわだてなれば再犯不レ容して大樹は五月三日に伏見をたゝしめ給ひ諸勢を六段に備らる其外小姓の精卒彼是都合廿萬騎にて其夜は角南にましましけり端午には大御所二條の城より近習の御勢一萬五千騎計にて出させ給ふ其外尾張宰相中將義直遠江宰相中將賴宣供奉せられて星田まで押出し給ふ大和口よりは大和伊勢陸奧越後の軍兵推入ける尼ヶ崎西宮には播磨備前備中丹波丹後の人數隙なく陣をはる和泉紀伊國の勢は岸和田にゆらへて合戰の相圖をまつ大坂の軍勢は十五六萬騎とぞきこえし其中にも今度は十死一生に思定たる兵共命を輕じ義を重じて六日の早夙に道明寺若江矢尾口こなたかなたに打出箭鏃を飛し劔戟をまじへ面もふらず相戰ふはじめは勝利をえていさみしかども英雄の猛將先鋒として武藝を盡し攻ければ名をえたる勇士あまた討れて敵は機を失ふ終日數度の戰ひなれば死骸野徑にみち塞る敵方多く討れ暮に及て引退く翌朝七日には兩御所の仰により味方の御勢稻麻竹葦の如く旗の手を靡かし靑屋口鷺嶋の方天王寺口へおしかゝり茶臼山にそなへたる敵陣を攻詰隨一の大將も匹夫の如くにおり立て父子兄弟にも先を爭ひつゝ義士あまた討死して終に敵をば追入けり此外方々に控へたる良將我おとらじと進ければみな城中へ攻入ける則城内に火懸りぬれば秀賴御母堂と諸共に山里にしてあくる八日に自殺せらる親暱の男女あまた最後の御供してみな灰燼となりぬかゝるをりの勳功は一々姓名をも顯し世の譽をも顯すべきをみじかき筆には及がたくや見ぬ周武漢高の忠臣も先哲史文にのせて末代にもつたへければ當時の才人も又しかるべし太閤萬國の人力を勞せしめ多年經營したまへる城郭金殿玉樓ことぐ〳〵く慶長廿年五月七日一片の煙とたちのぼりける三界

は元よりも火宅の中ときくからに我此土安穩の妙文いまはたありかたきこと也此後はいよ〳〵四海八紘一向に源君の御掌のうちにして風雨も時をたがへぬ御代なりけり（此間有繪）

元和第二の暦む月の十日あまり源君御不例の色ありこれによりて諸社の奉幣諸醫さま〴〵救療し奉るといへども平安に就たまふべき御けしきもあらざりければ行衞たのもしげなくぞ見えたまひける　主上かくと聞食て驚なげかせたまひ御修法行せられ御祈の卷數などまゐらせらる元よりの御心ざしなれば今度家康を太政大臣に任ぜらるゝよし　勅使をたてられ宣旨を下さるゝも猶あかず思食ながく一人に師範として四海に儀形たるつかさにしあれば後代の龜鏡にもとやおぼしよりけむ叡慮のほどありがたき御事也（此間有繪）

源君の御違例日を經てよはらせおはしませば自今以後いよ〳〵君を守護し國を治たまはむ事のみ大將軍秀忠公にいとこまやかに御遺言ありければ秀忠公かなしびに堪給はず哽咽し給ひけるとぞさて天海をめして法華止觀の深義山王神道の玄奥をつたへ現世安穩後生善處の御本意を遂たまふぞありがたくおぼえ侍るかくて御はふりのことは先當國久野寺にをさめ一回の光景を送り時に神號の事奏聞を經て授賜るべきに於ては大織冠のためしをあふぎて日光山へ移すべししからば神を當嶺に降して永く國家を擁護し子孫を視そなはさん事たがふまじきよし御誓約有て元和二年四月十七日七十五歲にて安然として薨御したまひぬおほよそ髮をいたゞき齒を含たぐひ敢て悲歎せざるはなし（此間有繪）

久能寺は是行基菩薩の草創なりといへども四明天台の末寺補陀洛山の聖容化緣年ふりたり梵音の潮すさまじくして出現の月あきらか也御遺言に任ておの〳〵供奉の行粧を刷ふ石窟に尊體をさめたてまつれば大僧正天海その作法をつとめしめ有緣を此山に導き卽身を法界にひらく觀念を修す心印諳に推はかられていとたふとし爰に當寺の鎭守を尋れば摩多羅神也日光の奥院亦同名同神なりかれをもてこれを思ふに重ねて此地より日光へ移しまゐらすべき御兼言も神慮不思議にぞ覺えし（此間有繪）

抑元和三のとし尊體を日光山へ移し奉ること大織冠

を津の國阿威より談山に定慧和尚のわたし申されけるためしとかや神體を金輿に奉り大僧正天海みちびき給ひ北嶺高才の僧侶東關碩學の衆徒あひしたがひ武家の近習むねとのさぶらひ數輩警固し奉りて端麗しきよそほひ也こなたかなたの御旅所は新しく經營して夜々の御とまりには大僧正觀念を凝し給へば衆僧の勤行も嚴重なり殊に仙波大堂には日をかさねてとどまらせ給ひて一生入妙覺といふ論題を出し問答往復金玉をみがく大僧正もとより辨舌懸河をながして卽故初後不二と證判せられたれば限なき御功德と來集のともがら感涙を催しきかくて卯月四日には日光山坐禪院につかせ給ふ此程大僧正扈從の人々にそれ神は混沌のはじめをまもるがゆゑに生死の二の相をとり給はず六塵の境にまじはるはしばらく和光の御結緣也今かしこきおほやけの詔をくだし神號を東照大權現と授けまゐらせられおほきひとつの位を贈らせたまひぬ御門よりはじめて御家運は久堅の天ながくあらかねの地ひさしくして擁護しいまさんこと疑なしとしめされけり佛誕生の日は御廟塔に御定座あり十六日にぞ新造の御社には遷御なし奉りける(此間有繪)

前大將軍大相國秀忠公もはら心ざしを抽て三業相應の白善を修し宿因内に薫じて無双の靈地を得知識外にたすけて淸淨の堂社をたて東照大權現を祝ひ奉り年々の御忌辰には大相國秀忠公御社參ありて孝心をつくし給ふ威儀ことさらに儼然たりしかれば則堅固寂靜の梵閣は三世諸佛の依正眞際常恒の靈廟は十方如來の所栖也和光の惠日いよ〳〵祠上にかゞやき本地の秋月はるかに此閣をてらさむ起立の功德は子々孫々の德風ひさしく意樹にあふぎ禮敬の得益は家々遠々の惠露あまねく心地をうるほす還歸本理の東照大權現は法性凝寂にして懇誠を感じてつひにあらはるゝのみ(此間有繪)

此橋を山菅といひ傳へたることはむかし勝道上人といへる沙門此河のほとりに來り渡るべきことたやすからずして蜘蹰悚慄す時に北岸より化人忽然として現來す其長丈餘かたち夜叉の如くにして左手を腰に安じ右手に青赤の二蛇を握り厲聲を出し告ていはく我は是深沙大王なりむかし玄奘三藏渡天の時も流沙の難を救ひき今又此河を渡しまゐらせむとて手裏の

おろちをはなちたまへば迸り横りて長橋となれりかのをしへにしたがひ此橋にすゝみて速に向の岸に至れば大王も龍橋も共にかくれて見えずさてこの蛇背に山菅をしきたるより名づくるともいひ又は山菅生ずるによりてともいへり抑橋の功徳を尋るに江河は旅の尤愁とする處也霜雪の寒きあしたには人馬ことさらになづみ風雨のはげしき夕には洪水ます〳〵みなぎる是をわたす善根誠に莫大也その外佛忉利天安居の後金銀水精の橋を渡し又かの天台山の石梁をはじめわか朝には道昭法師の宇治橋行基菩薩の難波の橋何れも是衆生の利濟也殊に法橋といへるは生死の海をわたり涅槃の岸にいたらしめむ事を本懷とすされば深沙大王の此處に化現し給ふ事ありがたき方便也今に至て社壇を橋のかたはらにかまへ佛法の守護神に崇め奉るもの也（此間有繪）

當山の開基勝道上人は下毛野國芳賀郡の人垂仁天皇の苗裔也于時天平寶字年中に藥師寺にして唐人鑑眞和尚弟子如意僧都惠雲律師に律部を習學せり戒珠潔く惠海波深してひとへに群迷を利益せんことを思ふ爰に稱德天皇の御宇天平神護二年やよひのころ上人大釼の峯のいたゞきにのぼりて四方を望視に此山にあたりて五色の雲常に立おほへりかならず靈地ならんことをしりはるかにたづね行て山趾に至ぬれば一の大河あり岸頭石を疊み溪流漲落てわたらんことかたく進退歩を失ひ三寶を念じ祕咒をとなへつゝ祈精（請カ）ふた心なかりしかば深沙大王出現して慰誘し給ふにより輙く龍橋を渡り嶮難を經歴して伽藍をたて佛像を安置し所願を遂給へり忝も桓武帝是を聞しめして叡感斜ならざるあまりに勅して上野講師に補任し給ふ苦修練行をかさね弘仁八年三月一日八十三歳にして禪定に入が如く入滅し畢（此間有繪）

玄弉三藏西域におもむき流沙にいたり給へば深沙大王瘦老の赤馬に乘來て云前途險惡に沙河阻遠なり鬼魅熱毒の風あらくして單獨の身いかで輙く行べきといさむれども三藏法師我しばらく大乘求法の本意ありたとひ中途にして止ぬとも悔るに足ざるよし報ひしむ大王又云師必ゆかむとならば我馬に乘べし是旣に十五度に及びて伊吾に往來すよく道しる馬也とて三藏にあたへけりさてゆく〳〵夜ふけ河のほとりに來りて見ればながれ緬にして兩岸の濶さ一丈あまり

也三藏せんかたなくやすらひ給ふ折しも深沙王梧桐樹を斬て橋となし草を集て沙にしき駒を進めて打渡すその喜びは甚し猶沙漠を行過れば軍衆百隊沙磧の間にみち旌旗槊旄のかたをなし又諸の悪鬼奇狀の物前に向ひ後にめぐりて人を刧すされば一心に觀音を念じ專此經を誦するに從ひて妖怪おのづから消殞し急難すみやかに除滅してつひに渡天の素願をとげ八宏に歷遊し玄理を究竟して多くの經論を將來し給ふ事ひとへに群生を利せしめむの爲なるべし（此間有繪）

寛永丁丑夏のはじめ征夷大將軍家光公東照大權現の靈威をあがめられ城郭の內にもとよりありし神殿を猶孝敬の深きあまりに瑞籬の內外いま一しほの壯嚴をそへ造替あるべきにて其所を定給ふをりしもまな鶴二つがひ來りしばらくありて東の方にさるかくあやしく妙なる事を思ひて世に鳴騷人墨客おの〳〵心心にやまともろこしのめでたきためしを考へてほめ奉る中にも大僧正天海の祭文の詞には神の御社を都鑾の內院と號し佛の御寺を金剛淨刹と名づけ敬神を以て國の榮とし祭祀を以て國の法とすとかけり又宣帝世宗廟をまつれる日白鶴きたりて後庭に集りし瑞を引て祝せしをばやがて內陣にぞ納置給ひけるされば靈神此鳥に駕し來て萬代不易の所をしめし大樹のことぶきは千年の後までもたもち給はんことを告給ふかと世こぞりてゑみさかえけると也（此間有繪）

宗廟をまつる事はもろこしにもこれを專とせり殊更本朝は　天照太神の御末にて皇孫降臨し給ひしよりこのかた八百萬の神だち國家をしづめまもり給ふ就中廿二所の神祠はおほやけの恭敬他にことなるにより大社にあがめおはします今此東照三所大權現も是にひとしくなぞらへ當社開基より廿一年にして寛永十三丙子造替の時至りて征夷大將軍家光公ひだのたくみに課て不日に成功をとぐ社壇の嚴飾は反宇金銀を鏤め杜扉丹靑を盡して玉垣の外までも玲瓏くばかり也これによりて四月十日新造の御社に神體を遷御なし奉り掛まくもかしこき勅使をたてられて宣命をよみ官幣をさゝぐ散齋致齋の行儀も嚴重にして十七日神輿臨幸の期には社司以下の供奉人まで美つくし善つくせりさて家光公御社參有て神拜の御作法甚以神妙也人みづから安にあらず神の助によりてやすきわざなれば末代に及ても豐年凶年のけじめなく禮

典のつとめ退失有べからずとぞ定給ひける（此間有繪）同十八日には拜殿に於て御經供養あり御導師大僧正天海本山顯密の碩才末派諸寺の學者も悉く召具して是を行はる素より佛經の讃嘆いと尊く聞えしけふは台嶺の門跡殘りなく梵場に列座し證明し給ふ翌日は御本地藥師堂の供養として法華曼荼羅供養を修せらる御導師呪願證誠の出仕以下大むね昨日にかはらずしかあれば兩日ともに大樹家光公御着座あり其行粧美々しく見ゆ大臣公卿もあまた着座なりそのほか殿上人花宮の役など勤られけり法會の儀式目驚くばかりにてとり／＼にはへある御ことども也かゝる至孝の御めぐみをばたれかは天が下にしらざるべき（此間有繪）近曾朝鮮の正使副使武州にきたりて大樹を拜し奉りやがて日光山に詣し社壇ををがみ蘭若をうやまふ信仰の色外にあらはれし剩境地の美景を賞して遊事しばし／＼せりかしこに到ては奇峯の色に目を驚かしここに憩ては飛泉の聲に耳を洗ふかれらが志のゆく處をのべむとにや數多の詩文を作りて大僧正の床下に投ずその國風を見るもさすがにあはれなればかつがつこれをとゝむる物也

正使　白　麓

東武諸山望裡遙、日光周匝獨岧嶢、天開眞境挑㆓金殿㆒、洞劈仙源駕㆓玉橋㆒、鈴響却隨㆓旗脚㆒動、篆烟新惹㆓雪花㆒飄、地因㆑人勝今方驗、功烈千秋未㆓寂寥㆒、

副使　東　溟

中天寺刹壓㆓嶙峋㆒、東照長留法像眞、白馬尙懸金鎖甲、紅雲全露玉宮神、千岑力鎭㆓山河㆒定、百戰功垂㆓宇宙㆒新、權現極知同一揆、宏圖寧復讓㆓前人㆒、

從事　青　丘

屭　靈鰲障㆓海瀾㆒、蹁躚仙鳳立㆓雲間㆒、上頭杉檜傳㆓千古㆒、半腹雲烟隔㆓九寰㆒、對㆓起士峯㆒雄㆓北固㆒、抱㆓回江戸㆒鎭㆓東關㆒、却忘萬里歸途遠、又借㆓肩輿㆒訪㆓此山㆒、

かゝる時の仁德に懷ては諸蕃譯をかさねて來り今又營造し給ふ神祠佛閣もかぎりなくめでまどふまして此國にはかくただしき御政を今の世も末の世も大空の月の光とあふぎたてまつらむかし（此間有繪）倩當社奥院の地勢を望めば林樹蔭おほひ松杉風清して萬岳衆峯凡境を絶せりされば久能寺より尊體を此

處に移したてまつりて後多寶塔婆一基を造立し塔中に釋迦多寶二佛並座して境智冥合の深義を顯し文珠普賢等の尊像を安置せらる邊壁には八天大會來集の說相を畵くも全く卽事而眞のことわりを示者乎于レ時大僧正天海戒灌を神靈に授まゐらせ供養を無疆にまふけ香花を不退に期し神威を飾り佛庭をひらき奉る緇素往詣の嶮路は名別義圓の致位を表して四十二重につみ又名義俱圓の觀位に約して三十六段にたゝめり無量の功德不レ可ニ稱計一一たびも步を輩運ぶは解脫の風扇て無明の雲をはらふ神德顯現して武運長久ならむこと豈疑をのこさむや

竊に日光山の舊記を考るに神護景雲元年夏四月勝道上人跋涉を企といへども山頂雪深く路さがしく雲霧雷鳴して登る事あたはず三七日を經て歸り給ふ天應元年に又先思を興し給ひしかどもいたることかなはざりしにより同二年佛像經卷を圖寫して天神地祇に祈り此度不レ到ば亦菩提にいたらじとちかひて深雪を踏分岩根を傳へからふじて到り着ぬ四壁を見るに山の狀或は龍の臥るが如く或は虎の踞るが如くにて捿息興あり加之平湖洋々として雲水蒼々たり蓋是靈仙神龍の卜居なるべしと思ひて西南の隅に蝸菴を結びて禮懺を修ること三七日畢て終に宿望を達し故居に歸りぬ誠に勸功不レ淺者乎延曆三年かさねて高峯に昇り南湖のほとりにして一の小船を作りえて淸波に棹さし頭をめぐらせば遠近の木だち一かたならぬ眺望也暮れば南岸に小船をよせて宿し明れば湖曲を漕行て遊覽しけるに或時は白蛇海上にうかび出又千手觀音形を現じ給ふさま〳〵の靈驗ありがたかりしことゝも也依之此勝地に伽監をたて中禪寺と號し千手千眼丈六の尊容を安置し妙經一千部大般若經等を奉納せしめ靈窟を點じて一宇の社壇をかまへ日光權現を祝ひ奉る又此鬼門に坑穴あり羅刹窟と名づくかの窟より大風起り國家を損ずること年に兩度なり爰をもて二荒の字を改て日光と號せしより風穩にして緇素安泰なりといへり（此間有繪）

此山中に華嚴の瀧とて靈地あり靑巒たかく聳え紅日はやく照すによりてかくいひけるにやありけん思惟おぼつかなし倩かの飛泉を見るに剛風頻にひゞき出れば霏々たる素雪半空よりこぼすがごとし碎ちる波の光は天龍萬顆の明珠捨るかとあやしみ落くる水の

色は仙女千尺の絹をかくるかと疑ふ是三無差別にして眼前の景趣言語の盡す處にあらず或時は大日所變の不動尊まのあたり水上に化現し給ふ是を瞻是を仰く輩は利益巨多にして現當二世の安樂を得といへりまたこの御代は岩根の松の常石堅石の蔭ゆたかにて二あれの風のさわりも名殘なく民の艸葉は心のまゝにさかゆく時の御めぐみにははるけき他の國までもなびきしたがひ奉りけるなるべし（此間有繪）

源君の仰に云く當家は　神武天皇より五十六代清和天皇第六の王子貞純親王の六孫王經基始て源の姓を賜り多田滿仲賴信賴義八幡太郎義家義國の嫡子義重新田の祖也次男義康足利是也惣じて源平兩家は寶車の兩輪の如く天下を輔佐し違逆を退治す其職にあたれり保元平治の亂の時平家世を取て廿餘年壽永元暦のころ平家を追罰し源氏日本惣追捕使征夷大將軍に任せらる其後同姓なりといへども新田足利確執す武勇に勝劣なしといへども聖運によつて足利世をとる中間に千變萬化すといへども時のよろしきに隨ふ所なり敢て其職にあらず我今將軍となり氏の長者となる且は先祖の素懷をとげ且は累代弓箭の耻を雪む宿因の催す所天道のあたふる所なり倩清和天皇の御即位を案ずるに惠亮なづきを碎しかば二帝位につく併法力也義貞山王權現に鬼切をさゝげて子孫の征夷將軍を祈る神慮感應有て予其職に昇る是神德也現在の願望すでに滿ず豈後世をしらざらんや然ば則八萬の聖教に通達すといへども後世をしらざるは愚者也一文句章に不及といふとも後世を識知するは智者也肆に諸宗の知識をめすに雲の如くあつまり星の如く列なる源君内には諸宗の奧義をつたへ外には朝暮に論談決擇せしむ諸佛の化導を觀するに但本在因地未離我執時各別發願各修淨土各化衆生如是等業差別不同矣佛すでに因位の我執をはなれず我亦各執本習而入圓衆なれば太子は厭離穢土求淨土欣の思ひに乘して子孫をつがず我は現世安穩後生善處の文に依て家門を繁昌せむ造次にも思惟し顚沛にも觀察す有時我常在此娑婆世界說法敎化の文に當て忽然として大悟し累刧の妄情已にはれたり重て思惟すらく若迷於根源則增上濫乎眞證若香流失緒則邪說混於大乘只恨らくは師傳なき事を故に諸宗にあふて是を尋ぬ時に山門碩學の中に相承あり山王神道是也と云々爰を以て朝

には三千三觀の窓に向ひ夕には山王の神道を觀ず我願既滿じ衆望またたりぬ　後陽成院の宸筆にも新田大相國家康公者好勇恢武天下之名士也加之硏精於文學發志於經論而極諸宗奥祕拔而以レ寔惟レ之則胸勵戒定惠レ之三業止觀圓頓漸レ之一念難行苦行累レ月累レ年云々僉曰若種姓高貴の家に生れては自在の威勢に誇て則恣に罪業を造り若貧窮下賤の身を受ては官位福祿を求て鎭に惡念をおこすといへり貴も賤も諸善を知るといへとも行ひがだきは道なり奇なるかな妙なるかな源君忝も前代未聞の觀を凝し還歸本理の成道を唱へ東照大權現とあらはれて廣く衆生を度し別しては家門繁昌にして氏族永くさかえむ守護神と成たまふ萬歳々々萬々歳ならくのみ委は眞名縁起の如し權現因位の御時常にのたまはく虎斑は見易く人斑は見がたし然といへども予知見する所あり嫡孫に至て家風彌吹興さむとのたまへり誠なるかな賢聖のみことのり三代征夷大將軍左大臣雖任相○暫息鷂退家光公幼しては貞敏を懷き長となつては神情にかなひ給ふ松風水月その情花に比するにたらず仙露明珠なむぞ能其朗潤にたくらべむ所以に大なる德行あり萬物資て行にならずといふ事なし今知源君の言語あたかも符契のごとし世尊眞因の鑒機に似たり巍々たるかな當寰天下をたもち給ふ事戰を以て戰を止るは戰といへも可なりいかにいはんや無爲にして各親其親各子其子君臣樽節海晏河清平而今當君を仰見るに人におゐては親睦の情をなし給へども獅子嚬呻の勢を現ずるが如く貴賤頭を低る物におゐては柔和の語ありといへども象王爪牙の全を藏に似たり緇素掌をあはす僉いふ賢君その國に王たりし時は百姓四面鐵壁の室に居るが如く也しかのみならず最初好世依正の人主は動せずものいはず無爲にしてみづから化し自ら信し自なる當寰濁世の國民は善を勸め惡を懲ともよこしまなからん事を思はず賢君忝も賞を以てすれども欲に欲をかさぬ足ぬといふ事をしらす干戈止ことなしたとへば荷葉の雨をうけて鮮なり雨あまるときは池水に加するが如し且は奢侈又は濁世の所以なり而に家光公御在位年尙し慈惠のいたり息燸の及ところ異國猶睦しむ況親戚に至るをや國の煙塵を鎭め人の泰平をいたす一天曇なし豈宿植德本の聖君にあらすや前大相國勅號台德院殿源君御遺言にまかせ日光山の

勝地に於て堂社佛閣御建立勅會嚴重につとめ給へり于時寛永十三年廿一年にあたりて家光公法令にまかせ新に御宮幷堂社佛閣金銀をちりばめ佛像經卷七寶壯嚴の儀則人皆花藏世界日東に現ずるかと疑ふ然則一心清淨の誠をぬきんで遷宮の化儀を催し給ふ其勅會を拜し奉るに大臣攝家結跏趺座し百官宰相圍遶供養す門跡院家退座一面題名僧衆隨力演說誠に是靈山一會儼然未散此時なるをや香花灯燭茶菓珍膳蘋蘩溫藻百味の清膳佛像經卷祭奠の微誠勝計べからす齊々たる禪徒はともに經題をあけ陶々たる鄉士互に行香をたすく道儀藹然として繹已に鄭重也時成哉新樹陰をならべ靈山の會場に廻す事を表す餘花追薰瑞花の法界に飜る事を見る勅願の悉地景色賀之たまふものなり家光公仰云吾濁世の時に當て將軍の家に生れ公武慣鬧に携り廣く諸典をきかず要を取てこれを案ずるに孝行に淺深あり果報に不同あり大舜象耕の孝感花報をすぎず丁蘭刻木も本地の果報を得ず餘これに准ず或傳云法令を以て祭祠の眞孝とすといへり若爾今年諸法實相といへども中につき甚深の法を修すべしと云々各承て云竪義者是佛法の紹隆神明の法樂閣浮第一の淨業也近年番ひ論義中絕す幸なるかな南都北嶺の探題會合せり因茲俗諦常住を業として五問十題に至まで家々の竪義法味細也山門探題大僧正天海南都探題僧正空慶定て神明納受諸佛歡喜したまはん一人恭敬したまへば四衆歸伏す貴哉和光の利物現前不現前の結緣の緇素十方界に遍滿して稱美讃歎していはく宿習なるかな我等受かたき人身を受あひかたき佛法にあふ豈現世安穩後生善處の利益にあづからざらんや因茲家光公哀憐を垂てのたまはく神は敬によつて威をまし人は信を以て得益す故に東照大權現因位の德を緣起に圖し末代に傳へ道俗是を閲して尊重の思ひを發せば靈驗倍揭焉ならしめむ肆に忝も狩野守信御下知を蒙り信敬の丹精朝暮數年無二怠慢一全書功故に法眼繪所を下さるゝこれ以て御神德也

出雲大社記

本社即日隅宮是也祭二大己貴神一天井畫二八色雲一

客坐五神　味鉏高彦根神　高照姫命　下照姫命　建御名方命　事代主命

御向社ムカヒノ　美穗津姫

筑紫社田心姫市杵島姫　湍津姫

天前社アマサキノ脚摩乳手摩乳

門神社二宇東櫛磐間門命西豐磐間門命

素鵞宮即出雲社合二祭素盞嗚尊　稻田姫命　大己貴命三神一

氏社二宇意宇足奴命宮向宿禰　天穗日命　二神國造先祖國造屋敷祭之

三十八社

釜社稻倉魂神　杵那都岐有レ壇無レ社諸神築二大社一時會聚之地　祓社

涼殿有レ壇無レ社所レ載二名所集一出雲森是　命主社　出雲井社　乙見社

御歲社　大歲社　離宮　拜殿　門神　稻佐社　湊社　鷺社疱瘡守護神イナセハキノヨシ　拜殿　御供所　鳥居

阿式社祭二味耜高彦根命一　拜殿

井厨屋宇事實

御手洗井有レ祭六月朔日同廿八日

御饌井用二調御供一　眞名井爲二國造飲食常用之水一

供祭所在二本社左右一二字　玉垣　樓門

觀祭樓　瑞籬　廻廊　八足門

水屋　拜殿門有二神樂所一北左右有二神拜所一　火燒屋

廳舍　會所每月於二此所一連歌修行　寶庫　書庫

神厩　荒垣

鳥居其中二基制以二青銅一其一基天正年大江輝元卿納其一基寬文造營時大江綱廣卿逐レ例納

番所　雜庫

寶器品目

神劍一柄古二柄獻二一柄於後醍醐天皇一

宸筆
後醍醐天皇綸旨

爲レ被レ用二寶劍代一舊神寶內有二御劍一者可レ奉レ渡

者綸旨如レ此悉々

三月十七日　左中將華押

杵築神主館

神鏡一面　御冠御裝束　盛以二唐櫃一

御具足一領緋縅有二一引兩之紋一東山義政公納

御具足一領緋縅　龍虎琵琶制以二赤檀一有二龍虎紋一

金幣八振　劍三柄他猶有二寶劍一今不二悉載一　楯二枚

鍬二口　杵二箇　琴一張　簸一箇
御弓二張（白木）　矛八振　瑪瑙笛（本朝鮮舊物而吉川廣家納）
金雉銀雉（雌雄）　硯（紫石酒井忠直納）

○祭禮年中行事

正月

元日大御供（引進神馬）
同日　命主社祭社（是日國造及職方上官詣命主社）
同日　鷺社神事　御供
二日　飛馬神事（自晦夜至此夜國造及上官齋宿廳舍）
同日　年始神事
三日　飛馬神事　同日離宮神事（國造及上官參詣）
同日　雜宮神事
同日　御頭祭禮　天正以後廢
同日　阿式社祭禮　慶長以後廢
十一日　飛馬神事　同日吉書神事
同日　釿始神事（宮匠爲之）　同日夜大神樂
同日　祭湊社
十二日　飛馬神事（自二十日夜至此夜國造及上官齋宿廳舍）
十三日　宮廻神事　同日奉幣神事（設舞樂）
同日　宮廻神事（中古以來廢ス）　同日祭稻佐社
十五日　粥御饌供進　同日御供　同日神樂
十八日　乙見社神事（國造令上官祭之）
廿八日　出雲社祭事（設神樂獻御供及醴酒每月此日例設神樂）

二月

朔日　千度詣　十五日　神樂
春分　阿式社神樂　春分　御歲社神樂
廿八日　神樂（自廿七日至晦日三月會試樂）

三月

朔日　祭禮（御頭入神馬大御供音樂獅々舞流鏑馬此外規式二日三日同今朝歩射神事也）
二日　祭禮　三日　祭禮（今朝千度詣）
右三日之祭禮有舞樂及結番相撲競馬花女之文明以後廢謹考神祇令曰一月齋爲大祀三日齋爲中祀一日齋爲小祀
三日　齋爲中祀一日齋爲小祀
同日　阿式社祭禮慶長以後廢
十五日　神樂

四月

朔日　神樂
三日　祭杵那都岐
八日　神事（神人等會集拜殿設魚膾宴醴酒）

十五日　田樂今廢

五月

朔日　神樂

五日　御頭祭禮天正以後廢

同日　御飯供

六月

朔日　凉殿神事國造歩行奉二其祭一　十五日　神樂

廿八日　凉殿神事國造歩行奉二其役一　晦日　輪越神事

七月

朔日　御供

二日　舞樂元祿年時大守綱近卿寄二附祿地一於レ是設二此日及八月五日舞樂一

四日　身逃兩國造舍二于外一所レ謂身逃神事者此夜忌火職上官修二深祕神事一

五日　瓜剝御供是日國造捧二今年稻穗瓜茄子等七種一供二大社一

六日　相撲於二大鳥居外一

七日　祭禮此日曝二寶器一設二音樂一　晦日　相撲

八月

朔日　祭禮有二千度詣曝寶器一設二音樂一　三日　神樂

五日　舞樂　十日御供　十五日　神樂

秋分　阿式社神樂　秋分　御歳社神樂

九月

朔日　神樂　三日　湊社神樂

九日　御頭祭禮有レ舞天正以後廢

廿九日　湊社祭禮職之上官往掌二其事一獻二御供及醴酒一設二神樂一

十月

朔日　神樂　同日　祭杵那都岐

十一日　封地御供　十四日　出雲井社　神事

十五日　大御供祭二諸神一

十七日　御供　同日夜　神等去出神事

自二十一日一至二十七日一爲二神在齋一國造及上官齋二宿廳屋一例歌

舞不レ張二樂器一宮庭不レ掃第宅不レ營不二舂相一（本ノマヽ）不二

卷歌一務事二靜密一日之間錦紋小蛇出二杵築海汀一

號二之龍蛇一長尺余具二十社之紋龜甲一

廿六日　夜神等去出神事

十一月

朔日　阿式社祭禮慶長以後廢

十七日　御饌井神事國造自祭

廿二日　神事神人等會二集拜殿一設二魚膾一宴二醴酒一

廿七日神事同廿二日規式

十二月

朔日　神樂自十三日夜一至二十九日夜一國造及上官齋二宿廳舍一

廿七日　御饌并神事（國造自祭）　同日歳末神樂

晦日　大祓

○營造事實

齊明天皇五年秋七月庚寅命出雲國造修嚴之神宮

齊明天皇以前從天神之制法齊明天皇之時定正殿式後世以不法其制謂假殿　世々畧之

寛文七年丁未三月晦日遷宮將軍源家綱公賜鈞旨營造制依正殿式

建久元年官家下令督莊園課役營大社嘉祿三年復督課役營大社後杜爲蠹所蝕從迹讀之得十六字國司右衛門尉昌綱守護佐々木信濃前司泰清造之官家官人驚異爲發金穀新大社除莊園課役後人稱其文爲蠹符云

蠹符

居大熕物朕非素意若人歸德栖高木足

國造祕記曰神火者天地人三火之祭也所謂天火之祭者乃以三陽交泰之天火正月朔旦齋天神新嘗矣所謂地火祭者乃以一陽來復之地火十一月中卯日於神魂社（去杵築十一里）齋天神新嘗矣

神魂社與出雲熊野大神御同體也令義解所謂出雲國造齋神是也延喜式風土記等所載雲州之大社者杵築熊野二社也未行新嘗祭之前國造不食新穀矣

所謂人火祭者父國造身退之時不經一晝夜其子速詣神魂社受嗣神火神嘗矣

神火者天穗日命相傳之靈物以此火有神嘗而後國造一生忌他火也

風土記曰出雲郡杵築鄕郡家西北二十八里六十步八束水臣津野命之國引給之後所造天下大神之宮將奉與諸皇神等參集宮所杵築故云寸付（神龜三年改寸付爲杵築）

神書抄曰八十隈天日隅宮者共謂出雲國杵築宮即大社也又曰出雲在乾方日之取入也夏至之日出於寅入於戌故以杵築爲日隅宮或書曰杵築大社者神社營作之始也凡無久於此社

大社說

謹按延喜式神名帳出雲郡及風土記歷擧社號冠以大字者杵築熊野兩社而已是可以見上古所尊所重之實而六十餘州無遠近無上下至巷談童謠不指地而專稱大社則杵築一社而已矣盖大己貴大神德如玉威如八千戈以贊成天地之化爾來千秋而萬歲王公武將莫不尊崇敬畏則其德固可稱以大字而營造殿閣搆成門廊亦務盡宏麗傑偉雄大高峻之觀則專稱大社豈不宜哉

素鵞社事實

在大社與蛇山之間延喜式風土記所謂出雲社者
是而合祭素盞嗚尊稲田姫大己貴命三神

按新古今集序所稱素鵞里者卽此地而日隅宮經營之後冒杵築鄉名然亦未嘗移動素鵝社位所又按大原郡海潮鄉有須我社然延喜式不錄則不是素盞嗚尊詠八雲歌之地而非宮社可知矣

杵築景境志

西至幕島北至鷺浦東至鬮屋南至湊川方二里大社巍然中居焉大社之外音山可觀者四曰御崎山（俗所謂彌山）曰龜山曰蛇山（一名不老山 一名八雲山）曰鶴山遺跡可觀者一曰出雲森井泉可見者二曰眞名井饌井淸川可觀者四曰野能川曰素鵝川曰乙見川曰湊川閑浦可觀二曰鷺浦曰出雲浦列島可觀者八曰鹽搔島曰門石島曰佐々古島曰枕島曰屛風島曰褁島曰盾島曰幕島幽汀可觀者四曰稲佐曰雲見曰二俣曰這田古塚可見者一曰赤人塚其所謂御崎山在鬮屋之北出雲中最高峻者而望之若未開芙蓉盤道踐如利刄者數十回而上絶頂地平者方五六丈至此俯臨則隱伯備藝石諸山點綴寸碧出沒隱顯于野雲海氣之中幾一州偉觀所謂龜山在社之東嶺勢穹隆而楷西出一小嶺如龜之昂首欲行而窺也所謂蛇山在社之北尾北首南亘聯半里蜿々成蛇行勢上有池冬夏水不乾涸雲氣蓊勃常起其中觀者毛竦所謂鶴山在社之西一峯中聳夾以二嶺宛然若鶴而妙更在乎大雪變態之間其西嶠峯嶂巒聯綿復疊者不可具擧其所謂素鵝里事實詳于前其所謂出雲森在社之東百步岑蔚可避雨其所謂眞名井在出雲森之東百步淸澈音麗若瑠璃盤味極甘滑其所謂饌井在社之前側有二石如鷄卵其所謂能野川在龜山之西麓橋其上二橋之間兩涯多櫻桃橋北五十步有黃石水布其上璀璨如綺其北水伏榛莽六七百步有小潭寒冽如氷潭北二三百步巨石對立高丈餘水懸注其中般々成甕中聲其所謂素鵞川在鶴山之東麓橋其上三橋之間小石平布水鏘然如鳴玉其下產菅其北水屈曲者四五百步其北爲飛瀑者三處皆高三四丈激波散沫閃々奪人目光天然驟雨過其上亂雲擁其下則飛瀑若掛在空中尤奇異側有大石如屋牀可容數人所謂乙見川在社之南六百餘步橋其上三最在東者曰乙見橋以橋側在乙見社得是名川亦冒其號橋

西百歩水折而南百歩間有二菰蒲一覆レ焉有二梟鷲一棲レ焉其西幅員至二數十百間一閑曠遼敻殊宜二中秋觀月一所レ謂湊川在二乙見川之南一形勢似二乙見一廣袤過レ之其所レ謂鷺浦在二社之北一里一山勢四圍如レ環而北缺二十一一海潮自二缺口一入二匯環中一瀲灔可レ愛缺口有レ島適禦二狂濤衝突一環堵百餘釣漁採蘇若二與レ世相忘一所レ謂出雲浦在二鶴山之西南一西之巉巖錯出南之白砂浩渺而波恬レ焉則羅紋繡縠濤驚レ焉則鳴雷噴レ雪瞬息異レ態不レ可二得而定一者所レ同也其所レ謂鹽掻島島嶼最東者而周匝皆石嵌空硐礑對者虎鬪聳者鳥喙伏者龍蟠不レ可二縷攀一上有二松四五株一盤覆如レ蓋其次所レ謂門石島也突兀如二覆釜一次所レ謂佐々古島也列峙者十餘圭首箭笴藕折抉連爭爲二奇狀一而瀘藻轇二轕其間一金光碧彩隨レ波見露次所レ謂枕島也島上有二一大石一口鼻隱然如二龍首一正南向側有レ洞曰二鰐淵洞一窅深不レ可レ測次所レ謂屏風島也如レ張二屏風一前有二一石一曰二枕石一狀如二欹枕一次所レ謂褁島也方頂四直上黃下正黑有二奇趣一次所レ謂盾島也勢如レ盾上有二五葉松一露レ根欹側如二磬懸一次所レ謂幕島也不レ假二彫刻一而畫有二龜甲紋一未下嘗爲二波濤一所中刓滅上其所レ謂稻佐在二鹽掻島之北一即大己貴命以二廣矛一授二與天皇之使一之處地皆磧礫圓熟如二彈子一所レ謂雲見二俣在二枕島屏風島之間一所レ謂這田在二盾島之西一皆幽邃之地其所レ謂赤人塚在二乙見川之北一其西有レ村因レ塚得レ名曰二赤塚村一嗚呼杵築固已以二大社一馳二勝境之名一而又山水景物之富如レ是則何必傷二海涯窮鄉一哉

素鵞宮

はるかなり幾世か雲に馴ぬらん　慈鎮
いつもの宮の千木の片そき

やはらくる光や雲に滿ぬらん　寂然
雲に分入千木の片そき

此歌は大社に詣て見侍ければ雨雲たなびく山の中にて片そきのみえけるなんこのよの事と覺へざりけるによめると云々

八重垣の出雲の宮も神風に
したひ行てや千々のしら雲

そさのをの君か御門のためとてや　土御門内大臣
八雲のしるし思ひ立けん

出雲山

しらま弓出雲の山の常盤なる　家持

いのちかあやな戀つゝあらむ

出雲國名所歌合

いつも山今宵の月のさやけきは　源兼經
雪のあしたの心地こそすれ

不老山

年經ても老せぬ山の松の風　作者不詳
幾萬代の數に吹らん

題不老山

鴈もまて同し常世の春の月　宗養

素鵞川

万葉
眞菅よきそかの河原に鳴千鳥
まなし我せこわかこふらくは

大木
萬代といはふ御祓は眞菅よき　後德大寺
そかの河原の夕くれの空

新葉
眞菅よきそかの河風ふけぬとや　冷泉入道
玄は鳴千鳥聲そさひしき

ぬれつゝやそかの河原の五月雨に　三條院讃岐
水のみかさの眞菅かるらむ

千鳥鳴そかの河風身に入て　頓阿
眞菅かた敷明す夜半哉

降そむるそかの河原の五月雨に　藤原隆祐
また水淺し眞菅からなん

今宵誰眞菅片敷あかすらん　後京極
そかの河原に千鳥鳴なり

出雲森

ちはやふるいつもの森に神酒居て　仲實
ねきそかけつるもみぢ散すな

出雲川

出雲の杵築の宮に詣て出雲川の邊にて讀る

いつも川ふるき湊を尋れは　寂然
はるかに傳ふ和歌の浦なみ

出雲川そこのみくつの數さへも　中務
見えこそわたれ夜半の月かけ

出雲浦

神のます出雲のうらにやく鹽の　後九條
煙ややかて八雲なるらん

川上の出雲の浦のいつも〳〵　赤人
きませ我せこ絕すまつはた

たのみこし八雲の道も絕はてぬ　家隆

君はいつもの浦めしの世や　讀人不知
此歌承久の後鳥羽院へ奉りける
いかにしてをはすて山の月よりも
出雲の浦に照まさるらん
杵築に詣ける比素鵞の宮にて
此神のはしめてよめる言の葉を　細川玄旨
かそふる歌や手向成らん

發　句

卯の花や神の井垣のいふかつら　玄旨
國造より所望にて

ほとゝきす聲の行方や浦の波　玄旨
寛永の比六月廿一日隱岐院の陵へ勅使として水
無瀬氏成卿渡り給ひける時大社に詣給ひて
殊さらに此宮居をや仰かまし
今はあつまに神無月哉
そのかみや雲もけしきの空に見て
敷さためけんやまとことの葉
寛永の比ある人八雲立の神詠三十一文字を句の
かしらに置人々に歌よませ大社に奉納し侍りけ
る一巻のうち

早春霞
卷頭
やはらくる霞のみをも紅の　東山長嘯
簸の川上に今や立らし
寄神祇祝
卷軸
おしなへて仰く心そ敷嶋の　藤原爲景
道にへたてぬいつも八重垣

正德壬辰三月大社上官千家正延來二予之家一請二神道之教一依二深志一傳二授之一故問二大社事跡一出二一冊一以述二其意一喜而寫レ之者也
四月　日　光海翁

宇佐八幡宮緣起上卷

目錄

宇佐八幡宮縁起上卷

帝位御事

八幡大菩薩者人王第十六代應神天皇御靈也御父第十四代仲哀天皇御母第十五代神功皇后也皇子在胎之昔仲哀天皇之時有熊襲之（云カ）者不奉隨王命之間集群臣擬令討之處神託皇后而言勿憶熊襲之不隨有財寶國謂之新羅崇祭我之者不塗血於刀自降皈云々天皇登高岡上遙見浪路有雲更无國天皇言何神欺朕耶神亦言不信吾語者不可得之也但皇后所姙之皇子必可得其財國也云々國王不隨神敎九年庚辰二月五日丁未甚痛於櫓（欟カ）日宮崩御天下歎也辛巳十月二日卅二歲御即位女帝之始也遣吉備臣祖鴨別被討熊襲國之間即奉隨矢（天カ）命畢小山田邑造齋殿請曰所崇之神何神乎□（希カ）聞其名及七日七夜答託伊勢國鈴幸宮也云々如法令祭奉隨神敎爲得財國乍爲女人之身令成男形着甲胄帶武具引具軍兵則渡異國當産刀之期取二之石挾御腰祈言事竟歸之日於茲土可産云々其石于今在筑前國怡土郡路邊謂之鎭懷石矣往還之人下馬拜過天皇兼被尋御産所同國那珂郡有里名蚊田村有樹云槐木武内大臣申於樹名有子細彼樹神亦鬼神也賢人之精靈謂之鬼聖人之精靈謂之神然則賢王聖人御誕生之地彼定置畢又王子在胎内之時天神地祇奉授三韓之條誠神也妙也天皇打取三韓令歸吾國冬十二月被定置之御産所被造内裏同十四日辛卯被懸御手於彼槐枝之時王子御誕生此時自龍宮城獻御初衣其長八尺等其時八足白幡御襁八枚武内懷奉拜覲御宍生御襁（衍カ）腕其形如鞆是者天皇赴異國之時令假雄裝之刻依著於鞆令肖此云阿叡而在胎内御腕上者也上古鞆謂之褒武多故應神天皇亦申譽田天皇者是也生年四歲之時東宮七十一歲之時正月一日丁亥御即位御宇四十一年天下之政賞罰之道不思議爲事而已

釋迦如來之昔御誕生之時御母摩耶夫人四月八日入伽比羅城於藍毘尼國擧右御手□牽□無憂樹枝之時悉達太子御誕生矣彼不思議也此不思議也

崩御事

治天（下ノ字落歟）四十一年庚午二月十五日春秋百十一歳御入滅葬二河内國志紀郡惠我藻伏陵一（元年庚寅相二當晋主武帝泰始五年一同元年如來滅後一千二百一十九年）帝身爲レ凡爲レ聖御靈爲レ雲爲レ雨矣以レ今顧レ古崩御之後爲二靈行一現二神道一帝王一十三代夏曆三百廿二年之間本地法身和光同塵十界形聲十方示現爲二不可思議一者也

初顯二神道一坐事

第三十代欽明天皇御宇廿九年戊子筑紫豐前國宇佐郡菱形池之畔小倉山之邊有二鍛冶之翁一帶二奇異之瑞一爲二一身一現二八頭一人聞レ之爲二實見一五人行則三人死十人行則五人死（他人不レ死於二人々一失レ心而死ス）故成二恐怖一無二行人一於レ是有二大神比義者一行而見レ之更無レ人但金色之鷹在二林上一致二丹祈之誠一問二根本一云誰之成レ變乎君之所レ爲歟忽化二金色之鳩一飛來居二袂上一爰知神變可レ利二人中一然間比義斷二五穀一經二三年一之後同天皇三十二年辛卯二月十日癸卯捧レ幣傾レ首申若於レ爲レ神者可レ顯二我前一此語未レ說現二三歲少兒於竹葉上一而宣辛國乃城爾始天天ヨ降八流之幡一吾者日本神土成禮利一切衆生左毛右毛任レ心多利釋迦菩薩之化身一切衆生濟度セ卒土念天神道土現留也我者是禮日本人皇第十六代譽田天皇廣幡八幡麻呂也我名於波曰二護國靈驗威力神通大自在王菩薩一布國々所々仁垂レ迹二於神道一留者斯後者大御神與比義常二物語シ玉フ非二余人之所一レ聞郎令二奏聞一畢ヌ雖レ有二尊崇一未レ被二造社一以二比義一任二祝職一公家有二御願一之時敎二比義一爲二神躰一比義向二神山一捧二幣帛一奉二神語一申二勅答一夫比義者不レ知二何國之人一不レ辨二誰家之子一來二于自然長生之道一衡天山高出二于靈威神妙之底一氣宇淵深其形似二仙翁一其首戴二靈帽一莫二人以測レ之世以名レ之大合二玄冥一之神一只比二凡靈之義一（或作二岐字一借聲不レ可二直喚一之故也）故以二大神一可レ爲レ姓以二比義一可レ爲レ名之由有二群議一被二勅定一畢

大神之昔二三國（天竺震旦本朝）靈行之間常隨二給仕一或表二五百余歲之歯一或爲二八百餘歲之身一今不レ詳二出歿前後一不レ辨二冥助去來一何測二壽命長短一爭知二凡聖同異一只以二方便之義一暫表二各別色一國々靈行處々靈瑞或依二神託之文一或依二比義之語一知二往々之跡一造二所々之社一而已

豐前國宇佐郡本宮事

八幡大菩薩御撰定難レ測者哉

私云大菩薩始者日向辛國城天降今者豐前國宇佐

郡本宮宇佐郡之三字天地人三義也（玉篇云宇室也四方上下也　于甫切）司馬季云宇者天能覆萬物名之爲宇云　宇即天也垂象而明也佐（子賀反助也）亦輔佐之義佐即人也有貞臣之忠矣郡（求温反村縣也）君之邑也阝字國也　郡即地也宇佐宮之後者宮即地也一人叡慮通而成王字也道德經云昔之得一者（昔往也一元□也道也子也）天得一以清（言天得一故能無象清明也）地得一以寧（言地得一故能安靜不動姪也）神得一以靈（言神得一故能變化無形也）一即元氣者元謂天地之始也氣謂萬物之命也皆受氣於天各得反生也經文云一生二（一生陰與陽也）二生三（陰陽生和清濁之三氣分爲天地人也）三生萬物（天地人共生萬物天施地化人長養之也）宇佐郡三字各生萬物孔子云一貫三云々　王仲舒云三書而通其中謂之王云々横三點者天地人竪一點者神德之通横竪通而王也或稱通三之君或稱得一之神依得一之神有通三之君能通者神也所通者君也是王奉敬神々奉宇王之竺別宮之地離宮神設雖有八幡之號不可有通三之義也法依地而弘夫誠乎此言耳神誓地而住尤忝乎當宮焉哉

日本書紀云

欽明天皇三十二年辛卯八旛大明神顯於筑紫矣義同前云々

御社初事

鷹居瀨社（五箇年和銅五六七年靈龜元二年）

八幡大菩薩

第四十三代元明天皇和銅元年（戊申）豐前國宇佐郡内大河流（今號宇佐河）西岸有勝地東岸有松木變形瑞多化鷹顯瑞渡瀨而遊此地飛空而居彼松是大御神之御心荒畏坐也往還之養遠近之輩五人行即三人殺十人行即五人殺于時大神比義又來與辛島勝乙目兩人絶穀三ヶ年精進一千日至誠祈申和銅三年不顯其體只以靈音夜來而言

我禮成靈神弖以後飛翔虛空流無棲息志其心荒比是奉前顯大御神也自和銅三年（庚戌）迄同五年（壬子）依神託以勅定令造神殿勤仕神事鷹居瀨社也辛嶋勝乙目爲祝職同勝意布賣爲是稱宜乙目之妹黑比賣采女并御戸代田貳反進之次辛島勝波豆米爲禰宜矣

一云於夜來之告者對大神春麻呂之聽（此者比義朝臣之子也云々）

第四十四代元正天皇靈龜二年（丙辰）託宣此所波路頭弖（爾志）往還人乃無禮（利奈）尤此等無禮波甚悶志小山田乃林（爾）移住（世牟）度願給布者

小山田社部（十ヶ年 靈龜第二 養老七 神龜元二）

元正天皇靈龜二年丙辰大神朝臣諸男辛島勝波豆米等小倉山之坤小山田之林奉造神殿令致祭祀

元正天皇養老三年癸未大隅日向兩國隼人等襲來擬打傾日本國之間同四年甲申公家被祈申當宮之時神詫我禮行而可降伏志者

豐前守正六位上宇努首男人奉宮府令造進神輿之時白馬自然飛來令相副神輿于今有神馬之是也諸男朝臣彌信仰倩以何物爲御驗可奉乘神輿哉 豐前國下毛郡野仲之勝境林間之寶池者大御神修行之昔令涌出之水也參行彼所祈申此事之時七月之天初午之日雲波滿池寄 渚心中致誠之時雲外有聲而宜

我禮昔此薦爲枕發百王守護之誓幾百王守護者可降伏凶賊也者

依之奉苅此薦令造別屋號御産屋七日參籠或二七日云々一心收口奉裹御枕御長一尺 許御徑三寸八 爭相計神令然也

私云彼職幷御寸法有大神正氏于今不絕云々

御驗事重々有深心歟可尋之哉

豐前守將軍奉請大御神禰宜辛島勝波豆米爲大御神之御杖立御前行幸彼兩國三ヶ年之間七ヶ所之城奴久艮桑原神野牛屎志曾利乃石城加牟比賣城令降伏給畢

同七年於彼國神託

我今坐須留小山田社波其地狹隘志我禮移菱形山艮牟土願給布者

大御神從彼兩國歸坐本社小山田林畢將軍男人椽從六位下藤井連毛人依此異貴威力奉進之五煙神戶又進御戶代田一町徑者等神力効驗之由奏聞公家聖感無極禰宜給勳十等

放生會事

第四十五代聖武天皇神龜元年甲子神託我禮此隼人等多久殺却須流報仁波年別爾一度放生會於奉仕世牟者

又云

一萬度放生乃事畢眷屬引率志天淨刹爾送艮牟者大菩薩宣此事行此會之坐四人同行法蓮華嚴覺滿體能廿五菩薩等觀音勢至藥王藥上面々各々相互舞樂贖懸魚於網罟之中救窮獸於弓矢之下此奇瑞及天聽天平勝寶二年庚寅被獻左右舞樂畢每佛神事于今被行是也扶桑略記第二二云養老四年九月有征夷事大隅日向兩國亂逆

公家祈二請於宇佐宮一其禰宜辛島勝波豆米相二率神軍一行二征彼國一討二平其敵一大御神託宣曰合戰之間多致二殺生一宜レ修二放生會一者諸國放生會始レ自二此時一矣

政事要略第廿三曰　舊記云

養老四年豐前守宇努首男人將軍土志豆大御神於奉レ請天大隅日向兩國向二拒隼人乎一伐殺幾大神託宣吾此隼人多殺津留報仁毎年爾放生會奉仕志留陪志依二宇佐宮託宣一始二流度諸國放生會事一云々

小倉山宮事

第一御殿

八幡大菩薩聖武天皇神龜元年甲子立二勅使一被二祈申一云齋殿如何可レ奉レ造哉爾時神託我禮以二大慈悲一天爲レ寶以二柔和忍辱一天爲レ衣以二諸法空一天爲レ座須者

此神託者誦二法華文一之坐也

勅使歸參奏二申此事一豐前守男人椽從六位下藤井連毛人等奉レ勅小倉山奉レ造二大神宮一祝大神朝臣諸男同二年神龜乙丑正月廿七日自二小山田社一奉レ移二神道一令レ致二祭祀一豐前守進二御戸代田貳町七反一

造二彌勒寺一事

尊神小倉山御移之日何事歟之由奉レ仰之處神託神吾禮爲レ導二未來惡世衆生一爾以二藥師彌勒二佛一天爲二我本尊一須理趣分金剛般若光明眞言陀羅尼所レ念呂奈利者

神託之趣奏聞之處令レ達二上聞一勅使下向菱形宮之東方日足林之西被レ造二御寺一奉レ安二佛像一號二彌勒禪院一初之別當法蓮和尚云々昔於二彥山般若岩屋一被レ行二如意珠一之時大長大寶年歟仙翁來給而言被二行出一之者可レ給レ我云々已被二行出一畢重々問答之後仙翁言我是八幡也垂迹時宇佐郡可レ建二彌勒寺一可レ爲二此寺別當一之由依二御約束一也同宮辰巳之方南元江林被レ造二御堂一奉レ安二本尊一號二藥師勝恩寺一大神朝臣比義之建立云々

勅使參宮始事

聖武天皇天平二年大神朝臣田麻呂奉レ申顯二神德一同三年正月廿七日捧二神服以下神寶一參宮自レ爾以來三年一度有レ限矣

第二御殿事

比咩大神人皇第一神武天皇御母玉依姬之御息也

聖武天皇同三年天平神託

我波比咩大神奈利大菩薩爾奉副天奉レ助二化道一牟者

同五年(癸酉)遷宮之時被造宮
同十三年(辛巳)宮府云大菩薩并比咩大御神装束奉改換之已上

長御験御枕事

聖武天皇同五年(天平癸酉)大神朝臣田麻呂思惟大御神有暫時化現之御體無未來尊崇之色余之父諸男朝臣先年於野仲大貞池奉行顯御枕為神輿之御験今我祈申長御験欲為來際尊崇故致信於本宮運歩於彼池難行苦行精進潔齋擢一心經百日之處大虚有聲而宣
我昔此薦為御枕發百王守護之誓願垂跡於神道流以此薦備吾社之験致尊崇者可施神德者
此是前之神勅之趣也忝哉非啻為百王守護之御誓兼又為一天擁護之御験守先例造新舎名之鵜羽屋田麿七箇日精進不交人倫三ケ日用意令奉裹莊御長徑任舊記而已

本迹御體如在事

宇佐八幡大神者往古如來法身薩埵也如諸社例不可定一也以本迹御體之幽為宗廟莊嚴之死者精神不可得見但以生時之居立宮家象貌之耳已上孝經云宗者尊也廟者貌也父母既殁宅非其靈於之祭祀謂之尊貌已上故百王以當宮為宗廟八幡以當社為御體也
桓武天皇延暦二年神託云
我以慈悲為體寺務社務司有非法時者可歸寂光土我體有也空以正道為體已上
有者垂迹示現令奉拜之廟社也空本地幽玄不奉見之報體也又有者衆生利益之應體十界暫時之形聲也又空者眞空冥寂之靈神虚空同體之妙身皆正道也然以奉顯御枕之屋號鵜羽屋之御枕者御體之料不可徒設也准(誰カ)望之而申御體歟御體之幽而奉敬信故被致如在之祭僉蒙如意之益神服者奉慕昔帝位之調進也御枕者奉仰令靈託之御験也依之或以徴密為御體或以宗廟為御貌歟如春秋之説者大廟室懐心更作云々昔依破壊而臨時修理可依神託而年限造營是乃百王孝道之所顯八幡尊貌之可全之故也寂光土者衆生之心底究竟之佛土也

同寺移來建立事

聖武天皇同九年天平丁丑四月七日神託
我禮當來導師彌勒慈尊乎欲崇布遷立伽藍奉安慈尊利一夏九旬乃間每月奉拜慈尊牟者　依此神託奏太政官　同十年五月十五日從日足南元江十三年後移來建立之今彌勒寺金堂等是也

聖武天皇十三年天平依大軍事馳遣勅使奉進御封廿戸御神寶及造寺度僧等矣

同十六年天平八月十四日爾為行放生會合出和間濱之坐御行路次御寺後門順道也而虛空有聲言我加道場之邊□加可通神輿幾御堂乃影阿耶宇志者御聲自青天而降神語變而紫雲落為貽瑞相之不變成石不朽依顯神威之常住在今知古矣御影石者是也御寺之東北之角柱去五丈三尺有之此石長三尺三寸廣一尺二寸入底不知之每年七月十五日有祭矣

同十八年天平御祈禱有驗奉進御位三位御封四百戸水田五十町度僧五十口矣

東大寺成就菩薩神力事

聖武天皇廣利三界之生為與八宗之敎欲造大伽藍并本尊行基菩薩為勅使捧佛舍利一粒遣伊勢太神宮而申志賜久若夫相叶神慮者必示其瑞奉知垂迹之本地將崇伽藍之本佛爰奉勅於皇大神宮之南門大杉本七日七夜祈念之處開神殿告曰實相眞如之日輪破生死長夜之暗本有常住之月輪拂無明煩惱之雲吾逢難遇之大願如暗夜得燈稟難受之寶珠若渡海得船依其名福將理飯高郡云々行基菩薩拭感淚奉納佛舍利則奏神宣之趣天皇大以歡悅雖被思食立御願猶本地未分明已而

同天平十四年壬午十一月三日左大臣正三位橘宿禰諸兄為勅使重被祈申之處勅使歸參之夜天皇御靈夢云
日輪大日如來本地盧舍那佛也衆生悟此理將歸佛法云々即現御體放光明矣

然間於御本尊者被治定畢於御願成就者以可奉憑宇佐之由天平十九年丁亥遣勅使於當宮可成就此願旨於大菩薩御前捧宣命令祈申之時神勅
吾禮護國家留古土是禮猶志楯鋒乃古土志唱率神祇互共爾為知識互必奉成皇帝之願養者

聖武天皇彌有二御感悅一又爲レ買二同佛料之黃金一故遣二
使於大唐一之間亦進二朝使於當宮一被レ祈二申往還平安
之由一時神託
所レ求乃黃金波將仁出レ自二此土一陪志使乎勿レ遣二大唐一禮
者
同廿一年天平己丑黃金出二部內小田郡一正月陸奧守百濟
敬福即進二九百兩一賞二敬福一授二從三位一皇帝感二神驗一
其上分二百二十兩一被レ奉二神宮一件勅使四月六日參宮
奉レ進二黃金一時大菩薩手自請二取之一被レ納二香爐筥一也
又無二水金一佛像莊嚴難治之間被二祈申一之處自二近江國
比叡山之側一水金自然流出也其上分二又三升一寺記云三百兩被
レ獻二同彌勒寺一奉レ納二寶藏一而已

大菩薩御受戒師度者事

聖武天皇同廿年天平戊子九月一日神託大神吾禮波昔
波第十六代乃帝王今波百王守護乃誓神先仁波獨率二數
萬之軍兵一志□氏隼人乎殺害氏大隅薩摩乎平計後仁波此
等乃生類乎爲レ救爾三歸五戒授牟土思布仍每年仁一人度
者乎儲旦號二年分一旦吾加神乃名乎授計令レ祗二候社一氏氏
人等仁法華最勝乎習志三歸五戒乎持世氏每月六齋日辰
時仁三歸五戒乎傳受世牟歸二依三寶一持戒乃力爾依氏後像
末乃邪神乎滅亡志弖天帝乃御命乎守護奉良牟毛乃曾者
依二此神託一被レ下二官府一云
太政官符　豐前國八幡神々戶人出家事 右奉二今月廿
三日勅一件神戶人每年一人宜レ令下得度入中彼國彌勒
寺上

天平感寶元年六月廿三日

第四十六代孝謙天皇元年依二神託一被レ進二度者一官符云

太政官符太宰府

應レ令三豐前國八幡戶人每年一人度一者宜三得度入二彼
國彌勒寺一者
右彼太宰府去天平勝寶元年七月六日符偁被二太政官
去六月二十三日符一偁今月二十三日奉レ勅豐前國八幡
戶人每年一人度者宜レ令三得度入二彼國彌勒寺一符宜二
承知准レ勅施行一者符到奉行

參議從三位左大辨勘解由長官

藤原朝臣正五位下左大史周防權守惟宗朝臣

天平勝寶元年七月廿三日

日本國中勅定受戒者當宮爲二根本一其後唐土楊州龍興
寺鑒眞和尚來朝天平勝寶六年東大寺被レ立二戒壇一同
七年十月太宰府觀世音寺被レ立二戒壇一宇佐宮年分僧

有二勅使一登壇受戒
私云忝哉年分僧爲二御戒師一又給二神宇一爲二其名一而已

彌勒寺領事　正文可レ在二寺務之許一

聖武太上天皇天平感寶元年己丑六月廿三日御奉寄帳
如二御筆狀一者
捧上件物一切大小乘經律論等必爲二轉讀講說一遠限二日月一窮二未來際一敬納二彼寺一永爲二學分一令法久住拔二濟群類一天下太平兆民快樂法界有情共成佛道
復誓其後代不道之主邪賤之臣若犯用破レ障不レ令レ勤二行佛神事一者是人無力必得二十方三世諸佛菩薩等之罪一當レ落二大地獄一永元出期若不二犯觸一敬致二勤行一者世々累福紹隆子孫共出二塵域一早登二覺岸一取二大底一細々御誓狀具御本歟

東大寺供養時大菩薩御上洛事

孝謙天皇天平勝寶元年己丑十一月十九日己酉於二內裏一七歲童子神託
神吾禮向レ京波牟者
太上天皇同廿四日甲寅遣二參議從四位上石川朝臣年足十一月十九日〇按十一月以下六字衍歟侍從々五位下藤原朝臣魚名等一以爲二迎神使一路次諸國差二發兵士一百人以上一前後駈除又所レ歷之國禁二斷殺生一其從人供給不レ用二酒宍一道路淸拂不レ令二汗穢一矣神輿二禰宜大神朝臣杜女一同二乘神輿一田麿乘二神驛一十二月又遣二六衞舍人各廿人一奉レ迎二八幡大神於平群郡一是日入京卽於二宮南梨原宮一造二新殿一以爲二神宮一請二僧四十口一悔過七日丁亥大神禰宜尼大神朝臣杜女其輿紫色拜二東大寺一天皇太上天皇皇太后同亦行幸是日百官及諸氏人等咸會二於寺一會二僧五千一禮佛讀經作二大唐渤海吳樂五節舞久米舞一因奉二大神一品比咩二品一左大臣橘宿禰諸兄奉レ詔白レ神曰
天皇我御命爾坐申賜止申久去辰年河內國大縣郡乃知識寺爾坐盧舍那佛遠禮奉久則朕毛欲レ奉レ造思止得不レ爲之間爾豐前國宇佐郡爾坐廣幡乃八幡大神爾申賜問勅久神我天神地祇乎率伊左奈比天必成奉天事立不レ有銅湯乎水土成我身遠草木土爾交豆障事無久奈佐牟土勅賜奈我良成奴禮波歡美貴美念食須然猶止事不レ得爲天恐家禮土毛御冠獻事乎恐美恐毛申賜久土申
尼社女授二從四位下一主神大神朝臣田麿從五位下已上
奉レ爲二大菩薩法樂一被レ行二萬僧會一之時天下太平之文字現二于鳳闕一海內保全之瑞相見二于佛庭一佛法之効

神道之驗起於天皇叡慮起於法王信心而已

東大寺鎮守八幡宮者是時神宮也

御神領事

聖武太上天皇天平勝寶二年庚寅二月廿九日御奉寄帳如御筆狀者

捧上件物爲有勤行神事等遠限日月窮未來際敬納彼社爲神稅令法久住拔濟衆生天下太平人民快樂法界有情共成佛道渡誓其後代有無道之主邪賊之臣若犯用破障不令勤行佛神事者是人必得破辱十方三世諸佛菩薩等之罪當落大地獄永無出期若不犯觸致勤行者世々紹隆子孫共出塵域早登覺岸取大底細々御誓狀具御本歟

類聚國史第五云二年(天平勝寶)二月戊子奉充一品八幡大神封八百戸(前四百廿戸今加三百八十戸)位田八十町(已上此神願幷進)大神朝臣杜賣食封四十戸位田一百廿町主神田麿給宮民三百十三人散在三國(豐前豐後日向)七郡內又女禰宜外從五位下仍以祝神主可爲大宮司之由被勅定畢

今度御奉寄被治定三國七郡之條往古子細及于天聽歟神道令然歟大菩薩御靈行之昔五人同行相共爲利益衆生佛法修行豐前國馬城峯之連峯豐後國六鄕山之連山靈瑞留所々依今而見古劾驗己重々依古而見今奇特亦多々就中豐葦原之中底豐前國之本宮者天地相之山神王道交之宮也又人王第一神武天皇生年十四歲昇帝釋宮受執印鎰還來日向蘇於峯十五歲立皇太子冬十月率諸皇子自日向國住(○往歟)宇佐郡之時宇佐津彥宇佐津媛二人於宇佐河上造一柱騰宮依獻大饗恭賜珍寶天王自斯所趣諸國降伏荒振神達被鎮一天四海生年五十二歲御卽位治天下春秋七十六年拔除賊徒一千一百二十頭目當郡令進發之坐也又日向之國者日本之表也地神第一第二兩代主猶還于天不降住地第三第四五三代(一百七十九萬二千四百七十六年)之主山陵在日向國又若宮四所權現於斯國而所生撰定三國奉獻七郡立方以深以(○誤字歟)而已

宇佐八幡宮縁起下卷

目録

宇佐八幡宮縁起下卷

小倉山歸坐事

光仁天皇寶龜十年己未神託

我禮前幾爾坐須留此菱形宮仁志弖波神乃名始天顯禮位報博ク高奈利是以願住二乎世此舊宮一我着二弖身冑一鎧幾奉レ守二護朝廷及國家一弖乎者

右大臣宣用二神社祝一仰レ府令レ作者云々府依二苻旨一自二寶龜十一年庚申一到二天應元年辛酉一兩年之中菱形宮被レ造之第五十代桓武天皇延曆元年壬戌自二大尾社一如レ本奉二歸移一矣

御修正事

桓武天皇延曆六年丁卯神託

槌レ鐘天諸僧入堂之時波堂乃後門爾跪天地爾候志入堂乃後波佛前乃露地爾敷二坐具一天三ケ夜乃間波奉レ祈二護天帝一乎牟者

彌勒寺御入堂事

同天皇同十二年癸酉神託

神我禮每日一夏九旬彌勒寺爾入堂須有二御尻懸石一利勿二人登一禮者

件石御堂正面之閫三丈去古者傳云入二地底一七尺自レ地涌出石云々

驚二此乃度靈告一依二天平神託一一夏九旬每夜丑時奉レ上二御格子一又開二西中門一是則大菩薩御參堂之儀式也此間御寺長講僧一人參宮奉レ迎二於神一之儀式也又三人官僧於二申○中之誤歟殿一讀二法華懺法一唱二大自在菩薩之寶號一矣年分僧於二弖齋一奉レ供二香花一又申時爲レ申二還御一同三僧等參二御寺一行例時歸二社壇一讀二懺法一之後奉レ下二御格子一入御之儀式也

弘法大師參宮法樂時御受法事

桓武天皇延曆廿三年甲申大師承二綸言一被二入唐一望二乘船之期一於二高雄寺一爲レ仰二玄應一被レ致二丹祈一大菩薩納二受心中一示二現其前一御居長三尺三寸許僧形也着二香染御衣一以二爾時奇異一爲二末代効驗一互延二利生御手一被レ寫二護國御形一忝哉神笔之功已以勝二生身妙體一奇哉能書之德永奉レ留二入空御影一遂使在レ唐施レ威求レ法如レ願大同二年丁亥歸朝爲二報賽一參レ宮專以二所學法義一奉レ備二尊神一法樂令レ感密法有二御受法一矣

傳敎大師參宮講經時以神衣被進事

桓武天皇延曆廿三年大師承ニ綸言一入レ唐參ニ當宮一介ニ祈申一渡レ海在レ唐求法如レ願同廿四年歸朝之處雖レ有ニ洋中之風波一神力之故更無ニ海上之煩事一安穩着岸之後弘仁五年爲レ遂ニ渡海之願一下ニ向西國一之時奉ニ爲八幡大神一於ニ神宮寺一自講ニ八軸法華一乃開講竟旦

神託

我禮不レ聞ニ法音一天志久曆(歷カ)ニ歲月一利乎多幸値ニ遇和尙一天仰ニ聞ニ聖敎一多利兼又爲レ我仁修ニ種々功德一須致ニ誠隨喜一須何足レ謝レ德牟良矣苟有ニ我所レ授法衣一利者即託宜主自開ニ齋殿一手捧ニ紫衣一御袈裟七條一帖奉ニ上和尙一大悲力故垂ニ納受一是時宮司幷禰宜祝等各嘆云元來不レ見不レ聞如レ是奇事一大神所レ施法衣今在ニ比叡山一前唐院云々

第二御殿之事

大帶姬 人皇十五代神功皇后御靈

第五十二代嵯峨天皇弘仁十一年神託

吾波神功皇后大帶姬奈利奉レ副ニ天如ロ昔今毛同心可レ利ヨ益衆生一志者

同十四年官符云 大宰府弘仁十四年癸卯四月十四日符偁可レ新ニ造八幡大菩薩宮大帶姬細殿弍宇一已上

第十七代仁德天皇御靈事

平安城之邊平野社之神也所々記仁德天皇御靈者宇佐宮南樓上云々

私云如ニ當時一者無ニ壯嚴一無ニ御體一亦無ニ祭禮一是則大道天然之剎生歟自性法身之理宮歟所以帝位之昔憐レ民之故於ニ三年之間一止ニ萬民之役一在ニ高臺一詠ニ村里一言高屋爾登天見禮波烟立津民農竈門波仁義波飛爾氣利

於ニ當宮一者居ニ高樓一而顯下覺月之昇ニ上界之雲一耀中民烟上於ニ彼社一者在ニ平地一而表下和光之同ニ下界之塵一照中民烟上也凡厥王者之政靈神之道重々生ニ濟度方便一也

高樓神居事依ニ神託一歟未レ撿也

本云建武二年乙亥十一月三日書畢右筆宇佐重榮

第五十九代宇多天皇寬平元年庚戌

神領可レ全事

神託後百三十五年

官符

應レ先ニ大菩薩御領治田並桑蘭等一事

右撿ニ御託宣文一偁天平勝寶七二十五日諸國有ニ二種田一租田地子田皆有ニ其員一私略之如レ前者託宣之旨就レ中自レ今以後爲レ先ニ

宮領又本公田之外治田悉爲不輸租田偏一爲神領國郡勿附諍

應令入封於豐前豐後日向國封返抄事

右三所大菩薩御封千四百卅餘戸也而依天平勝寶七歲二月十五日託宣以八百餘戸奉返公家即充造宮造寺料所遣封六百餘戸也追年三ヶ國司入封請宮返抄勘會公文其來已久若不請返抄國司者捍公文有限神事永勿牢籠

應撿諸封鄉作田事

右封內之作田須國使不可入勘然而追年國宰精宮返抄勘備公事者檢知封田作否並損否田若有否之者任先例令國宰殞之令請宮返抄若用宍酒鳥之人不可用是以淸淨廉直之人宮使相共令行之

已上三ヶ條在寬平四十九ヶ條宮符文

被加年分僧一人事

第六十一代朱雀天皇御宇平將門承平之年率十六萬人惡黨押領東國令伺北闕藤井澄友天慶之曆以一萬千人乘七百餘艘之船充滿西海道打留上洛之船依之公家以三歸五戒之力令滅亡邪神可奉守帝皇之由仰天平神託奉爲第二殿比咩大神第三殿大帶姫御戒師被加二人年分僧官符云

大政官符

應加度豐前國八幡宮年分者二人事

右從三位守大納言兼右近衛大將行陸奥出羽按察使藤原朝臣實賴宣奉勅件年分者宜加度者府宜承知於豐前國彌勒寺每年試度符到奉行

右少辨正五位下兼內藏頭源朝臣　右大史正六位上大窪宿禰

天慶三年八月廿七日

私云依大菩薩御得戒之力滅亡像末邪神奉延天帝御命者可依氏人等讀經持戒之由神託分明也若不讀經不持戒者尊神得戒不定也若然者不奉延天帝御命之由大罪如何況神道已御持戒也凡夫盍仰神託受戒哉

八幡大菩薩御行法事

第六十四代圓融院天祿元年庚午神託以眞言天淨道場乎爰以爲和光之栖卒者大同二年御受法之後帝王一十四代年序百六十餘年但施自性壇之益未顯大悲壇之行依此神託早令奏聞一夏九旬之間第一齋殿外殿西間莊方壇四方閼伽香爐四角寶瓶立御鈴

杵御禮盤上御座具其上草座每夜丑時奉擧御格子年分僧奉備香華等四方大菩薩令向西之坐搆也

私云御本尊如何御修法如何

天平十三年公家被奉納金字法華經㝡勝王經金造塔等御本尊者釋迦多寶歟御修法者法華法歟

同三年天祿壬申神託

我加影波眞言加持乃閼伽水仁可寫志御振鈴之音承保之比御前撿校神日奉聞之其後敬神人々間々奉聞之云時代云人名不分明耳

若宮四所權現事

御靈行之時大帶姬遣方士於志賀大明神龍宮城而言汝之所妊者女子也我之所妊者男子也可成夫婦被渡乾珠滿珠者可令降伏異國云々早得兩顆被誅三韓畢大帶姬契約已間八幡御生成長之時成夫婦生四子之坐ス謂若宮若姬宇禮久禮也此時自龍宮城被献黑色龍馬一疋今神馬毛是

第五十三代淳和天皇天長元年甲辰大神朝臣蘊麻呂母酒井勝竹主女就神而經七箇年又從八位下大神朝臣眞守家有門主女託之而宣

吾波菱形宮西方荒垣之外隱居神曾若不顯申波汝家爾入神氣物曾其時吾喩爲土波可告者

思忘經年不顯而後神氣入眞守之家陰陽師川邊勝眞苗錄申云託宣之神向牟陽陰師言

吾禮其命乎取利死牟物曾者

未經幾年陰陽師頓死然後門主依託宣告蘊麿助雄等云

陰陽師不用神之託宣而忽頓死汝不見哉可早奉治彼神云

蘊麿申云取人之命之給何大神宮之邊可顯申郎

神託

汝之所申頗有道但大菩薩之大祭之後午月丑時吾靈氣乎奉天勿令告他人之年內爾靈氣顯不狀可見志者又申須以何因緣乎他處多之中仁顯大菩薩宮邊爾之給哉郎神託

大菩薩爲討隼人有行幸之時吾御伴爲將軍而奉仕幾彼隼人等乎打還利坐之時彼將軍器杖皆授吾氣給畢奴因玆爲戰彼爾竊吾身老勞侍於門外爲立天下太平國泰民安之心也是謂八字碑慰安願仁慕處也者

第五十五代文德天皇仁壽二年壬申十二月造宮使正六位上藤原朝臣藤主典正六位上香山宿禰永貞奉造齋

殿一畢

若宮　若姫　宇禮　久禮

四所權現御體者大神朝臣藴麿同助雄奉二造立一之又御母龍神意猛之故預二器杖一之坐也方下有二神敵朝敵一之時上大菩薩仰二此神一隨二輕重一令レ放二八目流鏑一而已古老傳云禮殿之北昔有レ戸自然不淨之輩上下向レ之時忽有レ罸之故止二此戸一今在二南方一

西脇殿事

天兒屋根尊春日大明神御在所也

天照太神之昔依二素盞烏尊之惡事一被レ閉二籠天磐戸一之間天下常闇人間失レ度之時天兒屋根尊心賢計妙取二天香山五百筒眞榊一上枝著二八坂瓊一中枝著二八咫鏡一下枝著二青和幣一而祈申奏二御神樂一依人長力杖舞爰日神思食依二何事一咲遊哉少闢二磐戸一令二見出一刻日光照耀人皆面白今人有レ感之時云二面白一者是也多力雄尊執二御手一奉二引降一中臣神忌部神引二注連繩一而申自レ今以後莫二歸入一矣日神相二契天兒尾根尊一而言於二我子孫一者必可レ爲二中國主一於二卿子孫一者可レ輔二佐國家一已上御神樂此時被レ始也人主代々之時其氏爲二攝政一神道明々之今者其靈令二相副一之坐神護之年示二現于三笠山一景雲年以後造レ殿歟當山群鹿者此神之侍者也當社眷屬也

東脇殿之事

地神第五代鵜萱不葺合尊住吉大明神之御在所也大帶姫靈行之昔異國降伏御祈之時天降之坐依二此神之勠力一討二彼國之凶賊一不レ忘二昔契約一令二副合一之應迹之坐弘仁年中以後造レ殿歟

北辰殿事

當山先住之神本地無双之誓也大菩薩御修行之時可下令レ在二一所一而奉上レ守二吾君一之由令二相語一之間被レ領掌一畢北斗七星之變作二南州常住之刹一生衆生之性者七星之種也機緣已厚于二此界一行レ度不レ移二諸他方一來二於天宮一已爲二地主一天降時代事非レ神者難レ知造舍事大菩薩御二移當峯一者神龜二年也其歲造舍歟

左善神王事

阿蘇大明神也

靈體三人爲二兄弟一令レ遊二化十方一自二震旦一歸二日本一之昔大兄留二豐後國高知尾一々々々明神是也次兄留二肥後國阿蘇嶽一々々々明神是也此明神告二㝡弟八幡一而言汝早到二花都一利成二十善帝王之子一可レ遂二百王守護之誓一我留二當峯一奉レ見二繼高知尾大明神一利可レ助二

汝下化衆生一矣累世契約不レ改當宮之守護殊新矣

右善神王事

高良玉垂大菩薩也

大帶姫靈行之昔異國降伏之刻地神第五代主鵜萱不葺合尊現言我卽明星天子之垂跡也有二第三公子一月天子之應也奉レ授二付之一爲二大將軍一可レ被レ遂二敵州降伏之本意一也云々仍令レ賞二此公子一被レ授二大臣官一號二藤大臣連一保二大帶姫自二龍宮城一令レ得二乾滿兩珠（本ノマヽ）一於二新羅之海一擬レ令二合戰一之時爲二此大臣之役一被上下兩類令レ降二伏異國一畢歸朝之後垂二跡於神道一顯二名於後代一

昔者征伐輔佐今者垂迹之助化也

八子神事

三十三箇之石爲二御體一和光同塵之驗爲二堅固一如二位田寺大菩薩神託一者母堂之君産二八王子一之給故云二八幡一上（已）八幡一義也兩所善神王菩薩 八子神 示現年紀抄者無二所見一耳

御許山石體權現事

應神天皇御靈行之昔處々御修行之所也昔（欽明天皇御宇云々）馬城峰朝々令レ放二光明一之間長門國之守遙見レ之奏二聞之一處卽爲二勅使一重々尋來之時令レ住二當山之麓一大神朝臣波知（大神比義分身）其壽八百歳申二子細一之間攀登見レ之處如二翁申一金色鷹於二三柱靈石之上一令二飛渡一之光明也當山之下名二日足村一者此光明如二日足一依レ照二此村一也歸參令二奏聞一之有二叡感一而問二群臣一而言此神山如何可レ名乎諸卿申云可レ爲二御計一云々帝取二此語一可レ號二御許山一云々

又大菩薩爲二人皇一之時乘二龍馬一飛二翔當山一此馬之跡多入二石面一二寸許見在矣今謂二之龍蹄岩一又大菩薩令レ現二足斑馬等一之坐古今瑞馬棲レ之故名二馬城峯一耳

武內

北辰

三

左善神王

二

巡拜記云高一丈五尺廣一丈五尺許

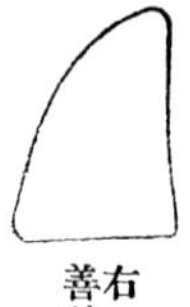
右善神王

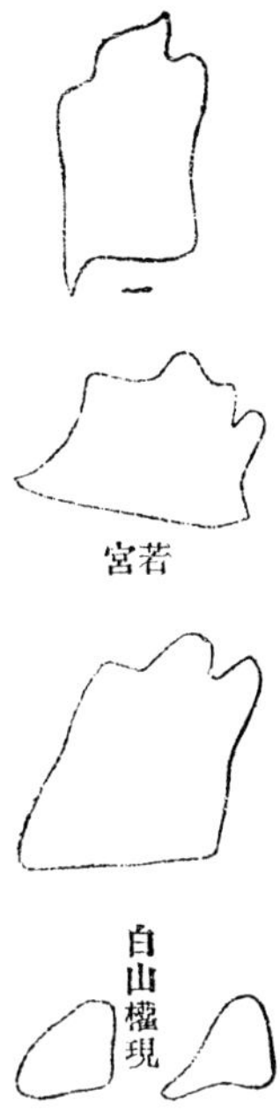

靈石之上擬レ奉レ造二覆御殿一之時天平二年庚午　神託
云
吾禮石體土顯土岐流々已至二未來惡世一天久加良奈牟加爲利此風爾當
利此流乎呑癖牟者可レ滅二罪障一奈利勿二造覆一禮者

武內靈神事

懷中曆云景行天皇五十一年辛酉八月以二紀武內宿禰一
始爲二棟梁臣一云々奉二仕六代之帝一謂　景行天皇　成
務天皇　仲哀天帝　神功皇后　應神天皇　仁德天皇
也
應神天皇御宇亦關白爲二天下執柄一歟壽三百八十餘歲
後正二衣冠一壯二束帶一入二美濃國一云因幡山中不破山不レ知二
令レ死所一之間人尋行見レ之竹葉懸レ札其銘云
法藏比丘豈異人乎彌陀如來卽我身是已上本地法身或
示二王臣之位一或現二主伴之神一一體分身之利生權現同
時之垂迹如二大神應作一大神比義朝臣也御在所十町許
下參詣登山之路有二王子大岩一腹有レ口奧有レ水號二硯
石一也
武內宿禰之昔爲二執柄之臣一註二天下之政一應神天皇之
御靈顯二大神一之坐爲二神眷之位一註二當山參詣之人數一
其硯石硯水也王子者武內變身歟
石淸水社記云武內者大菩薩寶前通夜人數交名每夜註
レ之坐云々

白山權現事

八幡大菩薩之大祖權現也
第四十二代文武天皇大寶元年辛丑泰澄和上又云古志小大德神融
生二人間一飛二空中一
第四十四代元正天皇養老年中越前國與二加賀國一之境
有二高岩一名二白山一有二寶池一湛二綠水一不レ常處已奇異也
大師於二此池一澄二心水一誦二念經咒一奉レ備二法味一祈言定
有二佛神之居一歟見色身之仰爰自二洪波之心一現二大蛇
之身一大師言此是垂迹歟仰願可レ現二本地一其時阿彌陀
如來色相耀二波上一次十一面觀世音菩薩光明徹二水底一
然而言
我昔爲レ利二日本國一現二天神第七代伊弉諾伊弉冊尊一
今住二此峯一之ヵ欲レ利二一切衆生一云々
彌陀者陽神主本地也觀世音者陰神之本地也今白山權

現是也觀音現身說法之山也此尊者應神天皇二十一代大祖也爲レ奉レ助ニ大神之化尊一早被レ示ニ天童之妙體一和ニ本山之光一俱ニ當山之月一昔現ニ于本山一之時モ天童今現ニ于當山一之時天童明王之化延喜之年有ニ行秀聖人云者一行業年積効驗嚴重以ニ神力之令レ然依ニ神慮一再拜見ヨ昔之天童顯ヨ現今日山靈體一是也

當山三鉢靈水事

天平三年神託

鎭ニ護國家一正像末乃靈水奈利石乎爲レ體須水乎爲レ意須者

大寒不レ凍　大旱不レ減　勅使每ニ參宮一酌持之奉レ獻皇后寶祚延長之良藥敬神之人參詣之輩雖レ給ニ一滴一終潤ニ三世一也

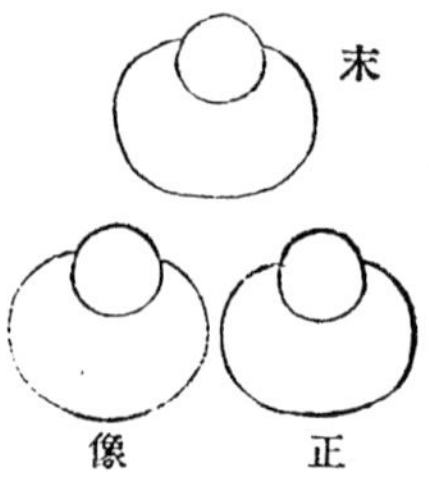

巡拜記云
弘六寸許餘
深四寸許餘

大菩薩令レ浮ニ御影於此水一之坐主水御奇之間ニ卜部一申云靈神之御影云々云々朝廷守護之瑞相也

大同四年神託

此峰仕三世利益諸衆生現世成悉地後生成菩提

宇佐八幡宮縁起下

本云建武二年乙亥十一月三日書畢右筆宇佐重榮

三社託宣抄

天照皇太神宮　謀計雖ㇾ為二眼前利潤一必當二神明罰一
正直雖ㇾ非二一旦依怙一終蒙二日月憐一

八幡大菩薩　雖ㇾ食二鐵丸一不ㇾ受二心穢人物一
雖ㇾ座二銅焔一不ㇾ到二心濁人處一

春日大明神　雖ㇾ曳二千日注連一不ㇾ到二邪見家一
雖ㇾ為二重服深厚一可ㇾ赴二慈悲室一

三社託宣略抄

一　託宣起之事

今此三社ノ託宣ノ起リハ正應年中大和國奈良ノ京東大寺ノ東南院聖珍親王ノ御時庭前ノ池水ニ天照太神八幡大菩薩春日大明神三社ノ託宣ノ文字アキラカニ顯レタリト也此東南院池ノ事往昔ヨリ大蛇スミケリトテ住居ノ人年ヲコヘズ是ニ醍醐寺ノ聖寶尊師好ミテ此處ニ至リ住ス則チ鬼魅來テ聖寶ヲ爭ヒ拒事タビタビナリトイヘドモ聖寶ヲソレズシテ住ス或時聖寶茶ヲノミナガラ睡ル時大蛇梁木ニ登リテ寶ガ隙ヲ窺ヒ見ル寶眠リ覺テ茶椀ニ蛇ノ形チウツルヲ見テ仰テ是ヲ咒スタチマチニ大蛇シリゾヒテ二度來ル事ナシ其ヨリ聖寶ハ元興寺ノ願曉法師ニ隨テ三論宗ヲ習ヒ講ゼシ寺也然シヨリ以來惡鬼毒蛇此池ニ仕事ナシ又此庭上池ノ傍ラニ大磐石アリ是ハコレ聖寶大峯ヨリ背ニ員來テ今ニアリ人力ヲ以テ動スコトカタシ誠ニサマザマ子細アル池ナリ聖珍親王ハ尊圓ノ御舍弟也人王九十一代伏見院ノ御宇ニ當ルナリ正應年中御託宣ノ比ヨリ今慶安年中マデハ其間三百五十余年バカリ也不思議ナル御託宣ナルガ故ニ天下悉ク此文字ヲ寫シ用ル者ナリ　一說ニハ日本ハ神國ニシテ唐土天竺ニモ勝レテ神變不思議ノ國ナリ上代ハ上下トモニ人モ正直正路ヲ面トシテ少シモユガミタル事ナシ然レドモ末ノ世ニクダリテ人ノ心モヨコシマニ曲ミ行ニヨツテ神慮ノ御惠モウスクナレル者ナリ是ニヨツテ三社ノ御神ハ末ノ世ノ人ノ心ヲ正シク直クセン爲ニ吉田ノ神主ニノリウツリ給ヒテ心ヲ知ヤスク言葉ヲヤハラゲテ三社ノ神各ノ託宣シ玉フト也今都ノ吉田ノ森ノ峯ニ託宣ノ宮トテ有リトナリ右兩說ノ中ニ始ノ說ヲ以テヨシトスベキカ其子細ツギニ明カナリ

一　末世ノ御託宣人ニ不レ託事

人ニ乘ウツリ玉フ御託宣留マル事ハ人王十一代垂仁天皇ノ御息女大和姬ノ皇女御託宣ヨリ以來永ク止マリタリ天照皇太神大和姬ニ託シテ曰ク今ヨリ後ハ神託ヲ止ムト有シ時大中臣ノ祭主問テ曰ク若神託トヾマリナバ末代ニハ神ノ御シルシハ有マジキカト其時答テノ玉ク末ノ代ノ神ノ告ニハ夢ヲ以テ知シメント

也亦垂仁二十六年冬十一月新嘗會ノ夜新嘗會トハ十一月ノ中ノ卯日於ニ禁中ニ始テ太神宮ヘ當年ノ米ヲ御供ニソナヘ玉フ祭リナリ其ヨリ天子ヘモ新米ヲ備フ此祭ヲ又ハニヒナヘノ祭トモ云垂仁帝神主物忌等八十氏ニ詔ノリシテ曰玉ハク吾ニ今夜太神宮託宣シ玉フ也神主物忌等明カニ聞ベシ神代ノ人ノ心ロハ正シクシテ直ナリ人皇ノ末ノ代ノ人ハ其心黑鳥シテ其心安キ時ナシ然レバ則チ惡鬼邪神モ便力ヲ得テ人ニ託シテ誑言ヲナサン然ラバ今ヨリ後永ク善神ノ託ヲ止メン若時ニヨリテ人ニ告ルニハ形チナクシテ聲ヲアラハシ尤驗言ケヤケキコトバヲアラハサント也此事寶基本紀ニ具サニ見タリ然ラバ前ノ兩說ノ中ニハ池水ニウカブ文字ノ說尤シカルベシ

三　上代御託宣神變之事

人皇十三代仲哀天皇御宇天照太神春日大明神虛空ニ聲ヲアゲテ御神託アリ天皇是ヲ仰信シ玉ハザル過ニヨツテ崩御アリシト也又聖武天皇伽藍建立ノ叡願御坐トイヘドモ神國ノ遺風ナヲ恐レアリトテ行基菩薩ニ勅シテソノ効驗ヲ伺ヒ玉フ爰ニ行基太神宮ニ參籠アル七日ノ夜虛空ニ聲アツテ曰ク實相眞如ノ日輪ハ照ニ生死長夜之闇ヲ本有常住ノ月輪ハ拂ニ無明煩惱之雲ヲト此御託宣ノ旨基公叡聞シ奉ル詔シテ曰ク句中ノ意誠トニ神代ノ昔シ天照太神ハ素盞烏尊ノ惡逆ニ依テ六合常闇ニナルトイヘドモ終天ノ岩戸ヲ開テ長夜ノ闇ヲ照シ天孫ハ八重ノ雲ヲ別テ天降リ玉フ時雲霧アツクシテ重リシトキ祓ヲナシ玉ヘバ雲霧タチマチニ晴タリ是無明ノ雲ヲ拂ニ非ヤ然トイヘトモ勅使梵僧ニシテ句面佛法ニ似タリ是非ニ其告詳ナラズトテ天平十四年十一月ニ重テ右大臣橘朝臣諸兄ニ仰セテ諸兄ハ山城國井出ノ寺ヲ造リテ山吹ヲ植シ人ナリ後ニ流サレテ死シケリトナリ伊勢太神宮ノ勅使タリ天平十四年十一月十五日ノ夜內宮三ノ鳥居ノ前ニシテ御託宣サキノ如シ同キ夜天子ノ御前ニ天女現ジ玉ヒテ光ヲ放テ宣ク此國ハ神國ナリ尤モ神ヲ敬ベシ然ドモ日輪ハ大日ナリ信仰スベキト也其後始メテ御願寺ヲ立玉フ今ノ東大寺是ナリ

四　天照太神國土請來之事

天照太神ハ地神五代ノ中ニ第一ノ神ナリ父母ハ天神七代ノ終リ伊弉諾伊弉冊ノ尊ナリ然ニ二神天ノ逆鉾ヲ以テ天ノ下ニ國アラムヤトテ探リ玉フニ鉾ノ滴リカタマリテ嶋トナル今ノ阿波路是ナリ二神此嶋ニ下リテ先日本大八嶋ノ國ヲ生玉フ亦一女三男ヲ生玉フ天照太神日神月讀尊月神素盞鳴尊蛭子尊是ナリ　天照太神

ニハ天下ヲ讓リ玉フ月讀尊ニハ天ヲ讓リ玉フ素盞嗚尊ニハ根ノ國ヲ讓リ玉フ蛭子ニハ海ヲ讓リ玉フ此蛭子ハ生レ玉ヒテ三年ノ間足タチ給ハザレバ虛船ニ造籠テ海ノ事ヲシラスベシトテ流シ玉ヘバ攝津國ニ留リ玉フ今ノ西宮是ナリ亦素盞嗚尊ハ生ナガラニシテ荒ク猛キ神ニテ國ヲ行キ給ヘバ國ノ人煩ヒ死シ山ヲ行キ給ヘバ木ヲ朽シ海ヲ通リ玉ヘバ波風ヲ動シカクノ如クニシテハ國土ヲ知スベキ神ニ非ズトテ根ノ國底ノ國ヘ拂ヒ給ヘドモ猶父母ノ神ノヲシヘニモ隨ヒ給ハズ動スレバ日神ノ住給フ宮ノ中ヘ入惡キ事ヲ而已ナシ玉フ（惡事ノ色々神代卷ニ見タリ）是ニ依テ日神ハ天ノ磐門ニ閉籠リ玉ヘバ國土ハ夜晝ノ別チモナク暗闇トゾ成ケル爰ニ八百萬ノ神ノ謀ニテ岩戸ノ前ニテ神樂ヲ拍子給フ舞姬ハ天ノ鈿女命祝言ハ春日大明神ナリ白幣青幣ハ天ノ太玉命持玉テ庭火ヲ燒謠ヒ舞給ヘバ天照太神ハ岩戸ヲ少シ開キテ見玉フ處ヲ信濃國ノ戶隱ノ明神ハ力ツヨキ神ニテ日神ヲイダキ出シ玉ヘリ其ヨリ素盞烏命ヲバ髮ヲヌキ足手ノ爪ヲ切テ日神ヘ御侘言ヲ申シテ素盞嗚ヲバ追失ヒ給ケレドモ猶天下ヲ天照太神ヘ渡シ奉ラズ地神第二代ハ日神ノ御子正哉吾勝々速日天穗耳尊ノ時モ素盞烏ノ御子大己貴尊ナヲ天下ヲ渡シ給ハズ其御子事代主命ニ至ルマデ素盞嗚ノ子孫代々國土ノ主タリ然間天ノ神高皇產靈尊經津主命（下總香取明神）健甕土命（常州鹿島大明神也）詔シテ曰ク汝二神天クダリテ天ガ下ヲ靜メヨトナリ時ニ二神天降リ大己貴命ニ向ヒ給フ時劍ヲ逆サマニ立テ其キツサキニ腰ヲカケ猛キ姿ヲ顯シテ曰ク吾二神ハ天ノ神ノ使ナリ國土ノ御主ハ天照太神ノ子孫也急ギ渡シ奉ランヤト大已貴命答テ曰ク我スデニ子孫アッテ國土ヲ讓ル上ハ彼子孫事代主五十猛二人ノマヽナリトノ玉フ其時二神又始ノ如クイカメシキ形ニテ事代主命ニクハシク問玉ヘバ國土ヲ渡シ奉リ玉フ其時ニハヤ正哉吾勝尊ハ年行給テ其御子地神第三ノ尊天津彥々火瓊々杵尊ニ至テ天下始テ渡リ玉フ是今ノ伊勢國外宮相殿ノ神ナリ

五　內宮御鎭座由來之事

伊勢內宮ハ天照太神ナリ仁王十一代垂仁天皇御宇冬十月甲子ノ日ニ丹波國與佐ノ宮ヨリ伊勢國渡會郡宇治鄉五十鈴河ノ宮ニウツシ奉ル其由來ヲ尋ルニ垂仁天皇御姬宮大和姬ニ詔リシテ天ガ下ニ神明ノ御鎭座

ノシルシ處アルベシ急ギ尋テ遷シ奉レト則大和姫三種ノ神器ヲ戴キ（三種ノ神器ト者神璽寶劔内侍所コレナリ）國々ヲ尋ネ行キ給フニ伊勢國渡會郡沼木郷山田ガ原ニテ老翁ニ行合玉ヒテ尋給フ（老翁ハ猿田彦命神宮ニテハ興玉ノ社）翁答テ曰ク我ハ是神代ヨリ天照太神ノ勅ヲ請テ御鎭座ヲ守ル事二百八萬歳ノ間ナリ是ヨリ奥五十鈴河上ニ有トテ道引ユク是今ノ内宮ナリ此翁ノ鼻勝レテ長事五尺六寸有ト也今此國ノ神事祭禮ノ時王ノ鼻トテ先前ニ鼻ノ長キ面ヲ着テ通ル事ハ是神代ノ遺風ナリサテ皇女宇治ノ郷ニ至リ見玉フニ天ノ逆鉾ニ五十ノ鈴カ懸テ立テ有シナリ則此河ヲ五十鈴河ト云ナリ其ヨリハ皇女ハ立還リテ同ク勢州鈴鹿ノ坂ニ宮ヲ造リテ朝夕ノ御供ヲ内宮ヘ備ヘ給フニ往還ノ路ホド遠シトテ野ノ宮ヘ遷リ玉フ今齋宮ト云是ナリ（齋宮ハ四町四方ノ宮ナリ）皇女ノ後モ代々天子ノ姫宮一人野宮ニ遷リ太神宮ノ御仕ヘ有シナリ

六　外宮御鎭座由來之事

豐受皇太神宮ノ御鎭座ハ人王二十二代雄畧天皇二十一年冬十月一日ニ天照太神日本姫ニ夢中ニ告玉ハク天上ニテノ如クニ天ガ下ニテモ皇孫ト一處ニテ御供ヲ受タキト也皇女則雄畧天皇ニ奏聞アル其夜天皇ノ御夢モ同キ事也ヨツテ其年外宮御造宮アリテ明年丹波ノ與佐ノ宮ヲ出シ奉リテ大和國宇多ニ一宿アリ其ヨリ伊賀國ニ二宿アリ伊勢ノ神戸ニ一宿同ク山邊ニ一宿（山邊トハ今ノ小俣ノ宮是也）次ニ度會ノ平尾ニ三月ノ間御座ス（平尾ノ宮アト今ノ離宮是ナリ）同九月十六日ニ山田原ノ新殿ニ遷シ奉ル也外宮ノ本宮ハ天御中主尊（國常立尊ト同体異名也天神七代ノ祖神ナリ）中興治世ノ御神ハ皇孫瓊々杵尊ナリトイヘドモ相殿ニ御座テ祖神ヲ崇奉リ給フ也サテ天兒屋根命天太玉命同ク相殿ニ坐シテ皇孫ヲ輔佐シ玉フ也人王十一代垂仁天皇内宮御鎭座ヨリ二十二代雄略天皇外宮御鎭座マデハ其年數四百十八年ナリ日本姫皇女其間存生ニシテ鈴鹿ノ宮ニ座セシナリ日本姫ノ壽命ハ七百歳也云々

七　三社託宣題號之事

三ト者天地人ノ三才ナリ諸神ノ數多シトイヘドモ天神地神人神ノ三才ノ神ノ外ニハアルベカラズ然ラバ此御託宣ハアラユル神等ノ託宣トモ心得ベシ惣ジテ三ノ字ハ神道ニ用ユル文字ナリ王ノ字ノ意ニテモ知ヤスキモノナリ王ノ字ハ三ノ字ニ中ニ竪テ點ヲ打意ハ天下ノ王タル君ハ天地人ノ三才ヲ胸ノ方寸ノ中ニ

知明メテ天下ヲ治メ玉フ。故ニ王ヲ貫三ト云貫三トハ三ヲ貫クト讀竪ノ點ハツラヌク意ナリ萬物ヲシリ明ラムル義ナリ道一ヲ生ジ一二ヲ生ジ二三ヲ生ジ三萬物ヲ生ズルナレバ伊弉諾伊弉冊ノ二神國土ノ三ヲ生給ヒテヨリ以來萬物ソノ中ニ生ズルモノナリ

社ト者ヤシロト讀社ハ土地ノツカサナリ萬物ハ土地ノ上ニ生ジテ人ヲ養育ス其恩ツクシガタシ爰ヲ以テ天下ノ政ニモ土地ヲ祭ントテ五方ノ土ヲ取テ崇メ奉ラル中方ノ土ヲバ黃ナル紙ニツヽミ東方ノ土ヲバ靑キ紙ニツヽミ南方ノ土ヲバ赤キ紙西ノ土ハ白キ紙北ハ黑キ紙ニ包ミテ一處ニ壇ヲ築テ上天子ヨリ下萬民ニ至ルマデ是ヲ崇メ奉ル一方ヨリ土一寸ヲ取四方ミナカクノ如ク取テ社壇封ズルナリ封ノ字ノ意篇ニ土ヲ重ネテ作リニ寸ノ字ヲ書尤知ヤスキ事ナリ其外大唐ノ法ニモ一國一縣ノ司官ヲ下サルヽニハ王城ノ四方ノ土ト禁中ノ土トヲ其方ノ色ノ紙ニ褁ミテ下サル國司知行ノ地ニ至リテ社ヲ建テ此土ヲ封ジテ祭禮ヲコタル事ナシ皆此謂ナリ又社ヲ立ルニ王侯ヨリ下ツ方皆法アリ王群姓ノ爲ニ社ヲ立ルヲ大社ト云大社ハ四至九町也王自ノ爲ニ社ヲ立ルヲ王社トイフ云諸侯百姓ノタメニ社ヲ立ルヲ國社トイフ諸侯自ノ爲ニ社ヲ立ルヲ侯社トイフ大夫以下群ヲナシテ社ヲ立ルヲ置社ト云ナリ社ニ上中下アリ上社ハ九町四方ナリ中社ハ八町四方下社ハ四町四方ナリ託ト者ツクトモヨルトモ讀ナリ形チヲ顯サズシテ神ヲ人ニ寄物ニ附テ言葉ヲ寄ルヲ云ナリ意ロ尤トモ知ヤスキ也宣ト者ノブルト讀ナリ神聖物ニヨリテ言葉ヲ宣玉フナリ宣旨宣命宣下ハミナ大臣ヨリ下ル言葉ナリ今天照皇太神ノ託言ヲ宣ト云ン事一端不審ナレドモ古語ニモ天子ノ宣室トアレバクルシカルマジキ歟又愚案日本ノ御主ノ始メハ天照太神タリトイヘドモ惡神ノサハリニヨツテ終ニ天降リ御座サズ皇孫尊ニ至テ始メテ國土ヲ知食セバ高皇產靈ヲ始メ奉リ天照太神モロ共ニ天ノ御蔭日ノ御蔭トカクレ御座テ皇孫ノ朝庭ヲタスケ給ヘバ宣旨宣命ト取テモ苦布カルマジキ歟

八　諸神中ニ三神託宣之事

今此託宣諸神ノ中ニ天照太神八幡大菩薩春日大明神ノ三神取分テ子細アル哉否若子細ナクンバ如何但取分テ託宣アラバ天照太神高皇產靈尊皇孫ナド、コソアルベシ其上天照太神ハ地神第一ノ尊ニテ宗廟ノ神

タリ春日ハ亦社稷ノ神ニシテ皇孫ノ臣下ノ神ナリ又八幡ハ天神地神ニテモ非ズ人王ニ下リテ第十五世ノ神ナリ旁以不審ナキニ非ズ是ヲ答テ云ンモ神慮測難シシカイヘドモ愚意推テ云ハ天照太神ハ地神ノ初メ尤モ由緒アリ春日ハ社稷ノ神タリトイヘドモ皇孫輔佐ノ神ニテ天下ヲ靜謐シ萬民ヲ安寧ナラシムル神ナレバ其由緒ナキニモ非ズ又八幡ハ誠ニ人皇ニ下リ十五代ノ應神天皇ナリ剰ヘ皇太神宮ノ左リニ託宣ヲ安ス(左ヲ上トシ右ヲ下トスル事常ノ振舞ナリ)是亦由緒ナキニアラズ八幡ハ天照太神ノ分身タル瀬織津姫ノ再誕ナリコヽニ人皇ノ世統ニ至異國ヨリ日本ヲ攻ムルニ隨テ人皇十二三世ノ比ハ日本既ニ異國ノ手ニ入ントス爰ヲ以テ瀬織津姫カリニ現レテ神功皇后ノ腹ニ宿リ應神天皇ト生レ給テ日本一統シ玉フ王ナレバ日神春日ノ託宣ニ並ベ奉ン事何ノ子細アラン哉委シキ旨ハ八幡託宣ノ下ニテ聞ユベシ

九　天照皇太神宮

天照ト者日神ニテ天下ヲ照シ玉フ事平等也汚穢不淨ノ處ヲモ照シ殘シ玉フ處ナシ尤モ和光同塵ノ意也白虎通曰ク天ト者身ナリ天ノ言タル事ハ鎮ナリトアリ然ラバ天ハ萬物ノ惣身ニシテ萬物ハ天ノ支節ナリ廣雅ニ曰ク天ノ地ヲ去事二億一萬六千七百八十一里ナリ天ノ厚サ地ノ厚サト同ジ天ハ南北相サルコト一億三萬三千五十七里二十五歩ナリ東西ハ四十歩短キナリトアリ「照ト者明也ト字訓アリ日神天ニカヾヤキテ萬像アキラカナリ又和訓ニハテラスト讀ナリ天萬物ヲテラシテ萬物生成ス萬物ハ天ヲ父トシ地ヲ母トス又照ハホムルニ名付ル事アリ孔子ノ昭ルナド云ナルベシ「皇ト者スベラギトヨム皇(スベラギ)ト者天子ノ名ナリ又皇ハ大ナリトモ君ナリトモ匡ナリトモ字訓アリ前漢ニ曰ク皇ハ君ナリ極テ尊ノ稱ナリ天子ノ父ナルガ故ニ名ケテ皇トイフ預ジメ天下ヲ治メザルガ故ニ帝トイハズトアリ又皇ノ字ハ白王ト書タリ白ハ明ナリトテ明王ト云意ミヘタリ上代ハ君モ君タル故天皇ト書末代ノ今ハ天王ト書トイヘリ例セバミコト、云フニ王臣ノ神ニ付テ尊命ノ字替ルガ如シ「太ト者ヲ、シト讀ユヘニキワモナク限リモナキ意ナリ日神ノ國土ヲ照シ玉フ事何レノ地ヲ限リ何クノ國ヲ限リトモナク照シ給フ意也「神ト者カミトモタマシヒトモ讀ナリ陽氣ノ精ヲ神ト云陰氣ノ精ヲ靈ト云ナリ易ニ曰ク陰陽不測コレヲ神ト曰トナリ寶前次第作法記ニ曰ク陰陽ハ動靜ノ消息ナリトイヘリ動ハ進ニテ陽ナリ萬物ハ陽ニ向テ動キ進ムデ生長スル也陰ハ靜ニテ退ナリ萬物陰ニ至テ靜マリ退イテ朽凋ムナリ孟子ニイヘラク聖モ知ベカラズコレヲ神ト曰ト也安キ意ヲ以テ神ノ字ヲ知バ神ノ字ハ示篇ニ申ト書ナリ人々正直正路ヲ以テ神ニ祈ルトキハ申ノ字ナリ暗ニ利生ヲアタヘ玉ヘルハ示ノ字ナリ

十　天照太神御託言

謀計ト者ハカリゴトカゾフルト讀ハカリゴト、ハ下地ノ我意ニハ僞テ上面ニハ眞ノ有サマヲナシテ人ヲ誑カス事ナリ世ノ中ニ佞人ナド、イフ是ナリカゾフルトハ喩ヘバ十アル物ヲ七ツ八ツニカゾヘ又十二十三ナドニ計ル事ナリカクノ如クシテ人ノ目ヲヌキテ僞リ計ヘテ商内ナドスル時ハ眼前ニ利ヲ得テ家モ富榮ヘ身モ煖カニナルハ眼ノ前ノ利潤然レドモヌカレシ人當座ハ知ネドモ本心ノ時ハ知ルモノ也其時前ノ人ヲ恨ミ悲ム此コ、ロ彼ヌキシ人ノ方ヘ至リテ罸ヲアツルナリ世ノ中ノ人ノ心モ通力ヲソナヘテ有モノナリ運心神通ト云事アリ人モ夢中ニ千里ノ外ニ行テ親シキ友ニモ逢テ過コシ今ノ事マデモ語リナグサミテ暫時ニ千里ノ程ヲカヘリ來ル事是ミナ人ノ上ニソナヘタル運心神通ナリ亦世ノ人ノ中ニ奇特ナドヲアラハスハ明神ノ神通ナリ世ノ中ノ人ノ目ニモ見ヘズ奇瑞ナドノ有ハ神明ノ神通ナリカクノ如ク人々ニ通力神通アレバトテ商内ヲスルニ利倍ヲトルベカラズトニハアラズ喩ヘバ十錢ニ買シ物ヲバ十一錢十二錢ニ善ホドニ賣レバ人ヲ僞リ誑カスニモ非ズ人モ其分ハ許ス也十錢ノ物ヲ二十錢ニスレバイツハラルル人後ニ是ヲ知テ大ニ怒リ悲ム心神カノ人ニ酬テ必罸アタルナリ罸ニ神罸冥罸人罸アリ神罸ハホノカニ顯レテ當リ冥罸ハ知ズシテ當リ人罸ハ明カニ當ル五刑ナド是也愼テモ愼ムベキ者ナリ神明ト者惣ジテハ天地ノ神ヲサスナリ別シテハ人ニソナヘタル處ノ正直正路ノ神ヲ神明トモ云ベシ又神明ト云明神ト云ニ少シキ異アリ明神ト者元神光リヲ和ゲ塵ニ同(マジハ)リテカリニ人ノ形チニ現レ萬民ヲタスケ給ヲ明神ト云ナリ明ハ日月ナリ日月ノ明ガ神ノ上ニアラハレ出ルヲ明神ト云ナリ日月ノ明ガ神ノ中ニ有テ形チニ顯ハレザルハ神明ナリ神明ハ君ニシテ日月ノ明ヲ下ニシ明神ハ日月ノ明ヲ神ノ頭ラニ戴クガ故ナリ天下ノ君臣モ亦カクノ如シ君王ヨリ潔キ政ヲ下シ玉フヲ臣下是ヲ戴キウケテ天下ノ人民ニ賦リアタフル者ナリ正直ト者タヾシクスグト讀ナリ末代ニハ人ノ心モ正シク直ナル人ヲバ妬ミ惡ムハ是スナハチ不正直ノ人ノ心ヨリ出ルナリ西施ガ貌ヨカラズンバ東施何ゾ惡ンヤ然アレバトテ心ヲ曲テ邪ニイタサンヤ善人惡人ニ交ル時當座ハ石ニ米ノマジリ油ノ水ニ入タル如クナレドモ陰徳アレバ必ズ陽報アルモノナレバ惡人モ正神アラハル、時ハ善人ナリト知テ親ミ近クモノナリ是ヲ終ニハ日月ノ憐ヲ蒙ムルトハ云ナリ一旦トハ二字ナガラシバラクト讀ナリ依怙ト者ヨリヨルト讀ナリ毛詩ニ恃レ父怙レ母ト云語アリ今ノ世ノ正直ナル人ハ人ニウトミ遠ザケラレテ便リ力ラヲ失フ事喩ヘバ父母ヲ失フ孤子ノ東西ニ吟テ力ヲ得ズ闇中ニ火ヲ失フガ如クナレトモ終ニ父母ニ巡リ合テタチマチニ日月ノ光リヲ見ルガ如ク今ノ正直者モ人ニウトミ去ラレテ一旦夜陰ニ入トイヘドモ日月明ヤスクシテ終ニ善人ト知ル、モノナリ皆コレ日月神明ノ徳ヲ蒙ル也

十一　八幡大菩薩之事

八幡ハ人皇十三代仲哀天皇ノ皇子九州筑前國三笠ノ郡宇佐ノ里ニテ御誕生アリ母ハ人王十四代神功皇后ナリ仲哀ノ御宇ニ薩摩國天子ニ随ハズ天皇コレヲ随ヘントシ玉フ時天照太神春日大明神御託宣シテノ曰ク吾國ハ神國ナレバタトヒ責ズトモ終ニハ随フベシ先是ヨリ西ニ寶ラノ國トテアリ（此則新羅百濟高麗三韓也）是ヲ對治アルベシト云々時ニ天皇ソノ國何クトモ知玉ハズ海上ニ兵船ヲタヾヨハシ終ニ長門國豐浦ニテ八月十五日ニ崩御シ玉フト也（或説ニ神託ヲ用ヒ玉ハズ伊弉諾伊弉冊所生ノ國ヲ伐玉フ神罰ニ當テ崩御ナルト云説ナリ）其時仲哀ノ后神功皇后ハ龍馬ニノリテ虚空ヲ飛シテ豐前國池田ノ杉山ト云處ニ至リ玉ヒテ天ニ仰ギ祈リ給フ時四天王ハ八ノ白幡ヲ捧ゲテ天降リ玉フ今杉山ニ四天王ノ峯ト云ハ是ナリ此八ノ幡ノ上ニ小戸ノ瀬ヨリアラハレ玉フ三神現ジ給ヒテ（三神ト者表筒男命中筒男命底筒男命）新羅百濟高麗ノ三韓ニ向テ神軍シ玉フ事誠ニタメシスクナキ事ナリ猶三韓力ツヨキ時龍宮界ヨリ干珠満珠ト云二ツノ玉ヲ捧ゲ奉ル満珠ト云玉ハ敵方鹽ノ干潟ニ有處ヘ投レバ皆悉ク鹽満テ水ニヲボレテ自由ニハタラク事ナシ干珠ト云玉ハ満タル鹽ニ船ヲ浮べ

タル方ヘ投レバ船ノメグリ干潟ト成テ船ウゴク事ナケレバ自在ナラズ又味方ノ方ニハ海ヲ陸ニナシ陸ヲ海トナシ時ノ宜ニ隨テ自由自在ナラシメテ戰ヒ玉フ也此時神功皇后ハ王子御懷妊ナリ皇后一卷ノ軍書ヲ持玉ヘリ（今ノ世ノ黃石公ガ三略ト云コレナリ）軍ハゲシキ時皇后コノ書ヲ燒テ灰ニシ呑玉ヒテ唱ヘテノ玉ハク王子胎內ニアリテ此書ヲシロシメセ我ハ空シクナルトモ王子ハ恙ナカルベシトナリ右此軍モ三箇年ノ間ナリ漸々軍モ勝チニ成テ皇后ハ筑前ニ歸リ玉フ時三笠ノ郡宇佐ノ里ニテ王子御誕生アリ其處ニ宮ヲ立ツル今ノ宇瀰ノ宮是ナリ始胎內ニテ軍書ノ灰ヲ呑玉フ故ニ御誕生ノ時一卷ノ書ヲ暗ニ書玉フト云々又御誕生ノ時八ノ幡産屋ノ上ニ掩フ故ニ八幡ト名ケ奉ル也然シヨリ以來猶以テ日本安全ニ治リテ高麗ヨリ每年ニ日本ヘ御調物ヲ奉ル事八十艘ニ定マリタリ人王六十代ノ帝醍醐天皇ノ比マデ少々御調物奉ル也

十一　山城國鳩峯男山勸請之事

人王五十六代清和天王ノ御宇大安寺ノ行教和尚貞觀元年ノ夏九旬ノ間宇佐ノ宮ニ參籠アリテ晝ハ大乘經ヲ讀誦シ夜ハ祕密神咒ヲ誦テ法施ヲコタラズ九旬已ニ滿ヌル時靈夢ノ告新ナリ八幡現ジテ告テ曰ク久ク法味ヲ受テ師ヲハナレザル事影ノ形ニ隨フガ如クナリ今師王城ニカヘリナバ我モ又隨テ行キ王城ノ側ラニ居ラント也行教都ニ歸リテ山崎ニツク東南ノ方男山鳩峯ノ上ヲ見ルニ大光明アリ此事ヲ以清和帝ヘ奏聞アル則チ橘朝臣ノ工部ニ勅シテ宇佐ノ神社ノ如クニ新殿ヲ造テ遷シ奉ラルト云々又弘法大師モ參籠アリテ靈驗ヲ蒙リ入唐求法ノ大願成就シ玉ヘリ惣ジテ八幡ハ中比マデ祈願ノ返答ヲ社ノ內ヨリアリ然レバ度々天子ヨリ勅ヲ下シ玉ヒテ少シノ事ニモ宇佐ノ宮ニ問玉フニヨリテ其後ハ返答トゞマリタル也

菩薩ト者梵語ノ略ナリ具ニハ菩提薩埵ト云ナリ此方ニハ覺トモ智トモ云ナリ又薩埵ニ四ノ薩埵アリ一ニハ愚童薩埵是ハ三界ノ凡夫ヲ云ナリ意ハ一切ノ人人ニ智惠ヲ備ヘザルハナケレドモ顯レザルハ愚ナル童ベノ火ヲ知ズシテ入ガ如シ二ニハ識薩埵コレハ二乘ヲ云三ニハ金薩埵コレハ菩薩ヲ云四ニハ智薩埵コレハ佛ヲ云ナリ委シキ意ハ明師ニ尋テ知ン者ナリ

十二　八幡御託言

雖レ食ニ鐵丸一トハ食物ニ正食ト邪食トノ二アリ他

人ヨリ食物ヲ乞テ食スルニ武士ノ武威モ忠心モナクシテ心ヲ曲テ君ヲヘツラヒテ知行俸祿ヲ受人ノ物ヲモ道ナクシテムサボリ取集メタルヲ邪食ト云此食物ヲ受ンヨリハ鐵丸ヲ食セヨトナリ正食ハ道ニ當テ取ヲ云ナリ無道ニシテ富ルハ犬豕ノ肥タルガ如シ是ヲ心穢ノ人ト云ナリ鐵丸事ハ佛家ニイロ〳〵沙汰アル義ナリ今要ヲ取ニ右ノ如クナリ又水ウヱシテモ盜泉ヲノマズトアリ其名トスル處不可ナレバナリ又琥珀ハヨク塵ヲ取ドモ腐タル芥ヲバトラズ磁石ハヨク鐵ヲ吸ドモ曲レル針ヲバ吸ズトイヘリ情ナキモノサヘカクノ如シ由ナキ物ヲ受ルハ還テ其身ノ害ニナル事思ハズンハアラジ雖レ座二銅焔一トハ焔石ニ足タマラズトテ燒石ノ上ニハ誰カ足ヲ上ンヤ縱ヒ銅盤ノ燒タル上ニハ座スト云トモ貪欲フカキ人ノ座位ニ同座スル事ナカレトナリ貪欲トハ口ニアヂハヒ鼻ニカギ耳ニキヽ目ニ見足ニフミ身ニフルヽニ至ルマデ人トシテナクテハ叶ハザルモノナリ然レドモ欲多クシテ制スル事アタハズヲボルヽ時必ズ本心ヲ失フモノ也心ヲ養フハ欲スクナキヨリ善ハナシト古語ニモアリ又熱クトモ惡木ノ陰ニ憩ムベカラズトアリ況ヤ心アル人ノ心ケガレ濁リタル處ニ交ル事愼テモ愼シムベキモノナリ

十四　春日大明神之事

春日大明神ハ天兒屋根命大中臣氏ノ祖神ナリ皇孫尊日向國高千穗ノ峰ニ天クダリ玉フ時天ノ神ヨリ皇孫ニ三神ヲ副玉ヒテ天津日嗣國津日嗣ヲ守ラシメ給ヘリ其時春日ハ扶翼ノ臣ノ中ニモ大政官ニ當レリ地神ノ初ヨリ此國治リ兼タル處ヲ三神ヨリ平ゲ玉フ中ニ殊ニ天兒屋根命ハ皇孫ノ政ヲアヅカリ萬民ヲ安クシ玉フ事餘神ニ勝レリ是ニヨツテ春日大明神ト名クルモノナリ日天ハ四時ニワタツテ物ヲ照ス中ニ秋ノ日ハ陰分ニマケテ日アタヽカナラズ萬物初テカレシボム冬ノ日ハ猶陰分ノ極マル時ニシテ萬物生ジガタシ夏日ハ陽分ナリトイヘドモ又陽ノ極マル時ナレバ萬物又育スル事ナキ也コヽニ春ノ日ハ寒ニアラズ熱ニアラズ此スナハチ中分ノ時節ナレバ萬物コト〳〵ク生ジテ國家萬黎トモニ安穩ノ時ナリ爰ヲ以テ春日ト號スルモノナリ明神ノ事ハ以前ニ念比ニ聞ヘタリ

十五　大和國三笠山勸請之事

皇孫尊天降給ヒテ日本恙ナク治マリタリトイヘドモ

猶モ東國ノ神荒ク猛クシテ治マリガタシ爰ヲ以テ天兒屋根命健甕士命經津主命三神トモニ東國靜謐ノ爲ニ下向シ玉ヒケリ經津主命ハ下總國香取郡ニ至リ國神ヲ靜メ玉フ(今香取明神ト云亦ハ齋主命トモ云也)天兒屋根命健甕士命ノ二神ハ常陸國鹿嶋郡ニ下リ荒振神タチヲ靜メ一統シ玉ヒテ猶天下安全ノ爲ニ三神ナガラ東國ニ住玉ヘリ其後三笠山勸請ハ人王四十八代稱德天王ノ御宇神護景雲二年ニ鹿嶋ヨリ鹿ニ乘榊ノ枝ヲ鞭トシ今ノ春日山ニ飛入玉ヒ帝都ヲ守護シ玉フモノナリ春日御詠謌曰ク鹿嶋ヨリカセキニ乘テ春日ナル三笠ノ山ニ浮雲ノ宮ト詠シ玉ヘリコレニヨッテ鹿ヲ以テ使者トスルナリ一ノ宮ハ鹿嶋大明神二ノ宮ハ香取大明神三ノ宮ハ春日大明神四ノ宮ハ姫神(天照太神)其後人王五十代桓武天王ノ時都ヲ山州平安城ヘ遷シ給時大原ヘ春日ヲ勸請又大原ヨリ吉田ヘモ勸請スルナリ

十六　春日御託言

雖曳ニ千日注連トハ此神託ノ意人々神ニ祈誓ヲカケテ宮ヲ造リ石ヲ疊ミ御注連ヲ引歩ヲ運ブ事千日萬日ニ及トイフトモ邪ノ願ヒヲ以テ祈ラバ其人ノ家ニハ到リ玉ハジナリ注連トハシメナハノ事ナリ凡ソ注連繩ノ起リハ天照太神天ノ磐門ニ閉籠リ玉フ時思兼神ノ策ニテ太神岩戸ヲ少シ開キ出玉時手力雄命イダキ奉リテ戸ヲ閉テ繩ヲ引張テ是ヨリ岩戸ヘ歸入玉ヒソトナリ此繩ヲ神書ニハ端出之繩ト申コレ則チシメナハノ事ナリ神ヲ引ト丶メテ願ヒヲ滿給ヘト申事ノ繩ナリカクノ如ク千日萬日ノ間御注連ヲ引テ祈ルトモ邪見ノ人ノ家ニハ到ルマジキトナリ邪見ト者ヨコシマニミルト讀ナリ正直ノ人々神ニ祈誓ヲスルニワヅカニ一日ノ注連ヲ奉テ願ヲ滿ルヲ不正直ノ人見テ邪ナル心ヲ以神ニ願ヲ懸ルニ百日ニモ滿ゼズ千日ニモ叶ハヌ事皆是我心ヨリナスワザナリ然ルヲバ却テ神ヲウラミナイガシロ(ヲカ)ニ思ヒ人ニモ語ルモノ也昔愚姥アリ常ニ枇杷ニスケリサネ大ニシテ食スル處スクナキトテ悉クミバカリニ成ヤウニトテ神ニ祈ル事百日ニモ滿ゼズ千日ニモ叶ハズ還テ彼靈神ヲ嘲リ笑事アリ是則チ不正直ノ祈リヲ枇杷ノ實ノ願ト云ナリ直ナル心ヲ以テ祈ラバ何ゾ石ヲ變ジテ金トナサヾランヤ世ノ人或ハ貪欲ノ爲或ハ嗔恚ヲ以テ祈ル前ニハ何ンノ叶事カアランヤ佛家ニイハユル邪見トハ喩ベハ野中ニ牛アリ草ヲ食ヒシガ速カニ光リヲ放ッテ天ニ上

ルヲ愚ナル人見テ牛ノマネヲシテ草ヲクラフ傍ノ人問テ曰ク何ガ故シカスルヤト答テ曰ク草ヲハミシ牛既ニ天上ス我是ヲウラヤムト傍人笑テ曰ク是邪見ノ人ナリ野牛ノ天上ハ智人ノステシ衣アリシガ風ニ吹レテ牛ノ足ニカヽリシ緣ナリ彼人緣ナクシテ然ランヤカクノ如ク人皆コレ邪見ナリ思ヘ邪ナカラントイヘルハ孔夫子ノ要言ナリ

雖レ爲二重服深厚一トハ重服トハ父母ノ喪衣ナリ衣ヲ重テキル故ニ重服ト云也又ハ藤衣トモ云緇衣トモ云唐土ニハ唐ノ太宗皇帝ヨリ始ルナリ惣ジテ神ハ行觸來觸トテ少シキ身ノケガレヲモ嫌玉フトイヘドモ慈悲フカキ人ノ家ヘハ重服ノ折カラナリトモ影向アルベキトナリ慈ト者イツクシムトモメグムトモ讀ナリ一切ノ人ヲ吾赤子ヲイツクシム如クニスルヲ云也悲ト者カナシムト讀一切ノ人ノ上ニ悲シム事アレバヘダテナク是ヲ悲ミテ我力ニテ悲ヲ止ル事アレバ夜ヲ日ニツイデモ是ヲヤメント思フ心ヲ慈悲ト云ナリカクノ如クノ人ノ室ノ中ヘハ八百萬ノ神往ブレ來ブレハサテヲキ重服ノ處ヘモ來リ玉ヒ影ノ形ニ隨フ如クニ守リ玉ハントノ御託宣ナリ誠ニ仰テモ餘リアルハ三社ノ御誓ヒナリ

本邦之基根ニ於自然一也、物之自然也天下僉貴レ之、物之造化也世末レ重レ之矣、夫吾國寶祖神璽三器皆出二於天成一也昌也、　皇裔數世其統御之靈也、與二天壤之開闢一同、非下是國運出二自然一者上也、或有下戎夷之覬レ鼎遠檗二闚於西邦一匹上近帝畿一也、天竺有二遺耆城之簒亂一、夏周在二獫狁獯粥之厄一、爲三國璽九鼎亦是爲二人工一也、我國一種系連綿邈無レ窮者、天造自然之器出レ所レ致也、神有レ國以降不レ蒙二戎羌之攘奪一者未レ有下如二吾國一於純全上也、開基之神傳器之靈竺支不レ可二同レ日而語一矣、今見二世人一多携二震旦風俗之文一且蔑二神代遺風之書一、和風爲レ之陵夷神慮爲レ之損レ明職之此由矣、粤松本氏語レ予曰、悲哉禀二生於神國一懸二望於異邦一、儻遇下子師欲占問二神慮一、僉曰神書披閱族蒙二冥慮之怒一成二衰貧之身一矣、愚昧晤然之謂乎、將爲二神慮逆憤謂一乎、不レ然旨以三二之一一示レ之矣、予曰韙哉子之問乎、神書出レ言豈祕哉、惟和國緇素合二心馳一者、時索二神書一使二人寫レ之讀一レ之者、和光彌高神威彌堅乎、爲二

之謂ヽ知ヽ之以二大倭假名一擢二託宣之言一謾書、

慶安庚寅正月日

陽復記上

神風伊勢の國。百船度會の郡は。内外の神のしづまり給ふ地にして。四時の祭禮をこたらず垂仁雄略のいにしへより。今の世にいたるまで。上一人下萬民神威をたふとばずと云事なし。さればにや自然に地とみ。民ゆだかにして。上代の流風餘韻たえず。予も祠官にむまれをなせば。かたじけなくも。神につかふるのひまく。神宮の舊記を披見し儒典のかたはしをうかがひて。一二の同志と。かたりなぐさみ。あかしくらせば。三十とせにもあまりぬ。弱冠より以前の事は忘れき。近比見し事。古老のかたりし事。又は祕記の中にも。心にむかふ事をかたばかり書とゞめ。漢語をかりてことはり。朋友のものまなぶたすけとす。抑我國のおこりを尋るに。太虚の中に。一つのものあり。形ち葦芽の萌出たるごとし。則化して神となる。國常立尊と申奉る又は天御中主尊とも名付奉る。この神を人皇二十二代。雄略天皇の御宇に。天照太神の御告によりて丹州眞井原より。勢州山田原にむかへしづめ奉り瓊々杵尊を東の相殿とし。天兒屋根命。太玉命も瓊々杵尊に添て西の相殿として。御同殿にましまし。豐受皇太神宮と名付奉る。今の外宮是也 此國常立尊より三代は一神つゞ化生し給のよし。日本紀に見え侍り。しかるを此三神は。易乾卦の奇爻を表して。かくしるすならんと云人あれど。さにはあらず。我國のむかしより語り傳たる事の。をのづから易にかなふ故に。神書を撰べる人の。易と附會したることばあり。日本の神聖の跡。唐の聖人の書に。符を合せたる事は。いかゞと思ふべけれど。天地自然の道の。かの國この國ちがひなき。是ぞ神道なるべき。其後又三代は。二神づゝ化生し給ふとなり。是を坤卦の耦爻の三畫に表するならんと云 此理は上にしるしぬ。國常立尊より第七代めにあたりて。伊弉諾尊。伊弉冊尊二神出生し給是を伊弉諾は乾卦三畫成就。伊弉冊は坤卦三畫成就にて。男女の體も定りぬるならんと云。をのづからかなふところ。深意あるものなり。此伊弉諾尊。伊弉冊尊夫婦となりて。此國をうみ。草木迄もうみ給と云。子細ありあらはしがたし。其後此國のあるじを生んとて。天照太神を生給ふ。天照太神御子の吾勝尊を。此國にくだしたまはんとおぼしけれど。又其御子皇孫瓊々杵尊生れ給ふにより瓊々杵尊を下し給ひ。それより三代鸕鷀草葺不合尊に至り給ひぬ。此三神は。易にをいては。內卦の三畫。伊弉諾より吾勝尊まで三代は。外卦の三畫を表せるならむ。外卦は上內卦は下なれば。乾の九四の或は躍て淵にありといふごとく。吾勝尊の此土にくだらんとして。くだり給はぬこそ。易道に少もちがふ處なけれと云人あり。誠にちがひはあるまじき事なれど。我國の神道に易道は同じと見るこそ。忠厚の道ならめ　易道に神道は同じきといふは。いかゞと思ひ侍る。かく神道儒道其旨一なれば。其道によりて脩する敎の。かはる所はあるまじけれども異國と我國と。制度文爲はちがひめ有。それをわきまへず。古より我國になき。深衣をきる儒者など。近比はありとなん。此事大なる非義なり。異國にも夷狄の服をきるは。重きいましめぞかし。我國は皇孫尊。日向國に天下り給ひ。神武天皇大和國橿原に。都を立給ふより。百十一代の今に至り給まで。天照太神の御神孫。天子の御位にましませば。御制度をおもんじ。吾國の律令格式等を本として。行ふべきとの心はなくして。異國の深衣を着るは。さもあるまじき事也。異國に生れたる邵康節の。今人不㆔敢服㆓古衣㆒とて深衣を着られざるを。儒にあしくいふはさもあるべし。それは異國にて異國のむかしをしたふを。きらふ。さもあるまじき事也。神國に生れたる人は。神代のむかしを思ひ。國法の古をしたふこそ儒道にも本意ならめ。近代儒を學ぶ人のかしらおろすは。佛氏を人の崇敬すれば。かの崇敬を羨たるに似たり。又深衣を着は。國俗にかはり。異服をきて。人のめを驚し。崇敬せられんとにや。心に深衣をきて。外はさらでも。あれよかし。但時代により。國法のゆるす事あらば。さもあるべし思ひやるに。かしらおろして深衣きたる姿。佛氏のいふ蝙蝠僧とやらんには。猶おとるべきかとあさまし。冠。昏。喪。祭の禮も。我國に亡たがひてよ。但末代にて。律。令。格。式等の書も。家々に邪祕し。他見をもゆるさぬ事なれば。亡らぬ故ともいはんか。されど格式等も。異國の法を考て。此國の古法に合て。定たると見えたれば。吾國の古法のみにもあらず。今とても異國の禮を用るを。ひたすらあしきとも云がたし。同姓をめとらぬ事などは。我國の古法には見あたり侍らねど。唐よりは。日本國は。同姓をめとらぬ國と云るしける。いかゞ聞傳るぞや。無實なる説なれども。いにしへは左樣の人の。我國にも多かりけるにや。此事ふかき子細あるべし。我國にも昔より。藤氏ぞ天子の御外戚に定り給ふなれば。いにしへはさも有けるにや。仁徳天皇の御妹を。后にそなへ給ふといふは。御妹を尊み皇后の尊號を授たまふまでなるを。記すものゝ。あしく心得て。夫婦となり給ふやうに書たるは。あやまりなり。御子なきにて云るべし。此誤を傳給ひ。敏達天皇も。御妹を皇后にそなへ給て。御子も産給ふと。或人のかたりし。さもあるべき事とぞ覺侍る。かやうの事は。いくらともなくあるべけれど。人のきかんもはゞかりあれば。もらし侍る。抑堯舜の道の我國の神道に同き子細あり。日本の宗廟伊勢太神宮に傳る古書の中。天口事書云、皇天盟宣久天皇如㆓八坂瓊之勾㆒久爾以㆓曲妙㆒天治㆓御宇乃政㆒兎且如㆓眞經津鏡㆒久爾以㆓分明㆒看ヨ行山川海原㆒支郎提㆓是靈劍㆒弖。平㆓天下㆒天利㆓萬民㆒度言壽布とあり。是は皇孫尊。此土へ天下りたまはんとせし時。皇天の三種の

神寶を。授たまひしに添られし御言なり。深き故もあるらめど。聞傳へし計は。八坂瓊とは。八坂瓊の五百箇御統とて太神の御くしに。かけられし玉と云。八坂は玉の出し所の名。五百箇御統は。數の玉をつらぬきたるものとなり。其外も説々あまたあれど。一説はかくのごとし。但勾といへば其形まがれるにや。又玉のかたちの柔なるをいへるにや。只玉の事と心得てよ。眞經津鏡は。八咫の鏡の御事なり。此寶鏡を見まさん事。吾をみるがごとくすべしとの。神勅にまかせ。天照太神の御神體とあがめ奉り代々天皇と。御同殿にまし〳〵けるに人皇十代崇神天皇の御宇に甚神威を畏れ給ひて。豐鋤入姫命を附奉て。大和國磯城に。神籬を立て。しばらく齋奉り給ひぬ。又内裏には。神鏡神劔の御影をうつして。とゞめ給ふ。内侍所寶劔と申奉るは是也。其後豐鋤入姫命。太神を戴奉り。所々を經給ひしかども。御年老たまふの故に。美和の御諸宮より。倭姫命を太神に附奉り給ひき。しかるに人皇十一代。垂仁天皇の御宇に。猶國々所々を經て。伊勢國。度會郡。五十鈴川上にしづめ奉りぬ。始は天兒屋根命。太玉命を。左右の相殿の神と申奉りしを外宮御鎮

座以後。故ありて。外宮へうつし奉り。天手力雄命と萬幡豊秋津姫命を。左右の相殿とあがめ申 皇太神宮と名付奉る今の内宮是なり。靈劔とは。天叢雲の劔の事也後に日本武尊の東夷征伐の時。子細有て。草薙の劔と名をあらため給ふ劔也。今は熱田太明神の御神體と。あかめ奉る。此三種の神寶は。智仁勇の三德を表したると。ふるき傳あるにぞ。孔子の道は。我國の神道に。ひとしき道とおもはるゝ。或は玉は柔にとり劔は剛にとり。鏡は正直にとりて。柔剛正直の敎に同じと。親房卿の作の東家祕傳といふ物などにはかかれたり。是もむかしより傳る所のあればなるべし。しかればかの洪範も。我神道にひとしき歟。此玉の柔なるごとく溫潤の仁德を以て。天下の御政をきこしめせとぞ。曲妙といへるは。曲は不直なるを云直なる物は。つよくものにあたる故に曲とは云。しかれども邪曲ならざれば。妙とはいへるにや。又此鏡のごとく。分明なる正直の智を以て。山川海濱までも。看行し給はゝ。下に遺賢もなく萬民其所を得べきとか。劔は又勇にとりて。剛なれば剛にして無慾に。とゝこほる所もなく。しかもをのづから威ありて。天下を平げ。萬民を利益し給へとぞ。此三の物。一もかけては。天下治がたし。智仁勇の三德の事は。中庸の書に侍れば。今更くだ〳〵しき言をもてしるさず。道しる人に傳授すべき事なり。但智仁勇の三德に表し。或は柔。剛。正直に取との。ふるき傳ある故に。しばらく。解する事。かくのごとし。たゞそのまゝも。やすらかならん。此神勅こそ。有がたく侍れ。殊に天下の御あるじの御心に味給ふべき御事にや。又欽明帝の御宇に。二所太神宮の大神主飛鳥といひし人の。筆作の記に天御中主尊と申奉るは。虛而有レ靈一而無レ形と書るぞ有がたく覺侍る。朱子の明德を註せるにも虛靈不昧而具二衆理一應二萬事一と侍れば。神記のむねにひとしきにや。一而無レ形は。何れの物にか。應ぜざらん。神とは。鏡といふ和訓を。一字略せしなれば。かの明德を鏡にたとへ侍るに。替所もなし。誰も〳〵。心をかゞみのごとくせば。吾心則天御中主尊。天照太神に同からんか。其上心は神明の舍といへば。もとより人人の心中に。神はやどり。ましませどもくらまししたる心は。舍の戶を閉たるがごとく。又鏡にさびうき。塵積りたるに同じ。急ぎ神明の舍の戶をひらき。鏡のさび塵を去べし。古はしらず近比の佛氏の中に。鏡にうつる影もまよひぞ。影もさるべしと。敎る方も。有となん。僻事とぞ覺へ侍る。その故は。鏡のさびを去ては。萬像の影。をのづからうつる。いよ〳〵磨ば。いよ〳〵すなほに。影うつる物なり。さびをさるこそ修行ならめ。影をさらんとおもふは是ぞまよひなるべき。さびを去は。大學の誠意の工夫。しかれども。鏡の本體平ならざればうつるかげゆがむもの也。其平ならざるを平にすれば。むかふ姿をそのまゝにうつす。此にて正心の工夫をすべし。正直といふも此事也。直計にて正なるはまれなり但正ならざる直は。父の羊を攘るを。子のあらはしたるに同じからん。又倭姫皇女。神明の御託宣とて告給ふ御ことばにも。夫逆㆑天則無㆑道。逆㆑地。則無㆑德而外ヨ走本居㆒沒ヨ落根國㆒。故齊㆓情天地㆒乘㆓想風雲㆒。爲㆓從㆑道之本㆒爲㆓守㆑神之要㆒。將除㆓萬言之雜說㆒。而擧㆓一心之定準㆒。卽配㆓天命㆒而甞㆓神氣㆒と侍り。此神託こそありがたく。とふとく侍れ。そらおそろしき事ながら。凡慮を以て窺ひ申侍るに。逆㆑天則無㆑道とは。中庸にいへるごとく。天の命せし是を性といひ性にしたがふ是を道といひ道に修むる是を敎と云なれば。性も道も敎も天より出たるものなり。敎にさかへば則道にさかふ。道にさかへば則性にさかふ。性にさかへば。天に逆なり。天にさかはじとの修行は。敎をつゝしみ。道を行じて。性のまゝにすべし。天にありては。元。亨。利。貞人に在ては仁。義。禮。智かはる所もなし。信ありて。仁。義。禮。智を行ふ時は。天に不㆑逆して。有道の人とにや逆㆑地則無㆑德とは。德は天より心に得たる理なり。是を明德といふ。載て捨る事なく。萬物を生長して成就するは。地の德なれば是を法則として。萬民生長すべき。仁德を行ずべし。地の德にさかひて含弘の量もなく。心せは〳〵しくて物を絕ち捨。愛憐なきは。地にそむひて無德なり。仁は愛の理。心の德にして。義。禮。智も。仁にすぶれば。仁心なきこと逆㆑地なれ。かくのごときの人を。有德の人といはんや。外ヨ走本居㆒沒㆓落根國㆒とは。本居は。人々固有の本心也。逆㆑天逆㆑地の人は迷ふが故に。心外に走て。沒㆓落根國㆒と也。根國とは。黃泉を指といふ。しからば地下をさすにや或云。根と。子と和訓通ず子は。北方陰闇の方なれば。北方をさすと。しかれば。兩說共に陰闇を指て云。猶深意あるべし。近く身にとりていはゞ。心まよひて外に走。本居を離て。陰悪の域に落入。是ぞ根國に沒落するならし。故に神記にも。任二其本心一皆令レ得二大道一と云り。本心のまゝなるは聖人なり。孟子の求二放心一との教も。本心に任せよとぞ大賢の教。神記に。替所なく侍る。故齊二情天地一乘二想風雲一爲二従レ道之本一。爲二守レ神之要一とは。情は性の發にして喜。怒。哀。樂なり。情。天地に齊きは。發して節にあたる和なり。想は意の屬なり。意は心の發にして。しかも善悪にうつる物なれば。此想著する時は。心僻て闇迷ふ故に。物に執滯する事なくして。風雲に乘るごとく意をもてとにや。昔唐に古き塚有しを。波斯國と云夷の國の人來て。かの塚を堀けるに。塚の中より。丸き玉のやうなる物を。取出しぬ。その丸き物を剖て見ければ中に山水ありて。靑碧ゑかけるごとし。傍にちいさき女の靚粧して。屋のらんかんに寄かゝり。山水をながめてぞ有ける。不思議と云も餘なり。是はむかし山水を翫びて。執着したる婦人の心。凝たるとなり。あまり物に着する時は如此なる事ありとぞ。尤つゝしむべき事也。人は天の正氣を得て生ずる故に。終れば天上に歸り。天御中主尊。天照太神の左右にあるは。よき人の事也悪人は。心を天のまゝにせず。物に着する故に。彼婦人のごときの事もあるべし。さりとて佛氏の云やうに。人々あるべき事とも覺えす但心滯るは。たとへば活ものを繩を持てつなぎたるが如し。心體人欲の繩につながれて。働がたき時は。物に應ぜず。應ぜぬは本心の用に非ず心を死せたるならん。心死らば。身は人形のもの云ごとくなれば。故に想を乘二風雲一て。心を活せよとぞ。活する時は。行住座立も。道にあらずと云事なく神はもとより心の主なれば去ずして。神明は我。われは神明全くへだても。なからんか。これを爲二従レ道之本一。爲二守レ神之要一と云り。ありがたき神語なり。將除二萬言之雜説一而擧二一心之定準一とは。雜説は駁雜之説なり。一言二言の雜説にさへ。惑やすき事なるを。まして萬言之雜説の是を非とし。非を是とせば。いかでか心まよはざらんや萬言の雜説は。耳に聞とも。心に聽ずして除去。一心之定準を擧よとぞ。殊に學者の。博學と云名をのみしりて。雜學なる事をわきまへず。諸子百家の雜説までも廣くまなぶひろくまなび。深く學へば。心いよ〳〵まよふて。終身悟る期もなし。かやうのもの丶人の師となりて敎るを後の學者又わきまへずして。學問とは。かやうの事にてこそあらめと信ずる。是ぞ一盲引二衆盲一ならん。一心の定準とは。是心得がたき事也心は虚にして。何もなき物と計難し心得て。定準といふ事を人しりがたし。又あしく心得て。定準とは形ある物ぞと思ふは。愚なる人の心得なり。定準といふ。味はなめてしるべし。かやうの事を多くいはゞ是も萬言雑説とやならん。其味は語り盡し難此一心之定準を。よく。學たらましかば。其しるしは配二天命一して、神氣をなめんとなり。卽の字は。そのしるしの速なる事をのたまへり。配二天命一して。神氣をなむるは。神聖の地位なるべし。我德配二天命一して。至大至剛の神氣は。我固有の氣なる事を。嘗味て眞知なる時は。天人一致の。地位ならんか。但一心の定準と云事を。しるばかりにて。學ずばいかでか如レ此の地位にいたらん。學の字に知行を兼たり。意味すべき事なり。かやうの神語。神宮の舊記に殘るは。いともありがたき事ぞかし。此神語の中一字として儒の旨に。かなはずと云事なし。しかりとて儒書を以。神語と名付。僞て書たるにてはなし。漢字をかりて。和國の神慮を。のべたるもの也。又倭姫世記と云書に。崇神天皇の。六十年に。大和國宇多秋志野宮に。天照太神を奉レ齋。四年まし〱き。そのときに。倭姫命太神の御杖代としてましけるが。宇太大釆禰奈と云人に。をしへ給御言に云。無二黑心一。以二丹心一淸潔齋愼左物不レ移レ右。右物不レ移レ左。左レ左右レ右。左返右廻事。萬事違事奈久志旦太神奉レ仕。元レ元本レ本故也とあり。是又有がたき御言也。きたなき心と云を黑心と書たるは。黑は水色。陰にして闇昧也。心は火にして。陽明なるに。却而陰闇にするは。黑心也。故にきたなき心と云。和語を。漢字をかりて。黑心と書たる也。きよき心といへる和語を。丹心と書たるは。心は火なれば色は赤し。赤は丹也。心の色をそのまゝに。一點のおほはれもなきは。きよき心なり。黑心は不正直也。火の色の赤きを反せる。水の色の。黑となすは不正直也。如レ此きたなき心にて。神明には仕へ難し。玉淸ければ日光やどる。日光やどるのみならず。日の本體の火を出す。神は正直の頂ににやどるといへる言。則眼前に證據あり黑心の人は神に祈とも通じがたき理なり。齋愼とは。散齋致齋して祭にあづかり。殊には六色の禁忌を守れとか。今とても神に仕る人の。心得る事なれば。委は記におよばず。但愼の一字こそ眼なれ。神に仕には。愼にかぎる事也。日本武尊の。東夷征伐の時。よぎり道して伊勢太神宮に參り給ふに。倭姫命の天叢雲の劒をさづけ給ふ時の御言にも。愼て勿怠（なにこたりそ）とあり。神道に殊に。心得べき所なり。左物を不レ移レ右右物不レ移レ左。左レ左右レ右。左返右廻事も萬事違事なくしてとは。左は陽。右は陰。左返右廻事も萬事陰陽の理に違事なくして。太神に奉レ仕とか。但左物右物といへるは。物のうへにていひ。左返右廻事とは身の上にての事にや。深き心もあるべし。今の時にも祭の庭にて玉串を取には。渡すものゝ左右の手を打ちがへ。左の手の玉串をば取人の左の手に渡し。右の手の玉ぐしをば取人の右の手に渡す。これは倭姫命の遺命を。今の世まで守なりと云。さもあるべし。されど此事とのみ心得るは餘にせばき見なり倭姫の敎は萬事違事なくして侍る。玄からば玉ぐしのみにもかぎらず。推してひろくいはゞ君は君の道を行ひて。人を憐み。臣は臣の道を行ひて。忠をつくして身を惜ず。父は父の道をおこなひて。子をいつくしみ。子は子の道を行て。孝をつくし。夫は夫の道を行て婦に情あり。婦は婦の道を行て。夫に順ひて他に心もなく。兄は弟をあはれみ。弟は兄をうやまひ。朋友はまことを以て親み。其外行住坐臥のふるまひまで。あるべき事をするこそ。左の物を右にうつさず右の物を左にうつさぬと云べきに。君は萬民をあはれまずして百姓をくるしめ。臣は不忠にして。君をかたぶけんとするは。是ぞ左の物を右に移し。右の物を左に移すならん。父子。夫婦。兄弟。朋友も玄か也。是は宇太大采禰奈が。身の上の御敎なれども。聖女の御言なれば萬事に通ず。此理をさとりて。身にをこなはば。儒道とても。外に有べからず。聖人の敎も。左物を左にし。右物を右にせよとの敎なれば。更に別法なけんかく勤るを君子賢人と云つとめも化してをのづから。左の物を左にし。右の物を右にし萬事違事なきを聖人と云。かやうに深き御言を一事とのみ心得る。末代の人の心あさまし。かくつとむるは。太神に奉レ仕もの也。つとめも化してをのづからに成たらば。太神と一致の地位なるべきか。有がたき事にあらずや。元レ元本レ本故なりとの給ふはよく〳〵心行べき事なり。いかにとなれば元本は左右前後の違もなく。をのづからなるものを末にて違事は出來るなり。儒も根本に歸れと教たり。しかりとて萬事を捨て。根本にかへれとにはあらず。萬事の上に根本あり。心をつけて見るべし。學問とても。末にかゝりたるは迷ひなり。それをわきまへず。博學なりと心得たる學者もあり。博學は。聖人の教なれば。たうとき事なれど意得有事ぞかし赤子はその心誠一なる故に。無知の聖人なり。聖人はその心誠一なる故に。有知の赤子と也彼赤子の誠一の心をしうなはずして。聖經。賢傳を博學し。赤子の心のまゝにて。世を濟ぞ有知の赤子なるべきに。只博學とのみ心得。雜書までも。博く學びて人にほこるは。雜學にて博學には非ずまがひやすき事也。數萬卷の聖經。賢傳を學ぶとも一に眼をつけよ。一を忘れて書物のみに心を入るは。古人の云。書籍の間に有。蠹魚なるべし。但一とても形あるものに非ず。よく味ふべし。まことの博學は。百千萬と別て殊なるものを博くまなんで。彼は一心の理と一致なる事を。心に味へ。行にあらはして。終には數へり。一になるを云也。一は百千萬の體。百千萬は一の用なるに。又博學を嫌ひて。只一とのみ心得たる人もあり。是は百千萬は一の用なる事をしらで萬事に違ものなり。ひろく學で一に歸する。是ぞ元レ元本レ本の心なるべき。かく云を若佛氏などもれ聞ば。兩部習合の神道は。神宮にはむかしより甚嫌ふ事なるに。是は又儒と習合なると。そしらん。それはさもあれ。儒と習合の神道にはあらずをのづからかなひたる所は捨がたし。たとへば異國の金も我國の金も同じけれど異國のしんちうを金といはば同からず。似たる事はにたれどもちがひめ有べし心を虛にして味へて見よかし。兩部習合は強て合たる物なり。それを世の人さとらぬ故に。日本國の神社は次第々々佛氏のはからひとなれり。我二所太神宮計ぞ。倭姫命の。屛二佛法息一。再二拜神祇一せよと。のたまふ遺命にまかせ今に外院へならでは。僧尼の參詣をゆるさず。されど末代の事なれば。遺命にたかふ事のみ出來る。あまりいま〳〵しき事なればしるさず。我神宮領も世々を經て。佛寺のみ盛になり。末社などは名のみ殘て畑となり田にすかれけるにや。あとかたもなく。其所慥にしれる人なきも多し。かく成もてゆくも何ゆへぞや。神道と云名をだに知人もまれになり。書は故家にかたばかり殘れど。我家のかざりとや云ふらん自も見ず。まして他にも見せず。虫や鼠の巣となりて朽る。かゝれば三百年來次第々々に神地も變じ。伊勢の國司と仰ぐ。北畠殿さへ。神領を押領せられしかば。爰もかしこも他より押領しき。それに又豊臣秀吉公の。神德も重じ給はず。神郡をも撿地し給しかば。度會郡さへ半は他領となりぬ。二所太神宮領もそのかみは。度會。多氣。飯野ぞ。神三郡とて神地なりしを。代々の聖主御寄附ゆへ。員辨。三重。安濃。朝明。飯高の五郡も附しかば。神八郡と云。其外諸國にも。神戸。封戸。御厨。御園などありしに。今は度會一郡さへ。宮川をかぎりて他領なり。是にて神威のおとろへもしられぬ。ざれど世中もしづまりければ。神の風も亦ますにや。久しく他の押領となりし二見の郷をも。寛永の比かへし給り。又正保四年には嘉曆年中より。斷絶せし。公卿勅使をも立給ひぬ。かく天下の御うやまひもまさば。日にそひなどか神道もおこらざらんや。神道さかんならんには。日本の榮も天壤と窮あるまじきなり。神道をうやまひて國さかへ神道をおろそかにして。國をとろへたる事は。日本の舊記にしるす所つまびらかなれば。今更あらはすにおよばず。我祠官なれば。かく神道をたうとくごと／＼しく云と。おもへるかたもこそあらめど。つく／＼と思慮すべし我國の宗廟。社稷の神を捨て。何の神を尊ばんや。異國の神をたうとみ。異國に力を合て。我國のかたぶかん事をねがうは夷狄の法きりしたんのたぐひならん。眞儒のとる所にあらじ。神道あきらかに。行れば。上一人より下萬民まで樂み。天地位し。萬物育せん。若此書を傍人見ば笑草の種ならんか。但世間の毀譽は。善悪にあらずと古人もいへば。よきときさへもそしらん。ましておろかなる筆の跡をや。偶此記をしるす。事。慶安庚寅の冬。一陽復りし月なれば。陽復記と名付ぬ猶餘意あれどもらし侍る一二の同志のもの學ぶ心得にもなれよかしと。おもふ心にひかれてなん

此書同志に與ふる所に。この頃初學者の儒書を見てあやまる所。又は儒を嫌ふ人の儒道は神道にそむくと云事。其外世の人の疑ふ事。かう／＼あるなどゝいへば重て問答を設て。左に附しぬ。

陽復記下

或問曰。子が云所の神道は。儒道の見解にしてかくいふや儒の見解ならば用がたし。

答曰。しからず我祠官なれば。神道に志ある事年久。しかれども傳るに其人なく。見に其書まれ也。近比故家に求。他邦に尋て。神書數卷を得て。是をうかゞひ見て。ほゞ其理を得たる事かくのごとし其間に儒書のことを以。とはる事は彌神道をあかさんため又腐儒の僻見を破らんがためなり。我儒書のかたはしうかゞひたるとて何の儒の見と云事あらんや。暗にかなふ所あらば。眞儒のとるべき事ならん。たとひ儒道の見解なりとも。神道にそむかずは何ぞいまんや。倭姫の禁令にも。屏ニ佛法息ーとは侍れども。儒をさけよとの事はなし。其上今世神語は人の耳に遠く。又神書にとぼしければ。事たらぬ事のみ多し其闕を補むには。佛語は禁令なれば用がたし。儒書の詞ならずして。何を用んや。殊更往古より。儒典をかりて神道をあかせし例あまたあるをや。たとへば。我國にも。異國にも藥種はあれど。若我國の藥種すくなき時に。異國の藥種なりとて。用ぬは我執なり。我國の藥種すくなき時はかの國の藥種を用て。病をいやしてよ。但孔子の道の。神道にひとしからぬ所を。用よとにはあらず。その人の心得によるべき事なり。制度文爲のちがひをさして。孔子の道と神道と。ちがひめありといはゞ。かはりあるべし制度文爲は異國にても。時代によりかはる事也まして其法を。我國に用るにをいてをや。異國には宗廟を祭に。牛羊のたぐひを專用ゆ。我國の宗廟には。牛。馬。猪。鹿。犬。豕。熊。猿。羚羊の類を。曾て不レ用してしかも甚いむ。かやうの法は。何ぞ我國法にしたがはざらんや。此等にて。萬制度にはかはりある事。可ニ心得ー也

問曰。論語に。務ニ民之義ー。敬ニ鬼神ー而遠レ之よと侍れば。我國の神道にも近づくは孔子の道にあらじ。孔子の道と神道とは。以の外ちがひありと覺侍る

答曰敬ニ鬼神ー而遠レ之とは。鬼神になれちかづかずして尊敬せよと也朝暮神事にまじはり。神に仕奉る祠官さへ。なれ不レ近して。甚敬するぞかし。まして其職にあらざる人をや。但神道をさけよとにはあらず民

の義をつとむるは。則神道なり。しかりとて民の義をつとむる計にて。神を疎にせよとにもあらず。宗廟社稷神は天下國家の尊ばでかなはざるところなり。よくわきまふべし

問曰。世間に何事とはしらねども。神道とてたうとく。おもふは。神祇の祭禮にたづさはる人の束帶し或は衣冠し手に笏をとり。玉串持などして。口には神語などとなふるをこそ。神道とはおもふに。其外民の義をつとむるも。神道といふべきや。

答曰。玉串を持。神語唱る事等は。祭庭などの儀式。是も亦神道の一事にして。尤重しとする所なり。されど此事計を。神道と思ふは。天を管の穴より覗きたるに等し。管の穴より見たるも。天にてなきにはあらねど。それのみは餘りにせばき事也。それ神道と云は。人々日用の間にありて。一事として。神道あらずと云事なし。君神道を以。下にのぞみたまふ時は。仁君なり。臣神道を以。君につかへ奉るときは。忠臣也父神道を以。子をやしなふ時は。慈父なり。子神道を以父母につかふるときは。孝子也。夫婦。兄弟。朋友の間も神道を以まじはる事ぞかし。其外飲食するにも神道あり。手を擧るにも。足を擧るにも。神道あらずと云事なし。神書を讀て神名など覺え。拍レ手祝詞などよむ計神道ならば農圃醫卜の術よりは。猶せばき道なるべしかたじけなくも天御中主尊。天照太神の。天の御量柱を。中國に立給てよりこのかた。時代により。用捨こそあらめ于レ今絶せぬ神道なれば。天地と無窮なるべきものなり。されば神の御誓にも。寶祚のつたはらん事天壤と無レ窮けんとの御言たがはずして。今上皇帝まで傳はりたまふ事。異國にも曾てそのためしなし。ありがたき事にあらずや。これにて神道の最上の道なる事はしるべし。

問曰。神道の廣大にして。最上の道なる事は聞ぬ。非二其鬼一而祭は諂なりと。孔子ものたまへり。しからば其神にあらずば。祭いのる事も。あるまじき理にてあるべきか。

答曰孔子の丶たまふごとく其祭べき所の神ならずしてまつるは。へつらひなり。しかれど祭と祈と分別ある事ぞかし。伊勢兩太神宮にも。三姓の氏人とて大中臣は祭主と。宮司に任じ。荒木田と度會は禰宜に補し。勅命によりてまつる。全く自分の祭にはあらず其

神の後裔。又は祠官の祭は。凡人とは隔別なり。爰には神明の飛たまふ。かしこには。何の太明神の飛給しなど丶云巫覡の妄言を信じ。國々所々に其神にあらざるを祭は非禮也。祈とは。或は主君父母の病腦などを。臣下忠誠の情を以いのり。又は孝子迫切の心を以祈ば。などか其誠を神も請たまはざらんや。或は天下國家。又身の上の災害を。いまだきざ丶ざるさきに神に詣て祈り又坐ながらも祈るは。なくてかなはぬ道理なり。我國のみにもあらずもろこしにも。天子ならでは。天をば祭給はざれども庶人も天に祈にて。其理知べし

問曰祭と祈との分ある事は聞ぬ但祈て其しるしあるもあり。又何のしるしなきもあるはいかに

答曰神の祈をうけたまふと。請たまはざるは其人の誠と不レ誠とにある事なり。誠に神に祈に。其しるしなきとおもふとも身にかへりて自の誠いまだいたらざるとおもふべしゆめ〳〵神を怨むる事なかれ。是神道也武王は聖人にてましませども。御病腦の時に。周公祈給ふぞかし末代の凡夫のをかせる過もなきものがほにて。神にいのる事もなく。心だに誠の道にかなひなばいのらずとても。神やまもらんと云歌を。あしく心得て口にしき。誠の道にかなひたるかほなるは。甚僻事なり。誠の道にかなひたる人は。聖人なりかろ〴〵しくおもふべからず。其上いのらずとても神やまもらん。ましていのらば。猶まもらんと云心詞の外にあるをや。

問曰。今の世に誠の道にかなひたる人はなからん。凡黑心の人のみなれば其祈は神もうけ給はじ。しかれど愚人の祈にも。まれ〳〵そのしるしのあるはいかに。

答曰聖人の祈は。金中の金のごとし。愚人の祈も。しばらく誠なるは。砂中の金なれば。砂こそとらざらめ金はとらざらんや。愚者の誠ならざる祈は。砂中の砂のごとくなれば。いかでか神のうけ給ん。

問曰。神に祈る道は聞ぬ。日本國の神社に不思議奇特のあるは。神のなし給ふ事か。又狐狸などのしわざかはかりがたし。

答曰往古より。二宮のうちにても奇恠ありし事は。舊記のしるす所其數あげて云がたし其中にも。殊にありがたく侍るは。寶龜十年八月五日の夜。丑刻。內宮回祿の時と。又延曆十年八月五日夜子刻內宮炎上の

時。御神體。猛火の中より飛出給て。或は御前松樹の枝にかゝりましく〳〵。或は御前の黒山の頂にましましき。内宮は火徳の神にてましますといふ習ある事なるに。其ゑるし少もたがはず。又靈龜三年八月十六日洪水の時と。貞觀十五年八月十三日。洪水の時と。外宮の正殿のあたりを。水一丈さけて。井のごとくうがちしかば御垣諸の殿舍は。顚倒せしかども。正殿は水さけし故に少も損せず。誠に外宮は水德の神にてましますと習有。その玄るし少もたがはず。又天仁二年には。外宮内宮共に。心御柱朽損じ顚倒し給ふに依て。明る天永元年に二所太神宮ともに。假殿御遷宮あり。大治元年には。内宮心御柱を覆ひ奉る御榊を。鹿來て喰損じ。保延五年十月廿九日には。内宮古殿の心御柱朽損じて顚倒ましましき。是皆鳥羽崇德の御心。神慮にたがひたまふ故にや。久安五年には。内宮心御柱を卷奉る布破損しぬ依て同六年に。あらためて。山口祭勤行して。心御柱を採替奉れり。されどやがて保元の乱出來ぬ。安元三年には外宮の心御柱を卷奉る布を鳥來てけがし奉りぬ。頓て壽永の大乱あり。文治六年四月十一日の未刻に。内宮の心御柱朽損し。顚倒ましく〳〵けるを見付て。奏聞せしかば。同廿日に御卜あり。當年九月十六日に一度の式年式日なれば造替遷宮あるべけれども。すてをきがたき大事なる故に。先八月廿五日に假殿遷宮ありて。心御柱を立替奉りき是も後鳥羽の御心。神慮にたがひたまふ故にや。其後承久の大乱ありき。元亨元年には。内宮心御柱を纏奉る布を。鼠喰損せし故假殿遷宮ありしかれども程なく元弘。建武の大乱ありき。應仁年中には内宮心御柱ましまさざるの間禰宜等連署解狀を以て。二十餘度迄註進せしむといへども御驚もなかりしに。天下の大乱出來ぬ。其後も如ㇾ此の奇瑞いくらともなくあり。抑心御柱と申奉るは。皇帝之命國家之固。神明之德也といへり。中極の表。至て深祕の事なれば其子細。口外すべき事ならず人主の御心たがふ時は。大乱出來る物なるをかねて御つゝしみのため。心御柱の御示現ありがたく侍ぞや今とても奇特神變有。予が身に及でも見聞事もありしぞかし。但其神變奇特をのみ尊ぶは。神道のとる所にあらず。よく神道だに明にさとりたらんには。加樣の事も。其理あきらかならんか。神を尊び。神道を身に行じて。其理をさとるべし。問所のごとく。狐狸のしわざ。又人の僞もあまたある事なり。まようべからず。

問曰。まことに其理をしらば。神變奇特にもまよふべからず。しかれど其理をしる道は如何。

答曰。千早振神代には。人のこゝろもすなほなれば。觀二天文一察二地理一してさとりしぞかし。世くだりて人正直ならざるにより。敎といふ事出來しなり。しかれども我國の上代より。つたへし記錄などは。蘇我の蝦夷が難にやけて亡ぬ。其以前應神。仁德の御代にさへ。此國の敎も末になりたるにや。百濟より王仁と云賢人わたりて敎へ。又繼體帝の御宇には。五經に博士そひて。渡し事もあり況其敎し書も國記も亡ぬれば。闇夜の如くなる世となりしかど又其かたはし聞つたへし事などしるしとゞめて。今にのこせり。しかれどむかしに立歸代ともならぬにて蝦夷が回祿以前の敎には以の外おとりぬる事もしられぬ。其後我國の所々にありし學校もおとろへし折を得て。兩部習合の神道おこり。いよ〳〵其本を失て。神書は變じて。佛書となりしかば。神道も衰微して若レ存若レ亡。しかれども蝦夷が火をも經ずして上代よりの神記。二所太神宮に殘れり。されど是も亦。代々の禰宜神主。兩部習合にまどひて。かの言を取て。加筆の事のみ。半に過ぬれば信じがたき事有。但上代より傳たる事と佛語を用たる所とは。黑白別たる事なれば。其に付て熟讀し。工夫を用ひ。正直の敎。任二本心一よとの敎擧二一心之定準一よとの敎を。むねとして。聖經賢傳をも見て工夫し任二本心一正直ならんには其理あきらかならんか。

問曰。心は神明の舍なれば一心の外に神はなしといへば。祭などと云事も。無用の事。迷の者のする事也と云人あり。いかに。

答曰。一心の外に神なしとは。一心の理の外に異なる神はなしとの事なり。灯をさして。此火の外に火はなしと云たるに同じ。さりとていづかたにも。火なき事あらんや。此火にちがひ。又異なる火と云物はなきとなり。あしく心得て。宗廟社稷の神はなきものなり。祭禮もいたづら事なりなどいふやからは。一心の量をせばく見て。一向偏見のものなり。灯を見て。火と云ものは。是ばかりにて國土に火ともしたる所はあらしとおもふにひとし。又外に神ありとのみ心得て。本心をわすれたる人は。余所の寶を羨尊ぶに同じ。何の益なき事なり。其上神明の敎にも。そむくものなり。よく工夫すべし。

問曰雄略帝の御宇に。倭姫命の屛二佛法息一と禁じ給にまかせて。今に兩太神宮に僧尼をいむとなれど。欽明帝の御宇に渡し佛法を。數十年以前に。いめよとの禁令信じかたき事なり。後人の筆跡なるべし。

答曰。日本紀には。神功皇后。應神天皇の御宇に。三韓と始て通じたると見へことさら神宮の古記には開化天皇の御宇に。異國と通じたると見えたれば。漢土へ佛法の渡らぬ以前に。日本と漢と通ぜし事あきらかなり。其後後漢明帝の時。漢土に佛法渡たれば。日本へ佛法こそわたらねども。其名きこえたるならん。

問曰佛法をいむ子細如何。

答曰說々あまたあれど何を證據としがたし。只倭姫命。の禁誡にまかせていむ事なり。若むかしより。此禁誡を不レ用して僧尼をゆるしなば宗廟の古法は。かたばかりも。今にのこるまじ諸國の神社を見てしるべし。祠官は社僧の奴のごとくなりて。神殿は變じて。佛殿となりぬ。二宮などにては言をさへ替て。あらゝぎと云て。いむ塔なるを諸社には立置て。神のいがきとも見えず。是我國の古法ならんや。未來をかゞみ給ひ。屛二佛法息一よとの禁令。ありがたき事なり。なを末代も。彌此禁誡を。まもるべき事歟

問曰。佛法をいみ給ふは。あしき法なるか。

答曰。釋迦は天竺の聖人にてましますと聞ば。尊き法なるべし。但倭姫は。其法の源をいみたまふやらん。其法の流をいみたまふやらん。知がたし。中世より神道の名をかりて。兩部習合などゝし。神明をかすめて。我佛とする事は。佛法の流の幣なれば。それを未然にかんがみたまふ事もあるべし上代に生たりとも。其子細倭姫命に。問奉らずばしりがたし。まして今より知べきや。かやうの事は。人のあやしみそしらん事なれど此禁誡をかくし。僧尼に力をあはせん事は。冥の照鑒も。をそれあるものなれば。言に出し侍る。僧尼は佛の道をを行じて有てよかし。神社にさへ入交て社僧などになれど。佛敎にも侍るにや。いとあやし左物を右にうつすとはかやうの事なり深おもふべし。

問曰。しからば兩宮の御本地は。兩部の大日にてまし

ますといふは。いつはりなるか。　答曰我國に佛法わたらぬ以前に。兩大神宮に御鎭坐なれば。御鎭坐のはじめは。本地佛と云沙汰もなし。　兩部習合より。佛とは申出し附會したるものなり。むかし聖武天皇。東大寺の大佛御建立の時。行基を勅使にて。伊勢太神宮にいのりたまひしに神殿の御戸開て。　太神神勅ありしなど丶歸京して奏聞せられしを。　聖武いかゞおぼしけん。天平十四年十一月三日に。橘諸兄公を勅使として。　重て太神宮へつかはされしには何の神勅もなかりしに。同十一日の夜。天皇の御夢に。太神宮は。本地大日と。御覽ありしよりぞ。兩部習合は。　はじまりける。　聖武天皇の御夢と。　行基の聞れし神勅とのみにて。諸兄公には。何の神勅も夢もなし。いとあやし。思盧すべき事なり。　聖武は佛法歸依の天皇にてましませばおもひねの御夢はあるべし。　行基の聞れし神勅はいぶかし。か樣の事の。世に用ひらる丶にて。　是は非となり。非は是となり。神道もおとろふる事なり。まどはさる丶事なかれ。

問曰。佛法の流の幣も名利より出しと覺侍る。佛は名利をいとひ捨給ふに。流をくむもの丶名利に溺て。兩部習合など云事を。作出せると見えたり。名利は神道にも。　いとひ捨べき事歟。

答曰神道には。名利を捨ず。　名利を求めず。をのづからなる名利は。　何ぞいとひすてん。但求るは。をのづからにてなければ。神道にそむくものなり。名利の欲は捨て。　名利は捨べき物にあらず。　名は實の賓なれば。實と相應の名は神道にいとひ捨る事にてはなし。但實もなくて虚名を好み求るは。　甚しく神道にそむくものなり。　神道は正直を本とす。實の名なりとも。求るは名に心あればをのづからの名にあらず。　まして虚名を求るは。黑心なり。則證據あり鏡を見て知べし利も亦求べき事にあらず求れば却て害あり。　又いとひ捨べきものならず。いとひ捨ては。人の生命たもちがたし。但凡夫は。心引方に落入ものなれば。　名利はいとひ捨る程に工夫せずば必ず名利にまよひて。根國に沒落すべし。　名を好心にかへて。義を好み。利を好む心にかへて。仁に好みなば。神道ならんかし。

問曰。　名利を不レ捨不レ求ることはりはき丶ぬ但我執は神道の取所にあらざらんに。吾國法を尊て。異國の法に左たがはじとは。是又我執ならんか。

答曰往古より異國の暦を用て臣たる國の。かの國法にしたがはぬは。君を無するなれば。我執にして天の道にそむくものなり。我國は上代より。今の代に至るまで。異國の年號を載たる暦を。用たる例一度もなし。そのうへ神明の御託宣に。從人。本二天地一續レ命。祀二皇祖一標レ德。深二其源根一恭二宗廟神一。令下朝二四方之國一覲中天位之貴上弘二大業一明二天下一よと侍をや。深味ふべし。我國法を本として。かの國の法にも考て斟酌し。時に隨て用ひば可ならんか。理は異國の理。我國の理とて。二つなけれども。法は形にあらはれたるものなれば。差別あり。是我執に似たれども。公道なり。たとへば我親をたつとぶは。私に似たれども。人々たつとぶ道なれば。是私に似たる。公道ぞかし。此理は儒書にも見えたり。ことに神道のたつとぶところなり。

問曰和國の法も。古書なければ知がたし。都鄙共に神書古書祕する子細は。如何。　答曰大方私意より起たる事ならん。但祕する事も。なくてかなはぬ故あり。たとへば兩太神宮にては。御神體奉仕記。心御柱記などの類他家に傳て其益なく。殊に一大事の故あれば。其職ならぬ人に。深祕するは尤理なり。又中古より出たる書は。兩部習合の神書おほく。殊更無眼の者の所作の。却而世をまどはす書なれば。祕するも理なり。かの天下にあまねくすべき神書。殊に律令。格式。國史の類まで祕するは。甚邪なる事ならん。佛教は其書かくす事なく。あまねくする故に。天下に流布し。神國は佛國。國人は佛奴と變じぬ。是は和國の神書古書邪祕して。人しらぬ故ならずや。倭姬の屏二佛法息一との御誡も。今は用ぬ世となりぬ。それ我國の神道も。天竺までこそ流布せずとも。神國を變して。佛國となすまでは。あまりなる事ならずや心あらん人はおもふべき事なり。

問曰。內宮は。日神。外宮は月神にてましますと云。しからは外宮は月讀尊にてまじますならんに。それを國常立尊と云いぶかしいかん。

答曰。此事深祕の其一なれども。祠官たがひに其神の德をあらそひ。世人も亦惑事なれば。略其子細を云べし。尊神御出生の次第をいへば。外宮は先にして國常立尊。內宮は後にして天照太神なり。又御鎭坐をいへば。內宮は先にして。外宮は內宮の御告により。後に御鎮坐なり。對する時は内宮を日神と號し。外宮を月神と號す。月神と申奉るとて。月讀尊の御事にてはなし。國常立尊は一水の德の神にてましまします故に。内宮火德の日神に對して。外宮水德の月神と習事なり。月讀尊は。内宮にも外宮にも。別宮にましませば。惑べき事ならず猶ふかき習あり。或皇孫尊相殿にまします事を玄らで。外宮は皇孫尊にてましますと云人あり。或は丹州奈具社の神を御饌都神といへば。外宮御氣津神の尊號と相通る故に。水は御氣津の略語なる事をわきまへずして。外宮は奈具の社の天女と。同體の神にてましますなどいふやからもあり。奈具社の天女は外宮の酒殿の神にてまします。件の子細は。其祠官ならずして。あまねく人の。玄るべき事ならねど。世人二宮を。偏頗しておもふ方もあれば。口外に出すものなり。天照者二宮之通稱。太神者大廟之本號とも。古記に傳れば。いよ〳〵偏頗すべからざる事歟。祠官さへも。其故わきまへず。往々に其神の高卑をあらそふは二所尊神の御心に。かなひがたき事ならん。陰陽晝夜。兩眼兩手。何れを廢して可ならんや二宮一光の理。よくわきまふべし。かたそぎの千木は内外にかはれども。ちかひは同じ伊勢の神垣と。禰宜從三位朝棟のよめるにても。玄るべき理なり。何れに付てもあらそひの起は。末にての事なれば。深く元本を探るべし。吾祭奉レ仕之時先可レ奉レ祭二止由氣太神一との。内宮の御神託により。外宮の諸神事。參詣の次第などの先なるを見ては。外宮は國常立尊にて諸神の元なれば。内宮より過て尊き神にてましますと。おもふやからもあり。是甚僻事なり。諸神事參詣之前後にて。尊神の高卑は定めがたし。又内宮は天照太神にて。國土のあるじの始の尊神其上内宮の御神託により。外宮も御鎮坐なれば。内宮の神の尊きに。外宮の神の及べき事ならずと云やからもあり。愚なる了管なり。末代の凡夫の習といひながら。尊神に高卑を付て。これを上とし。かれを下とする事。言語道斷なり。抑二宮の祠官。二所太神宮の高下をあらそふ其由來をたづぬるに。垂仁天皇の御宇に。度會神主の祖。天村雲命(アマムラクモノミコト)の。孫。大(オホ)若子命(ワカゴノミコト)を大神主に補し給ひ荒木田神主の祖。天見通(アメミトヲスノ)命(ミコト)の孫。伊巳呂比命(イコロヒノミコト)の兒。宇太大采禰奈(ウダノオホウネナ)を。大物忌に定め給より。代々其職をつかさどりぬ其後外宮御鎮坐の時も。天村雲命の末孫。大佐々命。二所太神宮の大神主となり。それより猶代々二宮の神事を兼行しに。天武天皇即位元年に。太神主職を停て。兩宮に一人づゝ。禰宜を置給ひぬ。されども大佐々命の末孫。志巳夫（シコブ）は内宮の禰宜。兄虫は外宮の禰宜とし。伯父と姪と。二宮の神事を職りき。しかれど志巳夫に子なき故持統天皇の御宇に天見通命の十八世の孫。荒木田の野守を。禰宜に補し給ふより。内宮は荒木田の神主。外宮は度會の神主と別れ互に神德の勝劣をあらそふ端出來りしに貞觀七年に。内宮の禰宜繼長。寶龜格文を考て。外宮の禰宜眞水にもしらせずぬき出て。上奏せしかば。内宮は内階に叙し。外宮は同時に上奏せざる故に。しばらく外階に叙しぬ。其後は便を求て尊神の高卑を密奏せしにや。尊神にほゞ高下をつけ給ふ。御代もありしと見えたり。さればかくのごとく折にふれ。あらそふ事ありしに。永仁四年より。外宮の禰宜の解狀に。皇字を載べからず。載べきとの甚しきあらそひ出來てたがひに奏聞を經き。又元弘年中には。詔刀師職をあらそひ内宮より京へ申せしを。外宮より返答せし事もあり。其後又文明より延德年中迄。兩宮の神官合戰に及。中々あさましき事もありき。又永正十八年六月十三日。兩宮同日同夜の假殿御遷宮より。遷御の先後をあらそふ事出來りぬ。又天正十三年より造替御遷宮も。兩宮同年にあたれば。御遷宮の毎度前後のあらそひやむ事なし。それ正遷宮は天武天皇即位十四年九月十日勅定にて二十年を式年と定。九月を式月とし。十五日は外宮。十六日は内宮の式日に定り。持統天皇四年に。内宮正遷宮あり。同六年に。外宮正遷宮ありしより。兩宮たがひに式を守て違例もなし。爰に天平元年内宮正遷宮あり。和銅二年より廿一年なり。又天平四年外宮正遷宮あり。和同四年より廿二年にあたれり。非常の故ある時は。式にたがふ事ありといへども。兩宮ともに式年にたがふは。是始なり。又延暦四年式月十八日に内宮正遷宮あり。風雨の故なれども。式日たがひしは。是始なり。其後承元三年八月廿日に内宮正遷宮あり。式月たがひし事は是始となり。如ㇾ此非常の故ある時は式を用ぬ事もありといへど。猶代々式を守りしに。又建長元年外宮正遷宮未作に依て。式日延引して。式月廿六日に遷御ありしに。叡慮おだやかならずして。兩年まで召に依て。禰宜三人上洛し式日延引の事を。御とがめありける其後又式にたがひ康永二年十二月廿八日内宮正遷宮より。廿一年を式年のごとく用成ぬ。しかれども廿一年にさへたがふ事も。亦度々にて寛正三年十二月廿七日内宮正遷宮ありしより。天正十三年十月十三日正遷宮まで百廿四年延引す。非例の甚事也。又外宮は永亨六年式月式日正遷宮より永祿六年式月廿三日正遷宮まで。百三十年非常の延引也其後天正十三年十月十五日正遷宮ありしより。兩宮同年とはなれり。又假殿遷宮は。往古より式を用ずといへども。兩宮同日の事はなければ遷御の先後を。あらそう事もなかりしに。永正十八年よりぞ。あらそひははじまりける。但兩宮遷御之先後は。叡慮にあるべき事なれば下として祠官の。とかく云べき事にてはなし。予も亦祠官なれど。權任の身ななれば。又兩宮の正員の上をも。是非すべき事ならねど。二宮の御爲に。人のそしりをかへり見ず。言に出し侍。凡むかしより。たがひにかたんとする心にて。何事につけてもあらそふは。黑心の至極なり。よく元本をかんがへなば。外宮の祠官は先祖の二宮を兼行ひし。そのかみの心を察し。内宮を仰ぎ尊み。二宮一光の理を知て。偏執すべからず。又内宮の祠官も。外宮は天照太神の由て出たまふ尊神にて。殊に皇孫尊さへ。相殿にましませば。兩宮一致の思ひをなし。外宮をあふぎ尊ひ。兩宮の祠官は。水魚のおもひをなすべき事ならんに。尊神の威をあらそふ故。廣く世の人のまどひともなる事は。かの佛氏の宗々の互にあらそひそしるありさまに。あやかりけるかと。いとあさまし。

問曰。兩宮の榮も。いにしへより今は遙にまさりたりと云人あり。しかるをいにしへをしたふ事略其故を聞ん。

答曰。人ごとにかく云事なれど。今を知て。いにしへをしらぬは。夏の虫の氷を疑に似たり。それ兩太神宮も。尊氏の御時より。秀吉の御時まで。年月に添て衰微せしを。今の御時に。二見鄕と前山をかへし賜り。又末社の遙拜所御再興あり。ことに聖武天皇の御宇より始りて。嘉曆年中迄百十余度ありし。公卿勅使の中絶せしをも。御興し有。其後は絕ず九月の御祭の例幣あり。又近代は廿一年每に造替御遷宮もあれば。尤兩太神宮のいにしへに立歸給ふべき端なれど。中々そのかみの。十が一にも及がたし。三百年來は。宮中にて。神事行ふ殿舍。又重々の御垣等も。いつとなくたえて。名のみなるもあり。又豊鋤入姬命より。七十五代相續きし齋王も弊子内親王より御任しもなし。しかれば齋宮の跡は。少き森の内に黑木の鳥居立たれど。あたりは民の栖となりて。彼（かしこに）黍離々たるありさまむなしく竹の都の名のみとゞまりてむかしをしたふあはれを催し。又離宮院。〃神服機殿。麻續機殿なども取立人なければ。其しるしばかりなり。又末社の遙拜所は寛永年中に。御再興あれど。其社の在所は。地領となりしより誰改むる事もなく。畑にすかれしやらん。野となりしやらん慥に知人もまれなる多し。ことさら尊ぶべき。倭姬命の石隱れし給所の今神領の内なるさへ知人もすくなし又二月九日祈年の御祭の奉幣使も參向なければ。兩宮ともに御祭もたえてなく。春秋の祈年穀の奉幣使もたえ。六月の御祭。十二月の御祭の奉幣もたえて。今は御祭を禰宜等つとむるまでなり。是皆かならずなくてかなはぬ事なれど中絶しぬ。又大奉幣。臨時の奉幣と云事ありて年中には幾度も。王氏中臣。齋部。卜部の四姓の官人參向せしに。近頃再興の。九月の御祭の例幣のみなり。又神官も名ばかりは殘。任ずる我人なきもあまたにて。大司。權大司。少司とて三員ありし。宮司も。近代は大司一員なり。司中兄部。撿非違使。又神宮にも。官符權禰宜のたぐひ又郡司。神三郡惣追捕使。諸郷刀禰其外も品々ある事なれど。其役なければ。今はなし。たゞ祭主。大司正禰宜。權禰宜。物忌。玉串。大小内人のたぐひまでなり。又正權禰宜の位階は。天子御即位の賞に必一級を賜り。御祈の賞など打續の時は。一年二度も。位進みもて行故に。一禰宜は三位にのぼり。正權禰宜は四位まですゝみしかども。天正十五年に後陽成院の御代始の賞おこなひ給ひしより。惣位階賜る事も中絶せしかば。この頃は正權禰宜ともに。五位よりのぼる事もなし。又許多の神領なくなりしより。便なければ年中の神事の内にも。形ばかり取おこなふもあり。名のみなるもあり。我祠官なれば。神宮の古記反古など見る度に。宗廟のおとろへをなげく事。骨髓に入侍るしらずは中〳〵。うかるまじ。何時か兩太神宮も。いにしへのさかへとなるべきぞや。さかへまじき所々は日に添て繁昌し。天下と共にさかゆべき。日本の家廟の。いにしへのごとくもあらざるは。祠官ならずとも。心あらん人のなげくべき事ならんか。

問曰倭姫命は何れの皇女にてましますぞや

答曰倭姫世記に。倭姫皇女は。垂仁天皇第二女也。生而貌容甚麗。幼而聰明叡智。意貞潔通神明倍利故皇御孫尊乃為御杖代豆奉頂太神従美和之御諸宮發給天願給國求奉支と侍り。其後五十鈴川上に。内宮をしづめ奉り御在任百卅餘年ましゝき。事長ければ畧し侍る。又同記に。大足彦忍代別天皇卅年庚寅歳。倭姫命年既老耆不能仕。吾足奴止宣。齋内親王仁仕奉物部八十氏人々定給天十二司寮官等遠波奉移五百野皇女久須姫命。即春二月辛巳朔甲申。遣五百野皇女於皇太神乃御杖代止志天多氣宮造奉天齋愼美介侍給支伊勢齋宮群行始是也。爰倭姫命。宇治機殿乃礒宮坐給倍利奉日神祀止古無倦焉といへり。或記には。多氣宮は。天長二年に始といへど。倭姫世記の説はかくのごとし。其後はるかに御壽命を保たまひ。雄畧天皇廿二年に。外宮を又御鎮坐したまひき。同世記に。至大泊瀬稚武天皇御宇自退甍云云或記に雄畧天皇即位廿三年己未歳。春二月倭姫命自退尾上山峯石隱坐といへり。

凡御壽命五百歳あまり歟。倭姫命の御事を。今の世人あまねくしり侍らぬも神道あきらかならぬゆへにや。二宮の神祕は大方此聖女より傳へたると見えたり。おろそかにやはおもふべき。神道山のふかき理ありとは。御裳濯川の流の絶せぬ御代にてもしるべきことならん

土德篇

天地未レ剖陰陽不レ分渾沌溟涬而含レ牙其清陽者起升靡降而爲レ天重濁者淹滯而爲レ地於レ是天地開闢焉蓋以二五行相生之序一言レ之則天地未レ剖陰陽不レ分渾沌溟涬而含レ牙者未レ生土也其未レ生土土生レ金相生而爲二金氣一其金氣金生レ水相生而爲二水氣一其水氣水生レ木相生而木氣發生焉春木故於レ春木氣始發生其所二發生一之木氣木生レ火相生而火氣成焉夏火故於レ夏火氣炎上其所二炎上一之火氣不レ升不レ降所レ備二其位一於二中處一固中央之氣而遷二夏火于秋金一間火生レ土之時而五行相生之旺氣土也其五行相生之旺氣土土生レ金相生而金氣成焉秋金故於レ秋金氣始收斂其所二收斂一之金氣金生レ水相生而水氣成焉冬水故於レ冬水氣潤下其所二潤下一之水氣裏復具下可二發生一之理上於レ春木氣乃發生而天之五行相生循環歷二幾日幾年一之後自重濁者淹滯而爲レ地焉土生レ金故地土生レ金金生レ水故金生レ水水生レ木故自レ水木氣發生之迹木乃生木生レ火故木中生レ火之理備焉於レ是地之五行生成又分二天地一以言之則天具二木火一地具二金水一故天之火氣有レ餘之跡地土自生焉歷二幾日幾年一之後地土成就焉地土既成就乃土中生レ金故水自生此水與二開闢滄海水一一天地雖レ異レ位水一而不レ貳也其天地所レ同之水水生レ木木氣發生木生レ火火生レ土土生レ金金生レ水水相生而水復木氣發生而生生如レ無レ窮然有レ始則莫レ不レ有レ終也有レ質則莫レ不レ滅也是氣有レ限也是故天之火氣有レ餘之跡地土廣レ處地土廣レ處則海水隨乾及二其極一則海水竭海水竭則火氣無レ所レ託而自消盡徒爲レ陸而已譬如二這燈一火氣有レ餘而皿中素地多皿中素地多則膏油隨燥及二其極一則膏油竭膏油竭則火氣無レ所レ託而消盡矣其土窮水火竭一時而非レ有二漸以一也蓋水木火竭也乃天之所二沒滅一也然於レ地土金未レ喪也雖二土金未一レ喪也水木火既竭則五行相生之氣窮五行相生之氣既窮則所二以五行相生一之理亦自理矣於レ是五行相克始當行時而相克所二以方行一義既已至焉相克所二以行之義與下相生所二以行一之理上二而一一而二者故隨二其義一所レ無二形體一之一氣以下所レ有二形體一之土上木克レ土相克而地土潰然喪レ形矣其一氣雖レ克レ土未レ能レ溶二土中金一且金土子故木

爲二親讐一是於守二金克レ木之義一不レ負獨立然火木子故金有二親讐之義一是以火克レ金相克而地金蕩溶而爲二火氣一耳然水金子故火爲二親讐一是以水克レ火相克而火氣消盡而爲二水氣一耳其克レ火之水氣也者本開闢滄海水而所レ斟二燥於天之火氣一雖レ不レ知二其所一レ在也然水氣回固有レ時而如レ有二定數一焉故於二報レ讐之時一水氣乃回來以消二盡火氣一而爲二水氣一耳蓋已生未レ生一故天火爲レ君地土爲レ臣矣有二君讐臣報レ讐之義一是以土克レ水相克而爲二土氣一而已其克レ水之土氣也者已生地土爲二一氣一所レ克潰然喪レ形以雖レ不レ知二其所一レ在也然土氣復固有レ時而如有二定數一焉故於二報レ讐之時一土氣乃復來寶報レ讐而惟爲二土氣一而已此土氣之裏復自生二君金一矣此君金固君土包具者於二是時一五行相生復所三以始當レ行之理眞具二于其中一處所謂天地未レ剖陰陽不レ分渾沌溟涬而含レ牙未レ生之君土復處矣其唯一君土生三具君金一也者卽是未レ生土也於戲未レ生土也者其至矣

中嶋延守吾道を學事十とせ餘り螢雪の窓光空しからず或時は雲霧をしのぎ西に東に行かふにも影のごとくにしたがひ寸陰を惜むつゐに精功のいさをしを積て其幽遠を探る抑相生幾度めぐり相尅各一度轉じて唯一の土にもとづく工夫且叉理義をそなへ其意味誠に至れりむべ吾道のしるしとするにたらんかよりていさヽか情をのぶる事しかり

延寶七年七月吉曜

天兒屋根命五十四代嫡傳

相山隱士惟足謹書

未生土之傳

惟足翁

天地未レ剖陰陽不レ分渾沌溟涬含レ牙其清陽者起升靡降而爲レ天重濁者淹滯而爲レ地於レ是天地開闢焉

コヽニ土アリコレヲ未生ノ土ト云コヽノ場ニ何トテハヤ土ガアルゾト云ヘバ總シテ物ノ出來ントシテハ聚リ靜マラザレバ出來ズ何ガコレホドノ天地ノ出來ルコトユヘ此渾沌含レ牙ノ内ニチツトアツマルモノアリソコガ土也アツマリタルモノアルユヘソレガ起升リソレガ淹滯テ天地ト開ケタル也人ノ日用デ云ヘバ何事ニヨラズ前ニシヅマリアツマル氣ガ無レバ善キコトノ出ヌモ此分ケ也開ケテヨクナルモノハ開ケヌ前ニアツマル土德ガ無レバナラヌモノ也ソフシマルトハヤ堅固丈夫ナル氣ノ出テクルハ金也此金モ未生ノ金ニテツヨキ氣ヲ云是未生ノ土生レ金也其ツヨキ氣ヨリ水氣ノ潤出ル其潤ヒヨリハヤ浮ミ出ハエ出ルイキアルヲ未生ノ金生レ水水生レ木ト云サテ此上デ已生ノ木ノ氣トナルコヽガ已生ノ水生レ木ニテ其已生ノ氣ノアタヽカナルヲ木ノ氣ノ春ト云ソノ春ノ氣カラシテアツキ火ノ氣ノ夏ヲ生ズサテアツク炎上ルモノハ上ル内ニ又土ノ氣ヲ生テ半上レバ半沈ムモノアリ火ヲタクニテモ知ルベシタクウチカラ灰トナリ土ノ體アリ是已生ノ火生レ土也此土ノ氣ヲ土旺ノ土ト云テ土ノ中ニ光アリテ金ヲ生ズル土也コヽハ秋ノ氣也土ヨリ光リヲウケテクルモノハ金也其金ノ氣ヨリ冬氣ヒヤヽカナル水ヲ生ズソノヒヤヽカニ潤フ内カラ又春ノ氣ヲ吹キ出シ已生ノ金生レ水水生レ木トナリ形ハ出來ネドモイキノ循環ヤマズ幾萬年モ氣ハカリテメクル内カラ已生ノ土地ガ出來テクル事也天先成トモアルハ此事也ソノ天ノ氣ノツヨク循環スル勢カラ土ガ土地トカタマリテ此土地ガ金ヲ生ミ金ガ水ヲ生ミ水ガ木ヲ生ミ木ガ火ヲ生ミテ形チアル土金水木火トナリテコレヲ形ノ五行トモ地ノ五行トモ云此土地モ萬年ヲ經テカタマルコト也サテ形チシタル五行ノ内デモ天ニ專ラ屬スルモアリ地ニ專ラ屬スルモアリ木ト火ハ天ニ屬シ金ト水ハ地ニ屬ス天ハ氣也地ハ質也天地一時ニ開クル樣

ナレドモ天ハ氣ユヘ早ク成就ス丁度泥水ヲ日向ニヲキテ見ルガ如シ泥水デサヘ半日モ一日モカヽラネバカハキ切リ堅マラズ地土ノ成就ニモ幾萬年ヲヘル筈也天ノ火氣十分ノ時地土モ成就スルコト也土地成就スルトソノ中ノ金カラ又水ヲ生ズ此水ハ開闢ノ時ノ滄海ノ水トカハルコトナシソレヨリ木火金水循環シテ生々ヤマズサレドモ是ハ質アル五行ユヘ限リアリテツキ亡ルコトアリ丁度人ノ形體老衰シ草木枯落スルモ同ジ火氣強ケレバ地土ヒロガリ地土ヒロガレバ海水カハキ海水カハケバ火ノ氣モ亦キエテヨリ所ナシ是ハ皆形ニツクモノハ皆如此コヽデ天ノ火ノ氣亡ルト見ヘタレドモ亡ルハ皆相剋也親ヲ尅セラレテモ子ガヒカヘテヲルユヘ剋シ盡スコトナラズシテ又相生ズ總シテ形アルモノヲ剋シタホスハ形ナキ氣ザシノスルコト也人ノ丈夫ナル形モ風ヲヒキ熱ヲ生ジヤミタヲルヽハ氣ガ來テ剋スル也相生ハアマツコトハリニテ理ノ字ヲ埋字ニ用フ相剋ハクニツコトハリニテ義ノ字ヲ埋字ニ用フ形ニ五行具レドモ形ト云ヘバ全體ガ土ナリ氣ニモ五行具レドモ全體ガ火也土ホド堅キモノヲモ火デ亡スコト也生ズル時ハ木生レ火火生レ土トクレドモ剋スル時ハ木尅レ土水尅レ火トクルコト也是ガ相生相剋ノヤマヌワケニテ親ト子ノワケ也木ノ孫ハ土也火ハ木ノ子也木カラ土ヲ剋スレドモ土ノ子ノ金ガヒカヘテヲルユヘ剋シ盡サズ助ルモノアルハ相生也外モ皆其ワケニテ夏ノ末カラ火剋レ金ト秋ノ金ヲ剋スレドモ火ノ子ノ土ヲ中ヘウチコミテ六月祓ヲスレバ禍ナシ四季トモニ土用アルユヘ土德ノ本ナルコト知ベシ火レ剋金モ金ヲトロカスホドノ火ニテモ水ハ金ノ子ユヘ火ニ燒盡サセズ水剋レ火モ火ニ水ガカハカサレカハキ切ルカト思ヘバ滄海ノ水カラ又水氣メグリカヘル

サテ天火ガ水氣ニ亡サレントシテモ天火ハ君也臣下ニ地土アリテ土剋レ水ノ功ヲナスユヘツキセズ臣下ガ君ノアタヲフセグナリ土サ（土サヘカ）全ケレバ金ハ中ニアリ此金ハ天ヘノボルイキサシノ金也地ノ中ニアル質ノ金ニテハナシ初ハ天ノ五行カラ天先成モ土ヨリ相生ジ其土ニハ金一體トナリテアリ後ニ地ノ五行ノ出來ルハ天ノ五行ノ火生レ土ニシテ又土ガ初リナリサテ天ノ氣地ノ質ト立タル上ニテハ天

ノ氣カラ地ノ質ヲ生ズルハ相生也地ノ質ヲ天ノ氣カラヤブルハ相尅ナリ相剋ノ初リハ天ノ氣ノ木カラ火ヲ生テジ質ノ土ヲヤフルガ初也火生レ土トウラハラニナルハ剋也根本尊キハ末レ生ノ土也土金ヲ以神道全體ヲ貫クコト感心アルベシ中五ノ數五十鈴ニシテ日神ノ尊バセ玉フモコヽノ意也惟足翁ノ傳神道ノ大祕也

右惟足翁土德一篇入雖レ得ニ其傳一漢文難レ解故今和解以具傳授者也

享保廿年乙卯九月

八重垣翁識

神學承傳記

夫吾國は天地ひらけし始萬州に先だちてあらはれ世界に秀で勝れたる國なり此大八洲國開けぬる時伊弉諾尊伊弉冊尊氣化ましまし／＼倶生神耦生神多氣化まし／＼しに此神大德の神明に坐ますゆへ國々こぞりて君とし崇め貴み命令をうけ給りぬ天命をうかゞひ五倫の道を建給ひて萬民を敎導給ふに君臣の道を以て五倫の本とたて給ひき又萬民の勇義を好む自然の風俗を觀たまひ勇義を以て政道の本とし仁惠を施して四海を治め給ふ是を天瓊矛の德と云瓊矛は武器なり瓊は玉の名玉といふ謂也勇義ありて惠みを施す體は威ありて懷きしたがふて四海安靜に治る此理を御子天照太神に傳へ給ひて天下を治め給ひ天照太神に至りて瓊矛の德を三種に述て三種の神器を傳へ給ひて事理を以て御孫瓊々杵尊へ傳へ給ひぬ是を以て代つたへて帝業の重器とあがめたまへり太神瓊々杵尊を日向國高千穗峯へ天降し百王萬代の帝祖と定め給ふ時天兒屋命天太玉命を輔佐の神としたまひ八百萬神達供奉し給ひぬ天兒屋命有德にましますゆへ政をゆだね且神學の道統を附屬まし／＼しにより兒屋命の子孫八十連續是を傳へて大織冠鎌足迄道の事理附屬有けり所謂事とは太古の大業神事をいふ理とは治世の君道政を云大織冠まては代々政事にあづかりて神事の職をかねてつかへ奉りおはしぬ神事は幽冥の神慮へ近づき奉りて神事へ通ずるゆへに尋常の人とり脩がたし大織冠入鹿大臣を誅伐の志を興したまふにより若本意をうけざらましかば我子孫根をたゝれんことを顧みしかあれば道の道統共にほろびんことをいたみて同姓の内其器を撰み中納言伊美麿吉田家元祖を養子として道の事理的々相承ありて吉田兼從先生迄天兒屋命より五十三代の道統におはし侍る視吾堂性閑雅にしてはやうより相州鎌倉山にのがれて相山の月に心をすまし四時の美景を樂み折にふれては和歌をつらねて思ひをのべり素より大和唐の文をよみてみぬよの人をともとし侍るさるは我國の道に志ふかく侍りて年來心にかけぬれど此をしる人なかりしにとみのことありて江府へ立出侍る比或人の館にて

人あまたつどひて何くれ物語せし序に人の云けらく吉田の萩原こそ日本の道を代に傳へおはしけりとかや年たかくおはしぬ此人身まかりなばやまとの道は絕べしと聞ぬおしきことにやといへり視吾堂年來此事を心にかけぬるにいみじう聞出し侍るとうれしさたとしへなく相山へ歸りてやがて旅のよそほひを調へ京へのぼりけらし紫野大德寺にしるべ有て旅店に定め兼從先生へまみへまく其ゑにしを尋ね侍れど先生やゝ年たけ多病にして人にまみへ給はずと人のいふになむせんすべなし一日吉田の社へまうで心の願を祈り奉りてかくなん

神のみちしるへはかりにくれ羽鳥
あやしと人のなに思ふらむ

社人に近づき願くは序を以て兼從主へさゝげたまはれかし近き程に又まうでき侍らんとてかへりき四五日ばかり經て吉田へまかりて萩原先生の館へとぶらひしに童子に扶られてまみへたまふうるはしき仰ごとにより神代卷の日來ほどけざる事どもを粗尋侍るにほゝえみ給ひてほどき敎へたまふ昔より多くの人にまみへぬるに汝ほど神書にくわしくわたりし人はあらじと感聞したまふ吾年老多病にして人にまみへざれども在京の間折々來ませよとねもごろにのたまふしばし侍りてしぞきぬ其後柴の扉の折々とぶらひしに吉田に四十年來講談絕ぬ今度汝の爲に神代之卷を讀べしとなん有難き御惠身にあまり侍るといふ近きほどに神代の開卷おはしぬ幽妙の意味をさとし一座の講ことに胸霧はれて日にすゝみぬ紫野へ歸りてひたぶるに心を書にひそめおもひをこらして夜もすがら机にむかひぬ年くれ春にもなればうらゝかに都おぼしてゑんにのどけしや花の比道にて雨に逢て

春雨はふらはふらなむぬるゝとも
よしや吉田の花の下かけ

日數重りて神代卷竟宴にいたりことぶきむべ〳〵しう儀式行はれ侍るおぼろげならぬ御惠海よりもふかし事竟て東へ歸らむとする比我稀なる年におよび身又多病なれば再會期がたし隱士の無力なる身に重て上京の事大儀に侍れど思ふ子細もあれば何とぞ近年のほどに上京あれかしとそゞろに泪もよほされけりかしこみうけたまはりてしぞきけらし翌年の秋七月にいたり又都へたび立日かずふるほどに京に至りぬ

翌の日吉田へまかりて萩原先生へまみへ侍りて例のこと物まなびにかよひぬ先生曰この度は旅店を吉田に移してのどかにおはせよとのたまひて吉田村のかたへなる松樂庵といへる庵室にやどりて日ごとにとふらひ侍る年くれ春立かへり野邊の若草もへ出いつしか花もさかりになる比正親町亞相實豐卿しばの戸をたゝひてしめやかにかたらひしに庭前のはなさかりなりければ亞相曰かゝるさかりなる花をみて一首は有べかめり花のおもはんこともむげにこそとそゝのかしすゝめられければかくなむ

　しはの戸に花しさかすは白雲の
　　かゝる山邊に君を見ましや

亞相いとうめでゝ返しははしたなく侍らむとて

　心ある花のあるしを花ゆへに
　　問てうれしきしはのかりいほ

先生曰汝近きほどに講習有べしとなむいまだ讀ほどの力侍らず憚入侍れども仰ごとに隨ひ讀侍らむとてやがて開卷をとけり姉小路富小路風早大外記此人々は先生へしたしく侍れば講席へ出られ侍る講ごとに甚だ感賞おはしぬ一日視吾堂和歌をつらねて賢覧に備ふ

　置まよふ霜の下草ふみわけて
　　道あるかたに行かへるかな

滿座感吟やまず其時先生外記兼種にかへりごとすべきよし仰ごとありよりて返しにかくなむ

　今よりやかよふ心の色とみむ
　　庭のあさちにをける初しも

日數へて講習も竟りぬ先生多賀要説をまたしてきこえ給ふ汝に道を附屬すべし七十年來汝をまち侍るいなむべからず視吾堂驚きいなみて曰冥加の至り身にあまり有がたく侍るしかあれどかろき隱士の身におほけなき道をになひ奉らんこと恐れ入侍る且は冥加に盡侍るべしといなみてうけず又重ていはくことはりむべなり我多年の間其人をもとむるに公武地下に道を任する人を得ず其器にあらざる人に道を殘さむはかへりて道を穢し殘る甲斐なきわざなめり賢王賢將の代多かめるにかく本國の道として埋り果ぬるもかつは道の量なきにこそ吾は其人あらずばたゝまくなん思ひとりて年月をすぐるほどに老の浪高く重なるまゝに此一つ心にかゝりてすぐしぬ今思はず汝を

得て天命なりと心の悅いふばかりなしいなむべからず視吾堂曰いみじき仰ごと心肝に銘じ泪押へがたふ侍るかくいやちこ仰ごとをうけ奉らざること寔にかしこみ奉る相山に隱れ居る身におほけなき吾國の道を任じ侍りて何によりて道の興るよすが侍らん道は鎌倉山に埋れ絕むこそ神明の罪うるわざに侍る此仰ごとは幾度も辭びたてまつるべし先生いかりおもほてりして曰かくことはりを盡し侍るをさまで隱士はことはりのほどけざることにこそ又汝まかりて申べし今汝に道を傳へぬるとて山を出て世にかゝづらひ道を起されよとにはあらず有ふるまゝに相山にかくれおはせよ天命あらば大人招かるべしさもなくばほろぼすべし是亡ふべき時なめりいなむべからずとなん要說此上はうけまつりたまへとしきりにいさめ聞ゆ視吾堂いなむに所なく隨ひまつりて道を附屬し侍る先生いみじう悅おはしぬ視吾堂まかりし時道は汝にて興りぬべし吾はやみぬとのたまひき歸さもよふす比富小路三位賴直卿馬のはなむけにかくなん

したひ行ふるさとよしやあかす共
なれし都の友はわするな

返し

忘られぬ都をさへに言の葉や
いとゝしのふの種をうらん

年を越て相山へ歸りけらし其後紀伊亞相賴宣卿道を傳へて相山に隱れ住ぬることをきゝてまみえまくおぼす視吾堂にしたしき者侍るを相山へまだしてまねかる三度に及びて江府に出てまみへ侍る禮を厚くしてまみえおはしぬ信仰淺からず賴宣卿問て曰神道は本朝の道にして上代は此道を以て世を治められ侍るにや視吾堂答て曰しかり問て曰社人神を祭り所作を行ふを神道といへりしかあれば神學は所作を本とするにや答て曰神を祭り所作を行ふをば社人の神道と申侍る是を行法の神道共申侍る天下を治るをば理學の神道と申侍る更に行法を用ること侍らず理學の所作は武藝に侍る問て曰上代神學を以て世を治められし要目は何れの理ぞや答て曰武義を本として仁惠をほどこす是則天瓊矛の德なり瓊矛を以て道の體とし世を治るの本とし侍る是を以て治る時は武備上に盛にして仁惠民にしき平けく安けく四海靜謐に治まる神代伊弉諾天照太神より人代に至まで上代の政法如

此し推古天皇以後異國の敎盛に行はれ吾道おとろふるにしたがひ異域文國の風儀朝廷に移され武日にすたれ文日に盛にして詩歌管絃のあそびに勇義とろけ志やはらかになり行侍る將軍家の政武國の矩にかなひ天照太神の御掟に中り侍る天下將軍家の掌握に落る事自然のことはりに侍るとなん賴宣卿甚感賞ありてこよなふ崇敬おはしぬ一日賴宣卿かたらく東照宮仰けらく吾國は吾國の道を以て治まる敎の有べかめり聞ならく本朝の道は吉田家へ傳へ來るといへり道を心得たる者を呼くだすべしとの仰ごとによりて神龍院とかやいひし人駿河へ下りしに開卷の時東照宮の書は無點なりしゆへ讀をとはせ給ふにさやかならず外の事へ轉じ一つ二つとはせ給ふ事侍りしに是も滯りてほどけずさるから重てきかせ侍らむとて講談におよばざりし汝に代侍らば道はひらけ侍るべし念なきわさに侍などなん賴宣卿量廣く英才秀達にして世に智能の名ある徒をば祿を厚ふして招きおはしぬ寔に良將に侍る折々まかりて講談し侍るに甚にたうとみ道にすゝみおはしぬものする事畢て山家へ歸りぬ萬治三年秋七月秋のあはれも常よりも心にふかく夕風身にしみ胸うちさはぎ侍れば都のかたしきりにいぶかしくとみに旅行に赴きつとめて京につきぬ卽吉田へいたり萩原先生の館へとぶらふ先生重き病にかゝり給ひぬよりて病の床を伺ふに先生曰我天年畢なんとすさるから明朝は使を山家へまだし此を告まく雑掌等にのべきらえぬはからざるに上京あなる嗚呼浮橋なる哉とうめき給ひぬよりて末期の證明幷吉田家賴置るゝ遺狀わたし給ひぬ此時滿丸（二位兼敬）八歲左衞門佐（三位從員）十六歲御枕本に侍りて遺言承りき晝夜まとひかしづき侍りしに八月十三日神さりおはしぬ吉田山に葬め社をいとなみ神海靈社となづけ侍る視吾堂淚にかきくれ侍りてかくなん

いとせめて今は神代のかたみ共
　なからん君のかけをだにみん

何くれ事畢りて東へ下り侍りぬ其後會津左中將正之卿まみへられ侍る世に大儒英才の名あまねかりし問て曰神學は五倫を本とする所は儒も同じかるべし今日本として守る所は何れの理ぞや視吾堂答て曰五倫は人道の當然に侍れば五倫の名目は儒も同ふして其内前後に用ゐ替り侍る儒は孝を以て五倫の第一とし

侍る吾國は忠を五倫の第一とし侍れば君道を人道の最上と敎へ給ふがゆへに忠義を以て五倫の本とし侍る君の爲に親を捨るの道はあれども親の爲に君を捨るの道なし如斯く忠義を重ずる時は君臣の道正しくして臣として君をしのぎ犯さず君臣の道正しき時は人道をのづから序ありて乱れず今澆季にくだれる時といへども我國君臣の禮正しきは伊弉諾尊天照太神の御敎戒の異國にすぐれたる所以なり又日用本として脩る所は敬の一字なり尤敬は儒にも整齊嚴肅などとも相見え侍れ共所作にかゝりて吾道のごとく其理幽遠深厚にたらず一生の學は此敬の一字に極り淺深の次第重々これ有て奥旨侍る一往は放散の氣をしづめ〳〵て丹田に納むるをつゝしみと云日用心氣をしづめ〳〵て行ひ物に應ずる時は事々物々の筋々明らかにして節にあたる猶重々口訣侍りて一往には述盡しがたしとなん正之卿甚おどろき信仰淺からず侍りき問答事多ければ皆事そぎ侍る夫より國郡の主道に志す人多く出來侍れば居住を江府に移して敎をたれけり吉田家神海靈社の遺言のまに〳〵返傳授の事を禁裏へ願上勅許有て所司代牧野佐渡守より關東へ聞えあけられしに視吾堂を營中へめされ土屋古但馬守上意の旨を命ありて御暇幷に御傳馬等を賜るよりて寛文十二年春正月下旬江府を出て都へのぼりぬ吉田へいたり神海靈社へまうでゝ讀て奉る

　祈るなり吉田の山のさか木葉の
　　さかゆく影をときはかきはに

講談の前に拾遺に吉田兼敬神代卷講習なさしめ其後講談を始め隔日に讀侍る拾遺は講談の間日ごとにとぶらひ相傳の事うけられ侍る一日視吾堂むかし吉田へかよひしことを思ひ出て讀て拾遺へかくなん

　むかしへやおとろか本をふみ分て
　　問こし道を又とはれぬる

拾遺さもこそと感賞ありぬ講談も竟宴にいたりぬれば寄國祝といふ題なり各和歌あり

視吾堂

　神風になひかさらめや押なへて
　　吾すめみまの國津民くさ

事畢侍ればかたみに名殘おしみて又近き年比にまうのぼりて殘なく傳へ侍らんとて別れ侍りぬ視吾堂年なみ高くなり行につけて返傳授再會にて悉く相濟侍

るを禁裏炎上其外障と侍りて相傳殘りぬるなん師命をはたさゞることいかばかり念なく常々歎き侍れど心にまかせぬ世の中いかむ共すべからずよりて道に志厚き人々諫けらく師翁吉田へ道の相傳をとげ給はんと年來思ひこめられ侍れど時いたらず齡はやいやましに高く重ねおはしぬもしやはからざること出來侍らば道はたえ侍るべし誠に歎しきわざなり幸に從長道に秀て師翁も常に賞感おはしぬ今師翁に替りて門人に敎示をなし侍る唯道を從長へ傳へ道の絕て門人の心をもやすんじ給へとなん視吾堂答て曰親切なる諫にこそ侍れ神海靈祉末期枕元にして申おかれ侍れば朝夕此事をのみ心に忘るゝ隙なくおもひわたり侍れどあやにくの世中心にまかせ侍らずかく星霜を經侍る師命をはたさず外へ道をのこすことと本意に叶はずまして從長たとへ秀たりとて吾子に侍る父子の親愛によりて傳へ侍るなどゝ世の有さまを知らぬ人の思はんこと塵をすへぬる心ちこそ兼て思はれ侍る先遲からじといひてうけあはずなりぬ各折にふれ事にしたがひしば〳〵諫め侍れどうけいれず其中に堀田五郎左衛門河内守一輝はわかゝりしより道に志ふかく貞實に侍る人なり一日とふらひ終日物語せし序に諫られしに折も有べしとうけあひなかりければ歸りてかくなん

天かゝみ空にかゝりて明らけき
　きみか心は人もしるるらむ

親切なる志にこそと感じぬれどゆるし侍らず其後元祿三年五月視吾堂重き病にかゝりぬ道に志ある人々は驚きいぶかりきこえ醫師などの事何くれせちに心づかひ有けり又は日來の諫の事をいづれもつどひ相議り侍りて諫て曰兼てより道の事從長へ附屬あれかしと何れも此事を願まうし侍れどうけ給はず今病に臥おはせばもしや病おこたり給はずば吾國の大道此時に絕ぬべし神海靈祉の遺言を常にせちに心にかけたまふ誠は靈祉照し給ふべし從長へ道を傳へ置給はば此後吉田家に志ある人出來侍らば返傳授願はるべししかあれば死後にも遺言とけ給ふべし將道に心ざす門人の志もくしけ侍らずとあながちに誠をせめ詞を盡して諫侍れば視吾堂答らく老かゞめる身にも侍事ありて今までは人々の諫にももどき侍りき今年は起居もくるしく心もおとろへぬれば世間今はと思ひ

やみ諫にしたがひ侍らんとて卽道を從長へ附屬ありて汝時を待て吉田家へ返し傳へ死後にいたりても師命をはたしぬべし嗚呼我師命を遂さる事念なきわざなりとてしきりに涙落しつ視吾堂かろふじて病おこたり例の相山の舊隱にまかりて休らひ侍るよのはかなき事を思ひつゞけ侍りて

消あへぬ小笹の雪の玉ならて
はかなくたのむ世のならひかな

其年も暮春の比本所の野亭に籠りて花を詠侍りて

春にたにとふ人もなく埋れて
住もかひ有花のしら雪

道の時いたらざる事を歎き侍りて

神代よりふみ傳へても濱千鳥
甲斐もなきさにひとりなく也

元祿七年戌十一月十六日視吾堂春秋七十九歲にして神さり侍るいさゝめも病腦なく顏色常のごとし門人啼いさち悲しみ闇夜に燭をうしなふにことならずさてしもあらねば遺體を道義沼屋敷に葬め侍る則視吾堂靈社と名づけ侍る嗚呼靈社吾道の絕なんとする時に出て神海靈社に此をうけ繼て埋もれし道をひらきて人に此をほどこして世のまよひをさとしぬ大なるかな理のさかんなる事神代にも耻べからずひかりを後世に照し神忠を萬世に建悲哉不祥の時に逢て卷て道をふところにす愚かなりといへども時を得ものは名を世に施す賢なりといへども時を失ふ人は名を世に埋むされば古より君子も其世には埋もれて後の世に顯ることかやそも一郡一庄をしるよしせる人は德不德作法に顯れて世にいやちこなるべし埋もれまとしくして一郡一庄の祿にもあづからざる身は其德かくれて顯はれざれば人又これを知るによしなし德達の人は一國をうれば一庄こぞりて德に服ふ一國うをうれば一國こぞりて德に服ふいでや誠の大にして又其微に及ぶ事幽谷の樵夫ももれずとかやされば天照太神とは號け奉る事大陽の光りにたとへて號けたてまつるものならし

土津靈神正學記

會津源正之公信神儒之道殊仰我　國之神聖重忠孝之大義屏異端改兩部習合之説焉異邦之儒道則所妙契詳其説焉信垂加先生而爲賓師與共商量勸學有年矣自編集三子傳心二程治教玉山講義附三録梓行于世以導衆人著會津風土記神社志皆令先生作序跋焉弄會津八景令先生賦詩風雅之情可以見也行社倉法以恵民武備之用無闕矣關江城之政秀身以爲太平之治其志嗚呼深哉矣先生曰於神道則舍人親王以來之一人於儒道則蔡季通以來之一人也此言豈諂以賞之乎阿以欺人乎熟考神道則對舍人親王言之親王則中興之聖德也儒道則不對朱子而對蔡季通言之故神道之學勝儒學可以知也蓋才德亞先生者唯此源公而已矣號土津靈社沒後祭會津釆地至今其神光歷々焉先生書土津靈神碑銘以其言行詳著之故自古於武門雖學文者多未聞如源公人也夫源孝道之詩載于本朝麗藻源頼義之文載于續文粹源高德之詩文載于太平記吉野拾遺源義輝義昭頼之晴信藤孝豐臣勝俊藤原政宗源義直之詩本朝一人一首載之然所學記誦詞章惑異端或主權謀或博雜更無有志於道學之人矣如橘正成有學才而忠義拔衆人故　後村上天皇賞之祭以號南木明神宜哉然未見其詩文不考著作之全書則不知其學意於號多門兵衛則不免異端之惑垂水廣信尊朱子之書著嘉文亂記此説載于長濟草然不見其書則不知其學志也近來土佐家士小倉政義雖尊朱書有其志未全備前源光政信熊澤氏之王學水戸源光國雖信神儒博識英才而其著述世人知之未免博雜南部行信信一山氏之疎學焉皆是雖有志不學神儒一致之正道嗚呼惜哉其他文學之武人不遑枚擧而未聞神儒一致之實學者也以之見之源公則可謂於武門貴家古今獨歩也嗚呼稱土津靈社亦宜哉矣感發之餘賦詩以仰之

學得源公儒與神　武門才德出群倫
靈光永守土津社　功遺五書千歲眞

雨中對窓前草誦玉山講義附錄憶仁意

瓊德合レ看仁意明　窓前不レ拂草生々
衣膚濕徹玉山雨　唯在三天人一箇誠一
正德壬辰仲秋月
源良顯敬述之

會津神社之訓詞

豊芦原の中國天地と共にひらけ　國常立尊の七代の後伊弉諾尊伊弉册尊あれませる時偶生神俱生神くにぐに所々に跡たれますゆへに神國といへりしかはあれど呉竹のよゝを隔つれば埋木のそれとなく先祖をだにしらず舊社は田にすかれ神木は薪にくだかれまれ〳〵殘る社は浮屠にうばゝれあらゝぎの傍にけがされ有がごとく無がごとしかゝれば神明岩戸を戸ざし神德日々にかくれて邪道年々におこる掛まくも賢き　延喜の御代に六十餘國に詔して絶たるを繼邪正を正し都て三千百三十二座神名帳に志るし置るゝといへどもそも又時をうかゞひ虚に乘て神國の道に跨て兩部習合とかまへ親王攝家高名の其子うまごをその門弟となし別當と稱し大社をむさぼり歴代の祠官を僕のごとく權威を以て取ひしぎ官祿共にうばゝれぬれば吾道おのづからおとろふ吾國に生し人たれか是を歎かざらんや又にくまざらんや粤に陸奥會津前太守源正之公神道を學給へること年ありまのあたりに吾國の道絶ぬる事を悲しみ我領內の神社をだに再興せんことを思ひ臣等友松氏興に命じて郡吏木村忠右衞門忠成予門弟服部安休をしてひたをから國まぎとをり深山がくれの谷のくま〳〵馬跡も及ばぬ遠近のたづきなき嶺の社まで霞をわけ雲に伏霧にまどひ雪にうづもれて式內式外の神社淫祠妖恠のたぐひ迄委正してよしなき邪神を除てその地を其所々の社領によせて永く大破を補なふ尤自國よりして天下に及び再ひ本つ洲に歸らんこと其功立處にみつべし

寛文十一年辛亥

天兒屋根命五十四代嫡傳

相山隱士吉川惟足謹書

神道生死之説

夫我國水土清明ニシテ正直ノ神道開闢ノ始ヨリ傳ヘ來リ天人唯一ト云異邦ニ勝レタルコトナリ然ルニ佛法渡テヨリ後習合シテ此道明ニ知者稀ナルハ此道ノ本源ヲ窮メズ日少宮ノ祕傳ヲ受ズシテ悟知ラザル故ナリ垂加翁ノ伊勢儀式帳序曰原夫神之爲レ神初不レ有ニ此名此字一也其惟妙不レ測者爲ニ陰陽五行之主一而萬物萬化莫レ不ニ由レ此出一焉是故自然發ニ於人聲一然後有ニ此名此字一也又會津神社志序曰我倭封ニ天地之神一號ニ天御中主尊一擧レ天以包レ地御尊辭中卽天地之中主卽主宰之謂尊至貴之稱又曰天地之間唯理與レ氣而神也者理之乘レ氣而出入者ト此ヲ以テ考ヘ知ルベシ神ト云ハ理ノイキテアルヲ云乘レ氣出入スルハ動靜ニシテイキテ働ク處ノ妙用ナリ理ハ氣ヲ離レズ又雜ラズシテ流行シ妙合シテ萬物ヲ化生ス神代卷ニ清陽者薄靡而爲レ天重濁者淹滯而爲レ地トアルモ上テ天トナルハ動ナリ下テ地トナルハ靜ナリ動ノ中ニ靜アリ靜ノ中ニ動アリ互ニ其根トナル一氣分テ二トナル二分シテ一ナリ是一ニシテ二二ニシテ一ナリ垂加翁曰神道儒道共ニ一ニシテ二二而一ト云フコトヲ萬事萬物ヘ推シテ考レハ可レ疑コトナシ異端ハ是ヲ知ザルナリト常ニ敎ヘ玉フト也垂加社語曰陽神上主レ天陰神下鎭レ地伊弉諾尊神功已了還ニ於天一伊弉冊尊生ニ火神一歸ニ于地一其義炳焉親房東家祕傳發レ之コレ陽神陰神已上ノ崩御未生一理ヲ云ニ天人唯一生死ノ道ヲ說キ再生輪廻ノ理ナキコトヲ明ニシ玉フ人陰陽五行ノ氣妙合シテ形ヲナシ天御中主尊心ノ主トナリ玉ヒテ明ニ天御量言ヲ以テ萬事ニ應ジ玉フ死スル時ハ其散ル氣モ神靈モ天地ニ歸テ化シテ一ニナリ去ル處モナク來ル處モナシ日少宮ニ留ルノミサレドモ先祖ノ氣子孫ニ受繼血脉呼吸傳テ不レ絕子孫齋戒シ誠ヲ以テ祭レハ神靈コヽニ感格ス其神靈目ニモ見ヘズ手ニモトラレズ無聲無臭ナリトイヘ𪜈祭ル處ノ誠ニ依テ感格シテ享ルナリ譬ヘバ水晶ノ玉ヲ以テ日光ニ向ヒ下艾ヲ以受レバ忽移來テ艾燃ユ月光ニ向ヘバ水滴ルガ如シ誠ハ清明ナリ誠ナラザレバ清明ナラズ氣ノヒヾキテ感ズル處心ノ清明ニシテ通ズル處高天ノ上數千

年ノ先萬里ノ遠トイヘドモ感通セズト云フコトナシ
古歌
　ハルカナルモロコシマテモユクモノハ
　　秋ノ子サメノ心ナリケリ
トヨメルヨク心ノ感通スル處ニ叶ヘリ同姓ハ其氣感ズ他姓ハ其氣異ナレバ感ゼズ祭テモ享ザルナリ然ドモ夫婦ハ交情ノ親キニ依テ其氣同姓ニ同ジクシテ感格スルナリ他人トイヘドモ常ニ交リノ親ミアリテ互ニ心ヲ同スルモノハ祭テモ感格スルナリ是ニ依テ天神地祇氏神ナドヲ祭ルモ神道ヲ尊信シテ齋戒シ誠ヲ以テ祭レバ其神靈感應シ玉ハズト云コトナシ身體亡ブトイヘドモ其神靈亡ビザルナリ空津彦ノ傳疑ベキコトニ非ズ唯其筋々有テ感格スル也筋カハレバ感格ナシ萬物モ其筋々アリ開闢ノ始ヨリ生々シテヤマズ一モ筋ノカハルコトハナシ譬ヘバ松ノ木櫻花モ同ジコトナリ松ノ木ニ櫻ノ花ハ不レ咲櫻ノ木ニ松ノ緑ハ生ゼズ萬代筋ハカハラヌナリ松木ニモ女松男松赤松アリ櫻ニモ一重八重紅白品々アリ是同姓他姓ト同ジコトナリ是ヲ以テ禽獸魚蟲マデ推テ知ベシ古今ノ人幾億萬人死シ去テハ跡ヨリ生レ出テ今ニ絶ズ幾億萬人アリテモ先祖ヨリ數千年ノ後今日マデ其子孫一氣ノ神靈ニシテ他ノ人トハ別ナリ譬ヘバ玉川ノ源ハ一ツニシテ其流レハ江戸中方々ヘ流レ出ルガ如シサレドモ他ノ川水トハチガヒ玉川ト云流水ハ一氣ニシテ神靈モ備テ萬代カハラヌナリ毎日〳〵生々シテ流レ出レドモ水上ノ一水ガ根トナリテ居レバ神靈ハイツマデモ封シテ玉川ナリ此流レ四谷ヘナガレ赤坂ノ芝ノト云處ヘ出ル其四谷ノ水道赤坂ノ水道芝ノ水道ト云フガ子孫ノ名ノカハル如シ顏貌カダチハ替リテモ一氣ノ神靈ハ貫テ居ルコトナリ天地開闢ノ始氣化ニテ一度生テ出タル元祖ハハヤ別ニ一氣ノ神靈ト成テ他ニ交ラズ相續來ル也サテ廣ク云ヘバ天地ノ神理晝夜死生一ニシテ川流ノ如ク生々化々シテ息コトナシ前ノ天地ノ終リハ今ノ天地ノ始ナリ昨日ノ終リハ今朝ノ始トナル天氣日月ノ運行風ノ吹マデ昨日ニカハルコト無レドモ今日ハ新ニ生ジテ昨日ニハ非ズ先ヘ流ル、水ハ盡キテ跡ヨリ新ニ流ル、ナリ佛法ニ再生輪廻ヲ第一ノ根本トスレバ天地理氣ノ道理ヲ不レ知シテ造化ヲ離テ佛性トス此處神道儒道ト大ニ異ナル處ナリ筋々カハラネバ松木ガ朽テ櫻木ニ生ズルコトナシ馬ガ死シテ牛ヤ人ニ生レ出ル道理ハナキコトナリ此處古ヨリ和漢ニ達シタル博識ノ人惑ヘルハ悲キコトナリ源親房卿神皇正統記ニ代降レルトテ自ライヤシムベカラズ天地ノ始ハ今日ヲ始トスル理アリシカノミナラズ君モ臣モ神ヲサルコト遠カラズ常ニ冥知見ヲカヘリミ神ノ本誓ヲ悟リテ正ニ居センコトヲ心ザシ邪無ンコトヲ思ヒ玉フベシトハ云ハレケレドモ本源ノ道理ニ暗クシテ神佛習合セラレケルハイト殘多キコトナリ倭姫世記曰天皇即位卄三年己未二月倭姫命召ニ集於宮人及物部八十氏等一宣久神主部物忌等諸聞玉ヘ吾久代ニ太神一託宣摩志萬志支心神則天地之本基身體則五行之化生奈利肆元レ元入ニ初元一本レ本任ニ本心一與神垂以ニ祈禱一爲レ先冥加以ニ正直一爲レ本利夫尊レ天事レ地崇レ神敬レ祖則不レ絶ニ宗廟一經ニ綸天業一又屏ニ佛法息一奉レ再ニ拜神祇一禮日月廻ニ四洲一雖レ照ニ六合一須レ照ニ正直頂一止詔命明矣已專ニ如在禮一奉レ祈ニ朝廷一波良天下泰平志天四民安然奈良牟止布告託自退ニ尾上山峰一石隱坐コレ倭姫命身マカリ玉フ時ニ至テ神道ノ根元大意ヲ述ベ玉ヒ死生ノ道理マデヲ示シ玉ヒ後世佛法ニ惑ヒテ神道ヲ取失ヒ我國ノ人ヲ殘ハンコトヲ悲ミ太神ノ託宣ヲ告知ラセ玉フナリ誠ニ尊ベク仰テモ猶餘アリ日神此命ノ恩德一時モ不レ可レ忘モノナリ此神託ハ垂加翁モ別シテ尊信シ玉ヒシナリ佛法ノ息ヲ屏ルト云フコト古今人ノ疑アルコトナリ予ツヽシミ草トイヘル書ヲ著シテ疑ナキコトヲ分明ニ記シタレバ今ココニ不レ述　或人問神道ニ渾沌ハ誠ナリト云ヒ儒道ニモ誠ハ圓成底ノ物ト云大極圖○是ナリ然レバ佛法ニ云輪廻ハ車ノ輪ノ如シト云ルト同ジコトナリクルクルト廻ルハ出テハ歸リ歸リテハ又出ルナリ東ヨリ出ル日西ニ入テ明朝又東ヘ出ルハ再生輪廻ニ非スヤ　答曰ソレハ大ニ理ノ取ソコナヒナリ此問即再生輪廻ノナキ所ナリ日東ニ出テ西ヘ入テ又東ヘ出ルハ先ヘ〳〵ト廻ルナリコレ生々間斷ナキノ理ナリ歸ルト云ハ東ヨリ西ヘ廻リテ又本ノ日道ヲ取テ返シ東ヘ行クガ歸ルト云フナリ丸キ物ハヒタト先ヘ〳〵ト運轉スルナリ天ノ形丸キ故ニ日東ヨリ先ヘ〳〵ト廻ル故ニ又東ヘ廻リ出ルナリ再生輪廻ハ先ヘ〳〵ト生々セズ西ヨリ東ヘ出ルヲ再生ト云フハ理ノナキコトナリ此處ヨク〳〵得心アルベシ再生輪廻ノ處大切ノ惑コレサヘハキト決スレバ神道ノ本源ヲ得習合ノ惑ナ

シ垂加翁贈ニ檜崎正員一序曰生也自ニ天地一來死也魂遊ニ于天一魄降ニ于地一與ニ天地一化而更無ニ來處一更無ニ去處一此人物之始終造化之道也斯理也聖人於レ易備言レ之告ニ子路一之深語ニ宰我一之詳中庸發明之至矣盡矣復奚疑哉但輪廻之説行焉不三惟無學者被ニ誣惑一而讀レ書者亦不レ能ニ明辨レ之一可ニ慨嘆一耳コノ語言約ニシテ其理明白ナリ神儒合一ノ道理ニシテ佛ノ惑ヲ排ク格言ナリ

又問幽厲來テ常ニ佛法ヲ疎ニシ後生ヲ願ハザルニヨリテ死シテ極樂ヘ生レズ迷ヒテ如レ此經念佛シテ跡ヲ弔ヒ罪ヲ滅シ玉ハレト云願ノ如ク弔ヘバ則不レ來古ヨリ多キコトナリ然レバ佛法ノ道理ナキニ非ズ如何　答曰死セル者又形ヲ顯ハシ來ルヲ幽厲ト云是ハ死セル時一念ノ氣凝テ散ゼズシテ來ル者ナリ是ニヨリテ久クハナシ其凝タル氣其事ニ依テ散ズレバ來ラズ是ハ其人死ニ及ブ時我ハ常々佛法ヲ疎カニシ經念佛ヲ唱ヘザレバ死シテ地獄ニ陷ンヤ又狐狸トモ生レ替ンヤ悲キコトナリト思ヒ〳〵テ死スル故ニ其一念ノ氣直ニ凝テ散ゼズ幽厲ト成ヲ云コトナリ是ニ依テ經念佛シテ弔ヘバ凝タル氣散ズルハヅナリ日本ニテモ佛法渡ラヌ前ノ幽厲ハ如レ此ノコトナシ西土ニテモ後漢ノ明帝ヨリ前ニハ此事ナシ左傳ニアル申生太子ノ幽厲モ地獄極樂ノコトハ云ハズ是ヲ以テ知ベシ夢ニモ地獄極樂ノコトヲ見ル者アリ佛法ヲ聞テ常ニ惑フ故ナリ是ト同ジ佛法渡ラヌ前ノ夢ニハ和漢トモニ見ル者ナシ幽厲ヲ以テモ佛者ハ再生輪廻ヲ云愚ナルコトナリ禮記月令ニアル雀大水ニ入テ蜃トナル田鼠鴽トナルト云コトアリ又山ノイモノ鰻ニナルト云コトアリ水銀ヲ燒ケバ朱ニナル朱ヲ燒ケバ白粉トナル蜂ガ虫ヲトラエテ似我〳〵トイヘバ蜂ニナルト云此類多シ是皆氣ノ變ナリ是ヲ釋迦ヤ達磨ガ見テ心ノ明ナラザルユエ理ヲ不レ知再生アリト見テ説タル者也懷胎ノ女猪ヤ猿ニ感ジテ生レシ子總身ニ右ノ毛生テ出タルコトアリ皆氣ノ變氣ノ感ナリ蒙求ニアル羊祜識環鮑靚記井ノコトモ氣ノヒヾキ合タルコトナリ此類多シ推テ知ルベシ氣ニハ變アリ理ハ變ゼズ再生ト云コトハ決シテナキコト、知ルベキ者ナリ

寶永辛卯三月日　　光海翁識

病後手習

やつがれ享保初年よりは江城の西郭外四谷の里に年久しく住なれ侍る（御簞笥町御先手組崎氏ノ屋敷）ことし元文三年同郭内二番町の南麹町近き所佐々木氏の屋敷へ居を移し侍る今年七十二歳なれば老年の養の爲娘幷孫なりける人の屋敷なればかくはかりて五月九日庚申の日に五月雨の晴間なれば移り住ゐし侍る思はずも同き十三日甲子の朝より便血の大病にて諸醫を招き危急の病次第に快し（高橋定安 尾州君ノ御匙 宮崎玄養 麹町町醫 數原通玄老 官醫御側 土岐仙庵 四谷町醫）いづれも重き病とて藥服用せしに後は仙庵の藥にて快成ける五十日を歴て全快すつら〳〵次第を考るにまづ九日に家移りして後大病急に出しゆへ娘の屋敷といひ萬端養の手づかひよく病中も人參大補の内に仙庵醫案にて十日計りすきと人參をやめて服藥せしめらるればそろ〳〵と快氣に趣けるも家どうじ水をあみ神拜し神慮を窺ければ兩度迄仙庵宜しからんと占方に示させ給ふ不思議の事に侍る其外思はずも諸大夫士友の御恵にて手にも及ばぬ類達とやらんの人參を惠賜り（肥前州松平忠根君勝田氏藤原光寛君勝田野下州元溥君）服藥し始終補養も此人參にて快然をえ侍ること逐一人力のなす所にあらず（一柳直長君 戸田氏賢君）よりも人參の賜に預り皆神明の御蔭仰ても餘有こと也依而日頃諸門人へ示すごとく萬事人力のなす事にてはなし神力のみを仰くべきよし物語りし侍る此老生いきたりとて世の爲人の爲ともならねども年頃の大願にて日本紀の古板誤多ければ此書は我等ごとき凡下手を添べき書ならねば公の御力を添させ賜り改板して後世へ殘したき望のみに侍る病危き時辭世とて讀侍る歌に

天にのほりかへりことせぬ身にも猶
たゝやまとふみ仰く計そ

と詠じ侍る去年の冬神道度會の橋となんいふかな書一卷あらはし官醫大八木氏の望梓行せしめられそのうへ　將軍家御昵近の衆へ便りて　臺覽に入給りかつは御賞美の所も有けるとなんかやうの事にて冥加に叶ひ此上日本紀の願成就せよかしと病後一入に思るにより三十日の餘り筆をとらねば手習となん心得かく記し侍る

一日本紀の板本世に一板のみ有其跋を見れば兩本有に似たり清原國賢朝臣の跋は　勅を受て印行の樣に見へ侍る又小字の跋を見れば洛三白跋と有て共に慶長の年號にて其間十四五年の違と覺ゆ三白は味岡三白とて名有醫のかき侍る小字に跋せらるゝ事扨々感じ入侍る此書六史の冠頭なれば　天皇將軍家の御勢ならで地下の凡夫おし出して跋などすべき書にあらず此兩本有筈にて唯今三白跋の本のみにてあまつさへ脱文錯簡一枚として改正なくて讀つゞけ侍らんやうなし此事數年京都江戸の物知りと云人に尋ね侍れどかつて知人なきこそいぶかしけれ

一神道に面授口訣と云こと有　天照太神の御時より始り侍る高皇産靈尊より天兒屋根命太玉命へ神籬の道を面授口訣し給ふ是を後世にては傳と云其外傳と云こと皆面授口訣の事也西土の書にも書は不レ盡レ言言不レ盡レ意と云事有對レ君一夜話勝レ讀二十年書一と云事も有たとへ心を盡す程に書たるとてもそれを讀たる計にては道を覺悟することはあたはず此事西土にては無レ之事にて面授口訣を得ざる人は言語聲氣の間にて道を覺悟すること也それ共に下地に骨折積累の人ならでは面授口訣にてもならぬ事に侍る曾子一貫の唯よほど近きこと也正親町一位白玉翁の御家に神道系圖の祕書有て卜部吉田ばかり相承口訣有のみにあらず　天皇攝關伊勢の祭主までこの口訣有事也といへども大職冠鎌足公より卜部へゆづり給る今は吉田一家の傳のやうになり侍る

一道の根本は伊勢の十二部の書の中にも五部の書に盡し侍る神代卷とても伊勢の書よりは後の事に侍る

一或曰神籬などは極祕と云侍とは申さずと左も有べし極重の事なれば詞遣もかわるべし扨神籬極祕とても伊勢兩宮の御鏡傳濟たる後にてなければ不通のこと也惣じて剪紙傳とて數返有て講談數遍濟たる人々は其卷々の次第に依て授る事なれども剪帋授りたるとて根から濟ものはなしたとへ切紙を受ずともとくと得心すれば獨濟事のみ多し風水草の内に其人に面授すれば心得るのみと有事深き旨と覺へ侍る

一外の事におゐては儒書神書歌書等軍書まで昇平百年萬廢共起るの御代なれば興レ廢繼レ絶貴賤各其人有て反古の事多し然るに勅撰の初といひ日本書紀にまさる物はあらなくに慶長年中味岡三白板行せしめたるまゝにて百年を起て其まゝにて脱文錯簡誤字無訓の類あげてかぞへられぬものを沙汰する人のなきはいといぶかしく覺へ侍る伊勢吉田白川藤波等の神家又は歌道儒道の人にも其人ありやなきやと今さらのやうにおどろき思ふ事なり

一古へ禁中にて日本紀の講を興行ありし事は諸記に見へ侍る所は宜陽殿などにて竟宴の禮までありしとかや愛成朝臣などは其講に預りし人也古へより今迄地下にて日本紀の講と云ふ事は不二聞及一日本紀の内一二の卷をば神代卷と名付て吉田の家にて萩原大納言殿吉川惟足翁へ望によりて講じ給ふと云それも吉田の家に數十年絶ぬるを萩原大納言殿起し給ふと云林道春翁も神代を講せられたりといへども傳なくして儒學の力にて推て一二の卷を講せられけると其講本にて見へ侍る道春翁の講とて書本にて有惜に地下にては一二の卷の講は吉川惟足翁いざなひ被レ申會津左中將正之公の御望にて講じ申され其講本は惟足抄寫し本有伊勢にては出口信濃守延佳講じ初められ其講を山本廣足と云門人錄して板に出し侍る垂加靈社は神武記迄を毎毎門人へ講じ給ふいと尊く覺へ侍る中臣の祓は世に講せし人は古へより多し是は六月晦日と十二月晦日との大祓なり中臣祓は元來朝廷講習の書にはあらず伊勢五部の書は出口延佳講じ初めらるゝと見へ侍る垂加靈社は伊勢大宮司精長より中臣祓の傳を受出口延佳と伊勢の書を吟味し給へり

一神道は修レ己治レ人の大道に侍る異國の聖人も人而無レ信不レ知二其可一と有又民無レ信不レ足共見へ侍る然れ共萬物の靈たる人なれば知力巧詐る知慧過て上古淳朴の風なければ上中下を欺き上をはかり中をはかり下をはかり邪知人欲やむ時なしそれゆへ忠も孝も仁も義も取うしなふは神の一字を目當とせぬ學問ゆへの事にて學ぶほど邪知の長ずる者多し神道は貴賤上下共にたゞ神慮に叶へと敎へその神慮にかなふ人々の正直に有正直は信なり位に貴賤あり養に大小高下有といへ共其分に應じて窮通

共に見よく心よく成侍る正直の人に有（窮は困窮なり通は立身なり）神慮に叶はねば窮通共に醜恥がはしく終には公の罪人共なり天つ罪國つ罪をまぬがれがたし其憂へなきは正直の人に有異國にて過は易辭と云がことし（いひわけのよく濟事なり）士農工商の四民ともに貴人の心にもかわることなく上を犯し下を犯し咎と云咎罪と云罪なし人々神の一字をわすれねば吉凶禍福廣外ニ置などゝ云やう成一己のみにとゞまる事なし儒道の教は一分を主とし佛見はわが正直をのけて人を助けんとす皆大道と申がたし能々神道の廣大成事仰ぎ尊ぶべし

一神の一字をわすれずと云に付ては祈り祈禱が重し祈といふに段々子細の有べき事也祓をして祈るをよしとす祓とは其身の罪咎を知りて改め清めさて其上を神力神助をいのり奉るを本とす中臣の祓の旨その通りなり天つ罪とは露ほども君とおやかたとをおろそかに思ふ心の出るは君とおや方とに敵對したるも同じ事にて天つ罪也國つ罪とは人をあしく玄なし人のためあしきを知つゝ爲にあしき事をなし萬事妨をするは人を切ころしうちたおし人の病をでかさするとひとつ事にて皆國つ罪なりまづかやうの心あらば祓すてゝ神を祈るべし又思はず放心の上にてあしかるわざをなしたるも天つ罪國つ罪なり何れも朝の霧夕の霧をあしたの風ゆふべの風の吹はらふ事のごとく祓ひすつべしかやうの放心もなきやうにと彌々神力を祈るべし世の人はらへと云事はせずしてたゞ手前の仕合よき事を祈るは祈りすなはち欲心なりいかで神感あらんや神力と云ものは至てつよきものにまします數萬人の力にてもうごかぬ事をうごかさせ給ふは神力なり神助と云事も慥にこれあり思ひがけもなく神のみちびき給ひてよろしく引合給ふことなり

遠近のたつきも玄らぬ山中に
　おほつかなくも呼子鳥哉

といふは人はなれたる山中にて何方へたよらん方もなく心まどふ所におや鳥の子の音をよぶごとくわれをこちへこよと呼みちびかせ給ふ事有易のふみに鳴ける鶴在ㇾ陰と云も此筋也神感と云ことも有二神徳一と云事も有神の垂と云事も有神罰と云事ももとよりあり神罰を恐れ奉るべき事に侍るとに

かくに其身にはらへをせずして祈るは誠の祈にあらずと心得べし玄かあれば一日片時も祈念と云事なくては神慮にそむく事に成はつる事に侍る

一神道にての修行と云は祓の事なり工夫と云も祓の事なり我心の及だけ祓を修行すれば心を天地に齊し想を風雲に乘と云神語のことく一念の和なく衣を千仭の岡にふるひ萬里の流にあらひ淸流に口すすひで好茶の胸中をきよふするがごとし異國人の詩にも梧桐の月は懷中に向て照し楊柳の風は面上を拂て吹と作れるもその胸中ゆかしく覺え侍る

一神道にて知慧を披くの修行と云は菊理姫の修行と申侍り亦は泉津平坂の工夫と申侍る平坂より菊理姫は一段上の事に侍る至善なり菊理姫とは神靈の御名にて加賀國白山神社に鎭座まします菊理姫とはきくりと申事に侍る凡見る事聞事に付て心底に落付のでき決定するやうに物を見きく事なり平坂と云は半開半閉の間にてどちであらんと心の落付ぬ所に極嶮の場合一足の所にて巖谷へ落す平坂へ至り心の開く事なり披くれば心平に成ゆへ平かなるの理りも有此平坂へは祓をなしつめて至る事なりそれはもろこしの文をよまんにもゝとより此國の文をよまんにも日用事に接り又は古今の物語人の評判をきかんにも皆此心得にて見きく事を申侍る菊理姫も平坂も共に伊弉諾尊の敎へさせ給ふ事に侍る是も又祓也心のひらくるは大船のとも纜ときはなちへつなときはなちて大うみの原におしはなつことのごとくのはらへに侍る

一神道の大義の守りといふは君臣の道に在るなり天をいたゞきふむ萬代不易の道此國の萬國にすぐれたる天の神のうみのまゝにて君臣に少も變化なきが日本の日の本たる所に侍る父子から君臣の道といふ事はなし君臣から父子も立ことなり此事はやつがれ先年和漢問答に記し又は谷重遠土州の臣人にあたふるの一文に具なり垂加文集の附錄にのせ置侍るよつて多毫に不レ及

一神道の道と云は日月を申奉る西土の道と云は大極を申奉る大極はもとより至極なれ共老佛にもまぎれもの有國土も日月のあらはれ給はんとて國土となり淸濁分れ侍る事なり大極の爲に日月あらはれ

給ふにてはなし此事に深々の祕有ことなり日月とて則君臣の御位に侍る

一國家天下の守りと云は武の道にあり日本の國の軍傳の初り日神天位を守り給ふ所に有軍令軍法の御傳へは神武天皇の御卷に見え侍るごとく此帝よりを初とす大星の祕傳といふも此卷に見へ侍る式の軍防令は漢軍と見合せて立給ふ神軍と漢軍とはその根本にかはり有漢軍は黃帝より初る黃帝の本文ありやなしや定かならずといへども風後の握機八陣は黃帝の勅を以て撰ばれ侍ると云なり此時は握機陣と申す誠に神聖の御力ならでは此陣法初てかやうに立難かるべし然れ共神軍大星と符合するの說は見え侍らず神軍の陣法は九重の城八咫の城四民の本陣悉く橘諸兄公傳へ置給ふもと孝德天皇傳へ來らせ給ふと云聖德太子古傳を繼給へり西土八陣の說兵鏡武備志等の書を初として本意をさとりて記したる書なし七書の太宗向對は唐の李靖と云臣下太宗との兵論なりといへ共實は宋の阮逸か僞書に侍る神軍の九重八咫四民と漢軍の握機八陣とは合ニ符節一たるが如しされ共渾軍より是をすまさんとしてはすまず神軍より悟れば漢の握機八陣も其機の妙曉ること有べし權謀術數は異端なり握機八陣は國家天下を守るの要樞に侍る神國を尊び神國を守護するの志あらば此陣法詳に講ぜすば有べからず

一西土にては唐の代に三十三家の兵家流有けれ共宋の代に吟味有て七書につゞめ侍る此七書をさへ熟講したる人希なり林道春翁の抄有といへ共精微は說置れず其後諸抄見へ侍れ共太宗向對の八陣詭說なることを知人なし江嶋爲信は與州今治城の臣なるが七書に委しく七書非法と云ことを曉りて其門人に傳へ近耳抄と云抄を書て領主へ是を上るやつがれいまだ弱冠に及ぬ時此人の免許を蒙るといへ共老年考索すれば大宗向對の誤は云らで過ぬることいちぢるし心法と云も三略を尊び侍れば皆人力詐僞の俗心にて天地神明の正道にあらず龍尚舍が神武紀の抄の内に　神武天皇は軍配天道を守り給ふと云は獨步の見識に覺へ侍る近年山鹿氏の八陣長沼氏の八陣佐久間氏の八陣皆見及たれ共爰に及ぶはなしと覺ゆ

一神國の軍傳と云は其流儀さま〴〵有といへ共本皆神軍より出たり漢軍より傳りたるにてはなし　仲哀天皇の時陳輪といふ者異國より來りて帝へ陳法八陣を傳へたりと小幡流にて云は誠に無稽の妄說に侍る仲哀帝には陳法の御傳なし神功皇后軍傳を得給ふ則神武帝よりの神軍なりその傳へを聖德太子得させ給ふ今太子流と云軍書に其說多く見え侍る其傳へ源家の歷々へ傳はり皆神軍の流れなり漢軍の說は大江の匡房朝臣博學にして殊に一たび橘家に養れ神軍の傳知り又江家へ立歸り漢軍の傳へをましへて源義家朝臣へ傳へられしより漢軍交り來る事なり然れは源家江家の軍法ともに皆もとは神軍にて漢軍にあらぬこと明白なり橘家の事はもとより申に不ㇾ及楠正成朝臣なども橘氏にてもと橘家神軍の家にてその　上英才ゆへ奇功をなし給ふ

一神の事をさへ取あつかひ常々それを事とすれば別に神社參詣拜參にも不ㇾ及冥加を蒙ると覺へたがへたるは源尊氏などさやうに心得られ常に神書を寫し歌を讀が則冥加に叶道といへり是には心得の有べき事に侍るいか程神書に目をさらし明暮歌道をすきたりとも祓を修行し正直を守らぬ人は神慮に叶ふまじ冥加正直の心よりする事は凡夫とても神慮に叶ひ侍る筈の事とこそ覺へ侍る神書博識にても祝詞祓の讀やう數々覺へたり共其分にて神慮にかなふべきとは覺へ侍らす尊氏の見も佛見にひとしく念佛修行も同じ筋ときこへ侍る

一諺に近づく神に罰あたると云は尤なる事なり近づくとはあしき祭りやうの事にて俗語にいふ神せゝりといふものなり我身一分の爲に神の道も知らず祭りやうも尋ねず此神を祭りて利益なきとてやめてあの神を祭りそれも思ふやうになきとて又心をかへあられぬ神を信じ正邪の分ちもしらで神事とて取あつかふものは神せゝりといふものにて必神罰あらですまぬもの也とにかくに正道を知る者正者にきゝて純一の誠心から祭りをもなすがよし神せゝりの人はすきと純一の誠なき人也

一舍人親王の假名日本紀と申書ありとはいへ共聞及たる計にて見侍らずてうど萬葉集のごとく漢字の音を借りてかなとして書給もの也と云此御心は日

本紀を漢字讀によめば皆神代よりの傳授の意にそむくゆへ和訓を主として讀めとの御事也扨漢字の文は側に付置給ふと云漢字で和訓を埋め假名のかはりとし給へば漢文を用給ふにも少も御心なきにはあらず所々其意有こと也それを出雲國の正神主などは佐田の社とやらんに在けるといひしが臼井氏が說を信じて後字よみに神代卷を取あつかふと云はわけもなき事也世以漢字を尊ぶ世上ゆへに舍人親王漢字とても和訓の外はなしといふことを知らせん爲にあのごとく玄るし置給ふ根本の大事は和訓に有漢字にかゝはるまじき爲におのころ嶋を磤馭盧嶋と書せ給ひたるるひ有講習の力を用べき事に侍る

一日本紀の内にて神代卷とて一二の卷を別に名付引分くるは後世の事なるべしと先輩の達人皆吟味ありたる事なり神代は七代ありてその七代は今日とてもかわることとなし

一日本の道はもと書物を以て傳へ來るにてはなし器を以て傳來らせ給ふ三種神器の御相傳を初め十種の寶などいふも皆器也その意ゆへに素盞嗚尊文字を出雲國素鵝の河原にて作り初給ふも象形文字に作らせ給ふ忌部正通の神代口訣に申さるゝ神代の文字は象形也とは此事に侍る唯今神家によりて異國の靈符などを神代文字とて秘して書用るは皆誤也萬物の理は色形に備るものなれば文字詞も象形にてすむ筈のことに侍る象形につゞきては會意の文字出來る筈也神代十二支の文字は（澁川家の祕傳）會意の文字と覺侍る片假名は吉備公和字も吉備公いろはは空海法師高野にて大工の望によりて無筆の大工も相紋に書よき字を製作してあたへ又武具の文字は近代楠正成朝臣作り初らるゝといふいづれも漢字の旁を象れりといへ共神代文字の風に似せて作られたりと云それゆへ靈符に似たるかたち一つもなし

一人の頭頂の上は諸神衆會の所とて極めて尊き所に侍る正直の頭に神やどるといひ軍中にても冑の八幡座は軍神のやどらせ給ふ所に侍るもと頭のまとかなるも大空の形に侍る常に頭の容を直くして神のやどらせ給ふをわするべからず

一やつがれ野中の清水にいふごとく此國を神國とい

ふこと返す〳〵心を付て尊ぶべきこと也異邦は皆知力を以て取立たる國也此國は神力を以て成就する國也それゆへ力づくにていへば廣大なる國もあれど中々此國に敵することあたはず古來よりのしるし歴然たり國如此なるゆへ人も神人也書も神典也道も神道也萬國の此國に及ばぬこと能く眼を付べし

一祓祝詞の數もおびたゞしふあれ共此内に中臣の祓か第一也いかんとなれば高天原に神とゞまりましますを以て祓することゆへ根本盛大にして外の祓の及ばぬ所也その高天原の[にカ]とゞまります御神の勅定を以て萬民治亂ともに祓をなすゆへ安泰無事にして國家繁昌也八百萬の神々も皆此神の命令に從ひ給ふ自ら祓することをしらぬ者へは上より國所へ敎へて拂はしめ給ふ孝德天皇の卷にあらまし見へ侍る其爲に大中臣の人祓をつかさどり給ふ天津罪國津罪皆かくのごとし中にも敎をしりみづから身の上家の內まで祓することを知る人は實に神國の神人に侍る諸惡をいまだ生せざるにはらひのけ萬福を來しまねくこと皆祓の威德にて此國の道とも敎へ共申事也尤國家にても小家にても非常の變有時は猶更改て祓を修行すべし

一名題を神道者といへば何もかも皆一つ事に覺ゆること大なる世上のあやまり也陰陽師も神道といひたて世をまどはし民をしひ修驗道も神道といひたて山伏も其內にあり邪術の者も神道といひたて又は日蓮宗も神道といひたて是非混雜して正しからね共神道といはれて皆伊勢兩宮吉田白川其外名高き大社の傳もひとつことに心得合點ゆかぬは神道といふものはなど[行カ]ゞ心得るは是非もなき誤りに侍る又神道の行事計を事とする人は神の道にはくらしすべての道に正邪はあれども就中神道は天照太神の御敎なればよく〳〵正道邪道僞作雜亂を正してひとつ事と思ふべからず仍て伊勢五部の書中にも巫覡の類を近くるなとありて禁戒し給ふ是第一の心得に侍る恐れみ恐れみも申す

元文三年戊午七月三日　八重垣翁識之

八重垣大明神由祝詞

謹美々々惶美惶美毛申須八重垣靈璽波其先常陸國乃產
也
水尾天皇乃裔小田乃城主之後姓波源伴部氏安崇先生
之靈也瑞玉靈社波仕㆓豫州今治城主源定房君㆒有㆑以
豆辭㆑官牟以㆓寬文七年丁未十二月辛未朔㆒生㆓先生於
江城之南品川鄉㆒須爲㆑兒好㆓正直㆒美嬉戲爾毛示ヨ設禮
容㆒給布然後專潛㆓心於朱子傳㆒慕㆓垂加靈社之風㆒比
給布故禮友㆓矢野佐藤兩丈㆒年越㆓不惑㆒豆後謁ヨ見跡
部光海翁㆒講㆓三綱領㆒給布光海君歎賞甚志於㆑是初
豆師㆓吾翁㆒志天學給倍利吾翁毛亦從㆓光海君㆒比豆受㆓垂加
靈社之神傳㆒尊信篤行毛不㆑庸至㆓奧義㆒莫㆑不㆓盡窮㆒
志垂加靈社能門人爾毛不㆑學㆓神道㆒者爾波知㆑有㆓僻見㆒豆
數論辨倍佐藤氏爾其要於告給布故仁直方悔㆓往事㆒文
書乎送豆歎乎呈其書今猶存利正親町從一位白玉翁
江府爾來利御座須時光海君請豆拜謁給布先生毛從比
往豆與仁聞㆓神道深祕㆒於㆑是吾國西土乃道益相發明カ
志仁天承㆓垂加靈社之正統㆒豆天津兒屋根命五十八代乃
傳倍止寸故天津神籬仁心於起志立天波兩部習合乃誤於除
幾天津磐境仁胸落着賜比天波遡㆓五十鈴之淵源㆒利賀茂
下上乃河流乎尋豆身乃垢乎淸女藤森乃神祕乎極女八十
萬乃粹乎搜利求女中臣三種能風水仁眼能霞乎拂賜比天常
倍仁守㆓
八幡大神乃遺敕㆒豆羽翼留仁以㆓儒道㆒志士金龍雷以貫㆓
言行㆒幾恭敬豆安羅仁和天志布不㆑流威豆不㆑猛敎㆑人豆
不㆑倦學豆不㆑厭德比如㆑玉如㆑鏡尊㆑神敬㆑祖廢㆑佛闢
㆑異劒如㆑斷㆑物爲㆓學者㆒所㆓著述㆒書數千百卷其名
號不㆑暇㆑記中爾毛八陣蘊義止御統止波前賢毛所㆑未
㆑發乃大祕也故禮八陣書乎獻㆓
尊公㆒在㆓台命㆒天深祕豆不㆓博傳㆒僅爾授㆓二三子㆒給布
且垂加靈社濃遺志乎繼豆正㆓日本書紀訓點㆒改㆓魯魚㆒
據㆓釋紀㆒豆附㆓帝王之系㆒豆復㆓藤森舊傳㆒賜比亦考
書於編豆題天號㆓日本書紀卷返㆒徹㆓先生㆒此書能歸
㆑正古止難久無㆓考書㆒波何爾因豆學者讀古止安乎可㆑得
哉如是大奈留功業坐天類希奈留故仁傳受ル人親族朋友相
共爾蒙㆓恩賴㆒是以信仰之日少宮乃祕訣乎以豆一而
守㆓渾沌之始㆒手自奉封利給布靈璽乎以豆寬保二年壬
戌秋七月中元武藏國入間郡山口鄉北野邑物部天神坂東天滿宮

乃末社止祝鎭奉止宮地於此地仁撰定本田氏安興司之弖
根岸氏貞將共爾大己貴神少彦名神農御社仁准倍御神等
能天之御翳日之御翳止造利奉禮留石瑞御殿造　立奉終
氏本社乃神司栗原氏正精天津奇護言乎以言壽鎭白止今
年癸亥夏今月今日今時良辰奈禮波道別源助大久保彦八郎市平等　恭
御供仁從比奉事弖御神等於新殿惠振奉利弖鎭利定利給倍
止申須事濃由乎平介久安介久聞食世止申須
天壤無窮四海泰平弖仁志
天皇朝廷寶位仁御座志
征夷大將軍武運長久彌高仁彌廣仁榮坐志常磐堅磐爾
奉仕百官天下乃萬民立榮氏此道於仰此流遠汲諸姓人
五十鈴川乃流止共仁末遠久三笠山農蔭止共仁繁久昌倍
弖祟障無久附祭留神能子孫八十屬幾從倍類僕此道乃
敎乎受留人能領知乃民仁至留迄手長久足長久榮倍弖風雨
隨時五穀成就志女天諸乃災無久萬千穐乃長秋止茂御代
仁夜守日護止守幸給惠止天津奇護言乎神賀仁賀弖言
壽鎭白須事濃由乎
天神地神別弖波本津社乃靈神末社神等諸共仁佐男鹿耳
振立聞食世止申須
辭別弖申佐久今供奉仁從比事倍申諸人參集留輩乃中爾
穢氣不淨不信懈怠乃過在毛止天津祝詞乃太祝詞於以天
祓清女奉禮波咎毛無久祟毛無久神直日大直日神止見直
聞直志給比天守護幸倍賜倍止恐美恐美毛申須
寬保三年癸亥四月十六日　藤原基生員郡謹代撰
于時明和八年辛卯十二月二十五日
宮內守中親宴謹書寫

先師碑銘

源姓伴部氏安崇靈號曰二八重垣靈社一其先出レ自二淸和
末裔一而常陽曰二八田知家一爲二常刕小田城主一也是小
田源氏之祖也知家五代孫曰二山尾家時一爲二常刕多珂
郡伴部城主一因稱二伴部一其後家族式微而家時六代孫
曰二伴部三省一仕二豫刕今張侍從源定房一而辭レ官焉生二
安崇於武刕品川鄕一焉自レ祖至二安崇一其系詳矣其爲
レ人豪傑而好二和漢學一布レ德焉施レ仁焉性不レ覓二仕宦一
獨善二其身一寓三居　城西四谷之鄕一而設二學校一從レ旦
至レ夕解レ經說レ傳五十有餘年其於二神史一也參三考歷代
古訓廢墜一闡三示深旨一其於二漢策一也發三揮洪範九疇
微一解二周易精蘊一其於二軍旅一也極二八陣之法一然則鏤
レ梓編帙顯然明矣其齊レ家也有二關雎麟趾之意一其待二
門弟一溫潤而厲間雖レ遇二變革一不二疾言遽色一賑三濟貧

窶一憐二愍無告一簡而有レ禮儉而無レ吝勞而不レ伐不レ知
而無レ悶焉游二其門一者自二諸侯大夫一以至二士商家一懷
レ德倚レ風莫レ不レ被レ澤因二其敎化一雖下未レ能二面命一者上
寄レ書仰レ誨可レ謂近者說遠者來而元文五庚申自レ春罹
レ病諸生操レ藥以二鍼艾一寢蘇生家族門人抃躍歡喜焉而
有二一女一配二佐佐木氏一自レ夏臥レ病先二於沒日一四旬餘
壯年而終焉安崇悼レ之歎レ之然天命所レ賦而殀壽不レ貳
也不レ日集二諸生一講習誘レ之焉然老朽衰體氣屈復初秋
上旬病革冐レ身同十四日沒嗟呼可レ惜焉生二寬文七丁
未年冬十二月朔一享年七十有四歲同十六日葬二武府北
駒籠鄉吉祥禪寺境中宗寶珠林一立レ碑焉末弟平姓太田
忠經源姓五十嵐正辰與レ予議欲三作レ銘彫二碑陰一予同二
其志一而不レ顧二先進一不二敢辭一而書レ之夫惟師恩莫レ大
レ焉禮曰心喪三年可レ思不レ可レ忘可レ哀不レ可レ已也

平姓秋野信妙謹撰

神道辨草

今年長月半月アカキ夜アル朋友ノ許ニ招レテ中臣祓
ヲ講ジ侍ケルニ講釋畢テ後亭ノ曰是ヨリ先吉田家ノ
神道者ノ此祓ヲ講釋スルヲ聞キ侍シニ今イマシノ讀
給フコト、引合思フニ本文ノ唱ヘ段割ノ數講ジ玉フ
マデ異ナルコト多クシテ同事少シ
元神道ハ　天照太神春日大明神ノ御敎ト承リ候ヘバ
道ハ只一筋ニシテアルベキ事ニテ候イカナレバ異ナ
ルコト多候ヤ其分ケ承リ度候予答曰仰ノ如ク神道ニ
二敎ノ筋ハナク候中臣祓モ我垂加翁ノ傳詳也重テ委
ク説聞セ申ベク候明白ニハ難レ申候中臣祓ニ不レ限
統テ神道ノ敎古キ家々ノ傳ヲバ取失ヒ新ニ色々ノ流
義ヲ立テ己ガ考工夫ヲナシ僞顯之品新説多候ヘバ不
審ト思玉フモ斷リ也幸夜長キ折リナレバ古ヘヨリ神
道段段傳リ候大筋又今世ニ人モ知リ候流義ノアラマ
シ語聞セ可レ申候
夫我神道者往昔　天照太神天兒屋根命天太玉命天村
雲命ヘ御直授アリ兒屋根命ノ苗裔ハ大織冠鎌足公ヘ
傳ハル鎌足公故アリテ御子不比等公ヘハ唯一宗源神
道ノ御傳ヘナク從父兄弟ノ意美麿ヲ婿トシテ神道ノ
御傳授アリ其時大織冠意美麿ニ御附屬ノ御書曰
太祖尊神者掌二其解除之太諄辭一而宜レ俾下以二太古
之卜事一而奉レ仕主上神道之宗源一也神籬磐境者（又名天津磐境）
我國之神寶也祖神之神體也以二傳神錄一附二屬祭官
意美麿一者愼而莫レ怠矣
大化六年六月一日　中臣朝臣鎌子
意美麿ヨリ今ノ吉田マデ道統セリ又左兵衞佐卜部兼
治ノ次男兼從（豐國大明神ノ神主ト成テ萩原ニ改ム子息員從ノ代ニ至テ願ニ依テ萩原ニ改ム）道ニ器量
アリテト部家道統ノ奧祕ヲ思惟シ玉フコト爰ニ吉川
惟足翁兼從卿ノ門人ト成テ道ニ執心深ク尤學ブコ
ト委ケレバ兼從卿其志ヲ感ジテト部家ノ秘傳皆惟
足翁ヘ免シ授玉フト部正道ノ神道關東ヘ傳ハルコト
惟足翁ヨリ起レリ會津中將正之公神道ヲ尊信シ惟足
翁ヨリ此傳ヲ殘ラズ授リ玉イ其後惟足翁ノコト上聞
ニ達シ召出サレ食祿地家ヲ賜ヒシ也又太玉神ノ苗裔
ハ齋部家ニテ昔ハ朝家ノ輔佐トシテト部齋部ト左右
ニ別レ政道ヲ執行ヒ祭祀勤メシムイカナル事ニヤ齋

部次第ニ衰ヘテ今ハ姓氏モ斷絶シ漸ヤク齋部廣成ノ編メル古語拾遺齋部正道ノ著セル神代口訣其外梓ニ鑄タル遺書少々傳レル計リ也又天村雲命ノ苗裔ハ今ノ外宮ノ祠官度遇氏ノ族也內宮ノ祠官荒木田氏ノ族ハ天兒屋根命廿一世ノ孫天見通命ノ苗裔ナリ兩宮ノ祭主藤浪殿ハ大中臣ニテ淸麿公（神護景雲二年大ノ字ヲ賜リテ大中臣ト云トナリ）ノ苗裔也神職ノ面々家系正シテ神道正統伊勢ニ過ベカラズト云ヘドモ元弘建武ヨリ事起リ文祿年中ニ至ルマデ東西南北ノ國々皆戰國ノ衢ト成テ神領寺領ニ軍役ヲカケ其催促ニ應ゼザレバ領地ヲ沒收シ宮社寺塔ヲ燒亡シ神職僧徒ヲ殺伐セリ此時ニ至テ伊勢祠官ノ面々モ神宮捨テ山林浦嶋ニ身ヲヒソメ（潛）妻子ノ命ヲ續計也マシテ神學ノ沙汰ニ及バザリシニ元和ノ初ニ成リ天下一同ニ大平ノ御代ト治リ兩宮ノ神領モ御寄附アリ　神宮廿年ニ一度宛ノ御經營モ昔ノ如ク立歸リ年中ノ祭禮モ夫々執行レ祠官モ古鄕ヘ立歸リ安堵ノ思イヲナスト云ヘドモ家々ニ傳ハル處ノ神籍モ戰國ノ時ニ亡失シ神學ニモ多年怠リヌレバ　神宮ノ道退轉シケル處ニ人王百十二代後西院ノ御宇ニ度遇神主從五位下出口信濃守延佳（元延良ト號スト云ヘドモ時ノ帝ノ御名ヲ良仁ト申奉レバ良ヲ佳ニ改ム）ト云人有延佳年來儒道ヲ好ミテ學ト云ヘドモ神宮ノ道ノ絕ナンコトヲ歎テ古ヨリ神庫ニ傳ハル處ノ祕書ヲ搜シ自學不斷ノ儒力ヲ合テ一篇ノ書ヲ著ス陽復記ト號ス此書辱モ天皇ノ叡覽ニ備ハリ御稱美不レ斜シテ延佳ヲ從五位上（後年有テ叙ニ從四位下一）ニ叙シ玉フ時ニ延佳拜辭シテ曰我家代々五位ノ下ニシテ從五位ノ上ヲ經ズ先祖ノ位階ヲ超ナンコト恐アレバ勅免ヲ蒙リタキ由ヲ申シ上ル又勅諚アリテ延佳ガ申シ上ル處餘義ナク思召サル丶間延佳亡父伊（脫字カ）ニモ從五位ノ上ヲ贈ラセ玉フサレバ延佳神忠ノ誠神明ニ感ジ又先祖位階卑フシテ我位階先祖ヨリ高ク昇ランコトヲ恐レテ辭スルハ至孝也故ニ如レ此難レ有詔命ヲ蒙リ我身ノミカハ亡父マデ家ニ例ナキ位階ニ昇ルコト皆神明ノ御加護也夫ヨリ延佳瑞穗抄神宮祕傳問答神道或問ヲ始メ數卷ノ神書ヲ著シ伊勢一國ニ限ラズ諸國ニ門人多ク出來テ今世ニ伊勢流ノ神道ト云ハ延佳ニ出タリ延佳ノ次男權太夫延經父ノ志ヲ繼デ神儒ノ學力ヲ盡シト云ヘドモ不幸短命ニシテ身マカリヌ又橘家ノ神道アリ是ハ人王三十一代敏達天皇ノ御宇ニ異端ノ說日々ニ成ニ起レリ帝神道ノ眞傳ヲ失ンコトヲ恐レ玉ヒテ

天照太神ヨリ以來帝王御代々傳ハル處ノ神道ヲ皇子難波ノ親王ニ傳サセ給ヒ此親王ヨリ五代ノ孫左大臣橘諸兄公葛城王ト申ス橘ノ姓ヲ賜ハル聖武天皇ノ勝寶二年正月初テ誤字アルカ橘傳ハル諸兄公ヨリ二十九代ノ孫玉木兵庫正英丈涙人ニテ洛外ノ聖護院村ニ住居橘家神道ヲ相續セリ三喜流ハ三喜幼年ニシテ駿州淺間ノ神主惣社氏志貴秦賢ニ仕ヘテト部家ノ行事ヲ學ビ道ノアラマシヲ惣社氏ヨリ傳ヘテ其後江戸ニ來自ラ一流ノ神道ヲ拵ヘテ世ニ流布ニヨリ三喜ヨリ前關東ニ神道ヲ説者ナケレバ神道ト云モノハ眞言天台兩宗ノ僧山伏ノ知ル處ト人々思フ處ヘ三喜吉田ヨリ唯一宗源ノ大導師ト名付テ敎テ曰神佛一致ニシテ隔ナシ佛法ニテ極樂ト云ハ神道ニテ高天ガ原佛法ニテ地獄ト云ハ神道ニテ根國也人死スレバ神ニナルユヘニ神事ニ死穢ヲ忌ス只明テモ暮テモ阿麻弖羅須巢賣於保牟賀彌ト此敎私ニノベ不レ侍ルヨシ自筆ニ誓文ヲ書テ板行シ門人其外世ノ人ニ配リ與フ又思辨集ト云テ三喜ガ方ニテ祕スル書アリ委クハ彼書ヲ見テ敎方ヲ知ルベシ三喜身マカリ後眞弟ニテ殘レル者ハ武州太宮簸川太明神ノ神主武笠丹波職ヲ子ニ讓リ常ニ江戸ニ出テ門人ヲ進ム其外三喜門弟ヨリ傳ベキ者ドモ一人一人ノ工夫次弟ザマ〳〵ノ事ヲ拵ヘ或ハ弓矢神道中臣祓ノ燒鎌ノ語ニ本ヅキ巧ミ拵タル者也ト號ス鎌ヲ以テ神體トシテ行事ヲ勤ムルモアリ又白川殿流神道アリ是ハ神田圖書ト云者本所ニ住テ專ラ祈禱ヲ勤テ世ニ徘徊ス神代卷中臣祓ヲ説ト云ヘドモ此傳ヲ聞タル人ノ話シヲ聞ニ心得ガタキコト多シ又山城國紀伊郡稻荷大明神ノ祝羽倉齋宮ト云者是モ職ヲ弟ニ讓リ在江戸トシテ稻荷傳社ノ神道ト云テ是ヲ傳フ傳授ノ次弟ハ稻荷三社ノ傳ヲ初トシテ五社ノ傳ヲ中トシテ七社ノ傳ヲ極メトスルコトゾ又神代ノ卷ヲ講ズルヲ本段ノ顯ノ傳ト云本段計リヲヨム一書ヲ隱幽ノ傳ト云テ講セズ深志ノ門弟ニハ一書ヲモ講シテ聞スルトゾ又中臣祓ノ講釋ハスルト云ヘドモ神ヲ祭ルトキニ中臣祓ヲ唱ヘズナゼトイヘバ此祓ハ中臣氏ノ祝詞ニシテ他姓ノ人ノ讀ベキ樣ナシ惣シテ神ヲ祭リ候ニハ其神ノ本緣神德ヲアゲテ祝詞ヲツクリテ讀筈ナリ何ゾ他人ノ祝詞ヲ我モノニシテ讀タリトテ神ノ納受アランヤト云ヘルトゾ羽倉氏ノ傳授ノ次第神田ノ社家浦鬼主殿ノ咄シナリ又横山當榮ト云者アリ神代ノ卷ノ古天地――生二其中一焉ト云マデノ六十五字ヲ衍文ナリト云テ省レ之其外ニモ衍文闕文錯簡

ナド云テ或ハ増補シ或ハ省畧シテ神代卷ヲ改正シテ神武卷トモニ三元卷ト號シテ板行セリ又宿禰流ト云神道アリ傳聞武内宿禰ハ　景行天皇ヨリ仁德天皇マテ六代ノ帝ニ仕ヘテ政務ヲ掌リ忠義ヲ盡シ壽算三百六十歳ニテ薨玉フ此長壽ニ基イテ此流ヲ學ヘハ其身ハ勿論子孫ニ至マテ不老不死也ト敎故ニ此流ヲ學人又多シ又垂加翁ノ門人鴨縣主梨木左京三位祐之モ翁沒シ玉ヒテ後心邪ニ成テ新ニ神道ヲ取立大ニ師傳ヲソムキ各別ニ神代卷ヲ講談シテ門人多クアリシ也第一國常立尊ヨリ人體ノ神トシテ説初タリ委クハアラハシ難シ右ノ外ニモ種々ノ流義ヲ拵ヘ世ヲ誑カスノ族多ト云ヘドモ算ルニ暇アラズ抑我ガ垂加翁ノ神道ト申スハ翁元大儒ヲ以テ世ニ名ヲ鳴リ朱文公以來ノ經學ノ道統ヲ和國ニ於テ續給フコト會津正之公賓師トシテ學ビ玉フ爰ニ於惟足翁ニ面會シテト部家ノ傳專ラ是ヲ授リ扨伊勢ニ於テ內宮ノ大宮司精長外宮ノ神主延佳ニ依テ伊勢神道ノ極秘ヲ傳ヘ夫ヨリ京都ニ於テ一條殿冬經公正親町殿實豐卿同公通卿土御門殿泰廣朝臣ヲ神道ノ門弟トシテ堂上方祕シ置給フ國記ヲ求メ又鴨縣主梨木三位祐之下御靈ノ神主出雲路民部

春原信直稻荷ノ神主太山兵衞等ヲモ門弟トシ其外洛中洛外ノ神職ニ便リテ一社々々ノ舊記ヲ搜シ就中舍人親王ノ御德ヲ慕ヒ藤森大明神ヲ尊崇シ玉ヒ神庫ニ傳ハル處ノ社記ヲ拜見アリテ弓兵政所記ヲ著述シ給ヒ伊勢ト部家ノ傳授ノ內附會龍（臆カ）説ノ疑キヲ除キ古傳ノ正シキ説ヲ撰ミ兩部習合ノ穢ヲ祓ヒ道ヲ神代ノ道ニ反シ今雜ナキ天人唯一ノ神道ト改メ給ヒ舍人親王以來和國ノ敎ノ道統ヲモ續キ玉ヒ則存生ニシテ自神靈ヲ勸請有テ下御靈ノ末社猿田彥大神ノ相殿垂加靈社ト申テ年々祭禮モ怠慢ナク候

山崎家譜曰父君曰先君性正直有二武志一自レ少持二古筆三社託宣一幅一深護レ之朝夕誦レ之將二拜覽一必盥漱着二道服袴一掛レ之吾等幼時觸レ之則叱レ之吾亦依二先君命一自レ幼誦レ之乃賜二其古筆于嘉一焉　是ヲ以見レバ垂加翁祖君ヨリ代々三社ノ神ヲ深ク尊ミ玉フ也

同家譜曰嘉也元和四戊午冬十二月九日甲子亥時生小字長吉甫母君夢參二比叡坂下兩社神一拜二于鳥居前一時老翁折二梅花一枝一與レ之母君戴レ之納二于左袖一而孕焉是ヲ以テ考合スレハ三社ノ神ノ感應ニシテ母君靈夢ノ告有テ翁ノ如キ神代生レ玉ヘリ天人唯一ノ神

道ヲカヽゲ出シ玉フモノナルベシ三社ノ神徳跡ニ思フベカラズ又垂加翁ノ後翁ノ志ヲ續キ翁ノ神儒ノ道ヲ普ク説廣メ玉フハ予ガ師跡部光海君ニテ候也神道ハ正親町從一位公通公ヨリ奥祕マデ悉ク授カリ玉フサレバ光海君ノ門人多ガ中ニ常陸國鹿嶋大宮司中臣連定則定則ノ先祖ヲ尋ヌルニ武甕槌命神護景雲元年六月廿一日常陸國鹿島ヲ出玉ヒ住所ヲ求ムトテ伊賀國名張郡ニ至リ十二月七日ニ大和國安倍山ニ入同二年正月九日ニ三笠山ニ至リ玉リ其時中臣連時風秀行ト云人武甕槌命ノ御供シテ時風ハ鹿ニノリテ秀行ハ鶴ニ乘リテ飛來リ時風ハ三笠山ニ止マリ秀行ハ鹿島へカヘリシニ其時武甕槌命秀行ニ燒栗一ツ賜リテ此栗ヲ古ルサトへ持カヘリテ植ヘシ必栗生シテ茂リ榮ヘシトノ玉フ秀行則其栗ヲ持カヘリウヘケルニ彼燒栗神ノ教ノ如ク生出テ、茂リマサリケリ其處ヲ栗林ト云テイマニ鹿島神宮近キアタリニアリ夫ヨリ秀行ヲ燒栗ノ連ト云ケルトナン定則ハ其秀行ノ的孫也又大宮司代々ノ幕ノ紋ニ鶴ノ丸ヲ付ルコトハ先祖秀行鶴ニノリテ供奉シ奉リシヨリ起レリトゾ古ノコトハ予レ鹿島ニ詣テ侍シ時太宮司定則ノ物語リニテ聞侍ル垂加翁ノ道徳ヲ尊ミ光海君ノ師恩ヲ報ヒンガ爲ニ宅地ノ側ニ清淨之場ヲ撰ミ新ニ一社ヲ經營シテ去々年辛丑五月垂加ノ靈社ト光海靈社ヲ勸請シテ相殿ニ鎭座ナサシメ末代ニ至ルマデ月次ノ祭禮モ退轉ナキガ爲社家二人小笛傳神ヲ定テ付置ヌ定則ノ誠有志又類ヒナキコトニコソ侍レ予モ今歳卯月ノ末兩靈社神拜ノ爲鹿嶋へ詣テ侍リキ先ツ予ガ知ル處ノ古ヘヨリ神道段々傳リ候大筋又今世ニ人モ知ル流義ノアラマシ右ノ通リナリ

享保八年癸卯初冬上旬

新松守社翁　源忠義識

黑川眞道
矢野南溟 校

追加

六百四十三頁下段ノ闕文後黑川氏本ニヨリ其本文ヲ發見スト雖是ヲ補フ能ハズ因リテ玆ニ之ヲ揭グ

出雲國福田庄石見國久永庄三河國小野田庄播磨國網干庄美作國南庄一通依二後覽一注二左御自筆草字一也

出雲國福田庄石見國久永庄事任二申狀一所レ令レ成二〔御氣〕色一候也參川國小野田庄事先日相具神社仙□訴訟成敗內令レ成二下文一候不レ能二重沙汰一候歟播磨國網干渡幷美作國南庄境事非二武〔士之〕所行一候仍不レ能二私之成敗一候也就レ中至レ于二網干渡一者爲二高雄領一上人文覺令レ至二沙汰一候歟此事已社寺之訴之左右只任二道理一可レ有二御成敗一候也而若不レ用二宣下一候事など候者隨レ被二仰下一候可レ加二下知一候也恐々謹言

文治二年　　　賴朝御判

十月一日

昭和四十五年三月二十五日　発　行
昭和五十三年十月　二十　日　第三刷発行

続々群書類従　第一

編纂　国書刊行会

発行者　太田ぜん

印刷所　東京都豊島区北大塚二丁目三三番二〇号
株式会社　平文社

発行所　株式会社　続群書類従完成会

続々群書類従　第1　神祇部　〔オンデマンド版〕

2013年4月1日　初版第一刷発行　定価（本体13,000円＋税）

編纂　国書刊行会

発行所　株式会社　八木書店　古書出版部
代表　八木乾二
〒101-0052 東京都千代田区神田小川町3-8
電話03-3291-2969(編集) -6300(FAX)

発売元　株式会社　八木書店
〒101-0052 東京都千代田区神田小川町3-8
電話03-3291-2961(営業) -6300(FAX)
http://www.books-yagi.co.jp/pub/
E-mail pub@books-yagi.co.jp

印刷・製本　(株)デジタルパブリッシングサービス

ISBN978-4-8406-3228-7　AI252